「婦人雑誌」がつくる大正・昭和の女性像

第9巻

セクシュアリティ・身体4

［監修］岩見照代

「婦人雑誌」がつくる大正・昭和の女性像　刊行にあたって

本シリーズの前身である、『時代が求めた「女性像」第Ⅰ期』では、女性のライフイベントに則した言説を中心に、どのように〈女の身体〉が表象され、作られてきたかを、単行本を中心に集成し、第Ⅱ期目は、よりミクロな視点をもつ新聞や雑誌の時評を集めた書籍も採録した。そのとき痛感したのは、〈無名〉の女性の生身の声が、いかに多く埋もれていたかということであった。

本シリーズは、当時多くの発行部数をもち、「四大婦人雑誌」と謳われていた『主婦之友』・『婦人公論』・『婦人倶楽部』・『婦人画報』に加え、キリスト教系の特色ある『婦人之友』の五誌から、一人一人の〈発話〉に寄りそうことができるように、「身の上相談」、「座談会」、「読者の手記」などを中心に、テーマ別に構成したものである。

読者一人一人が相互作用しあう場である、「身の上相談」と「手記」は、恋愛、友情、結婚の手ほどき、また打ち明けにくかった性の悩みや、夫婦関係、嫁姑問題、教育、子育て、職場問題、そして美容相談など、衣食住もふくめた生活のすべてにかかわるものである。ここには、普通の人々のもっている哲学や知恵が、多岐にわたって表現されている。既成の思考、規範や制度、また行動様式までが、ゆるやかだが質的に変化し、習慣化していく過程がみてとれるにちがいない。「読者の声」の巻には、従来の読者調査だけではわかりにくかった、在住地や職業が書かれた「愛読者からの便り」、「懸賞当選者の発表」などを多数収録した。男性読者が結構いたことにも驚かれるだろう。

また本シリーズには、戦時下から戦後にまたがる時期のものを多く採録した。ここからは、国家総動員体制が、いかに人びとを日常生活の隈々から〈再編〉していったか、そして戦後すぐに、打って変わって一億総懺悔する〈国民〉という、「マス」ではとらえきれない〈ひとりのひと〉が、たちあらわれてくるだろう。

「思想のにない手が、私たちの一人一人だということ。思想は、ひとりひとりの考えを通して自発的にたてられた場合にのみ、思想としての強さをもつ」（「発刊のことば」（第二次「思想の科学」『芽』一九五三年一月）。このように「ひとりひとり」の哲学をすくいあげようとしていた「思想の科学」は、方法論的な自覚にもとづき早くから「身の上相談」に注目していた。現在も多くのメディアで取り上げられる「身の上相談」だが、その分析は、「ひとりひとり」の思想性をさぐりあてるための格好の〈素材〉である。

これまで個別に読まれることの多かった「座談会」だが、テーマ毎に、そして各雑誌を横並びに読むことで、論者たちの〈素顔〉だけでなく、複層する時代の様相を具体的にとらえなおすことができるはずである。

本シリーズは、文化研究における〈雑誌〉分析の一助となることはいうまでもなく、現実の中で生きる〝生身のひとりひとり〟を通して、「日本文化のカキネをやぶる」（『芽』、同前）ものとして、大いに活用が期待されるものである。

監修　岩見照代

凡　例

・本シリーズは、四大婦人雑誌（『主婦之友』・『婦人公論』・『婦人倶楽部』・『婦人画報』）を中心に、掲載された文章をテーマ別にセレクト・集成し、大正・昭和の女性像がどのように形作られていったかを検証する。各巻のテーマおよび配本は以下の通りである。

第1回　第1巻～第5巻「恋愛・結婚」
第2回　第6巻～第9巻「セクシュアリティ・身体」
第3回　第10巻～第11巻「美容・服飾・流行」／第12巻～第15巻「生活・家庭」
第4回　第16巻～第17巻「読者の声」／第18巻～第21巻「社会・時代」
第5回　第22巻～第24巻「職業」／第25巻～第26巻「教育」
第6回　第27巻～第30巻「女性と戦争」

・各作品は無修正を原則としたが、寸法に関しては製作の都合上、適宜、縮小・拡大を行った。

・本文中に見られる現在使用する事が好ましくない用語については、歴史的文献である事に鑑み、原本のまま掲載した。

・一部、著作権継承者不明の文章がございます。お心当たりの方は弊社編集部までお問い合わせいただけますようお願いいたします。

目次

「貞操・恋愛・結婚問題に就て　女性相談担当者の座談会」　今井邦子、星島二郎 ほか
『婦人倶楽部』昭和12年1月1日　3
「思春期の子女を持つお母様のための座談会」　竹内茂代、永井花枝 ほか『婦人倶楽部』昭和12年2月1日　15
「『主婦代理を求む』の秘密広告の真相を探る」　水野小枝子『主婦之友』昭和12年3月1日　27
「結婚前の処女性を疑はれて泣く若き人妻の手記」　河南房美、勅使河原保子『婦人倶楽部』昭和12年3月1日　33
「良人の恋愛と貞操の問題を何うするか?」　菊池寛、吉屋信子『主婦之友』昭和12年4月1日　40
「『男の貞操』座談会」　太田武夫、杉山平助 ほか『婦人公論』昭和12年4月1日　54
「婦人の貞操悲劇を解決する座談会」　板垣直子、及川常平 ほか『主婦之友』昭和12年5月1日　72
「人気女形と男装麗人の座談会」　花柳章太郎、坂東鶴之助 ほか『主婦之友』昭和12年7月1日　84
「職業に就いたゝめに身を過つた婦人の告白」　小松美代、石川武美『主婦之友』昭和12年7月1日　96
「女は誘惑する?」　菊池二郎『婦人公論』昭和12年7月1日　106
「処女と人妻は区別がなくてもよいか?」　斎藤惣一、安井綾子 ほか『主婦之友』昭和12年8月1日　119
「避暑地の誘惑あの手この手を語る鎌倉警察官の現地座談会」　横山享、海老原利蔵 ほか
『主婦之友』昭和12年8月1日　123
「処女を失ふとどうなるか」　式場隆三郎『婦人倶楽部』昭和12年8月1日　132

「身体的女学生病、新婚病、離婚病の予防法と手当法」 大橋りゅう、福井正憑 ほか 『婦人倶楽部』 昭和12年8月1日 138
「同性愛心中の秘密」 北田秀子 『婦人公論』 昭和12年8月1日 149
「現代の童貞」 安田徳太郎 『婦人公論』 昭和12年8月1日 156
「貞操の法律読本」 鈴木義男 『主婦之友』 昭和12年9月1日 172
「百組以上媒酌した人が語る見合ひ失敗話」 亀岡泰躬、後藤英 ほか 『婦人倶楽部』 昭和12年9月1日 176
「貞操を失つた女に男の血はどう影響するか」 式場隆三郎 『婦人倶楽部』 昭和12年9月1日 178
「女医さんばかりで結婚する娘に教へる秘密相談会」 吉岡弥生、竹内茂代 ほか 『婦人倶楽部』 昭和12年10月1日 183
「若き異性を語る大学生座談会」 林芙美子、武田麟太郎 ほか 『婦人公論』 昭和13年1月1日 195
「少女とその母に贈る」 平塚らいてう 『婦人公論』 昭和13年1月1日 211
「初潮期の娘を持たれるお母様へ」 吉岡房子 『婦人公論』 昭和13年1月1日 215
「「初潮の娘」をどう導いてゐるか」 竹内茂代、平山信子 ほか 『婦人公論』 昭和13年1月1日 222
「新妻の衛生秘密相談」 竹内茂代 『主婦之友』 昭和13年3月1日 235
「女性の幸福と生活を脅す性病撲滅を語る」 本名順平、安田徳太郎 ほか 『婦人公論』 昭和13年4月1日 241
「危難に遭つて安全に身を脱する新しい婦人の護身術」 本田存 『主婦之友』 昭和13年8月1日 256
「子供は何人産むのが理想か」 『婦人画報』 昭和13年8月1日 259
「婦人身の上相談」 山田わか 『主婦之友』 昭和14年7月1日 265

「娘の相談」 嶋中雄作 『婦人公論』昭和14年9月1日 267
「婦人身の上相談」 山田わか 『主婦之友』昭和14年11月1日 274
「娘の相談」 嶋中雄作 『婦人公論』昭和14年12月1日 276
「婚期の娘の生活を考へる座談会」 上司小剣、石坂洋二郎 ほか 『婦人公論』昭和15年5月1日 283
「貞操保護法の制定」 片山哲 『婦人公論』昭和15年7月1日 301
「夫の貞操」 穂積重遠 『婦人公論』昭和15年10月1日 308
「婦人身の上相談」 山田わか 『主婦之友』昭和16年4月1日 327
「鼎談 未亡人の生きる道」 赤松常子、山室民子 ほか 『婦人画報』昭和21年9月1日 328
「結婚前の交際」 原奎一郎、眞木ゆき ほか 『婦人公論』昭和22年1月1日 332
「産児調節はなぜ必要か」 丘英通、加藤静枝 ほか 『婦人公論』昭和22年3月1日 339
「貞操問答」 我妻栄 『主婦之友』昭和22年8月1日 349
「宝塚想ひ出対談」 葦原邦子、春日野八千代 『主婦之友』昭和22年8月1日 352
「フェミニスト座談会」 藤田嗣治、吉村公三郎 ほか 『婦人公論』昭和23年3月1日 357
「堕胎をめぐつて」 石垣純二、菊田一夫 ほか 『婦人画報』昭和23年10月1日 367
「未婚の男性ナンバー1の座談会」 葦原邦子、灰田勝彦 ほか 『主婦之友』昭和23年11月1日 372
「精神異常時代」 荒正人、島崎敏樹 ほか 『婦人公論』昭和23年12月1日 377
「前進する日本女性」 M・エコルズ、羽仁説子 『婦人公論』昭和24年2月1日 387

「花嫁十の慎み」　渋沢秀雄『主婦之友』昭和24年4月1日　391
「娘・妻・未亡人　女の恋愛を語る」　丹羽文雄、林芙美子『主婦之友』昭和24年4月1日　395
「どんな男が誘惑されやすいか（女給とダンサーの打明け話）」　宮田よし子、市原春枝『主婦之友』昭和24年4月1日　399
「関東の女性・関西の女性」　吉屋信子、獅子文六『婦人倶楽部』昭和24年6月1日　401
「座談会　避妊薬をめぐつて」　森山豊、一丁田健一　ほか『婦人画報』昭和24年7月1日　408
「座談会　令嬢会議」　猪熊弦一郎氏夫妻、石坂路易子　ほか『婦人倶楽部』昭和24年7月1日　412
「処女と純潔」　宮本忍『婦人公論』昭和24年9月1日　419
「お嫁さんを探している青年ばかりの座談会」　有田平治、近藤敞　ほか『主婦之友』昭和24年10月1日　423
「新貞操問答」　平林たい子、田辺繁子『婦人倶楽部』昭和24年10月1日　429
「ボーイ・フレンドの問題（お嬢さまばかりの青春座談会）」　鮎沢福子、小崎朝子　ほか『主婦之友』昭和24年11月1日　435
「貞操はいらない」　戸川行男『婦人公論』昭和24年11月1日　441
「新しい性のモラル」　宮城音弥、望月衛　ほか『婦人公論』昭和25年1月1日　445
「結婚か職業か　三十娘さんばかりの打明け座談会」　坂西志保、大島絹子　ほか『主婦之友』昭和25年2月1日　457
「同性愛」　望月衛『婦人公論』昭和25年3月1日　463
「女性医学　春のめざめ」　常安田鶴子『婦人倶楽部』昭和25年5月1日　469
「もしも男に生れていたら」　暁テル子、雲野かよ子　ほか『婦人倶楽部』昭和25年8月1日　478
「傷だらけの足」　宮本百合子『婦人公論』昭和25年12月1日　484

「かなしき抵抗」　小谷剛『婦人公論』昭和25年12月1日　491
「愛情の自由と純潔」　石川達三、真杉静枝 ほか『婦人公論』昭和25年12月1日　495
「愛と性のこと」　三好十郎『婦人公論』昭和25年12月1日　505
「危険な年齢の娘たち」　神崎清『婦人公論』昭和25年12月1日　511
「転落の門」　角達也『婦人公論』昭和25年12月1日　516
「戦後女性群の悲劇」　北條誠『婦人公論』昭和25年12月1日　521
解説　岩見照代　525

「婦人雑誌」がつくる大正・昭和の女性像

第9巻

セクシュアリティ・身体4

3　「貞操・恋愛・結婚問題に就て　女性相談担当者の座談会」 今井邦子、星島二郎 ほか 『婦人倶楽部』昭和12年1月1日

貞《てい》操《さう》・戀《れん》愛《あい》・結《けつ》婚《こん》問《もん》
女《ぢょ》性《せい》相《さう》談《だん》擔《たん》

御出席の方々

（イロハ順）

歌人　今井邦子（中外商業）
鐵道參與官代議士　星島二郎（中央法律）
警視廳人事相談係長　及川常平（報知新聞）
小說家　久米正雄（時事新報）
評論家　山田わか（東京朝日）
教育家　高良富子（東京日日）
玉成學園長　平山信子（國民新聞）

記者　今日《けふ》は、主《おも》なる新聞《しんぶん》の『身《み》の上相談《うへさうだん》』の解答《かいたふ》を擔當《たんたう》してゐられる方々《かたがた》ばかりにお出《い》でを願《ねが》ひまして、戀愛《れんあい》・結婚《けつこん》・貞操《ていさう》といふやうな誰《たれ》もが最《もつと》も關心《くわんしん》を持《も》つ事柄《ことがら》に就《つい》てお話《はな》し頂《いただ》き、深刻《しんこく》な惱《なや》みを持《も》たれる御婦人方《ごふじんがた》の實際《じつさい》がどんなものであるか、一般《ぱん》の參考《さんかう》に供《きよう》したいと存《ぞん》じます。

今時《いまどき》の婦人《ふじん》の貞操觀念《ていさうくわんねん》

記者　近頃娘《ちかごろむすめ》さん方《がた》の貞操觀念《ていさうくわんねん》が、薄《うす》らいで來《き》たといふ人《ひと》がありますが、果《はた》してさうでございませうか。

及川　貞操《ていさう》といふことは强《つよ》く意識《いしき》されてゐるやうには思《おも》はれます。が併《しか》し、實際《じつさい》に於《おい》て、これを守《まも》ることの貧弱《ひんじやく》さを痛切《つうせつ》に感《かん》じてゐます。

題《だい》に就《つい》て
當《たう》者《しや》の座《ざ》談《だん》會《くわい》

（寫眞右より）高良、今井、平山、久米、及川、星島、山田の諸先生

平山　私《わたし》、今《いま》の女達《をんなたち》は、娘《むすめ》でも人妻《ひとづま》でも、自重心《じちようしん》つまり誇《プライド》といふものが非常《ひじやう》に足《た》りないと思《おも》ひます。それから、若《わか》い娘《むすめ》には、冒險的《ぼうけんてき》な氣持《きもち》が多分《たぶん》にあると思《おも》ひます。男《をとこ》の人《ひと》に誘《さそ》はれたりすると、行《い》つて見《み》ようかなといふ氣持《きもち》が動《うご》いて、ふら〳〵ッと應《おう》ずるのです。この誇《プライド》のないことと、冒險心《ぼうけんしん》があることの二つがいけないのだと思《おも》ひます。

及川　同感《どうかん》です。それから、これは小部分《せうぶぶん》の女性《ぢよせい》でせうけれど、自由思想《じいうしさう》――これが直《すぐ》に貞操《ていさう》を解放《かいはう》されたやうに考《かんが》へてゐる者《もの》があるんです。

久米　併《しか》し今《いま》の時代《じだい》は、事實上《じじつじやう》そんなに貞操《ていさう》が紊《みだ》れてゐるのでせうか。いつの時代《じだい》だつて、同様《どうやう》だが、今《いま》はそれを隱《かく》さなくなつた、寧《むし》ろそれを一種《しゆ》の誇《ほこ》りとしてゐる女《をんな》が出《で》て來《こ》た爲《ため》に、非常《ひじやう》に貞操《ていさう》が紊《みだ》れてゐるやうに思《おも》はれるが、事實《じじつ》は却《かへ》つてこの頃《ごろ》の方《はう》が確《しつか》りしてゐるのぢやないかしら？

山田　矢張《やは》り永《なが》い間《あひだ》女《をんな》の貞操《ていさう》は堅《かた》くて、男《をとこ》にそれがなかつたのが、この頃《ごろ》女《をんな》は幾《いく》らか崩《くづ》れ、男《をとこ》が幾《いく》らかよくなつた、つまり、段々《だん〳〵》平均《へいきん》して行《ゆ》くんぢやないでせうか。

今井　近頃《ちかごろ》友愛結婚《いうあいけつこん》といふやうなことが唱《とな》へられるので、自由《じいう》といふことを穿《は》き違《ちが》へて、昔《むかし》大事件《だいじけん》であつたことを却《かへ》つて嘲笑《てうせう》し、友愛的《いうあいてき》にどうしようと自由《じいう》だ、といふやうな方々《かた〴〵》があるやうですね。

久米　今《いま》の婦人《ふじん》が貞操觀念《ていさうくわんねん》が薄《うす》くなつたといふのは、男性《だんせい》から何《なに》か物質的《ぶつしつてき》なものを貰《もら》つて、つまり貞操《ていさう》を賣《う》つてゐるやうな場合《ばあひ》

5　「貞操・恋愛・結婚問題に就て　女性相談担当者の座談会」　今井邦子、星島二郎 ほか 『婦人倶楽部』昭和12年1月1日

があるのではないでせうか。小遣《こづかひ》が貰《もら》へるとか、華《はな》やかなことが出來《でき》さうな感《かん》じがして、許《ゆる》すことも屢〻《しば〳〵》あると思《おも》ひますが…。

星島　近年《きんねん》、貞操《ていさう》の價値《かち》が下《さが》つたといふのでせうか、この貞操問題《ていさうもんだい》の扱《あつか》ひ方《かた》が輕《かる》くなつた。私《わたし》が前《まへ》に辯護士《べんごし》をやつてゐた時分《じぶん》貞操《ていさう》蹂躙《どうりん》の慰藉料請求《ゐしやれうせいきう》に一萬圓《まんゑん》、二萬圓《まんゑん》などといふのがよくあつたが、この頃《ごろ》はそんなのは全然《ぜんぜん》なく、數字的《すうじてき》に非常《ひじやう》に安《やす》くなつてゐます。今《いま》は千圓《ゑん》といふのさへ稀《まれ》です。それは裁判官《さいばんくわん》の批判的觀念《ひはんてきくわんねん》が安《やす》くなつてゐることと、又《また》、要求《えうきう》してゐる女《をんな》の方《はう》も輕《かる》く見《み》てゐるし、要求《えうきう》されてゐる男《をとこ》の方《はう》も安《やす》く見《み》てゐることに因《よ》るのです。つまり、男《をとこ》も、女《をんな》も、世間《せけん》も、みんな貞操《ていさう》を輕《かる》く安《やす》く見《み》るやうになつたのですね。

平山　私《わたし》の方《はう》の『相談《さうだん》』には、十九や二十《はたち》の人達《ひとたち》が將來《しやうらい》を約束《やくそく》しました、といふのが非《ひ》常《じやう》に多《おほ》いのです。どうしてこの人達《ひとたち》は、將《しやう》來《らい》を約束《やくそく》するといふやうな重大《ぢうだい》な問題《もんだい》を、親《おや》にも相談《さうだん》せず、一人《ひとり》で簡單《かんたん》に運《はこ》んだのか、不思議《ふしぎ》で堪《たま》りません。

高良　本當《ほんたう》です。私《わたし》も此間《このあひだ》同樣《どうやう》の相談《さうだん》を受《う》けて、『それは、滿《まん》二十五歳《さい》にならなければ、將來《しやうらい》を約束《やくそく》することも、何《なに》することも、法《はふ》律《りつ》で許《ゆる》されてゐないのだから、萬事《ばんじ》親《おや》に相《さう》談《だん》しなければなりません。あなたははつきり「取消《とりけ》します」と云《い》はなければならぬ』と回答《くわいたふ》しておきましたけれど、もうこれなど身《み》を許《ゆる》してゐるのです。

及川　まだ十七、八の娘《むすめ》さん達《たち》は、とにかく本能的《ほんのうてき》な動《うご》きが先《さき》に出《で》てゐる。ところが、女學校《ぢよがくかう》を出《で》るや出《で》ない年頃《としごろ》の人達《ひとたち》には、世《せ》間《けん》の實際生活《じつさいせいくわつ》や、男《をとこ》といふ者《もの》がどういふ者《もの》か、といふことがはつきり認識《にんしき》されてゐません。そこに、本能的《ほんのうてき》の動《うご》きと自覺《じかく》とが並行《へいかう》してゐないので、矛盾《むじゆん》が來《く》ると思《おも》ひます。

平山　それは學校教育《がくかうけういく》といふよりも、お母《かあ》さんの責任《せきにん》だと思《おも》ひます。

山田　今《いま》の母親《はゝおや》がぐらついてゐるのでせう。

高良　普通《ふつう》なら月經開始前後《げつけいかいしぜんご》から、娘《むすめ》に身《み》を守《まも》ることを話《はな》し、若《も》し間違《まちが》つたらその責任《せきにん》は自分《じぶん》で負《お》はなければならぬ、といふことをよく敎《をし》へなければならぬと思《おも》ひます。

星島　今丁度《いまちやうど》、私《わたし》の頭《あたま》に浮《うか》んでゐることは、貞操問題《ていさうもんだい》といふよりも、世《よ》の中《なか》をもつと淸《クリーン》掃《アップ》するといふことです。例《たと》へば、私共《わたしども》政治《せいぢ》家《か》として、一番厭《ばんいや》なことは、選擧《せんきよ》の場合《ばあひ》に金《かね》で節操《せつさう》を賣《う》るものゝあることです。此席《ここ》では今《いま》、婦人《ふじん》の貞操《ていさう》といふことが問題《もんだい》とされてゐますが、單《たん》に婦人《ふじん》の貞操《ていさう》に限《かぎ》らず、世《よ》の中全體《なかぜんたい》が節操《せつさう》を重《おも》んずる必要《ひつえう》があるといふことを痛切《つうせつ》に感《かん》じます。

今井　男女《だんぢよ》の間《あひだ》も、世《よ》の中《なか》も、一樣《やう》に淨化《じやうくわ》したいものですね。

星島　大分前《だいぶまへ》の話《はなし》ですが、その頃世間《ころせけん》を騷《さわ》がせた强盜《がうとう》を扱《あつか》つた辯護士《べんごし》から聞《き》いたことです。この强盜《がうとう》は入《はい》つた先々《さき〴〵》で、大抵女《たいていをんな》を犯《をか》してゐたのです。けれども、この强盜《がうとう》が本《ほん》當《たう》に述懷《じゆつくわい》していふことには、餘《あま》りに女《をんな》が貞《てい》操《さう》を重《おも》んじない、命《いのち》を助《たす》けてくれといふ前《まへ》に直《す》ぐ貞操《ていさう》を捧《さゝ》げる。ところが、或《ある》たつた一人《ひとり》の婦人《ふじん》が、何《なん》でも上《あ》げますからそれだけは勘辨《かんべん》して下《くだ》さい、と云《い》つて固《かた》く貞操《ていさう》を拒《こば》んだので、一物《もつ》も盜《と》らずに歸《かへ》つた、といふことです。この話《はなし》を聞《き》いて、なるほどなあ、と思《おも》つたことでしたが、いつの場合《ばあひ》でも、最後《さいご》のものを守《まも》る强《つよ》い貞操觀念《ていさうくわんねん》は貴《たふと》いですね。

貞操《ていさう》を奪《うば》はれた女《をんな》の惱《なや》み

記者　愈々《いよ〳〵》最後《さいご》のものを奪《うば》はれた、それで惱《なや》んでゐる御婦人《ごふじん》は澤山《たくさん》ありませうね？

山田　無意識《むいしき》の裡《うち》に奪《うば》はれたのや、暴力《ばうりよく》で奪《うば》はれたといふのは、少《すこ》し寛大《くわんだい》ですけれども不問《ふもん》に附《ふ》していゝと思《おも》ひますね。

及川　貞操《ていさう》を奪《うば》はれた中《なか》には、暴行《ばうかう》、脅迫《けうはく》に依《よ》るものと、中間《ちうかん》的《てき》のものとがあつて、會社《くわいしや》の重役《ちうやく》とか上役《うはやく》が、自分《じぶん》の希望《きばう》に從《したが》はなければ、明日《あす》からくびにするといつて、生活《せいくわつ》を脅《おびや》やかすやうな場合《ばあひ》は、反抗《はんこう》することも出來《でき》ず許《ゆる》したといふ、氣《き》の毒《どく》なものです。

高良　併《しか》し、貞操蹂躙《ていさうじうりん》で訴《うつた》へることは出來《でき》るでせう？

及川　それは出來《でき》るでせう。それから、貞操《ていさう》を弄《もてあそ》ばれたといふ女《をんな》で、誰《だれ》にも訴《うつた》へることが出來《でき》ないといふので泣寢《なきね》入《い》りになつてゐる者《もの》、更《さら》に進《すゝ》んでは、受胎《じゆたい》して、お腹《なか》の問題《もんだい》と自《じ》分《ぶん》の身《み》の將來《しやうらい》を考《かんが》へてどうしたらいゝか、所詮先々《しよせんさき〴〵》のことが暗《くら》くなつて、遂《つひ》に自殺《じさつ》する者《もの》が可成《かな》りあるのぢやないかと思《おも》はれます。

今井　さういふ問題《もんだい》は、何《なん》とか道《みち》を講《かう》じて、救《すく》はねばなりませんね。

及川　これを救《すく》ふ機關《きくわん》が、現在《げんざい》どのくらゐありますか――。

平山　『一寸待《ちよつとま》て』運動《うんどう》くらゐのものでせう。

高良　私《わたし》、近頃感心《ちかごろかんしん》した、流石《さすが》は今《いま》の婦人《ふじん》だと思《おも》ふ例《れい》にぶつつかつたのです。それは役《やく》所《しよ》の上役《うはやく》の人《ひと》が自分《じぶん》に妻子《さいし》があるのに、そこに働《はたら》いてゐた婦人《ふじん》を巧言《こうげん》で無理《むり》に關係《くわんけい》して姙娠《にんしん》させた。それで向《むか》ふに交渉《かうせう》したら、非常《ひじやう》に冷淡《れいたん》な態度《たいど》です。そこで婦人《ふじん》は飜然《ほんぜん》と悟《さと》り、自分《じぶん》が惡《わる》かつたといふので、子供《こども》を抱《かゝ》へて、雄々《をゝ》しく生《い》きる覺悟《かくご》をしたのです。これは、その親御《おやご》からの相談《さうだん》でしたが、どうかしてこの娘《こ》を他《ほか》へ縁付《えんづ》かせたいと思《おも》ひますが、といふのです。それで私《わたし》は、そ

7　「貞操・恋愛・結婚問題に就て　女性相談担当者の座談会」　今井邦子、星島二郎 ほか　『婦人倶楽部』昭和12年1月1日

れは母性愛《ぼせいあい》として洵《まこと》に立派《りつぱ》なものだ、その健氣《けなげ》な心《こころ》を大《おほ》いに應援《おうえん》して上《あ》げなさい、と答《こた》へて置《お》きました。このやうに、間違《まちが》つたら間違《まちが》つたでその責《せめ》を立派《りつぱ》に背負《せを》つて行《ゆ》く、それまで行《ゆ》けば、間違《まちが》つても健氣《けなげ》だと思《おも》ひますね。

平山　さういふ惡《わる》いことをやつた男《をとこ》は、重役《ぢゆうやく》でも何《なん》でも、山田先生《やまだせんせい》なら「面皮《めんぴ》を剝《は》いでやりなさい」と仰言《おつしや》る所《ところ》でせうが――

及川　この問題《もんだい》について、私《わたし》がいひたいのは若《わか》い女性《ぢよせい》に貞操《ていさう》を守《まも》れといふスローガンを再檢討《さいけんたう》しなさいといふことです。それは神《かみ》樣《さま》が、肉體的《にくたいてき》に貞操《ていさう》を輕視《けいし》すると、女《をんな》といふ者《もの》は常《つね》に不利《ふり》な立場《たちば》に立《た》つやうに作《つく》られた、といふことを强調《きやうてう》したいのです。

久米　職業婦人《しよくげふふじん》のやうに、自活《じくわつ》の出來《でき》る人《ひと》なら、好《す》きな男《をとこ》と一緒《しよ》になつても構《かま》はないぢやないか、と僕《ぼく》は思《おも》ふ。併《しか》し男性《だんせい》との接觸《せつしよく》面《めん》が多《おほ》く、危險《きけん》に曝《さ》らされてゐる職業婦人《しよくげふふじん》のことだから、その人間《にんげん》が馬鹿《ばか》か利口《りこう》かに依《よ》つて、貞操《ていさう》を守《まも》るか守《まも》らないかが岐《わか》れるので、人間《にんげん》が利口《りこう》なら、馬鹿《ばか》な男《をとこ》には許《ゆる》さないだらうし、上役《うはやく》から無理往生《むりわうじやう》させられることもなからうと思《おも》ふ。

今井　私《わたし》、女中《ぢよちう》さんの相談《さうだん》を澤山《たくさん》受けますが、主人《しゆじん》に貞操《ていさう》を奪《うば》はれて、そのまゝその家《うち》に何時《いつ》までもゐるといふ、そこが第《だい》一間違《まちが》ひだと思《おも》ひます。

山田　ある派出婦《はしゆつふ》の話《はなし》ですが、夜中《よなか》に派出先《はしゆつさき》の主人《しゆじん》に犯《をか》されて、一晩中《ひとばんぢう》泣《な》き明《あ》かし、翌《よく》朝奧《あさおく》さんに訴《うつた》へたら、「それはどうもお氣《き》の毒樣《どくさま》」と、顏色《かほいろ》一つ變《か》へないといふのです。こんなのは、もう奧《おく》さんも諦《あきら》めてゐるのですね。

及川　女中《ぢよちう》さんの場合《ばあひ》など、泣寢入《なきねい》りになつてゐるのが、どれ程《ほど》あるか知《し》れません。

高良　そんなことを公《おほやけ》にすることは被害者《ひがいしや》の女《をんな》も困《こま》るので、自然《しぜん》と泣寢入《なきねい》りになるのでせうが、そんな場合《ばあひ》、被害者《ひがいしや》でなく、證《しやう》據《こ》を握《にぎ》つてゐる第《だい》三者《しや》からでも、そつと訴《うつた》へが出來《でき》るやうにしたらよからうと思《おも》ひますね。

及川　結局《けつきよく》、泣寢入《なきねい》りしてゐるからいけない。甚《はなはだ》しい女中《ぢよちう》さんなどは、主人公《しゆじんこう》に手《て》を附《つ》けられたことを誇《ほこ》りにさへ感《かん》じてゐるらしいのもゐます。そして、奧《おく》さんとの抗爭《かうさう》をやつてゐます。

高良　第《だい》一そんな場合《ばあひ》には、後《あと》で泣《な》くより、その場《ば》で大《おほ》きな聲《こゑ》をあげて、奧《おく》さんの所《ところ》へ逃《に》げて行《い》けばいゝのです。

及川　身《み》を以《もつ》て抗爭《かうさう》したら、本當《ほんたう》に凌辱《りようぢよく》など出來《でき》ないでせう。一番怖《ばんおそ》れるのは、私《わたし》の實《じつ》際《さい》に取扱《とりあつか》つた問題《もんだい》ですが、女中《ぢよちう》さんが朝早《あさはや》くから夜晩《よるおそ》くまで立働《たちはたら》くために、體《からだ》がくたくたに疲《つか》れて眠《ねむ》つてゐる、そこを犯《をか》されたといふ事實《じじつ》です。

平山　家庭内《かていない》にさういふ問題《もんだい》の起《おこ》るのは、主《しゆ》婦《ふ》の注意《ちうい》も足《た》らないとしなければなりません。それには、女中部屋《ぢよちうべや》に内《うち》から差錠《さしぢやう》をして置《お》くことを堅《かた》く言渡《いひわた》し、寢《ね》る前《まへ》に奧《おく》さんが一度《ど》、締《しま》つてゐるかどうか、廻《まわ》つて見《み》るやうにしたら、間違《まちが》ひが未然《みぜん》に防《ふせ》げるだらうと思《おも》ひます。

及川　何《なん》といつても本人《ほんにん》の自覺《じかく》が徹底《てつてい》しなければなりません。

高良　地方《ちはう》の娘《むすめ》さんには、性的《せいてき》に全《まつた》く無智《むち》なのがありますね。田舍《ゐなか》では十六、七に過《あやま》ちが起《おこ》り易《やす》いから、それまでに大體《だいたい》の知識《ちしき》を與《あた》へておかなければならないと思《おも》ひます。

例《たと》へば、奉公中《ほうこうちう》の娘《むすめ》が熟睡中《じゆくすゐちう》に近寄《ちかよ》られて體《からだ》の異状《ゐじやう》を來《きた》したが、何故《なぜ》かうなつたか姙《にん》娠《しん》を知《し》らずにゐた、といふのがあります。それから又《また》、花見《はなみ》の歸《かへ》りに、どうなるといふことを知《し》らないで、きずつけられたといふのもあります。

山田　かういふ貞操問題《ていそうもんだい》と、金《かね》の問題《もんだい》と、輕《けい》重《ちよう》の分《わか》らないものがあります。金《かね》を出《だ》して貰《もら》つてゐるから、といふので、好《す》きでもないその男《をとこ》から逃《に》げることも出來《でき》ないで、惱《なや》んでゐるのがあります。金《かね》の問題《もんだい》と、さういふ重大《ぢうだい》問題《もんだい》の輕重《けいちよう》は自《おのづか》ら明《あき》らかな筈《はづ》だと思《おも》はれるのに、それがどうも、はつきり分《わか》らないのがあります――。困《こま》つたものです。

結婚前《けつこんぜん》後《ご》の戀《れん》愛問題《あいもんだい》

記者　次《つぎ》に、結婚前《けつこんぜん》の戀愛問題《れんあいもんだい》、結婚《けつこん》後《ご》の愛人問題《あいじんもんだい》についてお願《ねが》ひします。

星島　私《わたし》はむしろ肉體的《にくたいてき》に處女《しよぢよ》でない人《ひと》よりは、肉體的《にくたいてき》には處女《しよぢよ》であつても、精神的《せいしんてき》に他《ほか》に思《おも》ふ人《ひと》を持《も》つて結婚《けつこん》する人《ひと》の方《はう》が問題《もんだい》だと思《おも》ふのです。此様《このやう》な人《ひと》は、先《ま》づすつかり相手《あひて》との戀愛《れんあい》を清算《せいさん》してから結婚《けつこん》しないと、いつかは第《だい》二の人《ひと》との結婚生活《けつこんせいくわつ》に罅《ひゞ》が入《はい》るだらうと思《おも》ふのです。

平山　結婚前《けつこんぜん》の戀愛《れんあい》を其儘《そのまゝ》にしておいて、子《こ》供《ども》が出來《でき》てから、どうしても前《まへ》の人《ひと》が忘《わす》れられない、今《いま》の夫《をつと》をちつとも愛《あい》し得《え》ない、といふのがあります。

山田　よくある問題《もんだい》ですね。

高良　經濟生活《けいざいせいくわつ》の方便《はうべん》として結婚《けつこん》するものだから、そんなことになるのですね。

平山　さうです。愛《あい》し得《え》ぬ人《ひと》を選《えら》んだことが間違《まちが》ひの因《もと》だと思《おも》ひます。

高良　それに結婚《けつこん》が唯一《ゆいつ》の女《をんな》の活《い》きる道《みち》だと思《おも》つてゐるから、こつちへ附《つ》き、あつちへ附《つ》きしてゐます。洵《まこと》に氣《き》の毒《どく》です。もつと結婚《けつこん》といふことを愼重《しんちよう》に考《かんが》へて欲《ほ》しいですね。

星島　近頃《ちかごろ》は多《おほ》くの男《をとこ》が享樂的《きようらくてき》になつてゐる

9　「貞操・恋愛・結婚問題に就て　女性相談担当者の座談会」 今井邦子、星島二郎 ほか 『婦人倶楽部』昭和 12 年 1 月 1 日

やうですが、獨身時代《どくしんじだい》は兎《と》も角《かく》、立派《りつぱ》な家庭人《かていじん》で放蕩《はうたう》に身《み》を持《も》ち崩《くづ》してゐる人間《にんげん》を見《み》ると、多《おほ》くは家庭内《かていない》が冷《つめ》たくて面白《おもしろ》くないから、つい外《そと》に享樂《きやうらく》を求《もと》めるのぢやないかと思《おも》ひますね。そこで私《わたし》は、日本《につぽん》の夫婦生《ふうふせい》活《くわつ》にもつと潤《うるほ》ひと朗《ほが》らかさがあつて欲《ほ》しいと思《おも》ふのです。例《たと》へば旦那《だんな》さんが歌《うた》つたり踊《をど》つたりが好《す》きな人《ひと》ならば、奥《おく》さんも一緒《しよ》になつて遊《あそ》ぶ。その結果《けつくわ》は、奥《おく》さんのしかつめらしい意見《いけん》よりは、却《かへ》つてきゝめがある事實《じじつ》を私《わたし》は知《し》つてをります。

平山　夫《をつと》と別居《べつきよ》してゐる間《あひだ》に、ついフラ〳〵ッとなるのがよくあるやうですね。これは愛人《あいじん》といふのでなく、感覺的《かんかくてき》の滿足《まんぞく》を得《う》る爲《ため》だらうと思《おも》ひます。そして、氣《き》がついて後《あと》で周章《あわて》るのです。

及川　つまり夫婦生活《ふうふせいくわつ》に間隙《すき》があると結婚前《けつこんぜん》の愛人問題《あいじんもんだい》まで起《おこ》つて來《く》るのぢやないですか。夫《をつと》が病氣《びやうき》であるとか、體に異常があるとか、配偶者《はいぐうしや》の一方《はう》が他方《たはう》に對《たい》して密度《みつど》が細《こま》やかでなかつた場合《ばあひ》とか——。

山田　つい四、五日前《にちまへ》に取扱《とりあつか》つた問題《もんだい》ですが夫《をつと》が何《なに》か研究《けんきう》に熱中《ねつちう》してゐて、子供《こども》は四人《よにん》あるけれども淋《さび》しく空虛《くうきよ》を感《かん》じてゐるところへ、近所《きんじよ》に同情《どうじやう》してくれる男《をとこ》が出來《でき》た。その後《ご》、夫《をつと》が患《わづら》つてゐる間大變苦勞《あひだたいへんくらう》した。その苦勞《くらう》を聞《き》いて貰《もら》ひたいと思《おも》つて、誘《さそ》はれる儘《まゝ》にその男《をとこ》と圓宿《えんしゆく》（一圓《えん》で泊《と》める宿《やど》）へ行《い》つた。そして男《をとこ》から非常《ひじやう》に強《つよ》く要求《えうきう》されたけれども、それは守《まも》り通《とほ》した。それを後《あと》で夫《をつと》が知《し》つて、お前《まへ》の貞操《ていさう》を疑《うたが》ふから離婚《りこん》すると云《い》つてゐる。併《しか》しこれは、こゝまで自分《じぶん》を淋《さび》しがらせた夫《をつと》の責任《せきにん》で、私《わたし》としては寧《むし》ろ夫《をつと》の責任《せきにん》を問《と》ひたいが、どうでせう、といふ相談《さうだん》です。それで私《わたし》としては、日本《につぽん》はアメリカ邊《あた》りとは違《ちが》ひますから、たとへ不滿《ふまん》であつても、そんな眞面目《まじめ》な夫《をつと》を持《も》ち、四人《よにん》も子供《こども》があるとすれば、淋《さび》しい爲《ため》に他《ほか》の男《をとこ》と遊《あそ》ぶなどとは以《もつ》ての外《ほか》だ、と叱《しか》つてやりました。

及川　男女同權《だんぢよどうけん》も、そこまで行《い》つては困《こま》りますね。

高良　例《れい》の勝美夫人《かつみふじん》などもそれでしたね。

平山　大體日本《だいたいにつぽん》の夫婦《ふうふ》といふものは、どこへ行《い》くにも、一緒《しよ》に行《ゆ》くといふことをあまり致《いた》しませんので、そこに、問題《もんだい》が起《おこ》るのぢやないかと思《おも》ひます。これはどちらも貞操《ていさう》觀念《くわんねん》をしつかり有《も》つて貰《もら》ひ、經濟《けいざい》や事情《じじやう》の許《ゆる》す範圍《はんゐ》で、旅行《りよかう》などには奥《おく》さんを連《つ》れる、奥《おく》さんも簡單《かんたん》に旅行《りよかう》に出《で》る、といふことにしたいと思《おも》ひますね。

星島　一體《たい》に戀愛《れんあい》に間違《まちが》ひを起《おこ》し易《やす》いのは、嚴格過《げんかくす》ぎる家庭《かてい》の子女《しぢよ》とか、又《また》は男兄弟《をとこきやうだい》ばかりの男性《だんせい》が、くだらない女《をんな》に迷《まよ》つたりするもので、これは、相手《あひて》に對《たい》する批判力《ひはんりよく》がない爲《ため》に起《おこ》る問題《もんだい》です。私《わたし》がフインランドで見《み》た男女大學生《だんぢよだいがくせい》は、理想的《りさうてき》な男女交際《だんぢよかうさい》をしてをりました。男女《だんぢよ》が連《つ》れ立《だ》つて歩《ある》いても、日本《につぽん》のやうに決《けつ》して變《へん》な眼《め》で見《み》もしないし、又《また》、決《けつ》して無批判《むひはん》に相手《あひて》に總《すべ》てを捧《さゝ》げて後《のち》、うまく行《ゆ》かないで後悔《こうくわい》するやうなことはないさうです。交際《かうさい》は交際《かうさい》、結婚《けつこん》は結婚《けつこん》ときめてゐるあたり、實《じつ》に洗練《せんれん》されてゐます。日本《につぽん》もさうありたいですねえ。

戀愛結婚《れんあいけつこん》か見合《みあひ》結婚《けつこん》か

記者　結婚《けつこん》の經緯《いきさつ》から申《まう》しますと、戀愛結婚《れんあいけつこん》、

見合結婚《みあひけつこん》、義理結婚《ぎりけつこん》、詐欺結婚《さぎけつこん》、などといろ〳〵ありますが、惱《なや》みを訴《うつた》へるのは、どの結婚《けつこん》が一番《ばん》多《おほ》いでせうか。

及川　戀愛結婚《れんあいけつこん》、見合結婚《みあひけつこん》、義理結婚《ぎりけつこん》の三つに就《つい》て考《かんが》へると、結婚《けつこん》といふものはどうしても本人《ほんにん》の心《こゝろ》が元《もと》になつてゐなければならぬ、と思《おも》ひます。義理結婚《ぎりけつこん》のいけないといふことは、もう議論《ぎろん》の餘地《よち》はないと思《おも》ひます。それから戀愛結婚《れんあいけつこん》がいゝか見合結婚《みあひけつこん》がいゝか、といふことになると、戀愛結婚《れんあいけつこん》も惡《わる》いとは云《い》へないでせうが、併《しか》し實際《じつさい》問《もん》題《だい》として、戀愛結婚《れんあいけつこん》には相當《さうたう》危《き》險性《けんせい》を認《みと》めるのです。それはどうしてかといふと、今迄《いままで》澤山《たくさん》の離婚事件《りこんじけん》を取扱《とりあつか》つて見《み》て、戀愛《れんあい》結婚《けつこん》した者《もの》に離婚事件《りこんじけん》が多《おほ》いのです。だから、戀愛結婚《れんあいけつこん》は理想的《りさうてき》なものではあるけれども、さういふ躓《つまづ》きが多《おほ》いことから考《かんが》へると、直《たゞち》に戀愛結婚《れんあいけつこん》が宜《よろ》しいといふことには贊成《さんせい》出來《でき》ないと思《おも》ふのです。その點《てん》、見合《みあひ》結婚《けつこん》といふものには、割合《わりあひ》壞《こは》れが尠《すくな》いやうに考《かんが》へられるのです。之《これ》は若《わか》い人《ひと》の戀愛《れんあい》が薄《うす》つぺらであるのに反《はん》し、見合結婚《みあひけつこん》の場合《ばあひ》の親御《おやご》さん達《たち》の目先《めさき》は相當《さうたう》利《き》いてゐる。その利《き》いた目先《めさき》を以《もつ》て周圍《しうゐ》の大勢《おほぜい》の中《なか》から見《み》つけ出《だ》して來《く》るのだから、勢《いきほ》ひ見合結婚《みあひけつこん》が安全率《あんぜんりつ》が多《おほ》いといふことになると思《おも》ふのです。年寄《としより》は頭《あたま》が古《ふる》いとか何《なん》とか云《い》つても、老眼鏡《らうがんきやう》をかけると、娘《むすめ》さんが近眼鏡《きんがんきやう》をかけたよりは、遙《はるか》によく見《み》えるのぢやないかと思《おも》ひます。

山田　本當《ほんたう》に神聖《しんせい》な戀愛《れんあい》なら、それは素晴《すば》らしいものです。ところが今《いま》の戀愛《れんあい》は大抵《たいてい》、戀愛病《れんあいびやう》なのです。だから熱《ねつ》に浮《う》かされて夫《ふう》

11　「貞操・恋愛・結婚問題に就て　女性相談担当者の座談会」 今井邦子、星島二郎 ほか 『婦人倶楽部』昭和12年1月1日

婦《ふ》になつた後《のち》に、間違《まちが》ひの起《おこ》るのは當然《たうぜん》です。今《いま》のところ、見合結婚《みあひけつこん》がまあ無難《ぶなん》ですね。

今井　今《いま》おつしやつたことは、「今《いま》の戀愛《れんあい》は」といふことをおつしやつたから賛成《さんせい》ですけれども、そこに停滞《ていたい》してゐずに、飽《あ》く迄《まで》よい戀愛《れんあい》に進《すゝ》み、軈《やが》て結婚《けつこん》に行《ゆ》くといふやうに、結婚《けつこん》はどうしても戀愛《れんあい》から進《すゝ》まなければならぬと思《おも》ひます。

及川　お說《せつ》は尊重《そんちよう》します。同時《どうじ》に、若《わか》い人達《ひとたち》に、もつとしつかりしてもらはなければならぬと思《おも》ひます。

山田　若《わか》い娘《むすめ》さんに最《もつと》も數《かず》の多《おほ》い惱《なや》みは、親《おや》がかういひます、親戚《しんせき》がかういひますけれども私《わたし》は氣《き》が向《む》きません、といふことです。

及川　義理結婚《ぎりけつこん》はもう問題外《もんだいぐわい》ですね。知《し》りつゝ嫁《い》つて直《す》ぐ暗礁《あんせう》に乘《の》り上《あ》げて悲鳴《ひめい》を擧《あ》げてゐますよ。

山田　詐欺結婚《さぎけつこん》にかゝるのは馬鹿《ばか》ですね。

及川　ひつかゝる方《はう》が惡《わる》いのです。病院《びやうゐん》を造《つく》る費用《ひよう》として出《だ》してくれとか、學資《がくし》を出《だ》してくれゝば顔《かほ》の美醜《びしう》は問《と》はずとか、いろいろあります。そんなのを易々《やすく》と受《う》け容《い》れて、財産《ざいさん》を投《な》げ出《だ》すなど、これは周圍《しうゐ》の人々《ひとびと》もあまりに無智《むち》です。

久米　僕《ぼく》は夫婦關係《ふうふくわんけい》などは樣式《やうしき》の如何《いかん》ぢやないと思《おも》ふ。從《したが》つて結婚生活《けつこんせいくわつ》は、幸不幸《かうふかう》は別《べつ》として、神聖《しんせい》なる一つの事實《じじつ》であり、形式《けいしき》は戀愛結婚《れんあいけつこん》でも見合結婚《みあひけつこん》でも差支《さしつかへ》ないと思《おも》ふ。戀愛結婚《れんあいけつこん》は見合結婚《みあひけつこん》と比《くら》べ物《もの》にならない程《ほど》いゝとは思《おも》ふが、併《しか》し現在《げんざい》の狀態《じやうたい》では、戀愛結婚《れんあいけつこん》することが非常《ひじやう》に困難《こんなん》である。日本《にほん》の現在《げんざい》の社會制度《しやくわいせいど》の上《うへ》からいつて、依然《いぜん》として見合結婚《みあひけつこん》が行《おこな》はれてゐるといふには、又《また》それだけの存在理由《そんざいりいう》があるのだと思《おも》ひます。

結婚前《けつこんぜん》の過失《くわしつ》はどうするか

記者　結婚前《けつこんぜん》の貞操上《ていさうじやう》の過失《くわしつ》は、夫《をつと》に打明《うちあ》ける方《はう》がいゝか、又《また》はそつとして置《お》く方《はう》がいいか、それについて深刻《しんこく》な煩悶《はんもん》をしてゐる者《もの》は隨分多《ずゐぶんおほ》いことでせうね。

高良　私《わたし》の取扱《とりあつか》つたのに、農村《のうそん》の娘《むすめ》で、主人《しゆじん》に弄《もてあそ》ばれたり、戀人《こひびと》と勝手《かつて》なことをしたりして、自分《じぶん》でも結婚《けつこん》の資格《しかく》はないと思《おも》つてゐたのに、一寸《ちよつと》した小都會《せうとくわい》の店《みせ》の主人《しゆじん》と結婚《けつこん》することが出來《でき》て、子供《こども》も生《うま》れた後《のち》、どうした機《はず》みか、前《まへ》の主人《しゆじん》に犯《をか》されたことや、戀人《こひびと》のあつたことなど、現在《げんざい》の良人《をつと》に話《はな》してしまつた。ところが良人《をつと》も、初《はじ》めは許《ゆる》すといつてゐたのに、段々《だん〳〵》機嫌《きげん》が惡《わる》くなつて、この頃《ごろ》では非常《ひじやう》に虐待《ぎやくたい》する。自分《じぶん》では夫《をつと》が愛《あい》してくれるからこそ信《しん》じて告白《こくはく》したのに、あべこべにそれが因《もと》となつて酷《ひど》い目《め》に遭《あ》ふのなら、申譯《まうしわけ》ないけれども、暴虐《ばうぎやく》に耐《た》へられないから、いつそ子供《こども》を置《お》いて農村《のうそん》へ歸《かへ》つてしまはうかと思《おも》ふが、といふ相談《さうだん》がありました。

今井　それは多《おほ》いですね。

及川　私《わたし》も扱《あつか》ひました。これは非常《ひじやう》に意志《いし》の固《かた》い青年《せいねん》でしたが、苦學《くがく》して文官試驗《ぶんくわんしけん》を通《とほ》り、將來《しやうらい》を囑望《しよくばう》されてゐました。獨身時代《どくしんじだい》は全《まつた》く童貞《どうてい》を守《まも》り通《とほ》してをつたが、細君《さいくん》を持《も》つて、子供一人《こどもひとり》出來《でき》たに拘《かゝは》らず、細君《さいくん》の方《はう》で、すつかり昔《むかし》の過失《くわしつ》をさらけ出《だ》して話《はな》したので、自分《じぶん》はこの不純《ふじゆん》な女《をんな》の爲《ため》にむざむざ童貞《どうてい》を蹂躙《じうりん》されてしまつたかと思《おも》ふとこの胸《むね》がムカ〳〵して仕樣《しやう》がないから、散《さん》散放蕩《さんはうたう》して、妻《つま》に報復《はうふく》してやらうかと思《おも》ふ、といふのです。

これについて私思《わたしおも》ひましたのは、過去《くわこ》の

過失《くわしつ》を打明《うちあ》けてかゝるのは理想《りさう》ですが、權《けん》道《だう》をとつて秘密《ひみつ》を包《つゝ》み嫁《とつ》いだなら、平素《へいそ》の主人《しゆじん》に對《たい》する貞節《ていせつ》と申《まう》しますか、親密《しんみつ》の度《ど》合《あひ》と申《まう》しますか、適當《てきたう》に溫床《おんしやう》を溫《あたゝ》めて置《お》く必要《ひつえう》があると思《おも》ふのです。さうすれば、その秘密《ひみつ》を打明《うちあ》けても、一時《じ》はごた〱するかも知《し》れないけれども、結局《けつきよく》は許《ゆる》される所《ところ》へ行《ゆ》くのぢやないかと思《おも》ひます。平素《へいそ》いい細君《さいくん》であれば、良心《りやうしん》の苛責《かしやく》に堪《た》へず秘密《ひみつ》を打明《うちあ》けてしまつたが故《ゆゑ》に、離緣《りえん》になるといふことは少《すくな》いと思《おも》ひます。結局《けつきよく》男《をとこ》はさういふ所《ところ》へ行《ゆ》くと、寛大《くわんだい》だと思《おも》ふのです。

平山　私《わたし》は、寛大《くわんだい》でないと思《おも》ひます。さういふ問題《もんだい》で、許《ゆる》すとか許《ゆる》さないとかいふことになると、女《をんな》の方《はう》は諦《あきら》めるものですが、男《をとこ》は非常《ひじやう》に蹂躙《じうりん》されたやうな感《かん》じを以《もつ》て、許《ゆる》さないのが一般《はん》の男《をとこ》だと思《おも》ひます。

及川　私《わたし》は『己《おの》が罪《つみ》』の結論《けつろん》が大抵《たいてい》の男《をとこ》の態《たい》度《ど》ぢやないかと思《おも》ひます。一囘《くわい》は猛烈《まうれつ》にやりますよ。併《しか》し最後《さいご》には、この女《をんな》はこれだけ自分《じぶん》に盡《つく》してくれたといふので、冷靜《れいせい》に還《かへ》るやうに考《かんが》へます。

今井　併《しか》し私《わたし》は、かういふことを考《かんが》へます。隱《かく》すといふのぢやないけれども、わざ〱打明《うちあ》けても誰《だれ》も救《すく》はれない。夫《をつと》は勿論《もちろん》、自《じ》分《ぶん》も苦《くる》しみ、子供《こども》も不和《ふわ》でゐる家庭《かてい》に育《そだ》つてはうまく行《ゆ》かない。結局誰《けつきよくだれ》も幸福《かうふく》になれない。皆《みな》が暗黑《あんこく》になるだけだと思《おも》ひます。

山田　だが、後《あと》で自然《しぜん》に夫《をつと》に知《し》られたら、夫《をつと》は騙《だま》されたやうな氣持《きもち》になるでせう。

平山　初《はじ》めすつかり云《い》つてしまつてから結婚《けつこん》するのが理想《りさう》だけれども、云《い》はずに結婚《けつこん》してしまつた場合《ばあひ》は、後《あと》で打明《うちあ》けるよりは、仕方《しかた》がないから隱《かく》すのです。隱《かく》すことに依《よ》つて、皆《みな》が救《すく》はれれば、それでいゝと思《おも》ふのです。

今井　隱《かく》すといふのでなく、輕卒《けいそつ》に云《い》はないのです。

及川　ところが、御主人《ごしゆじん》がよければよい程《ほど》、隱《かく》しておくことが堪《た》へられないらしいのです。

高良　ところが、主人《しゆじん》のよさからでなく、輕《けい》卒《そつ》に打明《うちあ》けて、破綻《はたん》を來《きた》す場合《ばあひ》があるのです。だから、結婚前《けつこんまへ》に一通《ひととほ》り淸算《せいさん》しておくのがいゝと思《おも》ひます。

久米　結婚前《けつこんまへ》の戀愛《れんあい》について考《かんが》へるのは、小《せう》説《せつ》などでは何時《いつ》までも尾《を》を引《ひ》いて、死《し》ぬまで初戀《はつこひ》の人《ひと》を忘《わす》れない、などとあるけれども、實際上《じつさいじやう》、殊《こと》に男《をとこ》などには、そんなことは決《けつ》してないと思《おも》ふ。從《したが》つて、結婚前《けつこんまへ》の戀愛《れんあい》を打明《うちあ》ける、打明《うちあ》けないといふより、そんなことは忘《わす》れてしまふのが本當《ほんたう》だと思《おも》ひます。僕《ぼく》は、身《み》の上相談《うへさうだん》を受《う》けて、どうして女《をんな》はこんなに過去《くわこ》の記憶《きおく》にいつまでも拘《こだは》つてゐるか、と思《おも》ひますね。子供《こども》を産《う》んだといふのなら別《べつ》だが、結婚前《けつこんまへ》のことなど、自分《じぶん》から忘《わす》れていい、忘《わす》れて差支《さしつか》へないものだと思《おも》ひますね。

記者　長時間《ちやうじかん》、有益《いうえき》な意義《いぎ》深《ぶか》いお話《はなし》を願《ねが》ひまして洵《まこと》に有《あり》難《がた》うございました。では、この邊《へん》で――。（終）

15　「思春期の子女を持つお母様のための座談会」 竹内茂代、永井花枝 ほか 『婦人倶楽部』昭和12年2月1日

思春期の子女を持つ

御出席の方々（イロハ順）

醫學博士　竹内茂代

帝大醫學部長 永井潜氏夫人　永井花枝

白百合高等 女學校敎諭　山田覡壞

東京市保健局長 宮川宗德氏夫人　宮川英子

醫學博士　諸岡存

思春期《ししゆんき》は人生《じんせい》で最《もつと》も大事《だいじ》な關所《せきしよ》です。この座談會《ざだんくわい》こそ年頃《としごろ》の子女《しぢよ》を持《も》たれるお母樣方《かあさまがた》のよき相談相手《さうだんあひて》ともよき指導者《しどうしや》ともなりませう。

思春期《ししゆんき》の徵候《ちようこう》と年齡《ねんれい》

記者　思春期《ししゆんき》は精神的肉體的《せいしんてきにくたいてき》の變換期《へんくわんき》で、生涯《しやうがい》を通《つう》じて一番大事《ばんだいじ》な時期《とき》だと思《おも》ひます。で、さういふ年頃《としごろ》の子女《しぢよ》を持《も》たれる母親《はゝおや》はどうしたら、その難關《なんくわん》を無事《ぶじ》に突破出來《とつぱでき》るか、誰《たれ》しも非常《ひじやう》に苦心《くしん》される事《こと》と思《おも》ひますので、本日《ほんじつ》はさういふ方面《はうめん》に最《もつと》も御理解《ごりかい》の深《ふか》い

お母様のための座談會

皆様方《みなさまがた》からいろ／＼御教導《ごけうだう》頂《いただ》いて、お母様方《かあさまがた》の參考《さんかう》に供《きよう》したいと存《ぞん》じます。どうぞよろしくお願《ねが》ひいたします。竹内先生《たけうちせんせい》、一體《たい》、思春期《ししゆんき》と申《まう》しますのはいつ頃《ごろ》からですか？

竹内 早《はや》い遲《おそ》いはありますが、平均滿《へいきんまん》十一歳《さい》を中心《ちうしん》にして身長《しんちやう》が急激《きふげき》に伸《の》びる時期《じき》があるものです。それを思春期前《ししゆんきぜん》の徵候《ちようこう》といつてをりますが、さうなるとそろ／＼思春期《ししゆんき》になるわけです。

山田 一般《ぱん》に男《をとこ》の子《こ》の方《はう》が遲《おそ》いやうでございますね。

永井 環境《くわんきやう》などの關係《くわんけい》にもよりませう。

17　「思春期の子女を持つお母様のための座談会」 竹内茂代、永井花枝 ほか 『婦人倶楽部』昭和12年2月1日

竹内　さうです。花柳界《くわりうかい》などの子供《こども》はとても早《はや》く來《き》ます。で、思春期《ししゆんき》のしるしは男《をとこ》の子《こ》ならば聲《こゑ》が變《かは》りますし、女《をんな》の子《こ》ならば月經《げつけい》がはじまりますからすぐ分《わか》ります。

記者　そのほか、子供《こども》の思春期《ししゆんき》になつたかどうかを知《し》る法《はふ》はありませんか？

竹内　感情的《かんじやうてき》で神經質《しんけいしつ》になりますね。

宮川　大變氣《たいへんき》にいたします。私共《わたしども》では同胞《きやうだい》が多《おほ》うございますが、同胞《きやうだい》のことに干渉《かんせふ》し過《す》ぎるやうな傾向《けいかう》がございました。

諸岡　それに皮膚《ひふ》などが見違《みちが》へるやうに綺麗《きれい》になつて、恥《はづか》しがつたり、空想《くうさう》に耽《ふけ》つたりしますね。

宮川　私《わたし》のところなどいつも一緒《しよ》に風呂《ふろ》に入《はい》つてをりましたのが、さういふ時期《じき》になりますといやがりましてね。

寫眞向つて右より　山田先生、永井夫人、宮川夫人、竹内博士、諸岡博士

永井　十五六になりますと、ほんとにいやがりますね。宅《たく》には只今《たゞいま》十二の女《をんな》の子《こ》がをりますが、その方《はう》はまだ平氣《へいき》で一緒《しよ》に入《はい》つてをりますけれど――。

記者　初潮《しよてう》はいつ頃《ごろ》からはじまるものですか？

竹内　日本《につぽん》での平均《へいきん》は十四歳《さい》六ケ月《げつ》です。

諸岡　外國《ぐわいこく》のは十五歳半《さいはん》ですな。同《おな》じ日本《につぽん》でも東京邊《とうきやうあた》りは地方《ちはう》より早《はや》い、それから顔《かほ》の色《いろ》、皮膚《ひふ》の色《いろ》の黒《くろ》い者《もの》は早熟《さうじゆく》です。インドなどは氣候《きこう》の關係《くわんけい》もありますが六年位《ねんくらゐ》は早《はや》い。

竹内　それから、小學校《せうがくかう》などで男《をとこ》の先生《せんせい》に受《うけ》持《も》たれた女生徒《ぢよせいと》は、女《をんな》の先生《せんせい》に受持《うけも》たれた女生徒《ぢよせいと》よりもずつと早《はや》く發育《はついく》して、月經《げつけい》などの來潮《らいてう》も早《はや》いといふ事實《じじつ》があります。私《わたし》は男生徒《だんせいと》は男教員《だんけうゐん》、女生徒《ぢよせいと》は女教員《ぢよけうゐん》が受持《うけも》つべきだと主張《しゆちやう》してをります。

諸岡　あなたのお說《せつ》は至極御尤《しごくごもつとも》で、この頃《ごろ》のやうに婚期《こんき》が後《おく》れては、なるべく早熟《さうじゆく》は避《さ》けた方《はう》がいゝと思《おも》ひます。それから、女《をんな》の子《こ》で月經《げつけい》があるといふことを誰《たれ》からも敎《をし》へられてゐなかつた爲《た》めに、突然《とつぜん》の來潮《らいてう》でビックリし、學校《がくかう》などで大騷《おほさわ》ぎを演《えん》じたりしますが、お母樣《かあさま》の注意次第《ちういしだい》で餘程救《よほどすく》はれるのだらうと思《おも》ひますね。

思春期《ししゆんき》の娘《むすめ》を持《も》つ母親《はゝおや》の心得《こゝろえ》

竹内　私《わたし》は私《わたし》の娘《むすめ》を育《そだ》てた經驗《けいけん》から、かういふことを注意《ちうい》しておく必要《ひつえう》があると思《おも》ひます。まづ、背《せ》がぐん〳〵伸《の》びて來《き》たらもう來《く》るなといふことをお母《かあ》さんが知《し》つて、まだ來潮《らいてう》しないうちに、ほんとのことを敎《をし》へてやる。それも解剖的《かいばうてき》に生理《せいり》と解剖《かいばう》の言葉《ことば》を使《つか》つて敎《をし》へる、つまり學術語《がくじゆつご》を使《つか》ひさへすれば眼《め》や耳《みゝ》の講釋《かうしやく》を聞《き》いてゐるのと同樣《どうやう》です。

例《たと》へば、これは何《なん》といふものだといふことを一通《ひととほ》り敎《をし》へて、まづ卵巢《らんさう》といふものがあつて、この中《なか》の卵《らん》がだん〳〵育《そだ》つに從《したが》つて表面《ひやうめん》に近《ちか》くなり成熟《せいじゆく》すれば、表面《ひやうめん》の被膜《ひまく》を破《やぶ》つて外《そと》に出《で》る、すると、その卵《らん》の出《で》たあとへ黃體《わうたい》といふものが出來《でき》て、性《せい》ホルモンが内分泌《ないぶんぴつ》する、それが血《ち》に混《まじ》つて體中《からだぢう》を循環《じゆんくわん》する、そして一方《ぱう》卵《らん》が出來《でき》たといふ知《し》らせが腦《なう》の方《はう》へ屆《とゞ》いて行《ゆ》くと、腦《なう》の中樞《ちうすう》

で驅を養ふ準備《じゆんび》として子宮《しきう》の周圍《しうゐ》に血液《けつえき》を集《あつ》める働《はたら》きを起《おこ》す、さういふ働《はたら》きが起《おこ》ると、子宮粘膜《しきうねんまく》の周圍《しうゐ》とか卵巣《らんさう》とか卵管《らんくわん》などの組《そ》織《しき》の中《なか》に血液《けつえき》が一ぱい溜《たま》つて來《く》る、さうすると子宮粘膜《しきうねんまく》に小《ちひ》さい傷《きず》がついて、そこから滲《し》み出《だ》すやうな出血《しゆつけつ》が起《おこ》る、その血液《けつえき》が膣《ちつ》を通《とほ》して外《そと》に出《で》て來《く》るので、これが月經《げつけい》といふものである。

これは身長《しんちやう》と體重《たいぢう》が一定《てい》の發育《はついく》を遂《と》げたときに起《おこ》るので、女《をんな》には誰《たれ》にも必《かなら》ず起《おこ》ることで決《けつ》して心配《しんぱい》はない、痛《いた》くも苦《くる》しくもないが血液《けつえき》が出《で》て來《き》たら、これを散《ち》らさないやうに脫脂綿《だつしめん》を當《あ》て、その上《うへ》へ丁字帶《ていじたい》をかけて時々取替《ときどきとりか》へるやうにする、ですから、若《も》し出血《しゆつけつ》があつたらお母《かあ》さんにちやんといひなさい、といふやうに敎《をし》へておくといゝと思《おも》ひます。

記者 大變結構《たいへんけつかう》なお話《はなし》を伺《うかゞ》ひました。宮川《みやがは》さんのおところなどは——。

宮川 私《わたし》は學問的《がくもんてき》にはよく分《わか》りませんから、竹内先生《たけうちせんせい》のやうには參《まゐ》りませんが、さういふ時期《じき》になります前《まへ》に、女《をんな》には必《かなら》ず起《おこ》る當然《たうぜん》なことなので、別《べつ》に驚《おどろ》いたり心配《しんぱい》したりすることはありません。あなたもキツトありますから、若《も》しあつたらお母《かあ》さんにも知《し》らせて、かういふ風《ふう》になさい、といふ風《ふう》に敎《をし》へておきましたし、女學生《ぢよがくせい》になりますと特別衞生《とくべつゑいせい》といふやうな書《か》きものを貰《もら》ひますので、それによつて一通《ひととほ》り敎《をし》へておきましたせゐか、別《べつ》に縮尻《しゆくじり》もなく今日《こんにち》まで參《まゐ》つてをります。

永井 私《わたし》のところは十二の上《うへ》に十五の女《をんな》の子《こ》がをりますが、この方《はう》は昨年《さくねん》あたりから——。主人《しゆじん》も母親《はゝおや》とならどんな話《はなし》でも出來《でき》るやうにしておいた方《はう》がいゝと申《まう》しますので、そのやうにしてをりましたら、何《なん》でもいつて相談《さうだん》しますが、妹《いもうと》に知《し》られるのはいやらしうございますね。十二になるのはまだ何《なに》も知《し》りませんから、私《わたし》が一週間《しうかん》もお風《ふ》呂《ろ》へ入《はい》りませんと、お母《かあ》さんどうしたの、などと聞《き》きますので、風邪《かぜ》を引《ひ》いたんですよ、といひますと、ぢやあ私《わたし》も風邪《かぜ》を引《ひ》いた、などといつてお風呂《ふろ》に入《はい》らないのです(笑聲《せうせい》)もう少《すこ》し大《おほ》きくなつたら、よくいつて聞《き》かせたいと思《おも》つてをります。

山田 私共《わたしども》のところには二人《ふたり》をりますが、女《ぢよ》

學校《がくかう》の一年《ねん》の時《とき》に私《わたし》の經驗《けいけん》で一通《ひととほ》り話《はな》して聞《き》かせました。そして若《も》しあつたらかうなさいと申《まう》しておきましたら、上《うへ》の子《こ》は女學校《ぢよがくかう》の二年生《ねんせい》、下《した》の子《こ》は女學校《ぢよがくかう》の一年生《ねんせい》の時《とき》にはじまつたと申《まう》してをりましたので、更《さら》によく注意《ちうい》をしてやりました。それで別《べつ》に心配《しんぱい》するやうなこともありませんでした。

竹内　なほ、次《つぎ》の月頃《つきごろ》になつたら、もうはじまつたか、痛《いた》くはないかなどと聞《き》いてやります。又《また》、血液《けつえき》は決《けつ》して固《かた》まらないもので、若《も》し黑《くろ》く凝《こ》るやうだつたらいけないのだとか、一、二日位《にちぐらゐ》で終《をは》つたり、十日《とをか》以上《いじやう》も續《つゞ》いたらいけないとか、下腹《したはら》が重苦《おもくる》しいのや眠《ねむ》いのやだるいのは自然《しぜん》の現象《げんしやう》で慣《な》れゝば何《なん》でもないものだといふやうに敎《をし》へてやります。なほ、月經中《げつけいちう》だからといつて、今《いま》までの生活《せいくわつ》を急《きふ》に變《か》へさせる必要《ひつえう》はありません。

山田　修學旅行《しうがくりよかう》などが一番《ばん》困《こま》りますね。

竹内　さういふ時《とき》は受持《うけもち》の先生《せんせい》にも事情《じじやう》をお話《はなし》して、やらない方《はう》がいゝと思《おも》ひます。

記者　母親《はゝおや》の不《ふ》注意《ちうい》とか本人《ほんにん》に知識《ちしき》がなかつたやうなことから悲劇《ひげき》の種《たね》をつくつたといふやうなことはございませんか。

竹内　昔《むかし》はよくあつたやうですが、今《いま》は餘《あま》りありませんね。ビツクリして泣《な》く位《くらゐ》のことはよくあります。

諸岡　それでも中《なか》には恥《はづか》しがつて誰《たれ》にも相談《さうだん》せずに、こつそり賣藥《ばいやく》など用《もち》ひて失敗《しつぱい》したやうな例《れい》はよくありますね。

異性《いせい》と二人《ふたり》切《き》りの機會《きくわい》は禁物《きんもつ》

記者　年頃《としごろ》の子女《しぢよ》のある家庭《かてい》などで、性《せい》の問《もん》題《だい》とか男女問題《だんぢよもんだい》を極端《きよくたん》に警戒《けいかい》して、甚《はなは》だしいのは戀愛《れんあい》といふやうな言葉《ことば》まで子供《こども》の前《まへ》では避《さ》けたがる傾向《けいかう》があるやうですが、やはりその必要《ひつえう》がありませうか。

諸岡 餘《あま》り解放的《かいはうてき》にするよりは少《すこ》し取締《とりしま》つた方《はう》がいゝでせう。

竹内 注意《ちうい》したいのは姉娘《あねむすめ》の婚約中《こんやくちう》、男《をとこ》の方《はう》からも來《く》るし、こちらからも行《ゆ》くといふやうな場合《ばあひ》です。さういふ期間《きかん》は非常《ひじやう》に華《はな》やかで朗《ほが》らかで、さも／＼當人同志《たうにんどうし》は嬉《うれ》しさうですが、あれは餘程注意しませんと、妹《いもうと》娘《むすめ》に惡《わる》い影響《えいきやう》を及ぼしますね。

山田 さういふ場合《ばあひ》、姉《あね》と妹《いもうと》がずつと歳《とし》が離《はな》れてゐればよろしいでせうね。

諸岡 婚約時代《こんやくじだい》だといふと、非常《ひじやう》に親《した》しい交《かう》際《さい》をして男《をとこ》の方《はう》でも相手《あひて》の妹《いもうと》に、ほんとの兄妹《きやうだい》のやうな親《した》しみを持《も》ち、妹《いもうと》と二人《ふたり》きりの機會《きくわい》も出來《でき》、遂《つひ》には姉妹《ふたり》して一人《ひとり》の男《をとこ》を競爭《きやうさう》するといつたやうなことも生《しやう》じ易《やす》いのです。男《をとこ》と女《をんな》と二人《ふたり》切《き》りでゐるといふことは、たとひどんな場合《ばあひ》にも絶對《ぜつたい》にいけませんね。

竹内 ほんとにさうです。夫婦《ふうふ》以外《いぐわい》の男《をとこ》と女《をんな》はたとへ夫《をつと》があらうが、妻《つま》があらうが、歳《とし》が違《ちが》はうが締切《しめき》つた部屋《へや》などに二人《ふたり》切《き》りでゐるといふことはいけません。

諸岡 特《とく》に冬《ふゆ》など火鉢《ひばち》とか炬燵《こたつ》などにあたつたりしてゐたら危險《きけん》です。それに若《わか》い娘《むすめ》は非常《ひじやう》に好奇心《かうきしん》を持《も》つてゐて、なにか祕密《ひみつ》がありさうだ、それが知《し》りたいといふやうなことから易々《やす／＼》誘惑《いうわく》されるのです。

竹内 ですから、餘《あま》り理窟《りくつ》は言《い》はずに、あなた方《がた》は月經《げつけい》がある以上《いじやう》は、もう少女《せうぢよ》ではなく處女《しよぢよ》なんだから男《をとこ》の人《ひと》と二人《ふたり》切《き》りでゐるやうな機會《きくわい》はお父《とう》さん以外《いくわい》には絶對《ぜつたい》いけない。それが女《をんな》のお作法《さはふ》だといふ風《ふう》に教《をし》へてやることが大切《たいせつ》です。

諸岡　私《わたし》は父親《ちゝおや》と娘《むすめ》がいつも一緒《しよ》にゐるといふこともよくないと思《おも》つてゐます。お父《とう》さんは毎日外《まいにちそと》へ出《で》る、娘《むすめ》さんは學校《がくかう》へ行《い》つてゐるといふやうなことから、父親《ちゝおや》と娘《むすめ》はよく話《はなし》が合《あ》ひます。さうなると、お母《かあ》さんの方《はう》は取《と》り殘《のこ》されて相手《あひて》にされないから悲觀《ひくわん》してしまふ。（一同笑《どうわら》ふ）本當《ほんたう》ですよ、これが近頃《ちかごろ》一つの新《あたら》しい現象《げんしやう》です。ですから、父親《ちゝおや》は娘《むすめ》ばかりを可愛《かはい》がらずに、年《とし》をとつて多《た》少色《せういろ》は褪《あ》せても母親《はゝおや》を大事《だいじ》にするといふことが、夫《をつと》としての道徳《だうとく》だと思《おも》ひます。

思春期《ししゆんき》の男《をとこ》の子《こ》への注意《ちうい》

記者　男《をとこ》の子《こ》で特《とく》に氣《き》をつけねばならないことはどんなことでせうか。

竹内　男《をとこ》の子《こ》は聲《こゑ》が變《かは》つたり、お乳《ちゝ》が固《かた》くなつたりするほか、夢精《むせい》といふ現象《げんしやう》が突然起《とつぜんおこ》つて大變煩悶《たいへんはんもん》することがあります。それは夢《ゆめ》とか着物《きもの》などの刺戟《しげき》で起《おこ》りますが、非常《ひじやう》にビックリしますから、さういふ時《とき》は注意《ちうい》を要《えう》します。これは女《をんな》の子《こ》に月經《げつけい》といふものがあるのと同樣《どうやう》、男《をとこ》の子《こ》には分泌物《ぶんぴつぶつ》があつて、體《からだ》の外《そと》へ出《で》て來《く》るだけだから少《すこ》しも差支《さしつか》へないといふ程度《ていど》に教《をし》へたらいゝと思《おも》ひます。ですから、お母《かあ》さんは男《をとこ》の子《こ》の猿股《さるまた》や下着《したぎ》など、始終見《しじうみ》てやる必要《ひつえう》があります。

諸岡　私《わたし》の知《し》つてゐる家《うち》の十六の子供《こども》ですが、ある夏《なつ》お母《かあ》さんと女中《ぢよちう》と三人《にん》で溫泉《をんせん》に行《い》つた時《とき》のことださうです。夜中《よなか》にお母《かあ》さんがフト眼《め》を覺《さ》まして見《み》ると、その子供《こども》が起上《おきあが》つて震《ふる》へてゐるので、どうしたのだらうと側《そば》を見《み》ると、夏《なつ》のことですから女中《ぢよちう》が半裸《はんら》體《たい》で寢《ね》てゐたといふのです。女《をんな》の子《こ》には比《ひ》較的《かくてき》さういふことはありませんが、近頃《ちかごろ》の男《をとこ》の子《こ》は中々研究心《なか〳〵けんきうしん》が強《つよ》いから特《とく》に女中《ぢよちう》などには氣《き》をつける必要《ひつえう》があります。

宮川　男《をとこ》の子《こ》は年上《としうへ》の女中《ぢよちう》、女《をんな》の子《こ》ならば車《しや》夫《ふ》とか運轉手《うんてんしゆ》などに氣《き》をつけることでせうね。

永井　圓《えん》タクなどに娘《むすめ》が一人《ひとり》切《き》りで乘《の》るといふことはいけませんね。

山田　私共《わたしども》では夜遲《よるおそ》く歸《かへ》るやうな時《とき》は電車《でんしや》に乘《の》るやうにいひ聞《き》かせてをります。それから中學生《ちうがくせい》の修學旅行《しうがくりよかう》などは非常《ひじやう》に危險《きけん》のやうですね。

竹内　年頃《としごろ》の男《をとこ》の子《こ》は變聲期後《へんせいきご》の二、三年《ねん》といふものは非常《ひじやう》に好奇心《かうきしん》を持《も》つて、さういふ方面《はうめん》を探索《たんさく》したがります。

記者　私《わたし》は小《ちひ》さい時《とき》、父《ちゝ》とは血《ち》がつながつてゐないやうに思《おも》つてをりました。

竹内　さういふ時《とき》には、子供《こども》の年齢《ねんれい》にもよりますが朝顔《あさがほ》の花《はな》はどうして實《み》を結《むす》ぶと思《おも》ふ、雄蕊《をしべ》と雌蕊《めしべ》がなければ實《み》は結《むす》ばないでせう、だからお父《とう》さんが家《うち》にゐなければ坊《ばう》やは生《うま》れなかつたんですよ。といふ程度《ていど》に教《をし》へればいゝと思《おも》ひます。

性的惡癖《せいてきあくへき》の害《がい》と矯正法《けうせいはふ》

記者　性的惡癖《せいてきあくへき》は結婚前《けつこんまへ》の男《をとこ》の子《こ》や女《をんな》の子《こ》に相當行《さうたうおこな》はれてゐるやうにきいてをりますが、お母《かあ》さんはどんな點《てん》に注意《ちうい》したら分《わか》りますか。

竹内　夜《よる》、床《とこ》へ入《はい》つてもモヂ〳〵していつまでも眠《ねむ》らないでゐるとか、ベツドや下着《したぎ》を始終調《しじふしら》へてゐれば分《わか》りますし、夜眠《よるねむ》りにつく前《まへ》と朝眼《あさめ》が覺《さ》めて起《お》きるまでを注意《ちうい》してゐれば、どうも變《へん》だといふことで大抵分《たいていわか》ります。

記者 惡癖《あくへき》が高《かう》じて來《く》ると、學校《がくかう》の成績《せいせき》が目《め》立《だ》つて惡《わる》くなり、神經衰弱《しんけいすゐじやく》のやうになつて元氣《げんき》がなくなると申《まう》しますね。

諸岡 精神的《せいしんてき》の惡癖《あくへき》といふのもあります。例《たと》へば小說《せうせつ》とか小說以上《せうせついじやう》の光景《くわうけい》を描《えが》いて精神《せいしん》的《てき》に滿足《まんぞく》するのです。さういふのは一人娘《ひとりむすめ》で隔離《かくり》された部屋《へや》に獨《ひと》りぼんやりおかれるやうな場合《ばあひ》によくあるのです。ひどくなると痙攣發作を起したりします。ですから、時々《ときどき》音樂會《おんがくくわい》や映畫《えいぐわ》などに連《つ》れだして氣晴《きば》しをさせなければだんだん重症《ぢゆうしやう》になります。

さういふ子供《こども》は女《をんな》の子《こ》に多《おほ》いのですが、男《をとこ》の子《こ》でも女中《ぢよちう》などに眼《め》を惹《ひ》かれ、はじめはぼんやり考《かんが》へて樂《たの》しみ、その中《うち》に女中《ぢよちう》のハンケチなど拾《ひろ》つて大事《だいじ》にしたりします。これも惡癖《あくへき》といつていゝでせう。勿論《もちろん》、女《をんな》の子《こ》にも男《をとこ》の持物《もちもの》を非常《ひじやう》に大事《だいじ》にするものもあります。

さういふ子供《こども》や性的《せいてき》の惡癖《あくへき》のある子供《こども》は便所が怖くなる、こゝは絕對安全《ぜつたいあんぜん》な天地《てんち》ですから――。母親《はゝおや》にはさういふ點《てん》に注目する必要《ひつえう》があると思《おも》ひます。

山田 女子《ぢよし》ばかりの寄宿舍《きしゆくしや》などには、同性愛《どうせいあい》があるやうですね。

宮川 よく女《をんな》の子《こ》で男裝《だんさう》の麗人《れいじん》を眺《なが》めて樂《たの》しむといふことを申《まう》しますね。

竹内 さうですよ、實物《じつぶつ》でなくて寫眞《ブロマイド》や本《ほん》などに出《で》てゐるのを、もう抱《だ》くやうにして樂《たの》しんでゐるものがありますが、さういふのも一種《しゆ》の性的惡癖《せいてきあくへき》ですね。

兎《と》に角《かく》、十歳《さい》まで位《くらゐ》の子供《こども》は仕方《しかた》がないが、十二、三歳《さい》にもなつたら兩親《りやうしん》と同《おな》じ寢室《しんしつ》に寢《ね》せるのは絕對《ぜつたい》にいけません。兩親《りやうしん》に對《たい》する好奇心《かうきしん》を抱《いだ》きますから――。

宮川　私《わたし》は、女《をんな》の子《こ》で惡癖《あくへき》のために時々《ときどき》發熱《はつねつ》するといふやうなことを伺《うかゞ》つたことがありますが、さういふこともありませうか。

竹内　女《をんな》の方《はう》の惡癖《あくへき》は二十《はたち》過《す》ぎに多《おほ》いのですが、實際問題《じつさいもんだい》として惡癖《あくへき》による弊害《へいがい》よりも、あゝ惡《わる》いことをしたといふ心配《しんぱい》の方《はう》が強《つよ》くて神經衰弱《しんけいすゐじやく》になる場合《ばあひ》が非常《ひじやう》に多《おほ》いのです。尤《もつと》も女《をんな》の子《こ》で結婚後不感症《けつこんごふかんしやう》を訴《うつた》へるやうなのもありますけれど――。

諸岡　男《をとこ》にも結婚後不能《けつこんごふのう》とかいろ〳〵訴《うつた》へるものもありませうが、結局《けつきよく》、程度問題《ていどもんだい》で少《せう》少《せう》なら何《なん》でもないのです。が、極端《きよくたん》になるから非常《ひじやう》に疲《つか》れて氣《き》の拔《ぬ》けたやうになり、精神的《せいしんてき》に參《まゐ》つて、あゝ俺《おれ》は體《からだ》が弱《よわ》つて勉強《べんきやう》も出來《でき》ないんだ、立身出世《りつしんしゆつせ》など到底望《たうていのぞ》めないなどと、自分自身《じぶんじしん》で絕望《ぜつばう》してしまふのです。

さういふ時《とき》には元氣《げんき》をつけてやることです。若《わか》い時《とき》には誰《たれ》だつて有勝《ありが》ちのことで、決《けつ》して心配《しんぱい》することはないといふ風《ふう》にいひきかせます。

竹内　さうですよ、矯正法《けうせいはふ》としてはいつてきかせるのが一番《ばん》です。時《とき》が經《た》てば又元《またもと》に戾《もど》るのだから心配《しんぱい》しないで、今《いま》のうちに止《や》めてしまひなさいといふのです。

記者　私共《わたしども》の編輯《へんしふ》に小《ちひ》さい頃《ころ》、赤血球《せきけつきう》と白血球《はくけつきう》に例《れい》を取《と》つて、さういふことは血を捨《す》てるのと同《おな》じで體《からだ》を消耗《せうまう》するからいけない、といふやうな話《はなし》をきかされ、非常《ひじやう》に感激《かんげき》して、未《いま》だによく憶《おぼ》えてゐるといつてゐる者《もの》があります。

諸岡　それは事實《じじつ》です。ですからなるべく捨《す》てないで、ほかの方面《はうめん》へ精力《せいりよく》を消費《せうひ》するやうにさせるのです。自瀆行爲《じとくかうゐ》を續《つゞ》けると、顏《かほ》など荒《すさ》んできたなくなります。行狀《ぎやうじやう》のいい人程《ひとほど》異性《いせい》に魅力《みりよく》があるものです。あの高僧《かうそう》といふやうな人《ひと》を御覽《ごらん》なさい、宗教《しうけう》はさういふことを禁《きん》じてゐますから、立派《りつぱ》な坊《ばう》さん程《ほど》綺麗《きれい》です。消耗《せうまう》することは、それだけ男性《だんせい》の美《び》が發揮出來《はつきでき》なくなるのです。捨《す》てないで體全體《からだぜんたい》にホルモンが廻《まは》つて行《ゆ》くや

うにすれば娘《むすめ》は益《ます》〻美《うつく》しく魅力《みりょく》を増《ま》して来《き》ます。

記者 何《なん》とか全然經驗《ぜんぜんけいけん》しないやうに工夫《くふう》する方法《はうはふ》はありませんか。

性的惡癖《せいてきあくへき》の豫《よ》防法《はうはふ》

竹内 それも母親《はゝおや》の心懸《こゝろが》け一つですね。例《たと》へば厚《あつ》い蒲團《ふとん》に寢《ね》せないで煎餅蒲團《せんべいぶとん》に寢《ね》せるとか、膀胱《ぼうくわう》を空《から》つぽにしておくやう寢《ね》る前《まへ》に必《かなら》ず放尿《はうねう》させるとか、夜中《よなか》でも眼《め》を覺《さ》ましたら必《かなら》ず便所《べんじよ》へ立《た》たせたり、どんなことがあつても直接《ちよくせつ》に手《て》が觸《ふ》れないやうに工夫《くふう》してやる必要《ひつえう》があります。

それから、床《とこ》に入《はい》つたら直《す》ぐ眠《ねむ》らせ、朝《あさ》眼《め》を覺《さ》ましたら直《す》ぐ起《お》こすやうに習慣《しふくわん》づけます。もう一つは、小《ちひ》さい時分《じぶん》から、そんなところへ手《て》をやるものぢやありません、手《て》手《て》なんか觸《ふ》れるところぢやありませんよ、とよくいひ聞《き》かせるのです。小《ちひ》さい時程《ときほど》強《つよ》く叱《しか》りつけていゝのです。

記者 私共《わたしども》の子供《こども》は男《をとこ》の子《こ》ですが、さういひ聞《き》かせますと、おしつこする時《とき》はどうするの、などといひます。

25　「思春期の子女を持つお母様のための座談会」 竹内茂代、永井花枝 ほか 『婦人倶楽部』昭和12年2月1日

竹内　手《て》を觸《ふ》れなくても出來《でき》るんですから、そのまゝでするんです、といつてやればいいでせう。

諸岡　中々難《なかなかむつか》しい問題《もんだい》で、昔《むかし》はさういふことを防《ふせ》ぐことばかりの教育《けういく》をやつてゐて、非《ひ》常《じやう》に嚴格《げんかく》だつた。例《たと》へば、今《いま》のお話《はなし》のやうに小《ちひ》さい子供《こども》には、そんなところへ手《て》をやるとちよん切《き》るぞ（笑聲《せうせい》）などと叱《しか》る、すると大《おほ》きくなつても本能的《ほんのうてき》に恐《こわ》がり、極端《きよくたん》になると結婚《けつこん》してから恐怖症《きやうふしやう》になつて、完《くわん》全《ぜん》な夫婦生活《ふうふせいくわつ》が營《いとな》まれないで解消《かいせう》といふやうなことになります。ですから、餘《あま》り制限《せいげん》して卑怯《ひけふ》にしてしまつても困《こま》ると思《おも》ひます。

宮川　私《わたし》はいつも子供《こども》に暇《ひま》をつくらせないといふことが大切《たいせつ》だと思《おも》つてをります。で、私《わたし》はどこへ行《ゆ》くのにも事情《じじやう》の許《ゆる》す限《かぎ》り、子《こ》供《ども》と一緒《しよ》に參《まゐ》ることにいたしてをります。ですから、子供達《こどもたち》も私《わたし》と一緒《しよ》でないと映畫《えいぐわ》でも音樂《おんがく》でも行《い》つてはいけないものだといふ風《ふう》に思《おも》つてゐるらしいのです。

竹内　結構《けつかう》ですね、女《をんな》の子《こ》でも男《をとこ》の子《こ》でも學《がく》問《もん》の外《ほか》に何《なに》か深《ふか》い趣味《しゆみ》を持《も》たせることが必《ひつ》要《えう》だと思《おも》ひますね。さうしませんと、將來《しやうらい》特《とく》に男《をとこ》の方《はう》は定《きま》つて酒《さけ》や女《をんな》に趨《はし》りたがります。

不良少年少女《ふりやうせうねんせうぢよ》にならぬための心得《こゝろえ》

記者　酒《さけ》と女《をんな》のお話《はなし》が出《で》ましたが、不良少年《ふりやうせうねん》少女《せうぢよ》にならないやうな注意《ちうい》について伺《うかゞ》ひたいと思《おも》ひます。

竹内　根本問題《こんぽんもんだい》はさういふ素質《そしつ》の子供《こども》を生《う》まないやうに親自身《おやじしん》が、氣《き》をつけることですね。親《おや》が黴毒《ばいどく》で、それを治療《ちれう》しなければ生《うま》れて來《く》る子供《こども》は、體《からだ》が弱《よわ》くて不良《ふりやう》になり易《やす》いのです。不良少年少女《ふりやうせうねんせうぢよ》を收容《しうよう》する『娘《むすめ》の家《いへ》』といふのがありますが、そこの子供達《こどもたち》のもつ惡癖《あくへき》を調《しら》べて見《み》ますと、性的惡癖《せいてきあくへき》が一番多《ばんおほ》いやうですね。これは環境《くわんきやう》ばかりが原因《げんいん》でなく、元々《もと〳〵》さういふ素質《そしつ》を持《も》つて生《うま》れて來《く》るんです。

諸岡　性病《せいびやう》が大《おほ》きい原因《げんいん》であると同時《どうじ》に、手《て》近《ぢ》かな原因《げんいん》は酒《さけ》です。家庭《かてい》で父《ちゝ》が大酒《おほざけ》をのむやうだと親《おや》の威嚴《ゐげん》といふものがなくなり家庭教育《かていけういく》は零《ゼロ》になつてしまひます。更《さら》に母《はゝ》

親《おや》が子供《こども》に、お父《とう》さんのやうになつては駄《だ》目《め》ですよ、などと始終《しじゆう》いつてをりますと、子供《こども》は父親《ちゝおや》に反抗《はんかう》し、引《ひ》いては會社《くわいしや》とか役《やく》所《しよ》にあれば上役《うはやく》に反抗心《はんかうしん》を起《おこ》し、社會《しやくわい》に對《たい》してもさういふ風《ふう》になるし、娘《むすめ》のある家庭《かてい》などで、夏素裸《なつすつぱだか》で酒《さけ》を飲《の》んでゐる父《ちゝ》の姿《すがた》には、學校《がくかう》で教育《けういく》を受《う》けてゐることゝは丸《まる》で矛盾《むじゆん》してゐることになり、父親《ちゝおや》の態度《たいど》そのものが既《すで》に子供《こども》の標準以下《へうじゆんいか》になるのです。しかし、酒《さけ》そのものを絶對《ぜつたい》に禁止《きんし》することは難《むづか》しくても、少《すくな》くも大《おほ》びらで子供《こども》の目《め》の前《まへ》では飲《の》まないやうに心懸《こゝろが》けて頂《いたゞ》きたい。

永井 親《おや》のたしなみと申《まう》しますか、確《たし》かに必要《ひつえう》ですね。

山田 夫婦喧嘩《ふうふげんくわ》などもいろ〳〵な惡《わる》い影響《えいきやう》がございますね。

諸岡 お父《とう》さんとお母《かあ》さんと揃《そろ》ひ、仲《なか》をよくして見《み》せなければ娘《むすめ》がお嫁《よめ》に行《い》つても、學校《がくかう》などでは實演《じつえん》してくれないから、何《なに》を手本《てほん》にしていゝか分《わか》らない、從《したが》つて一方《ぱう》が缺《か》けてゐても分《わか》らないといふことになります。慾《よく》をいへばお祖父《ぢい》さんお祖母《ばあ》さんがゐて、兩親《りやうしん》が親孝行《おやかうかう》の見本《みほん》を示《しめ》してくれゝば理想的《りさうてき》だと思《おも》ひます。

竹内 要《えう》するに、子供《こども》に仕事《しごと》を與《あた》へないで、監督《かんとく》もなくぶら〳〵自由《じいう》に遊《あそ》ばせておくと、大抵《たいてい》の子供《こども》は不良《ふりやう》になる素質《そしつ》を持《も》つてゐるものだ、と考《かんが》へて注意《ちうい》したら間違《まちが》ひは少《すくな》いだらうと思《おも》ひます。

記者 大變有益《たいへんいうえき》なお話《はなし》を遲《おそ》くまでありがたうございました。

挿畫―伊東顯

『主《しゆ》婦《ふ》代《だい》理《り》を求《もと》む』の秘《ひ》密《みつ》廣《くわう》告《こく》の眞《しん》相《さう》を探《さぐ》る

△覆面《ふくめん》の募集廣告《ばしふくわうこく》に應募《おうぼ》して求人主《きうじんしゆ》と會《あ》ふの記《き》

水《み》野《の》小《さ》枝《え》子《こ》

『百萬長者《まんちやうじや》の奥様《おくさま》選《えら》び、覆面《ふくめん》の募《ぼ》集廣告《しふくわうこく》に、玉《たま》の輿試驗地獄《こしけんぜぢごく》』といふ好奇的《かうきてき》な標題《みだし》で、一月《げつ》××日《にち》、都《と》下《か》の新聞《しんぶん》に、一齊《せい》に報道《はうだう》された、主婦代理《しゆふだいり》、實《じつ》は第《だい》二號募《かうぼ》集廣告《しふくわうこく》の内幕《うちまく》。

財《ざい》百萬《まん》の文字《もじ》に眩惑《げんわく》されてか、品《ひん》のよい、相當《さうたう》の身《み》なりをした中《ちう》年婦人《ねんぷじん》が數《すう》十人《にん》も、我《われ》こそはの自《じ》信《しん》をもつて押《お》しかけたといふ、近《ちか》頃珍《ごろめづら》しい話題《わだい》を提供《ていきよう》して、各方面《かくはうめん》にセンセーションを捲《ま》き起《おこ》してゐる。その事實《じじつ》に刺戟《しげき》されて、毎日《まいにち》の新聞《しんぶん》の廣告欄《くわうこくらん》を注意《ちうい》すると、ある、ある。多《おほ》いときは二《ふた》つ三《みつ》つ、少《すくな》くとも、一日《にち》に一《ひと》つは大抵出《たいていで》てゐる——『主婦代理《しゆふだいり》を求《もと》む』の三行《ぎやう》廣告《くわうこく》。

その一《ひと》つ〲を注意深《ちういぶか》く讀《よ》んでみれば、『二十五六から卅五まで、または三十から四十までの容姿美《ようしうつく》しく、敎養《けうやう》ある方《かた》』といふのが、何《いづ》れにも共通《きようつう》した條件《でうけん》です。これではまるで、求婚廣告《きうこんくわうこく》とも間違《まちが》ふほど、單《たん》なる家政婦《かせいふ》なら、何《なに》もかうまで條件《でうけん》をつけなくてもよさゝうなと、疑問《ぎもん》も起《おこ》る。それに、主婦《しゆふ》なしと大抵書《たいていか》き添《そ》へてあることも變《へん》だと疑《うたが》へば、あれもこれも不審《ふしん》なことばかり。『主婦代理《しゆふだいり》』といふ文字《もじ》の上《うへ》だけで見《み》れば、必《かなら》ずしも主婦《しゆふ》のない家庭《かてい》と限《かぎ》らず、主婦《しゆふ》がゐても家政婦《かせいふ》として家政《かせい》を切廻《きりまは》してくれる人《ひと》が欲《ほ》しい場合《ばあひ》もあるのだから、必《かなら》ずしもインチキな第《だい》二號募《かうぼ》集《しふ》ばかりでなく、本當《ほんたう》に必要《ひつえう》に迫《せま》られての、眞面目《まじめ》な求人《きうじん》もありませう。それなら、收入《しうにふ》もよし、中年《ちうねん》の婦人達《ふじんたち》には最《もつと》も相應《ふさは》しい職《しよく》場《ば》です。

しかし、高給《かうきふ》を好餌《かうじ》に、不良男子《ふりやうだんし》の毒手《どくしゆ》が隱《かく》されてゐるとしたら、これほどの危險《きけん》はありますまい。一《ひと》つの募集廣告《ぼしふくわうこく》にさへ、數十人《すうにん》も集《あつ》まるといふほどの魅力《みりよく》があるところを見《み》れば、何等《なんら》かの警告《けいこく》を發《はつ》しておく必要《ひつえう》はないだらうか。とつおいつ考《かんが》へた末《すゑ》、應募者《おうぼしや》に交《まじ》つて、その眞相《しんさう》を探《さぐ》つてみることにした。

×

一月《げつ》××日《にち》、びつしり並《なら》んだ新《しん》聞《ぶん》の廣告案内《くわうこくあんない》の中《なか》から拾《ひろ》ひ出《だ》したのが、

(1)

主婦代理《しゆふだいり》の人《ひと》を求《もと》む。當方《たうはう》女中《ぢよちう》あり、餘暇《よか》あり、詳細《しやうさい》は面談《めんだん》の上《うへ》。午後《ごご》一時《じ》—五時《じ》までに來宅《らいたく》あれ。姓名在社《せいめいざいしや》××

(2)

主婦代理《しゆふだいり》。二十五——四十くらゐまで。容美《ようび》、敎養《けうやう》ある方《かた》。當方主婦《たうはうしゆふ》なし。豊島區《としまく》××町《まち》×××
××××

の二《ふた》つ⑴の餘暇《よか》あり、女中《ぢよちう》あり
といふのも氣《き》になるし、姓名在社《せいめいざいしや》
と、廣告主《くわうこくぬし》の名を祕《ひ》めたところに
も、充分好奇心《じうぶんかうきしん》をそゝられる。早《さう》
速新聞社《そくしんぶんしや》へ電話《でんわ》をかけて所《ところ》を訊《き》け
ば、世田谷《せたがや》も駒澤《こまざは》の奥《おく》に住《す》むG・R《ヂーアール》
と呼《よ》ぶ外人《ぐわいじん》と敎《をし》へてくれた。しか
し、外人《ぐわいじん》がどうしてそんな必要《ひつえう》が
あるのだらう。多分《たぶん》の疑《うたが》ひと危惧《きぐ》

夕方《ゆふがた》歸《かへ》る頃《ころ》二三時間《じかん》來《き》てくださればよろしい。ノー〳〵毎日《まいにち》いりません、一週《しう》に一度《ど》だけ……

を撒《ま》いて、ともかく出《で》かける。

駒澤《こまざは》といへば、かなり田舎《ゐなか》だ。二三日前《にちまへ》に降《ふ》つた雪《ゆき》がまだ眞白《まつしろ》に殘《のこ》つて、さむ〴〵とした郊外《かうぐわい》の道《みち》を、番地《ばんち》を便《たよ》りに探《さが》して行《ゆ》く。ちよつと訊《き》けばすぐ判《わか》るだらうに、この人《ひと》もあの廣告《くわうこく》で來《き》たのかしらと顏《かほ》を見《み》られるやうな氣《き》がして訊《き》けず、散々《さんざん》歩《ある》き廻《まは》つた末《すゑ》にやつと探《さが》し當《あ》てたその家《いへ》は、横濱《よこはま》あたりによく見《み》かける、古風《こふう》な木造《もくざう》の、かなり大《おほ》きな洋館《やうくわん》でした。

窓《まど》といふ窓《まど》はすつかり閉《し》め切《き》つて、何《なん》となく不氣味《ぶきみ》な感《かん》じのする建物《たてもの》へ、すぐには入《はい》りかねて、家《いへ》をぐるつと一廻《ひとまは》りしてくると、門《もん》の前《まへ》で紙《かみ》きれと標札《へうさつ》を見比《みくら》べてゐる二十六七の婦人《ふじん》がゐる。

やはり廣告《くわうこく》で來《き》たらしく、暫《しばら》くもぢ〳〵してゐたが、決心《けつしん》したやうにすつと入《はい》つてしまつた。その後《あと》を追《お》ひかけるやうにしてベルを押《お》すと、四十がらみの、よく外人《ぐわいじん》の家《うち》で見《み》かけるタイプの女中《ぢよちう》が顏《かほ》を出《だ》し、じろつと上《うへ》から下《した》まで見《み》廻《まは》して、

『廣告《くわうこく》でいらしたんですね。どうぞ。』と、すぐとつつきの小部屋《こべや》へ入《い》れられた。

大分《だいぶ》道《みち》を間誤《まご》ついたゝめに、定刻《ていこく》より一時間近《じかんちか》くも遲《おく》れてしまつてる。お玄關《げんくわん》にはそれらしい下駄《げた》も大分《だいぶ》竝《なら》んでゐたし、次《つぎ》の部屋《へや》からもそれらしい氣配《けはひ》が窺《うかゞ》はれるのに、私《わたし》一人《ひとり》こんな小部屋《こべや》へ入《い》れられて――ふつと不安《ふあん》がよぎる。

窓《まど》があるきりで、何《なん》の裝飾《さうしよく》もない殺風景《さつぷうけい》な部屋《へや》で待《ま》つこと約《やく》三十分。やつとドアが開《あ》き、『まあ〳〵お待《ま》たせして――お寒《さむ》かつたでせう。お焙《あた》りくださいよ。』さつきの女中《ぢよちう》さんだが、今度《こんど》は、馬鹿《ばか》に愛想《あいそ》がよい。

『今《いま》まで何處《どこ》かお勤《つと》めですか。』

『えゝ、會社《くわいしや》にをりましたが、一度《ど》故郷《くに》へ歸《かへ》つたりしたもので、今《いま》はまだぶら〳〵してますの。』

『ぢやあ親御《おやご》さんはお故郷《くに》で。』

『えゝ遠方《ゑんぱう》ですから、私《わたし》一人《ひとり》で下宿《しゆく》してます。』

『まあ左樣《さやう》で――なか〳〵當節《たうせつ》ぢや、會社勤《くわいしやづと》めも樂《らく》ぢやありませんからね。

今《いま》、御主人《ごしゆじん》がお目《め》にかゝりますが、こちらは、オーストリヤの方《かた》で、もう二十何年《なんねん》も日本《にほん》にいらつしやり、日本語《にほんご》もとても上手《じやうず》なんですよ。英語《えいご》、ドイツ語《ご》、フランス語《ご》と三ケ國語《こくご》とも自由《じいう》ですし、ピアノもなか〳〵お上手《じやうず》なんですから、あなたがもし語學《ごがく》やピアノを勉强《べんきやう》なさるおつもりなら、こんないゝことはありませんよ。』

全《まつた》く、月給《げつきふ》を頂《いたゞ》いて、そんなに勉强《べんきやう》ができるなんて、話《はなし》があんまりうま過《す》ぎる。

『あの、女中《ぢよちう》さんもゐるとかつて書《か》いてありましたが、どんなお仕事《しごと》なんです？』

『えゝと、祕書役《ひしよやく》兼《けん》お話相手《はなしあひて》といふか、もう簡單《かんたん》なことですよ。あなたが來《き》てくだされば、旦那樣《だんなさま》も

どんなにお喜《よろこ》びになるか判《わか》りませんわ。

　私《わたし》も十四五年《ねん》も使《つか》つて頂《いたゞ》いてますが、そりや御親切《ごしんせつ》な方《かた》ですよ。日本《にほん》の婦人《ふじん》は、優《やさ》しくつていゝつて、いつもおつしやるんですの。お年《とし》はもう五十三ですけど、日本《にほん》人《じん》と違《ちが》つてとても氣《き》が若《わか》くつて、まるで三十臺《だい》ですね。私《わたし》の他《ほか》にもう一人《ひとり》女中《ぢよちう》もゐますし、あなたは別《べつ》に住込《すみこ》みにしなくても、通《かよ》ひでいゝんですのよ。ほんの短《みじか》い時間《じかん》なんですから。』

『まあ、通《かよ》ひで、半日《はんにち》くらゐ伺《うかゞ》へばいゝんですか。お手當《てあて》なんかは……』

『五十圓差上《えんさしあ》げますつて。三四時《じ》間《かん》くらゐでいゝんですから、他《ほか》にお勤《つと》めでもなさつて、通《かよ》つて頂《いたゞ》いてもいゝし、さうすれば收入《しうにふ》も二重《ぢう》になつて、女《をんな》の職業《しよくげふ》としてはね――』

　そのとき、小女《こをんな》が顔《かほ》を覗《のぞ》かせて、『お呼《よ》びです。』と言《い》ふ。


『さあ、御主人《ごしゆじん》がお目《め》にかゝるさうです。あなたの前《まへ》にもう二十四五人《にん》も見《み》えましたかしら。それにあちらのお部屋《へや》でも待《ま》つてゐる方《かた》があるんですよ。私《わたし》はあなたが來《き》てくだされぱいゝと思《おも》ふけれど。

　皆《みな》さん白粉《おしろい》を濃《こ》くつけていらつしやるのに、あなたはちよつともお化粧《けしやう》なしで……さあお髪《ぐし》を撫《な》でて、お顔《かほ》もちよつと直《なほ》していらつしやい。感《かん》じが大事《だいじ》ですからね。』

　一人《ひとり》で喋《しやべ》りながら、櫛《くし》や鏡《かゞみ》を貸《か》してくれる。これぢやまるでお見《み》合《あひ》でもするやうだ。たかゞ高等女中《かうとうぢよちう》といふか、祕書役《ひしよやく》くらゐに、そんなお化粧《けしやう》のことまで難《むづか》しく言《い》つて、御主人《ごしゆじん》がわざ〳〵試驗《しけん》するといふのも可笑《をか》しい――と思《おも》ひながらも、これから御主人《ごしゆじん》に會《あ》ふのかと思《おも》へば、變《へん》に體中硬《からだぢうこは》ばつて、どきどきする。導《みちび》かれるまゝに二階《かい》へ上《あが》れば、そこは主人《しゆじん》の居間《ゐま》か、椅子《いす》やテーブルもなか〳〵立派《りつぱ》だし、裝飾《さうしよく》も外人《ぐわいじん》らしい垢《あか》ぬけた好《この》み。腰《こし》かけようかどうしようかと迷《まよ》ひながら、うろ〳〵見廻《みまは》してゐると、突然右手《とつぜんみぎて》の仕切戸《しきりど》ががらつと開《あ》いて、現《あらは》れたのは堂々《だう〳〵》たる體《たい》格《かく》の半白紳士《はんぱくしんし》――この家《や》の主人《しゆじん》Ｇ《ジー》氏《し》です。

『あなた水野小枝子《みづのさえこ》さん？　お幾《いく》つ？』

『はあ、二十七ですの。』

『ほう、お若《わか》い。下《した》でお話《はなし》聞《き》きましたか。

　晝間《ひるま》は、私《わたし》、會社《くわいしや》へ行《ゆ》きますから、夕方歸《ゆふがたかへ》る頃《ころ》二三時間《じかん》來《き》てくだされぱよろしい。ノー〳〵、毎日《まいにち》いりません。一週《しう》に一度《ど》だけ、私《わたし》、友達《ともだち》なくて淋《さび》しいですから、話相《はなしあひ》手《て》になつてくれゝばよろしい。あなたが、ずつとこゝにゐた方《はう》がよければ、ゐてもよろしい。何《なに》か他《ほか》に希望《きばう》ありますか。』

　一週《しう》に一度《ど》、それもたつた二三時《じ》間《かん》、そして月《つき》に五十圓《えん》、うますぎはしないか、それが主婦代理《しゆふだいり》の仕事《しごと》？　胸《むね》の中《うち》で一句《く》々々檢討《けんたう》してみて、思《おも》はずガアンとどやされたほど、はつとした。さうだやつぱりそれなんだ。今《いま》まで氣《き》がつかないなんて何《なん》といふ迂闊《うくわつ》さ、あまりのことに體《からだ》がふるへるほど腹《はら》が立《た》つた。

『五十圓少《えんすくな》いですか。あなた來《き》てくださるなら百圓上《えんあ》げます。それよろしいでせう。』

　返事《へんじ》をするのさへも口惜《くや》しくつて、默《だま》りこくつてしまつた私《わたし》を、ぢつと見《み》つめてゐる彼《かれ》の顔《かほ》は、もうさつきの柔和《にうわ》さは消《き》え、野獸《やじう》のやうな卑《いや》しさに脂《あぶら》ぎつてゐる。

　もうこれで充分《じうぶん》だ。これこそ全《まつた》く人肉《じんにく》の取引《とりひき》ぢやないか。これ以《い》上《じやう》の侮辱《ぶじよく》に耐《た》へられない。

『では考《かんが》へさせて頂《いたゞ》いて、明日《あす》までにお返事《へんじ》します。』

　やつと言《い》ひ捨《す》てゝ、逃《に》げるやうに部屋《へや》の外《そと》へ出《で》ると、もうさつきの女中《ぢよちう》さんが待《ま》ち受《う》けてゐて、無《む》理《り》矢理《やり》に前《まへ》の小部屋《こべや》へ押《お》し込《こ》まれてしまつた。

『あなただつてねんねちやなし、解《わか》つて頂《いたゞ》けば話《はなし》もしよいといふもの。旦那樣《だんなさま》も、あなたがとてもお氣《き》に召《め》して、あんなに奮發《ふんぱつ》なさるんですもの。明日《あす》なんて言《い》はずに御承知《ごしようち》なさいよ。前《まへ》に來《き》てゐた方《かた》なんか四十圓《ゑん》だつたんですが、それきりぢやないからつて、喜《よろこ》んでいらつしやいましたよ。旦那樣《だんなさま》だつて名譽《めいよ》がおありになるから、ずつとこちらにゐて頂《いたゞ》くより、通《かよ》ひの方《はう》が却《かへつ》て目立《めだ》たないでいゝとおつしやるくらゐで、祕密《ひみつ》は絶對《ぜつたい》に守《まも》りますから、誰《だれ》にも知《し》れる心配《しんぱい》はありませんわ。』

熱心《ねつしん》にすゝめてくれるのも上《うは》の空《そら》、『考《かんが》へさして頂《いたゞ》きます。』の一點《てん》張《ば》りで、やう〳〵表《おもて》へ出《で》てほつと一息《ひといき》ついた。

『絶對《ぜつたい》に祕密《ひみつ》を守《まも》ります。』『いゝお金《かね》をとりながら、語學《ごがく》やピアノが教《をし》へて貰《もら》へます。』『二三時間《じかん》ですもの。』とは、何《なん》と甘美《かんび》な誘惑《いうわく》だらう。

前《まへ》に來《き》てゐた人《ひと》といふのは、子《こ》供《ども》を抱《かゝ》へた若《わか》い未亡人《みばうじん》とか。生活《せいくわつ》のためには、どんな道《みち》を選《えら》ぶよりほかなかつたのだらうか。未知《みち》の人《ひと》ながら、彼女《かのぢよ》の心《こゝろ》を思《おも》つて暗澹《あんたん》としてしまつた。

×

時計《とけい》を見《み》れば四時《じ》半《はん》、すぐ引返《ひつかへ》して、朝調《あさしら》べておいたもう一軒《けん》の家《うち》へ行《い》つてみることにした。一時《じ》間近《かんちか》くも電車《でんしや》やバスに搖《ゆ》られて、やつと探《さが》し當《あ》てたその家《いへ》は、大通《おほどほ》りから横町《よこちやう》へ入《はひ》り、また小路《こうぢ》を入《はひ》つたところですが、軒《のき》なみの借家《しやくや》建《たて》に比《くら》べれば、一見《けん》如何《いか》にも立派《りつぱ》さうに見《み》える二階建《かいだて》で、コンクリート塀《べい》も堂々《だう〳〵》たるものです。雨《あめ》もよひの夕暮《ゆふぐれ》といふに、見上《みあ》げた物《もの》干臺《ほしだい》に男物《をとこもの》の浴衣《ゆかた》やシャツが干《ほ》してあるのが、如何《いか》にも侘《わび》しい鰥暮《やもめぐら》

私共《わたしども》にはその後《ご》のことはちつとも判《わか》りませんが、滿洲《まんしう》へでも行《ゆ》くのぢやありませんか。

しを想《おも》はせる。

さつきの經驗《けいけん》から大分《だいぶ》度胸《どきよう》もできて、早速來意《さつそくらいい》を告《つ》げると、すぐ通《とほ》された應接間《おうせつま》。時間《じかん》が遲《おそ》かつたせゐか、それらしい影《かげ》も見《み》えない。やがて入《はひ》つて來《き》たのは五十がらみのでつぷりした男《をとこ》。

『やあ、御苦勞《ごくらう》でした。あなたは丈夫《ぢやうぶ》さうでいゝですな。家内《かない》が弱《よわ》かつたもので、病氣《びやうき》は一番嫌ひですね。御兩親《ごりやうしん》は？

はゝあ、ない。するとお一人《ひとり》で、そりやお身輕《みがる》ですな。全《まつた》く望《のぞ》んでもない仕合せだ。

實《じつ》は、かうして東京《とうきやう》に家《うち》も持《も》つてゐますが、滿洲《まんしう》で事業《じげふ》をしてゐるものだから、一年《ねん》の半分《はんぶん》以上向《いじやうむか》うで暮《くら》さねばならない。で、あつちで私《わたし》の身《み》の廻《まは》りを世《せ》話《わ》してくださる方《かた》が欲《ほ》しいと思《おも》つてね。どうせ私《わたし》も獨《ひと》り者《もの》だ。ゆく〳〵は家内《かない》を貰《もら》はにやなりませんが、親類《しんるゐ》の者《もの》なんか心配《しんぱい》しては、いろんな話《はなし》を持《も》ち込《こ》んでくるんですよ。まあ見《み》てください。寫眞《しやしん》だつてこんなにありますから。

しかし、私《わたし》にしてみりや、この年《とし》になつて、氣心《きごころ》も知《し》れない女《をんな》と結婚《けつこん》する氣《き》にやならない。まあ暫《しばら》く家《うち》にゐて貰《もら》つて、私《わたし》のこともよく知《し》つて貰《もら》つたうへで、結婚《けつこん》をしたいと、かう思《おも》ふもんだから、あんな廣告《くわうこく》も出《だ》したんですがね。試驗中《しけんちう》といふと可笑《をか》しいが、今《いま》のうちは三十圓《ゑん》ぐらゐお小遣《こづかひ》として上《あ》げますよ。子供《こども》はなし、仕事《しごと》が道樂《だうらく》みたいなもんだから。

今日《けふ》は、あなたのやうな御婦人《ごふじん》が、二十何人《なんにん》つて來《き》ましたよ。』

『ぢやもうお定《き》めになりましたのでせう。』

『いゝや、追《お》つてお知《し》らせしますから、住所《ぢうしよ》を措《か》いて行《い》つてください。』

こちらの係累《けいるゐ》がないといふのを大層喜《たいそうよろこ》んで、その他《ほか》には何一《なにひと》つ訊《き》からともせず、自分《じぶん》の言《い》ふだけのことをさつさといつてしまふと、もう用《よう》はないといふやうに部屋《へや》を出《で》て行《い》つてしまつた。仕方《しかた》がないので、こちらも歸《かへ》り支度《じたく》をして玄《げん》關《くわん》まで來《く》ると、さつきの女中《ぢよちう》が追《お》つかけて來《き》て、

『御主人《ごしゆじん》を惡《わる》く言《い》ふのはいけないけれど、初心《うぶ》らしいあなたを見《み》てゐると、このまゝ默《だま》つてお歸《かへ》しするのもあんまりお氣《き》の毒《どく》な氣《き》がするので、言《い》ふんですよ。

私《わたし》もこゝはさう長《なが》くないんですが、それでもこの四月《つき》ばかりの間《あひだ》に、今日《けふ》のやうな廣告《くわうこく》を五度《ど》も出《だ》し、その度《たび》にかなり澤山《たくさん》の女《をんな》の人《ひと》が見《み》えたんですがね。私共《わたしども》にはその後《ご》のことはちつとも判《わか》りませんが、滿洲《まんしう》へでも行《ゆ》くのぢやありませんか。ぢやお氣《き》をつけて、御用心《ごようじん》なさいましよ。さやうなら。』

言《い》ふだけいふと、あたりを憚《はゞか》るやうに、さつさと行《い》つてしまつた。

×

何《なん》といふことだらう。まるで商《しやう》賣《ばい》にしてゐるのだ。これがよく聞《き》く滿妻《まんさい》といふものゝ紹介所《しようかいじよ》かも知《し》れない。結婚《けつこん》の好餌《かうじ》をぶら下《さ》げて、無條《むでう》件《けん》で女中代《ぢよちうがは》りにこき使《つか》ひながら、貞操《ていさう》を犯《をか》し、擧句《あげく》の果《はて》は、滿《まん》洲《しう》へ。それからの生活《せいくわつ》など、想像《さうざう》するだに恐《おそ》ろしいことです。

こんなのこそ性惡《しやうわる》のうちの性惡《しやうわる》でもありませうが、これに比《くら》べれば前《まへ》の外人《ぐわいじん》など、日本婦人《にほんふじん》の濃《こまや》かな情愛《じやうあい》を忘《わす》れられず、初《はじ》めからそれと事情《じじやう》を明《あか》して、お金《かね》でそれを得《え》ようとしてゐる點《てん》は、むしろ寛《ゆる》

きるべきかも知《し》れない。

それにしても、かうした手段《しゆだん》で、彼等《かれら》の毒牙《どくが》にかゝつて、苦《にが》い涙《なみだ》を呑《の》んでゐる婦人達《ふじんたち》は、定《さだ》めし澤山《たくさん》あるに違《ちが》ひないだらうに、警視廳《けいしちやう》の人事《じんじ》相談《さうだん》に現《あらは》れた被害者《ひがいしや》の訴《うつた》へを調《しら》べてみても、貞操蹂躙《ていさうじうりん》で慰藉《ゐしや》料《れう》の請求《せいきう》をしてゐるのが、ときどきあるに過《す》ぎないといふのは、何《な》故《ぜ》だらう。それについて、警視廳《けいしちやう》の及川係長《おひかはかゝりちやう》は、

『さういふインチキ廣告《くわうこく》に引《ひ》つかかつて、身《み》を過《あやま》るといふのは、殆《ほとん》どゝ育つていゝくらゐ中年婦人《ちうねんふじん》。それも一度《ど》結婚《けつこん》に失敗《しつぱい》したか、早《はや》く良人《をつと》に死別《しべつ》したといふ婦人《ふじん》で、子供《こども》を育《そだ》てたり、親《おや》を見《み》たりする責任《せきにん》のない人達《ひとたち》です。さうした中《ちう》年婦人《ねんふじん》は、特殊《とくしゆ》な技能《ぎのう》でもない限《かぎ》りは、働《はたら》かうにも、若《わか》い未婚婦人《みこんふじん》に壓《お》されて口《くち》もない。それなら結《けつ》婚《こん》をといつたところで、初婚《しよこん》の人《ひと》にさへ結婚難《けつこんなん》の今日《こんにち》、條件《でうけん》は惡《わる》くなるばかりで、なかなか適當《てきたう》な相《あひ》手《て》はない。かうした就職難《しうしよくなん》、結婚《けつこん》難《なん》から、中年婦人達《ちうねんふじんたち》が焦《あせ》りに焦《あせ》つて、自分《じぶん》から、身《み》を過《あやま》らせてしまふのです。

だから、かうした『主婦代理《しゆふだいり》を求《もと》む』なんて廣告《くわうこく》には、そのことを豫想《よさう》しつゝ、あはよくば、なんて考《かんが》へて應募《おうぼ》する人達《ひとたち》も決《けつ》して少《すく》ないんですよ。だからこそ、たとへ被害《ひがい》があつたにせよ、多《おほ》くは泣《な》寢《ね》入《い》りになつてしまふのです。』

と、話《はな》してをられましたが、しかし、あの三行《ぎやう》廣告《くわうこく》の中《なか》にも、勿論《もちろん》かうしたインチキばかりでなく、明《あか》るい意味《いみ》での求人《きうじん》もあり、中《なか》には圓滿《ゑんまん》な結婚《けつこん》に進《すゝ》むのも、少《すく》なくないとのこと。要《えう》は、婦人《ふじん》が身《み》を堅固《けんご》に保《たも》つことによつて、或《ある》程度《ていど》まで危險《きけん》を避《さ》け、安全《あんぜん》の道《みち》を得《え》ることができるのです。

結婚前の處女性を

父《ちゝ》の策《さく》略《りやく》を信《しん》ずる夫《をつと》への手《て》紙《がみ》

河南房美

神《かみ》かけて

お手紙《てがみ》、拜見《はいけん》いたしました。お言葉《ことば》に從《したが》つて、實家《じつか》に歸《かへ》らせて頂《いたゞ》きましたその翌《よく》朝《あさ》、何氣《なにげ》なくのぞいた朝《あさ》のポストに、お懷《なつか》しい貴郎樣《あなたさま》のお筆《ふで》の跡《あと》を發見致《はつけんいた》しました時《とき》の嬉《うれ》しさ、私《わたし》はおどる心《こゝろ》でお手紙《てがみ》の封《ふう》をきつたのでございました。それなのに、最初《さいしよ》の一行《ぎやう》から、思《おも》ひもかけぬ冷《つめ》たいお言葉《ことば》――夢《ゆめ》ではないかと、初《はじ》めはわが眼《め》を疑《うたが》つてみま

疑はれて泣く若き人妻の手記

した。氣《き》も狂《くる》はんばかりでございました。涙《なみだ》の一日《にち》が過《す》ぎまして、漸《やうや》くけふは、幾分《いくぶん》落《お》ちついて參《まゐ》りましたので、ペンをとる氣《き》になりました。どうぞ、最後《さいご》まで御判讀《ごはんどく》下《くだ》さいませ。

お懷《なつか》しき貴郎樣《あなたさま》、貴郎樣《あなたさま》は、ほんとうに御理解《ごりかい》のある、お優《やさ》しいお方《かた》でございました。私《わたし》のやうな不束《ふつつか》な者《もの》でも、心《こころ》から愛《あい》してゐて下《くだ》さるとばかり考《かんが》へてをりました。貴郎《あなた》のやうな立派《りつぱ》なお方《かた》と生涯《しやうがい》を共《とも》にすることの出來《でき》る私《わたし》は、世《よ》にも倖者《しあはせもの》と思《おも》つてをりました。

あゝ、それが、けふ、このやうな悲《かな》しい情《つれ》ないお手紙《てがみ》を頂《いただ》かねばならないとは……さういへば、いつぞや緣《えん》日《にち》の夜《よ》、何氣《なにげ》なく見《み》て貰《もら》つた大道易者《だいだうえきしや》に『貴《あな》女《た》の戀愛《れんあい》は結局不成功《けつきよくふせいこう》に終《をは》る。』といはれた言《こと》葉《ば》を思《おも》ひ出《だ》します。あの時《とき》はそんなことが、と氣《き》にもとめずに、ひたすら心《こゝろ》を引《ひ》きしめ、努力《どりよく》を續《つゞ》けて參《まゐ》りましたつもりなのに……。

私《わたし》はいま、この世《よ》に只一人《たゞひとり》と、堅《かた》く誓《ちか》つた貴郎様《あなたさま》から、あらうことか、忍《しの》ぶに忍《しの》べない貞操《ていさう》の疑《うたが》ひを受《う》けてゐる。誰《だれ》に訴《うつた》へたら、誰《だれ》に泣《な》いて縋《すが》つたら、この悲《かな》しみを忘《わす》れることができるのでございませうか。いえ〳〵やはり貴郎《あなた》の前《まへ》に、一點《てん》の疚《やま》しさも、後暗《うしろぐら》さもないことを、神《かみ》かけて祈《いの》り誓《ちか》ふより他《ほか》に道《みち》はございません。

どうぞ、お聽《き》き下《くだ》さいませ。そしてもう一度《ど》、私《わたし》の純潔《じゆんけつ》を信《しん》じて下《くだ》さいませ。

惡夢《あくむ》の日《ひ》

それは、櫻《さくら》の花《はな》も散《ち》りきつて、新綠萠《しんりよくも》ゆる初夏《しよか》の頃《ころ》でございました。私《わたし》は『行儀見習《ぎやうぎみならひ》』といふ名目《めいもく》の下《もと》に、父《ちゝ》に强《し》ひられて、奈良市《ならし》の素封家《そほうか》、元縣會議員《もとけんくわいぎゐん》のT《テー》様《さま》のお邸《やしき》へ奉公《ほうこう》にやられたのでございます。しかもそれは、僅《わづ》か一ケ月《げつ》の短《みじか》い期間《きかん》でございました。私《わたし》は、やがて貴郎様《あなたさま》の爲《ため》の良《よ》き妻《つま》、賢《かしこ》き母《はゝ》となる日《ひ》を樂《たの》しく思《おも》ひ描《えが》いて、その一ケ月《げつ》を過《すご》したのでございます。

けれども、その間《ま》に、只《たゞ》一つ嫌《いや》な〳〵思《おも》ひ出《で》がございました。これがいま貴郎様《あなたさま》から、淺間《あさま》しいお疑《うたが》ひを受《う》けなければならぬ、唯一《ゆゐつ》の根據《こんきよ》となつてゐるのでございませう。私《わたし》はそれをこゝに瞭《はつき》り申上《まうしあ》げねばなりません。

ある蒸《む》し暑《あつ》い夜《よる》でございました。すつかり仕事《しごと》をすました私《わたし》は、裏《うら》のお庭《には》に出《で》て、美《うつく》しい月《つき》を眺《なが》めながら、戀《こひ》しい貴郎様《あなたさま》のことを思《おも》ひ偲《しの》びつゝ佇《たゝず》んでをりました。その時《とき》、突然《とつぜん》植込《うゑこ》みの中《なか》から、忍《しの》び聲《ごゑ》で私《わたし》の名《な》を呼《よ》びながら、近《ちか》づいた人影《ひとかげ》――それは東京《とうきやう》の大學《だいがく》を卒《そつ》業《げふ》してから、お金《かね》のあるにまかせて、ぶらぶら遊《あそ》んでゐるT《テー》家《け》の長男《ちやうなん》H《エッチ》でした。

H《エッチ》は聲《こゑ》をひそめて、私《わたし》への愛《あい》の言葉《ことば》をささやき、餘《あま》り突然《とつぜん》のことに驚《おどろ》いて返事《へんじ》もできぬ私《わたし》の手《て》に、何枚《なんまい》かの紙幣《さつ》を握《にぎ》らせようとするのでございました。私《わたし》はハツとして身《み》を飜《ひるがへ》しながら『私《わたし》は賤《いや》しい奉公人《ほうこうにん》ではございますが、お金《かね》や地位《ちゐ》のために、かけ替《が》へのない貞《てい》操《さう》を犧牲《ぎせい》にしたくはございません。』と、きつぱりお斷《ことは》り致《いた》しました。

それでもH《エッチ》は性懲《しやうこ》りなく、その後《ご》も機會《きくわい》ある毎《ごと》に指輪《ゆびわ》や、時計《とけい》や、帶止《おびど》めなどの好餌《かうじ》をもつて云《い》ひ寄《よ》つて來《く》るのでございました。お邸《やしき》には私《わたし》の他《ほか》に三人《にん》の女中《ぢよちう》さんが居《ゐ》ましたが、みんな一度《ど》は同《おな》じ手管《てくだ》で云《い》ひ寄《よ》られ、中《なか》には生命《いのち》より大切《たいせつ》なものを奪《うば》はれた人《ひと》もあると、後《あと》で聞《き》きました。併《しか》し、御安心下《ごあんしんくだ》さいませ。私《わたし》は斷《だん》じて最後《さいご》まで身《み》を護《まも》り、絕對《ぜつたい》にこの惡魔《あくま》の囁《さゝや》きを拒《こば》み續《つゞ》けてまゐりました。けれども、このやうな家庭《かてい》に仕《つか》へてゐて、何《なん》の行儀見習《ぎやうぎみならひ》でございませうか。私《わたし》は必死《ひつし》の手紙《てがみ》を父《ちゝ》に書《か》いて救《すく》ひを待《ま》ちました。やがて、父《ちゝ》が迎《むか》へに來《き》てくれましたときの私《わたし》の喜《よろこ》びをお察《さつ》し下《くだ》さいませ。

父《ちゝ》の策略《さくりやく》

貴郎様《あなたさま》との結婚《けつこん》に就《つい》ては、始《はじ》め絕對反對《ぜつたいはんたい》を表明《へうめい》して讓《ゆづ》らなかつた、退役軍人《たいえきぐんじん》、陸軍少將《りくぐんせうしやう》の頑固《ぐわんこ》な父《ちゝ》も、遂《つひ》に、私達《わたしたち》を許《ゆる》して下《くだ》さいました。愚《おろ》かな私《わたし》は、何《なに》も氣《き》づきませんでしたが、今《いま》から考《かんが》へてみますと、父《ちゝ》は私《わたし》をT《テー》家《け》に嫁《とつ》がせたかつたのではないでせうか。そのために、進《すゝ》まぬ私《わたし》を、無理《むり》にT《テー》家《け》へ遣《や》つたのではないでせうか。

ところが、H《エッチ》のあまりにも道《みち》ならぬ態度《たいど》から却《かへ》つてこの計畫《けいくわく》は失敗《しつぱい》に歸《き》したので、父《ちゝ》は漸《やうや》くあきらめて、貴郎様《あなたさま》との結婚《けつこん》を許《ゆる》して下《くだ》さつたのだと思《おも》ひます。それならば、新婚《しんこん》の夢《ゆめ》まどかに幸福《かうふく》な私達《わたしたち》を、誰《だれ》が引《ひ》き裂《さ》かうと、あらぬ告《つ》げ口《ぐち》を貴郎様《あなたさま》にしたのでせうか。悲《かな》しいことですけれど、そこにも父《ちゝ》の意志《いし》があつたことを想《おも》はねばならぬのでございます。何故《なぜ》でございませうか。

前回《ぜんくわい》の縣會選擧戰《けんくわいせんきよせん》に不幸落選《ふかうらくせん》した父《ちゝ》が、この度《たび》の再出馬《さいしゆつば》をめざして、T《テー》様《さま》に資金《しきん》の融通《ゆうづう》をお願《ねが》ひしたのです。T《テー》様《さま》は我子可愛《わがこかあい》さから、H《エッチ》の妻《つま》として私《わたし》の身體《からだ》を交換條件《かうくわんでうけん》に要求《えうきう》したのです。父《ちゝ》はどんなにか惱《なや》み迷《まよ》つたことでせう。併《しか》し、時代《じだい》と思想《しさう》の相違《さうゐ》から、私共《わたしども》の熱《ねつ》愛《あい》を理解《りかい》し得《え》ない父《ちゝ》は、結局《けつきよく》、大資産家《だいしさんか》であるT《テー》家《け》の嫁《よめ》になることが、娘《むすめ》にとつて却《かへ》つて幸福《かうふく》であり、しかもそのために、御自分《ごじぶん》の名《めい》譽慾《よよく》を滿《み》たすことができるといふ一石《せき》二鳥《てう》のお考《かんが》へから、遂《つひ》にT《テー》様《さま》との間《あひだ》に描《えが》かれた一つの筋書《すぢがき》——あゝ、それが、いまこゝに私《わたし》の涙《なみだ》で、濡《ぬ》れてゐる貴郎様《あなたさま》のお手紙《てがみ》に記《しる》された内容《ないよう》なのでございます。たしかにさうである實證《あかし》をとおつしやるなら、私《わたし》はいくつでもお目《め》にかけられる確信《かくしん》をもつてをります。

けれども、私《わたし》は父《ちゝ》の奸策《かんさく》（さういふ言葉《ことば》をさへ使《つか》ひたくございません）を恨《うら》む氣持《きもち》にはなれないのでございます。何故《なぜ》なら前《まへ》にも申《まう》しましたやうに、舊《ふる》い頭《あたま》の父《ちゝ》は、このことが、終局《しうきよく》に於《おい》て私《わたし》の幸福《かうふく》になると誤信《ごしん》してなさつたものであることか、はつきりわかるからでございます。

併《しか》じ、聰明《そうめい》で、お優《やさ》しい、私《わたし》の貴郎樣《あなたさま》は、きつと、きつと、私《わたし》の立場《たちば》を御理解下《ごりかいくだ》さいますことを信《しん》じます。

『歸《かへ》れ』と一言《ひとこと》

思《おも》へば、大商事會社《だいしやうじくわいしや》の若《わか》きサラリーマンの妻《つま》として、學士樣《がくしさま》の妻《つま》として、貴郎樣《あなたさま》の御許《おんもと》にかしづいた三週間《しうかん》の新婚生活《しんこんせいくわつ》こそ、私《わたし》にとつて身《み》も心《こゝろ》も溶《と》け込《こ》むほどに、嬉《うれ》しい樂《たの》しい日《ひ》でございました。

『氏神樣《うじがみさま》のお祭《まつり》だから、一度實家《どさと》へ歸《かへ》つておいで……』

謀《はか》られたお言葉《ことば》とは露知《つゆし》らず、いそ〳〵とお暇《ひま》を頂《いたゞ》いてきた私《わたし》でございました。貴郎樣《あなたさま》は何時《いつ》に變《かは》らぬ御親切《ごしんせつ》に、プラットホームまでお見送《みおく》り下《くだ》さいましたが、その時旣《ときすで》に、あの悲《かな》しい、怖《おそ》ろしいお手紙《てがみ》は、ポストの中《なか》に投入《とうにふ》されてゐたのでございますのね。

『お留守中《るすちう》、御不自由《ごふじゆう》でせうが、すぐ戻《もど》つて參《まゐ》りますから……では、お體《からだ》にお氣《き》をつけなさいませ。』

汽車《きしや》の窓《まど》から申上《まうしあ》げたこの言葉《ことば》が、最後《さいご》にならうとは——いゝえ〳〵、決《けつ》して最後《さいご》であつてはなりません。

戀《こひ》しい、懷《なつか》しい貴郎樣《あなたさま》！　お願《ねが》ひでございます。どうぞ大《おほ》きな眼《め》をお啓《ひら》きになつて下《くだ》さいませ。事實《じじつ》の有無《うむ》を御調査《ごてうさ》なすつて下《くだ》さいませ。そして、一度呪《ひとたびのろ》はれた私達《わたしたち》の新婚《しんこん》の家《か》庭《てい》を、力強《ちからづよ》くお護《まも》りなすつて下《くだ》さいませ。たつた一言《ひとこと》『すぐ歸《かへ》れ！』とお仰《おほ》せ下《くだ》さいませ。若《も》しも、でなかつたら、私《わたし》は、私《わたし》は、私《わたし》は……あゝ。

もう、ペンが動《うご》きません。最後《さいご》まで拙《つたな》き文《も》字《じ》をお拾《ひろ》ひ下《くだ》さいましたことを、お禮申上《れいまうしあ》げます。

悲《かな》しき房美《ふさみ》より

不《ぶ》用《よう》意《い》な手《て》紙《がみ》の言葉《ことば》から

勅使河原保子

重《ぢう》大《だい》な結《けつ》果《くわ》

『貴方《あなた》と呼《よ》べば何《なん》だいと答《こた》へる』唄《うた》の文句《もんく》にある通《とほ》り、本當《ほんたう》に幸福《かうふく》な私達《わたしたち》の新婚生活《しんこんせいくわつ》でありました。それが、忘《わす》れもしません。九月《ぐわつ》一日《とつ》、市場《いちば》で買物《かひもの》をすませて歸《かへ》つて來《き》ますと、夫《をつと》は常《つね》ならぬ恐《こは》い顏《かほ》で、私《わたし》を呼《よ》びました。

『おい！　虛僞《うそ》は神《かみ》が許《ゆる》さんのだ。この正《たゞ》しい裁《さば》きを見《み》ろ。殊勝《しゆしよう》らしく裝《よそほ》つて、よくもけふまで僕《ぼく》を欺《あざむ》いてきたな。君《きみ》は一體《たい》、誰《だれ》に處《しよ》女《ぢよ》を捧《さゝ》げてきたんだ。告白《こくはく》し給《たま》へ。僕《ぼく》にも考《かんが》へがある！』

晴天《せいてん》の霹靂《へきれき》に呆然《ばうぜん》として立《た》ちすくむ私《わたし》の前《まへ》に投《な》げ出《だ》されたのは、見覺《みおぼ》えのある一通《つう》の手《て》紙《がみ》——それもその筈《はず》、これは私《わたし》が義兄《ぎけい》のK《ケー》に宛《あ》てゝ出《だ》した手紙《てがみ》ではありませんか。

『讀《よ》んで見給《みたま》へ、僕《ぼく》の前《まへ》ではつきり讀《よ》みあげてみたまへ！』

重《かさ》ねて疊《たゝ》みかけられて、私《わたし》は思《おも》はず、その手紙《てがみ》を披《ひら》いてみました。あゝ、どういふ事情《じじやう》があるにもせよ、何《なん》と愚《おろ》かな私《わたし》だつたでせう。それにはかう書《か》いてあつたのです。

『……貴方《あなた》は私《わたし》から、かけがへのない大切《たいせつ》なものを奪《うば》ひ去《さ》つた上《うへ》に、尚《なほ》この上私《うへわたし》から何《なに》を奪《うば》はうとするのですか。』

夫《をつと》に疑《うたが》はれて、始《はじ》めて私《わたし》は、この不用意《ふようい》な文字《もじ》が重大《ちうだい》な結果《けつくわ》を生《う》むものであることに氣《き》づいたのですが、時《とき》は既《すで》に遲《おそ》かつたのです。

不《ふ》良《りやう》の義《ぎ》兄《けい》

讀者《どくしや》の皆様《みなさま》、どうぞ事情《じじやう》をお聽《き》き下《くだ》さいませ。私《わたし》の母《はゝ》は生《な》さぬ仲《なか》でしたが、私《わたし》の家《うち》へ再《さい》縁《えん》する前《まへ》にK《ケー》といふ男《をとこ》の子《こ》がありました。私《わたし》には義兄《ぎけい》に當《あた》るその男《をとこ》は、環境《くわんきやう》の惡《わる》さから不良《ふりやう》になり、屢ゝ《しばしば》訪《たづ》ねてきては母《はゝ》を苦《くる》しめるのでした。

義母《はは》は大變優《たいへんやさ》しい人《ひと》で、生《う》みの親《おや》のやうに私《わたし》を可愛《かあい》がつて下《くだ》さいましたので、義母《はは》がその息子《むすこ》のために苦《くる》しむのを見《み》てお氣《き》の毒《どく》に思《おも》ひ、私《わたし》が母《はゝ》に代《かは》つて時々《ときどき》お小遣《こづか》ひなどをやつてをりました。そして、その都度《つど》眞《ま》人間《にんげん》になるやうにと諭《さと》してゐたのですが、ある時《とき》、是非《ぜひ》相談《さうだん》したいことがあるからY驛《ワイえき》へ來《き》てくれとの手紙《てがみ》をよこしました。私《わたし》は母《はゝ》と相談《さうだん》の上《うへ》、とにかく行《い》つてみますと、K《ケー》は既《すで》に來《き》てゐました。

『此處《ここ》では話《はなし》ができないから。』といつて、彼《かれ》は少《すこ》し離《はな》れた淋《さび》しい所《ところ》に私《わたし》をつれて行《い》つて、さてやつぱりお金《かね》の無心《むしん》でした。私《わたし》は、もう際限《さり》がないし、母《はゝ》とも相談《さうだん》してきたことでしたので、きつぱりとはねつけました。すると、K《ケー》は、矢庭《やには》に私《わたし》の頭《あたま》に手《て》をかけ、

『それぢや、ちよつとこれを借《か》りるよ。』

とばかり、抵抗《ていかう》する私《わたし》を突《つ》き倒《たほ》し、とうとう私《わたし》の頭《あたま》から簪《かんざし》を抜《ぬ》き取《と》つて逃《に》げ去《さ》りました。この簪《かんざし》こそは、私《わたし》にとつては、何《なに》ものにも替《か》へ難《がた》い亡《な》き母《はゝ》の遺品《かたみ》だつたので、私《わたし》はどんなに口惜《くや》しがつて、彼《かれ》をさがしたかわかりませんが、それきり杳《よう》として行方《ゆくへ》が知《し》れませんでした。

それから半年程後《はんとしほどのち》に現在《げんざい》の夫《をつと》と結婚《けつこん》したのですが、彼《かれ》はどうして知《し》つたか、間《ま》もなく私《わたし》のところへ手紙《てがみ》をよこして、

『今度《こんど》こそ二度《ど》と迷惑《めいわく》はかけないから、もう

39　「結婚前の処女性を疑はれて泣く若き人妻の手記」　河南房美、勅使河原保子　『婦人倶楽部』昭和12年3月1日

一度《ど》だけ會《あ》つて貰《もら》ひたい。』

　といつて來《き》ました。今《いま》から思《おも》へばこの時夫《ときをつと》にうち明《あ》けて相談《さうだん》すればよかつたのですが、こんな不良《ふりやう》の義兄《ぎけい》があることを知《し》られるのが何《なん》となくいやでしたので、もう二度《ど》と手紙《てがみ》もよこさせまいと、隨分激《ずゐぶんはげ》しい文章《ぶんしやう》で、前後《ぜんご》の思慮《しりよ》もなく書《か》き送《おく》つたのです。

『私《わたし》からかけがへのない大切《たいせつ》なものを奪《うば》ひ去《さ》つて……』の文句《もんく》も、その中《うち》の一節《せつ》だつたのです。この手紙《てがみ》を受取《うけと》つたK《ケー》は、逆《ぎやく》に私《わたし》を惡《にく》んで、クワッとなつて、夫宛《をつとあて》に『親展《しんてん》』で送《おく》り返《かへ》して來《き》たのでありました。

春《はる》を待《ま》つ

　私《わたし》は必死《ひつし》になつて、この事情《じじやう》を辯明《べんめい》しましたが、夫《をつと》の疑念《ぎねん》は晴《は》れません。

『そんな子供《こども》だましの云《い》ひわけでゴマ化《か》さうとする心根《こゝろね》が尚惡《なほにく》い。』

　夫《をつと》はさういつて耳《みゝ》を蔽《おほ》ふのでした。不快《ふくわい》な一夜《や》があけると、夫《をつと》は默《だま》つて勤《つと》めに出《で》たまゝその夜《よ》も次《つぎ》の夜《よ》も、歸《かへ》つて來《き》ませんでした。

　私《わたし》も、もう、ぢつとして泣《な》いてばかり居《ゐ》ることはできません。三日《みつか》目《め》の朝《あさ》、義母《はは》に宛《あ》てて、

『お母様《かあさま》、私《わたし》は口惜《くや》しうございます。大切《たいせつ》なものと――いふ言葉《ことば》が、私《わたし》の場合何《ばあひなに》を指《さ》すか、お母様《かあさま》とK《ケー》とお二人《ふたり》で、私《わたし》の潔白《けつぱく》の證《あかし》を立《た》てて下《くだ》さるまで、私《わたし》は身《み》を隱《かく》させて頂《いたゞ》きます。』

　との手紙《てがみ》を殘《のこ》して家出《いへで》をし、東京《とうきやう》のお友達《ともだち》の許《もと》に身《み》を寄《よ》せてしまひました。夫《をつと》はその日《ひ》の夕方歸《ゆうがたかへ》つて來《き》て、驚《おどろ》いて私《わたし》の實家《じつか》へかけつけました。義母《はは》は、

『こんなことで、あの娘《こ》に間違《まちが》ひがあつたら、第《だい》一この私《わたし》が生《い》きてはをられません。』といつて、種々《いろ／＼》夫《をつと》に釋明《しやくめい》し、百方手《はうて》をつくしてK《ケー》の行方《ゆくえ》をさがしたがわかりません。そのうち、東京《とうきやう》のお友達《ともだち》も、私《わたし》のことを心配《しんぱい》して、そつと居所《ゐどころ》を報《し》らせましたので、父《ちゝ》が迎《むか》へに來《き》て私《わたし》は連《つ》れ戻《もど》されました。そして父《ちゝ》と、義《は》母《は》とが言葉《ことば》を盡《つく》して私《わたし》の身《み》の證明《しやうめい》をしてくれましたので、夫《をつと》も漸《やうや》く納得《なつとく》するやうになりましたが、二人《ふたり》の間《あひだ》には何《なに》か冷《つめ》たい煙幕《えんまく》があつて、元《もと》のやうに樂《たの》しい家庭《かてい》ではなくなりました。

　義兄《ぎけい》が現《あら》はれて正直《しやうぢき》な告白《こくはく》をしてくれゝば、そして、證據《しやうこ》の母《はゝ》の遺品《かたみ》の簪《かんざし》が戻《もど》つてくれれば、私達《わたしたち》の間《あひだ》には、再《ふたゝ》び、花咲《はなさ》き鳥《とり》うたふ春《はる》が來《こ》ようものを……。

（をはり）

良《を》人《つと》の戀《れん》愛《あい》と貞《てい》操《さう》

菊《きく》池《ち》寛《くわん》先《せん》生《せい》と吉《よし》屋《や》

早春《さうしゆん》の夕《ゆふべ》、片《かた》や文壇《ぶんだん》の大《おほ》御所《ごしよ》菊池《きくち》先生《せんせい》と片《かた》や閨秀作家《けいしうさくか》の花《はな》形《がた》吉屋《よしや》女史《ぢよし》とが一堂《だう》に會《くわい》され、その最《もつと》も得《とく》意《い》とせられるところの、『良人《をつと》の戀愛《れんあい》と貞操《ていさう》』問題《もんだい》に就《つい》て、それ〴〵の立場《たちば》から意《い》見《けん》を交《かは》されました。『主婦之友《しゆふのとも》』

先生、お嬢さんの結婚問題は、どんな風に考へていらつしやいます？

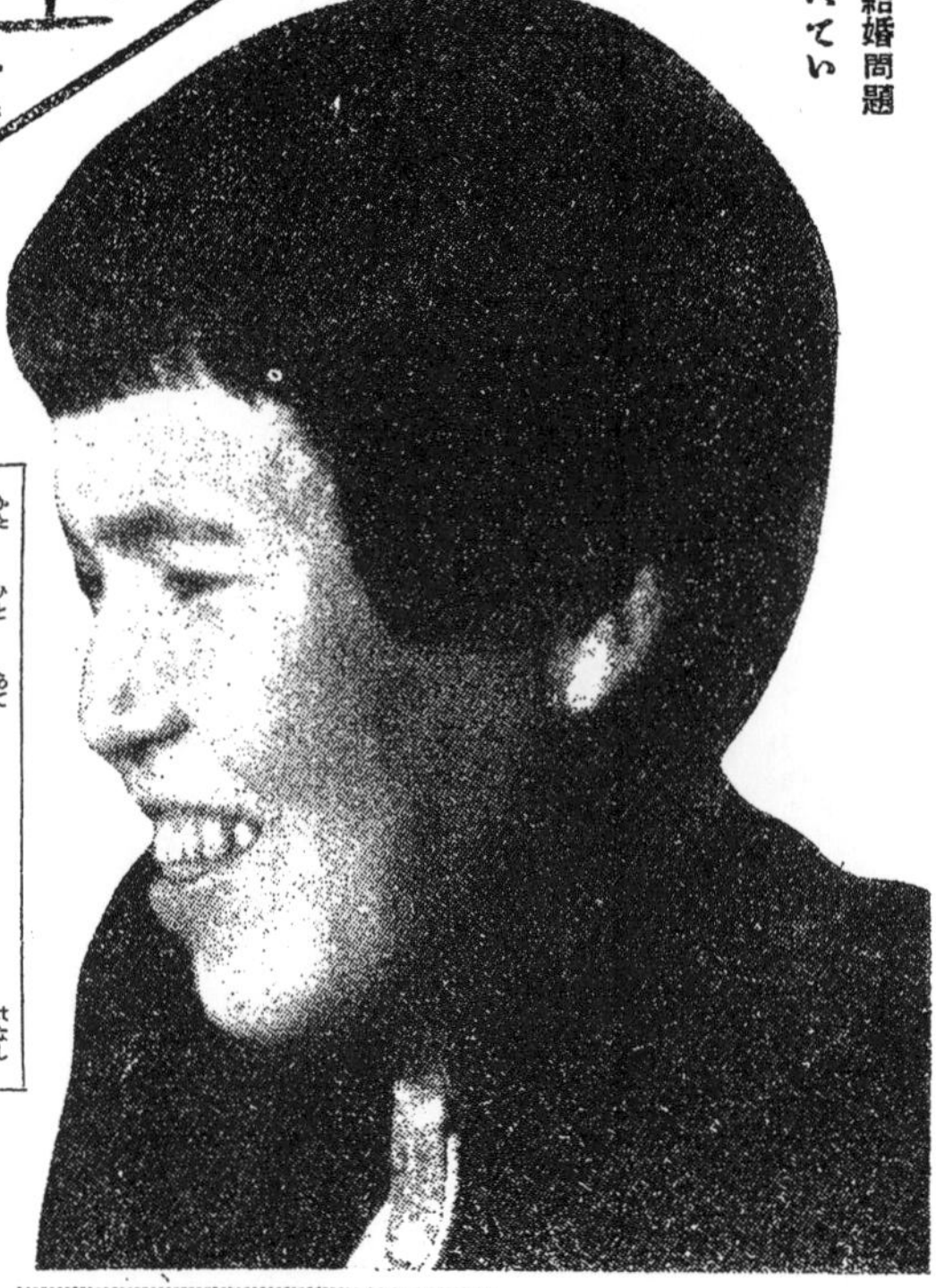

堅《かた》い人《ひと》が當《あて》にならぬといふ話《はなし》

菊池　堅《かた》い人《ひと》といふものか、あまり安心《あんしん》できませんよ。堅《かた》くて眞面目《まじめ》でせう、さういふ人《ひと》は、戀愛《れんあい》にも眞面目《まじめ》なんでね。なかなか浮氣《うはき》をしないけれども、せられたら怖《こは》いですよ。藝者《げいしや》買《かひ》などして浮氣《うはき》をなしくづしにやる人《ひと》より、眞面目《まじめ》な男《をとこ》で平生女《へいぜいをんな》と遊《あそ》んだことのない主人《しゆじん》が戀愛《れんあい》したときの方《はう》が、奥《おく》さんは怖《こは》いですね。向《むか》うに行つてしまふのだ

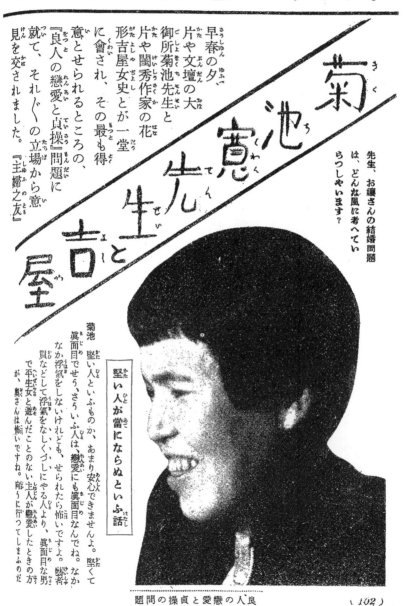

の問《もん》題《だい》を何《ど》うするか?

の小説《せうせつ》でお馴染《なじみ》の兩先生《りやうせんせい》は、果《はた》して如何《いか》なる解釋《かいしやく》と對策《たいさく》を與《あた》へられましたか? 人妻《ひとづま》も娘《むすめ》も必讀《ひつどく》の特別記事《とくべつきじ》。

戀愛をする良人はね、浮氣をする良人よりも怖いですよ。向うに行つてしまふのだから——

信《のぶ》子《こ》女《ぢよ》史《し》の對《たい》談《だん》會《くわい》

から——僕《ぼく》が知つてゐる、或《あ》る雜誌《ざつし》の記者《きしや》をしてゐる男《をとこ》なんか、家《いへ》には細君《さいくん》と子供《こども》が三人《にん》ゐるんですよ。それでもそこの女《をんな》と何處《どこ》かに駈《か》け落《お》ちしてしまつてゐる。その男《をとこ》なんか小心《せうしん》で眞面目《まじめ》なんですよ。だから僕《ぼく》は、良人《をつと》の中では戀愛《れんあい》をする良人《をつと》が怖《こは》いと思《おも》ふのです。浮氣《うはき》をする男《をとこ》といふものは、いはゞ女房《にようばう》に對《たい》してコソ〳〵やるでせう。ところが戀愛《れんあい》をすれば、もう向《むか》うの女《をんな》の方《はう》へ行《い》つてしまふ危險《きけん》があるんですからね。浮氣《うはき》の方《はう》は性慾《せいよく》の方《はう》が主《おも》になつて、本當《ほんたう》に相手《あひて》と一緒《いつしよ》にならうといふ氣持《きもち》は薄《うす》いものだが、戀愛《れんあい》になれば結局相手《けつきよくあひて》の方《はう》に行《い》つてしまふですからね。

吉屋 私《わたし》としては一夫《ぷ》一妻《さい》が理想《りさう》で、決《けつ》して良人《をつと》の戀愛《れんあい》を許容《きよよう》するものではありません。女《をんな》の人《ひと》が、男《をとこ》の貞操《ていさう》に對《たい》して、年《ねん》がら年中《ねんぢう》ビク〳〵と心配《しんぱい》してゐなければならない生涯《しやうがい》といふものは、實際情《じつさいなさけ》ないと思《おも》ひますわ。良人《をつと》の貞操《ていさう》に

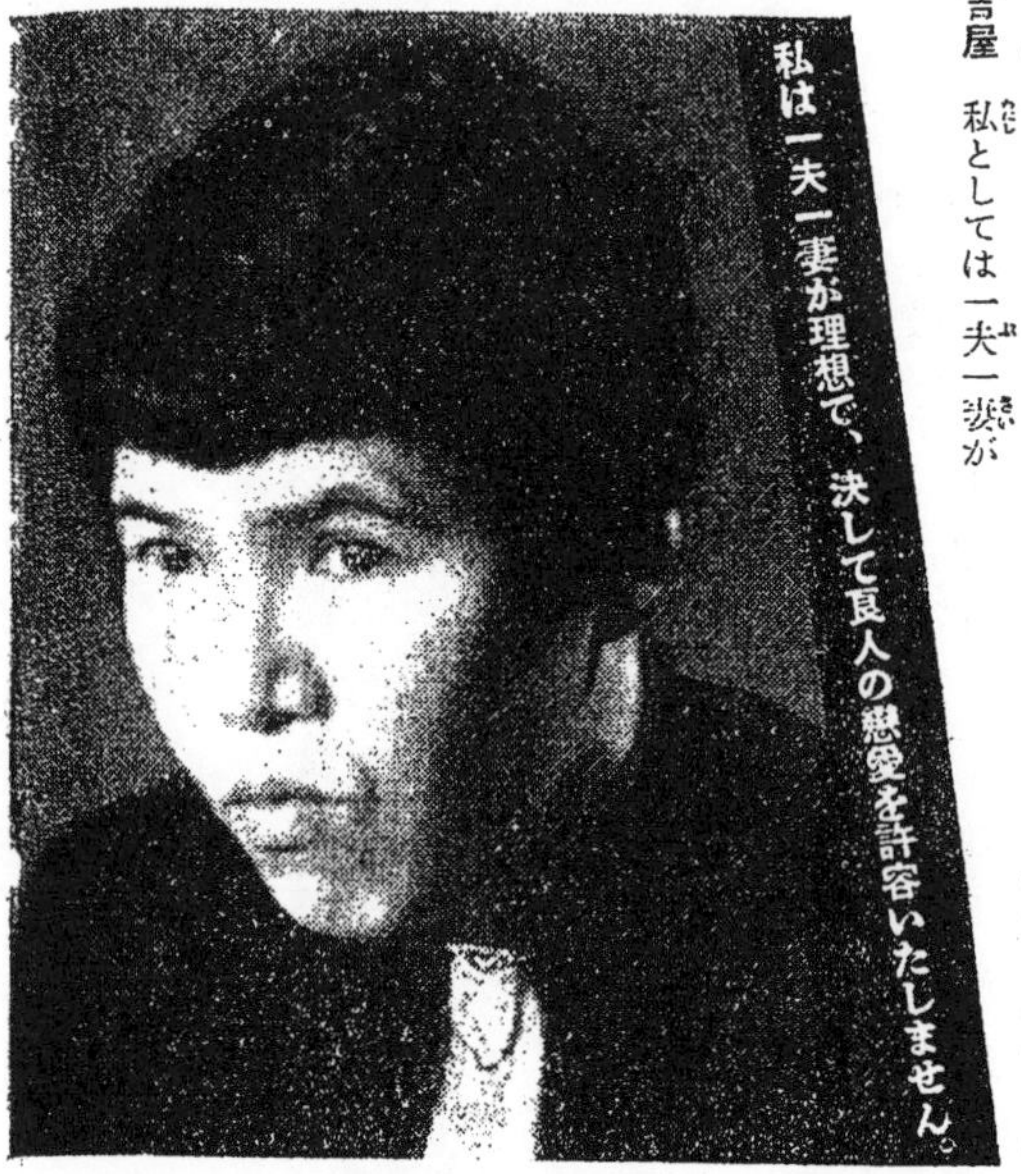
私は一夫一妻が理想で、決して良人の戀愛を許容いたしません。

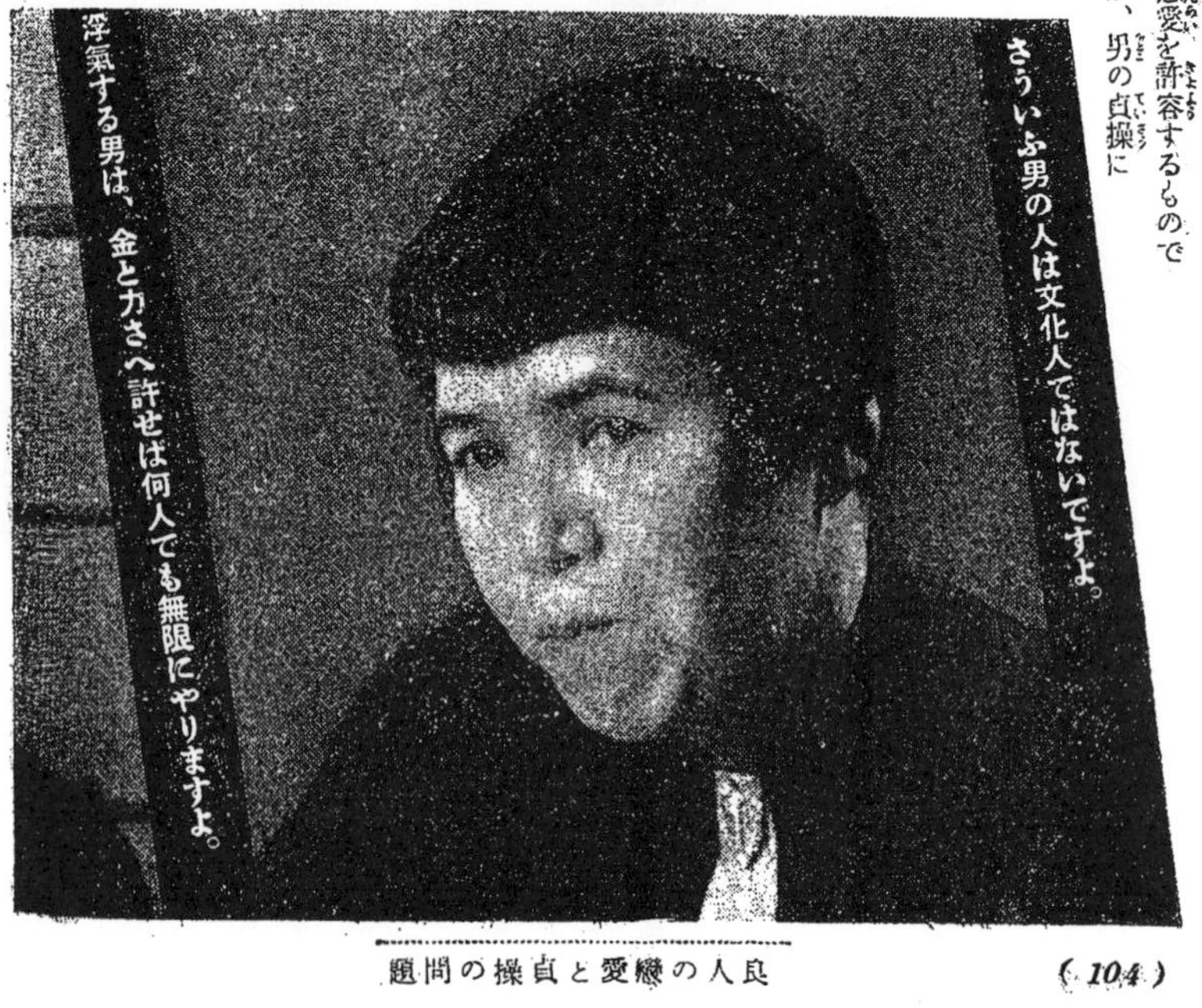
さういふ男の人は文化人ではないですよ。
浮氣する男は、金と力さへ許せば何人でも無限にやりますよ。

43　「良人の恋愛と貞操の問題を何うするか？」　菊池寛、吉屋信子　『主婦之友』昭和12年4月1日

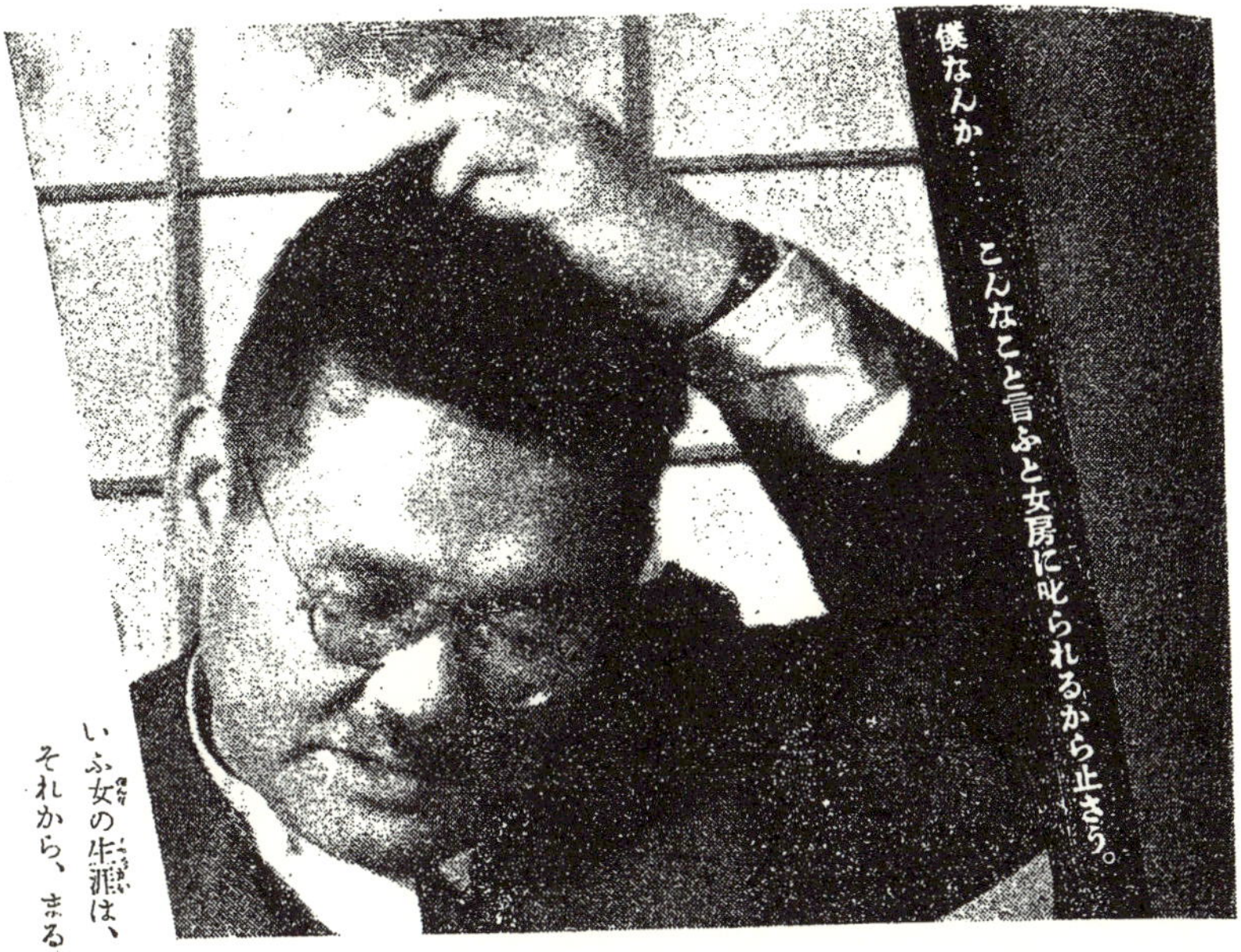

就《つい》て始終《しじゆう》心配《しんぱい》してをつて、世の中《なか》のことも考《かんが》へられない、人類《じんるゐ》のことも考《かんが》へられない、社會《しやくわい》のことも考《かんが》へられないなんていふ女《をんな》の生涯《しやうがい》は、氣《き》の毒《どく》だと思《おも》ひます。

それから、まるで奥《おく》さんを娼婦《しやうふ》かなんかのやうに、寝室《しんしつ》の中《なか》が大切《たいせつ》だといつて、その方《はう》のことをイヤに熱心《ねつしん》に教《をし》へたのがありますね。世《よ》の中《なか》も知《し》らせなければ、社會《しやくわい》も知《し》らせなければ、人類《じんるゐ》のことも知《し》らせなければ、夫婦《ふうふ》となつてたゞ一人《ひとり》の良人《をつと》に一生懸命《いつしやうけんめい》に仕《つか》へることだけを……　あれは無智《むち》な主人《しゆじん》には非常《ひじやう》に評判《ひやうばん》がいゝんですけれども、これからのインテリ女性《じよせい》には、いけないと思《おも》ふのです。

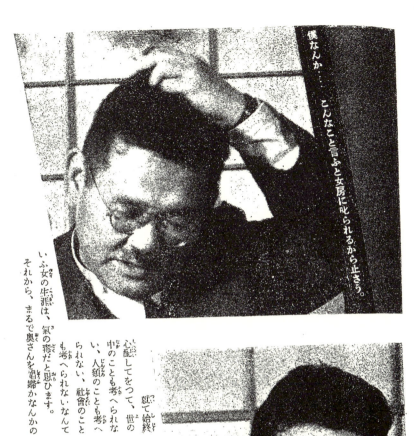

性慾を基調にすれば、夫婦生活は破綻を來さゞるを得ない。

人類を殖すために男はさういふ性能を神樣が與へたのかも知れませんしね。

他所《よそ》の女《をんな》より上手《じやうず》に何《なに》しろとか、寢卷《ねまき》をどうするといふことでは、女性《ぢよせい》を精神的《せいしんてき》に高《たか》めないですね。あゝまで良人《をつと》にサーヴィスしたら、如何《いか》に精力絶倫《せいりよくぜつりん》でもあれだけで疲《つか》れてしまひますよ。

性生活《せいせいくわつ》だけに頼《たよ》られぬといふ話《はなし》

菊池　一旦良人《たんなつと》が女房《にようばう》に厭《あ》き出《だ》したら、あゝいふ小《ちひ》さい技巧《ぎかう》ぢやどうも駄目《だめ》ですね。結局《けつきよく》、妻《つま》なんかゞ良人《をつと》に對《たい》するのは、最後《さいご》へゆくとやはり人格的《じんかくてき》の熱《ねつ》ですね。

吉屋　さうだらうと思《おも》ひますわ。十年《ねん》も二十年《ねん》も添《そ》ひ遂《と》げてゆくといふのは、寢室《しんしつ》だけの關係《くわんけい》ぢやないと思《おも》ひますね。それでなければ夫婦關係《ふうふくわんけい》といふものは、實《じつ》に輕《かる》い醜惡《しうあく》な低《ひく》いものぢやないでせうか。そして今日《けふ》に變《かは》り明日《あした》に遷《うつ》るものでは仕方《しかた》がありません。良人《をつと》と妻《つま》との根本《こんぽん》に變《かは》らない人格的《じんかくてき》の愛《あい》があつて初《はじ》めて、二十年《ねん》三十年《ねん》の永《なが》い間《あひだ》變《かは》らないでゆかれるのだと思《おも》ひますわ。他所《よそ》の女《をんな》よりも媚《こび》を上手《じやうず》にとか、寢卷《ねまき》をどうするなんていふものだけぢやないと思《おも》ふのです。

菊池　しかしそれは、妻《つま》といふものも或《あ》る程度《ていど》の身嗜《みだしな》みをしてゐないと、フッと妻《つま》が厭《いや》にな

45　「良人の恋愛と貞操の問題を何うするか？」　菊池寛、吉屋信子　『主婦之友』昭和12年4月1日

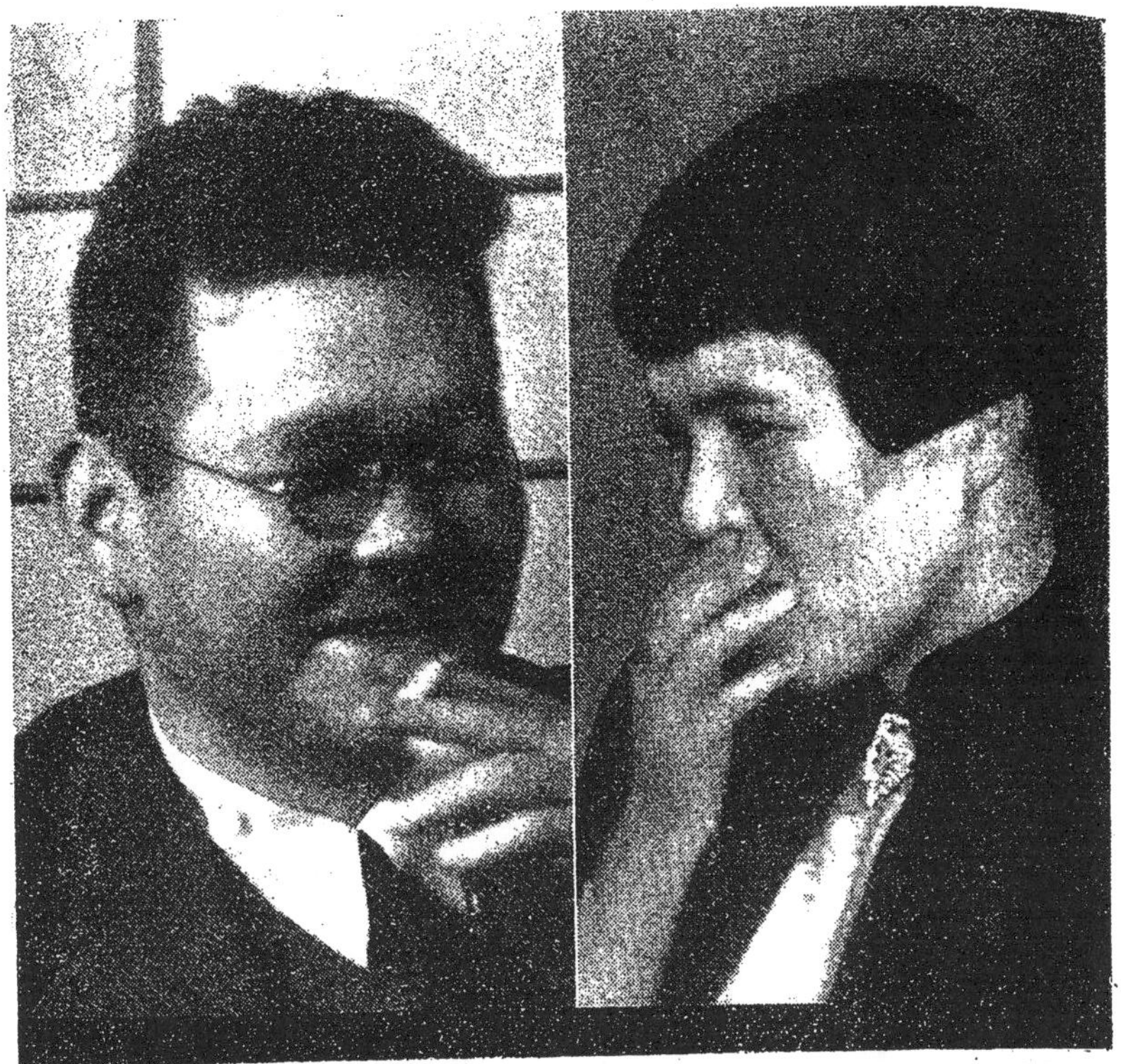

吉屋さんが結婚なさらないのは男の人が厭なためですか？

私なんか、結婚してくださる方がないものですから……

るやうな原因《げんいん》になることがあるですからね。いつも汚《きたな》い寢卷《ねまき》を着《き》てゐたりすることが、ちよつと厭氣《いやき》のさす原因《げんいん》となることがあり易《やす》いから、それを防《ふせ》ぐために身嗜《みだしな》みといふことも必要《ひつえう》ですね。

寢卷《ねまき》なんかは、妻《つま》がいつも色氣《いろけ》のないネルか何《なん》かを着《き》てゐるでせう。良人《をつと》の立場《たちば》としては、もつといゝ寢卷《ねまき》を着《き》ろとは言《い》へないのだね。言《い》つて着《き》たのでは面白《おもしろ》くないのだね。さういふところを、少《すこ》しいゝ寢卷《ねまき》を着《き》るくらゐの頭《あたま》が働《はたら》かないと駄目《だめ》なんだね。良人《をつと》は汚《きたな》いなと思《おも》つても、それを口《くち》に出《だ》さうといふ氣《き》はないですね。

吉屋　だからさういふことも女《をんな》の叡智《えいち》ですね。手《て》を取《と》つて敎《をし》へなければ判《わか》らぬやうな女《をんな》は駄目《だめ》ですね。

菊池　性生活《せいせいくわつ》といふものは、結婚後《けつこんご》二三年間《ねんかん》だけの問題《もんだい》だと思《おも》ふね。僕《ぼく》は、二人《ふたり》の定《きま》つた男《だん》女《ぢよ》の間《あひだ》の性生活《せいせいくわつ》の興味《きようみ》といふものは、二三年《ねん》間《かん》だと思《おも》ふ。そればかりが一生涯《しやうがい》には決《けつ》して頼《たよ》りにならないね。

吉屋　それは夫婦《ふうふ》でなくてもさうでせうか？

菊池　戀人同志《こひびとどうし》でも、やはり性生活《せいせいくわつ》といふものはせい〴〵二三年《ねん》なんですね。それを一生同《しやうどう》

棲《せい》なんかしてゐればゐるほど厭《あ》きる機會《きくわい》が多《おほ》いですね。だから、その後《ご》もつと精神的《せいしんてき》なものだとか、さういふものに重點《ちようてん》をおかなければ、なか〳〵夫婦生活《ふうふせいくわつ》といふものはうまくゆかないね。

浮氣《うはき》の初期《しよき》に抗議《かうぎ》せよといふ話《はなし》

菊池　僕《ぼく》は良人《をつと》の浮氣《うはき》したときは、最初《さいしよ》に女《をんな》が儼然《げんぜん》として躬《み》を以《もつ》て抗議《かうぎ》するのが一番《ばん》だと思《おも》ひますね。最初《さいしよ》に良人《をつと》が浮氣《うはき》したときに女《をんな》が離縁《りえん》してくれと言《い》つてハッキリした態度《たいど》を示《しめ》すことが、一番肝腎《ばんかんじん》だと思《おも》ふ。

吉屋　私《わたし》もさう思《おも》ひますわ。

菊池　それを一歩讓歩《ぽじやうほ》すれば、だん〳〵甘《あま》く見《み》られて、良人《をつと》は深入《ふかい》りして甚《ひど》いことになつてしまふのだから、最初《さいしよ》のときに態度《たいど》をハッキリさして鬪《たゝか》ふといふことが、僕《ぼく》は人妻《ひとづま》の心意《こゝろい》氣《き》だと思《おも》ふね。

吉屋　それだけに、良人《をつと》に對《たい》して誠意《せいい》を以《もつ》て言《い》はなければ――あなたを愛《あい》し獨占《どくせん》したいといふ愛情《あいじやう》を披瀝《ひれき》して――

菊池　そんな態度《たいど》に出《で》ると、亭主《ていしゆ》が待《ま》つてゐたとばかり、ぢや別《わか》れようといふ者《もの》があるかも知《し》れないが、さうなつても仕方《しかた》がないと思《おも》ふのです。アメリカにホールド・アップといふのがあるでせう。あれは、やつぱりその中《なか》に、時《とき》に射《う》つ奴《やつ》があるから手《て》を擧《あ》げるのだらうと思《おも》ふ。だから日本《にほん》の女《をんな》の中《なか》にも、亭主《ていしゆ》が浮氣《うはき》をすればすぐ別《わか》れるといふことにするのがよい。さうすれば、亭主《ていしゆ》は妻《つま》に別《わか》れられると思《おも》へば、穩和《おとな》しくなると思《おも》ふのだ。

　そこまで日本《にほん》の婦人《ふじん》は今《いま》まで決心《けつしん》がついてゐないから、亭主《ていしゆ》が浮氣《うはき》をするのだらう。外國《ぐわいこく》では、良人《をつと》が浮氣《うはき》をしたら、穩和《おとな》しくしてゐる女房《にようばう》といふものはゐないでせう。日本《にほん》の昔《むかし》は封建時代《ほうけんじだい》の慣習《くわんしふ》で、妻《つま》がそれだけ弱《よわ》くされてゐるのですね。

吉屋　私《わたし》のお友達《ともだち》の知《し》つてゐる人《ひと》で、良人《をつと》がさういふことになつたとき、敢然《かんぜん》と離婚《りこん》を申《まを》し込《こ》んだら、向《むか》うの思《おも》ふ壺《つぼ》に嵌《はま》つたといふか、離婚《りこん》したのです。そのときに他《ほか》の女《をんな》の人《ひと》は、その女《をんな》が馬鹿《ばか》だと言《い》つたのです。ところがその後《ご》、離婚《りこん》した男《をとこ》の人《ひと》は、自分《じぶん》の關係《くわんけい》したその女《をんな》とまたぢき離婚《りこん》しました。その初《はじ》めに離婚《りこん》された女《をんな》の人《ひと》は二度目《どめ》の結婚《けつこん》をして、今《いま》ちやんとやつてゐるのです。ところが向《むか》うは、また離婚《りこん》して常習犯《じやうしふはん》になつてゐるのです。

菊池　だから僕《ぼく》は言《い》つてゐるのです。妻以外《つまいぐわい》に一人《ひとり》の女《をんな》を持《も》つ男《をとこ》は、金《かね》と力《ちから》さへ許《ゆる》せば何人《なんにん》でも無限《むげん》に拵《こしら》へる人《ひと》です。

吉屋　さういふ男《をとこ》は文化人《ぶんくわじん》ではないですよ。

菊池　しかし、良人《をつと》が好《す》きで堪《たま》らないし、良人《をつと》にお金《かね》があり、少《すこ》しくらゐの浮氣《うはき》をしても、辛抱《しんばう》してをれば自分《じぶん》の生《うま》れて來《く》る子供《こども》も幸福《かうふく》だと思《おも》へば、それは辛抱《しんばう》するがいゝですな。

吉屋　それは今《いま》の場合《ばあひ》のやうに、皆《みんな》が嗤《わら》つても幸福《かうふく》であつた人《ひと》もあるし、さうかと思《おも》へばその良人《をつと》のやうにしやうがないやうな人《ひと》もあるし、女《をんな》の人《ひと》の智慧《ちゑ》で見《み》るんですね。けれども、女《をんな》の人《ひと》は他人《ひと》に言《い》はれるとグラグラするので、相談《さうだん》してみて甲《かふ》の人《ひと》がかう言《い》へば甲《かふ》の人《ひと》の言《い》ふやうになり、乙《おつ》の人《ひと》があゝ言《い》つたといへば乙《おつ》の人《ひと》の言《い》ふやうになるといふ風《ふう》になつて、終《しま》ひには占《うらなひ》に見《み》て貰《もら》つて、今《いま》の旦那《だんな》さんと一緒《しよ》にゐては一生浮ばれないなんて言《い》はれて沈《しづ》み返《かへ》つたり……

菊池　結局自覺《けつきよくじかく》した女性《ぢよせい》が增《ふ》えて來《く》れば男《をとこ》は浮《うは》氣《き》しなくなる。

法律《はふりつ》は女《をんな》に不公平《ふこうへい》だといふ話《はなし》

吉屋　それから良人《をつと》の不品行《ふひんかう》といふのは、妻《つま》や家庭《かてい》をそのまゝにしてをつて、さうどやらうといふ快樂《くわいらく》でせう。女性《ぢよせい》が酒《さけ》や煙草《たばこ》と同《おな》じ快《くわい》樂品《らくひん》に扱《あつか》はれてゐるうちは駄目《だめ》ですわ。

私《わたし》、自分《じぶん》が男《をとこ》であつたら、一夫《ぷ》一婦《ぷ》の主義《しゆぎ》を以《もつ》て貞操《ていさう》を堅《かた》く守《まも》らうと憤慨《ふんがい》してをるんだけれど、綺麗《きれい》な女《をんな》の人《ひと》などを見《み》ると、男《をとこ》に生《うま》れなくてガッカリしてゐますわ。私《わたし》も若《も》しかしたら、男《をとこ》に生《うま》れてゐたら、不品行《ふひんかう》をするかしらと可笑《をか》しくつて‥‥

しかし私《わたし》は、男《をとこ》の不品行《ふひんかう》といつても、いろいろあると思《おも》ふのよ。僅《わづ》かな月給《げつきふ》で妻子《さいし》に不《ふ》自由《じいう》をさせておきながら、不品行《ふひんかう》をする。十圓《ゑん》か二十圓《ゑん》の金《かね》を持《も》つて歸《かへ》れば、奥《おく》さんにもちやんとした着物《きもの》も着《き》せられるし、子供《こども》にも新《あたら》しいものを着《き》せられるのに、奥《おく》さんには瓦《ガ》斯《ス》や電氣代《でんきだい》の斷《ことわ》りをさせておきながら、外《そと》で不品行《ふひんかう》をするのは、どうかと思《おも》ひますわ。といつて、そんならお金《かね》のある男《をとこ》は何《なに》をしてもいゝといふわけぢやないけれど――

菊池　僕《ぼく》は、生涯《しやうがい》苦《く》しまない亭主《ていしゆ》を持《も》ちたいなら、やはり教育家《けういくか》だとか裁判官《さいばんくわん》だとか、金《かね》も澤山《たくさん》出來《でき》ないし、社會的《しやくわいてき》に絶《た》えず監視《かんし》されてゐるやうな良人《をつと》を持《も》つのが一番《ばん》よいと思《おも》ふのです。それ以外《いぐわい》に、會社員《くわいしやゐん》なんかの敏腕家《びんわんか》なんか、金《かね》が出來《でき》れば待合《まちあひ》なんか今《いま》の社交機關《しやかうきくわん》だし、さういふ所《ところ》に行《ゆ》けばさういふ機會《きくわい》が多《おほ》いのだから‥‥

吉屋　でも、女學校《ぢよがくかう》の校長《かうちやう》さんでも厭《いや》なのがありますね。生徒《せいと》を内密《ないしよ》で家《うち》に引入《ひきい》れたといふのが、いつかあつたんぢやないかしら――私《わたし》、女學校《ぢよがくかう》なんか、皆《みん》な女《をんな》の校長《かうちやう》と女《をんな》の先生《せんせい》に任《まか》せるといゝと思《おも》ふけれど‥‥

菊池　しかし、パーセンテージからゆけばやはり少《すくな》いね。

吉屋　そこへゆくと文士《ぶんし》など一番駄目《ばんだめ》ですね。

菊池　駄目《だめ》ですね。

吉屋　先生《せんせい》、お孃《ぢやう》さんの結婚《けつこん》の問題《もんだい》で考《かんが》へていらつしやいますか。

菊池　僕《ぼく》は考《かんが》へてゐないし、僕《ぼく》の娘《むすめ》のことなんかあまり話《はな》すと――　女房《にようばう》に怒《おこ》られるから、止《よ》さう。(笑聲)

僕《ぼく》の娘《むすめ》は、生活《せいくわつ》にさへ差支《さしつか》へなかつたら、とき／″＼は遊《あそ》んでもいゝと言《い》ふが、しかしそれは、やつぱり遊《あそ》ばれた苦勞《くらう》を知《し》らないからだよ。

吉屋　奧《おく》さんはどう言《い》つていらつしやいます？

菊池　女房《にようばう》は、眞面目《まじめ》な人《ひと》で絶對《ぜつたい》に遊《あそ》ばない人《ひと》のところに娘《むすめ》をやりたいと言《い》つてゐる。

吉屋　男《をとこ》の姦通罪《かんつうざい》といふことが成立《せいりつ》したら、これは大變《たいへん》なものでせうね。

菊池　しかし、かういふ夫婦間《ふうふかん》の性道德《せいだうとく》といふものには法律《はふりつ》は干渉《かんせふ》するなと言《い》ふのでせう、瀧川《たきかは》(前京都帝大法學部敎授)さんは。

吉屋　妻《つま》が他《ほか》の男《をとこ》の人《ひと》と關係《くわんけい》するのは、それを姦通罪《かんつうざい》にして牢獄《らうごく》に入《い》れて苦《くる》しめ、その擧句《あげく》その二人《ふたり》は絶對《ぜつたい》に一緒《しよ》にしないでせう。私《わたし》はこれは人道上《じんだうじやう》の問題《もんだい》だと思《おも》ふのです。牢《らう》に入《い》れた以上《いじやう》は、法律《はふりつ》で一緒《しよ》にしてやるくらゐにしなければ惨《むご》いと思《おも》ふのです。罪《つみ》を着《き》せた上《うへ》に尙《な》ほ一生《しやう》一緒《しよ》にしないなんていふのは、あんな法律《はふりつ》は、ヤキモチ燒《や》きが拵《こしら》へたものと思《おも》ひますわ。

菊池　とにかく僕《ぼく》は、やはり性道德《せいだうとく》は男女同權《だんぢよどうけん》にしたいですね。

女房《にようばう》天下《でんか》が安全《あんぜん》だといふ話《はなし》

菊池　戀愛《れんあい》といふものは相手《あひて》の身體《からだ》の知《し》らないものを知《し》らうといふ欲望《よくばう》ですから、もう結婚《けつこん》してしまへば戀愛的《れんあいてき》の情熱《じやうねつ》といふやうなものはトタンに冷《さ》めてしまつて、そこから別《べつ》の夫婦《ふうふ》の愛情《あいじやう》が湧《わ》くのですが、戀愛的《れんあいてき》の激《はげ》しいものは無《な》くなつてしまふのだ。

吉屋　だけれど本當《ほんたう》の理想《りさう》から言《い》つたら、好《す》きで結婚《けつこん》して戀愛的《れんあいてき》の氣分《きぶん》を保《たも》つてをつて、身體《からだ》の引力《いんりよく》もそんなにガラッと落《お》ちないで、いつまでも奧《おく》さんが若々《わかわか》しくて、旦那樣《だんなさま》の方《はう》も若々《わかわか》しくて、子供《こども》なんかも一人《ひとり》か二人《ふたり》丈夫《ぢやうぶ》に育《そだ》つたらいゝでせうね。それが理想《りさう》の結婚生活《けつこんせいくわつ》と思《おも》ひますわ。

菊池　さういふ夫婦《ふうふ》も相當《さうたう》あるから、やはり結婚生活《けつこんせいくわつ》といふことも實際《じつさい》これだけ盛《さか》んになるぢやないですか。

吉屋　さうですか、さもなければ私《わたし》たちガッカリしてしまふけれども……

菊池　一夫《ぷ》一妻《さい》でうまくいつてゐるのは、百人《にん》の中《うち》二三十パーセントあるぢやないですか。僕等《ぼくら》の周圍《しうゐ》でも、さういふ家庭《かてい》は幾《いく》つも擧《あ》げることができるのです。

吉屋　德富蘇峰《とくとみそほう》先生《せんせい》など、さういふ方《かた》なんでせうね。

あんな老夫婦《らうふうふ》になつてみると、やはり見《み》てをつても美《うつく》しいですね。會社員《くわいしやいん》の方《かた》なんかでも、子煩惱《こぼんなう》で、夕方《ゆふがた》安《やす》い玩具《おもちや》などを買《か》つて、イソ／＼と歸《かへ》つて行《ゆ》く人《ひと》がゐますよ。あんな人《ひと》は奧《おく》さんにもよくていゝでせうね。さうなるとやはり、肉體的《にくたいてき》といふよりも氣質《きしつ》の中《うち》に應《こた》へるところがなければならないですね。

菊池　やはり、奧《おく》さんが旦那《だんな》さんを尻《しり》に敷《し》いてゐる家庭《かてい》の方《はう》が圓滿《ゑんまん》だね。さうして、旦那《だんな》さんが少《すこ》し性格的《せいかくてき》に弱《よわ》くて、待合《まちあひ》とかそんな所《ところ》には、獨《ひと》りで行《ゆ》けないといふ小心者《せうしんもの》がいゝのだね。

吉屋　だから、奧《おく》さんがもつと強《つよ》くて、いざとなれば良人《をつと》の迷《まよ》つてゐるのに決斷力《けつだんりよく》を與《あた》へられる、どの女《をんな》よりも相談相手《さうだんあひて》になるといふ風《ふう》になればいゝのですね。さうなれば、自分《じぶん》の

49　「良人の恋愛と貞操の問題を何うするか？」　菊池寛、吉屋信子　『主婦之友』昭和12年4月1日

家庭《かてい》が一番安全《いちばんあんぜん》だし、子供《こども》にもこれほどいゝことはないのですもの。それには妻《つま》の人格《じんかく》と權利《けんり》を、ふだん認《みと》めなければ‥‥

吉屋《よしや》女史《ぢよし》理想《りさう》の家庭《かてい》を語《かた》るの巻《まき》

菊池　しかし出世《しゆつせ》して金《かね》が出來《でき》れば、實業家《じつげふか》なんか十人《にん》の中《うち》九人《にん》まで遊《あそ》んでゐるですね。

吉屋　ぢやあ、これから良人《をつと》の貞操《ていさう》を守《まも》らない者《もの》は出世《しゆつせ》させないといふ社會法則《しやくわいはふそく》を作《つく》つて‥‥（哄笑）私《わたし》、日本《にほん》の家庭生活《かていせいくわつ》といふものは、外國《ぐわいこく》のやうに月給《げつきふ》が高《たか》くなつて、夕方家《ゆふがたうち》へ歸《かへ》ると、旦那樣《だんなさま》はタキシードなど着《き》て、奥《おく》さんは盛裝《せいさう》してサーヴィスをし、子供《こども》が圍《まは》りに竝《なら》んで、黑坊《くろんぼ》のボーイでもおいて、娘《むすめ》さんがピアノでも彈《ひ》いて、（笑聲）旦那樣《だんなさま》のお友達《ともだち》が來《き》て、『奥《おく》さんはお綺麗《きれい》ですな。』と言《い》つて旦那樣《だんなさま》に褒《ほ》めて、（笑聲）奥《おく》さんがそのお友達《ともだち》とダンスでもする‥‥　旦那樣《だんなさま》が少《すこ》し心配《しんぱい》してそれを見《み》てゐる――　それが却つていゝんです。妻《つま》に魅力《みりよく》を感《かん》じて――

日本《にほん》の家庭《かてい》では、どんなに金《かね》があつても、どうも家庭《かてい》の生活《せいくわつ》がみゝつちい‥‥　旦那樣《だんなさま》が外《そと》でばかり一人《ひとり》で豪遊《がういう》なさる。――でも子供《こども》が多《おほ》すぎると駄目《だめ》ですね。旦那樣《だんなさま》が疲《つか》れて歸《かへ》つて來《き》ても、そこら中《ぢう》おしめが散《ち》らばつてをつては――　奥《おく》さんも子供《こども》が多勢《おほぜい》では無理《むり》だし‥‥

けれども、女《をんな》に對《たい》する教育《けういく》は、たゞ經濟《けいざい》だの、家事《かじ》だのとばかりで、ます／＼みゝつちい。その點《てん》ではダンスなんか盛《さか》んにして、御《ご》夫婦《ふうふ》でお出《で》かけになつたりいろ／＼すると、いゝと思《おも》ふんですけれども‥‥　殊《こと》に夫婦《ふうふ》同伴《どうはん》で、いろ／＼の會《くわい》に出《で》かけると、奥《おく》さんは

他所《よそ》の奥《おく》さんと較《くら》べて醜《みにく》い風《ふう》をしてをつてはいけないと、お化粧《けしやう》もするし、心《こゝろ》も廣《ひろ》くなりますし……旦那様《だんなさま》も奥《おく》さんにお金《かね》をかける氣《き》になると、私思《わたしおも》ふのよ。

　これは結局《けつきよく》、良人《をつと》といふものは男《をとこ》でせう。男《をとこ》はやはり女《をんな》から生《うま》れてお母《かあ》さんが育《そだ》てたんでせう。だから母親《はゝおや》が自分《じぶん》の息子《むすこ》に對《たい》して、決《けつ》して他日女性《たじつぢよせい》を不幸《ふかう》にしない男《をとこ》として教育《けういく》すれば、すべての女性《ぢよせい》は幸福《かうふく》になると信《しん》じますわ。

　ところが實際《じつさい》の有様《ありさま》は、お母《かあ》さんは自分《じぶん》の息子《むすこ》が二十《はたち》か二十二になつて大學《だいがく》くらゐになると、自分《じぶん》の子供《こども》を制御《せいぎよ》どころではない、侍《かしづ》いてゐるのですもの。娘《むすめ》が夜晩《よるおそ》くでも歸《かへ》るといろ〳〵叱言《こごと》を言《い》ふけれども、息子《むすこ》に對《たい》しては何も言《い》はないで、ヘイ〳〵してゐる家庭《かてい》が多《おほ》いやうですね。

菊池　やはり婦人《ふじん》がもつと婦人《ふじん》の權利《けんり》を主張《しゆちやう》して、男子《だんし》がもつと婦人《ふじん》を尊重《そんちよう》するやうになれば、結局自分《けつきよくじぶん》の妻《つま》も婦人《ふじん》だから苦《くる》しめないやうになるだらうと思《おも》ふのです。

吉屋　そこに私《わたし》は根本《こんぽん》があるので、たゞ良人《をつと》だから、男《をとこ》だからといつてもしやうがないと思《おも》ふわ。やはり母親《はゝおや》が自分《じぶん》が女《をんな》でゐながら、他《た》日若《じつわか》い女《をんな》を妻《つま》として苦《くる》しめるやうな息子《むすこ》を作《つく》つてゐるですものね。さういふのがずゐぶんあるでせう。

第《だい》二夫《ふ》人《じん》に間違《まちが》へられた話《はなし》

菊池　浮氣《うはき》しさうになつた最初《さいしよ》に猛烈《まうれつ》に反撃《はんげき》するですね。最初《さいしよ》で女《をんな》と一度會《どあ》つたくらゐだつたら、別《わか》れるのは容易《ようい》でせう。それを深入《ふかい》りしてから騷《さわ》ぎ出《だ》したら、それぢやあお前《まへ》が出《で》て行《ゆ》けといふことにならないとも限《かぎ》らないから、最初《さいしよ》やつたときに猛撃《まうげき》するですね。

　手《て》がつき足《あし》がつきすると良人《をつと》も拔《ぬ》けられなくなるから、最初妻《さいしよつま》が自分《じぶん》の離縁《りえん》を賭《と》してゞも爭《あらそ》ふくらゐな決心《けつしん》が欲《ほ》しいと思《おも》ふですね。妻《つま》が自殺《じさつ》でもするくらゐな決心《けつしん》でやれば、良《をつ》人《と》は震《ふる》へ上《あが》つて止《よ》すと思《おも》ふのです。

吉屋　それを、良人《をつと》を獨占《どくせん》し良人《をつと》を愛《あい》してゐるからだといふ誠意《せいい》を以《もつ》てやるのですね。やつたら却《かへつ》てよいかも知《し》れないけれども、よくこんなことを言《い》ふ奧《おく》さんがありますね、家《うち》の主人《しゆじん》なんか妾《めかけ》の一人《ひとり》も持《も》つてくれゝばせい〳〵するのだけれども、家《うち》にばかりをつて……

菊池　さういふ人《ひと》がいらつしやいますね。

菊池　女《をんな》の人《ひと》は結婚《けつこん》してから二三年間《ねんかん》といふものは、性慾的《せいよくてき》に興味《きようみ》が進《すゝ》まないといふのが幾《いく》らもあるですね。とても厭《いや》らしいことに考《かんが》へられる、だから結婚《けつこん》の晩《ばん》にそれが厭《いや》で飛《と》び出《だ》す人《ひと》もあるですけれども……

吉屋　最初《さいしよ》に男《をとこ》が淫《みだ》らな心《こゝろ》から結婚《けつこん》を輕《かる》く考《かんが》へて、神聖《しんせい》なものでなく、たゞ女遊《をんなあそ》びのやうな考《かんが》へで花嫁《はなよめ》に對《たい》したら、堪《たま》らないでせう。結婚《けつこん》を快樂《くわいらく》の目的《もくてき》にしたら、二三年《ねん》のうちに、どうにかなつてしまふから危險《きけん》だと思《おも》ふのです。でも要《えう》するに、女《をんな》の人《ひと》が利口《りこう》で進《すゝ》むより外《しか》に女《をんな》の問題《もんだい》は救《すく》はれないと思《おも》ふわ。

　第二夫人《だいふじん》といへば、面白《おもしろ》いことがありますよ。イタリーに行《い》つたときに、久米《くめ》さんと奧《おく》さんの艶子《つやこ》さんと私《わたし》と、もう一人《ひとり》お友達《ともだち》と、久米《くめ》さんが三人《にん》の女性《ぢよせい》を伴《つ》れて汽車《きしや》に乘《の》つたら、支那人《しなじん》と間違《まちが》へられて、久米《くめ》さんを大人《たいじん》と見《み》て、（笑聲）艶子《つやこ》さんを第一夫人《だいふじん》、私《わたし》を第二夫人《だいふじん》、お友達《ともだち》を第三夫人《だいふじん》と思《おも》つたのですね。（哄笑）今《いま》でもよくその話《はなし》をして笑《わら》ふのです。尤《もつと》も第一夫人《だいふじん》が一番美人《ばんびじん》でしてね……

妻《つま》が肉親的《にくしんてき》になるといふ話《はなし》

菊池　結局人格《けつきよくじんかく》の問題《もんだい》ですよ。妻《つま》が相當《さうたう》の人格《じんかく》で利口《りこう》であつて、良人《をつと》もやはり或《あ》る程度《ていど》の人《じん》

51　「良人の恋愛と貞操の問題を何うするか？」 菊池寛、吉屋信子 『主婦之友』昭和12年4月1日

格《かく》があれば、浮氣《うはき》なんか多少《たせう》したつてやはり羽目《はめ》を外《はづ》さないのだからね。妻《つま》を離婚《りこん》なんかするのは、どこか缺陥《けつかん》があるですね。

吉屋　社會《しやくわい》に迷惑《めいわく》をかけないことゝ、人《ひと》を不幸《ふかう》にしないといふことを、考《かんが》へなければなりませんね。

菊池　自分《じぶん》の妻《つま》や子供《こども》を不幸《ふかう》にしてまで自分《じぶん》が何《なに》かしようといふのは、それは利己主義《りこしゆぎ》ですから。

吉屋　それは、社會的《しやくわいてき》の制裁《せいさい》を加《くは》へたつていゝわけですからね。岡邦雄《をかくにを》なんかいふ人《ひと》も、私《わたし》あゝまでするといふのはどうかと思《おも》ふわ。ちつともよいことぢやないし、恥《は》づべきことだと思《おも》ふんですけれどね。
だから私《わたし》は、男《をとこ》のペシャンコになるやうな小説《せうせつ》を書《か》くんですわ。女《をんな》の味方《みかた》でもしなければ、取柄《とりえ》がないので……(哄笑) 大抵《たいてい》女性《ぢよせい》を尊《そん》重《ちやう》する小説《せうせつ》になつてゐますけれどもね。

菊池　しかし、とにかく夫婦生活《ふうふせいくわつ》といふものはなか／＼難《むづか》しいものだな。

吉屋　だから私《わたし》は結婚《けつこん》しない、小説《せうせつ》を書《か》くのです——と、まあ言《い》つておくとしようや。

菊池　どうしたつて性慾《せいよく》といふものは、一二三年《ねん》間《かん》で飽和狀態《はうわじやうたい》に達《たつ》するですね。

吉屋　誰《だれ》でもでせうか。それは菊池先生《きくちせんせい》だけ？

菊池　他人《ひと》の經驗《けいけん》は聞《き》いたことはないけれども(笑聲) 普通《ふつう》の男《をとこ》はさうですね。

吉屋　さういふ性質《せいしつ》のものでせうかね。つまんないのね。(笑聲)

菊池　一人《ひとり》の女性《ぢよせい》に對《たい》する性慾狀態《せいよくじやうたい》は飽和《はうわ》される。だから、芥川《あくたがは》(龍之介氏)が『侏儒《しゆじゆ》の言葉《ことば》』で、自分《じぶん》の妻《つま》とさういふ關係《くわんけい》をするのが厭《いや》になることがある、といふことを書《か》いてゐるで

すけれどもね。

それからもう一《ひと》つは、妻《つま》と同棲《どうせい》してゐれば、だん〳〵妻《つま》が肉親的《にくしんてな》のものになるでせう、肉《にく》親的《しんてき》のものになれば自分《じぶん》の妹《いもうと》とか姉《あね》とか母《はゝ》親《おや》のやうなものになるでせう、さういふ者《もの》とあゝいふ變《へん》なことをするといふことが、もう厭《いや》だといふ感《かん》じにもなるですよ。

肉親《にくしん》といふものと、さういふ性慾本能《せいよくほんのう》といふものとは一致《ち》しないでせう。だから妻《つま》と一緒《しよ》にゐればゐるほど、さういふことが可笑《をか》しなものになるのですね。

吉屋 それぢや旦那樣《だんなさま》は、他所《よそ》に家庭《かてい》を破壞《はくわい》しない程度《ていど》で幾《いく》らでも作《つく》れるでせう、けれどもそいぢや奥《おく》さんが可哀《かはい》さうだわ。

菊池 だから僕《ぼく》は、それが結婚生活《けつこんせいくわつ》の一《ひと》つの悲《ひ》劇《げき》だと思《おも》ふのです。夫婦生活《ふうふせいくわつ》といふものは、結局《けつきよく》は、人格的《じんかくてき》の熱情《ねつじやう》でなければならんですよ。尤《もつと》も、性的興味《せいてききようみ》も、事情《じじやう》が違《ちが》ふとか環境《くわんきやう》が違《ちが》つたりすると、復活《ふくくわつ》する可能性《かのうせい》があるわけです。

吉屋 二三年《ねん》しか保《も》たぬといふのが自然《しぜん》の現象《げんしやう》であつたら、それは道徳《だうとく》やなんかぢやないんですから、それに對《たい》して女性《ぢよせい》が對策《たいさく》を講《かう》ずるのが利口《りこう》ですね。

妻《つま》を泣《な》かせるのは不埒《ふらち》だといふ話《はなし》

菊池 男《をとこ》の性慾《せいよく》と女《をんな》の性慾《せいよく》とは違《ちが》ふんだから。女《をんな》の性慾《せいよく》は一人《ひとり》だけで滿足《まんぞく》しても、男《をとこ》の性慾《せいよく》はいろ〳〵漁《あさ》つて歩《ある》かうとする。だから性慾《せいよく》を基調《きてう》とすれば、夫婦生活《ふうふせいくわつ》には破綻《はたん》を來《きた》さゞるを得《え》ない。

吉屋 神樣《かみさま》が人類《じんるゐ》を殖《ふや》すために男《をとこ》にはさういふ性能《せいのう》を與《あた》へたのかも知《し》れませんしね。(笑聲)してみれば、これは道徳《だうとく》やなんかで決《き》められないから、どうしたらいゝでせう?

菊池 だから僕《ぼく》は、性慾《せいよく》を夫婦生活《ふうふせいくわつ》の基調《きてう》にすれば破綻《はたん》が來《く》るといふのです。それよりもつと他《ほか》に夫婦生活《ふうふせいくわつ》が行《おこな》はれるのです。

吉屋 すると先生《せんせい》のおつしやるやうにすれば、奥《おく》さんとさういふ交渉《かうせふ》がだん〳〵薄《うす》らいでしまつたら、それで良人《をつと》は外《そと》へ行《ゆ》くとおつしやるんでせう。(笑聲)

菊池 外《そと》へ行《ゆ》く機會《チヤンス》になるといふのです。

吉屋 なるけれども、原動力《げんどうりよく》は性慾《せいよく》にあるわけですね。

菊池 性慾《せいよく》を滿《みた》すだけの行動《かうどう》として外《そと》へ行《ゆ》く場《ば》合《あひ》があるといふのです。

吉屋 戀愛《れんあい》といふのは性慾《せいよく》の衝動《しようどう》かも知《し》れませ

53　「良人の恋愛と貞操の問題を何うするか？」　菊池寛、吉屋信子　『主婦之友』昭和12年4月1日

んけれどもね——だけどそれぢやあ……

菊池　小山内《をさない》さん（薫氏）の戯曲《ぎきよく》の中《なか》に『夕霧《ゆふぎり》伊左衛門《ざゑもん》』といふのがあるでせう。伊左衛門《いざゑもん》が、どうして浮氣《うはき》をするかといふと、世《よ》の中《なか》に自分《じぶん》の性格《せいかく》とピッタリ合《あ》ふ女性《ぢよせい》が一人《ひとり》くらゐはゐるに違《ちが》ひない、その女性《ぢよせい》を探《さが》して歩《ある》くために放蕩《はうたう》してゐるのです。

吉屋　それぢやずゐぶん女性《ぢよせい》の被害者《ひがいしや》が出來《でき》るわけで……（笑聲）それが、自然《しぜん》の現象《げんしやう》であつたら家《うち》に繩《なは》をつけておくわけにゆかない。それは良人《をつと》の地位《ちゐ》、職業《しよくげふ》その他《た》で違《ちが》ふでせう。菊池先生《きくちせんせい》も、大學《だいがく》の先生《せんせい》とか何《なん》とかであつてごらんなさい。文部大臣《もんぶだいじん》に叱《しか》られると困《こま》るとか生徒《せいと》に騒《さわ》がれると困《こま》るとかいふので、家《うち》に早《はや》くお歸《かへ》りになるでせうが——（哄笑）

毎日奥《まいにちおく》さんが苦惱《くなう》を抱《かか》へてゐるのは言語道《ごんごだう》斷《だん》ですからね。それに男《をとこ》の人《ひと》は四十くらゐになると惡《わる》くなるんですつてね。極端《きよくたん》なのは、子供《こども》が何人《なんにん》もあるのに他《ほか》の女《をんな》の許《もと》に走《はし》つて妻《つま》を捨《す》てたりして——　だから奥《おく》さんといふものは、良人《をつと》が四十になつても安心《あんしん》できず、始終用心《しじゆうようじん》してゐなければなりませんし、一生苦勞《いつしやうくらう》の種《たね》があるんですもの——　いつそ早《はや》く未《み》亡人《ばうじん》になつた方《はう》が仕合《しあは》せみたいなものね。

菊池　だから夫婦《ふうふ》といふものは、實際《じつさい》一緒《しよ》に子供《こども》を育《そだ》てる協力者《けふりよくしや》といふやうな意味《いみ》に解釋《かいしやく》して、そこに夫婦《ふうふ》といふ立場《たちば》があるんぢやないですか。

吉屋　菊池先生《きくちせんせい》のおつしやる三年主義《ねんしゆぎ》で、旦那《だんな》様《さま》が肉親的《にくしんてき》の感情《かんじやう》になつて妻《つま》を憎《にく》みもしないし厭《いと》ひもしないしといふのに對《たい》して、妻《つま》が三年目《ねんめ》くらゐになつてさういふことに感應《かんおう》を發《はつ》して來《き》たら、尚《な》ほ悲劇《ひげき》ぢやないでせうか。一緒《しよ》に飽《あ》きればいゝんですけれども……

菊池　だから僕《ぼく》は、そこに一層《そう》悲劇《ひげき》があると思《おも》ふのです。まあそれは一生涯《しやうがい》の中《うち》にいろ／＼變化《へんくわ》があつて、さういふ危險區域《きけんくゐき》をうまく切《き》抜《ぬ》ければ、圓滿《ゑんまん》に一生涯《しやうがい》一夫《ぷ》一妻《さい》で暮《くら》せるわけですね。

吉屋　男《をとこ》の人《ひと》がもつと高《たか》い觀念《くわんねん》で女性《ぢよせい》を認《みと》めてゆけば、處女《しよぢよ》を手《て》に入《い》れるとか何《なん》とかいふことよりもつと女性《ぢよせい》に對《たい》して人格的《じんかくてき》に接《せつ》してゆけば、處女《しよぢよ》なんかよりも本當《ほんたう》は何年《なんねん》か經《た》つた人妻《ひとづま》としての感覺《かんかく》や感應《かんおう》を持《も》つて來《き》た女性《ぢよせい》に對《たい》して魅力《みりよく》を感《かん》ずるのぢやないかと思《おも》ふのですね。但《たゞ》し我《わ》が妻《つま》にですよ。女性《ぢよせい》は三年目《ねんめ》くらゐから一人前《にんまへ》の女《をんな》の人《ひと》になるとしたら、大《たい》へんなちぐはぐになつてしまひますからね。

菊池　だから結婚後《けつこんご》二三年《ねん》のうちに子供《こども》が出來《でき》て、そこに大《おほ》きな一《ひと》つの楔《くさび》でも入《はひ》れば、大抵《たいてい》の場合《ばあひ》に圓滿《ゑんまん》にゆくわけですね。

吉屋　子供《こども》を産《う》めば、母《はゝ》の生活《せいくわつ》だけになるといふことは、女性《ぢよせい》として可哀《かはい》さうだと思《おも》ひますわ。妻《つま》には、母《はゝ》としての生活以外《せいくわついぐわい》にも、女《をんな》としての生活《せいくわつ》の喜《よろこ》びがなくては——

だから、子供《こども》は少《すこ》く産《う》んで、できるだけ家《うち》の中《なか》を綺麗《きれい》に飾《かざ》つて、夫婦生活《ふうふせいくわつ》を永《なが》く持續《ぢぞく》させるやうにした方《はう》がよいと思《おも》ふけれど……

菊池　吉屋《よしや》さんの結婚《けつこん》なさらないのは男《をとこ》の人《ひと》が厭《いや》なためですか。

吉屋　してくださる人《ひと》が、ないものですから……（笑聲）

菊池　吉屋《よしや》さんを滿足《まんぞく》させる男《をとこ》も、今《いま》になつてはないぢやないですか。（笑聲）

吉屋　今《いま》になつたからあるかも知《し》れませんわ。

菊池　こんなことを正直《しやうぢき》に書《か》いて、たくさん手《て》紙《がみ》が來《き》たら……（笑聲）

吉屋　そしたら『主婦之友《しゆふのとも》』で審査會《しんさくわい》を開《ひら》いて貰《もら》つて……（哄笑）私《わたし》は、大學《だいがく》に行《い》つてゐなくても、どこに行《い》つてゐなくてもいゝから、不品《ふひん》行《かう》のできない人《ひと》がいゝわ。（哄笑）

（二月十六日・築地川畔・藍亭にて）

「男の貞操」座談會

出席者

醫學士 太田武夫氏
評論家 杉山平助氏
創作家 丹羽文雄氏
歌人・評論家 今井邦子氏
創作家 吉屋信子氏
創作家 宇野千代氏
（順序不同）

杉山 近頃男《ちかごろをとこ》の貞操《ていさう》といふことが、吉屋《よしや》さんが「良人《をつと》の貞操《ていさう》」といふ小説《せうせつ》をお書《か》きになつたおかげかどうかしらんけれども、大分《だいぶ》わんわんいはれてきた。これは女《をんな》の人《ひと》の鼻息《はないき》が荒《あら》くなつたからだらうと思《おも》ひますが、これがただ單《たん》なるヂャーナリズムの上《うへ》の現象《げんしやう》か、或《あるひ》はほんとに社會全體《しやくわいぜんたい》から盛《も》り上《あが》つてきてるものか、そこらあたりから一つ問題《もんだい》にして、どうでせう太田《おほた》さん。

太田 やはりさういふふうに女性《ぢよせい》が目覺《めざ》めてきたんぢやないですかね。しかしそれは遠因《ゑんいん》であつて、近因《きんいん》はやはりヂャーナリズムで戀愛問題《れんあいもんだい》などを扱《あつか》つたといふことがひつかゝつて出《で》てきたんぢやないかと思《おも》ふですね。

杉山 これは主《しゆ》として女《をんな》の方《かた》がお書《か》きになつたからぢやないですか。宇野《うの》さんも何《なに》かお書《か》きになつたでせう——あなたがお書《か》きになつたのは女《をんな》の貞操《ていさう》についてだつたと思《おも》ひますが、しかしそれはやつぱり暗《あん》に男《をとこ》の貞操《ていさう》に對《たい》するプロテストですね。

宇野 私割合《わたしわりあひ》に男《をとこ》とか女《をんな》とか區別《くべつ》して考《かんが》へないんです。自分《じぶん》だけのことを考《かんが》へるのね。私《わたし》は例外的《れいぐわいてき》な生活《せいくわつ》をしてゐますからね。男《をとこ》はなくても通《とほ》つてゆけるといふやうな。

丹羽 吉屋《よしや》さん、或《あ》る雜誌《ざつし》に僕達比較的《ぼくたちひかくてき》若い作家數人《さくかすうにん》を槍玉《やりだま》にあげて、それぞれ別《わか》れた女《をんな》が書《か》いた惡口《わるくち》と抗議《かうぎ》を讀《よ》んだですか。

吉屋 讀《よ》みましたわ。あれを見《み》ると丹羽《には》さんの罪《つみ》が一番輕《ばんかる》さうね。

丹羽 さうですか。それぢやあゝいふことを書《か》いた女《をんな》に好意《かうい》がもてますか。

吉屋 さあ……もてるもてないは別《べつ》として、當事者《たうじしや》になつたらあゝいふ事位《ことぐらゐ》捨てられた女《をんな》

談會

として言《い》はなくちゃ腹《はら》が癒《い》えないでせうね。

丹羽　それに喝采《かつさい》を送《おく》る？

宇野　喝采《かつさい》は送《おく》らないけれども、あゝいふことを書《か》きたい氣持《きもち》は分《わか》りますね。

杉山　それでね、男《をとこ》の貞操《ていさう》といふやうなことを要求《えうきう》するのは今《いま》までの女《をんな》の人《ひと》としては贅澤《ぜいたく》沙汰《ざた》だといふふうなことが考《かんが》へられますね。つまり今《いま》までは女房《にようばう》を捨《す》てたり子供《こども》を捨《す》てたりするのはいけないけれども、まあそとへいつて一寸《ちよつと》遊《あそ》ぶくらゐのことは許《ゆる》されるといふやうな氣持《きもち》だつたでせう。最近《さいきん》はそれまでやかましくなつてきたんですか。

今井　今頃《いまごろ》の知識階級《ちしきかいきふ》の婦人《ふじん》なんかはさういふ點《てん》まで非常《ひじやう》にやかま

しいんぢやないでせうか。その點外國人《てんぐわいこくじん》はやかましいといひますが、日本人《にほんじん》だつて今《いま》では同《おな》じ氣持《きもち》でゐると思《おも》ひます。

杉山　シムプソンが旦那《だんな》さんと離婚《りこん》しましたね、あれは旦那《だんな》さんが外《ほか》の女《をんな》を宿屋《やどや》かなにかへ連《つ》れ込《こ》んだのが原因《げんいん》ですね。今《いま》の日本《にほん》の女《をんな》の人《ひと》はあゝいふ氣持《きもち》になりますかしら。

今井　あれは妙《めう》ですね、男《をとこ》の方《はう》だけを責《せ》めて……

吉屋　でもあれでも離婚《りこん》の理由《りいう》になるのよ。アメリカの離婚《りこん》の理由《りいう》つて隨分《ずゐぶん》あるのね。妻《つま》を虐待《ぎやくたい》するといふことの中《なか》に夫《をつと》が妻《つま》にほどよくサービスしないといふことがあるのよ。私《わたし》があつちへいつてたところニューヨークの新聞《しんぶん》に書《か》いてあつたわ。

杉山　それはざらなんですよ。

吉屋　この間《あひだ》ある男《をとこ》の人《ひと》が言《い》つてたわ、男《をとこ》で貞操《ていさう》をまもつてゐるやうな者《もの》は成功《せいこう》しない、精力絶倫《せいりよくぜつりん》で浮氣《うはき》するくらゐな人《ひと》が成功《せいこう》するんだつて。

宇野　それは男《をとこ》の一般的《いつぱんてき》な考《かんが》へですね。

杉山　それには一面的《めんてき》の極《ご》く狹《せま》い眞實《しんじつ》があるでせう。エネルギツシユな男《をとこ》は比較的《ひかくてき》方々《はう〴〵》に行《ゆ》きやすい。しかし又《また》それは成功《せいこう》しない男《をとこ》の方《はう》がもつとひどいことが多《おほ》いかもしれないから、さういふ反證《はんしよう》を考《かんが》へると、そんなことは道理《だうり》としては成立《なりた》たないですね。

太田　その場合《ばあひ》はかういふこともいへるでせうね、色《いろ》んな女《をんな》を相手《あひて》にするといふことは現實《げんじつ》の世《よ》の中《なか》にうまく流《なが》れてゆくといふことと同《おな》じやうな氣持《きもち》がありますから、それを平氣《へいき》でどん〳〵やるくらゐでなければ、まあ惡《わる》いこともしなければ成功《せいこう》しないと同《おな》じやうな意《い》味《み》で、成功《せいこう》しない。まあ融通性《ゆうづうせい》といひますかね。

杉山　ぢやそれは同《おな》じ意味《いみ》で女《をんな》の方《はう》にも許《ゆる》されていゝわけでさあね。

吉屋　よく男《をとこ》の人《ひと》は三年位《ねんぐらゐ》で妻《つま》にあきるといふでせう。そしたらある女流作家《ぢよりうさくか》がかういつてゐらしたわ、日本《にほん》に夫《をつと》といふものはあるけれども、夫《をつと》の中《なか》の夫《をつと》といふ待望《たいばう》の夫《をつと》はない、ほんとの夫《をつと》といふものは三年位《ねんぐらゐ》であきるものぢやない、女性《ぢよせい》の生理《せいり》を知《し》りつくしてそれから長《なが》い間《あひだ》かゝつて妻《つま》のからだに花《はな》を咲《さ》せることを知《し》つてるつて。それは私《わたし》とても感心《かんしん》して聞《き》いたわ。

丹羽　それはいろんなことを知《し》つてる奴《やつ》だな。(笑聲《せうせい》)

宇野　際《きは》どい話《はなし》だわね。

吉屋　だけど私《わたし》それは眞實《しんじつ》だと思《おも》ふわ。その人《ひと》ほんとに頭《あたま》がいゝと思《おも》ふ。

杉山　それは精神的《せいしんてき》にも同《おな》じことがいへるでせう。いまのは肉體的《にくたいてき》な意味《いみ》でいつたわけですね。

吉屋　だけどそれは勿論精神的《もちろんせいしんてき》のこととしてですよ。肉體的《にくたいてき》と思《おも》ふとなんだかいやらしく聞《き》こえるけれども、さうぢやないと思《おも》ふわ。私《わたし》やつぱり十八の花嫁時代《はなよめじだい》のはにかみと、三十になつた女《をんな》の含羞《はにかみ》といふものは違《ちが》ふと思《おも》ふのよ。それをたゞ閨《ねや》の愼《つゝし》みとかなんとかいつて、いつまでも花嫁時代《はなよめじだい》でゐればいゝといふんぢや、私《わたし》はあきるわ。(笑聲《せうせい》)

杉山　その前《まへ》に、花《はな》を咲《さ》かせるといふのは女《をんな》の體質《たいしつ》にもよるでせう。どの程度《ていど》で花《はな》が咲《さ》くかといふことですね。これは精神的《せいしんてき》にも同《おな》じだと思《おも》ふですよ。女《をんな》の人《ひと》が探究《たんきう》すればするほど深《ふか》い無限《むげん》のものをもつてゐれば、これは停《てい》主《しゆ》は花《はな》を咲《さ》かすために生涯《しやうがい》を捧《さゝ》げるでせう。しかし貧棒籤《びんばふくじ》を引《ひ》いた人《ひと》は、すぐに花《はな》が咲《さ》いて凋《しぼ》んじまふ女《ひと》、ことによると花《はな》の咲《さ》く可能《かのう》性《せい》がないやうな女《ひと》ね、頭《あたま》の上《うへ》にも肉體《にくたい》の上《うへ》にも——さういふ女《をんな》にぶつつからないともいへませんね。男《をとこ》の方《はう》が完全《くわんぜん》であつてもね。

吉屋　だけどその人《ひと》かういつたわ、體質的《たいしつてき》にあはないといつて夫婦《ふうふ》がよく離婚《りこん》するけれども、あれは嘘《うそ》だつて。完全《くわんぜん》な男《をとこ》と完全《くわんぜん》な女《をんな》は生理的《せいりてき》にはどんなにでもして組合《くみあ》はさる、ただ精神的《せいしんてき》に一致《ち》しないときに不幸《ふかう》が起《おこ》るんだつて。私《わたし》さうだらうと思《おも》ふ。ところが男《をとこ》の人《ひと》は、精神的《せいしんてき》になんらの交渉《かうせふ》がなくて女《をんな》が買《か》へるんですもの。だからさういふことが言《い》へるんだけど、精神的《せいしんてき》の一致《ち》を見《み》るから好《す》きだといふ氣持《きもち》が生《しやう》じてくるんぢやないかしら。

宇野　あのお定《さだ》の、一萬人《まんにん》に一人《ひとり》とかいふのは……（笑聲《せうせい》）。

太田　性慾感情《せいよくかんじやう》といふのは肉體的《にくたいてき》なものと心《しん》的《てき》なものとどこまで別《べつ》に出來《でき》るか、疑問《ぎもん》ですね。だけど肉體的《にくたいてき》な合致《がつち》があるから精神的《せいしんてき》な合致《がつち》があるかといふと、是《これ》は一概《がい》にさういへないですね。

吉屋　でも男《をとこ》の人《ひと》は器量《きりやう》がよくて、優《やさ》しくてしなやかならいいんでせう。けれど女《をんな》の人《ひと》は美男《びなん》でどんなに氣《き》のいゝ男《をとこ》でも、精神的《せいしんてき》に輕《けい》蔑《べつ》したらどうかと思《おも》ふ。

杉山　いやさういふ立場《たちば》もありますけれども、僕《ぼく》は澤山《たくさん》の女《をんな》の方《かた》からそれと反對《はんたい》のことも聞《き》いてるな。例《たと》へば馬車屋《ばしやや》の馭者《ぎよしや》とか勞働《らうどう》者《しや》とか肉體《にくたい》の逞《たくま》しい人《ひと》ですね。世間《せけん》の噂《うはさ》とかなんとかない場合《ばあひ》にはそれに對《たい》して非常《ひじやう》に好《かう》奇《き》心《しん》を感《かん》じ、アトラクションを感《かん》じる。

吉屋　ケツセルの「夕顔《ゆふがほ》」なんかそれですね。宇野《うの》さんもいくらかそれをいつたわね。

今井　けれどもそれはいかに逞《たくま》しい人《ひと》でも、一寸好奇心《ちよつとかうきしん》が動《うご》くとしても長續《ながつゞ》きはしないんぢやないでせうか。

宇野　長續《ながつゞ》きするといふのと又別《またべつ》なんです。

杉山　しかし男《をとこ》の方《はう》だつて好《す》いてゐない女《をんな》を一寸肉體的《ちよつとにくたいてき》にやるでせう、それと對立的《たいりつてき》な意《い》味《み》でいふのですから……それは長續《ながつゞ》きする戀《れん》愛《あい》ぢやないですね。それと同《おな》じやうなことが女《をんな》にありますかといふんです。

宇野　それは精神的《せいしんてき》な氣持《きもち》を離《はな》れてゐるんでせう。

杉山　えゝ。それを今《いま》までの女《をんな》の人《ひと》は否定《ひてい》してた。だけども近頃《ちかごろ》さういふことを勇敢《ゆうかん》にいふ人《ひと》もあるし、僕《ぼく》らの觀察《くわんさつ》でもそれが仲々《なかなか》ある。僕《ぼく》は子供《こども》の時分《じぶん》「アラビアン・ナイト」を讀《よ》んで、女王樣《ぢよわうさま》が黑《くろ》ん坊《ばう》を相手《あひて》にしてるところがわからなかつた。あとからよく考《かんが》へてみるとわかるんですね。よくいふぢやないですか、背廣《せびろ》一着《ちやく》位《ぐらゐ》で濟《す》むんなら一寸自動車《ちよつとじどうしや》の運轉手《うんてんしゆ》に浮氣《うはき》してみたいといふやうなことをね。僕《ぼく》は女《をんな》の人《ひと》の仲間《なかま》で背廣《せびろ》一着說《ちやくせつ》といふ話《はなし》を聞《き》いたよ。しかし女《をんな》の人《ひと》が社會的地位《しやくわいてきちゐ》のある人《ひと》だと、背廣《せびろ》一着《ちやく》ですつと歸《かへ》つてくれゝばいゝけれども、坐《すわ》り込《こ》まれると困《こま》る。

吉屋　モーニングで濟《す》まなくて、今度《こんど》はタキシードになる。(笑聲續《せうせいつゞ》く)だけどさういふことがほんとしたら女《をんな》は可哀相《かはいさう》ね、一人《ひとり》の夫《をつと》に一生涯縛《しやうがいしば》られて、隨分不公平《ずゐぶんふこうへい》だわね。或《あ》る人《ひと》が言《い》ふわ。夫《をつと》も妻《つま》にあきるだらうが、妻《つま》だつて夫《をつと》にあきるつて。

太田　人間《にんげん》の通有性《つうゆうせい》ぢやないですか、あきるといふことと好奇心《かうきしん》は。

吉屋　夫《をつと》はあきれば方々《はう〴〵》へいらつしやつて、あとくされがないからいゝけれども……

今井　定《きま》つた夫《をつと》があつて、その夫《をつと》がそんなにいやでないけれども、もつと男性《だんせい》といふもののもつてるいろ〳〵の魅力《みりよく》を感《かん》ずるといふことがあるでせう。さうすると夫《をつと》がいやぢやなくたつてほかの男《をとこ》へ心《こゝろ》をひかれるといふこともありうることなのよ。

吉屋　それは男《をとこ》が、自分《じぶん》の奥《おく》さんがいやぢやなくて浮氣《うはき》をするでせう、それと同《おな》じよ。だから男女同權《だんぢよどうけん》にしたら一番自然《ばんしぜん》に近《ちか》いでせうね。

宇野　だけどほんとに體質《たいしつ》が違《ちが》ふものでせうか。「人妻讀本《ひとづまどくほん》」によると女《をんな》は非常《ひじやう》に自然《しぜん》に一夫一婦《ぷ》の生涯《しやうがい》を送《おく》りやすい體質《たいしつ》になつてゐる。男《をとこ》はそれが出來《でき》にくいものだといふ前提《ぜんてい》が書《か》いてあつて、そのあとに、それだけども女《をんな》はやきもちを燒《や》いて男《をとこ》に二人《ふたり》の女《をんな》をもたせないやうにしなければならないと書《か》いてありますね。

吉屋　あれ隨分横暴《ずゐぶんわうぼう》だわね。

太田　しかし生理的《せいりてき》にさういふことはあり得《え》ないですね。

杉山　それを太田《おほた》さんに一つ聞《き》いてみたいですね。大體女《だいたいをんな》の方《はう》は、社會的習慣《しやくわいてきしふくわん》によつてかうなつた、だから法律《はふりつ》で抑制《よくせい》してゆけば男《をとこ》の意見《いけん》も段々叩《だん〴〵たゝ》き直《なほ》せると、さういふことを神《かん》近《ちか》さんも書《か》いてゐましたが、僕《ぼく》はいつか神近《かみちか》さんに訊《き》いたんだ。僕《ぼく》は性的交渉《せいてきかうせふ》がなかなか愼《つゝし》めないといふことを告白《こくはく》してね。そしたら神近《かみちか》さんは、それは社會的《しやくわいてき》なものだから法律《はふりつ》でぎゆう〳〵抑《おさ》へてゆけば直《なほ》るだらうといふお話《はなし》だつた。どうなんですか、本來區別《ほんらいくべつ》があるんですか。

太田　私《わたし》は生理的《せいりてき》にも心的《しんてき》にもどちらも同《おな》じだと思《おも》ひます。女《をんな》もやはり多情《たじやう》だと思《おも》つてゐますね。しかしなにを標準《へうじゆん》にしてそれを言《い》ふかといふと非常《ひじやう》にむづかしいですよ。明治時代《めいじじだい》はどうだつたとかなんとかいふこともあるでせうし、動物《どうぶつ》と比較《ひかく》するといふことも、結婚形態《けつこんけいたい》が果《はた》して一夫一婦《ぷ》から始《はじま》つたかといふことも問題《もんだい》になる。動物《どうぶつ》にも一夫一婦的《ぷてき》な形態《けいたい》があつて、高等《かうとう》の動物《どうぶつ》はみんなさうだ、だから人間《にんげん》も一夫一婦《ぷ》だといふことになれば、男《をとこ》も女《をんな》も多情《たじやう》でないといふことになる。猿類《ゑんるゐ》もさうです。

今井　だけど酋長《しうちやう》みたいな猿《さる》が妾《めかけ》を澤山《たくさん》もつてゐて、夫《をつと》に離《はな》れた猿《さる》を自分《じぶん》の方《はう》にひかうとして、それが來《こ》なかつた場合《ばあひ》に非常《ひじやう》に虐待《ぎやくたい》したといふやうな話《はなし》がありますね。

太田　それは猿《さる》もいろ〳〵ありますからね。高等動物《かうとうどうぶつ》にも一夫多妻的《ぷたさいてき》なものもあるし、一

向つて右から吉屋氏・太田氏・今井氏

妻多夫的《てき》なものもあるし、動物《どうぶつ》の例《れい》をひいて人間《にんげん》のことは到底《たうてい》いへないんですよ。だから人間《にんげん》のいつがどうだつたかといふことは全然《ぜんぜん》わからないと思《おも》ふ。私《わたし》はかういふことを思《おも》つてゐるんです。人間《にんげん》は生殖期《せいしよくき》以外《いぐわい》の時期《じき》に性《せい》慾《よく》が起《お》きてますね、これが特別《とくべつ》に考《かんが》へなければならん問題《もんだい》だ。例《たと》へば狸《たぬき》でも狐《きつね》でも春《はる》とか秋《あき》とか生殖期間《せいしよくきかん》がある。そのときは牡《をす》も牝《めす》もあります。ところが家畜《かちく》になると牡《をす》は大抵《たいてい》のものが年中《ねんぢう》ありますけれども、牝《めす》は二十日《か》に一回《くわい》とか四日《か》に一回《くわい》とか卵《たまご》を生《う》める前後《ぜんご》を區《く》切つて、そのときだけ可能《かのう》なんです。ところが人間《にんげん》になると男《をとこ》の方《はう》は家畜《かちく》と同《おな》じですが、女《をんな》も月經《げつけい》がなくても性慾《せいよく》があるでせう。さういふ點《てん》からいふと寧《むし》ろ動物《どうぶつ》よりも牝《めす》の性慾《せいよく》が自由《じいう》に出《で》てきてるですね。こゝで初《はじ》めて男女《だんぢよ》が平等《びやうどう》になつてると思《おも》ふんですね。

杉山　それから一般《ぱん》に僕等《ぼくら》がいま生《い》きてる常《じやう》識《しき》だと、女《をんな》の人《ひと》も自分《じぶん》のあらゆる精神的《せいしんてき》なものを搖り動《うご》かしてもらふには、やつぱりヴアライテイーのちがつた四五人《にん》が欲《ほ》しいと言《い》ふし、男《をとこ》もさういふことを言《い》ふですがね、それも一つの事實《じじつ》としてあり得《う》るだらうと思《おも》ふ。それと同時《どうじ》に、女《をんな》は男一人《をとこひとり》に束縛《そくばく》されることを快樂《くわいらく》とする傾向《けいかう》もあると思《おも》ふ。

吉屋　でも旦那《だんな》さんは何《なに》したつて、奥《おく》さんが外《ほか》の男《をとこ》を愛《あい》さないまでも仲好《なかよ》くしたら、杉山《すぎやま》さんだつて離縁《りえん》なさるでせう？

宇野　一緒《しよ》に散歩《さんぽ》したくらゐでも離縁《りえん》する人《ひと》があるわよ。

杉山　僕《ぼく》は觀念的《くわんねんてき》にはフリーなんですよ。實《じつ》際《さい》その場《ば》になつたら何《なん》ともいへないんだ。

今井　個人《こじん》になつて考《かんが》へると兩面《りやうめん》ありますわ。一面《めん》にはやつぱり男《をとこ》にも貞操《ていさう》がなくちや厭《いや》だなと思《おも》ふ。また一面《めん》にそんなに束縛《そくばく》してしまつたらどうだらうと考《かんが》へる。

杉山　外《ほか》の女《をんな》に遊《あそ》んで廻《まは》るやうな男《をとこ》に惹かれることもあるでせう？

今井 さうさう。(笑聲《せうせい》)

吉屋 それは一種《しゆ》のマゾヒズムよ。

今井 私《わたし》、かういふふうに考《かんが》へるの。夫《をつと》といふものは一人《ひとり》で、友達關係《ともだちくわんけい》の、知識《ちしき》なんか進《すゝ》めてくれる、いろんな自分《じぶん》のもつてるものを揺《ゆ》り動《うご》かしてくれるやうな、さういふ男《をとこ》の人《ひと》は二三人《にん》あつてもかまはない。

杉山 それは非常《ひじやう》に健全《けんぜん》ですがね、しかし火《ひ》がつき易《やす》いですね。

丹羽 普通《ふつう》の友達《ともだち》といふと?

今井 普通《ふつう》ぢやないの。それがむづかしいの。(笑聲《せうせい》)

吉屋 精神的《せいしんてき》な‥‥

太田 友情《いうじやう》に類《るゐ》するものでせう?

今井 さうさう。――さういふふうに行《ゆ》けたら隨分《ずゐぶん》いゝと思《おも》ふの。

吉屋 森鷗外《もりおうぐわい》の小說《せうせつ》の「火事《くわじ》」といふのに、年取《としと》つた男《をとこ》に身《み》を委《まか》せてるお妾《めかけ》さんが瞼《まぶた》の裏《うら》に外《ほか》の男《をとこ》があると想像《さうざう》するのよ、今井《いまゐ》さんなんかさうだわ。

今井 いや、それとちがふの。(笑聲《せうせい》)

太田 同性愛《どうせいあい》では肉感的《にくかんてき》な、友情《いうじやう》よりももう少《すこ》し進《すゝ》んだやうな友達《ともだち》をもつてゐるのが澤山《たくさん》あります。今井《いまゐ》さんの言《い》はれるのはそんな程《てい》度《ど》以下《いか》の友達《ともだち》ですね。

今井 えゝ。私《わたし》さういふ人《ひと》を欲《ほ》しい。

宇野 忠實《ちうじつ》な、夫《をつと》をいゝ氣持《きもち》にさせるいゝ奧《おく》さんにならうと思《おも》へば女同士《をんなどうし》の友達《ともだち》もやめなきやいけないやうな氣《き》がするのよ。

吉屋 さうよ。さういふ夫《をつと》がゐる。

太田 それは女同士《をんなどうし》を認《みと》めれば男《をとこ》とだつて非《ひ》常《じやう》に親密《しんみつ》な友情《いうじやう》といふものを認《みと》めなきやならん。やつぱりそれを認《みと》めてしかも氣《き》がつかないやうになるといふのが理想《りさう》ぢやないですか。

今井 さうですわ。だけどあのノラの芝居《しばゐ》を見《み》てるとよくわかるの、節度《せつど》を保《たも》たうとする境地《きやうち》と觸《ふ》れ合《あ》つてきさうな境地《きやうち》と。

丹羽 大體《だいたい》吉屋《よしや》さん、僕《ぼく》なんかに貞操堅固《ていさうけんご》にゐろと言《い》ふかい。

吉屋 丹羽《には》さんの奧《おく》さんになれば私《わたし》もたくさん言《い》ふことがあるけれども、今《いま》のところしやうがないぢやないの。

丹羽 一般《ぱん》の男《をとこ》に。

吉屋 さあ‥‥なるべく奧《おく》さんを大事《だいじ》にした方《はう》がいゝですよ。可哀相《かはいさう》だ。

丹羽 いや、僕《ぼく》みたいに女房《にようばう》のあるのと獨身《どくしん》のと、男《をとこ》としての貞操《ていさう》を守《まも》れといふのね、妻《つま》のある男《をとこ》に對《たい》して嚴密《げんみつ》で、獨身《どくしん》の男《をとこ》にはそれほど嚴密《げんみつ》でもないといふ氣持《きもち》をもつてゐますか。

吉屋 それは獨身《どくしん》の男《をとこ》だつて純潔《じゆんけつ》にしてゐる方《はう》がいゝのよ。だけど夫《をつと》は妻《つま》といふ對象物《たいしやうぶつ》が出來《でき》て、妻《つま》に貞操《ていさう》を守《まも》らしてゐる以上《いじやう》、自分《じぶん》もぜひ守《まも》らなくちやならない。貞操《ていさう》といふものはお互《たがひ》の一つの契約《けいやく》だから、夫《をつと》と名《な》がつくと制裁《せいさい》の權利《けんり》が生《しやう》ずると一緒《しよ》にそれを守《まも》る義《ぎ》務《む》も生《じやう》ずるわね。

丹羽 さうなると男《をとこ》の貞操《ていさう》といふんぢやないな。

吉屋 夫婦《ふうふ》の貞操《ていさう》。

太田 それは今非常《いまひじやう》に複雜《ふくざつ》になつて、結婚前《けつこんまへ》の貞操《ていさう》と結婚後《けつこんご》の貞操《ていさう》と二つある。

吉屋　たゞ童貞《どうてい》と處女《しよぢよ》といふのは社會的《しやくわいてき》な認《にん》識《しき》が隨分《ずゐぶん》違《ちが》ふのよ。處女《しよぢよ》といふものは絶對《ぜつたい》のものなの。

今井　私《わたし》は童貞《どうてい》を強《し》いたいの。

吉屋　私《わたし》もさう思《おも》ふわ。處女《しよぢよ》を絶對《ぜつたい》に尊重《そんちよう》する以上《いじやう》。

丹羽　しかし普通《ふつう》の女《をんな》の人《ひと》の中《なか》で、妻《つま》は夫《をつと》の最後《さいご》の戀人《こひびと》でなくちやならん……。

吉屋　それは安心《あんしん》だからよ。

丹羽　それで夫《をつと》は妻《つま》の最初《さいしよ》の戀人《こひびと》でなくちやならんといふやうな氣《き》持《もち》はないかしら。

吉屋　女《をんな》の人《ひと》は幾人《いくにん》もとの戀《こひ》をしてきた男《をとこ》が最後《さいご》に自分《じぶん》にきたら安心《あんしん》だといふ……

丹羽　さういふことを男《をとこ》に經驗《けいけん》のない女《をんな》の人《ひと》が考《かんが》へないかね。

吉屋　とにかく、しきたりでなくて、進歩的《しんぽてき》な立場《たちば》からいへばさういふのを認めてるわ。理論《りろん》ぢやないわね。

杉山　いま契約《けいやく》と仰《おつ》しやつたでせう、この契《けい》約《やく》といふのはいろ〳〵な意味《いみ》がありまさあね。普通《ふつう》男《をとこ》と女《をんな》が結婚《けつこん》するときに、なにも二《ふた》人《り》で契約《けいやく》をするわけぢやない。漠然《ばくぜん》とした常《じやう》識《しき》で、今《いま》の日本《にほん》の道徳《だうとく》がゆるすものを契約《けいやく》と認《みと》めるのが常識的《じやうしきてき》の場合《ばあひ》ですね。しかしそれと違《ちが》つたいろんな契約《けいやく》が生《しやう》ずることがありまさあね。例《たと》へばあなたは御自由《ごじいう》にしなさい。私《わたし》はしませんと女《をんな》がいふこともあるでせう。男《をとこ》の方《はう》が、僕《ぼく》は純潔《じゆんけつ》を守《まも》るけれどもあなたは勝手《かつて》にしてもいゝといふ場合《ばあひ》があるかもしれない。さうするとあなた（吉屋《よしや》）の小説《せうせつ》に書《か》いてゐられる、初《はじ》めから契約《けいやく》なしに、女《をんな》の人《ひと》が大《たい》して男及《をとこおよ》び世間《せけん》といふものをしらずにかういふものと思《おも》ひこんだといふ、あれはどこに根據《こんきよ》があるんですか。つまり社會的《しやくわいてき》なあの人《ひと》の階級的《かいきふてき》なイデオロギーか、或《あるひ》はあの人《ひと》が自分《じぶん》でクリエートした道徳律《だうとくりつ》かといふ、それは非常《ひじやう》にむづかしいところですね。自分《じぶん》では契約《けいやく》のつもりでゐても、相手《あひて》はさういふ契約《けいやく》はなかつたと思《おも》ふこともあり得《え》ますしね。今《いま》われわれが結婚《けつこん》するのだつて、必《かなら》ずしも今《いま》の法律《はふりつ》の觀念《くわんねん》といふものを肯定《こうてい》して結婚《けつこん》するばかりぢやないんですよ。個々《こゝ》の場合《ばあひ》はいろんなヴアライエテイーがある。それを法律《はふりつ》の觀《くわん》念《ねん》ばかりでやつてゆけば世《よ》の中《なか》が固定《こてい》してしまふから、そのヴアライエテイーで動《うご》かしてゆく、それをどういふふうに進歩的《しんぽてき》に動《うご》かしてゆくかゞ問題《もんだい》ですね。

吉屋　ともかく今《いま》までだつて男《をとこ》の人《ひと》が少《すこ》し位《ぐらゐ》不品行《ふひんかう》をしたつてなんともいはれない、けれども女《をんな》がなにかしたら、有閑婦人《いうかんふじん》が一度《ど》ダンス・ホールへいつてどうとかしたといふのが大變《たいへん》なことになるでせう——

丹羽　一つは女《をんな》は男《をとこ》より一寸《ちよつと》不器用《ぶきよう》だな。

吉屋　どうして?! 不器用《ぶきよう》ならなほすてゝおけばいゝぢやないの。不器用《ぶきよう》だから間違《まちが》ひをするんだから。

丹羽　例《たと》へば男《をとこ》は女房《にようばう》をちやんとしておいて、ほかの女《をんな》に戀愛《れんあい》をするでせう、そのときに器用《きよう》に氣持《きもち》をよりわけてしまふんだな。決《けつ》して女房《にようばう》を無《む》にしない。今《いま》の女《をんな》をさういふ立《た》場《ば》においてもさういふことが出來《でき》ないだらうと思《おも》ふんだ。
今井　そんなことはありませんよ。（笑聲《せうせい》）
宇野　それは男《をとこ》はさういふことをやりつけてるから。
吉屋　さうよ、先祖《せんぞ》代《だい》々。女《をんな》はさういふ練習《れんしふ》がたりないからよ。
今井　ですけども、又男《またをとこ》の方《かた》は女《をんな》が考《かんが》へるのと貞操觀念《ていさうくわんねん》が一寸違《ちよつとちが》つて、女房《にようばう》を非常《ひじやう》に高《たか》く買《か》つてるといふやうなところがあつて、それが一寸特別《ちよつととくべつ》なんともいへないといふやうなこともあるらしいぢやありませんか。
杉山　それはつまり精神的《せいしんてき》な貞操《ていさう》と肉體的《にくたいてき》な貞操《ていさう》との區別《くべつ》なんですよ。例《たと》へば娼婦《しやうふ》がからだだけは自由《じいう》にしても、精神的《せいしんてき》な貞操《ていさう》は非常《ひじやう》に堅《かた》い、寧《むし》ろある場合《ばあひ》には普通《ふつう》の女《をんな》より堅《かた》いといふことがありますね。
今井　今《いま》でも？
杉山　今《いま》でも藝者《げいしや》やなんか、からだは許《ゆる》しても接吻《せつぷん》は許《ゆる》さんといふ。この間新橋《あひだしんばし》の藝者《げいしや》と話《はな》したら、みんなそれをいふんです。からだはある場合《ばあひ》にはお金《かね》を貰《もら》ふんだからやむをえない――さういふ形態《けいたい》で遣《や》つてゐますよ。
吉屋　そのときは、それこそ口《くち》を堅《かた》くとざしてるのね。（笑聲《せうせい》）
杉山　だから旦那《だんな》さんはほかの女《をんな》が好《す》きであつても、自分《じぶん》の奥《おく》さんを大事《だいじ》に思《おも》ふ氣持《きもち》は相當《さうたう》にあるですよ。
宇野　それは自分《じぶん》のものだからぢやない？（笑聲《せうせい》）
杉山　いや、愛《あい》の性質《せいしつ》が一寸變《ちよつとかは》つてるんだな。例《たと》へばたゞ惚《ほ》れてる女《をんな》の場合《ばあひ》は、此奴《こいつ》死《し》んぢまへばいゝと思《おも》ふこともあるでせう、だけど自分《じぶん》の女房《にようばう》の場合《ばあひ》は、絶對《ぜつたい》に不仕合《ふしあは》せにすることは出來《でき》ないと思《おも》ふですね。
吉屋　それは杉山《すぎやま》さん、わかるわ。いま女房《にようばう》が死《し》ぬると簞笥《たんす》の中《なか》になにが入《はい》つてるかわからないし、第一《だい》小《ちひ》さい子供《こども》をどうしていゝかわからない。
杉山　いや、その奥《おく》さん自身《じしん》のほんとの仕合《しあは》せですね、それを護《まも》る氣持《きもち》がある。一寸《ちよつと》そこに矛盾《むじゆん》がありますよ、仕合《しあは》せにしようと思《おも》ふなら一生懸命大事《いつしやうけんめいだいじ》にすればいゝといはれゝば仕方《しかた》がないけれども、それだけは堪忍《かんにん》してもらつて……（笑聲《せうせい》）
今井　さうらしい。
杉山　女房《にようばう》が悲《かな》しんだりいやな思《おも》ひをすることは、自分《じぶん》の子供《こども》が悲《かな》しんだりいやな思《おも》ひをするのと同《おな》じほどこたへる。
吉屋　それでこそ夫婦《ふうふ》だし、夫婦《ふうふ》の情愛《じやうあい》で安心《あんしん》が出來《でき》るわけだわね。
今井　そこをほんとに摑《つか》んでれば、ふら〱した浮氣《うはき》はある意味《いみ》では抹殺《まつさつ》出來《でき》るとも思《おも》ふの。
吉屋　さういふ人《ひと》もあるでせう、旦那《だんな》さんが旅先《たびさき》の女《をんな》の人《ひと》に、全然精神的《ぜんぜんせいしんてき》の交渉《かうせふ》がなくて戯《たはむ》れる位《くらゐ》なら歸《かへ》つて來《き》てもぐづ〱いはない。だけど私《わたし》の知《し》つてる奥《おく》さんは絶對《ぜつたい》にいやなんですつて。一晩《ばん》でもさういふ遊《あそ》びをすると、いはずにゐられない。

今井　よくないわね、だけども知《し》らなきやいいのぢやないの。私《わたし》さういふたびに「知《し》らぬが佛《ほとけ》」といふのはいい文句《もんく》だと思《おも》つて始終《しじう》考《かんが》へてる。

太田　それはやつぱり愛情《あいじやう》の分裂《ぶんれつ》をきらふんですね。愛情《あいじやう》なしにたゞ女《をんな》を買《か》つたといふ場《ば》合《あひ》でも、そこになんだか愛情《あいじやう》をとられたといふ風《ふう》な氣持《きもち》があるんでせうね。

杉山　それはさうでせうね。例《たと》へば娼婦《しやうふ》を買《か》ふ場合《ばあひ》でもいやな娼婦《しやうふ》だつたら買《か》ひませんからね、十人並《にんなみ》んでればその中《なか》で比較的《ひかくてき》自分《じぶん》の氣《き》にいつたのを買《か》ふといふそこに選擇作用《せんたくさよう》がある、それが腹《はら》が立《た》つんでせう。

太田　さうかといつて、妻《つま》が暴力《ばうりよく》で冒《をか》されたことがあるとすればやつぱり夫《つま》はきらふでせう、愛情《あいじやう》の分裂《ぶんれつ》ばかりでなく。それだからまあ一概《がい》にはいへませんね。

杉山　僕《ぼく》なんかそんな場合《ばあひ》は問題《もんだい》ぢやないと思《おも》ひますよ。けれども實際《じつさい》にぶつつかるとどの程度《ていど》にショツクをうけるかわかりませんがね。しかし僕《ぼく》は相當《さうたう》に堪《た》へると思《おも》ふし、さう變《へん》なことにはならんと思《おも》ふ自信《じしん》がありますね。昔《むかし》の人《ひと》なんかそんなふうになつたらすぐ離緣《りえん》するといふ人《ひと》がいくらもありましたけれどもね。

太田　そこにやつぱり肉體的《にくたいてき》な純潔《じゆんけつ》さといふことが頭《あたま》にこびりついてるんでせうね。

杉山　僕《ぼく》は女房《にようばう》に對《たい》してフリーにしてやりたいといふ氣持《きもち》があつて、あなたは口《くち》ばかりでそんなことをいふけれども實際《じつさい》は出來《でき》ないでせうといはれる。これは僕《ぼく》が出來《でき》ないよりも、社會關係《しやくわいくわんけい》が許《ゆる》さないやうな感《かん》じに一寸《ちよつと》なるんですよ。それがもう少《すこ》しゆるむといふか、幅《はゞ》が廣《ひろ》くなつてくると出來《でき》ると思《おも》ふんです。

吉屋　よく奥《おく》さんが姦通《かんつう》したりすると、男《をとこ》の顔《かほ》に泥《どろ》を塗《ぬ》られるといふけれども、御亭主《ごていしゆ》は奥《おく》さんの顔《かほ》に年中《ねんぢう》小さい泥《どろ》を塗《ぬ》つてるんだもの、随分《ずゐぶん》だわね。

丹羽　それはちがふ。男《をとこ》は泥《どろ》と思《おも》つてゐない。（笑聲《せうせい》）自分《じぶん》の氣持《きもち》で申《まを》し譯《わけ》が立《た》つんだな。

吉屋　それぢや丹羽《には》さん、どういふふうに申《まを》し譯《わけ》してるの？

丹羽　つまり家庭《かてい》を大事《だいじ》にして、妻《つま》に打《う》ち込《こ》んでる、さうなると妻《つま》に對《たい》する氣持《きもち》は、普通《ふつう》の戀愛《れんあい》といふ氣持《きもち》ぢやないものね。

吉屋　あゝ、男《をとこ》はさういふわね。家庭《かてい》を破《やぶ》らないで、そつとしておいての浮氣《うはき》なら許《ゆる》されてもいゝ……

今井　ぢや例《たと》へば奥《おく》さんにも收入《しうにふ》があつて、旦那さんに食《た》べさせてもらはなくたつていゝといふやうな場合《ばあひ》にどう？　奥《おく》さんにも自由《じいう》行動《かうどう》を許《ゆる》す？

丹羽　僕《ぼく》は妻君《さいくん》の方《はう》も生活能力《せいくわつのうりよく》があり、旦《だん》那《な》さんの方《はう》も生活能力《せいくわつのうりよく》があつて、そして一つの家庭《かてい》をもつてるといふのはそれは理想《りさう》の形《かたち》だけれども、出來《でき》ないと思《おも》ふな。やつぱりどつちか弱《よわ》いものがあつて出來《でき》るんだらうと思《おも》ふ。

杉山　これは大問題《だいもんだい》だから大《おほ》いにやつて下《くだ》さい。

今井　だけども今《いま》は随分《ずゐぶん》あるでせう。

丹羽　だから今《いま》の家庭生活《かていせいくわつ》の悲劇《ひげき》といふものは、みんな妻君《さいくん》の働《はたら》いてゐる家《うち》ですよ。

今井　やつぱり奥《おく》さんは食《た》べさせてもらふ方《はう》が賛成《さんせい》なのね。

丹羽　それが安全《あんぜん》だと思《おも》ふな。

杉山　あとで神近《かみちか》さんがこれを讀《よ》んだら怒《おこ》りますよ。

吉屋　今井《いまゐ》さんはいやに寛大《くわんだい》ね。（笑聲《せうせい》）

今井　どうして？

吉屋　あとでこの筆記《ひつき》をみて、旦那《だんな》さんが擁ぶやうにかどうかしらないけれども……家庭《かてい》婦人《ふじん》といふのはさういふものなの？

今井 えゝさうよ。

吉屋 さうして代議士夫人《だいぎしふじん》でせう？（笑聲《せうせい》）私《わたし》いつも座談會《ざだんくわい》で男《をとこ》の貞操《ていさう》を論《ろん》ずると、男《をとこ》に生《うま》れた方《はう》が分《ぶ》がよささうね、それを痛切《つうせつ》に感《かん》じて歸《かへ》るわ。

今井 ちよつと、さう仰《おつ》しやるけれども、實際《じつさい》押《お》し進《すゝ》めてみると、寛大《くわんだい》といふんぢやないけれども……

吉屋 諦《あきら》めてる……

今井 諦《あきら》めてるともちがふけれども、さういふことがわかるといふやうなものも隨分《ずゐぶん》あるのね。理想論《りさうろん》からいつたら、それはあく迄排《までは》撃《げき》しなければならならないけども。それから私《わたし》、宇野《うの》さんの仰《おつ》しやつてる、女《をんな》は經濟的《けいざいてき》の獨立《どくりつ》は出來《でき》るかもしれないけれども……

宇野 氣持《きもち》の獨立《どくりつ》は出來《でき》ない。

今井 えゝ。あれは眞理《しんり》ですよ。女《をんな》つて氣《き》が弱《よわ》いものね。

丹羽 そら女《をんな》が負《ま》けた。（笑聲《せうせい》）

今井 いや、これからそれを直《なほ》してゆかうと思《おも》ふのよ。それぢやいかんと思《おも》ふのよ。

杉山 女《をんな》の人《ひと》がさういふことをして、男《をとこ》が抹《まつ》殺《さつ》されてる場合《ばあひ》もありますよ。

吉屋 宇野《うの》さんは、精神的《せいしんてき》の獨立《どくりつ》が出來《でき》ない。この人《ひと》は蔦《つた》のやうな女《をんな》で、男《をとこ》の人通《ひとゝほ》りになるの。だけど今《いま》、女性《ぢよせい》が精神的《せいしんてき》に獨立《どくりつ》しようとしてるのよ。そして獨立《どくりつ》した女《をんな》と男《をとこ》の戀愛《れんあい》といふものになつたら、又素晴《またすば》らしくて、かへつていゝのよ。男《をとこ》も、ちがつた女性《ぢよせい》といふものを感《かん》じてくる。

今井 とにかくこの土地《とち》には住《す》めないといふことになつて、考《かんが》へをかへてくるのよ。だから宇野《うの》さんの言葉《ことば》にも一寸《ちよつと》うたれるけども、これぢやいかんと思《おも》ふ。

太田 私《わたし》は男《をとこ》だつて女《をんな》だつてその點《てん》は變《かは》りけないと思《おも》ふ。男《をとこ》だつて一人《ひとり》では生活的《せいくわつてき》に非常《ひじやう》に寂《さび》しくて、相談相手《さうだんあひて》もなければ話相手《はなしあひて》もない……

今井 でも男《をとこ》の方《かた》はその場合隨分得《ばあひずゐぶんとく》なことがありますよ。例《たと》へば一寸藝者屋《ちよつとげいしやや》へいつても、長火鉢《ながひばち》の前《まへ》で亭主《ていしゆ》のやうな顔《かほ》をして落《お》ちついてゐられるでせう――

太田 しかし異性《いせい》を求《もと》めるといふ點《てん》では同《おな》じでせう。だからどちらが支配《しはい》するとかなんとかいふことは一概《がい》にはいへないでせうね。

吉屋 だけど、あまり女性《ぢよせい》の知《ち》識《しき》と男性《だんせい》の知《ち》識《しき》がちがつてる時《とき》は旦那《だんな》さんが、妻《つま》をどうにかしようと思《おも》つたつてだめでせう、全部引《ぜんぶひ》き廻《まは》してやると思《おも》ふほかない。今《いま》までさういふのが多《おほ》かつたんぢやないの。

杉山 今《いま》まではかりぢやなしに、現在《げんざい》だつて

——現實問題《げんじつもんだい》としてはですよ、男《をとこ》の方《はう》が絶對《ぜつたい》に優秀《いうしう》だ。

今井　優秀《いうしう》といつてとにかく學問《がくもん》で……

吉屋　さういふことをいへば、男《をとこ》の人《ひと》は子供《こども》みたいなお嫁《よめ》さんの方《はう》が好《す》きでせう？　十ばかり違《ちが》つて、なにもしらないで、自分《じぶん》ばかり頼《たよ》つてる女《をんな》が。

丹羽　それは「新《あたら》しき土《つち》」のあの女《をんな》ね、あれけいゝな。昨日《きのふ》東郷《とうがう》さんとその話《はなし》が出《で》てね、東郷《とうがう》さんも好《す》きだといふ。僕《ぼく》も妻君《さいくん》としては理想《りさう》だらうといつた。

今井　男《をとこ》の方《かた》はさうよ。えらい女房《にようばう》はそんなにほしくない、可愛《かはい》い女房《にようばう》がいゝ。

太田　さういふふうな女《をんな》を好《す》きだといふことが男《をとこ》の本性《ほんしやう》かどうかこれはあやしいですね。進歩《しんぽ》しようとする人《ひと》は……

吉屋　違《ちが》ふと思《おも》ひます。

丹羽　僕《ぼく》らは決《けつ》して賢《かしこ》しいといふ人《ひと》を輕蔑《けいべつ》してないんだがな、丁度《ちやうど》利口《りこう》な人《ひと》と同《おな》じ位尊敬《ぐらゐそんけい》してるな。

太田　それは今《いま》の利口《りこう》な女《をんな》といふのは癖《くせ》をもつてゐますね、人《ひと》の生活《せいくわつ》に立《た》ち入《い》つたり。今《いま》の知識《ちしき》ある女性《ぢよせい》とか賢《かしこ》い女性《ぢよせい》をもつてこれは直《ただ》ちにきめることも出來《でき》ないと思《おも》ふ。

吉屋　さうかといつて知識《ちしき》のない女《をんな》が纏りついてくるのも困《こま》りもので、結局精神的《けつきよくせいしんてき》に進《すゝ》んで、無味乾燥《むみかんさう》なところがなくなつてくればいいんでせう。

今井　それが理想《りさう》なのよ。

太田　だが生理的《せいりてき》には女《をんな》の方《はう》が常《つね》に社會的《しやくわいてき》に保護《ほご》を受《う》けなければならんことはたしかでせうね。

杉山　とにかく同《おな》じぢやありませんね。妊娠《にんしん》期間《きかん》の男《をとこ》の禁慾《きんよく》ね、これなんかも、まあ仕方《しかた》がないといへば仕方《しかた》がないけれども、不自然《ふしぜん》といへば不自然《ふしぜん》だ。

今井　男《をとこ》の方《かた》にほんとに訊《き》きたいんですけれども、一夫一婦《いつぷいつぷ》とか貞操《ていさう》とかいひますけれども、男《をとこ》の方《かた》はそれを守《まも》れる？

杉山　それは守《まも》る人《ひと》があります。

太田　それはあります。私《わたし》はかういふ考《かんが》へをもつてゐますがね。男《をとこ》は妻以外《つまいぐわい》の女《をんな》を知《し》つてる者《もの》はさういふときにほかにゆく。勿論《もちろん》ゆくところがあるからですがね、女《をんな》の人《ひと》はどうでせうね、前《まへ》に夫以外《をつといぐわい》に經驗《けいけん》をもつてゐる者《もの》が、夫《をつと》が病氣《びやうき》とかさういふふうな場合《ばあひ》にほかの異性《いせい》を求《もと》めようといふ氣持《きもち》がそれのために強《つよ》く起《おこ》るか、全然夫以外《ぜんぜんをつといぐわい》の男《をとこ》を知《し》らないときに求《もと》める氣《き》になれないのか。

宇野　それは違《ちが》ひますね。

太田　だから僕《ぼく》は問題《もんだい》はそこにあるんぢやないかと思《おも》ふんですよ。例《たと》へば結婚前《けつこんまへ》の女《をんな》よりも妻《つま》よりも非常《ひじやう》に肉感的《にくかんてき》に魅力《みりよく》のある女《をんな》がゐる。これは利害關係《りがいくわんけい》を拔《ぬ》いてですよ——さうするとそれも魅力《みりよく》がある、妻《つま》を棄《す》てやしないけれども、なんだか氣《き》をひかれる。その女《をんな》に別《わか》れてしまふとやはりまたその女《をんな》のやうな肉《にく》感的《かんてき》な者《もの》を追《お》ひ求《もと》める、さういふことは女《をんな》にもあるんぢやないですかね。

杉山　それは結婚前《けつこんまへ》に經驗《けいけん》のある者《もの》は一つの道《みち》がついてゐますからね、行《ゆ》き易《やす》くなるんですね。

太田　だからもし童貞《どうてい》を強要《きやうえう》されるといふん

だつたら、結婚後《けつこんご》も純潔《じゆんけつ》であらうためで、結《けつ》婚後何人《こんごなんにん》もつてい〻といふのなら、童貞《どうてい》は問題《もんだい》にならない譯《わけ》ですね。

杉山　處女《しよぢよ》もさうですね。あれをあまり尊重《そんちよう》しすぎるために、處女《しよぢよ》を破《やぶ》つたといふので反《はん》動的《どうてき》にひどくなる人《ひと》がたしかに多《おほ》いですが、自發的《じはつてき》でなしに暴力的《ばうりよくてき》に義父《ぎふ》とかさういふ人《ひと》達《たち》に破《やぶ》られた場合《ばあひ》でも、その結果《けつくわ》、生涯《しやうがい》を終《をは》つたといふ感《かん》じになるんですね。それで必要《ひつえう》以上《いじやう》の自責《じせき》を感《かん》じたりやけになつたりして。さういふときは又女《またをんな》の飛込《とびこ》み方《かた》はひどいな。無茶《むちや》ですね。ゆく必要《ひつえう》もない人《ひと》が淫賣窟《いんばいくつ》に落《お》ちて行《ゆ》つたり、さういふ一寸考《ちよつとかんが》へられないことをやる。それは處女《しよぢよ》が萬事《ばんじ》だといふことを强要《きやうえう》した反動《はんどう》でもあると思《おも》ふ。

吉屋　處女《しよぢよ》を破《やぶ》ると血液的《けつえきてき》に變化《へんくわ》するとかいふ說《せつ》がありますけれども、昨日《きのふ》式場《しきば》さんは、ないと言《い》つて……

太田　それはないですよ。

吉屋　精神的《せいしんてき》にはあるでせうね。

杉山　それはありますよ、重大《ぢうだい》な問題《もんだい》を一つ踏《ふ》み切《き》つたのだから。

太田　もし强制《きやうせい》されたときには男《をとこ》だつていやですよ、强制《きやうせい》でなくて、自分《じぶん》がさういふことは過《あやま》つた生活《せいくわつ》だつたといふふうに思《おも》つたら、さらに非常《ひじやう》にいやでさあね。

吉屋　生物學的《せいぶつがくてき》の影響《えいきやう》はないんでせう。

太田　今《いま》のところ殆《ほとん》ど說明《せつめい》は出來《でき》ませんね。父親《ちゝおや》のはそのまゝ子供《こども》に傳《つた》はりますよ。けれども前《まへ》の夫《をつと》の關係《くわんけい》があるから……

吉屋　前夫《ぜんぷ》に似《に》るといふ……

太田　そんなことはない。

杉山　それは極端《きよくたん》にいへば例《たと》へば顏《かほ》を見《み》たゞけだつて變化《へんくわ》があるでせう。あの人《ひと》は好《す》きな男《をとこ》だなと思《おも》つて見《み》ても。

太田　それはありますよ。

今井　非常《ひじやう》に進《すゝ》んだ顯微鏡《けんびきやう》で見《み》ればね。

太田　えゝ。そんな程度《ていど》ですよ。

宇野　さう。それは女《をんな》が貞操《ていさう》を守《まも》らなきやいけないといふ理由《りゆう》にはならない。たゞ女《をんな》が浮《うは》氣《き》するとどんな境遇《きやうぐう》にゐても生活《せいくわつ》が非常《ひじやう》に不《ふ》便《べん》になつて困《こま》るの。例《たと》へば吉屋《よしや》信子《のぶこ》なんといふ人《ひと》を見《み》て御覽《ごらん》なさい。生活力《せいくわつりよく》もあるし、才能《さいのう》もあるし、どんな男《をとこ》でも出來《でき》てなんでも出來《でき》るやうな境遇《きやうぐう》らしいでせう、それでもあなた（吉屋《よしや》）がなさらないのは、自分《じぶん》がしたくないからといふよりも、隨分不便《ずゐぶんふべん》なことがあつたり、いやなことがあつたりするといふやうな……

吉屋　さういふけれど、さうぢやないの。我《が》慢してぢやないの。

杉山　それは意見《いけん》をきゝませう。

吉屋　私《わたし》は好《す》きな男《をとこ》の人《ひと》がゐたらいつでもする。

今井　一人《ひとり》もゐなかつたの？

吉屋　えゝ、男《をとこ》の人《ひと》が私《わたし》を好《す》きでなかつたから（笑聲《せうせい》）……かういふことをしたら不便《ふべん》だとか、そんなことはちつとも考《かんが》へない。

宇野　けれども潜在的《せんざいてき》に自分《じぶん》の意識《いしき》に上《のぼ》らない氣持《きもち》であるわ。あなたを例《れい》に引《ひ》くのは惡《わる》かつたけれども。

吉屋　私《わたし》、あなたを羨《うらやま》しがつてたけれども。

丹羽　あなたが相手《あひて》を見《み》つからんといふことはわかるね。

吉屋　男《をとこ》の人《ひと》は女《をんな》に對《たい》して認識《にんしき》不足《ふそく》なのよ。男《をとこ》を好《す》きになれば、世間的《せけんてき》には……

宇野　惡《わる》くはないけれども、例《たと》へば水谷八重《みつたにやへ》子《こ》みたいなもんだわ。水谷八重子《みつたにやへこ》が戀《こひ》をするとか結婚《けつこん》をするとかいふと、フアンのイリユージョンが隨分《ずゐぶん》壊《こは》されるでせう——

吉屋　そんなことないことよ。かへつて名《な》が出《で》ますわよ、絶世《ぜつせい》の美男《びなん》だつたら。

今井　だけど吉屋《よしや》さんはやることはやるんでせう？

吉屋　えゝ。そんな功利的《こうりてき》な氣持《きもち》で宇野《うの》さんも愼《つゝし》んでるかしら。私《わたし》好《ず》きな人《ひと》がゐたら戀《こひ》をしたつてちつとも非難《ひなん》されるはずがないと思《おも》ふし。樂《たの》しいし……

宇野　でも、もつと發展《はつてん》すると、今《いま》のあなたの生活《せいくわつ》とちがつた形式《けいしき》の生活《せいくわつ》になるかもしれないでせう。それが面倒《めんだう》くさかつたり不便《ふべん》だつたりするので……

杉山　それは吉屋《よしや》さんばかりぢやないでせう。男《をとこ》の方《はう》にもありますよ。吉屋《よしや》さんがいま自由《じいう》にしてゐると仰《おつ》しやつたことについては僕《ぼく》は決《けつ》して御忠言《ごちうげん》は申上《まをしあ》げないのです。しかしそれは僕自身《ぼくじしん》が男《をとこ》でありながら無意識的《むいしきてき》にさうなつたら社會的《しやくわいてき》になにがあるかといふことを無限《むげん》に感《かん》じるんです。

吉屋　自分《じぶん》の潔癖《けつぺき》といふものをもつてゐますでせう。だから一寸考《ちよつとかんが》へるのは、やつぱり一人《ひと》選《えら》んで結婚《けつこん》の生活《せいくわつ》に入《はい》ること以外《いぐわい》に考《かんが》へきれないでせう。そしたら誰《だれ》が非難《ひなん》するでせう？

杉山　いやあなたが獨身《どくしん》でをられるといふことはなんといつても自然《しぜん》な狀態《じやうたい》ぢやないでさあね。その自然《しぜん》でない狀態《じやうたい》にゐるといふことは、どこかしらんで抑制《よくせい》してゐなければならんでせう。しかしあなたには藝術《げいじゆつ》とかもう少《すこ》し別《べつ》な觀念《くわんねん》があるからその抑制《よくせい》が自然《しぜん》になつてゐる。その意味《いみ》では自然《しぜん》な生活《せいくわつ》をしてゐられるといふことはわかるけれども、別《べつ》の意味《いみ》ではやつぱり不自然《ふしぜん》でね。その不自然《ふしぜん》がある限《かぎ》りは、あなたの生活《せいくわつ》にはどこかしらんに空虚《くうきよ》がある。その空虚《くうきよ》をみたすために、あなたがなんらかの行動《かうどう》をとられるのがほんとなんです。あなたが行動《かうどう》しないといふのはやつぱり自分《じぶん》の職務《しよくむ》の都合《つがふ》で、例《たと》へばあなたが自分《じぶん》の仕事《しごと》が忙《いそが》しいから男《をとこ》を見《み》つけてゐる閑《ひま》がない、さういふことをいつてもいゝわけです。つまり宇野《うの》さんのは、女《をんな》の人《ひと》が獨《ひと》りで立《た》つてあふ壓迫《あつぱく》とかさういふもので自分《じぶん》の不自然《ふしぜん》な狀態《じやうたい》を打開《だかい》出來《でき》ない點《てん》がある、さういふことをいふんでせう？

宇野　えゝ。

吉屋　その空虚《くうきよ》といふのはなんだかしらんけれども、私《わたし》は小説《せうせつ》が主《おも》になつてるからかういふ生活《せいくわつ》が出來《でき》るので、小説《せうせつ》も何《なに》も書《か》かない人《ひと》だつたら、それは不自然《ふしぜん》だらうと思《おも》ふの。

杉山　けれどもその自然《しぜん》といふのは全體的《ぜんたいてき》な

自然《しぜん》ぢやない。やつぱりどこかしらんに不自《ふし》然《ぜん》性といふものはひそんでる。だからあなたが小說《せうせつ》をお書《か》きになりながら旦那《だんな》さんをもたれゝば一層《そう》いゝでせう？　男《をとこ》はみんなそれをやつてるんですからね。

吉屋　だけど違《ちが》つてよ。男《をとこ》は汚《きたな》い下宿屋《げしゆくや》で垢《あか》だらけになつてゐても、奥《おく》さんをもてば、疲《つか》れたときには紅茶《こうちや》なんか出《だ》してくれて、かへつていゝ小說《せうせつ》が書《か》けてよ。ぢや私《わたし》が御亭主《ごていしゆ》をもつて、逆《ぎやく》に自分《じぶん》にサービスしてもらへるかといつたら、さういふことは考《かんが》へられないわ。やつぱり子供《こども》を育《そだ》てなくちやならないし臺所《だいどころ》もしなくちやならないし、洋裝《やうさう》も綺麗《きれい》にしなくちやならないし、小說《せうせつ》は副業《ふくげふ》になつちまふわ。

杉山　それは過去《くわこ》の女《をんな》の人《ひと》はさうですよ。過《く》去《こ》の社會《しやくわい》が女《をんな》といふものをそこまで落《おと》したわけですね。だけどこれからの社會《しやくわい》はそれぢやいかん、といふのが今《いま》の女《をんな》の人達《ひとたち》の自覺《じかく》なんでせう、さういふ自覺《じかく》に立《た》つ限《かぎ》りは、新《あたら》しいタイプの結婚形式《けつこんけいしき》といふものは不可能《ふかのう》ではないわけですね。

吉屋　だけどだめですわ。丹羽《にば》さんのやうな若《わか》い人《ひと》でも「新《あたら》しき土《つち》」の女《をんな》がいゝといふんですもの。（笑聲《せうせい》）やつぱり奥《おく》さんといふものは小說《せうせつ》もなにも書《か》かないで、子供《こども》みたいなこんな差がある方《はう》がいゝにきまつてる。それもかういふことはいへるわ。一遍《ぺん》結婚《けつこん》して離《り》婚《こん》した女《をんな》だつたら少《すこ》し不自然《ふしぜん》だと思《おも》ふ。或《あるひ》は空虛《くうきよ》が生《しやう》じるかもしれない。けれども私《わたし》は十八九からずつと小說《せうせつ》を書《か》いてるから……

今井　つまり小說《せうせつ》が修道院《しうだうゐん》みたいなものね。

杉山　しかし人間性《にんげんせい》の一番深《ばんふか》いところから推《お》していつて、これはどうしたつて不自然《ふしぜん》でなきやならないわけのものですね。

宇野　一體今女《たいいまをんな》が、旦那《だんな》さんをもつて仕事《しごと》をするのが不自然《ふしぜん》な形《かたち》ね。吉屋《よしや》さんが不自然《ふしぜん》と同《おな》じやうに。二人仕事《ふたりしごと》があるととても出來《でき》ない。

吉屋　杉山《すぎやま》さん、アンデルセンなんか獨身《どくしん》よ。

太田　これは有名《いうめい》な同性愛《どうせいあい》だ。

吉屋　あら噓《うそ》よ。人《ひと》の顏《かほ》ばかり見《み》て。（笑聲）

杉山　方々《はう〴〵》に旅行《りよかう》してまわつてね。

吉屋　それぢや同性愛《どうせいあい》でもいゝわよ。それが自然《しぜん》だつたらいゝぢやないの。

宇野　女《をんな》が仕事《しごと》をするんだつたら結婚《けつこん》するもんぢやないわ。

丹羽　仕事《しごと》をする者《もの》は結婚《けつこん》したらだめだ。

吉屋　第《だい》一結婚生活《けつこんせいくわつ》のからだのことだつて男《をとこ》本位《ほんゐ》なんでせう。

杉山　それぢや結局吉屋《けつきよくよしや》さん、あなたが男《をとこ》に貞操《ていさう》を要求《えうきう》なさるその根據《こんきよ》はどこにあるんですか。——かういふ組合《くみあは》せがあるんですよ。つまり男《をとこ》も女《をんな》も兩方《りやうはう》とも堅《かた》くしなければならんといふ說《せつ》と、兩方《りやうはう》フリーでいゝといふ考《かんが》へ方《かた》。僕《ぼく》はまああなたなどは前者《ぜんしや》の方《はう》をおとりになるんぢやないかと思《おも》ふが……

吉屋　私《わたし》は女《をんな》に獨占慾《どくせんよく》があると思《おも》ふの。愛《あい》する者《もの》は自分獨《じぶんひと》りのものにしておきたい。さうして自分《じぶん》も一生懸命愛《しやうけんめいあい》するし、その人《ひと》にも愛《あい》してほしいでせう、肉體的《にくたいてき》のことでなくて——少《すこ》しでも外《ほか》の女《をんな》の人《ひと》にゆくといふことは我《が》慢出來《まんでき》ないことだと思《おも》ふわ。

杉山　つまり自分《じぶん》の幸福《かうふく》が傷《きず》つけられるといふことですね。

吉屋　えゝ。私《わたし》結婚《けつこん》したらさういふことは厭《いや》ですわ、相手《あひて》がさうしたら殺《ころ》しもしないけれども左様《さやう》ならするわ。だけど仕事《しごと》がある人《ひと》はそれが出來《でき》るからいゝけれども、ない人《ひと》は困《こん》難《なん》で、もう、一度《ど》離婚《りこん》したら再縁《さいえん》するといふことは困難《こんなん》だから、貞操《ていさう》を守《まも》れるやうな人《ひと》と結《けつ》婚《こん》して、そしてなるべく一夫《ぷ》一婦《ぷ》でもつて、平《へい》凡《ぼん》なことだけれども家庭《かてい》浄化《じやうくわ》をしてゆかなければ人間《にんげん》の進歩《しんぽ》がないと思《おも》ふの。このまゝだつたら女《をんな》はいつ迄《まで》も苦《くる》しんで、いつ迄《まで》も不公《ふこう》平《へい》な夫婦關係《ふうふくわんけい》といふものが有耶無耶《うやむや》のうちにぐづ〳〵續《つゞ》いてゆくわけでせう、貞操《ていさう》だ貞操《ていさう》だなんといひながら、結局論《けつきよくろん》はつかないでね。

杉山　宇野《うの》さんは如何《どう》です。

宇野　兩方《りやうはう》ともフリーにしたら、困《こま》るのは男《をとこ》の人《ひと》ね。これは困《こま》るからわしの方《はう》が先《さき》へ貞操《ていさう》を堅《かた》くするからやめてくれといふやうなことになりはしないかと思《おも》ふ。（笑聲《せうせい》）

吉屋　さうよ。だからもしフリーにするんだつたらフリーにすればいゝのよ。男《をとこ》が貞操《ていさう》が守《まも》れないものとしたら、もうこれは道徳《だうとく》だの法律《はふりつ》だのくちや〳〵言《い》つたつてどうにもならないことだから……。

杉山　そこのところを丹羽君《にはくん》。（に

丹羽　僕《ぼく》は道徳《だうとく》なんかで抑《おさ》へられないと思《おも》ふね。しかし必要《ひつえう》ないとは思《おも》はない。神近《かみちか》さんの説《せつ》のやうに男《をとこ》の放縦《はうじう》なのを出來《でき》るだけ抑《おさ》へる一つの方便《はうべん》に僕《ぼく》は必要《ひつえう》だと思《おも》ふ。

宇野　私《わたし》必要《ひつえう》ないと思《おも》ふわ。だけど今《いま》の状態《じやうたい》のまゝぢやないの。さつきのやうになつたら抑《おさ》へなくたつて結構《けつこう》やつてゆける。抑《おさ》へたつて——これ位《くらゐ》の言《い》ひ方《かた》ぢやちつとも痛痒《つうやう》を感《かん》じないでせう。

丹羽　さうでもない。

杉山　さうでもないですよ。

吉屋　男《をとこ》が抑《おさ》へられなかつたら、男女同權《だんぢよどうけん》にしたらいゝでせうね。だけどそれぢや今《いま》の組《そ》織《しき》では滅茶苦茶《めちやくちや》になつちやふんだから、やつぱり御亭主《ごていしゆ》が少《すこ》し我儘《わがまゝ》だから慎《つゝし》んだのが一番《ばん》いゝと思《おも》ふの。

杉山　さうするとあなた方《がた》の御説《おせつ》が勝《か》ちと致《いた》しまして、私《わたし》の方《はう》がお負《ま》け致《いた》しまして、それぢやどうすればいゝんです。今《いま》の世《よ》の中全體《なかぜんたい》としてですね。

吉屋　だからそれについては杉山《すぎやま》さんみたいなこんなに大《おほ》きくなつた憎《にく》らしい人間《にんげん》は仕様《しやう》がないと思《おも》ふんですの。（笑聲《せうせい》）だけど女《をんな》を不幸《ふかう》にする男《をとこ》といふものは誰《だれ》が生《う》んだかといふと女《をんな》でせう、女《をんな》が他日《たじつ》若《わか》い女《をんな》を苦《くる》しめ、貞《てい》操《さう》を紊《みだ》すやうな次《つぎ》の時代《じだい》の男《をとこ》の子《こ》を生《う》み出《だ》してるやうなものでせう。だから女《をんな》が自覺《じかく》して男《をとこ》の子《こ》を家庭教育《かていけういく》で厳格《げんかく》に育《そだ》てるだけでも随《ずゐ》分《ぶん》違《ちが》ふと思《おも》ふの。杉山《すぎやま》さんの破綻《はたん》は宜《よろ》しうございますから、この次《つぎ》位《ぐらゐ》から奥《おく》さんにも自覺《じかく》していたゞいて、男《をとこ》の子《こ》に貞操觀念《ていさうくわんねん》をもたせるやうにお願《ねが》ひします。今《いま》はあまり母親《はゝおや》が父《ちゝ》親《おや》に對《たい》して放縦《はうじう》なんぢやないかしら。病氣《びやうき》さへしなければ少《すこ》し位《ぐらゐ》遊《あそ》んでも仕様《しやう》がないといふ……その母親《はゝおや》が生《う》んだ男《をとこ》が又女《またをんな》を虐《いぢ》める。そんな馬鹿《ばか》らしいことはやめたらいゝと思《おも》ふの。だから母親《はゝおや》が考《かんが》へたら次《つぎ》の時代《じだい》には隨分變《ずゐぶんかは》るし、それから女性《ぢよせい》を尊重《そんちよう》させるのも男《をとこ》の子《こ》の小《ちい》さい時《とき》からの教育《けういく》だと思《おも》ふ。今《いま》は息子《むすこ》が二十位《くらゐ》になるともうだめなんですもの。父親《ちちおや》が息子《むすこ》を辯護《べんご》しちやふ。お母《かあ》さん自身《じしん》も伜《せがれ》を崇拜《すうはい》する。

杉山　しかしそのやり方《かた》が上手《じやうず》だといゝけれども、下手《へた》にやるとかへつて放縱《はうじう》な男《をとこ》が出來《でき》るといふことがうんとある。例《たと》へばクリスチヤンの家庭《かてい》なんかではさういふことを隨分《ずゐぶん》やつてるんです。クリスチヤンでなくてもさういふやうな考《かんが》へに貫《つらぬ》かれた母親《はゝおや》は世間《せけん》に相當《さうたう》あるのです。ところがさういふ社會《しやくわい》がかへつて往々《わうわう》にして不良《ふりやう》の者《もの》を出《だ》す。

丹羽　ぢや子供《こども》教育《けういく》よりも、まづお母《かあ》さん教育《けういく》をしなくちやいかんな。

吉屋　さうなの。女性《ぢよせい》が目覺《めざ》めなくちやだめなの。女性《ぢよせい》が息子《むすこ》に信頼《しんらい》させる氣高《けだか》い女《をんな》になつて、同時《どうじ》に女性全體《ぢよせいぜんたい》を尊敬《そんけい》させるやうにしなければ。

杉山　それは實物《じつぶつ》として僕等《ぼくら》の學校《がくかう》の福澤諭《ふくざはゆ》吉先生《きちせんせい》がさうなんです。あの人《ひと》は不思議《ふしぎ》ですね。明治《めいぢ》の初《はじめ》に活躍《くわつやく》したんでせう、あの時代《じだい》には維新《ゐしん》の元勳《げんくん》とか何《なん》とかいふ奴《やつ》はみんな勝手《かつて》なことをした、その中《なか》にゐてあの人《ひと》がこれは下等《かとう》だと思《おも》つたといふことが先生《せんせい》の自敍傳《じじよでん》に書《か》いてあります。

吉屋　だから母親《はゝおや》がみんな福澤諭吉《ふくざはゆきち》を息子《むすこ》に持《も》つやうに致《いた》しませう。

杉山　さうですよ。だからいまのやうに皆《みな》福澤先生《ふくざはせんせい》のやうになればいゝといふ説《せつ》とともに、また福澤先生《ふくざはせんせい》の人格全體《じんかくぜんたい》を見《み》てもこの人《ひと》みたいな人《ひと》が全部《ぜんぶ》では世《よ》の中《なか》が困《こま》るといふこともある。たとへば情操的《じやうさうてき》な方面《はうめん》なんか非常《ひじやう》に鈍《にぶ》い人《ひと》で、戯曲《ぎきよく》なんか書《か》きましたが、これを讀《よ》んでもなつちやゐない。

吉屋　だけどあの人《ひと》よ、女《をんな》の進歩的《しんぽてき》な自覺《じかく》を促《うなが》したのは。

宇野　さういふ人《ひと》は貞操《ていさう》を守《まも》らうといふんぢやなくて自然《しぜん》に……

太田　しかし自然《しぜん》に任《まか》しておけばそんな人《ひと》は滅多《めつた》に出來《でき》ませんよ。だからやつぱり或《あ》る程度《ていど》……

杉山　しかし封建時代《ほうけんじだい》にはやつたでせう、妾《めかけ》を幾人《いくにん》置いたつていゝ——先生《せんせい》だつてさういふ雰圍氣《ふんゐき》に育《そだ》つて……

吉屋　それはほんとの天才《てんさい》なのね。

太田　女《をんな》の不感症《ふかんしやう》みたいなのが男《をとこ》にもあるんですよ。だから自然《しぜん》に守《まも》れた純潔《じゆんけつ》は決《けつ》して貴《たつと》ぶべきものぢやない。やつぱり努力《どりよく》をして守《まも》つてはじめて……

宇野　努力《どりよく》して守《まも》るといふのは汚《きたな》らしいのよ。

今井　努力《どりよく》といふ言葉《ことば》が惡《わる》いと思《おも》ふですね。さうぢやなく自然《しぜん》に、貴女《あなた》（吉屋《よしや》）みたいに苦《くる》しくも何《なん》ともなくて……

杉山　さういふ風《ふう》な人間《にんげん》として具《そな》はるべきものが具《そな》はつてないで守《まも》つてゐるといふのは偉《えら》くも何《なん》ともないといふんですね。

太田　えゝ。それから社會的《しやくわいてき》な壓迫《あつぱく》も必要《ひつえう》があるんだ。第《だい》一努力《どりよく》がなければ貞操《ていさう》なんか守《まも》れつこない。

吉屋　だから努力《どりよく》すればいゝのよ。そして母親《はゝおや》が男《をとこ》の子《こ》に陸軍大臣《りくぐんだいじん》、總理大臣《そうりだいじん》を望《のぞ》むよりも夫《をつと》としての貞操《ていさう》を望《のぞ》むやうになればいゝのよ。

宇野　さう。妻君業《さいくんげふ》ばかりしてないでね。

吉屋　御亭主《ごていしゆ》が貞操《ていさう》を守《まも》れば福澤諭吉《ふくざはゆきち》くらゐ偉《えら》くなつて、さうして妻君《さいくん》が貞操《ていさう》を守《まも》つてゐればこれほどいゝことはないんだけれども、どつちか守《まも》らなかつたら平凡《へいぼん》に終《をは》つていゝぢやないの。

宇野　それから人《ひと》の前《まへ》で奥《おく》さんを褒《ほ》めたりするのは、厭《いや》だわね。

吉屋　そんなことをいへば自分《じぶん》の御亭主《ごていしゆ》さんを馬鹿《ばか》でも何《なん》でもとてもいゝと思《おも》つて敬《うやま》つてゐる女《ひと》があるわよ。そんなら旦那《だんな》さんだつて自分《じぶん》の奥《おく》さんを少《すこ》し位《くらゐ》褒《ほ》めたつていゝ。

今井　貴女《あなた》は獨身《どくしん》でゐらつしやるからかういふことはわからない。つねに理想論《りさうろん》で行《ゆ》くけども、家庭《かてい》を持《も》つたらそれは理想論《りさうろん》で行《ゆ》けない。

吉屋　それは旦那《だんな》さんが奥《おく》さんをさういふふうにしてるのは極《きは》めて珍《めづら》しくて、奥《おく》さんが御亭主《ごていしゆ》のために奴隷《どれい》のやうに奉仕《ほうし》してるのが癪《しやく》だわ。

今井　だけどもそれは隨分《ずゐぶん》ありますよ。

杉山　宇野《うの》さん、貴方《あなた》が一番《ばん》理想的《りさうてき》な結婚状《けつこんじやう》態《たい》だと思《おも》つて見《み》られたことがありますか。

宇野　わたし羨《うらや》ましい御夫婦《ごふうふ》だなと思《おも》つたのはあんまりないわ。私《わたし》なんか惡《わる》いことをし過《す》ぎて……

杉山　吉屋《よしや》さん、如何《いかゞ》ですか。

吉屋　わたし……やつぱり電車《でんしや》なんかで旦那《だんな》さんが奥《おく》さんを大事《だいじ》にして、子供《こども》を一人《ひとり》ぐらゐ間《あひだ》に置《お》いて玩具《おもちや》を持《も》つてこんなことをしてるのはいゝと思《おも》ふわ。

杉山　個人的《こじんてき》な具體的《ぐたいてき》な例《れい》で……

吉屋　わたし德富蘇峰先生《とくとみそほうせんせい》の御夫婦《ごふうふ》なんて結《けつ》婚生活《こんせいくわつ》の最終《さいご》の美《うつく》しさだと思《おも》ひますね。

杉山　今井《いまゐ》さん、如何《いかゞ》ですか。

今井　ありさうな氣《き》がするけどもいま急《きふ》に思《おも》ひ出《だ》せない。私《わたし》はあんまり理想《りさう》がないの——その玩具《おもちや》をやつてる仲好《なかよ》しの夫婦《ふうふ》ね。好《す》きぢやないと、いつちや惡《わる》いけども、羨《うらや》ましいとは思《おも》はない。

吉屋　わたしは會社員《くわいしやゐん》なんかゞ普段《ふだん》は課長《くわちやう》さんに頭《あたま》を下《さ》げて僅《わづか》な月給《げつきふ》であくせく働《はたら》いて家《いへ》へ歸《かへ》つて奥《おく》さんの手《て》料理《れうり》を食《た》べてるのが日曜《にちえう》には奥《おく》さんと子供《こども》さんと張一羅《ちやういちら》を着《き》て、手《て》なんか取《と》つて動物園《どうぶつゑん》へ行《ゆ》くなんてやつぱり美《うつく》しいと思《おも》ふし、どんなお金持《かねもち》だつて旦那《だんな》さんがお妾《めかけ》の家《いへ》を自動車《じどうしや》で廻《まは》り歩《ある》いて十二時頃《じごろ》歸《かへ》つたりするんだつたらその奥《おく》さんは會社員《くわいしやゐん》の奥《おく》さんよりよつぽど悲慘《ひさん》だと思《おも》ふわ。やつぱり愉《たの》しさとか幸福《かうふく》さとかいふものはあゝいふ平《へい》凡《ぼん》な人生《じんせい》の風景《ふうけい》にあるんぢやないか知《し》ら。强《きやう》烈《れつ》にベタついてるんぢやなくて。——あゝいふサラリーマンは貞操《ていさう》を守《まも》つてるかも知《し》れないわね、お金《かね》もないし。

杉山　金《かね》がないからといふことは確《たしか》ですよ。女《をんな》の人《ひと》は別《べつ》として男《をとこ》は金《かね》があるとちよつといけないです。だから結婚生活《けつこんせいくわつ》で幸福《かうふく》なのは初《はじ》めぎゆう〱いつて今月《こんげつ》の拂《はら》ひがどうのかうのといつて騒《さわ》いでる時分《じぶん》か、二人《ふたり》でさつきのやうな子供《こども》に玩具《おもちや》を買《か》つてきたりする時代《じだい》で、少《すこ》し樂《らく》になると亭主《ていしゆ》の方《はう》がよろしくなくなるのですね。

記者　おやその邊《へん》で……。

婦人《ふじん》の貞操《ていさう》悲劇《ひげき》

男《をとこ》を眞《しん》に理解《りかい》する法《はふ》——男《をとこ》のみ責《せ》めるな——對手《あひて》の立場《たちば》を考《かんが》へて交渉《かうせふ》せよ……責任觀念《せきにんくわんねん》の強《つよ》い男《をとこ》を選《えら》べ……生木《なまき》を裂《さ》くは悲劇《ひげき》の因《もと》——復讐《ふくしう》は愚策《ぐさく》なり——貞操《ていさう》を失《うしな》つた女《をんな》の生《い》きる道《みち》——訴訟《そしよう》は上策《じやうさく》ならず——結婚前《けつこんぜん》の祕密《ひみつ》の問題《もんだい》

出席者

（アイウエオ順）

評論家	板《いた》垣《がき》直《なほ》子《こ》
警視廳人事相談係長	及《おひ》川《かは》常《つね》平《へい》
辯護士	塚《つか》崎《さき》直《なほ》義《よし》
小說家	横《よこ》光《みつ》利《り》一《いち》

男《をとこ》を理《り》解《かい》することは難《むづか》しい

記者 婦人《ふじん》の貞操問題《ていさうもんだい》から、今日《こんにち》いろ〳〵な悲《ひ》劇《げき》を生《う》んでゐるのですが、それを悲劇《ひげき》に導《みちび》かないで解決《かいけつ》するには、婦人《ふじん》は一體《たい》どういふやうな心構《こゝろがま》へを有つてゐなければならないか、さういふやうなことに就《つ》て、お話《はなし》をお伺《うかゞ》ひしたいのですが——

この間《あひだ》も、島崎藤村《しまざきとうそん》さんの『新生《しんせい》』の女主人《ぢよしゆじん》公《こう》が、『男《をとこ》なら一時《じ》の過《あやま》ちで濟《す》まされることでも、女《をんな》には一生涯つきまとつて苦《くる》しまなければならない。』——かう言《い》つてゐましたが、全《まつた》く貞操《ていさう》の過《あやま》ちは、よほど上手《じやうず》に解決《かいけつ》しなければ、悲慘《ひさん》な結果《けつくわ》を招《まね》きますね。

塚崎 何《なん》とかうまい解決法《かいけつはふ》を見出《みいだ》したいもんですな。

[illegible] 女《をんな》は男《をとこ》を理解《りかい》するといふことは、ずゐぶん難《むづか》しいことなんですか

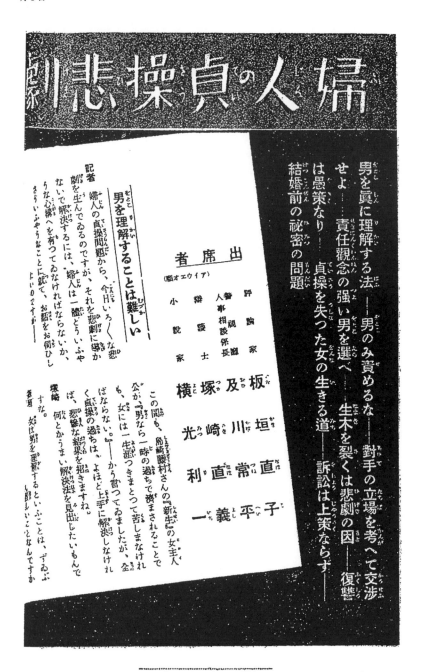

73　「婦人の貞操悲劇を解決する座談会」 板垣直子、及川常平 ほか 『主婦之友』昭和12年5月1日

を解決する座談會

ら、それで險な男《をとこ》に貞操《ていさう》を奪《うば》はれて、悲劇《ひげき》になるといふことが、ずゐぶんあります。その男《をとこ》がどういふものであるかといふことが、判《わか》らないのですね。

記者　それはこの間《あひだ》、菊池先生《きくちせんせい》が、女だけでなく男《をとこ》でも判《わか》らぬ、といふ例《れい》を話《はな》しておいでになりましたが……

板垣　男《をとこ》が判《わか》らないといふのですか？

記者　菊池先生《きくちせんせい》の所《ところ》へ來《く》る或《あ》る女《をんな》の人《ひと》が、或る男《をとこ》と戀愛《れんあい》したんです。そして、『この男《をとこ》と夫婦《ふうふ》になりたいが、先生《せんせい》、一遍《ぺん》その男《をとこ》を連《つ》れて來《き》ますから見《み》てくれませんか。』といふわけなんです。『それでは連《つ》れて來給《きたま》へ。』といふので、菊池先生《きくちせんせい》の所《ところ》へ男《をとこ》を連《つ》れて來《き》たさうです。ものもよく言へないやうな溫和《おとな》しい男《をとこ》だつたさうです。それで、あれなら大丈夫《だいぢやうぶ》だらうと言つて、太鼓判《たいこばん》を捺されたんです。

塚崎　なるほど。

記者　で、その男《をとこ》と同棲《どうせい》したのですが、二三ヶ月經《げつた》つと病氣《びやうき》を傳染《うつ》されてしまつて、姙娠《にんしん》してゐるのに、その男《をとこ》は何處《どこ》かへ行つてしまつたんです。『どうも責任《せきにん》を感《かん》じたよ。』と、弱《よわ》つておいでになりましたが——

板垣　見《み》たゞけでは判《わか》りませんわね。

及川　私《わたくし》どもの所《ところ》へも、ずゐぶん戀愛事件《れんあいじけん》の淸算《せいさん》が持《も》ち込《こ》まれますけれども、訊《き》いてみると、對手方《あひてかた》の性格《せいかく》を觀《み》るなんていふことはなく、外貌のみに捉はれてゐるんですね。だから間《ま》もなく破綻《はたん》が來《く》るわけです。惱《なや》んでをる本人《ほんにん》にはまことに氣《き》の毒《どく》ですけれども、そもそもの出發《しゆつぱつ》が、薄《うす》ッぺらだと言はざるを得《え》ませんね。

男《をとこ》ばかりを責《せ》めるな

板垣　若《わか》い女《をんな》といふものは、貞操《ていさう》がどのくらゐ大事《だいじ》なもので、貞操《ていさう》を失《うしな》ふことからどういふ一生涯の悲劇《ひげき》が起《おこ》るかといふことを、あまり知《し》らないと思《おも》ふのです。さういふ方面《はうめん》の教育《けういく》が、今《いま》非常《ひじやう》に缺《か》けてゐると思《おも》ひますね。

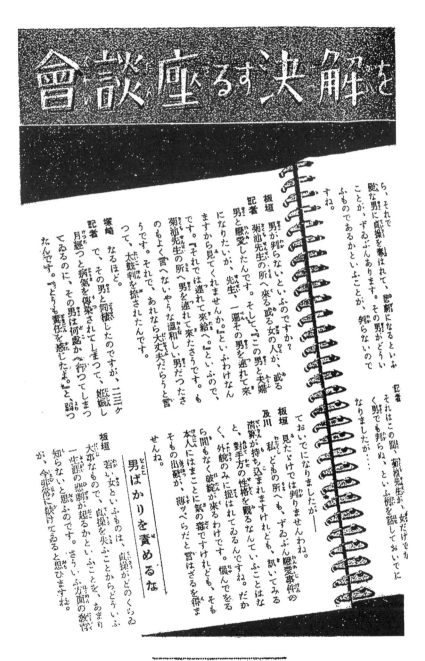

家庭《かてい》でもそこは、やはりさういふ問題《もんだい》は言ひたくないでせうし、學校《がくかう》では全然《ぜんぜん》敎《をし》へませんから、いけないと思《おも》ふのです。

及川　私《わたくし》はそれをよく言《い》つてをりますけれども、女學校《ぢよがくかう》を出《で》たくらゐの人《ひと》には、世間《せけん》の裏《うら》だとか、男《をとこ》が見《み》えるはずがありませんよ。さうして蹴《け》つまづけば、薄《うす》ッぺらだとか、世間《せけん》知《し》らずだとかいつて、罵聲《ばせい》をどんどん浴《あび》せかける——

世《よ》の中《なか》といふものはかういふものだ、男《をとこ》といふものはかういふものだと、本當《ほんたう》に親切《しんせつ》に敎《をし》へてゐないのですよ。

(横光利一氏)

(塚崎直義氏)

横光　貞操《ていさう》を失《うしな》ふときに、こんなことをしたつて誰《だれ》も知《し》りやしないと思《おも》つてやるんですが、けれどもそれほどうしたつて判《わか》るといふことを、知《し》らせなければいけないのです。

そのときにはきつと、誰《だれ》も知《し》りやしないと思《おも》つてゐるのに違《ちが》ひないのですけれども、それは必《かなら》ず現《あら》はれて來《く》るもんだといふことを、非常《ひじやう》によく敎《をし》へる必要《ひつえう》があるのですね。

塚崎　泥坊《どろばう》するときの精神《せいしん》と、心理狀態《しんりじやうたい》は同《おな》じです。まさか知《し》れるとは思《おも》はぬ、知《し》れると思《おも》へば誰《だれ》も盗《ぬす》みはしない。やつぱり知《し》れるものだといふことを、敎《をし》へ込《こ》むことは非常《ひじやう》に必要《ひつえう》ですね。

及川　これは少數《せうすう》かも知《し》れませんが、お腹《なか》さへ大《おほ》きくならなければまあいゝんだ、といふやうな人《ひと》がときどきありますね。

板垣　貞操《ていさう》をなくしたとき、女《をんな》はよく男《をとこ》ばかりを責《せ》めますけれども、女《をんな》がずゐぶん積極的《せつきよくてき》の場合《ばあひ》と、それから合意《がふい》でやつてゐる場合《ばあひ》もありますから、女《をんな》にもやはり責任《せきにん》があると思《おも》ひますね。

及川　それで考《かんが》へさせられるのは、私《わたくし》達《たち》のところへ事件《じけん》が來《く》るのを見《み》ますとですね、關係《くわんけい》の方《はう》か先《さき》なんですね。婚姻《こんいん》の豫約《よやく》も何《なに》もないのです。だから、單《たん》なる享樂的《きやうらくてき》な行爲《かうゐ》だと、

75　「婦人の貞操悲劇を解決する座談会」　板垣直子、及川常平 ほか　『主婦之友』昭和12年5月1日

私《わたくし》　さう見《み》るんです。

ところが、その關係《かんけい》があつたことによつて、婦人《ふじん》の方《はう》ちや絶對《ぜつたい》に結婚《けつこん》しなければならないものだといふ考《かんが》へで、男《をとこ》にこれを強要《きやうえう》するんですね。一時的《じてき》な享樂行爲《きやうらくかうゐ》で以《もつ》て、直《ただ》ちに結婚《けつこん》まで強要《きやうえう》すべき筋合《すぢあひ》のものでないと思《おも》ふのです。

實際《じつさい》、日本人《にほんじん》のかうした問題《もんだい》は、結婚《けつこん》が前提《ぜんてい》ですべてさうした交渉《かうせふ》を有《も》つといふことは考《かんが》へられませんね。今《いま》の薄《うす》ッぺらな戀愛《れんあい》の多《おほ》くといふものは、關係《かんけい》の方《はう》が先《さき》で、夫婦《ふうふ》になるかならぬかといふことは、後《あと》の問題《もんだい》になつてゐると思《おも》ひます。これが爭《あらそ》ひの原因《げんいん》をなしてゐると思《おも》ひますね。

塚崎　靜岡縣《しづをかけん》の女《をんな》でしたが、山《やま》へ入《はひ》つて薪《まき》を探《さが》つてゐるときに、暴漢《ばうかん》に襲《おそ》はれて、凌辱《りようじよく》されかゝつたんですね。女《をんな》は持《も》つてゐた鎌《かま》で男《をとこ》を叩《たた》いたところが、急所《きふしよ》に觸《ふ》れて一撃《いちげき》の下《もと》に即死《そくし》してしまつたんです。これは正當防衛《せいたうばうゑい》で問題《もんだい》にならなかつたですが、女《をんな》の方《はう》に、やはりそれくらゐ強《つよ》い行爲《かうゐ》を執《と》るだけの覺悟《かくご》があることは必要《ひつえう》ですね。

記者　それなんかゞ正當防衛《せいたうばうゑい》になつたことは、男《をとこ》に對《たい》するいゝ戒《いまし》めですね。

男の立場も考へて交渉せよ

板垣　獨逸《ドイツ》のヘッペルといふ人《ひと》の小説《せうせつ》に、『マリア・マグダレナ』といふのがありますが、その中《なか》に、若《わか》い娘《むすめ》に非常《ひじやう》にしつこく戀愛《れんあい》を求《もと》める青年《せいねん》があつて、娘《むすめ》はその男《をとこ》を愛《あい》してゐないのです。

或《あ》る日《ひ》、娘《むすめ》がその男《をとこ》に迫《せま》られて逃《に》げようとしたときに、刺《とげ》のある垣根《かきね》に着物《きもの》が引《ひ》つかゝつたゝめに男《をとこ》に捕《つか》まつて、さうして征服《せいふく》されて子《こ》供が出來《でき》るのですね。さうするとその親《おや》が、社會的體面《しやくわいてきたいめん》とか因習《いんしふ》に非常《ひじやう》に支配《しはい》されてゐるものですから、娘《むすめ》が親《おや》に對《たい》して惡《わる》いといふので自殺《じさつ》してしまふ、さういふ作品《さくひん》なんですが、かういふときに周圍《しうゐ》の者《もの》の處置《しよち》が惡《わる》いために、悲劇《ひげき》になることがずゐぶんあります。周圍《しうゐ》の人《ひと》の處置《しよち》は大事《だいじ》だと思《おも》ひますね。

(及川常平氏)

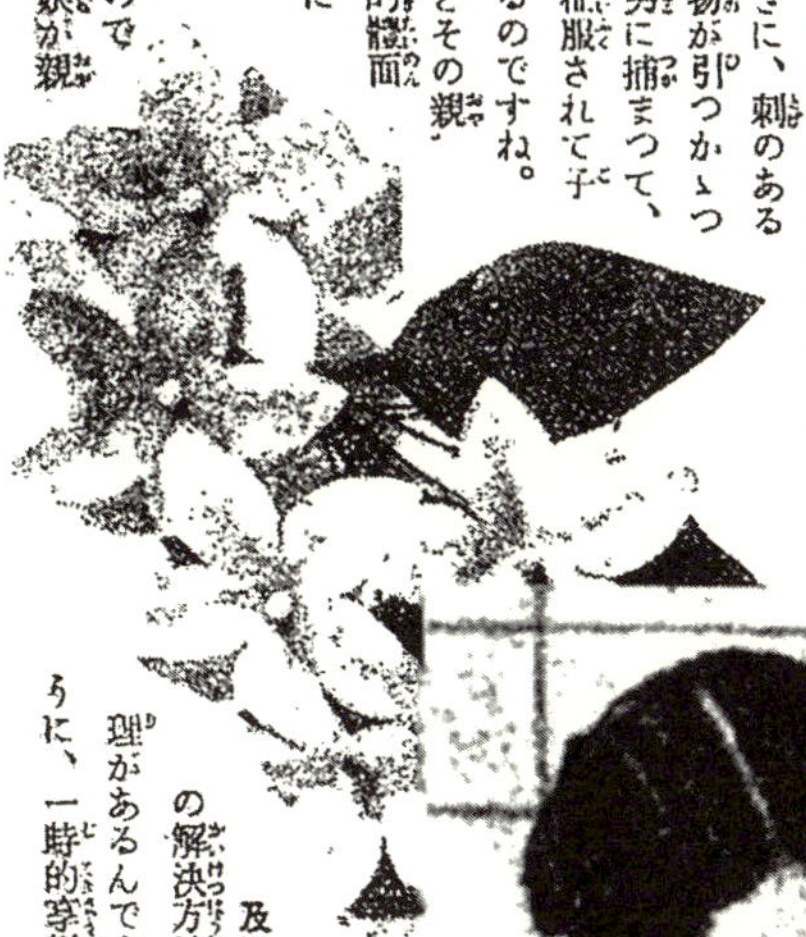

(板垣直子女史)

及川　貞操《ていさう》を奪《うば》はれた場合《ばあひ》、その解決方法《かいけつはうはふ》を講《かう》ずる周圍《しうゐ》の人達《ひとたち》に、無理《むり》があるんですね。さつきも申《まを》しましたやうに、一時的享樂行爲を以《もつ》て、直《ただ》ちにそれが

あつだから男《をとこ》に結婚《けつこん》しなければならぬといふことを強《し》ひるのはよくないことです。

それから、問題《もんだい》を圓《まる》く解決《かいけつ》つけるといふことを忘《わす》れて、對手《あひて》の男《をとこ》に對《たい》して非常《ひじやう》に急激《きふげき》な交渉《かうせふ》を有《も》つといふことは、これはよくないと思《おも》ふのです。やはり、對手方《あひてがた》の立場《たちば》といふものを考《かんが》へて交渉《かうせふ》してゆかないと、どうもいゝ結果《けつくわ》を生《う》まないやうですね。

多《おほ》くは、たゞ夫婦《ふうふ》になつてくれ、さもなければ一生《いつしやう》の生活《せいくわつ》を保障《ほしやう》せよとかいふやうな、無理難題《むりなんだい》を吹《ふ》つかけてみる。しかし、對手方《あひてがた》の立場《たちば》如何《いかん》によつては、さう易々《やすやす》と要求《えうきう》を容《い》れられないといふことがあるんです。

だから、さう急激《きふげき》に交渉《かうせふ》されますと、全《まつた》く一夜《や》の夢物語《ゆめものがたり》も否認《ひにん》するといふやうな、土壇場《どたんば》に來《く》るんですね。さうなると、女《をんな》の方《はう》から言《い》はせれば、それは非常《ひじやう》に不道徳《ふだうとく》な男《をとこ》だといふやうに一様《やう》に言《い》ふんですけれども、男《をとこ》が追《お》ひ詰《つ》められて、どうにもかうにも、二進《につち》も三進《さつち》もゆかなくなつて來《く》ると、つい苦《くる》し紛《まぎ》れのことを言《い》つて、應對《おうたい》するといふことになるんですね。

だから、學生《がくせい》なんかの問題《もんだい》を取扱《とりあつか》つてもですね、結婚と關係して、さうして夫婦《ふうふ》になるか、さもなければ一生《いつしやう》の生活《せいくわつ》を保障《ほしやう》せいと爆撃《ばくげき》されても、そんなことを、迂濶《うくわつ》に返答《へんたふ》できないわけなんです。そんなことを言《い》つた日《ひ》には、學資《がくし》の仕送《しおく》りは來《こ》なくなつてしまふ、明日《あす》から食《く》へなくなつてしまふ。さう急《きふ》に責《せ》められても、答《こた》へのできるはずがありません。

やはり、さういふ場合《ばあひ》には、對手方《あひてがた》の立場《たちば》も考《かんが》へて、冷靜《れいせい》に交渉《かうせふ》してゆくことが必要《ひつえう》と思《おも》ひます。

塚崎 なるほど、及川《おいかは》さんは實際問題《じつさいもんだい》にぶつかつてをられるだけに—— 男《をとこ》は、關係《くわんけい》するにしても、女房《にようばう》には出來《でき》ぬぞ、それでもいゝかと、初《はじ》めから言《い》つてやつたらいゝ。さうしたら、後《あと》で女《をんな》から愚圖々々《ぐづぐづ》言《い》はれなくても濟《す》むんですね。

男《をとこ》の中《なか》で半數《はんすう》は責任《せきにん》を有《も》つ

横光 貞操觀念《ていさうかんねん》といふものは、年々歳々《ねんねんさいさい》新《あたら》しく變《かは》つてゆくものであると思《おも》ひますね。それは關係《くわんけい》するしないといふことは、人類《じんるゐ》の終《をは》りまでつゞくですよ。しかし、貞操觀念《ていさうかんねん》といふものは、年々歳々《ねんねんさいさい》變《かは》つてゆくものだと思《おも》ひますね。その變《かは》りやうが、僕《ぼく》は問題《もんだい》だと思《おも》ふのです。それを發見《はつけん》することが—— 状態《じやうたい》は同《おな》じでも、そのときの心理《しんり》が年々《ねんねん》進《すゝ》んで來《き》てゐると、僕《ぼく》は思《おも》ふのですね。

塚崎 法律《はふりつ》の上《うへ》でも、法律《はふりつ》は變《かは》らないが、解釋《かいしやく》が少《すこ》しづゝ變《かは》つてゆきます。

及川 しかし、貞操觀念《ていさうかんねん》といふ根本觀念《こんぽんかんねん》には變《かは》りがないのぢやないですか。貞操問題《ていさうもんだい》に關《くわん》する取扱方法《とりあつかひはうはふ》は、違《ちが》つて來《く》るかも知《し》れませんけれとも——

横光 さういふことの厭《いや》な人《ひと》は、決《けつ》してしませんよ。貞操觀念《ていさうかんねん》とか何《なん》とかいふことでなく、あれは、さういふことの嫌《きら》ひな人《ひと》は、滅多《めつた》にそんなことはしないですよ。趣味《しゆみ》としてしないですね。あれは趣味《しゆみ》の問題《もんだい》だと思《おも》ひます。男《をとこ》でもそんな人《ひと》がかなり多《おほ》いと僕《ぼく》は思《おも》つてゐるんです。

大抵《たいてい》の男《をとこ》は、十人《にん》ゐれば半分《はんぶん》までは責任《せきにん》を有《も》つでせう。だからその十人《にん》の中《うち》の半分《はんぶん》までの男《をとこ》を見拔《みぬ》けないといふことは、これは女《をんな》も惡《わる》いですよ。

板垣 實際《じつさい》見拔《みぬ》く力《ちから》がないのです。さういふ力《ちから》が、今《いま》の若《わか》い女《をんな》に出《で》るはずはないと思《おも》ひます。

塚崎 若《わか》い女《をんな》にさういふことを要求《えうきう》するのは、これは無理《むり》ぢやないですか。

横光 それはさういふ若《わか》い女《をんな》といふものは、若《わか》

77　「婦人の貞操悲劇を解決する座談会」　板垣直子、及川常平 ほか　『主婦之友』昭和 12 年 5 月 1 日

いなりにどこか見拔《みぬ》く本能といふものが與《あた》へられてゐるのだと思《おも》ひます。半分《はんぶん》までは駄目《だめ》ですけれども、十人《にん》の中半分《ちゆうはんぶん》が具《そな》へてゐるといふことは、これは非常《ひじやう》に澤山《たくさん》なことになりますからね。

生木《なまき》を裂《さ》くは悲劇《ひげき》の因《もと》

及川　私《わたくし》等《ども》、いろんな事件《じけん》を扱《あつか》ひまして、夫《ふう》婦《ふ》にしてやつたらいゝぢやないかと思《おも》ふ例《れい》が澤山《たくさん》あります。親御《おやご》さん達《たち》が身分《みぶん》とか外聞《ぐわいぶん》とかいふものに拘泥《こうでい》して、どうしても夫婦《ふうふ》にすることは不承知《ふしようち》だといつて頑張るんですね。これはまあ、夫婦《ふうふ》にした方《はう》がいゝといふやうな、さういふ見透《みとほ》しがついたならば、極力《きよくりよく》親《おや》を說得《せつとく》します。ところが違《ちが》ひのになるとですね、自分《じぶん》の娘《むすめ》さんのことは棚《たな》に上《あ》げて、對手《あひて》方《がた》だけを攻擊《こうげき》するんですね。こいつはよくないことだと思《おも》ふのですがね。さういふことをやると、結局《けつきよく》自分《じぶん》の娘《むすめ》にも叛《そむ》かれるやうな結《けつ》果《くわ》になりはせぬかと思《おも》ひますね。

最近《さいきん》あつた例《れい》ですが、或《あ》る所《ところ》のお孃《ぢやう》さんと流行歌手《りうかうかしゆ》とが出來《でき》てしまつた。それがやはり流行《りうかう》歌手《かしゆ》だけを攻擊《こうげき》するのです。だん〳〵訊《き》いてみると、肝腎要《かんじんかなめ》の娘《むすめ》さんと流行歌手《りうかうかしゆ》とはぴつたり行《い》つてゐるんです。それを親御《おやご》さんは、流行歌手《りうかうかしゆ》が社會的《しやくわいてき》に地位《ちゐ》を失《うしな》へば早速《さつそく》困《こま》るんだ、さうすれば娘《むすめ》は歸《かへ》つて來《く》るといふやうな薄《うす》ッぺらな考《かんが》へ方《かた》をしてゐるのです。

今《いま》の若《わか》い娘《むすめ》さんは、そんなに簡單《かんたん》に片《かた》づけられないと思《おも》ふのです。さうすると、社會的《しやくわいてき》に名《な》を賣《う》つた者《もの》が、自分《じぶん》のために社會的地位《しやくわいてきちゐ》を失《うしな》つてしまふといふことになると、そこに同情《どうじやう》が湧《わ》いて、却《かへ》つて二人《ふたり》は結《むす》びついてしまひ

良人《をつと》まで苦《くる》しめたといふやうな氣持《きもち》になりはせぬかと思《おも》ふんです。

趣味《しゆみ》の高《たか》い男《をとこ》は責任《せきにん》を負《お》ふ

横光　僕《ぼく》は、貞操觀念《ていさうくわんねん》を高《たか》めるためには、親《おや》が非常《ひじやう》にいゝ教育《けういく》をして、子供《こども》の趣味《しゆみ》を高《たか》めてやることだと思《おも》ひます。背後《はいご》に本能《ほんのう》の問題《もんだい》が横《よこたは》つてゐるので、趣味《しゆみ》を高《たか》めるといふこと以外《いぐわい》には、貞操觀念《ていさうくわんねん》を高《たか》めることはできないと思《おも》ふ。趣味《しゆみ》を高《たか》めますと、さういふことに對《たい》して厭《いや》だといふ、不快《ふくわい》の觀念《くわんねん》を有《も》たせますからね。

板垣　男《をとこ》でも貞操《ていさう》で信用《しんよう》できるといふのは、趣《しゆ》味《み》の問題《もんだい》ですね。さういふことを汚い、厭《いや》だとする潔癖《けつぺき》ですね。

及川　それは趣味《しゆみ》もあるでせうが、私《わたくし》は、もうこの問題《もんだい》は何處《どこ》にもザラにある問題《もんだい》だと思《おも》ひます。お醫者《いしや》さんにでも、宗教家《しゆうけうか》にも、勤《つとめ》人《にん》にも、實業家《じつげふか》にも、各方面《かくはうめん》にザラにあるんぢやないですか。

板垣　文化的教養《ぶんくわてきけうやう》をよけい有《も》つてゐる者《もの》は、さういふやうな人格的《じんかくてき》の潔癖《けつぺき》さがよけい出《で》て來《く》るのではないかと思《おも》ひます。

な教育《けういく》を受《う》けた人《ひと》、社會的地位《しやくわいてきちゐ》ある人《ひと》でも、ずゐぶん暗《くら》い問題《もんだい》を背負つてゐる人《ひと》がありますから――人《ひと》の前《まへ》では口《くち》を綺麗《きれい》に拭《ふ》いて、立派《りつぱ》に納《をさ》まつてをりますけれども――

横光　たゞ趣味《しゆみ》の高《たか》い人《ひと》でありますと、さういふことをした場合《ばあひ》に責任《せきにん》を負ふんです。

及川　それは、責任問題《せきにんもんだい》からいへばさうでせうが――

板垣　趣味《しゆみ》が高《たか》ければ、たとへさういふ間違《まちが》ひを起《おこ》しても、誠實《せいじつ》に解決《かいけつ》するんぢやありませんか。

下手《へた》な復讐《ふくしう》は身《み》を誤《あやま》る

記者　女《をんな》の人《ひと》の中《なか》には、或《あ》る男《をとこ》から貞操《ていさう》を奪《うば》はれた場合《ばあひ》に、復讐《ふくしう》といふやうな氣持《きもち》から、身《み》を持《も》ち崩《くづ》して、結局《けつきよく》自分《じぶん》が悲劇《ひげき》の主人公《しゆじんこう》になる人《ひと》がとき〴〵ありますが――

及川　それは自己欺瞞《じこきまん》ぢやないですか。そんなことをするのは、自分《じぶん》が勝手《かつて》なことをする一《ひと》つの辯解《べんかい》にしてゐるのでせう。いくら何《なん》でも、一人《ひとり》の男《をとこ》に瞞《だま》されたからといつて、他《た》の男性《だんせい》に復讐《ふくしう》するなんていふのは正氣の沙汰ではないでせう。

が惡《わる》いと言《い》つてしまふことは、こいつはよろしくないと思《おも》ふのですがね、不心得《ふこゝろえ》の男《をとこ》もありますけれども、それは例外的存在《れいぐわいてきそんざい》です。さういふ異分子《いぶんし》の存在《そんざい》は、決《けつ》して男《をとこ》の方《はう》ばかりでない、女《をんな》の方《はう》にもあります。男《をとこ》は、女《をんな》に瞞《だま》されたから全女性《ぜんぢよせい》に復讐《ふくしう》するなんていふのはありませんがね。

板垣　それは、女《をんな》は視野《しや》が狹《せま》いから、實際《じつさい》さう思《おも》ひますのですよ。そして單純《たんじゆん》で、感情的《かんじやうてき》ですから――

後悔《こうくわい》は汚濁《をぢよく》を淨化《じやうくわ》する

記者　横光先生《よこみつせんせい》にお伺《うかゞ》ひいたしますが、娘《むすめ》が暴《ばう》力《りよく》で貞操《ていさう》を奪《うば》はれた場合《ばあひ》とか、或《あるひ》は、結婚《けつこん》を豫約《よやく》して貞操《ていさう》を捧《さゝ》げたけれども裏切《うらぎ》られたといふやうな場合《ばあひ》、娘《むすめ》がどういふ風《ふう》な心構《こゝろがま》へで今後《こんご》生《い》きてゆけばよろしいか、悲劇《ひげき》にならないで濟《す》むでせうか？

横光　僕《ぼく》は、自分《じぶん》で非常《ひじやう》に後悔《こうくわい》したとすれば、その人《ひと》は綺麗《きれい》になつてゐると思《おも》ひます。貞操《ていさう》を失《うしな》はずに心《こゝろ》の汚《きたな》い者《もの》より、後悔《こうくわい》のために心《こゝろ》が綺麗《きれい》になつてゐる者《もの》の方《はう》がいゝと思《おも》ふのです。そして、心《こゝろ》から後悔《こうくわい》することによつては

79　「婦人の貞操悲劇を解決する座談会」 板垣直子、及川常平 ほか 『主婦之友』昭和12年5月1日

自《みづか》らその後《ご》の生活態度《せいかつたいど》が決《きま》つて、悲劇《ひげき》の主《しゆ》人公《じんこう》にならなくても濟《す》むと思《おも》ふんです。

それから、さつきも話《はなし》が出《で》ましたが、娘《むすめ》が戀愛《れんあい》して、既《すで》に貞操《ていさう》を許《ゆる》してしまつてゐる場《ば》合《あひ》、いろ〳〵な面倒《めんだう》はしばらく目《め》を瞑《つぶ》つて結《けつ》婚《こん》させてやれば、貞操《ていさう》を失《うしな》つたことにはならないのに、周圍《しうゐ》の人《ひと》が崩《くず》してしまふから、貞《てい》操《さう》を失《うしな》ふ結果《けつくわ》になるんでせう。本人同志《ほんにんどうし》だけなら悲劇《ひげき》なんていふことは起《おこ》りませんよ。悲《ひ》劇《げき》といふことは、周圍《しうゐ》があるといふことですからね。

若《わか》い娘《むすめ》さんが、男《をとこ》を見拔《みぬ》く力《ちから》を有《も》つといふことは難《むづか》しいですけれども、女《をんな》を非常《ひじやう》に愛《あい》する心《こゝろ》を有《も》つてゐる男《をとこ》なら、さういふ男《をとこ》はそれで僕《ぼく》はよくないかと思《おも》ふのです。出世《しゆつせ》するとかせぬとかいふことは問題外《もんだいぐわい》です。自分《じぶん》の娘《むすめ》をそれだけ愛《あい》してくれゝば、それでいゝぢやありませんか。世間《せけん》を見《み》ても、偉《えら》くなる奴《やつ》は變《へん》なことをするのが多《おほ》いぢやありませんか。或《あ》る點《てん》までその男《をとこ》が善良《ぜんりやう》なら、それで立派《りつぱ》だと思《おも》ひます。

だから僕《ぼく》は、そんなに偉《えら》い人《ひと》を自分《じぶん》の娘《むすめ》の婿《むこ》にしようといふ考《かんが》へはないです。自分《じぶん》の主《しゆ》人《じん》を偉《えら》くしようとしまいと、それはその細君《さいくん》によるでせう、大部分《だいぶぶん》——

そして亭主《ていしゆ》を引《ひ》き下《さ》げるのも、やはり妻《つま》の愚《おろ》かしさだと思《おも》ひますね。外《そと》で安心《あんしん》して活動《くわつどう》し難《にく》いやうな細君《さいくん》を持《も》つてゐる男《をとこ》は、人《ひと》の顏《かほ》色《いろ》ばかり見《み》て、歸《かへ》るときなんか、ソハ〳〵してゐるのでよく判《わか》りますね。

朝起《あさお》きの男《をとこ》は責任感強《せきにんかんつよ》し

及川　私《わたくし》はかういふことを若《わか》い女性《ぢよせい》に言《い》ひた

いですな。それは、この男《をとこ》がどれだけの責任《せきにん》感《かん》があるかといふことです。所詮《しよせん》難《むづか》しいことを言つても仕方《しかた》がありません。この男《をとこ》は平素《へいそ》どれだけの責任感《せきにんかん》を有《も》つてゐるかくらゐのことは、少《すこ》し氣《き》をつければ判《わか》ると思《おも》ふのですがね。これからの結婚《けつこん》の調査《てうさ》には、本人《ほんにん》の責任《せきにん》感《かん》といふ一項《かう》を入《い》れて貰《もら》ひたいのです。

塚崎 それはどういふ風《ふう》に觀《み》るのですか？

及川 勤先《つとめさき》へ行《い》つて仕事《しごと》のやりつ振《ぶ》りを觀《み》るのも、一《ひと》つの方法《はうはふ》ですね。またその交遊關係《かういうくわんけい》に對《たい》する信義《しんぎ》の點《てん》からも觀《み》られるでせう。

横光 ところが、誰《だれ》からも褒《ほ》められてゐる模範《もはん》的人物《てきじんぶつ》といふものが、實《じつ》は一番《ばん》惡《わる》い人物《じんぶつ》だつたといふ事實《じじつ》があるのですがね。

板垣 結婚《けつこん》すれば、細君《さいくん》は細君《さいくん》として奉《たてまつ》つておいて、外《そと》で惡《わる》いことを手際《てぎは》よくやつてゐるといふのが——

及川 それは眞《しん》に責任觀念《せきにんくわんねん》を自覺《じかく》した男《をとこ》ぢやないでせう。

板垣 ですけれど、役所《やくしよ》の勤《つと》めなどは非常《ひじやう》に模範《もはん》的《てき》であつて、家庭《かてい》の生活《せいくわつ》になると、まるつきり駄目《だめ》だといふ人《ひと》がありますね。

及川 私《わたくし》は、責任觀念《せきにんくわんねん》の強《つよ》い者《もの》は、さう不埒《ふらち》なぞとは決《けつ》してしないと思《おも》ふのですがね。事《こと》が起《おこ》つても、非常《ひじやう》に道德的《だうとくてき》な解決《かいけつ》をすると思《おも》ふのです。

板垣 若《わか》い女《をんな》はどうしたつて男《をとこ》なんか見拔《みぬ》くことはできませんから、教育《けういく》をする一方《はう》、先輩《せんぱい》とか親《おや》なとの意見《いけん》を充分《じうぶん》尊重《そんちよう》するやうにさせることが肝腎《かんじん》です。

若《わか》い女《をんな》といふものは、自分《じぶん》に取入《とりい》つて來《く》る男《をとこ》、さういふ男《をとこ》をいゝと思《おも》ひがちなんです。だから親切《しんせつ》だと思《おも》つてしまふんです。ちーつとしてゐる男《をとこ》なんか感心《かんしん》しないんです。愛嬌《あいけう》のない取入《とりい》らない男《をとこ》の方《はう》が實《じつ》は偉《えら》いのですけれども、さうでない男《をとこ》にどうも惹《ひ》かれ易《やす》い。そして瞞《だま》されるといふことになる——そんなことでも、よく先輩《せんぱい》や親《おや》の意見《いけん》を聽《き》いて貰《もら》ひたいのです。

横光 この男《をとこ》が責任感《せきにんかん》を有《も》つてゐるかどうかを見分《みわ》けるには、その男《をとこ》が朝早《あさはや》く起《お》きるかどうかといふことを、先《ま》づ見《み》るべきだと思《おも》ふのですね。朝早《あさはや》く起《お》きる男《をとこ》といふものは、これは殆《ほとん》ど八十パーセントまで、信用《しんよう》できるのですね。僕《ぼく》なんか娘《むすめ》があれば、その婿《むこ》にならうといふ男《をとこ》には、『君《きみ》は朝何時《あさなんじ》に起《お》きるか？』といふことを第《だい》一番《ばん》に訊《き》きますよ。

板垣 それは面白《おもしろ》いですね。

横光 早《はや》く起《お》きることのできる男《をとこ》なら、もし結婚《けつこん》してから逆境《ぎやくきやう》になつても向上《かうじやう》してゆく力《ちから》を有《も》つてゐるのですよ。不幸《ふかう》を幸福《かうふく》にしてゆける男《をとこ》ですよ。朝早《あさはや》くパッと目《め》が覺《さ》めるのは、何《なに》かそこに強《つよ》い意志《いし》があるとか、強《つよ》い理念《りねん》の働《はたら》きがあるに違《ちが》ひないのです。

裁判《さいばん》に訴《うつた》へるは上策《じやうさく》に非《あら》ず

記者 女《をんな》が貞操《ていさう》を奪《うば》はれて、そして裏切《うらぎ》られた場合《ばあひ》、その裏切《うらぎ》つた當人《たうにん》に對《たい》して敵討《かたきう》ちをしてやらうと思《おも》ひますね。その場合《ばあひ》、その敵《かたき》の討《う》ち方《かた》によると、男《をとこ》をやつゝけることができても、結局《けつきよく》そのために自分《じぶん》も倒《たふ》れるといふ場合《ばあひ》が相當《さうたう》多《おほ》いです。對手《あひて》の男《をとこ》をやつゝけることが、必《かなら》ずしもいゝ結果《けつくわ》を起《おこ》さないと思《おも》ふのですがね——

塚崎 それはさうでせう。貞操《ていさう》を蹂躪《じうりん》されたとかいふ場合《ばあひ》に訴訟《そしよう》をするといふことは、これは第《だい》二段《だん》、第《だい》三段《だん》の問題《もんだい》であつて、上等《じやうとう》の策《さく》ではないと思《おも》ふのです。訴訟《そしよう》に勝《か》つても、嫁《よめ》に行《ゆ》かうといふときの妨《さまた》げになりませう。結果《けつくわ》から見《み》て、あまり得《とく》ぢやありません。だから、どうしても解決《かいけつ》に困《こま》つたら、及川《おいかは》さんのところを利用《りよう》することですね。

81　「婦人の貞操悲劇を解決する座談会」　板垣直子、及川常平 ほか　『主婦之友』昭和12年5月1日

及川　まあ一番《ばん》いゝでせうね。裁判《さいばん》したところが、落着く結果《けつくわ》が人事相談《じんじさうだん》で調停《てうてい》した結論《けつろん》と同《おな》じやうなことになるんです。それだつたら裁判《さいばん》で明《あか》るみに出《だ》すより、秘密相談《ひみつさうだん》で非公開《ひこうかい》で話《はなし》を決《き》める方《はう》が利口《りこう》な處置《しよち》ですね。

塚崎　法廷《はふてい》に持出《もちだ》せば、どうしても事件《じけん》を世間《せけん》に暴《さら》すことになります。しかも長《なが》いことかゝつて、多《おほ》くは失敗《しつぱい》します。失敗《しつぱい》しなくとも、豫期《よき》したほどの收穫《しうくわく》は、殆《ほとん》どないものです。それに男《をとこ》は蛙《かへる》の面《つら》に水《みづ》で、大《たい》した傷手《いたで》を受《う》けませんしね。

及川　だから、言つてゐるんです。『あなたの復讐《ふくしう》の方法《はうはふ》は、第二《だいに》のよりよき良人《をつと》を迎《むか》へて、彼《かれ》を眼下《がんか》に睥睨《へいげい》することです。』――

板垣　復讐《ふくしう》するといふ場合《ばあひ》は、必《かなら》ずその後《ご》の生《せい》活《くわつ》が惡《わる》い状態《じやうたい》にあるんです。後《あと》が幸福《かうふく》な状態《じやうたい》にあれば、一《ひと》つの對象《たいしやう》に向《む》つて復讐心《ふくしうしん》なんか燃《も》やしはしません。

結婚前《けつこんぜん》の秘密《ひみつ》を何《ど》うするか

記者　新聞《しんぶん》の身上相談《みのうへさうだん》には、結婚前《けつこんぜん》の秘密《ひみつ》を打《うち》明《あ》けたものかどうかといふことが、よく問題《もんだい》になつてゐますが、あれは如何《いかゞ》でせう。

板垣　誠實《せいじつ》のある人《ひと》でしたら、どうしても言《い》はないでゐられないでせうね。愛《あい》してをつてそれを言《い》はないんでしたら、その關係《くわんけい》は純粹《じゆんすゐ》ではない――

及川　それは包《つゝ》んで嫁《とつ》つたら、誠實《せいじつ》の人《ひと》だつたら、いつかの機會《きくわい》に――良人《をつと》がよければよいほど包《つゝ》み辛《つら》いのが本當《ほんたう》と思《おも》ひます。

板垣　誠實《せいじつ》のある人《ひと》なら、嫁《ゆ》かない前《まへ》に打明《うちあ》けるだらうと思《おも》ひます。

及川　それを告白《こくはく》することは、私等《わたくしら》は勸《すゝ》めた

いのです。が實際《じつさい》、その祕密《ひみつ》を暴《さら》け出《だ》したならば、果《はた》して良緣《りやうえん》が結成《けつせい》されるかどうか、困《こま》る問題《もんだい》ですね。

板垣　戀愛結婚《れんあいけつこん》であつたら、長《なが》い間《あひだ》の戀愛《れんあい》であつたら言《い》へるでせう。言《い》つても破《やぶ》れるといふことはないでせう。隱《かく》せないと思《おも》ひますね。

及川　それは隱《かく》すことが罪惡《ざいあく》だといふのは議論《ぎろん》のないことだと思《おも》ひます。ところが事實問題《じじつもんだい》としては、隱《かく》して嫁《ゆ》くことが澤山《たくさん》あるんぢやないかと思《おも》ふのです。

塚崎　さうですね。

及川　隱《かく》して嫁つてしまつたならば、もうこいつは仕方《しかた》がないんです、善惡《ぜんあく》を論《ろん》ずる餘地《よち》はない。だから、その祕密《ひみつ》がバレても許《ゆる》され得《う》るやうな素地《そぢ》を作《つく》つておきなさい、とかう言《い》つてゐるのです。

永年《ながねん》の間《あひだ》には何《なん》かの機會《きくわい》でバレますよ。さういふ場合《ばあひ》、男《をとこ》は必《かなら》ず『祕密《ひみつ》を包《つゝ》んで自分《じぶん》のところへ來《き》たのは怪《け》しからん。』と、一應《おう》はイキリ立《た》つでせう。しかしそこですね、平素《へいそ》許《ゆる》され得《う》るやうな素地《そぢ》を作《つく》つておけばですね、一時《じ》は主人《しゆじん》が亢奮《かうふん》しても、やがては同情的《どうじやうてき》な見方《みかた》をしてくれる。そこへゆくと男《をとこ》といふものは寬大だと思ふのですね。

塚崎　しかし、男《をとこ》の方《はう》が何《なに》かのときになると、家內《かない》に厭味《いやみ》を言《い》やしませんか。

及川　そこですよ、許《ゆる》すといふ言質《げんち》を取《と》るまでゆくんですよ。誰《だれ》でも一囘《いちど》は必《かなら》ず爆發《ばくはつ》する、爆發《ばくはつ》したなら、良人《をつと》から許《ゆる》すといふ言質《げんち》を取《と》つてしまふ。それを蒸《む》し返《かへ》すのは、男《をとこ》が惡《わる》いですよ。

塚崎　まあさういふ場合《ばあひ》は、女《をんな》の方《はう》が普通《ふつう》の人《ひと》の二倍《ばい》三倍《ばい》の愛情《あいじやう》を持《も》つてやつてゆけばいゝでせう。

祕密《ひみつ》にすることもまた眞實《しんじつ》

記者　山本有三先生《やまもというざうせんせい》が、『主婦之友《しゆふのとも》』に載《の》つた小說《せうせつ》の中《なか》で、『祕密《ひみつ》を全部《ぜんぶ》言《い》つてしまふことが眞實《しんじつ》であるけれども、祕密《ひみつ》をそのまゝにしておくこともまた、人《ひと》の世《よ》では眞實《しんじつ》である場合《ばあひ》がある。』と言《い》つてゐられましたが――

横光　それは人間《にんげん》といふものは、自分《じぶん》のしたことを、どんな人間《にんげん》でも全部《ぜんぶ》話《はな》すといふことは不可能《ふかのう》です。そんなことをした者《もの》は一人《ひとり》もありません。僕《ぼく》はさう思《おも》ふ。そしてそれで、人《にん》間生活《げんせいくわつ》といふものはうまく廻《まは》つてゐるものと思《おも》ひます。もし皆《みん》な誰《だれ》も彼《かれ》もさうなつたら、人間は亡びてしまひますよ。何も彼も洗ひ浚ひ、誰《だれ》も彼《かれ》もブチまけてしまへば、どんな立派《りつぱ》な秩序《ちつじよ》でも壞《こは》れてしまひますよ。

板垣　しかし貞操《ていさう》の問題《もんだい》になると、自然《しぜん》と祕密《ひみつ》にしてゐられないだらうと思《おも》ひます。それを言《い》はない限《かぎ》り、いつまでも苦痛《くつう》ぢやないかと思《おも》ひます。

横光　しかし、十中《ちう》の八までは、もしすつかり言《い》へば悲劇《ひげき》になるんです。それだけの覺悟《かくご》があればいゝですがね。その覺悟《かくご》があれば立派《りつぱ》なものですよ。

とにかく、人間《にんげん》といふものはケチくさいものだから、何《なん》とかしてその場《ば》をうまく切拔《きりぬ》けて、まあ化《ばけ》の皮《かは》の剝《はが》れるまでは何《なん》とかしてゆきたいといふ、人間《にんげん》らしい美《うつく》しさもある。だから、祕密《ひみつ》にしてどちらも幸福《かうふく》にゆけるなら、一そう美《うつく》しいかも知《し》れない――これを打明《うちあ》けて破《やぶ》れゝば、これほど好《す》きな人《ひと》に去《さ》られると思《おも》へば、嘘《うそ》を吐《つ》くですよ。さういふ美《うつく》しさは見《み》てやらなければいけないでせう。

及川　細君《さいくん》に祕密《ひみつ》があることを良人《をつと》が知《し》つてゐても、その古疵《ふるきず》に觸《さは》らぬといふ人《ひと》がありますね。細君《さいくん》の平素《へいそ》がよければ、良人《をつと》の方《はう》でも古疵《ふるきず》に觸《さは》らないやうになる――

横光　賢い男ならさうでせう。相手の困るやうなぞごみには、堅《かた》い男《をとこ》は瞞れませんよ。

板垣　男《をとこ》の人達《ひとたち》には、隠《かく》してゐることは、ずゐぶん多《おほ》いんでせうね。（笑聲）女《をんな》の方《はう》は、隠《かく》せないんですね、單純《たんじゅん》ですから——　男《をとこ》が隠《かく》さなかつたら、五月蝿《うるさ》くつてしやうがないでせうしね。

日本婦人《にほんふじん》の貞操觀念《ていさうくわんねん》は國寶《こくはう》

横光　かういふ問題《もんだい》は、外國《ぐわいこく》ではちつとも問題《もんだい》にならないのが面白《おもしろ》いですね。かういふものに價値《かち》を有《も》たないんですよ。そんなことを問《もん》題《だい》にしてゐてはキリがありませんからね。日本《にほん》では、既《すで》にかういふ座談會《ざだんくわい》があるといふことは、貞操觀念《ていさうくわんねん》が強《つよ》いといふことなんですね。

塚崎　『良人《をっと》の貞操《ていさう》』なんて、外國《ぐわいこく》では言《い》はれないでせうし——

横光　日本《にほん》の男《をとこ》ほど仕合《しあは》せな男《をとこ》はないと、私《わたし》はいつも思《おも》つてゐるのですけれども——　何處《どこ》の國《くに》の夫婦關係《ふうふくわんけい》と比較《ひかく》してみても、日本《にほん》は遙《はる》かに貞操觀念《ていさうくわんねん》が強《つよ》いですよ。そんな國《くに》に生《うま》れて、飯《めし》が食《く》へれてをれば、悲劇なんかなくてもいゝ、さう言ふことであるんですよ。たゞ氣《き》がつかんのですね。當《あた》り前《まへ》だと思《おも》つてゐるのです。

塚崎　貞操觀念《ていさうくわんねん》が強《つよ》いですから、破《やぶ》ると悲劇《ひげき》になる人《ひと》が多《おほ》いわけですね。

横光　女《をんな》の人《ひと》の貞操觀念《ていさうくわんねん》の強《つよ》いといふことは、日本《にほん》の寶《たから》ですね。これ以上《いじゃう》の國寶《こくはう》はないですよ。

記者　では大分《だいぶ》晩《おそ》くなりましたから、この邊《へん》で——　どうも有《あ》り難《がた》うございました。

（三月十五日、築地川畔、蘆亭にて）

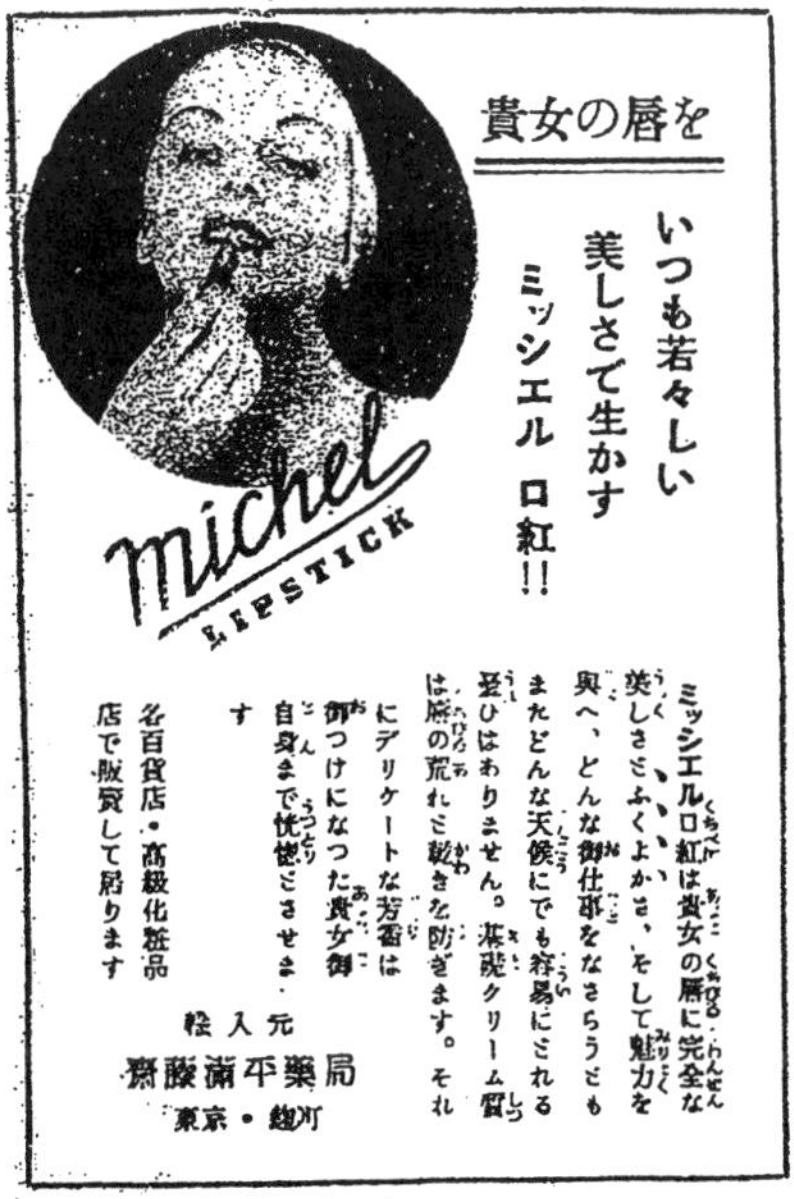

人《にん》氣《き》女《をや》形《ま》と男《だん》裝《さう》

（右より）坂東鶴之助　河原崎國太郎　花柳章太郎　オリヱ・津阪

司會　吉《よし》屋《や》信《のぶ》子《こ》

出席者

新派　花《はな》柳《やぎ》章《しやう》太《た》郎《ろう》
青年歌舞伎　坂《ばん》東《どう》鶴《つる》之《の》助《すけ》
前進座　河《か》原《はら》崎《さき》國《くに》太《た》郎《ろう》
松竹少女歌劇　水《みづ》の江《え》瀧《たき》子《こ》
松竹少女歌劇　オリヱ・津《つ》阪《さか》

◇思《おも》ひつきはレヴューに

吉屋　花柳《はなやぎ》さんと國太郎《くにたろう》さんは、お稽古《けいこ》の都合《つがふ》で少《すこ》しお遲《おく》れになるさうで――

オリヱさん、あなたはいつか、薩摩絣《さつまがすり》なんか着《き》て、角帶締《かくおびし》めて演《や》りましたね。

オリヱ　えゝ、夏《なつ》の踊《をどり》です。

鶴之助　最近《さいきん》、舞踊界《ぶようかい》の皆《みな》さん方《がた》が、いろ／＼やつていらつしやいますが、何《なん》だか思《おも》ひつきは、皆《みん》なレヴューの方《はう》に、先《さき》にやられるといふ形《かた》ですね。

吉屋　それやこちらは、（水の江、オリヱさんを指して）約束《やくそく》がないから樂《らく》なんでせう。それに傳統《でんとう》もなし、どんなことを思《おも》ひついてやつてもいゝのですから――

鶴之助　吾々《われわれ》には約束《やくそく》があつて――

吉屋　それを破《やぶ》れば、インチキだと思《おも》はれるでせうしね。こなひだ『清玄《せいげん》』をお演《や》りになつた

麗《れい》人《じん》の座《ざ》談《だん》會《くわい》

水の江瀧子　吉屋信子

（花柳さんの名演技『婦系圖』のお蔦）

でせう。かなり多勢若《おほぜいわか》いお嬢《ぢやう》さん方《がた》か、觀《み》に來《き》ていらつしやいましたが、清玄法師《せいげんほふし》が櫻姫《さくらひめ》に横戀慕《よこれんぼ》して、深刻《しんこく》に苦《くる》しむ表情《へうじやう》をしたトタン笑《わら》ひ出《だ》したんです。口《くち》から血《ち》をタラ〳〵出《だ》して、苦《くる》しめば苦《くる》しむほど、アハヽヽヽと笑《わら》ふのです。

今《いま》のお嬢《ぢやう》さんには、あの氣持《きもち》、とてもお解《わか》りにならないのでせうね。

鶴之助　見《み》つけないせゐもありませうね。

吉屋　こなひだの、東寶《とうほう》の『忠臣藏《ちうしんぐら》』の、鷺坂伴内《さぎさかばんない》の、あのおどけた臺詞《せりふ》も、解《わか》らないらしいですよ。

鶴之助　吾々《われ〳〵》の演出法《えんしゆつはふ》なんか、なるべく嘘《うそ》——といふと語弊《ごへい》がありますけれど、寫實《しやじつ》を避《さ》けてゐるのです。

吉屋　あなた方《がた》も、寫實《しやじつ》なんてすることがあるの？

水の江　あまりないの。うちはやはり——

吉屋　やはり一種《しゆ》のお伽噺《とぎばなし》の美《うつく》しさ——

水の江　うちは、少女歌劇《せうぢよかげき》といふ名《な》に縛《しば》られてゐますから——

吉屋　でも、中尉《ちうゐ》さんなんかするとき、歩《ある》き方《かた》にしたつて、煙草《たばこ》を喫《の》む工夫《くふう》だつて、踊《をど》りから出《で》た科《しな》などあるでせう。

水の江　いくらか踊《をど》りが入《はひ》つてゐます。

吉屋　オリヱさんは、日本舞踊《にほんぶよう》やつていらつしやるでせう。

オリヱ　えゝ。

吉屋　水《みづ》の江《え》さん演《や》りましたね。いつかお姫樣《ひめさま》を一度《ど》——

水の江　淺《あさ》ましいものです。（ちよつとてれる。）

吉屋　ずゐぶん愛嬌《あいけう》があつた、嬉《うれ》しさうだつたわね。（大笑ひ）

◇女《をんな》の氣《き》づかない美《うつく》しさ

吉屋　鶴之助《つるのすけ》さん、平常《へいぜい》でも舞臺《ぶたい》に出《で》てゐる心掛《こゝろがけ》をしていらつしやいます？

鶴之助　私《わたし》はしてゐません。割合《わりあひ》と亂暴《らんばう》の方《はう》です。額助《がくすけ》さんなんかは、ほんたうに女《をんな》みたいなんですけれど……

吉屋　お針仕事《はりしごと》なんか、なさるんですつてね。

鶴之助　私《わたし》でも、舞臺《ぶたい》で使《つか》ひますから、針《はり》なんかも持《も》ちますけれど——趣味《しゆみ》としてやるわけではないのです。

吉屋　水の江《え》さん達《たち》、平常《ふだん》男《をとこ》を研究《けんきう》してゐるわけではないんですか？

（河原崎國太郎氏と重子夫人）

水の江　やつぱり映畫《えいぐわ》なんか——外國物《ぐわいこくもの》は參考《さんかう》になりますね。

（國太郎さんの扮した『揚卷』）

吉屋　どうも鶴之助《つるのすけ》さんばかりに質問《しつもん》がゆくやうだけれど、女《をんな》の氣《き》つかない美《うつく》しさ——といふやうなものを、特《とく》に女形《をやま》として、お氣《き》づきになる點《てん》ございません？

鶴之助　それはありますね。誰方《どなた》がおつしやつたか忘《わす》れましたが、京《きやう》の舞妓《まひこ》さんは、後向《うしろむ》きに見《み》るものだと言《い》はれましたが、これなど、なるほどゝ思《おも》ひますね。たしかに前《まへ》よりは、後《うしろ》から見《み》る方《はう》が、美《うつく》しいです。

吉屋　では、銀座《ぎんざ》を颯爽《さつさう》と歩《ある》く、洋裝《やうさう》のお嬢《ぢやう》さん方《がた》は？

鶴之助　いゝですね。殊《こと》に無地物《むぢもの》を着こなしてゐる方《かた》に、魅《ひ》かれますね。

（河原崎國太郎氏御出席）

吉屋　まあ、洋服《やうふく》を召《め》して——ずゐぶんモダン——で

國太郎　これは我々《われわれ》の通常服《つうじやうふく》なんです。お稽古《けいこ》のときだけ着物《きもの》を着ます。

吉屋　前進座《ぜんしんざ》は、もう何年《なんねん》に？

國太郎　丁度《ちやうど》六年目《ねんめ》です。この二十二日《にち》に大阪《おほさか》で創立祝賀會《さうりつしゆくがくわい》をやりました。ちき、劇團《げきだん》の研《けん》究所《きうしよ》も出《で》來上《きあが》りますし——

吉屋　よく孤軍奮鬪《こぐんふんとう》して、こゝまで漕《こ》ぎつけていらつしやいましたね。

（鶴之助さんの扮した『生きてゐる小平次』のおちか）

（坂東鶴之助氏と春枝夫人と元靖ちやま）

◇大《おほ》き過《す》ぎて映畫《えいぐわ》で失敗《しつぱい》

吉屋　お二人《ふたり》とも、映畫《えいぐわ》を撮《と》つてみたいと、お思《おも》ひになりません？

國太郎　私《わたし》は撮《と》つたことがあるのですけれど。

吉屋　どうでした？

國太郎　慾《よく》を申《まを》せば、歌舞伎《かぶき》では女形《をやま》を、映畫《えいぐわ》では地《ぢ》の私《わたし》を演《や》つてゆきたいのですが、何《なに》しろ私《わたし》は、こんなに細《ほそ》くて麒《き》麟《りん》で——映畫《えいぐわ》には一體《たい》に圓《まる》い顔《かほ》で、背《せ》の低《ひく》い人《ひと》が向《む》くさうですよ。

鶴之助　いや、この間《あひだ》伊藤大輔《いとうだいすけ》さんに會《あ》つて、僕《ぼく》はどうかね——と訊いたら、君《きみ》の顔《かほ》は駄目《だめ》だと言《い》はれましたよ。（大笑ひ）

國太郎　僕《ぼく》はかうして見《み》てゐると、水《みづ》の江《え》さんの顔《かほ》、映畫《えいぐわ》にとても向《む》くと思《おも》ふんですが。

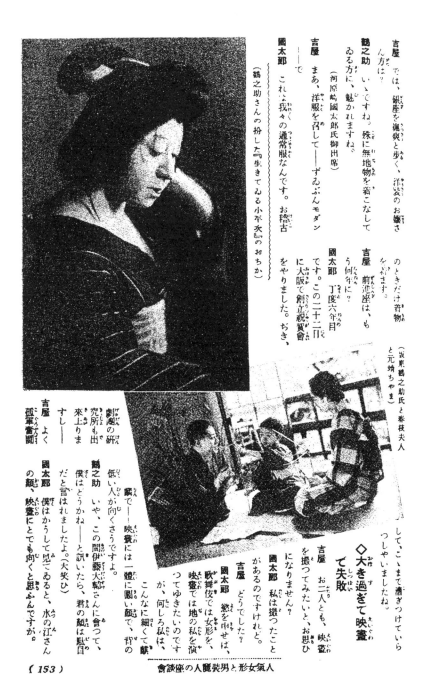

（ターキーの颯爽たる飛行士姿）

水の江 平《ひら》べつたいから、駄目《だめ》なのよ。

國太郎 映畫《えいぐわ》へのお話《はなし》、あるでせう。

水の江 そりやあるけれど、出《で》ないのよ。

國太郎 實際《じつさい》出《で》られないんでせう。出《で》るとすれば、やはり女性《じよせい》をやらなければ、なりませんものね。

水の江 まあ、ね。

國太郎 僕《ぼく》の映畫《えいぐわ》の失敗談《しつぱいだん》を一《ひと》つしませうか。これは大《おほ》きな試金石《しきんせき》になつたのですが、山中《やまなか》監督《かんとく》（貞雄氏）が、女形《をやま》を再現《さいげん》しようとしたんですが、僕《ぼく》の舞臺《ぶたい》を見《み》ても平常《ふだん》の私《わたし》を見《み》ていらつしやらない。舞臺《ぶたい》で動《うご》いてゐるときは、色《いろ》があり光《ひかり》があつてとにかく女性《じよせい》の象徴化《しようちようくわ》として肯定《こうてい》できたでせうが、それを映《えい》畫《ぐわ》に持《も》つて來《き》て、スクリーンを通《とほ》したら、私《わたし》だけ一人《ひとり》が、他《ほか》の人《ひと》と、とても釣合《つりあ》ひがとれなくなつてしまつたのです。

立《た》てば、すーつと、鴨居《かもゐ》に閊《つか》へてしまふ。相手役《あひてやく》の男《をとこ》の方《かた》より高《たか》くては、こちらは女形《をやま》で、ちよつと戀場面《ラヴ・シーン》の、情《じやう》がうつりませんよねえ。たうとう坐《すわ》り放《はな》しで、やつと合《あは》してやつたわけです。

（花柳章太郎氏、りゆうとした和服で登場）

◇金釦時《きんぼたんじ》代《だい》から崇拝《すうはい》

花柳 やあ、遲《おそ》くなりました。

吉屋 花柳《はなやぎ》さん、こちらの麗人方《れいじんがた》が喋《しやべ》らないから、少《すこ》し喋《しやべ》らしてください。

花柳 水《みづ》の江《え》さん、そんなことないでせう。（水の江さん笑つて答へず。）

吉屋 水《みづ》の江《え》さん、花柳《はなやぎ》さんのお芝居《しばゐ》觀《み》ます？

水の江 私《わたし》觀《み》ないんです。いつもうちの方《はう》とぶつかつてしまふので――

吉屋 では、花柳《はなやぎ》さんレヴューは？

花柳 どうも一遍《ぺん》も――觀《み》られないんですよ。濟《す》まないが。（頭を搔いたので大笑ひ）

鶴之助《つるのすけ》さんの、『良人《をつと》の貞操《ていさう》』も觀《み》ないで、吉屋《よしや》さんに重々《ぢうぢう》——（頭を下げる。）

鶴之助　それでさつき、『邦子《くにこ》』を吉屋先生《よしやせんせい》に褒《ほ》められたのですが、新派《しんぱ》では花柳《はなやぎ》さんに、二年《ねん》くらゐ御厄介《ごやくかい》になつたんですよ。

吉屋　おや、お上手《じやうず》でも驚《おどろ》くに足《た》りないわね。

國太郎　私《わたし》など、學生《がくせい》の金釦《きんぼたん》の頃《ころ》から、花柳先生《はなやぎせんせい》を觀《み》て、崇拜《すうはい》してゐました。

花柳　學生《がくせい》の頃《ころ》から？　うわつ、厭《いや》だなあ、そんな年寄《としより》にされちや……（お腹を抱へて一同大笑ひ）

吉屋　花柳《はなやぎ》さん、何《なに》か女形《をやま》になる苦心《くしん》をおつしやつて頂《いただ》きたいですが——

花柳　恐《おそ》れ入《い》ります。

國太郎　私《わたし》は女《をんな》になる苦心《くしん》といふよりも、私《わたし》の身體《からだ》をそのまゝ使《つか》つて、女《をんな》にならない女《をんな》の象徴化《しやうちようくわ》をお見《み》せしたいと思《おも》つてゐるのです。私《わたし》は、丈《たけ》が五尺四寸《すん》六分《ぶ》ありますから、髮《かみ》を結《ゆ》つて、下駄《げた》など履《は》くと、七尺《しやく》からの大女《おほをんな》になることがあります。

吉屋　へえー、七尺《しやく》！

國太郎　幸《かう》か不幸《ふかう》か身體《からだ》が細《ほそ》いので、その點《てん》私《わたし》を救《すく》つてくれるかもしれませんが、なるたけ特別《とくべつ》の外《ほか》は、仕込《しこ》みをしないで、身體《からだ》のとげとげしたところは、できるだけ着物《きもの》の着方《きかた》などで隠《かく》すやうにしてをります。

（オリエさんの三番叟姿）

鶴之助　私《わたし》は肥《ふと》つてゐるので、胸《むね》や腰《こし》に、いろいろな小細工《こざいく》をしません。却《かへつ》て詰《つ》めるやうにし、お腹《なか》には晒布《さらし》をきつちり卷《ま》いてから、着《き》ますと、ぴつたりとします。

國太郎　私《わたし》は、初《はじ》めは、胸《むね》などに小蒲團《こぶとん》をあて、ふくらみを見《み》せてゐましたが、どうしても不自然《ふしぜん》な線《せん》が出《で》る、それよりも胸《むね》を合《あは》せるとき、幾分緩目《いくぶんゆるめ》に合《あは》せた方《はう》が、細《ほそ》ければ細《ほそ》いなりに、自然《しぜん》のふくらみが見《み》えて、却《かへつ》ていゝものだと思《おも》ひました。

吉屋　なるほどね。腰紐《こしひも》なんか、締《し》めるこつがあるんでせう。

國太郎　それはちよつと、口《くち》では言《い》へないこつなんですが、腰骨《こしぼね》の上《うへ》にきゆっと——傾城《けいせい》のときなど、二人《ふたり》がゝりで締《し》めて貰《もら》ひます。

吉屋　では、御平常《ごふだん》のお生活《せいくわつ》は？

國太郎　どうといふことはありませんけれど、舞臺《ぶたい》で始終《しじう》女形《をやま》ばかり演《や》らされてゐるので、舞臺《ぶたい》の習性《しふせい》が、生活《せいくわつ》に及《およ》んで來《き》たとでも申《まを》しませうか、自然何事《しぜんなにごと》も優《やさ》しく、親切《しんせつ》になるやうでございます。怒《おこ》つたり、呶鳴《どな》つたり、いたすことは、殆《ほとん》どございません。

吉屋　ぢや、奥《おく》さんお仕合《しあは》せね。

國太郎　恐《おそ》れ入《い》ります。

吉屋　今日《けふ》は、國太郎《くにたろう》さんの奥《おく》さんに出《で》て頂《いただ》いて、女形《をやま》の良人《をつと》を語《かた》る――といふやうにして頂《いただ》けば、よかつたですに、惜《を》しいことしたのね。（一同大笑ひ）

◇平常《ふだん》抽斗《ひきだし》に貯蓄《ちよちく》して

吉屋　さつき鶴之助《つるのすけ》さんにも伺《うかが》つたんですが、國太郎《くにたろう》さんは、どんな女《をんな》の人《ひと》に、美《うつく》しさをお感《かん》じになります？

國太郎　私達《わたしたち》お芝居《しばゐ》をしてゐます者《もの》は、正反對《せいはんたい》でございませうか、洋服《やうふく》を召《め》した方《かた》に、非常《ひじやう》に美《うつく》しさを感《かん》じます。結局《けつきよく》、健康的《けんかうてき》なお身體《からだ》を持《も》つていらつしやるからでせうか。

吉屋　着物《きもの》を着《き》た人《ひと》か劣《おと》ると？

國太郎　いゝえ、決《けつ》してそんなわけではありませんが――

吉屋　でも、眞似《まね》なさることはございませう。いろ〳〵の役柄《やくがら》から見《み》て、御參考《ごさんかう》に。

國太郎　それはあります。しかし眞似《まね》するといひましても、すぐにはできませんです。

吉屋　菊池《きくち》さんの『藤十郎《とうじふらう》の戀《こひ》』みたいに、態〻《わざ〳〵》あゝいふからくりをしてまで、女の風情《ふぜい》や、心情《しんじやう》を探《さぐ》らうといふやうなことは？

國太郎　藝術至上主義《げいじゆつしじやうしゆぎ》から言《い》つたら、正《ただ》しいかもしれませんけれども、道徳的《だうとくてき》に言《い》つては、あゝいふことには、贊成《さんせい》できませんね。

吉屋　それだけ女形《をやま》は、女《をんな》のことを研究《けんきう》すればできる、といふ可能性《かのうせい》があつたんではありませんか。

花柳　自分《じぶん》には、さういふ確信《かくしん》がつかないまでも、苦心《くしん》をしてゐるうちに、自然心《しぜんごころ》に熱《ねつ》が出《で》てくる、それが醗酵《はつかう》するときに、何《なに》か自分《じぶん》の藝《げい》と一緒《しよ》に出《で》てくる――

　まあ、例《たと》へば水の江《みづのえ》さんの癖《くせ》を表現《へうげん》したいと思《おも》ふと、よくそれを取《と》つて、抽斗《ひきだし》とでも言《い》ひませうか、しまつておく――

吉屋　抽斗《ひきだし》に貯蓄《ちよちく》するんですね。

花柳　えゝ、さうなんです。それが何《なに》かの役《やく》に當《あた》つたとき、知《し》らず識《し》らずのうちに醗酵《はつかう》し、消化《せうくわ》されて、パッ〳〵と出《で》てくるのです。だから平常《ふだん》の心構《こゝろがまへ》へ、用意《ようい》が大事《だいじ》なのです。抽斗《ひきだし》にないときは、苦《くる》しみますよ。

◇男《をとこ》にできない男《をとこ》を

吉屋　國太郎《くにたろう》さん、どんな役《やく》を演《や》りたいとお思《おも》ひですか？

國太郎　さやうでございますね。あばずれでなく、おきやん、娘《むすめ》でいへばお姫樣《ひめさま》でない、下町娘《したまちむすめ》。

花柳　お姫樣《ひめさま》なら、個性《こせい》の強《つよ》い櫻姫《さくらひめ》など演《や》り榮《は》えがしますね。（ターキーの頬をしげ〳〵と見て）ターキーさんは締《しま》りましたね。非常《ひじやう》に。

水の江　えつ？

花柳　肉《にく》が締《しま》つて、瑞々《みづ〳〵》しくなつて。

吉屋　そちらのお三方《かた》。少女歌劇《せうぢよかげき》の男裝《だんさう》の麗人《れいじん》といふのに、女《をんな》の子《こ》がのぼせて騒《さわ》ぐのは、どういふ心理《しんり》でせう。

花柳　うつかり言《い》へないですね。（大笑ひ）

水の江　女《をんな》の人《ひと》が多《おほ》いのですが、最近男《さいきんをとこ》の人《ひと》がとても多《おほ》くなつた――

國太郎　男裝《だんさう》の麗人《れいじん》には――私自身《わたしじしん》が既《すで》にファンですから、だん〳〵多《おほ》くなるのではないでせうか。

水の江　でも何《なん》といふのかしら、私《わたし》など男裝《だんさう》といつても、ほんたうの男《をとこ》になりきつてゐるのではないですから――つまり男《をとこ》にできない、男《をとこ》をやつてゐる――

吉屋　歌舞伎《かぶき》の女形《をやま》の魅力《みりよく》もさうぢやないですか。男《をとこ》がしてゐる女《をんな》といふところに、ずゐぶん魅力《みりよく》がありませんか？

水の江　この間田之助《あひだたのすけ》さんがおつしやいましたが、女學生《ぢよがくせい》が男《をとこ》の人《ひと》に近《ちか》づくのに、その寄《よ》り路《みち》といふ意味《いみ》で男裝《だんさう》のレヴューを好《す》く――それなら奥《おく》さんになつてゐる人《ひと》は、どうして好《す》くかといふのです。

吉屋　それは解《わか》る。あまりに現實《げんじつ》の男《をとこ》といふものは、女《をんな》に情《つれ》ないのですよ。（やあ――と男性方から笑ひ聲）それで、やつぱり男《をとこ》よりあなた方《がた》の方《はう》がいゝ。

花柳　世《よ》の男《をとこ》の人《ひと》が反省《はんせい》しない限《かぎ》り、ターキーなりオリヱさんなりが繁昌《はんじやう》する。（大笑ひ）

水の江　觀《み》る人《ひと》が、私達《わたしたち》の立場《たちば》から言《い》へば、ほんたうの男《をとこ》の持《も》つてゐない、女《をんな》から出《で》た優《やさ》しみ、身體《からだ》の線《せん》とかさういふものに、興味《きようみ》を持《も》つてくださると、こつちも大變《たいへん》やりよいですが、今《いま》は中途半端《ちうとはんぱ》で……

團太郎　それは女形《をやま》の方《はう》でも、女《をんな》の持《も》つてゐないところを象徴化《しやうちようくわ》する――さういふところを専門的《せんもんてき》に觀《み》てくれるといゝんだけれど――

たゞ遺憾《ゐかん》なのは、私達《わたしたち》はそんなことを喋《しやべ》つたことがないのに、あたしとか、嫌ですわ、などゝいふやうに飜譯《ほんやく》して書《か》かれる。

吉屋　ターキーだつて『ボク』なんて言《い》はないんだつて――

水の江　えゝ。

吉屋　晝夜《ちうや》二回《くわい》の出《で》つ張《ぱ》りで、よく身體《からだ》が保《も》ちますね。

花柳 忙《いそが》しいときは、實際御飯《じつさいごはん》を食《た》べる暇《ひま》もないね。それに帶《おび》なんか高《たか》く、ぎゆつと締《し》めてゐたんでは、ろく〳〵咽喉《のど》にも通《とほ》らない。

國太郎 實際《じつさい》――それに口紅《くちべに》など、落《お》ちはしまいかと、心配《しんぱい》しい〳〵、ちよつとの幕合《まくあひ》でかつこむときなど、身《み》になりませんね。

吉屋 それぢや、女《をんな》に生《う》れないで、いゝと思《おも》つたでせう。（大笑ひとなる。）

◇穢《きたな》い役《やく》は氣《き》が樂《らく》

花柳 （水の江さん方に）でもあなた方《がた》は、女《をんな》ばかりで演《や》つてをられるのでいゝが、僕《ぼく》らの立場《たちば》は苦《くる》しいですよ。女《をんな》と一緒《しよ》にやるので。

まあ僕達《ぼくたち》は變態的《へんたいてき》なもので、女優《ぢよいう》さんといふものが時代的《じだいてき》に出《で》て來《き》てゐる、これは絶對《ぜつたい》必要《ひつえう》なものですから、まあ、それへ渡《わた》すまでの、私達《わたしたち》は楔《くさび》ですからね。

女形《をやま》の臭《くさ》み、型《かた》の惡《わる》いところは、敎《をし》へないやうにしてゐるのに、どうも惡《わる》い點《てん》ばかりを眞似《まね》る――

吉屋 女優《ぢよいう》さん自身《じしん》も苦《くる》しいでせう。

花柳 それでよく叱言《こごと》を言《い》ふのですが、平常《ふだん》の科《しな》をそのまゝに、たとへば、『このお藝古附《けいこつ》けてください。』『さやうですか。お下《さ》げしてよいですか。』と、かう自然《しぜん》にやればよいのに、舞臺《ぶたい》でもう一《ひと》つ別《べつ》の女《をんな》にならうとするからいけない。この缺陷《けつかん》が自分《じぶん》で氣《き》がつけば、却《かへつ》て女《をんな》らしいものが出《で》てくるのです。

吉屋 河合《かはご》さんや、喜多村《きたむら》さんと御《ご》一緒《しよ》なら、演《や》りよいでせうね。

花柳 もう泳《およ》いでゐるやうなものです。どう間《ま》違《ちが》つても、どうでもしてくれますからね。

吉屋 （水の江さんに）日本《にほん》の男《をとこ》を演《や》つたことあるの？

水の江 一二度《ど》あります。

鶴之助 若狹之助《わかさのすけ》でせう。『忠臣藏《ちうしんぐら》』の――

水の江 ：：：（笑つて答へず。）

吉屋 お化粧《けしやう》は、日本《にほん》の男《をとこ》と外國《ぐわいこく》の男《をとこ》と、全然《ぜんぜん》違《ちが》ふの？

オリヱ えゝ、日本《にほん》のときは普通《ふつう》の煉白粉《ねりおしろい》、外國人《ぐわいこくじん》のときはドーラン。

吉屋 女形《をやま》だつて、綺麗《きれい》なことばかりするのでなく、穢《きたな》い役《やく》をすることもあるでせう。

花柳 いや、その方《はう》が伸《の》び〳〵しますよ。この頃《ごろ》ずゐぶん穢《きたな》い役《やく》をした。

◇腰《こし》を矯正《けうせい》して男《をとこ》に

花柳 （國太郎氏に）あんた男《をとこ》を演《や》りましたね、『綠《みどり》の地平線《ちへいせん》』で。あの感想《かんさう》を非常《ひじやう》に訊《き》きたかつた――

國太郎 壽命《じゆみやう》が延《の》びましたよ。

花柳 いや、わが身《み》に引較《ひきくら》べて、慰《なぐさ》めに行《ゆ》かうと思《おも》つてね。

國太郎 第一《だいいち》、姿勢《しせい》の矯正《けうせい》が必要《ひつえう》だつたんです。どうも後《うしろ》から見《み》る腰《こし》から下《した》の線《せん》が、男《をとこ》の人《ひと》と違《ちが》ふといふのです。だから腰《こし》を伸《の》すためにソーシャルダンス習《なら》ひに行《ゆ》きましたよ。

細川《ほそかは》ちか子《こ》さんと接吻《せつぷん》するところがあるんですが、細川《ほそかは》さんは重《おも》いでせう、細川《ほそかは》さんがダアッと倒《たふ》れる、それをかう（手を出して）して受《う》け止《と》めるとき、私《わたし》がタッタッタッと、のめつてしまふんです。

花柳 しかし、あまりやらない方《はう》がいゝですよ。身體《からだ》が變《かは》つてくる、僕《ぼく》はずゐぶんやつた、新派《しんぱ》の二枚目《まいめ》は――

吉屋 『不如歸《ほとゝぎす》』の武男《たけを》が一番印象《ばんいんしやう》に深《ふか》い――どちらが氣持《きもち》がよかつた――

花柳 もう手《て》も足《あし》も出《で》ない――

吉屋 （水の江さんに）やはりお姫樣《ひめさま》をさせられて困《こま》る？

水の江 今度は奴役ですよ。男《をとこ》で出《で》て奴《やつこ》を演《や》るんです。七月の國際劇場《こくさいげきぢやう》で——

オリヱ　私《わたし》も女《をんな》の役《やく》するの。

水の江　この人《ひと》は時代物《じだいもの》よ。

オリヱ　『女斷』なの。

國太郎　それは珍《めづら》しい。觀《み》に行《ゆ》かう。有《あ》り難《がた》い。

吉屋　鶴之助《つるのすけ》さんのファンといふのは、どんな方《かた》が多《おほ》いのですか？

鶴之助　やはり女學生《ぢよがくせい》なんかゞ多《おほ》いですね。それが可笑《をか》しいんですよ。劇《げき》に觀《み》に來《こ》ないで騷《さわ》いでゐるんです。

吉屋　さういふのは何《なん》と言《い》ふか、ゴシップファン、新聞《しんぶん》ファン….(大笑ひ)

國太郎　こんなことございませんか、田舍《ゐなか》の靑年《せいねん》から手紙《てがみ》をお受取《うけと》りになる——

花柳　いや幸《さいはひ》にしてありませんナ、この色《いろ》の黑《くろ》いのを賣《う》つてゐますから。あなたはお綺麗《きれい》だから——

國太郎　新聞《しんぶん》や雜誌《ざつし》なんかで扮裝寫眞《ふんさうしやしん》を見《み》るのでせうね。それに對《たい》して妙《めう》な憧《あこが》れを持《も》つて戀《ラヴ》文《レター》をよこすんですよ——

吉屋　女《をんな》の方《かた》でもあるでせう。

鶴之助　『あなたの寫眞《しやしん》を送《おく》つてください』なんて、お煎餅《せんべい》を送《おく》つて來《き》たり——

◇鏡《かゞみ》で工夫《くふう》する後姿《うしろすがた》

吉屋　色氣《いろけ》と言《い》ひますか情味《じやうみ》と言《い》ひますか、さういふものを特別《とくべつ》にお演《だ》しになるときは苦心《くしん》がおありでせうね。

花柳　殊更《ことさら》にしなくとも、自然《しぜん》に出《で》てくるのですよ。出《だ》さうと思《おも》ふと無理《むり》が出《で》ます。

國太郎　ほんたうでございますね。具體的《ぐたいてき》に說明《せつめい》のできないもので——

花柳　それから私《わたし》は、白粉《おしろい》も二の腕《うで》まで、足《あし》にも塗つて、男《をとこ》といふ感《かん》じが出《で》ない程度《ていど》に、大《だい》膽《たん》に出《だ》して見《み》せますよ。

國太郎 二の腕《うで》の白《しろ》つぽい肉《にく》が、ちらりと見《み》えるのは、とても艶《つや》つぽいものですね。

吉屋 國太郎《くにたろう》さん、お宅《たく》に大《おほ》きな鏡《かゞみ》があつて、御工夫《ごくふう》していらつしやるさうですが——

國太郎 鏡《かゞみ》は絶對必要《ぜつたいひつえう》です。いつも自分《じぶん》の斜《なゝめ》や側面《そくめん》、後向《うしろむ》きを見《み》ては、形《かた》を直《なほ》してゐます。

花柳 私《わたし》のところにも大《おほ》きな鏡《かゞみ》があります。よく小《ちひ》さい鏡《かゞみ》などで、ちよこ〳〵と見《み》る人《ひと》の氣《き》が知《し》れない。私《わたし》は得心《とくしん》のゆくまで見《み》てからでないと、安心《あんしん》して舞臺《ぶたい》に出《で》て行《ゆ》かれません。

『良人《をつと》の貞操《ていさう》』の加代《かよ》が、鏡《かゞみ》のところで、月《つき》を見《み》たまゝ、後向《うしろむ》きで幕切《まくぎれ》になるところがあります。

後姿《うしろすがた》にいゝ線《せん》を出《だ》したいと、それに合《あ》つた着物《きもの》を、大阪中《おほさかぢゆう》に探《さが》して、やつと東京《とうきやう》で間《ま》に合《あ》つて、思《おも》ひ通《どほ》りやつたのですが、後姿《うしろすがた》はずゐぶん工夫《くふう》して、鏡《かゞみ》で硏究《けんきう》したものです。

人《ひと》は氣《き》づかない、苦心《くしん》でせうか——

國太郎 後姿《うしろすがた》を見物《けんぶつ》に見《み》られるのは辛《つら》い——

水の江 私達《わたしたち》は、なるべくお客《きやく》さんに、斜《はす》を見《み》せてゐます。

國太郎 水《みづ》の江《え》さん、舞臺《ぶたい》で泣《な》くやうなことありますか？

水の江 そんなのはやらないのです。私《わたし》、舞臺《ぶたい》ではありませんけれど、稽古《けいこ》のとき、とても胸《むね》がつまつてしまふときがあります。

國太郎 私《わたし》はよく涙《なみだ》が出《で》てくるときがある。

花柳 それは仕方《しかた》がない——

國太郎 役者《やくしや》は泣《な》いてはいけないと言《い》はれますけれど——

花柳 けれど、それはそこまでやつた人《ひと》が言《い》へる言葉《ことば》で、吾々《われわれ》がその役《やく》に同化《どうくわ》して、その役《やく》の中《なか》に入《はひ》つて、ほんたうに悲《かな》しいと思《おも》つたときには、泣《な》いてもいゝぢやないか。

僕《ぼく》らは泣《な》きたいときには泣《な》く——それは自分《じぶん》が泣《な》いてしまつて、見物《けんぶつ》に效果《かうくわ》が擧《あが》らないときはいけないでせうが——

吉屋 どんなものお泣《な》きになつた？

花柳 『瀧《たき》の白糸《しらいと》』の大詰《おほづめ》など、堪《たま》らなくなりましたね。それから『婦系圖《をんなけいづ》』、今《いま》やつてゐる『路傍《ろばう》の石《いし》』のお母《かあ》さんが、息子《むすこ》を奉公《ほうこう》に出《だ》してやるところなど——

◇相手《あひて》役《やく》の眼《め》の優《やさ》しさ

吉屋 水《みづ》の江《え》さん、相手役《あひてやく》のお孃樣《ぢやうさま》や戀人《こひびと》と仲《なか》好《よ》くなりませんか？

水の江　別《べつ》に喧嘩《けんくわ》はしないけれど、特別《とくべつ》に仲《なか》よくなるといふことはないんです。

花柳　私達《わたしたち》は、相手《あひて》の唾《つば》がちつとも氣《き》にならないくらゐ情《じやう》が出《で》なくては——

水の江　うちは連續的《れんぞくてき》ではないでせう、ちよいちよい切《き》れて——折角親密《せつかくしんみつ》になつたと思《おも》ふとジャズが入《はひ》つて來《き》たり——（大笑ひ）

國太郎　僕《ぼく》はしみじみ、相手《あひて》の男《をとこ》の方《かた》の眼《め》が優《やさ》しくなければ困《こま》ります。情《じやう》がうつゝて來《こ》なくて——

吉屋　女形《をやま》の方《かた》は、女性的《ぢよせいてき》と言《い》つては惡《わる》いですけれど、お話《はなし》をしても優《やさ》しい、知《し》らず識《し》らずに日常《にちじやう》にね——

國太郎　だからといつて、水《みづ》の江《え》さん、オリヱさんが豪膽《がうたん》だとは言《い》へないでせう。

水の江　だけれど、普通《ふつう》の女《をんな》の人《ひと》より、物《もの》の言《い》ひ方《かた》でも亂暴《らんばう》でせう。

花柳　實際亂暴《じつさいらんばう》です。（大笑ひ）

國太郎　さう言《い》へば、私《わたし》、大阪《おほさか》へ行《い》つたとき、なぜ立廻《たちまは》りをもつとやらないかと言《い》はれて、閉口《へいこう》したことがありましよ。

花柳　ターキーさんなんかでも、厭《いや》になることあるの？

水の江　それやあるわ。

花柳　アンコールされたときは？

水の江　だつて、公演《こうえん》のときは、時間《じかん》が決《き》まつてゐるから、叩《たた》けば、叩《たた》きつぱなしよ。自分《じぶん》の會《くわい》のときは、さうはいかないけど——

花柳　いや——これは恐《おそ》れ入《い》りました。（大笑ひ）

國太郎　花柳《はなやぎ》さん、いつかあなたの展覧會《てんらんくわい》を觀《み》て、つくづく羨《うらやま》しいと思《おも》ひました。ずゐぶん澤山《たくさん》かんざしを集《あつ》めてをられましたね。

花柳　いや道樂《だうらく》で。

國太郎　道樂《だうらく》といふより、女形《をやま》としての研究心《けんきうしん》からだと思《おも》ふのです。私《わたし》も餘裕《よゆう》があつたら、髮の道具《だうぐ》一《ひと》つでもいろいろ集《あつ》めてみたい、そして、かうしたものも、私《わたし》の私有財産《しいうざいさん》にしないで、劇壇全體《げきだんぜんたい》の研究材料《けんきうざいれう》として、提供《ていきよう》したいと思《おも》つてゐるんです。

吉屋　ほんたうにそれはいゝことですね。

國太郎　それから女形《をやま》をどんなに研究《けんきう》しても、月《つき》の病《やまひ》と、姙娠《にんしん》した女《をんな》の感《かん》じは出《で》ませんね。

吉屋　どうもいろいろ——この邊《へん》で——有《あ》り難《がた》うございました。

（五月二十七日・築地梟亭にて）

職《しよく》業《げふ》に就《つ》いたゝめに身《み》を過《あやま》つた婦《ふ》人《じん》の告《こく》白《はく》

▲職《しよく》場《ば》の惡《あく》魔《ま》から若《わか》き女《ぢよ》性《せい》の貞《てい》操《さう》を護《まも》れ！

小《こ》松《まつ》美《み》代《よ》（小樽）

M《エム》木材會社《もくざいくわいしや》の販賣主任《はんばいしゆにん》として子供達《こどもたち》の成長《せいちやう》を樂《たの》しみながら元氣《げんき》に勤務《きんむ》してゐた父《ちゝ》が、私《わたし》が女學校《ぢよがくかう》を出《で》た年《とし》の、昭和《せうわ》五年《ねん》の六月十七日《にち》、家族《かぞく》のものが水《あつ》いらずの夕飯《ゆふはん》を終《をは》つて間《ま》もなくでした、一瞬異樣《しゆんいやう》な叫《さけ》びをあげて仰向《あふむ》けにぶつ倒《たふ》れたまゝ、突然《とつぜん》の腦溢血《なういつけつ》に五十二歳《さい》で亡《なく》つてしまつたのです。

當時《たうじ》、母《はゝ》に、北大《ほくだい》の工科《こうくわ》に通《かよ》つてゐる六つ年《とし》上《うへ》の兄《あに》と、中學《ちうがく》一年《ねん》の弟《おとうと》との、私《わたし》たち四人《にん》の家《か》族《ぞく》のものは、父《ちゝ》の死後《しご》、僅《わづ》かの貯金《ちよきん》や會社《くわいしや》の死亡手當《しばうてあて》をあてに徒食《とせき》してゐるわけにもゆかなかつたので、私《わたし》はせめて自分一人《じぶんひとり》の生活費《せいくわつひ》だけでも得《え》てと思《おも》ひ、知人《ちじん》の紹介《せうかい》で、H《エイチ》保險會社《ほけんぐわいしや》の當市支店《たうししてん》の女事務員《ぢよじむゐん》として、庶務課《しよむくわ》に勤《つと》めることになりました。それは九月《ぐわつ》一日《にち》からで、月俸《げつぽう》三十圓《ゑん》を頂《いたゞ》きました。

そのうちに、私《わたし》も仕事《しごと》に慣《な》れ、初《はじ》めに心配《しんぱい》したほどのこともなく、晝休《ひるやす》みなどには同僚《どうれう》の方《かた》と雜談《ざつだん》に花《はな》を咲《さ》かせるやうにさへなりました。私《わたし》が快活《くわいくわつ》に勤《つと》めてゐるものですから、初《はじ》め心配《しんぱい》した母《はゝ》も喜《よろこ》んでをりました。

統計《とうけい》の仕事《しごと》は、私《わたし》を入《い》れて、三人《にん》の女事務員《ぢよじむゐん》がやつてゐま

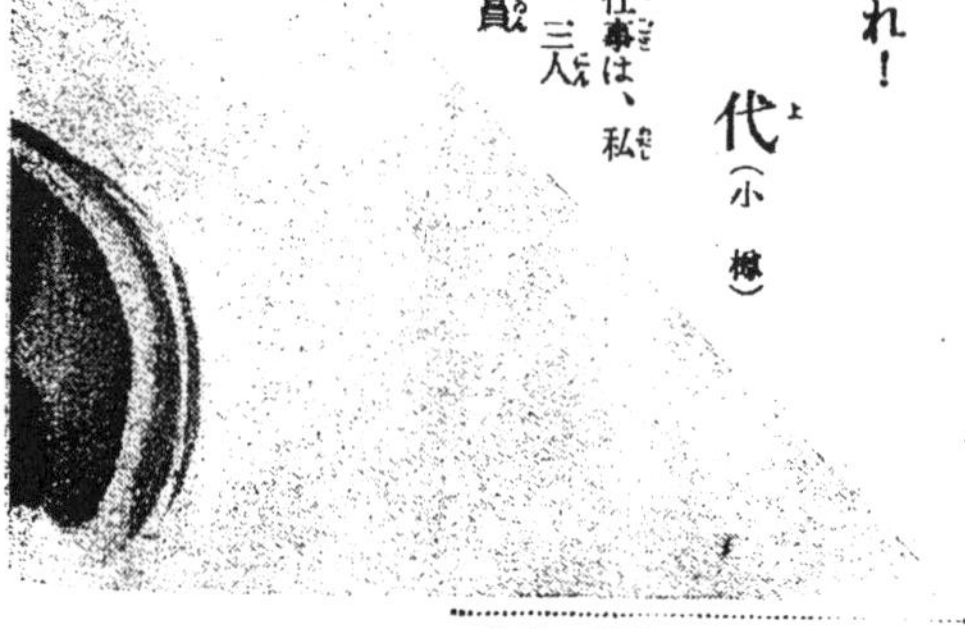

97　「職業に就いたゝめに身を過つた婦人の告白」 小松美代、石川武美 『主婦之友』昭和12年7月1日

した。庶務《しよむ》には、他《ほか》に二人《ふたり》の女事務員《をんなじむゐん》と、男《をとこ》の社員《しやゐん》が三人《にん》ゐました。課長《くわちやう》の次席《じせき》か、女事務員《をんなじむゐん》の噂《うはさ》の的《まと》である、S《エス》といふK《ケイ》大學《だいがく》を出《で》て三十二歳《さい》になる、まだ獨身《どくしん》の方《かた》でした。

噂《うはさ》では、S《エス》は輕薄《けいはく》な課長《くわちやう》と違《ちが》つて、太《ふと》つ腹《はら》で親分肌《おやぶんはだ》の線《せん》の太《ふと》いガッシリした男《をとこ》で、女《をんな》などに見向《みむ》きもしない立派《りつぱ》な人《ひと》だとの評判《ひやうばん》でした。私《わたし》も、何氣《なにげ》なくS《エス》に氣《き》をつけて見《み》てゐましたが、全《まつた》く噂《うはさ》の通《とほ》りでした。支店長《してんちやう》や副支店長《ふくしてんちやう》が庶務《しよむ》課《くわ》に廻《まは》つてくると、よく會社《くわいしや》の經營上《けいえいじやう》の改善《かいぜん》について堂々《だう〳〵》と申《まを》し述《の》べたり、また仕事《しごと》のことで課《くわ》長《ちやう》が支店長《してんちやう》などに注意《ちうい》を受《う》けるやうなことがあると、自分《じぶん》がそれを引《ひ》受《う》けるといつた風《ふう》で、課長《くわちやう》もS《エス》には一目《もく》おいてゐるやうでした。

♣

＊その＊

翌年《よくねん》、五月《ぐわつ》に入《はひ》つて、『支店開設《してんかいせつ》三十年記《ねんき》』といふパンフレットを出《だ》すことになつて、庶務課《しよむくわ》ではその仕《し》事《ごと》に忙殺《ばうさつ》され、私《わたし》も統計《とうけい》の原稿《げんかう》を纏《まと》めるのに大童《おほわらは》になつてやつてゐました。

いよ〳〵全部《ぜんぶ》の原稿《げんかう》が纏《まと》まり、印刷所《いんさつじよ》に廻《まは》す前《まへ》にS《エス》は一應《おう》課《くわ》長《ちやう》に

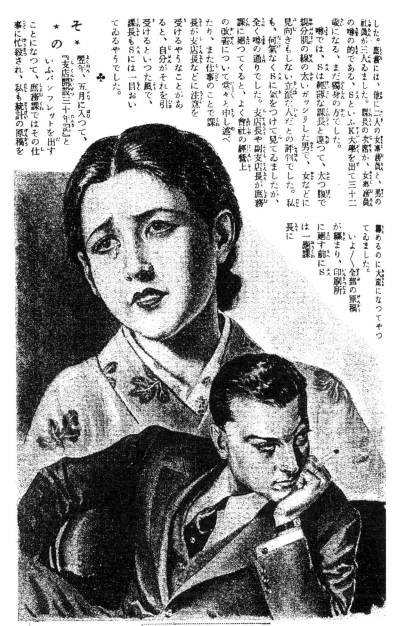

見《み》て貰《もら》ふために、原稿《げんかう》を、課長《くわちやう》の机《つくゑ》の上《うへ》にのせておきました。

庶務課《しよむくわ》の人達《ひとたち》は、この忙《いそが》しい仕事《しごと》の一段落《いちだんらく》にほつと一息《ひといき》してゐました。それに明日《あす》から當市《たうし》の招魂祭《せうこんさい》なので、會社《くわいしや》や銀行《ぎんかう》は明日《あす》は午前中《ごぜんちう》、明後日《あさつて》は休業《きうげふ》なので、皆《みん》な喜《よろこ》んでゐました。北海道《ほくかいだう》の櫻《さくら》は丁度《ちやうど》この招魂祭《せうこんさい》(五月十五日《にち》)の頃《ころ》が盛《さか》りなので、十五日の休《やす》みには郊外《かうぐわい》の料亭《れうてい》で花見《はなみ》の宴《えん》を張《は》ることになつてゐるのです。

課長《くわちやう》は晝過《ひるす》ぎに出《で》て來《き》ました。Sは印刷《いんさつ》のことで晝食後《ちうしよくご》ちよつと經理課《けいりくわ》の方《はう》へ行《い》つてゐたので、課長《くわちやう》が出《で》て來《き》たときはゐませんでした。課長《くわちやう》は、必要書類《ひつえうしよるゐ》に判《はん》を押《お》してから原稿《げんかう》を見《み》てゐましたが、Sが原稿《げんかう》の印刷費《いんさつひ》のことで經理課《けいりくわ》へ行《い》つたと聞《き》いて、課長《くわちやう》は不快《ふくわい》な様子《やうす》を露骨《ろこつ》に現《あらは》し、『S君《エスくん》にも困《こま》るな、何《なん》でも僕《ぼく》の許可《きよか》なく事《こと》を運《はこ》ぶので。』と言《い》ひながら、ぺら〳〵原稿《げんかう》の頁《ページ》をめくつてゐました。

暫《しばら》くして、課長《くわちやう》は私《わたし》を呼《よ》ぶので、私《わたし》は課長《くわちやう》の前《まへ》へ行《ゆ》きました。課長《くわちやう》は、私《わたし》のやつた原稿《げんかう》の統計《とうけい》を見《み》ながら、線《せん》の引《ひ》き方《かた》の一ケ所違《しよちが》つてゐるところを指摘《してき》して注意《ちうい》しました。その注意《ちうい》の仕方《しかた》があまり酷《ひど》かつたので、私《わたし》は課長《くわちやう》の前《まへ》で立《た》ち竦《すく》んでしまひました。

Sは、私《わたし》が課長《くわちやう》の前《まへ》で注意《ちうい》されてゐるときに、自席《じせき》へ戻《もど》つて來《き》ましたが、

『課長《くわちやう》、その材料《ざいれう》は私《わたし》が提供《ていきよう》したので、きつと私《わたし》が違《ちが》つてゐたのかも知《し》れません。』

と、怯《おび》えてゐる私《わたし》を救《すく》つてくれました。私《わたし》は課長《くわちやう》の前《まへ》を下《さが》ると、課長《くわちやう》はSに向《む》つて、

『こんな杜撰《づさん》な材料《ざいれう》を出《だ》して、そのまゝ原稿《げんかう》の中《なか》に入《い》れさせるのは困《こま》るね、もつと愼重《しんちやう》にやつて貰《もら》はねば。』

と、嫌味《いやみ》たつぷりに言《い》ひかけ、更《さら》に、『印刷費《いんさつひ》などのことで君《きみ》にわざ〳〵經理課《けいりくわ》まで行《い》つて貰《もら》はんでも、僕《ぼく》がやるから出《で》しやばらんでくれ給《たま》へ。』と言《い》ひました。

事實《じじつ》はあの統計《とうけい》は、全然私一人《ぜんぜんわたしひとり》でやつたもので、私《わたし》のためにSまでが酷《ひど》く注意《ちうい》されたと思《おも》ふと、本當《ほんたう》に濟《す》まぬことをしたと思《おも》ひました。

Sは『これから大《おほ》いに氣《き》をつけませう。』と、輕《かる》く課長《くわちやう》の鋭鋒《えいほう》をかはして、いま注意《ちうい》されたばかりの原稿《げんかう》を印刷所《いんさつじよ》へ廻《まは》すことを決《き》めてゐるのです。かうなると、課長《くわちやう》はたゞSの言《い》ふ通《とほ》りに、うん〳〵聞《き》いてゐるだけです。

私《わたし》は、Sにお詫《わ》びをしたいと思《おも》つてゐましたが、その日《ひ》も、次《つぎ》の日《ひ》も機會《きくわい》がなく、そのまゝ歸《かへ》りました。

★愈々《いよいよ》★

十五日《にち》の花見《はなみ》の日《ひ》、酒宴《しゆえん》の席《せき》では藝人《げいにん》などの面白《おもしろ》い餘興《よきよう》が次《つぎ》から次《つぎ》へとあつたりして、上《うへ》は支店長《してんちやう》から下《した》は給仕《きふじ》まで、ぐでん〳〵に醉《よ》つ拂《ぱら》つてゐました。Sは、いかにも豪放《がうはう》さうにグイ〳〵杯《さかづき》をあけながら、一座《いちざ》を見廻《みまは》してゐます。大抵《たいてい》の女《をんな》の人《ひと》の眼《め》といふ眼《め》が、たゞ男《をとこ》らしいSに注《そゝ》がれてゐるやうでした。

私《わたし》は、かういふ席《せき》に出《で》なれないせゐか、頭《あたま》の心《しん》がぼうとなつて、時々《ときどき》づき〳〵痛《いた》むので、そつと席《せき》を外《はづ》して庭《には》に出《で》て風《かぜ》に當《あた》りましたが、まだ痛《いた》むので、料亭《れうてい》の女中《ぢよちう》に頼《たの》んで、あいてゐる座敷《ざしき》を借《か》りて横《よこ》になりました。暫《しばら》くして、先刻《さつき》の女中《ぢよちう》が、會社《くわいしや》の方《かた》からと言《い》つて、疊《たゝ》んだ紙片《しへん》をおいて出《で》ていつてしまひました。

何《なに》かしらと、開《ひら》いて見《み》ますと、まぎれもないSの手蹟《しゆせき》で、N亭《エヌてい》で待《ま》つてゐるから一時間《じかん》ばかりしたらぜひ來《き》てくれ、と書《か》いてありました。讀《よ》んだ瞬間《しゆんかん》、私《わたし》の胸《むね》は動悸《どうき》に激《はげ》しく波打《なみう》ちました。N亭《エヌてい》はこゝから一町《ちやう》ばかり離《はな》れたところにあるのです。

皆《みな》の騒《さわ》いでゐる大廣間《おほひろま》に來《き》てみますと、Sの姿《すがた》は、もう見《み》えません。私《わたし》はSと會《あ》つてはなら

99　「職業に就いたゝめに身を過つた婦人の告白」　小松美代、石川武美　『主婦之友』昭和12年7月1日

ないと思《おも》ひながらも、あの男《をとこ》らしいS《エス》に會《あ》ひたい別《べつ》の氣持《きもち》に引《ひ》きずられて、大廣間《おほひろま》を抜《ぬ》けて、N《エヌ》亭《てい》に行《ゆ》く道《みち》を乗合《のりあひ》バスの停留所《ていりうじよ》へと歩《ある》いてゆきました。

『小松《こまつ》さん。』

後《うし》の方《はう》で私《わたし》の名前《なまへ》を呼《よ》ぶ聲《こゑ》に、振《ふ》り返《かへ》ると、S《エス》でした。

『先《さき》ほどは失禮《しつれい》なお願《ねが》ひをして濟《す》みませんでした。料亭《れうてい》では、きつとあなたが來《き》てくれないだらうと、あとで氣《き》がついたものですから、あなたの歸《かへ》るのを待《ま》つてゐたのです。ちよつとその邊《へん》を一緒《しよ》に歩《ある》いてください。』

と言《い》ひながら、白樺《しらかば》の林《はやし》の中《なか》へ入《はい》つてゆきました。S《エス》が何《なん》にも言《い》はないのに恐《おそ》ろしくなつた私《わたし》は、この間《あひだ》のお禮《れい》を言《い》つて、S《エス》から離《はな》れて戻《もど》らうとすると、S《エス》は、『僕《ぼく》が恐《おそ》ろしいんだね。』と言《い》つて、私《わたし》の側《そば》に進《すゝ》んできました。さうして、

『僕《ぼく》は、あなたに結婚《けつこん》を申《まを》し込《こ》むつもりでゐたのですが、あなたも考《かんが》へておいてください。話《はなし》といふのはそれだけです。』と、素直《すなほ》に私《わたし》を歸《かへ》してくれました。

歸《かへ》る道《みち》すがら、私《わたし》はS《エス》のとつた男《をとこ》らしい態度《たいど》を、嬉《うれ》しく好《この》もしく思《おも》ひました。心《こゝろ》の中《なか》では、なぜあのときすぐ結婚《けつこん》の承諾《しようだく》をしなかつたのであらうと、悔《くや》むものがありました。

それからといふもの、會社《くわいしや》に出《で》るのが一番《ばん》嬉《うれ》しいのです。それなのに、身《み》も心《こゝろ》も傾《かたむ》ける私《わたし》に引《ひ》きかへ、S《エス》はこの間《あひだ》のことはすつかり忘《わす》れでもしたやうに、私《わたし》に見向《みむ》きもせず仕事《しごと》に沒頭《ぼつとう》してゐるのです。しかし、あれ以來《いらい》のS《エス》の變《かは》りやうは!!　まるで私《わたし》の心《こゝろ》をかき亂《みだ》すやうに、女事《ぢよじ》務員達《むいんたち》と冗談《じようだん》を言《い》ふやうになりました。課長《くわちやう》までが、『變《かは》つたなあ。』と言《い》つたほどです。

でも、私には一言もあれ以來言葉《ことば》をかけるやうなことがありませんでした。會社《くわいしや》の用事《ようじ》でも私《わたし》を避《さ》けて、他《ほか》の方《かた》に言《い》ひつけるのです。

その頃《ころ》は、一般《はん》の不景氣《ふけいき》で、銀行會社《ぎんかうくわいしや》の人員《じんゐん》整理《せいり》が流行《りうかう》してゐたので、會社《くわいしや》でも社員《しやゐん》や女事《ぢよじ》務員達《むゐんたち》は氣《き》が氣《き》でありませんでした。

♣

六★月《ぐわつ》★

三日夜《かよる》の二時頃《じごろ》、筋向《すぢむか》ひの二階建《かいだて》の失火《しつくわ》に、母《はゝ》と弟《おとうと》と私《わたし》は、着《き》のみ着《き》のままで逃《に》げました。兄《あに》はまだ家《うち》に殘《のこ》つてゐました。母《はゝ》は放心《はうしん》したやうにぽかんとしてゐます。私達《わたしたち》は全燒《ぜんせう》を覺悟《かくご》してゐましたが、消防《せうばう》の手廻《てまは》しの早《はや》かつたのと風《かぜ》がなかつたのとで、危《あやふ》く類燒《るいせう》を免《まぬか》れました。

家《うち》へ歸《かへ》つてみますと、思《おも》ひがけずS《エス》が一生懸命《いつしやうけんめい》になつて、兄《あに》と二人《ふたり》で濡《ぬ》れた疊《たゝみ》を起《おこ》してゐるではありませんか。その姿《すがた》を見《み》た私《わたし》は、目頭《めがしら》がふつと熱《あつ》くなるのを覺《おぼ》えました。S《エス》は一時間《じかん》ばかりして歸《かへ》りました。

翌日《よくじつ》、會社《くわいしや》に出勤《しゆつきん》すると、新聞《しんぶん》で初《はじ》めて昨夜《さくや》の火事《くわじ》を知《し》つた會社《くわいしや》の人達《ひとたち》は、驚《おどろ》いたやうに見《み》舞《まひ》を言《い》つてくれました。私《わたし》は一番先《ばんさき》にS《エス》にお禮《れい》を言《い》はうと思《おも》つてゐたのに、S《エス》は突然《とつぜん》立《た》つて來《き》て、皆《みんな》と一緒《しよ》に、『何《なに》も知《し》らなかつたものですから、見舞にも行かずに失禮しました』とか、『燒けないでよかつたですね。』など、言《い》ふものですから、私《わたし》は面喰《めんくら》つて、お禮《れい》を言《い》ひはぐれてしまひました。

それから一週間《しうかん》ばかりして、家《うち》の中《なか》が落着《おちつ》いたので、S《エス》を呼《よ》んで御馳走《ごちそう》をすることにしました。私《わたし》は會社《くわいしや》の晝食時、やうやく他《ほか》の人《ひと》のゐない隙《すき》に、S《エス》に明晩《みやうばん》ぜひ來《き》てくれるやうに頼《たの》みました。

母《はゝ》も兄《あに》も非常《ひじやう》にS《エス》を歡待《くわんたい》しました。S《エス》は、『この間《あひだ》は會社《くわいしや》で失禮《しつれい》しました。どうも人《ひと》の口《くち》がうるさいので、知《し》らない振《ふ》りをしてゐたのです。變《へん》に思《おも》つたでせう。』

と笑《わら》ひながら言《い》ひました。不景氣《ふけいき》の話《はなし》から、S《エス》は私《わたし》に向《むか》つて、會社《くわいしや》でも今度《こんど》整理《せいり》があつて、庶務課《しよむくわ》でも女事務員《ぢよじむゐん》のT《テイ》さんとY《ワイ》さんが辭職《じしよく》させられるでせう、と言《い》つたので、事《こと》の意外《いぐわい》に驚《おどろ》きました。實《じつ》は、先日《せんじつ》の原稿《げんかう》のこともあつて、私《わたし》が槍玉《やりだま》に上《あが》る筈《はず》のを、S《エス》の盡力《じんりよく》でT《テイ》さんに振《ふ》り替《か》へられたのを知《し》つて、私《わたし》はこのときほどS《エス》に心《こゝろ》から感謝《かんしや》したことはありませんでした。

母《はゝ》や兄《あに》の止《と》めるのも聽《き》かず、S《エス》は九時過《じす》ぎると歸《かへ》りました。母《はゝ》や兄《あに》は、S《エス》は立派《りつぱ》な男《をとこ》だと、幾度《いくど》も／＼ほめました。私《わたし》は、よつぽどS《エス》から結婚を申し込まれたことを打明けようかと思ひましたが、何故《なぜ》だか恥《はづか》しくて默《だま》つてゐました。

♣

そ★の★

月《つき》の末《すゑ》の日曜《にちえう》に、S《エス》は、郊外《かうぐわい》に遊《あそ》びに行《ゆ》かないかと誘《さそ》ひましたので、私《わたし》はすぐ承知《しようち》したものゝ、しかし母《はゝ》や兄《あに》に言《い》ふのが氣《き》がひけて、たゞ友達《ともだち》と郊外《かうぐわい》に行《ゆ》く、と僞《いつは》つて、私《わたし》はS《エス》と二人《ふたり》でタクシーに乘《の》つて出《で》かけました。丁度《ちやうど》郊外《かうぐわい》は櫻桃《さくらんぼ》の出盛《でさか》りで、かなり人《ひと》が出《で》てゐました。

S《エス》は快活《くわいくわつ》に話《はな》しながら、お午近《ひるちか》くなつて、鯉《こひ》料理《れうり》を食《た》べようと、『鯉《こひ》の家《いへ》』といふ料亭《れうてい》の奧座《おくざ》敷《しき》に上《あが》りました。S《エス》は私《わたし》の同意《どうい》を求《もと》めて、ビールを取寄《とりよ》せて飲《の》み出《だ》しました。微醺《びくん》を帶《お》びたS《エス》は、結婚《けつこん》の返事《へんじ》を求《もと》めました。

私《わたし》としても、S《エス》から多分《たぶん》この話《はなし》があるだらうと豫期《よき》してゐたので、母《はゝ》さへ承知《しようち》してくれるならと告《つ》げ、更《さら》に母《はゝ》も大《たい》そう好意《かうい》を持《も》つてゐることを知《し》らせると、S《エス》は不意《ふい》に私《わたし》の傍《そば》に躙《にじ》り寄《よ》りました――襲《おそ》ひくるS《エス》の暴風《あらし》のやうな情熱《じやうねつ》に、私《わたし》の理性《りせい》は脆《もろ》くも崩《くづ》れてしまつたのです。

男《をとこ》の魅力《みりよく》に魅入《みい》られた女《をんな》の弱《よわ》さ、といふものでせうか。私《わたし》の心《こゝろ》はS《エス》を憎《にく》めないのです。たゞ一日《にち》も早《はや》く結婚《けつこん》してくれるやうに頼《たの》むだけなの

101　「職業に就いたゝめに身を過つた婦人の告白」　小松美代、石川武美　『主婦之友』昭和12年7月1日

です。S《エス》は、私《わたし》の言《い》ふ通《とほ》り事《こと》を運《はこ》ぶから、今日《けふ》のことは母《はゝ》や兄《あに》に言《い》はないでくれ、とのことでしたので、私《わたし》は自分一人《じぶんひとり》の胸《むね》にたゝんでおきました。

それからといふもの、S《エス》は時々私《ときどきわたし》を誘《さそ》つて待合《まちあひ》に連《つ》れてゆくのでした。やがては良人《をつと》になる人《ひと》だと思《おも》へば、三度《ど》に一度《ど》はS《エス》の言《い》ふ通《とほ》りにならねば、S《エス》に捨《す》てられはしまいかと思《おも》つて、S《エス》の言葉《ことば》に從《したが》ふ私《わたし》なのです。

さうして、S《エス》が母《はゝ》のところへ、結婚《けつこん》を申《まを》し込《こ》むのを待《ま》つてをりました。たまさかにS《エス》を責《せ》めても、故郷《こきやう》(東京《とうきやう》)の父母《ふぼ》の返事《へんじ》にことよせて、一日《にち》延《の》び、二日《ふつか》延《の》びしてゐるうちに九月《ぐわつ》になりました。

♣

★九月《ぐわつ》★上旬《じやうじゆん》、人員整理《じんゐんせいり》が發表《はつぺう》になり、それに伴《ともな》ふ轉任移動《てんにんいどう》が行《おこな》はれ、S《エス》は東京《とうきやう》の本《ほん》店詰《てんづめ》に榮轉《えいてん》することになりました。庶《しよ》務課《むくわ》の人《ひと》は、S《エス》に祝《いは》ひの挨拶《あいさつ》をしてゐました。女事務員《をんなじむゐん》は、東京《とうきやう》の綺麗《きれい》な娘《むすめ》をお嫁《よめ》さんに貰《もら》ふので、北海道《ほくかいだう》の私達《わたしたち》を見向《みむ》きもしなかつたんだと、冗談《じやうだん》を言《い》つてゐます。私《わたし》は、とてもS《エス》に挨《あい》拶《さつ》の言葉《ことば》を贈《おく》る勇氣《ゆうき》が出《で》ませんでした。

人員整理《じんゐんせいり》の内容《ないよう》を、あれだけ悉《くは》しく知《し》つてゐたS《エス》が、自分《じぶん》の轉任《てんにん》を、辭令《じれい》を貰《もら》ふ日《ひ》まで知《し》らない筈《はず》がない。なぜ今《いま》まで私《わたし》に隱《かく》してゐたのだらう。不安《ふあん》に驅《か》られた私《わたし》は、皆《みな》から祝詞《しゆくし》を浴《あ》びせられて、悠然《いうぜん》とそれに應酬《おうしう》してゐるS《エス》を、自《じ》席《せき》から泣《な》きたいやうな氣持《きもち》で見《み》てゐました。

他《ほか》の課《くわ》にも、本社詰《ほんしやづめ》になつたものや、他《ほか》の地《ち》方《はう》へ轉任《てんにん》になつたものもあつたので、男《をとこ》の社員《しやゐん》達《たち》は合同《がふどう》して、送別會《さうべつくわい》を今晩開《こんばんひら》くことを決《き》めてゐました。

家《うち》へ歸《かへ》つた私《わたし》は、S《エス》の氣持《きもち》を確《たしか》めないうちは、と、氣《き》が氣《き》でなく、母《はゝ》にはS《エス》の送別會《さうべつくわい》を口實《こうじつ》に家《うち》を出《で》ました。S《エス》のゐるアパートには、同《おな》じ會《くわい》

社《しや》の職員《しよくゐん》が、二三人宿泊《にんしゆくはく》してゐるから、感《かん》づかれては困《こま》る、とSが言《い》ふので、今《いま》まで一度《ど》もアパートへは行《い》つたことがありませんでした。

しかし今日《けふ》といふ今日《けふ》は、どんなことがあつても、アパートへ尋《たづ》ねてゆかねばならないのです。煮《に》えきらないS《エス》を促《うなが》して、母《はゝ》に一切《さい》を話《はな》さなければならないのです。

宴會《えんくわい》の終《をは》るまでの時間《じかん》を消《け》すために、キネマに入《はひ》りました。活動《くわつどう》の終《をは》る時間《じかん》の、こんなに長《なが》く感《かん》じたことはありません。十時《じ》ちよつと過《す》ぎて、活動《くわつどう》がはねてから、S《エス》のアパートをさして行《ゆ》きました。若《も》しも歸《かへ》つてゐなかつたらどうしたらよいだらう。

管理《くわんり》の、人《ひと》のよい小父《をぢ》さんに敎《をし》へられて、S《エス》のゐる二階《かい》の三號室《がうしつ》の扉《ドア》をノックしました。返事《へんじ》がないまゝに、まだ歸《かへ》らないのだらうと思《おも》つて、何《なん》の氣《き》なしにハンドルを廻《まは》すと、すつと扉《ドア》が開《あ》きました。

中《なか》へ二三歩《ぽ》入《はひ》つて、私《わたし》はびつくりしてしまひました。二十四五と思《おも》はれる女《をんな》が、机《つくゑ》の上《うへ》に顔《かほ》を埋《うづ》めて泣《な》き崩《くづ》れてゐるのです。私《わたし》を見《み》て、一そう泣《な》き出《だ》すのです。私《わたし》は暫《しばら》く呆然《ばうぜん》としてゐましたが、やがて氣《き》を取《と》り直《なほ》して、靜《しづ》かに近《ちか》づいてゆきました。

突然《とつぜん》顔《かほ》を上《あ》げた女《をんな》は、『お前《まへ》のやうな小娘《こむすめ》のために、就職《しゆうしよく》した私《わたし》は捨《す》てられるところだ。「パラダイス」のあや子《こ》が、素人娘《しろうとむすめ》のお前《まへ》に負《ま》けてたまるものか。』と、ヒステリックに叫《さけ》びながら、私《わたし》に喰《く》つてかゝりました。女《をんな》の凄《すさま》じい氣魄《きはく》に、ぞつとした私《わたし》は、室《へや》から飛《と》び出《だ》すや、階段《かいだん》を轉《ころ》げ落《お》ちるやうにして外《そと》に出《で》ました。

歩《ある》きながら私《わたし》は、溢《あふ》れ出《で》てくる悔恨《くわいこん》の涙《なみだ》を拭《ぬぐ》ひもせず、中心《ちゆうしん》を失《うしな》つた獨樂《こま》のやうに、蹌踉《さうらう》として街《まち》を歩《ある》きつゞけました。

♣

★これ★が男《をとこ》らしい男《をとこ》のやることなのか、太《ふと》つ腹《ばら》な男《をとこ》のなすべきことなのか、何等《なんら》信念《しんねん》のない、阿諛追從《あゆついしよう》の男《をとこ》の多《おほ》い中《なか》に、S《エス》だけは、あのS《エス》だけは、どつしりとした紳士《しんし》らしい、奥行《おくゆき》のある男《をとこ》だと、人《ひと》も許《ゆる》し、私《わたし》もそれを堅《かた》く信《しん》じてゐたのに、S《エス》こそは、正《まさ》に世《よ》の浮氣男《ファン》の逆效果《ぎやくかうくわ》を狙《ねら》つた、憎《にく》むべき豺狼《さいらう》にも等《ひと》しい男《をとこ》であつたのだ、と知《し》ると、男《をとこ》といふ男《をとこ》が、まるで爪牙《さうが》を研《と》いで女《をんな》を狙《ねら》つてゐるやうに思《おも》はれ、一度《ど》あやまつた道《みち》を、再《ふたゝ》び踏《ふ》むまじと、私《わたし》は、それからといふものは、ずつと獨身《どくしん》を通《とほ》してゆくことに決《き》めたのです。

あらゆる階級《かいきふ》の職場《しよくば》に、そこにS《エス》のやうな男《をとこ》が必《かなら》ずゐるのです。僅《わづ》かな隙《すき》からも、女《をんな》につけ入《い》らうと、豺狼《さいらう》の爪《つめ》を磨《みが》く男達《をとこたち》の中《なか》で働《はたら》いてゐる婦人《ふじん》のために、私《わたし》のこの恥《はづか》しい、愚《おろ》かな過去《くわこ》こそ、よい戒《いまし》めなのでございます。（實）

異性《いせい》への警戒《けいかい》はどんなに嚴重《げんぢう》にしても過《す》ぎるといふことはない

石《いし》川《かは》武《たけ》美《み》

今日《こんにち》の若《わか》い婦人《ふじん》の方《かた》は、なか〱しつかりしてゐて、うつかり男子《だんし》に誘惑《いうわく》されるといふことが少《すくな》いやうです。

×

それにしても、異性《いせい》の中《なか》に混《まじ》つて働《はたら》かねばならぬ職業婦人《しよくげふふじん》は、數《かず》が多《おほ》いだけに、男子《だんし》のために身《み》を過《あやま》つこともあるやうです。

×

103　「職業に就いたゝめに身を過つた婦人の告白」　小松美代、石川武美　『主婦之友』昭和12年7月1日

今度《こんど》の事件《じけん》にも、さういふ不幸《ふかう》な方《かた》の告白《こくはく》が澤山《たくさん》ありました。

世《よ》の中《なか》がどんなに變《かは》つても、女《をんな》が男《をとこ》のために身《み》を過《あやま》つ道《みち》は、昔《むかし》も今《いま》もちつとも變《かは》りがないと思《おも》ひます。この告白《こくはく》を讀《よ》めば、誰方《どなた》もそれに氣《き》づかれることでせうが、餘《あま》りに無造作《むざうさ》に男《をとこ》の魔手《ましゆ》にかゝつてゆくことが、齒《は》がゆいばかりであります。

×

男子《だんし》といふものは、九十九パーセントまでは正《たゞ》しい立派《りつぱ》な方《かた》でも、たゞ一パーセントだけの缺點《けつてん》をもつことがある。その一パーセントは、卽《すなは》ち『婦人《ふじん》に對《たい》する愼みがない。』といふ場合《ばあひ》が、少《すくな》くありません。

婦人《ふじん》の側《がは》からいへば、何《なに》も彼《か》も理想的《りさうてき》の男子《だんし》と思《おも》ひ、信《しん》じ切《き》つてゐた男子《だんし》から誘惑《いうわく》されたとか、裏切《うらぎ》られたとかいふのであるが、これを男《だん》子自身《しじしん》の側《がは》からいへば、すべてのことに努力《どりよく》し注意《ちうい》してゐたのに、たゞ一《ひと》つ女《をんな》のことで身《み》を過《あやま》つたといふことが少《すくな》くありません。

×

男女間《だんぢよかん》の問題《もんだい》で、私《わたし》たちが注意《ちうい》せねばならぬところは、この一點《てん》であると思《おも》ひます。

婦人《ふじん》の立場《たちば》から見《み》れば、どれほど理想的《りさうてき》の男《だん》子《し》でも――父《ちゝ》ほど年齢《ねんれい》の上《うへ》の男子《だんし》でも、高《たか》き地位《ちゐ》の男子《だんし》でも、社會的《しやくわいてき》の信用《しんよう》のある男子《だんし》でも、それが恩人《おんじん》であらうが雇主《やとひぬし》であらうが、また今《いま》まで婦人關係《ふじんくわんけい》でちつとも間違《まちが》ひのなかつた男子《だんし》でも、その人《ひと》に對《たい》する異性《いせい》としての警戒《けいかい》を解《と》くことは、絶對《ぜつたい》にできないと思《おも》ひます。

×

男子《だんし》の方《はう》ではどれほど品行方正《ひんかうはうせい》であつても、若《も》しも、婦人《ふじん》の方《はう》で無警戒《むけいかい》であることを知《し》つたら、それこそどんな心《こゝろ》の動《うご》きを感《かん》じないとも限《かぎ》りませぬ。

父《ちゝ》のやうに信《しん》じられてゐた若《わか》い婦人《ふじん》と、道《みち》な

らぬ關係《くわんけい》に陷《おちい》ちた高《たか》き地位《ちゐ》にゐた男子《だんし》のあることを、私《わたし》たちは澤山《たくさん》知つてゐます。

　この人《ひと》こそ、理想《りさう》の男子《だんし》であると、絶對《ぜつたい》の信用《しんよう》をおかれた人格《じんかく》の高《たか》い男子《だんし》が、異性《いせい》のために失敗《しつぱい》した例《れい》を、皆樣《みなさま》も、澤山御存《たくさんごぞん》じのこと丶思《おも》ひます。

　相手《あひて》がそれほど修養《しうやう》を積《つ》んだ人《ひと》であつても、往々《わうわう》にして間違《まちが》ひを生《しやう》ずるのです。まして、若《わか》い男子《だんし》の場合《ばあひ》に過《あやま》ちがあつたとしても、それはちつとも不思議《ふしぎ》がないほど、お互《たがひ》に危險《きけん》の多《おほ》いことであります。

×

　德富蘇峯《とくとみそほう》先生《せんせい》は、婦人問題《ふじんもんだい》で兎角《とかく》の評《ひやう》のない方《かた》ですが、それには先生《せんせい》が、過《す》ぎると思《おも》ふほどの警戒《けいかい》をしてゐられるからだと思《おも》ひます。

　先生《せんせい》は嘗《かつ》て私《わたし》に、こんなことを言《い》はれた。『私《わたし》のところへ記事《きじ》の筆記《ひつき》のために記者《きしや》をおよこしのときは、どうか男子《だんし》の記者《きしや》にしてください。婦人記者《ふじんきしや》はよこさないでください。私《わたし》も男子《だんし》だから。』と。これは、先生《せんせい》が還曆《くわんれき》を過《す》ぎてからのことです。婦人《ふじん》に就《つ》いては絶對《ぜつたい》に信用《しんよう》のある老《らう》先生《せんせい》のことです。

　このことから考《かんが》へても、男女間《だんぢよかん》の過《あやま》ちを避《さ》ける道《みち》は、お互《たがひ》が警戒《けいかい》をし合《あ》ふといふことだと知《し》ります。人格《じんかく》の高潔《かうけつ》とか、年《とし》をとつてゐるとか、さういふことを信《しん》じて、『私《わたし》なんか大丈夫《だいぢやうぶ》だ。』とか、『あの方《かた》なら心配《しんぱい》はない。』とか、少《すこ》しでも心《こゝろ》をゆるしたところに、きつと失敗《しつぱい》があると、私《わたし》は深《ふか》く信《しん》じて、身《み》の守《まも》りとしてゐます。

×

　男女問題《だんぢよもんだい》などに就《つ》いては、もはや安全地帶《あんぜんちたい》にゐる筈《はず》の人《ひと》の場合《ばあひ》でさへ、それほどの警戒《けいかい》がいるとすれば、何時《いつ》でも、誰《だれ》とでも、間違《まちが》ひを生《しやう》じ易《やす》い筈《はず》の若《わか》い人々《ひとびと》の場合《ばあひ》、どれほど深《ふか》き警戒《けいかい》があつたとしても、それが過《す》ぎるといふことは、少《すくな》くとも男女間《だんぢよかん》に於《おい》てはないと思《おも》ひます。

　菊池寛《きくちくわん》先生《せんせい》も、支那人《しなじん》の訓《をし》へた、『男女《だんぢよ》七歳《さい》にして席《せき》を同《おな》じうせず。』といふ戒《いまし》めは、その精神《せいしん》に於《おい》て、今《いま》も守《まも》らねばならぬものであると、言《い》つてをられたが、人生《じんせい》の經驗《けいけん》を積《つ》んだ人《ひと》には、誰《だれ》にも『さうだ。』と、うなづき得《う》ることだと思《おも》ひます。

×

　かういふ事實《じじつ》を考《かんが》へて見《み》ると、こゝに發表《はつぴやう》した失敗《しつぱい》の告白《こくはく》は、無警戒《むけいかい》が生《う》んだ當然《たうぜん》の結果《けつくわ》でしかなかつたのだといふことが、男女間《だんぢよかん》のことに經驗《けいけん》のない方《かた》にも、おわかりのことだと思《おも》ひます。

今日《こんにち》の男子《だんし》が無節操《むせつさう》であるといふのも、婦人《ふじん》の無警戒《むけいかい》が生《う》んだものだと、いはれても仕方《しかた》のないものがあります。

眞面目《まじめ》な人《ひと》の出入《でい》りするところでない料理屋《れうりや》や待合《まちあひ》のやうなところに、男《をとこ》とたつた二人《ふたり》で出《で》かけたところに、餘《あま》りに不用意《ふようい》さがある。こゝまで大膽《だいたん》に應《おう》じて來《く》ると、男《をとこ》の方《はう》では、『この女《をんな》には何《なに》をしようと構《かま》ふものか。』といふやうな、責任觀念《せきにんかんねん》を失《うしな》はしむるものがあります。そのためにどんな不幸《ふかう》が生じようとも、二人《ふたり》の共同責任《きようどうせきにん》ぐらゐに、男子《だんし》に思《おも》はしむるのであります。

×

S《エス》といふ青年《せいねん》の場合《ばあひ》を考《かんが》へても、なか／＼仕事《しごと》の出來《でき》る、實社會《じつしやくわい》の人《ひと》としては相當有望《さうたういうばう》な人物《じんぶつ》のやうである。かういふ人物《じんぶつ》は、自分《じぶん》の才能《さいのう》を婦人關係《ふじんくわんけい》にも用《もち》ふるものである。その方面《はうめん》にもなか／＼有能《いうのう》であるものです。

ところが、この有能《いうのう》のために、彼等《かれら》は身《み》を過《あやま》つことが多《おほ》いのです。『女《をんな》のことさへ愼《つゝし》めば、立派《りつぱ》な人物《じんぶつ》だが。』と惜《を》しまれつゝ、出世《しゆつせ》の道《みち》を踏《ふ》みはづす男子《だんし》が、どれほど多《おほ》いことだか知《し》れませぬ。

若《も》しこの告白《こくはく》の場合《ばあひ》、婦人《ふじん》の方《かた》がしつかりしてゐて、『結婚《けつこん》のお話《はなし》なら母《はゝ》にお話《はな》しください。』といふか、または、『眞面目《まじめ》な家庭《かてい》を作《つく》るための戀愛《れんあい》は、どこまでも公明《こうめい》でありたいから。』といつて、親《おや》にも隱《かく》れてたゞ二人《ふたり》だけの行動《かうどう》を、愼《つゝし》むことができてゐたら、と惜《を》しまるゝのであります。

×

それができたら、S青年《エスせいねん》はこの眞面目《まじめ》な婦人《ふじん》によつて、正《たゞ》しい人生《じんせい》を知《し》ることができたかも知《し》れませぬ。よしや一人《ひとり》の青年《せいねん》を眞面目《まじめ》な方面《はうめん》に導《みちび》くことができなくとも、せめて自分一人《じぶんひとり》の身《み》を潔《きよ》く守《まも》ることができたであらうものをと、惜《を》しまるゝのであります。

小説《せうせつ》の主人公《しゆじんこう》だと、無造作《むざうさ》に貞操《ていさう》を棄《す》てゝしまひますが、實際《じつさい》の社會《しやくわい》ではさうあつてはなりませぬ。尤《もつと》も小説《せうせつ》は、そのためにいろ／＼な惱《なや》みの世界《せかい》がひらけてゆくところに面白味《おもしろみ》がありませうが、自分《じぶん》で自分《じぶん》を小説《せうせつ》の主人公《しゆじんこう》のやうな悲劇《ひげき》に陷《おちい》れてはなりませぬ。

しかし、さういふ人《ひと》はだん／＼少《すく》なりつゝあります。多《おほ》くの眞面目《まじめ》な職業婦人《しよくげふふじん》は、賢《かしこ》くも確《たし》かな足取《あしど》りで、仕事《しごと》と生活《せいくわつ》の道《みち》を歩《あゆ》みつゝあることを、私《わたし》は私《わたし》の周圍《しうゐ》を見《み》ても、かく信《しん》じて疑《うたが》はぬものであります。

（さしゑ・・・笹村《さゝむら》菊一《きくいち》畫《くわ》）

特輯

女は誘

實話讀物

夏と不良少年少女の跋扈

夏《なつ》がまた近《ちか》づいて來《き》た。夏《なつ》と不良少年《ふりやうせうねん》、それは全《まつた》く不可分《ふかぶん》なもののやうに、夏《なつ》は不良少年少女《ふりやうせうねんせうぢよ》が跋扈《ばつこ》する。そしてまた少年少女《せうねんせうぢよ》が不良傾向《ふりやうけいかう》に陷《おちい》りやすい時期《じき》である。

夏《なつ》はすべての生活《せいくわつ》が解放的《かいはうてき》である。その開《あ》けつ放《ぱな》しの人《ひと》の心《こゝろ》につけ込《こ》んで不良少年少女《ふりやうせうねんせうぢよ》は毒牙《どくが》を磨《みが》き、自由氣儘《じいうきまゝ》な生活《せいくわつ》の惰性《だせい》が少年《せうねん》少女《せうぢよ》を過《あやま》らせることになるのだ。夏《なつ》の不良行《ふりやうかう》爲《ゐ》と云《い》へば殆《ほとん》どすべてがエロ犯罪《はんざい》である。勿《もち》論海水浴場《ろんかいすゐよくぢやう》の脫衣所《だついじよ》で竊盜《せつたう》を働《はたら》いたり、夕凉《ゆふすゞ》みの避暑客《ひしよきやく》にたかりを働《はたら》いたり、無錢飲食《むせんいんしよく》、掻拂《かつぱら》ひ、スリなどの犯罪《はんざい》も少《すくな》くないが、それ專門《せんもん》に避暑地《ひしよち》へ出《で》かけて行《い》つたりする不良《ふりやう》少年少女《せうねんせうぢよ》は殆《ほとん》どなく、異性《いせい》を誘惑《いうわく》するのを目《も》的《くてき》で避暑地《ひしよち》へ入《はい》り込《こ》み、遊《あそ》ぶ金《かね》が慾《ほ》しさに斯《か》うした犯罪《はんざい》を働《はたら》くのである。元來不良少年少《ぐわんらいふりやうせうねんせう》女《ぢよ》の九割《わり》九分《ぶ》までは色慾的《しきよくてき》な衝動《しやうどう》に驅《か》られて邪惡《じやあく》の道《みち》へ落込《おちこ》んで行《ゆ》くのであつて、最初《さいしよ》から物慾的《ぶつよくてき》な慾望《よくばう》の滿足《まんぞく》を得《え》ようとして犯罪《はんざい》を犯《おか》す者《もの》は極《きは》めて少數《せうすう》である。盜癖《たうへき》のある不良《ふりやう》兒《じ》といふやうなものは不良少年少女《ふりやうせうねんせうぢよ》のなかでも特殊《とくしゆ》なものとして扱《あつか》はれべきで、世間一般《せけんいつぱん》の觀念《くわんねん》から云《い》つても斯《か》うした少年少女《せうねんせうぢよ》は所謂《いはゆる》不良少年少女《ふりやうせうねんせうぢよ》とは別《べつ》なものとして考《かんが》へてゐるやうである。そこで筆者《ひつしや》も異性《いせい》にからんだ不《ふ》良少年少女《りやうせうねんせうぢよ》の犯罪《はんざい》を主《しゆ》として、述《の》べることにする。

前髮をカールした女學生のグループ

最近《さいきん》の新《あたら》しい傾向《けいかう》としては不良少年《ふりやうせうねん》が女性《ぢよせい》を誘惑《いうわく》するといふのではなくて、女性《ぢよせい》の方《はう》から積極的《せつきよくてき》に男性《だんせい》を漁《あさ》る不良少女《ふりやうせうぢよ》が多《おほ》くなつて來《き》たことである。以前《いぜん》には女性《ぢよせい》の方《はう》から男性《だんせい》を漁《あさ》る不良少女《ふりやうせうぢよ》と云《い》へば、カフエーの女給《ぢよきふ》くずれとか賣笑婦《ばいせうふ》上《あが》りと云《い》つたやうな所謂《いはゆる》男《をとこ》ずれのした女達《をんなたち》であつたが、最近《さいきん》は中流以上《ちうりういじやう》の家庭《かてい》の娘《むすめ》や女學校《ぢよがくかう》、專門學校《せんもんがくかう》を卒業《そつげふ》したり、または在學《ざいがく》してゐるやうな少女《せうぢよ》が平氣《へいき》で男漁《をとこあさ》りをやつてゐるやうな事實《じじつ》が著《いちじる》しく眼《め》について來《き》た。一昨年《さくねん》の秋《あき》南《みなみ》千住署《じゆしよ》に檢擧《けんきよ》された不良少女《ふりやうせうぢよ》の一群《ぐん》の如《ごと》きは、某女學校《ぼうぢよがくかう》の三年《ねん》から五年《ねん》の生徒《せいと》で、いづれも相當《さうたう》の家庭《かてい》の娘達《むすめたち》だつたが、前髮《まへがみ》のカールと櫻色《さくらいろ》の染爪《そめつめ》とを仲間《なかま》のシンボルとして、學校《がくかう》の歸《かへ》りに喫茶店《きつさてん》で落合《おちあ》ひ自分達《じぶんたち》のお小遣《こづかひ》で不良少年《ふりやうせうねん》に學生服《がくせいふく》や

惑する？

菊池二郎

帽子《ばうし》などを買《か》ひ與《あた》へて、夫々《それぐ》自分《じぶん》の愛人《あいじん》を定《き》め、上野《うへの》、淺草《あさくさ》あたりを連《つ》れ立《た》つて遊《あそ》び歩《ある》いてゐたもので、取調《とりしら》べの係官《かゝりくわん》に『戀愛《れんあい》は自《じ》由《いう》ですわ。昔《むかし》は十五、六でお嫁《よめ》に行《い》つた人《ひと》が澤山《たくさん》あるぢやありませんか。女學生《ぢよがくせい》だから戀《こひ》をしてはいけないつていふ法《はふ》はありませんわ。妾達《わたしたち》は戀愛《れんあい》をしてゐたゞけで何《なに》も惡《わる》いことをしてゐやしません』と飛《と》んだ戀愛自由論《れんあいじいうろん》を唱《とな》へて平然《へいぜん》としてゐる少女《せうぢよ》もあり、すつかり係官《かゝりくわん》を呆然《ばうぜん》とさせた。彼女達《かのぢよたち》が戀愛遊戯《れんあいいうぎ》を始《はじ》めた動機《どうき》はその年《とし》の春小學校《はるせうがくかう》の同窓會《どうさうくわい》があつて、その幹事《かんじ》になつてゐた少年《せうねん》と少女《せうぢよ》がいろ〱な準備《じゆんび》でちよい〱會合《くわいがふ》してゐるうち會合《くわいがふ》の歸《かへ》りに連《つ》れ立《だ》つて喫茶店《きつさてん》に寄《よ》つた。少女達《せうぢよたち》にとつて喫茶店《きつさてん》に入《はい》るなんていふことは生《うま》れて始《はじ》めてのことだつた。男性《だんせい》だけの遊《あそ》び場所《ばしよ》、女性《ぢよせい》の知《し》らない世界《せかい》、さう思《おも》つてゐたゞけに彼女達《かのぢよたち》の冒險的《ばうけんてき》な興味《きようみ》がそゝられた。『また行《い》つて見《み》ませう』『今度《こんど》は此方《こつち》からあの人達《ひとたち》を誘《さそ》つて行《ゆ》きませうよ』といふやうなことになつて彼女達《かのぢよたち》は二度《ど》、三度《ど》と少年達《せうねんたち》と一緒《しよ》に喫茶店《きつさてん》へ遊《あそ》びに行《い》つた。そして友達《ともだち》に喫茶店《きつさてん》の面白《おもしろ》さを吹聽《ふいちやう》した。『妾《わたし》も連《つ》れてつてよ』『妾《わたし》も行《い》き度《た》いわ』同《おな》じやうな好奇心《かうきしん》から仲間入《なかまい》りする少女《せうぢよ》がふえた。喫茶店《きつさてん》でお茶《ちや》を飲《の》み合《あ》ふだけでは何《なに》か物足《ものた》らなくなつて少《せう》年達《ねんたち》と一緒《しよ》に散歩《さんぽ》した。荒川放水路《あらかははうすゐろ》の貸《かし》ボートは彼女達《かのぢよたち》のうつてつけな遊《あそ》び道具《だうぐ》だつた。喫茶店《きつさてん》に對《たい》する興味《きようみ》は何時《いつ》か異性《いせい》に對《たい》する興《きよう》味《み》に變《かは》つてゐた。彼女達《かのぢよたち》が揃《そろ》つて裕福《ゆうふく》な家庭《かてい》の娘達《むすめたち》であるのに反《はん》して少年達《せうねんたち》は餘《あま》り豐《ゆた》かでない家庭《かてい》の子供達《こどもたち》だつた。彼女達《かのぢよたち》のおつき合《あ》ひをして喫茶店《きつさてん》に行《い》つたり、ボートを漕《こ》ぎに行《い》つたりするのもたゞで遊《あそ》べる、おごつて貰《もら》へるといふので喜《よろこ》んでついて行《い》つたのだつた。だから少年達《せうねんたち》は彼女等《かのぢよら》の從者《じうしや》の如《ごと》く御機《ごき》嫌《げん》を取《と》り、言葉《ことば》に從《したが》つた。家庭《かてい》で女中《ぢよちゆう》を叱つたりするのとは別《べつ》な尊大《そんだい》さ得意《とくい》さを感《かん》じて彼《かの》女達《ぢよたち》は、一層積極的《そうせつきよくてき》に少年達《せうねんたち》と交際《かうさい》して行《い》つた。少年達《せうねんたち》が木綿《もめん》の着物《きもの》にハンチングやよれよれの學生服《がくせいふく》を着《き》た丁稚小僧《でつちこぞう》や職工風《しよくこうふう》なのが面白《おもしろ》くなかつた。同《おな》じ連《つ》れて歩《ある》くならスマートな少年《せうねん》であつて欲《ほ》しいといふ考《かんが》へから洋服《やうふく》や帽子等《ばうしなど》を買《か》ひ與《あた》へて自分《じぶん》の好《この》むやうな姿《すがた》にさせた。自分達《じぶんたち》には他《ほか》の同級生達《どうきふせいたち》とは違《ちが》つた世界《せかい》がある。自分達《じぶんたち》の秘密《ひみつ》があり快樂《くわいらく》がある。さう云《い》つた氣持《きもち》が自分達《じぶんたち》は平凡《へいぼん》な女學生《ぢよがくせい》でないシムボルを要求《えうきう》した。新《あたら》しい流行《りうかう》のカール

と染爪《そめづめ》をやつた。先生《せんせい》や兩親達《りやうしんたち》に知《し》られてはならない事《こと》だとは思《おも》つてゐたが惡《わる》いことだといふ考《かんが》へは少《すこ》しもなかつた。斯《か》くして彼女達《かのぢよたち》は映畫《えいぐわ》の戀愛物語《れんあいものがたり》の女主人公《ヒロイン》になつたやうな氣持《きも》ちで、少年達《せうねんたち》との戀愛遊戯《れんあいいうぎ》を樂《たの》しんでゐた。十六、七、八漸《やうや》く春《はる》を知《し》り初《そ》めた年頃《としごろ》の彼女達《かのぢよたち》には、淡《あは》い異性《いせい》への好奇心《かうきしん》が湧《わ》いてゐた。その好奇心《かうきしん》のおもむくがまゝに自分《じぶん》から進《すゝ》んで異性《いせい》へ接近《せつきん》して行《い》つたのだつた。

少年《せうねん》の漕《こ》ぐオールのまゝに夕陽《ゆふひ》の落《お》ちかけた荒川放水路《あらかははうすゐろ》の川面《かはも》を下《くだ》りながら彼女《かのぢよ》はロマンチツクな夢《ゆめ》にひたつてゐた。夜《よる》の放水路堤《はうすゐろづつみ》を少年《せうねん》と肩《かた》をならべて歩《ある》きながら映畫《えいぐわ》で見《み》た戀人同志《こひびとどうし》のことを思《おも》ひ浮《うか》べた。そしてそのロマンチツクな夢《ゆめ》が現實的《げんじつてき》な本能《ほんのう》の痴戯《ちぎ》にまで進《すゝ》んで行《い》つても過《あやま》ちを犯《をか》したといふ悔《く》いを感《かん》じやうとしなかつた。

おこのみ燒屋に集まる男女學生

さき頃《ごろ》神樂坂署《かぐらざかしよ》で『おこのみ』燒《や》き屋《や》に集《あつ》まる男女學生《だんぢよがくせい》を檢擧《けんきよ》した。この『おこのみ』燒《や》き屋《や》といふのは昔《むかし》の『ぼつたら』燒《や》きの近代化《きんだいくわ》したもので、うどん粉汁《こじる》や砂糖《さたう》、みつ、あんこなどを一定《てい》の料金《れうきん》で貸《か》して自分《じぶん》で好《す》きなものを燒《や》いて食《た》べさせる商賣《しやうばい》だ。奇《き》を好《この》む若《わか》い娘達《むすめたち》の遊《あそ》び場所《ばしよ》としてうつてつけなところだ。水兵服《すゐへいふく》の上《うへ》に貸《か》りたエプロンをして自《じ》分《ぶん》の好《す》きなものを作《つく》る、たゞそれだけのことなら『まゝごと遊《あそ》び』と同《おな》じことで決《けつ》して問《もん》題《だい》にもならないが、そこへ男《をとこ》の學生《がくせい》も遊《あそ》びに來《く》る。女學生《ぢよがくせい》は自分《じぶん》の作《つく》つたものを男《をとこ》の學生《がくせい》に食《た》べさせる。

『今度《こんど》は僕《ぼく》にも燒《や》いておくれよ』

『妾《わたし》の貴方《あなた》に上《あ》げるわ』

『君《きみ》のエプロン姿素敵《すがたすてき》だなア、あの映畫《えいぐわ》の××のなかに出て來る、×××の新妻姿《にひづますがた》そつくりだ』

年頃《としごろ》の男女《だんぢよ》の『まゝごと』遊《あそ》びは幼兒《えうじ》のやうな無邪氣《むじやき》なものではあり得《え》ない。

男《をとこ》の學生《がくせい》が手製《てせい》のホツトケーキを作《つく》つたり食《た》べたりしたくつてそんなところへ、遊《あそ》びに來《く》る者《もの》は一人《ひとり》もないと同時《どうじ》に、女《をんな》の學生《がくせい》の方《はう》でも割烹時間《かつぽうじかん》の實習《じつしふ》のやうな眞似《まね》がしたさに集《あつま》つて來《く》る者《もの》はまれで、結局《けつきよく》お互《たがひ》に異性《いせい》と一緒《しよ》に遊《あそ》べるのが面白《おもしろ》くつて寄《よ》つて來《く》るのだ。だから見《み》やうによつては『おこのみ』燒《や》き屋《や》は若《わか》い男女《だんぢよ》の社交倶樂部《しやかうクラブ》みたいなものだつた。

では何故《なぜ》彼女《かのぢよ》がそんな賣笑婦《ばいせうふ》のやうな眞似《まね》をしたのか？

彼女《かのぢよ》の告白《こくはく》によると、女學校《ぢよがくかう》を卒業《そつげふ》して一年《ねん》、別《べつ》になすこともなく家で遊《あそ》んでゐたが、退屈《たいくつ》で〳〵仕方《しかた》がなかつた。何《なに》か多勢《おほぜい》の人《ひと》のなかに混《ま》じつてもまれてゐたいやうな衝動《しようどう》に驅《か》られた。銀座《ぎんざ》を散步《さんぽ》したり映畫《えいぐわ》やレビューを見《み》に行《い》つたりすることがせめてさう云《い》つた彼女《かのぢよ》の慾望《よくばう》を滿足《まんぞく》させてくれたが然しその後《のち》にはいつも前《まへ》にも增《ま》した空虛《くうきよ》さを感《かん》じた。た

そこで落《お》ち合《あ》つては一緒《しよ》に映畫《えいぐわ》やレビューを見《み》に行《ゆ》く、郊外《かうぐわい》に遊《あそ》びに行《ゆ》く。神樂坂署《かぐらざかしよ》が斷乎《だんこ》として『おこのみ』燒《や》き屋《や》へ手入《てい》れしたのも斯《か》うした弊《へい》が目《め》に立《た》つて來《き》たからだつた。

取調《とりしら》べの結果《けつくわ》この『まゝごと』遊《あそ》びから發展《はつてん》して郊外《かうぐわい》の溫泉旅館《をんせんりよくわん》へ同伴《どうはん》で遊《あそ》びに出《で》かけて行《い》つてゐた女學生《ぢよがくせい》も數人《すうにん》あつた。

或タイピストガールの告白

最近《さいきん》のこと虎《とら》の門交叉點《もんかうさてん》の市電停留所《しでんていりうじよ》で電車《でんしや》を待《ま》ち合《あは》せてゐた大學生《だいがくせい》にしきりとウインクしてゐる洋裝《やうさう》の廿歳位《さいぐらゐ》の女性《ぢよせい》がゐるのを警視廳防犯課員《けいしちやうばうはんくわいん》が見《み》つけて引致《いんち》した。

初《はじ》めは『妾《わたし》は何《なに》もしてゐなかつた』と頑強《ぐわんきやう》に云《い》ひ張《は》つてゐたがハンドバツグのなかからコンドームが出《で》て來《き》たのを突《つ》きつけられてワツと泣《な》き出《だ》してしまつた。

課員《くわいん》は探偵實話《たんていじつわ》などによく出《で》て來《く》るストリートガールではないかと見込《みこ》んで調《しら》べて行《い》つた。ところが案外《あんぐわい》彼女《かのぢよ》は相當《さうたう》の家庭《かてい》の娘《むすめ》で、女學校《ぢよがくかう》を卒業《そつげふ》し、タイプライターを修得《しうとく》して、現在《げんざい》ある官廳《くわんちやう》にタイピストとして勤《つと》めてゐることが判《わか》つた。

まらなくなつた彼女《かのぢよ》は兩親《りやうしん》に願《ねが》つて職業婦人《しよくげふふじん》にならうと決心《けつしん》した。そしてタイピストとして某官廳《ぼうくわんちやう》へ勤《つと》めることになつた。そこへ就《しう》職《しよく》したのは若《わか》い娘《むすめ》の身《み》を案《あん》じた父親《ちゝおや》がそこならば異性《いせい》の誘惑《いうわく》もあるまいと思《おも》つて特《とく》に知人《ちじん》に頼《たの》んで就職《しうしよく》させて貰《もら》つたのだつた。暫《しばら》くは未知《みち》の世界《せかい》に入《はい》つたといふ喜《よろこ》びに心《こゝろ》をおどらせてゐたが、自分《じぶん》を取《と》りまく澤山《たくさん》なお役人《やくにん》さん達《たち》は誰《だれ》も彼《かれ》も木片《きぎれ》のやうに淡白《たんぱく》で味氣《あぢけ》なかつた。多數《たすう》の人々《ひと〴〵》と一緒《いつしよ》にゐながら彼女《かのぢよ》の心《こゝろ》は孤獨《こどく》の淋《さび》しさを感《かん》じてゐた。

『お友達《ともだち》が欲《ほ》しい。それも女《をんな》のお友達《ともだち》ではなくつて、異性《いせい》のお友達《ともだち》が、ゆつくりと話《はなし》をすることの出來《でき》る男《をとこ》の人《ひと》が欲《ほ》しい』と云《い》つたやうな慾求《よくきう》が切々とこみ上《あ》げて來《き》た。物思《ものおも》ふ頃《ころ》の娘《むすめ》の誰《だれ》しもが一度《ど》は經驗《けいけん》する自然《しぜん》の慾求《よくきう》かも知《し》れないが、彼女《かのぢよ》はその慾求《よくきう》の燃《も》えるがままに大膽《だいたん》にさうした異性《いせい》を求《もと》めて行《い》つた。出《しゆつ》勤《きん》の途中《とちう》電車《でんしや》のなかで使《つか》つたながしめが忽《たちま》ち成功《せいこう》して彼女《かのぢよ》は一人《ひとり》の男《をとこ》の友達《ともだち》を拾《ひろ》つた。

『男《をとこ》つていつでも大手《おほて》を擴《ひろ》げて女《をんな》を待《ま》つてゐるもんだわ』

彼女《かのぢよ》は案外易々《あんぐわいやす〳〵》と成功《せいこう》した自分《じぶん》のウヰンクにすつかり自信《じしん》を持《も》つてしまつた。電車《でんしや》のなかでも、停留所《ていりうじよ》で電車《でんしや》を待《ま》つてゐる間《あひだ》でも彼《かの》女《ぢよ》は自分《じぶん》の心《こゝろ》にかなつたやうな青年《せいねん》の姿《すがた》を見《み》るとウヰンクした。

男性《だんせい》と云《い》つても彼女《かのぢよ》の欲《ほ》しかつた男性《だんせい》は唯《たゞ》しつくりと話《はなし》をすることの出來《でき》る相手《あひて》としての男性《だんせい》だつた。一緒《しよ》に公園《こうゑん》を散歩《さんぽ》したり、映《えい》畫《ぐわ》に伴《つ》れ立《だ》つて行《ゆ》つたり、お茶《ちや》を飲《の》み合《あ》つたりする相手《あひて》としての男性《だんせい》が欲《ほ》しかつたのだつた。だから彼女《かのぢよ》は或《あ》る一線《せん》まで行《ゆ》くとスルリとその男《をとこ》の腕《うで》からすり拔《ぬ》けてしまつた。だが然《しか》し男性《だんせい》はそれだけでは決《けつ》して滿足《まんぞく》しないものだといふことを彼女《かのぢよ》はハツキリと教《をし》へられる時《とき》が來《き》てしまつた。彼女《かのぢよ》は粗暴《そばう》な男性《だんせい》の半《はん》面《めん》を心《こゝろ》から憎《にく》んだ。憎《にく》みながらも同《おな》じ心《こゝろ》の片《かた》隅《すみ》では依然《いぜん》として男性《だんせい》への魅惑《みわく》を感《かん》じた。奪《うば》はれてしまつた純潔《じゆんけつ》といふものに對《たい》しては左程《さほど》悔《く》いも悲《かな》しみも感《かん》じなかつた。たゞ子供《こども》が出《で》來《き》るといふことだけがこの上《うへ》ない彼女《かのぢよ》の恐怖《きようふ》だつた。そしてその彼女《かのぢよ》の恐怖心《きようふしん》を取《と》り除《のぞ》いてくれた男《をとこ》に彼女《かのぢよ》はその純潔《じゆんけつ》を捧《さゝ》げてしまつたのだつた。

『妾《わたし》は病氣《びやうき》なのかも知《し》れません、男《をとこ》を見《み》ると話《はなし》のしたくなる病氣《びやうき》なのかも知《し》れません』

係官《かゝりくわん》の諄々《じゆん〳〵》たる説諭《せつゆ》に深《ふか》くうなだれた彼《かの》女《ぢよ》は如何《いか》にも自分自身《じぶんじしん》を呪《のろ》ふやうにして斯《か》う

吐《つま》いてゐたとのことである。

自ら貞操を捨てる女

卒業後《そつげふご》は女學校《ぢよがくかう》の教諭《けうゆ》となる某女子《ぼうぢよし》專門學校《せんもんがくかう》の生徒《せいと》が見《み》るからに與太者《よたもの》風の青年《せいねん》と或《あ》るホテルに投宿《とうしゆく》した。まさかその女性《ぢよせい》がさう云《い》つた學校《がくかう》の生徒《せいと》とは氣《き》がつかなかつたが、いづれ良家《りやうけ》の娘《むすめ》と見《み》てホテルのものが巡回《じゆんくわい》に行《い》つた警視廳防犯課《けいしちやうばうはんくわ》員《いん》に密告《みつこく》したので、一人《ふたり》を同行《どうかう》して調《しら》べると、彼女《かのぢよ》の申立《まうした》てがまた意外《いぐわい》だつた。

妾《わたし》は來年《らいねん》の春學校《はるがくかう》を卒業《そつげふ》する、さうすればいづれどつか片《かた》田舎《いなか》へ行《い》つて先生稼《せんせいか》業《げふ》をしなければならない。地味《ぢみ》な服《ふく》裝《さう》をして小娘達《こむすめたち》を相手《あひて》にチョークの粉《こな》にまみれて生活《せいくわつ》しなければならない。思《おも》つたゞけでもゾツとするやうな味氣《あぢき》ない生活《せいくわつ》だ。そしてどんどん年《とし》を取《と》つてお婆《ばあ》さんになつてしまふ。オールドミスになつてから無爲《むゐ》の青春《せいしゆん》をなげいたつて何《なに》になるもんでもない。青春《せいしゆん》は二度《にど》と返《かへ》つて來《こ》ない。せめて學生時代《がくせいじだい》だけでも氣《き》儘《まゝ》に派手《はで》に暮《くら》したい。娘《むすめ》らしく派手《はで》な着物《きもの》を着《き》て、乙女《をとめ》らしい戀《こひ》も經驗《けいけん》して見《み》たい。それがせめて自分《じぶん》の定《さだ》められた一生《しやう》のなかで自分《じぶん》に與《あた》へることの出來《でき》る唯一《ゆゐいつ》の慰《なぐさ》めだ。だから妾《わたし》は派手《はで》な着物《きもの》も着《き》ます。異性《いせい》とも交際《かうさい》します。同《おな》じ交際《かうさい》する異性《いせい》なら平凡《へいぼん》な男《をとこ》はいやです。刺戟的《しげきてき》な異性《いせい》が欲《ほ》しいです。彼《かれ》が不《ふ》良《りやう》だといふことは妾《わたし》も知《し》つてゐました。幾人《いくにん》もの女《をんな》を泣《な》かせて來《き》た男《をとこ》だといふとは知《し》つてゐます。でもにえ切《き》らない男《をとこ》よりも彼《かれ》のやうな女《をんな》を女《をんな》とも思《おも》はない荒《あら》つぽい、そして女《をんな》を苦《くる》しめることだけを知《し》つてゐる男《をとこ》の方《はう》がよつぽどましです。彼《かれ》が妾《わたし》を誘惑《いうわく》したとか强迫《けふはく》したとかそんなことは全然妾《ぜんぜんわたし》は思《おも》つてゐません。彼《かれ》は自分《じぶん》が妾《わたし》を誘惑《いうわく》したのだと思《おも》つてるかも知《し》れませんが、妾《わたし》は決《けつ》してさうは思《おも》つてゐません。

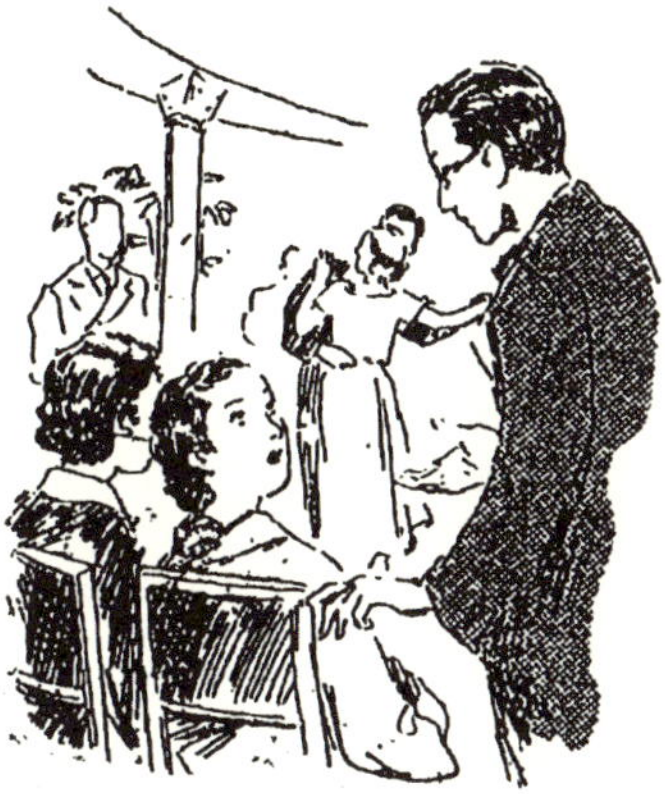

デカダンといふか反逆心《はんぎやくしん》といふか全《まつた》く從來《じうらい》の女性觀《ぢよせいくわん》からは割出《わりだ》しやうのない彼女《かのぢよ》の心理《しんり》である。だが彼女《かのぢよ》の言葉《ことば》のなかにもまた考《かんが》へさせられるものがあり、若《わか》い女性《ぢよせい》が無軌道《むきだう》な生活《せいくわつ》に陷《おちい》つて行《ゆ》く心理《しんり》が充分《じうぶん》うかゞへるやうな氣《き》がする。そしてまた彼女程《かのぢよほど》の徹底《てつてい》さはないまでもそれに近《ちか》いやうな風《ふう》の見《み》える若《わか》い女《ぢよ》性《せい》が街頭《がいとう》に相當眼《さうたうめ》につくやうになつて來《き》てゐる。

不良少女に陷る徑路

不良少女《ふりやうせうぢよ》の陷《おちい》つた跡《あと》を見《み》ると殆《ほとん》どすべての者《もの》が周圍《しうゐ》の年上《としうへ》の女性《ぢよせい》の眞似《まね》をしたといふ結《けつ》果《くわ》になつてゐる。兄《あに》や姉《あね》が不良《ふりやう》だとその弟《おとうと》や妹《いもうと》も不良《ふりやう》になる傾向《けいかう》が强《つよ》いものだが、殊《こと》に女《をんな》の場合《ばあひ》は甚《はなは》だしい。姉《あね》や兄《あに》が不良《ふりやう》だと大《たい》概《がい》その妹《いもうと》も不良性《ふりやうせい》を帶《お》びてしまふものである。また女學生《ぢよがくせい》が不良《ふりやう》になるのは上級生《じやうきふせい》の眞《ま》似《ね》をするのである。上級生《じやうきふせい》が異性《いせい》と交際《かうさい》し、戀文《こひぶみ》をやり取《と》りしたり、一緒《しよ》に連《つ》れ立《だ》つて歩《ある》いたり映畫《えいぐわ》を見《み》に行《い》つたりする樣子《やうす》を見《み》て强《つよ》い刺戟《しげき》を受《う》けるのである。

不良少年少女《ふりやうせうねんせうぢよ》になる子供《こども》は殆《ほとん》どすべて早熟《さうじゆく》

な子供《こども》である。同《おな》じ年頃《としごろ》の少年少女《せうねんせうぢよ》のなかで人一倍《ひといちばい》異性《いせい》といふものに對《たい》する關心《くわんしん》を持《も》つてゐる少年少女《せうねんせうぢよ》が、自分《じぶん》より一つか二つ年上《としうへ》の少年少女《せうねんせうぢよ》がさうした享樂《きやうらく》をしてゐるのを見《み》るとつい自分《じぶん》もその眞似《まね》がしたくなるのである。

そしてまた少年少女《せうねんせうぢよ》の心《こゝろ》を刺戟《しげき》するものは映畫《えいぐわ》だ。映畫《えいぐわ》の殆《ほとん》ど全部《ぜんぶ》が戀愛《れんあい》ものである。さうした戀愛物語《れんあいものがたり》を見《み》て、それを自分《じぶん》も實行《じつかう》して見《み》たくなり、異性《いせい》に接近《せつきん》しようとするやうになるのである。

警視廳の誘惑調査

昨年警視廳管下《さくねんけいしちやうくわんか》で檢擧《けんきよ》された不良少年《ふりやうせうねん》の總數《そうすう》は五八一六名《めい》、不良少女《ふりやうせうぢよ》は四七六名《めい》であつた。これ等《ら》の不良少年少女《ふりやうせうねんせうぢよ》が邪惡《じやあく》の道《みち》に踏《ふ》み込《こ》むやうになつた原因《げんいん》について見《み》ると、

カフエー、喫茶店《きつさてん》 三六七、ダンス・ホール 九、活動寫眞《くわつどうしやしん》 四六〇、その他《た》の娯樂《ごらく》 一三八、驕奢《けうしや》 二九、虚榮《きよえい》 一八八、誘惑《いうわく》 二〇五、遊蕩《いうたう》 二九六、懶怠《らいだ》 三七三、利慾《りよく》 四八六、饑餓《きが》 一二、貧困《ひんこん》 四四五、怨恨《えんこん》 三二、憤怒《ふんど》 八九、痴情《ちじやう》 一一、嫉妬《しつと》 五、虐待《ぎやくたい》 一三、病苦《びやうく》 一一、自暴自棄《じばうじき》 四七、失業《しつげふ》 一三二、過失《くわしつ》 一一七、習癖《しふへき》 五八四、出來心《できごゝろ》 一六六八、無監督《むかんとく》 一二六、家庭不和《かていふわ》 五九、家庭不良《かていふりやう》 一二〇、其《そ》の他《ほか》 二八〇、

となつてゐる。

このなかに饑餓《きが》、失業《しつげふ》、過失《くわしつ》のやうな項目《かうもく》のあるのは、この檢擧者《けんきよしや》のなかに少年《せうねん》の犯罪者《はんざいしや》が含《ふく》まれてをり、失火罪《しつくわざい》のやうなものまで入《はひ》つてゐる爲《た》めで、出來心《できごゝろ》の一六六八といふのは竊盗《せつたう》その他《た》の犯罪《はんざい》を働《はたら》いた者《もの》であり、純粹《じゆんすゐ》な意味《いみ》の不良少年少女《ふりやうせうねんせうぢよ》となつた原因《げんいん》はカフエー、喫茶店《きつさてん》、ダンス・ホール、活動寫眞《くわつどうしやしん》、驕奢《けうしや》、虚榮《きよえい》、誘惑《いうわく》、懶怠《らいだ》、無監督《むかんとく》、家庭不和《かていふわ》、家庭不良《かていふりやう》といふやうな項目《かうもく》に該當《がいたう》するものでそのなかでカフエー、喫茶店《きつさてん》、映畫《えいぐわ》が目立《めだ》つて多《おほ》いことが一見《けん》して分《わか》ることであらう。

昨年檢擧者中刑法犯《さくねんけんきよしやちゆうけいはふはん》に觸《ふ》れるには至《いた》らなかつたが、所謂不良行爲者《いはゆるふりやうかうゐしや》として檢擧《けんきよ》されたものは前《まへ》に述《の》べた總檢擧者《そうけんきよしや》のうち少年《せうねん》四五二名《めい》少女《せうぢよ》四五名《めい》で、その不良行爲《ふりやうかうゐ》を細別《さいべつ》すると、兇器携帶《きやうきけいたい》、喧嘩《けんくわ》、暴行《ばうかう》、浪費《らうひ》、耽遊《たんいう》、家財持出《かざいもちだし》、不正借財《ふせいしやくざい》、色情猥褻《しきじやうわいせつ》、誘惑《いうわく》、惡戯《いたづら》、浮浪《ふらう》、粗暴過激犯罪傾向《そばうくわげきはんざいけいかう》、喫煙飲酒《きつえんいんしゆ》、追隨《つゐずゐ》、強談威迫《がうだんゐはく》、密賣淫《みつばいいん》などである。

そしてまたこれ等《ら》檢擧者《けんきよしや》のうち學生《がくせい》は少年《せうねん》三九四名《めい》、少女《せうぢよ》二四名《めい》であつた。

以上《いじやう》の統計《とうけい》はいづれも廿歳未滿《はたちみまん》の少年法《せうねんはふ》を適用《てきよう》される者《もの》のみであつて、更《さら》に大學専門學生《だいがくせんもんがくせい》に相當《さうたう》する年齢《ねんれい》の者《もの》まで加算《かさん》すれば非常《ひじやう》な數字《すうじ》に上《のぼ》つてをり、現在不良行爲《げんざいふりやうかうゐ》の常習者《じやうしふしや》として警視廳不良少年係《けいしちやうふりやうせうねんがかり》のブラック・リストに載《の》つてゐるものは五萬名《まんめい》を突破《とつぱ》してゐる。警《けい》視廳鑑識課《しちやうかんしきくわ》に保存《ほぞん》されてゐる前科者《ぜんくわもの》の指《し》紋原紙《もんげんし》は約《やく》四十萬枚《まんまい》で、これに比《ひ》すると不良行爲常習者《ふりやうかうゐじやうしふしや》は一割以上《わりいじやう》といふことになり、不良少年少女《ふりやうせうねんせうぢよ》が如何《いか》に多《おほ》いものであるかがうかゞへる。不良少年《ふりやうせうねん》は文明《ぶんめい》の滓《かす》であり、都會《とくわい》の芥《あくた》だといふが全《まつた》くその通《とほ》りである。

毎年《まいとし》のことだが春《はる》から夏《なつ》にかけて多《おほ》いのは少年《せうねん》の色情猥褻行爲《しきじやうわいせつかうゐ》だ。これが一歩進《ぽすゝ》むと强《がう》姦《かん》となり、程度《ていど》の軽《かる》いものは惡戯《いたづら》になる。試《こゝろ》みに昨年中《さくねんちう》のかうした犯罪《はんざい》の檢擧者《けんきよしや》を擧《あ》げて見《み》ると、强姦《がうかん》八、猥褻姦淫《わいせつかんいん》十三、色情猥褻《しきじやうわいせつ》十二、惡戯《いたづら》十、となつてゐる。この項目《かうもく》の細《こまか》い說明《せつめい》ははゞかるが、いづれにせよ少年《せうねん》のエロ的行爲《てきかうゐ》は四十餘件《よけん》にのぼつてゐるのである。殊《こと》に年少者《ねんせうしや》の斯《か》うした惡戯《いたづら》が近年逐次《きんねんちくじ》增加《ぞうか》して來《き》た。

電車荒しの不良少年

最近警視廳不良少年係《さいきんけいしちやうふりやうせうねんがかり》の景山刑事《かげやまけいじ》が檢《けん》擧《きよ》した少年《せうねん》はまだ十六歳《さい》の中學生《ちうがくせい》だつたが、學校《がくかう》への往復《わうふく》の電車《でんしや》のなかで猥褻行《わいせつかう》爲《ゐ》と女《をんな》の着物《きもの》切りをやつて中央線《ちうあうせん》で通《かよ》ふ女學生《ぢよがくせい》や若《わか》いオフイス・ガール達《たち》の恐怖《きようふ》の的《まと》となつてゐた。

彼《かれ》はいつも小型《こがた》のナイフを持《も》つてゐて混《こ》み合《あ》ふ電車《でんしや》のなかで女學生《ぢよがくせい》や若《わか》い女性《ぢよせい》に性的《せいてき》な惡《いた》戯《づら》をやり、その揚句着物《あげくきもの》を切《き》つて被害者《ひがいしや》の女《むすめ》學生《がくせい》や娘《むすめ》さん達《たち》が驚《おどろ》いたり困《こま》つたり泣《な》いたりするのを見《み》て、變態的《へんたいてき》な快樂《くわいらく》をむさぼつてゐたのであつた。

この少年《せうねん》は非常《ひじやう》に早熟《さうじゆく》な兒《こ》で、小學校《せうがくかう》の六年生《ねんせい》の夏林間學校《なつりんかんがくかう》に行《い》つた時《とき》、不圖《ふと》女《をんな》の生徒《せいと》の入浴姿《にふよくすがた》を垣間《かいま》見《み》てから、惡戯心《いたづらごゝろ》を起《おこ》すやうになつたのだつた。

近年各學校《きんねんかくがくかう》が夏期《かき》の林間學校《りんかんがつかう》や臨海學校《りんかいがつかう》を催《もよほ》してゐるが、引率者《いんそつしや》、監督者《かんとくしや》は斯《か》うした點《てん》について深《ふか》い注意《ちうい》を拂《はら》ふ必要《ひつえう》がある。同《おな》じやうな意味《いみ》で近頃流行《ちかごろりうかう》のキャンピングには父兄《ふけい》が餘程注意《よほどちうい》する必要《ひつえう》がある。自然《しぜん》に親《した》しみ原《げん》始《し》に還《かへ》つて簡素《かんそ》な山《やま》の生活《せいくわつ》、海《うみ》の生活《せいくわつ》を享樂《けうらく》する斯《か》うした流行《りうかう》は誠《まこと》に結構《けつこう》だが、そこにも亦不良少年《またふりやうせうねん》の毒牙《どくが》が磨《みが》かれてゐる。そしてまた今《いま》までは全《まつた》く無邪氣《むじやき》な少年《せうねん》や少女《せうぢよ》だつたものが、山《やま》のなかで不圖垣間《ふとかいま》見《み》た怪《あや》しげなものの影《かげ》に好奇心《かうきしん》をそゝられて、惡《わる》い興味《きようみ》を持《も》ち始《はじ》めることが少《すく》なくないのである。

誘惑のあの手この手

不良少年《ふりやうせうねん》の誘惑《いうわく》の手段《しゆだん》といふものは殆《ほとん》ど型《かた》にはまつてゐて人《ひと》の意表《いへう》に出《で》てるやうな嶄新《ざんしん》奇抜《きばつ》なものはない。追隨《ついずゐ》、文《ふみ》つけ、待《ま》ち伏《ぶ》せなどいふのが普通《ふつう》のやり方《かた》で、少《すこ》し手《て》の込《こ》んだのになると、仲間同志《なかまどうし》で芝居《しばゐ》を打《う》つて、まづ仲間《なかま》が女《をんな》の子《こ》を襲《おそ》つて亂暴《らんぼう》を働《はたら》かうとするところへ通《とほ》りかかつたやうな振《ふ》りをして、女《をんな》の子《こ》を助《たす》けてやり、それを機會《きくわい》に女《をんな》の子《こ》に近《ちか》づくといふやうなことをする。夏《なつ》に多《おほ》いのは水泳《すゐえい》を教《をし》へてやると云《い》つて近《ちか》づきになるとか、浮《う》き袋《ぶくろ》を唯一《ゆゐいつ》の頼《たの》みにボチャ〱やつてゐる若《わか》い女《をんな》の浮《う》き袋《ぶくろ》を仲間《なかま》のものが潜《もぐ》つて行《い》つてひつたくつたり、足《あし》をひつぱつて驚《おどろ》く調《てう》子《し》に浮袋《うきぶくろ》を放《はな》してアップアップやつてゐるところを助《たす》けてやり命《いのち》の恩人《おんじん》だといふやうな顔《かほ》をして相手《あひて》の女《をんな》の心《こゝろ》を魅《み》するのである。不良《ふりやう》少年《せうねん》と稱《よ》ばれるやうな者《もの》は大概《たいがい》スポーツが得《とく》意《い》なものである。文部省《もんぶしやう》がどんなに力《ちから》こぶを入《い》れて見《み》てもどうしてもスポーツの選手《せんしゆ》は概《がい》して學業《がくげふ》の成績《せいせき》が惡《わる》い。それが一歩《ぽ》進《すゝ》むと學《がく》業《げふ》などはそつちのけで、スポーツに熱中《ねつちゆう》する。そして、學業《がくげふ》だけならまだしも素行《そかう》までも惡《わる》くなる。さうした少年《せうねん》や青年《せいねん》が結局《けつきよく》不良行爲《ふりやうかうゐ》をやるやうになるのだ。スポーツ禮讃《らいさん》は結構《けつこう》だが、盲目的《まうもくてき》なスポーツマン禮讃《らいさん》は禁物《きんもつ》である。試《こゝろ》みに避暑地《ひしよち》の海水浴場《かいすゐよくぢやう》などをのぞいて見《み》れば直《す》ぐ分《わか》る。泳《およ》ぎも達者《たつしや》、ランニングやキャッチボールも上手《じやうず》と云《い》つたやうな少青年《せうせいねん》が一團《だん》になつて遊《あそ》んでゐる。そしてそれ等《ら》の少青年《せうせいねん》はその濱《はま》の人氣《にんき》を一身に集《あつ》めてゐる。

　若《わか》い女性達《ぢよせいたち》は見《み》ないやうにしながらもその少青年《せうせいねん》の樣子《やうす》をビーチパラソルの蔭《かげ》からながめてゐる。ころ〱とところがつて來《き》たボールの後《あと》を追《お》つかけて來《き》た青年《せいねん》がボールを拾《ひろ》ひながら笑《わら》ひかけると、遂《つ》ひその笑《わら》ひに誘《さそ》はれて笑《わら》つてしまふ。おどけた眞似《まね》をしたりすると、キャツキャと笑《わら》ふ。さうして一足《あし》〱恐《おそ》ろしい惡魔《あくま》が自分《じぶん》の身邊《しんぺん》に近《ちか》づいてゐることに氣《き》がつかずにゐるのだ。

『女《をんな》を引《ひ》つかけるのは手《て》ぢやありません。狙《ねら》ひですよ。此奴《こやつ》は物《もの》になるといふ睨《にら》みをきかすのが必要《ひつえう》なんて、狙《ねら》ひさへ達者《たつしや》ならいくらでも女《をんな》は引《ひ》つかゝります』

　不良少年《ふりやうせうねん》の誰《だれ》もが云《い》ふ言葉《ことば》だ。だから彼等《かれら》は別《べつ》に新《あたら》しい誘惑《いうわく》の手《て》を考《かんが》へる必要《ひつえう》もなければ使《つか》はうともしない。後《あと》をつけて人通《ひとゞほ》りのない所《ところ》で聲《こゑ》をかけて近《ちか》づきになつたり、家《うち》をつきとめてその近所《きんじよ》に張《は》つてゐてちよい〱聲《こゑ》をかけたりして、女《をんな》に接近《せつきん》する不良《ふりやう》はいつもその手《て》で女《をんな》を漁《あさ》る。相手《あひて》の女《をんな》の住所姓名《ぢゆうしよせいめい》を調《しら》べて甘《あま》つたるい戀文《こひぶみ》で釣《つ》る不良《ふりやう》はいつも戀《こひ》文《ぶみ》を書《か》く。そして今《いま》も昔《むかし》も不良《ふりやう》の誘惑《いうわく》の手段《しゆだん》といふものはちつとも變《かは》つちやいない。だがどんな近代娘《きんだいむすめ》もその古《ふる》い不良《ふりやう》の誘《さそ》ひの手《て》に巧妙《たくみ》と引《ひ》つかかつて行《ゆ》く。この女《をんな》はこの手《て》で行《ゆ》けばものになるといふ狙《ねら》ひが上手《じやうず》だからのことである。内氣《うちき》な娘《むすめ》は知《し》らない男《をとこ》から手紙《てがみ》を貰《もら》つてもとても兩親《りやうしん》には打開《うちあ》けられない。ただ恥《はづ》かしさと恐《おそ》ろしさに、一人《ひとり》思《おも》ひ惱《なや》んでゐる。そこが不良《ふりやう》の狙《ねら》ひどこである。一人《ひとり》思《おも》ひ惱《なや》んでゐる娘《むすめ》の心《こころ》を誘《さそ》ふやうな文句《もんく》と拒《こば》み切《き》れないやうな約束《やくそく》を押つける『何日《なんにち》の何《なん》時《じ》頃《ごろ》どこそこで待《ま》つてゐます是非《ぜひ》會《あ》つて下《くだ》さい』といふやうなことを云《い》つてやる。娘《むすめ》は見《み》えない糸《いと》にたぐられるやうにして、その場所《ばしよ》へ足《あし》を搬《はこ》んでしまふ。

戀文をつけた某大學生の告白

最近警視廳防犯課《さいきんけいしちやうばうはんくわ》で取扱《とりあつか》つた事件《じけん》にこんなのがあつた。その家庭《かてい》は非常《ひじやう》に嚴格《げんかく》で娘《むすめ》のことについては母親《はゝおや》は絶《た》えず注意《ちゆうい》を拂《はら》つてゐた。ところが、偶々《たまたま》娘《むすめ》の机《つくゑ》の抽出《ひきだし》のなかに男《をとこ》からの戀文《こひぶみ》が入《はひ》つてゐるのを發見《はつけん》した。娘《むすめ》を詰問《きつもん》すると、知《し》らない男《をとこ》の人《ひと》から寄越《よこ》された手紙《てがみ》で、嫌《い》やらしいと思《おも》つたから机《つくゑ》の抽出《ひきだし》に投《な》げ込《こ》んだきりで別《べつ》に自分《じぶん》はそんな男《をとこ》と交際《かうさい》なんかしてゐないといふことだつた。恐《おそ》ろしい不良《ふりやう》の仕業《しわざ》だとカンカンになつて怒《おこ》つた母親《はゝおや》は警視廳《けいしちやう》にその戀文《こひぶみ》を持《も》つて、訴《うつた》へ出《で》て來《き》た。

『うちの娘《むすめ》に限《かぎ》つて親《おや》の眼《め》を盜《ぬす》んで男《をとこ》と交際《かうさい》するやうなことは斷《だん》じてありません。不良《ふりやう》がうちの娘《むすめ》を誘惑《いうわく》しようとしたのです。こんな不良《ふりやう》少年《せうねん》は世間《せけん》の娘《むすめ》さん達《たち》の爲《ため》即刻《そくこく》刑務所《けいむしよ》へでも遣《や》つて下《くだ》さい』母親《はゝおや》は昂奮《こうふん》して云《い》つた。

一防犯課《ばうはんくわ》で早速《さつそく》その戀文《こひぶみ》の差《さ》し出《だ》し人《にん》である某大學《ぼうだいがく》の豫科生《よくわせい》を引致《いんち》して取調《とりしら》べると、すつかり恐《おそ》れ入《い》つて一切《いつさい》を申立《まうした》てた。

彼《かれ》は非常《ひじやう》に學業《がくげふ》の成績《せいせき》の良《よ》い青年《せいねん》だつたが、どうしたことか小學校時代《せうがつかうじだい》から習字《しふじ》と作文《さくぶん》だけはからつきし下手《へた》だつた。偶々去年《たまたまきよねん》の夏《なつ》、湘南《しやうなん》の某海岸《ぼうかいがん》に避暑《ひしよ》に行《い》つてゐた時《とき》、垣一重《かきひとへ》をへだてた隣《とな》り家敷《やしき》に美《うつ》くしい娘《むすめ》がゐた。朝晩顏《あさばんかほ》を合《あは》せるうち彼《かれ》はすつかりその娘《むすめ》に戀心《こひごころ》を感《かん》じてしまつた。そこで思《おも》ひ切《き》つて下手《へた》な字《じ》と文章《ぶんしやう》で自分《じぶん》の意中《いちう》を訴《うつた》へた戀文《こひぶみ》を書《か》いて庭《には》へ出《で》て來《き》た娘《むすめ》の眼《め》の前《まへ》に垣越《かきご》しにポンと投《な》げ込《こ》んだ。娘《むすめ》が拾《ひろ》つてくれるかしらと心配《しんぱい》しながら垣《かき》の隙《すき》からのぞいてゐると、娘《むすめ》は直《す》ぐそれを拾《ひろ》つて袂《たもと》に入《い》れた。そして彼《かれ》はその美《うつ》くしい娘《むすめ》と甘《あま》い戀《こひ》のささやきをつづけながら其《そ》の夏《なつ》を過《すご》した。下手《へた》な文字《もんじ》、下手《へた》な文章《ぶんしやう》それでも容易《ようい》に乙女《をとめ》の心《こころ》は摑《つか》み得《う》るといふ自信《じしん》が彼《かれ》に二度目《にどめ》の戀文《こひぶみ》を書《か》かせた。それも成功《せいこう》した。三度目《さんどめ》四度目《よどめ》彼《かれ》は乙女《をとめ》の心《こころ》を弄《もてあそ》ぶことを樂《たの》しむやうになつてしまつた。そしてそのうちの一本《ぽん》が相手《あひて》の娘《むすめ》の母親《はゝおや》に發見《はつけん》されてしまつたのだつた。

『この女《をんな》の子《こ》ならと思《おも》ふ女《をんな》の子《こ》に手紙《てがみ》をやつて失敗《しつぱい》したことは一度《ど》もありませんでした。返事《へんじ》をくれと云《い》へば返事《へんじ》をくれます。會《あ》つてくれと云《い》へば會《あ》つてくれます。僕《ぼく》が手紙《てがみ》をやつたのは惡《わる》いでせうが、彼方《むかう》だつて隨分《ずゐぶん》凄《すご》い手紙《てがみ》をくれてゐますよ』

　彼《かれ》の言葉《ことば》の通《とほ》り母親《はゝおや》には全然《ぜん〱》交際《かうさい》なんかしてゐないと云《い》つてゐたその娘《むすめ》も彼《かれ》に何本《なんぼん》かの手紙《てがみ》を書《か》いてゐた。自分《じぶん》の家《うち》へ手紙《てがみ》を貰《もら》ふのは危險《きけん》だからと云《い》つて友達《ともだち》のところへ手紙《てがみ》を寄越《よこ》させてゐた。そして母親《はゝおや》が全《まつた》く夢想《むさう》だにし得《え》ないやうな域《ゐき》にまでその青年《せいねん》との交渉《かうせう》は進《すゝ》んでしまつてゐたのだつた。

誘惑防止の心得

　これ等《ら》實例《じつれい》によつても不良少年《ふりやうせうねん》の誘惑《いうわく》は手段《しゆだん》でなくつて狙《ねら》ひだといふとがうかゞへる。不良《ふりやう》の誘惑《いうわく》にかゝらない爲《た》めにはまづ第一《だい》に彼等《かれら》から眼《め》をつけられない用心《ようじん》が肝要《かんえう》である。

　ケバ〲しい服裝《ふくさう》をしないこと、それが不《ふ》良《りやう》の被害《ひがい》をまぬがれる第一《だい》の心得《こゝろえ》だが、これは若《わか》い女性《ぢよせい》に對《たい》して望《のぞ》むことの方《はう》が無理《むり》だ。年頃《としごろ》の女性《ぢよせい》は誰《だれ》しも美《うつく》しく裝《よそほ》ひたい。不良《ふりやう》の毒牙《どくが》にかかつた若《わか》い女性《ぢよせい》に、

『君《きみ》がそんなケバ〲しい服裝《なり》をしてゐるから不良《ふりやう》に狙《ねら》はれるのだ。もつと地味《ぢみ》な服裝《なり》をし給《たま》へ』

と係官《かゝりくわん》が注意《ちうい》すると、それ等《ら》の女性《ぢよせい》の誰《だれ》もが、

『だつて娘時代《むすめじだい》だけでも派手《はで》にしたいと思《おも》ひますわ。人《ひと》よりも少《すこ》しでも美《うつく》しく見《み》られたいのが女《をんな》の心理《しんり》ですわ』と答《こた》へてゐる。

　もつともなことであり無理《むり》のない言葉《ことば》だ。

だが同《おな》じ派手《はで》な身裝《みなり》をするのにもキチンとととのつた服裝《ふくさう》をすることが必要《ひつえう》だ。どこか姿態《したい》の一點《てん》にだらしないところ、崩《くづ》れの見《み》せるやうな服裝《ふくさう》や誇張的《こちやうてき》な煽情的《せんじやうてき》な服裝《ふくさう》をすることは禁物《きんもつ》である。最近婦人《さいきんふじん》の洋裝《やうさう》が非常《ひじやう》に流行《りうかう》して來《き》た。若《わか》い女性《ぢよせい》の半數以上《はんすういじやう》が洋裝《やうさう》してゐる。そして夏《なつ》は殊《こと》に洋裝《やうさう》が多《おほ》い。ところがこの洋裝《やうさう》がひどく挑發的《てうはつてき》な感《かん》じのするものが少《すく》なくない。胸《むね》や腰《こし》の線《せん》が露骨《ろこつ》に現《あらは》れて如何《いか》にも肉感的《にくかんてき》な感《かん》じのするやうなものがある。これと反對《はんたい》に和服《わふく》だと着物《きもの》を着《き》たままではいいが、その着付《きつ》けが何《なん》となくだらしのないきりつとしたところのない感《かん》じのするものがある。えて斯《か》うした女性達《ぢよせいたち》が不良《ふりやう》の被害《ひがい》にかかりやすいのである。服裝《ふくさう》と同時《どうじ》に所作《しよさ》でもさうで感情《かんじやう》のむき出《だ》しになつたやうな態度《たいど》をすることはなるべく愼《つゝし》むことである。不良少年《ふりやうせうねん》の誘惑《いうわく》といふものは誘惑《いうわく》する不良少年《ふりやうせうねん》の方《はう》

に五分《ぶ》の罪《つみ》があると同時《どうじ》に誘惑《いうわく》される女性《ぢよせい》の方《はう》にも五分《ぶ》の不注意《ふちうい》、無意識《むいしき》の罪《つみ》があるのである。

親達《おやたち》の監督《かんとく》といふことも唯嚴重《ただげんぢう》に娘《むすめ》の身邊《しんぺん》に眼《め》を配《くば》つてゐるといふだけでは決《けつ》して萬全《ばんぜん》ではない。投《な》げやりであることがいけないと同時《どうじ》に嚴格《げんかく》すぎるといふことも亦却《またかへ》つて娘《むすめ》を不良《ふりやう》にしたり、不良少年《ふりやうせうねん》の誘惑《いうわく》に誘《さそ》はれやすいことになるのである。映畫館《えいぐわくわん》で女性《ぢよせい》を誘惑《いうわく》してゐた或《あ》る不良少年《ふりやうせうねん》の云《い》ふところによると、彼《かれ》は決《けつ》して一人《ひとり》で來《き》てゐる女性《ぢよせい》には手《て》を出《だ》さなかつた。姉妹《きやうだい》とか母子《おやこ》とか女中《ぢよちう》と一緒《いつしよ》とか云《い》つたやうに連《つ》れのある女性《ぢよせい》を狙《ねら》つた。それは一人《ひとり》だと歸《かへ》り途《みち》にどんな目《め》に會《あ》はされるかも知《し》れないといふ恐怖《きようふ》に決《けつ》して不良《ふりやう》の誘《さそ》ひを受《う》けない。ところが連《つ》れがあると歸《かへ》りを襲《おそ》はれても連《つ》れがゐるからといふ依賴心《いらいしん》から、その場《ば》だけの嫌《きら》い惡戯《いたづら》として彼《かれ》の誘《さそ》ひの手《て》を拒《こば》もうとしない、うちへ歸《かへ》つて見《み》ると『あの時《とき》は失禮《しつれい》しました、許《ゆる》して下《くだ》さい、そこで××日《び》あすこでもう一度《ど》會《あ》つて下《くだ》さい』といふやうな手紙《てがみ》が袂《たもと》のなかなどに入《い》れてある。その娘《むすめ》さんは映畫館《えいぐわくわん》のなかで、姉《あね》、妹《いもうと》、母親《はゝおや》、女中《ぢよちう》などの目《め》を盗《ぬす》んで異性《いせい》に手《て》を握《にぎ》られたといふやうなことが何《なに》か他人《たにん》に訴《うつた》へられない罪《つみ》を犯《おか》し、惡《わる》いことをしたやうな氣《き》がして、誰《だれ》にも默《だま》つてゐる。そして相手《あひて》の男《をとこ》への恐怖《きようふ》と不安《ふあん》のなかに彼《かれ》の要求《えうきう》のまゝに約束《やくそく》の場所《ばしよ》へ來《き》てしまふといふやうなことになるのだつた。人《ひと》をつけてやりさへすればといふやうな形式的《けいしきてき》な監督《かんとく》が何《なん》の效果《かうくわ》もないどころか、それが却《かへ》つて不良《ふりやう》のつけ目《め》となつてしまふといふことは大《おほ》いに考《かんが》ふべき問題《もんだい》である。

キチンと整つた服装を――

内氣《うちき》な娘《むすめ》といふことが善良《ぜんりやう》な娘《むすめ》といふことの代名詞《だいめいし》だつたことは昔《むかし》の娘教育《むすめけういく》で、現代《げんだい》の娘《むすめ》には獨立的《どくりつてき》な意志《いし》の強《つよ》さといふことが何《なに》よりも必要《ひつえう》である。異性《いせい》の誘惑《いうわく》に對《たい》して批判《ひはん》の出來《でき》るやうな女性《ぢよせい》たらしめることが必要《ひつえう》である。このことは世間《せけん》の誰《たれ》しもが知《し》つてゐることであり、さうした教育《けういく》をしようと努《つと》めてゐるやうであるが、實際《じつさい》はこの考《かんが》へ方《かた》、見方《みかた》が誤《あやま》られて前《まへ》に述《の》べたやうなフラッパーな女性《ぢよせい》を作《つく》つてしまつたりしてゐるやうである。

内氣《うちき》なばつかりにあたら不良少年《ふりやうせうねん》の毒牙《どくが》にかけられてしまつた適切《てきせつ》な實例《じつれい》としてこんな事實《じじつ》がある。

恩給生活《おんきふせいくわつ》をしてゐる官吏上《くわんりあが》りの父親《ちゝおや》の訓育《くんいく》を受《う》け女學校《ぢよがつかう》を卒業《そつげふ》したその娘《むすめ》が、嫁入《よめい》りするまでの年月《としつき》を遊《あそ》んでゐるのも意味《いみ》のないことだと、或《あ》るデパートに勤《つと》めた。同僚《どうれう》の氣受《きう》けもよく朗《ほが》らかに働《はたら》いてゐたが、いつも親切《しんせつ》にしてくれる年上《としうへ》の同僚《どうれう》があつた。姉《あね》を持《も》たない彼女《かのぢよ》はその同僚《どうれう》を姉《あね》のやうに思《おも》つて親《した》しんだ。或《あ》る日《ひ》その年上《としうへ》の同僚《どうれう》からお茶《ちや》を飲《の》みに誘《さそ》はれた。他《ほか》の同僚達《どうれうたち》も一緒《いつしよ》に數人《すうにん》で喫茶店《きつさてん》に行《い》つた。するとそこに數人《すうにん》の學生《がくせい》がやつて來《き》た。その一人《ひとり》が年上《としうへ》の同僚《どうれう》と顏見知《かほみし》りで互《たがひ》に言葉《ことば》を交《かは》した。歸《かへ》らうとするとその學生《がくせい》の一人《ひとり》が彼女達《かのぢよたち》の分《ぶん》まで一緒《いつしよ》に金《かね》を拂《はら》つてしまつた。そして學生達《がくせいたち》は彼女達《かのぢよたち》と連《つ》れになつた。他《ほか》の同僚達《どうれうたち》は夫々《それぐ》自分《じぶん》の家《いへ》へ歸《かへ》つて行《い》つたが、彼女《かのぢよ》は年上《としうへ》の同僚《どうれう》の誘《さそ》ふがまゝに彼女《かのぢよ》と一緒《しよ》に後《あと》に殘《のこ》つてしまつた。

『どこかへ一緒《しよ》に御飯《ごはん》を食《た》べに行《ゆ》かう』と學生《がくせい》の一人《ひとり》が云《い》つた。彼女《かのぢよ》はハタと困《こま》つて歸《かへ》らうとしたが年上《としうへ》の同僚《どうれう》がいろ〳〵と云《い》ふので拒《こば》み切《き》れなかつた。圓《えん》タクを拾《ひろ》つて郊外《かうぐわい》の變《かは》つた作《つく》りの家《いへ》へ連《つ》れて行《ゆ》かれた。そこが『待合《まちあひ》』であることは彼女《かのぢよ》は知《し》らなかつた。いや『待合《まちあひ》』といふものが何《なん》であるかを彼女《かのぢよ》は知《し》らなかつたのだつた。直《す》ぐお酒《さけ》が出《で》た彼女《かのぢよ》は二度《ど》吃驚《びつくり》した。『大變《たいへん》なところへ來《き》た』と胸《むね》のうちで驚《おどろ》きながら何《なん》とか逃《に》げ出《だ》さうとして便所《べんじよ》へ行《ゆ》くやうな風《ふう》をして部屋《へや》を出《で》ると、玄關《げんくわん》へ行《い》つた。だが履物《はきもの》がなかつた。うろ〳〵してゐると女中《ぢよちゆう》が來《き》て『お部屋《へや》はあちらですよ』と云《い》つた。彼女《かのぢよ》は歸《かへ》るから履物《はきもの》を出《だ》してくれと頼《たの》んだが女中《ぢよちゆう》は笑《わら》つて受《う》けつけなかつた。そしてまた部屋《へや》へ連《つ》れもどされてしまつた。

『君《きみ》はさつき僕《ぼく》がおごつたお茶《ちや》はだまつて呑《の》んでおきながら、お酒《さけ》のつき合《あ》ひは出來《でき》ないといふのかい。お酌《しやく》位《ぐらゐ》してくれたつていいぢやないか』

斯《か》う高飛車《たかびしや》に云《い》はれて彼女《かのぢよ》は泣々お酌《しやく》をした。

この學生達《がくせいたち》はいづれも僞大學生《にせだいがくせい》の不良少年《ふりやうせうねん》だつた。そして彼女《かのぢよ》が姉《あね》のやうに親《した》しく思《おも》つてゐた、年上《としうへ》の同僚《どうれう》はその仲間《なかま》の首領株《しゆりやうかぶ》である。青年《せいねん》と懇《ねんご》ろな間柄《あひだがら》になつてゐたのだつた。デパートに女漁《をんなあさ》りに來《き》たその不良《ふりやう》の眼《め》にとまつたのが彼女《かのぢよ》の美《うつ》くしい姿《すがた》だつた。彼《かれ》は自分《じぶん》の情婦《じやうふ》である店員《てんゐん》の手《て》で巧《たく》みに彼女《かのぢよ》を誘《さそ》ひ出《だ》させこの魔《ま》の淵《ふち》へ彼女《かのぢよ》を連《つ》れ込《こ》んでしまつたのだつた。

彼女《かのぢよ》は必死《ひつし》になつてその不良《ふりやう》の毒牙《どくが》を拒《こば》んだ。だが彼等《かれら》がそこまで女《をんな》を誘《さそ》ひ込《こ》んだ以上《いじやう》はもうそのまゝでは逃《のが》す筈《はず》がない。彼女《かのぢよ》は遂《つひ》に粗暴《そばう》な鬼畜《きちく》の如《ご》き彼等《かれら》の犠牲《ぎせい》となつてしまつたのだつた。

この彼女《かのぢよ》の場合《ばあひ》を考《かんが》へて見《み》ると終始《しじゆう》彼女《かのぢよ》が世間《せけん》知《し》らずの内氣《うちき》な娘《むすめ》であつたといふことが彼女《かのぢよ》を抜《ぬ》きさしならない羽目《はめ》にまで追《お》ひ込《こ》んでしまつてゐる。逃《に》げようとすればいくらでもその機會《きくわい》がありながら蛇《へび》に見込《みこ》まれた蛙《かへる》のやうに彼女《かのぢよ》は自分《じぶん》から立《た》ちすくんでしまつてゐた。

不良少年《ふりやうせうねん》の誘惑《いうわく》は最初《さいしよ》甘《あま》やかな言葉《ことば》で如何《いか》にも眞實《しんじつ》らしい嘘《うそ》をならべてやんわりと誘《さそ》ひかかり、そのだましが效《き》かないとなると今度《こんど》は獸的《じゆうてき》な粗暴《そばう》さで威嚇《ゐかく》強要《きやうえう》するのが常《つね》だ。僅《わづ》か一杯《ぱい》の紅茶《こうちや》や一皿《さら》の洋菓子《やうぐわし》をおごられたといふとがそれ程《ほど》大《おほ》きな負擔《ふたん》であるとは誰《だれ》しも思《おも》はないが、そんなことをすら威嚇《ゐかく》の材料《ざいれう》として、その獸的《じゆうてき》な慾求《よくきう》を強要《きやうえう》するのはさうした場合《ばあひ》女性《ぢよせい》が弱《よわ》いところを見《み》せるからなのである。

終始《しうし》女性《ぢよせい》の惡口《わるくち》と攻撃《こうげき》をしてしまつたが、不良少年《ふりやうせうねん》の女性《ぢよせい》への毒牙《どくが》がとぎすまされる夏《なつ》を控《ひか》へて老婆心《らうばしん》から出《で》た苦言《くげん》として寛恕《くわんじよ》して頂《いただ》かう。

119 「処女と人妻は区別がなくてもよいか？」 斎藤惣一、安井綾子 ほか 『主婦之友』昭和12年8月1日

識《し》者《しや》に問《と》ふ

處《しよ》女《ぢよ》と人《ひと》妻《づま》は☆ 區《く》別《べつ》がなくてもよいか？

昔《むかし》は、結婚《けつこん》すれば、鐵漿《かね》をつけるとか、眉《まゆ》を剃《そ》り落《おと》すとか、お孃樣《ぢやうさま》と人妻《ひとづま》との區別《くべつ》は、誰《だれ》の目《め》にも一目《ひとめ》で判《わか》るほどに、はつきりしてゐたものです。ところが、この頃《ごろ》のやうに、パーマネントウエーヴの髮《かみ》に、お洋服《やうふく》となれば勿論《もちろん》、和服《わふく》の方《かた》でも、殆《ほとん》どその區別《くべつ》はなくなつてしまひました。『お孃樣《ぢやうさま》だか奧樣《おくさま》だか判《わか》らない。』とか、『お孃樣《ぢやうさま》かと思《おも》つてゐたら奧樣《おくさま》だつた。』といふことは、到《いた》るところで聞《き》かされます。この區別《くべつ》なき狀態《じやうたい》を、そのまゝにしておいてもよいか、何等《なんら》かの外見上《ぐわいけんじやう》の區別《べつ》をつけた方《はう》がよいか、諸名士《しよめいし》の御意見《ごいけん》を伺《うかが》つてみました。(記者)

社會生活《しやくわいせいくわつ》のしまり

日本基督教青年會同盟主事 齋藤惣一《さいとうそういち》

(齋藤惣一氏)

私《わたくし》の知人《ちじん》が、電車《でんしや》の中《なか》とかで見《み》かけた婦人《ふじん》のことがどうしても忘《わす》れられず、熱烈《ねつれつ》に思《おも》ふ心《こころ》あまつて、私《わたくし》のところへ相談《さうだん》に來《き》ました。どうしても結婚《けつこん》したいから世話《せわ》をしてくれといふので、名前《なまへ》を訊《き》いてみますと、偶然《ぐうぜん》にも私《わたくし》の知《し》つてゐる婦人《ふじん》、しかも既《すで》に人妻《ひとづま》だつたのです。

日頃《ひごろ》から生眞面目《きまじめ》な男《をとこ》が、眞劍《しんけん》に命《いのち》賭けてもと、思《おも》ひ込《こ》んでゐるだけに、痛手《いたで》を負《お》はせないで、諦《あきら》めさせるためには、隨分《ずゐぶん》私《わたくし》も苦心《くしん》して話《はな》をしましたが、勝手《かつて》に思《おも》ひ込《こ》んだので、その婦人《ふじん》には責任《せきにん》がないとはいへ、この男《をとこ》の傷心《しやうしん》は、實《じつ》にはたの見《み》る目《め》も氣《き》の毒《どく》でした。

これなど、未婚者《みこんしや》か人妻《ひとづま》かゞ一目《ひとめ》で判《わか》る外見上《ぐわいけんじやう》の區別《くべつ》があれば、起《おこ》らずにすんだ悲劇《ひげき》かも知《し》れませんが、外見《ぐわいけん》の區別《くべつ》をつけるといふ考《かんが》へはよくても、恐《おそ》らく實行《じつかう》は難《むづか》しいことでせう。

西洋《せいやう》では指輪《ゆびわ》を嵌《は》め、朝鮮《てうせん》では白《しろ》い鐵漿《はぐろ》のやうなものをし、アイヌには入墨《いれずみ》の制度《せいど》があつて、支那《しな》にも何《なに》かあるやうですが、日本《にほん》では、鐵漿《かね》で歯《は》を染《そ》めたのが廢《すた》れて、それに代《かは》る新《あたら》しい習慣《しふくわん》がまだ生《うま》れて來《こ》ず、それができるまでには相當《さうたう》長《なが》い時《とき》を要《えう》しませう。

この前《まへ》、私《わたくし》の家内《かない》が關係《くわんけい》してゐた盲人《まうじん》の後援會《こうゑんくわい》で、一目《ひとめ》で盲目《まうもく》と判《わか》る人《ひと》はともかく、あき盲《めくら》の場合《ばあひ》は、人《ひと》が盲人《まうじん》だと知《し》らないだけに、交通《かうつう》その他《た》にも危險《きけん》がある、あき盲《めくら》でも盲

人《ひと》といふことを、はつきり示《しめ》しておけば、人《ひと》も用心《ようじん》してくれるのではないかといふことで、商人保護《しやうにんほご》の上《うへ》から、赤《あか》いリボンの先《さき》へニッケルの標《ひやうし》のついたものを、胸《むね》に下《さ》げさせようとしたことがあります。

ところが、商人《しやうにん》には、商人《しやうにん》だと思《おも》はれたくないといふ心理《しんり》があるのでせう。つひに實行《じつかう》されませんでしたが、これとどこか相通《あひつう》じることが、この問題《もんだい》についても言《い》へるのではないでせうか。

第三者《だいさんしや》から考《かんが》へれば非常《ひじやう》にいゝ考《かんが》へでも、人妻《ひとづま》自身《じしん》の主觀的立場《しゆくわんてきたちば》から言《い》へば、いつまでも若《わか》く見《み》せたい、若《わか》さを示《しめ》したいといふ心理《しんり》が、この實行《じつかう》を妨《さまた》げ、鐵漿《かね》に代《かは》る新《あたら》しい習慣《しふくわん》を、作《つく》ることが必要《ひつえう》でありながら、困難《こんなん》であるのもそのためでせう。

しかし、かうした聲《こゑ》が起《おこ》つたことは、或《あ》る程度《ていど》まで必要《ひつえう》に迫《せま》られてゐることを證明《しようめい》するものであり、もし人妻《ひとづま》に、未婚者《みこんしや》との區別《くべつ》がはつきりつくやうになれば、周圍《しうゐ》からも、人《ひと》妻《づま》としての威嚴《ゐげん》が拂《はら》はれ、自分自身《じぶんじしん》の考《かんが》へや行《おこな》ひにも、人妻《ひとづま》としての威嚴を崩《くづ》さぬやう、押《おさ》へる氣持《きもち》が生《うま》れて、今《いま》は窮屈《きうくつ》かも知《し》れませんが、處女《しよぢよ》と人妻《ひとづま》との區別《くべつ》をつけることは、社會《しやくわい》生活《せいくわつ》に、或《あ》る程度《ていど》のしまりを與《あた》へることになると思《おも》はれます。

誘惑防禦《いうわくぼうぎよ》として必要《ひつえう》

文部大臣 安井英二氏夫人 安井綾子《やすゐあやこ》

普通《ふつう》の御家庭《ごかてい》の方《かた》なら、大體交際《だいたいかうさい》の範圍《はんゐ》も限《かぎ》られてゐて、どんな若《わか》い方《かた》でも奧樣《おくさま》だと知《し》らずに交際《かうさい》するといふことはございません。もし、奧樣《おくさま》をお孃樣《ぢやうさま》と間違《まちが》へても、話《はなし》の初《はじ》めに解《わか》るくらゐで、すぐ氣《き》がつきますし、何《なに》かの話《はなし》に、『お孃樣《ぢやうさま》かと思《おも》つてゐたら奧樣《おくさま》だつた。』といふ程度《ていど》で、私《わたくし》は別《べつ》に昔《むかし》のやうな區別《くべつ》をつけなければならないとは思《おも》ひません。

(安井綾子夫人)

たゞ、家庭《かてい》をもつてゐて、外《そと》に出《で》て働《はたら》く方《かた》は、多勢《おほぜい》の方《かた》にも接《せつ》しますし、中《なか》にはあまり親《した》しくない方《かた》も多《おほ》いのですから、指輪《ゆびわ》などででも、はつきりと人妻《ひとづま》としての區別《くべつ》を見《み》せておいた方《はう》が、誘惑防禦《いうわくぼうぎよ》にもなり、自分《じぶん》のためにも、人《ひと》のためにも、よいだらうと思《おも》はれます。

まづ家庭教育《かていけういく》から始《はじ》めよ

評論家 板垣直子《いたがきなほこ》

この前《まへ》他所《よそ》で聞《き》いた話《はなし》ですが、非常《ひじやう》に立派《りつぱ》な美《うつく》しい日本《にほん》の紳士《しんし》が、ジュネーヴへ行《い》つたとき、人目《ひとめ》を引《ひ》くだけに何《なに》かと誘惑《いうわく》の機會《きくわい》が多《おほ》く、危險《きけん》にさらされてゐながら、自分《じぶん》の手《て》の指《ゆび》に嵌《は》めてゐる指輪《ゆびわ》を見《み》る毎《ごと》に、結婚《けつこん》の誓《ちか》ひが想《おも》ひ出《だ》され、自《おの》づと反省《はんせい》させられて、どんな誘惑《いうわく》にも負《ま》けることなく、無事《ぶじ》に歸《かへ》つて來《き》たといふことでした。同《おな》じことが、婦人《ふじん》の場合《ばあひ》特《とく》にこの問題《もんだい》にも言《い》へるのではないでせうか。

この頃《ごろ》特《とく》に、娘《むすめ》さんか奧《おく》さんかの區別《くべつ》がつかなくなつたことは、餘《あま》りに西洋風《せいやうふう》が入《はい》つて來《き》て、人間《にんげん》の自然性《しぜんせい》と個性《こせい》とを守《まも》り通《とほ》さうとする傾向《けいかう》が強《つよ》くなり、生活《せいくわつ》が解放的《かいはうてき》、社會的《しやくわいてき》になつて來《く》ると同時《どうじ》に、結婚《けつこん》したからつて結婚《けつこん》のレッテルを貼《は》るやうな風俗《ふうぞく》をしたがらぬのと、いつまでも若《わか》さを保《たも》ちたい欲望《よくばう》のために、自然《しぜん》と着物《きもの》も派手《はで》になり、髮形《かみかたち》にしてもお孃《ぢやう》さんとの區別《くべつ》がなくなつてしまつたのだと思《おも》はれます。

意地惡《いぢわる》く考《かんが》へれば、或《あ》る種《しゆ》の婦人《ふじん》には、結婚《けつこん》した樣子《やうす》を出《だ》さないとが、却《かへ》つて社會生活《しやくわいせいくわつ》のうへに都合《つがふ》よいために、わざとさうしてゐるとも、言《い》へませう。どうしても、社交界《しやかうかい》では結婚《けつこん》しない人《ひと》の方《はう》が、人氣《にんき》もありますし、既《すで》に誓約濟《せいやくずみ》の印《しるし》があれば、魅力《みりよく》も減《げん》じるばかりでなく、『奧樣《おくさま》のくせに』といふことは、自分《じぶん》は知《し》らない人《ひと》にさへも煩《うるさ》く言《い》はれることであつて、實際生活《じつさいせいくわつ》のためには、却《かへ》つて人妻《ひとづま》

(板垣直子夫人)

の區別《くべつ》は邪魔《じやま》になりませう。

この區別《くべつ》のないことは、現在社會《げんざいしやくわい》の自然《しぜん》の成行《なりゆき》であつて、いゝとも惡《わる》いとも言《い》へませんが、區別《くべつ》がなくなるために、家庭婦人《かていふじん》の品行《ひんかう》が惡《わる》くなりがちであり、誘惑《いうわく》の機會《きくわい》も多《おほ》くなるのではないかといふことは、考《かんが》へられませう。

結婚《けつこん》の指輪《ゆびわ》は、この頃《ごろ》大抵《たいてい》の方《かた》が用《もち》ひてゐるやうで結構《けつこう》ですが、區別《くべつ》をつけたいからとて、自然《しぜん》の風俗《ふうぞく》を今急《いまきふ》にどうするわけにもゆきませんから、まづ婦人自身《ふじんじしん》の教育《けういく》、殊《こと》に家庭教育《かていけういく》からやつてゆかねばならないと思《おも》ひます。

結婚難救助《けつこんなんきうじよ》のために必要《ひつえう》

東京至誠病院長
東京女子醫專校長　吉岡彌生《よしをかやよひ》

つけなくてよいどころか斷然區別《だんぜんくべつ》が必要《ひつえう》ですね。區別《くべつ》のないことは、第一《だいいち》にお孃樣《ぢやうさま》の結婚難《けつこんなん》を來《きた》します。

昔《むかし》のやうに生活《せいくわつ》が單純《たんじゆん》なら、どこにどんな娘《むすめ》があるか遠方《ゑんぱう》の人《ひと》でも知《し》つてゐましたが、今《いま》のやうに複雜《ふくざつ》な都會生活《とくわいせいくわつ》では、はつきりとお孃樣《ぢやうさま》がゐることが判《わか》つてみて、いゝお孃樣《ぢやうさま》だからといふのでなくては、縁談《えんだん》は起《おこ》りません。結婚難救助《けつこんなんきうじよ》のためにも區別《くべつ》は必要《ひつえう》です。

また人妻《ひとづま》になつたとき、人妻《ひとづま》としての覺悟《かくご》をまづ持《も》ち、それが姿《すがた》にまで表《あらは》れるのなら理想的《りさうてき》ですが、修養《しうやう》のそこまでゆかぬ人《ひと》は、お孃樣時代《ぢやうさまじだい》とは違《ちが》つた、區別《くべつ》のある、奥樣《おくさま》らしい外見《ぐわいけん》を裝《よそほ》ふことによつて、自分《じぶん》は人妻《ひとづま》だといふ自覺《じかく》を強《つよ》め、人妻《ひとづま》としての責任《せきにん》を、持《も》つことができると思《おも》ひます。すぐその區別《くべつ》をつけることは困難《こんなん》かも知《し》れませんが、私《わたくし》は、髮《かみ》の形《かたち》によつてつけたら、どうかと思《おも》ひます。

(吉岡彌生女史)

人妻《ひとづま》としての覺悟《かくご》

警視廳人事相談係長　及川常平《おひかはつねへい》

友人《いうじん》の家《うち》へ行《い》つても、奥《おく》さんが、奥《おく》さんらしくない恰好《かつかう》でもしてゐると、つい『奥《おく》さん。ゐますか?』と、氣《き》輕《がる》に聲《こゑ》をかけて入《はひ》つてゆきがちですが、丸髷《まるまげ》でも結《ゆ》つて、端然《たんぜん》とした奥樣《おくさま》に三《み》つ指《ゆび》ついて出《で》られると、どんた親《した》しい間柄《あひだがら》であつても、自《おの》づと言葉《ことば》も改《あらた》まつて、何《なん》となく擽《くすぐ》つたいものです。

(及川常平氏)

奥樣《おくさま》が、お孃《ぢやう》さんとは違《ちが》つた區別《くべつ》がつくと、良人《をつと》も、主人《しゆじん》としての自覺《じかく》ができますから、家庭生活《かていせいくわつ》が引《ひ》き締《しま》るうへにも、區別《くべつ》のあつた方《はう》がよいと思《おも》はれますが、それにしても、第一《だいいち》に必要《ひつえう》なのは、自分《じぶん》は人妻《ひとづま》だといふ認識《にんしき》です。

私《わたくし》のところへ、問題《もんだい》を持《も》つて來《く》る多《おほ》くの奥《おく》さんは、實《じつ》に認識不足《にんしきふそく》です。この間《あひだ》も離婚《りこん》のことで、奥《おく》さん自身《じしん》の氣持《きもち》を訊《き》くと、『自分《じぶん》は、一緒《いつしよ》にゐたいやうな氣《き》もするが、周圍《しうゐ》が煩《うるさ》く言《い》ふので、別《わか》れようかと思《おも》ひます。別《わか》れろといふ人《ひと》もあり、別《わか》れてはならぬといふ人《ひと》もあつて、私《わたし》には判《わか》らないから、警視廳《けいしちやう》へお任《まか》せしませう。』には、一體誰《いつたいたれ》のことだか、唖然《あぜん》としてしまひました。

平素《へいそ》の良人《をつと》に對《たい》する眞意《しんい》、人妻《ひとづま》としての覺悟《かくご》は、どこにあるかと言《い》ひたくなりますね。

これほど極端《きよくたん》ではなくても、今《いま》の若《わか》い奥《おく》さんに、娘《むすめ》さんとの區別《くべつ》が見《み》えないのは、一《ひと》つには妻《つま》としての認識《にんしき》が足《た》らず、腹《はら》が据《すわ》つてないためではないかとも思《おも》ひます。

人妻《ひとづま》としての意識《いしき》が、自然《しぜん》と外《そと》に表《あらは》れ、人妻《ひとづま》らしく見《み》えることが一番《いちばん》望《のぞ》ましいことは、精神《せいしん》なしの形式的《けいしきてき》區別《くべつ》が、何等《なんら》誘惑《いうわく》の防禦《ばうぎよ》にはならないことからも言《い》へませう。

心《こゝろ》に區別《くべつ》をつけよ

遞信大臣
永井柳太郎氏夫人　永井次代《ながゐつぎよ》

區別《くべつ》がなくなつたとはいへ、心持《こゝろもち》さへできれば、どこかに奥樣《おくさま》らしいところができて來《く》るものですから、わざ〱外《そと》から區別《くべつ》を押しつけなくてもよいのではないでせうか。

(永井次代夫人)

誰方《どなた》でも、袖丈《そでたけ》を詰《つ》めたり、赤《あか》いものを減《へ》らしたりして來《き》ますし、あまり若々《わか〱》しい派手《はで》な樣子恰好《やうすかつかう》は、何《なん》となく自《じ》分自身《ぶんじしん》に對《たい》しても恥《はづ》しく、自然《しぜん》と區《く》別《べつ》ができてまゐりますから、まづ心《こゝろ》持《もち》にはつきりと區別《くべつ》をつけて頂《いたゞ》くことが大切《たいせつ》でせう。

昔《むかし》、鐵漿《かね》とか眉《まゆ》とかで外見上《がいけんじやう》の區《く》別《べつ》をつけたのは、戰爭《せんさう》に出《で》たり、德《とく》川時代《がはじだい》なら、參覲交代《さんきんかうたい》などがあつて良人《をつと》が留守《るす》になるときが多《おほ》かつたので、誰《だれ》の目《め》からも人妻《ひとづま》だと見《み》えるやうにしたので、今《いま》は、自覺《じかく》さへ持《も》つて頂《いたゞ》けば、無理《むり》に標《しるし》をつけなくてもよいと思《おも》ひます。しかし、あまり奥《おく》樣《さま》らしくない方《かた》に對《たい》して言《い》はれる、『奥樣《おくさま》のくせに、お孃樣《ぢやうさま》らしくして……』といふ言葉《ことば》は、決《けつ》して賞《ほ》められたのではなく、或《あ》る程度《ていど》までさげすまれ、家庭生活《かていせいくわつ》の健全《けんぜん》さも疑《うたが》はれがちの氣持《きもち》があることを、忘《わす》れてはならないでせう。

たゞ、享樂《きやうらく》のためとか、そんな不《ふ》純《じゆん》な氣持《きもち》で、わざ〱お孃樣《ぢやうさま》らしくするのは、その根本《こんぽん》の氣持《きもち》からいけないと思《おも》ひます。

丸《まる》髷《まげ》千兩《りやう》

基督教婦人矯風會理事 評論家 久布白落實《くぶしろおちみ》

(久布白落實女史)

指輪《ゆびわ》程度《ていど》のものでも、何《なに》か區別《くべつ》をつけた方《はう》が、接《せつ》する男性《だんせい》の邪心《じやしん》を抑《おさ》へるだけでなく、自《じ》分自分《ぶんじぶん》の氣持《きもち》を人妻《ひとづま》らしくして、自分《じぶん》の迷《まよ》ひを抑《おさ》へるためにもよいと思《おも》ひます。

丸髷《まるまげ》千兩《りやう》といつて、人妻《ひとづま》の象徴《しやうちやう》であつた丸髷《まるまげ》も、この頃《ごろ》はなくなりましたが、これに代《かは》る新時代《しんじだい》に適當《てきたう》したもので、區別《くべつ》をつけることはよいでせう。

結婚《けつこん》の指輪《ゆびわ》は、さう高價《かうか》なものでもなく、嵌《は》めてゐたからとて、仕事《しごと》の邪魔《じやま》になるものでもありませんから、お勸《すゝ》めしてよいと思《おも》ひます。

西洋人《せいやうじん》が、ミスかミセスかはつきり書《か》くやうに、日本《にほん》の婦人《ふじん》も、何々《なに〱》夫人《ふじん》といふ意味《いみ》のことを、手紙《てがみ》などにも書《か》き添《そ》へた方《はう》が、何《なに》かにつけて物事《ものごと》が秩序立《ちつじよだ》つて、いゝのではないでせうか。

男女《だんぢよ》とも區別《くべつ》をつけよ

元文部大臣鳩山一郎氏夫人 鳩《はと》山《やま》薫子《かをるこ》

(鳩山薫子夫人)

この頃《ごろ》、私《わたくし》がお仲人《なかうど》する人《ひと》たちの中《なか》には、指輪《ゆびわ》の交換《かうくわん》をしない人《ひと》は殆《ほとん》どございません。

私《わたくし》の母《はは》は五《いつ》つの德《とく》を表《あらは》したピンを襟《えり》につけ、これを身《み》につけてゐると、この五《いつ》つの德《とく》をいつも心《こゝろ》につけてゐるやうで、反省《はんせい》させられると申《まを》してゐましたが、同《おな》じやうな意味《いみ》で、結婚《けつこん》したらピンをつけるのもいゝでせう。たゞ心《こゝろ》さへ表《あらは》せばよいのですから、高價《かうか》なものでなくても、何《なん》でもよいわけです。

たゞ指輪《ゆびわ》なり、ピンなりで、未婚《みこん》者《しや》か既婚者《きこんしや》かの區別《くべつ》をつけるとすれば、それは婦人《ふじん》だけでなく、男女《だんぢよ》ともにつけて頂《いたゞ》きたいと思《おも》ひます。そして、それを見《み》る毎《ごと》に、妻《つま》ある身《み》だ良人《をつと》ある身《み》だと反省《はんせい》の材料《たね》になるばかりでなく、外部《ぐわいぶ》の人《ひと》も、自《おのづか》ら接《せつ》する心持態度《こゝろもちたいど》が違《ちが》つて來《き》ませう。

殊《こと》に、家庭婦人《かていふじん》ならともかく、澤《たく》山《さん》の人々《ひと〲》に接《せつ》することの多《おほ》い職業婦《しよくげふふ》人《じん》の場合《ばあひ》は、はつきりと人妻《ひとづま》を表《あらは》す指輪《ゆびわ》か、何《なに》かをつけておいた方《はう》が、その標《しるし》が守護神《しゆごじん》ともなり、相手《あいて》の人《ひと》に變《へん》な氣持《きもち》を起《おこ》させることを防《ふせ》ぐと同時《どうじ》に、自分自身《じぶんじしん》の反省《はんせい》を促《うなが》すものとなつてよいでせう。殊《こと》に、日本人《にほんじん》は、人妻《ひとづま》となると、男女《だんぢよ》ともに或《あ》る種《しゆ》の尊敬《そんけい》と重味《おもみ》とをもつて、接《せつ》してくれがちですから、誘惑防禦《いうわくぼうぎよ》の一方《はう》便《べん》にはなると思《おも》ひます。

123　「避暑地の誘惑あの手この手を語る鎌倉警察官の現地座談会」　横山享、海老原利蔵 ほか
『主婦之友』昭和12年8月1日

避《ひ》暑《しよ》地《ち》の誘《いう》惑《わく》あの手《て》この手《て》を語《かた》る
鎌《かま》倉《くら》警《けい》察《さつ》官《くわん》の現《げん》地《ち》座《ざ》談《だん》會《くわい》
兩《りやう》親《しん》や先《せん》生《せい》も知《し》らない海《かい》水《すゐ》浴《よく》場《ぢやう》の男《だん》女《ぢよ》の行《ぎやう》状《じやう》―

鎌倉警察署長　横《よこ》山《やま》亨《とほる》
特高係　海《え》老《び》原《はら》利《とし》藏《ざう》
刑事係巡査部長　岡《をか》部《べ》貞《さだ》次《じ》郎《らう》
巡査部長　遠《ゑん》藤《どう》明《あきら》
巡査　篠《しの》金《きん》作《さく》
司會　本《ほん》誌《し》特《とく》派《は》記《き》者《しや》

上流家庭當《じやうりうかていあ》てにならず

海老原　また海水浴《かいすゐよく》が始《はじ》まりますな。鎌倉《かまくら》の商人《しやうにん》達《たち》はもうハリキッてゐますが、私《わたし》ども、職業柄《しよくげふがら》、毎年季節《まいねんシーズン》が來《く》ると憂鬱《いううつ》になりますよ。

篠　何《なに》しろ、常時《じやうじ》の三倍以上《ばいいじやう》に人口《じんこう》が膨脹《ばうちやう》するのに、私《わたし》どもは常時《じやうじ》の人數《にんず》で、不良狩《ふりやうが》りや夜《よる》の密行《みつかう》が、連日連夜《れんじつれんや》ですからね。

記者　一體《たい》どのくらゐ集《あつ》まるんですか？

海老原　ザット十萬《まん》ですな。海《うみ》は大《たい》して美《うつく》しい海

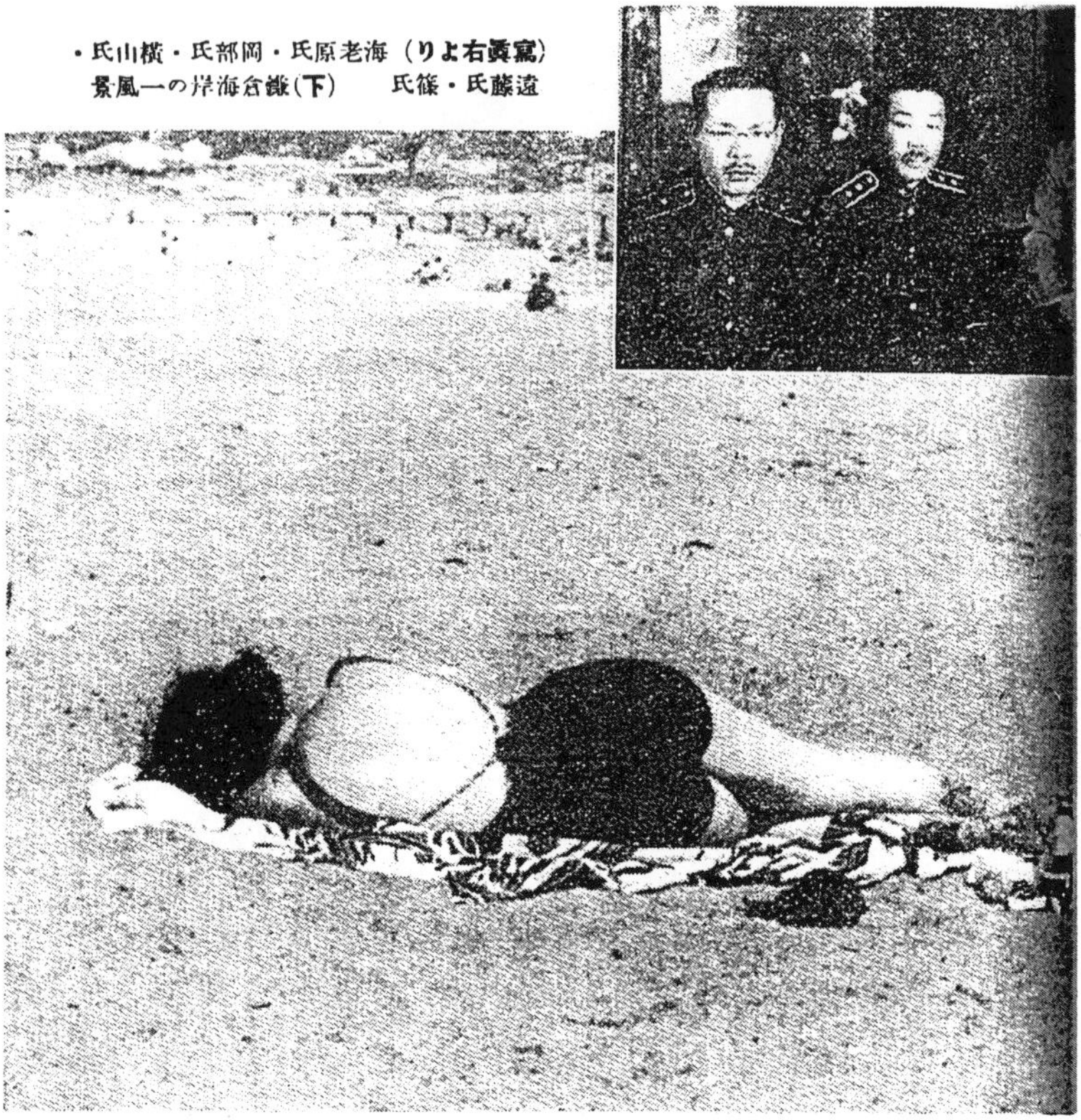

（寫眞右より）海老原氏・岡部氏・横山氏・遠藤氏・篠氏　（下）鎌倉海岸の一風景

でもないんですが、名《な》が通《とほ》つてゐるので、我《われ》も我《われ》もと鎌倉《かまくら》へ押寄《おしよ》せて來《き》ます。

横山　だから、鎌倉《かまくら》のことを話《はな》せば、日本《にほん》の避暑《ひしよ》地《ち》の風紀《ふうき》を話《はな》したことになりますよ。

記者　それでは、一《ひと》つ始《はじ》めさせて頂《いただ》きます。夏鎌《なつかま》倉《くら》に集《あつ》まる青年男女《せいねんだんぢよ》の行狀《ぎやうじやう》――青年男女《せいねんだんぢよ》だけではなく、不良老年《ふりやうらうねん》も有閑《いうかん》マダムもあるでせうが、警察官《けいさつかん》として、多年視察《たねんしさつ》せられた事實《じじつ》の中《なか》から、世《よ》の兩親《りやうしん》や先生《せんせい》も氣《き》のついてゐないやうな、意外《いぐわい》な行狀《ぎやうじやう》や陷穽《かんせい》を、お話《はな》し願《ねが》ひたいと思《おも》ひます。

横山　私《わたし》は鎌倉《かまくら》といふ土地《とち》について、こんな風《ふう》に考《かんが》へてゐるんですがね。鎌倉《かまくら》へ來《き》て間違《まちが》ひを犯《をか》す原因《げんいん》の一《ひと》つには、鎌倉《かまくら》へ來《く》るほどの人《ひと》なら必《かなら》ず相當《さうたう》の家庭《かてい》で、信用《しんよう》がおける人《ひと》たらうといふ誤解《ごかい》が、あると思《おも》ふんです。

東京《とうきやう》や横濱《よこはま》の上流《じやうりう》の人《ひと》が、多勢《おほぜい》入り込《こ》んでゐることは事實《じじつ》ですが、上流《じやうりう》なんていふものは、その道《みち》では當《あ》てになる存在《そんざい》ではないし、從《したが》つてそれを逆用《ぎやくよう》する與太者《よたもの》が跳梁《てうりやう》することになるんです。

岡部　鎌倉《かまくら》へ避暑《ひしよ》に來《く》るほどの人《ひと》なら大丈夫《だいぢやうぶ》たらうといふやうな考《かんが》へは、一番危險《ばんきけん》ですな。さういふ單純《たんじゆん》な考《かんが》へ方《かた》をする人《ひと》は、特《とく》に婦人《ふじん》の方《はう》に

125　「避暑地の誘惑あの手この手を語る鎌倉警察官の現地座談会」　横山享、海老原利蔵 ほか
『主婦之友』昭和12年8月1日

見《み》ず知《し》らずの男《をとこ》から、ボートに乘《の》れと誘《さそ》はれて、その誘《さそ》ひに乘《の》る女《をんな》なら、彼等《かれら》の陰謀《いんぼう》に必《かなら》ず引《ひ》つかゝる女《をんな》です。（横山氏談《よこやましだん》）

多《おほ》いです。娘《むすめ》よりも母親《はゝおや》の方《はう》が先《さき》に誘惑《いうわく》されてしまつてゐる――

裸《ら》體《たい》を見《み》に來《く》る男《をとこ》

海老原　鎌倉《こゝ》へやつて來《く》る人《ひと》は、海水《かいすゐ》に浸《ひた》る以《い》外《ぐわい》に、他《ほか》に、或《あ》る目的《もくてき》を持《も》つて來《く》る人《ひと》が多《おほ》いと思《おも》ふ。

記者　目的《もくてき》と言《い》ひますと？

海老原　つまり、裸體《らたい》を享樂《きやうらく》しに來《く》るんです。異性《いせい》の裸體《らたい》を、こゝでは大《おほ》ッピラに見《み》られる――それは海水浴場《かいすゐよくぢやう》ならどこでも同《おな》じですけれども、鎌倉《かまくら》は特《とく》に若《わか》い美《うつく》しいところが多《おほ》勢集《ぜいあつ》まる――まあ男《をとこ》なら正直《しやうぢき》なところ、誰《だれ》でもさういふ氣《き》持《も》ちやありませんか。

遠藤　女《をんな》の方《はう》でも、裸體《らたい》を見《み》せに來《く》るとしか思《おも》はれないやうな手合《てあ》ひが相當《さうたう》ゐます。去年《きよねん》もたうとう一夏中《ひとなつぢう》、一ぺんも海水《かいすゐ》に浸《ひた》らずに、毎日水着《まいにちみづぎ》のマネキンみたいに、海岸《かいがん》をノシ歩《ある》いてゐるのがありました。

篠　海水《かいすゐ》の季節《きせつ》になると、鎌倉《かまくら》の町全體《まちぜんたい》を海水《かいすゐ》浴場《よくぢやう》と心得《こゝろえ》て、水着《みづぎ》のまゝで道路《だうろ》を徘徊《はいくわい》してエロを發散《はつさん》して歩《ある》くので、制服《せいふく》の巡査《じゆんさ》も木石《ぼくせき》でないから、なか〳〵制止《せいし》し切《き》れません。見《み》るに見《み》かねて注意《ちうい》を與《あた》へても、赤《あか》くなつて恥《は》入《い》るやうな女《をんな》は、近頃《ちかごろ》ありませんね。反對《はんたい》に、かういふ恰好《かつかう》が何故《なぜ》惡《わる》い、といふやうな態度《たいど》を示《しめ》すですよ。

記者　そんなのは、どういふ種類《しゆるゐ》の女《をんな》ですか。

海老原　必《かなら》ずしも女給《ぢよきふ》やダンサーばかりぢやありません。良家《りやうか》の子女《しぢよ》にも相當《さうたう》あります。

岡部　第《だい》一、近頃《ちかごろ》は良家《りやうか》の子女《しぢよ》と商賣女《しやうばいをんな》のケヂメがつかなくなりましたよ。殊《こと》に水着《みづぎ》だけだと全《まつた》く判《わか》らんです。

遠藤　だから男《をとこ》は、良家《りやうか》の子女《しぢよ》を商賣女《しやうばいをんな》だらうと思《おも》つて手《て》を出《だ》す、商賣女《しやうばいをんな》は良家《りやうか》の子女《しぢよ》に化《ば》けて男《をとこ》を釣《つ》るといふことになる――

横山　商賣女《しやうばいをんな》が素人《しろうと》に化《ば》けるのは已《や》むを得《え》ないとしても、素人《しろうと》の娘《むすめ》さんや奧《おく》さんは、やつぱり素人《しろうと》らしくして貰《もら》ひたいですな。

ボートに誘《さそ》ふ手《て》

岡部　貸《かし》ボートといふ奴《やつ》が曲者《くせもの》ですよ。

篠　さう、古《ふる》くさい手《て》だけれども、不良《ふりやう》に言《い》はせると、一番手《ばんてつ》取《と》り早《はや》くて成功率《せいこうりつ》が多《おほ》いさうです。實際《じつさい》、いろんな事件《じけん》を調《しら》べてみても、ボートが取《と》り持《も》つ緣《えん》はなか〳〵多《おほ》い。

若《わか》い男《をとこ》がボートに乘《の》らうとするとき、その附近《ふきん》に女學生《ぢよがくせい》でもゐると、男《をとこ》はきつと、『乘《の》りませんか。』と聲《こゑ》をかける。すると女同志《をんなどうし》で、『厭《いや》だわ。』とか、『いゝぢやないの。』とか言《い》つてゐる間《あひだ》に、相談《さうだん》が纏《まと》まつて、結局《けつきよく》一緒《しよ》に乘《の》つてしまふ。一度《ど》さういふことがあると、もう百年《ねん》の知己《ちき》みたいになつて、それからずうつと後《あと》を引《ひ》いて、悲劇《ひげき》になる。稀《まれ》にはそれが

縁《えん》で幸福《かうふく》になるものもあるでせうが——

遠藤 悲劇《ひげき》になるのは、ずうつと後《のち》のことですね。結果《けつくわ》の現《あらは》れるのは秋《あき》になつてからですよ。

記者 中學生《ちうがくせい》や女學生《ぢよがくせい》で、休暇《きうか》が濟《す》んでも學校《がくかう》へ出《で》て來《こ》なかつたり、二學期《がくき》になつてから退《たい》學《がく》したりする者《もの》が多《おほ》いのは、やつぱりさういふ事情《じじやう》からなんですね。

横山 私《わたし》どもは、警察《けいさつ》の問題《もんだい》になつてゐるのはごく小部分《せうぶぶん》だと思《おも》ふ。悲劇《ひげき》になつても警察問《けいさつもん》題《だい》にならないのは、私《わたし》どもは手《て》がつけられないわけですからね。

偶然《ぐうぜん》ボールがそこへ飛《と》んで行《い》つたやうに女《をんな》のゐるところへ投《な》げるんです。すると、大抵《たいてい》の女《をんな》がそれを投《な》げ返《かへ》す。即《すなは》ちモーションに應《おう》ずることになつて、それがチャンスになつて交渉《かうせふ》が始《はじ》まる。（篠氏談《しのしだん》）

海老原 女《をんな》を何《なん》とかしようとするときには、まづ最初《さいしよ》に當《あた》りをつける必要《ひつえう》がある。ところがこの海水浴場《かいすゐよくぢやう》といふところは、當《あた》りが非常《ひじやう》につけ易《やす》いんです。

電車《でんしや》の中《なか》ぢや、あいつを物《もの》にしてやらうと思《おも》つても、ちよつと手《て》が出《だ》せないでせう。それが海水浴場《かいすゐよくぢやう》では、ちよつと試《ため》してみることができるんです。皆《みん》なの心《こころ》が非常《ひじやう》に開放的《かいはうてき》になつてゐて、彈《はず》んでゐるので、冗談《じやうだん》のやうにして小手調《こてしら》べをしてみるんです。

横山 人目《ひとめ》が多《おほ》いでせう、人目《ひとめ》が多《おほ》すぎるといふのは、結局誰《けつきよくだれ》も見《み》てゐないのと同《おな》じことになります。そして、來《き》てゐる人間《にんげん》が同《おな》じ穴《あな》の狢《むじな》みたいなもので、すべての點《てん》でやり易《やす》いんですよ。

岡部 つまり、からかふ方《はう》もからかひ易《やす》いし、からかはれても深刻《しんこく》に響《ひゞ》かない。人《ひと》の多勢《おほぜい》集《あつ》まるところの共通《きようつう》の心理《しんり》で、そこが面白《おもしろ》いところでせうが、間違《まちが》ひもまたそこから起《おこ》るわけでせう。

不良《ふりやう》の女《をんな》に用心《ようじん》

大學生《だいがくせい》といふ、外見《ぐわいけん》にだまされる女《をんな》が非常《ひじやう》に多《おほ》いのです。それが、必《かなら》ずしも無教育《むけういく》な女《をんな》ばかりぢやないんですよ。（横山氏談《よこやましだん》）

横山 見《み》ず知《し》らずの男《をとこ》からボートに乘《の》れと誘《さそ》はれて、その誘《さそ》ひに乘《の》る女《をんな》なら、彼等《かれら》の陰謀《いんぼう》に必《かなら》ず引《ひ》つかゝる女《をんな》です。これは女《をんな》を試《ため》すのに非常《ひじやう》によい方法《はうはふ》だと思《おも》ひます。不良《ふりやう》に手《て》を敎《をし》へるやうなことになりますがね——

しかし女《をんな》にも、相當《さうたう》のしたゝか者《もの》が入《はひ》り込《こ》

日本《にほん》の若《わか》い女《をんな》の中《なか》には、外人《ぐわいじん》を盲信《まうしん》してゐるのが多《おほ》いですな。外人《ぐわいじん》と腕《うで》を組《く》んで、いかにも誇《ほこ》らしげに海岸《かいがん》をノシ歩《ある》いてゐる。（篠氏談《しのしだん》）

んでゐますよ。良家《りやうか》の子女《しぢよ》の風《ふう》を装《よそほ》つて、美貌《びばう》を種《たね》に、しやなり〳〵と坊《ぼつ》ちやんを釣《つ》らうとして、いろんな計畫《けいくわく》を企《たくら》んでゐます。

こんなことがありました。或《あ》る世間《せけん》知らずの良家《りやうか》の坊《ぼつ》ちやんが海岸《かいがん》を散歩《さんぽ》してゐたところが、岩《いは》の上《うへ》に一人《ひとり》の令嬢風《れいぢやうふう》の女《をんな》が、しよんぼり海《うみ》を眺《なが》めてゐる。それが非常《ひじやう》に優美《いうび》なんですね。この坊《ぼつ》ちやん、憧《あこが》れるやうな眼《め》つきで女《をんな》の方《はう》を見《み》てゐたんでせう――詳《くは》しいことは判《わか》りませんが、ふと二言《ふたこと》三言《みこと》話《はな》してゐるうちに誘《さそ》はれて、その女《をんな》の借《か》りてゐる家《うち》へ行《い》つたらしいんです。

そして、誘《さそ》はれるまゝに危《あやふ》く一夜《や》の夢《ゆめ》を結《むす》ばうとしたときに、一人《ひとり》の男《をとこ》が踏《ふ》み込《こ》んで來《き》て『おい、青《あを》いの、俺《おれ》の女房《にようばう》に何《なに》をする。』といふわけでやることが頗《すこぶ》る大時代《おほじだい》ですが、謂《いは》ゆる美人局《つゝもたせ》に引《ひ》つかゝつたわけですね。

こんなこともあるんですから、女《をんな》の子《こ》だけではなく、男《をとこ》の子《こ》も、相當《さうたう》用心《ようじん》する必要《ひつえう》があります。

遠藤 昨年《さくねん》は二十一と二十三になる姉妹《きやうだい》が、一《ひと》夏《なつ》一軒《けん》借りて、毎晩《まいばん》、男《をとこ》を引《ひ》き入《い》れてゐました。女《をんな》を尾行《びかう》してたうとう發見《はつけん》して、鎌倉《かまくら》から追拂《おつぱら》ひましたが、賣笑婦《ばいせうふ》だつたんですね。

强烈《きやうれつ》な海《うみ》の刺戟《しげき》

篠 私《わたし》の永年《ながねん》の經驗《けいけん》では、モーションに應《おう》ずるのが、誘惑《いうわく》に引《ひ》つかゝる動機《どうき》になると思《おも》ふんですが――

モーションにもいろ〳〵あるが、ゴムマリを投《な》げつけるといふことをよくやりますね。偶然《ぐうぜん》、ボールがそこへ飛《と》んで行《い》つたやうに、女《をんな》のゐるところへ投《な》げるんです。すると、大《た》抵《い》の女《をんな》がそれを投《な》げ返《かへ》す、卽《すなは》ちモーションに應《おう》ずることになつて、それがチャンスになつて交渉《かうせふ》が始《はじ》まる――

親《おや》は、さういふ男《をとこ》との附《つ》き合《あ》ひを、あまりやかましく言《い》はないのです。どこそこの坊《ぼつ》ちやんだから交際《かうさい》しても損《そん》はない、といふやうな、さもしい根性《こんじやう》を親《おや》が持《も》つてゐて、娘《むすめ》たちが男《をとこ》に近《ちか》づくのを大目《おほめ》に見《み》てゐる。去年《きよねん》も、或《あ》る役所《やくしよ》の局長《きよくちやう》の息子《むすこ》さんだといふので、娘《むすめ》のところへ遊《あそ》びに來《き》たのを平氣《へいき》で泊《と》めてゐるのがありました。

海老原 皆《みん》な親《おや》の虚榮心《きよえいしん》からですよ。別莊《べつさう》を構《かま》へてゐるくらゐの家《うち》の息子《むすこ》だからといつて、娘《むすめ》の賣口《うれくち》まで勘定《かんぢやう》に入《い》れて、娘《むすめ》を自由《じいう》にさせておくんです。

岡部 私《わたし》は經驗上《けいけんじやう》、こんなことを感《かん》じてゐるんですがね。以前《いぜん》東京《とうきやう》なり横濱《よこはま》なりで許婚《いひなづけ》とか戀愛《れんあい》とかの間柄《あひだがら》にある男女《だんぢよ》が、一緒《しよ》に海水浴場《かいすゐよくぢやう》に來《く》ると、互《たが》ひに挑發《てうはつ》されるといふのか、情熱《じやうねつ》が燃《も》え上《あが》るといふのか、海水浴場《かいすゐよくぢやう》の宿屋《やどや》なんかで、肉體關係《にくたいくわんけい》を結《むす》ぶやうになるのが多《おほ》いんですな。

良家《りやうか》の子女《しぢよ》が、あたりまへにゆけば幸福《かうふく》な結婚《けつこん》ができるのに、婚前《こんぜん》に一時《じ》の欲望《よくばう》から肉《にく》體關係《たいくわんけい》を結《むす》んで姙娠《にんしん》して、良家《りやうか》の子女《しぢよ》であるがために不幸《ふかう》になつたといふ實例《じつれい》を、私《わたし》は少《すくな》からず知《し》つてゐます。

海老原 オゾンの多《おほ》い海岸《かいがん》で半裸體《はんらたい》の男女《だんぢよ》が群《むら》つてをると、何《なに》か強烈《きやうれつ》なものが發散《はつさん》されるらしいですね。老人《らうじん》には若返《わかがへ》りになりますが、若《わか》い元氣《げんき》な者《もの》はよほど緊《し》めてかゝらないと、刺戟《しげき》に負《ま》けるんですよ。

横山 よく親達《おやたち》は、夜《よる》の映畫見物《えいぐわけんぶつ》は不安《ふあん》だといつて娘《むすめ》を出《だ》さないけれども、海水浴《かいすゐよく》は晝間《ひるま》だからと安心《あんしん》して出《だ》してやる。ところが、私《わたし》どもの見《み》た目《め》では、映畫見物《えいぐわけんぶつ》よりも挑發的《てうはつてき》な海《かい》水浴場《すゐよくぢやう》の方《はう》が、よつぽど危險《きけん》ですよ。やつぱり年頃《としごろ》の娘《むすめ》さんには、誰《だれ》か附人《つけびと》をつけてやるのが安全《あんぜん》です。

水泳《すゐえい》教師《けうし》を警戒《けいかい》せよ

篠 水泳教師《すゐえいけうし》の問題《もんだい》があります。去年《きよねん》の夏《なつ》、本《ほん》職《しよく》は中學《ちゆうがく》の體操《たいさう》の先生《せんせい》で、五六軒《けん》の良家《りやうか》に出《で》入《はい》りしては、そこの奧《おく》さんやお孃《ぢやう》さんに水泳《すゐえい》を敎《をし》へてゐた男《をとこ》がありました。

この先生《せんせい》が怪《け》しからん奴《やつ》で、水泳《すゐえい》を敎《をし》へながらだん〳〵沖《おき》の方《はう》へ引《ひ》つぱつて行《い》つて、人《ひと》目《め》の屆《とど》かぬところへ來《く》ると、キッスを強要《きやうえう》するんです。女《をんな》は、海《うみ》の眞中《まんなか》で、二進《につち》も三進《さつち》もならないものだから、已《や》むなく彼《かれ》の要求《えうきう》を容《い》れてしまふ。

或《あ》る奧《おく》さんが私《わたし》にそれを訴《うつた》へて來《き》たんですが、『そのときはどうにも退《の》つぴきならなかつたので、キッス以上《いじやう》のことでも承諾《しようだく》するやうなことを言《い》つて、ともかくその場《ば》を遁《のが》れました。』と言《い》つてゐました。内偵《ないてい》してみると、片《かた》端《つぱし》からその手《て》を用《もち》ひてをつて、被害者《ひがいしや》は大抵《たいてい》良家《りやうか》の婦人《ふじん》ですから、外聞《ぐわいぶん》を憚《はゞか》つて泣き寢入《ねい》りしてゐたんですね。

男《をとこ》の子《こ》ならいゝですが、娘《むすめ》につけてやる水《すゐ》泳教師《えいけうし》は、親《おや》がよほど選擇《せんたく》してやらないと危《あぶ》いですよ。

遠藤　水泳教師《すゐえいけうし》は大抵《たいてい》若《わか》い男《をとこ》で、體格《たいかく》も立派《りつぱ》だから、泳《およ》げない女《をんな》なんかから見《み》れば、確《たし》かに一《ひと》つの魅力《みりよく》なんでせう。一般《ぱん》に、海水浴場《かいすゐよくぢやう》では、泳《およ》ぎ自慢《じまん》の男《をとこ》ほど、軟派《なんぱ》の不良《ふりやう》を働《はたら》くやうです。

記者　軟派《なんぱ》の不良《ふりやう》には、どういふ職業《しよくげふ》の男《をとこ》が多《おほ》いんですか。

横山　僞大學生《にせだいがくせい》か眞正《しんせい》の大學生《だいがくせい》か、ともかくも大學《だいがく》の制服《せいふく》を着《き》た男《をとこ》が、一般《ぱん》に惡《わる》いことをやりますね。女《をんな》が大學《だいがく》の金《きん》ボタンに引《ひ》つかゝるんですよ。

記者　大學生《だいがくせい》なんていふものゝ價値《かち》は、もうよほど下落《げらく》してゐるはずなんですがね。

横山　私《わたし》もさう思《おも》ふんですけれども、實際《じつさい》は大《だい》學《がく》といふ外見《ぐわいけん》に瞞《だま》される女《をんな》が、非常《ひじやう》に多《おほ》いですね。それが必《かな》ずしも無教育《むけういく》な女《をんな》ばかりぢやないんですよ。女《をんな》の方《はう》がよほど賢《かしこ》さうに見《み》えるのに、他愛《たわい》なく瞞《だま》されてゐます。彼女等《かのぢよら》は大學生《だいがくせい》といへば一應信頼《おうしんらい》してみるんですな。私《わたし》は反對《はんたい》だと思《おも》ふんです。大學《だいがく》の制服《せいふく》を着《き》てゐる男《をとこ》は、一應《おう》は疑《うたが》つてみるべきだと思《おも》ふんです。こんなことを言《い》ふと大學當局《だいがくたうきよく》から叱《しか》られるか知《し》れませんが、何《なに》しろ、運轉手《うんてんしゆ》から香《テ》具師《キヤ》にいたるまで、大學《だいがく》の服《ふく》を着《き》てゐるんですからね。

『あなたとてもいゝスタイルです。ちよつと一枚《まい》だけ撮《と》らせてくれませんか。』などゝ言《い》ひ寄《よ》られると、大抵《たいてい》の女《をんな》が撮《と》らせる。それが原因《げんいん》で誘惑《いうわく》される。（横山氏談《よこやましだん》）

篠　どうも警官《けいくわん》の金《きん》ボタンには唾液《つば》も引《ひ》つかけてくれないが、大學《だいがく》の金《きん》ボタンには甘《あま》いもんですな。（笑聲）

外人《ぐわいじん》に憧《あこが》れる女達《をんなたち》

記者　不良老年《ふりやうらうねん》の行狀《ぎやうじやう》はどんなものでせう。

遠藤　不良老年《ふりやうらうねん》の活動《くわつどう》もまた、相當《さうたう》なもんですな。私《わたし》永年《ながねん》鎌倉《かまくら》にゐますので、鎌倉《かまくら》の不良《ふりやう》老年《ねん》はかなり詳《くは》しく知《し》つてゐますが、彼等《かれら》は財力《りよく》を武器《ぶき》としてやつてをるです。金《かね》の力《ちから》に物《もの》を言《い》はせるんです。豪奢《がうしや》な生活《せいくわつ》をして、それを女達《をんなたち》に見《み》せびらかし、虚榮心《きよえいしん》の強《つよ》い女《をんな》を釣《つ》るんです。

海老原　どういふものですか近頃《ちかごろ》の若《わか》い女《をんな》は、ガッチリしてゐるといふのか、贅澤《ぜいたく》をさせてくれるなら、老人《としより》でも目《め》つかちでも構《かま》はんといふのが、増《ふ》えたやうですな。

岡部　不良老年《ふりやうらうねん》のやることは、充分《じうぶん》な分別《ふんべつ》と金《きん》力《りよく》でやるので、なか〳〵警察問題《けいさつもんだい》にならんのが齒痒《はがゆ》いですよ。金《かね》で物《もの》にして金《かね》で捨《す》てるんですから、合意《がふい》の上《うへ》でやつたことで、たとへ女《をんな》が悲劇《ひげき》の主人公《しゆじんこう》になつても自業自得《じごふじとく》で、警《けい》察《さつ》ではどうにもしやうがありません。殘念《ざんねん》ですけれども――

横山　篠君《しのくん》、外人《ぐわいじん》の狀況《じやうきやう》はどんな風《ふう》かね。

篠　これも油断《ゆだん》のならん存在《そんざい》ですね。日本《にほん》の若《わか》い女《をんな》の中《なか》には、外人《ぐわいじん》を盲信《まうしん》してゐるのが多《おほ》いですな。かう外人《ぐわいじん》と腕《うで》を組《く》んで、いかにも誇《ほこ》らしげに海岸《かいがん》をノシ歩《ある》いてゐるのを見《み》ると、實《じつ》に癪に障《さは》るです。

横山　外人《ぐわいじん》は女《をんな》に見《み》えすいた親切《しんせつ》をするが、日《に》本《ほん》の女《をんな》は常《つね》に男《をとこ》から冷酷《れいこく》にされつけてゐるので、外人《ぐわいじん》から親切《しんせつ》にされるとすぐ參《まゐ》つてしまふらしいですな。

なるほど我々《われわれ》日本人《にほんじん》は、女房《にようばう》なんかに對《たい》しては冷淡《れいたん》に振舞《ふるま》ふけれども、その心情《しんじやう》に至《いた》つては、決《けつ》して外人《ぐわいじん》に一歩《いつぽ》も譲《ゆづ》るものではないんですが、そこんところを日本《にほん》の女《をんな》が理解《りかい》してくれんで、外人《ぐわいじん》に血道《ちみち》を上《あ》げてゐるのを見《み》せつけられるのは、あまりいゝ氣持《きもち》ぢやないですよ。

遠藤　どうも外人《ぐわいじん》の事件《じけん》は、ちよつとしたことでも國際問題《こくさいもんだい》を惹《ひ》き起《おこ》し易《やす》いので、ついこつちも遠慮氣味《ゑんりよぎみ》になる――それをよいことにして、やつてゐるんです。

素人《しろうと》カメラマンの誘惑《いうわく》

篠　ビーチパラソルとかいふ大《おほ》きな日傘《ひがさ》がありませう。私《わたし》はあいつが流行《はや》り出《だ》してから、海《かい》水浴場《すゐよくぢやう》の風紀《ふうき》がよけい惡化《あくくわ》したと思《おも》ふんですがね。もう暫《しばら》くすると鎌倉《かまくら》の海岸《かいがん》に、毒茸《どくたけ》のやうなビーチパラソルが並《なら》ぶことでせうが、あの中《なか》で男《をとこ》と女《をんな》とが何《なに》をやつてをるか判《わか》つたものぢやありません。夫婦《ふうふ》か兄妹《きやうだい》か何《なに》か知《し》りませんが、男《をとこ》と女《をんな》とが、ずゐぶんあられもない恰好《かつかう》をやつてゐますよ。女《をんな》が男《をとこ》の身體《からだ》に足《あし》をかけたまゝ平氣《へいき》で寢《ね》そべつてをる――

さういふことをするのは、總《そう》じて上流社會《じやうりうしやくわい》

131 「避暑地の誘惑あの手この手を語る鎌倉警察官の現地座談会」 横山享、海老原利蔵 ほか
『主婦之友』昭和12年8月1日

に多《おほ》いですね。上流社會《じやうりうしやくわい》の人《ひと》は育《そだ》ちがいゝので、何事《なにごと》にも氣《き》おくれといふことを知《し》らないらしい。我々《われわれ》なら恥《はづ》しくてできないことを、人前《ひとまへ》で平氣《へいき》でやつてゐる。

海老原　近頃《ちかごろ》、アマチュアカメラマンには困《こま》るんぢやないですか。

横山『あなたとてもいゝスタイルです。ちよつと一枚《まい》だけ撮《と》らせてくれませんか。』など言《い》ひ寄《よ》られると、大抵《たいてい》の女《をんな》がいゝ氣《き》になつて撮《と》らせますよ。そして『うまく撮《うつ》つてゐたら送《おく》つてあげますから。』と言《い》はれると、ついうつかり住所《ぢうしよ》を教《をし》へてしまつて、それが原因《もと》で因《いん》縁《ねん》をつけられたり、誘惑《いうわく》されたりする。

岡部　全《まつた》くカメラは、女《をんな》に近《ちか》づくのによい武器《ぶき》ですからね。女《をんな》の方《はう》でも人《ひと》の見《み》てゐる中《なか》で、しやあ〳〵と撮《と》らせてゐますよ。

遠藤　高級《かうきふ》の小型《こがた》カメラを、海岸《かいがん》でいぢくり廻《まは》してゐるやうな男《をとこ》は、不良氣《ふりやうけ》があると睨《にら》んでもいゝですな。あれは『俺《おれ》は金廻《かねまは》りがいゝんだぞ。』といふ廣告《くわうこく》にもなつてゐるんです。

横山　對手《あひて》の氣《き》づかぬうちに勝手《かつて》に撮《と》つて、その女《をんな》から寫眞《しやしん》を貰《もら》つたやうに言《い》ひ觸《ふ》らしてゐるのは、まだ罪《つみ》が淺《あさ》いが、寫眞《しやしん》と一緒《しよ》に、ラヴ・レターを附《つ》けて送《おく》るのが、最近《さいきん》の常套手段《じやうたうしゆだん》ですな。

篠　夏《なつ》も終《をは》りに近《ちか》づいて、引揚《ひきあ》げ時《どき》になると、不良行爲《ふりやうかうゐ》がとつと目立《めだ》つて増《ふ》えて來《く》るやうですね。

記者　それは何故《なぜ》でせう？

篠　お互《たが》ひの交渉《かうせふ》が、一段《だん》と深《ふか》く進《すゝ》んで來《く》るからですね。

横山　いろ〳〵の結果《けつくわ》が表面化《へうめんくわ》する――

遠藤　海水浴《かいすゐよく》も終末《しうまつ》に近《ちか》づくので、皆《みん》な先《さき》を急《いそ》ぐんでせう。

横山　そして秋《あき》になつてから、お腹《なか》が大《おほ》きくなつたり、退學《たいがく》したり、心中《しんぢう》したり――尤《もつと》も中《なか》には案外幸福《あんぐわいかうふく》にゆくのもあるでせうがね。どつちみち、鎌倉《かまくら》の警察《けいさつ》で扱《あつか》はれるのは、全體《ぜんたい》の九牛《ぎう》の一毛《もう》くらゐなものでせう。

大分《だいぶ》鎌倉《かまくら》の暗黑面《あんこくめん》を語《かた》つたので、土地《とち》の人《ひと》から叱《しか》られるかも知《し》れませんが、しかし、一面《めん》鎌倉《かまくら》といふところは、非常《ひじやう》に眞面目《まじめ》なところもあるんですよ。その證據《しようこ》に、これだけの町《まち》に、藝者《げいしや》がたつた十五六人《にん》ゐるきりで、賣春婦《ばいしゆんぷ》といふものは、全然許可《ぜんぜんきよか》されないんですからね。ぜひともこれは書《か》き添《そ》へておいてください。

（六月二十日・鎌倉・香風閣にて）

（さしゑ…吉澤廉三郎《よしざはれんざぶらう》畫《ぐわ》）

女性新道

處女《しよぢよ》を失《うしな》ふとどうなるか

國府臺病院長
醫學博士 式場隆三郎

女《ぢよ》性《せい》の謎《なぞ》

女《をんな》は魔物《まもの》だといひます。女《をんな》は謎《なぞ》だとも云《い》ひます。果《はた》して女《をんな》は、そんなに正體《しやうたい》の解《わか》らないものでせうか。だが、こんな言葉《ことば》は、大抵《たいてい》男《をとこ》がつくつたのです。女《をんな》から云《い》はせれば、男《をとこ》も謎《なぞ》です、魔物《まもの》です。

この世《よ》の中《なか》の、あらゆる所《ところ》に、晝《ひる》となく夜《よる》となく、一緒《いつしよ》に住《す》んでゐる男《をとこ》と女《をんな》が、お互《たがひ》にそんなに解《わか》らないで暮《くら》してゐるのでせうか。いや、解《わか》つてゐると云《い》ひ切《き》る人《ひと》もあるでせう。だが、解《わか》つてゐるやうで、解《わか》らないのが、男《だん》女《ぢよ》の間《あひだ》です。

どんなにうまい小説《せうせつ》でも、芝居《しばゐ》でも、美術《びじゆつ》でも、男女《だんぢよ》をすべて表現《へうげん》しつくしたとは、云《い》へないでせう。イタリーの名畫家《めいぐわか》、レオナルドの描《えが》いた女性《ぢよせい》『モナ・リザ』は、千古《こ》の謎《なぞ》だと云《い》はれてゐます。だが、モナ・リザは今《いま》でも、どこにもゐるのです。その謎《なぞ》を解《と》くために、男達《をとこたち》は血《ち》みどろの努力《どりよく》をしてゐると云《い》つてもよいでせう。人間《にんげん》の歴史《れきし》は、男《をとこ》と女《をんな》の闘《とう》爭史《さうし》であり、和《わ》合史《がふし》でもあるのです。

この男女《だんぢよ》の謎《なぞ》をうまく解《と》いた人《ひと》が、この世《よ》の勝利者《しようりしや》です。私《わたし》は男《をとこ》の醫學者《いがくしや》として、今《いま》まで研究《けんきう》し、經驗《けいけん》してきたものを根據《こんきよ》にして、女性《ぢよせい》の心理《しんり》と生理《せいり》を解剖《かいばう》してみませう。私《わたし》はこれを女《をんな》の本態《ほんたい》だと信《しん》じます。これから幾月《いくつき》かに亙《わた》つて、私《わたし》は女《をんな》のこころと、女《をんな》のからだ《しんたい》について、語《かた》つてみませう。新道《しんだう》と名《な》づけたのは、今迄《いままで》これを知《し》らなかつた人々《ひとびと》にとつて、これが新《あたら》しい生活《せいくわつ》の道標《みちしるべ》にしたいと思《おも》つたからです。

男《をとこ》は何故《なぜ》處女《しよぢよ》を尊《たふと》ぶか

男《をとこ》は戀愛《れんあい》をするにも、結婚《けつこん》をするにも、まづ處女《しよぢよ》を擇《えら》びたがります。これには色々《いろいろ》な理《り》由《いう》があるでせうが、最《もつと》も重要《ぢうえう》なことは清淨《せいじやう》な女性《ぢよせい》への憧憬《あこがれ》でせう。人間《にんげん》はあらゆる生物《いきもの》の中《なか》で、最《もつと》も潔癖《けつぺき》が强《つよ》いものです。その中《なか》でも男女關係《だんぢよくわんけい》についての潔癖《けつぺき》が一番强《いちばんつよ》いのです。男《をとこ》は穢《けが》れた女《をんな》を嫌《きら》ひますし、女《をんな》は穢《けが》れた男《をとこ》を嫌《きら》ひます。これを無視《むし》する男女《だんぢよ》は、正常《せいじやう》な心理《しんり》をもつてゐないのです。そこに何《なに》か病的《びやうてき》か、我慢《がまん》せねばならない理由《わけ》があるとみねばなりません。わけても男《をとこ》が、清浄《せいじやう》な女《をんな》を欲《ほつ》することの強《つよ》いのは、何故《なぜ》でせう。

極端《きよくたん》に云《い》へば、男《をとこ》が必要以上《ひつえういじやう》に處女《しよぢよ》を尊重《そんちよう》するのは、女性《ぢよせい》の侮辱《ぶじよく》であり、男《をとこ》の横暴《わうばう》の證《しよう》據《こ》なのです。男《をとこ》が主《しゆ》で、女《をんな》が從《じう》である社會《しやくわい》では、女《をんな》は何時《いつ》も男《をとこ》の附屬物《ふぞくぶつ》であり、所有物《しよいうぶつ》であるやうにみえます。事實《じじつ》、未開時代《みかいじだい》には、女《をんな》が男《をとこ》の財産《ざいさん》の一つであつたのです。男《をとこ》はその専有慾《せんいうよく》を満足《まんぞく》させるために、女《をんな》の貞操《ていさう》を過分《くわぶん》に要求《えうきう》してゐます。男《をとこ》が處女《しよぢよ》をよろこぶ心理《しんり》の大部分《だいぶぶん》は、自分《じぶん》より低《ひく》い者《もの》を勝手《かつて》に選《えら》べる我儘《わがまゝ》であり、勝手《かつて》な潔癖《けつぺき》症《しやう》です。

もし女《をんな》が經濟的《けいざいてき》に精神的《せいしんてき》に、肉體的《にくたいてき》に、完全《くわんぜん》に解放《かいはう》され、獨《どく》立自營《りつじえい》出來《でき》る時代《じだい》が來《き》たならば、處女《しよぢよ》の價値《かち》はまるで變《かは》つてきます。男女同權《だんぢよどうけん》になつて、女《をんな》も自由《じいう》に男《をとこ》を選擇《せんたく》できるやうになつたら、今《いま》のやうに處女《しよぢよ》の價値《かち》ばかり高《たか》くて、童貞《どうてい》が安《やす》つぽい男《をとこ》の恥《はぢ》のやうな矛盾《むじゆん》はなくなるわけです。

もう一つ、男《をとこ》が處女《しよぢよ》を尊《たふと》ぶことに不合理《ふがふり》があります。それは精神的《せいしんてき》の非《ひ》處女《しよぢよ》は、あまり問題《もんだい》にしないくせに、肉體的《にくたいてき》の非《ひ》處女《しよぢよ》を穢《けが》れたものとして輕蔑《けいべつ》することです。處女《しよぢよ》は心身《しんしん》共《とも》に清浄《せいじやう》でなければ、意味《いみ》がないものですが、身體《からだ》の方《はう》だけに重《おも》きをおくのは、男《をとこ》が女《をんな》をあまりに物質的《ぶつしつてき》に考《かんが》へた封建的思想《ほうけんてきしさう》の、名殘《なごり》なのです。

もつとひどい矛盾《むじゆん》は、處女《しよぢよ》を望《のぞ》む男《をとこ》が、自《じ》分自身《ぶんじしん》は童貞《どうてい》でないことです。自分《じぶん》が童貞《どうてい》であるから、處女《しよぢよ》を求《もと》めるといふのは正《たゞ》しいでせう。だが、自分《じぶん》はもう童貞《どうてい》でなく、色々《いろ〳〵》な女《をんな》に接《せつ》した過去《くわこ》をもちながら、女《をんな》にだけは清《せい》浄《じやう》を要求《えうきう》する男《をとこ》が多《おほ》いのです。これは處女《しよぢよ》を求《もと》める資格《しかく》のない男《をとこ》です。清《きよ》らかな處女《しよぢよ》は、人類《じんるゐ》の光《ひか》りであり、尊敬《そんけい》すべきことは云《い》ふまでもありません。しかし、それを求《もと》める男《をとこ》は、やはり清浄《せいじやう》な童貞《どうてい》でなければならぬのです。男《をとこ》の童貞《どうてい》が尊重《そんちよう》されないで、かへつて恥《はぢ》のやうにみられながら、女《をんな》が處女《しよぢよ》を失《うしな》ふと、まるで價値《かち》がなくなつたやうに考《かんが》へるのは、大《おほ》きな誤《あやま》りです。

そして、身體的《しんたいてき》の處女《しよぢよ》だけを尊重《そんちよう》することは、精神的《せいしんてき》の戀愛遊戯《れんあいゆうぎ》を許《ゆる》し易《やす》くなつて、女性《ぢよせい》を墮落《だらく》させます。處女《しよぢよ》が美《うつく》しく、尊《たふと》いのは、身體《からだ》ばかりはなく、精神的《せいしんてき》のことを同樣《どうやう》に重要視《ちうえうし》すべきです。『半處女《はんしよぢよ》』といふ言葉《ことば》は、身體《からだ》だけは許《ゆる》さないが、心《こゝろ》は澤山《たくさん》の男《をとこ》に許《ゆる》した僞《にせ》の處女《しよぢよ》を指《さ》すのです。男《をとこ》とても同樣《どうやう》です。身體《からだ》は童貞《どうてい》であつても、心《こゝろ》が穢《けが》れてゐれば『半童貞《はんどうてい》』なのです。それが半處女《はんしよぢよ》といふ言葉《ことば》があつて、半童貞《はんどうてい》といふ言葉《ことば》がないのは、男《をとこ》の貞操《ていさう》が問題《もんだい》にならない證據《しようこ》です。

男女關係《だんぢよくわんけい》を亂《みだ》さず、もつと向上《かうじやう》させるには、この處女偏重《しよぢよへんちよう》の舊思想《きうしさう》を捨《す》てて、男《をとこ》も女《をんな》も、心身共《しんしんとも》に清淨《せいじやう》なものを尊《たふと》ぶやうにしなければなりません。

處女《しよぢよ》を失《うしな》ふとどうなるか

このやうに、處女《しよぢよ》が過分《くわぶん》に珍重《ちんちよう》されて、非《ひ》處女《しよぢよ》が穢《けが》れたもの、卑《いや》しいものにされてゐるのは、男《をとこ》の我儘《わがまゝ》によるものですが、一方科學《はうくわがく》的知識《てきちしき》がないからでも、あるのです。私《わたし》は處《しよ》女《ぢよ》の科學《くわがく》と判然《はつきり》と書《か》いて、惱《なや》める女性《ぢよせい》を救《すく》ひたいと思《おも》ひます。それは女《をんな》を救《すく》ふばかりでなく、非處女《ひしよぢよ》を戀人《こひびと》に持《も》ち、妻《つま》に持《も》つて惱《なや》んでゐる男《をとこ》をも救《すく》ふことになるのです。

世間《せけん》では、一度男《どをとこ》を知《し》つた女《をんな》は、生《うま》れながらの淸《きよ》い血液《けつえき》が濁《にご》つて終《しま》ふと考《かんが》へてゐます。つまり男《をとこ》を知《し》ることを『穢《けが》される』と考《かんが》へてゐるのです。この『穢《けが》れ』は、結婚前《けつこんまへ》の女《をんな》にとつては、致命的《ちめいてき》な傷手《いたで》とされてゐます。男《をとこ》を知《し》つた女《をんな》は、濁《にご》つた血液《けつえき》が全身《ぜんしん》をめぐるので、瞳《ひとみ》が曇《くも》り、皮膚《ひふ》の光澤《つや》がなくなつて、今《いま》までとはまるで違《ちが》つた身體《からだ》になつて終《しま》ふと信《しん》じてゐる人《ひと》が多《おほ》いのです。

しかし、男《をとこ》の精子《せいし》が女《をんな》の體内《たいない》に吸收《きふしう》されて、精毒素《せいどくそ》や、精免疫《せいめんえき》が起《おこ》るといふ實驗《じつけん》は、まだ證明《しようめい》されてゐません。つまり、男《をとこ》を知《し》つた女《をんな》の血液《けつえき》や體液《たいえき》が、特殊《とくしゆ》な變化《へんくわ》を起《おこ》すといふ證《しよう》明《めい》は立《た》たないのです。況《いは》んや、その他《た》の身體《しんたい》的《てき》の變化《へんくわ》は、問題《もんだい》になりません。

處女膜《しよぢよまく》が完全《くわんぜん》だといふことは、決《けつ》して處女《しよぢよ》の證明《しようめい》にはなりません。丈夫《ぢやうぶ》なために破《やぶ》れずにゐる女《をんな》もありますし、病氣《びやうき》や、運動《うんどう》やらの他《ほか》の原因《げんいん》で、處女《しよぢよ》でも破《やぶ》れてゐる人《ひと》が時々《とき〴〵》あります。だから、外國《ぐわいこく》でこれを大切《たいせつ》にして、修繕《しうぜん》してくれる商賣《しやうばい》があつたなどいふ話《はなし》は、馬鹿《ばか》らしい傳説《てんせつ》となつて終《しま》ひました。

　現代《げんだい》の醫學《いがく》では、まだ處女《しよぢよ》を失《うしな》つた女《をんな》の絶《ぜつ》對的《たいてき》の證明法《しようめいはふ》は、一つもないのです。これは醫學《いがく》の不完全《ふくわんぜん》のためでもありませうが、一つには男女《だんぢよ》の關係《くわんけい》が、進歩《しんぽ》した科學《くわがく》でも解《と》き得《え》ないほど複雜微妙《ふくざつびめう》なものであるからでもありませう。しかし、今後《こんご》どんな方法《はうはふ》が發見《はつけん》されて、嘘付女《うそつきをんな》の假面《かめん》をはがすか知《し》れませんから油斷《ゆだん》をしてはいけません。

　それでは、處女《しよぢよ》と非《ひ》處女《しよぢよ》の鑑別《かんべつ》は、絶對《ぜつたい》に出來《でき》ないでせうか？　といふに、さうではないのです。世間《せけん》には今《いま》の醫者《いしや》よりも、もつとこの道《みち》に詳《くは》しい人《ひと》がゐます。何《なに》も血液《けつえき》をとつたり、瞳孔《どうこう》をしらべたりしないでも、ぴつたりあてる人《ひと》があります。つまり勘《かん》でわかるのです。男《をとこ》を知《し》つた女《をんな》の、心理《しんり》的《てき》の變化《へんくわ》をみつけるのです。

　昔《むかし》は男《をとこ》を知《し》つた女《をんな》は、一夜《や》にして頸《くび》が太《ふと》くなるのですぐ解《わか》る、と云《い》はれたものです。そこで嫉妬深《しつとぶか》い夫《をつと》は、時々《ときどき》妻《つま》の頸《くび》の周圍《まはり》を測定《そくてい》して、よろこんだり、悲《かな》しんだり、怒《おこ》つたりしたと云《い》ひます。これは今《いま》から考《かんが》へると、女《をんな》の甲状腺《かふじやうせん》が、男《をとこ》の性《せい》ホルモンに刺戟《しげき》されて、頸《くび》が太《ふと》くなるのだとも云《い》へませう。實際《じつさい》、結婚《けつこん》した女《をんな》で、急《きふ》に血色《けつしよく》がよくなつたり、肥《ふと》つたりして、俗《ぞく》に『男肥《をとこぶと》り』が現《あら》はれることもあります。しかし、これは男《をとこ》の精子《せいし》を吸收《きふしう》したから肥《ふと》るのではありません。性生活《せいせいくわつ》が活潑《くわつぱつ》になつたために、生殖線《せいしよくせん》その他《た》の内分泌腺《ないぶんぴつせん》の活動《くわつどう》が盛《さか》んになつたからです。これは決《けつ》して肉體的《にくたいてき》に男《をとこ》を知《し》つた女《をんな》に限《かぎ》るものではありません、精神的《せいしんてき》な愛情《あいじやう》の刺戟《しげき》によつても同様《どうやう》の現象《げんしやう》が起《おこ》るのです。戀《こひ》する女《をんな》が美《うつく》しくなるのは、決《けつ》して化粧《けしやう》を念入《ねんい》りにするばかりでなく身體的《んたいてき》にもかうした潑剌《はつらつ》さが現《あら》はれるのです。若《も》し、これが精子《せいし》だけの作用《さよう》ならば、子《こ》供《ども》の出來《でき》ない夫《をつと》をもつ妻《つま》や、産兒調節《さんじてうせつ》をやつてゐる妻《つま》は、萎《しな》びて終《しま》ふことになります。

これらの事實《じじつ》から考《かんが》へると、處女《しよぢよ》を失《うしな》つた女《をんな》の變化《へんくわ》は、身體的《しんたいてき》のことよりも精神的《せいしんてき》のことの方《はう》が大《おほ》きいのがわかります。私《わたし》は處女《しよぢよ》と非《ひ》處女《しよぢよ》の區別《くべつ》が、絶對《ぜつたい》につかないと主張《しゆちやう》するのではありません。その變化《へんくわ》のあることは否《ひ》定《てい》できませんが、身體《しんたい》の變化《へんくわ》だけに重《おも》きをおいてはならないといふのです。心理的《しんりてき》の變化《へんくわ》はかなり激《はげ》しいものです。殊《こと》に長《なが》い間《あひだ》、嚴格《げんかく》に處女《しよぢよ》を守《まも》りつゞけたやうな女《をんな》は、男《をとこ》を知《し》つた後《のち》には目立《めだ》つた變化《へんくわ》が起《おこ》ります。

まづ、男《をとこ》に對《たい》する度胸《どけう》が据《す》わつてきます。それに羞恥心《しうちしん》が薄《うす》らいで落付《おちつき》がみえてきます。これは男《をとこ》でも青春初期《せいしゆんしよき》にはでくるものです。これは男でも青春初期にはみられますが、女《をんな》では青春後期《せいしゆんこうき》でも、盛年期《せいねんき》でも起《おこ》り易《やす》い變化《へんくわ》です。しかし、これも女《をんな》によつては目立《めだ》たない人《ひと》がありますから、輕卒《けいそつ》に判斷《はんだん》してはいけません。

このやうに、捉《とら》へ所《どころ》のない處女《しよぢよ》の變化《へんくわ》の不《ふ》思議《しぎ》さは、現代《げんだい》の醫學《いがく》でも、實驗心理學《じつけんしんりがく》でも絶對的《ぜつたいてき》には證明《しようめい》できないものです、だから文《ぶん》化《くわ》が進歩《しんぽ》しても、女《をんな》に關《くわん》する迷信《めいしん》はなかなか絶《た》えません。例《たと》へば、男《をとこ》を知《し》つた女《をんな》は、乳房《ちぶさ》に手《て》を觸《ふ》れてみると、溫度《をんど》が違《ちが》ふとか、堅《かた》さが違《ちが》ふとか云《い》ひます。男《をとこ》を知《し》つたからとて、すぐ乳腺《にうせん》が變化《へんくわ》して、反應《はんおう》が違《ちが》ふものではありません。女《をんな》の乳腺《にうせん》は、月經時《げつけいじ》や、姙娠時《にんしんじ》には變化《へんくわ》がみられますが、その他《た》の變化《へんくわ》は、精《せい》神的《しんてき》、身體的《しんたいてき》の感動《かんどう》や病氣《びやうき》によつて起《おこ》るので決《けつ》して男《をとこ》を知《し》つたことだけでみられるものではないのです。

また、女《をんな》の鼻《はな》の先《さき》に觸《ふ》つてみると、すぐ解《わか》るといふ人《ひと》があります。嗅覺《きうかく》が性慾《せいよく》に關係《くわんけい》のあるのは事實《じじつ》ですが、形《かたち》や溫度《をんど》までが變《かは》るものではありません。

これらの迷信《めいしん》や俗說《ぞくせつ》は、女《をんな》の內氣《うちき》さや、從《じう》順《じゆん》さを利用《りよう》して、男《をとこ》が秘密《ひみつ》をかぎ出《だ》さうとする弄劣《ろうれつ》な手段《しゆだん》にすぎません。そのもつともらしい動作《どうさ》に誘《さそ》はれて、隱《かく》してゐた秘密《ひみつ》を動作《どうさ》や言葉《ことば》で告白《こくはく》するかどうかが問題《もんだい》になるのです。

以上述《いじやうの》べたことを、誤解《ごかい》して貰《もら》つては困《こま》り

心の穢れたもの
は
身体の穢れた
ものよりも
一層罪深く、
傷手も
深い

ます。私《わたし》は處女《しよぢよ》の尊《たふと》さを抹殺《まつさつ》しようとするものではありません。處女《しよぢよ》を尊《たつと》ぶことは、女《をんな》を奴隷視《どれいし》したり、男《をとこ》の所有物《しよいうぶつ》のやうに考《かんが》へる古《ふる》い思想《しさう》からは、反對《はんたい》せねばなりませんが、女《をんな》自身《じしん》の立場《たちば》からは、飽《あく》までも大切《たいせつ》に守《まも》るべきです。確實《かくじつ》な證明法《しようめいはふ》がないからと云《い》つて、平《へい》氣《き》で捨《す》て去《さ》るのは、女《をんな》の位置《ゐち》を益々《ますます》低下《ていか》させ墮落《だらく》させることになるのです。さういふ女《をんな》は、何時《いつ》までも男《をとこ》の玩弄物《ぐわんろうぶつ》にされ、捨《す》て去《さ》られる危險《きけん》があります。清淨《せいじやう》な女《をんな》の氣高《けだか》さで、放縱《はうとう》な男《をとこ》に反省《はんせい》を與《あた》へ、清純《せいじゆん》な男《をとこ》には飽《あく》までもそれを守《まも》らせることが、搖《ゆる》がない幸福《かうふく》の確立《かくりつ》になることを知《じ》らねばなりません。

私《わたし》はこの一篇《ぺん》を、放縱《はうとう》な女《をんな》の『隱《かく》れ簑《みの》』に利《り》用《よう》させるために書《か》いたのではありません。かりそめの過失《くわしつ》のために、處女性《しよぢよせい》を失《うしな》つて惱《なや》んでゐる女性《ぢよせい》や、思《おも》はぬ災難《さいなん》に逢《あ》つて失《うしな》つた女性《ぢよせい》の傷手《いたで》を癒《い》やしたい爲《た》めなのです。そしてまた、身體《からだ》さへ守《まも》つてゐれば、心《こゝろ》では何《なに》をしてもいゝと思《おも》つてゐる不心得《ふこゝろえ》な女性《ぢよせい》に警告《けいこく》したいのです。心《こゝろ》の穢《けが》れたものは、身體《からだ》の穢《けが》れたものよりも、一層罪深《そうつみぶか》く、傷手《いたで》も深《ふか》いのです。

一生《しやう》を托《たく》すに足《た》る男《をとこ》にめぐり逢《あ》ふまで、心《こゝろ》も身體《からだ》も處女《しよぢよ》を守《まも》りつゞける女性《ぢよせい》に祝福《しゆくふく》あれ。しかし、不幸《ふかう》にも失《うしな》つた女性《ぢよせい》よ、身體《からだ》は穢《けが》れたのではない、心《こゝろ》の傷手《いたで》を癒《い》やして、幸《かう》福《ふく》な結婚《けつこん》へ入《はい》られよ。

（次回《じくわい》は『貞操《ていさう》の分析《ぶんせき》』）

細木原青起畫

身體的女學生病《しんたいてきぢよがくせいびやう》、新婚病《しんこんびやう》、離婚病《りこんびやう》の豫防法《よばうはふ》と手當法《てあてはふ》

知《し》らぬ間《ま》に罹《かか》り易《やす》い女學生病《ぢよがくせいびやう》

醫學博士 大橋りゆう

女學生《ぢよがくせい》の月經異常《げつけいいじやう》

女學校《ぢよがくかう》の一、二年《ねん》、丁度《ちやうど》十三、四歳《さい》の年頃《としごろ》は、女子《ぢよし》の思春期《ししゆんき》であつて、身長《しんちやう》や體重《たいぢう》が急激《きふげき》に増《ふ》え、女性《ぢよせい》特有《とくいう》の月經《げつけい》が始《はじ》まるのです。

この月經《げつけい》は、滿《まん》十四歳位《さいくらゐ》から滿《まん》十六七歳頃《さいごろ》の間《あひだ》にはじまるものですが、それよりもずつと早《はや》くあつたり、また滿《まん》十八九歳《さい》になつても一向《かう》見ないといふのは何《いづ》れも病的《びやうてき》ですから、一應《おう》醫師《いし》の診斷《しんだん》を受《う》ける必要《ひつえう》があります。

また、初潮時《しよてうじ》代《だい》は毎月《まいつき》規則的《きそくてき》には行《ゆ》きませ

139　「身体的女学生病、新婚病、離婚病の予防法と手当法」 大橋りゅう、福井正憑 ほか 『婦人倶楽部』昭和12年8月1日

んが、年に一二回といふ不規則なのが三年も續いたりするのは病的《びやうてき》です。これは子宮發育不全《しきゆうはついくふぜん》があるとか、過激《くわげき》な運動《うんどう》や勉強《べんきやう》、或《あるひ》は精神上《せいしんじやう》の惱《なや》み、例《たと》へばお友達同志《ともだちどうし》の爭《あらそ》ひや學校《がくかう》の成績《せいせき》を苦《く》にするとか、家庭《かてい》に心配事《しんぱいごと》があつたりするのが原因《げんいん》ですから、親《おや》の方《はう》でもよほど氣《き》をつけて心配《しんぱい》事《こと》をさせないことです。

女學生《ぢよがくせい》は一體《たい》に便秘《べんぴ》勝《が》ちになり易《やす》く、そこへ運《うん》動《どう》で飛《と》んだり跳《は》ねたりするので、どうしても子宮《しきゆう》を壓迫《あつぱく》することになり、そのために子宮《しきゆう》の後傾《こうけい》や後屈《こうくつ》を起《おこ》し、殊《こと》に月經中《げつけいちゆう》に過激《くわげき》な運動《うんどう》をすると不姙症《ふにんしやう》の因《もと》にもなります。かういふ時《とき》には、月經《げつけい》が不規則《ふきそく》になるばかりでなく、月經《げつけい》が出《で》にくいため強《つよ》い痛《いた》みが伴《ともな》ひます。三日《みつか》も四日《よつか》も便通《べんつう》のないやうな時《とき》には、早速《さつそく》灌腸《くわんちやう》をしなくてはいけません。灌腸《くわんちやう》にはグリセリンと微温湯《ぬるまゆ》を半々《はんはん》にしたもの、或《あるひ》は良質《りやうしつ》の淡《うす》い石鹸液《せつけんえき》、または微温湯《ぬるまゆ》だけでもかまひません。

内膜炎《ないまくえん》もまた女學生《ぢよがくせい》に相當《さうたう》ある病氣《びやうき》です。水泳《すゐえい》を永《なが》くしてゐて冷《ひ》やしたり、鹽水《しほみづ》のために局部《きよくぶ》が炎症《えんしやう》を起《おこ》したりして内膜炎《ないまくえん》になることがありますから、水泳後《すゐえいご》は入浴《にふよく》をするか、湯《ゆ》でよく洗《あら》ふかしなければいけません。又《また》、月經時《げつけいじ》の不攝生《ふせつせい》からも、しば〳〵惹《ひ》き起《おこ》します。しかし、一番多《ばんおほ》いのは腺病性内膜炎《せんびやうせいないまくえん》といつて、平素《へいそ》風邪《かぜ》をひき易《やす》く扁桃腺《へんたうせん》が肥大《ひだい》した腺病性體質《せんびやうせいたいしつ》から來《く》るものです。何《いづ》れにしても下《お》り物《もの》があつて、月經不順《げつけいふじゆん》になつたり、また月經《げつけい》時《と》には強《つよ》い痛《いた》みがあつたりして、ひどいのになると、膜樣月經《まくやうげつけい》といつて子宮《しきう》の粘膜《ねんまく》が排泄《はいせつ》され、甚《はなは》だしい陣痛樣《ぢんつうやう》の痛《いた》みを起《おこ》します。腺病性内膜炎《せんびやうせいないまくえん》は弱《よわ》い體質《たいしつ》から來《き》てゐるのですから、努《つと》めて太陽《たいやう》に親《した》しみ、消化《せうくわ》のよい榮《えい》養分《やうぶん》を攝《と》つて全身《ぜんしん》の健康《けんかう》を計《はか》ることが大切《たいせつ》です。

大橋りゆう先生

一口《ひとくち》に月經異常《げつけいいじやう》といつても原因《げんいん》は實《じつ》に色々《いろ〳〵》ですから、少《すこ》しでも異狀《いじやう》のある時《とき》は、少女《せうぢよ》らしい羞恥《じうち》などから放置《はうち》しないで母親《はゝおや》に打開《うちあ》け、その原因《げんいん》をよく調《しら》べて適當《てきたう》の處置《しよち》を講《かう》ずべきです。そして、月經中《げつけいちう》は、腰腹部《えうふくぶ》を溫《あたゝ》かに巻《ま》き、局部《きよくぶ》には汚《よご》れた血液《けつえき》が附着《ふちやく》してゐますから、時《とき》どき湯《ゆ》で絞《しぼ》つたタオルまたはリゾホルムかリゾールの薄《うす》めたのを脫脂綿《だつしめん》に浸《ひた》し、必《かなら》ず表面《へうめん》だけを綺麗《きれい》に消毒《せうどく》します。

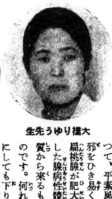

油斷《ゆだん》ならぬ白帶下《こしけ》

女學生《ぢよがくせい》の中《なか》には、一寸《ちよつと》した分泌物《ぶんぴつぶつ》でも何《なに》か病氣《びやうき》ではないかと、非常《ひじやう》に驚《おどろ》くやうですが、無色《むしよく》か白色《はくしよく》で惡臭《あくしう》のない分泌物《ぶんぴつぶつ》なら生理的《せいりてき》のもので、心配《しんぱい》はありません。ところが、これが非常《ひじやう》に濃《こ》くなつたり、黃色《きいろ》や惡臭《あくしう》のあるのは、膣《ちつ》カタルか内膜炎《ないまくえん》のある證據《しようこ》です。よくズロースを深《ふか》く穿《は》き込《こ》んだために、摩擦《まさつ》されたり、不潔《ふけつ》だつたりして炎症《えんしやう》を起《おこ》したのです。これは大腸菌《だいちやうきん》、連鎖狀球菌《れんさじやうきうきん》、葡萄狀球菌《ぶどうじやうきうきん》などのためで、慢性《まんせい》になると玉子《たまご》の白身《しろみ》のやうなものになります。

手當《てあて》としては勿論《もちろん》、醫師《いし》に見《み》せた方《はう》がよいのですが、極《ご》く輕《かる》い中《うち》なら二%《パーセント》か三%《パーセント》の硼酸《ほうさん》水《すゐ》を脫脂綿《だつしめん》につけて局部《きよくぶ》の表面《へうめん》だけを洗《あら》ひ、綺麗《きれい》に拭《ふ》いたあとへデルマトールでも撒布《さんぷ》し

141　「身体的女学生病、新婚病、離婚病の予防法と手当法」　大橋りゅう、福井正憑 ほか　『婦人倶楽部』昭和12年8月1日

て置きます。下腹の方へはエキホスを厚さ一分位に塗りつけ、フランネルでも當《あ》てゝ溫《あたゝ》かにします。

白帶下《こしけ》が綠色《みどりいろ》をして惡臭《あくしう》を放《はな》つのがあります。これは淋菌《りんきん》を感染《かんせん》して外陰部炎《ぐわいいんぶえん》、膣《ちつ》カタル、內膜炎《ないまくえん》などを强《つよ》く起《おこ》したもので、淋毒《りんどく》のある家族《かぞく》の者《もの》、知合《しりあ》ひなどのハンカチ、タオル、扉《と》のハンドルなどが媒介《ばいかい》で、手《て》から局部《きよくぶ》へ感染《かんせん》する場合《ばあひ》が多《おほ》いのですが、何分年頃《なにぶんとしごろ》のことですから、異性《いせい》にも注意《ちうい》し、また公衆便所《こうしうべんじよ》などでは扉《と》にかけた手《て》の方《はう》を絕對《ぜつたい》に局部《きよくぶ》へ觸《ふ》れさせないことです。この病氣《びやうき》は早速專門《さつそくせんもん》醫《い》の治療《ちれう》を受《う》けねばなりません。

女學生《ぢよがくせい》に多《おほ》い冷《ひ》え性《しやう》

近頃《ちかごろ》は洋裝萬能《やうさうばんのう》であるため、冷《ひ》え性《しやう》に罹《かゝ》つてゐる女學生《ぢよがくせい》も尠《すくな》くないやうです。體《からだ》が冷《ひ》えると血《ち》の循環《じゆんくわん》が惡《わる》くなり、從《したが》つて子宮《しきう》にいろいろと故障《こしやう》を起《おこ》し易《やす》く、そのために子宮《しきう》の發育《はついく》を妨《さまた》げることにもなります。また、これと反對《はんたい》に、內膜炎《ないまくえん》や子宮《しきう》の後屈《こうくつ》などがあるために冷《ひ》え性《しやう》になるといふやうな場合《ばあひ》もあるのですから、何《いづ》れにしても腰部《えうぶ》を冷《ひ》やさないやうにすることが大切《たいせつ》です。フランネルを卷《ま》くとか、パンツや靴下なんかも夏だからといつてあまり薄《うす》くしてはよくありません。殊《こと》に上級生《じやうきふせい》になると、おしやれ氣分《きぶん》が出《で》て來《き》て、とかく容姿《ようし》を氣《き》にして肝腎《かんじん》の腰部《えうぶ》を薄《うす》くする傾《かたむ》きがあります。さういふのに限《かぎ》つて冷《ひ》え性《しやう》なんかを起《おこ》してゐるのが多《おほ》いのです。

年《とし》が若《わか》いのに腰《こし》が痛《いた》くて、水《みづ》をかけられたやうに冷《ひ》えるとか、手《て》足《あし》の先《さき》が冷《つ》めたいとか、荒《あ》れるとか、從《したが》つて月經《げつけい》も不順勝《ふじゆんが》ちで、肩《かた》が凝《こ》つたりするのがこの冷《ひ》え性《しやう》の特長《とくちやう》です。かういふのは、毎夜就床前《まいよしうしやうまへ》に入浴《にふよく》するか、或《あるひ》はバケツへでも湯《ゆ》を入《い》れて脚《あし》を充分《じうぶん》に溫《あた》ため、眠《ねむ》れない時《とき》には湯《ゆ》タンポを入《い》れます。また、血《ち》の循環《じゆんくわん》をよくするために、毎朝冷水《まいあされいすゐま》魔擦《さつ》か乾《かわ》いたタオルで全身《ぜんしん》をよく摩《ま》擦《さつ》します。學校《がくかう》の休《やす》み時《と》間《かん》などを利用《りよう》して、兩掌《りやうて》の指先《ゆびさき》を擦《こす》り合《あ》はすやうにするのも一つの方法《はうはふ》です。

怖《おそ》るべき性的惡習《せいてきあくしふ》

一度《ど》これに染《そ》まると自制《じせい》することがなかなか困難《こんなん》で、急《きふ》に學校《がくかう》の成績《せいせき》も惡《わる》くなり、一種《しゆ》の神經衰弱症《しんけいすゐじやくしやう》を起《おこ》します。この惡習《あくしふ》を續《つゞ》けてゐると、むろん生殖器《せいしよくき》の種々《しゆ〴〵》な病氣《びやうき》を惹《ひ》き起《おこ》し、將來結婚生活《しやうらいけつこんせいくわつ》に入《はい》つても往々《わう〳〵》幸福《かうふく》な

家庭《かてい》を營《いとな》むことが出來《でき》ないことがあります。

この惡習《あくしふ》は自己《じこ》に目覺《めざ》め克己心《こくきしん》をもつてやめるより外《ほか》によい方法《はうはふ》はありません。

そのためには、排尿時《はいねうじ》や月經時《げつけいじ》に脱脂綿《だつしめん》や紙《かみ》を摩擦《まさつ》しないやうに取扱《とりあつか》ひ、またズロースのぴつたりつかないやうに穿《は》くことです。監督者《かんとくしや》もつとめて卑猥《ひわい》な讀物《よみもの》や映畫《えいぐわ》などを避《さ》けさせ、適當《てきたう》な運動《うんどう》などによつて氣分《きぶん》の轉換《てんくわん》を計《はか》るやうに指導《しだう》すべきです。

油斷《ゆだん》のならない新婚病《しんこんびやう》

醫學博士　福井正憑

福井正憑先生

新婚病《しんこんびやう》の正體《しやうたい》

世《よ》に結婚《けつこん》ほど、青春《せいしゆん》の心《こゝろ》を浮《う》き立《た》たせるものはありますまい。何《な》にしろ人間《にんげん》一生《しやう》の大典《たいてん》ですから、喜悦《きえつ》と感激《かんげき》とに、血《ち》を湧《わ》かさずに居《ゐ》られないのは、當然《たうぜん》であります。その目出度《めでた》かるべき新婚《しんこん》から、忌《い》まはしい病《びやう》氣《き》が起《おこ》るとは皮肉《ひにく》も甚《はなは》だしいではありませんか。

この病氣《びやうき》は、新婚《しんこん》の當夜《たうや》から起《おこ》るもので、新夫《しんぷ》にもありますが、新婦《しんぷ》の方《はう》に遙《はるか》に多《おほ》く、時《とき》としては、それがために一命《めい》を奪《うば》はるゝものもあるくらゐです。

新婚病《しんこんびやう》には色々《いろ／＼》ありますが、大體《だいたい》は器質性《きしつせい》疾患《しつくわん》と、神經性疾患《しんけいせいしつくわん》との二種《しゆ》で、前者《ぜんしや》は膣《ちつ》カタル、諸種《しよしゆ》の子宮症《しきうしやう》、性病《せいびやう》などのやうに、局《きよく》部《ぶ》に病的變化《びやうてきへんくわ》を呈《てい》して、潮紅《てうこう》、腫脹《しゆちやう》又《また》は發熱《はつねつ》などを來《き》たし、痛《いた》みがあつたり、痒《かゆ》かつたりします。後者《こうしや》は膣痙攣《ちつけいれん》や、不感症《ふかんしやう》又《また》は嫌厭症《けんえんしやう》などのやうに、單《たん》に神經《しんけい》の上《うへ》の障碍《しやうがい》から、生《せい》理的作用《りてきさよう》が妨《さまた》げられて、機能《きのう》を遂《と》げることの出來《でき》ないものであります。

結婚初夜《けつこんしよや》の異變《いへん》

新婚病豫防の第一歩は、最初の夫婦關係に際《さい》して新婦《しんぷ》は、新夫《しんぷ》を信《しん》じて安心《あんしん》して身《み》も心《こゝろ》も一所《しよ》にさゝげ、まかせることです。この際《さい》新婦《しんぷ》は、些《すこし》の不安《ふあん》な氣持《きもち》もなく、新夫《しんぷ》は一點《てん》の疑惑《ぎわく》をも懷《いだ》いてはいけません。

結婚初夜《けつこんしよや》に於《お》きましては新婦側《しんぷがは》に、多少出血《たせうしゆつけつ》と疼痛《とうつう》とがあるものです。普通《ふつう》の場合《ばあひ》は、消毒《せうどく》ガーゼを押《お》しあてゝおくと、すぐ血《ち》は止《と》まるものなのですが、腫《は》れて痛《いた》みがひどく或《あるひ》は出血《しゆつけつ》の止《と》まらぬ時《とき》は、安靜《あんせい》にして當分夫婦關係《たうぶんふうふくわんけい》を愼《つゝし》み、醫師《いし》の手當《てあて》をうけねばなりません。

併《しか》し處女膜《しよぢよまく》は、その人《ひと》の體質《たいしつ》によつて、厚《あつ》いものと薄《うす》いものとがあり、結婚前《けつこんまへ》の運動《うんどう》や月經時《げつけいじ》の手當《てあて》などで、既《すで》に破《やぶ》れてゐたり、又《また》は自然《しぜん》に退行萎縮《たいかういしゆく》してゐたりして、處女《しよぢよ》でありながら、處女膜《しよぢよまく》の破《やぶ》れたり、なくなつたりしてゐる人《ひと》もありますから、出血《しゆつけつ》しないといつてその處女性《しよぢよせい》を疑《うたが》ふことは、認識不足《にんしきふそく》と申《まう》さねばなりません。この點特《てんとく》に男性《だんせい》の注意《ちうい》を促《うなが》したいと思《おも》ひます。

反對《はんたい》に處女膜强靱《しよぢよまくきやうじん》、或《あるひ》は肥厚《ひこう》といつて、膜《まく》が非常《ひじやう》に厚《あつ》いものや、膣閉鎖《ちつへいさ》といつて、膣《ちつ》のふさがつてゐるものがあつて、そのために夫《ふう》婦の營《いとな》みが出來《でき》ないこともありますが、それは、ほんの簡單《かんたん》な手術《しゆじゆつ》で治《なほ》るものですから、決《けつ》して悲觀《ひくわん》したり、周章《あは》てたりせずに、信用《しんよう》ある專門醫《せんもんい》の診察《しんさつ》をうけることです。

膣痙攣《ちつけいれん》と精神的變調《せいしんてきへんてう》

新婚《しんこん》の夜《よ》に處女膜《しよぢよまく》が破《やぶ》れたり、出血《しゆつけつ》したり、劇痛《げきつう》に惱《なや》んだりしますと、人《ひと》に依《よ》つてはそれが恐怖感《きやうふかん》となつて、一種《しゆ》の强迫觀念《きやうはくくわんねん》となることがあります。あまり多《おほ》い病氣《びやうき》ではありませんが、若《わか》い新婦《しんぷ》に見《み》る膣痙攣《ちつけいれん》は、この恐怖《きやうふ》と羞恥《しうち》との感動《かんどう》から生《しやう》ずるものです。器質的《きしつてき》に異常《いじやう》を認《みと》めませんが、夫婦關係《ふうふくわんけい》の際《さい》、急《きふ》に著《いちゞる》しく膣《ちつ》が痙攣《けいれん》して、苦痛《くつう》を覺《おぼ》え、關係《くわんけい》が不能《ふのう》となります。

これは主《おも》に今述《いまの》べたやうに精神的《せいしんてき》な障碍《しやうがい》によつて起《おこ》るものですが、また夫婦關係《ふうふくわんけい》やその他《た》男性器《だんせいき》の異常《いじやう》などが原因《げんいん》となることもあります。從《したが》つて注意《ちうい》としては、安靜《あんせい》を主《しゆ》として恐怖《きやうふ》、驚愕《きやうがく》、羞恥《しうち》などから生《しやう》ずる精神感動《せいしんかんどう》を避《さ》けることが何《なに》より肝要《かんえう》ですから、なるべく刺戟《しげき》を斥《しりぞ》け、關係《くわんけい》を中止《ちうし》し、一時別居《じべつきよ》するのです。又簡單《またかんたん》な手當《てあて》で、すぐ治《なほ》るものもありますから、一應醫師《おういし》に診《み》て貰《もら》ふことです。

かやうな精神感動《せいしんかんどう》の外《ほか》に、處女《しよぢよ》から結婚生活《けつこんせいくわつ》に入《はい》ると、色々《いろ〳〵》の精神的變調《せいしんてきへんてう》を起《おこ》すものです。今《いま》まで全《まつた》く未知《みち》の世界《せかい》に突入《とつにふ》して、急激《きふげき》な身心《しんしん》の變化《へんくわ》を受《う》けるのですから、さもあるべきで、新家族《しんかぞく》への心遣《こゝろづか》ひ、性生活《せいせいくわつ》に對《たい》する心《こゝろ》の動揺《どうえう》などから、月經不順《げつけいふじゆん》、白帯下《こしけ》の增加《ぞうか》、その他《た》一見《けん》婦人病《ふじんびやう》が起《おこ》つたやうに思《おも》はれることがあります。

それで新婦《しんぷ》は、どこまでも心《こゝろ》を落《お》ちつけて、夫《をつと》に確《かた》い信頼《しんらい》をおいて、何事《なにごと》も夫《をつと》に打《う》ち明《あ》けて相談《さうだん》し、精神《せいしん》の安定《あんてい》を計《はか》り、新夫《しんぷ》は新妻《にひづま》のこの急激《きふげき》な身心《しんしん》の變化《へんくわ》から來《く》る種々《いろ〳〵》な障碍《しやうがい》をよく察知《さつち》して、十分《ぶん》に劬《いたは》り、節制《せつせい》することを忘《わす》れてはなりません。

夫《をつと》の性病《せいびやう》と婦人病《ふじんびやう》

次《つぎ》に結婚後《けつこんご》には、兎角《とかく》婦人病《ふじんびやう》殊《こと》に子宮内膜《しきゆうないまく》炎《えん》、周圍炎《しうゐえん》、實質炎《じつしつえん》、喇叭管炎《らつぱくわんえん》、卵巣炎《らんさうえん》、バルトン氏腺炎《しせんえん》などに見舞《みま》はれ易《やす》いものです。勿論《もちろん》これ等《ら》は、或《あるひ》は單獨《たんどく》で或《あるひ》は合併《がつぺい》して來《き》ます。

原因《げんいん》は、一番多《ばんおほ》いのは夫《をつと》に性病特《せいびやうとく》に淋疾《りんしつ》のある場合《ばあひ》ですが、又房事過度《またばうじくわど》、不潔《ふけつ》、月經時《げつけいじ》の不節制《ふせつせい》などで、化膿菌、黴毒菌が侵入《しんにふ》して起《おこ》ることもあります。

症狀《しやうじやう》は、何《いづ》れも帶下《こしけ》がずつと多《おほ》くなり、下腹痛《かふくつう》、腰痛《えうつう》、頭重《づおも》、發熱《はつねつ》などがあり、同時《どうじ》に膀胱《ばうくわう》カタル、尿道炎《ねうだうえん》などを起《おこ》し勝《がち》です。その場合《ばあひ》には尿意《ねうい》が繁《しげ》くなり、排尿時《はいねうじ》に痛《いた》みを覺《おぼ》え、食思《しよくし》も衰《おとろ》へ、寒氣《さむけ》がしたりします。

かやうな身體《からだ》の異常《いじやう》に氣《き》がついたらば、安靜《あんせい》にし、夫婦關係《ふうふくわんけい》を愼《つゝし》み、一刻《こく》も早《はや》く專門醫《せんもんい》にかゝることです。早期《さうき》に手當《てあて》をすれば簡單《かんたん》に治《なほ》るものを、長《なが》く放置《はうち》したゝめに、非常《ひじやう》に悲慘《ひさん》な目《め》に會《あ》ふことを忘《わす》れてはなりません。

性《せい》愛《あい》の濫《らん》費《ぴ》

新婚當時《しんこんたうじ》は、兎角無反省《とかくむはんせい》な、過度《くわど》の性愛《せいあい》に陷《おちい》り易《やす》く、そのために腦《なう》を害《がい》して仕事《しごと》を妨《さまた》げ、或《あるひ》は衰弱《すゐじやく》によつて病氣《びやうき》（結核《けつかく》、神經衰弱《しんけいすゐじやく》、婦《ふ》人病《じんびやう》）を起《おこ》し、樂《たの》しかるべき時代《じだい》を、却《かへ》つて味氣《あぢけ》ないものにしますから、用心肝要《ようじんかんえう》です。

それを防《ふせ》ぐには、夫婦《ふうふ》の意志《いし》の力《ちから》に俟《ま》つ外《ほか》ありませんが、特《とく》に夫《をつと》の自制力《じせいりよく》が必要《ひつえう》で、妻《つま》も亦夫《またをつと》を反省《はんせい》させるやう努《つと》め、瞬間《しゆんかん》の享樂《きやうらく》のために一生《しやう》を誤《あやま》らないやうにしなければなりません。併《しか》し實際上《じつさいじやう》、本能《ほんのう》には負《ま》け易《やす》いから、疲れ[illegible]とか、運動、手藝、その他の趣味に興味を持ち、氣分を轉換するとかも一策《さく》です。

それから性關係《せいくわんけい》の程度《ていど》ですが、それは體力《たいりよく》、年齡《ねんれい》、精神狀態《せいしんじやうたい》、食物《しよくもつ》、仕事《しごと》その他色々《ほかいろいろ》の係《けい》件《けん》によつて定《さだ》まるもので、一口《ひとくち》に申《まう》されませんが、大體翌日《だいたいよくじつ》の身體《からだ》の調子《てうし》を見《み》て、身心《しんしん》に疲勞《ひらう》を覺《おぼ》えぬ程度《ていど》、辛《つら》いとか、澤山《たくさん》だとか感《かん》じない程度《ていど》ならばよろしいでせう。

最後《さいご》に完全《くわんぜん》な夫婦生活《ふうふせいくわつ》の滿足《まんぞく》は、二人《ふたり》の歩《あゆ》みよる共力《きようりよく》によつて、性生活《せいせいくわつ》が量的《りやうてき》にも時《じ》間的《かんてき》にも調和《てうわ》し、同時《どうじ》に性愛《せいあい》にみたされなければなりませんけれども、花嫁《はなよめ》は、その第《だい》一夜《や》から性愛《せいあい》を滿足出來《まんぞくでき》ると思《おも》うては、間違《まちが》ひです。(詳《くわ》しくは離婚病《りこんびやう》の項參照《こうさんせう》)

一生《しやう》を臺《だい》なしにする離婚病《りこんびやう》

醫學博士　竹内茂代

和合《わがふ》を破《やぶ》る病氣《びやうき》

竹内茂代先生

世間《せけん》には、傍眼《そばめ》からは非常《ひじやう》に不似合《ふにあ》ひに見《み》える夫婦《ふうふ》で、案外圓滿《あんぐわいゑんまん》に行《い》つてゐるのがありますのに、これと反對《はんたい》に、立派《りつぱ》な賢夫人《けんぷじん》でありながら離婚《りこん》となり、どこが不足《ふそく》なんだらうと、不審《ふしん》がられるのがよくあります。ところで、この離婚《りこん》については、無論《むろん》いろんな原因《げんいん》がありませう。しかし、その表向《おもてむ》きの理由《りゆう》はとにかくとして、もう一歩《ぽ》その事情《じじやう》を深《ふか》く索《さぐ》つて見《み》ると、夫婦《ふうふ》の性生活《せいせいくわつ》がぴつたり行《い》つてゐないといふのが非常《ひじやう》に多《おほ》いのです。

これにはまたいろ〱と原因《げんいん》があつて、中《なか》でも花柳病《くわりうびやう》が第《だい》一に擧《あ》げられるのです。花柳《くわりう》病《びやう》には、黴毒《ばいどく》、淋病《りんびやう》、軟性下疳《なんせいげかん》、第《だい》四性病《せいびやう》の四つがあります。これらは何《いづ》れも主《おも》に男女關《だんぢよくわん》係《けい》の感染《かんせん》からであつて、淋病《りんびやう》は男子《だんし》でいふ淋《りん》菌性尿道炎《きんせいねうだうえん》、女子《ぢよし》では俗《ぞく》に消渇《せうかち》といふのがそれです。軟性下疳《なんせいげかん》はかんさうのことであり、第《だい》四性病《せいびやう》とは横痃《よこね》の悪性のものです。

この三つは、何《いづ》れも感染《かんせん》すると、間《ま》もなく發病《はつびやう》してすぐ判《わか》りますが、一《ひと》たびこれに感染《かんせん》すると、病氣《びやうき》の苦痛《くつう》と精神上《せいしんじやう》のひどい打撃《だげき》から、極端《きよくたん》に良人《おつと》を嫌《きら》ひ出《だ》して夫婦《ふうふ》の間《あひだ》が面白《おもしろ》くなくなり、その果《は》てには離婚《りこん》するといふのも珍《めづら》しくありません。

さういふ點《てん》からいつても、結婚前《けつこんまへ》には双方《さうはう》が必《かな》らず嚴密《げんみつ》な健康診斷《けんかうしんだん》を受《う》けるべきであります。もし結婚後《けつこんご》、良人《おつと》の不品行《ふひんかう》で他《ほか》から感《かん》染《せん》して來《き》たやうな場合《ばあひ》は、他《ほか》の病氣《びやうき》と違《ちが》ひ妻《つま》にとつては、それこそ喜《よろこ》びの絶頂《ぜつてう》から悲《かな》しみの谷底《たにそこ》へ落《おと》されたやうな氣持《きも》ちになります。

しかし、かういふのは良人《おつと》ばかりの罪《つみ》でなく一面《いちめん》妻《つま》にもまたその責任《せきにん》がある譯《わけ》です。良人《おつと》が妻《つま》の保護者《ほごしや》であるやうに、妻《つま》もまた良人《おつと》を大切《たいせつ》に、さうした過《あやま》ちを起《おこ》させないやうに保《ほ》護《ご》しなくてはならなかつたのです。無暗《むやみ》に良《おつ》人《と》を責《せ》めるばかりが能《のう》ではありません。この病氣《びやうき》は、一方《ぱう》に起《おこ》ると、必《かな》らず一方《ぱう》へ感染《かんせん》するのですから、妻《つま》は寛容《くわんよう》な態度《たいど》をもつて、夫《ふう》婦《ふ》が協力《けふりよく》してその病氣《びやうき》を完全《くわんぜん》に根治《こんち》するべきです。それでこそ離婚《りこん》の豫防《よばう》となり、再《ふたゝ》び幸《かう》福《ふく》を取《と》り戻《もど》せることが出來《でき》るのであります。

禍《わざはひ》となる慢性婦人病《まんせいふじんびやう》

性病《せいびやう》の中《なか》でも一番多《いちばんおほ》いのは淋菌性《りんきんせい》のもので最初《さいしよ》は急性《きふせい》の炎症《えんしやう》を起《おこ》します。この時《とき》、すぐ徹底的《てつていてき》に治療《ちれう》をすればよいのですが、病氣《びやうき》の性質《せいしつ》もあつて好《よ》い加減《かげん》な家庭療法《かていれうはふ》をしたり、醫療《いれう》を受《う》けても當座《たうざ》の苦痛《くつう》がとれたら放置《はうち》するといふ風《ふう》で、遂《つひ》には慢性《まんせい》の婦人病《ふじんびやう》、即《すなは》ち子《し》宮内膜炎《きうないまくえん》、膣質炎、喇叭管炎《らつぱくわんえん》、卵巣炎《らんさうえん》などの慢性《まんせい》の病氣《びやうき》を起《おこ》す結果《けつくわ》になります。しかし、これは淋毒性《りんどくせい》ばかりでなく、月經中《げつけいちう》や産褥中《さんじよくちう》の不攝生《ふせつせい》などの原因《げんいん》からも來《き》ますが、何《いづ》れにしても斯《か》うなると、健康《けんかう》も容色《ようしよく》も衰《おとろ》へ、いろいろと厭《い》やな苦痛《くつう》が伴《ともな》ひますので、つい夫婦《ふうふ》關係《くわんけい》をも拒《こば》むやうになり、ひどいのになると妾《めかけ》を置《お》いてもかまはぬからとまで、良人《おつと》を毛《け》嫌《ぎら》ひするやうになります。良人《おつと》の方《はう》でも愉快《ゆくわい》であらう筈《はず》はなく、家庭《かてい》を他所《よそ》にしたり、疑《ぎ》心暗鬼《しんあんき》の果《は》てには、妻《つま》の貞操《ていさう》をさへ疑《うたが》ふやうなとんでもない悲劇《ひげき》を起《おこ》し、夫婦間《ふうふかん》の疎隔《そかく》から屢〻《しばしば》破鏡《はきやう》の嘆《たん》を招《まね》く原因《げんいん》となります。

この慢性《まんせい》のものは、急性《きふせい》のよりはずつと治《なほ》り難《にく》いのですが、それでも三ケ月《げつ》ほど入院《にふゐん》すればすつかり治《なほ》すことが出來《でき》ます。たとへ離婚《こん》にならなくとも、これを治《なほ》しきらないで置《お》くと、殆《ほと》んど一生涯《しやうがい》、眞《しん》に愉快《ゆくわい》な夫婦生活《ふうふせいくわつ》を營《いとな》むことが出來《でき》ません。妻《つま》は良人《おつと》の要求《えうきう》を容《い》れながらも苦痛《くつう》が去《さ》らず、良人《おつと》の方《はう》でも不愉快《ふゆくわい》で事々《ことごと》に融和《ゆうわ》を缺《か》き、互《たが》ひに一生暗《しやうくらせいくわつ》い生活を續《つゞ》けることになります。

また、かうした病氣《びやうき》があると、むろん不妊《ふにん》症《しやう》になつて子供《こども》にも惠《めぐま》れません。また黴毒《ばいどく》がある場合《ばあひ》には、しば〳〵死産《しさん》や早産流産《さうざんりうざん》を繰《くり》返《かへ》して不和《ふわ》の因《もと》を作《つく》ります。家庭《かてい》によつては姑《しうと》などの一徹《てつ》な昔風《むかしふう》の考《かんが》へから、その原因《げんいん》をも顧《かへり》みないで、緣《えん》を換へたらといふやうなむごい話《はなし》もあります。

不能《ふのう》になる病氣《びやうき》

不能《ふのう》といふのは、さう澤山《たくさん》ある病氣《びやうき》ではありませんが、これが因《もと》で離婚《りこん》になつた例《れい》も珍《めづら》しくはありません。その一つに處女膜强靱症《しよぢよまくきやうじんしやう》(新婚病《しんこんびやう》の項參照《こうさんせう》)といふのがありますし、また、膣痙攣《ちつけいれん》(新婚病《しんこんびやう》の項參照《こうさんせう》)といふのもあります。

次《つぎ》に、これは原因《げんいん》が男子側《だんしがは》にあつて、妻《つま》を惱《なや》ませる病氣《びやうき》に、陰萎《いんい》や早漏症《さうらうしやう》などが擧《あ》げられます。

何《いづ》れにしても、かうした原因《げんいん》で性的不滿《せいてきふまん》が永《なが》く續《つゞ》くために、ヒステリーに陷《おちい》つたりして夫婦仲《ふうふなか》も面白《おもしろ》くなく、思《おも》はぬ破局《はきよく》を見《み》ることがよくあります。これも專門醫《せんもんい》の手《て》をまたねばなりませんが、焦《あせ》ればあせるほど弱《よわ》つて來るものですから、夫婦《ふうふ》共《とも》に自制《じせい》して根氣《こんき》よく治療《ちれう》することが大切《たいせつ》です。

不感症《ふかんしやう》の原因《げんいん》と豫防法《よはうはふ》

婦人《ふじん》はまた男子《だんし》と違《ちが》ひ、結婚當初《けつこんたうしよ》からそれほど大《おほ》きな滿足《まんぞく》はないものです。歳月《さいげつ》が經《た》つに從《したが》つて次第《しだい》に覺《おぼ》えるのですが、夫婦中《なか》の不抑や大きな心配事《しんぱいごと》があつたりした場合《ばあひ》に、不《ふ》感症《かんしやう》になることがあります。また、結婚前《けつこんまへ》の自瀆《じとく》(女學生病《ぢよがくせいびやう》の項參照《こうさんせう》)とか、婦人病《ふじんびやう》や發《はつ》育不全《いくふぜん》とか、その範圍《はんゐ》が非常《ひじやう》に廣《ひろ》く、或《あるひ》は姙《にん》娠恐怖《しんきようふ》や姙娠調節法《にんしんてうせつはふ》を永《なが》く續《つゞ》けたために起《おこ》ることもあります。これらの不感症《ふかんしやう》から夫婦愛《ふうふあい》に破綻《はたん》を來《きた》すのが少《すく》なくないのですから、その原因《げんゐん》をよく調《しら》べて適切《てきせつ》なる治療《ちれう》を講《かう》ずべきです。

また、原因《げんゐん》になる病氣《びやうき》がないのに、不感症《ふかんしやう》を訴《うつた》へるのが近頃《ちかごろ》非常《ひじやう》に多《おほ》くなつたやうです。これは病的《びやうてき》の不感症《ふかんしやう》ではなくて、つまり夫婦《ふうふ》關係《くわんけい》の場合《ばあひ》、双方《さうはう》が完全《くわんぜん》に一致しないのをいはれてゐるやうです。一體《たい》に結婚當時《けつこんたうじ》は鋭敏《えいびん》ですから、極《きは》めて短時間《たんじかん》で反應《はんおう》もしますし、從《したが》つてまた過度《くわど》にも陷《おちい》り易《やす》く、歳月《さいげつ》の經《た》つにつれてその反應《はんおう》がだん〳〵遲《おそ》くなつて來《き》ます。ところが、この場合《ばあひ》、良人《をつと》が早《はや》かつたり、双方《さうはう》の歩調《ほてう》が合《あ》はなかつたりするやうなことがあつて、それが永《なが》く續《つゞ》くと夫婦《ふうふ》とも不愉快《ふゆくわい》なため、ヒステリーや神經質《しんけいしつ》となり、一寸《ちよつと》したことにも衝突《しようとつ》をするといふ結果《けつくわ》になります。

かうした不滿《ふまん》は、むろん表面上《へうめんじやう》の理由《りゆう》にはならないとしても、この種《しゆ》の離婚《りこん》は相當《さうたう》あるやうです。元來《ぐわんらい》、夫婦關係《ふうふくわんけい》といふものは、夫《ふう》婦《ふ》が一致してこそ初《はじ》めてその滿足《まんぞく》があるのです。病的《びやうてき》な原因《げんゐん》のない不感症《ふかんしやう》や不滿《ふまん》は、双方《さうはう》の心掛次第《こゝろがけしだい》で實《じつ》に容易《ようい》に治《なほ》るのであります。つまり間隔《かんかく》を置《お》いて過度《くわど》に陷《おちい》らぬやう、またその間《あひだ》の時間的關係《じかんてきくわんけい》をよく調節《てうせつ》することです。かうした夫婦間《ふうふかん》の機微《きび》に通《つう》じてこそ、所《いは》謂離婚病《ゆるりこんびやう》の豫防《よばう》も出來《でき》、眞《しん》に和合《わがふ》の實《じつ》が擧《あ》げられるのであります。

(終)

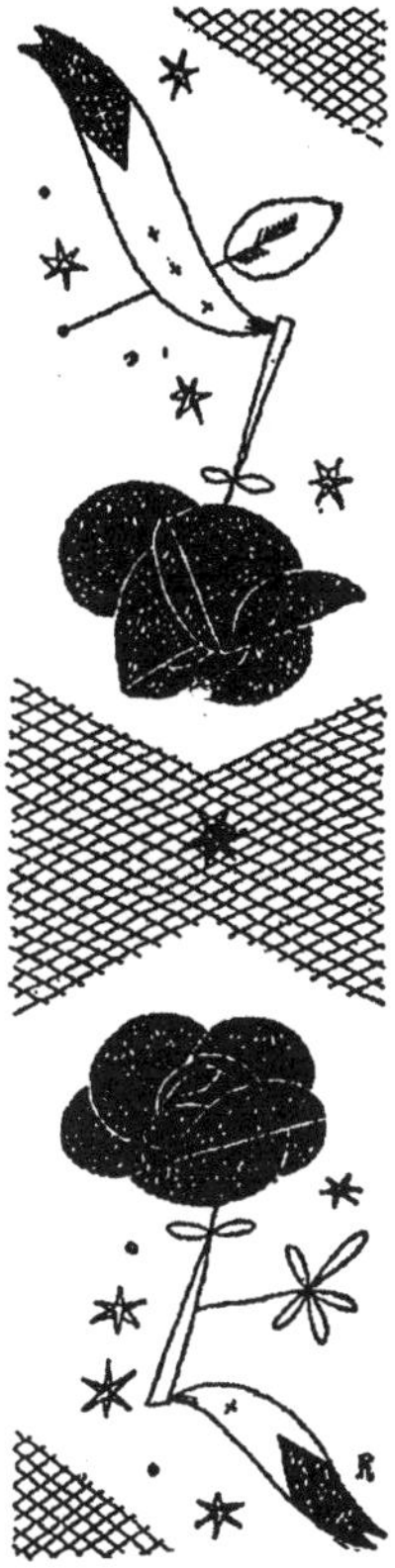

同性愛心中の秘密

—愛すればこそ女三人死を選ぶまで—

北田秀子

「心中三人クラブ」として新聞紙上を賑はした事件——女學校を卒業した三人の娘が、互に死の誓約をかはし、その二人は投身心中を遂げ殘る一人も自殺を企てた。社會はこれを特殊な同性愛の辿つた一つの結論とし、異常なものとしたが、若い乙女の世界に餘りにも多い同性愛と異常とされるこの事件の間に、はたしてどれだけの差があり、隔りがあらうか。人間の自然に導く同性愛の終局は、無希望であり、死へまで到らしむ可能性がある。世の一つの示唆としたい編輯者の意圖を了し、筆者は、なまなましい我が過失への徑路をあからさまに語る。

（一）

愛《あい》する人《ひと》を失《うしな》ひ、死《し》から引戻《ひきもど》されて、腑《ふ》ぬけのやうに、病院《びやうゐん》のベッドに横《よこ》たはつてゐた私《わたし》は、口《くち》をきくのも億劫《おつくう》な位《くらゐ》でした。「婦人《ふじん》公論《こうろん》」の方《かた》の訪問《はうもん》を受《う》けて、感想《かんさう》を求《もと》められたのは其《そ》の時《とき》でしたが、身《み》も心《こゝろ》も傷《きずつ》いて氣持《きもち》が落着《おちつ》きませんでしたし、それに、獵奇的《れうきてき》なジヤーナリズムのために自分《じぶん》が何《なに》か晒《さら》し者《もの》にでもされるやうな氣《き》がしたからでした。私《わたし》は自分《じぶん》の心境《しんきやう》の破片《かけら》さへ發表《はつぺう》しないで、故郷《こきやう》に歸《かへ》る決心《けつしん》をしてゐましたが、私《わたし》を取卷《とりま》いてゐるとり〳〵な世間《せけん》の噂《うはさ》を思《おも》ひ、記者《きしや》の方《かた》からいらつしやつたお氣持《きもち》を色々《いろいろ》と伺《うかゞ》つて、私《わたし》の今度《こんど》の大《おほ》きな過失《くわしつ》をありのまゝにお話《はな》しようと云《い》ふ氣《き》になりました。

新聞《しんぶん》記事《きじ》は私達《わたしたち》の事件《じけん》を「同性愛《どうせいあい》の破局《はきよく》」として、無造作《むぞうさ》に、而《しか》も「心中《しんぢう》クラブ」などとあくどい書《か》き方《かた》で扱《あつか》ひましたが、事實《じじつ》は決《けつ》してあのやうな不純《ふじゆん》なものでは無《な》いのです。

死《し》を選《えら》んだために、私達《わたしたち》の場合《ばあひ》は「異常《いじやう》な事件《じけん》」として騒《さわ》がれましたけれども、世間《せけん》の見《み》た眼《め》とは反對《はんたい》に、純潔なればこそ私達《わたしたち》は死《し》を選《えら》んだのだと思《おも》ひます。

恩師《おんし》のおすゝめに甘《あま》えて、私《わたし》は今《いま》、私達《わたしたち》の愛情《あいじやう》がどんなものであつたか、それをありの儘《まゝ》に書《か》き綴《つゞ》つて、同《おな》じ途《みち》を辿《たど》る方達《かたたち》への贅《まつ》し言葉《ことば》として、又世間《またせけん》の誤解《ごかい》や非難《ひなん》にも答《こた》へようと思《おも》ひます。斯《か》うすることは、東京灣《とうきやうわん》の水《みな》底《そこ》に無心《むしん》に眠《ねむ》つてゐるあの人《ひと》に對《たい》しても、私《わたし》のしなければならない事《こと》だと考《かんが》へるのです。

冷靜《れいせい》にと思《おも》つてペンを取上《とりあ》げたのですが、生々《なまなま》しい手頸《てくび》の傷痕《きず》が私《わたし》の眼《め》を吸《す》ひ寄《よ》せて腦《あた》裡《ま》は亂《みだ》れてしまひます。纏《まとま》らない文章《ぶんしやう》では御《ご》座《ざ》いますけれど、この手記《しゆき》の中《なか》から、私達《わたしたち》の事件《じけん》がそれ程《ほど》異常《いじやう》なものでなかつたといふ事《こと》を理解《りかい》して頂《いたゞ》ければ、逝《ゆ》つたあの人《ひと》も私《わたし》もそれで十分《じゆうぶん》で御座《ござ》います。（文中あの人とあるのは死んだ穂永つよ子さんを指す——編輯部）

（二）

朧月《おぼろづき》の春《はる》の夜《よ》でした。二人《ふたり》は芝生《しばふ》の上《うへ》でぢつと手《て》を握《にぎ》り合《あ》つてゐました。

あの人《ひと》は十七、私《わたし》は十六でした。私達《わたしたち》は從姉妹《いとこ》同志《どうし》で、まだ女學校《ぢよがくかう》に通《かよ》つてゐる夢多《ゆめおほ》い女《をんな》でした。てきぱきと物《もの》を片附《かたづ》ける、男性《だんせい》のやうなあの人《ひと》の力强《ちからづよ》さに魅《み》せられて、兄弟《きやうだい》のない私《わたし》は何《なに》かあの人《ひと》の虜《とりこ》になつてゐました。

あの人《ひと》は握《にぎ》つてゐた手《て》を靜《しづ》かに解《ほど》くと、ポケツトからハーモニカを取出《とりだ》して「ドナム河《がは》の漣《さゞなみ》」を吹《ふ》いて呉《く》れました。

肩《かた》を寄《よ》せてゐる二人《ふたり》の軀《からだ》は、旋律《メロデイ》につれて搖《ゆ》れてゐました。女學校《ぢよがくかう》で味《あぢ》はふお姉樣《ねえさま》と妹《いもうと》、私達《わたしたち》は幸福《かうふく》の絶頂《ぜつちやう》でした。

想《おも》へば、十年後《ねんご》に實現《じつげん》された私達《わたしたち》の悲劇《ひげき》は、この時《とき》から既《すで》に芽生《めば》へてゐたのです。

同性《どうせい》の戀《こひ》——それは人倫《じんりん》の道《みち》に反《はん》したものだといふ事《こと》は解《わか》つてゐながら、たゞ純潔《じゆんけつ》な愛《あい》を捧《さゝ》げ合《あ》ひ語《かた》り合《あ》ふ私達《わたしたち》の間《あひだ》が、人間《にんげん》の道《みち》に逆《そむ》く樣《やう》なものにまで進《すゝ》むものであるとは思《おも》ひませんでした。一方《ぱう》あの人《ひと》に對《たい》するひたむきな氣持《きもち》から、私《わたし》には異性《いせい》といふものが怖《おそ》ろしく見《み》えました。

愉《たの》しい日《ひ》が續《つゞ》いて、やがて私《わたし》は十九の春《はる》を迎《むか》へましたが、その頃《ころ》にはもう、一時間《じかん》でも離《はな》れてはゐられない程《ほど》の二人《ふたり》でした。

悩《なや》みに悩《なや》んで、二人《ふたり》は遂《つひ》に上京《じやうきやう》して一緒《しよ》に暮《くら》す計畫《けいくわく》を樹《た》てました。二人《ふたり》きりの愛《あい》の巣《す》が欲《ほ》しくて、居《ゐ》ても立《た》つても居《ゐ》られなかつたのです。それに、田舎《ゐなか》に居《ゐ》れば、女《をんな》の私達《わたしたち》はやがて結婚《けつこん》させられてしまふからでした。

私《わたし》は兩親《りやうしん》を說伏《ときふ》せ、やつと思《おも》ひを遂《と》げることが出來《でき》ました。何《なに》も知《し》らぬ兩親《りやうしん》は、男勝《をとこまさ》りのあの人《ひと》が一緒《しよ》だといふ點《てん》に安心《あんしん》して、上京《じやうきやう》を許《ゆる》して呉《く》れたのです。二人《ふたり》が手《て》を携《たづさ》へて上《じやう》京《きやう》したのは、その年《とし》の初夏《しよか》でした。

上京《じやうきやう》すると二人《ふたり》はその日《ひ》から仕事《しごと》を探《さが》して廻《まは》りました。けれども、田舎《ゐなか》の女學校《ぢよがくかう》を出《で》ただけの二人《ふたり》を、東京《とうきやう》はさう多易《たやす》く抱擁《はうよう》しては呉《く》れませんでした。二人《ふたり》は就職《しうしよく》がどんなに困難《こんなん》なものかといふ事《こと》を知《し》りました。パンを得《う》るために、あの人《ひと》はカフエーの女給《ぢよきふ》になり、私《わたし》はお針《はり》の賃仕事《ちんしごと》をはじめました。貧《まづ》しくはあつたけれど、惠《めぐ》まれた一日《にち》一日《にち》でした。

あの人《ひと》はどんなにお腹《なか》が空《す》いても、外《そと》で喰《た》べずに歸《かへ》つて來《き》て、私《わたし》の拵《こしら》へたものを一緒《しよ》に喜《よろこ》んで喰《た》べて呉《く》れました。

「このまゝ死《し》んでしまひたい——」

口癖《くちぐせ》のやうに二人《ふたり》は斯《か》う云《い》ふのでした。何《なに》

物《もの》にも替《か》へられぬ私達《わたしたち》の大《おほ》きな幸福《かうふく》を想《おも》ふと、自分達以外《じぶんたちいぐわい》の人々《ひとびと》の生活《せいくわつ》が、下《くだ》らないものとしか思《おも》へませんでした。金錢《きんせん》も名譽《めいよ》も二人《ふたり》にとつては、路傍《ろぼう》の石塊《いしころ》も同然《どうぜん》だつたのです。（出世《しゆつせ》なんか下《くだ》らない。未來《みらい》などを考《かんが》へた所《ところ》で何《なん》になる！）

二人《ふたり》のこの氣持《きもち》は拔《ぬ》き難《がた》いものでした。同性《どうせい》の愛《あい》の終局《しゆうきよく》がどんなものか。それを何時《いつ》知《し》らず覺悟《かくご》してゐた二人《ふたり》は、未來《みらい》を思《おも》はず、向上心《かうじやうしん》もなく、唯《たゞ》その日《ひ》〳〵を享樂《きやうらく》してゐたのです。二人《ふたり》はたゞ一緒《しよ》にゐられるといふだけで幸福《かうふく》なのでした。

二人《ふたり》は精神的《せいしんてき》に「完全《くわんぜん》な夫婦《ふうふ》」でした。

あの人《ひと》は何軒《なんげん》か店《みせ》を變《か》へて働《はたら》きましたが、あの魅力的《みりよくてき》な、男《をとこ》のやうな强《つよ》さは、何處《どこ》へ行《い》つても多《おほ》くの朋輩《ほうばい》を惹《ひ》きつけてゐました。けれども、あの人《ひと》から愛《あい》され、あの人《ひと》の心《こゝろ》の隅《すみ》まで知《し》つてゐる者《もの》は私《わたし》ひとりだけでした。

生活《せいくわつ》をあの人本位《ひとほんゐ》にしてゐた私《わたし》は、あの人《ひと》の望《のぞ》むことには何《なん》でも贊成《さんせい》しました。私《わたし》の忙《いそが》しい時《とき》には、あの人《ひと》を散歩《さんぽ》にも映畫《えいぐわ》にも旅行《りよかう》にも一人《ひとり》で出《だ》して上《あ》げました。夜働《よるはたら》くあの人《ひと》の健康《けんかう》のために、私《わたし》はあの人《ひと》が少《すこ》しでも日光《につくわう》を浴《あ》びられるやうに心懸《こゝろが》けてゐました。

（三）

いつも「愉《たの》しい死《し》」を考《かんが》へてゐた二人《ふたり》は密《ひそ》かに兩親《りやうしん》へお別《わか》れを告《つ》げる積《つも》りで一度歸省《どきせい》しました。

すると親達《おやたち》は待《ま》ち構《かま》へたやうに、夫々縁談《それぞれえんだん》を持《も》ち出《だ》したのです。二人《ふたり》は狼狽《らうばい》してすぐ東京《とうきやう》に歸戻《まひもど》りましたが、親達《おやたち》は矢《や》のやうな催促《さいそく》をよこして二人《ふたり》を苦《くる》しめました。

二人《ふたり》は自分達《じぶんたち》が到頭《たうとう》壁《かべ》に突當《つきあた》つたのだと感《かん》じると、躊躇《ちうちよ》なく死《し》を選《えら》ぶ氣持《きもち》になりました。互《たが》ひに誓《ちか》つた純潔《じゆんけつ》な戀《こひ》を生《い》きぬくためには、死《し》より外《ほか》に途《みち》はなかつたのです。

私達《わたしたち》は江《え》の島《しま》に行《い》つて、最後《さいご》の夏《なつ》を樂《たの》しみました。それから元《もと》のやうに働《はたら》きながらお正月《しやうぐわつ》を迎《むか》へました。お正月《しやうぐわつ》にはあの人《ひと》の仲好《なかよ》しのお友達《ともだち》四人《にん》を家《うち》に招待《せうたい》して、賑《にぎや》かな時《とき》を過《すご》しました。その時私《わたし》は初《はじ》めて太田《おほた》（すみえ）さんに逢《あ》つたのですが、妙《めう》に親《した》しめない感《かん》じをうけました。尤《もつと》も、その後交際《ごかうさい》をしてゐる中《うち》に、いい方《かた》である事《こと》が判《わか》つて、すつかり打《う》ち解《と》けるやうになつたのですが——。

太田《おほた》さんは男《をとこ》に棄《す》てられた人《ひと》で、何時《いつ》も劇藥《げきやく》を離《はな》さないでゐるといふ事《こと》を、いつかあの人《ひと》が話《はな》して呉《く》れた事《こと》があります。その失戀《しつれん》が原因《げんいん》で、非道《ひど》く厭世的《えんせいてき》になつて、毎日《まいにち》お店《みせ》で醉《よ》つては泣《な》いてゐるといふ事《こと》でした。

かういふ太田《おほた》さんと、この世《よ》に希望《きばう》をもたぬ私達《わたしたち》が、ぐん〳〵親《した》しさを増《ま》して行《い》つたのは當然《たうぜん》の成行《なりゆき》でした。

私《わたし》はあの人《ひと》が私《わたし》を愛《あい》すると同《おな》じ樣《やう》に太田《おほた》さんをも愛《あい》してゐるのではあるまいかと不安《ふあん》を感《かん》じたことがありました。するとあの人《ひと》は、

「あたしの愛《あい》してるのは貴方《あなた》だけ。太田《おほた》さんは男《をとこ》を知《し》つてるから駄目《だめ》よ。男《をとこ》を知《し》らない女《をんな》でなければ同性愛《どうせいあい》は解《わか》らない。」

と云《い》つて、渝《かは》らぬ愛《あい》を示《しめ》してくれました。

二人《ふたり》は死《し》ぬ時期《じき》を初夏《しよか》に定《き》めました。

あの人《ひと》はよくお友達《ともだち》を家《うち》に連《つ》れて來《き》ました。その度《たび》に私《わたし》は針《はり》を置《お》いて、御馳走《ごちそう》の支度《したく》をし、みんなで樂《たの》しく頂《いたゞ》くのでした。

「結婚《けつこん》したら貴方《あなた》は申分《まうしぶん》のないお嫁《よめ》さんになれるんだがな。」

あの人《ひと》はよく冗談《じようだん》のやうに斯《か》う云《い》つて、それとなく私《わたし》を郷里《きやうり》に歸《かへ》さうとしました。私《わたし》は悲《かな》しくなつて抗議《かうぎ》をしました。

あの人一人《ひとひとり》を殘《のこ》して、どうして結婚《けつこん》など出來《でき》ませう。十年《ねん》の間《あひだ》、同《おな》じ惱《なや》みを惱《なや》み、同《おな》じ喜《よろこ》びを喜《よろこ》んで來《き》た二人《ふたり》は、最後《さいご》まで愛《あい》し合《あ》つて死《し》ぬばかり、外《ほか》に幸福《かうふく》はないのです。

春《はる》も過《す》ぎて、やがて初夏《しよか》が訪《おとづ》れました。

死《し》ぬ日《ひ》は五月《ぐわつ》十四日《か》か十五日《にち》——さう定《き》まると、あの人《ひと》は五月《ぐわつ》一日《にち》にお店《みせ》をやめ、一人《ひとり》で一週間《しうかん》ばかり旅行《りよかう》に出《で》ました。

二人《ふたり》で机《つくゑ》に向《むか》つて遺書《ゐしよ》を書《か》いたのは、旅《たび》からあの人《ひと》が歸《かへ》つた七日《か》の夜《よる》でした。書《か》きながら、あの人《ひと》は泪《なみだ》ぐんでゐました。

八日《か》と九日《か》は、買物《かひもの》に歩《ある》いたり荷物《にもつ》を纏《まと》めて郷里《きやうり》へ送《おく》つたりしました。九日《か》の夜《よる》、二人《ふたり》の夜具《やぐ》と食器《しよくき》だけ殘《のこ》された部屋《へや》を眺《なが》めて、何《なに》か物《ほつ》とした氣持《きもち》で、二人《ふたり》は唄《うた》を唄《うた》ひながら近所《きんじよ》のお縁日《えんにち》へ出《で》かけました。

旅行好《りよかうず》きなあの人《ひと》は、最後《さいご》の旅行《りよかう》をするために、翌朝《よくてう》ひとりで三浦三崎《みうらみさき》へ立《た》ちました。

あの人《ひと》の洋服《やうふく》の埃《ほこり》を拂《はら》つたり、スーツケースにネクタイを入《い》れたりしてゐる私《わたし》の傍《そば》で、あの人《ひと》はアコーデォンを彈《ひ》いてゐました。

十三日《にち》の夜歸《よるかへ》ると約束《やくそく》して立上《たちあが》つたあの人《ひと》を、私《わたし》は微笑《びせう》をもつて送《おく》り出《だ》したのですが、あゝ、それが最後《さいご》のお別《わか》れになるとは誰《たれ》が思《おも》つたでせう。

（四）

十日《か》、十一日《にち》、十二日《にち》、この三日《か》間《かん》に私《わたし》は母《はゝ》の着物《きもの》を二枚《まい》縫《ぬ》ひ上《あ》げました。せめてもの孝行《かうかう》だつたのです。十二日《にち》の夜《よる》は、本郷座《ほんがうざ》へ行《い》つて「ラモナ」を觀《み》ましたが、ラモナの境遇《きやうぐう》が恰《まる》で私《わたし》と同《おな》じなので泣《な》いてしまひました。

約束《やくそく》の十三日《にち》になりました。あの人《ひと》が今日《けふ》は歸《かへ》つて來《く》る喜《よろこ》びに、私《わたし》は髮《かみ》を洗《あら》ひ、お風呂《ふろ》にも行《ゆ》き、あの人《ひと》の歸《かへ》りを待《ま》つてゐました。

けれども、あの人《ひと》は夜《よる》になつても歸《かへ》つて來《き》ません。一度《ど》も約束《やくそく》を違《たが》へたことのない人《ひと》ですのた——。私《わたし》は寂《さび》しさを堪《こら》へ、苛々《いらいら》と十一年《じ》頃《ごろ》まで待《ま》ちましたが、終《つ》ひには心《こゝろ》が亂《みだ》れてどうする事《こと》も出來《でき》なくなつてしまひました。

死《し》ぬ日《ひ》の迫《せま》つた今《いま》は、片時《かたとき》でもあの人《ひと》と一緒《しよ》に居《ゐ》たかつたのです。大事《だいじ》な約束《やくそく》を反故《ほご》にして、一人《ひとり》で呑氣《のんき》に旅行《りよかう》してゐるあの人《ひと》が腹《はら》立《だ》たしくなりました。

お附合《つきあひ》で死《し》ぬ、約束《やくそく》だから死《し》ぬ——こんな事《こと》は厭《いや》だつたのです。二人《ふたり》の魂《たましひ》が一つになつて、幸福《かうふく》に醉《よ》ひ乍《なが》ら死《し》にたかつたのです。

自制《じせい》出來《で》ない苛立《いらだ》しさの中《なか》に、翌日《よくじつ》も暮《く》れて夜《よる》になつてしまひました。しどろな筆《ふで》で私《わたし》は日記《につき》を書《か》きました。私《わたし》は覺悟《かくご》したのです。

あの人《ひと》の無責任《むせきにん》を悲《かな》しみ、一人《ひとり》で死《し》ぬ事《こと》に定《き》めました。十一時頃《じごろ》床《とこ》を敷《し》いて、身仕舞《みじまひ》を改《あらた》めてから、私《わたし》は藥《くすり》を嚥《の》みました。自分《じぶん》でも不思議《ふしぎ》な位《くらゐ》、靜《しづ》かな澄《す》みきつた氣持《きもち》でした。

私《わたし》が死《し》んだと知《し》つたらあの人《ひと》は必《かなら》ず後《あと》から來《き》て呉《く》れる。私《わたし》は堅《かた》くこれを信《しん》じてゐました。たとへどんな事《こと》が起《おこ》らうとも死《し》を實行《じつかう》することを私達《わたしたち》は不斷《ふだん》誓《ちか》つてゐましたから。

——藥《くすり》が利《き》かず、吐氣《はきけ》を催《もよほ》して私《わたし》はすつかり吐《は》いてしまひました。私《わたし》は死《し》ねなかつたのです。床《とこ》の上《うへ》で喘《あへ》ぎながら、私《わたし》はそれでも未《ま》だあの人《ひと》の歸《かへ》りを待《ま》つてゐたのでした。無性《むしやう》にあの人に逢《あ》ひたくなりました。

　翌朝《よくてう》私《わたし》は力《ちから》がぬけて歩《ある》けないので、下宿《げしゆく》の人《ひと》に頼《たの》んで何軒《なんげん》も花屋《はなや》を尋《たづ》ねて白薔薇《しろばら》を買《か》つて來《き》て貰《もら》ひました。その朝《あさ》に限《かぎ》つてそれが戀しかつたのです。

　午後《ごご》四時頃《じごろ》でした。私《わたし》はあの人《ひと》からの手紙《てがみ》を受取《うけと》つたのです。その瞬間《しゆんかん》、私《わたし》は不吉《ふきつ》な豫感《よかん》に襲《おそ》はれ、急《いそ》いで封《ふう》を切《き》りました。あゝ、それには何《なに》が書《か》いてあつたでせう！

　私《わたし》は眞暗《まつくら》な奈落《ならく》に突落《つきおと》されたやうな氣《き》がしました。

> 永遠《えいゑん》にサヨナラ。幸福《かうふく》を祈《いの》る。最後《さいご》にのぞんで今《いま》までの我《わ》が儘《まゝ》をお許《ゆる》し下《くだ》さい。一生《しやう》のお願《ねが》ひ、田舎《ゐなか》に歸《かへ》つて結婚《けつこん》して下《くだ》さい。
>
> 遠住《ゑんぢう》の地《ち》、海《うみ》の　つよ子《こ》

非道《ひど》い人《ひと》！　あの人《ひと》の無情《むじやう》を恨《うら》んで私《わたし》は泣《な》きましたが、その時《とき》亂《みだ》れ切《き》つた腦裡《あたま》に一縷《る》の望《のぞ》みが閃《ひらめ》きました。

「嘘《うそ》かも知《し》れない！」

　この果敢《はか》ない望《のぞ》みに縋《すが》りながら、私《わたし》は利《き》かない足《あし》で立上《たちあが》ると、夢中《むちゆう》で船着場《ふなつきば》へ馳付《かけつ》けたのでした。

　冷《つめ》たい風《かぜ》の中《なか》に佇《たゝず》つて、私《わたし》は泣きながらあの人《ひと》の姿《すがた》を探《さが》し求《もと》めました。

　夜《よる》になつてもあの人《ひと》はどの船《ふね》からも降《お》りては來《き》ませんでした。私《わたし》は疲《つか》れきつた軀《からだ》をやつと支《さゝ》へながら十時《じ》の終航《しうかう》の船《ふね》を待《ま》ちました。

　あの人《ひと》はあの船《ふね》にも乘《の》つてゐませんでした。私《わたし》の心《こゝろ》は砂《すな》のやうに崩《くづ》れかけましたが、それでも未《ま》だ私《わたし》は望《のぞ》みを捨《す》てませんでした。

「あの人《ひと》は私《わたし》を試《ため》すために、あんな手紙《てがみ》を書《か》いたんだ。ひよつとしたら今時分《いまじぶん》家《うち》に歸《かへ》つてゐるかも知《し》れない。さうだ。屹度《きつと》さうだわ！」

　私《わたし》は自分《じぶん》で自分《じぶん》を斯《か》う說伏《ときふ》せながら、家《うち》へ引返《ひきかへ》したのです。家《うち》の前迄《まへまで》辿《たど》り着《つ》いた時《とき》、私《わたし》は「あゝよかつた！」と思《おも》はず叫《さけ》びました。

　二階《かい》の部屋《へや》の窓《まど》に電燈《でんとう》の灯《あかり》が明々《あかあか》と射《さ》してゐるではありませんか。

　しかし、私《わたし》の望《のぞ》みは無殘《むざん》にも打碎《うちくだ》かれてしまひました。家《うち》を飛出《とびだ》した私《わたし》の容子《ようす》を怪《あや》しんだ人々《ひとびと》は、私達《わたしたち》の部屋《へや》を調《しら》べて日記《につき》や遺書《ゐしよ》を見付《みつ》け出《だ》して大騷《おほさわ》ぎをしてゐる所《ところ》だつたのです。

　翌日《よくじつ》私《わたし》は警察《けいさつ》で、あの人《ひと》が太田《おほた》さんと二人で投身《とうしん》した事《こと》を知《し》りました。

　係《かゝ》りの警官《けいくわん》は何《なん》の理解《りかい》も無《な》くて、たゞ大《おほ》きな聲《こゑ》で私《わたし》を叱《しか》りつけました。

「お前《まへ》は棄《す》てられたのだ。」

　事《こと》もなげに斯《か》う云《い》つてから、警官《けいくわん》は無理矢理《むりやり》私《わたし》に更生《かうせい》する事《こと》を誓《ちか》はせて、私《わたし》を釋放《しやくはう》したのでした。私《わたし》は自由《じいう》を奪《うば》はれ、一擧一動《きよどう》を監視《かんし》されるやうになりました。

「あの人《ひと》は私《わたし》を裏切《うらぎ》つて一人《ひとり》で死《し》んでしまつた！」

　斯《か》う思《おも》ひつめて、私《わたし》はあの人《ひと》を怨《うら》み、惨《みじ》めにも取殘《とりのこ》された自分《じぶん》を正視《せいし》することが出來《でき》ませんでした。あの人《ひと》と一緒《しよ》に死《し》ぬことの出來《でき》た太田《おほた》さんが妬《ねた》ましくさへ思《おも》はれました。

　あの人《ひと》のために私《わたし》は心《こゝろ》ばかりの佛壇《ぶつだん》を飾《かざ》つて、その前《まへ》に額《ぬか》づいて考《かんが》へ續《つゞ》けました。

——二人《ふたり》の死《し》を知《し》うて私《わたし》の家《うち》に馳《か》けつけて吳《く》れたお店《みせ》の人《ひと》の話《はなし》によると、私《わたし》が歸《かへ》りを待《ま》ち侘《わ》びてゐたあの十三日《にち》の夜《よる》、あの人《ひと》は矢張《やは》り東京《とうきやう》に歸《かへ》つて來《き》たのでした。

あの人《ひと》はお店《みせ》へ寄《よ》つて他所《よそ》ながら暇乞《いとまご》ひをしたのでした。それから淺草《あさくさ》の太田《おほた》さんを訪《たづ》ねたさうですから、その時《とき》、二人《ふたり》で死《し》ぬ事《こと》を定《き》めたのでせう。

厭世家《えんせいか》の太田《おほた》さんが、死《し》を前《まへ》にしたあの人《ひと》と一緒《しよ》に死《し》ぬ氣《き》になつたのも決《けつ》して不自然《ふしぜん》ではなかつたと考《かんが》へられます。あの人《ひと》の家庭《かてい》に比《くら》べ、色ゝ《いろいろ》な點《てん》で自由《じいう》のきかない私《わたし》の境遇《きやうぐう》を知《し》り盡《つく》してゐたので、愛《あい》すればこそ私《わたし》を殘《のこ》して死《し》んで行《い》つたのです。

「あんたは申分《まをしぶん》のないお嫁《よめ》さんになれるんだが——」

何時《いつ》ぞやあの人《ひと》の云《い》つたこの言葉《ことば》も、遺書《ゐしよ》のことを思《おも》ひ合《あは》せると、決《けつ》して冗談《じようだん》ではなかつたのです。あの人《ひと》は死《し》によつて無言《むごん》の愛《あい》を私《わたし》に示《しめ》して逝《い》つたのでした。

それを知《し》つて、私《わたし》は悔《くや》みも怨《うら》みも一度《ど》に消《き》えて、初《はじ》めは妬《ねた》んだ太田《おほた》さんに對《たい》しても、今《いま》はよく一緒《しよ》に死《し》んで吳《く》れたとお禮《れい》をさへ云《い》ひたい氣《き》持《もち》でした。あの人《ひと》が唯一人《たゞひとり》でゝ死《し》の瞬間《しゆんかん》、泡立《あわだ》つ波《なみ》を凝視《みつめ》て飛込《とびこ》むなどとは、考《かんが》へても痛《いた》ましくて、此《この》胸《むね》が潰《つぶ》れさうです。

あの人《ひと》の愛情《あいじやう》の最《さい》後《ご》まで變《かは》らなかつたことを知《し》ると、私《わたし》は喜悅《よろこび》に咽《むせ》び泣《な》きながら、あの人《ひと》の跡《あと》を追《お》はうと決心《けつしん》しました。死《し》ぬことによつて私《わたし》も變《かは》らぬ愛《あい》を示《しめ》して最後迄《さいごまで》あの人《ひと》のものである事《こと》を知《し》つて貰《もら》ひたかつたのです。

父《ちゝ》とあの人《ひと》のお姉樣《ねえさま》が上京《じやうきやう》して來《き》ました。私《わたし》の明《あか》るい容子《ようす》をみて二人《ふたり》は安心《あんしん》したやうでしたが、私《わたし》は機會《きくわい》を逸《いつ》することを怖《おそ》れて、決《けつ》行《かう》を急《いそ》ぎました。隙《すき》を狙《ねら》つて、剃刀《かみそり》で左手《ひだりて》の動脈《どうみやく》を斷《き》つたのは、あの人《ひと》が死《し》んでから三日《か》目《め》、十五日《にち》の夕方《ゆふがた》でした。

噴出《ふきだ》す鮮《あざや》かな血《ち》の色《いろ》を凝視《みつめ》ながら、私《わたし》は、何《なに》か助《たす》かるやうな氣《き》がしました。

「私《わたし》を迎《むか》へに來《き》て……！」

私《わたし》は心《こゝろ》で斯《か》う叫《さけ》びながら、城《じやう》ケ島《しま》の水底《みなそこ》に眠《ねむ》つてゐるあの人《ひと》が手《て》を差《さ》し伸《の》べて吳《く》れることを念《ねん》じ續《つゞ》けてゐました。

だが、何《なん》といふ私《わたし》は不幸《ふかう》な女《をんな》でせう。今度《こんど》も私《わたし》は死《し》ねなかつたのです。順天堂病院《じゆんてんだうびやういん》に運《はこ》ばれ、入院《にふゐん》。私《わたし》は白《しろ》いベッドの上《うへ》で、慘《みじ》めな自分《じぶん》を嘆《なげ》き、運命《うんめい》の惡戯《いたづら》を呪《のろ》つたのでした。

あの人《ひと》は私《わたし》を殘《のこ》して置《お》くことによつて、渝《かは》らぬ愛《あい》を示《しめ》して吳《く》れたのですが、取殘《とりのこ》された私《わたし》は、あの人《ひと》を怨《うら》みたいやうな氣《き》持《もち》でした。

身心《しんしん》ともに傷《きずつ》いて「生《い》ける屍《しかばね》」となつた私《わたし》、まだ私《わたし》の心《こゝろ》は冷靜《れいせい》になり切《き》れません。

めつきり老けた父母《ふぼ》を前《まへ》にして、自分達《じぶんたち》の考《かんが》へてゐた事《こと》が、人間《にんげん》としての一つの外道であり、過失《くわしつ》であることが意識《いしき》されても、愛《あい》し合《あ》つた人《ひと》を失《うしな》つて生《い》きる空虛《くうきよ》さを、まだ拭《ぬぐ》ひきることは出來《でき》ません。更生《かうせい》！　傷《きずつ》いたこの軀《からだ》とこの魂《たましひ》が眞實《しんじつ》に更生《かうせい》するのは何日《いつ》のことでせう。

世間《せけん》から向《む》けられる色《いろ》んな眼《まなこ》の中《なか》に、私《わたし》はぢつと空虛《うつろ》な瞳で一點《てん》を凝視《みつめ》るばかりです。

現代の童貞

・現代大學生の童貞調査無記名報告・

醫學博士 安田德太郎

男子《だんし》を正《ただ》しく理解《りかい》することは結婚期《けつこんき》の娘《むすめ》にとつても結婚生活《けつこんせいくわつ》にある妻《つま》にとつても、子女《しぢよ》を持《も》つ母親《はゝおや》にとつても、非常《ひじやう》に大切《たいせつ》なことである。このために私《わたし》はここで日本《にほん》の青年《せいねん》の童貞觀念及《どうていくわんねんおよ》び童貞《どうてい》破棄《はき》の姿《すがた》を眺《なが》めてみたいと思《おも》ふ。かういふ問題《もんだい》に對《たい》してはもろもろの高等批判《かうとうひはん》は何《なん》の役《やく》にもたゝぬ。吾々《われわれ》は飽《あ》く迄《まで》も客觀的《きやくくわんてき》・科學的《くわがくてき》に事實《じじつ》の集成《しふせい》の上《うへ》に立《た》つて問題《もんだい》を展開《てんかい》しなければならぬ。道德的《だうとくてき》・感情的《かんじやうてき》の單なる議論《ぎろん》は冷《つめた》い事實《じじつ》の前《まへ》には何《なん》の權威《けんゐ》もないからである。

從來《じゆうらい》の醫學者《いがくしや》は人間《にんげん》の性生活《せいせいくわつ》を論《ろん》ずるにあたつていつでも、生物的人間《せいぶつてきにんげん》ばかりを觀察《くわんさつ》し、生物學的《せいぶつがくてき》にのみ分析《ぶんせき》した。併《しか》し人間《にんげん》の性慾《せいよく》はそんな簡單《かんたん》なものでない。吾々《われわれ》は萬物《ばんぶつ》の靈長《れいちやう》として發達《はつたつ》した精神生活《せいしんせいくわつ》と組織化《そしきくわ》された社會生活《しやくわいせいくわつ》を持《も》つてゐる。吾々《われわれ》の性慾《せいよく》は一個《こ》の動物的本能《どうぶつてきほんのう》でなく、もつと輻輳《ふくそう》した精神的《せいしんてき》・社會的內容《しやくわいてきないよう》を持《も》つてゐる。かういふ事實《じじつ》を抹殺《まつさつ》した一方的《いつぱうてき》な分析《ぶんせき》はやつぱり人間《にんげん》の正《ただ》しい理解《りかい》に導《みちび》かない。吾々《われわれ》はどこまでも生物的人間《せいぶつてきにんげん》、精神的人間《せいしんてきにんげん》、社會的人間《しやくわいてきにんげん》としての眞《しん》の人間《にんげん》の姿《すがた》を冷靜《れいせい》に觀察《くわんさつ》しなくてはならぬ。かういふ目的《もくてき》から私《わたし》は大正《たいしやう》十一年《ねん》から昭和《せうわ》三年《ねん》の七年《ねん》間《かん》に蒐集《しうしふ》した日本人青年《にほんじんせいねん》の厖大《ばうだい》な性生活調査《せいせいくわつてうさ》を基礎《きそ》として、特《とく》に童貞問題《どうていもんだい》に結《むす》びつけて日本人青年《にほんじんせいねん》の眞實《しんじつ》の生活《せいくわつ》と感情《かんじやう》を述《の》べてみたい。

童貞と性的苦悶

童貞でゐる青年はどの位ゐるか

男子《だんし》の童貞《どうてい》は女子《ぢよし》の處女性《しよぢよせい》のやうに道德的《だうとくてき》にも社會的《しやくわいてき》にも强制《きやうせい》されてゐない。そこですべての青年《せいねん》は若《わか》い時《とき》は二度《ど》ないとばかりに、惜《を》しげもなしに童貞《どうてい》を蹂躙《じうりん》して、勝手氣儘《かつてきまゝ》な性生活《せいせいくわつ》を送《おく》つてゐると想像《さうざう》する人《ひと》が多《おほ》い。併《しか》しこれは單《たん》なる想像《さうざう》であつて現實《げんじつ》は決《けつ》してそんなに單純《たんじゆん》でない。たとへばもつとも代表的《だいへうてき》インテリ青年《せいねん》である大學生《だいがくせい》の童貞《どうてい》を調査《てうさ》するに、東京帝大生《とうきやうていだいせい》では五五パーセント、早稻田大學生《わせだだいがくせい》では四五パーセント、京都帝大生《きやうとていだいせい》では五三パーセント、同志社大學豫科生《どうししやだいがくよくわせい》では六四パーセントが未《いま》だはつきり童貞《どうてい》を維持《ゐぢ》してゐる。從《したが》つて今日《こんにち》の大學生《だいがくせい》の半數《はんすう》は未《いま》だ異性《いせい》を知《し》らないロマンチツクな生活《せいくわつ》を送《おく》つてゐるといへる。

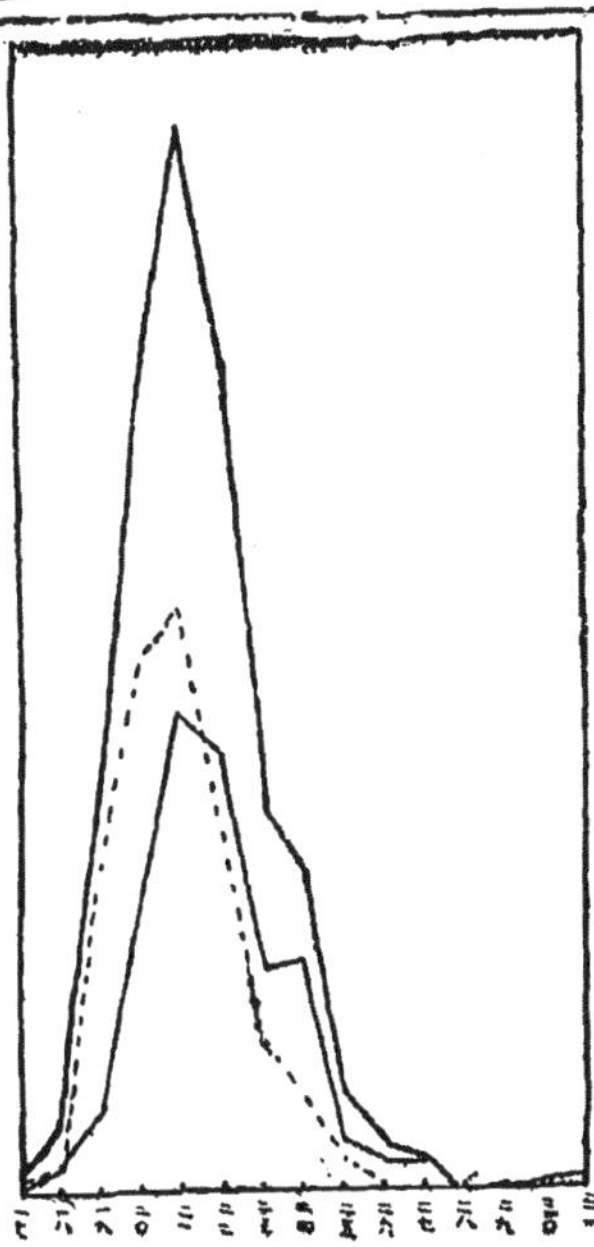

日本人大學生の童貞率

そこでもつと詳《くは》しく觀察《くわんさつ》してみると、大學生《だいがくせい》六一五人《にん》のうち童《どう》貞者《ていしや》は三四〇人《にん》、非童貞者《ひどうていしや》は二七五人《にん》あり、前者《ぜんしや》は五五パーセント、後者《こうしや》は四五パーセントとなつてゐる。これを滿《まん》による年齡別《ねんれいべつ》にならべてみると、十九歳《さい》、二十歳《さい》、二十一歳《さい》では童貞者《どうていしや》の數《すう》が斷然《だんぜん》多《おほ》いが、二十二歳《さい》を轉機《てんき》として經驗者《けいけんしや》の數《すう》が多《おほ》くなり、二十三歳《さい》以後《いご》は後者《こうしや》がますます增加《ぞうか》して行《ゆ》く。私《わたし》の調査人員《てうさじんゐん》は總計《そうけい》一一六七人《にん》であつて、少數《せうすう》の農民《のうみん》、勞働者《らうどうしや》をのぞいて殆《ほとん》どすべてが、大學生《だいがくせい》又《また》は中學《ちうがく》、專門《せんもん》、大學《だいがく》の教育《けういく》を終《をは》つて既《すで》に社會《しやくわい》に活動《くわつどう》してゐる人達《ひとたち》であり、日本《にほん》のインテリ中堅分子《ちうけんぶんし》を包含《はうがん》してゐるのが特色《とくしよく》である。この一一六七人のうち童貞者《どうていしや》は六一三人《にん》、即《すなは》ち五二パーセントに達《たつ》して、大學生《だいがくせい》をのぞいたすべての童貞者《どうていしや》が既《すで》に小學教員《せうがくけうゐん》とし、サラリーマンとして實社會《じつしやくわい》に生活《せいくわつ》してゐることを特《とく》に指摘《してき》しておきたい。

年齡(滿)	童貞者	經驗者	計
一七	一	〇	一
一八	五	五	一〇
一九	五二	一三	六五
二〇	八三	四二	一二五
二一	九〇	七二	一六二
二二	五七	六六	一二三
二三	二四	三四	五八
二四	一五	三六	五一
二五	六	九	一五
二六	二	五	七
二七	一	五	六
二八	〇	〇	〇
二九	〇	一	一
三〇	〇	一	一
三一	〇	三	三
	三四〇	二七五	六一五

童貞を守つてゐる理由?

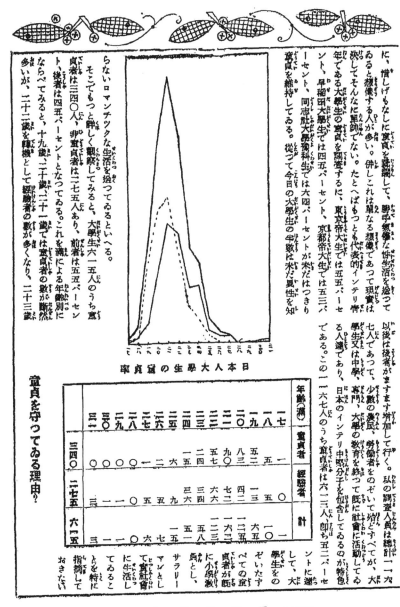

かういふ童貞者《どうていしや》にどういふ理由《りゆう》から現在《げんざい》もなほ童貞《どうてい》を維持《ゐぢ》してゐるかと質問《しつもん》するに、その理由《りゆう》として、いろんなのがあげられてゐるが、一番多《いちばんおほ》い理由《りゆう》として、童貞青年《どうていせいねん》は異句同音《いくどうおん》に自分達《じぶんたち》は結婚《けつこん》まではどこまでも童貞《どうてい》を守《まも》つて、自分《じぶん》の純潔《じゆんけつ》な童貞《どうてい》を愛《あい》する妻《つま》に捧《さゝ》げたいと叫《さけ》んでゐる。ほんとうに童貞《どうてい》は私《わたし》が愛人《あいじん》と結婚《けつこん》する時《とき》に、私《わたし》が最大《さいだい》の歡喜《くわんき》をもつて私《わたし》の新妻《にいづま》に捧《さゝ》げる贈物《おくりもの》であらしめるつもりです。私《わたし》は私《わたし》の愛人《あいじん》の處女《しよぢよ》たることを禮讃《らいさん》すると同時《どうじ》に、私《わたし》の童貞《どうてい》をも彼女《かのぢよ》によつて禮讃《らいさん》せられることを希望《きばう》します」（早大生・二十歳）。自分《じぶん》は自分《じぶん》の童貞《どうてい》は愛人《あいじん》によつてのみ破《やぶ》らるべきものと信《しん》じてゐる。自分《じぶん》が脆《もろ》くも純潔《じゆんけつ》・童貞《どうてい》をすて、しかも純潔《じゆんけつ》・無垢《むく》たるべき處女《しよぢよ》に對《たい》して何《なん》のかんばせあつてかまみえん」（東大生・二十四歳）。このやうに愛人《あいじん》に童貞《どうてい》を捧《さゝ》げたいといふのが現代日本《げんだいにほん》の青年《せいねん》の熱烈《ねつれつ》な要求《えうきう》であり、處女《しよぢよ》を得《え》んためには自分《じぶん》も純潔《じゆんけつ》であらねばならぬといふのが日本《にほん》のインテリ青年《せいねん》の道徳的理想《どうとくてきりさう》である。

愛《あい》なくして結婚《けつこん》の意志《いし》なくして處女《しよぢよ》を犯《をか》すのは罪悪《ざいあく》だといふのも童貞青年《どうていせいねん》の倫理的通念《りんりてきつうねん》となつてゐる。「自分《じぶん》がもう少《すこ》し本能《ほんのう》の奴隷《どれい》であつたなら女《をんな》を犯《をか》してゐたであらう。自分《じぶん》の理性《りせい》はその暗黒《あんこく》をうち消《け》した。自分《じぶん》には結婚《けつこん》するといふ意志《いし》がない。それはどれほど女《をんな》を苦《くる》しめ、人間《にんげん》を墮落《だらく》させるものであるか知《し》れぬ。自分《じぶん》は處女《しよぢよ》を望《のぞ》む故《ゆゑ》に、自分《じぶん》も童貞《どうてい》でなければならぬ。そんなことは自分《じぶん》を欺《あざむ》き、総《すべ》てを欺《あざむ》くものである」（早大生・二十歳）。「可愛《かはい》い乙女《をとめ》の貞操《ていさう》を汚《けが》すのは餘《よ》ほど考《かんが》へものであると思《おも》ひます。しかし時《とき》として性慾《せいよく》はやみ難《がた》い力《ちから》がある。とにかく自分《じぶん》は性的《せいてき》に弱《よわ》い人間《にんげん》であるが、我慢《がまん》して自分《じぶん》の童貞《どうてい》は愛人《あいじん》、愛妻《あいさい》一人以外《ひとりいぐわい》には斷《だん》じて試《こゝろ》みない覺悟《かくご》をしてゐます」（京大生・十九歳）。

童貞者は性業婦をどう考へてゐるか

それでは賣春婦《ばいしゆんふ》に對《たい》してはどうかと質問《しつもん》するに、すべての童貞《どうてい》青年《せいねん》はそんな不潔《ふけつ》なところへは行《ゆ》けぬ、性病《せいびやう》がこわくて行《ゆ》く氣《き》になれぬと叫《さけ》んでゐる。「花柳界《くわりうかい》などでこの尊《たつと》い童貞《どうてい》を失《うしな》ひたくない。やはり將來《しやうらい》は最愛《さいあい》の人《ひと》に捧《さゝ》げねばならぬ。少《すくな》くとも自分《じぶん》は處《しよ》女《ぢよ》を愛《あい》するやうに將來《しやうらい》の妻《つま》たる人《ひと》にすまぬやうな氣《き》がする。（京大生・二十一歳）。女《をんな》を欲《ほつ》する心《こゝろ》は旺盛《わうせい》ですが、花柳界《くわりうかい》に行《ゆ》く勇氣《ゆうき》はなく、病菌《びやうきん》を恐《おそ》れる以外《いぐわい》に、そこの女《をんな》の厭《いや》な感《かん》じのため行《ゆ》く氣《き》になれません」（東大生・二十一歳）。このやうに純情的《じゆんじやうてき》な童貞意識《どうていいしき》はインテリ青年《せいねん》におい熾烈《しれつ》である。

かういふ純潔觀念以外《じゆんけつくわんねんいぐわい》にインテリ青年《せいねん》にあつては勉學《べんがく》といふことも童貞維持《どうていゐぢ》の大《おほ》きな理由《りいう》になつてゐる。學成《がくな》らずんば死《し》すとも歸《かへ》らずといふやうに、彼等《かれら》は希望《きばう》と理想《りさう》に燃《も》え上《あが》つてゐる。この理想《りさう》の達成《たつせい》のためには女《をんな》は飽《あ》く迄《まで》も禁物《きんもつ》である。「せめて大學《だいがく》を出《で》るまで童貞《どうてい》でゐてやらうといふ反抗心《はんかうしん》がある」（東大生・二十歳）。「二十二、三歳《さい》まで非常《ひじやう》に緊張《きんちやう》した奮鬪的生活《ふんとうてきせいくわつ》を過《すご》したため、戀愛及《れんあいおよ》び性慾《せいよく》が割合《わりあひ》に抑《おさ》へられた。その後《ご》は折角《せつかく》これまで童貞《どうてい》を維持《ゐぢ》したから、なるべく純《じゆん》な戀愛《れんあい》のためにこれを捧《さゝ》げたい」（東大生二十六歳）。「立志傳《りつしでん》の如《ごと》き書物又《しよもつまた》は雜誌《ざつし》、父母《ふぼ》の教《をし》ゆる立志《りつし》・成《せい》功勲のため」（京大生・二十歳）。「未《いま》だ學窓《がくさう》にあるため一度《ど》女《をんな》を知《し》れば容易《ようい》に中止出來《ちうしでき》ないと推斷《すゐだん》して、學成《がくな》るまでは決《けつ》して接《せつ》すべからずと忍耐《にんたい》してゐる」（京大生・十九歳）。

童貞への自信は動搖する

併《しか》しかういふ純情的《じゆんじやうてき》な精神主義《せいしんしゆぎ》も年齡《ねんれい》の進《すゝ》むにつれて漸次《ぜんじ》に崩壞《ほうくわい》して行《ゆ》く。純潔《じゆんけつ》でありたいといふ緊張《きんちやう》もだんだん動搖《どうえう》して童《どう》貞《てい》に對《たい》して自信《じしん》が持てないといふ青年《せいねん》も多《おほ》い。機會《きくわい》さへあれば、相手《あひて》さへあれば童貞《どうてい》を破棄《はき》しても悔《く》いないと青年達《せいねんたち》はいふ。「機會《きくわい》が來《こ》なかかつたのが大部分《だいぶぶん》を占《し》めてゐます。そんな機會《きくわい》を作《つく》りたいといふ心《こゝろ》と厭《いや》だといふ心《こゝろ》があり、結局《けつきよく》そんな時《とき》は臆病《おくびやう》が手傳《てつだ》つて機會《きくわい》が來《き》ませんでした」（東大生・二十一歳）。「相手《あひて》がシヤンでなかつたり、女中《ぢよちう》であつたり、その時《とき》は勉強專心《べんきやうせんしん》の時《とき》だつたりして。愛人《あいじん》に捧《さゝ》げたいと思《おも》ふ」（東大生・二十四歳）。機會《きくわい》も相手《あひて》もあるが臆病《おくびやう》のため敢行出來《かんかうでき》ないといふ青年《せいねん》も甚《はなは》だ多《おほ》い。「全《まつた》く自分《じぶん》の臆病《おくびやう》な氣持《きもち》が内心《ないしん》むづむづしつゝもこの二十五歳《さい》といふ年《とし》まで自《じ》分《ぶん》に童貞《どうてい》を守《まも》らした」（早大生・二十五歳）。「私《わたし》は中學時代《ちうがくじだい》から戀《れん》愛《あい》の經驗《けいけん》は隨分持《ずゐぶんも》つてゐますが、戀愛《れんあい》と肉慾《にくよく》とは別《べつ》の物《もの》のやうに考《かんが》へるロマンチツクな思想《しさう》に支配《しはい》されてゐました。この頃《ごろ》になつて肉慾《にくよく》が强《つよ》くなつて殆《ほと》んど病的《びやうてき》のやうです。現在《げんざい》ある夫人《ふじん》から猛烈《まうれつ》な誘惑《いうわく》を受《う》けてゐますが、私《わたし》の臆病《おくびやう》のため未《いま》だ童貞《どうてい》を守《まも》つてゐます」（早大生・二十歳）。

姙娠《にんしん》がこわい、性病《せいびやう》がこわいといふ理由《りいう》も童貞維持《どうていゐぢ》の推進力《すゐしんりよく》となつてゐる。「要《えう》するに相手《あひて》が見《み》つからぬからだ。出來《でき》るなら處女《しよぢよ》と童貞《どうてい》を交換《かうくわん》したい（勿論結婚《もちろんけつこん》する時《とき》だが）、相手《あひて》に後悔《こうくわい》がなければ。姙娠《にんしん》のおそれがないなら。性病《せいびやう》の心配《しんぱい》がなければ相手《あひて》によつては誰《たれ》でもよい」（東大生・二十一歳）。「二十頃《ごろ》までは童貞《どうてい》・純潔《じゆんけつ》を尊重《そんちやう》して結婚《けつこん》までは必《かなら》ず維持《ゐぢ》しようと決心《けつしん》してゐたが、その後《ご》思想《しさう》が次第《しだい》に變《かは》つて性慾《せいよく》がつのつて來《き》た。機會《きくわい》はあつたが性病《せいびやう》の恐怖《きやうふ》で未《いま》だ童貞《どうてい》である」（東大生・二十一歳）。「私《わたし》にとつては性《せい》病《びやう》、世間《せけん》、親《おや》に對《たい》して躊躇《ちうちよ》してゐましたが、年齡《ねんれい》の進《すゝ》むにつれて性病豫防法《せいびやうよばうはふ》を知《し》り、かつ秘密《ひみつ》にやりうる可能性《かのうせい》を知《し》るに及《およ》んで、娼婦《しやうふ》に試《こゝろ》みようと目下大《もくかおほ》いにあせつてゐます」（東大生・二十一歳）。「今《いま》二十七になるが、機會《きくわい》がなかつたといふのが恐《おそ》らく第《だい》一の原因《げんいん》であらう。次《つぎ》に性病《せいびやう》の恐怖《きようふ》から遊廓《いうくわく》に行《ゆ》く勇氣《ゆうき》もない。かつ自分《じぶん》の童貞《どうてい》は公然《こうぜん》の未來《みらい》の妻《つま》に捧《さゝ》げようとする快樂《くわいらく》の豫期《よき》、だがいつまで童貞《どうてい》を續《つゞ》けられるか知《し》れない。戰《たゝかひ》は苦《くる》しい。解決《かいけつ》は結《けつ》婚《こん》のみかは」（東大生・二十六歳）。

以上《いじやう》のやうな告白《こくはく》を通《とほ》して吾々《われ〳〵》は生物的人間《せいぶつてきにんげん》と精神的人間《せいしんてきにんげん》の葛《かつ》藤《とう》、苦悶《くもん》の實相《じつさう》をはつきり理解《りかい》することが出來《でき》る。日本《にほん》の童貞靑《どうていせい》年《ねん》は未來《みらい》の愛人《あいじん》のため、未來《みらい》の愛妻《あいさい》のため、はたまた自《みづか》らの純《じゆん》情《じやう》・純潔《じゆんけつ》のために血《ち》みどろに戰《たゝか》つてゐる。彼等《かれら》は童貞《どうてい》に對《たい》してはつきりした自覺《じかく》を持《も》つてゐる。世間《せけん》の想像《さうざう》以上《いじやう》に日本《にほん》のインテリ靑年《せいねん》の童貞觀念《どうていくわんねん》は强固《きやうこ》である。

童貞で結婚した靑年の感想

勿論《もちろん》私《わたし》の調査《てうさ》では正式結婚《せいしきけつこん》によつて自分《じぶん》の童貞《どうてい》を妻《つま》に捧《さゝ》げたといふのは極《きは》めて少《すく》なくて、經驗者《けいけんしや》五五四人中《にんちゆう》僅《わづ》かに二九人《にん》であり、年齡的《ねんれいてき》にみると、數《かぞ》へ年《どし》十九歳《さい》から二十五の早婚者《さうこんしや》が一五人《にん》、二十五歳《さい》から三十歳《さい》の晩婚者《ばんこんしや》が一二人《にん》、三十歳《さい》と三十四歳《さい》が各《かく》一人《にん》といふ狀態《じやうたい》である。かういふ靑年《せいねん》に對《たい》して結婚後《けつこんご》の感想《かんさう》を聞《き》いてみることにしよう。二十四歳《さい》で結婚《けつこん》した靑年《せいねん》はいふ。「正《たゞ》しい結婚《けつこん》によつて確《たし》かに處女《しよぢよ》と正《たゞ》しい最初《さいしよ》の生活《せいくわつ》を始《はじ》めました。私《わたし》の結婚《けつこん》は舊式《きうしき》の結婚《けつこん》でありまして、妻《つま》が非常《ひじやう》に可愛《かはい》くなりました。一面《めん》識《しき》もない現在《げんざい》の妻《つま》と仲介人《なかうど》の言葉《ことば》を信《しん》じて貰《もら》つたのです。どちらかといへば普通《ふつう》の女《をんな》より醜《みにく》い女《をんな》ですが、結婚當時《けつこんたうじ》半歳《はんとし》はこの世《よ》に自分《じぶん》の妻《つま》ほど美人《びじん》はないとまで思《おも》ひました。これもはじめて知《し》つた異性《いせい》のためでせう。」二十八歳《さい》で結婚《けつこん》した靑年《せいねん》はいふ。「未知《みち》の者《もの》同志《どうし》が他人《たにん》の媒介《ばいかい》によつて結婚《けつこん》した。共《とも》にはじめてであつた。結《けつ》婚《こん》すれば失《うしな》ふのは當然《たうぜん》である。よく辛抱《しんばう》したといふ滿足《まんぞく》を感《かん》じた。」三十歳《さい》で結婚《けつこん》した靑年《せいねん》はいふ。「あるものを失《うしな》つたやうな期待《きたい》に對《たい》して物足《ものた》りなさを感《かん》じた。人生《じんせい》の無形《むけい》のある峠《たうげ》を越《こ》したやうな一抹《まつ》の寂寞《せきばく》を感《かん》じた。一般異性《ぱんいせい》への憧憬《どうけい》は減《げん》じた。」

併《しか》しかういふ實例《じつれい》が殆《ほとん》ど稀有《けう》であることは一般男子《ぱんだんし》の晩婚傾《ばんこんけい》向《かう》にもとづいてをり、この晩婚傾向《ばんこんけいかう》は結局今日《けつきよくこんにち》の經濟生活《けいざいせいくわつ》に原《げん》因《いん》してゐる。女子《ぢよし》の場合《ばあひ》は大抵《たいてい》二十歳《さい》から二十五歳《さい》に結婚生活《けつこんせいくわつ》にはいつてしまふ。若《も》し男子《だんし》がこの期《き》に早婚《さうこん》出來《でき》るなら、童貞者《どうていしや》として結婚生活《けつこんせいくわつ》にはいる靑年《せいねん》は非常《ひじやう》な數《すう》にのぼるに相違《さうゐ》ない。女子《ぢよし》は處女性《しよぢよせい》が保《たも》ちやすく男子《だんし》は童貞《どうてい》が保《たも》ちにくい、といはれ、醫學《いがく》者《しや》はこの相違《さうゐ》を男女《だんぢよ》の性慾《せいよく》の相違《さうゐ》に歸《き》してゐるが、生物的人間《せいぶつてきにんげん》としては男女《だんぢよ》には大《たい》した相違《さうゐ》はなく、若《も》し女子《ぢよし》を男子《だんし》と同《おな》じ生活《せいくわつ》に放《はう》りこんで晩婚《ばんこん》を强制《きやうせい》すれば、女子《ぢよし》の處女性《しよぢよせい》は男子《だんし》の童貞《どうてい》と同《おな》じに守《まも》り難《がた》いものになつてしまふであらう。

初經驗の年齡はどうなつてゐるか

それでは日本人《にほんじん》の初經驗《しよけいけん》の年齡《ねんれい》はどうなつてゐるか。今經驗者《いまけいけんしや》五五四人《にん》につい童貞《どうてい》を失《うしな》つた年齡《ねんれい》を數《かぞ》へ年《どし》で算出《さんしゆつ》してみると、立《りつ》派《ぱ》な曲線《きよくせん》が出來上《できあが》る。初經驗曲線《しよけいけんきよくせん》の頂點《ちやうてん》は日本人男子《にほんじんだんし》では數《かぞ》へ年《どし》十九歳《さい》となつてゐる。この十九歳《さい》を頂點《ちやうてん》に曲線《きよくせん》は漸次《ぜんじ》に下《さが》つて、二十二歳《さい》を轉機《てんき》に急落《きふらく》する。卽《すなは》ち二十五歳以上《さいいじやう》になつて童貞《どうてい》を失《うしな》ふ靑年《せいねん》は非常《ひじやう》に少《すく》いといふことになる。

童貞を失ふ對象としての女子

童貞《どうてい》を失《うしな》ふ以上《いじやう》そこに對象者《たいしやうしや》としての女子《ぢよし》がゐなくてならぬ。それではかういふ對象者《たいしやうしや》は悉《ことごと》く娼婦《しやうふ》かといふに、現實《げんじつ》ではさうでなく、私《わたし》の調査《てうさ》では五四八人《にん》の經驗者《けいけんしや》のうちで性業婦人《せいげふふじん》によつたものが二三二人（四二パーセント）、未婚者《みこんしや》によつたものが二三九人《にん》（四三パーセント）既婚者《きこんしや》によつたものが七七人《にん》（一四パーセント）となつてゐて、性業婦人《せいげふふじん》と未婚者《みこんしや》が殆《ほとん》ど同數《どうすう》を示《しめ》してゐる。もつと興味《きようみ》のあるのは大學生層《だいがくせいそう》では性業婦人《せいげふふじん》が三六パーセント、未婚者《みこんしや》が四九パーセント、既婚者《きこんしや》が一四パーセントになつてゐるが勞働者《らうどうしや》、農民《のうみん》、中學《ちうがく》、師範卒業《しはんそつげふ》の中農層《ちうのうそう》、小學校教員層《せうがくかうけうゐんそう》、サラリーマン層《そう》を含《ふく》めた一般層《ぱんそう》についてこれをみるに、性業婦人《せいげふふじん》が五〇パーセント、未婚者《みこんしや》が三六パーセント、既婚者《きこんしや》が一四パーセントとなつてゐて、學生層《がくせいそう》では未婚者《みこんしや》によつて童貞《どうてい》を失《うしな》ふものが最《もつと》も多く、一般層《ぱんそう》では娼婦《しやうふ》によつて童貞《どうてい》を失《うしな》ふものが最《もつと》も多《おほ》い。この數字《すうじ》はもつと詳《くは》しく分析《ぶんせき》しなければならぬ。

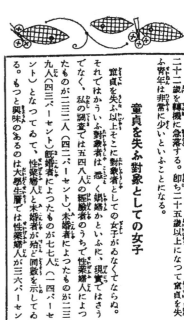

童貞と性業婦

まづ性業婦人《せいげふふじん》による童貞破棄《どうていはき》の過程《くわてい》を眺《なが》めてみることにしよう。日本人靑年《にほんじんせいねん》の娼婦《しやうふ》による初經驗《しよけいけん》の年齡《ねんれい》は數《かぞ》へ年《どし》十九歳《さい》から急《きふ》

日本人初經驗年齡

年齡	一〇	一一	一二	一三	一四	一五	一六	一七	一八	一九	二〇	二一	二二	二三	二四	二五	二六	二七	二八	二九	三〇	三四	
人員數	一	三	一	四	八	一六	二四	四三	六三	八九	七三	六二	五六	四六	二七	一二	一一	五	五	二	三	一	五五四

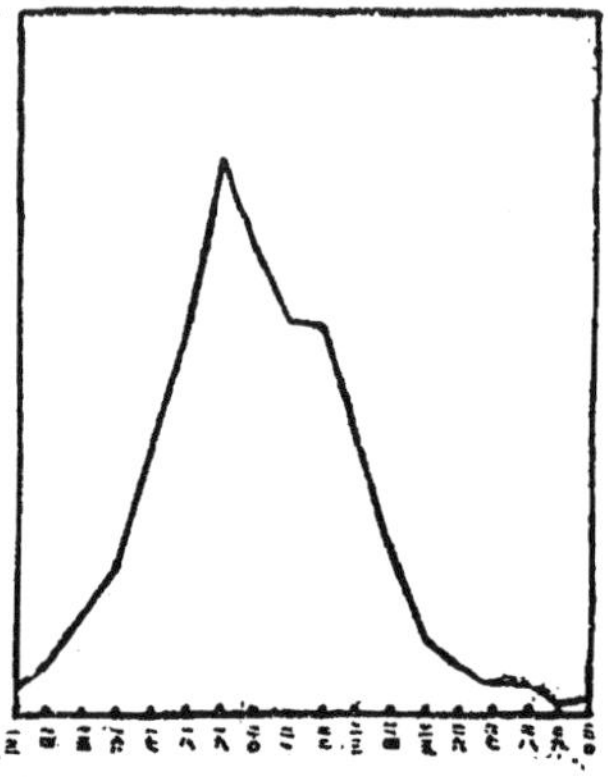

激《げき》に飛躍《ひやく》して二十歲《さい》で頂點《ちやうてん》に達《たつ》しついで漸次《ぜんじ》減少《げんせう》して二十三歲《さい》で再《ふたゝ》び上昇《じやうしやう》し、二十三歲以後《いご》は急落《きふらく》する。即《すなは》ち、日本人《にほんじん》青年《せいねん》は大體《だいたい》十九歲《さい》、二十歲《さい》、二十二歲、二十三歲《さい》で娼婦《しやうふ》によつて童貞《どうてい》を失《うしな》つてしまふといふことになる。併《しか》しこの娼婦《しやうふ》による初經驗年齡《しよけいけんねんれい》は學生層《がくせいそう》と一般層《ぱんそう》では大《だい》分樣子《ぶやうす》が違《ちが》つてゐる。一般層《ぱんそう》では十六歲《さい》から漸次《ぜんじ》增加《ぞうか》して二十歲《さい》で頂點《ちやうてん》に達《たつ》するが學生層《がくせいそう》では十九歲《さい》から增加《ぞうか》して二十一歲《さい》で飛躍《ひやく》して廿二歲《さい》で頂點《ちやうてん》に達《たつ》する。工場《こうぢやう》勞働者《らうどうしや》や農村青年《のうそんせいねん》では昔《むかし》から童貞觀念《どうていくわんねん》は稀薄《きはく》であり、同時《どうじ》に學生層《がくせいそう》より早《はや》く實社會《じつしやくわい》に接《せつ》するために、一般《ぱん》に思春期《ししゆんき》と同時《どうじ》に女《をんな》を知《し》ることを誇《ほこ》りとし、周《しう》圍《ゐ》の人《ひと》もこれをあやしまない。かういふ階級層《かいきふそう》では女《をんな》を知《し》らない青年《せいねん》は一人前でないと輕蔑《けいべつ》される。この長《なが》い慣習《くわんしふ》のため勞働《らうどう》者《しや》や農民《のうみん》では早《はや》くも十六歲《さい》、十七歲《さい》で童貞《どうてい》を失《うしな》つてしまふ。勞働者間《らうどうしやかん》では童貞《どうてい》の少年工《せうねんこう》を年長《ねんちやう》の仲間《なかま》がよつてたかつて遊廓《いうくわく》につれて行《ゆ》く。更《さら》に農村《のうそん》では村《むら》の若者《わかもの》は青年團《せいねんだん》や消防隊《せうばうたい》にはいることによつて集團的《しふだんてき》に登樓《とうろう》して大抵《たいてい》が十七歲《さい》を境《さかひ》に童貞《どうてい》を失《うしな》つてしまふ。彼等《かれら》は徵兵檢査前《ちようへいけんさまへ》に殆《ほとん》どすべて娼婦《しやうふ》によつて一人前《にんまへ》になつて了《しま》ふ。勿論《もちろん》これはインテリ青年《せいねん》ほどに素人女《しろうとをんな》にもてないことに

公娼婦による初經驗年齡

年齡	一〇	一一	一二	一三	一四	一五	一六	一七	一八	一九	二〇	二一	二二	二三	二四	二五	二六	二七	二八	
學生層	〇	〇	〇	〇	一	〇	〇	二	五	一四	一四	一三	一八	一五	八	四	一	〇	〇	九九
一般層	一	〇	一	〇	〇	二	五	一〇	一二	一四	一五	一四	六	一一	五	四	一	〇	一	一〇二
計	一	〇	一	〇	一	二	五	一二	一七	二八	二九	二七	二四	二六	一三	八	二	〇	一	二〇一

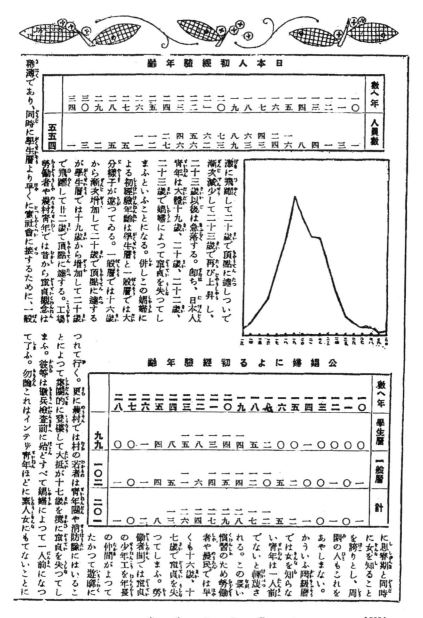

も原因《げんいん》してゐる。これに反《はん》して學生《がくせい》層《そう》ではかういふ早《さう》期《き》の登樓《とうろう》現象《げんしやう》は見《み》られないが、中學《ちうがく》卒業《そつげふ》を契機《けいき》に急激《きふげき》に增加《ぞうか》し、高校卒業又《かうかうそつげふまた》は大學豫科終了《だいがくよくくわしうれう》の二十二歳《さい》に頂點《ちやうてん》に達《たつ》してゐる。二つの層《そう》の社會的條件《しやくわいてきでうけん》が娼婦《しやうふ》による初《しよ》經驗曲線《けいけんきよくせん》を決定《けつてい》してゐるのである。

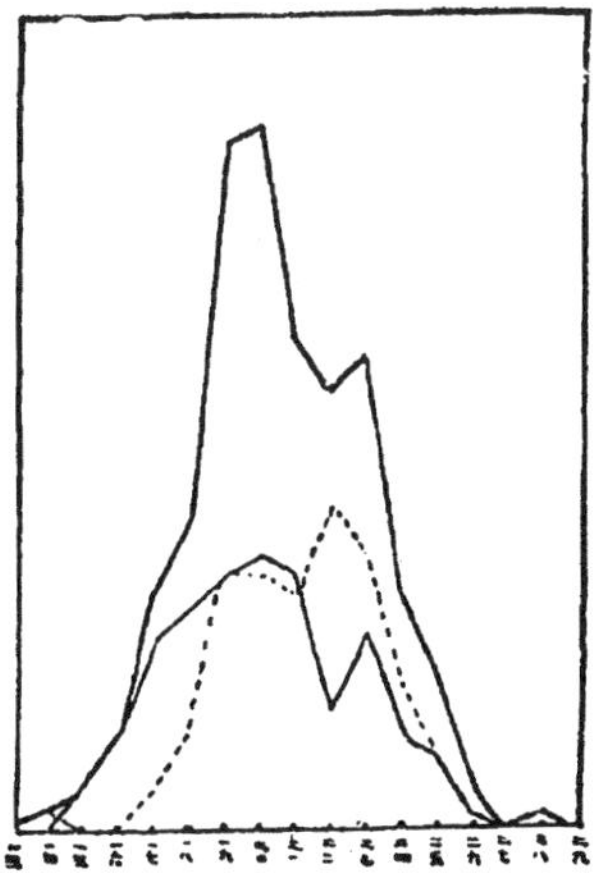

公娼婦《こうしやうふ》による童貞破棄《どうていはき》の動機《どうき》として各人各樣《かくじんかくやう》ないろんな理由《りいう》があげられてゐる。たとへば中學卒業後《ちうがくそつげふご》急《きふ》に自由《じいう》の天地《てんち》が開《ひら》けて一人前《にんまへ》になつたつもりで登樓《とうろう》したとか、高校入學試驗《かうかうにふがくしけん》に落第《らくだい》して、ヤケクソで登樓《とうろう》したとか、愛人《あいじん》に童貞《どうてい》を捧るつもりが失《しつ》戀《れん》して、ヤケクソで登樓《とうろう》したとか、好奇心《かうきしん》、知識慾《ちしきよく》、研究心《けんきうしん》、さては自慰治療結婚準備《じゐちれうけつこんじゆんび》に登樓《とうろう》したとか述《の》べてゐるが、學生層《がくせいそう》では登樓《とうろう》には自暴自棄的動機《じばうじきてきどうき》が甚《はなは》だ大《おほ》きな役割《やくわり》を演《えん》じてゐる。

童貞喪失後

童貞《どうてい》を失《うしな》つた後靑年《のちせいねん》の心境《しんきやう》にどういふ急變《きふへん》が起《おこ》るであらうか、一般女性觀《いつぱんぢよせいくわん》に對《たい》してどういふ革命《かくめい》が現《あら》はれるだらうか、これに關《くわん》しても吾々《われわれ》は科學的《くわがくてき》に調査《てうさ》しなくてはならぬ。そこで娼婦《しやうふ》による童貞破棄後《どうていはきご》の變化《へんくわ》について質問《しつもん》することにしよう。「二十二歳《さい》の多好奇心《かうきしん》といふよりもむしろ何《なに》もかも知《し》りたいといふ知識慾《ちしきよく》が最《もつと》も働《はたら》いた。經驗《けいけん》し得《え》たことを愉快《ゆくわい》に思《おも》つてゐる。ただ結婚《けつこん》した妻《つま》に娼婦《しやうふ》に接《せつ》したことがあるといふことを話《はな》す時《とき》、妻《つま》が失望《しつばう》しないかを恐《おそ》れる。その際《さい》自分《じぶん》も亦《また》はじめての經驗《けいけん》ならよけいに意義《いぎ》深《ふか》く妻《つま》との生活《せいくわつ》が始《はじ》められるだらうといふ、いはば人間特有《にんげんとくいう》の觀念《くわんねん》とかイハレがもう完全《くわんぜん》に自分《じぶん》にない、やつぱり童貞《どうてい》も欲《ほ》しかつたといふ氣持《きもち》。しかしそれはもう一度《ど》少年時代《せうねんじだい》に歸《かへ》りたいと願《ねが》ふ心《こゝろ》と同《おな》じだと思《おも》ふ。決《けつ》してそのために煩悶《はんもん》するやうなことはない。一般女性觀《いつぱんぢよせいくわん》については變化《へんくわ》はない。今《いま》すぐ多少《たせう》の經濟的《けいざいてき》その他《た》の困難《こんなん》を排《はい》して遊廓《いうくわく》に行《ゆ》きたいといふ程《ほど》でもない。二度目《どめ》はいつのことやらわからぬ」(東大生)「二十二歳《さい》の冬《ふゆ》、酒《さけ》に醉《よ》つてゐた。友達《ともだち》が二人《ふたり》ゐた。二人《ふたり》とも經驗者《けいけんしや》である。童貞《どうてい》を失《うしな》つて何《なん》だか惜《を》しいやうな氣《き》がした。

併《しか》し間《ま》もなくそんなことは平氣《へいき》になつた。大《たい》して行《ゆ》きたくない。金《かね》もないのもその理由《りいう》だらうが、酒《さけ》を呑《の》むと妙《めう》に行《ゆ》きたくなる。併《しか》しこれも大《たい》して力強《ちからづよ》いもんでない。女子《ぢよし》を見《み》ると肉體《にくたい》を想像《さうざう》して困《こま》る。だが戀《こひ》しい女《をんな》の前《まへ》に出るとそんな感《かん》じはしない。」(東大生)

「二十二歳《さい》の時《とき》、性慾《せいよく》も主《おも》な原因《げんいん》であるが、無信仰《むしんこう》、一人《ひとり》すら愛《あい》人《じん》のない淋《さび》しさ、自暴自棄《じばうじき》も大《おほ》いに原因《げんいん》してゐる。遊廓《いうくわく》に行《い》つて醜《みにく》い女《をんな》をみてむしろ憎惡《ぞうを》を感《かん》じたけれど、絶望《ぜつばう》と自棄《じき》によつて敢《かん》行《かう》した。愛《あい》のない關係《くわんけい》は無趣味《むしゆみ》と知《し》つて二回《くわい》でやめた。病氣《びやうき》を恐《おそ》れる心《こゝろ》もある。その後戀愛《ごれんあい》を知《し》つてそれによつて性生活《せいせいくわつ》は清《きよ》められた」(東大生)。「二十歳《さい》の冬《ふゆ》、友人《いうじん》に誘《さそ》はれて遊廓《いうくわく》に足《あし》を入《い》れたが恐怖《きようふ》のため逃《に》げて歸《かへ》つたが、翌日遂《よくじつつひ》に一人《ひとり》で行《い》つた。多少恥《たせうはづ》ずべきことだと思《おも》つた。相手《あひて》が娼婦《しやうふ》のため、一般女性觀《いつぱんぢよせいくわん》は何《なん》ともないがこれら特殊《とくしゆ》の女《をんな》に對《たい》しては輕蔑心《けいべつしん》が起《おこ》つた。同時《どうじ》に自分《じぶん》も輕蔑《けいべつ》されたやうな氣《き》がした。恐怖《きようふ》の感情《かんじやう》のため面白《おもしろ》くなかつた」(京大生)。

「二十三歳《さい》の春《はる》、長《なが》らくの間宗教生活《あひだしうけうせいくわつ》のため禁慾《きんよく》してゐたが、性慾《せいよく》が抑制出來《よくせいでき》なくなつた時《とき》には、童貞《どうてい》の權威《けんゐ》なるものが自《みづか》ら輕《けい》視《し》されるに到《いた》つた。一般異性《いつぱんいせい》に對《たい》しては抽象的《ちうしやうてき》なプラトニツク・ラヴが馬鹿《ばか》らしくなつた。女性《ぢよせい》の權威失墜《けんゐしつつゐ》す。」「二十歳《さい》、友人《いうじん》と二人《ふたり》で一緒《しよ》に行《い》つた。これで一人前《にんまへ》になつたやうな感《かん》じがして誇《ほこ》りを感《かん》じた。その後時々《ごじ〻》行《ゆ》かねばおさまらぬやうになつた」(京大生)。

「數《かぞ》へ年《どし》二十四歳《さい》、旅館《りよくわん》に一人《ひとり》で宿泊《しゆくはく》してビールをのんだ。三更《かう》にして女中《ぢよちう》に襲《おそ》はれた。爾來《じらい》異性《いせい》に對《たい》して感受性敏感《かんじゆせいびんかん》になり、つひに花柳界《くわりうかい》に享樂《けうらく》を求《もと》め、二十五、六歳頃《さいごろ》より酒《さけ》と女《をんな》に沈湎夢遊《ちんめんむいう》した。二十七歳《さい》の秋《あき》より節酒《せつしゆ》、禁欲《きんよく》、常《つね》に結婚《けつこん》せんことを希望《きばう》するにいたる。性《せい》の滿足《まんぞく》と愛《あい》の抱擁《はうよう》に生《い》きたくなる。美人《びじん》を見《み》れば妻《つま》を思《おも》ひ、妻《つま》を得《う》れば愛兒《あいじ》を聯想《れんそう》する。今《いま》はたゞ夢《ゆめ》のみ」（早大生）。

以上《いじやう》のやうにその感想《かんそう》は各人各樣《かくじんかくやう》であるが、それをさらに統計《とうけい》的《てき》に觀察《くわんさつ》するともつと明瞭《めいれう》なものが現《あらは》れて來《く》る。童貞《どうてい》を破棄《はき》した相手《あひて》に對《たい》してはどうであつたか。一八九人のうち、つまらない、淋《さび》しい、期待《きたい》でもない、またないといふのが四三人《にん》。殘念《ざんねん》、後悔《こうくわい》、自責《じせき》が七人《にん》。大人《おとな》になつて嬉《うれ》しい、愉快《ゆくわい》、感謝《かんしや》すが一五人《にん》。積極《せきよく》的《てき》になる、切《せつ》にのぞむが三〇人《にん》。變化《へんくわ》ない、何《なん》ともないが五一人《にん》。さらに一回《くわい》ぎりでやめた、二、三回《くわい》でやめた、爾後《じご》行《ゆ》かぬが一五人《にん》。時々《ときどき》行くが二〇人《にん》。落《お》ちついたが八人《にん》である。

娼婦《しやうふ》による童貞破棄者《どうていはきしや》の一般女性觀《ぱんぢよせいくわん》の變化《へんくわ》についていふと、一八〇人《にん》のうち、異性《いせい》に對《たい》する肉體觀《にくたいくわん》、動物觀《どうぶつくわん》、プラトニツク愛《あい》の消失《せうしつ》、ロマンチツクの消失等《せうしつとう》の幻滅《げんめつ》が四七人《にん》、異性《いせい》に對《たい》する興味《きようみ》消失《せうしつ》、落《お》ちついた、冷靜《れいせい》になつた、素人女《しろうとをんな》に超然《ちようぜん》とした、つまらないが二八人《にん》。禁慾的《きんよくてき》になつたとかピユリタンになつたが、八人《にん》。異性蔑視《いせいけいし》が六人《にん》。反對《はんたい》に積極的《せきよくてき》になつた、大膽《だいたん》になつた、ますます好《す》きになつたが二七人《にん》。童貞破棄者《どうていはきしや》に却《かへ》つて純《じゆん》な戀愛《れんあい》を渇望《かつばう》したとか、處女《しよぢよ》を讃美《さんび》するとか、家庭《かてい》や結婚《けつこん》を憧憬《どうけい》するとかが二九人《にん》。變化《へんくわ》ないといふのが、三五人《にん》となつてゐる。

既婚者と童貞

次《つぎ》に既婚者《きこんしや》による童貞破棄《どうていはき》の過程《くわてい》を見《み》よう。既婚者《きこんしや》として未亡人《みばうじん》、離婚婦人《りこんふじん》、人妻《ひとづま》がはいる。彼等《かれら》はすべて靑年《せいねん》より年上《としうへ》であり、甚《はなはだ》しいのは二十歳《さい》、三十歳《さい》の年上《としうへ》であり、殆《ほとん》どすべてが誘惑的《いうわくてき》に働《はたら》きかけてゐるのが特色《とくしよく》である。既婚者《きこんしや》による童貞破棄《どうていはき》の年齢《ねんれい》は數《かぞ》へ年《どし》十七歳《さい》から漸進的《ぜんしんてき》に高《たか》くなり、二十歳《さい》で頂點《ちやうてん》に達《たつ》し、二十三歳《さい》で再《ふたゝ》び上昇《じやうしやう》してゐる。この二十歳《さい》と二十三歳《さい》の山《やま》は高校《かうかう》生《せい》、大學生《だいがくせい》に對《たい》する素人下宿《しろうとげしゆく》、寄《き》宿先《しゆくさき》の未亡人《みばうじん》や既婚者《きこんしや》の誘惑《いうわく》を示《じ》してゐる。

既婚者による初經驗年齢

數へ年	學生層	一般層	計
一二	〇	一	一
一五	二	一	三
一六	三	三	六
一七	五	三	八
一八	二	八	一〇
一九	六	四	一〇
二〇	七	五	一二
二一	五	二	七
二二	四	二	六
二三	五	六	一一
二四	二	一	三
二五	〇	〇	〇
二六	〇	二	二
二七	一	〇	一
	四二	三八	八〇

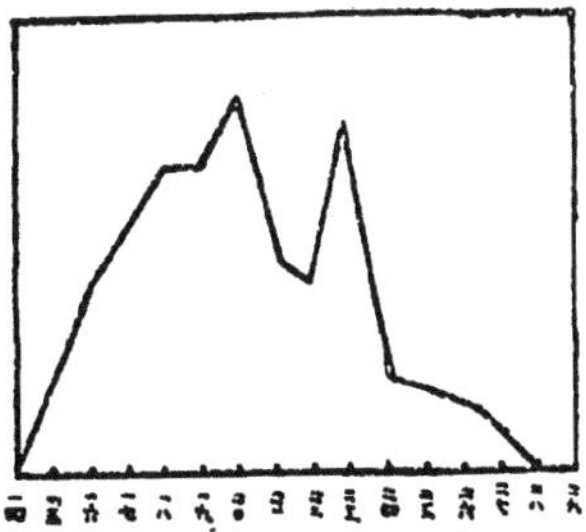

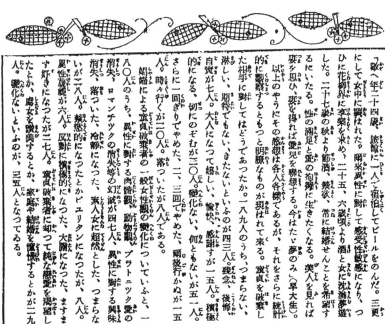

「二十年《ねん》の時《とき》、素人下宿《しろうとげしゆく》の未亡人《みばうじん》から誘惑《いうわく》された。非常《ひじやう》にわが身《み》の輕卒《けいそつ》を後悔《こうくわい》しその夜《よ》は寢《ね》られず、その翌日《よくじつ》は非常《ひじやう》に憂鬱《いううつ》な氣持《きもち》で送《おく》つた。その後《ご》どうせ失《うしな》つたからと數回《すうくわい》關係《くわんけい》したが、その都度《つど》後悔《こうくわい》した。今《いま》なほ同人《どうじん》と同宿《どうしゆく》をしてゐるが、超然《てうぜん》としていつも禁慾《きんよく》し、今後《こんご》は結婚《けつこん》後でなくては女《をんな》と關係《くわんけい》しないと決《けつ》心《しん》してゐる」（早大生）。

「十九歳《さい》の春《はる》、二十七歳《さい》も年上《としうへ》の既婚者《きこんしや》によつて童貞《どうてい》を失《うしな》ひました。彼女《かのぢよ》との關係《くわんけい》が殆《ほと》ど偶然《ぐうぜん》に開始《かいし》されたとはいへ、その後長《ごなが》く關係《くわんけい》したことを深《ふか》く後悔《こうくわい》してゐます。そして新《あたら》しい許嫁《いひなづけ》へのせめてもの 志《こころざし》として遊里《いうり》には一歩《ぽ》も近《ちか》づかぬことにしてゐます。一般異性《いつぱんいせい》に對《たい》しては人間《にんげん》たる以上《いじやう》やはり憧憬《どうけい》の眼《め》をもつて見《み》てゐます。」（東大生）。

「二十四歳《さい》の夏《なつ》、未亡人《みばうじん》により童貞《どうてい》を失《うしな》ふ。數回《すうくわい》の關係《くわんけい》後斷然《だんぜん》緊張《きんちやう》の生活《せいくわつ》に入《はい》る。あくまでもピユーリタニズム。」（早大生）。「二十歳《さい》の時年上《としうへ》の未亡人《みばうじん》から誘惑《いうわく》された。激烈《げきれつ》な失望《しつばう》と慚愧《ざんき》とを感《かん》じ空中樓閣《くうちゆうろうかく》は忽《たちま》ちにして影《かげ》を失《うしな》つたが、その後《ご》相手《あひて》の要求《えうきう》の甚《はなは》だ猛烈《まうれつ》なるため數回《すうくわい》關係《くわんけい》したが、その都度《つど》自《みづか》ら童貞《どうてい》を失《うしな》つたことを非常《ひじやう》に悔《く》いた。爾後《じご》一年間《ねんかん》を經《へ》て教養《けうやう》ある處女《しよぢよ》とプラトニック・ラヴに陷《おちい》り、以前《いぜん》の事實《じじつ》は何等《なんら》記憶《きおく》にとめぬまでに消散《せうさん》した。」

「十八歳《さい》の時《とき》、九歳年上《としうへ》の既婚者《きこんしや》から誘惑《いうわく》された。信仰生活《しんかうせいくわつ》にはいつて二年間《ねんかん》ばかし自制《じせい》したが、それが今《いま》ではうんと誘惑《いうわく》されるがやはり自制《じせい》してゐる。一般異性《いつぱんいせい》を蔑視《けいし》するやうになつた」「十八歳《さい》の冬《ふゆ》、既婚者《きこんしや》によつて童貞《どうてい》を失《うしな》ふ。殘念《ざんねん》輕蔑《けいべつ》する。飽《あ》くまでも憎《にく》む。間《ま》もなく女《をんな》を求《もと》むる心《こころ》のみ發達《はつたつ》し、それと共《とも》に相手《あひて》を憎《にく》む心《こころ》は去《さ》つた。づうづうしくもあり、憎《にく》らしくもあり、愛《あい》らしくもあつたが、一ケ月《げつ》ならずして自分《じぶん》から絶縁《ぜつえん》した。慾望《よくばう》の強《つよ》きに驚くと共《とも》に一方あまりに弱《よわ》きに驚く。」

「二十六歳《さい》の時年上《ときとしうへ》の離婚婦人《りこんふじん》が巧妙《かうめう》に誘惑《いうわく》し彼女《かのぢよ》より進《すゝ》んで迫《せま》つた。職務上神聖《しよくむじやうしんせい》を保《たも》ち信用《しんよう》を失墜《しつつゐ》しないことを期《き》してそれより女《をんな》に接《せつ》することを斷《だん》じてやめた。危險物視《きけんぶつし》し、誘惑惡魔《いうわくあくま》とも感《かん》じ、一般異性《いつぱんいせい》を敬遠《けいゑん》してゐる。時々《ときどき》さきの女《をんな》がその後戀愛《ごれんあい》を迫《せま》ることがあつたが巧《たく》みにこれを避《さ》けたことが數回《すうくわい》あつた」（小學教員）。

既婚者による童貞破棄後の變化

既婚者《きこんしや》による童貞破棄後《どうていはきご》の變化《へんくわ》を觀察《くわんさつ》するのに、五九人《にん》のうちつまらぬといふのが二人《ふたり》。自責《じせき》、後悔《こうくわい》、苦痛《くつう》、憎《にく》む、厭《いや》だといふのが一四人《にん》。姙娠恐怖《にんしんきようふ》が一人《ひとり》。斷然《だんぜん》やめるが一二人《にん》。氣毒《きのどく》に思《おも》ふが一人《ひとり》。反對《はんたい》に愉快《ゆくわい》、愛《あい》する、感謝《かんしや》するが八人《にん》。亢進《かうしん》する、積極《せきゝよく》的《てき》になるが八人《にん》。落《お》ついたが一人《ひとり》。變化《へんくわ》なしが一三人《にん》となつてゐる。一般女性觀《いつぱんぢよせいくわん》の變化《へんくわ》を見《み》るに、六三人中《にんちう》、異性《いせい》に對《たい》する肉體觀《にくたいくわん》、動物觀《どうぶつくわん》、プラトニツク愛《あい》の消失《せうしつ》、ロマンチツクの消失《せうしつ》の幻滅《げんめつ》が一〇人《にん》。疑問《ぎもん》が多《おほ》い、貞操《ていさう》を疑《うたが》ふが五人《にん》。一般異性《いつぱんいせい》に對《たい》する興味消失《きようみせうしつ》、理性的《りせいてき》になるが五人《にん》。厭《いや》になる、輕蔑《けいべつ》す憎惡《ぞうを》するが五人《にん》。憧憬的《どうけいてき》になる、大膽《だいたん》になる、亢進的《かうしんてき》になる、惡魔的《あくまてき》になるが一四人《にん》。禁慾《きんよく》、ピューリタンが四人《にん》。プラトニツク戀愛渴望《れんあいかつばう》が五人變化《にんへんくわ》なしが一〇人《にん》となつてゐる。

未婚者と童貞

最後《さいご》に未婚者《みこんしや》による童貞破棄《どうていはき》の過程《くわてい》を眺《なが》めてみよう。未婚者《みこんしや》としてあげられる女性《ぢよせい》にはいろいろあるが、大體女中《だいたいぢよちう》、女學生《ぢよがくせい》、娘《むすめ》、看護婦《かんごふ》のカテゴリーであり、學生層《がくせいそう》では女中《ぢよちう》と女學生《ぢよがくせい》が甚《はなは》だ多《おほ》く、一般層《いつぱんそう》では農家《のうか》の娘《むすめ》が多《おほ》い。年齡關係《ねんれいくわんけい》をしらべると一八三人《にん》のうち、年上《としうへ》の女子《ぢよし》が三八パーセント、同年《どうねん》の女子《ぢよし》が一八パーセント、年下《としした》の女子《ぢよし》が四十四パーセントとなつて、年上《としうへ》と同年《どうねん》の女子《ぢよし》が合《あは》せて五六パーセントを示《しめ》してゐる。即《すなは》ち二十歳前後《さいぜんご》の青年《せいねん》の性《せい》對象《たいしやう》としては年下《としした》よりも、年上又《としうへまた》は同年《どうねん》の女子《ぢよし》の方《はう》が誘惑的《いうわくてき》であるのであらう。未婚者《みこんしや》による初經驗《しよけいけん》の年齡《ねんれい》を見《み》るに、數《かぞ》へ年十七歳《さい》から急激《きふげき》に增加《ぞうか》し、十九歳《さい》で頂點《ちやうてん》に達《たつ》してゐる。一般層《いつぱんそう》ではこの增加《ぞうか》は著《いちじる》しくないが、學生層《がくせいそう》では十九歳《さい》において非常《ひじやう》な飛躍《ひやく》を見《み》る。これはやはり中學卒業後《ちうがくそつげふご》の性的解放《せいてきかいはう》と見《み》るべきであらう。もつと興味《きようみ》あるのは一般層《いつぱんそう》では娼婦《しやうふ》による童貞破棄《どうていはき》が十七歳《さい》から急《きふ》

未婚者による初經驗年齡

數へ年	學生層	一般層	計
一一	〇	一	一
一二	〇	一	一
一三	一	三	四
一四	七	〇	七
一五	三	五	八
一六	五	六	一一
一七	一八	九	二七
一八	二二	六	二八
一九	四五	一一	四六
二〇	二四	五	二九
二一	六	五	一一
二二	七	二	九
二三	六	四	一〇
二四	二	一	三
二五	一	三	五
二六	一	一	二
二七	〇	〇	〇
二八	〇	一	一
	一四八	六三	二一一

増《ぞう》するが學生層《がくせいそう》ではこの十七歳《さい》において家庭《かてい》内《ない》の異性《いせい》特《とく》に女中《ぢよちゆう》小間使《こまづかひ》を對象《たいしやう》としての初經驗《しよけいけん》が急増《きふぞう》する。かういふ曲線《きよくせん》から日本人《にほんじん》では數《かぞ》へ年《どし》十七歳《さい》が青春《せいしゆん》の最初《さいしよ》の危機《きき》となり、この危機《きき》は十九歳《さい》において絶頂《ぜつちやう》に達《たつ》するのである。

日本青年の初戀曲線

未婚者《みこんしや》による初經驗年齡《しよけいけんねんれい》の曲線《きよくせん》は大體《だいたい》において日本人《にほんじん》の初戀曲線《はつこひきよくせん》と稱《しよう》してもよい。なぜといふにそこには娘《むすめ》、女中《ぢよちゆう》、女學生《ぢよがくせい》等《とう》との戀愛關係《れんあいくわんけい》による童貞破戒《どうていはかい》が展開《てんかい》されてゐるからである。ところでかういふ初戀《はつこひ》は經濟的《けいざいてき》にも社會的《しやくわいてき》にも結婚《けつこん》にまで漕《こ》ぎつけることは困難《こんなん》であるために、彼等《かれら》の戀愛《れんあい》は殆《ほと》んどすべて相互的初經驗《さうごてきしよけいけん》を契機《けいき》に解消《かいせう》され、大抵《たいてい》が永遠《えいゑん》の別離《べつり》に終《をは》つてゐる。ただ幸福《かうふく》な少數者《せうすうしや》のみがこれを契機《けいき》にさらに鞏固《きやうこ》な結合《けつがふ》を築《きづ》くのである。

「二十三歳《さい》、相手《あいて》は女專學生《ぢよせんがくせい》、自分《じぶん》が責任《せきにん》を負《お》つて將來妻《しやうらいつま》にする自信《じしん》のある想愛《さうあい》の人《ひと》、これは唯一《ゆいいつ》の幼馴染《をさななじみ》である。單《たん》なる好奇心《かうきしん》に驅《か》られて行動《かうどう》してゐた。愚《おろ》かさと不安《ふあん》から脱却《だつきやく》して、一寸《ちよつと》したことにも好奇心《かうきしん》に驅《か》られなくなつた。精神的《せいしんてき》にお互《たがひ》に愛《あい》し合《あ》つてどこまでも運命《うんめい》を共《とも》にして行《ゆ》くときまつた二人《ふたり》の間《あひだ》にのみ男女關係《だんぢよくわんけい》はジヤスチフアイされるといふ自分《じぶん》の從來《じゆうらい》の思想《しさう》がその通《とほ》り實現《じつげん》したことを喜《よろこ》ぶ。他《ほか》の異性《いせい》にもかくあれと願《ねが》はざるを得《え》ないし

（東大生）。「二十三歳の夏《なつ》、自分《じぶん》の戀人《こひびと》にして將來妻《しやうらいつま》とする決心《けつしん》の人《ひと》、年下《としした》の娘《むすめ》、戀人《こひびと》は郷里《きやうり》にある關係上歸省中《くわんけいじやうきせいちゆう》に會《あ》ふだけであるが、在京中《ざいきやうちゆう》は別《べつ》に他《ほか》を求《もと》めようとは思《おも》はぬ。身《み》も心《こゝろ》も委《ゆだ》ねられる人《ひと》に對《たい》して彼女達《かのぢよたち》は案外《あんぐわい》弱《よわ》きものである。然《しか》してその委《ゆだ》ねうる人《ひと》を見出《みいだ》すまでは彼女達《かのぢよたち》は比較的《ひかくてき》弱《よわ》く不安定《ふあんてい》である」（早大生）。「二十三歳《さい》の秋《あき》、戀人《こひびと》なる年下《としした》の女學生《ぢよがくせい》と密會《みつくわい》した直後《ちよくご》は羞恥心《しうちしん》を感《かん》じて相手《あひて》にすまなく思《おも》つた。そして必《かなら》ず許《ゆる》して呉《く》れといつた。敬虔《けいけん》になり、ロマンチツクになつた。そして二十日あるひは一月《つき》たつと又現實的《またげんじつてき》に女性《によせい》を慕《した》ひ情炎《じやうえん》は胸《むね》の内《うち》を濁《にご》した。文藝的昇華《ぶんげいてきしようくわ》によつてその根據《こんきよ》を堅固《けんご》にしたい。」「二十一歳《さい》の秋《あき》、幾多《いくた》の苦心《くしん》幾多《いくた》の歳月《さいげつ》を人知《ひとし》らぬ戀《こひ》の闇路《やみぢ》を辿《たど》つた。古歌《こか》の藻鹽《もしほ》積《つ》ぐたまなし小舟《をぶね》幾夜《いくよ》たび、往《ゆ》き歸《かへ》るらん知《し》る人《ひと》ぞなきの歌《うた》は實《じつ》に私《わたし》の最初《さいしよ》の結合前《けつがふぜん》を寫《うつ》してゐます。結婚前《けつこんまへ》の處女《しよぢよ》、最初《さいしよ》その目的《もくてき》を遂《と》げて何《なに》か世《よ》の勝利者《しようりしや》のやうな氣《き》がして、人知《ひとし》れず快心《くわいしん》のほゝゑみをもらして、第二《だい》の來《きた》るべき新生活《しんせいくわつ》を開《ひら》かんと自惚《うぬぼ》れてゐた。要《えう》するに愛着心《あいちやくしん》が結合後《けつがふご》に薄《うす》らぎましたのは、初戀《はつこひ》の熱烈《ねつれつ》が自然《しぜん》に伴《ともな》ふ平靜《へいせい》に復《ふく》したからでせう。一般異性《いつぱんいせい》に對《たい》しては愛情《あいじやう》が一變《ぺん》して淡白《たんぱく》になりました。やゝもすると他《ほか》の女《をんな》に心《こゝろ》が移《うつ》るのではないかとも思《おも》はれますが、經驗前《けいけんまへ》ほどに異性《いせい》の尊《たふと》さが失《うしな》り、平等《びやうどう》なものであるとも自覺《じかく》し、從前《じうぜん》より一般異性《いつぱんいせい》に對《たい》して敬愛《けいあい》の態度《たいど》が續《つゞ》けられます。」

未婚者《みこんしや》に對《たい》して童貞青年《どうていせいねん》はさまざまな態度《たいど》を示《しめ》してゐる。誘惑《いうわく》したといふのもある。誘惑《いうわく》されたといふのもある。知《し》らず識《し》らずに相互的《さうごてき》に爆發《ばくはつ》したといふのもある。

「十八歳《さい》の時《とき》、年上《としうへ》の娘《むすめ》。好《す》きであつたが戀《こひ》ほどでもなかつた。その時《とき》の若《わか》い氣分《きぶん》と思想《しさう》が結論《けつろん》を命《めい》じた。三月《ぐわつ》のある夜《よ》、思《おも》つたより内容《ないよう》を感《かん》じた。その女《をんな》をいとしく思《おも》ふ心《こゝろ》と感謝《かんしや》に滿《み》ち溢《あふ》れた自分《じぶん》の相手《あひて》以外《いぐわい》の女《をんな》にあまり注意《ちゆうい》しなくなつた」（早大生）。「十九歳《さい》、二年下《ねんした》の女學生《ぢよがくせい》、氣毒《きのどく》に思《おも》つた。積極的《せききよくてき》になつたが妊娠《にんしん》を恐《おそ》れた。遊廓《いうくわく》に行《ゆ》くのは性病《せいびやう》がこわい。それ以後《いご》一度《ど》も關係《くわんけい》しない。別《べつ》に堪《た》へられぬこともない。一般男性《いつぱんだんせい》に對《たい》する崇高《すうかう》の念《ねん》は失《う》せ矢張《やは》り汚《きたな》い人間《にんげん》だとむしろ輕蔑《けいべつ》の念《ねん》さへ生《しやう》じて來《き》た。處女《しよぢよ》だといふのは殆《ほとん》ど信《しん》じられなくなり、俺《おれ》は無理《むり》に處女《しよぢよ》でなくてもかまはん、結婚《けつこん》してやらうと思《おも》つてゐる。若《も》しその女《をんな》が自分《じぶん》を愛《あい》し又俺《またおれ》が愛《あい》しうる女《をんな》ならば」（早大生）。

「十九歳《さい》の夏《なつ》、同年《どうねん》の娘《むすめ》。むしろ自分《じぶん》の童貞《どうてい》を失《うしな》つたことを殘念《ざんねん》に思《おも》はなかつたが、相手《あひて》の處女性《しよぢよせい》を失《うしな》はせたことを悲《かな》しんで、可哀相《かあいさう》だと思《おも》つた。處女《しよぢよ》を穢《けが》してから、その罪《つみ》を幾分《いくぶん》でも減《げん》じたいためこの女《をんな》を避《さ》けてゐる。現代《げんだい》の女性《ぢよせい》の無自覺《むじかく》を知《し》る。貞操觀念《ていさうくわんねん》が非常《ひじやう》に薄《うす》いと感《かん》じた」（京大生）。「十七歳《さい》の時《とき》、年上《としうへ》の未婚者《みこんしや》による。崇高《すうかう》な感《かん》じが減退《げんたい》した。女性《ぢよせい》なるものはいかにも超人間的《てうにんげんてき》なもの、神秘《しんぴ》なものと思《おも》つてゐたのに、性慾《せいよく》が女子《ぢよし》にもあることを知《し》つたのは一種《しゆ》の驚異《きやうい》であつた」（東大生）。「十九歳《さい》の正月《しやうぐわつ》、同年《どうねん》の娘《むすめ》、その女《をんな》が僕《ぼく》に對《たい》して無遠慮《ぶゑんりよ》になり僕《ぼく》から離《はな》れることを厭《いや》ふやうになつたので、僕《ぼく》は却《かへ》つていやになつた。そして一面《めん》には罪《つみ》なことをした。女《をんな》といふものは哀《あは》れなものだと思《おも》つた」。

初經驗後の變化

初經驗後《しよけいけんご》の姙娠恐怖《にんしんきようふ》、脅迫觀念《けふはくくわんねん》も如實《によじつ》に告白《こくはく》されてゐる。「十九歳《さい》の秋《あき》、年下《としした》の内娘《うちむすめ》、最初關係《さいしよくわんけい》してから顔《かほ》を合《あ》はすのが羞《はづか》しかつた。恐《おそ》ろしかつた。二度《ど》とは行《おこな》はぬと思《おも》つた。それは相手《あひて》の健康《けんかう》の變化《へんくわ》であり、姙娠《にんしん》でもしてゐないかと思《おも》つて恐怖《きようふ》した。女《をんな》の貞操《ていさう》を破《やぶ》つたのが恐《おそ》ろしくて死《し》のうと思《おも》ひ、妻《つま》にしようと思《おも》ひ、夜《や》分《くん》に寢《ね》られなかつた」。「十八歳《さい》の夏《なつ》、親戚《しんせき》の年下《としした》の娘《むすめ》から誘惑《いうわく》された。初經驗後《しよけいけんご》、年間《ねんかん》といふものは、娘《むすめ》に若《も》し子供《こども》が出來《でき》はしまいかそれのみが心配《しんぱい》で何《なに》も彼《か》も他《ほか》の事《こと》を考《かんが》へなかつた。十ケ月後《げつご》に子供《こども》は出來《でき》なかつた。それ以後《いご》はその娘《むすめ》とも何《なん》だか怖《おそ》ろしいやうな氣《き》がして面會《めんくわい》を今《いま》でも避《さ》けてゐる」(**京都醫大生**)。

年上《としうへ》、同年《どうねん》の未婚者《みこんしや》による童貞破棄後《どうていはきご》の變化《へんくわ》を見《み》るに七〇人《にん》のうち、自責《じせき》、後悔《こうくわい》、煩悶《はんもん》、こわいが一四人《にん》。淋《さび》しい、悲《かな》しい、幻滅《げんめつ》が一三人《にん》。姙娠恐怖《にんしんきようふ》が二人《にん》。一度《ど》だけとか數回《すうくわい》でやめたが六人《にん》。氣毒《きのどく》に思《おも》ふが三人《にん》。積極的《せききよくてき》、意馬心猿《いばしんえん》、捨鉢《すてばち》が二一人《にん》。愉快《ゆくわい》、感謝《かんしや》、愛《あい》の確立《かくりつ》を喜《よろこ》ぶが一三人《にん》。變化《へんくわ》ないが一八人《にん》となつてゐる。一般女性觀の變化《へんくわ》については、肉體觀《にくたいくわん》、動物觀《どうぶつくわん》、ロマンチツクの消失《せうしつ》、プラトニツク愛《あい》の消失《せうしつ》が二六人《にん》。一般異性《いせい》に對《たい》する興味《きようみ》消失《せうしつ》、落《おち》ついた、理性的《りせいてき》になつたが一八人《にん》。大膽《だいたん》になる、積極《せききよく》的《てき》になる、好《す》きになるが一七人《にん》、嫌《きら》ひになる、こわくなるが一〇人《にん》。貞操《ていさう》を疑《うたが》ふが一人《にん》。禁欲的《きんよくてき》になる、ピューリタンになるが三人《にん》。他《ほか》の純《じゆん》なる戀愛渇望《れんあいかつばう》が五人《にん》。變化《へんくわ》なしが一七人《にん》となつてゐる。

さらに年下《としした》の未婚者《みこんしや》による童貞破棄後《どうていはきご》の變化《へんくわ》についてみるに七一人《にん》のうち、自責《じせき》、後悔《こうくわい》、煩悶《はんもん》、不安《ふあん》が七人《にん》。厭《いや》になつた、期待《きたい》でもない、幻滅《げんめつ》が一五人《にん》。姙娠恐怖《にんしんきようふ》が三人《にん》。氣毒《きのどく》に思《おも》ふが二人《にん》。一回《くわい》でやめるが三人《にん》。時々充足《ときどきじうそく》が一人《にん》。感謝《かんしや》する、ますます好《す》きになるが七人《にん》。耽溺《たんでき》す、積極的《せききよくてき》になる、亢進《かうしん》すが二二人《にん》。落《おち》ついたが一人《にん》變化《へんくわ》ないが一三人《にん》となつてゐる。又女性觀《またじよせいくわん》の變化《へんくわ》については、七三人《にん》のうち、肉體觀《にくたいくわん》、動物觀《どうぶつくわん》プラトニツク愛消失《あいせうしつ》ロマンチツクの消失《せうしつ》か二〇人《にん》。輕蔑《けいべつ》するが四人《にん》。自重的《じちようてき》になる、理性的《りせいてき》になる興味《きようみ》なくなるが一五人《にん》。大膽《だいたん》になる、積極的《せききよくてき》になるが一四人《にん》。プラトニツク戀愛渇望《れんあいかつばう》が二人《にん》。禁慾《きんよく》、ピユリタンになるが二人《にん》。貞操《ていさう》を疑《うたが》ふが二人《にん》、變化《へんくわ》ないが一五人《にん》となつてゐる。

童貞喪失後の變化

そこで以上《いじやう》の娼婦《しやうふ》、既婚者《きこんしや》、年上《としうへ》・同年《どうねん》の未婚者《みこんしや》、年下《としした》の未婚者《みこんしや》といふ四種《しゆ》のカテゴリーによる童貞破棄後《どうていはきご》の變化《へんくわ》をパーセンテージで示《しめ》して比較《ひかく》すると非常《ひじやう》に興味《きようみ》ある數字《すうじ》が現《あら》はれて來《く》る。つまらぬといふ者《もの》は娼婦《しやうふ》にも多《おほ》いが、年少未婚者《ねんせうみこんしや》にも多《おほ》い。後悔《こうくわい》とか自責《じせき》は既婚者《きこんしや》に對《たい》して斷然多《だんぜんおほ》いが、これは自然《しぜん》であらう。愉快《ゆくわい》とか感謝《かんしや》とかは戀愛感情《れんあいかんじやう》のある場合《ばあひ》に多《おほ》く娼婦《しやうふ》に對《たい》しては最《もつと》も少《すく》ない。積極性《せききよくせい》は娼婦《しやうふ》や既婚者《きこんしや》には少《すくな》いが未婚者《みこんしや》に對《たい》しては甚《はなは》だ旺盛《わうせい》らしい。斷然《だんぜん》やめるとか、數回《すうくわい》でやめるといふのは既婚《きこん》において最《もつと》も多《おほ》い。變化《へんくわ》ないといふのは娼婦《しやうふ》において最《もつと》も多《おほ》い。

相手の女性に對する變化

	娼婦	既婚者	未婚者年上・同年	未婚者年下
つまらぬ	二三	三	一五	二一
後悔、自責	四	二三	一六	一〇
愉快、感謝す	八	一二	一五	一〇
積極的	一六	一三	二四	三一
數回でやめる	八	一八	六	四
時々充足	一〇	〇	〇	一
落づいた	四	二	〇	一
嫉妬恐怖	〇	二	二	三
氣毒に思ふ	〇	二	三	四
變化なし	二七	二二	五	一八

一般女性に對する變化

	娼婦	既婚者	未婚者年上・同年	未婚者年下
動物觀・ロマンチック消失	二六	二二	三七	二六
興味消失	一六	八	二六	二〇
積極的になる、大膽になる	一五	二四	二四	二〇
禁慾的、ピューリタンになる	四	[illegible]	四	二
純な戀愛渇望	一六	八	七	二
蔑視する、きらひになる	三	八	一四	四
貞操を疑ふ	〇	八	一	二
變化なし	一九	一七	二四	二〇

さらに一般女性觀《ぱんぢよせいくわん》の變化《へんくわ》についていへば、ロマンチックの消失《せうしつ》、異性《いせい》の動物觀《どうぶつくわん》は童貞破棄後《どうていはきご》のあらゆる人間《にんげん》の通有性《つういうせい》であり、とりわけ未婚女子《みこんぢよし》との初經驗後《しよけいけんご》には一般女性《ぱんぢよせい》に對《たい》するロマンチック的《てき》憧憬《どうけい》は消失《せうしつ》して、女子《ぢよし》が動物《どうぶつ》そのものに見《み》えるのは自然《しぜん》であらう。一般女子《ぱんぢよし》への興味消失《きようみせうしつ》が未婚者《みこんしや》に多《おほ》いのは、相手《あひて》の女性《ぢよせい》に興味《きようみ》が集中《しふちう》されるためであり、既婚者《きこんしや》において少《すくな》いのは、若《わか》い一般《ぱん》女性《ぢよせい》への興味《きようみ》の覺醒《かくせい》を意味《いみ》するのであらう。一般女性《ぱんぢよせい》への積極性《せききよくせい》は既婚者《きこんしや》においても未婚者《みこんしや》においても多《おほ》いが、反對《はんたい》に娼婦《しやうふ》において少《すくな》いのは素人女《しろうとをんな》を相手《あひて》にしないといふ傾向《けいかう》の反映《はんえい》であるピューリタン的傾向《てきけいかう》は既婚者《きこんしや》において著明《ちよめい》であり、プラトニック戀愛《れんあい》への渇望《かつぼう》は娼婦《しやうふ》において斷然多數《だんぜんたすう》を示《しめ》すのは自然《しぜん》である。貞操《ていさう》を疑《うたが》ふが既婚者《きこんしや》において多《おほ》いのも當然《たうぜん》である。變化《へんくわ》がないといふのも四つのカテゴリーを通《つう》じて大體同《だいたいおな》じ傾向《けいかう》を示《しめ》してゐる。

以上童貞問題《いじやうどうていもんだい》に關《くわん》して、童貞破棄《どうていはき》の年齡《ねんれい》、その對象者《たいしやうしや》、さらに童貞破棄後《どうていはきご》の女性觀《ぢよせいくわん》の變化《へんくわ》について、特《とく》に數字《すうじ》を中心《ちうしん》に統計的《とうけいてき》に述《の》べたが、かういふ數字《すうじ》や曲線《きよくせん》の中《なか》に日本人青年《にほんじんせいねん》の生物的《せいぶつてき》・精神的《せいしんてき》・社會的《しやくわいてき》の動向《どうかう》があまりにもはつきりと反映《はんえい》されてゐるのに吾《われ》吾《われ》は驚歎《きやうたん》すると同時《どうじ》に、現實《げんじつ》に眼《め》をつぶる一人《り》よがりの高等批判《かうとうひはん》が科學《くわがく》の前《まへ》にはいかにたわいもないものかを吾々《われわれ》にはつきりと敎示して與《く》れる。私《わたし》はこれ以上《いじやう》に現代日本《げんだいにほん》の青年《せいねん》の姿《すがた》を正《ただ》しく示《しめ》す方法《はうはふ》を知《し》らない。結論《けつろん》として日本人青年《にほんじんせいねん》は一般女子《ぱんぢよし》が杞憂《きいう》するほどに決《けつ》して腐敗墮落《ふはいだらく》してゐるのでない。彼等《かれら》は想像以上《さうぞういじやう》に健全《けんぜん》である。彼等《かれら》はすべて正《ただ》しい道《みち》を歩《あゆ》まうと奮鬪《ふんとう》してゐる。たとへ一時《じ》の過失《くわしつ》、一時《じ》の弱《よわ》さによつて童貞《どうてい》を失《うしな》つても、彼等《かれら》はやつぱり純粹《じゆんすゐ》な戀愛《れんあい》、純粹《じゆんすゐ》な結婚《けつこん》に生《い》きようともがいてゐる。彼等《かれら》は未《ま》だ純眞《じゆんしん》を失《うしな》はない。そこに若《わか》き日本《にほん》の力强《ちからづよ》い鼓動《こどう》が波《なみ》うつてゐるのである。

新版

貞《てい》操《さう》の法《はふ》律《りつ》讀《とく》本《ほん》

——貞操《ていさう》を法律《はふりつ》で解決《かいけつ》するのは次善《じぜん》彌縫《びほう》の策《さく》に過《す》ぎぬ——

辯護士 鈴《すゞ》木義《よし》男

△法律上《はふりつじやう》、貞操《ていさう》とは何《ど》んなものか?

貞操《ていさう》は物質的《ぶつしつてき》なものであるとともに、また極《きは》めて精神的《せいしんてき》なものである。そして、處女性《しよぢよせい》と童貞《どうてい》だけが貞操《ていさう》ではなく、經驗者《けいけんしや》のそれもまた貞操《ていさう》である。

處女處男《しよぢよしよだん》の場合《ばあひ》には、想像上《さうざうじやう》の未來《みらい》の配偶者《はいぐうしや》に對《たい》する誠《せい》實義務《じつぎむ》であり、夫婦《ふうふ》または夫婦約束者《ふうふやくそくしや》の場合《ばあひ》には、相互《さうご》に對《たい》して持《も》たねばならぬ誠心《まごころ》である。

嚴密《げんみつ》に言《い》ふと、獨身男女《どくしんだんぢよ》には現實《げんじつ》の貞操義務《ていさうぎむ》はないが、貞操上《ていさうじやう》の名譽《めいよ》と信用《しんよう》とがあるから、獨身男女《どくしんだんぢよ》の性《せい》を利用濫《りようらん》用《よう》した場合《ばあひ》には、制裁《せいさい》や賠償《ばいしやう》が發動《はつどう》してこれを保護《ほご》するのである。

貞操《ていさう》は單《たん》に物質的《ぶつしつてき》なものではないから、これを金錢《きんせん》に換《くわん》價《か》するのは卑《いや》しむべきことだが、貞操侵害者《ていさうしんがいしや》には刑罰《けいばつ》を科《くわ》する以外《いぐわい》に、法律上金錢賠償《はふりつじやうきんせんばいしやう》による外《ほか》に慰藉《ゐしや》の途《みち》がない。

しかし、それだけで償《つぐな》ひ得《え》たと思《おも》ふのは淺薄《せんぱく》な考《かんが》へで、法《はふ》律上《りつじやう》の責任解除《せきにんかいぢよ》は、必《かなら》ずしも常《つね》に道徳上《だうとくじやう》の責任解除《せきにんかいぢよ》を伴《ともな》ふものではない。

△貞操問題《ていさうもんだい》の法律的解決《はふりつてきかいけつ》は、次善策《じぜんさく》であり彌縫策《びほうさく》に過《す》ぎない。

成熟《せいじゆく》した男女《だんぢよ》にあつては、性行爲《せいかうゐ》は各自《かくじ》の自由《じいう》であるから、有效適切《いうかうてきせつ》な禁止《きんし》手段《しゆだん》も強制手段《きやうせいしゆだん》もない。借金《しやくきん》を返《かへ》さぬ者《もの》には差押や強制執行をすることができるが、性行爲《せいかうゐ》に對

しては さういふ方法《はうはふ》は言《い》ふべくして行《おこな》はれない。

貞操《ていさう》は、物質的《ぶつしつてき》な如何《いか》なる物《もの》にも代《か》へられない尊貴《そんき》な獨自な價値《かち》である。失《うしな》はれた處女性《しよぢよせい》や貞操《ていさう》は、對手《あひて》を牢獄《らうごく》に入《い》れてみたところで、少々《せうせう》の金《かね》を貰《もら》つたところで、償《つぐな》はれもしなければ回復《くわいふく》もできるものではない。各自《かくじ》が自分《じぶん》の貞操《ていさう》を保護《ほご》することが最上《さいじやう》の策《さく》で、以下《いか》述《の》べる法律上《はふりつじやう》の解決《かいけつ》は、結局《けつきよく》は次善策《じぜんさく》彌縫策《びほうさく》に他《ほか》ならない。

△貞操侵害《ていさうしんがい》には何《ど》んな罰《ばつ》が科《くわ》せられるか？

暴行脅迫欺瞞《ばうかうけふはくぎまん》などで貞操《ていさう》を奪《うば》つた者《もの》には、二年以上《ねんいじやう》の有期懲役《いうきちようえき》に處《しよ》せられるが、對手《あひて》が處女《しよぢよ》であると罪《つみ》が重《おも》く、十三歳以下《さいいか》の幼女《えうぢよ》の場合《ばあひ》には、たとへ承諾《しようだく》があつてしたのでも、罪《つみ》は更《さら》に重《おも》いのである。

(鈴木先生)

童貞《どうてい》を奪《うば》ふのも罪《つみ》深《ふか》いことであるが、今《いま》の法律《はふりつ》では金銭賠償《きんせんばいしやう》の外特《ほかとく》に刑罰《けいばつ》の規定《きてい》はない。これは男《をとこ》は防禦力《ばうぎよりよく》が強《つよ》いと見《み》られてゐるためである。

人妻《ひとづま》との和姦《わかん》は姦通罪《かんつうざい》で、相姦者《さうかんしや》ともに牢獄《らうごく》に送《おく》られる外《ほか》、本夫《ほんぷ》に對《たい》して貞操侵害《ていさうしんがい》に對《たい》する損害賠償《そんがいばいしやう》を支拂《しはら》はれる場合《ばあひ》もある。これは本夫《ほんぷ》の財産《ざいさん》の一部《ぶ》を侵害《しんがい》されたといふ觀念《くわんねん》から來《く》るのではなく、その感情《かんじやう》を侵害《しんがい》し、名譽《めいよ》を毀《き》損《そん》した外《ほか》に、將來《しやうらい》の幸福《かうふく》をも奪《うば》つたといふところに重點《ぢうてん》がおかれるのである。

姦通《かんつう》も、稀《まれ》に寛容《くわんよう》な良人《をつと》によつて宥恕《いうじよ》されることがあるが、一旦《たん》宥《ゆる》したからには、良人《をつと》は後日《ごじつ》妻《つま》を姦通《かんつう》の故《ゆゑ》を以《もつ》て處罰《しよばつ》を要求《えうきう》することはできない。

△實際問題《じつさいもんだい》として、貞操蹂躙《ていさうじうりん》の認定《にんてい》は困難《こんなん》な場合《ばあひ》が多《おほ》い。

貞操《ていさう》は義務《ぎむ》であると同時《どうじ》に權利《けんり》でもあるから、故《ゆゑ》なく侵《しん》害《かい》されたときには、法律《はふりつ》は刑罰《けいばつ》の外《ほか》に損害賠償《そんがいばいしやう》を認《みと》める。男子《だんし》が貞操《ていさう》を弄《もてあそ》ばれた場合《ばあひ》も同様《どうやう》であるが、男子《だんし》が被害《ひがい》者《しや》となる場合《ばあひ》は生理的《せいりてき》な理由《りいう》から極《きは》めて稀《まれ》である。

婦人《ふじん》は貞操《ていさう》を蹂躙《じうりん》されたとよく訴《うつた》へるものであるが、その眞僞《しんぎ》を判別《はんべつ》することはなかなか難《むづか》しい。殊《こと》に男《をとこ》に誘惑《いうわく》されたといふ訴《うつた》へは容易《ようい》に成立《せいりつ》しないものである。互《たが》ひに異《い》性《せい》を誘惑《いうわく》する本能《ほんのう》は自然《しぜん》に與《あた》へられたものであつて、無意《むい》識《しき》の場合《ばあひ》まで取り入《い》れると、婦人《ふじん》の方《はう》に責任《せきにん》がより多《おほ》くある場合《ばあひ》すらある。誘惑《いうわく》されたといふ泣言《なきごと》の及《およ》ばない場合《ばあひ》の多《おほ》いことを承知《しようち》して、自《みづか》ら守《まも》るべきである。

△妻《つま》としての、共同生活者《きようどうせいくわつしや》としての義務《ぎむ》を盡《つく》してゐるのに、對手方《あひてかた》からその誠心《まごころ》を蹂躙《じうりん》されたら何《ど》うするか？

我《わ》が國《くに》では、籍《せき》が入《はい》つてゐなければ、法律上夫婦《はふりつじやうふうふ》ではなく、法律上夫婦《はふりつじやうふうふ》でない者《もの》に、離婚問題《りこんもんだい》も、それから起《おこ》る慰《ゐ》藉料請求《しやれうせいきう》の問題《もんだい》もあり得《え》ない。

しかし、立派《りつぱ》に三々九度《ど》の盃《さかづき》も濟《す》まし、世間《せけん》からも夫《ふう》婦《ふ》として認《みと》められてゐるのに、籍《せき》が入《はい》つてゐないばかりに古草履《ふるざうり》のやうに棄《す》てられても、訴《うつた》へる所《ところ》がないといふのでは、あまりにも酷《こく》ではないかといふので、事實上《じじつじやう》の妻《つま》の貞《てい》操《さう》も、無理《むり》に共同生活《きようどうせいくわつ》を強制執行《きやうせいしつかう》するわけにはゆかぬが、せめて金錢的賠償《きんせんてきばいしやう》の方法《はうはふ》で保護《ほご》することになつた。そのために大審院《たいしんゐん》は、『婚姻豫約不履行《こんいんよやくふりかう》』といふ法理《はふり》を考《かんが》へ出《だ》したのである。

つまり、將來正式の夫婦《ふうふ》になるといふ約束《やくそく》で同棲《どうせい》を始《はじ》めてゐながら、その約束《やくそく》を守《まも》らないで夫婦《ふうふ》にならず、結果《けつくわ》に於《おい》て女《をんな》の貞操《ていさう》を弄《もてあそ》んだことになるから、損害賠償《そんがいばいしやう》を支拂《しはら》ふべしといふのである。

尤《もつと》も、擧式《きよしき》や同居《どうきよ》や入籍《にふせき》など、對手方《あひてかた》に婚姻完成《こんいんくわんせい》の行爲《かうゐ》を請求《せいきう》することはできるが、實際上《じつさいじやう》からいふことは強制執《きやうせいしつ》行《かう》ができないから、結局《けつきよく》、慰藉料請求《ゐしやれうせいきう》、損害賠償《そんがいばいしやう》に行《ゆ》くより他《ほか》はない。

△婚姻豫約《こんいんよやく》とは何《なに》か？

夫婦《ふうふ》約束《やくそく》のない情交關係《じやうかうくわんけい》は、婚姻豫約《こんいんよやく》として取扱《とりあつか》はれない。從《したが》つて、結婚《けつこん》しなかつたからといつて慰藉料《ゐしやれう》は請求《せいきう》できない。

夫婦約束《ふうふやくそく》があつたかどうかといふことは、微妙《びめう》な問題《もんだい》である。離縁状《りえんじやう》といふものは書《か》くが、夫婦約束状《ふうふやくそくじやう》を書《か》く者《もの》は恐《おそ》らくない。『近《ちか》く、正式《せいしき》に夫婦《ふうふ》になるから。』といふ手紙《てがみ》でも來《き》てをれば好都合《かうつがふ》である。

しかし、たとへ夫婦約束《ふうふやくそく》の證文《しようもん》があつても、男《をとこ》に正妻《せいさい》があつて、女《をんな》の方《はう》でもそれを初《はじ》めから知《し》つてゐたといふやうな場合《ばあひ》は、その夫婦約束《ふうふやくそく》は正妻追《せいさいお》ひ出《だ》しの約束《やくそく》も含《ふく》むものであるから、正當な婚姻豫約として保護《ほご》を受《う》けることができないのは當《あた》り前《まへ》である。
　對手《あひて》に正妻《せいさい》があつても、それを告《つ》げられずに夫婦約束《ふうふやくそく》をした場合《ばあひ》は、勿論豫約者《もちろんよやくしや》としての保護《ほご》を受《う》け得《う》る。婚姻豫約《こんいんよやく》は、要《えう》するに男女《だんぢよ》が誠心《まこころ》から夫婦《ふうふ》になることを約束《やくそく》したものであることが必要《ひつえう》で、またそれだけで充分《じうぶん》である。結納《ゆひなふ》も、婚姻適齢《こんいんてきれい》も、父母《ふぼ》の同意《どうい》も不必要《ふひつえう》である。

△慰藉料《ゐしやれう》は實際《じつさい》どのくらゐ取《と》れるか？

大體《だいたい》に於《おい》て、同棲《どうせい》の期間《きかん》の長短《ちやうたん》、初婚《しよこん》かどうか、雙方《さうはう》の社會的地位《しやくわいてきちゐ》などによつて大《おほ》いに異《こと》なる。ごく大《おほ》ざつぱに言《い》へば、通常《つうじやう》の場合《ばあひ》は、五百圓《ゑん》から千圓内外《ゑんないぐわい》といふところであらう。次《つぎ》のやうな判決例《はんけつれい》がある。

①中等教育《ちうとうけういく》を受《う》けた二十二歳《さい》の初婚《しよこん》の婦人《ふじん》が、カフェーで知合《しりあ》つた男《をとこ》に貞操《ていさう》を捧《さゝ》げたところが、男《をとこ》は他《た》の女《をんな》と結婚《けつこん》して、棄《す》てられたといふ事件《じけん》では、慰藉料《ゐしやれう》七百圓《ゑん》の判決《はんけつ》を受《う》けた。

②十七歳《さい》の處女《しよぢよ》の藝妓《げいぎ》が、男《をとこ》と二ケ月間同棲《げつかんどうせい》したうへ、婚約《こんやく》を破棄《はき》されたといふ事件《じけん》では、慰藉料《ゐしやれう》五百圓《ゑん》の判決《はんけつ》を受《う》けた。

③農學校卒業《のうがくかうそつげふ》の男《をとこ》と同棲二日《どうせいふつか》間《かん》にして破約《はやく》された婦人《ふじん》の慰藉料《ゐしやれう》が、五百圓《ゑん》と認定《にんてい》された例《れい》もある。

④海軍省《かいぐんしやう》、宮内省官吏《くないしやうくわんり》を永年勤《ながねんつと》めた人《ひと》の娘《むすめ》で、三菱造船所技師《みつびしざうせんじよぎし》を弟《おとうと》に持《も》つといふ一婦人《ふじん》が、二十一歳《さい》で嫁《か》し、その後《ご》十三年間内縁《ねんかんないえん》の妻《つま》として專心勤《せんしんつと》めたが、特別《とくべつ》の理由《りいう》もなくして棄《す》てられたといふ事件《じけん》で、男《をとこ》は相當《さうたう》の資産家《しさんか》であつたが、一萬圓《まんゑん》の慰藉料《ゐしやれう》が認《みと》められた。

⑤先夫《せんぷ》の子《こ》一人《ひとり》を連《つ》れて、先妻《せんさい》の産《う》んだ子《こ》のある男《をとこ》と夫《ふう》婦約束《ふやくそく》をして、多少《たせう》の期間同棲《きかんどうせい》した婦人《ふじん》が、格別《かくべつ》の理由《りいう》もなくて棄《す》てられたといふ事件《じけん》で、慰藉料《ゐしやれう》二百圓《ゑん》を認《みと》められたのがある。

共稼《ともかせ》ぎで巨萬《きよまん》の富《とみ》を作《つく》つたなどゝいふ事件《じけん》では、相當多《さうたうた》額《がく》の慰藉料《ゐしやれう》が認《みと》められる。

子供《こども》とともに棄《す》てられた場合《ばあひ》は、子供《こども》の養育料《やういくれう》は慰藉料《ゐしやれう》とは別個《べつこ》に取《と》れることは、言《い》ふまでもない。

婚姻豫約中《こんいんよやくちう》の男女《だんぢよ》に對《たい》し、他《た》の者《もの》がその豫約《よやく》を履行《りかう》できぬやう妨害《ばうがい》した場合《ばあひ》は、その者《もの》が慰藉料《ゐしやれう》を拂《はら》はなければならないのは勿論《もちろん》である。

正式《せいしき》に手續《てつゞ》きをした夫婦《ふうふ》の仲《なか》でも、一方《はう》が性的忠實義務《せいてきちうじつぎむ》に違反《ゐはん》した結果《けつくわ》、離婚訴訟《りこんそしよう》となるやうなときは、この離婚《りこん》訴訟《そしよう》に附隨《ふずゐ》して慰藉料《ゐしやれう》を請求《せいきう》することができる。

百組《くみ》以《い》上《じやう》媒《ばい》酌《しやく》した人《ひと》が語《かた》る 見《み》合《あ》ひ失《しつ》敗《ぱい》話《ばなし》

◇ 慶會主事 亀岡泰躬

女《をんな》一生《しやう》の運命《うんめい》の岐《わか》れ路《みち》ともいふべき見合《みあ》ひの席《せき》となれば、美《うつく》しいが上《うへ》にも美《うつく》しくと装《よそほ》ひを凝《こ》らしたく、傍《そば》の者《もの》までが常人《じやうにん》以上《いじやう》に氣《き》をもむのも人情《にんじやう》ですが、あまりケバ〱しい化粧《けしやう》や服装《ふくさう》は考《かんが》へものです。或《あ》る娘《むすめ》さんは、平常《へいじやう》はろくに化粧《けしやう》もしないやうな地味《ぢみ》な人《ひと》で、家庭《かてい》も極《ご》く質素《しつそ》な家風《かふう》でありましたが、たま〱非常《ひじやう》によい縁談《えんだん》があり、親御《おやご》さん達《たち》も大乗氣《おほのりき》、いよ〱見合《みあ》ひの當日《たうじつ》には、こゝで失敗《しつぱい》をせぬやうにと、寸分《すんぶん》の隙《すき》もなく盛装《せいさう》を凝《こ》らしました。化粧《けしやう》や髪《かみ》は美粧院《びしやうゐん》でやつて貰《もら》ひ、衣服《いふく》は自分《じぶん》の持《も》ち合《あは》せでは地味《ぢみ》で映《は》えないものばかりだからと、わざわざ從姉《いとこ》の帶《おび》や指輪《ゆびわ》まで借用《しやくよう》に及《およ》んで、着飾《きかざ》つて席《せき》に臨《のぞ》んだので、その姿《すがた》は人形《にんぎやう》のやうに美《うつく》しく見《み》えました。處《ところ》が、相手《あひて》の男子《だんし》のはうは、非常《ひじやう》に質實《しつじつ》な人《ひと》だつたので、

『なるほど非常《ひじやう》に美《うつく》しい娘《むすめ》さんだが、それだけ虚榮心《きよえいしん》も強《つよ》く、隨分《ずゐぶん》派手《はで》好《ごの》みに思《おも》はれる。あんなに贅澤《ぜいたく》されては、自分《じぶん》の薄給《はくきふ》ではやつて行《ゆ》かれぬから』と、實《じつ》は決《けつ》して派手《はで》好《ず》きの娘《むすめ》さんではなかつたのに誤解《ごかい》されてまとまりませんでした。

これもまた美人《びじん》で女學校《ぢよがくかう》の成績《せいせき》もよく、至極《しごく》明朗《めいらう》なお孃《ぢやう》さんでしたが、知人《ちじん》の家《いへ》に双方《さうはう》が寄《よ》つて見合《みあひ》をしましたその日《ひ》、お婿《むこ》さんよりもお嫁《よめ》さんのはうが少《すこ》し遅《おく》れてあわてゝ駈《か》けつけて來《き》ました。やがて席半《せきなか》ばで、お婿《むこ》さん候補者《こうほしや》のお母《かあ》さんが中座《ちうざ》しましたが、その折《をり》玄關《げんくわん》に、お孃《ぢやう》さんのコートが疊《たゝ》みもせずぬぎすてゝあるのを見《み》て、

『いかに急《いそ》いで來《き》たとは云《い》へ、コートの始末《しまつ》も忘《わす》れるやうなだらしのないお孃《ぢやう》さんでは……』

と、すつかり首《くび》を傾《かたむ》けてしまつて、とう〱不成立《ふせいりつ》になりました。

◇ 組合銀行聯合會 盟 委 後藤英

これは、常人《じやうにん》よりは寧《むし》ろ仲人《なかうど》がはの失敗《しつぱい》と云《い》つてもよいでせうが、見合《みあ》ひの場所《ばしよ》の選擇《せんたく》には、よほど愼重《しんちやう》な注意《ちうい》が必要《ひつえう》です。

双方《さうはう》とも外國《ぐわいこく》へ行《い》つてゐた事《こと》もある非常《ひじやう》に良縁《りやうえん》と思《おも》はれる人々《ひとびと》でしたが、至極《しごく》モダンに、クリスマスの日《ひ》を見合《みあひ》の日《ひ》ときめ、或《あ》る會場《くわいぢやう》に集《あつま》つたのです。ところが、このクリスマスの晩餐會《ばんさんくわい》には、當《たう》の相手《あひて》の婦人《ふじん》ばかりでなく、お婿《むこ》さん候補者《こうほしや》が、以前《いぜん》から知《し》つてゐる婦人達《ふじんたち》も大勢《おほぜい》來《き》たので、さういふ婦人《ふじん》にも知《し》らん顔《かほ》をしてゐるわけに行《ゆ》かず自然《しぜん》當《たう》の見合《みあ》ひの婦人《ふじん》とは、あまり話《はな》す機會《きくわい》もなかつたのでした。

相手《あひて》の婦人《ふじん》は、クリスマスのことゆゑ、さだめし樂《たの》しく色々《いろ〱》と話《はな》し合《あ》へることと期待《きたい》して來《き》たので、ひどく失望《しつばう》して歸《かへ》りました。後日《ごじつ》相手《あひて》の男子《だんし》は、この婦人《ふじん》がすつかり氣《き》に入《い》つたから是非《ぜひ》と懇望《こんまう》しましたが、婦人《ふじん》の傷《きず》つけられた自尊心《じそんしん》と不快《ふくわい》な感情《かんじやう》は治《なほ》らず、遂《つひ》にまとまりませんでした。

芝居《しばゐ》で見合《みあ》ひをすることも、よくやることですが、その時《とき》の出《だ》しものについてよほど注意《ちうい》しないと失敗《しつぱい》します。これは、暑《あつ》い夏《なつ》のことでしたが、非常《ひじやう》に悲慘《ひさん》な芝居《しばゐ》をやつてゐる時《とき》に、見合《みあ》ひをしました。ところが、感《かん》じ易《やす》い婦人《ふじん》は、悲《かな》しい場面《ばめん》にすつかり涙《なみだ》を流《なが》して終《しま》ひ、せつかく、美《うつく》しく化粧《けしやう》したのが、汗《あせ》と涙《なみだ》で斑々《まだら〱》まだらのみつともない顔《かほ》になりました。これを隣席《りんせき》に居《ゐ》てチラ〱と見《み》てゐた相手《あひて》の男子《だんし》は、

『はゝあ、このお孃《ぢやう》さんは、素晴《すば》らしい美人《びじん》だと思《おも》つてゐたのは化粧《けしやう》のせゐで、素顔《すがほ》は案外《あんぐわい》汚《きたな》いな』

と思《おも》ひ、コンパクトを出《だ》して、化粧《けしやう》を直《なほ》したが、一旦《たん》見《み》られたみつともない顔《かほ》の印象《いんしやう》は去《さ》らず、破談《はだん》となりました。

又《また》、或《あ》る料亭《れうてい》で見合《みあ》ひをした一組《ひとくみ》がありましたが、お孃《ぢやう》さんは、すつかり恥《は》かしがつて終《しま》つて、食事《しよくじ》の時《とき》も話《はなし》の

177　「百組以上媒酌した人が語る見合ひ失敗話」 亀岡泰躬、後藤英 ほか 『婦人倶楽部』昭和12年9月1日

時《とき》も、下《した》を向《む》いて容易《ようい》に顔《かほ》を上《あ》げないので、男子《だんし》のはうではどうも顔《かほ》を見《み》たいと思《おも》ふが、はつきり見《み》る機會《きくわい》がありません。

仲人《なかうど》もこれに氣《き》が付《つ》いて、食事《しよくじ》の終《をは》つたあと、すこし近所《きんじよ》を散歩《さんぽ》しませうと云《い》つて、一同《どう》でブラ〳〵と出《で》かけました。今度《こんど》は戸外《こぐわい》だからさう下《した》も向《む》いて居《ゐ》られまいと思《おも》ふと、娘《むすめ》さんは、パラソルをさしてしまつて、その蔭《かげ》にかくれ、ます〳〵顔《かほ》は見《み》えません。

歸《かへ》つて來《き》てから、どうでした、見《み》ましたかと聞《き》くと、『はあ、お蔭《かげ》でパラソルを拜見《はいけん》させて頂《いただ》きました』で、とう〳〵此縁《このえん》はまとまりませんでした。

娘《むすめ》さんがはにかむと却《かへ》つていけないと云《い》つて、見合《みあ》ひだと知《し》らせずにやることもよくあります。これはもう相當《さうたう》に教養《けうやう》もあり年《とし》もいつてゐる娘《むすめ》さんだつたので、大丈夫《だいぢやうぶ》と思《おも》つて、話《はなし》をせずに、或《あ》る男子《だんし》と會見《くわいけん》させました。途中《とちう》で、一緒《しよ》に行《い》つた人《ひと》は、二人《ふたり》によく話《はな》し合《あ》ふ機會《きくわい》を與《あた》へようと思《おも》つて席《せき》を外《はづ》しました。いよ〳〵差《さ》し向《むか》ひになつたので、相手《あひて》の男子《だんし》は、もう娘《むすめ》さんも知《し》つてゐるものとばかり思《おも》つて、色々《いろ〳〵》と自分《じぶん》の希望《きばう》や、相手《あひて》の氣持《きもち》など尋《たづ》ねたさうです。

ところが、娘《むすめ》さんは寢耳《ねみゝ》に水《みづ》なので、『まあ、何《なん》て失禮《しつれい》なことを云《い》ふ人《ひと》でせう！』と、顔色《かほいろ》を變《か》へて、憤然《ふんぜん》と席《せき》を立《た》つて終《しま》ひました。そんなことで失敗《しつぱい》に終《をは》りました。

一緒《しよ》に行《い》つた叔母《をば》さんとか姉《ねえ》さんが、あまり美《うつく》し過《す》ぎて、當《たう》の娘《むすめ》さんが引立《ひきた》たなくなる場合《ばあひ》もあります。附添《つきそ》ふ人《ひと》は服裝《ふくさう》も地味《ぢみ》に化粧《けしやう》もあつさりとして當人《たうにん》を引立《ひきた》てる樣心《やうこゝろ》がける必要《ひつえう》があります。又《また》、或《あ》る見合《みあ》ひで、男子《だんし》が、相手《あひて》の婦人《ふじん》に色々《いろ〳〵》と話《はな》しかけるのに、娘《むすめ》さんが返事《へんじ》をしないうちに、附添《つきそ》ひのお母《かあ》さんが傍《そば》から引取《ひきと》つて、『はあ、音樂《おんがく》はいたつて好《す》きでございまして、琴《こと》とピアノを誰々《だれ〳〵》先生《せんせい》について居《を》りますのよ』とか、『えゝ、お芝居《しばゐ》なら舊《きう》でも新劇《しんげき》でもこの子《こ》は小《ちひ》さいときから大好《だいす》きで』とか、片《かた》つぱしから返事《へんじ》をして終《しま》ひ、娘《むすめ》さんに話《はなし》をする機會《きくわい》を與《あた》へず、見合《みあ》ひに大層《たいそう》支障《ししやう》を來《きた》したことがあります。

◇

大阪梅花專門學校理事　水野　重樹

見合《みあ》ひによつて縁談《えんだん》をきめる場合《ばあひ》には、當人《たうにん》同志《どうし》よく知《し》り合《あ》つてゐませんので、ほんのちよつとした失策《しつさく》でも、成否《せいひ》に大《おほ》きな關係《くわんけい》がありますのでよくよく氣《き》をつけねばなりません。例《たと》へば歸《かへ》りがけに、玄關《げんくわん》のスリッパをきちんと揃《そろ》へてぬがなかつたために不合格《ふがふかく》になつたり、襖《ふすま》をピッシャリと音立《おとだ》てゝしめたのが、不快《ふくわい》な氣持《きもち》を與《あた》へたりなど、よくある例《れい》でございます。

或《あ》るお母《かあ》さんが、縁談《えんだん》の相手方《あひてかた》の娘《むすめ》さんのお宅《たく》へ、息子《むすこ》さんを連《つ》れて見合《みあ》ひかた〴〵訪問《はうもん》なさいました。

すると、玄關《げんくわん》に、女《をんな》の下駄《げた》が片々《かた〳〵》づつ、離《はな》れてぬぎすてゝあり、非常《ひじやう》に亂《らん》雜《ざつ》であつたさうです。さて、お座敷《ざしき》へ通《とほ》つて見《み》ると、もう秋《あき》だといふのに要《えう》もない團扇《うちわ》が、埃《ほこり》にまみれてうらさむげに違《ちが》ひ棚《だな》の隅《すみ》に立《た》てゝあります。何《なん》となく整頓《せいとん》されてゐない家《うち》の樣子《やうす》は一《ひと》目《め》でわかるのでした。それでも話《はなし》をして、さて途中《とちう》で息子《むすこ》さんのお母《かあ》さんが中座《ちうざ》して便所《べんじよ》を拜借《はいしやく》して見《み》ると、中《なか》は蜘蛛《くも》の巣《す》だらけ、お母《かあ》さんはすつかりびつくりして終《しま》つて、

『あそこのお孃《ぢやう》さんは、學校《がくかう》も優等《いうとう》でお稽古事《けいこごと》も出來《でき》ないものはないさうですが、家《うち》の中《なか》を清潔《せいけつ》に住《す》むことに氣《き》がつかないやうでは、思《おも》ひやられるから』と、一度《ど》の訪問《はうもん》で駄目《だめ》になりました。

之《これ》は、男子側《だんしがは》から破談《はだん》になつた例《れい》ですが、或《あ》る縁談《えんだん》があつて、娘《むすめ》さんのお母《かあ》さんが調《しら》べて見《み》ると、先方《せんぱう》はお母《かあ》さんと息子《むすこ》の二人《ふたり》暮《ぐ》らしで、なか〳〵裕福《ゆうふく》な家庭《かてい》らしいのです。

けれども、先方《せんぱう》の云《い》ふには、財產《ざいさん》と云《い》つては家屋敷《いへやしき》があるだけだとのことで、それでゐて、息子《むすこ》さんの月給《げつきふ》はホンの小遣《こづかひ》だとの話《はなし》です。

一體《たい》それでは暮《くら》し向《む》きの費用《ひよう》はどこから出《で》てゐるのか、どうもはつきりしませんので見合《みあ》ひの席《せき》で、娘方《むすめかた》の親御《おやご》さんが、先方《せんぱう》のお母《かあ》さんに色々《いろ〳〵》とその點《てん》を質問《しつもん》しました。それがすつかり先方《せんぱう》の氣持《きもち》を害《がい》して、『こちらでは自分《じぶん》の娘《むすめ》と思《おも》つて、物質《ぶつしつ》のことなど一切《さい》苦勞《くらう》させずに過《す》ごさせようと思《おも》つてゐるのに餘計《よけい》なことを氣《き》にする』と云《い》つて破談《はだん》にして來《き》ました。

こんなのは云《い》はれて怒《おこ》るはうに非《ひ》がありますが、さういふ物質上《ぶつしつじやう》の問題《もんだい》は、なるべくは直接《ちよくせつ》でなく、仲人《なかうど》を介《かい》して確《たし》めたはうがよろしいと存《ぞん》じます。

女性新道

貞操《ていさう》を失《うしな》つた女《をんな》に男《をとこ》の血《ち》はどう影響《えいきやう》するか

國府臺病院長
醫學博士 式場隆三郎

先夫遺傳《せんぷゐでん》とは何《なに》か？

男《をとこ》を知《し》つた女《をんな》の身《から》體《だ》が、著《いちじる》しい變化《へんくわ》をうけるであらうといふ考《かんがへ》は、昔《むかし》からあつたものです。これは女性《ぢよせい》の悦《よろこ》びである場《ば》合《あひ》も多《おほ》いでせうが、反對《はんたい》に恐《おそ》ろしい悲劇《ひげき》をうむこともあります。むしろ悲運《ひうん》と考《かんが》へ、悲劇《ひげき》を起《おこ》すことが多《おほ》いでせう。なぜならば、再婚《さいこん》して新《あたら》しい夫《をつと》との間《あひだ》に姙娠《にんしん》が成就《じやうじゆ》した時《とき》に、胎兒《たいじ》には先夫《せんぷ》の血《ち》が通《かよ》つてゐて、現在《げんざい》の夫《をつと》に似《に》ないで、先夫《せんぷ》によく似《に》た子供《こども》が生《うま》れると信《しん》じられてゐました。

これは『先夫遺傳《せんぷゐでん》』といつて、昔《むかし》からかなり根強《ねづよ》く民間《みんかん》に傳承《でんしよう》されてゐたのです。不幸《ふかう》な結婚《けつこん》に破《やぶ》れた婦人《ふじん》や、若《わか》くて夫《をつと》に死別《しべつ》した寡婦達《くわふたち》は、この恐《おそ》ろしい話《はなし》に畏怖《ゐふ》してゐたものでした。昔《むかし》の家畜《かちく》を飼《か》ふ人々《ひとびと》は、一度《ど》劣等《れつとう》な雄《をす》によつて仔《こ》をうんだ雌《めす》は、次《つぎ》に優良《いうりやう》な雄《をす》と一緒《しよ》にしても、前《まへ》の雄《をす》の影響《えいきやう》が強《つよ》く殘《のこ》つてゐるので、優良《いうりやう》な仔《こ》をうまないと云《い》つてゐました。人間《にんげん》でも、例《たと》へば白人《はくじん》の女《をんな》が一度《ど》黒人《こくじん》との間《あひだ》に子供《こども》をうんだ後《のち》に、白人《はくじん》と結婚《けつこん》すると、今度《こんど》生《うま》れた子供《こども》は、黒人《こくじん》の特質《とくしつ》をうけると考《かんが》へられてゐたものです。この考《かんが》が一層《そう》、世間《せけん》に信《しん》じられたのは、ダーウインが千八百六十八年《ねん》に、モルトン卿《きやう》の經驗《けいけん》を發表《はつぺう》したからでした。

モルトンは、栗毛《くりげ》色《いろ》の純粹《じゆんすゐ》のアラビヤ種《しゆ》の牝馬《めすうま》に、斑馬《まだらうま》の牡《をす》を交配《かうはい》して仔《こ》をうませてから、今度《こんど》は黒色《こくしよく》の純粹《じゆんすゐ》のアラビヤ牡馬《をすうま》を交配《かうはい》して、二度《ど》仔《こ》をうませました。すると、二匹《ひき》とも肩《かた》と脚《あし》に斑馬《まだらうま》の特有《とくいう》な縞《しま》が出《で》たのです。そこで、これはきつと前《まへ》の牡《をす》の斑馬《まだらうま》の影響《えいきやう》に違《ちが》ひないと考《かんが》へました。これが『先夫遺傳《せんぷゐでん》』を一層有名《そういうめい》にしたのです。

ところが、その後《ご》千九百一年《ねん》に、エワルト初《はじ》め澤山《たくさん》の學者《がくしや》が、馬《うま》や犬《いぬ》やその他《た》の動物《どうぶつ》で實驗《じつけん》してみますと、それは嘘《うそ》だといふことが解《わか》りました。モルトンの經驗《けいけん》は、アラビヤ馬《うま》の親種《おやだね》のために起《おこ》つた現象《げんしやう》だつたのです。だから科學的《くわがくてき》には、先夫遺傳《せんぷゐでん》は認《みと》められないことになりました。しかし、今《いま》でもこの考《かんがへ》は廣《ひろ》く世間《せけん》に傳《つた》へられてゐますし、胎兒《たいじ》が母《はゝ》の血《けつ》液《えき》に變化《へんくわ》を起《おこ》して、その男《をとこ》の性質《せいしつ》を母體《ぼたい》に傳《つた》へると信《しん》じてゐる人《ひと》が多《おほ》いのです。

もしこれが事實《じじつ》とすれば、同《おな》じ父親《ちゝおや》から出《で》來《こ》た子供《こども》でも、最初《さいしよ》の子供《こども》は父《ちゝ》に似《に》ることが薄《うす》くて、末《すゑ》の子供《こども》ほど濃厚《のうこう》に、父《ちゝ》の特質《とくしつ》をうけつぐことになります。しかし、そんな事實《じじつ》は決《けつ》してないのですから、これは醫學的《いがくてき》には價値《かち》のない愚説《ぐせつ》です。

新《あたら》しい貞操論《ていさうろん》

ある婦人《ふじん》は、新《あたら》しい貞操論《ていさうろん》として、男《をとこ》のための貞操《ていさう》は古《ふる》いもので、女自身《をんなじしん》の本能《ほんのう》による貞操《ていさう》が新《あたら》しいのだといつてゐます。しかし、この考へ方《かんがへかた》は決《けつ》して新《あたら》しいものでなく、かへつて古《ふる》いと云《い》はねばなりません。貞操《ていさう》を守《まも》ることは、決《けつ》して女《をんな》だけの本能《ほんのう》ではないのです。

世間《せけん》では、女性《ぢよせい》は一人《ひとり》の男《をとこ》を知《し》ると、忽《たちま》ちその血《ち》を受《う》けるもので、更《さら》に別《べつ》の男《をとこ》を知《し》ると、血《ち》が濁《にご》るものだ、だからその濁《にご》りをさけ、自分《じぶん》の身體《からだ》を純潔《じゆんけつ》に守《まも》りたいために、貞操《ていさう》の本能《ほんのう》があるのだ……と信《しん》じてゐる人《ひと》があります。もう一つの考方《かんがへかた》は、女《をんな》はいゝ子孫《しそん》を生《う》まうとするために、一夫《ぷ》を守《まも》るのだといふのです。だが、こんなに貞操《ていさう》を守《まも》ることが女《をんな》の本能《ほんのう》だとすれば、貞操《ていさう》を無視《むし》す

る女《をんな》もないでせうし、貞操問題《ていさうもんだい》はやかましく起《おこ》らないでいゝわけです。男《をとこ》だけが貞操《ていさう》の本《ほん》能《のう》がなくて女《をんな》にだけあるといふ考方《かんがへかた》は誤《あやま》りです。どちらでも本能《ほんのう》ではないのです。生物《せいぶつ》學的《がくてき》にも、醫學的《いがくてき》にも、本能《ほんのう》であるといふ證《しやう》據《こ》はないのが事實《じじつ》です。

女性《ぢよせい》は動物《どうぶつ》と違《ちが》つて、生殖《せいしよく》に必要《ひつえう》のない時《とき》にも、性愛《せいあい》があります。卽《すなは》ち、女性《ぢよせい》の愛情《あいじやう》は決《けつ》して生殖本能《せいしよくほんのう》のためばかりで、起《おこ》るものではないのです。男性《だんせい》だけが積極的《せつきよくてき》で、女性《ぢよせい》はいつも受身《うけみ》だと思《おも》つてはいけません。男《をとこ》も女《をんな》も、對等《たいとう》な愛情《あいじやう》の活動《くわつどう》が備《そな》はつてゐるのです。女《をんな》だけが、一人《ひとり》の男《をとこ》を守《まも》る本能《ほんのう》があるとは云《い》へません。

では、なぜ女《をんな》だけが貞操《ていさう》を守《まも》らねばならないやうに、云《い》はれるのでせうか。これには色《いろ》色《いろ》な理由《りゆう》がありませう。科學《くわがく》の發達《はつたつ》してゐなかつたために、女《をんな》も男《をとこ》も、女《をんな》の血液《けつえき》がよごれることを嫌《きら》つたからでもありませう。だが、もつと大《おほ》きな原因《げんいん》は、男《をとこ》が社會《しやくわい》の支配權《しはいけん》を握《にぎ》つて、自分《じぶん》だけの我儘《わがまゝ》を通《とほ》した風習《ふうしふ》の名殘《なごり》と云《い》へます。男《をとこ》にだけ都合《つがふ》のいゝ道徳《だうとく》が、いつの間《ま》にかできて終《しま》つたのです。

だから、新《あたら》しい貞操觀《ていさうくわん》は、科學《くわがく》を根據《こんきよ》にして社會道徳《しやくわいだうとく》の誤《あやま》りを訂《てい》正《せい》したものでなければなりません。眠《ねむ》つてゐた本能《ほんのう》を目覺《めざ》させるのが、新《あたら》しい貞《てい》操《さう》ではないのです。男《をとこ》も女《をんな》も平等《べうどう》に、對《たい》等《とう》に、一夫《ぷ》一婦《ぷ》を守《まも》るのが、正《ただ》しい貞操《ていさう》であり、新《あたら》しい貞操《ていさう》なのです。男《をとこ》が貞操《ていさう》を守《まも》らないから、女《をんな》も守《まも》らんでいゝといふ考《かんが》へ方《かた》はかへつて、女《をんな》を墮落《だらく》させる源《もと》です。

女《をんな》は先天的《せんてんてき》に、貞《てい》操《さう》を守《まも》る本能《ほんのう》があり、男《をとこ》は先天的《せんてんてき》に守《まも》れないやうに出來《でき》てゐる、といふ考《かんがへ》を捨《す》てねばなりません。

男も女も、平等に対等に、一夫一婦を守るのが、正しく新らしい貞操だ

貞操《ていさう》と男《をとこ》の血《ち》

女《をんな》は貞操《ていさう》を守《まも》らねばならぬ、といふことのために、幾多《いくた》の受難《じゆなん》に逢《あ》つてゐます。しかもその中《なか》には醫學《いがく》を無視《むし》した愚《おろ》かな傳說《でんせつ》で、女《をんな》の貞操《ていさう》を縛《しば》らうとしてゐる卑怯《ひけふ》な男《をとこ》がゐるのです。女《をんな》は無智《むち》にも、それを信《しん》じて不要《ふえう》な恐《きやう》怖《ふ》を感《かん》じてゐます。

ある女《をんな》ばかりの會合《くわいがふ》で、女《をんな》の貞操《ていさう》が問題《もんだい》になつたことがあるさうです。その席《せき》にゐたある有名《いうめい》な女《をんな》の醫者《いしや》は、かう云《い》ひました。『女《をんな》は絶對《ぜつたい》に純潔《じゆんけつ》でなければなりません、一生《しやう》に一人《ひとり》の夫《をつと》しかもつてはなりません。女《をんな》はその夫《をつと》の體質《たいしつ》は勿論《もちろん》、その他《た》のあらゆる特徴《とくちやう》を、そつくりそのまゝ子供《こども》に傳《つた》へるのです。そればかりか、女自身《をんなじしん》の肉體《にくたい》の細胞組織《さいはうそしき》にまで、インクの汚點《しみ》のやうな具合《ぐあひ》に、拭《ぬぐ》ひ去《さ》ることのできないやうな變化《へんくわ》を起《おこ》すのです。その變化《へんくわ》は、いつまでも女《をんな》の身體《からだ》に殘《のこ》るものです。』

この話《はなし》をきいて、ある女流小説家《ぢよりうせうせつか》は愕然《がくぜん》としました。しかし、自分《じぶん》の過去《くわこ》に三人《にん》も夫《をつと》を持《も》つたことのある彼女《かのぢよ》は、敢然《かんぜん》として訊《たづ》ねたさうです。

『幾人《いくにん》もの夫《をつと》をもつことは、よい意味《いみ》での種族本能《しゆぞくほんのう》を、満足《まんぞく》させる方法《はうはふ》ではないでせうか。』

つまり、初《はじ》めに惡《わる》い男《をとこ》と結婚《けつこん》した女《をんな》はその不純《ふじゆん》なインクの汚點《しみ》を消《け》すために、今度《こんど》は純潔《じゆんけつ》な男《をとこ》と結婚《けつこん》してもいゝではないか？ といふのです。

これには流石《さすが》の女醫先生《ぢよいせんせい》も、十分《ぶん》の返事《へんじ》をしなかつたさうです。かういふ問答《もんだふ》をした女醫《ぢよい》も、女流小説家《ぢよりうせうせつか》も、共《とも》に間違《まちが》つてゐるのです。

女流作家《ぢよりうさくか》は、その會合《くわいがふ》がすんだあとで、何度《なんど》も女醫《ぢよい》の意見《いけん》を思《おも》ひ出《だ》したとみえます。そして、不安《ふあん》の波《なみ》をくぐりぬけて、やつと次《つぎ》のやうな結論《けつろん》に達《たつ》して、安心《あんしん》し、自分《じぶん》を慰《なぐさ》めたさうです。

『そんな風《ふう》に、男《をとこ》の血《ち》が身體《からだ》に沁《し》みこむ時《とき》、混合《こんがふ》していやな色《いろ》になることもあらうが、ひよつとしたら、微妙《びめう》な、複雑《ふくざつ》さをもつた美《うつく》しいカクテール（混合《こんがふ》）によつて、もつといゝ色《いろ》に染《そま》りたいといふ、女《をんな》の種族本能《しゆぞくほんのう》の、一番《ばん》原始的《げんしてき》な、自然《じぜん》な要求《えうきう》ではないだらうか。』

この血《ち》のカクテルとか、色素《しきそ》の逆効果《ぎやくかうくわ》などは、醫學的《いがくてき》にも生物學的《せいぶつがくてき》にも、決《けつ》してあり得《え》ないことです。

生《うま》れる子供《こども》は、たしかに父母《ふぼ》の血《ち》が混《こん》じてゐます。しかし、子供《こども》が出來《でき》ない場合《ばあひ》の男《をとこ》の精子《せいし》は、女《をんな》の體內《たいない》に吸收《きふしう》されても。特別《とくべつ》の變《へん》化《くわ》を起《おこ》すものではありません。

男《をとこ》の肉體的《にくたいてき》の影響《えいきやう》が、そんなに女《をんな》の全身《ぜんしん》に浸《し》み透《とほ》るやうに、根深《ねぶか》いと思《おも》つてはいけません。先夫《せんぷ》の名殘《など》りは、身體的《しんたいてき》のことよりも、精神的《せいしんてき》のことの方《はう》が大《おほ》きいのです。

性病《せいびやう》の病菌《びやうきん》をうけない限《かぎ》り、男《をとこ》も女《をんな》も、そんなに身體《からだ》に跡《あと》が殘《のこ》るものでないことを信《しん》じて下《くだ》さい。

純潔《じゆんけつ》といふことは、もつと崇高《すうかう》な人間精神《にんげんせいしん》や社會道德《しやくわいだうとく》から守《まも》らねばならぬのです。それを敎《をし》へるために、非科學的《ひくわがくてき》な血《ち》の恐怖《きようふ》を與《あた》へてはいけません。

貞操《ていさう》は精神的《せいしんてき》に

以上《いじやう》述《の》べたやうに、貞操《ていさう》の醫學《いがく》は、今《いま》まで多《おほ》くの人々《ひとびと》が考《かんが》へたやうに、決《けつ》して身體的《しんたいてき》の汚點《しみ》を殘《のこ》すものではありません。それよりも寧《むし》ろ精神的《せいしんてき》の影響《えいきやう》の方《はう》が大《おほ》きいのです。しかし私《わたし》はこの事實《じじつ》を知《し》らせて、貞操《ていさう》を穢《けが》しても身體《からだ》の解《わか》らないと敎《をし》へるのではありません。身體の變化《へんくわ》よりも、精神的《せいしんてき》の變化《へんくわ》の方《はう》が、かへつて發見《はつけん》にらくなものです。貞操《ていさう》はあくまでも純《じゆん》潔《けつ》に守《まも》らねばなりません。身體《からだ》の汚點《しみ》が消《き》えることがあつても、心《こゝろ》の汚點《しみ》は消《き》え難《がた》いものです。愛情《あいじやう》の破綻《はたん》は、むしろ心理的《しんりてき》のことが大《おほ》きいのです。

私《わたし》がこの一文《ぶん》を書《か》いた趣旨《しゆし》は、愚《おろ》かな迷信《めいしん》に惱《なや》む女性《ぢよせい》を救《すく》ふためです。再婚《さいこん》しようとして、先夫《せんぷ》の血《ち》が自分《じぶん》の身體《からだ》に殘《のこ》つてゐると思《おも》ひこんで、惱《なや》んでゐる女性《ぢよせい》、また再婚《さいこん》の妻《つま》を迎《むか》へて、先夫《せんぷ》に似《に》た子供《こども》が生《うま》れるのでないかと、不安《ふあん》を抱《いだ》く男性《だんせい》は安心《あんしん》するがよい。そして、女性《ぢよせい》を『穢《けが》した』と信《しん》じて勝《か》ち誇《ほこ》つてゐる男性《だんせい》に對《たい》して、決《けつ》して穢《けが》されてゐないのだと嘲笑《てうせう》し、反省《はんせい》させる知識《ちしき》を與《あた》へたいためです。私《わたし》はかうして、貞操《ていさう》の汚點《しみ》は身體《からだ》の變化《へんくわ》を起《おこ》すものでないと敎《をし》へることが、眞《しん》に貞操《ていさう》を守《まも》らせることになると信《しん》じてゐます。

今《いま》までの貞操論《ていさうろん》は、身體《からだ》のことに過分《くわぶん》な價《か》値《ち》を置《お》きすぎました。貞操《ていさう》はもつと高《たか》い精神《せいしん》的《てき》な價値《かち》があるものなのです。(つゞく)

183　「女医さんばかりで結婚する娘に教へる秘密相談会」 吉岡弥生、竹内茂代 ほか 『婦人倶楽部』昭和12年10月1日

女醫さんばかりで結婚する娘に教へる秘密相談會

（寫眞向つて右より）竹内先生、吉岡先生、井出先生

結婚前《けつこんまへ》の健康《けんかう》診断《しんだん》を

記者　結婚に關する不用意と申しますか、知識が足りないために折角の結婚を非常に不幸に終らして了ふといふやうな方が隨分多いやうに聞いてをります。さういふ意味から、日頃婦人の最もよき味方であり、且つ御理解の深い先生方から、どうしたら幸福な結婚生活に入ることが出來るかといふやうなことに就いて、細々とした御注意を伺ひたいと思ひます。最近、結婚する前に、健康診斷を受ける人が多くなつたと申しますが、さういふ實例からひとつ……。

竹内　結婚前には必らず健康診斷を受けなさい――といふ事は私共も常に申上げてゐる事ですが、近頃は若い人の中にも大分さういふ考が生れて來たやうです。私共のところへも毎日可なり相談に見える方が多くなりました。新患の三分の一はそれです。男も

御出席の方々

東京女子醫學專門學校長醫學博士	吉岡彌生
醫學博士	竹内茂代
醫學博士	井出ひろ子

女《をんな》も結婚前《けつこんまへ》に一應自分《じぶん》の身體《からだ》が結婚に適《てき》するかどうかといふ事《こと》を調《しら》べて見《み》ることは是非必要《ぜひひつえう》です。結婚《けつこん》に邪魔《じやま》になる病氣《びやうき》は大體治《だいたいなほ》る病氣《びやうき》が多いのですが、それを知《し》らずにその儘無理《まゝむり》に結婚《けつこん》してしまふと、お互《たがひ》に傳染《でんせん》したり、子供《こども》に影響《えいきやう》したり、夫婦生活《ふうふせいくわつ》が圓滿《ゑんまん》に行《い》かなかつたりして、隨分不幸《ずゐぶんふかう》を招く例《れい》があります。

記者　結婚前《けつこんまへ》に必《かなら》ず治《なほ》しておかなければならない病氣《びやうき》と申《まを》しますのは──。

竹内　黴毒《ばいどく》、淋疾《りんしつ》、結核《けつかく》、腎臓炎《じんざうえん》、それから生殖器自身《せいしよくきじしん》の缺陷《けつかん》などです。私《わたし》の極《ご》く懇意《こんい》な方《かた》のお嬢《ぢやう》さんでしたが、結婚前《けつこんまへ》には是非健康診斷書《ぜひけんかうしんだんしよ》をお互《たがひ》に取交《とりかは》してそれから結婚《けつこん》なさいと極力《きよくりよく》お勸《すゝ》めしたのに、結局實行《けつきよくじつかう》されませんでした。ところが、結婚後《けつこんご》間もなく妊娠《にんしん》して六ケ月目位《げつめぐらゐ》の時に一度原因不明《げんいんふめい》の出血《しゆつけつ》があり、十ケ月《げつ》より少《すこ》し早目《はやめ》にお産《さん》がありましたが、死産《しざん》でした。私《わたし》の病院《びやういん》でお産《さん》をなすつたのですが、その死《し》んで生《うま》れた赤《あか》ちやんを見《み》ますと明《あきら》かに先天性黴毒《せんてんせいばいどく》なのです。ところがお婿《むこ》さんは、俺《おれ》にはそんな憶《おぼ》えはない、と極力主張《きよくりよくしゆちやう》されるのを、念の爲《ため》に血液檢査《けつえきけんさ》をしてみますと、矢張《やは》り反應《はんのう》があつたのです。この時《とき》になつて、お嫁《よめ》さんのお父

185　「女医さんばかりで結婚する娘に教へる秘密相談会」　吉岡弥生、竹内茂代 ほか　『婦人倶楽部』昭和 12 年 10 月 1 日

さんに、初《はじ》めて『本當《ほんたう》にあなたの忠告《ちうこく》に從《したが》はなかつた罰《ばち》です。』としみじみ述懷《じゆつくわい》されましたが、その後《ご》、御《ご》夫婦協力《ふうふけふりよく》して、懸命《けんめい》に二年《ねん》がかりで驅黴療法《くばいれうはふ》を完全《くわんぜん》に行《おこな》ひ、昨秋《さくしう》二度《ど》目の赤《あか》ちやんが生《うま》れましたが、今度《こんど》は非常《ひじやう》に丈夫《ぢやうぶ》な子供《こども》で大變喜《たいへんよろこ》ばれてをります。

吉岡　結婚後間《けつこんごま》もなく姙娠《にんしん》して、微熱《びねつ》が出始《ではじ》めたといふので來《こ》られる方《かた》がよくありますが、診察《しんさつ》をして見《み》ると胸《むね》に結核性《けつかくせい》の症狀《しやうじやう》がある。『いつ結婚《けつこん》なすつたのですか?』と訊《き》くと、『去年《きよねん》です。その半年前位《はんとしまへぐらゐ》まで肺尖《はいせん》カタルで入院《にふゐん》して居《を》りましたが、治《なほ》つたので結婚《けつこん》しました。』などといひますが、私共《わたしども》は、こんな事《こと》を聞《き》くと身顫《みぶる》ひしますね。結核《けつかく》が治《なほ》つたからといつて、半年位《はんとしぐらゐ》で結婚《けつこん》するのはあまりに無謀《むぼう》です。お產《さん》がすんで三日目《みつかめ》か四日目《よつかめ》に、三十九度《ど》から四十度《ど》の高熱《かうねつ》が出《で》てグン〳〵容態《ようだい》が惡化《あくくわ》するといふやうな場合《ばあひ》は、時折產褥熱《ときをりさんじよくねつ》などと間違《まちが》へられてをりますが、さういふのは大抵粟粒結核《たいていぞくりふけつかく》です。一時結核《けつかく》が固《かた》まつてゐたのが、姙娠《にんしん》や出產《しゆつさん》で體力《たいりよく》が衰《おとろ》へて來《く》ると、それが忽《たちま》ち全身《ぜんしん》へ猛烈《まうれつ》に粟粒《あはつぶ》のやうに擴《ひろ》がつてゆきます。產褥熱《さんじよくねつ》はお產《さん》の時《とき》の消毒《せうどく》に注意《ちうい》さへすれば豫防出來《よばうでき》ますし、若《も》し罹《かゝ》つても治《なほ》せますが、この粟粒結核《ぞくりふけつかく》の方《はう》は、どんな名醫《めいい》でも中々治《なかなかなほ》せるものではありません。私《わたし》はさういふ不幸《ふかう》な實例《じつれい》を澤《たく》山《さん》見《み》て來《き》ましたので結核《けつかく》のある方《かた》は、本《ほん》當《たう》に完全《くわんぜん》に治《なほ》してから結婚《けつこん》して欲《ほ》しいと思《おも》ふのです。

竹内　しかも、丁度結婚適齡期《ちやうどけつこんてきれいき》と、結核年齡《けつかくねんれい》が略〻《ほゞ》同《おな》じで、何《なに》しろ二十歳《さい》から二十五歳《さい》までに死《し》ぬ者《もの》の半分《はんぶん》は結核性《けつかくせい》の病氣《びやうき》だといふことになつてゐる狀態《じやうたい》ですから……。

吉岡　男《をとこ》の人《ひと》など、治《なほ》つたと云《い》はれない中《うち》に結婚《けつこん》してしまふ人《ひと》がありますよ。今《いま》、朝日新聞《あさひしんぶん》の『風速《ふうそく》五十米《メートル》』といふ小《せう》說《せつ》に、看病《かんびやう》させるつもりでお嫁《よめ》さんを貰《もら》ふといふやうな事《こと》が出《で》てゐるんですが、こんな不道德《ふだうとく》な事《こと》が事實往々《じじつわうわう》にして行《おこな》はれてゐるんですからねえ。

湯
なんでもないのに『お風呂へ行つて見たら、他人のとは少し違ふやうだから……』などと云つて來る方もあります。
――井出博士
さういふ場合には『それは、鼻の低い人もあるし高い人もあると同じことで、それ〴〵皆違ふのです』と說明して差上げます。
――竹内博士

竹内　私《わたし》の知《し》つてゐるのにも、さういふ實例《じつれい》が隨分《ずゐぶん》あります。あるお嫁《よめ》さんなぞ、お產《さん》をする二ケ月程《げつほど》前《まへ》から高熱《かうねつ》が出始《ではじ》めて、その爲《ため》に赤《あか》ちやんは八ケ月《げつ》で早《さう》產《さん》をして死《し》に子供《こども》に死《し》なれたので、その若《わか》いお母《かあ》さんは毎日《まいにち》泣い

て來してゐましたが、到頭《たうとう》自分《じぶん》も死《し》にました。この場合《ばあひ》なぞ、良人《をつと》の方《はう》が結婚當時《けつこんたうじ》から結核《けつかく》をもつてゐて、それを妻《つま》に感染《うつ》した爲《ため》にこんな悲慘《ひさん》な不幸《ふかう》が起《おこ》つたのです。

吉岡　昔《むかし》から撫《な》で肩《がた》の美人《びじん》は結核《けつかく》だといひますが、さうばかりは云《い》へません。色《いろ》が黒《くろ》くて、しかも恐《おそ》ろしく肥《ふと》つてゐながら結核《けつかく》の方《かた》がありますから、油斷《ゆだん》をしてはいけません。

淋毒《りんどく》を恐《おそ》れよ

竹内　淋毒《りんどく》を持《も》つてゐる人《ひと》と結婚《けつこん》した場合《ばあひ》の不幸《ふかう》も大《おほ》きいですねえ。私共《わたしども》のところへ見《み》える婦人病《ふじんびやう》といふ患者《くわんじや》の中《なか》七十人位《にんくらゐ》は淋毒《りんどく》性《せい》の病氣《びやうき》から來《き》てゐます。

井出　それは隨分多《ずゐぶんおほ》いんです。丈夫《ぢやうぶ》な娘《むすめ》さんが結婚《けつこん》して一週間經《しうかんた》たない中《うち》におなかが痛《いた》んだり、帶下《こしけ》が多《おほ》くなつて頭《あたま》が痛《いた》んだりする。初《はじ》めの中《うち》は結婚《けつこん》した爲《ため》に身體《からだ》の工合《ぐあひ》が惡《わる》くなつたのだらう位《くらゐ》に油斷《ゆだん》をしてゐると次第《しだい》に子宮《しきう》の周圍《しうゐ》から卵巣《らんさう》にまで病氣《びやうき》が進《すゝ》んで痛《いた》みと熱《ねつ》とに堪《た》へられなくなつて來《き》ます。婦人病《ふじんびやう》は仲々《なか〳〵》治《なほ》らないと謂《い》はれてをりますが、それは大部分《だいぶぶん》淋毒《りんどく》から來《き》てゐるからです。

竹内　ある娘《むすめ》さんでしたが、結婚《けつこん》して二週間《しうかん》目《め》に非常《ひじやう》な熱《ねつ》が出《で》て、おなかが痛《いた》くなつたから診《み》て下《くだ》さいといつて來《こ》られました。矢《や》張り急性淋毒《きふせいりんどく》のひどいので、早速《さつそく》九十日《にち》あまり私《わたし》のところへ入院《にふゐん》してほゞ治《なほ》つた頃《ころ》、『序《ついで》に血液檢査《けつえきけんさ》をしてみて下《くだ》さい。』といふので檢《しら》べてみると、十《プラス》が三つもつくやうな強《つよ》い陽性《やうせい》なのです。多分《たぶん》これもお婿《むこ》さんから感染《うつ》つたのだらうと、今度《こんど》は御主人《ごしゆじん》の血《けつ》液《えき》を檢《しら》べてみますと、今度《こんど》は十《プラス》が二つしかついてないが、陽性《やうせい》です。すると、お婿《むこ》さんが云《い》ふのには、『これは僕《ぼく》から感染《うつ》つたのではない。お前《まへ》から僕《ぼく》に感染《うつ》したのだらう。』と逆襲《ぎやくしふ》して來《き》ました。ところが、黴毒《ばいどく》は、新《あたら》しいと強陽性《きやうやうせい》に現《あらは》れるし、古《ふる》いと現《あらは》れ方《かた》が弱《よわ》くなるといふ事《こと》を御存《ごぞん》じないからこんな亂暴《らんばう》な事《こと》をいふのですが、若《も》し私《わたし》が助《たす》け舟《ぶね》を出《だ》してお嫁《よめ》さんを救《すく》つて上《あ》げなかつたらこのお嫁《よめ》さんは結婚前《けつこんまへ》に健康診斷《けんかうしんだん》を取交《とりかは》してゐませんでしたから、さういふ冤罪《えんざい》を被《き》せられても反駁《はんばく》の方法《はうはふ》がなかつたところです。私《わたし》はいつもお孃《じやう》さん方《がた》に云《い》ふのです。『本當《ほんたう》にどんな災難《さいなん》が湧《わ》いて來《く》るかも知《し》れ

187　「女医さんばかりで結婚する娘に教へる秘密相談会」　吉岡弥生、竹内茂代 ほか　『婦人倶楽部』昭和12年10月1日

ません。結婚《けつこん》してしまへば、今日《けふ》の身體《からだ》と明日《あす》の身體《からだ》はもう全《まつた》く違《ちが》ふのですから、必《かな》らず冤罪《えんざい》を被《かうむ》らぬやうに、今日《けふ》の身體《からだ》はこんなに健康無病《けんかうむびやう》だぞといふ診斷書《しんだんしよ》をとつてお置きなさい。」と……。

治《なほ》しておかぬと恐《こわ》い腎臟炎《じんざうえん》

吉岡　それからもう一つ、扁桃腺《へんたうせん》を患《わづら》つたとか、風邪《かぜ》を引《ひ》いたとかいふやうな事《こと》が因《もと》で急性《きふせい》の腎臟炎《じんざうえん》を起《おこ》すことがあります。その後《ご》、身體《からだ》が餘《あま》り丈夫《ぢやうぶ》ではないが、熱《ねつ》もないし、別《べつ》にどこが惡《わる》いといふ事《こと》もないからといふので結婚《けつこん》して姙娠《にんしん》すると、忽《たちま》ちそれが再發《さいはつ》することがよくあります。この姙娠《にんしん》中《ちう》の腎臟炎《じんざうえん》位《くらゐ》危險《きけん》なことはありません。子《し》癇《かん》といふものを起《おこ》しますし、胎盤剝離《たいばんはくり》を起《おこ》して、胎内《たいない》で赤《あか》ちやんも死《し》に、母親《はゝおや》もその爲《ため》に死《し》ぬといふ事《こと》もあります。この場合《ばあひ》はたとへうまく行《い》つても出血《しゆつけつ》が止《と》まらなかつたり、いろ〳〵他《た》の症狀《しやうじやう》を起《おこ》して大變《たいへん》むづかしくなり勝《が》ちです。

竹内　一昨年の暮《くれ》に、私《わたし》の親類《しんるゐ》の息子《むすこ》が嫁《よめ》を貰《もら》つたのですが？その前《まへ》に私《わたし》は、どんな良《よ》い家《うち》から貰《もら》ふにしても健康診斷書《けんかうしんだんしよ》だけは取《とり》交《かは》しておいた方《はう》がいいと、息子《むすこ》からはちやんとやつたのですが、媒酌人《ばいしやくにん》が先方《せんぱう》へは云《い》ひ難《にく》かつたと見《み》えて嫁《よめ》の方《はう》からは取《と》らなかつたのです。さうして姙娠《にんしん》してから連《つ》れて來《き》たのを診《み》ますと、腎臟炎《じんざうえん》なのです。墮《おろ》してしまふといふ事《こと》も仕兼《しか》ねて、經過《けいくわ》を見《み》てゐますと、愈〻《いよ〳〵》間《ま》際《ぎは》になつて、吐《は》いたり人事不省《じんじふせい》になつたりして子《し》癇《かん》を起《おこ》しかけましたが、どうやらお産《さん》だけはすませました。ところが、産後《さんご》到頭《たうとう》慢性《まんせい》になつてしまつてどうしても治《なほ》らない。單《たん》に姙娠《にんしん》で起《おこ》つた急《きふ》性《せい》のものはお産《さん》がすめば治《なほ》るのですが、前《まへ》から持《も》つてゐたものはお産《さん》がすんでも治《なほ》らないで、始終《しじう》動悸《どうき》がしたり、手足《てあし》が腫《は》れたりして動《うご》けません。健康診斷《けんかうしんだん》を取交《とりかは》して、豫《あらかじ》め治《なほ》しておきさへすればこんな不仕合《ふしあは》せな目《め》にも遭《あ》はずにすんだのですが——。

處女膜《しよぢよまく》の故障《こしやう》

竹内　中《なか》には處女膜《しよぢよまく》が丈夫《ぢやうぶ》すぎてどうしても夫婦生活《ふうふせいくわつ》に入《はい》れない人《ひと》もありますね。

吉岡　結婚前《けつこんまへ》に診《み》て貰《もら》ふのは、さういふ事《こと》を發見《はつけん》する爲《ため》です。結婚《けつこん》してその晩《ばん》に、こ

んな一寸《ちよつと》した事《こと》で夫婦關係《ふうふくわんけい》が出來《でき》なくて、不具《かたは》だといつて追出《おひだ》される新婦《ひと》があります中《なか》には又非常《またひじやう》に親切《しんせつ》な旦那樣《だんなさま》があつて、新婚旅行《しんこんりよかう》に行《い》つて、どうしてもうまく行《い》かないといふので私《わたし》の所《ところ》へ連《つ》れて來《き》て『診《み》て下《くだ》さい。』といふのです。『これは一寸切《ちよつとき》りさへすればなんでもありません。一日入院《にちにふゐん》する位《くらゐ》ですみますよ。』と敎《をし》へて上《あ》げたら『では、まだ新婚旅行中《しんこんりよかうちう》だといふ事《こと》にしておきますから入院《にふゐん》させて下《くだ》さい。』と一晩入院《ひとばんにふゐん》して喜《よろこ》んで歸《かへ》つて行《ゆ》きました。僅《わづ》か一晩《ひとばん》の入院《にふゐん》ですから、親《おや》にも、媒酌人《ばいしやくにん》にも知《し》らせないですむのです。私《わたし》は、その旦那樣《だんなさま》に

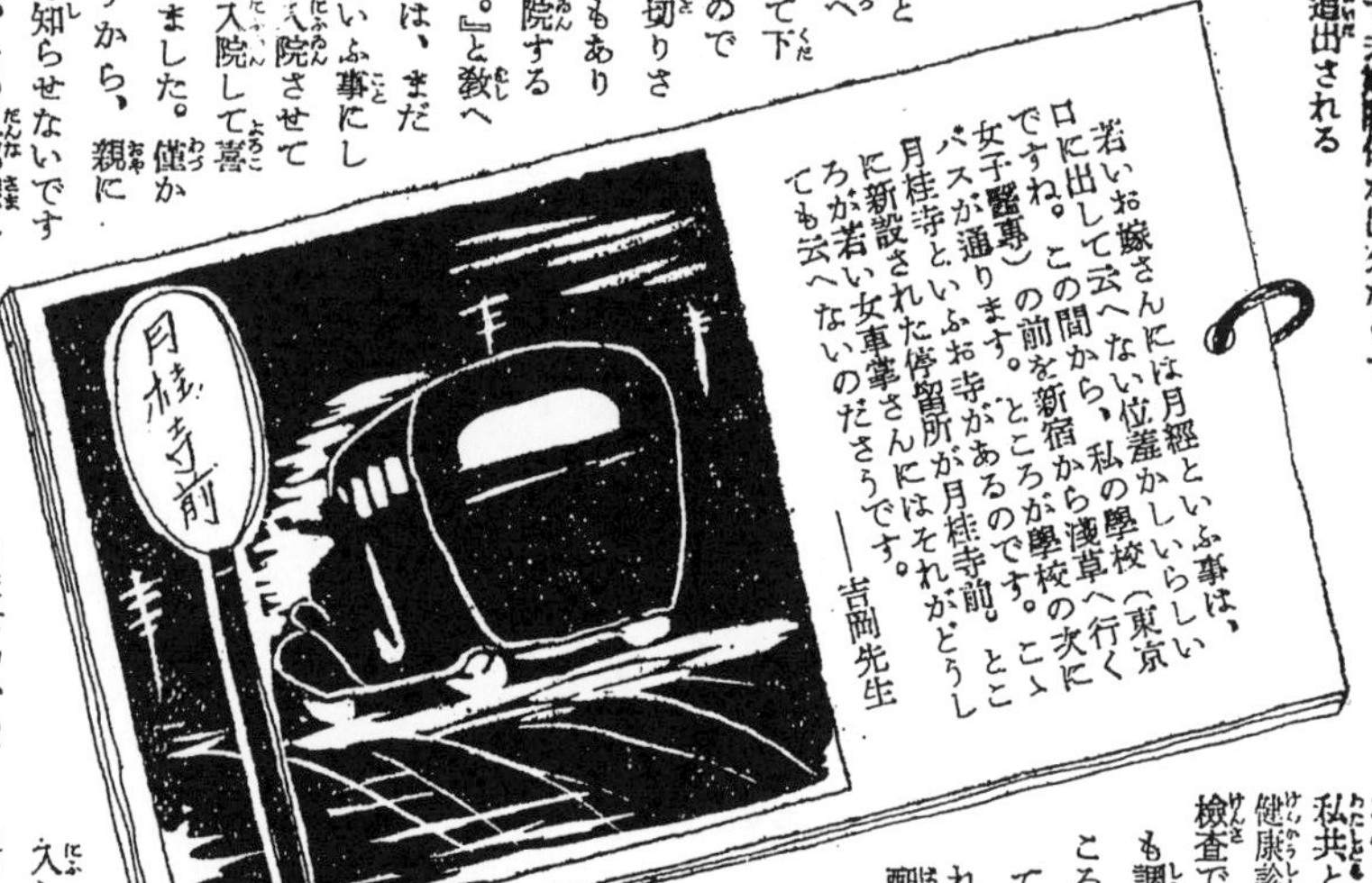
月桂寺前
若いお嫁さんには月經といふ事は、口に出して云へない位羞かしいらしいですね。この間から、私の學校（東京女子醫專）の前を新宿から淺草へ行くバスが通ります。ところが學校の次にこゝ月桂寺といふお寺があるのです。とこに新設された停留所が月桂寺前。ところが若い女車掌さんにはそれがどうしても云へないのださうです。
——吉岡先生

非常《ひじやう》に感心《かんしん》しました。私共《わたしども》とすれば、結婚前《けつこんまへ》の健康診斷《けんかうしんだん》は、普通《ふつう》の身體《しんたい》檢査《けんさ》でなく、生殖器《せいしよくき》の方《はう》も調《しら》べたいのです。ところが、若《わか》い方《かた》は『診《み》て貰《もら》ふと處女膜《しよぢよまく》が破《やぶ》れる』などと大變心《たいへんしん》配《ぱい》をします。ところが、事實《じじつ》は、一寸《ちよつと》位《くらゐ》ではちつともそんな心配《しんぱい》はありません。たゞ適當《てきたう》の治療《ちれう》をしなければならぬやうな内部《ないぶ》の病氣《びやうき》があるやうな場合《ばあひ》には、器《き》械《かい》を挿《さう》入《にふ》したりしなければなりませんからどうしても破《やぶ》れます。が、たとへ破《やぶ》れても結婚生活《けつこんせいくわつ》に差閊《さしつか》へるやうな病氣《き》を持《も》つた[illegible]嫁《とつ》いでゆくよりどんなに宜い事《こと》か分《わか》りません。大體《だいたい》、男《をとこ》の人《ひと》は處女膜《しよぢよまく》といふものに重《おも》きを置《お》き過《す》ぎます。月經時《げつけいじ》に脫脂綿《だつしめん》の詰《つ》め綿《タンポン》などを知《し》らずにすると、案外簡單《あんぐわいかんたん》に破《やぶ》れてしまふ場合《ばあひ》もありますし、自瀆行爲《じとくかうゐ》のために、破《やぶ》られる事《こと》もありますから、處女膜《しよぢよまく》の有無《うむ》だけで處女非處女《しよぢよひしよぢよ》を決定《けつてい》する事《こと》は出來《でき》ません。殊《こと》に、手術《しゆじゆつ》をして破《やぶ》れた場合《ばあひ》には、チヤンと診斷書《しんだんしよ》にその旨《むね》を書《か》き殘《のこ》して上《あ》げることにして居《を》りますから、決《けつ》して御心配《しんぱい》は入《い》らぬと思《おも》ひます。

弁出 なんでもないのに『お風呂《ふろ》へ行《い》つて見《み》たら、他人《ひと》のとは少《すこ》し違《ちが》ふやうだから……』などといつて來《く》る方《かた》もあります。

竹内 さういふ場合《ばあひ》には『それは、鼻《はな》の低《ひく》い人《ひと》もあるし、高《たか》い人《ひと》もあると同《おな》じことで、それ〴〵皆違《みなちが》ふのです』と說明《せつめい》して差上《さしあ》げますが、仲々《なかなか》それ位《くらゐ》では氣《き》のすまない人《ひと》が多《おほ》いので困《こま》ります。

健康診斷《けんかうしんだん》はなるべく早《はや》く

吉岡 近頃《ちかごろ》は、とにかく大變《たいへん》一般《ぱん》の考《かんが》へが進《すゝ》

189　「女医さんばかりで結婚する娘に教へる秘密相談会」　吉岡弥生、竹内茂代 ほか 『婦人倶楽部』昭和 12 年 10 月 1 日

んだ關係《くわんけい》ですか、結婚前《けつこんまへ》には是非《ぜひ》健康診斷《けんかうしんだん》を受《う》けておかなければいけないと、本人《ほんにん》もあまり厭《いや》がらず、親御《おやご》さんと同道《どうだう》して見《み》える方《かた》や、許婚《いひなづけ》の方《かた》と二人《ふたり》一緒《しよ》に來《こ》られる方《かた》が殖《ふ》えましたが、たゞ一つ非常《ひじやう》に遺憾《ゐかん》なことは、そのいらつしやる時期《じき》があまりにも遲《おそ》すぎることです。大抵《たいてい》、もう一週間《しうかん》か十《とを》日《か》もすれば結婚《けつこん》するといふ時《とき》になつて見《み》えます。病氣《びやうき》も何《なに》もない人《ひと》ならそれでも構《かま》ひませんが、何《なに》か病氣《びやうき》がある場合《ばあひ》には、一週《しう》間《かん》や十日《とをか》で全治《ぜんち》出來《でき》るものは少《すく》ないのですから、結婚前《けつこんまへ》にはいつでも、私《わたし》は、せめて婚約《こんやく》の整《とゝの》ふ前《まへ》、出來《でき》るならば女學校《ぢよがくかう》を卒業《そつげふ》したら間《ま》もなく一度《ど》治《なほ》すのに相當《さうたう》の期間《きかん》を要《えう》するやうな結婚《けつこん》に邪魔《じやま》な病氣《びやうき》があるか無《な》いかを診《み》てお貰《もら》ひになるやう、極力《きよくりよく》お勸《すゝ》めしておきたいと思《おも》ひます。

男女《だんぢよ》の結婚適齡期《けつこんてきれいき》

記者　結婚適齡期《けつこんてきれいき》はいつごろか早婚晩婚《さうこんばんこん》の場《ば》合《あひ》の心得《こゝろえ》などについてお話《はな》し頂《いたゞ》きたいと思《おも》ひます。

竹内　現在《げんざい》は、結婚《けつこん》の平均年齡《へいきんねんれい》が、婦人《ふじん》は二十三歳《さい》、男子《だんし》は二十八歳《さい》となつてをります。

吉岡　生理的《せいりてき》に云《い》へば、女《をんな》は二十四、五歳《さい》までに結婚《けつこん》した方《はう》が確《たし》かによいのです。あまり晩婚《ばんこん》になると、お產《さん》が重《おも》いといふ事《こと》が大變《たいへん》八釜《やかま》しく云《い》はれてをりますが。それは、たゞ少《すこ》し時間《じかん》が長《なが》くかゝるといふだけで、例《たと》へば、普通《ふつう》の初產婦《しよさんぷ》が陣痛《ぢんつう》が起《おこ》つてから十二時間位《じかんぐらゐ》で生《うま》れるものなら、晩婚《ばんこん》の方《かた》は五、六時《じ》間延《かんの》びるといふ位《くらゐ》のことで普通《ふつう》の人《ひと》の考《かんが》へてゐるやうに生命《せいめい》に關《かゝ》はるやうな事《こと》はないのですから、それほど恐《おそ》れる必要《ひつえう》はありません。しかも、二度《ど》目からは普通《ふつう》ですから、敢《あ》へて晩婚《ばんこん》をさう惡《わる》いといふ理由《りいう》もありませんね。

今の新婚旅行は、大變そこら中を歩き廻るやうですが、男子は兎に角、花嫁さんは、精神的にも肉體的にも大きな疲勞の重なつてゐる時ですから、出來るならば一箇所の溫泉にでも落着いて沁々將來を語り合ふ方がよいと思ひます。
——竹内博士

竹内　近頃《ちかごろ》では、昔《むかし》のやうに十五、六歳《さい》で結婚《けつこん》するなどといふ事《こと》は無《な》くなりましたから早婚《さうこん》の害《がい》などは、もう問題《もんだい》にする必要《ひつえう》はありますまい。それに、男子《だんし》が相當《さうたう》の年齡《ねんれい》にならなければ生活能力《せいくわつのうりよく》が十分《ぶん》出來《でき》ないといふ時世《じせい》になりましたから、婦人《ふじん》もうつかりすると二十五、六歳《さい》までも結婚《けつこん》が遲《おく》れるといふ例《れい》が多《おほ》くなりましたが、若《も》し事情《じじやう》が許《ゆる》せば、婦人《ふじん》は二十歳《さい》から二十五歳《さい》、男子《だんし》は二十九歳《さい》から三十歳《さい》

の間に結婚《けつこん》されるのが一番望《のぞ》ましい事《こと》で

結婚年齡と生涯の出產數(平均)

結婚年齡	男　子(父)	女　子(母)
20才以下	ナシ	5.5人
20才——25才	3.5人	4.5人
25才——29才	3.2人	4.1人
29才——34才	3.0人	2.9人
34才——44才	2.3人	1.3人
45才以上	1.1人	ナシ

す。晩婚《ばんこん》になる結果《けつくわ》として現《あらは》れる一番大《おほ》きな弊害《へいがい》は、婦人《ふじん》では、婚期《こんき》が遅《おく》れゝば遅《おく》れる程心《ほどこゝろ》が荒《すさ》むといふこと初産《しよざん》がやゝ長《なが》びくといふことなどで、男子《だんし》は、性病《せいびやう》に罹《かゝ》る機《き》會《くわい》が多《おほ》くなり、酒《さけ》に親《した》しむ率《りつ》が殖《ふ》えるといふ事《こと》などが擧《あ》げられませう。

月經《げつけい》と結婚《けつこん》

記者　一般《ぱん》に、結婚式《けつこんしき》の日取《ひどり》は、月經《げつけい》の豫定《よてい》日《ひ》とぶつからないやうに決《き》めるのが普通《ふつう》でせうが、どうかして、運惡《うんわる》くぶつかりさうな場合《ばあひ》には、何《なに》か注射《ちうしや》のやうなもので自由《じいう》にこれを遅《おく》らせる事《こと》が出來《でき》るやうに聞《き》いてをりますが……。

井出　よくその相談《さうだん》は受《う》けます。ある程度《ていど》まで、卵巣《らんさう》のオーダー・ホルモンの注射《ちうしや》で月《げつ》經《けい》を延《の》ばすことが出來《でき》ますが、大體《だいたい》三回《くわい》ほど注射《ちうしや》して、一週間位先《しうかんぐらゐさき》へ延《の》ばすことが出來《でき》ます。月經《げつけい》を早《はや》めるといふ事《こと》は注射《ちうしや》では少《すこ》し難《むつ》かしいやうに思《おも》ひますが、精神的《せいしんてき》な氣《き》持《もち》から月經《げつけい》が早《はや》く起《おこ》る事《こと》はよくありますから、その原理《げんり》を應用《おうよう》すると、注射《ちうしや》やのみぐすりで早《はや》く出來《でき》ない事《こと》もないでせうが、多《た》少不《せうふ》確實《かくじつ》なことは免《まぬか》れないでせう。

竹内　私《わたし》は、注射《ちうしや》で月經《げつけい》を遲《おく》らしたり、早《はや》めたりするよりも、結婚《けつこん》に月經《げつけい》がぶつかつた場合《はあひ》には、その良人《をつと》たる人《ひと》が、默《だま》つてその關係《くわんけい》を待《ま》つべきだと思《おも》ひますね。どうでもかうでも結婚當夜《けつこんたうや》に行《おこな》はなければならぬといふ事《こと》でもないのですから……。

吉岡　仲々男子《なかなかだんし》の方《はう》が我慢《がまん》してくれない。

竹内　私《わたし》は若《わか》い人《ひと》にかう云《い》つて敎《をし》へてゐるのです。『運惡《うんわる》く月經《げつけい》にぶつかつたら、致《いた》し方《かた》がない、何《なに》も遠慮《ゑんりよ》はないから待《ま》たしておきなさい。それ位《くらゐ》の事《こと》を旦那樣《だんなさま》に云《い》へないやうでは、あなたは一生虐《しやうしひた》げられて酷《ひど》い目《め》に會ひますよ』と……。若《も》し待《ま》てないやうな男性《だんせい》なら、獸以下《けものいか》ですよ。

吉岡　若《わか》いお嫁《よめ》さんには月經《げつけい》といふ事《こと》は、口《くち》に出《だ》して云《い》へない位羞《くらゐはづ》かしいらしいですね。この間《あひだ》から、私《わたし》の學校《がくかう》(東京女子醫《とうきやうぢよしい》專《せん》)の前《まへ》を新宿《しんじゆく》から淺草《あさくさ》へ行《ゆ》くバスが通《とほ》ります。ところで、學校《がくかう》の次《つぎ》に月桂寺《げつけいじ》といふお寺《てら》があるのです。ここに新設《しんせつ》された停留所《ていりうじよ》が月桂寺前《げつけいじまへ》。ところが、若《わか》い女車掌《をんなしやしやう》にはどうしてもそれが云《い》へないのださうです。(笑聲《せうせい》)それで、遂《つひ》に名前《なまへ》を變へてくれといふ申込《まうしこみ》があつて、今《いま》では河田町《かはだちやう》と呼《よ》ぶだけで、どうやら月桂寺前《げつけいじまへ》は廢止《はいし》になつたといふ話《はなし》です。そんな『ゲッケイ』と云《い》ふだけでもう羞《はづ》かしいやうでは困《こま》ります。女《をんな》にとつてこれ位大切《くらゐたいせつ》なものはないのですから……。

井出　月經《げつけい》が無《な》くてどういふ事《こと》でしたら恥《はづ》かしいけれども、あるといふ事《こと》は大威張《おほゐば》りです。

吉岡　中《なか》には月經《げつけい》が年《ねん》に二度《ど》か一度《ど》しかないといふ人《ひと》があります。さういふ人《ひと》でも何《なに》も話《はな》さないで結婚《けつこん》します。さういふ結婚生活《けつこんせいくわつ》がうまく行《ゆ》く筈《はず》はありません。かういふ人《ひと》が、私《わたし》の所《ところ》などに手紙《てがみ》で相談《さうだん》して寄越《よこ》してゐる。『親《おや》にも話《はな》せないことで……』と書《か》いてゐる。親《おや》に産《う》んで貰《もら》つて、親《おや》に話《はな》せないなどといふ馬鹿《ばか》な話《はなし》があるものですか。月經《げつけい》が不順《ふじゆん》であるか、整調《せいてう》であるかといふ事《こと》は大事《だいじ》な問題《もんだい》ですから、媒酌人《ばいしやくにん》も親《おや》も、先《ま》づ第《だい》一に訊《き》いておくことが大切《たいせつ》だと思《おも》ひます。

竹内　お嫁《よめ》さんを貰《もら》はうと思《おも》つたら、先《ま》づ色《いろ》色《いろ》な事《こと》を調《しら》べます。月經《げつけい》は幾歳《いくさい》から始《はじ》まつて、幾日位《いくにちぐらゐ》あるかといふ事《こと》を聞《き》きます。普《ふ》通《つう》は十四、五歳《さい》で始《はじ》まり、四、五日間《にちかん》はあるものです。それを、十七歳《さい》からとか、十八歳《さい》から始《はじ》まつて、二日《ふつか》か三日《みつか》で終《をは》るといふやうな事《こと》を云《い》ひます。こんな風《ふう》に初潮《しよてう》が遲《おそ》くて、しかも持續日數《ぢぞくにつすう》の少《すく》ないのは、發《はつ》育《いく》が遲《おく》れてゐる證據《しようこ》で、往々子供《わうわうこども》も出來《でき》ないばかりか、夫婦生活《ふうふせいくわつ》をも喜《よろこ》ばぬといふやうな人《ひと》が隨分多《ずゐぶんおほ》いのです。

吉岡　私《わたし》の所《ところ》へ嫁《よめ》を貰《もら》つた時《とき》には、いきなり『月經《げつけい》は?』と訊《き》いたんです。隨分變《ずゐぶんへん》な婆《ばあ》さんだと思《おも》つたことでせう。(笑聲《せうせい》)

自瀆《じとく》の惱《なや》み

吉岡　次《つぎ》に、性的惡習《せいてきあくしふ》といふ事《こと》はよくない事《こと》には相違《さうゐ》ありませんが、これを又大變《またたいへん》なことのやうに思《おも》つてゐる人《ひと》があります。

井出　かういふ惡癖《あくへき》があつては、もう結婚《けつこん》する資格《しかく》もないだらうといふ風《ふう》にとても思《おも》ひ惱《なや》んでゐる娘《むすめ》さんがよくありますね。この間《あひだ》も可愛《かあい》らしい女學生《ぢよがくせい》が月經困難《げつけいこんなん》で診察《しんさつ》をしてくれと來《こ》られましたが、婦人科室《ふじんくわしつ》へ入《はい》られて私《わたし》と二人《ふたり》きりになつたら、『先生《せんせい》、實《じつ》はそれぢやないのです。恥《はづ》かしいけれども惡習《あくしふ》があつて、心配《しんぱい》でいけないから御相談《ごさうだん》に來《き》たのです』といふ告白《こくはく》でした。本人《ほんにん》はそれで月經《げつけい》が不順《ふじゆん》になつたのではないかとまで神經《しんけい》を使《つか》つてゐるのです。が、惡習《あくしふ》そのものの害《がい》よりも、こんな風《ふう》に氣《き》に病《や》んで、心痛《しんつう》と不安《ふあん》とに惱《なや》む、この大《おほ》きな煩悶《はんもん》の方《はう》が本當《ほんたう》はどんなに大《おほ》きな害《がい》を與《あた》へてゐるか分《わか》らないのです。

吉岡 惡《わる》い事《こと》には相違《さうゐ》ないが、惱《なや》む方《はう》がより大《おほ》きな弊害《へいがい》があります。惡《わる》いと思《おも》つたら止《や》めることです。御不淨《ごふじやう》で一寸觸《ちよつとさは》つた位《くらゐ》のことはなんでもない。氣《き》にせぬ方《はう》が心配《しんぱい》しながら惱《なや》んでゐるより、餘程《よほど》ましです。

無《む》毛《もう》の惱《なや》み

竹内 それから、一般《ぱん》にもう一つ大《おほ》きな秘密《ひみつ》の惱《なや》みに無毛症《むもうしやう》といふものがありますね。が、これは、決《けつ》してそんなに恥《は》づべき不具《かたわ》ぢやない、たとへなくても夫婦生活《ふうふせいくわつ》にはなんの差支《さしつかへ》もないといふ事《こと》を十分《ぶん》知つて貰《もら》ひたいものですねえ。

吉岡 腋《わき》の下《した》の毛《け》などはわざ／＼脱毛劑《だつもうざい》をつけて除《と》る位《くらゐ》ですから、無毛症《むもうしやう》なんぞちつとも羞《は》ぢる必要《ひつえう》はない。毅然《きぜん》としてゐていいのです。けれども、習慣《しふくわん》でどうしても欲《ほ》しいと思《おも》へば、毛《け》を植《う》ゑればよろしい。中《なか》には、子供《こども》が四、五人《にん》もあつて、年齢《とし》も四十歳《さい》を超《こ》えた婦人《ふじん》で是非《ぜひ》植《う》ゑてくれといふ人がありまず。『年《とし》とつてからそんな必要《ひつえう》はないでせう。』と云《い》ふと、『死《し》んでから湯灌《ゆくわん》される時《とき》に困《こま》ります』(笑聲《せうせい》)こんな落《おと》し話《ばなし》みたいな事《こと》を平氣《へいき》で云《い》つてをります。毛《け》を植《う》ゑるのは、特別《とくべつ》の技術《ぎじゆつ》で剃《そ》つた毛《け》を植《う》ゑるのですが、仲々簡單《なかなかかんたん》に行《ゆ》かず、費用《ひよう》が相當《さうたう》かかります。

竹内 ですから、どうしてもお嫁《よめ》に行《ゆ》くので必要《ひつえう》だといふやうな方《かた》は、お植《う》ゑになるのも宜《よろ》しいでせうね。

結《けつ》婚《こん》初《しよ》夜《や》の心得《こころえ》

竹内 それから今《いま》の新婚旅行《しんこんりよかう》は、大變《たいへん》そこら中《ぢう》を歩《ある》き廻《まわ》るやうですが、男子《だんし》は兎《と》に角《かく》、花嫁《はなよめ》さんは、精神的《せいしんてき》にも肉體的《にくたいてき》にも大《おほ》きな疲勞《ひらう》の重《かさ》なつてゐる時《とき》ですから、出來《でき》るならば一ケ所《しよ》の溫泉《をんせん》にでも落着《おちつ》いて、沁《し》み沁みと將來《しやうらい》を語《かた》り合《あ》ふ方《はう》がよいと思《おも》ひます。歩《ある》き廻《まわ》つて疲《つか》れに疲《つか》れたのでは、弱《よわ》い婦人《ふじん》だと熱位《ねつぐらゐ》出《だ》してしまひます。

吉岡 私《わたし》は田舍《ゐなか》の花嫁《はなよめ》さんは、せめて結婚式《けつこんしき》の翌日《よくじつ》だけは、ゆつくり朝寢《あさね》をさせて貰《もら》ひたいと思《おも》ひますし、又都會《またとくわい》で式場《しきぢやう》からその

193　「女医さんばかりで結婚する娘に教へる秘密相談会」　吉岡弥生、竹内茂代 ほか　『婦人倶楽部』昭和12年10月1日

夜《よ》すぐ終列車《しうれつしや》で居眠《ゐねむ》りをしながら新婚旅行《しんこんりよかう》に發《た》つといふやうな事《こと》はやめて、その夜《よ》は東京《とうきやう》に泊《とま》り、翌日《よくじつ》は、親族《しんぞく》一同《どう》とゆつくり顔《かほ》つなぎでもした上《うへ》、先祖《せんぞ》のお墓《はか》に參《まゐ》り、それからゆつくり出《て》て行《ゆ》くのがいいと思《おも》ひます。

竹内　結婚初夜《けつこんしよや》の事《こと》で申添《まうしそ》へておきたい事《こと》はそれに非常《ひじやう》な恐怖《きようふ》を抱《いだ》いてゐる人《ひと》が多《おほ》いやうですが、決《けつ》して恐《おそろ》しい事《こと》ではないといふ事《こと》をよく承知《しようち》してゐて貰《もら》ひたいといふことです。

吉岡　非常《ひじやう》にビク／＼神經質《しんけいしつ》になつてゐる人《ひと》が多《おほ》いやうですね。樂《たの》しいことにも顫《ふる》へ上《あが》るといふ位恐《くらゐおそ》れてゐます。結婚《けつこん》した以上《いじやう》は身《み》も心《こゝろ》もすべて良人《をつと》に任《まか》して、一切《さい》の不安《ふあん》や恐《おそ》れを除《と》り去《さ》ることが必要《ひつえう》だといふ事《こと》をハッキリ呑込《のみこ》んでおいて貰《もら》ひたいと思《おも》ひます。

竹内　とにかく、全然性的《ぜんぜんせいてき》な方面《はうめん》の事《こと》になんの知識《ちしき》もない若《わか》い男女《だんぢよ》を突然《とつぜん》一緒《しよ》にして、それでうまくやれといふのは、云《い》ふ方《はう》が無理《むり》ですから、男女《だんぢよ》ともに、結婚《けつこん》の初夜《しよや》を迎《むか》へる前《まへ》には、前以《まへもつ》て信頼《しんらい》し得《う》る伯父《をぢ》さんなり伯母《をば》さんから色々《いろ／＼》と細《こま》かい指導《しだう》を受《う》けておくか、責任《せきにん》のある產婦人科《さんふじんくわ》の醫者《いしや》のところを訪《たづ》ねて、ハッキリどうすればよいかといふ説明《せつめい》を受《う》けておくのが一番《ばん》いいのぢやないかと思《おも》ひます。

井出　兎《と》に角《かく》、女《をんな》は結婚初夜《けつこんしよや》から夫婦生活《ふうふせいくわつ》による所謂快感《いはゆるくわいかん》なぞのあるものではなくて、寧《むし》ろ非常《ひじやう》に不愉快《ふゆくわい》であり、逃《に》げ出《だ》したくなる程《ほど》の苦痛《くつう》さへ感《かん》じるものだといふ事《こと》を婦《ふ》人自身《じしん》は勿論《もちろん》、男子《だんし》の方《かた》にもハッキリ知《し》つておいて頂《いたゞ》きたいと思《おも》ひます。むしろ、一週間位《しうかんぐらゐ》は痛《いた》むくらゐのことが多《おほ》いのですが、この苦痛《くつう》は、どうしても潜らなければならぬ人生《じんせい》の門《もん》のやうなものです。

吉岡　よく不感症《ふかんしやう》といひますが、新婚當時《しんこんたうじ》の婦人《ふじん》は、謂《い》はゞ全部《ぜんぶ》一種《しゆ》の不感症《ふかんしやう》だと思《おも》つて差支《さしつか》へありませんね。

竹内　新婚當時《しんこんたうじ》はつい度《ど》を過《すご》し易《やす》く、そのために不感症《ふかんしやう》に罹《かゝ》るといふ例《れい》が多《おほ》いのですから、特《とく》に御注意《ごちうい》願《ねが》ひたいと思《おも》ひます。

井出　一《ひ》と月位感《つきぐらゐかん》じのないのは普通《ふつう》で、三年《ねん》位感《ぐらゐかん》じがなくても、ちつとも差支《さしつか》へないといつてもいい位《くらゐ》のものですね。

吉岡　それから、處女膜《しよぢよまく》が破《やぶ》られる時《とき》には、多《おほ》くの場合《ばあひ》傷《きず》がついて出血《しゆつけつ》し易《やす》いものです

から、不潔《ふけつ》な手《て》で觸《さは》ることは慎《つゝし》まなければなりませんね。殊《こと》に爪《つめ》を伸《のば》した男性《だんせい》の手《て》には、黴菌《ばいきん》もありますし、なるべく清潔《せいけつ》にしておいて貰《もら》ひたいと思《おも》ひます。

竹内　結婚當時《けつこんたうじ》はよく月經《げつけい》が止《とま》ります。が、これは姙娠《にんしん》か、初《はじ》めにお話《はなし》した結核《けつかく》のある婦人《ふじん》が結婚《けつこん》の爲《ため》に病勢《びやうせい》が進《すゝ》み始《はじ》め、その爲《ため》に月經閉止《げつけいへいし》を起《おこ》したか、そのどちらかである場合《ばあひ》が多《おほ》いのです。ですから、うつかり油斷《ゆだん》をしてゐると流產《りうざん》を起《おこ》しますし、結核《けつかく》の現《あらは》れを姙娠《にんしん》だと思《おも》ひ違《ちが》へてゐると、これ又往々《またわう〳〵》大變《たいへん》な事《こと》になり易《やす》いものですから、いづれにせよ、結婚後《けつこんご》月經《げつけい》が止《と》つたら、先《ま》づ醫師《いし》に相談《さうだん》なさる方《はう》が安全《あんぜん》でせう。

吉岡　又《また》、月經豫定日《げつけいよていび》よりも十日《とをか》以上《いじやう》も遲《おく》れて、チョイ〳〵出血《しゆつけつ》が起《おこ》り始《はじ》め、『月經《げつけい》が少《すこ》し遲《おく》れて來《き》たな。』と思《おも》ふうちに、ポッと出血《しゆつけつ》をすることがあります。これは流產《りうざん》の症狀《しやうじやう》で、うつかりすると子宮外姙娠《しきうぐわいにんしん》の場合《ばあひ》もあり、時《とき》には出血《しゆつけつ》が多《おほ》くて危《あぶな》い事《こと》もありますから、さういふ時《とき》には、なるべく早《はや》くお醫者《いしや》に診《み》て貰《もら》ふことが必要《ひつえう》です。

記者　どうもいろ〳〵有難《ありがた》う存《ぞん》じました。

（終）

195　「若き異性を語る大学生座談会」　林芙美子、武田麟太郎 ほか　『婦人公論』昭和13年1月1日

大學生は若き女性に何を求めるか

若き異性を語る 大學生座談會

司會 武田麟太郎
林芙美子

記者　では開會《かいくわい》致《いた》します。お忙《いそが》しいところを、御出席《ごしゆつせき》いただきまして有難《ありがた》うございました。けふのやうな、燈火管《とうくわくわん》制《せい》の夜《よる》、座談會《ざだんくわい》をやることも時局柄《じきよくがら》何《なに》かおもしろいと思《おも》ふんですけれど、話《はな》していたゞくことは、それと直接《ちよくせつ》には縁《えん》の遠《とほ》い女性《ぢよせい》を語《かた》るといつたものです。普通《ふつう》なら女學《ぢよがく》生《せい》やお孃《ぢやう》さんから、「わたし共《ども》の理想《りさう》の男性《だんせい》は」とか、「理想《りさう》の夫《をつと》は」などとやるところですが、男《をとこ》の方《かた》ばつかり、しかも大學生《だいがくせい》の諸君《しよくん》から逆《ぎやく》に女性《ぢよせい》に對《たい》する要求《えうきう》なり希望《きばう》なりをきかうといふところに新《あたら》しい意味《いみ》があるんです。考《かんが》へてみますと女《をんな》の人《ひと》の知《し》りたいのは同性《どうせい》の言《い》ひ草《ぐさ》ぢやなくて、男《をとこ》の人達《ひとたち》が自分達《じぶんたち》に就《つい》て、どういふふうに考《かんが》へてゐるか、何《なに》を要求《えうきう》してゐるかといふことぢやないかと思《おも》ひまして、大學生《だいがくせい》といへば何《なん》といつても若《わか》い女性《ぢよせい》が一番關心《ばんくわんしん》を持つてゐる選《えら》ばれた人々《ひとびと》ですから、さういふ方々《かたがた》に今日《けふ》は婦人論《ふじんろん》とか戀愛論《れんあいろん》とかさういふ論《ろん》でなしに、具體的《ぐたいてき》に平生《へいぜい》女性《ぢよせい》に對《たい》して考《かんが》へておいでになることをざつくばらんに喋《しやべ》つていたゞきたいと思《おも》ふのです。日本《ほん》ではまだまだ、男《をとこ》の世界《せかい》と女《をんな》の世界《せかい》とが判《はつ》きり區別《くべつ》されてゐまして、お互《たがひ》に垣間見《かいまみ》るやうなつきあひしか、許《ゆる》されてなく、理解《りかい》しあつてゆかなければならない兩性《りやうせい》が

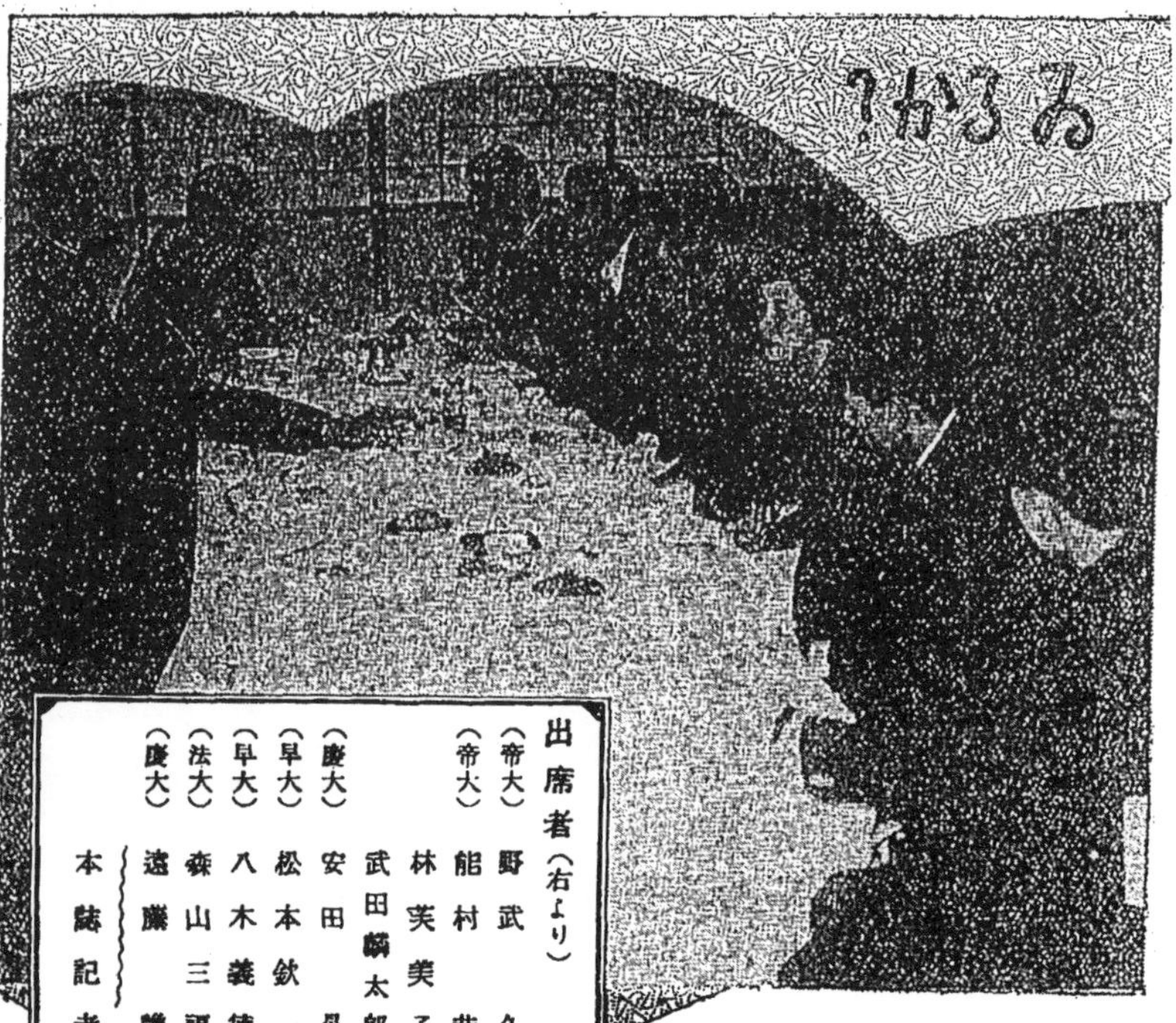

出席者（右より）

（帝大）野武　久
（帝大）能村　恭
林芙美子
武田麟太郎
（慶大）安田　晃
（早大）松本欽一
（早大）八木義德
（法大）森山三福
（慶大）遠藤　謙
〜〜〜〜
本誌記者

うまくいつてないものですから、それで今日《けふ》のやうな座談會《だんくわい》が必要《ひつえう》になつてくるんぢやないかと思《おも》ふんです。舊《きう》習《しふ》とか傳統《でんとう》とか男女間《だんぢよかん》に横《よこた》はつてをる舊《ふる》い道徳《だうとく》をけふは吹《ふ》き飛《と》ばすつもりで、直接《ちよくせつ》女《をんな》の人《ひと》に向《むか》つて話《はな》しかけるやうにどん／＼喋《しやべ》つていたゞきたいと思《おも》ひます。で、今日《けふ》の司會《しくわい》を武田《たけだ》さんにお願《ねが》ひしたいと思《おも》ひます。またけふの集《あつま》りに女性《ぢよせい》としてひとり林《はやし》さんが御出席下《ごしゆつせきくだ》さいましたから、一般女性《いつぱんぢよせい》の代表《だいへう》としてよろしくお願《ねが》ひします。

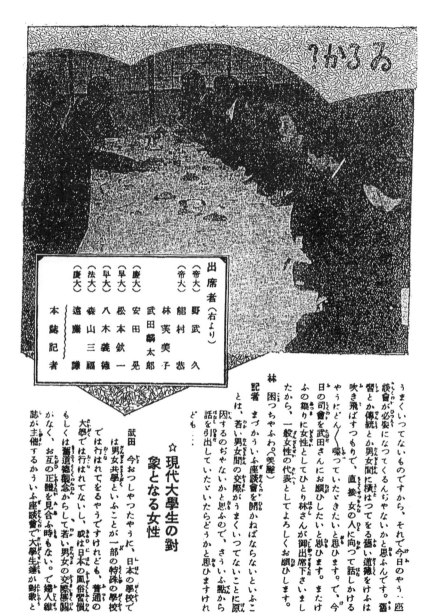

林　困《こま》つちやふわ。（笑聲）

記者　まづかういふ座談會《ざだんくわい》を開《ひら》かねばならないといふことは、若《わか》い男女間《だんぢよかん》の交際《かうさい》がうまくいつてないことに原因《げんいん》するのぢやないかと思《おも》ふので、さういふ點《てん》から話《はなし》を引出《ひきだ》していたゞいたらどうかと思《おも》ひますけれども……

☆現代大學生の對象となる女性

武田　今《いま》おつしやつたやうに、日本《にほん》の學校《がくかう》では男女共學《だんぢよきようがく》といふことが一部《いちぶ》の特殊《とくしゆ》の學校《がくかう》では行《おこな》はれてをるやうですけれども、普通《ふつう》の大學《だいがく》では行《おこな》はれてないし、或《あるひ》は日本《にほん》の風俗習慣《ふうぞくしふくわん》もしくは舊道徳觀念《きうだうとくくわんねん》からして若《わか》い男女《だんぢよ》の交際機關《かうさいきくわん》がなく、お互《たがひ》の正體《しやうたい》を見合《みあ》ふ時《とき》もない。で婦人雜誌《ふじんざつし》が主催《しゆさい》するかういふ座談會《ざだんくわい》で大學生達《だいがくせいたち》が對象《たいしやう》とするやうな女性《ぢよせい》に對《たい》してどういふ要求《えうきう》、希《き》望《ばう》をもつてゐるかといふことを具體的《ぐたいてき》に、そして遠慮會釋《ゑんりよゑしやく》なくざつくばらんに述《の》べていたゞきたいと思《おも》ふのです。大體大學生《だいたいだいがくせい》といふ概念《がいねん》をもつ青年達《せいねんたち》はどういふ女性《ぢよせい》と現《げん》實《じつ》につきあつてゐるか、もつとざつくばらんにいへば、僕達《ぼくたち》が大學生《だいがくせい》の時《とき》には女性《ぢよせい》なんかとつきあはなかつたのですが、今《いま》はつきあつてゐるやうに見《み》える。（笑聲）そこをどういふ風《ふう》にやつてをるかですね。どうです、遠藤君《ゑんどうくん》。

遠藤 喫茶店《きつさてん》なんか多《おほ》いんぢやないですかね。

安田 公的《こうてき》な方面《はうめん》と私的《してき》な方面《はうめん》とに大體《だいたい》わけることができますね。社會的《しやくわいてき》に許《ゆる》されてをる、喫茶店《きつさてん》とか麻雀屋《マーヂヤンや》とか、球突屋《たまつきや》とが、さういふのが公的《こうてき》な方面《はうめん》で、私的《してき》な方面《はうめん》といつたら個人的《こじんてき》に戀愛《れんあい》してる人《ひと》ですね、友《とも》達の妹《いもうと》とか、何《なに》かの機會《きくわい》で紹介《せうかい》されて知《し》り合《あ》つた女性《ぢよせい》とか。

武田 さうすると、もう一つ僕等《ぼくら》の時代《じだい》の話《はなし》をしますけれど、僕等《ぼくら》の時代《じだい》はいまおつしやつた私的《してき》なつきあひが偶然的《ぐうぜんてき》にあつたんですよ。昔《むかし》は喫茶店《きつさてん》なんていふものはなかつたし、せい〳〵入《はひ》つてミルクホールで、ボーイがホツト・ミルク一丁《ちやう》なんといつてをつたので、若《わか》い女性《ぢよせい》が傍《そば》へ寄《よ》つて來《き》てマツチをつけてくれたりなんかしなかつた。さういふ喫茶店《きつさてん》の娘《むすめ》さんとか麻雀屋《マーヂヤンや》の娘《むすめ》さんとかが、今《いま》の大學生《だいがくせい》の接觸《せつしよく》しうる女《ぢよ》性《せい》の代表的《だいへうてき》なものになつてきたんぢやないですか。各大學《かくだいがく》ともさうか知《し》ら。

松本 同《おな》じでせうね。

武田 さういふ場合《ばあひ》にあつちは單《たん》なる勤《つと》めとしてこつちに接觸《せつしよく》してゐるのか、それぢやなしにおのづから若《わか》い男女《だんぢよ》がかもす或《あ》る雰《ふん》圍氣《いき》に引込《ひきこ》まれてゆくといふことが、諸君《しよくん》の友達《ともだち》の中《なか》で例《れい》がありますか。或《あるひ》は諸君自《しよくんじ》身經驗《しんけいけん》されたことがありますか。

野武 今《いま》でもそんなに多《おほ》くはありませんね。

武田《たけだ》さんが若《わか》い頃《ころ》と同《おな》じ……。

武田 これはずゐぶん前《まへ》の調査《てうさ》なんですけれど酒場《さかば》やカフヱーの女給《ぢよきふ》さんが臨檢《りんけん》をうけて擧《あ》げられた數《すう》よりも喫茶店《きつさてん》の女《をんな》の子《こ》が擧《あ》げられた方《はう》が多《おほ》かつたことがあるんです。さういふ時《とき》に對象《たいしやう》になつてるのは年取《としと》つた男《をとこ》よりか、學生《がくせい》ぐらゐの或《あるひ》は學生《がくせい》である人《ひと》が多《おほ》かつたやうですけれど、さういふことはずゐぶんありますか。其處《そこ》までのつきあひをしてゐるかどうか。

遠藤 それはありますね。下宿《げしゆく》してる人《ひと》とかアパートに住《す》んでる學生《がくせい》なんか、自分《じぶん》の所《ところ》へ連《つ》れてきて同棲《どうせい》してるといふ人《ひと》が多《おほ》いやうです。

☆夢よりも現實、享樂的になりつゝある傾向

松本 さうですね……大學生自《だいがくせいじ》身《しん》が女《をんな》とつきあふといふ場合《ばあひ》ですね、これは一般的《いつぱんてき》な現《げん》象《しやう》かも知《し》れませんが功利的《こうりてき》になつてるといふところが僕《ぼく》はあると思《おも》ふんですがね。ですから假《かり》に同棲《どうせい》をするといふ場合《ばあひ》でも永久《えいきう》的《てき》なものぢやなしに、一時《じ》的《てき》な足《あし》の踏《ふ》み場《ば》といふやうな感《かん》じですね。さういふ點《てん》からいつて最近《さいきん》の學生《がくせい》は、ずるくなつてると思《おも》ふんですよ。

武田 そのことをみんな話《はな》してくれませんか。よくいはれることなんです。われわれが學生《がくせい》だつた時《とき》はとてもロマンテイツクだつたんですね。ちよつと女《をんな》の人《ひと》に手《て》を觸《ふ》れただけでも胸《むね》がドキ〳〵したり、また大《おほ》きなすばらしい清純《せいじゆん》な戀愛《れんあい》が前方《ぜんぱう》に横《よこた》はつてをるやうな感《かん》じがしてゐた。今《いま》の大學生《だいがくせい》はさうぢやなしに、すぐ性的《せいてき》な對象《たいしやう》としての女性《ぢよせい》ときめて、その通《とほ》りにレアリステイツ

クに準備《じゆんび》をし行動《かうどう》をするといふふうなことがいはれるんですが。たしかにずるく、ちやつくくなつたですね。

松本 たしかになつてると思《おも》ひますね。

安田 ずるいとか功利的《こうりてき》とかいふより享樂的《きやうらくてき》ぢやないんですか。

記者 さういふ女性《ぢよせい》とつきあふ場合《ばあひ》、結婚《けつこん》と云《い》ふことは考《かんが》へないんですね。

松本 えゝ。さうでなく強《し》ひていふならばさつき武田《たけだ》さんのおつしやつたロマンティツクな氣持《きもち》が最近《さいきん》とても消《き》えてると思《おも》ふんですがね。さういふ一つの風潮《ふうてう》が最近《さいきん》の青年《せいねん》の一般的《ぱんてき》な現象《げんしやう》ぢやないかと僕《ぼく》は思《おも》ふんです。

記者 で大學生《だいがくせい》のつきあふ女性《ぢよせい》としては喫茶《きつさ》店《てん》の女《をんな》の子《こ》が一番多《ばんおほ》いと云《い》ふわけですね。

野武 しかしそれはたゞ量的《りやうてき》な問題《もんだい》ぢやないでせうか。喫茶店《きつさてん》にゆけばそこに片言《かたこと》なりとも異性《いせい》と話《はな》すことができますから、さういふ意味《いみ》においては知《し》り合《あ》つてゆけるかも知《し》れませんけれども、そんなのは對象《たいしやう》としての女性《ぢよせい》の數《かず》には入《はい》らないんぢやないでせうか。

林 すぐに戀愛《れんあい》に入《はい》つてゆくかどうかはね。

遠藤 それは疑問《ぎもん》ですね。

武田 しかし戀愛《れんあい》に入《はい》る率《りつ》は大《おほ》きいわけですね。

野武 さうぢやないと思《おも》ひますね。そんな人《ひと》と戀愛《れんあい》しようなどといふ、最初《さいしよ》からさういふ觀念《くわんねん》はもてないんぢやないかと思《おも》ふんです。そこが功利的《こうりてき》なせゐかも知《し》れませんけれども。

武田 それで解《わか》つてきたんですが、つまり戀《れん》愛《あい》をしないで女性《ぢよせい》を何《なに》かの對象《たいしやう》として、享《きやう》樂的《らくてき》に或《あるひ》は利用的《りようてき》に……使《つか》ふんですな。さうすると、今《いま》の大學生《だいがくせい》は、戀愛《れんあい》をどんな風《ふう》に考《かんが》へてをるかといふ問題《もんだい》が出《で》てくる。いま野武君《のたけくん》のおつしやつたのは、戀愛《れんあい》といふものをあるものと規定《きてい》して、さういふ女性《ぢよせい》達《たち》との接觸《せつしよく》或《あるひ》は性的交渉《せいてきかうせう》は、何《なん》ら戀愛《れんあい》ぢやないといふ前提《ぜんてい》があつたわけですな。

野武 まあさうですな。

☆戀愛と性慾の區別

武田 どうですか、その話《はなし》。

遠藤 戀愛《れんあい》は戀愛《れんあい》、性慾《せいよく》は性慾《せいよく》とわけちやふ——。

野武 まあわけて考《かんが》へますね。極端《きよくたん》な意味《いみ》においてではなくて。

八木 だが僕《ぼく》は、學生《がくせい》は決《けつ》して功利的《こうりてき》になつてないと思《おも》ふがなあ。

武田 それはある意見《いけん》だね、功利的《こうりてき》になつてるといふとが今《いま》の常識的《じやうしきてき》なきめ方《かた》ですが。

八木 えゝ、決《けつ》してなつてないと思《おも》ふですがね。

武田 しかしあなたは社會《しやくわい》一般《ぱん》の風潮《ふうてう》に追隨《つゐずゐ》して學生《がくせい》がさういふふうになつてると……

森山 なつてるといつてそれは一部分《ぶぶん》でしかないだらうと思《おも》ふんです。その一部分《ぶぶん》に大《おほ》騒《さわ》ぎをして學生全體《がくせいぜんたい》がさうだと騒《さわ》がれてる向《む》きがないでもないかと思《おも》ふんです。

八木 功利的《こうりてき》だといふのは、今《いま》の社會《しやくわい》の輿論《よろん》みたいになつてゝ、さういふのが否《いや》でも應《おう》でも頭《あたま》に入《はい》つてくるから、戀愛《れんあい》といふものに動《うご》けなくなる輿論《よろん》と對抗《たいかう》することになると躓《つまづ》くんだと思《おも》ふのです。もつと踏《ふ》み込《こ》んでやりたいと思《おも》ふ時《とき》でも、自分《じぶん》ひとり馬鹿《ばか》正直《しやうぢき》になりたくないといふやうな……

☆現代學生の功利性

武田 そこなんだ。その輿論《よろん》を一まづ考慮《かうりよ》するところに功利性《こうりせい》がありますね。

松本 そこもありますな。

武田 いや俺《おれ》が意見《いけん》をいふわけぢやないんだけどね。(笑聲) つまり學生《がくせい》といふのは無鐵《むてつ》

199　「若き異性を語る大学生座談会」　林芙美子、武田麟太郎 ほか　『婦人公論』昭和13年1月1日

砲《ぽう》でいつも反抗《はんかう》があるわけですね。學窓《がくさう》の外《そと》の生活《せいくわつ》とはいつもかちあふものでなくちやいけない、或《あるひ》はかちあふやうに自然《しぜん》づけられてると思《おも》ふんですが、しかし八木《ぎ》君《くん》の意見《いけん》によると外《そと》の空氣《くうき》に對抗《たいかう》する者《もの》もないといふふうに、なつてきてるやうにきこえたんですがね。さうするとそこにいろんなものを計算《けいさん》して考《かんが》へる、功利性《こうりせい》があるやうに僕《ぼく》にはとれた。

☆ 大學生と責任觀念

武田　それぢやそれをもう少《すこ》し具體的《ぐたいてき》に、さういふふうに簡單《かんたん》に或《あるひ》は容易《ようい》に接《せつ》し得《う》る女性《ぢよせい》と性的交渉乃至擬似夫婦生活《せいてきかうせふないしぎじふうふせいくわつ》ね、同棲生活《どうせいせいくわつ》をやつた後《のち》、その人達《ひとたち》が大學生活《だいがくせいくわつ》に訣別《けつべつ》を告《つ》げてから、さういふアフエアはどういふふうな形態《けいたい》をとつてゐますか。

森山　たいていは別《わか》れてゐます。ずつと一緒《しよ》になつてるのは殆《ほと》んどないだらうと思《おも》ひます、僕《ぼく》らの見《み》たところでは。

武田　そしてその女性達《ぢよせいたち》はそのまゝ別《わか》れられておしまひだ、何《なん》の文句《もんく》もないわけですか

森山　まあそこで多少《たせう》のいざこざはあつても結局《けつきよく》は泣《な》き寢入《ねい》りになつてしまふ。

武田　どういふわけでせう。それがお孃《ぢやう》さんならば、起《おこ》した情事關係《じやうじくわんけい》に大學生達《だいがくせいたち》も責任《せきにん》觀念《くわんねん》をもつわけですね。それをもたないのはどういふわけでせう。

森山　最初《さいしよ》から兩方《りやうはう》ともそれほどの考《かんが》へでなしにずる〳〵と入《はい》つてしまふんぢやないかと思《おも》ふんです。

八木　自分《じぶん》の職業《しよくげふ》に卑下《ひげ》する氣持《きもち》があるんぢやないですか。

森山　それと又《また》、あゝいふところにゐる女性《ぢよせい》は割合《わりあひ》に教育程度《けういくていど》の低《ひく》い方《はう》が多《おほ》いと思《おも》ひます。それで男《をとこ》が大學《だいがく》でも出《で》れば田舎《ゐなか》の人《ひと》の

考《かんが》へのやうに、大《たい》した所《ところ》を出《で》たやうな氣《き》になつてしまふ。さうすると、自分《じぶん》などとても不釣合《ふつりあ》ひで、氣《き》の弱《よわ》いのはたいてい自分《じぶん》の方《はう》で引込《ひつこ》んでしまふ。釣合《つりあ》はぬのは不緣《ふえん》の因《もと》だ、といふ考《かんが》へがあるんぢやないかと思《おも》ふんです。

野武 そんなことはないでせう。

能村 ぢやあ現代《げんだい》の女性《ぢよせい》はよほど低能《ていのう》ですねそんなに低能《ていのう》かなあ。それはあなたの接《せつ》する女性《ぢよせい》が低能《ていのう》だから（笑聲）……。

武田 それはおもしろい。

松本 低能《ていのう》な女《をんな》も、僕《ぼく》はずゐぶん多《おほ》いと思《おも》ひますね。

野武 そりあ男《をとこ》だつてゐますからね。

能村 さうなると果《はた》して現代《げんだい》の男性《だんせい》が教養《けうやう》があるかどうかといふことが問題《もんだい》になる。女性《ぢよせい》が教養《けうやう》が落《お》ちてゐると同時《どうじ》に男性《だんせい》の方《はう》も落《お》ちてゐるんぢやないですか。

松本 それはたしかに落《お》ちてゐますね。

武田 それは今《いま》の社會《しやくわい》では女性《ぢよせい》を教育《けういく》してゆくのが男性《だんせい》ですから、女性《ぢよせい》がだめだつたら男性《だんせい》もだめだといふことに當然《たうぜん》なつてゆくわけですけれど……。

☆戀愛と結婚は別ものか

記者 その問題《もんだい》に就《つい》ては他日《たじつ》にゆづることにして、ここで戀愛《れんあい》と結婚《けつこん》は別物《べつもの》かといふ問題《もんだい》について御意見《ごいけん》を伺《うかゞ》ひませうか。

武田 いまの話《はなし》をきいてると情事關係《じやうじくわんけい》はあつても、戀愛《れんあい》はなくて、しかもそれはまた結婚《けつこん》と別《べつ》だと。

林 チエホフの小説《せうせつ》にあるぢやないの、露骨《ろこつ》に書《か》いて。醫學生《いがくせい》がモデルを雇《やと》つて、結婚《けつこん》はしないで、情事《じやうじ》だけで學校《がくかう》を卒業《そつげふ》するまで利用《りよう》する。

武田 えゝ「可愛《かはい》い女《をんな》」、あれをお讀《よ》みになりましたか。

森山 讀《よ》みました。

林　それをたゞ研究《けんきう》してゝ、友達《ともだち》がちよつと貸《か》してくれといふと氣輕《きがる》に貸《か》してやるのね。女自身《をんなじしん》の方《はう》は非常《ひじやう》に愛情《あいじやう》があつてね、男《をとこ》は實《じつ》に冷《つめ》たいの。わたしはさういふ階級《かいきふ》の女《をんな》の人《ひと》は低能《ていのう》だといふけれど案外利口《あんぐわいりこう》なのもゐると思《おも》ふのよ。眼《め》が肥《こ》えてるから、低《てい》能《のう》に見《み》せかけてるのも多《おほ》いわよ。

武田　一つ抗議《かうぎ》が出《で》た。へゝゝ。

野武　そんな女《ひと》に一生懸命機嫌《しやうけんめいきげん》をとつてゐる學生《がくせい》も多《おほ》いんぢやないでせうか、一般《ぱん》に低《てい》能《のう》と定義《ていぎ》された女《をんな》に。

武田　どうです。いまさつきの話《はなし》に戻《もど》つて、戀愛《れんあい》といふものを今《いま》の大學生達《だいがくせいたち》はやつてをりませうか。

遠藤　やつてるでせう。それはやつぱりお孃《ぢやう》さんと……

武田　さうすると職業的《しよくげふてき》な婦人《ふじん》とは、單《たん》なるさういふ關係《くわんけい》であり、そして……

遠藤　えゝ、それは戀愛《れんあい》ぢやないんぢやないですか。

松本　どうしてですか。

武田　そこをはつきり分《わ》けてゐますか。

遠藤　分《わ》けてゐるんぢやないかな。

野武　しかし戀愛《れんあい》となつたらそんなことはないでせう。

松本　そんなことはないと思《おも》ひますね。

林　職業的《しよくげふてき》な人《ひと》でも好《す》きだつたら、やつぱり戀愛《れんあい》をするでせうね。

武田　しかしいまさつきの話《はなし》だと、卒業《そつげふ》すれば別《わか》れるといふことを、何《なん》とはなしに含《ふく》んでゐて、性的交渉《せいてきかうせふ》をもつと……

野武　そんなのは戀愛《れんあい》ぢやないでせう。

遠藤　それがいま多《おほ》いんぢやないですか。だからちがふといふ……

松本　それは職業《しよくげふ》の種類《しゆるゐ》によつても僕《ぼく》はずゐぶんちがふと思《おも》ひますね。同《おな》じ職業《しよくげふ》といつても、さういつた直接異性《ちよくせついせい》を對象《たいしやう》にする職《しよく》業《げふ》も、勿論《もちろん》あるでせうし、比較的《ひかくてき》さういつたものに接觸《せつしよく》の少《すくな》い職業《しよくげふ》も、勿論《もちろん》あると思《おも》ひますから。

武田　いまおもしろい問題《もんだい》を遠藤君《えんどうくん》はいつたんだね。つまり戀愛《れんあい》は戀愛《れんあい》として戀愛觀念《れんあいくわんねん》をもつて戀愛《れんあい》をしたいと思《おも》つてゐる、それはお孃《ぢやう》さんが對象《たいしやう》である。さうでない手近《てぢか》に手《て》に入《はひ》るやうな女性《ぢよせい》は別《べつ》なものとして、確保《かくほ》しておく。二つのことを同期的《どうきてき》にちやんと使《つか》ひわけて行動《かうどう》しようといふやうな考《かんが》へ方《かた》がある、さういふのがあなたの御意見《ごいけん》なんですね。

遠藤　さうなんです。

安田　だが僕《ぼく》らの周圍《しうゐ》でもまじめに戀愛《れんあい》をやつてる人《ひと》はやつてるし、女《をんな》を享樂的《きやうらくてき》にしか見《み》てない人《ひと》は享樂的《きやうらくてき》な態度《たいど》しかとつてゐないし、一人《ひとり》で兩方《りやうはう》やつてる人《ひと》はゐないと思《おも》ふんですがね。

森山　しかし大體戀愛《だいたいれんあい》といふものを考《かんが》へるとなにもこの人《ひと》と戀愛《れんあい》をやり、あの人《ひと》と戀愛《れんあい》をしないつて、定《さだ》められたものぢやないだらうと思《おも》ふんですがね。

武田　實《じつ》にいろんな意見《いけん》が出《で》たんだけれど、簡單《かんたん》にいふと接觸《せつしよく》しやすい男達《をとこたち》を對象《たいしやう》とした職業《しよくげふ》の婦人《ふじん》に對《たい》しては單《たん》に性的交渉《せいてきかうせふ》をもつ、しかし堅氣《かたぎ》なお孃《ぢやう》さんに對《たい》しては戀愛《れんあい》觀念《くわんねん》をもつて接觸《せつしよく》する、さういふふうな使《つか》ひわけが全體《ぜんたい》として見《み》られるんぢやないかといふ場合《ばあひ》に、戀愛觀念《れんあいくわんねん》の對象《たいしやう》とするお孃《ぢやう》さんは直《たゞ》ちに結婚《けつこん》と結《むす》びつくわけですね。

遠藤　さうです。

☆戀愛感情の伴はない結婚は罪惡か

記者　さうすると結論《けつろん》から云《い》つて、戀愛感情《れんあいかんじやう》を伴《ともな》つて結婚生活《けつこんせいくわつ》に入《はひ》る方《はう》が理想《りさう》なのか、それとも舊習《きうしふ》のまゝに、戀愛感情《れんあいかんじやう》のない場《ば》合《あひ》でもいゝんでせうか。

野武 それはやつぱりエレン・ケイがいつたやうに戀愛《れんあい》の伴《ともな》はざる結婚《けつこん》はどうかと思《おも》ひますね。その後《あと》での幸不幸《かうふかう》は別問題《べつもんだい》だと思《おも》ひますけれどもね。

藤遠 しかも中《なか》にはこんなのがある。先方《せんぱう》に金《かね》があるところへ養子《やうし》にゆくんですね、さうすると戀愛《れんあい》なんかかまはないといふ學《がく》生《せい》も相當《さうたう》ゐるんぢやないかと思《おも》ふんです。

能村 それぢやあ本當《ほんたう》の戀愛《れんあい》ぢやないね。

八木 さういふことは冗談《じやうだん》でいつてゐるので本氣《ほんき》にはやつぱり……

遠藤 だけどやつぱりゐますよ。

松本 さういふ現象《げんしやう》もあるんぢやないか？

林 やつぱり戀愛《れんあい》を考《かんが》へる前《まへ》に生活《せいくわつ》を考《かんが》へるのね。きつと戀愛《れんあい》よりも生活《せいくわつ》にびく〳〵してるんでせう。

記者 むしろ戀愛感情《れんあいかんじやう》の中《なか》へまで今日《こんにち》では、生活《せいくわつ》と云《い》ふ問題《もんだい》が喰《く》ひ込《こ》んで來《き》たんですね。要《えう》するにかしこくなつたんだ。

☆性的慾望の處理法

林 それから、この頃《ごろ》の學生《がくせい》さんは、周《あた》りを考《かんが》へて非常《ひじやう》に常識《じやうしき》がちやんとして來《き》た……

武田 さうすると、さういふ常識的《じやうしきてき》にいろんなことを計算《けいさん》に入《い》れてする擬似戀愛《ぎじれんあい》だが、そこまでしない連中《れんぢう》は性的《せいてき》な慾望《よくばう》をどういふふうに處理《しより》していつてるか。

遠藤 やつぱり自瀆行爲《じとくかうゐ》。

野武 いやそれや、遊《あそ》びにゆきますね。

遠藤 しかし遊《あそ》びにゆく人《ひと》といふのは全體《ぜんたい》のどの位《くらゐ》ゐるんですかね。

野武 さあ……。

遠藤 安田《やすだ》（徳太郎《とくたらう》）さんが調《しら》べてゐましたね。あれだと童貞《どうてい》を失《うしな》つた人《ひと》が半數位《はんすうくらゐ》ぢやないですか。

武田 あの安田《やすだ》さんの調査《てうさ》は舊《ふる》いんぢやないですか。

記者 山本宣治《やまもとせんぢ》氏《し》と一緒《しよ》にやつたものなんです。あの統計《とうけい》を見《み》ると、大學生《だいがくせい》の童貞《どうてい》を失《うしな》ふ對象《たいしやう》は、女學生《ぢよがくせい》が一番《ばん》多《おほ》いですよ、次《つぎ》が所謂賣笑婦《いはゆるばいせうふ》……。

武田 それは大正《たいしやう》十年《ねん》か十一年《ねん》、今《いま》はずゐぶんちがつてきてるやうに思《おも》ひますね。

安田 ちがひますね。十年《ねん》ちがひますから。今《いま》はやつぱり一番多《ばんおほ》い對象《たいしやう》は賣笑婦《ばいせうふ》でせうね。

☆結婚の對象に處女性を要求するか

記者 さうすると、まあ大學生殆《だいがくせいほとん》ど全部《ぜんぶ》が學《がく》生中《せいちう》に童貞《どうてい》を失《うしな》ふとはいへないまでも、性《せい》的《てき》な滿足《まんぞく》をどこかで得《え》ますね。さうして自《じ》分達《ぶんたち》は童貞《どうてい》を失《うしな》つてるものとして、結婚《けつこん》する相手《あひて》にはやはり處女性《しよぢよせい》を要求《えうきう》しますか。

武田 あゝその問題《もんだい》だ。これは大《おほ》きい問題《もんだい》だと思《おも》ふんですが。これは女性《ぢよせい》の方《はう》の意《い》見《けん》をすこしきかなければわからん問題《もんだい》だけれど、いろんな經驗《けいけん》ある男性《だんせい》が、自分《じぶん》の細《さい》君《くん》に對《たい》しては處女性《しよぢよせい》を要求《えうきう》するのが一つの感情《かんじやう》ですね。そこを今《いま》の若《わか》い人達《ひとたち》はどういふふうに考《かんが》へてるか？

遠藤 處女性《しよぢよせい》を要求《えうきう》するんぢやないですか、童貞《どうてい》でなくても。僕《ぼく》は要求《えうきう》するな。

記者 その點《てん》は、こゝにいらつしやる方々《かた〴〵》から自分《じぶん》の要求《えうきう》を、はつきり聽《き》いていたゞきたいと思《おも》ひますね。

能村　僕《ぼく》は要求《えうきう》しないね。それは自分《じぶん》が童貞《どうてい》でないといふ意味《いみ》からぢやなくて。

野武　要求《えうきう》しませんね。さういふことは大《たい》したことぢやない。

武田　自分《じぶん》が童貞《どうてい》であるなしに拘《かゝは》らず相手《あひて》の處女性《しよぢよせい》を要求《えうきう》しない。そのわけを。

野武　處女性《しよぢよせい》を要求《えうきう》するといふのは生理的《せいりてき》な問題《もんだい》ぢやなくてそれに伴《ともな》ふいろんないざこざがあるから結局《けつきよく》處女《しよぢよ》の方《はう》が安全《あんぜん》でもあり——そんな輕《かる》い意味《いみ》ぢやないでせうけどね單《たん》に處女性《しよぢよせい》を要求《えうきう》するといふのは大《たい》した意《い》味《み》をもたないんぢやないかと思《おも》ふんです。

松本　僕《ぼく》もさう思《おも》ひますね。

武田　さうすると處女性《しよぢよせい》といふものは大《たい》したものぢやないといふ……。

野武　それは形式的《けいしきてき》なものにすぎないんぢやないかと思《おも》ひますがね。

武田　八木君《やぎくん》どうです。

八木　僕《ぼく》は處女《しよぢよ》は必《かなら》ずしも要求《えうきう》しないんですけれども、處女性《しよぢよせい》は要求《えうきう》します。

武田　それをもつと發展《はつてん》さしてもらふといゝと思《おも》ふな。處女性《しよぢよせい》といふものをもつと具體《ぐたい》的《てき》に話《はな》してもらふと？

八木　つまり男《をとこ》づれのしないといふ感《かん》じですね。

遠藤　半處女《はんしよぢよ》といふやつはどうなるんですかね。（笑聲《せうせい》）

武田　その半處女《はんしよぢよ》の意味《いみ》はわからんけれど、前《ぜん》フランス首相《しゆしやう》のレオン・ブルムが婦人公《ふじんこう》論《ろん》の九月號《くわつがう》に戀愛論《れんあいろん》。結婚觀《けつこんくわん》を述《の》べてゐた。あれは僕等《ぼくら》が讀《よ》んだ限《かぎ》りにおいては戀愛《れんあい》と結婚《けつこん》とは別物《べつもの》である。戀愛《れんあい》の伴《ともな》ふ性的《せいてき》ないろんなことを十分經驗《じふぶんけいけん》して、しかも戀愛《れんあい》といふ氣持《きもち》の負擔《ふたん》の多《おほ》いことに飽《あ》いた時《とき》に結《けつ》婚《こん》するならばこれは最《もつと》もよき結婚《けつこん》になるといふ今《いま》までの日本《にほん》の風俗習慣《ふうぞくしふくわん》からいへばたいへん反對《はんたい》な言論《げんろん》であるけれど、いまの處《しよ》女性《ぢよせい》を要求《えうきう》するしないといふことに關聯《くわんれん》してくる問題《もんだい》ですが、どうでせう。

八木　あれだとなにか結婚《けつこん》といふものが隱居所《じよ》みたいになつてくる感《かん》じがするんです。

武田　しかしブルムの行《ゆ》き方《かた》はそれ故《ゆゑ》にこそます〳〵——結婚《けつこん》は肉體的結合《にくたいてきけつがふ》がみがかれてくる、そこでます〳〵ディテールスにわたる生活《せいくわつ》の皺《しは》がピッタリして來《く》ると、さういふふうな行《ゆ》き方《かた》なんですね。

八木　それはブルム氏自身《しじしん》の年齡《ねんれい》が、さういふことをいはせるんぢやないかと思《おも》ふんです。つまり過去《くわこ》をふりかへつて、眼《め》が後《うし》ろへ向《む》いてるんぢやないか。

野武　僕《ぼく》も讀《よ》みましたけれども、どうしてあれが發禁《はつきん》になつたかきゝたいと思《おも》つてゐるんですが。贊同《さんどう》といふ意味《いみ》ぢやなくてあれは一つの意見《いけん》としてかなり穩當《をんたう》な意見《いけん》ぢやないかと思《おも》ふんです。

武田　日本《にほん》においても僕《ぼく》は性的《せいてき》な無知《むち》、それから男女關係《だんぢよくわんけい》に對《たい》する無理解《むりかい》といふことから結婚《けつこん》の破綻《はたん》を來《きた》したといふのをずゐぶん見《み》てゐますが、さうでなくお互《たがひ》にいろんなことを知《し》つてる場合《ばあひ》は結果《けつくわ》としてはうまく行《い》つてると考《かんが》へて、レオン・ブルムの行《ゆ》き方《かた》なんか、なか〳〵妥當《だたう》だと思《おも》つたんですがね。

☆結婚を就職と考へる一部の女性

松本　それに關係《くわんけい》があるかどうか知《し》りませんけれども、僕《ぼく》の知《し》つてる二十二三の女《をんな》の人《ひと》ですが、最初《さいしよ》から結婚《けつこん》と人生《じんせい》の問題《もんだい》を一種《しゆ》の散文的《さんぶんてき》なものとして考《かんが》へてるらしいんですね。その他《た》のことは自分《じぶん》の自由意志《じいうしい》にまかせるといふんですよ。結婚《けつこん》といふものは一種《しゆ》の生活《せいくわつ》の方便《はうべん》とか、さういつた意味《いみ》における散文的《さんぶんてき》なものなんですね。

武田　就職《しうしよく》みたいなね。

松本　えゝ。その人《ひと》の話《はなし》をきけばさういふ意《い》味《み》になるんですがね。

武田　こゝにきては女性《ぢよせい》もまたちやつかりしてるね。(笑聲《せうせい》) さういふ女性《ぢよせい》のタイプも今《いま》は多《おほ》いんでせうね。もちろん結婚《けつこん》といふものは今《いま》の社會《しやくわい》では一つの就職《しうしよく》ですけどね。

☆現代女性の特徴

武田　その話《はなし》を一つの例《れい》として、あなた方《がた》は現代《げんだい》の女性《ぢよせい》の特徴《とくちよう》をどういふふうに見《み》るかそこへ進《すゝ》んでもらひませうか。それと關聯《くわんれん》して最初《さいしよ》にいはれたあらゆる惡《あく》たれ口《ぐち》をついてもらへば、その惡《あく》たれ口《ぐち》がつまり女性《ぢよせい》に對《たい》する希《き》望《ばう》、要求《えうきう》になるわけですから。

安田　僕自《ぼくじ》身《しん》の希《き》望《ばう》からいへばやつぱりインテリゼンスを求《もと》めますね。更《さら》にそれ以上《いじやう》望《のぞ》み得《う》るなら精神的《せいしんてき》な或《あるひ》は藝術上《げいじゆつじやう》のアルバイトを自分《じぶん》の現在《げんざい》の生活状態《せいくわつじやうたい》と密接《みつせつ》に並《へい》行《かう》ささうと努力《どりよく》してゐるんですね。そんな人《ひと》があるかどうか知《し》らないけれども。

松本　僕《ぼく》もあなたのいはれたやうに多少《たせう》理想《りさう》主義的《しゆぎてき》な傾向《けいかう》がありますね。僕《ぼく》もさういふ形態《けいたい》を望《のぞ》んでるんですがね。

安田　理想主義的《りさうしゆぎてき》ぢやないですよ。

松本　しかし現實《げんじつ》には僕《ぼく》はさういふ女《をんな》はゐないと思《おも》ふからな。

武田　ぢやあ自分《じぶん》の描く現實的《げんじつてき》な女《をんな》をいつて下《くだ》さい。

野武　今《いま》の女《をんな》はスタイリストぢやないか。

武田　スタイリストといふと?

☆近代女性のポーズと中味に就いて

野武　ポーズだけは非常《ひじやう》によく出來《でき》てゐますけれども、中味《なかみ》はどうかと思《おも》ひます。

森山　全部《ぜんぶ》がさうぢやないだらうと思《おも》ふけれども……

武田　特徴《とくちよう》としてね。

森山　そして今《いま》の女《をんな》の人《ひと》は半分《はんぶん》々々位《くくらゐ》で、一方《ぱう》は保守的《ほしゆてき》の考《かんが》へをもつてゐるし、一方《ぱう》は相當進歩的《さうたうしんぽてき》で、またその兩方《りやうはう》の思想《しさう》を自分《じぶん》一《ひと》つの心《こゝろ》の中《なか》にもつてゐて、結局社會的《けつきよくしやくわいてき》な矛盾《むじゆん》の中《なか》にどつちつかずでゐるのではないでせうか。

松本　いまいはれました進歩的《しんぽてき》な女性《ぢよせい》といふものが僕《ぼく》は最近疑問《さいきんぎもん》なんですがね。何《なに》をもつて進歩的《しんぽてき》といふかといふことが疑問《ぎもん》なんです。

安田　まだ自分達《じぶんたち》の生活形態《せいくわつけいたい》が變《かは》つてきたとか階級的《かいきふてき》な地位《ちゐ》が變《かは》つてきたとかさういふことに甘《あま》えてゐますね。實際的《じつさいてき》にいつたら職業婦人《しよくげふふじん》になるとか、家庭《かてい》が崩壞《ほうくわい》しかけてる時《とき》、自分自身《じぶんじしん》のポジションの變化《へんくわ》をはつきり認識《にんしき》しないで、なにか變《かは》つたといふことをよろこんで樂《たの》しみを發見《はつけん》し、それで滿《まん》足《ぞく》してゐる。

松本　さういふタイプの女《をんな》の人《ひと》がとても多《おほ》いと思《おも》ひますね。

安田　それは外《そと》から見《み》ればスタイリストであり又《また》インテリですけれども、知性《ちせい》の點《てん》からいへば、すこしひどいいひ方《かた》をすれば低能《ていのう》なんです。

松本　僕《ぼく》はさういふ女《をんな》の人《ひと》を進歩的《しんぽてき》であるといへないと思《おも》ふんですがね。單《たん》にさういつた女性《ぢよせい》の地位《ちゐ》とか或《あるひ》は職業《しよくげふ》の變化《へんくわ》はあると思《おも》ひますがね。しかしそれは結局資本主義《けつきよくしほんしゆぎ》社會《しやくわい》における一《ひと》つの單《たん》なる變化《へんくわ》にすぎないので、何《なに》かもうちよつと大《おほ》きな根本的《こんぽんてき》な變《へん》化《くわ》がなければ、僕《ぼく》は進歩的《しんぽてき》な女性《ぢよせい》といふのは想像《さうざう》できないんです。

武田　つまり帝大《ていだい》の方《かた》がスタイリストだといはれたし、いろんな意味《いみ》で家庭《かてい》から解放《かいはう》されたやうに見《み》えるその觀念《くわんねん》に甘《あま》えていゝ氣《き》になつて振舞《ふるま》つてる、實質的《じつしつてき》には何《なん》ら進《すゝ》んだものがないと、みんなの意見《いけん》を綜合《そうがふ》すれ

205　「若き異性を語る大学生座談会」　林芙美子、武田麟太郎 ほか　『婦人公論』昭和13年1月1日

ばさうなる。いまのところはちつとも衝突《しようとつ》がなかつたですね。それが現代女性《げんだいぢよせい》に對《たい》する苦言《くげん》になるわけですが。

安田　えゝ、不滿《ふまん》ですね。

林　だけど堅實《けんじつ》な職業婦人《しよくげふふじん》にはあまりスタイリストはゐないんぢやないかしら。お孃《ぢやう》さんとかいはゆる囚《とら》はれた人《ひと》はあるひはスタイリストかもしれないけれど、本當《ほんたう》に働《はたら》いてる人《ひと》にはそんな人《ひと》はゐないやうな氣《き》がしますね。なにかわたし、銀座《ぎんざ》あたりを歩《ある》いてる女《をんな》の人達《ひとたち》は概念《がいねん》のスタイリストといふんですか、お風呂《ふろ》のアクみたいな氣《き》がしちやふの。ほんとに社會《しやくわい》にしみこんでまじめに働《はたら》いてる人《ひと》も多《おほ》いんぢやないかしら。ただこゝにいらつしやる方達《かたたち》が接《せつ》しやすい職《しよく》業婦《げふふ》人《じん》に接《せつ》しられるからだけど、さういふ人達《ひとたち》は接《せつ》しられるやうな男性《だんせい》がないでせう。だから、目立《めだ》たないだけなんぢやないかと思《おも》ふんだけど……ありますよ、堅實《けんじつ》ないゝ人《ひと》が。

武田　スタイリストだといふ點《てん》に對《たい》して女性《ぢよせい》代表《だいへう》から二番目《ばんめ》の攻擊《こうげき》が出《で》たわけだけれど（笑聲）、もう一《ひと》つ何《なに》かへつこまして下《くだ》さい。

林　わたしは最初《さいしよ》にへつこむわ。（笑聲つゞく）

安田　それはあるでせうけれども、どつちが數《かず》が多《おほ》いかといふことになると……

林　さうなんですよ。只概念的《たゞがいねんてき》にいへばスタイリストは數《かず》が多《おほ》いですよ。わたしが少《すこ》しばかり歐洲《おうしう》へ行《い》つてゝ歸《かへ》つてきてつく〴〵感《かん》じたことは、扮裝《ふんさう》が第《だい》一、外國流《ぐわいこくりう》にいへば淫賣婦《いんばいふ》だかお孃《ぢやう》さんだかわからない扮裝《ふんさう》が多《おほ》いんです。わたし日本《にほん》の女《をんな》の人《ひと》もずゐぶん進歩《しんぽ》したとは思《おも》ふけれど、その進歩《しんぽ》がそれに當嵌《あては》まるかどうか知《し》らないけれどちよつと輕薄《けいはく》な氣《き》がしたんです。でも體格《たいかく》はよくなりましたね。

☆近代女性の體格と知性

武田　えゝ、いゝですね。（哄笑）

林　わたしは女《をんな》から見《み》て男《をとこ》の人《ひと》の體格《たいかく》が非常《ひじやう》に惡《わる》くなつたやうな氣《き》がする。

武田　女《をんな》の人《ひと》の體格《たいかく》に比例《ひれい》しないといふわけですね。

林　昔《むかし》わたしたちの知《し》つてる男《をとこ》の人達《ひとたち》は體格《たいかく》がよかつた。（笑聲）例へば帝大《ていだい》の前《まへ》を歩《ある》くでせう、弊衣破帽《へいいはぼう》の棕櫚繩《しゆろなは》みたいな鼻緒《はなを》のついたバンカラな下駄《げた》をはいた人《ひと》が胸《むね》もあらはにして歩《ある》いてた。この頃《ころ》はあまりキチンとしてゝどの人《ひと》もみんな同《おな》じやうな氣《き》がしちやふんですけど。

武田　服裝《ふくさう》の平均化《へいきんくわ》とスマートさと。

遠藤　たゞ制服《せいふく》を統《とう》一したりさういつたやうなことをするから、さう見《み》えるんぢやないですか。

武田　異樣《いやう》な風《ふう》をしないといふことね。學生《がくせい》が常識的《じやうしきてき》になつたといふことはいへますね。

☆蒼白き現代大學生をどう見る？

記者　だけど昔《むかし》ほどロマンテイツクな氣持《きもち》がなくなつて現實的《げんじつてき》になつたために、いさゝか意氣銷沈《いきせうちん》と云《い》つたかたちが見受けられますね。

林　それをわたし感《かん》じますね。

森山　しかし僕《ぼく》らが考《かんが》へると學生《がくせい》は決《けつ》して意《い》氣《き》は銷沈《せうちん》してないだらうと思《おも》ふんです。その意《い》氣《き》を出《だ》せば外部《ぐわいぶ》から叩《たゝ》かれますし、内《うち》には相當《さうたう》の熱《ねつ》をもつてゐますけれども、外《そと》へ出《だ》さないといふだけで……

記者　是非《ぜひ》さうであつて欲《ほ》しいと、思《おも》ひますね。

武田　話《はなし》がすこし外《そ》れたんですけれど、僕《ぼく》に一言《ごん》いはしてもらへば僕《ぼく》なんかもさう感《かん》じますね。僕《ぼく》らの若《わか》かつた時《とき》のことを振返《ふりかへ》つてみたら何《なに》してやがるんだといひたくなる。何《なに》が樂《たの》しみだらうと思《おも》ふんです。學校《がくかう》の前《まへ》を通《とほ》ると黒《くろ》いオーヴアーを着《き》て、同《おな》じやうな顔《かほ》をして下《した》を俯《うつむ》いて出《で》てきますね、青春《せいしゆん》の歡《よろこ》び或《あるひ》は若《わか》い日《ひ》の感激《かんげき》といふものはどこにあるのか。まあさうして何《なに》してるのかとおもへば喫茶店《きつさてん》へ行《ゆ》つて女《をんな》の子《こ》をからかつてゐたりするんだけれど、もつと若《わか》い日《ひ》の思《おも》ひ出《で》になるやうなことね、さういふ自分《じぶん》の全靈魂《ぜんれいこん》を托《たく》して動《うご》いてるやうなピチピチ跳《は》ねるやうなところがないんですね。

松本　それは最近《さいきん》いはれてゐましたデカダンスの問題《もんだい》と僕《ぼく》は結《むす》びついてくるんぢやないかと思《おも》ふんですがね。武田《たけだ》さんの青春時代《せいしゆんじだい》には何《なに》か一《ひと》つの自分達《じぶんたち》が信用《しんよう》しうるイデオロギーといふものがありましたね。ところが僕等《ぼくら》の時代《じだい》はさういつたものが退潮《たいてう》した後《あと》なんですよ。さういつたものに全面的《ぜんめんてき》に自分《じぶん》の情熱《じやうねつ》を傾《かたむ》けて向《む》つてゆくこともちよつとできない立場《たちば》にあるんです。さういつたことから必然的《ひつぜんてき》に導《みちび》き出《だ》されるデカダンスといふ觀念《くわんねん》と、僕等《ぼくら》自身《じしん》がへつこんだといつたやうな氣持《きもち》ですね、さういつた氣持《きもち》が僕《ぼく》はとても強《つよ》いんぢやないかと思《おも》ふんです。

☆日本にも是非男女共學を

武田　いま少《すこ》し問題《もんだい》をおし進《すゝ》めて、男女共學《だんぢよきようがく》といふのはどこの外國《ぐわいこく》でもあるわけですね。ないのは日本《にほん》だけだ。

齋藤　來年《らいねん》から一部《ぶ》で女《をんな》の聽講生《ちやうかうせい》を許《ゆる》すとかいふやうな話《はなし》……

武田　もつと男女共學《だんぢよきようがく》といふことになるといいわけですか。

安田　希望《きばう》しますね。希望《きばう》するといふより男《だん》女共學《ぢよきようがく》でないといけないですね。

武田　それは將來《しやうらい》の女《をんな》のことを考《かんが》へてね。

安田　さうです。新《あたら》しい男女關係《だんぢよくわんけい》とか戀愛《れんあい》は男《をとこ》と女《をんな》とが同等《どうとう》の立場《たちば》に立《た》たなくちや生《うま》れないと思《おも》ふんです。男性《だんせい》と女性《ぢよせい》とは對立《たいりつ》するものぢやなくもつと親《した》しいもので、社會《しやくわい》的《てき》な地位《ちゐ》が同《おな》じでいはゞ友人《いうじん》とか隣人《りんじん》とか兄妹《きやうだい》とかさういふものとして、自由《じいう》に親《した》しみあふものとして接觸《せつしよく》したい。

林　それがいま日本《にほん》では缺《か》けてゐるんですよ。隣人《りんじん》とか友人《いうじん》とかいふ女性《ぢよせい》に對《たい》する觀《くわん》念《ねん》が。

☆女性の魅力は智か情か？

野武　きれいな方《かた》とちよつとお遊《あそ》びしてお話《はなし》してると、この人《ひと》はえらいなと思《おも》ふんですけれどもね、書翰《しよかん》でも戴《いたゞ》くと……

武田　書翰《しよかん》とくるね。（笑聲）

野武　字《じ》の上手下手《じやうずへた》はとにかくとして、文章《ぶんしやう》の形體《けいたい》よりも内容《ないよう》が一ぺんで曝露《ばくろ》しちやふやうな、それでもう厭《いや》になつてしまふことがありますね。

八木　だが君《きみ》、可愛《かはい》いことを書《か》いてよこすと、やつぱりほろツとするよ。（笑聲）可愛《かはい》いことを書《か》ければいゝのでね、難《むづか》しく〱いはうとするから……

野武　その人《ひと》の人間性《にんげんせい》はわかりますがね。と

207　「若き異性を語る大学生座談会」　林芙美子、武田麟太郎 ほか　『婦人公論』昭和13年1月1日

ころが喋《しやべ》つてるといはゆるスタイリスト的《てき》に非常《ひじやう》に難《むつか》しいえらいことを喋《しやべ》つて‥‥

林　それはとてもわかる。

記者　それで話《はなし》が片方《かたはう》は情《じやう》を求《もと》めるんですね、片方《かたはう》は智《ち》を求《もと》める。戀愛感情《れんあいかんじやう》を起《おこ》すのはどちらが強《つよ》いでせうか。

八木　僕《ぼく》はやつぱり可愛《かはい》いことをいふ人《ひと》の方《はう》がいゝと思《おも》ふな。（笑聲）

野武　最初《さいしよ》はやつぱりさうだと思《おも》ひますね。どうせ惹《ひ》かれるのはそこだと思《おも》ひますけれども、しかしそれだけぢや‥‥

安田　しかしそれぢや一つ前《まへ》の時代《じだい》の考《かんが》へ方《かた》とちつとも變《かは》らないと思《おも》ふんですよ。

林　でもよく男《をとこ》の人《ひと》が云《い》ふぢやないの、なんにも知《し》らないで家《うち》のことだけやつてくれゝばいゝつて。あれはどうなんでせう。

武田　そこで細君《さいくん》はどういふふうな態度《たいど》がいいかといふことになつてくるわけだな。家《か》庭的《ていてき》か職業的《しよくげふてき》か。家庭的《かていてき》な人《ひと》と、遊《あそ》んでいい人《ひと》とまづあるわけで、どういふ細君《さいくん》を要《えう》望《ばう》するかといふことだ。

遠藤　金《かね》をもつてる人《ひと》は家庭的《かていてき》。

記者　これは金《かね》をもつてるとか何《なん》とかいふことでなしに、各人《かくじん》の希望《きばう》を赤裸々《せきらら》にきかしてもらつた方《はう》がいゝんぢやないですか。

武田　安田君《やすだくん》、意見《いけん》があるでせう。

安田　愛《あい》といふのは自分《じぶん》より、より未熟《みじゆく》なもの、より未完成《みくわんせい》なものに自分《じぶん》の扉《とびら》を開《ひら》いて身《み》を捧《さゝ》げたり一致《いつち》したり結合《けつがふ》したりするんぢやなくて、兩方《りやうはう》の人間的《にんげんてき》なものがより完《くわん》成《せい》し向上《かうじやう》し、成熟《せいじゆく》するための崇高《すうかう》な機關《きくわん》、要因《えういん》みたいなものだと思《おも》ふんです。

武田　さうすると夫婦關係《ふうふくわんけい》でやはり女《をんな》を家庭《かてい》的《てき》な隷屬物《れいぞくぶつ》とすることはいけないといふ譯《わけ》ですね。ぢや具體的《ぐたいてき》に貴方《あなた》はどういふ女《をんな》を夫人《ふじん》にもちたいと思《おも》ひますか。

安田　それは形態的《けいたいてき》に見《み》ることはやつぱり舊《ふる》い見方《みかた》であつて‥‥育兒《いくじ》とか家事《かじ》とか裁縫《さいほう》とかさういふことをするしないによつて新《あたら》しい舊《ふる》いの區別《くべつ》がつくと考《かんが》へるのは間違《まちが》ひだと思《おも》ひますね。

☆如何なる女性が妻として理想的か？

能村　僕《ぼく》は結婚《けつこん》するんだつたらやはり家庭的《かていてき》な女性《ぢよせい》をもらふな。例《たと》へば料理《れうり》を作《つく》ることの上手《じやうず》な女性《ぢよせい》といふやうな。

林　それはわたしも贊成《さんせい》だわ。

武田　あなた貰《もら》ふの？（笑聲）

林　わたし、女《をんな》の人《ひと》はもつと料理《れうり》が上手《じやうず》でなくちやいけないと思《おも》ふ。亭主《ていしゆ》が不幸《ふかう》ですよ。

武田　さういふことは婦人《ふじん》の永遠《えいゑん》の絶對《ぜつたい》の義《ぎ》務《む》かどうかといふと問題《もんだい》ぢやないかしら。

能村　それは婦人《ふじん》の義務《ぎむ》ぢやないかな。

松本　しかし僕《ぼく》は義務《ぎむ》といふ言葉《ことば》で表現《へうげん》するのは間違《まちが》ひぢやないかと思《おも》ふんです。むしろそれは常識《じやうしき》ぢやないかと思《おも》ふんです。

能村　僕《ぼく》の云《い》つたのはね、たゞ事實《じじつ》、僕《ぼく》が結《けつ》婚《こん》するんだつたら例《たと》へば顔《かほ》の綺麗《きれい》な人《ひと》を欲《ほ》しいといふ人《ひと》もあるだらうし、趣味生活《しゆみせいくわつ》に秀《ひい》でてゐる人《ひと》を求《もと》める人《ひと》もあるだらうけれども、僕《ぼく》はただ歸《かへ》つて來《き》たら飯《めし》の美味《うま》いのを食《く》はせる人《ひと》が（笑聲）‥‥。

記者　その點《てん》について、皆《みな》さんから各自《かくじ》の希《き》望《ばう》を一言《こと》づゝ聽《き》かうぢやありませんか。

林　この人《ひと》いいぢやないの、さういふさゝやかな望《のぞ》み、大《たい》して遠大《ゑんだい》でもないけれども、それが根本的《こんぽんてき》にいゝことだと思《おも》ふわ。

八木　飯《めし》のことも飯《めし》のことだけれども僕《ぼく》はやつぱり世話女房《せわにようばう》の方《はう》がいゝと思《おも》ふんです。といふのは僕等《ぼくら》は學校《がくかう》を出《で》ると大抵《たいてい》五十圓《ゑん》から六十圓《ゑん》の間《あひだ》の生活様式《せいくわつやうしき》しか出來《でき》ない。お孃《ぢやう》さんといはれる人《ひと》は大抵《たいてい》百圓位《ゑんぐらゐ》のことを頭《あたま》に於《お》て生活《せいくわつ》といふものを考《かんが》へてゐる。世話女房《せわにようばう》だと五十圓《ゑん》であらうが四十圓《えん》であ

らうが何處《どこ》までもついて來《く》る。そのついて來《く》るところが、可愛《かはい》いといふ氣《き》持ちになつて……

武田　可愛《かはい》イズムだ。（笑聲）

八木　生活《せいくわつ》がどんな形態《けいたい》でも世話《せわ》女房《にようばう》はついて來《く》るからそれがいゝと思《おも》ふんですがね。
感情《かんじやう》の處理《しより》が簡單《かんたん》に行《ゆ》くと思《おも》ふんです。

齋藤　僕《ぼく》だつたらその五十圓《えん》、六十圓《えん》でついて來《こ》ない人《ひと》は貰《もら》はないですよ。

安田　百圓位《ゑんぐらゐ》になるまで待《ま》つ？

齋藤　うん、待《ま》ちます。

記者　その百圓《ゑん》とるやうになつて貰《もら》ふ時《とき》にはどんな女性《ぢよせい》を貰《もら》ひますか。

齋藤　やつぱりお孃《ぢやう》さんでせうね。

林　やつぱりお孃《ぢやう》さんね。ホヽヽ。

記者　お孃《ぢやう》さんといふと漠然《ばくぜん》としてゐますけれども、家庭《かてい》的な人《ひと》を求《もと》めますか協力者《けふりよくしや》を求《もと》めますか。

齋藤　家庭《かてい》的な人《ひと》ぢやなく協力者《けふりよくしや》ですね。

武田　その協力者《けふりよくしや》といふことも家庭生活《かていせいくわつ》への協力者《けふりよくしや》と仕事《しごと》への協力者《けふりよくしや》と分《わか》れて來《く》る譯《わけ》ですね。さういふ場合《ばあひ》はどうです。

齋藤　仕事《しごと》への協力者《けふりよくしや》ですね。

☆妻としての職業婦人

武田　それからまた一轉《てん》しますが、職業婦人《しよくげふふじん》を女房《にようばう》にもちたいと思《おも》ひますか、或《あるひ》は困《こま》ると思《おも》ひますか。

能村　僕達《ぼくたち》の友達《ともだち》の中《なか》には職業婦人《しよくげふふじん》をもらひたいといふ人《ひと》が相當《さうたう》ゐますね。

武田　それは經濟的《けいざいてき》な意味《いみ》から？

能村　さうです。例《たと》へば働《はたら》きながらお互《たがひ》に結《けつ》婚生活《こんせいくわつ》を樂《たの》しんで行《ゆ》かうといふんですね。

武田　さうすると二人《ふたり》だけでいちや〳〵するのを結婚生活《けつこんせいくわつ》と考《かんが》へないで、何《なに》か別《べつ》の建設《けんせつ》的《てき》な……

能村　お互《たがひ》に働《はたら》きながら晩《ばん》は二人《ふたり》で美味《うま》い飯《めし》を食《く》はうといふやうな……

武田　飯《めし》イズムだね。（笑聲）

記者　といふのは男《をとこ》の經濟力《けいざいりよく》が足《た》りないからそれを女性《ぢよせい》に補《おぎな》はせようといふ意味《いみ》が含《ふく》まれてゐるんですか。

武田　或《あるひ》は職業《しよくげふ》をもつことによつて社會的《しやくわいてき》に解放《かいはう》される、さういふ女《をんな》の一つのタイプを愛《あい》するんですか。

能村　それですね……。

野武　その後《あと》の方《はう》ですね。必《かなら》ずしも仕事《しごと》をもたなくても構はないんぢやないでせうか。

武田　ところが現實《げんじつ》の問題《もんだい》としてはいままで婦人《ふじん》が職業《しよくげふ》をもつことによつてそこに全般《ぜんぱん》的《てき》な婦人《ふじん》の解放《かいはう》があるやうな誇張《こちやう》された妄想《まうさう》に執《と》りつかれましてね、婦人《ふじん》が旦那《だんな》からも家庭《かてい》からも何《なに》から何《なに》まで解《と》き放《はな》されてフリイになつたといふやうな考《かんが》への下《もと》に色々《いろいろ》な間違《まちが》ひがあつた譯《わけ》でせう。そろ〳〵落着《おちつ》いて來《き》たやうに見《み》えますけれど、職業婦人《しよくげふふじん》を女房《にようばう》にもつといふことの惱《なや》みも。

能村　その點《てん》しかし現代《げんだい》の職業婦人《しよくげふふじん》は僕等《ぼくら》から見《み》ると可哀《かはい》さうですね。例《たと》へば結婚期《けつこんき》は非常《ひじやう》に過《す》ぎるし、さうして現在《げんざい》の女《をんな》の職業《しよくげふ》といふと、小學校《せうがくかう》の教員《けういん》ぐらゐが一般《ぱん》に認《みと》められてる位《くらゐ》で……

林　それは會社《くわいしや》なんかが惡《わる》いと思《おも》ふのよ。結《けつ》婚《こん》してる人《ひと》をとらないでせう。

武田　いまの能村君《のうむらくん》のは職業婦人《しよくげふふじん》であるが爲《ため》に晩婚《ばんこん》になるといふことが一つ、それから職業婦人《しよくげふふじん》であるが爲《ため》に貞操《ていさう》までも疑惑《ぎわく》をもたれてゐるんぢやないか、その二つの點《てん》に於《おい》て可哀《かはい》さうだといはれるんだと思《おも》ふんですね。つまり自分《じぶん》の女房《にようばう》を職業婦人《しよくげふふじん》にしておく或《あるひ》は職業婦人《しよくげふふじん》を女房《にようばう》にする、どちらの

209　「若き異性を語る大学生座談会」　林芙美子、武田麟太郎 ほか　『婦人公論』昭和13年1月1日

場合《ばあひ》にもその貞操《ていさう》に就《つい》て暗《くら》い豫想《よそう》をもつこ

林　さういふことがありますか。さういふことを思《おも》はれるとすれば、職業婦人《しよくげふふじん》のために悲《かな》しいと思《おも》ふわね。そんなことはないんぢやないかしら。

松本　しかし僕《ぼく》はあつても仕方《しかた》がないと思《おも》ひますね。

武田　どちらが諦《あきら》めるんです。

松本　僕《ぼく》の方《はう》が諦《あきら》めます。結局《けつきよく》のところはインテリヂエンスのない女《をんな》はいやですがね。

林　それをもつと具體的《ぐたいてき》に——やつぱり參考《さんかう》になりますから。

松本　しかし僕《ぼく》は現在《げんざい》プチブル的《てき》な生活《せいくわつ》環《くわん》境《きやう》に入《はひ》つてゐますので、さういつた生活《せいくわつ》環境《くわんきやう》の中《なか》に於《お》ける女《をんな》といふものは一寸《ちよつと》信用《しんよう》する氣《き》になれないんですよ。ですからこれは抽象的《ちうしやうてき》な言葉《ことば》かも知《し》れませんが、もう一寸《ちよつと》現實的《げんじつてき》な女《をんな》を僕《ぼく》は求《もと》めてるんです。

記者　（野武君《のたけくん》に）貴方《あなた》も一つ。

野武　やつぱりハーフとして求《もと》めるんですから、自分《じぶん》に親《した》しめてさうしてさつき仰《おつ》しやつた家庭生活《かていせいくわつ》と、仕事《しごと》の兩方面《りやうはうめん》に對《たい》して、助力出來《じよりよくでき》るやうな女《をんな》の人《ひと》だつたら一番《ばん》いゝですね。

能村　しかし岡邦雄《をかくにを》氏《し》の結婚生活《けつこんせいくわつ》ですね、ああいふのは幸福《かうふく》かな。

武田　つまり貴方《あなた》の仰《おつ》しやるのは仕事《しごと》に助力出來《じよりよくでき》るやうな女《をんな》で何等《なんら》家庭的《かていてき》なものをもたない女《をんな》と一緒《しよ》になることは夫婦關係《ふうふくわんけい》として幸福《かうふく》であらうかといふことね。これからさういふ問《もん》題《だい》は隨分《ずゐぶん》出《で》て來《く》ると思《おも》ひますね。女性《ぢよせい》に對《たい》する要求《えうきう》が多《おほ》ければ多《おほ》いほどね。

野武　女《をんな》の人《ひと》は男性《だんせい》に求《もと》めるのに仕事《しごと》もしつかりやつて貰《もら》ひたいけれども家庭《かてい》に歸《かへ》つても大《おほ》

いに理解《りかい》が欲《ほ》しいつて一般《ぱん》に仰《おつ》しやるんでせう。それだとすれば、女性自身《ぢよせいじしん》も仕事《しごと》に大《おほ》いに理解《りかい》をもつと同時《どうじ》に、家庭的《かていてき》にだつて出來《でき》ない筈《はず》はないと思《おも》ひますがね。

武田 可愛《かはい》イズムの八木君《やぎくん》の場合《ばあひ》は何《どう》です？

八木 仕事《しごと》に協力《けふりよく》するといふこともさういふことが可能《かのう》なのは科學者《くわがくしや》とかさういふ人達《ひとたち》だけで、例《たと》へば文學《ぶんがく》をやる人《ひと》とか普通《ふつう》のサラリーマンの場合《ばあひ》でもそれは結局《けつきよく》臺所《だいどころ》の仕事《しごと》に不安《ふあん》のないやうにすることで、さういふ意味《いみ》で一緒《しよ》に協力《けふりよく》しようといふことだつて限《かぎ》られた範圍《はんゐ》で一般《ぱん》にはやつぱりしつかりした女房《にようばう》といふ言葉《ことば》以外《いぐわい》にないと思《おも》ふんですがね。だから頼《たよ》りになるのはフアミリアな感《かん》じだけだと思《おも》ふんです。さういふものさへ女房《にようばう》がいつでももつてゝくれゝばいゝ、例《たと》へばインテリヂエンスを要求《えうきう》するといつたつて、何《なに》か競爭《きやうそう》して行《ゆ》くやうな感《かん》じになるのはいやですね。

安田 それはインテリヂエンスに對《たい》する間違《まちが》つた考《かんが》へだと思《おも》ふな。貴方《あなた》はさうだつたら貴方《あなた》自身《じしん》の父親《ちちおや》が若《わか》い時分《じぶん》にもつてゐた戀《れん》愛觀《あいくわん》、結婚觀《けつこんくわん》とどう違《ちが》ふんですか。同《おな》じぢやないですか。

八木 進歩《しんぽ》といふことでも結局《けつきよく》は夫婦《ふうふ》がうまく行《ゆ》けばいゝことなので、うまく行《ゆ》くためにはフアミリアな氣持《きも》ちを絶《た》えずもつて行《ゆ》けばいゝしそれが結局幸福《かうふく》なんだ。

安田 ぢや、夫婦《ふうふ》の結合《けつがふ》とかいふ言葉《ことば》の中《なか》にある問題《もんだい》は社會《しやくわい》關係《くわんけい》とは全然《ぜんぜん》無關係《むくわんけい》なんですか

武田 そこは八木君《やぎくん》のはそのフアミリアルといふ意味《いみ》のもつ内容《ないよう》が時代的《じだいてき》に變《かは》つて來《き》たらよろしいといふ意味《いみ》だらう。

記者 ではこのへんで、時間《じかん》が無《な》いのが殘念《ざんねん》ですが……色々《いろいろ》お説《せつ》を拜聽《はいちやう》出來《でき》まして有難《ありがた》うございました。

少女とその母に贈る

平塚らいてう

すがやかに夜《よ》のひきあくる心地《こゝち》すれ處女《をとめ》となりし證《しるし》ありといふ
はつ花《はな》の桃《もゝ》くれなゐにほころびて吾《わ》が女童《めわらべ》をとめさびゆく

ふたりのお孃《ぢやう》さまのお母《かあ》さまでゐられる高橋英子《たかはしひでこ》さんのこのお作《さく》は、同《おな》じく娘《むすめ》をもつ世《よ》の多《おほ》くのお母《かあ》さまたちの必《かなら》ず出逢《であ》ひ、さうして等《ひと》しく感《かん》じるところでありませう。

神《かみ》の力《ちから》による不思議《ふしぎ》といふより外《ほか》ない生命《せいめい》の工作《こうさく》で、少女《せうぢよ》には生《うま》れたその時《とき》から、（否《いゝえ》、お母《かあ》さまの胎内《たいない》にあるうちから）體内《たいない》の奧深《おくふか》い所《ところ》に、最《もつと》も大切《たいせつ》に護《まも》られて、三萬何《まんなん》千もといふたくさんの性《せい》の蕾《つぼみ》が、かたく眼《まなこ》を閉《と》ぢて、靜《しづ》かに靜《しづ》かに眠《ねむ》つてゐます。しかし、それが時《とき》さへ來《く》れば、毎月《まいつき》一つづゝ、今《いま》迄枝《までえだ》のさきや葉《は》のかげにしがみついてゐた草木《くさき》のかたい花《はな》の蕾《つぼみ》が、ふくらみだし、やがて美《うつく》しい花《はな》を太陽《たいやう》の光《ひかり》の中《なか》に開《ひら》いて、實《み》を結《むす》ぶ用意《ようい》をするやうに、成育《せいいく》し、開花《かいくわ》して、人間創生《にんげんさうせい》の使命《しめい》を果《はた》すお母《かあ》さまとなる準備《じゆんび》に早《はや》くもとりかゝるとは何《なん》といふ生命《せいめい》の深《ふか》い、尊《たふと》いはたらきなのでありませう。しかもこの變化《へんくわ》は隱《かく》された内部《ないぶ》だけのことでなく、初潮《しよてう》の來《く》ると共《とも》に、少女《せうぢよ》の全肉體《ぜんにくたい》

——いゝえその心《こゝろ》までが美《うつく》しい花園《はなぞの》であるかのやうに、所謂女性美《いはゆるぢよせいび》をぐんぐんと現《あら》はして、それ自身無意識《じしんむいしき》に、新《あたら》しい生命《せいめい》の實《み》を結《むす》ぶに是非《ぜひ》とも必要《ひつえう》な異性《いせい》の生命《せいめい》を揺り動《うご》かすとは、又何《またなん》といふ至妙《しめう》な生命《せいめい》の力《ちから》なのでせう。

母胎《ほたい》を離《はな》れるのが人間《にんげん》の誕生《たんじやう》ならば、初潮《しよてう》を見《み》たときが女性《ぢよせい》への誕生《たんじやう》なのであつて、昔《むかし》からお赤飯《せきはん》を炊《た》いて、この時《とき》をお祝《いはひ》したのはまことに當然《たうぜん》な事《こと》です。今日《こんにち》のお母《かあ》さまたちも日本《にほん》のこの古《ふる》い習慣《しふくわん》の中《なか》に、性《せい》を讃《たゝ》へ、生命《せいめい》を尊重《そんちよう》し、人類《じんるゐ》の繁榮《はんえい》を希《ねが》ふ新《あたら》しい意味《いみ》を發見《はつけん》して、どんなにもお悦《よろこ》びしてほしいと思《おも》ひます。これは娘《むすめ》たちに女性《ぢよせい》となつた歡《よろこ》びを教《をし》へ、且《か》つ感《かん》じさせることであり、又女性《またぢよせい》としてのわが子《こ》の未來《みらい》の生活《せいくわつ》の幸福《かうふく》をねがふ母《はゝ》の祈《いのり》であつて、母《はゝ》たちはこの祈《いのり》のうちに、娘《むすめ》が選《えら》び、或《あるひ》は選《えら》ばれるよき愛人《あいじん》を、その幸福《かうふく》な結婚《けつこん》を、さうしてよき子《こ》の母《はゝ》となる娘《むすめ》を、たのしく夢《ゆめ》みることでありませう。

お母《かあ》さまといふものは餘程氣《よほどき》をつけてゐても、とかく我《わ》が子《こ》をいつまでも小《ちひ》さく見《み》つもり過《す》ぎる傾向《けいかう》があります。まだ無邪氣《むじやき》な子供《こども》だ、性《せい》のことなどに全《まつた》く目《め》ざめてゐないものを、思春期《ししゆんき》を迎《むか》へる豫備知識《よびちしき》など早過《はやす》ぎるであらう、却《かへつ》て疑問《ぎもん》をよび起《おこ》させるやうなものだとお母《かあ》さまが躊躇《ちうちよ》してゐる間《あひだ》も、少女《せうぢよ》の肉體《にくたい》は、少《すこ》しの休《やす》みもなく發育《はついく》して、何《なん》の豫告《よこく》もなく、突然初潮《とつぜんしよてう》を見《み》て、驚《おどろ》き、あわてるのは、少女《せうぢよ》よりも寧《むし》ろそのお母《かあ》さまであるやうな場合《はあひ》もあることでせう。けれど性《せい》に關《くわん》してひどく消極的《せうきよくてき》だつたわたくしたちの少女《せうぢよ》時代《じだい》と違《ちが》ひ、近來《きんらい》はずつと開放的《かいはうてき》であり、他《た》の諸問題《しよもんだい》と同樣《どうやう》に科學的態度《くわがくてきたいど》で

取扱《とりあつか》はれて來《き》ましたし、一寸《ちよつと》手近《てぢか》の新聞雜誌《しんぶんざつし》を見《み》ても、月經《げつけい》といふ文字位《もじくらゐ》はすぐ眼《め》にはいるこの頃《ごろ》ですから、子供《こども》たちの方《はう》から質問《しつもん》の出《で》る場合《ばあひ》が多《おほ》く、お母《かあ》さまたちも、適當《てきたう》な説明《せつめい》の機會《きくわい》をとらへることに、左程苦心《さほどくしん》はされなくなつたことと思《おも》ひます。

しかしわたくしは所謂性教育《いはゆるせいけういく》といふこと、性《せい》の科學的知識《くわがくてきちしき》を與《あた》へよといふことが月經《げつけい》の來潮《らいてう》や生殖《せいしよく》に關《くわん》する單《たん》なる生理的事實《せいりてきじじつ》のみを教《をし》へることであるかのやうに見《み》えるのには、科學的《くわがくてき》といふ意味《いみ》を甚《はなは》だ狹義《けふぎ》に、淺薄《せんはく》に考《かんが》へたもので、どうも滿足出來《まんぞくでき》ません。

アメリカの性教育家《せいけういくか》、オールズ夫人《ふじん》が性《せい》の生理學《せいりがく》よりも心理學《しんりがく》を教《をし》へよと説《と》いてゐられますが、確《たしか》に至言《しげん》だと思《おも》ひます。少女《せうぢよ》たちは性《せい》の事實《じじつ》を知《し》ると同時《どうじ》に、否《いな》それ以上《いじやう》にも性《せい》の本當《ほんたう》の意義《いぎ》を知《し》り、その正《たゞ》しい見方《みかた》、性《せい》に對《たい》する正《たゞ》しい態度《たいど》といふやうなものを學《まな》ぶことの方《はう》が一層大切《そうたいせつ》なのであつて、お母《かあ》さまたちは、寧《むし》ろそこに性教育《せいけういく》の重點《ぢうてん》を置《お》いて、性生活《せいせいくわつ》の高《たか》き理想《りさう》へと指《し》導《だう》すべきです。

たとへどれ程《ほど》性《せい》の豫備知識《よびちしき》をもつてゐられようとも、もし少女《せうぢよ》がその心《こゝろ》に於《おい》て性《せい》を不淨視《ふじやうし》し、月經《げつけい》の來潮《らいてう》を悲觀《ひくわん》したり、自分《じぶん》が女性《ぢよせい》であることを、そして將來母《しやうらいはは》となることに憎惡《ぞうを》を抱《いだ》いてゐたとしたら、或《あるひ》は又不純《またふじゆん》な好奇心《かうきしん》から性的知識《せいてきちしき》を只求《たゞもと》めてゐるのであつたとしたら、所謂性教育《いはゆるせいけういく》も何《なん》の利《り》するところはありますまい。

性《せい》を恥《は》づべきもの、汚《けが》れたるもの、少《すく》くとも下等《かとう》なものとして蔑視《べつし》する思《し》

想《さう》は、今日《こんにち》なほ案外《あんぐわい》な力《ちから》をもつて、この思想《しさう》はやがて性《せい》の誤用《ごよう》となり、惡用《あくよう》となり、又亂用《またらんよう》となつたりして現《あら》はれるものです。殊《こと》に今日《こんにち》のやうに人間生《にんげんせい》活《くわつ》が複雜多難《ふくざつたなん》なものになつて來《き》ますと、いつか目的《もくてき》と手段《しゆだん》の區別《くべつ》がつかなくなり、根幹的《こんかんてき》なものと派生的《はせいてき》なものとが顚倒《てんたう》、混亂《こんらん》して容易《ようい》に見《み》わけがつかなくなります。かういふ中《なか》にゐて、女性《ぢよせい》の生活《せいくわつ》も、ともすれば、その性《せい》の本《ほん》質的《しつてき》な意義《いぎ》が見失《みうしな》はれ、その性《せい》の用《もち》ひ方《かた》、取扱《とりあつか》ひ方《かた》の誤《あやま》られる危險《きけん》が實《じつ》に多《おほ》いのでありますから、少女《せうぢよ》たちはかういふ間違《まちが》つた思想《しさう》や世相《せさう》に自《みづ》からを誤《あやま》ることなく、初潮《しよてう》を迎《むか》へた娘《むすめ》たちは、女性《ぢよせい》として、次《つぎ》の時代《じだい》の人間《にんげん》を創《つく》るといふ尊《たふと》い使命《しめい》をもつ性《せい》の深《ふか》い眞理《しんり》を學《まな》んで、女性《ぢよせい》と生《うま》れたことをほんたうによろこんでほしいと思《おも》ひます。

初潮期の娘を持たれるお母樣へ

吉岡房子

女《をんな》の一生《しやう》を幼年期《えうねんき》（少女期《せうぢよき》）、春機發動期《しゆんきはつどうき》（處女期《しよぢよき》十歳《さい》――十六歳頃《さいごろ》）、生殖成熟期《せいしよくせいじゆくき》（中《ちう》年婦人《ねんふじん》）、更年期《かうねんき》（變化期《へんくわき》）、老年期《らうねんき》とに別《わ》けまして、その生涯中最《しやうがいちうもつと》も大切《たいせつ》なのは中年婦人《ちうねんふじん》時代《じだい》であることは勿論《もちろん》であります。嫁《か》して子《し》女《ぢよ》を擧《あ》げ、一家《か》一國《こく》の繁榮《はんえい》を計《はか》るのも、女性《ぢよせい》生活《せいくわつ》を豐富《ほうふ》に導《みちび》くのも主《しゆ》として此《こ》の時《とき》であります。そしてこれらの源泉《げんせん》はほとんど凡《すべ》てが卵巢機能《らんさうきのう》によると云《い》つても過言《くわごん》でない程《ほど》、卵《らん》巢活躍《さうくわつやく》と大《おほ》きな關係《くわんけい》があります。この人生最《じんせいさい》高峰《かうほう》に達《たつ》する階梯《かいてい》の春機發動期《しゆんきはつどうき》は、特《とく》に注意《ちうい》を要《えう》する時代《じだい》でありまして、この期《き》を無事《ぶじ》に過《すご》したものが、完全《くわんぜん》な婦人《ふじん》となり得《う》るのであります。

即《すなは》ちこの數年間《すうねんかん》には隨分複雜《ずゐぶんふくざつ》した身體的變《しんたいてきへん》化《くわ》、精神的變化《せいしんてきへんくわ》がありまして中《なか》でも初經《しよけい》（初《はじ》めての月經《げつけい》）の來潮《らいてう》は最《もつと》も著《いちじる》しいものであります。娘《むすめ》は月經《げつけい》に關《くわん》して豫《あらかじ》めお母樣《かあさま》から云《い》ひ聞《き》かせて貰《もら》つてあつてさへ、さていよいよこれを初《はじ》めて知《し》る時《とき》は、ひどく可憐《かれん》な心《こゝろ》を衝動《しようどう》いたしますのに、若《も》しも少《すこ》しの豫備知識《よびちしき》をも持《も》たなかつたら、それこそ晴天《せいてん》の霹靂《へきれき》で中《なか》には驚《おどろ》きの餘《あま》り憂欝《いううつ》に陷《おちい》つたり氣《き》さへ狂《くる》はしくなるかも知《し》れません。とにかく生殖器《せいしよくき》の話《はなし》となると傳統的《でんとうてき》に『祕密主義《ひみつしゆぎ》』を守《まも》り、平《へい》素親《そしたし》んでゐる親子《おやこ》の間《あひだ》でも、まだ〱幼少《えうせう》だから大《おほ》きくなつたら話《はな》さうとか、折《をり》を見《み》つけてとか、遂《つひ》に延《の》び〱になり勝《が》ちで、うか〱して居《ゐ》るうちに早《はや》くも『間《ま》に合《あ》はなかつた』といふ例《れい》は澤山《たくさん》に聞《き》く所《ところ》です。世《よ》の進《すゝ》むに從《したが》つて初經《しよけい》の年齡《ねんれい》は早《はや》まりつゝありますから、餘程早《よほどはや》い目《め》に話《はな》し聞《き》かせて置《お》いて、いたいけな心《こゝろ》を傷《きずつ》けぬやうにしなければなりません。

不意《ふい》を襲《おそ》はれた少女《をとめ》は、何《なん》とかしてこの突《とつ》然《ぜん》の出來事《できごと》に對《たい》して血《ち》を止《と》めやうと獨《ひと》り厠《かはや》の中《なか》に長時間跼《ちやうじかんうづ》くまり、遂《つひ》に詮方《せんかた》なく泣《な》く〱出《で》て來《き》て顏色《かほいろ》も蒼《あを》ざめ消衰《せうすゐ》せん計《ばか》りに漸《やうや》くお母樣《かあさま》やお姉樣《ねえさま》に告《つ》げるでせう。或《あるひ》は月經時《げつけいじ》に伴《ともな》ふ下腹痛《かふくつう》のみを訴《うつた》へて内科醫《ないくわい》に連《つ》れて行《ゆ》か

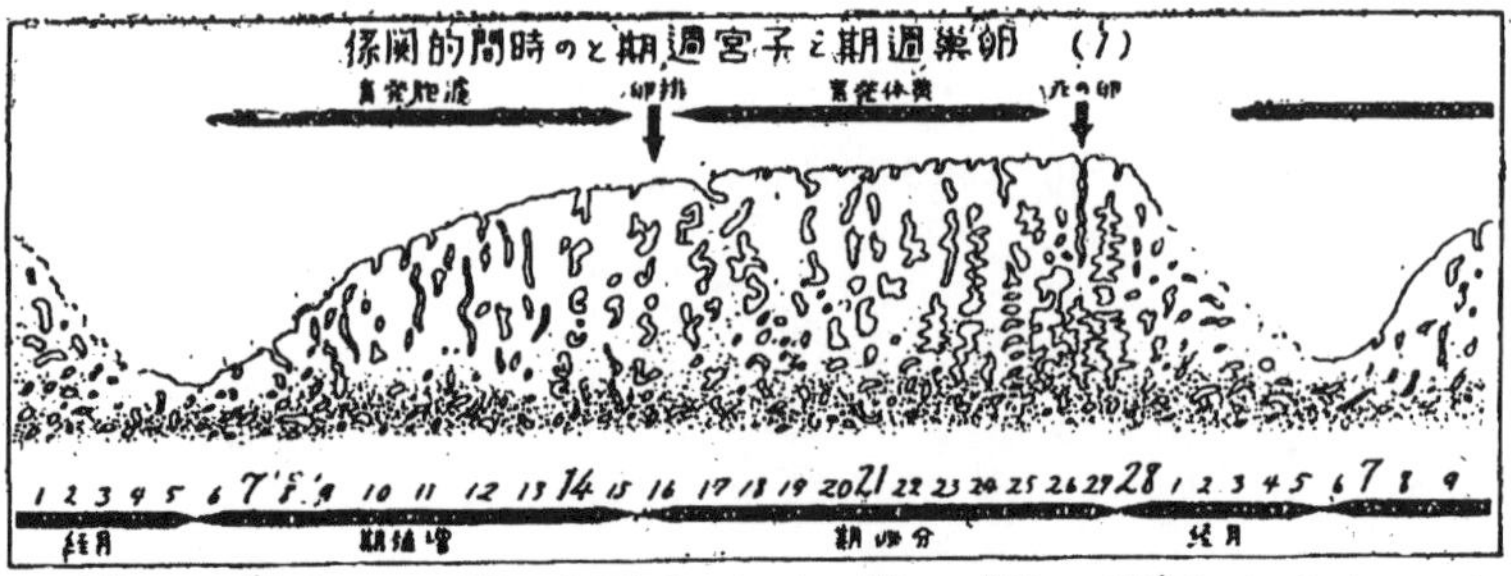

れ、出血《しゆつけつ》の方《はう》は遂《つひ》に云《い》ひ得《え》なかつたり、又《また》はその處置《しよち》法《はふ》を知《し》らぬために脱脂綿《だつしめん》を一度《ど》に半《はん》枚《まい》も中《なか》には一枚《まい》ごと使用《しよう》したやうな例《れい》は往々《わうわう》耳《みゝ》にする所《ところ》であります。

古來《こらい》月《げつ》經《けい》は身《み》の穢《けが》れと申《まを》して、月《げつ》經《けい》が初《はじ》まるといつでもその持續中《ぢぞくちう》は家族《かぞく》と別居《べつきよ》して食事《しよくじ》も別《べつ》に煮《に》炊《た》きしたものでしたが、大《だい》なる考《かんが》へ違《ちが》ひをして居《ゐ》たものです。殊《こと》に初經《しよけい》は女性完成《ぢよせいかんせい》の標準《へうじゆん》でもありますから穢《けが》れどころではない、大《おほ》いに祝福《しゆくふく》すべきであります。豫《あらかじ》め『お母様《かあさま》は幾歳《いくさい》から初《はじ》まりましたが、貴嬢《あなた》はそれよりどんなに早《はや》いかも知《し》れませんから、出血《しゆつけつ》が初《はじ》まつても驚《おど》ろかぬやうにして、直《す》ぐにお母様《かあさま》に告《つ》げるやうに、若《も》し學校《がくかう》であり出《だ》したなら女《をんな》の先生《せんせい》に申《まを》し上《あ》げるやうに教《をし》へて置《お》かなければなりません。』

月經は何故起るか

月經《げつけい》がなぜ起《おこ》るか、その原《げん》理は大分込《だいぶんこ》み入《い》つて居《を》りますが、先《ま》づ胡桃《くるみ》大《だい》の左右兩側卵巣《さいうりやうがはらんさう》中《ちう》には月經開始《げつけいかいし》の頃《ころ》三萬個《まんこ》に近《ちか》い卵《らん》が埋藏《まいざう》されて居《を》ります。一月經又《げつけいまた》は一姙娠《にんしん》に只《たゞ》一個《こ》の卵《らん》を要《えう》する許《ばか》りですから、卵《らん》の少數《せうすう》のものの外《ほか》は更年期《かうねんき》になる迄《まで》に消滅《せうめつ》してしまひます。卵巣中《らんさうちう》の一卵《らん》が發育《はついく》の動員令《どういんれい》が下《くだ》りますと、どんどん大《おほ》きくなり、遂《つひ》に發育《はついく》の頂點《ちやうてん》〇・二ミリメートル大《だい》となります。これと同時《どうじ》に卵《らん》の外方《ぐわいはう》には卵胞液《らんはうえき》（卵胞《らんはう》ホルモン）をたゝえ、その又外方《またぐわいはう》には、護衛兵《ごゑいへい》の如《ごと》き多數細胞《たすうさいばう》を圍《めぐ》らし、卵巣表面《らんさうへうめん》より膨隆《ばうりう》して、一—一・五糎《センチ》程《ほど》もあるグラーフ氏濾胞《しろはう》を形成《けいせい》します。やがてグラーフ氏濾胞《しろはう》は、卵巣表面《らんさうへうめん》を破《やぶ》つて中《なか》の卵《らん》と卵胞液《らんはうえき》とは腹腔《ふくこう》に出《だ》されます。このやうに卵《らん》が卵巣《らんさう》より出《い》づるを排卵《はいらん》と稱《しよう》し、後卵《のちらん》は卵管内《らんくわんない》（輸卵管又《ゆらんくわんまた》は喇叭管《ラツパくわん》と云《い》ひ來《きた》れる管《くわん》）に殆《ほと》んど誤《あやま》ることなく捕《とら》へられ、この管通過《くわんつうくわ》中《ちう》に幸運《かううん》なのは男子《だんし》の精蟲《せいちう》と合《あ》つて受胎《じゆたい》の變化《へんくわ》を受《う》け、子宮粘膜《しきうねんまく》に着床《ちやくしやう》し姙娠《にんしん》となり、さうでなければ子宮内《しきうない》に送《おく》られつゝ死滅《しめつ》、體外《たいぐわい》に出《い》づるの運命《うんめい》をとります。さて排卵後《はいらんご》の卵巣《らんさう》は創面《さうめん》が癒《い》えて來《き》ますが、前《まへ》に護衛《ごゑい》の務《つと》めをなした細胞《さいばう》や、其《そ》の周圍《しうゐ》の複雑《ふくざつ》なる變化《へんくわ》を受《う》けて別《べつ》なホルモン（黄胞《わうはう》ホルモン）を分泌《ぶんぴ》する黄體《わうたい》と變《かは》ります。實際眼《じつさいめ》で見《み》ても黄色《きいろ》を帶《お》びて居《を》ります。

一方月經《いつぱうげつけい》の出《で》る子宮粘膜《しきうねんまく》の變化《へんくわ》を見《み》ますと卵巣中《らんさうちう》に一つの卵《らん》の發育《はついく》が開始《かいし》しますと卵胞《らんはう》ホルモンの刺戟《しげき》を受《う》けまして、子宮粘膜及粘液腺《しきうねんまくおよびねんえきせん》の増殖肥厚《ぞうしよくひこう》を起《おこ》し其《そ》の機能《きのう》も頂上《ちやうじやう》になります。この頃排卵《ころはいらん》した卵《らん》は卵管内《らんくわんない》で受胎《じゆたい》を受《う》けたときは、段々《だんだん》子宮内《しきうない》に下降《かかう》して姙卵《にんらん》の着床《ちやくしやう》を容易《ようい》にする準備《じゆんび》に肥厚《ひこう》したと見《み》てよいのであります。受胎《じゆたい》しない時《とき》は子宮粘膜中《しきうねんまくちう》の血液《けつえき》は粘膜《ねんまく》の破壞《はくわい》を待《ま》つて出血《しゆつけつ》を來《きた》すのでこれが即《すなは》ち月經《げつけい》なのであります。出血《しゆつけつ》が終《をは》るか終《をは》らぬうちに、早《はや》くも一方《ぱう》より粘膜再生《ねんまくさいせい》を初《はじ》め、卵《らん》の發育《はついく》、排卵《はいらん》をくり返《かへ》し、月經週期《げつけいしうき》をなすのであります。即《すなは》ち中年時代《ちうねんじだい》は月經《げつけい》か姙娠《にんしん》かをくり返《かへ》して、遂《つひ》に更年期《かうねんき》になつてこれ等《ら》の調節《ちようせつ》は著《いちじる》しく亂《みだ》れ、やがてホルモン皆無《かいむ》となり老年期《らうねんき》に入《はい》ります。（第一圖）

初經來潮の年齢

我《わ》が國《くに》では多數《たすう》の平均《へいきん》が十四年《ねん》三ケ月《げつ》——八ケ月《げつ》であつて、他《た》の文明國《ぶんめいこく》で、米國《べいこく》では十三年《ねん》九ケ月《げつ》、獨逸《ドイツ》十五年《ねん》六ケ月《げつ》、英國《えいこく》十五年《ねん》となつて居《を》ります。概《がい》して寒地《かんち》は晩《おそ》く、熱帯《ねつたい》地方《ちはう》は早期《さうき》に初《はじ》まるとされて居《を》りますが色々《いろいろ》の影響《えいきやう》で一樣《やう》には申《まを》されません。人種《じんしゆ》の相異《さうい》でアイヌ人《じん》は十五歳《さい》二ケ月《げつ》、琉球人《りうきうじん》は十六歳《さい》の如《ごと》き、又社會的《またしやくわいてき》地位の方《はう》から見《み》れば下層《かそう》は上流《じやうりう》より幾分《いくぶん》晩《おく》れて居《を》り、性質刺戟《せいしつしげき》の濃厚《のうこう》な境遇《きやうぐう》の者《もの》は自然《しぜん》初經《しよけい》も早《はや》いものです。一般《ぱん》から云《い》へば、田舍《ゐなか》に住《す》む人《ひと》は都會者《とくわいもの》より晩《おそ》い傾向《けいかう》があります。遺傳的《ゐでんてき》には母《はゝ》や姉《あね》が早《はや》いと其《そ》の子妹《しまい》も早《はや》い筈《はず》でありますが、勿論破格《もちろんはかく》な例《れい》も澤山《たくさん》ありますから油斷《ゆだん》はなりません。

最近《さいきん》こんな例《れい》がありました。十九歳《さい》の婦人《ふじん》が本年《ほんねん》二月《ぐわつ》初經《しよけい》も見《み》ずして結婚《けつこん》しました。故《ゆゑ》あつて八月《ぐわつ》に結婚解消《けつこんかいせう》、まだ月經《げつけい》なく、再婚《さいこん》に差支《さしつか》へはないかといふので來診《らいしん》したのです。此《こ》の方《かた》の姉《あね》さんは初經《しよけい》が廿歳《はたち》からでしたとのことです。診《み》ると意外《いぐわい》にも普通《ふつう》脫腸《だつちやう》の人《ひと》に見《み》る場所《ばしよ》へ、發育《はついく》の非常《ひじやう》に悪《わる》い子宮《しきう》と卵巣《らんさう》とが一緒《しよ》になつて下《お》りて居《ゐ》るのです。勿論《もちろん》子宮《しきう》の孔《あな》は閉《とざ》されて居《を》りますのでこれでは終生《しうせい》待《ま》つたとて月經《げつけい》のある筈《はず》はありません。早速《さつそく》手術《しゆじゆつ》して位置《ゐち》を直《なほ》し、その後《ご》もまだ長《なが》い〳〵間《あひだ》生殖器《せいしよくき》の機能《きのう》と發育《はついく》をよくする手當《てあて》が必要《ひつえう》だと說明《せつめい》して歸宅《きたく》させましたが、實《じつ》に女子《ぢよし》は一回《くわい》の月經《げつけい》もなくして結婚《けつこん》するのは間違《まちが》ひで、二十歳《さい》を越《こ》した例《れい》もあるなど〻高《たか》をくゝるわけに行《ゆ》きません。

追々《おひ〳〵》說明《せつめい》が進《すゝ》むとお分《わか》りになることですが無月經《むげつけい》の中《なか》に、治療《ちれう》によつて全治《ぜんち》する者《もの》とどうしても治《なほ》らぬ人《ひと》とあります。治《なほ》る筈《はず》の人《ひと》でも手後《ておく》れとなると最早救《もはやすく》ふ道《みち》が無《な》くなりますから、娘《むすめ》十八歳《さい》を過《す》ぎて月經《げつけい》がつかぬやうなら時期《じき》を逸《いつ》せず診療《しんれう》を受《う》けねばなりません。

初經までの身心の變化

凡《およ》そ十歳頃《さいごろ》より徐《おもむろ》に乳房《ちぶさ》の肥大《ひだい》が初《はじ》まり皮下脂肪《ひかしばう》の增加《ぞうか》につれて身體曲線《しんたいきよくせん》は圓滿《ゑんまん》となり、皮膚潮紅《ひふてうこう》、骨盤《こつばん》の形《かたち》も調和《てうわ》よく、各所《かくしよ》に毛《け》の發生《はつせい》を始《はじ》め、その內《うち》に物事《ものごと》に感傷的《かんしやうてき》となり羞恥《しうち》の念《ねん》が深《ふか》められます。けれどもこのやうな發達《はつたつ》は極《ご》く徐々《じよ〳〵》であるし、それに或《あ》る程度《ていど》までは同年輩《どうねんぱい》の友人《いうじん》やお母樣方《かあさまがた》とも比《くら》べることも可能《かのう》でありますから自身《じしん》もそれほど不思議《ふしぎ》にも思《おも》はずかういふものかと日常《にちじやう》を暮《くら》して居《を》りますが、實《じつ》はそれ等《ら》の一つ一つが人生《じんせい》門出《かどで》の芽生《めばえ》であつたので喜《よろこ》ばしい限《かぎ》りです次《つぎ》に初經《しよけい》に就《つい》て委《くは》しく申述《まをしの》べます。

月經時の身體の變調

月經前《げつけいぜん》及《および》月經中《げつけいちう》平素《へいそ》と何《なん》の變《かは》りも感《かん》じない人《ひと》は百人中《にんちう》十五六人《にん》。あとは以下《いか》に記《しる》しますやうな種々雜多《しゆ〴〵ざつた》の兆候《てうこう》を表《あら》はします。頭重《づぢう》、頭痛《づつう》、不眠《ふみん》、嗜眠《しみん》、食慾不振《しよくよくふしん》、嘔吐《をうと》、下痢《げり》、便祕《べんぴ》、排尿頻回《はいねうひんくわい》、多尿《たねう》、下肢《かし》の倦怠《けんたい》、大腿骨痛《だいたいこつつう》、腰痛《えうつう》、下腹痛《かふくつう》、微熱《びねつ》、メランコリツシユ持病《ぢびやう》の憎惡《ぞうを》、感冒《かんばう》に罹《かゝ》り易《やす》し、等《とう》。然《しか》しこの中床《ちうしやう》に就《つ》く程《ほど》の人《ひと》は極《きは》めて少數《せうすう》であります。尚《なほ》右《みぎ》のやうな異常《いじやう》が初經前《しよけいぜん》一ケ月餘《げつよ》に渡《わた》つて表《あら》はれますと、何《なに》か面倒《めんだう》な病氣《びやうき》の前兆《ぜんてう》ではないかと憂慮されることもあります。微熱《びねつ》が續《つゞ》きますと先づ結核を疑ひ、殊に月經時は惡寒《をかん》や逆上をさへ伴《ともな》ふ事は珍らしくありませんから一層その念が起きますが、注意するとかういふ人は毎月月經の週期に同樣の熱を繰《く》り返《かへ》して居るのに氣がつきますとやつと安堵の胸《むね》をなで下《おろ》します。微熱《びねつ》も多《おほ》くは出血《しゆつけつ》が初《はじ》まると同時《どうじ》に解熱《げねつ》するものですが、これが月經《げつけい》のる二週間《しうかん》も前《まへ》から發熱《はつねつ》しますと結核《けつかく》の初期來《しよきらい》ではないかと案《あん》じられることもあります。若《も》し以前《いぜん》に結核性疾患《けつかくせいしつくわん》をした經歴《けいれき》のある人《ひと》や平《へい》素榮養《そえいやう》も惡《わる》く抵抗力《ていかうりよく》の弱《よわ》い人《ひと》は一層熱《そうねつ》には過敏《くわびん》でありますから、かういふ人《ひと》は注意《ちうい》を要《えう》しますが、でなくとも熱《ねつ》は伴《ともな》つても一つの生《せい》活現象《くわつげんしやう》に止まる場合《ばあひ》はよくあります。

尚月經前後《なほげつけいぜんご》には帶下《こしけ》が増《ま》す傾向《けいかう》がありますが、これも自然性《しぜんせい》のことが多《おほ》いものです。

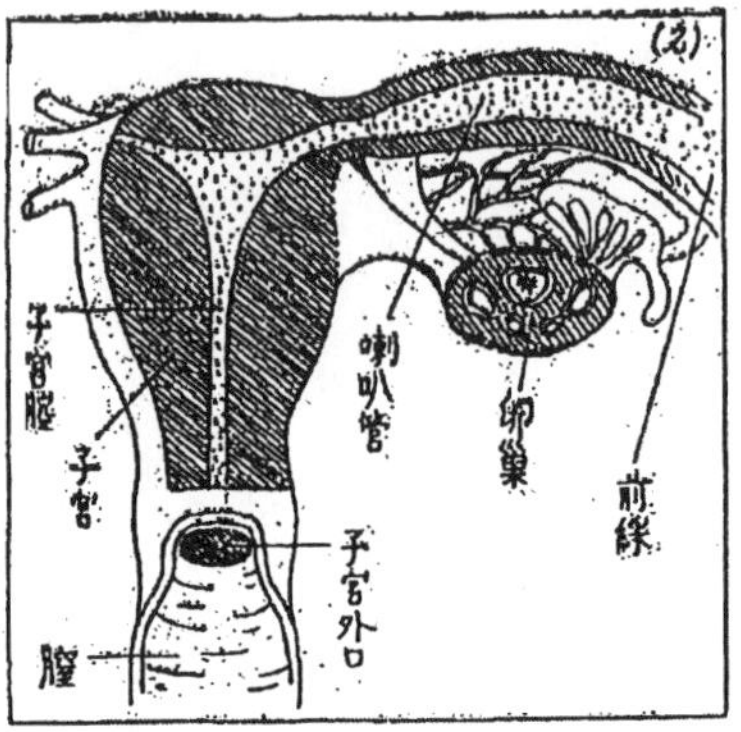

出血期間

三—七日《にち》、多《おほ》くは三—五日間位《にちかんくらゐ》ですが異常《いじやう》となりますとほんの血液《けつえき》の印位《しるしくらゐ》から十日餘《とうかあま》りも打《う》ち續《つゞ》くこともあります。但《たゞ》し初經《しよけい》の際《さい》は生《せい》殖器《しよくき》の機能《きのう》も充分《じうぶん》とも云《い》へず出血《しゆつけつ》はあつたが極《きは》めて少量《せうりやう》一日《にち》にも滿《み》たぬこと、大量《たいりやう》で、少《すこ》し恐《おそ》ろしくなる程《ほど》のこと、又《また》は一日一回位《にちくわいくらゐ》に二週間以上《しうかんいじやう》にも及《およ》んだりして餘程成人《よほどせいじん》のとは調子《てうし》が變《かは》つて居《ゐ》る例《れい》は珍《めづ》らしくありません。又普通《またふつう》は凡《およ》そ翌月《よくげつ》も次回月經《じくわいげつけい》の來《く》る可《べ》きでありますが、それも三ケ月半年一年《げつはんとしねん》も經《へ》てから漸《やうや》く第《だい》二回目月經《くわいめげつけい》を見《み》るなど是等《これら》初經《しよけい》の頃《ころ》の異常《いじやう》はむしろ異常《いじやう》ともされず、遂に三四回《くわい》からは個人《こじん》々々《く》で凡《およ》そ規則正《きそくたゞ》しくなるものであります。

出血量

血液《けつえき》のみですと數日間《すうじつかん》に三十—五十瓦《グラム》、」日《にち》十乃至《ないし》十五瓦位《グラムくらゐ》のものですが、この外《ほか》に子宮粘膜腺《しきうねんまくせん》、膣粘液腺《ちつねんえきせん》からする分泌物《ぶんぴつ》や、粘《ねん》膜《まく》の破片《はへん》が加《くは》はりますから、尚々多量《なほくたりやう》に感《かん》じます。

月經血

これは普通《ふつう》、循環《じゆんくわん》する血液《けつえき》と異《こと》る點《てん》があります。其《そ》の一、凝固性《ぎようこせい》が極《きは》めて乏《とぼ》しい。其《そ》の二、臭氣《しうき》が惡《わ》るく又強《またつよ》い。其《そ》の三、血液《けつえき》の色《いろ》は不快暗色《ふくわいあんしよく》であります。かうした原因《げんいん》は、血液以外《けつえきいぐわい》の混合物《こんがふぶつ》、即《すなは》ち粘液《ねんえき》（帶下《こしけ》）皮脂腺《ひしせん》分泌物《ぶんぴぶつ》（それは局部《きよくぶ》の皮膚《ひふ》に特《こと》に多《おほ》く存在《そんざい》する）が加《くは》はるからであります、血液《けつえき》は初《はじ》めは終《をは》りより多《おほ》いのが普通《ふつう》で、終《をは》りに近《ちか》づけば血《ち》液《えき》が減《へ》つて粘液《ねんえき》が増《ま》し黒褐色《こくかつしよく》を帶《お》びます。

月經型

初經《しよけい》を述《の》べる序《ついで》に月經型《げつけいがた》（週期《しうき》）の説明《せつめい》を附《つ》け加《くは》へます。一月經週期《げつけいしうき》は月經第一日《げつけいだいにち》より次回月經《じくわいげつけい》の前日《ぜんじつ》まで〻あります。これが大體《だいたい》個人《こじん》々々《く》で定《き》まつて居《ゐ》て亂《みだ》れるとも二三日位《にちくらゐ》のものです。廿五日型《にちがた》、四週型《しうがた》、三十日型《にちがた》、五週型《しうがた》などと致《い》ひ表《あら》はします。以前《いぜん》は正《たゞ》しい週期《しうき》は廿八日《にち》であつて、これに前後《ぜんご》すれば月經不順《けいふじゆん》として異常《いじやう》の中《なか》に入《い》れられましたが、其《そ》の後色々《ごいろいろ》と研究《けんきう》の結果《けつくわ》、生殖上《せいしよくじやう》にも性生《せいく》活上《わつじやう》にも尚身體《なほからだ》の調子《てうし》を亂《みだ》す事《こと》のないものなら廿五日《にち》―三十五日《にち》の週期《しうき》のものなら先《ま》づ異常《いじやう》を起《おこ》さぬから普通《ふつう》と呼《よ》ぶやうになりました

月經時の手當

これは實際《じつさい》に大切《たいせつ》な事《こと》でして、血液《けつえき》はたった一滴《てき》でも氣味惡《きみわる》く又目立《またメだ》つものでありますから、初經《しよけい》の方《かた》は殊更上手《ことさらじやうず》に處置《しよち》して粗相《そさう》のないやうにせねばなりません。月經中《げつけいちう》は只《たゞ》さへ氣分勝《きぶんすぐ》れず憂鬱《いううつ》になり易《やす》く又起居動作《またききよどうさ》も物憂《ものう》くなりますが、成《な》る可《べ》く日常《にちじやう》と變《かは》りないやうにつとめるのが女性《ぢよせい》の嗜《たしな》みであります。出血《しゆつけつ》の場所《ばしよ》は子宮粘膜《しきうねんまく》でありますが段々膣《だんだんちつ》を下行《かかう》して遂《つひ》に膣外口《ちつぐわいこう》から流出《りうしゆつ》します。處女《しよぢよ》の時代《じだい》にはこの邊《へん》に處女膜《しよぢよまく》が存在《そんざい》して居《を》りますから、その中央《ちうあう》に開《ひら》ける處女膜裂口《しよぢよまくれつこう》から出《で》て來《き》ます。此《こ》の一二センチ上方《じやうはう》は尿道口《ねうだうぐち》、三四糎《センチ》下方《かはう》は肛門《こうもん》であります。つまり上中下《じやうちうげ》の三孔《こう》より排泄《はいせつ》が行《おこな》はれます。所《ところ》で尿道《ねうだう》には膀《ばう》胱《くわう》との境《さかひ》に膀胱括約筋《ばうくわうくわつやくきん》があり、肛門《こうもん》にはよく見《み》る事《こと》の出來《でき》る肛門括約筋《こうもんくわつやくきん》が堅《かた》く閉して居《ゐ》て、意志《いし》のあつた時丈《ときだ》け此《こ》の筋《きん》が收縮《しうしゆく》して開《ひら》きますから用便《ようべん》されますので都合《つがふ》がよろしいのですが、經血《けいけつ》の出《で》る道中《だうちう》には此《こ》の裝置《さうち》がありませんので月經中《げつけいちう》は堪《た》えず出血《しゆつけつ》がありますから其《そ》の手當《てあて》の煩《わづら》ひが生《しやう》じるのであります。

處置《しよち》の材料《ざいれう》として晒《さらし》の丁字帶又《ていじたいまた》は既製《きせい》の月經帶《げつけいたい》、脫脂綿《だつしめん》、普通綿《ふつうめん》を要《えう》します。丁字帶《ていじたい》を作《つく》るには晒《さらし》を半巾《はんはゞ》に切《き》り、その長《なが》さの一端《たん》に割合太《わりあひふと》い紐《ひも》をつけ、紐《ひも》は腹部《ふくぶ》に固《かた》く結《むす》ぶものです。長《なが》さの他《た》の一端《たん》は途中位迄《とちうぐらゐまで》を更《さら》に半巾《はんはゞ》に切《き》り目《め》を入《い》れ、處置《しよち》に際《さい》して股下《またした》よりお腹《なか》の方《はう》に持《も》つて來《き》て、前《まへ》に腹部《ふくぶ》に卷《ま》いて結《ゆは》へた紐《ひも》に左右《さいう》より卷《ま》き付《つ》けます。（第三圖）

さて脫脂綿《だつしめん》は血液《けつえき》をよく吸收《きふしう》する點《てん》から最《もつと》も内部《ないぶ》に用《もち》ひます。ハガキの縱横《たてよこ》を二糎計《センチばか》りもつめた大《おほ》きさに切《き》り厚《あつ》さは二三枚重《まいかさ》ねた程度《ていど》のものをよく局部《きよくぶ》を被《おほ》ふやうにあてます。その外面《ぐわいめん》には血液《けつえき》をはじく性質《せいしつ》のある普通綿《ふつうめん》（青梅綿《あをめわた》又《また》は上等《じやうとう》の蒲團綿《ふとんわた》）を厚《あつ》く且大《かつおほ》きく使《つか》ひます。つまり最《もつと》も外側《そとがは》の丁字帶《ていじたい》（又《また》は月經帶《げつけいたい》）と中《なか》の脫脂綿《だつしめん》との間《あひだ》に大《おほ》きくはみ出《だ》すやうに入《い》れて血液《けつえき》の浸《し》み出《だ》すのを防《ふせ》ぐわけなのです。脫脂綿《だつしめん》だけは一日五六回《にちくわい》交換《かうくわん》せねばなりません。別法《べつはふ》として普通綿《ふつうめん》の代《かは》りに油紙《ゆし》を使用《しよう》するのも一方法《はうはふ》ですが油紙《ゆし》は辷《すべ》ることがありますから、更《さら》にこれの外《ほか》に普通綿《ふつうめん》を加《くは》へるもよろしく、又脫脂綿《まただつしめん》は當《あ》てられた所《ところ》へ附着《ふちやく》して殘《のこ》り易《やす》いといふので最《もつと》も内側《うちがは》に一枚《まい》だけガーゼを用《もち》ふるもよく、少々不經濟《せうせうふけいざい》でも綿《わた》に代《か》へて全部《ぜんぶ》をガーゼにする向《むき》もあります。近來姫紙《きんらいひめがみ》と稱《しよう》して軟《やはら》かく心地《ここち》のよい紙《かみ》を使用《しよう》するのが流行《りうかう》となりました。これは水《すゐ》洗式《せんしき》の便所《べんじよ》に其《そ》の儘流《まゝなが》しても直《す》ぐに解《と》けてしまふ便利《べんり》と、綿《わた》の輸入《ゆにふ》を儉約《けんやく》の意味《いみ》からも望《のぞ》ましい材料《ざいれう》です。

以上《いじやう》は布製《ぬのせい》のM帶《たい》の說明《せつめい》ですが、近年《きんねん》は中《ちう》央《あう》がゴム製《せい》のものを使用《しよう》して居《を》られるのを見《み》ます。これは局部《きよくぶ》に脫脂綿《だつしめん》を用《もち》ひただけで外《そと》側《がは》からゴムで壓迫《あつぱく》するのですから誠《まこと》に簡單《かんたん》ですが、冷《ひ》える恐《おそ》れがありますから、やゝ非衞《ひゑい》生《せい》となります。昔《むかし》は月經帶《げつけいたい》などの考《かんが》へはなく、又習慣上《またしふくわんじやう》この邊《へん》を纏《まと》ふのを嫌《きら》ひまして、脫脂綿《だつしめん》や鼻紙《はながみ》を丸《まる》めてあの貴《たふと》き處女膜裂《しよぢよまくれつ》口《こう》の中《なか》へ、疼痛《かたみ》を忍《しの》んで挿入《さうにふ》させたものでした。そして膣《ちつ》の下端《かたん》へ栓《せん》した狀態《じやうたい》を繰《く》り返《かへ》すことにより處女膜《しよぢよまく》は破損《はそん》しそればかりではなく外口《ぐわいこう》より數糎上方《すうセンチじやうはう》には廣《ひろ》い出血創傷面《しゆつけつさうしやうめん》がありますので不幸《ふかう》この場所《ばしよ》（卽《すなは》ち子宮內膜《しきうないまく》）に炎症《えんしやう》を起《おこ》した例《れい》も見受《みう》けられました。黴《ばい》

菌《きん》は到《いた》る所《ところ》に存在《そんざい》すると見《み》るが當然《たうぜん》でありますから、この方法《はうはふ》は最《もつと》も不良《ふりやう》の月經處置《げつけいしよち》法《はふ》でありまして、嚴禁《げんきん》せねばならぬことは餘《あま》りにも判り切つたことでありますのに、地方《ちはう》に於《おい》ては未《いま》だに行《おこな》はれて居《ゐ》るとの事《こと》ですが、たとひ既婚婦人《きこんふじん》でも有害《いうがい》の惡法《あくはふ》ですから今日《こんにち》から斷然中止《だんぜんちうし》され度《たい》ものです。

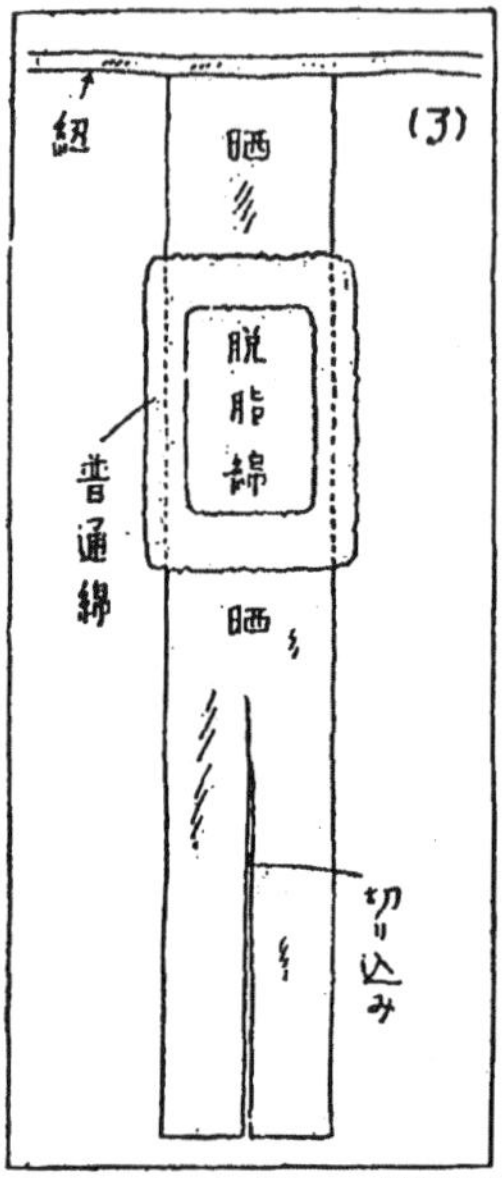

食餌の注意

月經《げつけい》は病的出血《びやうてきしゆつけつ》でなくて生理的《せいりてき》のものでありますから飲食物《いんしよくぶつ》は平素食《へいそしよく》し馴《な》れたものを攝《と》りますが、しかし身體内部《しんたいないぶ》は相互《さうご》に深《ふか》い關《くわん》係《けい》があり、殊《こと》にホルモンの影響《えいきやう》を受《う》けることの多《おほ》い内臟《ないぞう》や血管運動神經《けつくわんうんどうしんけい》を刺戟《しげき》する物《もの》は愼《つゝし》んだ方《はう》が間違《まちが》ひありません。胡椒《こせう》、わさび、酒類等《さけるゐとう》は差控《さしひか》へると同時《どうじ》に、常食《じやうしよく》も稍分量《やゝぶんりやう》をひかへ目《め》に致《いた》します。

運動の範圍

平常《へいそ》馴《な》れた仕事《しごと》に從《したが》ふのはよろしいが、過《くわ》劇《げき》な運動《うんどう》、不馴《ふなれ》の動作《どうさ》は無駄《むだ》に出血量《しゆつけつりやう》を增《ま》し、又精神《またせいしん》を過勞《くわらう》させますから見合《みあは》せます。例《たと》へば登山《とざん》や水泳《すゐえい》の如《ごと》き、殊《こと》に水泳《すゐえい》は冷却《ひえ》も加《くは》はつて、骨盤内生殖器《こつばんないせいしよくき》の炎症《えんしやう》を誘發《いうはつ》させる恐《おそ》れがあります。

學校《がくかう》に於《おい》ての體操遊戲《たいさういうぎ》は勸《すゝ》める人《ひと》と禁《きん》ずる人《ひと》とありますが、實際《じつさい》は短時間《たんじかん》簡易《かんい》な程度《ていど》より段々《だん／＼》進《すゝ》めてこれらに馴《な》れさへすれば禁《きん》ずる要《えう》はありません。運動《うんどう》はどうしても多少出血《たせうしゆつけつ》は增《ま》しますがこの程度《ていど》のものなら餘《あま》り消極《せうきよく》に流《なが》れるのは反《かへ》つて不利益《ふりえき》です。外國殊《ぐわいこくこと》に獨逸《ドイツ》あたりでは月經時《げつけいじ》下腹痛《かふくつう》の烈《はげ》しい人《ひと》などには體操《たいさう》をさせて痛《いた》みより救《すく》ふとて大《おほ》いに奬勵《しやうれい》して居《ゐ》るさうです。但《たゞ》し平素《へいそ》血色《けつしよく》の惡《わる》い貧血性《ひんけつせい》の人《ひと》と、月經血《げつけいけつ》の凝固《ぎようこ》する程大量《ほどたいりやう》の人《ひと》は運動《うんどう》は勿論中止《もちろんちうし》、中《なか》にはそれでも月經後《げつけいご》に心悸《しんき》亢《かう》進《しん》や頭重《づぢう》を訴《うつた》へる事《こと》もあるので、そのやうな人《ひと》はむしろ安靜《あんせい》につとめる可《べ》きです。女生徒《ぢよせいと》が此《こ》の時間見學《じかんけんがく》して居《ゐ》るのを見受《みう》けますが粗相《そさう》するのを慮《おもんぱか》つての方《はう》が大方《おほかた》でせう。

清潔《せいけつ》は最《もつと》も大切《たいせつ》ですが入浴《にふよく》は普通行《ふつうおこな》ひません、入浴《にふよく》すれば湯《ゆ》の中《なか》を汚《よご》す心配《しんぱい》もありますが、それより大切《たいせつ》な點《てん》は出血創面《しゆつけつさうめん》に黴菌《ばいきん》を送《おく》り込《こ》むやうなことが生《しやう》じては取《と》り返《かへ》しがつかないからです。止血《しけつ》に近《ちか》づかねば、風呂《ふろ》は斷念《だんねん》の外《ほか》ありません。これに代《かは》つて一日《にち》二回《くわい》か三回《くわい》の清拭《せいしよく》は最《もつと》も必要《ひつえう》です。三日《か》も五日《か》以上《いじやう》も血液《けつえき》が出《で》るのに打《う》ち捨《す》てて置《お》いては血液《けつえき》の分解《ぶんかい》を起《おこ》し、これは皮脂腺《ひしせん》の分泌物《ぶんぴつぶつ》が交《まじ》つて臭氣《しうき》が甚《はなは》だしく、夏季《かき》は尚《なほ》その上汗《うへあせ》を交《まじ》つて愈々《いよ／＼》以《もつ》て人中《ひとなか》へ出《で》られたものでもなく、自身《じしん》も不快《ふくわい》でたまりません。

尚歩《なほある》くことによつて摩擦《まさつ》する場所《ばしよ》には糜爛《びらん》を生《しやう》じてひり／＼と疼痛《いたみ》を來《きた》し、遂《つひ》には膿《のう》をさへ持《も》つやうになります。

それで冬《ふゆ》は温湯《おんたう》、夏《なつ》もなるべくは微溫湯《ぬるまゆ》又《また》は硼酸水《はうさんすゐ》をもつて布《ぬの》を絞《しぼ》り、よく拭《ふ》いて清潔《せいけつ》を計《はか》ります。

若《も》しそれでも痛《いた》い股《また》ずれが出來《でき》ましたら、拭《ぬぐ》つた後《あと》へ亞鉛華澱粉《あえんくわでんぷん》かシツカロールを撒布《さんぷ》して置《お》きます。

精神的方面の影響

月經時《げつけいじ》、爽快《さうくわい》を感《かん》じ、頭腦《づなう》も明晰《めいせき》になるといふ人《ひと》も稀《まれ》にはありますが、大多數《だいたすう》はこの反《はん》對《たい》で憂鬱悲觀《いううつひくわん》に傾《かたむ》き、頭《あたま》もぼんやりするものです。生憎試驗《あひにくしけん》にでもぶつかりますと、これまでのやうによい成績《せいせき》が得《え》られなかつた例《れい》などは珍《めづ》らしくありません。又遠《またとほ》く故鄕《こきやう》を離《はな》れて居《ゐ》て久方《ひさかた》ぶりに父母《ふぼ》のもとへ音信《いんしん》をするのに、心《こゝろ》にもなき悲觀的《ひくわんてき》な容子《ようす》が表《あら》はれて親《おや》に飛《と》んだ心配《しんぱい》をかけた實例《じつれい》もあり、讀書《どくしよ》しても普段《ふだん》よりも感《かん》じ易《やす》いのです。それで感傷的《かんしやうてき》の讀書《どくしよ》や演劇《えんげき》を觀《み》るのは、害《がい》あつて益《えき》なしといふ可《べ》きです。

女性《ぢよせい》の犯罪《はんざい》は多《おほ》く月經時《げつけいじ》に發作的《ほつさてき》に表《あら》はれるものです。これは惡《わる》い出來心《できごゝろ》を抑制《よくせい》する力《ちから》が鈍《にぶ》るからです、嗜眠《しみん》の狀態《じやうたい》に傾《かたむ》きます人《ひと》はとりわけ充分《じうぶん》の眠《ねむ》りをとつて腦《なう》の休養《きうやう》を心掛《こゝろが》けませう。

春機發動期《しゆんきはつどうき》には以上述《いじやうの》べた身體《からだ》の變化《へんくわ》の外《ほか》局部《きよくぶ》の形態《けいたい》にも著《いちゞる》しい發達《はつたつ》をもたらします。中《なか》には少女時代《せうぢよじだい》を聯想《れんさう》したり、又現在《またげんざい》の少女《せうぢよ》のと比較《ひかく》して、餘《あま》り變《かは》り方《かた》が大《おほ》きいと、自分《じぶん》は畸形《きけい》ではないかと胸《むね》を痛《いた》めて居《ゐ》る可哀《かあい》想《さう》な少女《せうぢよ》もあります。

以上色々《いじやういろ〳〵》の不可思議《ふかしぎ》な變化《へんくわ》を起《おこ》す力《ちから》は卽《すなは》ちホルモンの調節作用《てうせつさよう》によるものであります。次《つぎ》にそのお話《はなし》を述《の》べませう。

ホルモン（内分泌）

人《ひと》の身體《からだ》の内部《ないぶ》には色々《いろ〳〵》の任務《にんむ》を帶《お》びた、腺《せん》がありまして、その腺《せん》からはそれ獨特《どくとく》の働《はたら》きある分泌液《ぶんぴえき》を出《だ》します。その内《うち》、唾液《だえき》や淚《なみだ》や汗《あせ》のやうに、製造《せいぞう》された液《えき》が腺《せん》から目的地《もくてきち》迄《まで》排泄管《はいせつくわん》である道《みち》を送《おく》られて出《で》て來《く》るものはホルモンではなくて、外分泌《ぐわいぶんぴ》ともいふ可《べ》きものであります。胃《ゐ》や腸《ちやう》の消化液《せうくわえき》も一つの外分《ぐわいぶん》泌《ぴ》であります。

これと異《こと》なり、腺《せん》から作《つく》られたホルモンは排《はい》泄管《せつくわん》を持《も》たぬ時《とき》には止《や》むなく血行又《けつかうまた》は淋巴液《りんぱえき》の中《なか》へ直《たゞ》ちに送《おく》られて血液《けつえき》を介《かい》して遠《とほ》く離《はな》れた臟器《ざうき》に作用《さよう》して調節《てうせつ》を司《つかさど》るので、これ等《ら》を内分泌液又《ないぶんぴえきまた》はホルモンと申《まを》します。ホルモンの中《なか》でも胸腺《きようせん》などは身體《しんたい》の發育時期《はついくじき》にのみ必要《ひつえう》なホルモンを分泌《ぶんぴ》し、その用《よう》が消《き》えると萎縮《ゐしゆく》して成人《せいじん》となればその根痕《こんせき》となつてしまふものもあれば、男子《だんし》の睾丸《かうぐわん》や女子《ぢよし》の卵巢《らんさう》などのやうに中年《ちうねん》に活動《くわつどう》をするものもあり、殊《こと》に身體中《からだぢう》は微妙《びめう》に作《つく》られて居《を》ります。

月經《げつけい》の不順《ふじゆん》や、一生無月經《しやうむげつけい》に終《をは》る者《もの》の中《なか》にはホルモンの分泌異常《ぶんぴいじやう》、殊《こと》に分泌不足《ぶんぴふそく》のために來《く》るものが最《もつと》も多《おほ》くて、他《た》の原因《げんいん》（幼時《えうじ》の大《たい》患《くわん》例《たと》へばチフス、肺炎《はいえん》、猩紅熱等《しやうこうねつとう》）（子宮卵巢《しきうらんさう》の他《た》の疾患《しつくわん》、畸形等《きけいとう》）のために來《く》る者《もの》はずつと少數《せうすう》であります。

ホルモンの異常《いじやう》に就《つい》ては複雜《ふくざつ》した病的症《びやうてきしやう》狀《じやう》が他《た》にも表《あら》はれますが、ここには省略《しやうりやく》いたします。

こゝでお母樣方《かあさまがた》に特《とく》に御注意《ごちうい》申《まを》して置《お》き度《た》いことはホルモン分泌不足《ぶんぴふそく》を來《きた》す原因《げんいん》の中《なか》には、發育盛《はついくざか》りに冷《ひ》やしたことに依《よ》る者《もの》が相當《さうたう》あるといふことです。近年著《きんねんいちゞる》しくホルモン缺乏症《けつぼふしやう》（卵巢機能不全症《らんさうきのうふぜんしやう》、子宮發育不全症《しきうはついくふぜんしやう》）が増加《ぞうか》して、これ等《ら》の諸訴《しようつた》へで婦人科醫《ふじんくわい》を訪《おとづ》れる人《ひと》の甚《はなは》だ多《おほ》いことは、實《じつ》に由々《ゆゝ》しい事《こと》の限《かぎ》りです。成熟《せいじゆく》せんとする春機發動期《しゆんきはつどうき》の少女及《せうぢよおよ》び中年《ちうねん》の婦人《ふじん》は何卒《どうか》して下腹《かふく》、腰部大腿《えうぶだいたい》邊《へん》の保溫《ほをん》につとめられ、血行《けつかう》をよくして發育《はついく》を促《うなが》し、以《もつ》て健全《けんぜん》なる一生《しやう》を過《すご》されることを祈《いの》ります。

「初潮の娘」をどう導いてゐるか

―女學校の立場より―

（一）初潮に對してどういふ敎育方法をとつてゐられますか

（二）その手當としてどういふ方法を御敎へになりますか

（三）初潮の時或は不意の來潮にそなへるためにどんな設備をしてゐられますか

（四）初潮の頃その心理的變化に對してどういふ敎育方法をとつてゐられますか

東京府立第一高等女學校

一　毎年《まいねん》五月頃《ぐわつごろ》校醫《かうい》（婦人《ふじん》）の來校《らいかう》を乞《こ》ひ特《とく》に一年生全體《ねんせいぜんたい》に對《たい》して「特別衛生《とくべつゑいせい》」に關《くわん》する講話《かうわ》をなし、月經《げつけい》に關《くわん》する諸知識《しよちしき》を與《あた》ふ。

二　初潮《しよてう》を見《み》たる時《とき》は直《たゞ》ちに衛生室《ゑいせいしつ》に行《ゆ》き看護婦《かんごふ》に用意《ようい》してもらひ、氣分《きぶん》惡《わる》き人《ひと》は備付《そなへつけ》の藥《くすり》（輕《かる》い鎭靜劑《ちんせいざい》）を服用《ふくよう》して一時間《じかん》程《ほど》休養《きうやう》せしむ。體操《たいさう》は成《な》るべく見學《けんがく》をなさしめ、缺席《けつせき》せず登校《とうかう》するやう敎育《けういく》す。

三　手洗場《てあらひば》に脱脂綿《だつしめん》（十錢《せん》）月經帶《げつけいたい》（二十錢《せん》）の箱《はこ》を設備《せつび》して自由《じゆう》に求《もと》め得《う》るやう取《と》り計《はか》らふ。尚《なほ》、看護婦《かんごふ》及《および》衛生係《ゑいせいがかり》は相談《さうだん》に應《おう》じ適宜《てきぎ》、指導《しだう》す。

四　初潮《しよてう》の時《とき》の心理的變化《しんりてきへんくわ》については統計《とうけい》の結果《けつくわ》あまり異狀《いじやう》を認《みと》めず。然《しか》し一二年《ねん》の變化《へんくわ》ある時代《じだい》は全職員《ぜんしよくゐん》之《これ》を念頭《ねんとう》におきて敎育《けういく》をなし、尚《なほ》個別的《こべつてき》には各學級主任《かくがくきふしゆにん》は充分《じうぶん》に注意《ちうい》して觀察《くわんさつ》し指導《しだう》をなす程度《ていど》にて特別《とくべつ》なる敎育方針《けういくはうしん》はとらず。

東京府立第二高等女學校

一　初潮《しよてう》に就《つ》いては、當校《たうかう》では學級主任《がくきふしゆにん》の女子《ぢよし》が（男女各一人宛《だんぢよかくひとりづつ》の主任《しゆにん》）其級《そのきふ》に適宜《てきぎ》の注意所置《ちゆういしよち》を話《はな》してゐます。

二　學校衛生《がくかうゑいせい》の立場《たちば》としては特別《とくべつ》の事《こと》を致《いた》しておりません。

三　不意《ふい》の場合《ばあひ》としては衛生部《ゑいせいぶ》に、手當用《てあてよう》の多少《たせう》の用意《ようい》がしてあります。

四　敎育學《けういくがく》に於《おい》て成熟《せいじゆく》を問題《もんだい》にする時初潮《しよてう》を話《はな》す。
心理學《しんりがく》に於《おい》て精神發達上《せいしんはつたつじやう》の靑春期《せいしゆんき》を取扱《とりあつか》ふ際《さい》、之《これ》を考察《かうさつ》せしむ。

223 「「初潮の娘」をどう導いてゐるか」 竹内茂代、平山信子 ほか 『婦人公論』昭和13年1月1日

東京府立第八高等女學校

一 二 入學後《にふがくご》四、五月《げつ》に於《おい》て「女子《ぢよし》特別衞生《とくべつゑいせい》に關《くわん》する心得《こゝろえ》」なる小册子《せうさつし》を配布《はいふ》して母姉《ぼし》の注意《ちうい》を喚起《くわんき》し生徒《せいと》にも來潮《らいてう》の意義《いぎ》、心得《こゝろえ》、手當等《てあてとう》の大要《たいえう》を理解《りかい》せしむ。

三 校友會購買部《かうゆうくわいこうばいぶ》に於《おい》て月經帶《げつけいたい》、脱脂綿《だつしめん》を取《と》扱《あつか》はしめ又衞生部《またゑいせいぶ》に於《おい》ても用意《ようい》し置《お》き急《きふ》の場合《ばあひ》に供《きやう》す。

四 特《とく》に女教員《ぢよけうゐん》の學年主任《がくねんしゆにん》に於《おい》てその心理的《しんりてき》變化《へんくわ》に注意《ちうい》し學習《がくしふ》と訓練《くんれん》と異常《いじやう》ある場合《ばあひ》は來潮《らいてう》の有無《うむ》を調《しら》べ適當《てきたう》なる指導《しだう》をなす。

日本女子大學校附屬高等女學校

一 二 生理及家事科《せいりおよびかじくわ》に於《おい》て指導《しだう》する外《ほか》に擔任教師《たんにんけうし》が家庭《かてい》と連絡《れんらく》をとり個人的《こじんてき》に注意《ちうい》を與《あた》へることにしてゐます。

三 應急用衞生綿付《おうきふようゑいせいめんつき》メトロンバンドを手洗場《てあらひば》に備付《そなへつけ》てあります。

四 動搖《どうえう》し易《やす》い精神《せいしん》を明朗《めいらう》に保《たも》たせる爲《た》めに

一、個人的《こじんてき》には擔任教師《たんにんけうし》が面會《めんくわい》により適宜《てきぎ》の指導《しだう》を與《あた》ふ。

二、一般《ぱん》としては

1 運動獎勵《うんどうしやうれい》

2 規律的生活《きりつてきせいくわつ》の徹底《てつてい》

3 克己奉仕《こくきほうし》に精進《しやうじん》するやう指導《しだう》します。

東京市立目黑高等女學校

一 第一學年《だいがくねん》に於《おい》て女《をんな》の先生《せんせい》より初潮《しよてう》について生理的《せいりてき》の意味《いみ》や手當《てあて》について話《はな》します。

二 清潔《せいけつ》を主《しゆ》にして運動《うんどう》に便利《べんり》な手當法《てあてはふ》を敎《をし》へてゐます。

三 衞生室《ゑいせいしつ》に丁字帶《ていじたい》を用意《ようい》し、又便所《またべんじよ》には月經帶及携帶綿《げつけいたいおよびけいたいめん》の自働販賣機《じどうはんばいき》を具《そな》へてあります。

四 個人的《こじんてき》に注意《ちうい》をしてゐます。

東京・山脇高等女學校

一 第一學年《だいがくねん》の第三學期《だいがくき》に女子《ぢよし》の教員《けうゐん》から女子《ぢよし》の身體的變化《しんたいてきへんくわ》につき説明致《せつめいいた》します。

二 一の場合《ばあひ》に使用品《しようひん》も敎《をし》へます。手當《てあて》の方法《はうはふ》月經時《げつけいじ》の心得《こゝろえ》につき話《はな》します。

三 手洗所《てあらひば》の中《なか》に自働的《じどうてき》に出《で》る設備《せつび》がしてあります。綿《わた》が十錢《せん》、帶《バンド》が二十錢《せん》でおかねを入れると出てくるやうになつて居《を》ります。

四 特別《とくべつ》な方針《はうしん》といふ程《ほど》のものはありませんが、毎日女醫《まいにちぢよい》の校醫《かうい》が醫務室《いむしつ》に出勤《しゆつきん》して居《を》りますので、隨時之《ずゐじこれ》に應《おう》ずる事《こと》になつて居《を》ります。

東京・跡見女學校

一 毎年《まいねん》一學年生《がくねんせい》には母姉《ぼし》を招《まね》き生徒《せいと》と共《とも》に婦人衞生《ふじんゑいせい》につき權威《けんゐ》ある女醫《ぢよい》に托《たく》して講演會《かうえんくわい》を開《ひら》く。尚生理及家事科《なほせいりおよびかじか》に於《おい》て更《さら》に婦人衞生《ふじんゑいせい》として指導《しだう》する。

二 手當《てあて》は格別清潔《かくべつせいけつ》にすべき事《こと》を注意《ちうい》し手當《てあて》に使用《しよう》する材料《ざいれう》は普通《ふつう》の時《とき》は脱脂綿《だつしめん》を外部《ぐわいぶ》に當《あ》てその上丁字帶《うへていじたい》を用《もち》ふる。多量《たりやう》の時《とき》は防水布《ばうすいふ》を更《さら》に用《もち》ふるやう指導《しだう》する。

三 便所《べんじよ》に月經手當材料箱《げつけいてあてざいれうばこ》を備《そな》へおく。

四 心理變化《しんりへんくわ》については此際《このさい》は精神《せいしん》を安靜《あんせい》に刺戟《しげき》になるやうな原因《げんいん》をつくらぬやうに特《とく》に注意《ちうい》する。

東京・頌榮高等女學校

一 二 毎年新入學生徒《まいねんしんにふがくせいと》に對《たい》し醫學博士竹内《いがくはかせたけうち》茂代女史《しげよぢよし》を聘《へい》し、醫學《いがく》の立場《たちば》から初潮《しよてう》の理論《りろん》と實際手當《じつさいてあて》について委《くは》しく話《はな》して貰《もら》ふことにしてゐます。

三　休養室《きうやうしつ》に自働式《じどうしき》の脱脂綿《だつしめん》販賣機《はんばいき》を備《そな》へつけて不意《ふい》の場合《ばあひ》の用《よう》に供《きやう》して居《を》ります。

四　過激《くわげき》な運動《うんどう》を避《さ》け刺戟的《しげきてき》讀物《よみもの》から遠《とほ》ざからせるやうにしてゐます。

東京・淑德高等女學校

一　初潮《しよてう》について生理的《せいりてき》の説明《せつめい》と衞生上《えいせいじやう》の注意《ちうい》とを十分《ぶん》に與《あた》へ專《もつぱ》ら安靜《あんせい》を保《たも》つべきことを知《し》らせます。

二　初學年《しよがくねん》に右《みぎ》に關《くわん》する小册子《せうさつし》を配布《はいふ》し擔任《たんにん》女教員《ぢよけうゐん》が實際方法《じつさいはうはふ》を指導《しだう》いたします。

三　手當《てあて》に要《えう》する材料全部《ざいれうぜんぶ》を毎日校内《まいにちかうない》に備《そな》へおき隨時《ずゐじ》與《あた》へるやうにいたします。

四　女性《ぢよせい》として最《もつとも》　愼重《しんちやう》に考《かんが》ふべきものなることを知《し》らしめ家庭《かてい》と連絡《れんらく》をとりつゝ適宜《てきぎ》な處置《しよち》をとるやうにいたします。

東京・普連土女學校

一　女醫《ぢよい》の方《かた》に講話《かうわ》を御《お》たのみします。

二　受持《うけもち》の教師《けうし》か體操教師《たいさうけうし》が手當《てあて》を教《をし》へます

三　學校《がくかう》に脱脂綿《だつしめん》と晒木綿《さらしもめん》とで作《つく》つた物《もの》を用意《ようい》してあります。

四　特別《とくべつ》申《まを》し上《あ》げる樣《やう》な事《こと》をして　おりません。

和歌山縣立和歌山高等女學校

一　初潮《しよてう》についての教育《けういく》は本校生徒《ほんかうせいと》月經調査《げつけいてうさ》研究《けんきう》に基《もと》き運動《うんどう》及《およ》び學習時《がくしふじ》の故障《こしやう》心身《しんしん》の異常《いじやう》等《とう》を斟酌《しんしやく》し入學當時《にふがくたうじ》作法《さはふ》の時間等《じかんとう》に一年生《ねんせい》の理解力《りかいりよく》に應《おう》じて指導《しだう》す。理論的《りろんてき》の教育《けういく》は生理《せいり》及家事《およびかじ》教授《けうじゆ》にて取扱《とりあつか》ひ生徒將來《せいとしやうらい》の育兒《いくじ》資料《しれう》とさせます。

二　生理衞生《せいりえいせい》の立場《たちば》より指導《しだう》し心身《しんしん》の變化《へんくわ》、運動入浴《うんどうにふよく》の心得《こゝろえ》、使用物品《しようぶつぴん》の説明等《せつめいとう》をいたします。

三　靜養室《せいやうしつ》の救急箱内《きふきふばこない》に用意《ようい》しおき又學用品《またがくようひん》賣場《うりば》で販賣《はんばい》し女教員《ぢよけうゐん》は之《これ》が指導《しだう》に當《あた》ります。

四　初潮前《しよてうまへ》に大體《だいたい》の知識《ちしき》を得《え》せしめて其覺悟《そのかくご》と用意《ようい》をさせ、當時《たうじ》は友人間《いうじんかん》で助《たす》け合《あ》ひ女教員《ぢよけうゐん》及母姉《およびぼし》に指導《しだう》をうけるやう申《まを》してあります。

旭川市立高等女學校

一　二　生徒手帳《せいとてちやう》に衞生上《えいせいじやう》の注意《ちうい》を書《か》いて讀《よ》ませてある。他《ほか》には二年生《ねんせい》に一時間《じかん》教《をし》へます。

三　衞生室《えいせいしつ》より手當用品《てあてようひん》を衞生婦《えいせいふ》より貰《もら》つて行《ゆ》きます。

四　特別《とくべつ》に致《いた》してをりません。

長野縣立松本高等女學校

一　第一學年《だいがくねん》第一學期中《がくきちう》に適當《てきたう》なる學科《がくくわ》（多《おほ》くは修身科《しうしんくわ》）の一、二時間《じかん》を女子《ぢよし》特別衞生講話《とくべつえいせいかうわ》の時間《じかん》に充《あ》て、女教員《ぢよけうゐん》に於《おい》て月經《げつけい》に關《くわん》する一般知識《ぱんちしき》、手當方法《てあてはうはふ》、來潮中《らいてうちう》の諸注意等《しよちういとう》を話《はな》します。

二　家事科教員《かじくわけうゐん》を利用《りよう》して手當用品《てあてようひん》の實物《じつぶつ》各種《かくしゆ》を示《しめ》し、手當方法《てあてはうはふ》を教《をし》へ不潔《ふけつ》、不衞生《ふえいせい》に陷《おちい》らぬ樣《やう》の注意《ちうい》を與《あた》へて居《を》ります。

三　學校備付藥品戸棚中《がくかうそなへつけやくひんとだなちう》に晒布《さらし》、綿花《めんくわ》、ガーゼ、油紙《ゆし》の類《るゐ》を特《とく》に用意《ようい》し置《お》き入用時《にふようじ》には隨時《ずゐじ》女教員《ぢよけうゐん》に迄申出《までまをしで》る樣《やう》にし、初潮《しよてう》を見《み》たる際《さい》は總《すべ》てを調《とゝの》へて與《あた》へます。

四　少女期《せうぢよき》より成人期《せいじんき》に生長《せいちやう》したるを示《しめ》す喜《よろこ》ぶ可《べ》き現象《げんしやう》なる事《こと》を教《をし》へ、總て尊《たつと》き母性生活《ぼせいせいくわつ》への準備《じゆんび》なれば嚴肅《げんしゆく》に眞面目《まじめ》に考《かんが》ふ可《べ》き事柄《ことがら》なることをも知《し》らしめて、羞恥《しうち》、恐怖《きやうふ》、好奇《かうき》等《とう》の念《ねん》を起《おこ》さしめず、不知不識の間《あひだ》に女性《ぢよせい》としての特權《とくけん》を尊重《そんちやう》せしめる樣《やう》に話《はな》して居《ゐ》ます

愛媛縣立松山高等女學校

225 「「初潮の娘」をどう導いてゐるか」 竹内茂代、平山信子 ほか 『婦人公論』昭和13年1月1日

一二四 第二學年《だいがくねん》に進級《しんきふ》したる時《とき》、作法《さはふ》の時間《じかん》を割《さ》きて初潮《しよてう》の生理的現象《せいりてきげんしやう》及《および》衛生上《えいせいじやう》より考《かんが》へたる手當法《てあてはふ》、並《ならび》に精神上《せいしんじやう》の方面《はうめん》について教育《けういく》してゐます。

三 若《も》し不意《ふい》に初潮《しよてう》を見《み》る時《とき》は學校看護婦《がくかうかんごふ》、或《あるひ》は女教員《ぢよけうゐん》又《また》は家事科擔任《かじくわたんにん》に申出《まをしで》て相談《さうだん》をなさしめてゐます。學校衛生室並《がくかうえいせいしつなら》びに給品部《きふひんぶ》に用意《ようい》がしてありますから任意《にんい》それを利用《りよう》してゐます。

島根縣立松江高等女學校

一 パンフレット「月經《げつけい》のさとし」を入學式《にふがくしき》當日《たうじつ》母姉《ぼし》に渡《わた》し、家庭《かてい》で十分《ぶん》の指導《しだう》をたのみます。

二 (イ)月經帶作製《げつけいたいさくせい》

市中《しちう》で販賣《はんばい》してゐるバンドにはゴム製多《せいおほ》く、不衛生《ふえいせい》になるので、各自作《かくじつく》らせます。

(ロ)月經帶《げつけいたい》の内側《うちがは》に綿《わた》(青梅綿《あをめわた》)を用《もち》ふ

(材料及型《ざいれうおよびかた》は「月經《げつけい》のさとし」に説明《せつめい》)

三 (イ)脱脂綿給與《だつしめんきふよ》

(ロ)月經帶《げつけいたい》は購買部《かうばいぶ》で販賣《はんばい》

四 二、三年頃《ねんごろ》がその時期《じき》故職員常《ゆゑしよくゐんつね》によく協調《けふてう》して、特《とく》に生徒《せいと》の感情生活《かんじやうせいくわつ》について理解《りかい》を以《もつ》て臨《のぞ》むやう努《つと》めて居《ゐ》ます。

香川縣立丸龜高等女學校

一 初潮《しよてう》の事《こと》に就《つ》いて學校《がくかう》の教育《けういく》

1、生徒心得中《せいとこゝろえちう》に月經《げつけい》の注意《ちゆうい》を詳細《しやうさい》に記述《きじゆつ》せり。

2、婦人科専門醫學博士《ふじんくわせんもんいがくはかせ》白井貞次郎先生《しらゐさだじらうせんせい》に毎年《まいねん》一學期《がくき》に四時間本校第二學年生《じかんほんかうだいがくねんせい》に就《つい》て月經《げつけい》の原理《げんり》、手當法處理法《てあてはふしよりはふ》の講話《かうわ》することとせり。

二 初潮《しよてう》をみた時《とき》の學校衛生《がくかうえいせい》の立場《たちば》

女先生《をんなせんせい》に申出《まをしで》る様《やう》に注意《ちうい》してゐる。

脱脂綿《だつしめん》を使用《しよう》し決《けつ》してボロ其他不潔物《そのたふけつぶつ》を使用《しよう》せぬ様注意《やうちうい》してゐる。入浴《にふよく》をせぬこと過激《くわげき》な運動《うんどう》をせぬこと。

三 衛生室《えいせいしつ》に脱脂綿《だつしめん》を準備《じゆんび》して居《ゐ》る。

四 初潮《しよてう》の時《とき》は何《なん》となく沈《しづ》み勝《が》ちとなり滅入《めい》つてゐる様《やう》である。人《ひと》に言《い》はれぬ不安《ふあん》を感《かん》ずるのでせう。こんな者《もの》を發見《はつけん》した時《とき》は月經《げつけい》の意義及《いぎおよ》び月經《げつけい》のある事《こと》を寧《むし》ろ祝福《しゆくふく》する様本人《やうほんにん》にのみ解説《かいせつ》すると安心《あんしん》する様《やう》である。

群馬縣立前橋高等女學校

一 プリントによつて級主任《きふしゆにん》、或《あるひ》は體操教師《たいさうけうし》(共《とも》に女教員《ぢよけうゐん》)が一年《ねん》の三學期《がくき》にその教育月經《けういくげつけい》の生理的意味及月經《せいりてきいみおよびげつけい》についての衛生上《えいせいじやう》の注意《ちうい》をいたします。

二 右《みぎ》プリント中《ちう》にその手當法《てあてはふ》も加《くは》へてあります。

三 丁字帶《ていじたい》、脱脂綿《だつしめん》、油紙等《ゆしとう》を一包《つゝみ》にして臨時手當《りんじてあて》の出來《でき》るやう用意《ようい》してあります。

四 プリント中《ちう》に心理的變化《しんりてきへんくわ》を加《くは》へて注意《ちうい》します。

靜岡縣立靜岡高等女學校

一 本校《ほんかう》で出版《しゆつぱん》しましたかなり委《くは》しい「婦人衛生《ふじんえいせい》の話《はなし》」といふパンフレットを一冊《さつ》づゝ與《あた》へそれに基《もと》づき正確《せいかく》なる知識《ちしき》をあたへます。

二 1、月經帶《げつけいたい》は丁字帶《ていじたい》を理想《りさう》とすれども、運動作業等《うんどうさげふとう》の關係上《くわんけいじやう》、市井販賣《しせいはんばい》のもの數種程毎年改良《すうしゆほどまいねんかいりやう》されたものも買《か》ひ添《そ》へて參考《さんかう》のためにみせ、最《もつと》も適切《てきせつ》なる使用方法《しようはうはふ》を教《をし》へます。

2、御不淨《ごふじやう》にまゐりました際《さい》、よごれたものは稍々厚《やゝあつ》い紙《かみ》に包《つゝ》んで落《おと》すやうに申《まを》しきかせます。

3、綿《わた》の使用《しよう》はそのまゝでなく、なるべく

ガーゼでつゝんで月經帶《げつけいたい》にあてるやうにせよと敎《をし》へます。

三 衞生室《えいせいしつ》に簡單《かんたん》な丁字帶《ていじたい》をつくつてございます。それにあてるべき綿《わた》、ガーゼも用意《ようい》してあります故、生徒《せいと》は衞生室《えいせいしつ》にいたり看護婦《かんごふ》に告《つ》げてもらひうけます。

四 1、無意味《むいみ》な恐怖心《きようふしん》をおこさぬこと。

2、汚濁《をだく》なものでないことを自覺《じかく》せしめ、正《たゞ》しく淸潔《せいけつ》なる手當《てあて》をして安心《あんしん》して活動《くわつどう》すべきこと。

3、女子《じよし》として身體的《しんたいてき》に完成《くわんせい》の域《ゐき》を表明《へうめい》せるものなれば自重《じちよう》して徐々《じよ〻》に女《をんな》らしきおちつきとしとやかさを習《なら》ふべきこと。

4、つとめて睡眠《すゐみん》を充分《じうぶん》にし、眼《め》がさめたら直《たゞ》ちに起きて仕事《しごと》すべきこと。

5、一層《いつそう》身體《しんたい》の淸潔《せいけつ》に留意《りうい》せしむべきこと等《とう》を指導《しだう》します。

愛知縣第三高等女學校

一 低學年生徒《ていがくねんせいと》に對《たい》して愛知縣學校衞生技師《あいちけんがくかうゑいせいぎし》醫學博士《いがくはかせ》中島銀雄氏著「女性《ぢよせい》の生理的現象《せいりてきげんしやう》」を各自《かくじ》に與《あた》へ、これが指導《しだう》には專任校醫《せんにんかうい》及練達《およびれんたつ》なる女敎師《ぢよけうし》が當《あた》る。

二 (一)の中《なか》にあり。

三 專任校醫《せんにんかうい》校舍內《かうしやない》に住居《ぢうきよ》し、すべての症狀《しやうじやう》に對《たい》し其《そ》の處置《しよち》にあたり得《う》るやう設備《せつび》しあり

四 體育簿《たいいくぼ》の經水表《けいすゐへう》に其《そ》の日及症狀《ひおよびしやうじやう》を記入《きにふ》させ、又體操《またたいさう》の時《とき》に見學簿《けんがくぼ》に病氣《びやうき》と普通《ふつう》(所謂月經時《いはゆるげつけいじ》)との別《べつ》を記入《きにふ》させ本人《ほんにん》の參考《さんかう》となし學校敎育上《がくかうけういくじやう》の參考資料《さんかうしれう》となし居《を》れり。

岩手縣立盛岡高等女學校

一 二 第《だい》一學年第《がくねんだい》一學期《がくき》の終《をは》り頃《ごろ》(時期《じき》は縣學校衞生技師《けんがくかうゑいせいぎし》と合議《がふぎ》す)に舍監並《しやかんならび》に裁縫科《さいほうくわ》擔任《たんにん》の女敎員《ぢよけうゐん》より印刷物《いんさつぶつ》を生徒《せいと》に與《あた》へ諸注意《しよちうい》を與《あた》ふ。倘父兄會等《なほふけいくわいとう》にて家庭《かてい》との連絡《れんらく》を採《と》る

三 早退《はやびき》につき寛大《くわんだい》に取扱《とりあつか》ひ、附近《ふきん》の店《みせ》と連《れん》絡《らく》をとり綿《わた》を與《あた》ふる樣《やう》に手配《てはい》す。衞生部《ゑいせいぶ》にても綿《わた》を與《あた》ふることゝするも割《わり》に利用《りよう》されず。

四 女敎員《ぢよけうゐん》に特《とく》に注意《ちうい》せしむ。

名古屋市立第一高等女學校

一 本校《ほんかう》に於《お》いては特《とく》に作製《さくせい》せる體育簿《たいいくぼ》により一年擔任《ねんたんにん》の女職員《きよしよくゐん》、衞生部職員《ゑいせいぶしよくゐん》が入學當初《にふがくたうしよ》に於《お》いて月經《げつけい》についての知識《ちしき》(生理的現象《せいりてきげんしやう》なることを明瞭《めいれう》に會得《ゑとく》せしむ)其時《そのとき》の手當法《てあてはふ》並《ならび》に運動時《うんどうじ》の注意《ちうい》を說明《せつめい》し引《ひ》き續《つゞ》き來潮時《らいてうじ》には本校規定《ほんかうきてい》の體育簿中用紙《たいいくぼちうようし》に諸條理《しよでうり》を記錄《きろく》せしめ時々檢閲注意《とき〲けんえつちうい》をあたふ。同時《どうじ》に家庭《かてい》に對《たい》しても注意《ちうい》する樣依賴《やういらい》す。

二 公衆衞生《こうしゆうゑいせい》の立場《たちば》より他《た》の人《ひと》に不快迷惑《ふくわいめいわく》を感《かん》ぜしむることのないやう汚物《をぶつ》の處置等《しよちとう》に付《つ》き敎《をし》ふ。

三 1、靜養室《せいやうしつ》に晒木綿《さらしもめん》にて製作《せいさく》の(部員作《ぶゐんさく》製品《せいひん》)月經帶《げつけいたい》を準備《じゆんび》す。

2、靜養室《せいやうしつ》には老巧《らうこう》なる看護婦《かんごふ》ありて生徒《せいと》の相談手當《さうだんてあて》等もなす。

3、生徒便所內《せいとべんじよない》に各自《かくじ》働精綿販賣器《どうせいめんはんばいき》の設備《せつび》あり。

四 1、病的現象《びやうてきげんしやう》に非《あら》ずして生理的現象《せいりてきげんしやう》なることを充分理解《じうぶんりかい》せしめ驚愕《きやうがく》せざるやうにする。

2、月經時《げつけいじ》には興奮《こうふん》し易《やす》いからよく自制《じせい》して家族交友內等《かぞくかうゆうないとう》にも特《とく》に氣《き》をつけ刺戟《しげき》の强《つよ》き事物《じぶつ》を出來《でき》るだけ避《さ》けるやう注意《ちうい》す。

秋田縣立秋田高等女學校

一 初潮《しよてう》につき第《だい》二學年初《がくねんはじ》め生理衞生《せいりゑいせい》の時間《じかん》

に「女子《ぢよし》の衞生《えいせい》」として二時間《じかん》位《ぐらゐ》の豫定《よてい》にて老練《らうれん》なる該科《がいくわ》擔任《たんにん》女教師《ぢよけうし》より説明《せつめい》致《いた》します。

二　手當法《てあてはう》についでば學校《がくかう》印刷《いんさつ》「女子《ぢよし》の衞生《えいせい》」といふ小册子《せうさつし》を頒《わか》ち其《そ》の處置《しよち》に遺漏《ゐろう》なきを期《き》して居《ゐ》ます。

三　不意《ふい》の場合《ばあひ》に應《おう》ずるため、脱脂綿《だつしめん》自働滑《じどうくわつ》出器《しゆつき》を備《そな》へ置《お》き應急《おうきふ》の便《べん》に供《きよう》して居《を》ります。

四　生理的《せいりてき》變化《へんくわ》は二年《ねん》の半《なかば》までに生《しやう》じ心理的《しんりてき》變化《へんくわ》は二年《ねん》後半《こうはん》より三年《ねん》の初《はじ》めに起《おこ》ります。讀物《よみもの》や觀物《みもの》や交友《かういう》等《とう》のことに注意《ちうい》を拂ひ、つとめて心理的《しんりてき》動搖《どうえう》を防《ふせ》ぐ用意《ようい》をいたすと共《とも》に一面《めん》、捌口《はけくち》を課外《くわぐわい》の淺《あさ》く廣《ひろ》い體育《たいいく》に求《もと》めて居《ゐ》ります。

兵庫縣立第一神戸高等女學校

一　初潮前《しよてうぜん》に於《おい》て、その擔任女教師《たんにんぢよけうし》より細心《さいしん》なる注意《ちうい》を與《あた》へると共《とも》に、小册子《せうさつし》を配布《はいふ》しその徹底《てつてい》を期《き》す。

二　小册子中《せうさつしちう》の「月經中《げつけいちう》の衞生《えいせい》」の項《こう》にしめしてゐます。つまり「第一清潔」。世間《せけん》の人《ひと》は月經中《げつけいちう》はどうせ不潔《ふけつ》になり易《やす》いから、仕方《しかた》がない。すんだら何《なに》もかもきれいにする、といふ人《ひと》もありますがこれは大《おほ》きな心得《こゝろえ》ちがひであります。不潔《ふけつ》にしますと、局部《きよくぶ》に炎症《えんしやう》を起《おこ》したり、また黴菌《ばいきん》に侵《おか》されて、思《おも》ひもよらぬ病氣《びやうき》になつたりする事《こと》がありますから、手當《てあて》の仕方《しかた》なども注意《ちうい》して、清潔《せいけつ》な脱脂綿《だつしめん》や紙《かみ》をもつて、局部《きよくぶ》に當《あ》て、その上《うへ》に丁字帶《ていじたい》（月經帶《げつけいたい》）を施《ほどこ》して、おくがよろしい。こんなことはよくお母樣《かあさま》へ教《をし》へていただきなさい。また入浴《にふよく》はしてもよいといふ方《かた》もありますが習慣《しふくわん》上《じやう》せぬ事《こと》になつてをりますから、なさらぬ方《はう》がよいと思《おも》ひます。しかし、發汗《はつかん》も多《おほ》くなりますし、其《そ》の外《ほか》に不潔《ふけつ》になり易《やす》いのですから局部《きよくぶ》を微温湯《ぬるまゆ》でよくお拭《ぬぐ》ひなさい。そして下《した》着《ぎ》類《るゐ》はよくとり換《か》へて、淸《きよ》いものを着《き》る樣《やう》にして下《くだ》さい。第二體溫。經行中《けいかうちう》には發溫作用《はつおんさよう》も衰《おとろ》へますので大抵體溫《たいていたいおん》が下《さが》ります。それで風邪《かぜ》に罹《かゝ》り易《やす》いのです。正常《せいじやう》よりは少《すこ》し暖《あたゝ》かに着《き》て、殊《こと》に身體《からだ》の下部《かぶ》を冷《ひ》やさぬ樣《やう》に毛糸《けいと》で編《あ》んだ物《もの》や、ネルの樣《やう》なものを卷《ま》いて下《くだ》さい。そして、永《なが》く地上《ちじやう》に立《た》つたり、冷《つめた》い腰掛《こしかけ》にかけたりしない樣《やう》にして和服《わふく》の時《とき》でも決《けつ》してズロースをはなさぬ樣《やう》にして下《くだ》さい。第三運動。月經時《げつけいじ》でも、氣分《きぶん》に異常《いじやう》がなく、苦痛《くつう》を感《かん》じない樣《やう》でしたら、平常《へいぜい》手馴《てな》れた、普通《ふつう》の仕事《しごと》や、輕《かる》い運動位《うんどうぐらゐ》は、爲《し》て差支《さしつかへ》はありませんが、過激《くわげき》な體操《たいさう》や、遊戯《ゆうぎ》・舞踏《ぶたふ》・遠足《えんそく》・長途《ちやうと》の旅行《りよかう》などは、子宮《しきう》の恢復《くわいふく》を遲《おそ》くして出《しゆつ》血《けつ》を多《おほ》くする恐《おそ》れがありますから、お避《さ》けなさるがよろしい。けれども經期中《けいきちう》であるからとて、何《なに》もしないで、御馳走《ごちそう》を澤山《たくさん》にめしあがり、小說《せうせつ》などを讀《よ》んで、寢《ね》ころんで、居《ゐ》られるといふ樣《やう》な事《こと》は、却《かへつ》て其《そ》の分量《ぶんりやう》を增《ま》し苦《く》痛《つう》をますものです。例《たと》へば輕《かる》い散歩《さんぽ》や、炊事《すゐじ》の手傳《てつだひ》や、園藝《えんげい》の世話《せわ》などは、決《けつ》してやめる必要《ひつえう》はありません。斯樣《かやう》な無理《むり》のない仕事《しごと》をする人《ひと》には、天《てん》は惠《めぐ》みを與《あた》へて、困《こま》らぬ樣《やう》に分量《ぶんりやう》を少《すくな》くして呉《く》れるとさへ申《まを》します。しかし激動《げきどう》は、無論《むろん》よくありません。安靜《あんせい》は必要《ひつえう》といふ事《こと》を忘《わす》れぬ樣《やう》にして下《くだ》さい。第四食物。消化液《せうくわえき》の分泌《ぶんぴ》を減《げん》じますので、食慾《しよくよく》も多少減《たせうげん》じますが、人《ひと》によつては、常《つね》とかわらぬ方《かた》もありませう。しかし、あまり食《た》べすぎるといけませぬから、消化《せうくわ》のよい刺戟《しげき》の少《すくな》いものをおあがりなさい。あまり辛《から》い芥子《からし》・わさびの樣《やう》なものはよくありませぬ。第五便通。便秘《べんぴ》するたちの方《かた》は、毎朝《まいあさ》お起《お》きになりましたら御飯前《ごはんまへ》に冷水《れいすゐ》を茶碗《ちやわん》に一杯《ぱい》づゝ、めしあがるな食事《しよくじ》に新鮮《しんせん》なお菜《さい》をいただくか、どうかして便通《べんつう》をおつけになるがよろしい。また腸液《ちやうえき》の分泌《ぶんぴ》は、却《かへつ》て増《ま》しますので下痢《げり》を起《おこ》す方《かた》もありますが、別《べつ》に心配《しんぱい》はいりません。これは月經《げつけい》の終《をは》ると共《とも》にをさまりますから、お藥《くすり》をめしあがる必要《ひつえう》はありません。

三 レデー綿《わた》の設備《せつび》を設《まう》け、一個《こ》の箱《はこ》には丁《てい》字帶《じたい》と脱脂綿《だつしめん》とを一定量《ていりやう》に包裝《はうさう》したるを入れ他《た》の箱《はこ》にはこれに對《たい》する料金《れうきん》を入《い》るゝものとす。生徒《せいと》隨時《ずゐじ》に使用《しよう》するの便《べん》を與《あた》ふ。

四 小冊子《せうさつし》中《ちう》の「精神作用《せいしんさよう》」の項《こう》に「經行中《けいかうちう》は神經作用《しんけいさよう》も衰《おとろ》へるのが常《つね》で疲勞《ひらう》し易《やす》いものですから、強《し》ひて勉強《べんきやう》するなどは、よくありません。

精神《せいしん》は至極安靜《しごくあんせい》にして興奮《こうふん》せぬ樣《やう》に注意《ちうい》し睡眠《すゐみん》を多《おほ》くする事《こと》が大切《たいせつ》です。精神《せいしん》と身體《しんたい》の關係《くわんけい》は、誠《まこと》に大切《たいせつ》なもので特《とく》にこの時期《じき》に悲《かな》しんだり、怒《おこ》つたりいたしますと、身體《からだ》も弱《よわ》くなりますから、勉《つと》めて是等《これら》の原因《げんいん》などを除《のぞ》くことに注意《ちうい》せねばなりませぬ」とのべて注意《ちうい》し居《を》るなり。

茨城縣立水戸高等女學校

一 初潮《しよてう》についての教育《けういく》――入學後《にふがくご》、第一學期末《だいいちがくきまつ》に「女子特別衞生《ぢよしとくべつゑいせい》のしをり」と稱《しよう》する印刷物《いんさつぶつ》を配布《はいふ》し、擔任《たんにん》の女教師《ぢよけうし》より一通《とほ》りの注意《ちうい》と説明《せつめい》を與《あた》ふ。

二 手當《てあて》――右《みぎ》しをりにより家庭《かてい》にも連絡《れんらく》し母姉《ぼし》の指導《しだう》をまつ。

三 不意《ふい》の設備《せつび》――休養室《きうやうしつ》に一包《つゝみ》十錢《せん》の壓縮綿《あつしゆくめん》(羽衣綿《はごろもわた》)と自働販賣器《じどうはんばいき》を設備《せつび》す。

四 教育上《けういくじやう》特《とく》に考慮《かうりよ》する具體的《ぐたいてき》のものなし。

名古屋金城女子專門學校高女部

一 生理學的《せいりがくてき》に月經《げつけい》に對《たい》する概論《がいろん》を教授《けうじゆ》す。

二 バンド使用《しよう》、綿花《めんくわ》は屢々《しば〳〵》取替《とりか》へる樣《やう》に。

三 バンド及綿花《およびめんくわ》、ガーゼ、繃帶《はうたい》、油紙《ゆし》等《とう》設備《せつび》す。

和歌山縣立新宮高等女學校

一 當校《たうかう》にありては入學當初《にふがくたうしよ》約一%の初經《しよけい》を見《み》るのみにして大多數《だいたすう》はその後《ご》に於《おい》て來潮《らいてう》するものなり。さればこれに對《たい》する知識《ちしき》の淺薄《せんぱく》とこの期《き》の心身《しんしん》に及《およ》ぼす影響《えいきやう》の如何《いか》に重大《ぢゆうだい》なるかを知《し》らざるものなりと推測《すゐそく》す。故《ゆゑ》に早期《さうき》に於《おい》て之《これ》が調査《てうさ》をなし各自《かくじ》の生理《せいり》狀況《じやうきやう》を認識《にんしき》せしむるとともに兼《か》ねて婦人病《ふじんびやう》の原因《げんいん》を除去《ぢよきよ》することにつとむ。

二 羞恥《しうち》の念《ねん》と從來《じゆうらい》の迷信《めいしん》と家庭《かてい》に於《お》ける指導者《しだうしや》の適任者《てきにんしや》なき爲《ため》とによる事《こと》多《おほ》きを以《もつ》て衞生法《ゑいせいはふ》に關《くわん》し特《とく》に同封《どうふう》のプリントを作成配布《さくせいはいふ》し以《もつ》てこの短《たん》を補《おぎな》ひつゝあり。更《さら》に教授時間中《けうじゆじかんちう》に於《おい》て各科《かくくわ》殊《こと》に體操科《たいさうくわ》、理科《りくわ》、家事科《かじくわ》との連絡《れんらく》をとりつゝこの期《き》の攝生法《せつせいはふ》を授《さづ》く。

三 特別《とくべつ》に設備《せつび》を有《いう》せざれども必要《ひつえう》に伴《ともな》ひて要求《えうきう》に應《おう》ず。

四 この期《き》に於《お》ける心理的變化《しんりてきへんくわ》は感情《かんじやう》の激《げき》しやすきを以《もつ》て個人的訓戒《こじんてきくんかい》につとむ。又道徳的《またどうとくてき》行爲《かうゐ》の批判訓戒《ひはんくんかい》に際《さい》しては(週期表《しうきへう》)を利用《りよう》して初潮期《しよてうき》にあらざるかを豫《あらかじ》め注意《ちうい》の上《うへ》、これにあたることゝせり。(左の初潮調査表は名古屋第一高女の調査なり。)

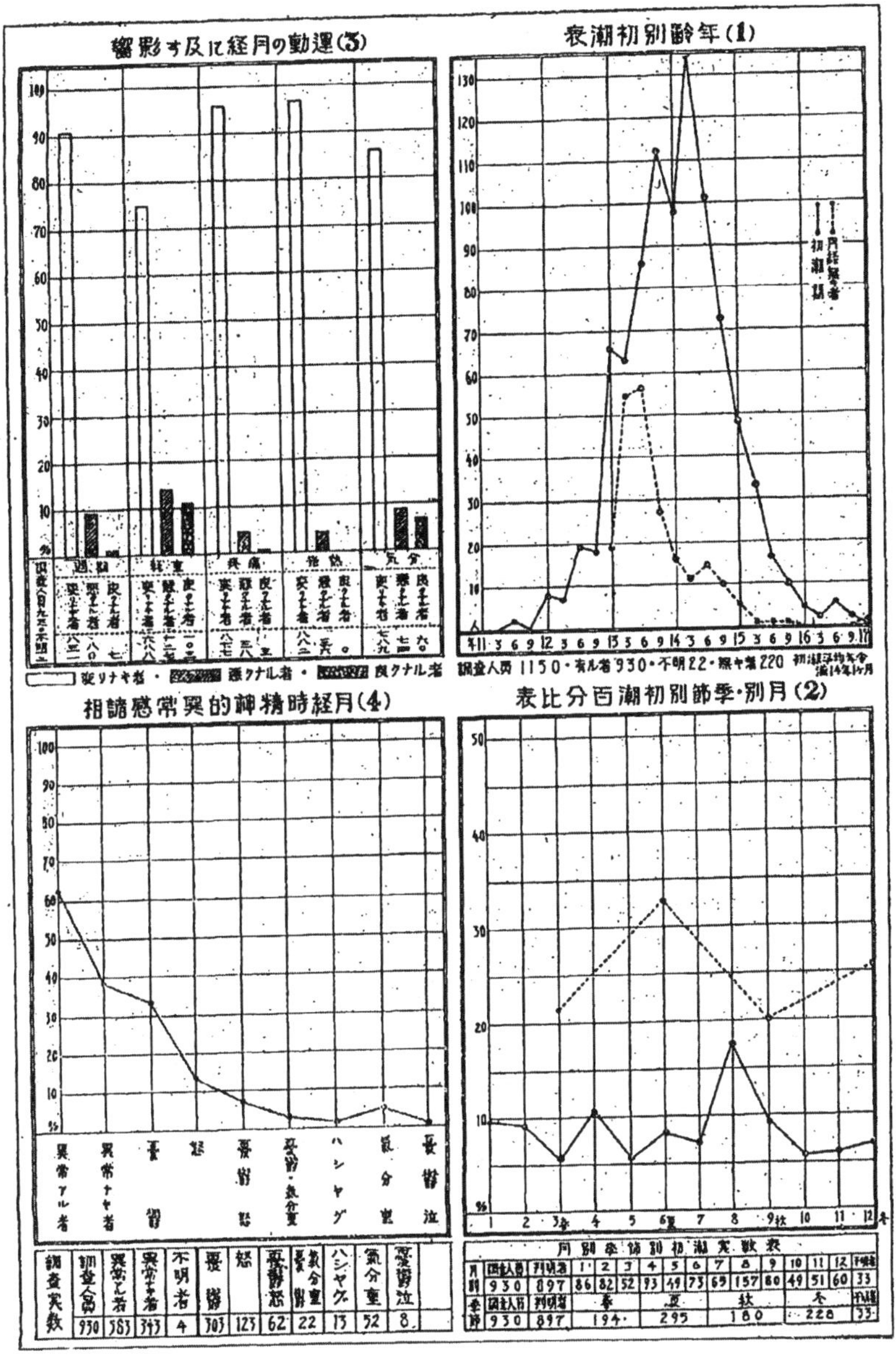

調査実数	調査人員	異常アル者	異常ナキ者	不明者	憂鬱	怒	憂鬱・怒	憂鬱・氣分重	ハシヤグ	氣分重	憂鬱・泣
	930	583	343	4	303	123	62	22	13	52	8

月別季節別初潮実数表

月別	調査人員	判明者	1	2	3	4	5	6	7	8	9	10	11	12	不明者
	930	897	86	82	52	93	49	73	65	157	80	49	51	60	33
季節	調査人員	判明者	春			夏			秋			冬			不明者
	930	897	194			295			180			228			33

「初潮の娘」をどう導いてゐるか
―母の立場から―

（一）初潮についてお孃さんにどういふ方法でどう言つてお敎へになりましたか
（二）初潮の時、手當はどういふ方法をお敎へになりましたか
（三）御家庭でそれに對する設備や準備をしてゐられますか
（四）初潮の頃、何かお孃さんに心理的變化はおこりませんでしたか

竹内茂代

一　初潮《しよてう》の二—三年前《ねんぜん》に身長《しんちやう》の著《いちじる》しく伸《の》びる年《とし》がありますから大約來潮《たいやくらいてう》の時期《じき》が推定《すゐてい》されます。その頃《ころ》に近《ちか》づきますとき折《をり》を見《み》て全《ぜん》身《しん》の解剖圖《かいぼうづ》の大略《たいりやく》を説明《せつめい》し、婦人生殖器《ふじんせいしよくき》の詳《しやう》細《さい》な圖《づ》を以《もつ》て卵巢《らんさう》の發育《はついく》と性《せい》ホルモンの發現《はつげん》及子宮《およびしきう》の週期的變化《しうきてきへんくわ》を説明《せつめい》し、之《これ》により當然《たうぜん》來《きた》る可《べ》き出血現象《しゆつけつげんしやう》とその反復《はんぷく》、持續《ぢぞく》、病的《びやうてき》に非《あら》ざる容態等《ようたいとう》を説明《せつめい》し、近《ちか》い内《うち》にその現象《げんしやう》が起《おこ》つたら直《たゞち》に御母樣《おかあさま》に云《い》ふのです。外出《ぐわいしゆつ》中《ちう》に起《おこ》つたら持參《ぢさん》の紙《かみ》をあてゝズロースを引《ひ》しめ直《たゞち》に歸宅《きたく》せよと敎《をし》へておきました。

二　敎《をし》へておきましてもその場合《ばあひ》に直面《ちよくめん》して驚《おどろ》いて訴《うつた》へて參《まゐ》りましたから、脱脂綿《だつしめん》を三手大《だい》と靑梅綿《あをめわた》一手《て》大《だい》をあて、其上《そのうへ》を吉岡先生《よしをかせんせい》考案《かうあん》の月經帶《げつけいたい》でおさへ、普通《ふつう》のズロースと、特《とく》に私考案《わたしかうあん》の眞綿《まわた》の保溫《ほおん》ズロースで腰股部を保《ほ》溫《おん》し、毎日《まいにち》一回《くわい》ズロースを交換洗濯《かうくわんせんたく》し、局所《きよくしよ》を毎日《まいにち》一回《くわい》溫濕《おんしつ》ガーゼで淸拭《せいしき》する事《こと》も敎《をし》へて實行《じつかう》させて居《ゐ》ます。入浴《にふよく》は終《をは》るまで中止《ちうし》させます。

三　別段設備《べつだんせつび》といふ程《ほど》のこともありませんが常々《つねぐ》あるものを用《もち》ひさせます。

四　心理的變化《しんりてきへんくわ》の著明《ちよめい》なものはありませんでしたが、一般《ぱん》に起《おこ》る少女《せうぢよ》から處女《しよぢよ》らしき變化《へんくわ》が見《み》えました。即《すなは》ち羞恥心《しうちしん》の發露《はつろ》、感傷的《かんしやうてき》なる快活《くわいくわつ》でありました。

平山信子

一　身體《からだ》の形《かたち》がだん〳〵整《とゝの》つて來《き》た時《とき》に二人《ふたり》だけで對座《たいざ》した機會《きくわい》を捕《とら》へて子供《こども》の臍帶《さいたい》を示《しめ》し胎兒《たいじ》は母胎《ぼたい》にあつて母親《はゝおや》の血液《けつえき》で養《やしな》はれて育《そだ》つところから逆《ぎやく》に進《すゝ》んで行つて、一つの重要《ぢうえう》な學問《がくもん》としてはつきり話《はな》してきかせました
初潮《しよてう》はその一年後《ねんご》にありました。

二　ゴム引《びき》の月經帶《げつけいたい》の代《かは》りに白布《はくふ》で作《つく》つたものと靑梅綿《あをめわた》を用《もち》ひ、それにレデーメンを用《もち》ひさせる事《こと》にしました。

三　話《はなし》をきかせた時《とき》から用意《ようい》の物《もの》を持《も》たせ、その使用法《しようはふ》を敎《をし》へて置《お》きましたが實際《じつさい》の場合《ばあひ》になつてすつかり手傳《てつだ》つてやりました。

四　別《べつ》に心理的變化《しんりてきへんくわ》は起《おこ》りませんでした。

佐久千代子

私《わたし》の家《うち》では女《をんな》の子供《こども》が居《を》りませんから事實《じじつ》に則《そく》して申上《まをしあ》げる事《こと》が出來《でき》ません。只自分《たゞじぶん》の遠《とほ》い記憶《きおく》を呼《よ》び起《おこ》しますと母《はゝ》と只二人《たゞふたり》切《き》り居《ゐ》るところで（母《はゝ》がやがてその時《とき》が來《く》るだらう

と察《さつ》したらしく)ビツクリしてはいけない。女《をんな》は誰《だれ》でもさうなのだから、手當《てあて》はかうする時《とき》分《わか》らなかつたら幾度《いくど》でも聞《き》き、見苦《みぐる》しき事《こと》のない樣《やう》にと。而《しか》し其頃《そのころ》は既《き》製品《せいひん》など何《なに》もありませんから、サラシ等《など》使《つか》つて手製《てせい》の品《しな》を使《つか》つたものです。驚《おどろ》きながら母《はゝ》の言葉《ことば》が大《おほ》きなめぐみで御座《ござ》いました。

長田政江

一　健康《けんかう》に惠《めぐま》れて居《を》りますせゐか豫想《よさう》よりも早《はや》く初潮《しよてう》が來《き》ましたので敎《をし》へて居《ゐ》るひまがありませんでした。

二　親戚《しんせき》の婦人科《ふじんくわ》の醫師《いし》にたのんで手當《てあて》の方《はう》法《はふ》を直接《ちよくせつ》敎《をし》へてもらひました。淸潔《せいけつ》、身心《しんしん》の安靜《あんせい》がおもであつた樣《やう》でした。

三　私《わたし》の家庭《かてい》では萬事《ばんじ》專門家《せんもんか》に御依賴《ごいらい》する事《こと》にして居《を》ります。

四　一時《じ》非常《ひじやう》にセンチメンタルになりましたが其恐怖《そのきようふ》が過《す》ぎましたら又明朗性《またメいらうせい》を取《と》りかへしました。

若杉鳥子

日頃《ひごろ》婦人雜誌《ふじんざつし》の衞生記事《えいせいきじ》など讀《よ》ましてゐましたから、本人自身《ほんにんじしん》既《すで》に相當《さうたう》の知識《ちしき》を持《も》つてゐましたし、手當《てあて》の方法《はうはふ》なども女學校《ぢよがくかう》のお友《とも》達《だち》の間《あひだ》で研究《けんきう》され、經驗《けいけん》ずみの人《ひと》からどんな材料《ざいれう》が適當《てきたう》であらうかまで敎《をし》へられてゐました。家《うち》ではそれに幾分《いくぶん》の注意《ちうい》を與《あた》へたに過《す》ぎません。從《したが》つて昔《むかし》の娘《むすめ》さん達《たち》のやうな恐怖《きようふ》やおどろきは感《かん》じず、大《たい》そう自然《しぜん》に來《きた》るべきものが來《き》たといふ風《ふう》でした。

佐多鶴子

一　事後《じご》でしたので別《べつ》に敎《をし》へませんでしたが此《こ》の頃《ごろ》學校《がくかう》でひと通《とほ》り敎《をし》へて下《くだ》さる樣《やう》ですから。

二　溫泉旅行中《をんせんりよかうちう》でしたので昔《むかし》ながらの簡單《かんたん》の丁字帶《じたい》に致《いた》して置《お》きました。歸京後《ききやうご》何《なん》とかバンドといふのを買《か》つて渡《わた》しました。

三　別《べつ》に何《なん》にもして置《お》きません。

四　別《べつ》に何《なん》の變化《へんくわ》もありません樣《やう》でした。

帆足みゆき

一　女性《ぢよせい》の身體《からだ》が一定《てい》の發育《はついく》を遂《と》げると毎月《まいげつ》斯《か》く斯《か》くの生理現象《せいりげんしやう》が起《おこ》るが、それは病氣《びやうき》ではないから驚《おどろ》くに及《およ》ばぬと、竊《ひそ》かに言《い》ひ聞《き》かせ同時《どうじ》に保健衞生《ほけんえいせい》の立場《たちば》から二、三の注意《ちうい》を與《あた》へました。

二　具體的方法《ぐたいてきはうはふ》としては〇〇帶《たい》、脫脂綿《だつしめん》、ガーゼを以《も》つて手當《て》てをすること、その期間中《きかんちう》は入浴《にふよく》を避《さ》け、過激《くわげき》な運動《うんどう》をせぬやうに敎《をし》へました。

三　物《もの》は使《つか》ふその場所《ばしよ》にあるのが便利《べんり》ですから、手洗場《てあらひば》の片隅《かたすみ》に家庭用外科藥劑《かていようげくわやくざい》を入《い》れる三角戸棚《かくとだな》を設《まう》け、此《こ》の三角戸棚《かくとだな》の一部の抽斗に脫脂綿等《だつしめんとう》を常備《じやうび》してありますが、特《とく》に娘《むすめ》の身體《からだ》の發育狀態《はついくじやうたい》を觀《み》て、豫《あらかじ》め〇〇帶《たい》を用意《ようい》し何時《いつ》それに直面《ちよくめん》してもまごつかぬやうにしておきました。

四　初潮時《しよてうじ》のみならず毎月《まいげつ》その期間《きかん》は幾分《いくぶん》か健康《けんかう》を弱《よは》められ、從《したが》つて多少神經質《たせうしんけいしつ》になるやうですが、それとてもたいしたことはなく、心身共《しんしんとも》にこれといふほどの變化《へんくわ》はありません。

森田たま

一　大阪《おほさか》の女學校在學中《ぢよがくかうざいがくちう》、學校《がくかう》で敎《をし》へて頂《いたゞ》いたさうで、家庭《かてい》では何《なに》も心配《しんぱい》しませんでした

二 それも學校《がくかう》で教《をそ》はつたので、迂濶《うくわつ》な母親《はゝおや》はだいぶあとで知《し》つたやうな仕末《しまつ》です。

四 何《なに》も變《かは》つた事《こと》はありませんでした。

式場美壽子

一 式場《しきば》が性教育《せいけういく》の本《ほん》で「處女《しよぢよ》に與《あた》ふ」といふのを出《だ》しましたので、それを讀《よ》ませ、説明《せつめい》してやりました。

二 主人《しゆじん》が醫者《いしや》ですから子供《こども》も消毒《せうどく》のことを大體《だいたい》知つてゐました。普通《ふつう》の怪我《けが》と違《ちが》つて消《せう》毒《どく》さへ十分《ぶん》にしておけば自然《しぜん》によくなるものだと教《をし》へ月經帶《げつけいたい》を與《あた》へました。

三 もう一人《ひとり》は男《をとこ》の子《こ》ですから、それに感《かん》づかれないやうにしてゐますので、特別《とくべつ》の設備《せつび》はしてゐません。

四 やはり感傷的《かんしやうてき》になつたやうです。弟《おとうと》に對《たい》して僅《わづか》のことに怒《おこ》りつぽくなつたのが目立《めだ》ちました。

石川江い

一 娘《むすめ》は只今《たゞいま》十三歳《さい》で未初潮《まだしよてう》を見《み》ませんが昨《さく》年《ねん》から話《はな》してあります。一緒《しよ》にお風呂《ふろ》に入《はい》つて居《を》ります時《とき》、女《をんな》は一月《つき》に一週間《しうかん》づゝお風呂《ふろ》に入《はい》れない時《とき》があること、それは大人《おとな》になると肛門《こうもん》の前部《ぜんぶ》から出血《しゆつけつ》する爲《ため》であることを簡《かん》單《たん》に話《はな》しました。

二 直《す》ぐに報《しら》せてくれゝばお母《かあ》さんがよく手《て》當《あて》をして上《あ》げるからと申《まを》して置《お》きました。ゴム製《せい》月經帶《げつけいたい》が一番《ばん》よいと思《おも》ひます。綿花《わた》の中《なか》に塵紙《ちりがみ》を入《い》れて置《お》くと吸收力《きふしうりよく》が強《つよ》いと思《おも》ひます。

三 未《いま》だいたして居《を》りません。

岡本かの子

私《わたし》は娘《むすめ》をもちませんので私《わたし》と私《わたし》の母《はゝ》との間《あひだ》の經驗《けいけん》でお話《はなし》しませう。

○眞晒《まざらし》や、初潮《はつしほ》の娘《こ》に裂《さ》きにけり

これは明治初頭頃《めいぢしよとうごろ》關東《くわんとう》で有名《いうめい》な俳人《はいじん》であつた人《ひと》の娘《むすめ》——私《わたし》の母《はゝ》の句《く》です。この句《く》のなかの娘《むすめ》はかの子《こ》私《わたし》です。私《わたし》は、その頃《ころ》から今日《こんにち》まであらゆる文化的處置《ぶんくわてきしよち》を教《をし》へられても淨《きよ》らかなさらしもそれを裂《さ》いて母《はゝ》の愛情《あいじやう》の手《て》につくられ教《をし》へられた處置《しよち》しかしりません。でも私《わたし》は何等《なんら》病的《びやうてき》な災厄《さいやく》をうけません。

田中孝子

一 女性《ぢよせい》として肉體的《にくたいてき》に成長《せいちやう》した徴《しるし》だと言《い》ひきかせ、餘《あま》り神經質《しんけいしつ》に取《と》り扱《あつか》はずあつさりと片付《かたづ》けます。(性教育《せいけういく》はこれと關聯《くわんれん》させずに徐《ぢよ》徐《ぢよ》に始《はじ》めます)

二 清潔《せいけつ》を保《たも》つやう教《をし》へます。手當《てあて》は普通《ふつう》の方法《はうはふ》。

三 藥店《やくてん》にて適當《てきたう》な品《しな》を求《もと》めます。

四 その頃《ころ》から宗教心《しうけうしん》が起《おこ》つたことゝ脊《せい》がぐん〳〵延《のび》たことだけです。所謂《いはゆる》「性《せい》の目《め》ざめ」などいふことはまだ絶對《ぜつたい》に見受《みう》けられません

小寺菊子

私《わたし》の場合《ばあひ》では姪《めい》たちですがそれ〴〵に女學《ぢよがく》校《かう》で年上《としうへ》のお友達《ともだち》からきいて知《し》つてゐるやうでした。やつぱり「フレンド」など用《もち》ゐさせました。二人《ふたり》の妹《いもうと》は別段大《べつだんたい》した心理的變化《しんりてきへんくわ》もないやうでしたが、姉《あね》の方《はう》には少《すこ》し痛《いた》みがあり憂鬱《いううつ》でした。

若山喜志子

一 二人《ふたり》の娘《むすめ》の内長女《うちちやうぢよ》の時《とき》は當人《たうにん》も驚《おどろ》いたやうでしたが至極順調《しごくじゆんてう》に行《ゆ》き、別段《べつだん》むづかしい方法《はうはふ》など教《をし》へる事《こと》も致《いた》しませんでした。次女《じぢよ》

は姉《あね》からきいてゐたらしく、これも別《べつ》に敎《をし》へずにすみました。

二 三 二人共《ふたりとも》輕《かる》い經過《けいくわ》をとるので困難《こんなん》の樣《やう》子《す》もなく、それについての設備《せつび》や準備《じゆんび》も別《べつ》にせず過《す》ぎてをります。

四 最初《さいしよ》の時《とき》は二人共《ふたりとも》學校《がくかう》を休《やす》ませた程度《ていど》で目《め》に立《た》つ程《ほど》の變化《へんくわ》は何《なに》もございませんでした到《いた》つて健康《けんかう》なたちだからでもございませうが右申上《みぎまをしあげ》るまで。

山野千枝子

神樣《かみさま》の思召《おぼしめ》しに依《よ》つて生《い》かされてゐる子達《こたち》と信《しん》じての敎育法《けういくはふ》をとつておりますので何《なに》もかも總《すべ》ては大自然《だいしぜん》の攝理《せつり》にもとらぬ樣遠《やうとほ》くからウオツチして居《を》ります。從《したが》つて御問合《おとひあは》せの件《けん》につきましても特《とく》にどうといふ注意《ちうい》は口《くち》で致《いた》しませんでしたが近頃《ちかごろ》のやうな新聞雜誌《しんぶんざつし》の親切《しんせつ》な記事《きじ》が必要《ひつえう》な時極《ときをりは》めて自然《しぜん》に敎《をし》へて下《くだ》さいましたので大《たい》へん助《たす》かりました。唯念《たゞねん》の爲《た》め私共《わたしども》の一番便利《いちばんべんり》だと思《おも》つた物《もの》で解《わか》り易《やす》い說明書《せつめいしよ》のついた器具用種類《きぐようしゆるゐ》を揃《そろ》へてそれとなく更衣室《かういしつ》の一隅《ぐう》に備《そな》えておき、月々《つきづき》其《そ》の使用《しよう》期《き》を母《はゝ》として注意《ちうい》するやう努《つと》めておりました

ので大《たい》した心理的變化等《しんりてきへんくわとう》ございませんでした

齋藤つたの

一 別《べつ》に敎《をし》へませんでした。

二 手當《てあて》としては淸潔《せいけつ》なものをあしらふ事《こと》を敎《をし》へました。月經帶《げつけいたい》として藥屋《くすりや》で賣《う》つてるもの、之《これ》に似《に》たものゝ製法《せいはふ》等《とう》。

三 外國《ぐわいこく》でデパートや大會社等《だいくわいしやとう》の婦人便所《ふじんべんじよ》に五錢《せんい》入《い》れてポトンと落《お》ちて來《く》る（一回《くわい》一時《じ》應《おう》用出來《ようでき》る脫脂綿《だつしめん》ガーゼ等《とう》）設備《せつび》が日本《にっぽん》の學校《がくかう》やデパートにないので殘念《ざんねん》に思《おも》ひましたがこれからヒントを得《え》て外來《ぐわいらい》のお客樣等《きやくさまとう》の事《こと》も考《かんが》へ小箱《こばこ》にいつでも脫脂綿《だつしめん》だけは入《い》れたものを便所《べんじよ》においてゐます。

四 少《すこ》し氣分《きぶん》惡《わる》さうにしてた事《こと》もありますがたいした變化《へんくわ》も認《みと》めませんでした。

石本靜枝

一 娘《むすめ》をもちませんので具體的《ぐたいてき》にお答《こた》へいたしかねます。

二 親戚《しんせき》の女兒《ぢよじ》などには「コテツクス」をすゝめてをります。それと衞生《えいせい》エプロンを使用《しよう》すれば學校《がくかう》であばれても心配《しんぱい》はありまんし、水洗便所《すゐせんべんじよ》に遠慮《ゑんりよ》なく捨《す》てることが出來《でき》ます。

三 デパートやビルディングで見《み》るあの特別《とくべつ》の汚物《をぶつ》入れは全《まつた》くいやな感《かん》じのものです。汚《よご》れものはその時限《ときかぎ》り全部《ぜんぶ》捨《す》て去《さ》る式《しき》の月經帶《げつけいたい》を使用《しよう》した方《はう》が娘《むすめ》に餘計《よけい》な心《こゝろ》づかひをさせないですみます。從《したが》つて特別設備《とくべつせつび》は不用《ふよう》です。

諸岡孝子

一 最《もつと》も手近《てぢか》な博物《はくぶつ》に就《つ》て雌雄《しゆう》の別《べつ》のある事《こと》、植物《しよくぶつ》が實《み》を結《むす》び動物《どうぶつ》が卵《たまご》を產《う》む事《ことなど》子供《こども》の小《ちい》さい頃《ころ》から機會《きくわい》ある每《ごと》に敎《をし》へました。初《しよ》潮期前《てうきまへ》には子供《こども》の寢《やす》んだ枕邊《まくらべ》で靜《しづ》かに話《はな》してやりました。

女性《ぢよせい》としての任務《にんむ》、その任務《にんむ》をはたすための身體《からだ》に現《あらは》れて來《く》る兆候等《てうこうとう》そしてその變化《へんくわ》に驚《おどろ》かぬやう豫《あらかじ》めおしへておきました。

二 清潔《せいけつ》なる可《べ》きを教《をし》へたに過《す》ぎません。

三 消毒綿等《せうどくわたとう》の準備位《じゆんびぐらゐ》で何《なん》の設備《せつび》もしてません。

四 丁度學校《ちやうどがくかう》の試驗《しけん》にぶつつかりましたが出來《き》がよくなかつた位《くらゐ》でたいした變化《へんくわ》はありませんでした。

波多野勤子

一 私共《わたしども》には男《をとこ》の子《こ》ばかり二人《ふたり》ですので自分《じぶん》の女《をんな》の子《こ》についての經驗《けいけん》は何《なに》もございませんが女中《ぢよちう》さんの小《ちひ》さいのを何人《なんにん》かおきましたのでその時《とき》のことを代《かは》りに申上《まをしあ》げます。

二 私《わたし》は女中《ぢよちう》さんに初潮《しよてう》がありさうなころになると實《じつ》にあつさりとその事實《じじつ》を話《はな》してやります。あんまり眞劍《しんけん》な顔《かほ》して話《はな》してやると却《かへ》つて結果《けつくわ》がよくないやうですので丁度庭《ちやうどには》の樹《き》に何時《いつ》花《はな》が咲《さ》くかを話《はな》してやるやうにあたりまへの顔《かほ》して話《はな》します。そしてはじめ一通《ひとほ》りの用具《ようぐ》を求《もと》めて與《あた》へます。

三 毎月《まいげつ》その頃《ころ》になると女中《ぢよちう》さんはかくさずにそれを言《い》ひ、他《た》の者《もの》は其《その》間《かん》なるべく用事《ようじ》を代《かは》りあつてやることにしあひます。

早見君子

一 私《わたし》の妹《いもうと》の乳母《うば》が赤十字《せきじふじ》の看護婦《かんごふ》でしたのですべてはそれにまかせました。

四 べつに變化《へんくわ》はありませんでした。

山野光子

一 一人子《ひとりご》で御座《ござ》いますので、赤《あか》ん坊《ぼう》のやうに思《おも》つて、何《なに》も教《をし》へずに居《を》りましたところ學校《がくかう》で看護婦《かんごふ》さんから教《をし》へられたと申《まを》し自分《じぶん》で仕末《しまつ》が出來《でき》てうれしく感謝《かんしや》いたしました。

二 脱脂綿《だつしめん》を一寸位《すんぐらゐ》に重《かさ》ねて二寸巾《すんはゞ》、六寸《すん》の長《なが》さにちぎつて塵紙《ちりがみ》三枚《まい》で卷《ま》いた物《もの》を三本《ぼん》づつ學校《がくかう》へ持《も》たせてやりました。三紙《まい》の塵紙《ちりがみ》は使《つか》ひ用《よう》にするため。

三 月經帶《げつけいたい》を二本用意《ほんようい》させてあります。脱脂《だつし》綿《めん》は品質《ひんしつ》に注意《ちうい》して良品《りやうひん》を求《もと》めて置《お》きます。

四 心理的變化《しんりてきへんくわ》は更《さら》に起《おこ》りませんでしたので何《なに》より安心致《あんしんいた》しました。幼少《えうせう》の頃《ころ》より微細《びさい》な注意《ちうい》を拂《はら》つて育《そだ》てましたので年頃《としごろ》になりましても變化《へんくわ》が起《おこ》らなかつたやうに思《おも》はれます。

永富孝子

一 今《いま》の娘《むすめ》は幸《しあは》せです。學校《がくかう》で先生《せんせい》から教《をし》へられるさうです。それに私方《わたしかた》ではどの娘《むすめ》も割合《わりあひ》におそい方《はう》でしたから何《なん》となしに學友方《がくいうがた》から伺《うかゞ》つて居《ゐ》ましたらしく教《をし》へるのに樂《らく》でした。それと平常《ふだん》私《わたし》と娘達《むすめたち》とは友人《いうじん》のやうですから別《べつ》に苦勞《くらう》しないで話《はなし》をきかせました。

二 自分《じぶん》の經驗《けいけん》によつて衞生上《えいせいじやう》一番《ばん》よいと思《おも》ふ事《こと》を教《をし》へました。

三 おそい位《くらゐ》ゐでしたから何時《いつ》でも間《ま》に合《あ》ふやうにしておきました「やつと一人前《にんまへ》ですね片輪《かたわ》でなくてよかつた」とお赤飯炊《せきはんた》きました。

四「女《をんな》つて面倒臭《めんだうくさ》いのね、いやだわ」位《くらゐ》ゐでいともほがらかでした。私共《わたしども》の時分《じぶん》はデパートの食堂《しよくだう》へ入《はい》る事《こと》さへ袴《はかま》に對《たい》して辱《はづか》しく考《かんが》へた頃《ころ》で小說《せうせつ》さへ親《おや》が讀《よ》ませなかつた位《くらゐ》ゐですから「その時《とき》」は驚《おどろ》きやら悲《かな》しみやら何《なん》とも云《い》へぬ氣持《きも》ちになつた事《こと》で娘達《むすめたち》へも一番《ばん》にそれを心配《しんぱい》して居《を》りましたが、何《なん》としても今《いま》の若《わか》い娘達《むすめたち》は幸《しあは》せです。

新《にひ》妻《づま》の衛《ゑい》生《せい》秘《ひ》

新《しん》婚《こん》初《しよ》夜《や》の問《もん》題《だい》・新《にひ》妻《づま》の健《けん》康《かう》の問《もん》題《だい》
新《にひ》妻《づま》の性《せい》生《せい》活《くわつ》の問《もん》題《だい》・遺《ゐ》傳《でん》の問《もん》題《だい》

醫學博士 竹《たけ》内《うち》茂《しげ》代《よ》

新《しん》婚《こん》初《しよ》夜《や》の問《もん》題《だい》

△結《けつ》婚《こん》の初《しよ》夜《や》に非《ひ》常《じやう》に多《た》量《りやう》の出《しゆつ》血《けつ》があつて驚《おどろ》きました。そのために、良《をつ》人《と》に近《ちか》づくことが恐《おそ》ろしくて困《こま》りますが、私《わたし》の身《から》體《だ》に異《い》狀《じやう》があつたのでせうか。

○夫《ふう》婦《ふ》生《せい》活《くわつ》の最《さい》初《しよ》には、多《おほ》くの場《ば》合《あひ》は處《しよ》女《ぢよ》膜《まく》が破《やぶ》れて多《た》少《せう》の出《しゆつ》血《けつ》がありますが、特《とく》に狹《せま》い場《ば》合《あひ》とか、粗《そ》暴《ばう》であつたりすると、相《さう》當《たう》深《ふか》く破《やぶ》れ、大《おほ》きい血《けつ》管《くわん》が破《やぶ》れて多《た》量《りやう》の出《しゆつ》血《けつ》に驚《おどろ》くやうなことは、しばしばあることです。決《けつ》してあなたの身《から》體《だ》に異《い》狀《じやう》があつたわけではありませんから、御《ご》心《しん》配《ぱい》は要《い》りません。

かういふ場《ば》合《あひ》には、脱《だつ》脂《し》綿《めん》を當《あ》てゝしつかりと壓《おさ》へてゐれば間《ま》もなく止《し》血《けつ》しますが、もし止《と》まらなかつたら、醫《い》者《しや》にかゝるのがよろしいのです。傷《きず》口《ぐち》が治《なほ》つてしまへば、夫《ふう》婦《ふ》生《せい》活《くわつ》には少《すこ》しも差《さし》支《つか》へないのですから、御《ご》主《しゆ》人《じん》を恐《おそ》れたりしてはいけません。

△處《しよ》女《ぢよ》を失《うしな》ふときには、處《しよ》女《ぢよ》膜《まく》が破《やぶ》れて出《しゆつ》血《けつ》を見《み》るものだと聞《き》いてゐましたが、私《わたし》の場《ば》合《あひ》には出《しゆつ》血《けつ》しませんでした。それについて、主《しゆ》人《じん》は貞《てい》操《さう》に疑《ぎ》念《ねん》を持《も》つやうな口《こう》吻《ふん》を洩《もら》しますので、私《わたし》には少《すこ》しも後《うしろ》暗《ぐら》いことはないのですが、心《こゝろ》を痛《いた》めてゐます。どういふわけで出《しゆつ》血《けつ》を見《み》なかつたのでせうか。

○處《しよ》女《ぢよ》膜《まく》といふものは、丁《ちやう》度《ど》弱《よわ》いゴム紐《ひも》で巾《きん》着《ちやく》の口《くち》を括《くゝ》つたやうな形《かたち》ですが、その括《くゝ》り加《か》減《げん》の緩《ゆる》い緊《きつ》い、開《ひら》きの大《おほ》きい人《ひと》と小《ちひ》さい人《ひと》とがあるのです。

これはゴムのやうに彈《だん》力《りよく》性《せい》があつて、結《けつ》婚《こん》すれば伸《の》びるか、多《た》少《せう》切《き》れるかして、夫《ふう》婦《ふ》生《せい》活《くわつ》に適《てき》合《がふ》するやうにできてゐるのですから、必《かなら》ずしも破《やぶ》れるものではなく、出《しゆつ》血《けつ》がないから處《しよ》女《ぢよ》でないといふことは言《い》へません。

△結《けつ》婚《こん》して一ケ月《げつ》以《い》上《じやう》經《た》ちますが、私《わたし》共《ども》には未《いま》だに夫《ふう》婦《ふ》の營《いとな》みがございません。どういふ原《げん》因《いん》による場《ば》合《あひ》かやうなことは、どんな原因による場合が多《おほ》いかを、お教《をし》へ頂《いたゞ》き、それによつて私《わたし》共《ども》のことも判《はん》斷《だん》し、將《しやう》來《らい》についての覺《かく》悟《ご》をいたしたいと存《ぞん》じます。

○結《けつ》婚《こん》しても夫《ふう》婦《ふ》生《せい》活《くわつ》ができない原《げん》因《いん》は、どちらかといへば婦《ふ》人《じん》側《がは》の故《こ》障《しやう》の場《ば》合《あひ》が多《おほ》いのですが、これは治《なほ》り易《やす》く、男《だん》子《し》側《がは》の故《こ》障《しやう》は滅《めつ》多《た》にな

密《み》相《さう》談《だん》

い代《かは》りに、治《なほ》り難《にく》いものです。

男子《だんし》側《がは》の故障《こしやう》といふのは、陰萎症《インポテンツ》といつて神經衰弱《しんけいすゐじやく》のために起《おこ》ることが多《おほ》く、これはホルモン注射《ちうしや》、水《すゐ》治療法《ちれうはふ》などで治《なほ》ることもありますから、一應泌《おうひ》尿科醫《ねうくわい》に相談《さうだん》してみることです。

婦人側《ふじんがは》の原因《げんいん》の中《うち》、(1)膣痙攣《ちつけいれん》といふのは一種《しゆ》の神經性《しんけいせい》の病氣《びやうき》で、男性《だんせい》に觸《ふ》れると痙攣《けいれん》を起《おこ》すのです。これは多《おほ》くは結婚《けつこん》を恐《おそ》れる氣持《きもち》から起《おこ》るのですが、三週間《しうかん》ほど婦人科醫《ふじんくわい》にかゝり、神經《しんけい》を鎭《しづ》める注射《ちうしや》をし、器械《きかい》で膣《ちつ》を伸《のば》す治療《ちれう》をして、治《なほ》すことができます。

(2)處女膜強靭症《しよぢよまくきやうじんしやう》といつて、巾着《きんちやく》の括《くゝ》り絲《いと》が伸《の》びもせず切《き》れもせず、あまりに強過《つよす》ぎるやうなものがありますが、これは醫者《いしや》の治療《ちれう》によつて伸《のば》すこともでき、どうしても伸《の》びないのは切《せつ》開《かい》することによつて治《なほ》せます。伸《のば》すのは三週間《しうかん》くらゐ醫者《いしや》に通《かよ》ふことが必要《ひつえう》ですし、切《き》るのは十日間《かかん》ほど入院《にふゐん》せねばなりません。

(3)膣閉鎖《ちつへいさ》は先天性體質《せんてんせいたいしつ》のもので、ごく稀《まれ》にしかありませんが、これは年頃《としごろ》になつても月經《げつけい》がありません。整形手術《せいけいしゆじゆつ》によつて治《なほ》りますから、醫者《いしや》に相談《さうだん》なさるとよろしいのです。

また、良人《をつと》のはにかみ性《しやう》のために、結婚《けつこん》して一ケ月以上《げついじやう》も夫婦生活《ふうふせいくわつ》がなく、問題《もんだい》になつたやうな例《れい》もあるのですから、いづれの場合《ばあひ》にも醫《い》者《しや》に相談《さうだん》して愼重《しんちよう》な處置《しよち》をとり、早《はや》まつて離婚《りこん》したりせぬやうに御注意《ごちうい》ください。

新妻《にひづま》の健康《けんかう》の問題《もんだい》

△結婚《けつこん》して三日目《みつかめ》から、尿《ねう》が出《で》るときに痛《いた》み、何《なん》となく氣分《きぶん》が勝《すぐ》れず困《こま》つてゐます。性病《せいびやう》が傳染《でんせん》したのでせうか。

○尿《ねう》が出《で》るときに痛《いた》むのが全部性病《ぜんぶせいびやう》だとは言《い》へません。娘《むすめ》から人妻《ひとづま》の生活《せいくわつ》に入《はひ》ることは、肉體《にくたい》的《てき》に非常《ひじやう》な激變《げきへん》ですから、尿道《ねうだう》も著《いちじる》しい刺戟《しげき》を受《う》け、そのために破瓜性尿道炎《はくわせいねうだうえん》を起《おこ》し、排尿《はいねう》痛《つう》を覺《おぼ》えることがあります。

尿《ねう》を透明《とうめい》なガラスコップにとつてみて、それが清酒《せいしゆ》のやうにすつきりと澄《す》んでゐるなら、さほどのことなく、たゞ安靜《あんせい》に、温《あたゝ》かにし、一日《にち》に牛乳《ぎうにう》三合《がふ》とハブ茶《ちや》三合《がふ》、夏《なつ》なら麥湯《むぎゆ》を三合《がふ》ほど飲《の》んでをれば、大抵治《たいていなほ》つてしまひます。

しかし、コップにとつた尿《ねう》がどろりと濁《にご》り、

または血液《けつえき》が混《まじ》つてゐるやうなときは、膿《のう》のやうなこしけがあつて、そのこしけが尿道《にようだう》に入《はい》つて膀胱炎《ばうくわうえん》を起《おこ》した場合《ばあひ》ですから、まづ前《まへ》と同様《どうやう》に飲物《のみもの》を澤山《たくさん》飲《の》んで、鹽氣《しほけ》のものを止《や》め、速《すみや》かに醫師《いし》の診斷《しんだん》を受《う》け、痳毒性《りんどくせい》のものかどうかを確《たし》めて貰《もら》はねばなりません。

△娘時代《むすめじだい》から、こしけの多《おほ》い體質《たいしつ》でしたが、結婚《けつこん》してからは一層《そう》増《ふ》えて困《こま》つてゐます。子宮《しきう》に異状《いじやう》があるのでせうか。

○こしけの原因《げんいん》はいろ〳〵ありますが、單純性《たんじゆんせい》こしけといつて淡《うす》くて白《しろ》い、あまり粘《ねば》り氣《け》のないものが多少《たせう》あるのは、腺病性内膜炎《せんびやうせいないまくえん》といつて體質的《たいしつてき》のものですが、中《なか》には結核性内膜炎《けつかくせいないまくえん》の場《は》合《あひ》もありますから、もし寢汗《ねあせ》が出《で》たり、微熱《びねつ》があつたりするやうならば、醫師《いし》に見《み》せる必要《ひつえう》があります。

膿《のう》のやうな、黄色《きいろ》または緑色《みどりいろ》を帶《お》びた濃《こ》いこしけは、痳毒菌《りんどくきん》か化膿菌《くわのうきん》のために起《おこ》つた内膜炎《ないまくえん》から來《き》たもので、そのいづれかは黴菌《ばいきん》の性質《せいしつ》を檢査《けんさ》して貰《もら》へば判《わか》ります。かういふこしけが未婚《みこん》のうちからあるのは、月經時《げつけいじ》の不攝生《ふせつせい》や、痳毒《りんどく》の家族傳染《かぞくでんせん》などによるものです。

△結婚前《けつこんぜん》から月經時《げつけいじ》に痛《いた》みがあつたのですが、月經痛《げつけいつう》は結婚《けつこん》すれば治《なほ》ると聞《き》いてそのまゝ嫁ぎましたところ、結婚《けつこん》して半《はん》年《とし》になりますが少《すこ》しも治《なほ》らず、却《かへつ》て一そうひどくなるやうです。このまゝにしておいてよろしいのでせうか。

○月經痛《げつけいつう》は、月經《げつけい》が少《すく》くてある人《ひと》と多《おほ》くてある人《ひと》とありますが、月經《げつけい》が一日《にち》か二日《ふつか》しかなく、量《りやう》も少《すく》く、最初《さいしよ》の日《ひ》または一日前《にちまへ》に下腹《したはら》が差《さ》し込《こ》むやうに痛《いた》むのは、子宮《しきう》の發育不全《はついくふぜん》か位置《ゐち》異《い》常《じやう》の場合《ばあひ》が多《おほ》いのです。月經《げつけい》の前《まへ》には、内膜《ないまく》が平常《ふだん》の六倍《ばい》くらゐの厚《あつ》さになつて充血《じうけつ》するのですが、右《みぎ》の場合《ばあひ》は、多《おほ》くは子宮口《しきうこう》が狹《せま》くて下《お》りものが出《で》難《にく》いため痛《いた》むのですから、醫師《いし》の適當《てきたう》な治療《ちれう》を受《う》けねばなりません。

月經《げつけい》が多《おほ》くて痛《いた》むものは、子宮《しきう》に筋腫《きんしゆ》や炎症《えんしやう》（子宮實質炎《しきうじつしつえん》、卵巣炎《らんさうえん》、喇叭管炎《らつぱくわんえん》など）があることがありますから、やはり專門醫《せんもんい》の診察《しんさつ》を受《う》けて原因的《げんいんてき》に治療《ちれう》しなければなりません。

△結婚《けつこん》一ケ年《ねん》ほど前《まへ》に急性腎臓炎《きふせいじんざうえん》を患《わづら》つた者《もの》ですが、結婚後《けつこんご》少《すこ》しむくみがあるやうに思《おも》はれます。結婚生活《けつこんせいくわつ》が身體《からだ》に惡《わる》いのでせうか。

○急性腎臓炎《きふせいじんざうえん》は全治《ぜんち》してをれば結婚生活《けつこんせいくわつ》が障《さは》るやうなことはありませんが、腎臓炎《じんざうえん》の充分《じうぶん》治《なほ》りきつてゐない人《ひと》が姙娠《にんしん》すると、危險《きけん》を伴《ともな》ひ易《やす》いものですから、御主人の諒解《りやうかい》を得《え》て醫師《いし》の許しが出《で》るまで姙娠《にんしん》を避《さ》ける必要《ひつえう》があります。

△結婚數年前《けつこんすうねんぜん》に肺尖《はいせん》カタルを半年《はんとし》ほど靜《せい》養《やう》したことがありますが、私《わたし》のやうな體《たい》質《しつ》には結婚生活《けつこんせいくわつ》は非常《ひじやう》に無理《むり》だと聞《き》いてゐますので、何《なん》となく健康《けんかう》のことが不安《ふあん》でなりません。どういふ養生法《やうじやうはふ》を心掛《こゝろが》けてみたらよいでせうか。

○肺尖《はいせん》カタルもやはり結核菌《けつかくきん》によつて起《おこ》る病氣《びやうき》ですが、これが治《なほ》つたといふことは、黴菌《ばいきん》を細《さい》胞《はう》が取《と》り卷《ま》いて堤防《ていばう》を作《つく》り、これを封鎖《ふうさ》した状態《じやうたい》ですから、もし堤防《ていばう》が崩《くづ》れたときは再發《さいはつ》といふことになるのです。

不完全《ふくわんぜん》な堤防《ていばう》は、結婚生活《けつこんせいくわつ》や姙娠《にんしん》によつて容《よう》易《い》に破壞《はくわい》される虞《おそれ》がありますが、數年《すうねん》を經《へ》てをれば、結婚生活《けつこんせいくわつ》のために再發《さいはつ》するといふ心配《しんぱい》は、まづないと思《おも》ひます。しかし、念《ねん》のために專門醫《せんもんい》に赤血球《せきけつきう》の沈降速度《ちんかうそくど》を檢《しら》べて貰《もら》ひ、更《さら》にレントゲンの診察《しんさつ》をお受《う》けになれば、一そう御《ご》安心《あんしん》でせう。

新妻《にひづま》の性《せい》生《せい》活《くわつ》

△結婚《けつこん》の當初《たうしよ》には、夫婦生活《ふうふせいくわつ》の際《さい》に非常《ひじやう》に痛《いた》みが激《はげ》しくありまして、後《のち》には痛《いた》み

はなぐなりましたが、少《すこ》しも感覺的《かんかくてき》でありません。私《わたし》は不感症《ふかんしやう》なのではないでせうか。

○結婚當初《けつこんたうしよ》に痛《いた》みの伴《ともな》ふのは普通《ふつう》であつて、また年若《としわか》い妻《つま》の場合《ばあひ》は、初《はじ》めは感《かん》じがないことも正常《せいじやう》なことですから、少《すこ》しも御心配《ごしんぱい》は要《い》りません。性《せい》についての感覺《かんかく》は、年齡《ねんれい》が進《すゝ》むに從《したが》つてだん／＼と發達《はつたつ》してゆくのですから、焦《あせ》つたり不安《ふあん》を持《も》つたりする必要《ひつえう》はありません。

△性生活《せいせいくわつ》の過度《くわど》が健康《けんかう》に障礙《しやうがい》を起《おこ》し、仕《し》事《こと》の能率《のうりつ》を下《さ》げ、また夫婦《ふうふ》の感情《かんじやう》にも惡《あく》影響《えいきやう》があると聞《き》いてをりますが、その適《てき》度《ど》をお教《をし》へ頂《いただ》きたく存《ぞん》じます。

○新婚《しんこん》一ケ月《げつ》くらゐは、どうしても過度《くわど》になりがちなのは已《や》むを得《え》ません。普通《ふつう》、御主人《ごしゆじん》が二十臺《だい》ならば四日目《かめ》、三十臺《だい》ならば八日目《かめ》、四十臺《だい》ならば十六日目《にちめ》、五十を越《こ》せば二十日目《はつかめ》が適《てき》度《ど》ですが、これは體質《たいしつ》、食物《しよくもつ》、仕事《しごと》の種類《しゆるゐ》などによつて違《ちが》ひますから、一概《がい》には申上《まをしあ》げられません。大體《だいたい》として、頭腦《づなう》を使《つか》ふ仕事《しごと》の人《ひと》は性欲《せいよく》が少《すくな》く、肉食《にくしよく》を好《この》む人《ひと》は多《おほ》いのです。過度《くわど》になると、神經中樞《しんけいちうすう》が疲勞《ひらう》して、頭《あたま》が重《おも》く、氣分《きぶん》が焦立《いらだ》ち、心悸亢進《しんきかうしん》を起《おこ》し、また思考《しかう》力《りよく》が鈍《にぶ》ります。

△月經中《げつけいちう》の夫婦生活《ふうふせいくわつ》が健康《けんかう》にどんな惡影《あくえい》響《きやう》があるか、お教《をし》へ頂《いただ》きたく存《ぞん》じます。

○月經中《げつけいちう》には、子宮《しきう》の内外《ないぐわい》も膣内《ちつない》も充血《じうけつ》し、傷つき易《やす》くなつてゐるばかりでなく、平常《ふだん》の膣内《ちつない》には酸性《さんせい》の分泌物《ぶんぴぶつ》があつて黴菌《ばいきん》を防《ふせ》ぐ役目《やくめ》をしてゐますが、月經中《げつけいちう》には下《お》りもののためにそれが中和《ちうわ》されて、防禦力《ばうぎよりよく》が弱《よわ》くなり、また子宮口《しきうこう》が下《お》りもののために少々開《ひら》き加減《かげん》になつてゐて、黴菌《ばいきん》が内部《ないぶ》に入《はひ》り易《やす》く、その内壁《ないへき》は剝れたやうた状態《じやうたい》になつてゐるため、黴菌《ばいきん》がつき易《やす》いのです。ですから、月經中《げつけいちゆう》の夫婦生活《ふうふせいくわつ》は、内膜炎《ないまくえん》や膣炎《ちつえん》の原因《げんいん》になることが多《おほ》いものです。

△生計《せいけい》が困難《こんなん》なので産兒《さんじ》制限《せいげん》をしたいと思《おも》ひますが、健康《けんかう》に惡《わる》い影響《えいきやう》はないでせうか。

○結婚《けつこん》の目的《もくてき》は、種族《しゆぞく》を保存《ほぞん》するといふことが第《だい》一義《ぎ》ですし、また子供《こども》は天《てん》から與《あた》へられるもので、欲《ほ》しいときに自由《じいう》に産《う》めるものではないのですから、産兒《さんじ》制限《せいげん》をすることは自然《しぜん》ではありません。生活《せいくわつ》の安定《あんてい》がなくて夫婦《ふうふ》共稼《ともかせ》ぎをするためには、子供《こども》のない方《はう》が好都合《かうつがふ》のやうでも、それならいつになつたら生活《せいくわつ》が樂《らく》になるかといへば、凡《おほよ》そ良人《をつと》が四十歳《さい》、妻《つま》が三十四五歳以上《さいいじやう》にならないと、さういふ状態《じやうたい》は來《こ》ない場合《ばあひ》が多《おほ》いのです。妻《つま》が三十歳以上《さいいじやう》になつて子供《こども》を産《う》むことは、統計上《とうけいじやう》でもだん／＼少《すく》なくなりますし、頭腦《あたま》のよい優秀《いうしう》な子供《こども》を産《う》むのに條件《でうけん》が惡《わる》くなります。第《だい》一に、高年《かうねん》のお産《さん》は重《おも》いことが多《おほ》く、重《おも》いお産《さん》では頭腦《あたま》の良《よ》い子《こ》が生《うま》れません。それに母親《はゝおや》が年取《としと》つてゐると、養育上《やういくじやう》でもとかく消極的《せうきよくてき》になりがちです。子供《こども》は貧《まづ》しい中《なか》で、親子《おやこ》諸共《もろとも》に苦《くる》しみながら育《そだ》つた方《はう》が、しつかりした人間《にんげん》が作《つく》り上《あ》げられます。健康《けんかう》な夫婦《ふうふ》ならば、早《はや》く數人《すうにん》の子供《こども》を産《う》み、あまり多過《おほす》ぎると思《おも》ふ頃《ころ》に制限《せいげん》を行《おこな》つた方《はう》がよろしいのです。

但《たゞ》し、コンドームを用《もち》ひた避姙《ひにん》を一年《ねん》もつゞけるときは、妻《つま》の元氣《げんき》が衰《おとろ》へ、精神《せいしん》が焦立《いらだ》ち、一種《しゆ》の神經衰弱《しんけいすゐじやく》に陥《おちい》ることがしば／＼ありますし、器具《きぐ》を用《もち》ひると、子宮《しきう》や膣《ちつ》に、炎症《えんしやう》やたゞれを起《おこ》し易《やす》いことを、知《し》つてゐなければなりません。

もし、良人《をつと》か妻《つま》に惡性《あくせい》の遺傳《ゐでん》や病氣《びやうき》があるならば、喇叭管結紮《らつぱくわんけつさつ》によつて制限《せいげん》をするのが、よろしいでせう。

遺《ゐ》傳《でん》に就《つ》いて

△嫁《とつ》いできましてから、當家《たうけ》の三代《だい》ほど前《まへ》に癩病《らいびやう》の人《ひと》があつたことを聞《き》きましたが、遺傳《ゐでん》といふものについて、はつきりした知識《ちしき》を得《え》たいと切《せつ》に思《おも》ひます。

○癩病《らいびやう》については、昔《むかし》は遺傳《ゐでん》と考《かんが》へられてゐましたが、これは遺傳病《ゐでんびやう》ではなくて傳染病《でんせんびやう》であることが、近代醫學《きんだいいがく》によつて證明《しようめい》されました。

しかし、非常《ひじやう》に慢性《まんせい》な病氣《びやうき》で、潜伏期《せんぷくき》が長《なが》く、中《なか》には二十年《ねん》も潜伏《せんぷく》してゐることさへあるのですから、遺傳病《ゐでんびやう》とも誤《あやま》られましたが、完全《くわんぜん》に隔《かく》離《り》さへすれば、同《おな》じ血統《けつとう》でもこの病氣《びやうき》に罹《かゝ》るものではありません。

　三代前《だいまへ》の祖父《そふ》がこの病氣《びやうき》であつたといふ家《いへ》であれば、その祖父《そふ》が住《す》んでゐた家《いへ》に成長《せいちやう》した人《ひと》なら、傳染《でんせん》が全《まつた》くないとはいへませんが、父《ちゝ》の代《だい》にその家《いへ》から出《で》て住居《ぢうきよ》を他《ほか》に移《うつ》し、その後《ご》に生《うま》れた子供《こども》なら傳染《でんせん》してゐないものです。

　この病氣《びやうき》は、とかく隱《かく》したがつて、裏《うら》二階《かい》とか物置《ものおき》などに患者《くわんじや》を容《い》れ、十年《ねん》も二十年《ねん》も籠《こも》らせておいたために、菌《きん》が散布《さんぷ》し、害毒《がいどく》を子孫《しそん》に及《およ》ぼした例《れい》が多《おほ》かつたものです。

　遺傳《ゐでん》する病氣《びやうき》としては、次《つぎ》に擧《あ》げるやうな種類《しゆるゐ》のものです。
（1）色盲《しきまう》は男子《だんし》には千人《にん》に五人《にん》、婦人《ふじん》には二千人《にん》に一人《ひとり》くらゐあるもので、色盲《しきまう》の男子《だんし》からその女兒《ぢよじ》を通《つう》じて男孫《だんそん》に現《あらは》れるものです。婦人《ふじん》は遺傳質《ゐでんしつ》を持《も》つてゐても現《あらは》れず、たゞ色盲《しきまう》の男《だん》子《し》と遺傳質《ゐでんしつ》のある婦人《ふじん》の間《あひだ》に生《うま》れた女兒《ぢよじ》には色《しき》盲《まう》が現《あらは》れます。その他《た》、全色盲《ぜんしきまう》といつて色《いろ》が全《まつた》く見《み》えず、すべて灰色《はひいろ》の明暗《めいあん》に見《み》えるものがありますが、これは血族結婚《けつぞくけつこん》の間《あひだ》に生《うま》れた子《こ》に男《だん》女《ぢよ》の別《べつ》なく現《あらは》れます。
（2）バセドウ氏病《しびやう》、ヒステリー、腎臟病《じんざうびやう》、癲《てん》癇《かん》などは、遺傳《ゐでん》しますから、その素質《そしつ》のある人《ひと》は、できるだけ健全《けんぜん》な人《ひと》と結婚《けつこん》することが必要《ひつえう》です。かういふ素質《そしつ》ある男女《だんぢよ》の結婚《けつこん》によつて生《うま》れた子供《こども》には、その素質《そしつ》が強《つよ》く現《あらは》れます。
（3）精神病《せいしんびやう》には、遺傳《ゐでん》するものとしないものとあり、躁鬱症《さううつしやう》、早發性《さうはつせい》痴呆症《ちはうしやう》、低能《ていのう》、神經性《しんけいせい》素質《そしつ》などは遺傳《ゐでん》しますし、黴毒性《ばいどくせい》精神病《せいしんびやう》、アルコール中毒性《ちうどくせい》精神病《せいしんびやう》などは遺傳《ゐでん》しませんが、これは弱質《じやくしつ》といつて、良《よ》い子《こ》は生《うま》れません。殊《こと》に黴毒《ばいどく》は、必《かなら》ず配偶者《はいぐうしや》に傳染《でんせん》し、生《うま》れる子供《こども》は骨《ほね》や肉《にく》や内臟《ないざう》が黴毒《ばいどく》に冒されて生《うま》れてきます。

△從《い》兄《と》妹《こ》同志《どうし》の結婚《けつこん》には、不具《ふぐ》の子《こ》が生《うま》れると言《い》はれてゐますが、どういふ理由《りいう》でせうか。

○血筋《ちすぢ》によつて、良《よ》い素質《そしつ》を多《おほ》く持《も》つてゐる人《ひと》と惡《わる》い素質《そしつ》を多《おほ》く持《も》つてゐる人《ひと》とあります。從《い》兄《と》妹《こ》同志《どうし》の結婚《けつこん》が惡《わる》いといふのは、惡《わる》い素質《そしつ》を持《も》つてゐる同志《どうし》が結婚《けつこん》すると、一そう素質《そしつ》が惡《わる》くなるからです。
　良《よ》い素質《そしつ》を持《も》つてゐる人《ひと》なら、それを二《ふた》つ合《あは》せると、却て非常《ひじやう》によくなるのですから、從兄《いと》妹《こ》同志《どうし》の結婚《けつこん》でも必《かなら》ずしも惡《わる》い子《こ》が生《うま》れるとは限《かぎ》りません。

　精神病《せいしんびやう》やその他《た》の遺傳病《ゐでんびやう》の血筋《ちすぢ》の人《ひと》や、體質《たいしつ》の弱《よわ》い血統《けつとう》、性格《せいかく》に缺點《けつてん》のある人《ひと》の場合《ばあひ》は、從《い》兄《と》妹《こ》同志《どうし》の結婚《けつこん》はよくありません。

241　「女性の幸福と生活を脅す性病撲滅を語る」　本名順平、安田徳太郎 ほか　『婦人公論』昭和13年4月1日

●強く美しく生きるために●

女性の幸福と生活を脅す性病撲滅を語る

出席者

厚生省豫防局　本名順平

醫學博士　安田徳太郎

醫學博士　大橋りゆう

婦人矯風會　久布白落實

司會

醫學博士　竹内茂代

性病とはどんなものか

竹内　では、最初《さいしよ》に性病《せいびやう》とはどんなものか、について一通《ひととほ》り伺《うかゞ》ひたいと思《おも》ひますが、安田《やすだ》先生《せんせい》、一つどうぞ……。

安田　僕《ぼく》ですか？　はい、試驗《しけん》みたいですね。（笑聲）第《だい》一が黴毒《ばいどく》、第《だい》二が淋病《りんびやう》、第《だい》三が軟性下疳《なんせいげかん》ですが……。

本名　その三つを法律上《はふりつじやう》では性病《せいびやう》と云《い》はず花柳病《くわりうびやう》といつてゐるんです。

久布白　どういふ譯《わけ》なんですか？

本名　法律制定當時《はふりつせいていたうじ》は、花柳病《くわりうびやう》か性病《せいびやう》といふかについて大分《だいぶ》話題《わだい》になつたらしいんですが、結局《けつきよく》花柳病《くわりうびやう》になつたんですね。

竹内　折花攀柳《せつくわはんりう》といふ難《むつか》しい言葉《ことば》から來《き》たものださうです。大變《たいへん》美《うつく》しく形容《けいよう》してるわけでございますね。

安田　淋病《りんびやう》は昔《むかし》からあつたものださうです。黴毒《ばいどく》はコロンブスが持《も》つて來《き》たんです。あの人《ひと》がアメリカを發見《はつけん》して、ハイチ島《たう》に上《じやう》陸《りく》した時《とき》に乘組員《のりくみゐん》に傳染《うつ》つたといはれます。あれはハイチ島《たう》の風土病《ふうどびやう》なんです。それが一四九三年《ねん》にスペインのバルセロナに行《ゆ》き、翌《よく》年《ねん》イタリーのナポリに行《い》つた時《とき》、戰爭《せんそう》があつ

で一時に擴《ひろ》がつたといはれてゐます。當時《たうじ》、フランスのシャルル八世《せい》がナポリのフエルジナンドと戰爭《せんさう》してゐたのですがその後《ご》フランス側《がは》にもイタリー側《がは》にも擴《ひろ》がつた。今《いま》までにない赤《あか》い發疹《はつしん》が出來《でき》る病氣《びやうき》だつたので、イタリーでは、これはフランスの軍《ぐん》隊《たい》から來《き》たものとしてフランス病《びやう》といつた。フランス側《がは》ではナポリで感染《かんせん》したからナポリ病《びやう》といつてゐたのです。ついでシャルル八世《せい》の軍隊《ぐんたい》が全歐洲《ぜんおうしう》に散《ち》らばると同時《どうじ》に、病氣《びやうき》も全《ぜん》歐洲《おうしう》に蔓延《まんえん》したといふ順序《じゆんじよ》になります。

東洋《とうやう》の方《はう》は、それから十年《ねん》の後《のち》に支那《しな》の廣東《カントン》に突然發生《とつぜんはつせい》し、その黴毒《ばいどく》が日本《にほん》に丁度十二年後《ご》に入《はい》つて來《き》たんです。一番始《いちばんはじめ》が堺《さかひ》、次《つぎ》に長《なが》崎《さき》、それから翌年《よくねん》、一五一三年《ねん》に關東《くわんとう》に入《はい》つてくる。その頃《ころ》は交通機關《かうつうきくわん》が發達《はつたつ》してないから關西《くわんさい》から關東《くわんとう》へ來《く》るのに一年《ねん》か〻つてゐます。

竹内　では、黴毒《ばいどく》の症状《しやうじやう》をざつと申上《まをしあ》げませう。先《ま》づ傳染《うつ》つた場所《ばしよ》に小《ちひ》さな發疹《ほつしん》が出《で》來《き》て、それが崩《くづ》れると硬性下疳《かうせいげかん》といふものが出來《でき》る。それが第一期黴毒《だいいちきばいどく》、それからそのまま放《はう》つておくとそれが消《き》えてしまふのです。感染《かんせん》つてから第《だい》一期《き》の症状《しやうじやう》が出《で》るまでが三週《しう》間《かん》、それからそれが消《き》えてから三月位《つきぐらゐ》經《た》つと第二期症状《だいにきしやうじやう》が現《あら》はれてくる。その時《とき》は皮膚《ひふ》に前《まへ》よりも大《おほ》きい黴毒疹《ばいどくしん》が出來《でき》る。その時《とき》は皮膚《ふ》、肛門《かうもん》、局部等《きよくぶとう》、感染《かんせん》した場所《ばしよ》、あらゆる所《ところ》に出《で》るんです。その頃《ころ》になると血《ち》の中《なか》に黴毒《ばいどく》の黴菌《ばいきん》が充分《じうぶん》に育《そだ》つてくる。それはキルク拔《ぬ》きのやうな形《かたち》をした黴菌《ばいきん》で、それが血《ち》の中《なか》に育《そだ》つて體中《からだぢう》を廻《まは》つて、先《ま》づ眼《め》が惡《わる》くなり、咽喉《いんこう》が惡《わる》くなり耳《みゝ》が惡《わる》くなる。それから腦膜《なうまく》の充血《じうけつ》から頭痛《づつう》がする。この特徴《とくちやう》は、夜間《やかん》になると直《なほ》つて夜中《よなか》に頭痛《づつう》がする。そして體《からだ》が

243　「女性の幸福と生活を脅す性病撲滅を語る」 本名順平、安田徳太郎 ほか 『婦人公論』昭和13年4月1日

涸《か》れたり眼《め》が見《み》えなくなつたりする。結局《けつきよく》、素人《しろうと》が考《かんが》へると、皮膚病《ひふびやう》と、風邪《かぜ》と、神經衰《しんけいすゐ》弱《じやく》を混《ま》ぜたやうな容態《ようたい》になる。これ等《ら》の症《しやう》狀《じやう》に輕重《けいぢゆう》があり、また現《あら》はれたり消《き》えたりの狀態《じやうたい》を二年位《ねんぐらゐ》續《つゞ》けます。輕《かる》い人《ひと》は平氣《へいき》で仕事《しごと》を續《つゞ》けてゐるわけです。此間《このあひだ》に肘《ひぢ》・腋《わき》・鼠頸《そけい》部《ぶ》・頸部《けいぶ》等《とう》の淋巴腺《りんぱせん》が指頭大位《しとうだいぐらゐ》に腫《は》れますがこれは餘《あま》り痒《かゆ》くもなく、又膿《またう》むことはありません。そして傳染《でんせん》から三年經《ねんた》つた頃《ころ》に第三期《だいき》黴毒《ばいどく》が出《で》てくる。ゴム質《しつ》のおできが出來《でき》る。これは頭《あたま》の先《さき》から足《あし》の先《さき》まで、骨《ほね》、肉《にく》、肺《はい》、肝臟等總《かんざうとうすべ》ての內臟《ないざう》から皮膚《ひふ》、骨《ほね》、筋肉至《きんにくいた》る所《ところ》に出《で》るんです。第三期《だいき》になると皮膚《ひふ》に出來《でき》れば皮膚《ひふ》が崩《くづ》れ、骨《ほね》に出來《でき》れば骨《ほね》が崩《くづ》れるんです。その後《ご》十年《ねん》乃至《ないし》廿年《ねん》經《た》つて、一向治療《かうちれう》が行《ゆ》き屆《とゞ》かなかつた場合《ばあひ》には、だん〳〵深《ふか》く毒《どく》素《そ》が入《い》り込《こ》んで腦《なう》とか脊髓《せきずゐ》に入《い》り込《こ》んで、その時黴毒性《ときばいどくせい》の精神病《せいしんびやう》を起《おこ》すのです。つまり感《かん》染《せん》して廿年《ねん》も經《た》つた頃《ころ》に黴毒性《ばいどくせい》の精神病《せいしんびやう》を起《おこ》してくるんです。不幸《ふかう》にして第一期《だいき》、第二期《だいき》の症狀《しやうじやう》が比較的輕《ひかくてきかる》かつた場合《ばあひ》にかういふ事《こと》になるのです。しかも、この第二期《だいき》において症狀《しやうじやう》が出《で》たり引込《ひつこ》んだりしてゐる間《あひだ》に、丁《ちやう》度結婚年齡《どけつこんねんれい》になりますから結婚《けつこん》して、相手《あひて》に感染《かんせん》させることになります。結婚《けつこん》すれば百パーセント傳染《でんせん》しますから、そこに子供《こども》が生《う》れますと、この子供《こども》は先天黴毒《せんてんばいどく》を持《も》つた、世《よ》にも哀《あは》れな子供《こども》として生《う》れて來《く》るんです。では大橋《おほはし》さん、先天黴毒《せんてんばいどく》について、どうぞ……。

子供に及ぼす性病

大橋　只今《たゞいま》、お話《はなし》になりましたやうに、お母《かあ》さんの血液《けつえき》の中《なか》の黴毒菌《ばいどくきん》を貰《もら》つた子供《こども》が發《はつ》育《いく》したものですから、お母《かあ》さんと同《おな》じ毒素《どくそ》を持《も》つてゐるわけです。さういふ場合《ばあひ》、二、三ケ月《げつ》か六、七ケ月《げつ》で流產《りうざん》する事《こと》が多《おほ》いのですが、八ケ月位《げつぐらゐ》で早產《さうざん》する事《こと》も中々多《なかなかおほ》いのです。黴毒《ばいどく》の場合《ばあひ》は八ケ月《げつ》になりましても死產《しざん》(死《し》んでから生《うま》れる事《こと》)が普通《ふつう》でございますが例《たと》へ生《い》きて生《うま》れても大抵《たいてい》死《し》んでしまひます。けれども、お母《かあ》さんの毒《どく》に免疫《めんえき》が出來《でき》てをつて古《ふる》くなつてゐた場合《ばあひ》には症狀《しやうじやう》が少《すくな》くて生《うま》れてくる事《こと》があります。不運《ふうん》な場合《ばあひ》には腦髓《なうずゐ》が軟《やはら》かくなつてゐたり、骨《ほね》が軟化《なんくわ》してゐたりして、死《し》んでしまふのが多《おほ》い。無事《ぶじ》に呼吸《こきふ》はしてをりましても骨《ほね》の發育《はついく》が惡《わる》く、著明《ちよめい》なのは鼻骨《びこつ》がないので、そのまゝ變《へん》な格好《かつかう》で大《おほ》きくなつていく場合《ばあひ》があります。先天黴毒《せんてんばいどく》の三徵候《ちようこう》と申《まを》しますのは、一は前齒《まへば》が三日月狀《みかづきじやう》に彫《ほ》り込《こ》まれてゐる。二は角膜實質炎《かくまくじつしつえん》を起《おこ》してゐる事《こと》があります。三には慢性《まんせい》の中耳炎《ちうじえん》で耳《みゝ》が遠《とほ》い、又鼻《またはな》の骨《ほね》がないこと、おでこが、生《は》え際《ぎは》が上《あが》つて四角《かく》になつてゐる。幸運《かううん》にも割合《わりあひ》に症狀《しやうじやう》が少《すくな》いとしても、だん〳〵大《おほ》きくなれば鼻骨《びこつ》がないのですから結局不具《けつきよくふぐ》になります。なほ、手足《てあし》など全然不具《ぜんぜんふぐ》の子供《こども》も稀《まれ》には生《うま》れます。

もう一《ひと》つ、これは黴毒《ばいどく》が原因《げんいん》と認《みと》めらるゝメレナといふ病氣《びやうき》があります。生《うま》れてから間《ま》もなく便《べん》に血液《けつえき》が混《まじ》つたり、血《ち》を吐《は》く事《こと》もあります。尤《もつと》も、生《うま》れて二、三日《にち》の間《あひだ》、胎糞《たいふん》といふ黑《くろ》い便《べん》を出《だ》しますが、それと全然違《ぜんぜんちが》ふもので、生後《せいご》二、三週間經《しうかんた》つて血《ち》が混《まじ》じるのはメレナでございます。或《あるひ》は臍帶《さいたい》から多量《たりやう》に出《しゆつ》血《けつ》して死《し》ぬこともあります。これ等《ら》の出血《しゆつけつ》は外《ほか》にも原因《げんいん》のある事《こと》はありますが、主《しゆ》として黴毒《ばいどく》によるものであります。先天黴毒兒《せんてんばいどくじ》は精《せい》神薄弱《しんはくじやく》、或《あるひ》は知識上《ちしきじやう》の缺陷《けつかん》があつて成長《せいちやう》しても常人《じやうじん》とは全《まつた》く異《こと》なつたものであります。不幸《ふかう》にして先天黴毒《せんてんばいどく》を受《う》けた子供《こども》が生《うま》れたならば、治療法《ちれうはふ》は發達《はつたつ》してをりますから、母親《はゝおや》が早《はや》く氣《き》をつけて直《なほ》してやる事《こと》が大事《だいじ》でござい

ます。外《ほか》にも直《なほ》り得《え》ない病氣《びやうき》がありますが、黴毒《ばいどく》は早《はや》く氣《き》がつきさへすればいいのですから……。

記者　父親《ちゝおや》が罹《かゝ》つてをりまして、母親《はゝおや》に感染《かんせん》してゐなければ、子供《こども》は大丈夫《だいぢやうぶ》のやうに思《おも》はれますが、

竹内　そんな事《こと》はないんです。何方《どつち》かが罹《かゝ》つてゐればお互《たがひ》に感染《かんせん》せぬわけにはいかないんですから。

大橋　お産《さん》するまで十ケ月《げつ》ありますから、その間《あひだ》に傳染《でんせん》するんです。胎内傳染《たいないでんせん》ですね。それから母親《はゝおや》に黴毒《ばいどく》がある事《こと》が分《わか》つた場合《ばあひ》には姙娠《にんしん》してゐても、どん／＼治療《ちれう》すればよろしいのです。

安田　姙娠《にんしん》は一ケ月《げつ》で分《わか》るのですから、姙娠中徹底的《にんしんちうてつていてき》に驅黴療法《くばいれうはふ》を行《おこな》へば治《なほ》つてしまひます。さうでないと、毒《どく》を受《う》けた子供《こども》が生《うま》れて、廿歳《はたち》になつても小學校《せうがくかう》の一年生《ねんせい》といふやうな事《こと》があります。さういふ子供《こども》が浮浪者《ふらうしや》、犯罪者《はんざいしや》になり易《やす》いのです。

竹内　次《つぎ》に淋病《りんびやう》の事《こと》を申《まを》しますと、これは淋毒菌《りんどくきん》といふ特別《とくべつ》な黴毒《ばいどく》があつて感染《かんせん》するんです。淋毒《りんどく》は、體《からだ》の中《なか》の粘膜《ねんまく》に傳染《うつ》るといふ事《こと》が特徴《とくちやう》で、夫婦生活《ふうふせいくわつ》から傳染《うつ》るのが普通《ふつう》です。外《ほか》の場所《ばしよ》でも淋毒《りんどく》から出《で》た菌《きん》が附《つ》けば傳《う》染《つ》ります。眼《め》に入《はひ》りますと膿漏眼《のうろうがん》といふ眼《め》の病氣《びやうき》を起《おこ》します。その菌《きん》が感染《うつ》ればとに角《かく》、尿道《ねうだう》、膀胱《ばうくわう》、膣《ちつ》、子宮《しきう》、喇叭管《ラツパくわん》、腹膜《ふくまく》、心臟《しんざう》内膜《ないまく》、關節《くわんせつ》、さういふ所《ところ》に入《はひ》つていくと淋毒《りんどく》性《せい》の炎症《えんしやう》を起《おこ》して非常《ひじやう》に腫《は》れて痛《いた》んで熱《ねつ》を出《だ》し、膿《のう》が出《で》る。婦人《ふじん》でありますと膣《ちつ》の分泌物《ぶんぴぶつ》が濃厚《のうこう》なのが出《で》ます。一度《ど》、病氣《びやうき》を起《おこ》してから九十日位經《くじふにちぐらゐた》ちますと腫《は》れが引《ひ》いて痛《いた》みが輕《かる》くなつて慢性《まんせい》に移《うつ》りゆくまでの亞急性《あきふせい》になります。この時代《じだい》から慢性《まんせい》に行《ゆ》く始《はじ》めは濃《こ》い膿《のう》が、粘液狀《ねんえきじやう》の膿《のう》になります。淋毒《りんどく》を病《や》んだ粘膜《ねんまく》は一度《ど》腫《は》れて後萎縮《のちゐしゆく》します。丁度洪水《ちやうどこうずゐ》のやうに、始《はじ》めはひどいものですが、ある時期《じき》は薄《うす》くなる。そして管狀物《くわんじやうぶつ》は腫《は》れて閉《と》ぢられます。喇叭管炎《ラツパくわんえん》をやると狹《せま》くなるから卵《らん》の通行《つうかう》を妨《さまた》げて姙娠不可能《にんしんふかのう》になる。または、精子《せいし》が入《はひ》つて姙娠《にんしん》しても卵《らん》が出られないから喇叭管《ラツパくわん》姙娠《にんしん》を起《おこ》したりする。それから淋巴腺《りんぱせん》が腫《は》れて膿《う》む、これをよこねといひます。よこねといふのはこの淋巴腺《りんぱせん》が膿《う》むことを云《い》ふのであつて、軟性下疳《なんせいげかん》でもこれを起《おこ》します。二通《ふたとほ》りあるわけです。黴毒《ばいどく》の場合《ばあひ》は膿《う》まない。法律《はふりつ》上《じやう》には入《はひ》つてゐませんが、第四性病《だいしせいびやう》といふのがあります。これはよこねのひどいものです。醫學上《いがくじやう》では軟性下疳《なんせいげかん》とは別《べつ》なものとなつてゐます。さういつた淋毒《りんどく》が慢性《まんせい》になつて一進《しん》一退《たい》する間《あひだ》に馬《うま》に乘《の》つたり、行軍《かうぐん》をしたり自轉車《じてんしや》に乘《の》つたり、酒《さけ》を飲《の》み過《す》ぎたりするとすぐ起《おこ》つてくるんです。婦人《ふじん》は月經《げつけい》に異常《いじやう》を來《きた》します。殊《こと》に職業婦人《しよくげふふじん》が安靜《あんせい》にすれば起《おこ》ら

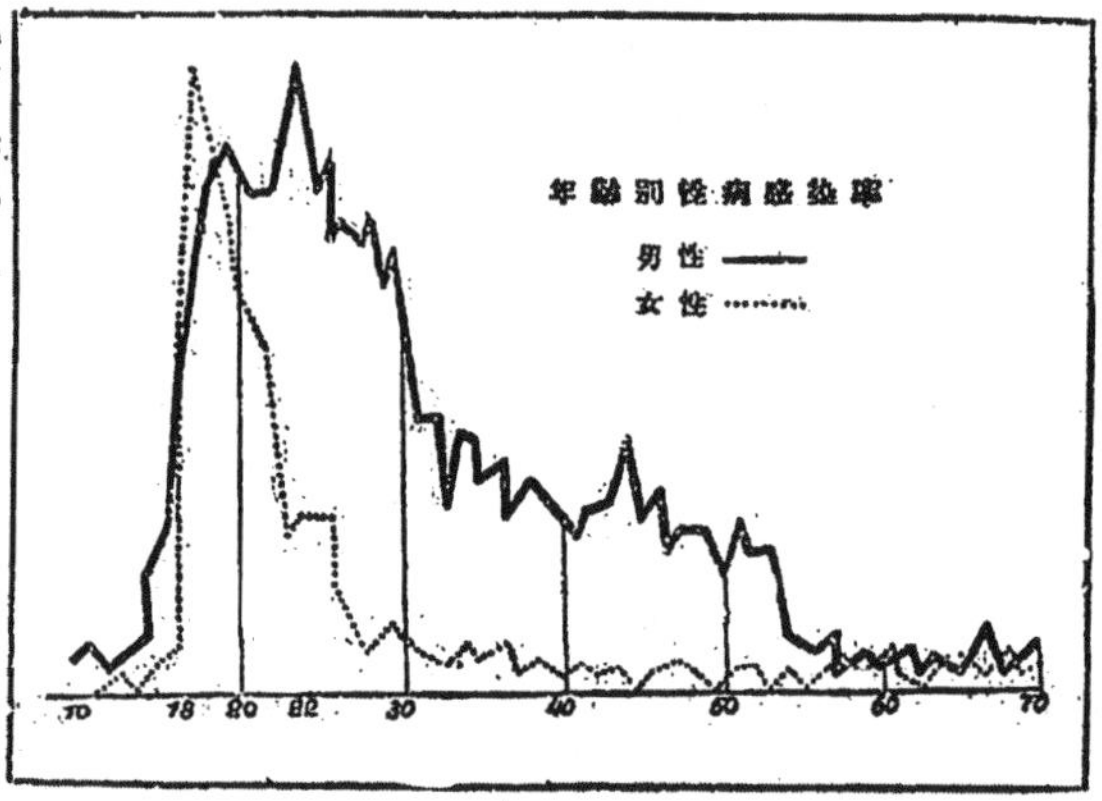

ない病氣も乘物に乘り過ぎたりすると起《おこ》ります。また少《すこ》し治《なほ》りかけた時《とき》に夫婦生活《ふうふせいくわつ》をすると下腹《したはら》が痛《いた》んでくるとか、とにかく一生《しやう》、氣《き》持《もち》のよくなる事《こと》はない。骨盤《こつばん》の中《なか》が何時《いつ》もいつぱいになつてゐます。つまり、治《なほ》り切《き》らぬうちはこの人《ひと》は病氣《びやうき》なのですから始終《しじう》具合《ぐあひ》がわるい。長《なが》い間《あひだ》に、いはゆるヒステリーになるんです。旦那様《だんなさま》がいゝ顔《かほ》をしないで外《そと》へ出《で》る。出《で》ると餘計《よけい》にヒステリーになる。實《じつ》に慘《みじ》憺《め》たるものです。夫婦生活《ふうふせいくわつ》は苦痛《くつう》の爲《ため》ひ嫌《きら》ひます。その爲《ため》夫婦《ふうふ》の仲《なか》がわるくなつて家庭《かてい》爭《そう》議《ぎ》の源《もと》になるのです。また、淋毒菌《りんどくきん》は新《あたら》しい粘膜《ねんまく》に傳染《でんせん》されますと猛烈《まうれつ》な勢《いきほ》ひで起《おこ》つて來《き》ますから直《なほ》つたつもりで結婚《けつこん》すると、一度《ど》も觸《ふ》れた事《こと》のない花嫁《はなよめ》さんにこれが傳染《うつ》る。新《しん》婚旅行《こんりよかう》の歸《かへ》りに病氣《びやうき》になつて歸《かへ》つて來《く》るなんていふのはみんなさうです。そして四年經《ねんた》つても五年經《ねんた》つても子供《こども》が出來《でき》ないなんていふ事《こと》になる。公娼《こうしやう》や私娼《ししやう》になるものは始《はじ》めに入《はひ》つた時《とき》、お客《きやく》から傳染《うつ》つたきり治《なほ》り切《き》らないのである。肉眼《にくがん》で無病《むびやう》のやうでも顯微鏡《けんびきやう》で見《み》ては決《けつ》してなくなつてをらない。それから母《はゝ》が毒《どく》を持《も》つてゐる時《とき》には、子供《こども》が生《うま》れる時《とき》眼《め》に毒《どく》が入《はひ》つて膿漏眼《のうろうがん》といふのになり、盲《めくら》になつてゐます。昔《むかし》は盲《めくら》の七〇パーセントはこの理由《りいう》でなつたものでしたが、今《いま》は產婆《さんば》や醫師《いし》が藥《くすり》を入れますから三パーセントに減《へ》りました。それでも淋毒《りんどく》の爲《ため》に盲目《めくら》はまだあるのです。關節《くわんせつ》は膝關節《しつくわんせつ》、股關節《こくわんせつ》、指《ゆび》の關節《くわんせつ》には入《はひ》り易《やす》く劇痛《げきつう》の後《のち》に關節《くわんせつ》が固定《こてい》されて不具者《ふぐしや》になり妻《つま》といふ役目《やくめ》は全然《ぜんぜん》勤《つと》まりません。何時《いつ》かの鳥潟《とりがた》さんの問題《もんだい》は、姉《ねえ》さんだか、從姉妹《いとこ》ですかが、さういふ狀態《じやうたい》になつてゐるのを見《み》て非常《ひじやう》に恐《おそ》れてゐたからださうですが……。

婦人病と淋毒

記者　婦人病《ふじんびやう》といひますが、大概《たいがい》は淋毒性《りんどくせい》のものだ、といふ事《こと》を聞《き》きましたが、さうでせうか？

竹內　半分以上《はんぶんいじやう》はさうです。

安田　婦人科《ふじんくわ》をやつてる友達《ともだち》がゐますが、一番多《いちばんおほ》いのは子宮附屬器《しきうふぞくき》の疾患《しつくわん》、內膜炎《ないまくえん》、喇《ラツ》叭管炎等《ぱくわんえんとう》で、附屬器《ふぞくき》の病氣《びやうき》といふのは殆《ほとん》ど全《ぜん》部淋病《ぶりんびやう》といつていゝさうです。婦人患者《ふじんくわんじや》の小《せう》水《すゐ》に淋菌《りんきん》があるのは片《かた》つ端《ぱし》からです。ある人《ひと》に淋毒《りんどく》による膀胱《ぼうくわう》カタルだといつたら、御亭《ごて》主《しゆ》が怒《おこ》つて來《き》て僕《ぼく》はないんだといふ。小便《せうべん》を採《と》つてみると成程《なるほど》ないんです。だが、小便《せうべん》になくつても傳染《でんせん》する可能性《かのうせい》はあるんです。ただ男《をとこ》は見《み》えないんです。

竹內　全《まつた》く、これは淋菌《りんきん》だから、そのつもりでと、いひ得《う》る人《ひと》は極《ご》く僅《わづ》かです。

本名　お醫者《いしや》が性病患者《せいびやうくわんじや》を診斷《しんだん》した時《とき》は危害《きがい》や傳染《でんせん》の危害《きがい》や傳染防止《でんせんばうし》の方法《はうはふ》を指示《しじ》する事《こと》を花柳病豫防法《くわりうびやうよばうはふ》に規定《きてい》してあります。

記者　それから、婦人公論健康相談《ふじんこうろんけんかうさうだん》を受《う》けもつてる人《ひと》に聞《き》きましたが、處女《しよぢよ》の人《ひと》でさういふ症狀《しやうじやう》のある人《ひと》があるさうですが……。

竹內　下《お》り物《もの》がある人《ひと》は澤山《たくさん》あります。中《なか》には處女《しよぢよ》でも淋病《りんびやう》があります。これは家族傳《かぞくでん》染《せん》といつて下着《したぎ》などを、淋菌《りんきん》のあるお父《とう》さんのものと一緒《しよ》に置《お》いたり何《なに》かする事《こと》から傳染《でんせん》するんでせうが、もつと小《ちひ》さい、四つ、五つの子供《こども》なんかでもあります。これは小《ちひ》さい子《こ》のおむつと、家族《かぞく》の人《ひと》の猿又《さるまた》やなんかと一緒《しよ》に置《お》いたりして傳染《うつ》つたり、お風呂《ふろ》に入《はひ》る時《とき》にお母《かあ》さんが注意《ちうい》しないと傳染《でんせん》します。それから家《うち》へ使《つか》つてゐる小僧《こぞう》さんなんかゞ惡戲《いたづら》をして感染《かんせん》する場合《ばあひ》などもあるやうです。

安田　それは昔《むかし》から隨分《ずゐぶん》あるんです。さういふ子供《こども》が帝大《ていだい》あたりへ隨分來《ずゐぶんき》てゐるんです。

竹內　それを充分《じうぶん》に直《なほ》さないと隨分古《ずゐぶんふる》くな

ゐるまで持《も》つてゐます。十位《ぐらゐ》で傳染《うつ》つて、月經《げつけい》が來《く》るやうになつて症狀《しやうじやう》が出《で》てくる事《こと》なんかもあります。

淋菌《りんきん》といふものは、尿《にう》を調《しら》べてみると淋菌《りんきん》を持《も》つてゐる人《ひと》が多《おほ》いのです。けれども病氣《びやうき》を起《おこ》してゐないで何《なに》かの機會《きくわい》に起《おこ》るんです。それですから結婚《けつこん》する時《とき》には、とに角《かく》、淋菌《りんきん》と黴毒《ばいどく》があるかないかといふ事《こと》を調《しら》べてみる必要《ひつえう》があります。私《わたし》は優生結婚普及會《いうせいけつこんふきふくわい》の仕事《しごと》をして居《を》りますから詳《くは》しく調《しら》べます。

記者　女《をんな》の人《ひと》が御主人《ごしゆじん》の淋毒《りんどく》の結果《けつくわ》やなんかで家庭爭議《かていそうぎ》を起《おこ》すといふ事《こと》をおつしやいましたが、それが現狀《げんじやう》だとすると、無闇《むやみ》に爭議《さうぎ》を起《おこ》すなんてことのないやうに性病《せいびやう》に對《たい》してもつと自覺《じかく》して知識《ちしき》を持《も》ちたいと思《おも》ひます。

竹内　第一《だいいち》に完全《くわんぜん》に調査《ちようさ》をする事《こと》が必要《ひつえう》ですね、結婚《けつこん》するまでに……。

記者　現在《げんざい》では淋毒《りんどく》のない人《ひと》と結婚《けつこん》するといふ事《こと》が望《のぞ》まれるんでせうか？

本名　それ程《ほど》ではないでせう。まさか……

久布白　ここまでやれば大丈夫《だいぢやうぶ》といふ事《こと》を云《い》つておけばいいでせう。結婚《けつこん》する人《ひと》に一言《ごん》大丈夫《だいぢやうぶ》ですか、と聞《き》いて大丈夫《だいぢやうぶ》ですといつて貰《もら》へれば安心《あんしん》しますね。

竹内　結婚《けつこん》に先立《さきだ》つて今《いま》の醫者《いしや》の知識《ちしき》として充分《じうぶん》に調査《ちやうさ》をして、それで現《あら》はれて來《こ》なかつたら安心《あんしん》としていいでせう。

安田　實際《じつさい》、淋病《りんびやう》には匙《さじ》を投《な》げる。○○の性病科《せいびやうくわ》にやつて來《く》るのを調査《ちやうさ》しますがね、半《はん》數以上《すうじやう》が淋病《りんびやう》です。黴毒《ばいどく》は少《すく》ない。急性《きふせい》と慢《まん》性《せい》とあります。女《をんな》の人《ひと》は婦人科《ふじんくわ》に行《ゆ》きます。それも婦人科《ふじんくわ》に絶《た》えず通《かよ》ふのは可笑《をか》しいといふので續《つゞ》けませんね。

竹内　治《なほ》るまで、なか／＼根氣《こんき》が續《つゞ》きません。

安田　黴毒《ばいどく》の治療《ちれう》は簡單《かんたん》です。サルバルサン、水銀劑《すゐぎんざい》、それがよく利《き》くので、三回《くわい》か四回《くわい》やると瘤《こぶ》の出《で》なかつたのが出《で》るやうになる。それで十回《くわい》まで續《つゞ》ける人《ひと》がゐません。だから治《なほ》り切《き》らない。一つは經濟的《けいざいてき》な問題《もんだい》ですね、高《たか》いですから。一クール、十回《くわい》やつてまた續《つゞ》けるやうにすればいいのです。

竹内　幾廻《いくまは》りでも、幾廻《いくまは》りでもして、三年《ねん》やれば直《なほ》ります。

記者　淋病《りんびやう》も先天的《せんてんてき》のものがあるんでせうか。

竹内　それはありません。生《う》れる時《とき》に、眼《め》に來《く》るだけです。

安田　治療法《ちれうはふ》としては、實《じつ》に根氣《こんき》ですね。

記者　それを徹底的《てつていてき》に治《なほ》す程《ほど》理解《りかい》があれば始《はじ》めから罹《かか》らないかも知《し》れませんね。漢法《かんぱふ》のお藥《くすり》を用《もち》ゐるといふ話《はなし》を聞《き》きますが……。

竹内　急性淋毒《きふせいりんどく》の方《はう》には利《き》きます。

もう一つ、軟性下疳《なんせいげかん》は遺傳《ゐでん》もしませんし、本人《ほんにん》が非常《ひじやう》に苦《くる》しむだけで外《ほか》に害《がい》はありません。その代《かは》り痛《いた》みは黴毒《ばいどく》より淋毒《りんどく》より激《はげ》しいのです。

記者　ねぶとといひますのは？

竹内　あれは疔《ちやう》です。

久布白　唇《くちびる》に出《で》るといひますけれども、外《ほか》の病氣《びやうき》でも出《で》ることはありますか？

竹内　えゝ、外《ほか》のものが唇《くちびる》に出《で》ることはあります。黴毒性《ばいどくせい》のものは形《かたち》に特徴《とくちやう》があつて、膨《は》れてお椀《わん》のやうな形《かたち》をしてゐます。キッスから傳染《でんせん》るんです。產婆《さんば》や醫者《いしや》が手《て》から傳染《うつ》ります。

記者　お風呂《ふろ》で傳染《でんせん》するといふ事《こと》をよくいひますが……

安田　先《ま》づ絶對《ぜつたい》、ありません。淋毒菌《りんどくきん》は水《みづ》に入《い》れたら直《す》ぐ死《し》んぢやふといふ黴菌《ばいきん》ですから。

本名　それは絶對《ぜつたい》、といひ得《う》るですか？

247　「女性の幸福と生活を脅す性病撲滅を語る」　本名順平、安田徳太郎 ほか　『婦人公論』昭和13年4月1日

遊廓《いうくわく》あたりのお風呂《ふろ》でも？

安田　絶對《ぜつたい》です。結局《けつきよく》、男女關係《だんぢよくわんけい》から傳染《うつ》るんです。

本名　いや、實《じつ》はある本《ほん》の中《なか》で、若干《じやくかん》さういふ場合《ばあひ》があるといふ事《こと》をかいてあつたのを記憶《きおく》して居《を》りますが….。

安田　勿論否定《もちろんひてい》は出來《でき》ませんけれども…

竹内　學生《がくせい》などがシャツの貸合《かしあ》ひをするやうなことから傳染《うつ》る事《こと》はありますよ。

性病の現狀

竹内　では、公娼《こうしやう》、私娼等《ししやうとう》の性病《せいびやう》の現狀《げんじやう》について….。

本名　性病《せいびやう》の蔓延狀況《まんえんじやうきやう》は現在《げんざい》の法制《はふせい》の建前《たてまへ》を以《もつ》てしては娼婦以外《しやうふいぐわい》に知《し》る方法《はうはふ》がないのです。娼婦《しやうふ》とは何《なに》かと云《い》ふことになりますがこれは公娼《こうしやう》と私娼《ししやう》に分《わ》くることが出來《でき》ると思《おも》ひます。先《ま》づ公娼《こうしやう》ですが、これは法律上《はふりつじやう》では娼妓《しやうぎ》娼妓所謂花魁《しやうぎいはゆるおいらん》です。この公娼《こうしやう》に對《たい》しては娼妓取締規則《とりしまりきそく》に基《もと》いて健康診斷《けんかうしんだん》を行《おこな》ふことになつて居《を》りますから一目瞭然《もくれうぜん》な譯《わけ》です。最近《さいきん》の調《しら》べを見《み》ますと百人《にん》に就《つ》て二人弱《ふたりじやく》の性病患者《せいびやうくわんじや》が居《を》ることになります。勿論《もちろん》これは全國的《ぜんこくてき》に見《み》たものですから地方的《ちはうてき》に見《み》れば相當《さうたう》の差《さ》のあることは當然《たうぜん》です。次《つぎ》は私娼《し》ですがこれは六ケ敷《し》い問題《もんだい》です。私娼《ししやう》を法律的《はふりつてき》に申《まう》せば公娼以外《こうしやういぐわい》の娼婦《しやうふ》にして不特定多數人《ふとくていたすうじん》に對《たい》し賣淫《ばいいん》を爲《な》す者《もの》と定義《ていぎ》することが出《で》來《き》るやうな譯《わけ》で漠然《ばくぜん》として居《ゐ》るのです。然《しか》しこの場合《ばあひ》の私娼《ししやう》は誰《たれ》が見《み》ても首肯《しゆこう》し得《う》るもので即《すなは》ち衞生取締《えいせいとりしまり》の對象《たいしやう》になるものに限局《げんきよく》して考《かんが》へる必要《ひつえう》があると存《ぞん》じます。然《しか》らばこの私《し》娼《しやう》の性病蔓延狀況《せいびやうまんえんじやうきやう》ですが、これは最近《さいきん》の調《しら》べで百人《にん》に就《つ》て三人強《にんきやう》となつて居《を》ります。勿論《もちろん》この外《ほか》にも時折新聞雜誌等《ときをりしんぶんざつしとう》に散見《さんけん》せられる密《みつ》賣淫者《ばいいんしや》もありますが然《しか》しこれは衞生方面《えいせいはうめん》よりは寧《むし》ろ風紀取締《ふうきとりしまり》の重要《ぢうえう》なる對象《たいしやう》であり以上申《いじやうまう》し上《あ》げました娼婦《しやうふ》と共《とも》に談《だん》ずることは適當《てきたう》でないかも知《し》れませんが、この密賣淫《みつばいいん》で檢擧《けんきよ》せられた者《もの》の性病《せいびやう》は非常《ひじやう》に多《おほ》いと思《おも》ひます。これも最近《さいきん》の調《しら》べを見《み》ますと約《やく》二割《わり》は有病者《いうびやうしや》ですから驚《おどろ》く外《ほか》ないのです。

記者　一般國民《こくみん》の蔓延狀況《まんえんじやうきやう》は全然分《ぜんぜんわか》りませんでせうか？

本名　一般國民《こくみん》に就《つ》ては分《わか》りません。唯每《ただまい》年行《ねんおこな》はれる壯丁檢査《さうていけんさ》の結果《けつくわ》は一つの資料《しれう》になると思《おも》ひますが、然《しか》し割合《わりあひ》に少《すくな》いのです。その理由《りいう》は全《まつた》く私《わたし》の獨斷《どくだん》ですが、壯丁檢査迄《さうていけんさまで》は例《たと》へ生《せい》の衝動《しやうどう》を受《う》けても來《きた》るべき檢査《けんさ》の日《ひ》を思《おも》ふて極力自制《きよくりよくじせい》すると云《い》ふこと、環境《くわんきやう》の關係《けい》や物質《ぶつしつ》が潤澤《じゆんたく》でないこと、高遠《かうゑん》なる理想《りさう》を抱《いだ》き大臣宰相《だいじんさいしやう》を夢見《ゆめみ》る時代等《じだいとう》の爲《ため》に遊里《いうり》の巷《ちまた》に出沒《しゆつぼつ》する機會《きくわい》が少《すくな》く必要的《ひつえうてき》に性病《せいびやう》に感染《かんせん》する機會《きくわい》が少《すくな》いと存《ぞん》じます。

安田　僕《ぼく》の童貞檢査《どうていけんさ》にも現《あら》はれてをりますが徴兵檢査《ちようへいけんさ》が濟《す》むとヤレ〳〵と思《おも》つて遊廓《いうくわく》に行つたりするのが多《おほ》い。

僕等《ぼくら》の若《わか》い時代《じだい》には、淋病《りんびやう》や黴毒《ばいどく》をやるのが當然《たうぜん》だといつてゐたもんです。明治《めいぢ》から最近《さいきん》までは一般《ぱん》に性病《せいびやう》に對《たい》して非常《ひじやう》に無頓着《むとんちやく》でした。

竹内 吉原《よしはら》では毎日《まいにち》五百人宛《にんづゝ》檢査《けんさ》するさうです。それを三人《にん》のお醫者《いしや》さんが三臺《だい》で十時《じ》から十一時《じ》までにやるのですから一人《ひとり》あて一時間《じかん》に一七一人宛《にんづゝ》診《み》るんです。（笑聲）

（黴毒の發疹を診察してゐる所
——映畫「血の蔽」より——）

安田 娼妓《しやうぎ》は、病氣《びやうき》に罹《かゝ》つて居《ゐ》るのが非常《ひじやう》に多《おほ》いと思《おも》ひます。

竹内 そして家庭婦人《かていふじん》も多《おほ》いと思《おも》ひます。久布白《くぶしろ》さん、向《むか》ふでお調《しら》べになつた資料《しれう》はないでせうか。

久布白 アメリカですから、州《しう》によつて違《ちが》ひますが、絶娼主義《ぜつしやうしゆぎ》を目標《もくへう》にして、滅娼《かつしやう》にかかつてる州《しう》が澤山《たくさん》あります。

安田 一般《ぱん》に淋病《りんびやう》にしても黴毒《ばいどく》にしても昔《むかし》に比《くら》べて旺盛《わうせい》でなくなつてます。赤痢《せきり》もさうですが、その點《てん》において全體《ぜんたい》として増《ふ》えてますか、減《へ》つてますか？

竹内 減《へ》つてると想像《さうぞう》されますね。

安田 歐洲《おうしう》の大戰《たいせん》を契機《けいき》として殖《ふ》えたんですね。それを知《し》りたいんですが……。

久布白 アメリカは百人《にん》に對《たい》して五人《にん》となつてますから、廿人《にん》に一人《ひとり》です。

竹内 一般《ぱん》に性病《せいびやう》は減《へ》つたといはれますけれど、黴毒性《ばいどくせい》の精神病《せいしんびやう》は昔《むかし》より著《いちじる》しく増《ふ》えてるんです。

安田 昔《むかし》、病氣《びやうき》に罹《かゝ》つた人《ひと》のが今《いま》出てるんですね。

竹内 何故《なぜ》かといふと、サルバルサンの爲《ため》に一時引込《じひつこ》むでせう。また出《で》るのに、急《きふ》に利目《きゝめ》がみえるものだから、結局《けつきよく》完全《くわんぜん》に治《なほ》らないで不完全《ふくわんぜん》な治療《ちれう》で止《や》めてしまふ。昔《むかし》のやうに藥《くすり》が利《き》かないと何時《いつ》までもやつてますがね。サルバルサンが出來《でき》た始《はじ》めにはどれだけやればよいか分《わか》らなかつたから、利目《きゝめ》が現《あらは》れると止《よ》してしまつたからです。今《いま》は五グラムに達《たつ》するまでやらなければならないとされてゐます。一號《がう》は〇・一五グラム宛《づつ》で、一號《がう》、二號《がう》、三號《がう》となつてますが、これが五グラムに達《たつ》するまでが、一クールだといつてをられます。さういふわけで今《いま》が一番精神病《ばんせいしんびやう》が増《ふ》えてますが今後《こんご》廿年《ねん》たつと減《へ》るでせう。

安田 あれは治《なほ》らんですね。

性病の豫防方法

竹内 何時《いつ》の場合《ばあひ》でも〇〇の度《たび》に性病《せいびやう》といふものは猛烈《まうれつ》な勢《いきほ》ひで擴《ひろ》がるといふ事《こと》は云《い》はれますね。ドイツが〇〇前《まへ》に黴毒撲滅《ばいどくぼくめつ》の國策《こくさく》をやつて、百人《にん》に一人《ひとり》か二人《ふたり》といふ所《ところ》までやつた時《とき》、戰爭《せんそう》が勃發《ぼつぱつ》した。そして前《まへ》より以上《じやう》

249　「女性の幸福と生活を脅す性病撲滅を語る」　本名順平、安田徳太郎 ほか　『婦人公論』昭和13年4月1日

にひどくなつてしまつたといふ事《こと》は實例《じつれい》なんです。

久布白　私《わたし》はアメリカで非常《ひじやう》に面白《おもしろ》いと思《おも》つた事《こと》は、つまり行《ゆ》かないに限《かぎ》るけれども、若《も》し間違《まちが》つて行《や》つた時《とき》は、すぐ病院《びやうゐん》へ駈《か》け込《こ》んで來《こ》いといふ事《こと》を云《い》つてゐる事《こと》です。さうすれば、第《だい》一期《き》の始《はじめ》の中《うち》に九十パーセントは最《もつと》も完全《くわんぜん》に治《なほ》るといふのです。

安田　さういふ點《てん》で日本《にほん》は不徹底《ふてつてい》ですね。殊《こと》に女《をんな》は羞恥心《しうちしん》でね。すぐに洗滌《せんでう》すればいゝんですがね。

久布白　萬一、間違《まちが》つた場合《ばあひ》には徹底的《てつていてき》にやりさへすればそれは綺麗《きれい》に治《なほ》つてしまふといふ事《こと》を敎《をし》へることは非常《ひじやう》に必要《ひつえう》ですね。

安田　それから豫防法《よばうはふ》は、豫防具《よばうぐ》を馬鹿《ばか》にしますけれども、遊廓《いうくわく》あたりでも使《つか》はないさうですね。

本名　娼婦《しやうふ》は必《かなら》ず遊客《いうきやく》に進《すゝ》めることになつて居《を》ります。これを肯《がへ》んじない場合《ばあひ》は豫防劑《よばうざい》を使用《しよう》させるのです。そして後《あと》で放尿《はうねう》と洗滌《せんでう》と、かういふ事《こと》になつて居《を》ります。實際《じつさい》の狀況《じやうきやう》を聞《き》いて見《み》ると、學生《がくせい》とか、勤人《つとめにん》の靑《せい》壯年《さうねん》は比較的《ひかくてき》神經質《しんけいしつ》に使《つか》ふ、使《つか》ふばかりでなく携帶してくる。ところが中年以上《ちうねんいじやう》になつたものは、此方《こつち》で勸《すゝ》めても應《おう》じないものが多《おほ》いさうです。

久布白　此方《こつち》の方《はう》の豫防《よばう》の施設《しせつ》を聞《き》かしていたゞきたいですね。

本名　何《なん》といつても豫防施設《よばうしせつ》としましては洗滌室《せんでうしつ》を完全《くわんぜん》にすること、豫防具《よばうぐ》及《およ》び、豫防《よばう》劑《ざい》の使用《しよう》を勵行《れいかう》せしむることです。洗滌室《せんでうしつ》はあつても、一階《かい》に一つ、二階《かい》に一つといふやうなのが多《おほ》い。これをお客《きやく》の心理《しんり》から考《かんが》へてみる場合《ばあひ》、洗滌《せんでう》する事《こと》が一番大切《いちばんたいせつ》であるといふ事《こと》を知《し》りながら、洗滌所《せんでうしつ》が室内《しつない》になくて、部屋《へや》から距離《きより》があつたりする場合《ばあひ》、若《も》し自分《じぶん》がこの部屋《へや》から出《で》て知《し》つてる人《ひと》にでも會《あ》つたら大變《たいへん》だといふ事《こと》が一つ、娼婦《しやうふ》に對《たい》しての氣兼《きがね》、如何《いか》にも水臭《みづくさ》いやうに思《おも》はれる、といつたやうなことから、億劫《おくくふ》になる事《こと》。で一部屋《へや》に一つづゝある事《こと》が望《のぞ》ましいです。

次《つぎ》に健康診斷《けんかうしんだん》の問題《もんだい》ですが、健康診斷《けんかうしんだん》は檢《けん》黴《ばい》と違《ちが》つて全身《ぜんしん》に亙《わた》る譯《わけ》ですから、淋病《りんびやう》、軟性《なんせい》下疳《げかん》は勿論《もちろん》、結核《けつかく》、トラホーム等迄《とうまで》調《しら》べられるわけで、この中《うち》のどれに罹《かゝ》つてゐても傳染《でんせん》の虞《おそ》れある限《かぎ》り稼業《かげふ》は出來《でき》ないといふ事《こと》になつてゐます。大體《だいたい》一週《しう》に一度《ど》診斷《しんだん》をやつてゐます。一週《しう》に一度《ど》健康診斷《けんかうしんだん》をしても、その間《あひだ》に行爲《かうゐ》を相當《さうたう》重《かさ》ねてゐるわけです。從《したが》つて一度《ど》健康診斷《けんかうしんだん》をしてもその後《あと》に來《き》たお客《きやく》は危險《きけん》なわけです。しかしその趣意《しゆい》は、單《たん》に健康診斷《けんかうしんだん》をするといふ問題《もんだい》よりも、これがあるといふので娼婦全體《しやうふぜんたい》の緊張《きんちやう》をうながすといふ事《こと》が考《かんが》へられると思《おも》ひます。この緊張《きんちやう》をうながすといふ事《こと》は非常《ひじやう》に效果的《かうくわてき》と思《おも》ひます。

安田　まだ罹《かゝ》つてゐない人《ひと》には飽《あ》くまでも純潔《じゆんけつ》を守《まも》り、性病《せいびやう》の知識《ちしき》を與《あた》へる事《こと》はいゝですが、罹《かゝ》つた人《ひと》に對《たい》して治療《ちれう》はどうすればいいか、治療《ちれう》には殊《こと》に勤勞階級《きんらうかいきふ》にとつては費用《ひよう》が高《たか》いが、それに對《たい》して大《おほ》いに國家的《こくかてき》な設備《せつび》をやつて貰《もら》ひたい。僕《ぼく》なんか、サルバルサンとか、水銀劑《すゐぎんざい》のやうなものは國家的《こくかてき》に製藥會《せいやくぐわい》

社《しや》を拵《こし》らへて間《あひだ》に口錢《こうせん》を取《と》らずに患者乃至《くわんじやないし》は醫者《いしや》に還《かへ》るやうな社會的《しやくわいてき》の設備《せつび》をやつて貰《もら》ひたいと思《おも》ひますね。かういふ事《こと》は開業醫《かいげふい》としては出來《でき》ません。能率《のうりつ》が上《あが》りませんからね。何《なん》とか安《やす》く直《なほ》す方法《はうはふ》が欲《ほ》しいと思《おも》ひますね。

久布白 無傷《むきず》な人《ひと》に對《たい》しては、高杉中將《たかすぎちうじやう》の話《はなし》ですが、完全《くわんぜん》なる健康《けんかう》は純潔《じゆんけつ》より外《ほか》にない。

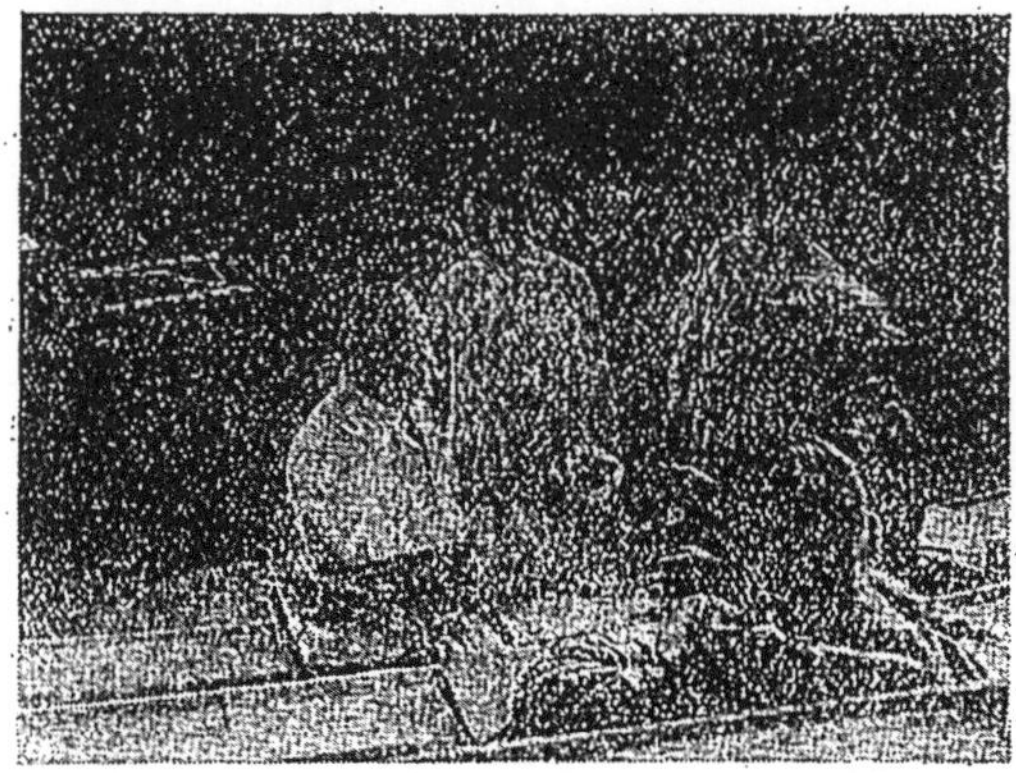

顔に現れた黴毒、――映畫「血の敵」より――

如何《いか》なる場合《ばあひ》でも性慾《せいよく》といふものはコントロールして健康《けんかう》に害《がい》はない。出來《でき》ないと定《き》めてゐたけれども、それは科學的《くわがくてき》に、衞生的《えいせいてき》に出《で》來《き》る。さうしてそれは害《がい》はない。一旦童貞《たんどうてい》を破《やぶ》ると難《むつ》かしくなるが、始《はじ》めから出來《でき》ないものだと思《おも》つてゐるより、遙《はる》かに守《まも》り易《やす》い。○○はどうしても仕樣《しやう》がないといふ立場《たちば》でやつていらつしやるが、さういふ立場《たちば》から考《かんが》へて一度《ど》破《やぶ》らせると、今度《こんど》金《かね》がなかつた場合《ばあひ》には金《かね》なくして考《かんが》へ得《う》る方法《はうはふ》を取《と》るやうになる。歐洲大戰《おうしうたいせん》の時《とき》に、外《ほか》の國《くに》には出來《でき》なかつたがアメリカだけは、あなたの軍隊《ぐんたい》の爲《ため》に○○を贈《おく》りませうか、といはれた時《とき》、絶對《ぜつたい》に要《い》らないといふ事《こと》が出來《でき》た。私《わたし》は事實《じじつ》役人達《やくにんたち》に聞《き》いてきたんです。アメリカ中《ぢう》の婦人《ふじん》の團體《だんたい》が動《どう》員《ゐん》されて氣持《きもち》のいゝホームが出來《でき》、サービスしたわけなんです。その立前《たてまへ》が如何《いか》にも面白《おもしろ》かつたからそれでこの間《あひだ》アメリカに行《い》つたわけなのです。目指《めざ》してやつてゐる町《まち》は絶娼《ぜつしやう》です。

安田 日本《につぽん》でも明治維新《めいぢゐしん》の時《とき》に公娼撲滅《こうしやうぼくめつ》をするといふので、明治《めいぢ》七年頃《ねんごろ》に娼妓《しやうぎ》に工技《こうぎ》を敎《をし》へて本《ほん》を讀《よ》んだりした。讀《よ》み書《か》き算盤《そろばん》を敎《をし》へた女紅場《ぢよこうば》といふのが祇園町《ぎおんまち》に殘《のこ》つてますが、それは御時世的《ごじせいてき》に發展《はつてん》しなかつたんです。一つはさういふ勸勞《きんらう》で飯《めし》を食《く》へないといふ所《ところ》からも駄目《だめ》になつたんでせうが、隨分急進的《ずゐぶんきふしんてき》な政策《せいさく》だと思《おも》ひますね。

久布白 明治《めいぢ》五年《ねん》の廢娼令《はいしやうれい》もありますしね。

安田 かつて、明治《めいぢ》の初年《しよねん》においてその精神《せいしん》が日本《につぽん》にあるんだから、何《なん》とか出來《でき》さうに思《おも》ひますね。もう一つは、罹《かゝ》つた人《ひと》に對《たい》して徹底的《てつていてき》に治《なほ》すといふ施設《しせつ》を講《かう》じて貰《もら》ひたい。

久布白 もう一つ私《わたし》が日本《につぽん》で感心《かんしん》した事《こと》は警視廳《けいしちやう》のお役人《やくにん》にお目《め》にかゝつた事《こと》がありますが、その人《ひと》が、私《わたし》は結婚《けつこん》する場合《ばあひ》に細君《さいくん》に對《たい》して何《なに》も贈《おく》りものはないが、純潔《じゆんけつ》なライフだけを贈《おく》り物《もの》にします、とおつしやいましたが、かういふ事《こと》を聞《き》いた事《こと》はないと思《おも》つて非常《ひじやう》に嬉《うれ》しく思《おも》つたんです。

記者 久布白先生《くぶしろせんせい》、安田先生《やすだせんせい》は、國家的《こくかてき》な見地《けんち》からやつていくといふ事《こと》をおつしやつてそれは是非《ぜひ》しなければならないと思《おも》ひますが、現在《げんざい》の状態《じやうたい》ではどういふ事《こと》をしたらいゝか、出來《でき》るだけ防《ふせ》ぐにはどうするかといふやうな事《こと》について具體的《ぐたいてき》な問題《もんだい》として……。

大橋 それは女《をんな》が自覺《じかく》しなければいけない

と思《おも》ひますね。先程《さきほど》のお話《はなし》のやうに、娼妓《しやうぎ》には病氣《びやうき》が非常《ひじやう》に多《おほ》い。賣笑婦《ばいせうふ》の方《はう》では、自分《じぶん》が自覺《じかく》して男《をとこ》の方《はう》に豫防《よばう》の方法《はうはふ》を勸《すゝ》めるとして、素人《しろうと》の方《はう》は、結婚《けつこん》するにしても、結婚《けつこん》してゐた人《ひと》にしても奥《おく》さんの方《はう》は薄情《はくじやう》なやうですが、自覺《じかく》して病氣《びやうき》があるか、ないかを調《しら》べてから、夫婦關係《ふうふくわんけい》をするやうにするといふ事《こと》が、女《をんな》としての豫防對策《よばうたいさく》だと思《おも》ひます。

本名　久布白《くぶしろ》さんのおつしやつた純潔《じゆんけつ》の問《もん》題《だい》には滿腔《まんこう》の贊意《さんい》を表《へう》してをりますが、現實《げんじつ》に足《あし》を踏《ふ》みしめて、靜《しづ》かに本能《ほんのう》に立脚《りつきやく》する性《せい》の問題《もんだい》を考《かんが》へてみる場合《ばあひ》に、その理想《りさう》と現實《げんじつ》の非常《ひじやう》にかけ離《はな》れてゐる事《こと》を痛感《つうかん》するんです。先《ま》づこれを十年《ねん》も遡《さかのぼ》つて考《かんが》へてみると、男子《だんし》卅歳《さい》にして獨身《どくしん》であるといふ事《こと》はおかしかつた。然《しか》るに現在《げんざい》では我々《われわれ》の周圍《しうゐ》にも、卅五、六歳《さい》にして未《ま》だ家庭《かてい》を營《いとな》まないといふ人《ひと》が多《おほ》い。何故《なぜ》、かやうに婚期《こんき》が遲《おく》れてゐるかといふと申《まを》すまでもなく經濟的《けいざいてき》の問題《もんだい》です。さて生理《せいり》的欲望は何時頃《いつごろ》から旺盛《わうせい》になるかといふとこれは廿歳前後でせう。それからの十數年《すうねん》を獨身《どくしん》でゐて、純潔《じゆんけつ》を保《たも》つていくといふ事《こと》は實際問題《じつさいもんだい》として非常《ひじやう》に困難《こんなん》である。これを萬人《ばんにん》に望《のぞ》む事《こと》は至難《しなん》である。かりに私立大《しりつだい》學《がく》を出《で》て官廳《くわんちやう》に入《はひ》るとしても始《はじ》めは卅四五圓《ゑん》が相場《さうば》です。これでは自分一人《じぶんひとり》の生活《せいくわつ》が容易《ようい》ではない。そこで最低限度《さいていげんど》の家庭《かてい》を營《いとな》むにしても、今申上《いままをしあ》げた位《くらゐ》の年齡《ねんれい》まで待《ま》たなければならない。それまで、本能《ほんのう》を壓迫《あつぱく》してやつていくといふ事《こと》は悉《こと》くに望《のぞ》む事《こと》は困難《こんなん》である。私《わたくし》の考《かんが》へますには、花柳病《くわりうびやう》の恐《おそ》ろしい所以《ゆえん》を一般《ぱん》によく徹底《てつてい》せしめて、豫防《よばう》するには、かういふ方法《はうはふ》がある。いはゆる豫防思想《よばうしさう》を皆《みんな》の頭《あたま》に普及《ふきふ》して、ある程度《ていど》まで、嚴重《げんぢゆう》な道徳上《だうとくじやう》の制裁《せいさい》を加《くは》へる事《こと》も必要《ひつえう》であるが、相當《さうたう》の年《ねん》齡《れい》に達《たつ》し切實《せつじつ》なる要求《えうきう》の爲《ため》に足《あし》を踏《ふ》み入《い》れても止《や》むを得《え》ないといふやうな寛容《くわんよう》な態度《たいど》を一般人《ぱんじん》が持《も》ち、一面《めん》豫防思想《よばうしさう》を娼婦及《しやうふおよ》び一般國《ぱんこく》民《みん》に普及《ふきふ》されるといふ事《こと》が必要《ひつえう》ではないかと思《おも》ひます。娼婦《しやうふ》は惠《めぐ》まれぬ家庭《かてい》の者《もの》が多《おほ》く、從《したが》つて無智《むち》な者《もの》が多《おほ》く、それを理解《りかい》し得《え》ないので、これに徹底《てつてい》させる事《こと》は困難《こんなん》である。そして、そこに先頭《せんとう》に立《た》つてゐられる團體運動《だんたいうんどう》も必要《ひつえう》である。現實《げんじつ》との距離《きより》があつても、風《ふう》紀《き》の問題《もんだい》、衞生《ゑいせい》の問題《もんだい》に貢獻《こうけん》することが大《おほ》きいと思《おも》ひます。

竹內　性病豫防《せいびやうよばう》といふ重大問題《ぢゆうだいもんだい》に先程《さきほど》から皆樣《みなさま》の御話《おはなし》で了解《れうかい》出來《でき》るやうに決《けつ》して單純《たんじゆん》な方法《はうはふ》はないのです。そして私《わたし》は二つの道《みち》を考《かんが》へて見《み》て居《ゐ》るのです。

一は純潔思想《じゆんけつしさう》の徹底《てつてい》、一つは賣娼婦《ばいしやうふ》（公娼《こうしやう》も私娼《ししやう》も）の敎育《けういく》と取締《とりしまり》です。今《いま》から考《かんが》へると純潔《じゆんけつ》なんて百年河清《ねんかせい》の感《かん》はありますが決《けつ》してさうでない。ほんとに母《はゝ》が花柳病《くわりうびやう》の知識《ちしき》を持《も》ち、又愛《またあい》と權威《けんゐ》を以《もつ》て息子《むすこ》を敎《をし》へる。現在《げんざい》一般《ぱん》に人《ひと》は、「性慾《せいよく》を抑制《よくせい》すると心身《しんしん》に害《がい》あり」との誤解《ごかい》を持《も》つて居《ゐ》る。けれ共性《せい》の衝動《しようどう》は食慾《しよくよく》と異《ことな》つて刺戟《しげき》によつて起《おこ》るものであるから眼《め》と耳《みゝ》から絶對《ぜつたい》に性《せい》の刺戟《しげき》を受《う》けない環《くわん》境《きやう》に身《み》を置《お》くことに心《こゝろ》がけ、一方精力《ぱうせいりよく》を他《た》に轉換《てんくわん》するために精神的作業《せいしんてきさぎよう》に專念《せんねん》する。學問《がくもん》藝術文藝《げいじゆつぶんげい》に沒頭《ぼつとう》し、肉體的精力轉換《にくたいてきせいりよくてんくわん》として體操《たいさう》スポーツ勞働等《らうどうとう》を合理的强力《がふりてききやうりよく》に行《おこな》ふ。干渉《かんしやう》が國民體操《こくみんたいさう》で青年《せいねん》の純潔《じゆんけつ》を實行《じつかう》して居《ゐ》る樣《やう》にする。

又分泌《またぶんぴ》された精子《せいし》は排泄《はいせつ》されなければ吸收《きふしう》して害《がい》をなさない。元來人間《ぐわんらいにんげん》の持《も》つ細胞中《さいばうちゆう》生《せい》殖細胞程强力《しよくさいばうほどきやうりよく》なものはない。これを亂費《らんぴ》せずに他《た》に振《ふ》り向《む》ければ實《じつ》に偉大《ゐだい》な形《かたち》になつて現《あら》はれて來《く》る。學問《がくもん》も藝術《げいじゆつ》も發明《はつめい》も金儲《かねまう》けも生殖細胞《せいしよくさいばう》の亂費《らんぴ》を節《せつ》して、始《はじ》めて現《あら》はれて來《く》る。修業中《しゆげふちゆう》の青年《せいねん》、研究中《けんきうちゆう》の人々《ひとびと》には此《この》道理を考《かんが》へて抑制《よくせい》すれば偉大《ゐだい》な事業《じげふ》が生《うま》れて來《き》ます。

　一方《ぱう》、娼婦《しやうふ》に對《たい》しては性病《せいびやう》の除害《ぢよがい》を教育《けういく》し或《あるひ》は法律上《はふりつじやう》の取締《とりしまり》を勵行《れいかう》し、町《まち》の至《いた》る處《ところ》に檢《けん》査所《さじよ》兼治療所《けんぢれうじよ》を設置《せつち》し毎日《まいにち》でも自分《じぶん》が變《へん》だと氣《き》のついた時《とき》には飛込《とびこ》んで來《こ》られる施設《しせつ》をして置《お》いて、婦人巡査《ふじんじゆんさ》の樣《やう》な人《ひと》を置《お》いて常《つね》に指《し》導《だう》と取締《とりしまり》に當《あた》らせ、現在《げんざい》の取締令《とりしまりれい》の、病氣《びやうき》のあるを知《し》つて賣《う》つた者《もの》は嚴重《げんぢう》に處罰《しよばつ》する樣《やう》にし、一々健康證明書《けんかうしようめいしよ》を持《も》たせて置《お》き、定期的《ていきてき》にも診察《しんさつ》を受《う》け、客《きやく》に向《むか》つては病氣《びやうき》のある者《もの》には賣《う》らない丈《だ》けの權威《けんゐ》を持《も》たせることにする。

　勿論社會教育《もちろんしやくわいけういく》として一般人殊《ぱんじんこと》に遊野郎《やらう》に花《くわ》柳病《りうびやう》の恐《おそ》る可《べ》きもの、一身《しん》一家《か》の爲《ため》のみならず、國家《こくか》の大事《だいじ》民族滅亡《みんぞくめつぼう》の原因《げんいん》であることをはつきり教育徹底《けういくてつてい》させる樣《やう》に、國家《こくか》に御願《おねが》ひ申《まを》したいのです。

　臺灣《たいわん》の阿片《アヘン》を今日《こんにち》までにしたのに五十年《ねん》かかつて居《ゐ》ます。花柳病《くわりうびやう》も全身全靈《ぜんしんぜんれい》を打込《うちこ》んでも五十年《ねん》かゝると思《おも》ひますがやらなければ國《こく》家《か》の重大事《ぢうだいじ》國民《こくみん》の不幸《ふかう》です。

久布白　本當《ほんたう》にある程度《ていど》無料《むれう》で是非《ぜひ》しなければならない。醫藥《いやく》だけは國家《こくか》で供給《きようきふ》する位《くらゐ》の方法《はうはふ》をとつて頂《いたゞ》き度《た》いと思《おも》ひます。

結婚生活と性病

記者　私共《わたしども》が結婚《けつこん》した場合《ばあひ》、夫《をつと》に萬《まん》一の事《こと》があつた時《とき》に、豫防知識《よぼうちしき》を知《し》つておかないといけないと思《おも》ふんです。それである程度《ていど》まで具《ぐ》體的《たいてき》に伺《うかゞ》つてみたいと思《おも》ひますが――。

安田　一般家庭《ぱんかてい》に於《お》いてゞすね。

記者　さうです。

本名　泌尿科《ひつねうくわ》の診療所《しんれうじよ》と連絡《れんらく》を取《と》つて、そこで病氣《びやうき》になつた人《ひと》を紹介《せうかい》するといふ方法《はうはふ》をとつてゐるものですから、よく泣《な》きついて來《く》るものがありますが、よく聞《き》いてみると公娼《こうしやう》は健康診斷《けんかうしんだん》をしてゐるから安心《あんしん》して、豫防具《よぼうぐ》を娼妓《しやうぎ》の方《はう》から勸《すゝ》めたけれども、用《もち》ひなかつたといふんです。

安田　それは實《じつ》に澤山《たくさん》ありますね。

本名　これは、ある青年《せいねん》の例《れい》ですが、遊廓《いうくわく》に行《い》つて、そして病氣《びやうき》に罹《かゝ》つた、もう治《なほ》らないかと思《おも》つて自殺《じさつ》しやうかと思《おも》つたといふのがあるんですが、これなんかも豫防思想《よぼうしさう》が普及《ふきふ》してゐない。現在《げんざい》、罹《かゝ》つてゐるものに對《たい》しても必要《ひつえう》でありますが、先《ま》づ無傷《むきず》のものに對《たい》して轉《ころ》ばぬ先《さき》の杖《つゑ》を與《あた》へる事《こと》が非常《ひじやう》に大切《たいせつ》だと思《おも》ひます。

安田　農村《のうそん》における青年學校《せいねんがくかう》、中等學校《ちうとうがくかう》のやうな所《ところ》で豫防思想《よぼうしさう》を教《をし》へてもいいと思《おも》ひますね。

本名　娼婦《しやうふ》そのものに教《をし》へるのは問題《もんだい》ではないのですが、一般婦人《ぱんふじん》に對《たい》して女學校《ぢよがくかう》あたりで卒業《そつげふ》する時《とき》に、同性《どうせい》の先生《せんせい》なり女《をんな》のお醫者《いしや》さんに、實際《じつさい》の夫婦生活《ふうふせいくわつ》を嚴肅《げんしゆく》な氣持《きもち》で教《をし》へればいいと思《おも》ひます。メンスが始《はじ》めてあつた時《とき》に驚《おどろ》くといふやうな事《こと》が往々《わう〳〵》にしてあるやうな狀態《じやうたい》ですから、性病《せいびやう》とか、性《せい》の問題《もんだい》とかを具體的《ぐたいてき》に教《をし》へないといふ事《こと》は反面《はんめん》からみれば不親切《ふしんせつ》な事《こと》だと思《おも》ひます。河崎《かはさき》なつ子《こ》さんにその話《はなし》をしたら、あの人《ひと》は既《すで》にさういふ方《はう》面《めん》に着眼《ちやくがん》して映畫《えいぐわ》などを以《もつ》て婉曲《えんきよく》に教《をし》へてゐられるといふ事《こと》を聞《き》きました。昔《むかし》は遊廓《いうくわく》などに行《ゆ》くものは、お連《つ》れと一緒《しよ》か、酒氣《しゆき》を帶《お》びて來《き》た者《もの》が多《おほ》かつたが、今《いま》では眞面目《まじめ》な顔《かほ》をして、酒氣《しゆき》も帶《お》びず、一人《ひとり》で來《き》て、用事《ようじ》だけ濟《す》まして歸《かへ》る。そしてさつき云《い》つたやうに豫防具《よぼうぐ》を持參《ぢさん》する。生理的解決《せいりてきかいけつ》を抑《おさ》へ切《き》れなくつてさういふ所《ところ》に行《ゆ》く。だから、豫防思想《よばうしさう》を普及《ふきふ》すれば、病氣《びやうき》に罹《かゝ》らずに濟《す》むと思《おも》ひます。一般婦人《ぱんふじん》の男性《だんせい》に對《たい》する自覺《じかく》といふもの

253　「女性の幸福と生活を脅す性病撲滅を語る」 本名順平、安田徳太郎 ほか 『婦人公論』昭和13年4月1日

が非常《ひじやう》に少《すくな》い。したがつて、それが結婚《けつこん》した場合《ばあひ》、自分《じぶん》の夫《をつと》が夜《よる》おそくなつても氣《き》がつかない。遊《あそ》ぶ位《くらゐ》の男《をとこ》は口實《こうじつ》には慣《な》れてをりますからいろいろいはれるとそれにのつて自分《じぶん》の夫《をつと》の行爲《かうゐ》も看破《かんぱ》するだけの眼識《がんしき》に缺《か》けてをる爲《ため》に、普通《ふつう》の家庭《かてい》にこの病氣《びやうき》を持込《もちこ》む事《こと》が多《おほ》いと思《おも》ふのです。そして、不幸《ふかう》にして病氣《びやうき》になつた場合《ばあひ》にはお醫者《いしや》がよいといふまで夫婦《ふうふ》生活《せいくわつ》をしないといふ信念《しんねん》が必要《ひつえう》と思《おも》ひます。

安田　大《おほ》いに贊成《さんせい》しますがね。

久布白　女《をんな》の人《ひと》が本當《ほんたう》に知識《ちしき》があれば、男性《だんせい》も守《まも》りますよ。みだれて來《き》てからの男性《だんせい》は困《こま》りますが、亂《みだ》れない前《まへ》の男性《だんせい》は立派《りつぱ》なもんですよ。

本名　結婚生活《けつこんせいくわつ》をしてゐる中年以上《ちうねんいじやう》の人《ひと》になると、自分《じぶん》の娘《むすめ》と同年輩《どうねんぱい》の娼婦《しやうふ》なぞに接《せつ》する場合《ばあひ》娘《むすめ》を思《おも》ひ出《だ》して歸《かへ》るといふやうな事《こと》を聞《き》いて居《ゐ》ます。男《をとこ》は家庭《かてい》を忘《わす》れませんからね。

大橋　私《わたし》の所《ところ》にかういふ方《かた》が二人《ふたり》いらしてますが、いくら治療《ちれう》しても治《なほ》らない。旦那樣《だんなさま》は何《なん》といつても自分《じぶん》に何《なに》も症狀《しやうじやう》が出《で》ないから大丈夫《だいぢやうぶ》だといつて來《き》て下《くだ》さらない。私《わたし》は旦那《だんな》樣《さま》が治《なほ》らなければ駄目《だめ》だから、貴女《あなた》が泣《な》いて頼《たの》めばきつと來《き》て下《くだ》さるといふんですが來《こ》ないんです。私《わたし》の所《ところ》の治療代《ちれうだい》は要《い》らないから、私《わたし》が頼《たの》むから來《き》て下《くだ》さいといつても駄目《だめ》なんです。あゝいふ男性《だんせい》の方《かた》は見《み》た事《こと》もございませんが、どうしたらいいかと思《おも》ひます。

久布白　そこに行《ゆ》くと法律《はふりつ》だな。ドイツならやつてるんですけれども……。

安田　ある人《ひと》で、淋病《りんびやう》と黴毒《ばいどく》なんです。そして治療《ちれう》しないんです。平氣《へいき》だといふんです。細君《さいくん》は次《つぎ》から次《つぎ》へと二人《にん》ほど死《し》んでるんです。今度《こんど》も脊髓《せきずゐ》から採血《さいけつ》したら死《し》にましたな。

大橋　そんな場合《ばあひ》、女《をんな》として法律《はふりつ》に訴《うつた》へられるもんでせうか？

性病と法律

久布白　日本《にほん》にはないんです。ドイツは實《じつ》にはつきりしてる。もし性病《せいびやう》を持《も》つてる場合《ばあひ》、乳母《うば》が子供《こども》に傳染《うつ》しても罪《つみ》、子供《こども》に病氣《びやうき》があつた場合《ばあひ》、子供《こども》から乳母《うば》に傳染《うつ》しても親《おや》は罪《つみ》、犯罪《はんざい》になるんです。何方《どちら》も二、三ケ年以上《ねんいじやう》の罰《ばつ》となつてゐます。

安田　日本《にほん》でも、子供《こども》に傳染《うつ》した場合《ばあひ》は法律《はふりつ》にかけていいね。隨分《ずゐぶん》惡戯《いたづら》するのがあるさうですからね、實際《じつさい》いかんね。

本名　法律的《はふりつてき》に云《い》へば、娼婦關係《しやうふくわんけい》の法令《はふれい》が、四つあるわけなんです。行政執行法《ぎやうせいしつかうはふ》ですが、これは衞生關係《えいせいくわんけい》より見《み》れば黴毒豫防《ばいどくよばう》を目的《もくてき》として制定《せいてい》したものです。次《つぎ》は娼妓取締規則《しやうぎとりしまりきそく》ですがこれは風紀衞生兩方面《ふうきえいせいりやうはうめん》から出來《でき》たのですが十八歳《さい》まで娼妓《しやうぎ》になつちやいかんとか、なる前《まへ》に健康診斷《けんかうしんだん》を受《う》けるとか娼妓《しやうぎ》となつた場合《ばあひ》は定時的《ていじてき》に健康診斷《けんかうしんだん》を受《う》けるとか、病氣《びやうき》の者《もの》に對《たい》しては治療《ちれう》をさせるとか、いろんな事《こと》を規定《きてい》してあります。倘貸座敷《かしざしき》のある場所《ばしよ》には娼妓病院《しやうぎびやういん》を作《つく》らなければならない。只《たゞ》二、三軒《げん》といふやうな小《ちひ》さな所《ところ》ではまた特別《とくべつ》な施設《しせつ》を認《みと》められてゐる。指定地所謂遊廓《していちいはゆるいうくわく》は現在《げんざい》四六八あつて、廢娼縣《はいしやうけん》は群馬《ぐんま》、埼玉《さいたま》、長崎《ながさき》、青森《あをもり》、秋田《あきた》の五縣《けん》です。遊廓《いうくわく》四六八の中《うち》に貸座敷《かしざしき》のなくて遊廓《いうくわく》の名《な》のみのものは三四あります。やつても商賣《しやうばい》にならんから止《よ》して、結局《けつきよく》實體《じつたい》はないのです。

次《つぎ》に、花柳病豫防法《くわりうびやうよばうはふ》ですがこれは主《しゆ》として私娼《ししやう》を對象《たいしやう》とし出來《でき》たもので診療施設《しんれうしせつ》と傳染《でんせん》防止《ぼうし》が主眼《しゆがん》です。從《したが》つて私娼《ししやう》のある所《ところ》に診療《しんれう》所《じよ》を作《つく》つて治療《ちれう》してゐるのです。娼婦《しやうふ》にして病氣《びやうき》を知《し》りながら賣淫《ばいいん》をしたものは三ケ月《げつ》以上《いじやう》の罪《つみ》になる。また抱《かゝ》へ主《ぬし》が病氣《びやうき》を知《し》りながら取《と》り持《も》つたものは六ケ月以上《げついじやう》、五百圓《ゑん》以

下《か》の罰金《ばつきん》にする。で、この場合《ばあひ》、豫防方法《よばうはうはふ》について特別《とくべつ》の方法《はうはふ》を講《かう》じたものは酌量減刑《しやくりやうげんけい》する餘地《よち》があるものとなつてゐます。主《しゆ》として私娼《ししやう》に花柳病《くわりうびやう》患者《くわんじや》を見《み》た場合《ばあひ》には、醫者《いしや》は指示《しじ》しなければならないといふ義務《ぎむ》を課《くわ》せられてゐるわけですから、云《い》ひ難《にく》いから云《い》はないといふことは出來《でき》ないのです。

次《つぎ》に警察犯處罰令《けいさつはんしよばつれい》、といふのは明治《めいぢ》四十一年《ねん》に出來《でき》たもので、これは密賣淫《みつばいいん》したものは處罰《しよばつ》するといふ事《こと》になつてゐます。かういふ風《ふう》に四つの法律《はふりつ》に關係《くわんけい》があつて、複雜《ふくざつ》な事情《じじやう》があるといふ事《こと》は、結局《けつきよく》、時代《じだい》と共《とも》に娼婦《しやうふ》といふものも變化《へんくわ》してくるといふ事《こと》を物語《ものがた》つてゐると思《おも》ひます。

安田　群馬縣《ぐんまけん》のやうな遊廓《いうくわく》のない所《ところ》は、私娼《ししやう》としてやつてるんですか？

本名　娼妓《しやうぎ》から轉向《てんかう》した者《もの》、娼妓《しやうぎ》に準《じゆん》ずる衞生上《えいせいじやう》の取扱《とりあつかひ》を受《う》くるものです。

安田　それと女給《ぢよきふ》といふものは別個《べつこ》のもんですね。

本名　さうです。

大橋　只今《たゞいま》、法律《はふりつ》の中《なか》に傳染《でんせん》しない程度《ていど》の花柳病《くわりうびやう》ならば商賣《しやうばい》してもいいといふのがありましたが、それはどの程度《ていど》ですか？

本名　まあ、常識的《じやうしきてき》に考《かんが》へて自分《じぶん》の體《からだ》の變調《へんてう》であるから、自分《じぶん》が自覺《じかく》した場合《ばあひ》は花柳病《くわりうびやう》であるとして……。

大橋　さうすると、醫學的《いがくてき》にキチンと定《さだ》められないわけですね。患者《くわんじや》さんですが、奧《おく》さんを一生懸命《しやうけんめい》に治《なほ》すんですけれども、御主人《ごしゆじん》が治《なほ》す氣持《きもち》がございませんから、どうしても全治《ぜんち》しないんですけれども、さういふ場合《ばあひ》、醫者《いしや》から法律的《はふりつてき》に制裁《せいさい》を受《う》けさせるやうなものがあればいゝのですが……。

本名　ないですね。

安田　淋病《りんびやう》だ、といふ場合《ばあひ》には指示《しじ》する義務《ぎむ》はあるんですね。

本名　それは云《い》はなければいけないのです。

安田　さうですか、ぢやあ、家庭爭議《かていさうぎ》も糞《くそ》もないね。

本名　さればといつて醫師法《いしはふ》によつて……。

大橋　さういふ人《ひと》に限《かぎ》つて惡戯《いたづら》し勝《が》ちの人《ひと》でございますから、放《はう》つておくと、外《ほか》に蔓延《まんえん》する機會《きくわい》があるんですけれども、何《なん》とかして法律的《はふりつてき》に……。

久布白　花柳病豫防法《くわりうびやうよばうはふ》の改正《かいせい》ですわね。貴女《あなた》のおつしやるやうな事《こと》が至《いた》る所《ところ》に行《おこな》はれてくれば、私達婦人團體《わたしたちふじんだんたい》がよく伺《うかゞ》つておいて、問題《もんだい》を出《だ》す事《こと》も出來《でき》ますね。

安田　しかし、これは女《をんな》の力《ちから》に待《ま》たなければならないと思《おも》ひますね。

久布白　私娼《ししやう》を目的《もくてき》としてるんですから一般《ぱん》を對象《たいしやう》として云《い》つてないんですね。この間《あひだ》、太平洋婦人會議《たいへいやうふじんくわいぎ》の時《とき》に、この問題《もんだい》が出《で》まして、グループを作《つく》つて研究《けんきう》したんです。その時《とき》に内務省《ないむしやう》の方《はう》に研究《けんきう》の結果《けつくわ》をお目《め》にかけてお話《はなし》しましたが、内務省《ないむしやう》ではこれを一般《ぱん》に適用《てきよう》するやうな意志《いし》はありませんかと云《い》ひましたら、ありますといふお返事《へんじ》だつたんです。さうなれば誠《まこと》に結構《けつこう》だと思《おも》つたのですが……。

大橋　さうなれば、遊廓《いうくわく》やなんかで、男《をとこ》が豫防具《よばうぐ》を用《もち》ゐなかつたらば、その人《ひと》は法律《はふりつ》を破《やぶ》つた事《こと》になるんですね。

本名　すゝめる事《こと》は娼婦《しやうふ》に義務《ぎむ》として課《くわ》してゐるんで、男《をとこ》がそれを破《やぶ》つた場合《ばあひ》にはどうするかといふ事《こと》はないんです。

久布白　責任《せきにん》だけ與《あた》へられてをつて、守《まも》らない時《とき》にそれを強制《きやうせい》する力《ちから》はないんですね。

記者　男《をとこ》の自覺《じかく》ですね。

久布白　我々《われわれ》がポカンとしてるけれども、法律改正《はふりつかいせい》といふ事《こと》は權威《けんゐ》を以《も》つて叫《さけ》べるわけですね。

本名　男子《だんし》よりも寧《むし》ろ婦人《ふじん》の方《はう》が關係《くわんけい》が深《ふか》い

255 「女性の幸福と生活を脅す性病撲滅を語る」 本名順平、安田徳太郎 ほか 『婦人公論』昭和13年4月1日

んですから、婦人《ふじん》の方《かた》にもつともつと大《おほ》きな運動《うんどう》を起《おこ》し、輿論《よろん》を喚起《くわんき》して解決《かいけつ》して貰《もら》ひたいですね。結核《けつかく》の豫防思想《よばうしさう》を普及《ふきふ》させる事《こと》も大切《たいせつ》ですが、出來《でき》ない場合《ばあひ》がある。日光《につくわう》に當《あて》る事《こと》がいくらいいといつても、我々《われわれ》のやうに勤《つと》めてゐる者《もの》は、陽《ひ》の照《て》る時《とき》に外《そと》へ出《で》る事《こと》は出《で》來ない。しかし、性病《せいびやう》の場合《ばあひ》は、自覺《じかく》さへあればすぐ出來《でき》る事《こと》であるから、一番效果《いちばんかうくわ》がある事《こと》だと思《おも》ひます。そこを御婦人《ごふじん》の方《かた》に自覺《じかく》していたゞいて、亡國《ばうこく》の三大原因《だいげんいん》の一つといはれてゐる性病《せいびやう》の問題《もんだい》を解決《かいけつ》するやうにやつていたゞきたいと思《おも》ひます。

性病は亡國の源

淋疾《りんしつ》は不妊症《ふにんしやう》の最大原因《さいだいげんいん》となり國民《こくみん》を數《すう》に於《おい》て減《げん》ぜしめて人口減少《じんこうげんせう》の危機《きき》を作《つく》る。

黴毒《ばいどく》に罹《かか》り易《やす》い樣《やう》な人々《ひとびと》は克己抑制《こくきよくせい》の念《ねん》に乏《とぼ》しく民族《みんぞく》を衰亡《すゐばう》の淵《ふち》に追込《おひこ》んで行《ゆ》きます。

幸《さいはひ》にして黴毒《ばいどく》の一少部分《せうぶぶん》は壽命《じゆみやう》を短縮《たんしゆく》し、大部分《だいぶぶん》は結婚《けつこん》を晩《おそ》からしめて子供《こども》が出來《でき》ないか流産《りうざん》するか先天黴毒《せんてんばいどく》で早生《さうせい》するかによつて惡質《あくしつ》の自然淘汰《しぜんたうた》が行《おこな》はれるから此點《このてん》に自《し》然《ぜん》の力《ちから》の偉大《ゐだい》さに感謝《かんしや》せずには居《を》られませんが……。

然《しか》しながら反社會性《はんしやくわいせい》の精神薄弱者《せいしんはくじやくしや》が黴毒《ばいどく》から來《きた》るものの多《おほ》いこと、體力旺盛《たいりよくわうせい》な良種《りやうしゆ》を遺傳《ゐでん》すべき者《もの》が黴毒《ばいどく》の爲《ため》に、撲滅《ぼくめつ》するのは將來國家《しやうらいこくか》のために憂慮すべき事柄《ことがら》であります。黴毒自體《ばいどくじたい》の毒素《どくそ》によつて、又《また》その治療《ちれう》を要《えう》する砒素《ひそ》や水銀《すゐぎん》の害《がい》によつて生殖細胞《せいしよくさいばう》を害《がい》し、肉體的《にくたいてき》にも精神的《せいしんてき》にも弱《よわ》い子《こ》しか生《うま》れないのは重大事《ぢうだいじ》であります。この精神薄弱者《せいしんはくじやくしや》があるから、吾々《われわれ》が苦《くる》しんで居《を》る娼婦《しやうふ》の存在《そんざい》があり、此種《このしゆ》の精神薄弱者《せいしんはくじやくしや》を對象《たいしやう》として性病豫防《せいびやうよばう》をするのであるから此事業《このじげふ》がます／＼困難《こんなん》であります。故《ゆゑ》に根本的《こんぽんてき》に、斷種法《だんしゆはふ》によつて此精神薄弱者《このせいしんはくじやくしや》（男《をとこ》も女《をんな》も）も種《たね》を絶滅《ぜつめつ》する必要《ひつえう》があります。

危《き》難《なん》に遭《あ》つて安《あん》全《ぜん》に身《み》を脱《だつ》する新《あたら》しい婦《ふ》人《じん》の護《ご》身《しん》術《じゆつ》

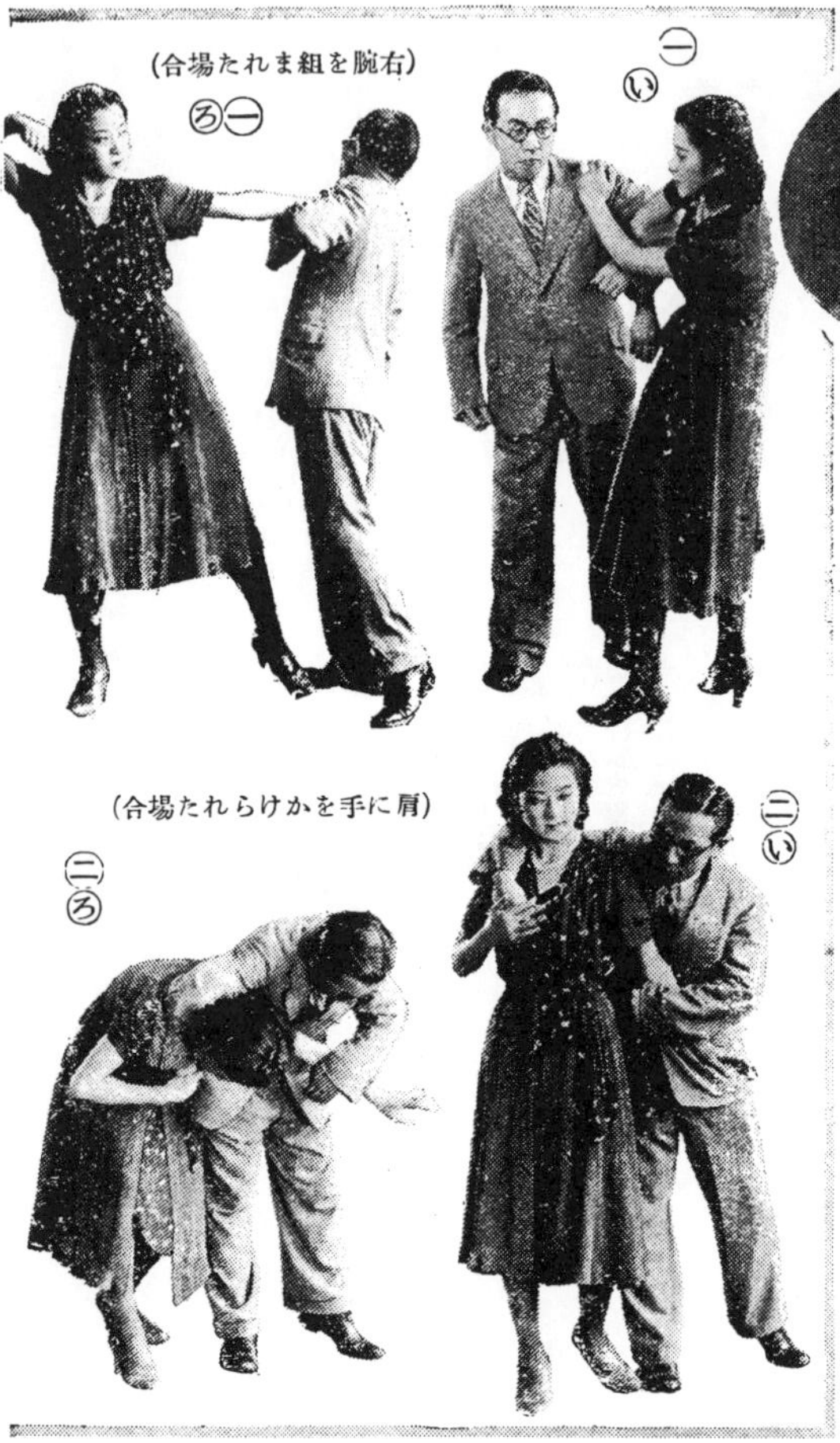

(右腕を組まれた場合)

一(い)　一(ろ)

(肩に手をかけられた場合)

二(い)　二(ろ)

柔道八段　本《ほん》田《だ》存《あきら》

本田先生《ほんだせんせい》は、我國柔道再興《わがくにじうだうさいこう》の恩人故嘉納《おんじんこかなふ》治五郎翁《ぢごらうをう》の直弟子《ぢきでし》で、柔道界《じうだうかい》の重鎭《ぢうちん》として令名《れいめい》ある方《かた》、特《とく》に婦人《ふじん》の護身術《ごしんじゆつ》について御《ご》造詣深《ざうけいふか》く、夙《つと》に東京女子高師《とうきやうぢよしかうし》、東京女子體《とうきやうぢよしたい》操音樂學校等《さうおんがくがくかうとう》に實際指導《じつさいしどう》をされてをられました。こゝには、さうした實驗濟《じつけんずみ》の、ごく平易《へいい》な、これなら絶對安全《ぜつたいあんぜん》だといふものばかりを特《とく》にお願《ねが》ひしたものです。（記者）

×　×　×

最近《さいきん》、婦人《ふじん》の外出《ぐわいしゆつ》する機會《きくわい》が多《おほ》くなるにつれて、いろ〳〵と危難《きなん》に遭遇《さうぐう》する場合《ばあひ》が決《けつ》して少《すく》くありません。弱《よわ》きがゆゑに、あたら暴《ばう》漢《かん》のなすがまゝに任《まか》せ、尊《たふと》い一命《めい》さへ失《うしな》うたといふ悲慘《ひさん》な事實《じじつ》も、屢々《しば〳〵》耳にいたします。つい先達《せんだつ》ても、東京日暮里《とうきやうにつぽり》の石井柏亭畫伯邸《いしゐはくていぐわはくてい》附近《ふきん》で、出征見送《しゆつせいみおく》りの歸途《きと》にあつた會社員夫人今井美枝子《くわいしやゐんふじんいまゐみえこ》さんが、暴漢《ばうかん》に襲《おそ》はれ、空《むな》しく一命《めい》を殞《おと》したといふニユースが、いたく世人《せじん》の同情《どうじやう》と注意《ちうい》を惹《ひ》きました。

一體《たい》、婦人《ふじん》は危難《きなん》から絶對《ぜつたい》に免《のが》れることができぬかと申《まを》すに、決《けつ》してさうではありません。手段《しゆだん》、方法《はうはふ》さへ盡《つく》せば、きつと活路《くわつろ》が開《ひら》

けるものですから、どんな場合《ばあひ》にでも、『もう駄目《だめ》だ。』と思《おも》はないこと、それには日《ひ》頃適當《ごろてきたう》な護身術《ごしんじゆつ》を會得《ゑとく》しておけば何《なん》の心配《しんぱい》もなく、またさうした機會《きくわい》を相手《あひて》に與《あた》へるやうなこともありません。

　私《わたし》が考案《かうあん》した護身術《ごしんじゆつ》は、弱《よわ》い女《ぢよ》子《し》が、その弱《よわ》い力《ちから》なりに、暴漢《ばうかん》の強《つよ》い襲撃《しふげき》を輕《かる》く外《はづ》して脱《ぬ》ける方法《はうはふ》であつて、相手《あひて》が二の矢《や》を繼《つ》ぐ間《ま》に、逸早《いちはや》く身《み》を安全《あんぜん》な場所《ばしよ》に逃《のが》れるやう工夫《くふう》したものです。

　力《ちから》と力《ちから》との闘《たゝか》ひでは、婦人《ふじん》は決《けつ》して男子《だんし》に勝《か》てるものではありません。たとへ勝《か》てる力《ちから》を修得《しうとく》してゐても、いはゆる生兵法《なまびやうはふ》は大怪我《おほけが》の因《もと》で、却《かへつ》てそのため助《たす》かるべき命《いのち》すら失《うしな》ふことになります。それよりは、まづ安全《あんぜん》に身《み》を處《しよ》する方《はう》法《はふ》を知《し》つておいた方《はう》が、どんなに役立《やくだ》つか判《わか》りません。

　私《わたし》は、あくまでもさうした見地《けんち》から、相手《あひて》が攻撃《こうげき》して來《く》る場合《ばあひ》をあれこれ想像《さうざう》して、それを巧《たく》みに切《き》り抜《ぬ》いてゆける道《みち》、つまり本當《ほんたう》の意味《いみ》の婦人護身術《ふじんごしんじゆつ》をこゝに發表《はつぺう》いたしました。いづれも、主《しゆ》として街頭《がいとう》において危難《きなん》に遭遇《さうぐう》した場《ば》合《あひ》ばかりを扱《あつか》つてあります。

一、右腕《みぎうで》を組《く》まれて引《ひ》き寄《よ》せられた場合《ばあひ》

これは最《もつと》も多《おほ》い場合《ばあひ》ですが、まづ相手《あひて》の引張《ひつぱ》る力《ちから》に從《したが》つて、その方向《はうかう》へ進《すゝ》みなさい。そしてすぐくるつと身體《からだ》を廻《まは》して、後《うしろ》になつた足《あし》を前方《ぜんぱう》に踏《ふ》み出《だ》し、相手《あひて》と對《むか》ひ合《あ》ひになります。このとき素早《すばや》く左手《ひだりて》を相手《あひて》の左肩《ひだりかた》の下方《かはう》に強《つよ》く押《お》し當《あ》てます。〔一圖(い)參照〕

そして、その手《て》に滿身《まんしん》の力《ちから》を籠《こ》めてぐつと押《お》し、組《く》まれた右腕《みぎうで》を上方《じやうはう》にすつと引《ひ》き拔《ぬ》けば、これで完全《くわんぜん》に腕《うで》の自由《じいう》が得《え》られ、相手《あひて》は拔《ぬ》かれた力《ちから》でよろ〳〵と突放《つゝぱな》されてしまひます。〔一圖(ろ)參照〕

二、後《うしろ》から右肩《みぎかた》に手《て》をかけ引《ひ》き寄《よ》せられた場合《ばあひ》

まづ、二圖《づ》の(い)のやうに、相《あひ》手《て》のかけた手《て》の甲《かふ》の上《うへ》に、こちらの右掌《みぎて》を押《お》し當《あ》て、左足《ひだりあし》を後《うしろ》へ引《ひ》いて、身體《からだ》をぐつと前《まへ》へ屈《かゞ》ませます。同時《どうじ》に右足《みぎあし》を引《ひ》くやうにして〔二圖(ろ)參照〕身體《からだ》を引《ひ》けば、これでするりと相手《あひて》から脱《ぬ》けられます。このとき相手《あひて》は自分《じぶん》の力《ちから》で、前《まへ》へのめつてしまひますから、その隙《すき》に樂《らく》に虎口《ここう》を逃《のが》れられます。

三、後《うしろ》から抱《だ》き締《し》められようとした場合《ばあひ》

これは最《もつと》も普通《ふつう》に暴漢《ばうかん》の用《もち》ひる術《て》ですが、ぐつと身體《からだ》を抱《だ》き締《し》められたなと思《おも》つたら、咄嗟《とつさ》に次《つぎ》の方法《はうはふ》に從ひます。逸早《いちはや》く、身體《からだ》をぐーつと沈《しづ》めながら、兩手《りやうて》を左右《さいう》に伸《のば》し、三圖《づ》のやうに殆《ほとん》ど水平《すゐへい》に開《ひら》いて腰《こし》を落《おと》すと、身體《からだ》がすつぽり脱《ぬ》けます。力《ちから》いつぱい抱《だ》き締《し》めてをればをるほど、相手《あひて》は虚空《こくう》を摑《つか》んで、よろけてしまひます。

四、後《うしろ》から兩手《りやうて》で目隱《めかく》しや口《くち》塞《ふさ》ぎをされた場合《ばあひ》

かういふ場合《ばあひ》、徒《いたづ》らに大聲《おほごゑ》などを立《た》てようとしても無駄《むだ》です。それよりは、素早《すばや》く兩手《りやうて》の拇指《おやゆび》と四指《し》との間《あひだ》を、四圖《づ》のやうに相手《あひて》の手頸《てくび》にぐつと押《お》し當《あ》てゝ、右足《みぎあし》を前《まへ》に踏《ふ》み出《だ》し、身體《からだ》を沈《しづ》めながら兩手《りやうて》を押《お》し上《あ》げるやうにすれば、頭部《とうぶ》は自然《しぜん》すり脱《ぬ》けられます。

五、胸許《むなもと》を摑《つか》まれた場合《ばあひ》

暴漢《ばうかん》は多《おほ》くの場合《ばあひ》、以上《いじやう》のやうに背後《はいご》から襲《おそ》ふものですが、もし相手《あひて》と對《むか》ひ合《あは》せになつて胸許《むなもと》などを摑《つか》まれた場合《ばあひ》には、まづ右手《みぎて》の拇指《おやゆび》を襟《えり》の上前《うはまへ》にさし込《こ》んで下端《かたん》をしかと握《にぎ》り、胸部《きようぶ》が開《ひら》くのを防《ふせ》ぎます。そして、五圖《づ》(い)のやうに、身體《からだ》を少《すこ》し低《ひく》めて、左手《ひだりて》で相《あひ》手《て》の腕下《うでした》から肩《かた》の前方《ぜんぱう》のところをぐつと摑《つか》みます。次《つぎ》に、身體《からだ》をぐつと伸《のば》しながら右方《うはう》に開《ひら》き、同時《どうじ》に左腕《ひだりうで》をぐんと突張《つゝぱ》れば、相手《あひて》の腕《うで》はわけなく引《ひ》き離《はな》されてしまひます。〔五圖(ろ)參照〕

六、袂《たもと》を摑《つか》まれて引《ひ》き寄《よ》せられた場合《ばあひ》

このときは、なるべく摑《つか》まれた部分《ぶぶん》に最《もつと》も近《ちか》いところを強《つよ》く手《て》で握《にぎ》り押《おさ》へて、自分《じぶん》の身體《からだ》の方《はう》へ相《あひ》手《て》をぐいと引《ひ》き寄《よ》せます。と同時《どうじ》に、後方《こうはう》の足《あし》を踏《ふ》み出《だ》して、拇指《おやゆび》と四指《し》との間《あひだ》で相手《あひて》の手頸《てくび》を、ぐいと下方《かはう》に押《お》しつけてごらんなさい。その痛《いた》さで相手《あひて》は摑《つか》んだ手《て》を弛《ゆる》めてしまひますから、摑《つか》まれた袂《たもと》は造作《ざうさ》なく上方《じやうはう》に引拔《ひきぬ》くことができます。〔六圖(い)(ろ)參照〕

× × ×

大體《だいたい》、以上《いじやう》を心得《こゝろえ》てをれば、もう安心《あんしん》です。心《こゝろ》に強味《つよみ》があれば、やがて身體《からだ》に隙《すき》を作《つく》らぬことになり、暴漢《ばうかん》の方《はう》から避《よ》けてしまふやうなことにもなります。どんな場《ば》合《あひ》でも、これはいかぬと思《おも》ひ込《こ》まぬこと、兇《のが》れるときがなければ、女性最大《ぢよせいさいだい》の武器《ぶき》ピン一本《ぽん》で相手《あひて》を撃退《げきたい》できることを知《し》つておいて頂《いただ》きたいと思《おも》ひます。

實演（石井漠舞踊研究所　石井《いしゐ》不二香《ふじか》／元新興女優　植村《うゑむら》喜美子《きみこ》）

子供は何人産むのが理想か
アメリカ婦人の調査報告

A　あなたは調節を是認しますか

B　調節したいといふ一番重な理由は？

C　子供を持つたことを後悔してゐるか

D　新婚一年目に子供を持ちたいと思ふか

E　子供は何人持つのが理想的か

新興勢力をもつた國家は出産力が旺盛でなければならない。出産率の上昇はその民族の膨脹發展を象徴し、その低下は國力の低下を暗示する。日本は世界の文明國中で一番出産率が高いが、もつと、もつと高くなつてもよい。この報告書は出産率の低下を憂慮されてゐるアメリカがバスコントロールの傾向を調査したものであるが、他山の石となすことができやう。

以上《いじやう》五つの問題《もんだい》に對《たい》してアメリカの婦《ふ》人《じん》が何《ど》う解答《かいたふ》してゐるか、その結果《けつくわ》を集《あつ》めたのがこの報告書《はうこくしよ》である。日本《につぽん》は世界《せかい》の文明國中《ぶんめいこくちう》で一番《ばん》出産率《しゆつさんりつ》が高《たか》いと云《い》はれ、昭和《せうわ》十一年《ねん》の調査《てうさ》では人口《じんこう》千人《にん》に對《たい》し二九・九二人《にん》の出産率《しゆつさんりつ》で之《これ》を時間的《じかんてき》にみると毎分《まいふん》四人《にん》の赤坊《あかんばう》が産聲《うぶごゑ》をあげてゐる計算《けいさん》になる。

次《つぎ》はイタリーとドイツで、イタリーでは人口《じんこう》千人《にん》に對《たい》して二二・四五、ドイツは一八・八六といふ割合《わりあひ》で、世界《せかい》の新興《しんこう》勢力《せいりよく》といふべき日《にち》、獨《どく》、伊《い》の三國《ごく》が揃《そろ》つて出産率《しゆつさんりつ》のトップをきつてゐる。その次《つぎ》がアメリカ、フランス、イギリスの順序《じゆんじよ》で、米《べい》は一七・二二、佛《ふつ》は一五・二七、英《えい》は一五・一七で日本《につぽん》の約半分《やくはんぶん》にすぎない。

新興勢力《しんこうせいりよく》をもつた國家《こくか》は出産力《しゆつさんりよく》が旺盛《わうせい》でなければならない。出産率《しゆつさんりつ》の上昇《じやうしよう》はその民族《みんぞく》の膨脹發展《ばうちやうはつてん》を象徴《しやうてう》し、その低下《ていか》は國力《こくりよく》の低下《ていか》を暗示《あんじ》する。特《とく》に今日《こんにち》のやうに國際不安《こくさいふあん》の時代《じだい》には獨伊《どくい》を始《はじ》め健康《けんかう》な第《だい》二國民《こくみん》を作《つく》るといふことは凡《すべ》ての國《こく》家《か》の關心事《くわんしんじ》であり、その意味《いみ》に於《おい》て産兒《さんじ》調節《てうせつ》に對《たい》する婦人《ふじん》の意見《いけん》を調査《てうさ》したこの報告《はうこく》は意義《いぎ》あることと思《おも》はれる。特《とく》にわが國《くに》でも最近出産率《さいきんしゆつさんりつ》の減少《げんせう》の傾向《けいかう》が現《あら》はれたといつて識者《しきしや》の間《あひだ》に憂慮《いうりよ》されてゐるのでこの報告《はうこく》は大《おほ》いに參考《さんかう》になることゝ思《おも》ふ。

なぜバース・コントロールは悪いか？

この問《とひ》に對《たい》するアメリカの女性《ぢよせい》の殆《ほと》んど大多數《だいたすう》―七九%は公然《こうぜん》とフランクに、且《か》つ積極的《せつきよくてき》に諾《イエス》と答《こた》へ、賛成《さんせい》を唱《とな》へてゐる。それと同時《どうじ》に今日《こんにち》のアメリカの婦人《ふじん》は子供《こども》を持《も》つことを欲《ほつ》してゐる。このことは後《のち》の數字《すうじ》で分《わか》るが、この二つの要求《えうきう》は決《けつ》して矛盾《むじゆん》するものではない。只《た》だ彼《かの》女達《ぢよたち》は（子《こ》は授《さづか》りものだ）といふ古《ふる》い觀《くわん》念《ねん》から脱却《だつきやく》して、合理的《がふりてき》に欲《ほつ》する時《とき》に産《う》み、欲《ほつ》しない時《とき》には産《う》まないといふ立場《たちば》を取《と》つてゐる。そして今《いま》まで沈默《ちんもく》で包《つゝ》まれてゐたこの問題《もんだい》に就《つい》ては含羞《はにか》み合《あ》ふことなく公然《こうぜん》と議論《ろんぎ》され、正《たゞ》しく處置《しよち》されなくてはならないと云《い》ふのが彼女達《かのぢよたち》の確《かく》信《しん》となつて來《き》た。

農村《のうそん》から、小《ちひ》さな町《まち》から、又《ま》た都市《とし》から、凡《あら》ゆる地理的區分《ちりてきくぶん》の地方《ちはう》から産制《さんせい》に對《たい》する賛成《さんせい》の聲《こゑ》は合唱《コーラス》となつて響《ひゞ》いてゐる。それはまた凡《すべ》ての年齢《ねんれい》の婦人《ふじん》の一致《ち》した欲求《よくきう》であるらしい。尤《もつと》もこれは結婚《けつこん》した婦人《ふじん》と寡婦《くわふ》、離婚《りこん》した婦人《ふじん》と未婚《みこん》の女性《ぢよせい》とで幾分進《いくぶんちが》ひが見《み》られるが、教會《けうくわい》へ行《ゆ》く婦人《ふじん》も『諾《イエス》』と答《こた》へてゐるし、教會《けうくわい》へ行《ゆ》かないものも同《おな》じく『諾《イエス》』と答《こた》へてゐる。

その點《てん》最《もつと》も嚴格《げんかく》なカトリック教《けう》の婦人《ふじん》の間《あひだ》ですらその過半數即《くわはんすうすなは》ち五一%までが子供《こども》が餘《あま》り接近《せつきん》して生《うま》れるとか、數多《かずおほ》く生《う》れ過《す》ぎるとか、貧困《ひんこん》の爲《た》めに健康《けんかう》と幸《かう》福《ふく》が望《のぞ》まれないやうな家庭《かてい》での産調《さんてう》は必《ひつ》要《えう》なことだと認《みと》めてゐる。

然《しか》し一面《めん》、アメリカの女性達《ぢよせいたち》は子供《こども》を持《も》つことを欲《ほつ》してゐる。母親《はゝおや》にのみ提供《ていきよう》した質問《しつもん》の（あなたは子供《こども》を持《も》つたことを後悔《こうくわい》するか）に對《たい》しては殆《ほと》んど全部《ぜんぶ》が『否《ノー》』である。この問《とひ》に諾《イエス》と云《い》つてゐるのは僅《わづ》かに二%にすぎない。たつた一人《ひとり》しか子供《こども》を持《も》たない婦人《ふじん》の六九%は少《すく》なくもいま一人《ひとり》子供《こども》を欲《ほ》しいと述懐《じゆつくわい》してゐる。二人《ふたり》の子供《こども》を持《も》つ母親《はゝおや》では半數近《はんすうちか》くがいま一人《ひとり》は欲《ほ》しいと云《い》つてゐる。子供《こども》は幾人《いくにん》もつのがよいか、多《おほ》すぎず又少《またすくな》からず理想的《りさうてき》なのは四人《にん》だと答《こた》へたのが最《もつと》も多《おほ》い。

なほ『あなたはバース・コントロールを是認《ぜにん》するか』の問《とひ》に對《たい》する諾否《だくひ》の解答《かいたふ》を數字《すうじ》で示《しめ》してみると次《つぎ》の通《とほ》りである。

地方別	諾	否
都市	七九%	二一%

農村	八一%	一九%
小さい町	七一%	二九%
宗教別		
新教徒	八四%	一六%
カトリック	五一%	四九%
その他	八九%	一一%
配偶別		
既婚婦人と寡婦	七七%	二三%
離婚した婦人	九一%	九%
獨身婦人	八五%	一五%
收入別		
年收千五百ドル以上	八五%	一五%
同　以下	七五%	二五%
年齡別		
三十五歲以下	八八%	一二%
三十歲乃至四十五歲	八〇%	二〇%
四十五歲以上	六九%	三一%

以上《いじやう》の數字《すうじ》で明瞭《めいれう》のやうに、産制《さんせい》の要求《えうきう》は農民《のうみん》の婦人《ふじん》よりも都市《とし》の婦人《ふじん》に多《おほ》く特《とく》に小《ちひ》さい町《まち》の小市民階級《せうしみんかいきふ》に最《もつと》もこの要求《えうきう》の強《つよ》いことが分《わか》る。年齡《ねんれい》では三十歲《さい》以下《か》の若《わか》い婦人《ふじん》に壓倒的《あつたふてき》に多《おほ》いが、夫婦關係《ふうふくわんけい》では離婚婦人《りこんふじん》の九一%までが産制《さんせい》に賛成《さんせい》してゐることは彼女達《かのぢよたち》の苦《にが》い體驗《けいけん》の聲《こゑ》として注目《ちうもく》に價《あたひ》する。

子供を制限したいと思ふ一番重要な理由は何ですか

上《うへ》の離婚婦人《りこんふじん》の例《れい》でも分《わか》る通《とほ》り、結婚《けつこん》生活《せいくわつ》に摩擦《まさつ》の起《おこ》る主要《しゆえう》なる原因《げんいん》は經濟《けいざい》である。そして産制《さんせい》に賛成《さんせい》する大部分《だいぶぶん》の婦人《ふじん》は、普通《ふつう》の家庭收入《かていしうにふ》では餘《あま》り急速《きふそく》に子供《こども》が出來《でき》たのでは暮《く》らしが立《た》たないと云《い》ふのがその根本《こんぽん》の理由《りいう》になつてゐる。

ある雜貨商《ざつくわしやう》の妻《つま》は（子供《こども》に與《あた》へるべきものを與《あた》へられないのは親《おや》の罪《つみ》ですから）と云《い》ひ、（家庭《かてい》の收入《しうにふ》が不充分《ふじうぶん》では、子供《こども》に注意《ちうい》が行屆《ゆきとど》きません）と銀行事務員《ぎんかうじむゐん》の細君《さいくん》はいつてゐる。ある女教員《ぢよけうゐん》はバース・コントロールは（國家《こくか》や市《し》の世話《せわ》になつて生活《せいくわつ》する人間《にんげん》の數《すう》を少《すくな》くする）といふ理由《りいう》をあげて賛成《さんせい》してゐるが、事實《じじつ》、政府《せいふ》や市《し》の支給《しきふ》を受《う》けてゐる家族《かぞく》とさうでない家族《かぞく》を比《くら》べて見《み》ると、支給《しきふ》を受《う》けてゐる家族《かぞく》の方《はう》が五〇%多《おほ》く子供《こども》を持《も》つてゐることは統計《とうけい》の示《しめ》してゐるところである。貧民救濟聯盟《ひんみんきうさいれんめい》で集《あつ》めた調査《てうさ》では、一九三三年《ねん》には救助家族《きうじよかぞく》に生《うま》れた子供《こども》の數《すう》は廿五萬人《まんにん》で、一九三四年《ねん》でも略々《ほゞ》同《おな》じ數《すう》にのぼつてゐる。

全體《ぜんたい》の數《すう》から云《い》つて産兒調節《さんじてうせつ》に賛成《さんせい》するといふ理由《りいう》の第二位《だいにゐ》に來《く》るのは『虚弱《きよじやく》な人間《にんげん》の數《すう》を少《すくな》くする』と云《い》ふことだ。ヴアージニアの六十六歲《さい》になる寡婦《くわふ》は、（肉體的《にくたいてき》にまた精神的《せいしんてき》に虚弱《きよじやく》な人間《にんげん》は子供《こども》を持《も》たぬがよい。）との理由《りいう》で産制《さんせい》に賛成《さんせい》してゐる。

また機械工《きかいこう》の妻《つま》は、産制《さんせい》の知識《ちしき》が普及《ふきふ》したら惰落《だらく》した人達《ひとたち》が子供《こども》を持《も》つことを防止《ばうし》するでせうと答《こた》へてゐる。コントロールを支持《しぢ》する第三《だいさん》の理由《りいう》は女性《ぢよせい》が自分《じぶん》自身《じしん》の健康《けんかう》を保持《ほぢ》したい、次《つぎ》には子供《こども》を産《う》んでこれを哺育《ほいく》する重荷《おもに》で年《とし》より早《はや》く老《ふ》けるのを嫌《きら》ふからである。この云《い》ひ分《ぶん》を餘《あま》り上品《じやうひん》ではないが巧《たく》みに表現《へうげん》したのはある百姓《ひやくしやう》のお神《かみ》さんで、（私《わたし》たちは家畜《かちく》ではありませんからね。何《なに》か好《す》きなことをする時間《じかん》が欲《ほ》しい、子供《こども》にばつかりさう〳〵掛《かゝ》つてはゐられられませんよ。）

以上《いじやう》あげたやうに婦人《ふじん》が産制《さんせい》を欲《ほつ》する主要《しゆえう》な原因《げんいん》は、家庭經濟《かていけいざい》の不安《ふあん》と、虚弱兒《きよじやくじ》の出生《しゆつしやう》、母體《ぼたい》の健康《けんかう》、家庭《かてい》の和樂《わらく》などで、これを數字《すうじ》で示《しめ》すと次《つぎ》の表《へう》が得《え》られる。

	家庭の收入不足	虚弱兒の出生を怖れる	母體の健康を保ちたい	家庭生活の樂みを少くしたくない
都市	七六%	二二%	一四%	三%
農村	七四%	二九%	一三%	三%
小さな町	七七%	三〇%	一四%	四%
新教徒	七六%	二七%	一五%	四%
カトリック	八三%	一七%	一一%	二%

年收千五百ドル以上	七六%	二五%	一六%	四%
同以下	七七%	二二%	一二%	三%
三十歳以下	七七%	二三%	一一%	三%
三十—四十五歳	七五%	二五%	一四%	四%
四十五歳以上	七七%	二四%	一七%	二%
婚婦人と寡婦	七七%	二三%	一五%	三%
離婚した婦人	八二%	一六%	六%	五%
獨身婦人	六三%	三九%	一四%	三%

なほこの他《ほか》に、母《はゝ》の時間《じかん》を欲《ほ》しいといふのが農村婦人《のうそんふじん》と離婚《りこん》した婦人《ふじん》に三%ほどあり、又《また》、生活《せいくわつ》の幸福《かうふく》のためにといふのが三十乃至《ないし》四十五歳《さい》の婦人《ふじん》に一%あるのは特殊的《とくしゆてき》である。

この表《へう》で分《わか》る通《とほ》り、裕富《いうふ》の階級《かいきふ》でも收《しう》入《にふ》の少《すくな》い階級《かいきふ》と同樣《どうやう》に七五%までが家庭《かてい》經濟《けいざい》の不安《ふあん》を産制《さんせい》の第《だい》一理由《りいう》としてあげてゐる。また特《とく》に興味《きようみ》あるのは獨身《どくしん》の若《わか》い女性《ぢよせい》で、彼女達《かのぢよたち》は收入《しうにふ》の點《てん》には比較的《ひかくてき》無頓着《むとんちやく》のものが多《おほ》い。これはまだ未婚《みこん》の生活《せいくわつ》であるから家計《かけい》のやりくりの苦勞《くらう》に苦《にが》い經驗《けいけん》がない爲《た》めであらう。收入《しうにふ》の點《てん》をバース・コントロールの第《だい》一理由《りいう》としてゐるのは、何《なん》といつても獨力《どくりよく》で立《た》たねばならない離婚《りこん》の婦人《ふじん》と寡婦人《くわふじん》に多《おほ》いことは首肯《しゆこう》できる。また農村《のうそん》よりも小都市《せうとし》の婦人《ふじん》が收入《しうにふ》を重視《ちうし》するのは、小都市《せうとし》が農村《のうそん》に比《くら》べて哺育《ほいく》と教育《けういく》に金《かね》がかゝることを物語《ものがた》つてゐる。

家族《かぞく》を少《すくな》くして家庭生活《かていせいくわつ》を一層《そう》樂《たの》しくしたいと云《い》ふ考《かんが》へも農村《のうそん》よりは小都市《せうとし》に多《おほ》く、年齢的《ねんれいてき》には三十歳《さい》と四十五歳《さい》の間《あひだ》の婦人《ふじん》に多《おほ》い。これは小都市《せうとし》の生活《せいくわつ》がそれだけ享樂的《きやうらくてき》である證據《しようこ》である。

あなたは産制に何故反對か？

産制《さんせい》に反對意見《はんたいいけん》をもつものは全體《ぜんたい》の二一%であるが、その反對《はんたい》する理由《りいう》を調《しら》べて見《み》ることは意義《いぎ》あることだらう。その大部分《だいぶぶん》即《すなは》ち六六%は、それが教會《けうくわい》で禁《きん》じられたこと、罪《つみ》の行爲《かうゐ》だといふのである。それよりずつと少《すくな》いところで一一%は子《こ》供《ども》を持《も》つことが家庭《かてい》の幸福《かうふく》を保證《ほしやう》するものだと信《しん》じてゐる。（この點《てん》は産制《さんせい》に贊《さん》成《せい》する婦人達《ふじんたち》も同《おな》じ意見《いけん》である）。同《おな》じ反《はん》對意見《たいいけん》の婦人《ふじん》のうち一一%はそれが健康《けんかう》を害《そこな》ふ危險《きけん》があるからと答《こた》へてゐる。（それは神《かみ》の目《め》からすれば、殺人行爲《さつじんかうゐ》です。）と年取《としと》つた一寡婦《くわふ》は云《い》つてゐる。ケンタッキーの小賣人《こうりにん》の妻《つま》は（子供《こども》がゐなくては家庭《かてい》は幸福《かうふく》にはなりませんよ。一《ひと》人《り》だけだと甘《あま》やかしてしまふ危險《きけん》があります。）と云《い》つてゐる。

アメリカでは法律的《はふりつてき》に醫者《いしや》が健康《けんかう》を保《ほ》持《ぢ》するといふ理由《りいう》から母親《はゝおや》に産制《さんせい》の方法《はうはふ》を教《をし》へることは違法《ゐはふ》とされてゐない。しかしこれを巡《めぐ》つていろ〳〵な面倒《めんだう》な問題《もんだい》が起《おこ》つてゐる。

産制《さんせい》に反對《はんたい》する人《ひと》たちは、それが普及《ふきふ》し或《ある》は濫用《らんよう》されたなら國民《こくみん》の人口《じんこう》が危險《きけん》な點《てん》まで減少《げんせう》しはせぬか、又《また》、結婚前《けつこんまへ》の若《わか》い女性《ぢよせい》の道徳《だうとく》が低下《ていか》しはせぬかを憂《うれ》へてゐる。女性《ぢよせい》の貞操《ていさう》の方面《はうめん》のことは茲《こゝ》では省《はぶ》くとして、人口《じんこう》の減少《げんせう》といふことはさう憂慮《いうりよ》するには當《あた》らない。この調査《てうさ》に依《よ》つて、この方面《はうめん》の危惧《きぐ》に對《たい》する根據《こんきよ》の薄弱《はくじやく》なことが數字的《すうじてき》に示《しめ》されてゐる。（あなたは子供《こども》を持《も》つことを後悔《こうくわい》してゐるか。）の問《とひ》に對《たい》して「諾《イエス》」と答《こた》へてゐるものは實際《じつさい》の數《すう》は相當多《さうたうおほ》いが、これを全體《ぜんたい》からみれば次《つぎ》の通《とほ》りほんの一少部分《せうぶぶん》に過《す》ぎないのを見《み》ても分《わか》る。

子供を持つたことを後悔してゐる母はないか

この問《とひ》に對《たい》し諾《イエス》と答《こた》へたものは僅《わづ》かに全體《ぜんたい》の二%だけであるが、このことは婦《ふ》人《じん》がコントロールを欲《ほつ》しながら他《た》面子供《こども》を持《も》ちたがつてゐる證據《しやうこ》となるのである。

特《とく》に百姓《しやう》の婦人《ふじん》は第《だい》一位《ゐ》で、最《もつと》も子供《こども》を欲《ほつ》してゐて、子供《こども》の多《おほ》いのを後悔《こうくわい》してゐるものは殆《ほと》んど絶無《ぜつむ》であり、次《つぎ》の統計《とうけい》でみるとほり抹殺《まつさつ》されてゐる。地方《ちはう》の婦《ふ》人《じん》より都會《とくわい》の婦人《ふじん》の方《はう》が子供《こども》を持《も》ちたがらないことは肯《うな》づけるところで、年齢《ねんれい》の上《うへ》から見《み》ると三十歳《さい》と四十五歳《さい》の間《あひだ》が最《もつと》も子供《こども》を欲《ほつ》し、次《つぎ》が四十五歳以上《さいいじやう》の婦人《ふじん》一番《ばん》子供《こども》を欲《ほつ》しないのは三十歳以下《さいいか》の若《わか》い女性《ぢよせい》であることは興味《きやうみ》ある點《てん》であらう。家計《かけい》の方《はう》から云《い》へば月收《げつしう》の少《すくな》い家庭《かてい》の婦人《ふじん》と多《おほ》い家庭《かてい》の婦人《ふじん》で違《ちが》ひがあり、裕福《ゆうふく》な階級《かいきふ》に比《くら》べて貧《まづ》しい階級《かいきふ》の主婦《しゆふ》が三倍《ばい》も多《おほ》く子供《こども》を持《も》つたことを後悔《こうくわい》してゐるのは自然《しぜん》のことゝ思《おも》はれる。又離婚《またりこん》した婦人《ふじん》がこの點《てん》では一番後悔《ばんこうくわい》を表示《へうじ》してゐることも肯《うな》づけるところだ。これを表《へう》にすれば、

あなたは子供を持つたことを後悔するか

	諾《イエス》	否《ノウ》
都市	二%	九八%
農村	〇%	一〇〇%
小さい町	一%	九九%
新教徒	一%	九九%
カトリツク	三%	九七%
既婚者と寡婦	二%	九八%
離婚した婦人	六%	九四%
年收千五百ドル以下	三%	九七%
同　以上	一%	九九%
三十歳以下	三%	九七%
三十歳乃至四十五歳	一%	九九%
四十五歳以上	二%	九八%

以上《いじやう》の數字《すうじ》に依《よ》つて婦人《ふじん》の母性本能《ぼせいほんのう》がどのやうに強《つよ》いものであるかを知《し》るのである。いま一《ひと》つ婦人《ふじん》が子供《こども》を欲《ほつ》する證明《しようめい》として次《つぎ》の調査《てうさ》を見《み》て頂《いたゞ》きたい。即《すなは》ち一《ひと》人《り》の子供《こども》から五人以上《にんいじやう》の子供《こども》を持《も》つた母《はゝ》親《おや》について、同《おな》じ質問《しつもん》をなしたのに對《たい》し次《つぎ》の結果《けつくわ》を得《え》た。

	諾	否
一人の子供を持つ母	一%	九九%
二人　同	二%	九八%
三人　同	二%	九八%
四人　同	三%	九七%
五人以上同	三%	九七%

これで見《み》て分《わか》る通《とほ》り、五人《にん》またはそれ以上《いじやう》の子供《こども》を持《も》つても、子供《こども》を持《も》つたことを後悔《こうくわい》する婦人《ふじん》は僅《わづ》かに三%で、こゝに母性本能《ぼせいほんのう》のはげしさを見《み》ることが出來《でき》る。

あなたはもつと子供を欲しいと思ふか

なほ、この重要《ぢゆうえう》な問題《もんだい》に關《くわん》する調査《てうさ》を一層精密《そうせいみつ》にするために、同《おな》じ事柄《ことがら》を別《べつ》の側《がは》から調査《てうさ》した。即《すなは》ちあなたはもつと子《こ》供《ども》を欲《ほ》しいと思《おも》ふか、と云《い》ふのがそれである。

この問《とひ》に對《たい》しては四一%の婦人《ふじん》が諾《イエス》と答《こた》へてゐる。即《すなは》ち既婚婦人《きこんふじん》への半數《はんすう》はもつと子供《こども》を生《う》みたがつてゐる。と云《い》つても、それだけの事實《じじつ》の全貌《ぜんばう》を明《あき》らかにすることは出來《でき》ない。こゝでも再《ふたゝ》び次《つぎ》の點《てん》に言及《げんきふ》しなくてはならない。例《たと》へば、裕福《ゆうふく》な階級《かいきふ》の婦人《ふじん》は經濟的《けいざいてき》に恵《めぐ》まれない

隣人達《りんじんたち》よりもそれ以上《いじやう》の子供《こども》を持《も》ちたがつてゐる。また、三十歳《さい》以下《いか》の婦人《ふじん》では五三%までがもつと子供《こども》を欲《ほ》しがつてゐる。

地理的《ちりてき》にみてこれには、はつきりした差異《さい》のあることも興味《きようみ》あることで、ニユー・イングランド地方《ちはう》では（もつと子供《こども》を欲《ほ》しいか）の問《とひ》に、丁度半分《ちやうどはんぶん》の婦人《ふじん》が諾《イエス》と答《こた》へてゐるに對《たい》して、中部《ちうぶ》や南部《なんぶ》では欲《ほ》しいといふ人《ひと》はずつと減《へ》つてゐる。所《ところ》がロッキー山麓《さんろく》のモンタナやその他《ほか》の州《しう》では急激《きふげき》に殖《ふ》えて五五%の婦人《ふじん》が（もつと欲《ほ》しい）と答《こた》へてゐる。この（もつと欲《ほ》しい）で第一位《だいゐ》のモンタナ州《しう》の婦人達《ふじんたち》は、バース・コントロールを贊成《さんせい》だといふ點《てん》でも八四%で最高位《さいかうゐ》にあることは極《きは》めて興味深《きようみぶか》い現象《げんしやう》で、制限《せいげん》を欲《ほつ》するのと子供《こども》を欲《ほつ》する二《ふた》つの心理《しんり》は女性《ぢよせい》に於《おい》て矛盾《むじゆん》するものでないことを物語《ものがた》つてゐるのではなからうか。

新婚第一年に子供を持つのがよいと思ふか

この問題《もんだい》では貧富《ひんぷ》と老若《らうにやく》、都市《とし》と農村《のうそん》を通《つう》じてさう大《たい》した變化《へんくわ》は見《み》られないが、只《た》だ農民《のうみん》の婦人《ふじん》だけは結婚初年《けつこんしよねん》の妊《にん》娠《しん》に對《たい》して比較的《ひかくてき》に無頓着《むとんちやく》である人《ひと》が多《おほ》い。これに反《はん》してそれは賢明《けんめい》でないと信《しん》じてゐるのは都市《とし》の人達《ひとたち》で、特《とく》にインテリ女性《ぢよせい》はこの說《せつ》を持《も》つてゐる。數字《すうじ》でこれを示《しめ》してみると、新婚《しんこん》一年《ねん》は子供《こども》を持《も》ちたくないといふのは都市《とし》が七四%、農民《のうみん》の婦人《ふじん》では七一%、小《ちひ》さい町《まち》では七九%で、全國平均《ぜんこくへいきん》では七六%である。これに依《よ》つて農村《のうそん》より都市《とし》の婦人《ふじん》が生活《せいくわつ》に對《たい》する享樂《きやうらく》の意欲《いよく》がつよいことを知《し》ることが出來《でき》る。新婚《しんこん》の一年《ねん》は夫婦《ふうふ》だけでゐたいといふのは未婚《みこん》の若《わか》い女性《ぢよせい》に最《もつと》も多《おほ》く、獨身《どくしん》の女性《ぢよせい》の八五%までこの說《せつ》を支持《しぢ》してゐる。次《つぎ》は離婚《りこん》した婦人《ふじん》で八一%。

あなたの理想とする家族は何人か

以上《いじやう》に於《おい》て米國《べいこく》の女性《ぢよせい》がコントロールを欲《ほつ》してゐると同時《どうじ》に、凡《すべ》ての婦人《ふじん》は子供《こども》を持《も》ちたがつてゐることが明《あき》らかになつたが、次《つぎ》に理想《りさう》の家族《かぞく》は何人《なんにん》であらうか。これは興味《きようみ》ある問題《もんだい》だ。それの解答《かいたふ》は後《あと》に示《しめ》す通《とほ》りであるが、これに依《よ》り今《こん》日《にち》の女性《ぢよせい》が如何《いか》に子供《こども》を持《も》つことを欲《ほつ》してゐるかを伺《うかゞ》ふことが出來《でき》る。

若《も》し次《つぎ》の數字《すうじ》に一瞥《べつ》を與《あた》へるならば凡《すべ》ての婦人《ふじん》のうちで——結婚《けつこん》したのと、寡婦《くわふ》、獨身《どくしん》、離婚《りこん》、金持《かねもち》、貧困《ひんこん》など凡《すべ》てを通《つう》じて理想《りさう》の家庭《かてい》は子供一人《こどもひとり》でよいとするものが僅《わづ》かに一%にすぎない。二五%は二人《ふたり》を理想《りさう》とし、三人《にん》を理想《りさう》とするのが二六%、子供《こども》四人《にん》が理想《りさう》の家庭《かてい》だとするものは實《じつ》に三六%で最高《さいかう》を占《し》めてゐる。六人《にん》と七人《にん》を理想《りさう》とするのは夫々《それ〴〵》五%づつ。

（數《すう》が多過《おほす》ぎては充分《じうぶん》な生活《せいくわつ》は望《のぞ》めません。私《わたし》は二人《ふたり》あつたらいゝと思《おも》ひます）と女子大生《ぢよしだいせい》は答《こた》へてゐる。これと對蹠的《たいしよてき》のものでカリフォルニアの農場《のうぢやう》のお神《かみ》さんは（子供《こども》は何人《なんにん》だつて生《う》んでおけば育《そだ》ちますよ）と云《い》ひ、四十三歳《さい》になる銀行《ぎんかう》家《か》の妻《つま》は（若《わか》い時《とき》に多《おほ》すぎると思《おも》ふ位《くらゐ》産んでおきなさい。私位《わたしくらゐ》の年《とし》になると二人《ふたり》や三人《にん》の子供《こども》では淋《さび》しいです）と答《こた》へてゐる。子供《こども》は二人《ふたり》がいゝといふのは離婚《りこん》した婦人《ふじん》と未婚《みこん》の若《わか》い女性《ぢよせい》に斷然多《だんぜんおほ》く未婚《みこん》の人達《ひとたち》の四五%がこれを支持《しぢ》してゐる。（レデイス・ホーム・ジヤーナル誌より）

婦人身の上相談

身《み》の振《ふ》り方《かた》に悩《なや》む婦人《ふじん》は來《きた》れ!
山田《やまだ》わか先生《せんせい》の身《み》の上相談《うへさうだん》

△直接《ちよくせつ》の御相談《ごさうだん》は毎週《まいしう》月曜日《げつえうび》午前《ごぜん》九時《じ》より
△地方《ちはう》の愛讀者諸姉《あいどくしやしよし》へは誌上《しじやう》及《およ》び信書《しんしよ》にて回答《くわいたふ》
△男子《だんし》の方《かた》の御相談《ごさうだん》も喜《よろこ》んでお受《う》けします

相談

取返《とりかへ》しのつかぬ失策《しつさく》
良人《をつと》に貞操《ていさう》を疑《うたが》はれて

先生《せんせい》、私《わたし》は何《なん》といふ取返《とりかへ》しのつかないことをしてしまつたのでせう。暗《くら》い〳〵良人《をつと》の顔《かほ》を見《み》てゐますと、私《わたし》の心《こゝろ》は狂《くる》つてしまひさうです。良人《をつと》は某會社員《ばうくわいしやゐん》で二十七歳《さい》、私《わたし》は二十一歳《さい》です。私達《わたしたち》は見合結婚《みあひけつこん》でしたけれど、今春《こんしゆん》一月結《むす》ばれて以來《いらい》、私《わたし》はやさしい良人《をつと》の愛《あい》に、結婚《けつこん》とはこんなにも樂《たの》しいものかと、夢《ゆめ》のやうな日《ひ》を過《す》ごして來《き》たのでございます。

或《あ》る夜《よ》のこと良人《をつと》は、『二人《ふたり》の間《あひだ》には秘密《ひみつ》を無《な》くしてしまはうではないか。』と申《まを》しまして、自分《じぶん》の戀愛事件《れんあいじけん》のあれこれを、打《う》ち明《あ》けてくれました。そして、『サア、あんたも話《はな》してごらん。』と言《い》ひました。厳格《げんかく》な父母《ふぼ》の手《て》に育《そだ》てられた私《わたし》ではありましたが、想《おも》つてくれた人《ひと》が無《な》かつたと言《い》ひきるのは殘念《ざんねん》なやうな氣《き》がして、つい愚《おろ》かな見榮《みえ》から、某市《ばうし》の海岸町《かいがんまち》にある叔母《をば》の家《うち》で送《おく》つた一夏《ひとなつ》、朝《あさ》の散歩《さんぽ》や夕《ゆふ》べの泳《およ》ぎに、よく顔《かほ》を合《あは》せた大學生《だいがくせい》が、親友《しんいう》の従兄《いとこ》と知《し》つて、加《か》速度的《そくどてき》に親密《しんみつ》になつていつたこと、夏《なつ》が終《をは》つてからも時々《とき〴〵》音樂會《おんがくくわい》などで顔《かほ》を合《あは》せて、お茶《ちや》に誘《さそ》はれたりしたこと、そして、自分《じぶん》がいよ〳〵婚約《こんやく》が調《とゝの》つて親友《しんいう》の家《うち》に挨拶《あいさつ》に行《い》つたとき、従兄《いとこ》が可哀《かはい》さうだわ、と親友《しんいう》が涙《なみだ》をいつぱい溜《た》めたことなど、ウカウカ喋《しやべ》つてしまひました。

それは戀《こひ》といふには淡《あは》すぎる、僅《わづ》かの心《こゝろ》のもつれに過《す》ぎなかつたものを。にも拘《かゝは》らず、私《わたし》の話《はなし》に相槌《あひづち》を打《う》つてゐた良人《をつと》の聲《こゑ》は、だん〳〵冷《つめ》たい固《かた》い響《ひゞ》きを帶《お》びて來《き》て、やがて『フン、純潔《じゆんけつ》だと信《しん》じてゐたお前《まへ》はそんな女《をんな》だつたか。』と、吐《は》き出《だ》すやうに申《まを》しますので、私《わたし》はハッと胸《むね》も凍《こほ》りつくやうな氣《き》がいたしました。良人《をつと》は私《わたし》が處女《しよぢよ》でなかつたと思《おも》つてしまつたのです。

以來《いらい》、良人《をつと》は、事毎《ことごと》に私《わたし》を信《しん》じなくなり、買物《かひもの》に出《で》てちよつと遲《おそ》くなると、男《をとこ》に會《あ》つてゐたのだらうと罵《のゝし》り、友達《ともだち》が手紙《てがみ》を寄越《よこ》せば、フン、また男《をとこ》からの誘《さそ》ひかと猛《たけ》り狂《くる》ひ、あまりの情《なさけ》なさに泣《な》いてゐると、出《で》て行《ゆ》きたいのだらうと私《わたし》を突《つ》きとばします。この頃《ごろ》になつて良人《をつと》は、『別《わか》れようぢやないか。』と言《い》ひ出《だ》すやうになりました。

先生《せんせい》、私《わたし》は、もし自分《じぶん》に本當《ほんたう》に過《くわ》失《しつ》があつたのなら、潔《いさぎよ》く身《み》を引《ひ》きもしませうが、何《なん》でもないのに、そんなことを理由《りいう》として離縁《りえん》されたのでは、兩親《りやうしん》に顔向《かほむ》けできません。と申《まを》して、このまゝの氣持《きもち》で一生《しやう》を過《す》ごすことは堪《た》へられません。どうしたら、元《もと》の明《あか》るい夫婦仲《ふうふなか》を取《と》り戻《もど》すことができますでせうか?(K子)

同答

失策《しつさく》ではない
純潔《じゆんけつ》な妻《つま》の強《つよ》い態度《たいど》が必要《ひつえう》

どんな我儘《わがまゝ》でも押《お》し通《とほ》せるくせのついた子供《こども》は、自分《じぶん》の悪《わる》いことを萬々承知《ばん〳〵しようち》してゐながらも、騎虎《きこ》の勢《いきほ》ひ、昂《たか》つてゆく癇《かん》の蟲《むし》をどうすることもできないで、だゞをこねて暴《あば》れますが、そんなときには、外部《ぐわいぶ》から――本人《ほんにん》のためにも――壓《おさ》へてやる必要《ひつえう》があります。つまり、反省《はんせい》の場所《ばしよ》として暗《くら》いお戸棚《とだな》などが必要《ひつえう》といふことになりますが、今《いま》までの我《わ》が國《くに》の夫婦關係《ふうふくわんけい》にまつはる風習《ふうしふ》が、あまりに男尊女卑《だんそんぢよひ》であつたため、あなたの御良人《ごりやうじん》のやうに、我儘《わがまゝ》を通《とほ》させられ過《す》ぎてゐて、心《こゝろ》の底《そこ》ではよく解《わか》つてゐながら、自分《じぶん》で自分《じぶん》をどうすることもできないやうな狀態《じやうたい》になつてゐる男《をとこ》の方《かた》が少《すく》なくないのです。これはその方々《かた〴〵》のためにも本當《ほんたう》にお氣《き》の毒《どく》なことだと思《おも》ひます。

(山田先生)

手《て》のつけられない暴《あば》れん坊《ばう》には暗《くら》いお戸棚《とだな》が必要《ひつえう》であるやうに、我儘《わがまゝ》の度《ど》を越《こ》した男《をとこ》には、こちらのヒリ、とした態度《たいど》が必要《ひつえう》であることをお考《かんが》へなさいませ。譯《わけ》もない無體《むたい》なことを言《い》はれて、立腹《りつぷく》するはずのところを辯解《べんかい》めいたことをおつしやつたり、オド〳〵なさるから、相手《あひて》は却《かへ》つて『はてな』と思《おも》つたり、イラ〳〵したりして來《く》るのです。

お酒《さけ》を飲《の》むと必《かなら》ず亂暴《らんばう》になつて物《もの》をこはしたがる良人《をつと》に、いつも辟易《へきえき》させられてゐた妻《つま》が、或《あ》るとき、フト氣《き》がついて『そんなにこはしたいのなら手傳《てつだ》つてあげませう。』と言《い》ひながら、良人《をつと》よりも一そう猛烈《まうれつ》に物《もの》を叩《たゝ》きつけ始《はじ》めたところ、良人《をつと》は醉《よ》ひも醒《さ》め果《は》てたかのやうに呆氣《あつけ》にとられ、手《て》を拱《こまぬ》いてしまつて、それ以來亂暴《いらいらんばう》をしなくなつたといふ實例《じつれい》があります。何《なに》もこれをお話《はなし》したからとて、さういふ亂暴《らんばう》な、または『御自分《ごじぶん》のいろ〳〵なことを棚《たな》に上《あ》げておいて』といふやうな、對抗的《たいかうてき》な態度《たいど》をおすゝめするわけではありませんが、とにかく、さうした力強《ちからづよ》い態度《たいど》をおすゝめいたします。

『不純《ふじゆん》な者《もの》だなどゝ思《おも》はれる屈辱《くつじよく》は、潔白《けつぱく》な者《もの》の忍《しの》び得《う》るところではない。ゆがんでゐる感情《かんじやう》が改《あらた》まつて、妻《つま》に對《たい》する失禮《しつれい》な言葉《ことば》がその口《くち》から出《で》なくなるまで、夫婦生活《ふうふせいくわつ》を中絶《ちゆうぜつ》いたしませう。』――から言《い》つてごらんなさいませ。そして、御主人《ごしゆじん》の出《で》やうによつては、暫《しばら》く別居《べつきよ》も厭《いと》はぬ決心《けつしん》をお示《しめ》しなさいませ。妻《つま》のあまりに弱《よわ》い態度《たいど》は、良人《をつと》の我儘《わがまゝ》を方圖《はうづ》もなく募《つの》らせるものだといふ事實《じじつ》を、充分《じゆうぶん》お考《かんが》へにならなければいけません。

純潔《じゆんけつ》な者《もの》の強《つよ》さと、屈辱《くつじよく》を厭《いと》ふあなたの態度《たいど》とが、きつと御主人《ごしゆじん》の反省《はんせい》を促《うなが》し、迷妄《めいまう》を覺《さ》まして、元《もと》のやうな明《あか》るい夫婦仲《ふうふなか》を取《と》り戻《もど》し得《う》ると思《おも》ひます。

娘の相談

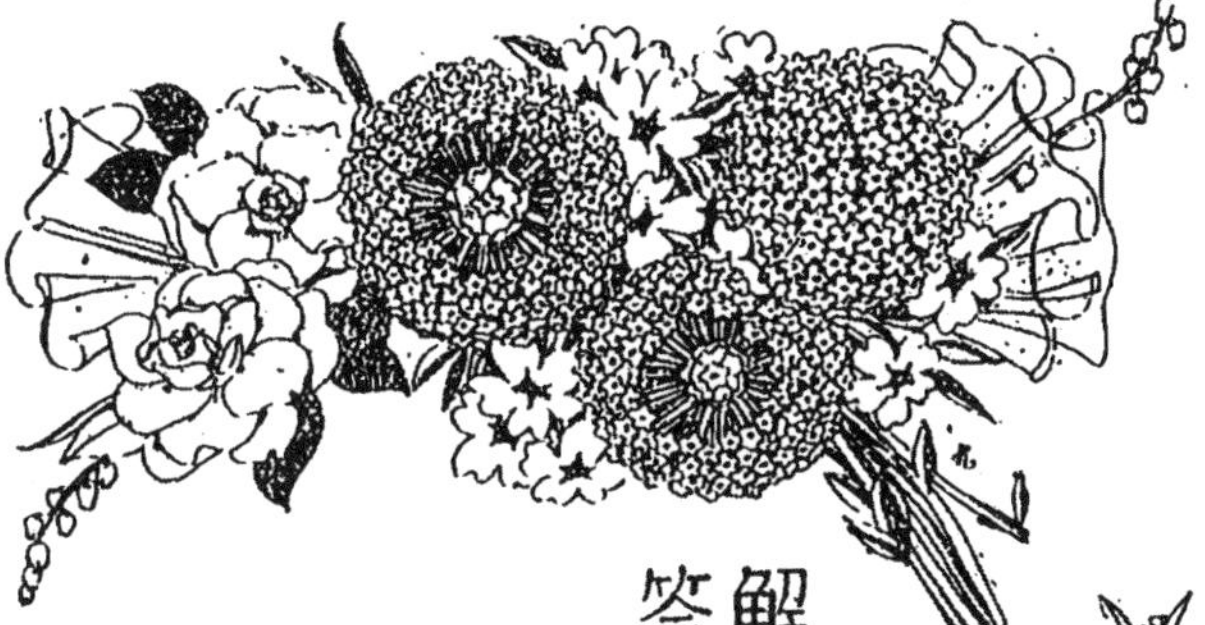

解答 嶋中雄作

孝行したさの離縁

今年《ことし》は二十二の年《とし》が悪《わる》いと言《い》ふので、結婚式《けつこんしき》は擧《あ》げませんが、お正月《しやうぐわつ》からずつと婚家先《こんかさき》で暮《くら》してゐました。ところが里《さと》の長男《ちやうなん》が急《きふ》に亡《な》くなり、小《ちい》さい弟《おとうと》一人《ひとり》となつた父母《ふぼ》の事《こと》を考《かんが》へると、私《わたし》は里《さと》に歸《かへ》つた方《はう》がと思《おも》ひ、お世話人《せわにん》に事《こと》を話《はな》し離別《りべつ》を頼《たの》みました。併《しか》し父母《ふぼ》は私達《わたしたち》のお互《たが》ひの氣持《きもち》を察《さつ》してか、「まだ親達《おやたち》は若《わか》いのだから決《けつ》して心配《しんぱい》することはない」と許《ゆる》して呉《く》れましたので、そのまゝ夫《をつと》と暮《くら》して參《まゐ》りました。

併《しか》しなんと不幸續《ふかうつゞ》きの家庭《かてい》でせう、まだ涙《なみだ》のかわかぬ中《うち》に又下《またした》の弟《おとうと》が亡《な》くなつてしまひました。私《わたし》も今度《こんど》こそは淋《さび》しい家《うち》の事《こと》がたまらなく可哀想《かはいさう》で、親達《おやたち》に孝行《かうかう》をしなければと思《おも》ひ、愛《あい》する夫《をつと》と別《わか》れる覺悟《かくご》をして、お世話人《せわにん》と父母《ふぼ》の前《まへ》で泣《な》いて別《わか》れさして頂《いたゞ》く事《こと》を頼《たの》みました。併《しか》し父母《ふぼ》は「お前《まへ》は一旦他家へ呉《く》れてやると言《い》つた人間《にんげん》だからどうしても呉《く》れてやる。何《なに》もかも縁《えん》であるから心配《しんぱい》しないで嫁きなさい」と言《い》つて呉《く》れますが、私《わたし》はどうしたらよいのでせう、子《こ》として妻《つま》としての二《ふた》つの道《みち》に迷《まよ》つて居《を》ります。

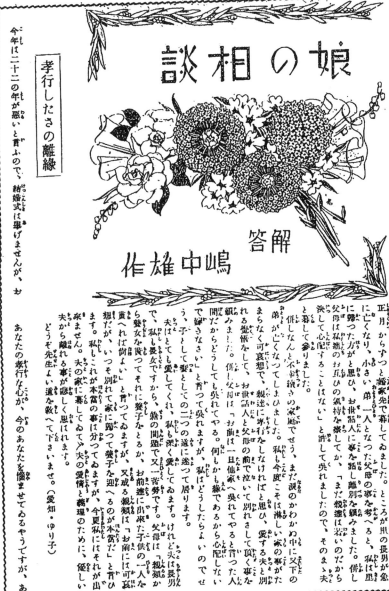

夫《をつと》はとても愛《あい》してくれ、私《わたし》も深《ふか》く愛《あい》してゐます。けれど夫《をつと》は長男《ちやうなん》で、私《わたし》も長女《ちやうぢよ》ですから、姓《せい》の問題《もんだい》で又一苦勞《またひとくらう》です。父母《ふぼ》は「親類《しんるゐ》から養女《やうぢよ》を貰《もら》つてそれに養子《やうし》をとるか、お前達《まへたち》に出來《でき》た子供《こども》の一人《ひとり》を貰《もら》へれば尚《なほ》よい」と言《い》つてゐますが、又或《またある》親類《しんるゐ》は「お前《まへ》には可哀想《かはいさう》だが、いつそ別《わか》れて家《うち》に歸《かへ》つて養子《やうし》を迎《むか》へるのが本當《ほんたう》だ」と言《い》ひます。私《わたし》もこれが本當《ほんたう》の事《こと》は分《わか》つてゐますが、今更私《いまさらわたし》にはそれが出來《でき》ません。夫《をつと》の家《いへ》に暮《くら》してゐて、夫《をつと》の愛情《あいじやう》と義理《ぎり》のために、優《やさ》しい夫《をつと》から離《はな》れる事《こと》が悲《かな》しく思《おも》はれます。どうぞ先生《せんせい》よい道《みち》を教《をし》へて下《くだ》さいませ。(愛知・ゆり子)

あなたの孝行《かうかう》な心《こゝろ》が、今《いま》のあなたを惱《なや》ませてゐるやうですが、あなたの親御《おやご》さん達《たち》は、あなたのその心持《こゝろもち》だけで已《すで》に滿足《まんぞく》しておいでになるでせう。今《いま》では一人娘《ひとりむすめ》となつたあなたが、里《さと》に殘《のこ》した賴《たよ》りない親御《おやご》のことを案《あん》じて、それほどにまで考《かんが》へられるのは、他人《たにん》が聞《き》いても嬉《うれ》しいことです。ですが、若《も》しまだあなたが結婚《けつこん》しないでゐたのでしたら、かういふ場合《ばあひ》實家に在《あ》つて、親《おや》に孝養《かうやう》を盡《つく》し、實家を守《まも》り立《た》てるのは至極當然《しごくたうぜん》ですが、已《すで》にあなたは結婚《けつこん》し、他家《たけ》の人《ひと》となつてゐるのですから、今更《いまさら》離緣《りえん》して實家に歸《かへ》るといふのはどうかと思《おも》ふ。それでは實家《じつか》のためをのみ考《かんが》へ過《す》ぎて、愛《あい》する良人《をつと》や、良人《をつと》の家《いへ》のことを考《かんが》へなさ過《す》ぎるといふことになります。日本《にっぽん》の家族制度《ぞくせいど》を喧《やかま》しく言《い》ふ人《ひと》の中《なか》には、さういつた考《かんが》へ方《かた》をする人《ひと》もありますが、私《わたし》はさうまでする必要《ひつえう》はないと思《おも》ふ。が、此問題《このもんだい》は理窟《りくつ》では解決《かいけつ》しないので、あなたの氣《き》の濟《す》むやうにしなければならぬと思《おも》ふが、親御《おやご》さんには、少《すこ》しの不自由《ふじいう》は忍《しの》んで貰《もら》つても、離《はな》れて孝養《かうやう》をつくし、あなた方夫婦《がたふうふ》の幸福《かうふく》な生活《せいくわつ》を作《つく》るのが一番良《いちばんよ》いと思《おも》ふ。すると此場合《このばあひ》、疑念《ぎねん》を挾《さしはさ》む人《ひと》は、親《おや》に不自由《ふじいう》をさせておいて、自分《じぶん》だけ幸福《かうふく》な生活《せいくわつ》を營《いとな》んで、それで子《こ》としての道《みち》に叛《そむ》きはしないかといふでせう。なるほど親《おや》はどうでも自分《じぶん》だけ幸福《かうふく》になればよいといふのでは、子《こ》としての道《みち》に反《はん》します。が、あなたのはさうではないので、あなたの生活《せいくわつ》はもう子《こ》としての生活《せいくわつ》だけではなく、今《いま》では嫁《か》した家《いへ》の子《こ》となり、子《こ》の生活《せいくわつ》から妻《つま》の生活《せいくわつ》へ、妻《つま》の生活《せいくわつ》からやがて母《はゝ》の生活《せいくわつ》へ入《はひ》らうとしてゐるのですから、さう簡單《かんたん》には考《かんが》へられないのです。そして、國家《こくか》、社會《しやくわい》の共同《きようどう》の生活《せいくわつ》といふものから考《かんが》へて、その生活《せいくわつ》は實《じつ》に大切《たいせつ》な、國家《こくか》、社會《しやくわい》に對《たい》する義務《ぎむ》でもあるのです。ましてあなたは良人《をつと》を愛《あい》しておいでになる。どうしたつてそんなことは出來《でき》る筈《はず》のものではないのです。

假《か》りに、無理《むり》にもさうしたとして、即《すなは》ちあなた達夫婦《たちふうふ》が不幸《ふかう》になることは家《いへ》の犧牲《ぎせい》と思《おも》つて諦《あきら》めるとして、あなたの實家《じつか》がそれで果《はた》して幸福《かうふく》になるでせうか。親御《おやご》さんがあなたの離婚《りこん》を許《ゆる》されないのは、誠《まこと》に尤《もつと》もな處置《しよち》で、親《おや》としては、どこの親《おや》でもさうあるべきが本當《ほんたう》だと思《おも》ひます。親《おや》としては、自分《じぶん》の幸不幸《かうふかう》よりも、子供《こども》の幸福《かうふく》を願《ねが》ふ心《こゝろ》の方《はう》が强《つよ》い。みす〳〵相愛《あひあい》する夫婦《ふうふ》の生活《せいくわつ》を犧牲《ぎせい》にさせてまで、自分達《じぶんたち》の幸福《かうふく》を望《のぞ》みはしない。あなたが無理《むり》に離婚《りこん》を決行《けつかう》して實家《じつか》にお歸《かへ》りになつたとしても、あなたの不幸《ふかう》を眼《ま》の當《あた》りに見《み》て御兩親《ごりやうしん》は決《けつ》して愉《たの》しまれはしないでせう。あなたは一軒《けん》の家《いへ》を護《まも》り立《た》てるために、自分《じぶん》は勿論《もちろん》、二軒《けん》の家《いへ》を不幸《ふかう》にすることになるでせう。あなた方夫婦《がたふうふ》の間《あひだ》に出來《でき》た子《こ》を實家《じつか》の相續人《さうぞくにん》として、あなた達《たち》夫婦《ふうふ》で一生懸命《しやうけんめい》御兩親《ごりやうしん》をお慰《なぐさ》めなさい。それが一番良《いちばんよ》い方法《はうはふ》だと私《わたし》は思《おも》ひます。

同情から思慕へ

某所《ばうしよ》に勤《つと》める二十歳《さい》の女《をんな》です。今年《ことし》の二月《ぐわつ》に就任《しうにん》したA《エイ》は、今事《こんじ》變《へん》に於《お》て名譽《めいよ》の負傷《ふしやう》を受《う》け、左手《ひだりて》を根元《ねもと》より切斷《せつだん》された傷痍軍人《しやうゐぐんじん》です。昨年《さくねん》或《あ》る傷痍軍人《しやうゐぐんじん》の方《かた》と緣談《えんだん》がありましたが、まだ年《とし》が若《わか》いといふ理由《りいう》でそのまゝになつてしまひました。それ以來《いらい》五體《たい》の滿足《まんぞく》な方《かた》より不自由《ふじいう》な身體《からだ》で職《しよく》に就《つ》いてゐる勇士《ゆうし》の御面倒《ごめんだう》を見《み》て差上《さしあ》げたいと考《かんが》へて居《を》りましたので、私《わたし》はＡ《エイ》の痛々《いた〳〵》しい姿《すがた》に同情《どうじやう》し、自分《じぶん》の身《み》は犠牲《ぎせい》にしても彼《かれ》と生涯《しやうがい》を共《とも》にしてお世話《せわ》して上《あ》げたい、實現《じつげん》出來《き》れば却《かへ》つて生甲斐《いきがひ》のある一生《しやう》ではないかと思《おも》はれ、私《わたし》はこの氣持《きもち》を手紙《てがみ》にてＡ《エイ》に打明《うちあ》け返事《へんじ》を待《ま》ちました。Ａ《エイ》との交際《かうさい》は、友達《ともだち》と二三度《ど》お家《うち》の方《はう》へ遊《あそ》びに行《い》つた事《こと》があります。

待《ま》つてゐたＡ《エイ》からの返事《へんじ》の大要《たいえう》は、自分《じぶん》は色々《いろ〳〵》の難事《なんじ》にぶつかり、結婚《けつこん》はすつかり諦《あきら》めて居《ゐ》る、また貴女《あなた》が勝手《かつて》に相手《あひて》を定《き》めなくても兩親《りやうしん》が充分考《じうぶんかんが》へてゐられる筈《はず》、今度《こんど》の事《こと》も餘《あま》り不用意《ふようい》に過《す》ぎはしないか、自分《じぶん》の言動《げんどう》が貴女《あなた》にそれ程《ほど》まで固《かた》い決心《けつしん》をさせた事《こと》をお詫《わ》びするが、此《こ》の問題《もんだい》は今後《こんご》お互《たがひ》の爲《ため》に忘《わす》れませう、と書《か》いてあつた。若《も》しもと思《おも》つて居《ゐ》た返事《へんじ》を手《て》にして、自分《じぶん》でも驚《おどろ》く程《ほど》の悲《かな》しみに突《つ》きおとされ、日々《にち〳〵》の食事《しよくじ》も喉《のど》へ通《とほ》らない程《ほど》でした。そしてＡ《エイ》を同情《どうじやう》などより熱愛《ねつあい》して居《ゐ》た事《こと》を強《つよ》く〳〵感《かん》じました。そこで私《わたし》は再《ふたゝ》び手紙《てがみ》を彼《かれ》に渡《わた》しました。

折返《をりかへ》してのＡ《エイ》の返事《へんじ》には、ひどいやうだが貴女《あなた》と結婚《けつこん》する意志《いし》は全然《ぜんぜん》ない、と記《しる》してありました。何故不自由《なぜふじいう》な身體《からだ》で結婚《けつこん》する意志《いし》がないのか知《し》ら？　私《わたし》を嫌《きら》つて居《ゐ》るのか知《し》ら？　眞心《まごゝろ》を以《も》つて接《せつ》すれば必《かなら》ず相手《あひて》に通《つう》じると思《おも》つて居《ゐ》た單純《たんじゆん》な氣持《きもち》は、見事《みごと》裏切《うらぎ》られてしまひました。私《わたし》は彼《かれ》の心底《しんてい》を察《さつ》する事《こと》が出來《でき》ません。

何故《なぜ》もつと愼重《しんちよう》に時期《じき》を待《ま》たなかつたかと後悔《こうくわい》して居《ゐ》ます。普通《ふつう》でしたらこちらから結婚《けつこん》の問題《もんだい》など觸《ふ》れはしません。相手《あひて》が傷痍軍《しやうゐぐん》人《じん》だつたからこそです。私《わたし》の遣《や》り方《かた》は非難《ひなん》されるべきでせうか。

二ケ月《げつ》たつた此《こ》の頃《ごろ》でも彼《かれ》の事《こと》が諦《あきら》められず氣《き》が變《へん》になりさうです。一《ひと》つ所《ところ》に勤《つと》めて居《を》り顔《かほ》を合《あは》すのも辛《つら》い、然《しか》しまた姿《すがた》を見《み》ないと仕事《しごと》が手《て》につかない有様《ありさま》です。彼《かれ》は私《わたし》に話《はな》し掛《か》けたり冗談《じようだん》を言《い》つたりします。

此《こ》のまゝですと絶對《ぜつたい》彼《かれ》とは一緒《しよ》になれないと知《し》りつゝ他所《よそ》へ嫁《とつ》ぐ氣《き》にはなれません。こんな氣持《きもち》をどう轉換《てんくわん》させたらよろしいのでせう。何卒《なにとぞ》お導《みちび》き下《くだ》さいませ。（横濱・野田光子）

あなたは輕卒《けいそつ》でした。國家《こくか》の犠牲《ぎせい》となつた傷痍軍人《しやうゐぐんじん》を愛《あい》する氣持《きもち》は結構《けつこう》だが、直《す》ぐそれを結婚《けつこん》と結付《むすびつ》けることは禁物《きんもつ》です。あなたは相手《あひて》が不具者《ふぐしや》だから、此方《こちら》さへ彼《かれ》を愛《あい》し、結婚《けつこん》を申込《まをしこ》んだなら、否應《いやおう》なしに、或《あるひ》は喜《よろこ》んでそれを受《う》けるものゝやうに考《かんが》へられたのが間違《まちが》ひです。先方《せんぱう》の言《い》ひ分《ぶん》は全部正《ぜんぶただ》しい。あなたを嫌《きら》つてゐるとか嫌《きら》つてゐないといふことは此際問《このさいとひ》はずとして、あなたの方《はう》にもあなたの意志《いし》だけでは直《す》ぐに解決《かいけつ》できない事情《じじやう》（それをあなたは無視《むし》しておいでになるが）があるやうに、先方《せんぱう》にもいろ〳〵の事情《じじやう》や希望《きばう》や考《かんが》へがあるでせうから、單《たん》に同情《どうじやう》されたからといふだけで、オイソレと結婚《けつこん》は出來《でき》ますまい。

又《また》そんな、お互《たがひ》に不用意《ふようい》な結婚《けつこん》では將來《しやうらい》が案《あん》ぜられる。結婚《けつこん》の意志《いし》が全然無《ぜんぜんな》いど、はつきり言《い》つてくれたのはまだしもあなたにとつては仕合《しあは》せなので、立派《りつぱ》に思切《おもひき》ることです。憐憫《れんびん》から思慕《しぼ》となり、その思慕《しぼ》の心《こゝろ》が達《たつ》せられないと、尚更辛《なほさらつら》いのは誰《たれ》しものことですが、それも一時的《じてき》のことでやがては忘《わす》れる時《とき》が來《き》ませう。そんな輕卒《けいそつ》な態度《たいど》ではいけない。今度《こんど》のことは好《よ》い戒《いまし》めだと思《おも》つて斷然《だんぜん》思切《おもひき》り、新《あた》らしく出直《でなほ》さなければいけません。そして、それは何《なん》でもないことです。

許婚者のある男

女學校《ぢよがくかう》二年《ねん》で中途《ちうと》退學《たいがく》し、看護婦《かんごふ》學校《がくかう》に學《まな》んで、卒業後《そつげふご》病院《びやうゐん》勤務《きんむ》を續《つゞ》けて參《まゐ》りました。二十二歳《さい》の春《はる》、或《あ》る機會《きくわい》から、T《テイ》と知合《しりあひ》になり、二年餘《ねんあま》り交際《かうさい》を續《つゞ》けて來《き》ましたところ、昨年《さくねん》十二月《ぐわつ》T《テイ》は海軍士官《かいぐんしくわん》として出動《しゆつどう》を命《めい》ぜられました。出發《しゆつぱつ》に際《さい》し、凱旋後《がいせんご》は屹度《きつと》結婚《けつこん》するといふ固《かた》い約束《やくそく》のもとに許《ゆる》して仕舞《しま》ひました。T《テイ》は今年《ことし》二十八歳《さい》になり、次男《じなん》です。戰地《せんち》から度々《たびたび》兩親《りやうしん》に對《たい》し私《わたし》との事柄《ことがら》を全部《ぜんぶ》打明《うちあ》けて結婚《けつこん》の許《ゆる》しを乞《こ》ひましたが、T《テイ》には兩親《りやうしん》の定《さだ》めた從妹《いとこ》に當《あた》る許嫁《いひなづけ》の方《かた》がありますので、絶對《ぜつたい》に許《ゆる》して呉《く》れず、四五日前《にちまへ》私達《わたしたち》の關係《くわんけい》を無視《むし》して結納《ゆひなふ》を交《かは》して仕舞《しま》ひました。

T《テイ》は私《わたし》との結婚《けつこん》を眞劍《しんけん》に考《かんが》へ、兩親《りやうしん》の反對《はんたい》を押切《おしき》つても決行《けつかう》する覺悟《かくご》だからと、何時《いつ》も優《やさ》しい手紙《てがみ》を呉《く》れます。然《しか》し最近《さいきん》T《テイ》の兩親《りやうしん》から私《わたし》の許《もと》に、T《テイ》との結婚《けつこん》は諦《あきら》めて頂《いたゞ》きたい、萬《まん》一許嫁《いひなづけ》との結婚《けつこん》が破談《はだん》になるやうな事《こと》があれば義理《ぎり》が立《た》たず、田舎《ゐなか》で暮《くら》す事《こと》も出來《でき》なくなる、家《いへ》を救《すく》ふと思《おも》つて別《わか》れて頂《いたゞ》きたい、それがT《テイ》の幸福《かうふく》となり、貴女《あなた》の道《みち》だ、といふ情《なさけ》ない手紙《てがみ》を頂《いたゞ》きました。

T《テイ》も隨分《ずゐぶん》苦《くる》しんでゐる樣子《やうす》です。私《わたし》もT《テイ》を諦《あきら》める事《こと》が出來《でき》兼《か》ね、毎日《まいにち》自分《じぶん》の進《すゝ》むべき道《みち》を考《かんが》へましたが、益々《ますます》分《わか》らなくなつて仕舞《しま》ひました。結局《けつきよく》、T《テイ》の成功《せいこう》を祈《いの》り、周圍《しうゐ》の事情《じじやう》から身《み》を引《ひ》くべきでせうか。又《また》何處《どこ》までも戰《たゝか》つて結婚《けつこん》する事《こと》は法律上《はふりつじやう》許《ゆる》されないものでせうか。お恥《はづか》しい事柄《ことがら》ですけれど、先生《せんせい》の御教示《ごけうじ》を仰《あふ》ぐ次第《しだい》で御座《ござ》い

ます。（大阪・美沙子）

あなたはＴ《ティ》のことを潔《いさぎよ》く諦《あきら》めておしまひになつた方《はう》がよいでせう。さういふ事情《じじやう》では、無理《むり》にあなたと結婚《けつこん》なさつたとしても、末《すゑ》始終《しじう》圓滿《ゑんまん》に行くかどうかも疑問《ぎもん》ですし、兩親《りやうしん》の反對《はんたい》を押切《おしき》つてまで結婚《けつこん》へ運《はこ》ぶことも非常《ひじやう》に困難《こんなん》なことと思《おも》ひます。法律《はふりつ》に訴《うつた》へて云々《うんぬん》のお言葉《ことば》もありますが、法律《はふりつ》に訴《うつた》へるべき何《なん》の權利《けんり》もあなたにはありません。要《えう》するにあなたの不明《ふめい》と不謹愼《ふきんしん》とがかういふ結果《けつくわ》に導《みちび》いたのですから、何《なに》も彼《か》もあなたが諦《あきら》めてしまふのが賢明《けんめい》でせう。いつも言《い》ふやうに、女《をんな》が猥《みだ》りに許《ゆる》すべからざる理由《りゆう》はこゝにあるのです。Ｔ《ティ》の氣持《きもち》はこの手紙《てがみ》だけでは判《わか》りませんが、兩親《りやうしん》の定《さだ》めた許婚《いひなづけ》者《け》があるのなら結局《けつきよく》その方《はう》へ行《ゆ》くことになるでせう。若《も》しどうしてもその方《はう》が厭《いや》で、あなたと結婚《けつこん》したいのがＴ《ティ》の希望《きばう》であるなら、あなたとさういふ關係《くわんけい》になるまでに、片《かた》一方《ぱう》を清算《せいさん》してその上《うへ》であなたに結婚《けつこん》を申込《まをしこ》むのが至當《したう》です。そこで初《はじ》めてあなたは諾否《だくひ》を決定《けつてい》すべきであつたので、あなたが少《すこ》し輕卒《けいそつ》すぎたのです。これはあなたばかりではなく、まゝ陷《おちい》り易《やす》い過失《あやまち》ですが、貞操《ていさう》の大切《たいせつ》な所以《ゆゑん》はそこにあるので、決《けつ》して輕卒《けいそつ》に扱《あつか》つてはならないのです。何《なん》にも言《い》はずに身《み》を退《ひ》いておしまひなさい。

過失の償ひ

私《わたし》は二十三歳《さい》の女《をんな》でございますが、二十歳《さい》の時《とき》妻子《さいし》の有《あ》る四十二歳《さい》の醫者《いしや》に愛《あい》を求《もと》められ、私《わたし》も惡《わる》いと思《おも》ひながら心《こゝろ》から彼《かれ》を愛《あい》するやうになりました。然《しか》し末《すゑ》を考《かんが》へると恐《おそろ》しくなり、容易《ようい》に離《はな》さうとしない彼《かれ》から心《こゝろ》を鬼《おに》にして逃《に》げて來《き》ましたものゝ、どうしても忘《わす》れることが出來《でき》ませんので、遠《とほ》く離《はな》れゝば心《こゝろ》の痛《いた》みも少《すこ》しは薄《うす》れることゝ思《おも》ひまして渡滿《とまん》致《いた》し、今《いま》は遠緣《とほえん》に當《あた》る病院《びやういん》にて働《はたら》いて居《ゐ》るのでございます。

此《こ》の頃《ごろ》近親《きんしん》の者達《ものたち》が結婚《けつこん》を進《すゝ》めてくれますが、私《わたし》は過去《くわこ》を僞《いつは》り結《けつ》婚《こん》など恐《おそろ》しくてどうしても出來《でき》さうもございません。過去《くわこ》の事《こと》は自《じ》分一人《ぶんひとり》の胸《むね》に祕《ひ》めて居《を》りますので誰《だれ》も知《し》りませんが、結婚《けつこん》すれば皆《みな》分《わか》るものでございませうか。

先生《せんせい》、この愚《おろ》かな女《をんな》をお導《みちび》き下《くだ》さいませ。（大連・早苗）

そんなこと解《わか》りつこありませんから、心配《しんぱい》しないで新《あた》らしい結婚《けつこん》にお入《はい》りなさい。――とかう言《い》つてしまへば、正直《しやうぢき》なあなたに不正《ふせい》を敎《をし》へることになるでせう。また何《なに》も知《し》らぬ少女《せうぢよ》はさういふものかと思《おも》つて、あなたのやうな過失《くわしつ》を平氣《へいき》でやられるやうになつては困《こま》るから、さうは私《わたし》からも言《い》へない。けれどもあなたには私《わたし》はさういふ風《ふう》にお勸《すゝ》めしたい。なぜならば、あなたは過失《あやまち》を過失《あやまち》として、そこから起上《おきあが》らうとして隨分努力《ずゐぶんどりよく》なさつた。多《おほ》くの場合《ばあひ》は、一旦《たん》さういふ過失《くわしつ》に陷《おち》ると、ずる〳〵に引《ひ》きずられて益々《ます〳〵》深味《ふかみ》へ落《お》ちて行《ゆ》くもので、そこに女《をんな》の弱《よわ》さと悲《かな》しさがあるのですが、あなたはそこから思切《おもひき》つて脱出《ぬけだ》し、それでもなほ心殘《こゝろのこ》りがあつてはならないと遠《とほ》く滿《まん》洲《しう》まで渡《わた》つて、過去《くわこ》の惡縁《あくえん》を振《ふ》り切《き》らうと奮鬪《ふんとう》なさつた。この態度《たいど》は實《じつ》に見上《みあ》げたものです。それだけでもあなたの過去《くわこ》の過失《くわしつ》は、全《ぜん》部《ぶ》といつてよい程償《ほどつぐな》はれてゐます。それを打明《うちあ》けたとしても、理解《りかい》のある男《をとこ》ならば、その後《ご》のあなたの行爲《かうゐ》によつて過去《くわこ》は許《ゆる》してくれるでせう。だが、男《をとこ》といふものはその點《てん》に變《へん》な執着《しふちやく》を持つてゐるものですから、なまじ寢《ね》てゐる兒《こ》を起《おこ》すやうなことをしないで、あなた自身《じしん》綺麗《きれい》に過去《くわこ》を忘《わす》れて新《あた》らしい結婚生活《けつこんせいくわつ》にお入《はい》りなさい。償《つぐな》ひは、今後《こんご》のあなたの心懸《こゝろが》けによつていか樣《やう》にも出來《でき》るではありませんか。

取越し苦勞の例（三つ）

☆今年《ことし》二十二歳《さい》になる娘《むすめ》でございますが、この十一月《ぐわつ》に結婚《けつこん》致《いた》しますに就《つ》いて御相談申上《ごさうだんまをしあ》げたいことがございます。私《わたし》は十の年《とし》に父《ちゝ》を失《うしな》ひ母《はゝ》に育《そだ》てられて參《まゐ》りましたが、十三の年母《としはゝ》が妹《いもうと》を連《つ》れて外出《ぐわいしゆつ》して居《を》りました留守《るす》に、いつもよく家《いへ》に來《き》て私達《わたしたち》を可愛《かはい》がつて呉《く》れた人《ひと》が參《まゐ》り、母《はゝ》の歸《かへ》るまで待《ま》つて私《わたし》と遊《あそ》んでゐた事《こと》があります。今《いま》になつて考《かんが》へて見《み》ますと、はつきりとは分《わか》らないのですが、羞《はづ》かしい目《め》にあつたやうに思《おも》はれてならないのです。と云《い》つて、お醫者樣《いしやさま》に見《み》て頂《いただ》くのも恥《はづ》かしく、どうしたらよいか一人《ひとり》胸《むね》を痛《いた》めて居《を》ります。若《も》し結婚《けつこん》してすぐ分《わか》るものなら、許婚者に打明《うちあ》ければと思《おも》ひますが、如何《いかゞ》なものでせうか、お尋《たづ》ね申上《まをしあ》げます。（廣島・良子）

☆私《わたし》が九歳の時《とき》の事《こと》でした。母《はゝ》と私《わたし》と淋《さび》しく暮《くら》してゐましたが、東《とう》京《きやう》の學校《がくかう》に寄宿《きしゆく》して居《ゐ》た兄《あに》が急病《きふびやう》で、母《はゝ》は私《わたし》を隣《となり》のS家《エスけ》に預《あづ》けて上《じやう》京致《きやういた》しました。母《はゝ》と二人《ふたり》の淋《さび》しい生活《せいくわつ》から、S家《エスけ》の賑《にぎ》かな雰圍氣《ふんゐき》に包《つゝ》まれた私《わたし》は、嬉《うれ》しくてわけもなく飛廻《とびまは》つてゐましたが、思《おも》へば：：、九年後《ねんご》、貞操《ていさう》が女《をんな》の命《いのち》とわかつた時《とき》の私《わたし》の悲《かな》しみ、怒《いか》り、自殺《じさつ》も何回《なんくわい》か考《かんが》へましたが、結局《けつきよく》一生獨身《しやうどくしん》で暮《くら》すつもりで上京《じやうきやう》、産婆《さんば》の資格《しかく》と活花《いけばな》の師範免許《しはんめんきよ》とを貰《もら》ひました。

今《いま》まで縁談《えんだん》は澤山《たくさん》ありました。私《わたし》を愛《あい》して下《くだ》さつた方《かた》、私《わたし》も心《こゝろ》から好《す》きな方《かた》もありましたが、身《み》に秘密《ひみつ》のある私《わたし》は、眼《め》をつむつてお斷《ことわ》りして來《き》ました。結婚前《けつこんまへ》の秘密《ひみつ》を相手《あひて》の方《かた》に話《はな》す位《くらゐ》なら絶對《ぜつたい》に結《けつ》婚《こん》したくないと思《おも》ひます。でも今《いま》の私《わたし》は友達《ともだち》の幸福《かうふく》な姿《すがた》を見《み》て、私《わたし》もよき妻《つま》に、そしてよりよき母《はゝ》になりたいと望《のぞ》んで居《を》ります。先生《せんせい》、併《しか》し私《わたし》にはもうその資格《しかく》がないのでせうか。（東京・ヒデ子）

☆先生《せんせい》、長《なが》い間《あひだ》一人心《ひとりこゝろ》に悩《なや》みを持《も》つてゐる者《もの》です。信頼《しんらい》する先生《せんせい》に聞《き》いて頂《いただ》きたく筆《ふで》をとりました。

私《わたし》は六歳《さい》の幼時《えうじ》に不幸《ふかう》にも純潔《じゆんけつ》を失《うしな》つたやうに思《おも》ふのです。世間《せけん》の皆樣《みなさま》から良《よ》い人《ひと》、正《たゞ》しい人《ひと》と仰言《おつしや》つて頂《いただ》きますにつけ、立派《りつぱ》な人《ひと》として修養《しうやう》して行《ゆ》かうと思《おも》ひながら、心《こゝろ》の片隅《かたすみ》に汚點《しみ》のやうに一點《てん》「やましさ」を感《かん》じずには居《ゐ》られません。人《ひと》に迷惑《めいわく》を掛《か》けぬ以上《いじやう》、餘計《よけい》な事《こと》まで話《はな》して自分《じぶん》を無駄《むだ》に傷《きず》つける事《こと》は却《かへ》つて本當《ほんたう》の道《みち》ではない、全然忘《ぜんぜんわす》れ切《き》つて了《しま》ふ事《こと》こそ正《たゞ》しい道《みち》だと、幾度《いくど》心《こゝろ》に思《おも》ひ直《なほ》しましても、どうしても暗《くら》い影《かげ》を拭《ぬぐ》ひ去《さ》る事《こと》が出來《でき》ません。多年《たねん》の心《こゝろ》の動搖《どうえう》から病氣《びやうき》までして居《ゐ》る自分《じぶん》はいつそ死《し》んで了《しま》つたらと考《かんが》へるのですが、思《おも》ひ直《なほ》して御力《おちから》にお縋《すが》り致《いた》します。（神戸・榮津子）

そんな馬鹿《ばか》なことはありません。それはあなた方《がた》の氣《き》の迷《まよ》ひです。あなた方《がた》は何《なに》も知《し》らないから、そんな馬鹿《ばか》々々しいことに氣《き》を遣《つか》つてゐるのです。六歳《さい》は勿論《もちろん》、九つや十三でそんな事《こと》が生理的《せいりてき》にあり得《え》よう筈《はず》がない。それは兒戲《じぎ》といふものです。また、たとひ、それがどう間違《まちが》つたとしても、あなた方《がた》の知《し》つたことではない。意志《いし》のない行爲《かうゐ》といふものは、善惡《ぜんあく》の對象《たいしやう》にはならない。あなた方《がた》には何《なん》の責任《せきにん》もない。大手《おほて》を振《ふ》つてお歩《ある》きなさい。自分《じぶん》で自分《じぶん》を卑下《ひげ》してはいけません。私《わたし》が保證《ほしやう》します。嘘《うそ》だと思《おも》ふなら、專門醫《せんもんい》に診《み》て貰《もら》つてご覽《らん》なさい。無用《むよう》な心配《しんぱい》をしたものだといふことがわかるでせうから。

×

『娘の相談』質問規定　☆應募者は女性に限ります　☆質問は詳細に要領よく御明記下さい　☆宛名は東京丸ビル・中央公論社婦人公論『娘の相談』部　☆誌上匿名は宜しきも、住所氏名明記のこと　☆面會は一切謝絶、誌上以外の回答は特殊のもの以外原則として致しません。

婦人身の上相談

銃後《じうご》の母《はゝ》と慕《した》はるゝ 山田《やまだ》わか先生《せんせい》の身《み》の上相談《うへさうだん》

△直接《ちよくせつ》の御相談《ごさうだん》は毎週《まいしう》月曜日《げつえうび》午前《ごぜん》九時《じ》より
△地方《ちはう》の愛讀者諸姉《あいどくしやしよし》へは誌上《しじやう》及《およ》び信書《しんしよ》にて回答《くわいたふ》
△男子《だんし》の方《かた》の御相談《ごさうだん》も喜《よろこ》んでお受《う》けします

(問)

妾生活《めかけせいくわつ》を清算《せいさん》したいが 子供《こども》をどうすればよいか

五年前《ねんまへ》に父《ちゝ》が亡《な》くなりましてから私《わたし》は女給《ぢよきふ》となり、母《はゝ》と二人《ふたり》で暮《くら》してをりましたが、昨年《さくねん》の一月《ぐわつ》より、五十歳近《さいちか》い方《かた》の二號《がう》としてお世話《せわ》になり、十二月《ぐわつ》には女兒《ぢよじ》を分娩《ぶんべん》いたしました。

十九歳《さい》の若《わか》い身空《みそら》で妾生活《めかけせいくわつ》をするなど、人様《ひとさま》へは顔向《かほむ》けのならぬほど恥《はづか》しく〳〵、またお話《はなし》にならない淋《さび》しさを味《あぢは》ひました。そして何《なん》といふ罪深《つみぶか》いことだらうと氣《き》づいたときには、もうのつ引《び》きならぬ身重《みおも》の體《からだ》になつてをりました。それでも、子供《こども》さへ生《う》み落《おと》したら主人《しゆじん》の方《はう》へ引取《ひきと》つて貰《もら》ひ、自分《じぶん》は何《なに》か光明《くわうみやう》のある將來《しやうらい》へ踏《ふ》み出《だ》さうと考《かんが》へてゐたのですが、生《うま》れた子供《こども》は可愛《かはい》くて〳〵、どう考《かんが》へ直《なほ》してみても、手放《てばな》すことができません。

本妻《ほんさい》には子供《こども》が一人《ひとり》もなく、いきほひ私《わたし》の生《う》んだ子《こ》が大切《たいせつ》な一粒種《ひとつぶだね》といふことになつてしまひました。

最初二人《さいしよふたり》は、年《とし》の違《ちが》ひも考《かんが》へずお互《たが》ひに好《す》きになつて、今《いま》でもその氣持《きもち》に變《かは》りはないのでございますが、月日《つきひ》が經《た》つにつれて、『若《わか》い身空《みそら》でこのまゝの生活《せいくわつ》は可哀《かはい》さうだ。子供《こども》は自分《じぶん》が引取《ひきと》つて幸福《かうふく》にしてやるから心配《しんぱい》はいらない。子供《こども》のことさへ忘《わす》れてしまへば、お前《まへ》はきつと明《あか》るい幸福《かうふく》な道《みち》に出《で》られる。』と主人《しゆじん》は申《まを》しますが、しかし、生《うま》れてから早《は》や十ケ月《げつ》になり、私《わたし》がお手洗《てうづ》へ行《ゆ》く間《ま》も離《はな》るまいとする子《こ》を、今更《いまさら》どうして手放《てばな》すことができませう。

本妻《ほんさい》の方《はう》では、ずつと煩悶《はんもん》してをられたやうでしたが、子供《こども》が生《うま》れた以上《いじやう》致《いた》し方《かた》がないから、目《め》をつむつて辛抱《しんばう》しようと、いつぞや電話《でんわ》を通《つう》じておつしやつておいででした。

主人《しゆじん》も親《おや》なら私《わたし》も親《おや》ですから、このまゝの生活《せいくわつ》に私《わたし》が甘《あま》んじてさへをれば、子供《こども》は却《かへ》つて幸福《かうふく》かも知《し》れません。けれどもそれはなりません。

現在《げんざい》は母《はゝ》と一緒《しよ》に酒場《さかば》を經營《けいえい》してをりますが、この方《はう》の收入《しうにふ》で子供《こども》を育《そだ》てゝゆくには事缺《ことか》きませんから、子供《こども》は私《わたし》が頂戴《ちやうだい》して主人《しゆじん》とはきつぱり別《わか》れ、奧樣《おくさま》へ罪《つみ》のつぐのひをいたさうと決心《けつしん》してをります。

それで、御相談申上《ごさうだんまをしあ》げたいのは、何年《なんねん》かの後《のち》、または近々《ちか〴〵》のうちに、もし私《わたし》のやうな者《もの》とでも結婚《けつこん》してくださる方《かた》があるとしたら、子供《こども》はどう處置《しよち》したものでございませうか。子供《こども》の入籍《にふせき》は、まだいたしてありません。

何卒《なにとぞ》、堅《かた》い決心《けつしん》のつきますやう、私《わたし》の進《すゝ》むべき道《みち》をお敎《をし》へ願《ねが》ひたうございます。(T子)

盲目的《まうもくてき》な愛《あい》は子供《こども》の不幸《ふかう》
大《おほ》きな母《はゝ》の心《こゝろ》に生《い》きよ

（答）御主人《ごしゆじん》ときつぱり別《わか》れて、奥様《おくさま》への罪《つみ》のつぐのひをしようといふ健氣《けなげ》な決心《けつしん》がついたあなたですから、もう一奮發《ひとふんぱつ》して子供《こども》を先方《せんぱう》の手《て》に渡《わた》し、立派《りつぱ》な嫡出子《ちやくしゆつし》、相續人《さうぞくにん》としてお貰《もら》ひなさいませ。奥様《おくさま》もあなたの義氣《ぎき》に感《かん》じ、あなたへの感謝《かんしや》の心《こゝろ》を子供《こども》の上《うへ》に寄《よ》せて、どんなにか可愛《かはい》がつてくださることでせう。子供《こども》はきつと幸福《かうふく》になります。

（山田わか先生）

×

『お前《まへ》が子供《こども》のことを忘《わす》れさへすればきつと幸福《かうふく》な道《みち》に出《で》られる。』との御主人《ごしゆじん》の言葉《ことば》ですが、しかし、忘《わす》れようとすることは捨《す》てようとすることで、それは到底《たうてい》耐へられることではありません。

ですから、子供《こども》さんのことを一生懸命《しやうけんめい》お思《おも》ひになるがよいです。思《おも》つて／＼思《おも》ひぬけば、結局《けつきよく》は、子供《こども》の幸福《かうふく》といふところに行《ゆ》きつきます。子供《こども》の幸福《かうふく》といふところに思《おも》ひ到《いた》れば、自分《じぶん》の感情《かんじやう》のために、みす／＼不幸《ふかう》になるやうな地《ち》位《ゐ》に、子供《こども》を留《と》めてはおけない筈《はず》です。

もと／＼御主人《ごしゆじん》とあなたとの關《くわん》係《けい》は、誤《あやま》つて出發《しゆつぱつ》してをります。その誤《あやま》りを誤《あやま》りとして處斷《しよだん》しないで、このまゝあなたが子供《こども》を抱《かゝ》へてゐたのでは、子供《こども》はてゝ無《な》し兒《ご》でゐなければならず、且《か》つまた、今後《こんご》あなたが結婚《けつこん》するやうな場合《ばあひ》には、どうしても邪魔者《じやまもの》にされなければなりません。何《なん》にも知《し》らない、何《なん》の罪《つみ》もない子供《こども》が邪魔者扱《じやまものあつか》ひにされたり、果《は》てはてゝ無《な》し兒《ご》として世《よ》をはゞかるやうになつたのでは、何《なん》としても不憫《ふびん》ではありませんか。

それは斷《だん》じて子供《こども》を愛《あい》する所以《ゆゑん》ではありません。さういふのを稱《しよう》して、盲目的《まうもくてき》の愛《あい》、動物的《どうぶつてき》の愛《あい》といふのです。さうしてそんな愛《あい》は子供《こども》にとつて迷惑《めいわく》千萬《はん》なものなのです。

×

『幼兒《えうじ》は母《はゝ》の膝《ひざ》を必要《ひつえう》とする。母《はゝ》子《こ》は不可分《ふかぶん》。』といふのが、私《わたし》の日《ひ》頃《ごろ》の主張《しゆちやう》ではありますが、しかしそれは、子供《こども》が母《はゝ》の膝《ひざ》の上《うへ》にゐるのが最上《さいじやう》の幸福《かうふく》である場合《ばあひ》に於《おい》てです。

あなたの場合《ばあひ》は事情《じじやう》が違《ちが》ふのですから、この際思《さいおも》ひ切《き》つて、その手放《てばな》せないとおつしやる、子供《こども》にとつては非常《ひじやう》に迷惑《めいわく》な盲目的《まうもくてき》な愛《あい》情《じやう》を捨《す》て、何《なに》よりも子供《こども》の將來《しやうらい》のために、神聖《しんせい》にして大《おほ》きな母心《はゝごゝろ》に生《い》きるといふことが第《だい》一だと思《おも》ひます。

それには子供《こども》をその父《ちゝ》と共《とも》に奥《おく》様《さま》の手《て》に委《ゆだ》ねてしまふことです。そして、あなたは全然新《ぜんぜんあたら》しい氣持《きもち》でスタートを切《き》り直《なほ》し、混《まじ》り氣《け》のない健實《けんじつ》な家庭生活《かていせいくわつ》を建設《けんせつ》するといふ方向《はうかう》に進《すゝ》まれるのが、最《もつと》も賢《けん》明《めい》です。

娘の相談

生みの母か育ての母か

解答 嶋中雄作

先生《せんせい》、私《わたし》はつい先日《せんじつ》まで、自分《じぶん》の母《はゝ》が繼母《けいぼ》であり、弟《おとうと》や妹《いもうと》が異《い》母弟妹《ぼていまい》である事《こと》を、少《すこ》しも知《し》りませんでした。それ程《ほど》私《わたし》の母《はゝ》は優《やさ》しい朗《ほがら》かな立派《りつぱ》な母《はゝ》なのです。私《わたし》の生母《せいぼ》といふ人《ひと》は、十八年前《ねんぜん》姑《しうとめ》と實《じつ》家《か》の母《はゝ》との爭《あらそ》ひから、父《ちゝ》と私《わたし》を殘《のこ》して實家《じつか》に歸《かへ》つて了《しま》つたのでした。

今年《ことし》の春《はる》の事《こと》でした。私《わたし》が東京《とうきやう》へ修學旅行《しうがくりよかう》に參《まゐ》りました時《とき》、品《ひん》のよい見知《みし》らぬ婦人《ふじん》が訪れて來《こ》られ、立派《りつぱ》なデコレーション・ケーキや靴下《くつした》や文房具《ぶんばうぐ》やハンド・バッグ等《など》下《くだ》さいました。私《わたし》は見知《みし》らぬ方《かた》でしたが父《ちゝ》の知人《ちじん》といふその方《かた》に厚《あつ》く御禮《おれい》を申《まを》し、名前《なまへ》もお聞《き》きして、歸《かへ》つた日《ひ》に父母《ふぼ》に話《はな》しました。その夜半《やはん》の事《こと》でございます、隣《りん》室《しつ》の父母《ふぼ》の話《はなし》からその人《ひと》が私《わたし》の生母《せいぼ》である事《こと》を始《はじ》めて知《し》りました。その時《とき》の驚《おどろ》きと共《とも》に初《はじ》めて氣《き》がついたのは繼母《けいぼ》の深《ふか》い〳〵愛情《あいじやう》でした。今日《けふ》まで育《そだ》てゝ下《くだ》さつた母《はゝ》の恩《おん》に報《むく》いるのはこの時《とき》と、私《わたし》は努《つと》めて朗《ほがら》かにしてをりますので、父母《ふぼ》は私《わたし》の氣附いた事《こと》を知《し》らないのです。ところが九月《ぐわつ》の始《はじ》め郷里《きやうり》に不幸《ふかう》がありまして父母《ふぼ》が歸郷中《ききやうちう》、中年《ちうねん》の婦人《ふじん》が訪れて來《こ》られ、いろ〳〵と話《はな》す所《ところ》によりますと、私《わたし》の生母《せいぼ》は實家《じつか》に歸《かへ》つたものゝ私《わたし》の事《こと》を忘《わす》れた日《ひ》とてなく、やがては私《わたし》を手元《てもと》に呼寄《よびよ》せる事《こと》を唯一《ゆゐいつ》の希望《きばう》として、四十歳《さい》の今日《こんにち》まで祖母《そぼ》と二人《ふたり》お茶《ちや》の先生《せんせい》をして日《ひ》を送《おく》つて來《き》たといふのです。そして、私《わたし》さへ養女《やうぢよ》になる心《こゝろ》があれば、父《ちゝ》には何《なん》とでもお詫《わ》びして、私《わたし》の幸福《かうふく》の爲《ため》生母《せいぼ》はすべての愛情《あいじやう》を捧《さゝ》げるといふのです。私《わたし》はあの品《ひん》のよい東《とう》京《きやう》で會《あ》つた生母《せいぼ》に不思議《ふしぎ》と心《こゝろ》が惹《ひ》かれますが、また如何《いか》なる事情《じじやう》があつたにしても、父《ちゝ》と私《わたし》を殘《のこ》して家《いへ》を出《で》た母《はゝ》の人格《じんかく》が尊敬《そんけい》しかねます。また生母《せいぼ》の所《ところ》へゆくなど、今《いま》の母《はゝ》の深《ふか》い愛情《あいじやう》を考《かんが》へますと、本《ほん》當《たう》に申譯《まをしわけ》ないやうに思《おも》へます。私《わたし》はまだ父母《ふぼ》に何事《なにごと》も默《だま》つてをりますが、どうしたら宜《よろ》しいのでせうか。（名古屋・あい子）

「血《ち》は水《みづ》よりも濃《こ》い」といふのは事實《じじつ》ですが、我國古來《わがくにこらい》の考《かんが》へ方《かた》は餘《あま》りに「血《ち》」の觀念《くわんねん》に囚《とら》はれ過《す》ぎるやうです。血《ち》の繋《つな》がりにも無論大《むろんおほ》きな因緣《いんねん》が繋《つな》がれてゐるでせうが、「生《う》みの親《おや》より育《そだ》ての親《おや》」といふ諺《ことわざ》もあるやうに、子《こ》を育《そだ》てるといふことには非常《ひじやう》に大《おほ》きな苦勞《くらう》もあると同時《どうじ》に、その苦勞《くらう》から諸々の愛情《あいじやう》が生《うま》れます。あなたは幸《しあはせ》にも好《よ》い第二《だい》のお母《かあ》さんを持《も》たれて、第一《だい》のお母《かあ》さんさへ現《あら》はれて來《こ》なかつたら、二人《ふたり》の間《あひだ》は申分《まをしぶん》のない親子《おやこ》の情愛《じやうあい》で結《むす》ばれてゐたのですから、血《ち》の繋《つな》がりがあるといふだけの理由《りいう》で、第一《だい》のお母《かあ》さんの方《はう》へ行《ゆ》くのは無理《むり》でせう。またあなたの心持《こゝろもち》は少《すこ》しもそれによつて動《うご》かされてゐないほど、あなたはしつかりしておいでになるし、またあなたの考《かんが》へ方《かた》は正《たゞ》しいと思《おも》ひます。第一《だい》のお母《かあ》さんは、あなたの言《い》はれる通《とほ》り、たとひどんな事情《じじやう》があつたにしろ、兎《と》に角《かく》一度《ど》はあなたを見捨《みす》てた人《ひと》です。第二《だい》のお母《かあ》さんはそれを自分《じぶん》の子《こ》として分隔《わけへだ》てなく愛《あい》し育《そだ》てて下《くだ》さつた人《ひと》です。子供《こども》を育《そだ》てるといふ苦勞《くらう》は並大抵《なみたいてい》の苦勞《くらう》でないのは勿論《もちろん》ですが、その苦勞《くらう》の中《なか》からこそ愛情《あいじやう》が生《うま》れて來《く》るのであつて、生《う》み放《はな》してはさう深《ふか》い愛情《あいじやう》は生《うま》れて來《こ》ないのが普通《ふつう》です。ですから、第一《だい》と第二《だい》の二人《ふたり》のお母《かあ》さんのあなたに對《たい》する愛情《あいじやう》を比較《ひかく》するのも變《へん》ですが、假《か》りにどちらがより深《ふか》く愛《あい》してゐられるかといふことになると、私《わたし》は第二《だい》のお母《かあ》さんではないかと思《おも》ひます。といつて第一《だい》のお母《かあ》さんとても決《けつ》して惡《わる》い方《かた》ではないやうです。言《い》ふに言《い》はれぬ事情《じじやう》もあつたでせうし、殊《こと》には再婚《さいこん》もせず、あなたの成長《せいちやう》を樂《たの》しみに今日《こんにち》まで生《い》きておいでになつたといふのですから、お氣《き》の毒《どく》な方《かた》に相違《さうゐ》ないです。ですから、あなたが養女《やうぢよ》にいつてお上《あ》げになればどんなに喜《よろこ》ばれるか知《し》れない。どうせあなたは何處《どこ》かへお嫁入《よめい》りをしなければならぬ身《み》でせうから、場合《ばあひ》によつては、父君《ちゝぎみ》や第二《だい》のお母《かあ》さんの意志《いし》によつて養女《やうぢよ》に行《ゆ》かれるもよいと思《おも》ひます。よく打開《うちあ》けて御相談《ごさうだん》なさることです。飽《あ》くまでも、生《う》みの親《おや》といふ、小說《せうせつ》に出《で》て來《く》るやうなセンチメンタルな氣持《きもち》を捨《す》てて、今《いま》のお母《かあ》さんを眞《まこと》のお母《かあ》さんとして、新《あたら》しい家《いへ》に嫁《とつ》いで行《ゆ》くやうな氣持《きもち》で行《ゆ》かれるのがいゝでせう。固《もと》より父《ちゝ》上母上《うへはゝうへ》の意志《いし》が大切《たいせつ》で、その意志《いし》に反《はん》するやうな行動《かうどう》は絶對《ぜつたい》になさつてはならないでせう。

あられもない噂

F《エフ》とS《エス》とは父《ちゝ》の數《かぞ》へ子《ご》で、親《した》しく私《わたし》の家《うち》へ出入《でいり》をしてをりました。S《エス》は少《すこ》し圖々《づうづう》しい所《ところ》があるので快《こゝろよ》く思《おも》つてゐませんでしたのに、そのS《エス》に求愛《きうあい》されたのです。勿論《もちろん》きつぱり斷《ことわ》りましたが、その事《こと》は父《ちゝ》には話《はな》しませんでした。

その夏《なつ》、父《ちゝ》と二人《ふたり》で女中《ぢよちう》を連《つ》れ山莊《さんさう》に避暑《ひしよ》した時《とき》でした。一日父《ちゝ》が外出《ぐわいしゆつ》致しました時《とき》にF《エフ》が遊《あそ》びに參《まゐ》りました。彼《かれ》はS《エス》より紳士的《しんしてき》な人《ひと》でしたし、普通《ふつう》の好意《かうい》を持《も》つてをりましたので、折《をり》からの夕立《ゆふだち》で父《ちゝ》の歸《かへ》りのおくれた寂《さび》しさに、歸《かへ》ると云《い》ふのを無理《むり》におそく迄《まで》引止《ひきと》めてしまひました。この事《こと》がやがてS《エス》に知《し》れまして、F《エフ》に出《だ》し拔《ぬ》かれたやうに誤解《ごかい》したのでせう、日頃《ひごろ》F《エフ》に好意《かうい》を寄《よ》せてゐたM子《エムこ》と一緒《しよ》になつて、私《わたし》がF《エフ》に純潔《じゆんけつ》を捧《さゝ》げたのだと、あられもない噂《うはさ》を撒《ま》いて歩《ある》いたのです。M子《エムこ》は私《わたし》の級友《きふいう》ですし、家《うち》も近《ちか》く、お稽古事《けいこごと》にも一緒《しよ》に通《かよ》つてをりましたので、噂《うはさ》は知人間《ちじんかん》に擴《ひろが》つてしまひました。その爲私《ためわたし》は隨分苦《ずゐぶんくる》しみましたが、辯解《べんかい》はいたしませんでした。その事《こと》を知《し》つてか知《し》らでか、F《エフ》もS《エス》も、その後も出入《でい》りをしてをります。

處《ところ》が私《わたし》は一月程前《ひとつきほどまへ》に婚約《こんやく》したのです。父《ちゝ》の友人《いうじん》のお世話《せわ》で見合《みあひ》をし、直《す》ぐ婚約《こんやく》し、二ヶ月後《げつご》に擧式《きよしき》をする豫定《よてい》なのです。許婚者T《きよこんしやティ》は、課《くら》こそ違《ちが》へF《エフ》やS《エス》と同《おな》じ○○省《しやう》へ勤《つと》めてをりますので、何時《いつ》かは必《かなら》ずあの噂《うはさ》はT《ティ》の耳《みゝ》にも入《はい》ること〻存《ぞん》じます。T《ティ》は一月程《ひとつきほど》の短《みじか》い交際《かうさい》ですが、教養《けうやう》もあり、誠意《せいい》もある人《ひと》と思《おも》へます。結婚前《けつこんぜん》に打《う》ち明ければ信《しん》じて貰《もら》へる事《こと》も、後《のち》になつて他人《ひと》の口《くち》から聞かされたら、いくら辯解《べんかい》しても、事《こと》の眞相《しんさう》を認《みと》めて貰《もら》へないやうに思《おも》へます。父母《ふぼ》から話《はな》して貰《もら》ふのが一番《ばん》い〻と考《かんが》へるのですが、このやうな事《こと》を父母の耳《みゝ》に入《い》れるのは、死《し》ぬより辛《つら》いのです。どうしたらよろしいでせうか。又《また》、打《う》ち明《あ》けて彼《かれ》が信《しん》じてくれさへしたら、彼《かれ》の親類《しんるゐ》がとやかく云《い》つても怖《おそ》れることはないでせうか。何卒《なにとぞ》お教《をし》へ下《くだ》さいまし。（本郷・優子）

あなたは、省《かへり》みて疚《やま》しくない以上《いじやう》、そんな事《こと》は忘《わす》れておしまひなさい。忘《わす》れることが出來《でき》なければ、なるべく氣《き》に止《と》めないことです。御兩親《ごりやうしん》から話《はな》して貰《もら》ふのもよいが、それほど重大《ぢゆうだい》な事《こと》ではないではないですか。それ位《くらゐ》のことで誤解《ごかい》される因《もと》にならうとは思《おも》はれません。ですから、結婚前《けつこんぜん》にでも結婚後《けつこんご》にでもよいと思《おも》ふが、好《い》い機會《きくわい》に笑《わら》ひ話《ばなし》としてお話《はな》しになるのはよいが、さう重大《ぢうだい》に考《かんが》へて了解《れうかい》を求《もと》める必要《ひつえう》もないと思《おも》ひます。事實《じじつ》は事實《じじつ》として、最《もつと》も雄辯《ゆうべん》にあなたを護《まも》つてくれるでせう。お問合《とひあは》せの文面《ぶんめん》だけでは、さうお答《こた》へする他《ほか》ありません。

取合つてはならぬ男

今年《ことし》の三月《ぐわつ》女學校《ぢよがくかう》を卒業《そつげふ》し、專門學校《せんもんがくかう》へ通《かよ》つてゐる娘《むすめ》です。女學校時代《ぢよがくかうじだい》、同方面《どうはうめん》から通學《つうがく》してゐる學生《がくせい》K《ケイ》に、後《あと》をつけられたり、手紙《てがみ》を渡《わた》されたり致《いた》してをりましたが、別《べつ》に氣《き》にも留《と》めずに過《す》しました。ところがこの事《こと》を學校《がくかう》へ投書《とうしよ》した人《ひと》があつて、それには無《な》い事《こと》まで書《か》かれてをりました爲《ため》、危《あや》く退學處分《たいがくしよぶん》にまで遇《あ》ひ兼《か》ねない騷《さわぎ》を起《おこ》しました。これは、K《ケイ》が私《わたし》の友人達《いうじんたち》に自分《じぶん》の都合《つがふ》のいゝやうに誠《まこと》しやかに話《はな》したところから起《おこ》つたことでした。兩親《りやうしん》にも心配《しんぱい》をかけ、學校《がくかう》へも惡《わる》い印象《いんしやう》を殘《のこ》して、やつと卒業《そつげふ》し、專門學校《せんもんがくかう》へ入《はい》りましてからは、やうやく平和《へいわ》な日《ひ》が續《つゞ》きましたのに、この七月《ぐわつ》に新宿《しんじゆく》へ買物《かひもの》に參《まゐ》りました時《とき》、K《ケイ》に會《あ》つたのです。私《わたし》は友達《ともだち》と一緒《しよ》でしたので彼《かれ》を避《さ》けようとしますと、後《あと》から追《お》つて來《き》て、名刺《めいし》をくれました。私《わたし》は見《み》るのも嫌《いや》でしたから、直《す》ぐ破《やぶ》つて捨《す》てゝしまひました。その後會《ごあ》ひもしませんが、最近《さいきん》、私《わたし》の住《す》んで居《ゐ》るN區《エヌく》へ下宿《げしゆく》して、私《わたし》の友達《ともだち》に、住所《ぢうしよ》を敎《をし》へろとか、何時《いつ》何日《なんにち》までに何處《どこ》へ連《つ》れて來《こ》いとか、脅迫《けふはく》めいた事《こと》を云《い》ふのださうです。父母《ふぼ》は三月前《みつきまへ》にアメリカへ出《で》かけまして、祖母《そぼ》と女中《ぢよちう》だけで暮《くら》してをりますので、相談《さうだん》する人《ひと》もございません。どうしたらよろしいでせうか。解決法《かいけつはふ》をお敎《をし》へ願《ねが》ひたうございます。（東京・惠子）

「話《はな》せば解《わか》る」といふ場合《ばあひ》もあるが、それは對手《あひて》が普通《ふつう》の常識《じやうしき》を具《そな》へた場合《ばあひ》のことで、常規《じやうき》を逸《いつ》した人間《にんげん》にかゝつては、話《はな》しても解《わか》らない場合《ばあひ》があるのです。「無理《むり》が通《とほ》れば道理《だうり》引込《ひつこ》む」といふ諺《ことわざ》もありますが、無茶《むちや》には敵《かな》はないので、普通《ふつう》の理窟《りくつ》や、普通《ふつう》の感《かん》情《じやう》では理解《りかい》されないものがあるのです。あなたの此《こ》の對手《あひて》の男《をとこ》も、恐《おそ》らく常規《じやうき》を逸《いつ》した不良染《ふりやうじ》みた人間《にんげん》だと想像《さうざう》されますが、さういふ人間《にんげん》には、いくら理《り》を分《わ》けて話《はな》しても、また誠意《せいい》を披瀝《ひれき》して頼《たの》んでも、およそ解決《かいけつ》は難《むつか》しいでせう。あなたが最初偶然《さいしよぐうぜん》彼《かれ》と遭《あ》つて今後《こんご》のことを頼《たの》まれたさうですが、それが何《なん》の役《やく》にも立《た》つてゐないばかりでなく、却《かへ》つて禍《わざはひ》して、今日《こんにち》もなほ彼《かれ》をして圖々《づうづう》しい眞似《まね》をさせる因《いん》となつてゐるのです。ですから、絶對《ぜつたい》に構《かま》つてはいけません。殊《こと》に御兩親《ごりやうしん》が御不在中《ごふざいちう》なのだから、あなたの手《て》で解決《かいけつ》してしまはうなどとはとんでもない了見違《れうけんちが》ひです。益々深《ますますふか》みへ陥《おち》て抜《ぬ》き差《さ》しならぬことになつてしまふでせう。御兩親《ごりやうしん》のお歸《かへ》りになるまで、外出《ぐわいしゆつ》なども控《ひか》へて、彼《かれ》に會《あ》はないやうにする工夫《くふう》が肝要《かんえう》です。手紙《てがみ》など出《だ》すこと絶對禁物《ぜつたいきんもつ》。止《や》むを得《え》ず外出《ぐわいしゆつ》しなければならぬ場合《ばあひ》も、なるべく一人《ひとり》で出《で》ないやうにして、彼《かれ》の目《め》を極力《きよくりよく》逃《のが》れることです。さうしてゐる内《うち》には彼《かれ》も諦《あきら》めるでせう。災難《さいなん》と諦《あきら》めて厳重《げんぢう》に注意《ちうい》なさることを祈《いの》ります。

愛せざる男への態度

私《わたし》は小《ちひ》さなオフィスにタイピスト兼給仕《けんきふじ》の職《しよく》を持《も》つ、十九歳《さい》の娘《むすめ》です。

勤《つと》め大切《たいせつ》に一生懸命働《しやうけんめいはたら》いてをりますためか所長《しよちやう》はじめ皆《みんな》にも可愛《かあい》がられて樂《たの》しい日《ひ》を送《おく》つてをりました。ところが、今年《ことし》の春頃《はるごろ》から、たゞ一人《ひとり》の社員《しやゐん》であるＫ《ケイ》が、二人《ふたり》きりになると求愛《きうあい》してくるやうになりました。彼《かれ》は三十五歳《さい》の獨身《どくしん》、本社《ほんしや》の重役《ぢゆうやく》と同郷《どうきやう》のよしみで入社《にふしや》した者《もの》ですが、常識《じやうしき》も圓滿《ゑんまん》な人《ひと》とは見受《みう》けられません。始《はじ》めの内《うち》は私《わたし》も冗談《じようだん》にして笑《わら》つて口答《くちごたへ》で受流《うけなが》して來《き》ましたが、この節《せつ》は所長《しよちやう》が外出《ぐわいしゆつ》勝《が》ちなので、二人《ふたり》きりになる機會《きくわい》が多《おほ》く、肩《かた》へ手《て》など廻《まは》したりするやうになりましたので、怖《おそろ》しくなつて來《き》ました。私《わたし》はなじりもし、強《つよ》い事《こと》も云《い》ひ、反省《はんせい》するやう頼《たの》んでもみましたが、眞《ま》面目《じめ》に愛《あい》してゐるのだからなどゝ申《まを》します。

私《わたし》は彼《かれ》を尊敬《そんけい》も信頼《しんらい》も出來《でき》ないどころか、輕蔑《けいべつ》さへ感《かん》じてゐるのです。辭職《じしよく》しようかと何度《なんど》も考《かんが》へるのですけれど、年《とし》の割《わり》には待遇《たいぐう》のいゝ現在《げんざい》の職場《しよくば》を捨《す》てゝは、知人《ちじん》も少《すくな》い私《わたし》の境遇《きやうぐう》で新《あたら》しい職《しよく》を探《さが》すことも六ヶ敷《し》いのではないかと迷《まよ》つて、しまひます。所長《しよちやう》にも、家《うち》の者《もの》にも、この事《こと》は話《はな》してありません。どうしたらよろしうございませうか、お導《みちび》き下《くだ》さいませ。（大阪・山口瑛子）

事情《じじやう》をありのまゝに家人《かじん》に話《はな》して、家人《かじん》から所長《しよちやう》に話《はな》して貰《もら》ひなさい。女《をんな》は、さういふ場合《ばあひ》、あまりにおとなし過《す》ぎるから、益《ます》益困《ますこま》るやうなことになるので、最初《さいしよ》にはつきりと意志表示《いしへうじ》をして、すぐ斷念《だんねん》せしめるか、二度《ど》と冗談《じようだん》を言《い》ふ機會《きくわい》を與《あた》へないやうにすることです。曖昧《あいまい》な態度《たいど》が一番《ばん》良《よ》くない結果《けつくわ》を持來《もちきた》させます。あなたが辭職《じしよく》する必要《ひつえう》はない。所長《しよちやう》から溫和《をんわ》に言《い》つて聞《き》かせて貰《もら》へば彼《かれ》も反省《はんせい》するでせう。それには、あなたからでなく、家人《かじん》から所長《しよちやう》の耳《みゝ》へ入《い》れるのがよいでせう。その代《かは》り他《た》の人《ひと》とは餘《あま》りその事《こと》を話題《わだい》にしないやうになさい。

忍び寄る憂鬱

私達《わたしたち》は結婚《けつこん》して新《あたら》しい家庭《かてい》をもつてから、まだ二ヶ月程《げつほど》でございます。夫《をつと》は銀行員《ぎんかうゐん》で夜勤《やきん》の事《こと》も度々《たびたび》あります。私達《わたしたち》の生活《せいくわつ》は新婚《しんこん》早《さう》早《さう》とて樂《たの》しい事《こと》もございますが、時々《ときどき》どうした譯《わけ》か言《い》ふに言《い》はれぬ憂鬱《いううつ》な空氣《くうき》に襲《おそ》はれるのです。別《べつ》に口論《こうろん》一《ひと》つした事《こと》はございません。夫《をつと》は、他人樣《ひとさま》からも「氣持《きもち》のよい珍《めづら》しい人《ひと》だ」と褒《ほ》められて居《を》ります。本當《ほんたう》に今《いま》の世《よ》には眞面目《まじめ》すぎる位《くらゐ》の男《をとこ》で、酒《さけ》も煙草《たばこ》も嗜《たしな》む事《こと》を知《し》りません。三十歳《さい》といふこの年《とし》まで下宿生活《げしゆくせいくわつ》の自由《じいう》な身《み》でしたのに自《みづか》ら花柳界等《くわりうかいなど》に足向《あしむ》けした事《こと》なく、友達《ともだち》に誘《さそは》れて行《い》つても一足先《ひとあしさき》に歸《かへ》つてしまふので、時々友達《ときどきともだち》から馬鹿野郎《ばかやらう》とか女嫌《をんなぎら》ひとか罵《のゝ》しられた事《こと》があつたさうです。しかし友達《ともだち》が病苦《びやうく》に苦《くる》しんでゐるのを目《ま》のあたりに見《み》たり、將來《しやうらい》を思《おも》ふと、どうしても遊《あそ》ぶ氣《き》にはなれなかつたと申《まを》してをります。月給袋《げつきふぶくろ》は封《ふう》を切《き》らずにそつくり私《わたし》に渡《わた》してくれますし、小遣《こづかひ》は私《わたし》の手《て》から持《も》つて行《ゆ》きます。今《いま》の私《わたし》はさうした夫《をつと》に何《なん》の不足不滿《ふそくふまん》もなく、夫《をつと》を尊敬《そんけい》してをります。それ故私《ゆゑわたし》は渾身《こんしん》の努力《どりよく》で愛情《あいじやう》の凡《すべ》てを捧《さゝ》げて、夫《をつと》に仕《つか》へようとしてをりますが、まだまだ修養《しうやう》の足《た》りないせゐか、時々考《ときどきかんが》へても身震《みぶる》ひするやうな憂鬱《いううつ》な空氣《くうき》が舞込《まひこ》んで來《く》るのです。かうした時《とき》に夫《をつと》の顔《かほ》を見《み》ると、本當《ほんたう》にどうしたらよいか分《わか》らなくなつて、泣《な》きたくなつてしまふのです。

或《あ》る時《とき》思《おも》ひ餘《あま》つて、「私《わたし》が嫌《きら》ひなのですか、それとも私《わたし》の態度《たいど》に不足《ふそく》な所《ところ》でもあるのですか」と訊《たづ》れてみましたが、別《べつ》に何《なに》もないとの事《こと》で、この憂鬱《いううつ》の原因《げんいん》が何《なに》かはつきり知《し》る事《こと》が出來《でき》ません。どうしたらかういふ夫《をつと》を滿足《まんぞく》させる事《こと》が出來《でき》るのでせうか。私《わたし》の夫《をつと》の操縦法《さうじうはふ》が下手《へた》な爲《ため》でせうか。私《わたし》の氣持《きもち》が夫《をつと》の心《こゝろ》に響《ひゞ》かない物足《ものた》らなさで一杯《ぱい》です。何卒私《なにとぞわたし》の態度《たいど》をそして氣《き》の持《も》ち方《かた》をお敎《をし》へ下《くだ》さいませ。

あなたの結婚《けつこん》に對《たい》する理想《りさう》とか、希望《きばう》とか、要求《えうきう》とか、夢《ゆめ》とかいふものが多過《おほす》ぎるのではないでせうか。その反對《はんたい》に、あなたの御主人《ごしゆじん》はさうした夢《ゆめ》を少《すこ》しも持《も》つておいでにならないのではないでせうか。

「どうしたら夫《をつと》を滿足《まんぞく》させる事《こと》が出來《でき》るでせうか?」とのお尋《たづ》ねですが、御主人《ごしゆじん》は不滿《ふまん》に思《おも》つておいでになるのですか、案外《あんぐわい》それで、滿足《まんぞく》しておいでになるのではないでせうか。

どうも第三者《しや》からは倘更《なほさら》「憂鬱《いううつ》の原因《げんいん》」が判《わか》らないですが、要《えう》するに性格《せいかく》の相違《さうゐ》でせうね。御主人《ごしゆじん》は眞面目《まじめ》で、ぢみちで、何事《なにごと》も事務的《じむてき》にコチ〳〵遣《や》つて行《ゆ》かれる性質《せいしつ》で、銀行員《ぎんかういん》などには打《う》つて附《つ》けの性格《せいかく》のやうですが、それだけに感激《かんげき》とか共鳴《きようめい》とか昂奮《かうふん》とかの少《すくな》い性質《せいしつ》で、さういふ性格《せいかく》の人《ひと》をあなたはあなたの周圍《しうゐ》に見《み》なかつたがために驚《おどろ》いておしまひになつたのではないかと思《おも》ふ。

ところがさういふ人《ひと》もあるのです。凡《およ》そ文學《ぶんがく》などに緣《えん》の遠《とほ》い人《ひと》に多《おほ》いのですが、性格《せいかく》だから仕方《しかた》がない。下世話《げせわ》に「若《わか》い時分《じぶん》には少《すこ》し位《くらゐ》は遊《あそ》んだ人《ひと》でなくては……」などといふ言葉《ことば》が使《つか》はれますが、遊《あそ》ぶこと自體《じたい》は決《けつ》して良《よ》いことではないが、遊《あそ》んだことのあるやうな人《ひと》にはこの心配《しんぱい》は少《すくな》いやうです。堅《かた》くて、遊《あそ》んだことのないやうな人《ひと》は人間的《にんげんてき》な面《めん》に觸《ふ》れる度《ど》が少《すくな》い故《ゆゑ》でせう。これを補《おぎな》つてくれるものは文學的素養《ぶんがくてきそやう》です。だから、兩方良《りやうはうよ》いことはないと思《おも》つて諦《あきら》めるより仕方《しかた》がない。あなたも滿足《まんぞく》し尊敬《そんけい》しておいでになるのだから、他《た》の一面《めん》に家《いへ》を外《そと》にして遊《あそ》び歩《ある》く男《をとこ》のあることを考《かんが》へて我慢《がまん》することです。そして徐々《じよ〳〵》に御主人《ごしゆじん》の人間的《にんげんてき》な眼《め》を開《ひら》かせることです。それには文學《ぶんがく》とか、映畫《えいぐわ》とか、音樂《おんがく》とか、さういふ藝術的趣味《げいじゆつてきしゆみ》を自然注《しぜんそゝ》ぎ込《こ》むやうにするのが一番《ばん》いゝと思《おも》ひます。決《けつ》してあせつてはいけません。

岡むめおさん

上司小劍氏

婚期の娘の生活を考へる座談會

記者　本日《ほんじつ》は、お忙《いそが》しいところをどうも有難《ありがた》う御座《ござ》いました。先日《せんじつ》、今年《ことし》女學校《じよがくかう》を卒業《そつげふ》する若《わか》い女性《ぢよせい》たちの卒業後《そつげふご》の希望《きばう》を數校《すうかう》で調《しら》べた結果《けつくわ》をみましたところ、今《いま》までならば職業《しよくげふ》につくとか、家庭《かてい》で家事見習《かじみならひ》をしながら結婚《けつこん》をまつとかといふのが多《おほ》く、上級學校進學希望者《じやうきふがくかうしんがくきばうしや》は餘《あま》り多《おほ》くなかつたのが、この一、二年《ねん》、逆《ぎやく》に上級學校進學希望者《じやうきふがくかうしんがくきばうしや》が非常《ひじやう》に増加《ぞうか》した。それも眞《しん》に學究的《がくきうてき》な氣持《きもち》でさういふ學校《がくかう》を選擇《せんたく》するのでなしに、暢氣《のんき》に通《かよ》へる花嫁學校的《はなよめがくかうてき》な學校《がくかう》への希望者《きばうしや》が非常《ひじやう》に多《おほ》かつた。これは世間《せけん》の景氣《けいき》がよいので、今《いま》まで娘《むすめ》たちの希望《きばう》をきいてやれなかつた親達《おやたち》が娘《むすめ》たちの希望《きばう》をきいてやれるやうになつたことも原因《げんいん》になるでせうが、今《いま》の若《わか》い女性《ぢよせい》たちは青春《せいしゆん》を今《いま》すこし享樂《きやうらく》したい、餘《あま》りよい期待《きたい》は持《も》てない家庭生活《かていせいくわつ》へすぐ入《はい》るより、若《わか》い時代《じだい》を考《かんが》へ遊《あそ》びたい、さういふ氣持《きもち》から學窓生活《がくさうせいくわつ》の延長《えんちやう》を望《のぞ》んでかうした現象《げんしやう》が目立《めだ》つて多《おほ》くなつたのであらう、と多《おほ》くの先生方《せんせいがた》が言《い》つてゐられました。それに事變《じへん》の影響《えいきやう》で、若《わか》い女性《ぢよせい》の結婚難《けつこんなん》がやかましく言《い》はれてゐる。希望《きばう》するやうな結婚生活《けつこんせいくわつ》を營《いとな》むことも仲々《なかなか》難《むつか》しい。そこにも青春《せいしゆん》の延長《えんちやう》を望《のぞ》む氣持《きもち》が動《うご》いてゐるのではないでせうか。それに近來女性《きんらいぢよせい》の知性《ちせい》は、眞《しん》に驚《おどろ》く程向上《ほどかうじやう》してゐます。この自意識《じいしき》、知性過剩《ちせいくわじやう》のしかも好《よ》い相手《あひて》の仲々《なかなか》見出《みいだ》し難《がた》い現代《げんだい》の結婚適齢期《けつこんてきれいき》の女性《ぢよせい》たちは如何《いか》に時代《じだい》を生《い》き、時代《じだい》を生活《せいくわつ》すべきか、又《また》してゐるか。このテーマで色々《いろいろ》と御指示《ごしじ》を得《え》たいと思《おも》ひます。

上司　雜談風《ざつだんふう》に四角張《しかくば》らないでやりませう。どうも四角張《しかくば》

宮本 百合子さん

石坂 洋次郎氏

談會

活を考へる

出席者
上司小剣 作家
石坂洋次郎 作家
宮本百合子 作家
奥むめお 評論家

ると會議形式《くわいぎけいしき》になつて、面白《おもしろ》くありません。人《ひと》が大勢《おほぜい》ですと會議《くわいぎ》見たいになるのも已《や》むを得《え》ないでせうが、小人數《こにんず》ですから、發言《はつげん》の機會《きくわい》も多《おほ》く、世間話的《せけんばなしてき》にやりませう。

奥 いろ〳〵な事情《じじやう》から結婚《けつこん》の機會《きくわい》が非常《ひじやう》に減つてゐる。從《したが》つて日本婦人《にほんふじん》の平均結婚年齢《へいきんけつこんねんれい》もずつと遲《おく》れてゐます。ですから結婚《けつこん》が遲《おく》れるといふことは、娘《むすめ》さん達《たち》の責任《せきにん》ではないのですが、それを思《おも》はないで、たゞ漫然《まんぜん》と結婚《けつこん》に自分《じぶん》の生活《せいくわつ》の歸着點《きちやくてん》を摑《つか》まうとして徒《いたづ》らに氣《き》をいらだたせてゐるのは一番《ばん》不幸《ふかう》だし、又《また》、見識《けんしき》のないことだと思《おも》ひます。例《たと》へば職業《しよくげふ》に就《つ》いても、お嫁《よめ》に行《ゆ》く迄《まで》と云《い》ふ考《かんが》へで、直《す》ぐにもお嫁《よめ》に行《ゆ》けるものと思《おも》ひ込《こ》んで居《ゐ》るやうに思《おも》ひます。從《したが》つて職業《しよくげふ》はお嫁《よめ》入《い》りまでの腰掛《こしかけ》だ、位《くらゐ》にしか思《おも》はない。ですから職業生活《しよくげふせいくわつ》に身《み》が入《はい》りません。職業生活《しよくげふせいくわつ》に身《み》が入《はい》らないばかりでなく、結婚《けつこん》するまで、自分《じぶん》の生活全體《せいくわつぜんたい》に身《み》が入《はい》らないのです。こんな事《こと》では職業上《しよくげふじやう》の能率《のうりつ》も上《あが》る筈《はず》がないし、まして、研《けん》

285　「婚期の娘の生活を考へる座談会」　上司小剣、石坂洋二郎 ほか 『婦人公論』昭和15年5月1日

究《きう》もないし思索《しさく》もない。そして二十四、五の聲《こゑ》を聞《き》く頃《ころ》には自分《じぶん》の婚期《こんき》が非常《ひじやう》に遅《おく》れたやうに思《おも》ひ過《す》ぎて、人生《じんせい》の希望《きばう》を失《うしな》ひかけて、肩身《かたみ》狭《せま》く、妙《めう》に歪《ゆが》んだ心《こゝろ》に陥《おちい》りがちになることは驚《おどろ》く程《ほど》です。婦人《ふじん》の職業《しよくげふ》分野《ぶんや》はこの頃《ごろ》餘程《よほど》廣《ひろ》くなりましたが、どこでも下《した》つ端《ぱ》に使《つか》はれてその地位《ちゐ》が高《たか》くならないのはこのせゐ《い》で、残念《ざんねん》なことです。

上司　結婚《けつこん》の適齢《てきれい》と云《い》ふことも漠然《ばくぜん》として居《を》りますが、現在《げんざい》どの位《くらゐ》になつて居《ゐ》るのでせうか。

奥　日本《にっぽん》の婦人《ふじん》は、昭和《せうわ》十三年《ねん》の調査《てうさ》で二十四・七歳《さい》となつて居《を》りますが、こゝ十年《ねん》餘《あま》りずつと二十四歳《さい》以上《いじやう》です。是《これ》でもまだ〳〵若《わか》い方《はう》で、ドイツ二六・五歳《さい》、イタリー二五・三歳《さい》、イギリス二七・四歳《さい》、デンマルクが二六・六歳《さい》といつた風《ふう》です。

〇靑春期のない女性

上司　若《わか》い人《ひと》の心持《こゝろもち》は私《わたし》にはよく解《わか》らない。「制服《せいふく》の處女《しよぢよ》」なんていふ映畫《えいぐわ》にも呑《の》み込《こ》めないところがあつたし、二十代《だい》と三十代《だい》ではスッカリ心持《こゝろもち》がちがふ。石坂《いしざか》さん、あなたは女學校《ぢよがくかう》の先生《せんせい》をなさつて居《ゐ》つたからお解《わか》りでせうね。

石坂　さあ、若《わか》い人《ひと》の心理《しんり》は簡單《かんたん》と言《い》へば簡單《かんたん》、複雜《ふくざつ》と言《い》へば複雜《ふくざつ》と言《い》へますね。

上司　其《そ》の氣持《きもち》は三十代《だい》、四十代《だい》の人《ひと》とは非常《ひじやう》に隔《へだゝ》りがありますね。

石坂　今《いま》までの若《わか》い女《をんな》の人達《ひとたち》は少女時代《せうぢよじだい》から直《す》ぐ大人《おとな》の時代《じだい》になる。少女時代《せうぢよじだい》に良《よ》い夢《ゆめ》を持《も》つて居《を》つても、それを成長《せいちやう》させ鍛錬《たんれん》させる――男《をとこ》で云《い》へば所謂《いはゆる》靑年時代《せいねんじだい》をもたないで、直《す》ぐそこから大人《おとな》の――人妻《ひとづま》の生活《せいくわつ》に入《はい》り込《こ》んでしまふから、それで案外《あんぐわい》知的《ちてき》な香《かをり》のない、無智《むち》な人間性《にんげんせい》を曝《さら》け出《だ》すと云《い》ふことが非常《ひじやう》に多《おほ》いのではないでせうかね。私《わたし》はさう云《い》ふやうな、成長《せいちやう》し鍛錬《たんれん》される時期《じき》を、今《いま》の女《をんな》の人達《ひとたち》に、もつと與《あた》へてやりたいと思《おも》ひますね。

宮本　奥《おく》さんのお話《はなし》のやうに今日《こんにち》でも結婚《けつこん》といふものが漠然《ばくぜん》と直《す》ぐ出來《でき》るやうに考《かんが》へられて居《ゐ》て、今《いま》の時代《じだい》では婚期《こんき》が自然《しぜん》に遅《おく》れますよと言《い》つても本氣《ほんき》にしないで、自分《じぶん》だけは大《たい》した苦《く》がなく出來《でき》ると思《おも》つてゐるといふのは、出來《でき》ないのは人《ひと》のことだとはつきり思《おも》つて居《ゐ》るのでせうか。それとも又《また》出來《でき》るか出來《でき》ない、か分《わか》らない不安《ふあん》と云《い》ふか、期待《きたい》と云《い》ふか、そんなものがあるのでせうか。餘《あま》りはつきりした勉強《べんきやう》のやうなもの、例《たと》へば經濟《けいざい》が好《す》きだとか、科學方面《くわがくはうめん》の學問《がくもん》が好《す》きと云《い》ふことは、今日《こんにち》ではまだ相手《あひて》の人《ひと》の選擇《せんたく》と云《い》ふ段《だん》になつて何《なん》となし困難《こんなん》を伴《ともな》ふやうですね。家《うち》でお裁縫《さいほう》をやつてゐると云《い》ふ女《をんな》の人《ひと》ならば一應《おう》どんな男《をとこ》の人《ひと》でも身近《みぢか》に感《かん》じるけれども、何《なに》か經濟《けいざい》の勉強《べんきやう》をしてゐるとか、科學《くわがく》の勉強《べんきやう》をしてゐると云《い》ふのでは、何《なん》だか手近《てぢか》に愛《あい》せる娘《むすめ》さんではないやうな、とりつきにくい女《をんな》のやうに思《おも》はれると云《い》ふ悲《かな》しいところもあるのぢやないでせうか。だから今《いま》の若《わか》い女《をんな》の人《ひと》は、あつちにもこつちにも伸《の》びたいけれども、何《なん》だか悠々《いういう》と伸《の》び切《き》れない。今日《こんにち》の現實《げんじつ》では、まだ未來《みらい》の雲《くも》のなかにある自分《じぶん》の相手《あひて》の人《ひと》への漠然《ばくぜん》たる期待《きたい》と云《い》ふのですか、それにいつとなしに自分《じぶん》を當嵌《あては》められる者《もの》としてゐる。そして自分《じぶん》といふものを色《いろ》なし、形《かたち》なしにしてゐると云《い》ふところ、さう云《い》ふところが、隨分《ずいぶん》若《わか》い人《ひと》を不安《ふあん》にしてゐるやうな形《かたち》なんですけれど。

奥　さう云《い》ふ所《ところ》は可《か》なりありますね。

石坂　それでまあ、すること、爲《な》すことがソハソハして身《み》につかなくなつて來《く》ると云《い》ふ

譯《わけ》ですね。

宮本　それで又《また》、ずつと勉強《べんきやう》なら勉強《べんきやう》をして來《き》て居《ゐ》る人《ひと》が結婚《けつこん》して、それからもその仕《し》事《ごと》が續《つゞ》けられるかと云《い》ふと、大概《たいがい》は續《つゞ》けられない方《はう》が多《おほ》いのでせう。それだからと云《い》つて勉強《べんきやう》なら勉強《べんきやう》、職業《しよくげふ》なら職業《しよくげふ》に打込《うちこ》んで、自《じ》分《ぶん》はこれ〳〵の仕事《しごと》が面白《おもしろ》いから結婚《けつこん》しない、と云《い》ふことは言《い》へませんし、そんなことは不自然《ふしぜん》で考《かんが》へられないことですし、だから若《わか》い女《をんな》のひとの氣持《きもち》が縮《ちゞ》まつたり擴《ひろ》がつたりしてゐるやうな譯《わけ》なんですね。

宮本　早《はや》く出來《でき》ると思《おも》つて待《ま》ち構《かま》へてゐると云《い》ふよりも、自分《じぶん》は果《はた》してどんな結婚《けつこん》が出《で》來《き》るのだらうかと云《い》ふ不安《ふあん》の方《はう》が、若《わか》い未婚《みこん》のひとの心《こゝろ》にはきつくはないのでせうか。私《わたし》にはさう思《おも》はれますけれど。女學校《ぢよがくかう》を出《で》たばかりの若《わか》い娘《むすめ》さん達《たち》が、花嫁學校風《はなよめがくかうふう》なところへ、ともかく行《ゆ》くと云《い》ふのも、女學校《ぢよがくかう》を卒業《そつげふ》したあと、それきり家《いへ》にとぢこもりたくもなく、さりとてぼんやり迫《せま》つてゐる結婚《けつこん》について、自分《じぶん》の希望《きばう》もはつきり自分《じぶん》に分《わか》らないといふやうなところからではないでせうか。

○娘の結婚觀

宮本　先《せん》だつてこの雜誌《ざつし》で片岡《かたをか》さんと石川《いしかは》さんを圍《かこ》む數人《すうにん》の若《わか》い女《をんな》のかた〳〵で座談會《ざだんくわい》をなさつたでせう。其《そ》の時《とき》に話《はな》してゐたお孃《ぢやう》さんの一人《ひとり》の話《はなし》が大變《たいへん》私《わたし》の印象《いんしやう》にのこつてゐるのです。お名前《なまへ》は覺《おぼ》えてゐませんが專門《せんもん》程《てい》度《ど》の學校《がくかう》を出《で》て、或《あ》る大學《だいがく》で仕事《しごと》をしてゐる人《ひと》、あの人《ひと》は結婚《けつこん》と云《い》ふことは自分《じぶん》に分《わか》らないと言《い》つて居《を》りましたね。戀愛《れんあい》の心持《こゝろもち》にもなつてゐない時《とき》に、結婚《けつこん》の實質的《じつしつてき》のことは分《わか》らないと云《い》ふのは非常《ひじやう》に自然《しぜん》に素直《すなほ》な態度《たいど》だと思《おも》つたのですが、それならば結婚《けつこん》の相手《あひて》の選《せん》擇《たく》といふことになると、自分《じぶん》の結婚《けつこん》の本質《ほんしつ》が分《わか》つてゐないから相手《あひて》を選《えら》ぶ標準《へうじゆん》もきまらないとは言《い》はず、その點《てん》では親《おや》の眼識《めがね》に叶《かな》つた人《ひと》が一番無難《ばんぶなん》だと思《おも》ふと云《い》ふことを躊躇《ちうちよ》なく言《い》つて居《ゐ》たでせう。あれは面白《おもしろ》いと思《おも》ひますね。あゝ云《い》ふ年齡《ねんれい》の人《ひと》の考《かんが》へ方《かた》としてはね。專門學校《せんもんがくかう》も出《で》て座談會《ざだんくわい》にも出席《しゆつせき》して話《はなし》をするやうな社會《しやくわい》生活《せいくわつ》の上《うへ》で擴《ひろ》げられた一面《めん》と、結婚《けつこん》が分《わか》らないならそれが分《わか》つたとき自分《じぶん》で意味《いみ》があると信《しん》じられる結婚《けつこん》をしたいとは思《おも》はないで、そのことでは親《おや》の眼識《めがね》に叶《かな》つた人《ひと》が一番無難《ばんぶなん》だと云《い》ふ世俗《せぞく》の常識《じやうしき》に任《まか》せた、謂《い》はば無意識《むいしき》の打算《ださん》に立《た》つたあの結婚《けつこん》に對《たい》する見方《みかた》とを對照《たいせう》して、一種《しゆ》異樣《いやう》な感《かん》じが致《いた》しました。あの記事《きじ》を讀《よ》んだ若《わか》い女《をんな》の人達《ひとたち》や男《をとこ》の人達《ひとたち》はどう思《おも》つたかしら。自分《じぶん》が好《す》きな人《ひと》を見付《みつ》けて、宜《よ》いと思《おも》つてした結婚《けつこん》ならば少《すこ》し位《くらゐ》すり剝《む》きをしても、それも人生《じんせい》の姿《すがた》でまたよろしいと云《い》ふ風《ふう》に考《かんが》へないで、親《おや》が見《み》ていいと云《い》ふ人《ひと》となら無事《ぶじ》だと言《い》ふ利口《りこう》さと一緒《しよ》に生活《せいくわつ》への無氣力《むきりよく》さを感《かん》じて、複雜《ふくざつ》な氣《き》がしました。座談會《ざだんくわい》にでも出《で》てものも話《はな》すと云《い》ふ表面的《へうめんてき》な擴《ひろ》がりと、さう云《い》ふ社會的《しやくわいてき》な足《あし》どりの弱《よわ》い點《てん》との間《あひだ》に、生活《せいくわつ》感情《かんじやう》としての矛盾《むじゆん》があるでせう。あれを讀者《どくしや》の皆《みな》さんはどう感《かん》じて讀《よ》んだかと思《おも》つて、私《わたし》興味《きようみ》があつたの

287　「婚期の娘の生活を考へる座談会」　上司小剣、石坂洋二郎 ほか　『婦人公論』昭和15年5月1日

です。

宮本　あのとき片岡《かたをか》さんのお話《はなし》が面白《おもしろ》いと思《おも》ひました。あの方《かた》は、ひところ戀愛結婚《れんあいけつこん》は失敗《しつぱい》が多《おほ》いから、見合結婚《みあひけつこん》の方《はう》が宜《よ》いと云《い》ふことを言《い》つてゐられた時期《じき》があつた。ところが、今《いま》ではどつちみち人生《じんせい》は豫測出來《よそくでき》ないのだから、自分《じぶん》の人生《じんせい》には自分《じぶん》で責任《せきにん》の負《お》へる方《はう》が氣持《きもち》がいゝではないか、と云《い》ふことをあの座談會《ざだんくわい》では言《い》つていらつしやいましたね。矢張《やは》りそこへ來《き》たことは、意味《いみ》があると思《おも》へますね。

上司　「戀愛《れんあい》」と「愛《あい》」とこれを二《ふた》つに分《わ》ける傾《かたむき》が此《こ》の頃《ごろ》ありますね。どう云《い》ふのですかね。戀愛《れんあい》で結婚《けつこん》したのは失敗《しつぱい》が多《おほ》いけれども、本當《ほんたう》の愛《あい》で結婚《けつこん》したのは成功《せいこう》すると云《い》ふやうなことを言《い》つて居《ゐ》る人《ひと》がありますね。若《わか》い男女間《だんぢよかん》の愛《あい》だけが危險視《きけんし》され罪惡視《ざいあくし》される。ストーブの火《ひ》はよいが火事《くわじ》の火《ひ》はいけないのと同《おな》じでせうか。

〇戀愛と結婚

奧　結婚問題《けつこんもんだい》に就《つい》て、先《ま》づ戀愛《れんあい》をするかと云《い》ふ問題《もんだい》で早速問題《さつそくもんだい》が出《で》た譯《わけ》ですね。二三年《ねん》前《ぜん》に戀愛論《れんあいろん》が盛《さか》んに書《か》かれて居《ゐ》りましたが、あゝ云《い》ふものを若《わか》い娘《むすめ》さんが興味《きようみ》を以《もつ》て讀《よ》んだのでせうか。私《わたし》は寧《むし》ろ中年以上《ちうねんいじやう》の婦人《ふじん》が讀《よ》んだのでないかと思《おも》ひますよ。現在《げんざい》一番戀愛《ばんれんあい》時代《じだい》に居《ゐ》る筈《はず》の娘《むすめ》さん達《たち》は興味《きようみ》を持《も》つてゐなかつたと思《おも》ひますけれどもね。

石坂　僕《ぼく》もさう思《おも》ひますね。

奧　宜《い》い年齡《とし》をして戀愛論《れんあいろん》をしてゐるといつた感《かん》じ――中年《ちうねん》になると、又《また》、別《べつ》の意味《いみ》で戀愛《れんあい》に興味《きようみ》がもてたり、戀愛論《れんあいろん》をやつてみたくなるのかもしれませんが――それが賣《う》れたのだとしたら、それはきつと、戀愛卒業生《れんあいそつげふせい》が歡迎《くわんげい》したのでせう。私達《わたしたち》の周圍《しうゐ》の娘《むすめ》さん達《たち》は讀《よ》んでは居《ゐ》りませんね。

記者　何《なに》かそれに取《と》つて代《かは》るやうなものがありますか。

奧　結り親《おや》の眼識《めがね》に叶《かな》つた人《ひと》の方《はう》が宜《よ》いと云《い》ふ娘《むすめ》さんと心理《しんり》が同《おな》じだと思《おも》ひます。私達《わたしたち》の若《わか》い時代《じだい》に心《こゝろ》を惹付《ひきつ》けられた戀愛《れんあい》と云《い》ふやうなもの、觀念《くわんねん》としてあこがれた戀愛《れんあい》と云《い》ふもの、今《いま》の娘《むすめ》さん達《たち》は、大分《だいぶ》それを失《うしな》つて居《ゐ》ます。

石坂　私《わたし》も實《じつ》は前《まへ》に戀愛論《れんあいろん》みたいなものを書《か》いたけれども、だん／＼聞《き》いて見《み》ますと、興味本位《きようみほんゐ》に、奧《おく》さん達《たち》が讀《よ》んで居《ゐ》る方《はう》が多《おほ》いと云《い》ふことでしたね。

奧　若《わか》い人達《ひとたち》の事《こと》ですから色戀《いろこひ》の世界《せかい》もありませうけれども、いたづら半分《はんぶん》の、さう眞劍《しんけん》でないものが多《おほ》くて信用《しんよう》が出來《でき》ないと、さう私達《わたしたち》が考《かんが》へるけれども。本當《ほんたう》の戀愛《れんあい》と云《い》ふものをしない、其《そ》の癖《くせ》ちよつと働《つ》つ掛《か》けて見《み》ると云《い》ふ、戀愛遊戲《れんあいいうぎ》のやうなことは男《をとこ》も女《をんな》も嫌《きら》ひでないのかもしれません。どうせ、結婚《けつこん》が遲《おく》れてしまへば二度目《どめ》三度目《どめ》の男《をとこ》の處《ところ》へゆくより外《ほか》ない。結婚《けつこん》は、地位《ちゐ》も生活《せいくわつ》も確《たし》かな處《ところ》へゆかなければ損《そん》だけれども、そんな位《くらゐ》なら、結婚《けつこん》はしないけれども、自分《じぶん》も金《かね》を使《つか》つてもいゝ、若《わか》い人《ひと》と或《あ》る程度《ていど》の交渉《かうせふ》をもつて生活《せいくわつ》を樂《たの》しんだつていゝだらう、といふやうな、結婚《けつこん》と切離《きりはな》した戀愛《れんあい》を考《かんが》へる人《ひと》も尠《すくな》くないやうですね。

石坂　日本《にっぽん》の現在《げんざい》の社會制度《しやくわいせいど》が正《たゞ》しい戀愛《れんあい》を育《そだ》て上《あ》げていくのに向《む》かないのではないでせうか。戀愛《れんあい》を中心《ちうしん》に考《かんが》へていけば――

宮本　自分《じぶん》の成長《せいちやう》の道《みち》に起《おこ》つて來《く》る戀愛《れんあい》と云《い》ふことを摑《つか》まへて生《い》きて行《ゆ》くと云《い》ふやうな風《ふう》に日本《にっぽん》の全體《ぜんたい》がさう云《い》ふ方《はう》に向《む》くことを私《わたし》達《たち》は希望《きばう》する譯《わけ》ですね。だから今《いま》戀愛結婚《れんあいけつこん》と云《い》ふやうに合理的《がふりてき》に考《かんが》へられて行《ゆ》くけれど

も、現象《げんしやう》としては、我々《われ〳〵》としても、さう云《い》ふ風《ふう》になつて行《ゆ》くことを一番望《のぞ》ましいとして生《い》きて居《ゐ》るが、さう云《い》ふことは現在《げんざい》は何處迄《どこまで》も疑問《ぎもん》だし。さう云《い》ふことがあつたら大變結構《たいへんけつこう》だと思《おも》ひますがね。

上司　やはり政治《せいぢ》がさうなつて居《ゐ》るし、法律《はふりつ》がさうなつて居《ゐ》るし、社會全體《しやくわいぜんたい》がさうなつて居《を》りますけれども、戀愛《れんあい》の結婚《けつこん》と云《い》ふものに對《たい》してはね……私《わたし》の知《し》つて居《ゐ》る人《ひと》に七人同胞《にんきやうだい》の人《ひと》がありますけれども、三番目《ばんめ》の人《ひと》だけが戀愛結婚《れんあいけつこん》をしたのですね。さうすると他《ほか》の姉妹《きやうだい》や兩親《りやうしん》や兄弟《きやうだい》までが其《そ》の三番目《ばんめ》を擯斥《ひんせき》するのですね。何《なに》か相談事《さうだんごと》があつても三番目《ばんめ》はちよつと除《の》け者《もの》と云《い》ふ工合《ぐあひ》です。

宮本　嫉妬《しつと》からではないんでせうか。

上司　さうではなくて親《おや》の決定《けつてい》によらなかつたと云《い》ふことだけでさう云《い》ふ態度《たいど》をとるのですね。しかも其《そ》の戀愛結婚《れんあいけつこん》は社會的《しやくわいてき》に失敗《しつぱい》して居《ゐ》ないで、幸福《かうふく》な家庭《かてい》を營《いとな》んでゐるのですけれども、親《おや》の選定《せんてい》に依《よ》つて結婚《けつこん》した方《はう》が勝《まさ》つてゐるといふのですね。

上司　戀愛《れんあい》を罪惡《ざいあく》と觀《み》る、或《あるひ》は一種《しゆ》の熱病《ねつびやう》とする。……是《これ》が多《おほ》いのですね。

宮本　其《そ》の點《てん》はこの頃《ごろ》一般《ぱん》の考《かんが》へも隨分變《ずゐぶんかは》つて來《き》て居《を》りませう。昔《むかし》のやうに、いきなり戀愛《れんあい》と不品行《ふひんかう》とを一緒《しよ》にして見《み》ることはないけれども、戀愛《れんあい》といふものの實際《じつさい》の範圍《はんゐ》が廣《ひろ》いでせう？　あつちの端《はし》からこつちの端迄《はしまで》ある。其《そ》の間《かん》に本人《ほんにん》たちが腹《はら》の中《なか》でちやんとした選擇《せんたく》が出來《でき》るかどうかと云《い》ふことについては、皆誰《みなだれ》でも或《あ》る點迄《てんまで》疑問《ぎもん》を持《も》つてせうね。

上司　戀愛結婚《れんあいけつこん》で旨《うま》く行《い》つたのも勿論《もちろん》ありますが、失敗《しつぱい》したのも多《おほ》いでせう。親《おや》の選定《せんてい》に從《したが》つたものはたとへ失敗《しつぱい》があつてもそつくり其《そ》の儘《まゝ》にして置《お》いて、成功《せいこう》したのだけを擧《あ》げ、戀愛結婚《れんあいけつこん》の場合《ばあひ》はこれと反對《はんたい》に、成功《せいこう》してよい家庭《かてい》を作《つく》つたのをそのままそツくりしておいて、失敗《しつぱい》したのだけをやかましく攻撃《こうげき》するのですね。

宮本　失敗《しつぱい》したにしろ、成功《せいかう》したにしろ、戀愛結婚《れんあいけつこん》をするやうな人《ひと》は、これまでの習慣《しふくわん》のなかでは、何處《どこ》かよかれあしかれ一種並《しゆなみ》の人《ひと》よりも拔《ぬ》け出《で》て居《を》りますからね。

奧　さう云《い》ふ風《ふう》に、普通《ふつう》の人《ひと》より個性《こせい》が強《つよ》いから、どんな點《てん》に向《むか》つても突進《つきすゝ》むと云《い》ふやうな所《ところ》がありますね。

宮本　結婚《けつこん》と云《い》ふものは失敗《しつぱい》したから單純《たんじゆん》に惡《わる》いとも言《い》へないし、だら〳〵と持越《もちこ》して

289 「婚期の娘の生活を考へる座談会」 上司小剣、石坂洋二郎 ほか 『婦人公論』昭和15年5月1日

居《ゐ》るのが凡《ぼん》てお見事《みごと》とも言《い》へないし……。

奥　失敗《しつぱい》しても恥《はづ》かしいことでも何《なん》でもない。もう一度《ど》人生《じんせい》を出直《でなほ》すのだと云《い》ふ氣持《きもち》を持《も》ちたいものですね。

宮本　兎《と》に角《かく》人間《にんげん》らしく盛《さか》んに育《そだ》つて、旺《さか》んに生《い》きて、精《せい》一杯《ぱい》に生《い》きて行《ゆ》くと云《い》ふ、若《わか》い人《ひと》たちを押出《おしだ》すやうな氣勢《きせい》が、雰圍氣《ふんゐき》として無《な》いから、何《なん》だか若《わか》い人《ひと》は苦《くる》しいでせう。

奥　若《わか》い時代《じだい》には矢鱈《やたら》に縛《しば》り付《つ》けて置《お》いた親達《おやたち》も、娘《むすめ》が年頃《としごろ》を過《す》ぎて來《く》ると、少《すこ》し位《くらゐ》間違《まちが》ひをして呉《く》れた方《はう》が宜《よ》いと思《おも》ひますよと云《い》ふやうなことを言《い》つてゐます。親御《おやご》さんの氣持《きもち》と云《い》ふものは妙《めう》に功利的《こうりてき》なものですね。

記者　強《あなが》ちそれは冗談《じやうだん》とばかりも言《い》へませんね。

奥　娘《むすめ》をつッ突《つ》いて呉《く》れるやうな人《ひと》が居《ゐ》ないかと本氣《ほんき》で頼《たの》む人《ひと》がありますね。第《だい》一、そんな境遇《きやうぐう》でいたづらに年《とし》をとつてゆく娘《むすめ》さんは可哀《かはい》さうです。

石坂　若《わか》い男《をとこ》の人《ひと》を遊《あそ》びに連《つ》れて來《き》て呉《く》れと云《い》ふやうなことを言《い》ふ人《ひと》がありますね。

奥　それ位《くらゐ》になると薹《たう》が立《た》つて居《ゐ》りますからね。

宮本　でも、たつた二十七八で薹《とう》が立《た》つてしまふなんて。――そんなに女《をんな》の若《わか》さが短《みじか》くしか一般に見《み》られてもゐず、ありもしないとしたら、そのことが問題《もんだい》ぢやないでせうか。

奥　一人《ひとり》で出《で》ることも叱《しか》られるやうな箱入《はこいり》娘《むすめ》と云《い》ふものは、早《はや》く薹《たう》が立《た》つと云《い》ふよりも萎《しな》びてしまひますよ。

○若い人への信用？

記者　此《こ》の頃《ごろ》、今《いま》の若《わか》い人《ひと》は信用《しんよう》して宜《よ》いとよく言《い》はれますね。戀愛《れんあい》とか結婚《けつこん》とかを對象《たいしやう》にして、今《いま》の若《わか》い人《ひと》は信用《しんよう》して宜《よ》いと言《い》はれてゐます。その信用《しんよう》して宜《よ》いと云《い》ふことを分析《ぶんせき》していつてみると其《そ》の中《うち》に若《わか》い人《ひと》の本當《ほんたう》の生活《せいくわつ》の内容《ないよう》を示《しめ》すやうなものが含《ふく》まれて居《ゐ》るやうに思《おも》ひますね。

宮本　其《そ》の信用《しんよう》して宜《よ》いと云《い》ふことも案外《あんぐわい》複雑《ふくざつ》なんぢやないでせうか。例《たと》へば、さつきの座談會《ざだんくわい》で話《はな》した娘《むすめ》さんの態度《たいど》、あれなんかきつと若《わか》い娘《むすめ》さん達《たち》を監督《かんとく》する立場《たちば》にあるやうな人達《ひとたち》もかういふのは信用《しんよう》して宜《よ》いと言《い》ふだらうと思《おも》ひます。けれども、あゝ云《い》ふ信用《しんよう》と云《い》ふものは實《じつ》は隨分《ずゐぶん》不安心《ふあんしん》なのだらうと思《おも》ひますね。……だから信用《しんよう》にもいろ〳〵ありますね。どう云《い》ふ標準《へうじゆん》で信用《しんよう》と言《い》ひますかね。

石坂　若《わか》い人《ひと》の信用《しんよう》云々《うんぬん》といふことでしたが、それは少《すこ》し意地《いぢ》惡《わる》い言葉《ことば》で云《い》ひ代《か》へると、要《えう》するにこの頃《ごろ》の若《わか》い人《ひと》は人間《にんげん》としての深味《ふかみ》が足《た》りない、大《たい》したものではないと云《い》ふことにも考《かんが》へられさうですね。其《そ》の信用《しんよう》と云《い》ふ言葉《ことば》の意味《いみ》は……

宮本　信用《しんよう》して宜《よ》いと云《い》ふ言葉《ことば》に、のぞましい方《はう》の意味《いみ》が何割《なんわり》か、大《たい》してのぞましくもない意味《いみ》が何割《なんわり》かと云《い》ふやうなものでせう。

石坂　若《わか》い人達《ひとたち》には、後世《こうせい》恐《おそ》るべし、と云《い》ふやうな所《ところ》があつて宜《よ》いと思《おも》ひますね。

宮本　今《いま》の現實《げんじつ》では、モダンめいた者《もの》の中《なか》

には女《をんな》としては卑俗《ひぞく》な現實《げんじつ》に順應《じゆんおう》して生《い》きて居《ゐ》るのが多《おほ》いでせう。本當《ほんたう》の意味《いみ》でモダンと云《い》ふやうなことの言《い》へる人《ひと》ですね。大變《たいへん》理《り》智《ち》的《てき》に人生《じんせい》と云《い》ふものを見《み》て、自分《じぶん》で自分《じぶん》の理《り》智《ち》の道《みち》を作《つく》つて行《ゆ》く人《ひと》とか、或《あるひ》は自分《じぶん》の感情《かんじやう》の中《なか》に非常《ひじやう》に強《つよ》く入《はひ》つて破綻《はたん》を恐《おそ》れずに生《い》きると云《い》ふ人《ひと》は少《すくな》いでせう。

奥　颯爽《さつさう》としたインテリの娘《むすめ》さんでもさうでせうか。

宮本　貴女《あなた》の御覧《ごらん》になつてゐる世界《せかい》と私《わたし》のふれてゐるところと、そんなに違《ちが》ひはしませんでせう。

奥　それが時代《じだい》の傾向《けいかう》ですね。併《しか》し働《はたら》いてゐる人《ひと》たちの中《なか》には二十五や六位《ぐらゐ》では未《ま》だ若《わか》いところで、無らず平氣《へいき》で生《い》きて居《ゐ》る人《ひと》がないでもありません。

宮本　時代《じだい》といふものに無感覺《むかんかく》でない人《ひと》が多《おほ》いのですね。若《わか》い命《いのち》が溢《あふ》れ溢《あふ》れて、溢《あふ》れて行《ゆ》くやうな、そんな氣《き》の強《つよ》い人《ひと》はありませんね。

石坂　ありませんね。

奥　さう言《い》ふと私達《わたしたち》の若《わか》い時《とき》の方《はう》が眞劍《しんけん》に理想《りさう》に生《い》きようとして無茶苦茶《むちやくちや》にもがいた人《ひと》が多《おほ》かつたやうに思《おも》ひますね。私《わたし》はこの頃《ごろ》また若《わか》い人達《ひとたち》が何《なに》かを求《もと》めて求《もと》めて、無茶苦茶《むちやくちや》に生《い》き拔《ぬ》かうとして居《ゐ》ると思《おも》つて居《を》りましたが。

石坂　さう云《い》ふ時代《じだい》ではないのですね。

宮本　若《わか》い人《ひと》が伸《の》びて行《ゆ》きたいのに、當《あて》がなくて苦《くる》しんで居《ゐ》るのは本當《ほんたう》にはたでも苦《くる》しいですね。今《いま》の時代《じだい》はさう云《い》ふ苦《くる》しみが一杯《ぱい》ですね。一生懸命《しやうけんめい》職業《しよくげふ》を希望《きばう》して就職《しうしよく》する。さうすると自分《じぶん》の受《う》けた教育《けういく》や何《なに》かが十分《ぶん》に生《い》かされないやうな事實《じじつ》が多《おほ》かつたりして、周《まは》りに居《ゐ》る男《をとこ》の人達《ひとたち》に對《たい》しても何《なに》か期待《きたい》してゐたものが失《うしな》はれたり、さう云《い》ふ方面《はうめん》で苦《くる》しみが一杯《ぱい》ですね。

石坂　日本《につぽん》の社會《しやくわい》の行《ゆ》き詰《つま》り方《かた》が、いまみたいに宙《ちう》ぶらりんでなく、手拭《てぬぐひ》をギリ／＼絞《しぼ》り上《あ》げるやうな所《ところ》までいけば、何《なに》かそこに新《あたら》しい形《かたち》のものが生《うま》れて來《く》ると思《おも》ひますね。

奥　今迄《いままで》同《おな》じ職場《しよくば》で結婚《けつこん》すると、男《をとこ》が罷《や》めさせられるか、女《をんな》が罷《や》めさせられるか、兩方《りやうはう》が罷《や》めさせられると云《い》ふことでしたが、此《こ》の頃《ごろ》は人《ひと》を雇《やと》はうにも人《ひと》が居《ゐ》ないと云《い》ふ關係《くわんけい》もあつて、職場《しよくば》の結婚《けつこん》も可《か》なり許《ゆる》されて居《ゐ》るやうで、厚生省《こうせいしやう》あたりでも此《こ》の點《てん》は奬勵《しやうれい》して居《ゐ》ますね。ですから、今《いま》は働《はたら》いて居《ゐ》る者《もの》で戀愛《れんあい》することが可《か》なり樂《らく》な時代《じだい》が來《き》て居《ゐ》ます。まあ今《いま》は戀愛時代《れんあいじだい》が盛返《もりかへ》して來《き》たので、娘《むすめ》の進《すゝ》む道《みち》が見出《みいだ》されたやうでもありますね。一緒《しよ》に働《はたら》き乍《なが》ら裏《うら》も表《おもて》もよく觀察《くわんさつ》した相手《あひて》をせいぜい早《はや》く探《さが》しあてることです。

宮本　家庭《かてい》其《そ》のものの條件《でうけん》も昔《むかし》ながらのものに考《かんが》へてゐたら、男《をとこ》も女《をんな》も身《み》が持《も》てませんね。夫婦《ふうふ》共稼《ともかせ》ぎして七八十圓位《ゑんぐらゐ》の給料《きふれう》で家庭《かてい》を持《も》つて居《ゐ》る人《ひと》は非常《ひじやう》に結核《けつかく》になる率《りつ》が多《おほ》いさうですね。職場《しよくば》で一生懸命《しやうけんめい》働《はたら》いて、家《いへ》に歸《かへ》れば細君《さいくん》として用事《ようじ》がありますから堪《たま》りません。結婚《けつこん》と家庭生活《かていせいくわつ》の考《かんが》へ方《かた》が變通自在《へんつうじざい》になつて來《こ》ないとね……。

○割りきれない娘の氣持

奥　去年《きよねん》の話《はなし》ですけれども、私達《わたしたち》、今《いま》の娘《むすめ》さん達《たち》の心理《しんり》は妙《めう》なものだと思《おも》つてね。其《そ》の一人《ひとり》と云《い》ふのは、朝鮮《てうせん》からお嫁《よめ》に呉《く》れと言《い》つて來《き》たのです。内地人《ないちじん》ですが朝鮮《てうせん》の邊鄙《へんぴ》な處《ところ》に行《い》かなければならない人《ひと》がお嫁《よめ》さんを欲《ほ》しいが來《き》て呉《く》れないで困《こま》るといふのでしたが、進《すゝ》んで私《わたし》が行《ゆ》かうといふ迚《とて》も良《よ》い娘《むすめ》さんが出《で》たのです。それで皆《みな》が大變喜《たいへんよろこ》んで、親《おや》も來《き》て見合《みあひ》も濟《す》んだし、一緒《しよ》にお茶《ちや》も喫《の》み映畫《えいぐわ》も見《み》たり何《なに》かして居《ゐ》たので、もう私達《わたしたち》も定《き》まるものと思《おも》つて居《を》りました。所《ところ》が別《べつ》の方《はう》の友人《いうじん》から聞《き》くと、あの人《ひと》には好《す》きな人《ひと》があつたのにあれは嫌《きら》ひになつたのか知《し》らと言《い》つて居《ゐ》るのですね。それから一週間位《しうかんぐらゐ》のうちに、誰《だれ》も知《し》らない内《うち》に知《し》らない全《まつた》く別《べつ》の第三《だい》の人《ひと》と其《そ》の娘《むすめ》さんは結婚《けつこん》して居《ゐ》るのです。あとで解《わか》つたことですが、其《そ》の人《ひと》とは三年《ねん》も四年《ねん》も一緒《しよ》に遊《あそ》んで居《ゐ》たといふのですね。

宮本　其《そ》の娘《むすめ》さんに言《い》はせればテストして居《ゐ》たとでも言《い》ふのでせうか。

奥　もう一人《ひとり》の人《ひと》は遲《おく》れて二十五ですけれども、見合《みあひ》までしたのですが、里《さと》から、男《をとこ》の貧相《ひんさう》なところが氣《き》に入《い》らないから斷《ことわ》つて呉《く》れと言《い》ふので、はつきり斷《ことわ》つたのですね。斷《ことわ》つたから外《ほか》の人《ひと》を紹介《せうかい》した。ところが其《そ》の男《をとこ》へ娘《むすめ》さんから手紙《てがみ》が來《き》て、會《あ》ひたいから何處《どこ》そこ迄《まで》來《き》て呉《く》れと言《い》ふので、男《をとこ》の人《ひと》が其處《そこ》へ行《い》つたら、お茶《ちや》を喫《の》みませうと言《い》ふので一緒《しよ》に電車《でんしや》に乘《の》つて銀座《ぎんざ》へ出《で》たと云《い》ふのですね。それで男《をとこ》の人《ひと》からあの娘《むすめ》さんは斷《ことわ》つたと云《い》ふ事《こと》であつたが、本當《ほんたう》ですかと問合《といあは》せて來《き》ました。それでまあ娘《むすめ》の態度《たいど》は全《まつた》く不可解《ふかかい》ですね。それで娘《むすめ》さんにどうして呼出《よびだ》したのですかと言《い》ふと、赧《あか》い顔《かほ》をして何《なに》も言《い》へない。それでさう云《い》ふことをしてはいけない。若《も》し呼《よ》び出《だ》したいならば、誰《だれ》か間《あひだ》に入《はひ》つて頂《いたゞ》いて二人《ふたり》きりではしないことね、と言《い》ひました。さうしたら一月《ひとつき》も經《た》つて又手紙《またてがみ》が來《き》たといつて送《おく》つて來《き》ました。男《をとこ》は返事《へんじ》をしなかつたのです。さうすると暫《しばら》く經《た》つて、今度《こんど》は男《をとこ》が私《わたし》を訪《たづ》ねて來《き》なした。どうしてもあの人《ひと》の心理《しんり》が分《わか》らない、娘《むすめ》さんが直接《ちよくせつ》、日曜《にちえう》の朝自分《あさじぶん》をたづねて來《き》たと言《い》ふのです。私《わたし》はそれ以上娘《いじやうむすめ》さんに言《い》ふ必要《ひつえう》がなかつたから默《だま》つて居《を》りましたが、何《なに》か捨《す》てゝしまふのも惜《を》しいと思《おも》ふ位《くらゐ》の氣持《きもち》か、それとも戀愛遊戲《れんあいいうぎ》の氣持《きもち》かと思《おも》つて考《かんが》へて居《を》りましたけれども、どうも分《わか》りませんでした。もう一人《ひとり》の人《ひと》は二十六になつてまだ結婚《けつこん》しない娘《むすめ》さんですが、澤山《たくさん》の男《をとこ》の人《ひと》と一緒《しよ》になつて同《おな》じ部屋《へや》で仕事《しごと》をする職場《しよくば》にゐます。同僚《どうれう》の中《なか》の獨《ひと》り者《もの》の男《をとこ》のところへよく遊《あそ》びに行《ゆ》くので困《こま》るさうです。きまつて夜《よる》ですが、長《なが》つ尻《ちり》で、少《すこ》し精神《せいしん》ものではないかといふ噂《うはさ》が立《た》つてゐます。それで見《み》た所《ところ》では其《そ》の娘《むすめ》さんも眞面目《まじめ》な人《ひと》で係長《かゝりちやう》の信任《しんにん》の厚《あつ》い働《はたら》き手《て》なのです。少《すこ》し遲《おく》れるとあゝいふ非常識《ひじやうしき》なことをやるのですね。又《また》、結婚《けつこん》の話《はなし》が順調《じゆんてう》に進《すゝ》んでゐるのに土壇場《どたんば》になつて断《ことわ》る娘《むすめ》さん――これが案外《あんぐわい》尠《すくな》くないのですね。理由《りゆう》を聞《き》いてもはつきりとは掴《つか》めないのです。私《わたし》たちは善意《ぜんい》に解釋《かいしやく》して、支度《したく》が全然《ぜんぜん》出來《でき》ないといふことが、やつぱり決心《けつしん》をにぶらせるのだな、と思《おも》ひ、同情《どうじやう》をする。それとも昔《むかし》色々《いろ〱》の經緯《いきさつ》でもあつて、初婚《しよこん》で結婚《けつこん》すると云《い》ふわけにもゆかないといふ氣《き》おくれが間際《まぎは》になつてから斷《ことわ》らせたのかな、と云《い》ふやうな氣持《きもち》も持《も》つたのですが、此《こ》の頃《ごろ》は、さういふ同情《どうじやう》をもつことさへ餘計《よけい》なおせつかひのやうな氣持《きもち》がして來《き》ました。

○職業婦人の場合

上司　今迄《いままで》話《はな》し合《あ》つたことは、大體《だいたい》中流以上《ちゆうりういじやう》のお孃《ぢやう》さんの結婚《けつこん》が中心《ちゆうしん》になつて居《を》りましたが、職業婦人《しよくげふふじん》（婦人勞働者《ふじんらうどうしや》を入《い》れて）、さういふ人《ひと》の結婚《けつこん》に對《たい》して何《なに》か御話《おはなし》がありませんか。職業婦人《しよくげふふじん》の結婚《けつこん》に對《たい》する考《かんが》へと、中流以上《ちゆうりういじやう》の普通《ふつう》の家庭《かてい》で生活《せいくわつ》を享樂《きやうらく》する結婚前《けつこんまへ》の娘《むすめ》たちの考《かんが》へ方《かた》と、人生《じんせい》の見方《みかた》とは、隨分《ずゐぶん》違《ちが》ひませうね。どういふものでせう。

奥　職業《しよくげふ》を止《や》めて結婚《けつこん》したと云《い》ふことになるから、同《おな》じではないでせうか。止《や》めて結婚《けつこん》することが一番多《いちばんおほ》いのですね。

石坂　娘《むすめ》らしい夢《ゆめ》が尠《すくな》いんぢやないんですか。實生活《じつせいくわつ》に鍛《きた》へられて居《ゐ》るでせうから。

石坂　男《をとこ》によつては結婚《けつこん》の相手《あひて》として職業婦人《しよくげふふじん》を嫌《きら》ふ人《ひと》があるさうですね。男《をとこ》がそれだけ我儘《わがまゝ》で、色々《いろ〱》の意味《いみ》で處女性《しよぢよせい》らしいものを好《この》むので、世《よ》の中《なか》に接觸《せつしよく》してゐる職業婦人《しよくげふふじん》と云《い》ふものを嫌《きら》ふのではないですかね。

上司　そんなことを望《のぞ》んで居《ゐ》た所《ところ》で、實際《じつさい》に於《おい》て餘《あま》り自分《じぶん》を知《し》らないお孃《ぢやう》さんは、貰《もら》つても却《かへ》つてお荷物《にもつ》になるのでせうね。併《しか》し又《また》一面《いちめん》職業婦人《しよくげふふじん》で色々《いろ〱》知《し》つて居《ゐ》ると、夫《をつと》の方《はう》で自分《じぶん》が勤《つと》め先《さき》で上役《うはやく》などにペコ〱して居《ゐ》るのを知《し》つて居《を》られると困《こま》ると云《い》ふやうな意味《いみ》もあるのですかね。

宮本　餘《あま》りまざ〱と夫《をつと》と職場《しよくば》での位置《いち》やそのほか知《し》つて居《ゐ》る女房《にようばう》は誤魔化《ごまか》しがきかないから却《かへ》つて困《こま》ると言《い》ふ人《ひと》がありませうね。その面《めん》は言《い》つて、思《おも》ひやりのある面《めん》、プラスの面《めん》はとりあげられなくては、やり切《き》れないわけですね。

上司　それで職業婦人《しよくげふふじん》は何《なん》となく擦《す》れつ枯《から》しだと云《い》ふやうな氣持《きもち》があるのでせうけれども、それは女《をんな》を玩具《おもちや》のやうに考《かんが》へて居《ゐ》る點《てん》か

293　「婚期の娘の生活を考へる座談会」　上司小剣、石坂洋二郎 ほか　『婦人公論』昭和15年5月1日

ら出《で》て來《く》るのでせうね。煎《せん》じ詰《つ》めればね。：：婦人勞働者《ふじんらうどうしや》となると、所謂職業婦人《いはゆるしよくげふふじん》、事務《じむ》員《ゐん》と云《い》ふものとは又違《またちが》ひませうね。

宮本　違《ちが》ひませうね。家庭《かてい》の負擔《ふたん》がもつともつと重《おも》くなつてね。お嫁《よめ》に行《ゆ》きたいがお母《かあ》さんをどうするか。結婚《けつこん》するとお母《かあ》さんがどうなるか。お嫁《よめ》に行《い》つてもそれだけの金《かね》を家《うち》へ送《おく》れるか送《おく》れないか、それで苦勞《くらう》して問題《もんだい》にして居《ゐ》ると云《い》ふ點《てん》もありますね。

石坂　さう云《い》ふ點《てん》はありませうね。僕《ぼく》の知《し》つて居《ゐ》る人《ひと》で、是《これ》は勞働者《らうどうしや》ではありませんが、小學校《せうがくかう》の女教員《ぢよけうゐん》でしたが、結婚《けつこん》してしまふと、それだけお金《かね》を家《うち》へ入《い》れられなくなるので、結局結婚《けつきよくけつこん》はしましたけれども、ある期《き》限《げん》の間《あひだ》お嫁《よめ》さんの給料《きふれう》は實家《じつか》の方《はう》に入《い》れるといふ約束《やくそく》で結婚《けつこん》しました。

宮本　職業婦人《しよくげふふじん》の結婚《けつこん》の話《はなし》にしても、昔《むかし》のしきたりの通《とほ》りで家庭《かてい》を考《かんが》へると云《い》ふことは隨分女《ずゐぶんをんな》に取《と》つて大《おほ》きい問題《もんだい》でせうね。そこで結婚《けつこん》したら職業《しよくげふ》を止《や》めたいと云《い》ふ人《ひと》もあり、又人《またひと》に依《よ》つては止《や》めないでやつて行《い》きたいと云《い》ふ人《ひと》もありませうけれども、實際疲《じつさいつか》れがちとなつたり樣々《さまざま》な困難《こんなん》がおこつて來《く》るのぢやないでせうか。

○結婚と持參金

上司　實見《じつけん》した譯《わけ》ではないが、雜誌《ざつし》や本《ほん》で讀《よ》んだりすると、フランスでは持參金《ぢさんきん》のない結婚《けつこん》はない。女《をんな》は持參金《ぢさんきん》がなければ結婚《けつこん》は出《で》來《き》ないさうですね。

宮本　バルザック時代《じだい》からさうなんぢやないでせうか。

上司　それが特《とく》にひどくて、持參金《ぢさんきん》を作《つく》る爲《ため》に女中《ぢよちゆう》でも何《なん》でもして女《をんな》の人《ひと》はやつて居《ゐ》るやうですね。どんな人《ひと》でも持參金《ぢさんきん》の少《すく》ない人《ひと》はお嫁《よめ》の口《くち》も少《すく》ないと云《い》ふのですね。

石坂　それは習慣《しふくわん》でせうか、男《をとこ》が少《すく》ないからでせうか。

宮本　男《をとこ》の少《すく》ないと云《い》ふことも事實《じじつ》でせうね。ヨーロッパ戰爭《せんさう》からこつち、メッキリ女《をんな》の人《ひと》が多《おほ》くなつたやうですからね。男一人《をとこひとり》に女《をんな》五人《にん》の割《わり》といふのが一昔前《ひとむかしまへ》の話《はなし》でした。日《につ》本《ぽん》では持參金《ぢさんきん》がなければ駄目《だめ》だと云《い》ふやうなことを云《い》ふ人《ひと》は少《すく》ないので、其《そ》の點《てん》は工合《ぐあひ》が宜《よろ》しいですね。

奥　それでも段々素寒貧《だんだんすかんぴん》をお嫁《よめ》にすることを避《さ》けて居《ゐ》る人《ひと》が多《おほ》いやうですね。一流《いちりう》の會《くわい》社《しや》や銀行《ぎんかう》に居《ゐ》る人《ひと》が、月給《げつきふ》を交際費《かうさいひ》に使《つか》つてしまはなければやつて行《ゆ》けない人《ひと》が多《おほ》いやうですからね。

記者　以前男《いぜんをとこ》の就職難時代《しうしよくなんじだい》には一部《いちぶ》では職《しよく》業婦人《げふふじん》と結婚《けつこん》することを寧《むし》ろ希望《きばう》する氣持《きもち》が強《つよ》かつたのではないかと考《かんが》へます。そこには勿論當時《もちろんたうじ》の左翼《さよく》イデオロギーからの影響《えいきやう》もありましたでせうし、進歩的《しんぽてき》な形《かたち》として望《のぞ》まれてゐたところもあつたでせうが、一方《ぱう》、ずるい考《かんが》へ方《かた》、つまりよしんば失業《しつげふ》したり、或《あるひ》は樂《らく》でない生活《せいくわつ》がつゞいても、一度職場《いちどしよくば》で生活《せいくわつ》の現實《げんじつ》に鍛《きた》へられた女性《ぢよせい》なら窮乏《きうばふ》にも堪《た》へてくれるであらうし、普通《ふつう》のいゝところのお孃《ぢやう》さん程不足勝《ほどふそくが》ちな生活《せいくわつ》でもみじめに考《かんが》へないで共《とも》に勵《はげ》ましあひ、或《あ》る場合《ばあひ》には一時女房《いちじにようばう》に働《はたら》いて貰《もら》ふことさへ出來《でき》るから、さういつた氣持《きもち》も働《はたら》いてゐなかつたとはいへないと考《かんが》へます。ところが、今《いま》は就職《しうしよく》は保證《ほしよう》されてゐる。生活《せいくわつ》の贅澤《ぜいたく》は出來《でき》る。その優位《いうゐ》の感《かん》じが結婚《けつこん》の對象《たいしやう》を擇《えら》ぶにも幾分贅澤《いくぶんぜいたく》を云《い》ふといふことになつて來《き》たのではありますまいか。

宮本　時代《じだい》の波《なみ》として、さう云《い》ふ樣相《やうさう》もある。さつき石坂《いしざか》さんが言《い》つていらしつたやうな、處女性《しよぢよせい》ごのみといふやうな、しきたり的《てき》の趣味《しゆみ》と云《い》ふやうなことも、相當强《さうたうつよ》いのでせ

うね。

石坂　相當強《さうたうつよ》いやうですね。自分《じぶん》では相當《さうたう》に知的《ちてき》な教養《けうやう》を身《み》につけてゐるつもりの男《をとこ》でも、異性《いせい》に對《たい》するあまり上等《じやうとう》でないさういふ好《この》みが、案外根深《あんぐわいねぶか》く身體《からだ》の中《なか》に喰《く》ひ込《こ》んでゐるのでないかと思《おも》ひます。若《わか》い時《とき》には戀愛論《れんあいろん》や婦人論《ふじんろん》を澤山讀《たくさんよ》んでその方《はう》に十分《ぶん》の理解《りかい》がある筈《はず》だつた男《をとこ》が、結婚《けつこん》してしまふと段々世《だんだんせ》間並《けんなみ》な暴君亭主《ばうくんていしゆ》の馬脚《ばきやく》を現《あら》はして來《く》る例《れい》が多《おほ》いやうに――。

上司　孔子《こうし》は自分《じぶん》の娘《むすめ》を成《な》るたけ良《よ》い所《ところ》にやつて、自分《じぶん》の方《はう》へ貰《もら》ふ嫁《よめ》は成《な》るべく貧乏《びんばふ》の所《ところ》から貰《もら》へと云《い》ふことを説《と》いて居《を》りますね。所《ところ》がやるのも貰《もら》ふのも良《よ》い所《ところ》からと云《い》ふことを望《のぞ》む人《ひと》が多《おほ》いでせうね。まあ現在《げんざい》は何《なん》にでも經濟問題《けいざいもんだい》がガッチリ付《つ》き纏《まと》つて居《を》りますけれどもね。

石坂　以前《いぜん》の男《をとこ》の人《ひと》は就職難《しうしよくなん》で苦《くる》しんで居《ゐ》ましたが、今《いま》の女《をんな》の人《ひと》は結婚難《けつこんなん》で苦《くる》しんで居《ゐ》ると云《い》ふ所《ところ》がありますね。内在的《ないざいてき》な性質《せいしつ》に、似《に》た所《ところ》がある……。

上司　女事務員《をんなじむゐん》や女工《ぢよこう》さんは結婚費《けつこんひ》を生《う》み出《だ》す迄働《まではたら》いて居《ゐ》るのでせうね。それにしても結婚費《けつこんひ》と云《い》ふのは今《いま》どの位掛《くらゐかゝ》るのでせうか。女事務員《をんなじむゐん》が結婚《けつこん》すると云《い》ふ程度《ていど》でね。それでも矢張《やは》り女《をんな》の方《はう》が掛《かゝ》りませうね。

宮本　まあ私《わたし》なんか、ちつとも、一錢《せん》も掛《か》けなかつたんですが、願《ねがは》くは誰《たれ》しも幾《いく》ら掛《かゝ》ると云《い》ふよりも、掛《かゝ》らない方《はう》へ習慣《しふくわん》が動《うご》いて欲《ほ》しいでせうね。

石坂　男《をとこ》の方《はう》から支度金《したくきん》と云《い》ふものは出《だ》しませんか。

上司　男《をとこ》の方《はう》が良《よ》ければ出《だ》すやうですね。

石坂　私《わたし》の方《はう》では男《をとこ》の方《はう》からやります。

宮本　幾《いく》ら位出《くらゐだ》すのですか。

石坂　家《いへ》に依《よ》つて違《ちが》ひますが、三百圓《ゑん》から五百圓位《ゑんくらゐ》はやるのでせう。

上司　結納《ゆひなふ》と云《い》ふのは支度金《したくきん》とは違《ちが》ふのですか。

石坂　さうでせう。あれは女《をんな》の少《すくな》かつた時代《じだい》の掠奪結婚《りやくだつけつこん》の風習《ふうしふ》が殘《のこ》つて居《ゐ》るのでせう。

○見合結婚と戀愛結婚

石坂　外國《ぐわいこく》なんかでは見合結婚《みあひけつこん》と戀愛結婚《れんあいけつこん》とどつちが多《おほ》いのですかね。

上司　大體戀愛結婚《だいたいれんあいけつこん》が多《おほ》くて、見合結婚《みあひけつこん》と云《い》ふのは尠《すくな》いのぢやないですかね。

石坂　小說《せうせつ》なんか讀《よ》むとやはり一種《しゆ》の見合《みあひ》結婚《けつこん》のやうなものがあるやうですが……。

宮本　社交《しやかう》といふものが、その役割《やくわり》をするやうですね。いゝ對手《あひて》をひきつけようとして母親《はゝおや》が醜態《しうたい》を演《えん》ずると云《い》ふやうな場合《ばあひ》が諷刺《ふうし》的《てき》にオースティンの小說《せうせつ》にもかゝれてゐたりします。親《おや》たちが、云《い》はず語《かた》らずやはり苦勞《くらう》するやうです。日本《につぽん》の家庭《かてい》でも何《なん》と云《い》ふのでせう、さう云《い》ふ程度《ていど》の見合《みあひ》、皆《みんな》がそれとなしに暗默《あんもく》の中《うち》に了解《れうかい》して、お互友達同志《たがひともだちどうし》の子供《こども》を何《なん》となく接觸《せつしよく》させて、親《おや》もそれに參加《さんか》しながら、見合《みあひ》と云《い》ふやうな形《かたち》でなく交際《かうさい》させてゆく、さう云《い》ふやうな空氣《くうき》は今日《こんにち》でも大分擴《だいぶひろ》がつて來《き》て居《を》りますね。

上司　それが少《すこ》しづゝ進歩《しんぽ》して親《おや》が參加《さんか》しないでも、當人同志《たうにんどうし》で待《ま》ち合《あは》せてやつて居《ゐ》る所《ところ》がありますね。

石坂　これは山本有三《やまもとゆうざう》さんのお話《はなし》でしたが、日本《につぽん》では家長《かちやう》の交際《かうさい》があつても家族同志《かぞくどうし》の交際《かうさい》といふものが少《すくな》い。これが外國風《ぐわいこくふう》に家《か》長《ちやう》の交際《かうさい》を妻《つま》にも息子《むすこ》にも娘《むすめ》にも及《およ》ぼすといふやうであれば、若《わか》い男女《だんぢよ》の交際《かうさい》も戀愛《れんあい》ももつと氣樂《きらく》な、明《あか》るい、健康《けんかう》な感《かん》じのものになると思《おも》ひますね。

○女子教育について

宮本　女學校《ぢよがくかう》の教育《けういく》と云《い》ふやうなものでも、隨分今《ずゐぶんいま》の時代《じだい》の現實《げんじつ》の中《なか》で女《をんな》の人《ひと》の生《い》きて行《ゆ》くには頼《たよ》りない教育《けういく》しかして呉《く》れませんしねえ。だから女學校《ぢよがくかう》を卒業《そつげふ》して其《そ》の儘《まま》直ぐ細君《さいくん》になれるのでもなく、さうかと云《い》つて、何《なに》が自分《じぶん》の好《す》きかそれさへ自分《じぶん》につかめてゐない狀態《じやうたい》で學校教育《がくかうけういく》が終《をは》つてしまひますね。

上司　一時《じ》性教育《せいけういく》と云《い》ふことも言《い》はれましたけれども、あれはなか〱眞實《しんじつ》に觸《ふ》れられないのでせうね。

石坂　大體《だいたい》は觸《ふ》れて居《ゐ》ないのでせうね。私《わたし》が前《まへ》に勤《つと》めて居《ゐ》た時《とき》、其《そ》の教科書《けうくわしよ》にたつた一《ひと》つ戀愛《れんあい》のことを說《と》いて居《ゐ》た教科書《けうくわしよ》がありましたね。毒《どく》にも藥《くすり》にもならない說《と》き方《かた》で――。

上司　結婚《けつこん》に對《たい》する考《かんがへ》も性教育《せいけういく》が圓滿《ゑんまん》に行《おこな》はれると幾《いく》らか變《かは》つて來《き》ませうね。世俗的《せぞくてき》に言《い》へばまあ危險《きけん》なやり方《かた》ですけれども。

石坂　婦人雜誌《ふじんざつし》などにさう云《い》ふことは隨分《ずゐぶん》出《で》て居《を》りますから、或程度《あるていど》學校《がくかう》でやらないでも、さう云《い》ふものを讀《よ》んで知《し》つて居《ゐ》るやうですね。殊《こと》に一頃《ひところ》婦人雜誌《ふじんざつし》でさう云《い》ふものを刺戟的《しげきてき》に扱《あつか》つた時代《じだい》がありましたね。

宮本　例《たと》へば優生學《いうせいがく》の問題《もんだい》とか、それから色々《いろ〱》の遺傳《ゐでん》の話《はなし》なんかは女學校《ぢよがくかう》で十分話《じふぶんはな》すことが出來《でき》る項目《かうもく》なんぢやないでせうか。今《いま》から後《のち》に結婚《けつこん》する人《ひと》たちには、さう云《い》ふ性的衞生《せいてきゑいせい》の點《てん》がなか〱大變《たいへん》なリスクですね。

奥　今《いま》の男《をとこ》の人《ひと》は性《せい》を商賣《しやうばい》にして居《ゐ》る女《をんな》の人《ひと》から學《まな》ぶと云《い》ふやうな間接《かんせつ》の學《まな》び方《かた》をしないで、もつと親《おや》からも先生《せんせい》からも眞面目《まじめ》に指導《しだう》されるやうにありたいですね。

宮本　心理的《しんりてき》に言《い》つてどうなんでせうね。愛情《あいじやう》の問題《もんだい》が切實《せつじつ》に起《おこ》る時期《じき》と、さう云《い》ふやうな生理的《せいりてき》な知識《ちしき》を持《も》つべき時期《じき》と云《い》ふものの結《むす》び合《あは》せが隨分《ずゐぶん》むづかしいのでせうね。愛情《あいじやう》の表現《へうげん》の仕方《しかた》が、西洋《せいやう》の人《ひと》は親同志《おやどうし》が愛情《あいじやう》の表現《へうげん》を子供《こども》の前《まへ》でもしますが、日本《にっぽん》の親《おや》たちの關係《くわんけい》は「おい」「はい」の關係《くわんけい》で現《あら》はれて居《ゐ》るから、愛情《あいじやう》と云《い》ふものから性教育《せいけういく》に入《はい》つて行《ゆ》くモメントが日常生活《にちじやうせいくわつ》の中《なか》には少《すく》ないから、どうしても困難《こんなん》なのですね。西洋《せいやう》の本《ほん》を見《み》ると、愛情《あいじやう》のめざめから性教育《せいけういく》に入《はい》つて行《ゆ》く。お父《とう》さん、お母《かあ》さんが子供《こども》を可《か》愛《はい》がる氣《き》持《もち》、お父《とう》さん、お母《かあ》さんが互《たがひ》に劬《いたは》り愛《あい》する氣《き》持《もち》、さう云《い》ふ點《てん》から性教育《せいけういく》に入《はい》る氣持《きもち》がよく現《あら》はれて居《を》りますが、日本《にっぽん》ではさう云《い》ふ表現《へうげん》が少《すく》ないから、本當《ほんたう》にお父《とう》さんがお母《かあ》さんを可《か》愛《はい》がると云《い》ふ氣持《きもち》がちよつと簡單《かんたん》に現《あら》はれないから、人間《にんげん》の心《こゝろ》を豐富《ほうふ》にするさういふものでも、何《なに》か下手《へた》な現實化《げんじつくわ》になつてしまふと云《い》ふ傾向《けいかう》がありはしませんか。

上司　さう云《い》ふ點《てん》からは、どうしても生活《せいくわつ》內容《ないよう》と云《い》ふものが貧弱《ひんじやく》になりますね。

石坂　夫婦間《ふうふかん》の愛情《あいじやう》だけでなく、兄妹《きやうだい》の間《あひだ》でも、親子《おやこ》でも總《すべ》てさうですね。人《ひと》の前《まへ》でおほつぴらに愛情《あいじやう》を示《しめ》していゝのは赤ん坊位ぢやありませんか。

宮本　近《ちか》づいて見《み》ると思《おも》つたよりひどいものだと思《おも》ひますね。さう云《い》ふ風《ふう》な點《てん》は文學《ぶんがく》の仕事《しごと》をして居《ゐ》るものはどんな人《ひと》だつて感《かん》じてゐるでせうね。女《をんな》の氣持《きもち》を書《か》く場合《ばあひ》、女《をんな》の言葉《ことば》、動作《どうさ》が、表現《へうげん》として全部《ぜんぶ》は書《か》けないでせう。何《なに》か思《おも》つて居《ゐ》ると云《い》ふその心《こゝろ》を書《か》く。動作《どうさ》だつて、なか〱、いつとはなしに手足《てあし》を體《からだ》のまはりに縛《しば》り付《つ》けて居《を》りますからね。

石坂　だから、戀愛小說《れんあいせうせつ》を書《か》いても、なかなか豐《ゆた》かな肉付《にくづき》と云《い》ふものが付《つ》かないのですよ。

上司　自分《じぶん》のほんたうの心《こゝろ》を曝《さら》け出《だ》すのがいけないといふやうな、封建的《ほうけんてき》な風《ふう》とても言《い》ふべきものが遺《のこ》つて居《ゐ》るのでせうな。

宮本　封建的《ほうけんてき》のものもあり、而《しか》もそこに納《をさま》り切れない現實《げんじつ》の溢《あふ》れたところもあり、女《をんな》の心《こゝろ》が小説《せうせつ》に書《か》かれるといふことはなか〳〵むづかしいことなのですね。本當《ほんたう》に可《か》能性《のうせい》の大《おほ》きい若《わか》い女《をんな》の人《ひと》を見《み》たいと思《おも》ひますね。頭《あたま》も強《つよ》いし、情感《じやうかん》も深《ふか》く大《おほ》きいしと云《い》ふやうな人《ひと》が出《で》て來《き》て、ヘッと思《おも》ふやうな思《おもひ》をして見《み》たいと思《おも》ふのですが。どうもなか〳〵……

○結婚までの間を如何に生くべきか

石坂　社會《しやくわい》の慣習《くわんしふ》と闘《たゝか》ひながら生《い》きて行《ゆ》く――途中《とちう》で息《いき》が切《き》れてしまはなければいゝんですが……。所《ところ》ではじめにかへつて、若《わか》い女《をんな》の人達《ひとたち》は結婚《けつこん》に入《はひ》るまでの間《あひだ》どう云《い》ふ状態《じやうたい》にあることが望《のぞ》ましいかと云《い》ふことを、こゝらでまとめてみたらどうでせう。

上司　なか〳〵むづかしいですね。どう云《い》ふ風《ふう》に指導《しだう》するかと云《い》ふことと共《とも》に、どう云《い》ふ風《ふう》に指導《しだう》されるかと云《い》ふ事《こと》も必要《ひつえう》ですね。指導《しだう》する人《ひと》に依《よ》つて違《ちが》つて來《き》ますからね。

石坂　結婚《けつこん》するまでに、女學校《ぢよがくかう》を卒業《そつげふ》してから或《あ》る期間《きかん》があつた方《はう》が宜《い》いでせうね。

宮本　結婚《けつこん》をゴールと考《かんが》へると云《い》ふことは絶對《ぜつたい》に間違《まちがひ》だと云《い》ふことが一般《ぱん》の氣持《きもち》に入《はい》つて來《こ》なければ。さうでなければ結論《けつろん》みたいになつてしまつてね、結婚《けつこん》と云《い》ふものが……。

石坂　結婚《けつこん》がゴールであると考《かんが》へる考《かんが》へ方《かた》が總《すべ》てを間違《まちが》つたものにしてゐるのですね。

宮本　ゴールだと思《おも》つたりするから結婚《けつこん》が打算《ださん》されたり、さうでなければ、直《す》ぐこれが現實《げんじつ》だつたといふ風《ふう》に屈服《くつぷく》してしまひますからね。

上司　直《す》ぐに身《み》が固《かたま》つたなんて言《い》ひますからね。だが實際《じつさい》は結婚《けつこん》の幸不幸《かうふかう》、芽出《めで》たいか芽出《めで》たくないかは、將來《しやうらい》にあるのですからね。

石坂　所《ところ》が男《をとこ》は結婚《けつこん》のやり直《なほ》しが比較的《ひかくてき》簡《かん》單《たん》に出來《でき》ますが、女《をんな》は子供《こども》が生《うま》れてゐたり、經濟的《けいざいてき》な獨立《どくりつ》が出來《でき》なかつたりするので、そんな事《こと》に縛《しば》られて不幸《ふかう》な結婚生活《けつこんせいくわつ》でも泣寢入《なきねいり》しなければならない場合《ばあひ》が多《おほ》い、其《そ》の點《てん》になると女《をんな》の人《ひと》は非常《ひじやう》に損《そん》な立場《たちば》にありますね。

記者　ある雜誌《ざつし》で讀《よ》んだのですが、結婚迄《けつこんまで》の間《あひだ》を、相當期間《さうたうきかん》置《お》く方《はう》が宜《い》いかどうかといふ問題《もんだい》で、女學校《ぢよがくかう》を出《で》て直《す》ぐ結婚生活《けつこんせいくわつ》に入《はひ》つた方《はう》が宜《い》い、お父《とう》さんお母《かあ》さんの手許《てもと》から直《す》ぐ夫《をつと》の手《て》に渡《わた》されると餘分《よぶん》のものが入《はひ》つて來《こ》ないで、變《かん》に女性《じよせい》が個性的《こせいてき》になつたり形《かたち》が出《で》來《き》てゐたりしなくて、主人《しゆじん》の思《おも》ふ通《とほ》りに主人《しゆじん》の家庭《かてい》にふさはしい樣《やう》に自由《じいう》に敎育《けういく》出來《でき》る、準備期間《じゆんびきかん》を長《なが》くおくと其《そ》の中《うち》に女《をんな》が女《をんな》としての性格《せいかく》が出來《でき》て來《き》て、男《をとこ》の望《のぞ》むやうな狀態《じやうたい》に鑄直すことがむづかしくて、そこから色々《いろいろ》不幸《ふかう》が起《おこ》る。だから出來《でき》るだけ早《はや》く親《おや》の手《て》から夫《をつと》の手《て》に行《ゆ》く事《こと》が望《のぞ》ましいと云《い》ふ說《せつ》でした。

上司 その話《はなし》は少《すこ》し男性本位《だんせいほんゐ》になつて居《ゐ》りますね。

奧 その方《かた》はお年寄《としより》なんですか。

記者 お二人《ふたり》とも相當《さうたう》のお年寄《としより》の方《かた》です。實際《じつさい》の經驗《けいけん》から割出《わりだ》してのお話《はなし》で、或程度《あるていど》時局《じきよく》に妥協《だけふ》してのお話《はなし》なら御尤《ごもつとも》だと思《おも》ひますけれども。

宮本 男《をとこ》が主《しゆ》になつての意見《いけん》としても非常《ひじやう》に素朴《そぼく》ですね。人間《にんげん》と云《い》ふものは、自分《じぶん》が一生懸命《しやうけんめい》拵《こしら》へたものでも、餘《あま》り自分《じぶん》の思《おも》ふやうになつてしまつて、自分《じぶん》が此處《ここ》を押《お》せば斯《か》う云《い》ふ音《おと》が出《で》るともう押《お》さない先《さき》から分《わか》つてしまつてゐるやうな女《をんな》では、實際《じつさい》に樂《たの》しい生活《せいくわつ》が出來《でき》るものではないと思《おも》ひます。人間《にんげん》と云《い》ふものは自分《じぶん》の作《つく》つたものが自分《じぶん》の思《おも》ふ通《とほ》りに出來上《できあが》ればそれにあきる心《こころ》をもつてゐるのですものね。自分《じぶん》が必《かなら》ず其《そ》の妻《つま》よりも後《あと》に死《し》ぬと云《い》ふことが分《わか》つて居《を》れば宜《い》いのですけれども、さうでなく夫《をつと》が先《さき》に死《し》んだとしたら、その人間《にんげん》のために拵《こしら》へられた妻《つま》が人間《にんげん》として困《こま》ることになるのぢやありませんか。

上司 夫婦《ふうふ》と云《い》ふ考《かんがへ》から言《い》つても間違《まちが》つた考《かんがへ》ではありまんかね。

奧 私《わたし》もそれと同《おな》じですけれども、此《こ》の間《あひだ》も小學校《せうがくかう》の校長先生《かうちやうせんせい》が女子靑年會《ぢよしせいねんくわい》の娘《むすめ》さん達《たち》に話《はな》して居《ゐ》た所《ところ》では、女《をんな》は障子《しやうじ》みたいなもので、建物《たてもの》に嵌《は》めるには敷居《しきゐ》を切《き》る譯《わけ》に行《ゆ》かない。どうしても障子《しやうじ》を切《き》る譯《わけ》になる。嫁《よめ》に行《ゆ》くには其《そ》の家庭《かてい》に合《あ》はないものは嫁《よめ》としての資格《しかく》がない。だからよい障子《しやうじ》になつて、その家《いへ》の家風《かふう》に合《あ》ふ嫁《よめ》にならなければいけないといつてゐるのを聞《き》いて、旨《うま》い譬《たと》へだなあ、と感心《かんしん》しましたが、こんな思想《しさう》で敎《をし》へこまれてはたまりませんね。併《しか》し若《わか》い娘《むすめ》さんの中《うち》には、障子《しやうじ》の心《こころ》で、三味線《しやみせん》も洋樂《やうがく》もと云《い》ふやうに、兩方《りやうはう》を學《まな》んでおけばどんなお婿《むこ》さんの趣味《しゆみ》にも投《とう》ずると思《おも》つてゐるのが尠《すくな》くない。

宮本 障子《しやうじ》だなんて。――娘《むすめ》さんたちは本當《ほんたう》に可哀《かはい》さうですね。

石坂 封建時代《ほうけんじだい》の考《かんがへ》ですね。建物《たてもの》の方《はう》が完全《くわんぜん》ではないものが多《おほ》いのでせう。さう云《い》ふのには困《こま》りますね。

上司 たとへ漠然《ばくぜん》と生活《せいくわつ》して居《ゐ》ても、學校《がくかう》を出《で》て直《す》ぐに結婚《けつこん》しない方《はう》が宜《い》いと思《おも》ひますね。一方《いつぱう》女學校《ぢよがくかう》の敎育《けういく》にも無理《むり》があり、到《いた》らぬ點《てん》、不完全《ふくわんぜん》な點《てん》が甚《はなは》だしいですからね。

宮本 併《しか》し若《わか》い娘《むすめ》に對《たい》しては臆面《おくめん》もないことを言《い》へるものですね。さう云《い》ふことを臆面《おくめん》もなく言《い》はれるのは娘《むすめ》さんたちとして、どんなにか無念千萬《むねんせんばん》でせうけれども、娘《むすめ》としてそれにはつきり反對《はんたい》の心持《こゝろもち》が言《い》へない氣持《きもち》、そこに娘《むすめ》の氣持《きもち》の千萬無量《せんばんむりやう》の所《ところ》を察《さつ》してやらなければ。――さう云《い》ふ障子說《しやうじせつ》なんかは察《さつ》してやらなければね。

上司 實際《じつさい》障子說《しやうじせつ》はいけませんよ。何《なん》とかしなければ。……

石坂 其《そ》の癖《くせ》日本《にっぽん》の社會《しやくわい》では、妻《つま》といふものが隨分《ずゐぶん》大事《だいじ》にされて居《ゐ》るやうにも考《かんが》へられますが……。

宮本 大事《だいじ》にされて居《ゐ》ると云《い》ふのは、奧《おく》さんと云《い》ふものがなければ、いろ〳〵男《をとこ》のひとの實生活《じつせいくわつ》が困《こま》りますから、さういふ所《ところ》もあるでせう。

石坂 不便《ふべん》と云《い》ふことよりも、やはり愛情《あいじやう》をもち人格《じんかく》を認《みと》めてゐるやうに感《かん》ぜられるんです。社會《しやくわい》のシンをなしてゐる中堅《ちうけん》の家庭《かてい》ではさうぢやないかと思《おも》ふのです。生活《せいくわつ》にかゝされないもの、それへの愛情《あいじやう》、いろ〳〵その間《かん》のいきさつは微妙《びめう》でね。勿論《もちろん》感情《かんじやう》の内容《ないよう》も變《かは》つて來《き》て居《ゐ》るでせうけれど。

奥　男《をとこ》の人《ひと》で女《をんな》の人《ひと》を素直《すなほ》に愛《あい》して認《みと》めて居《ゐ》る人《ひと》が多《おほ》くなつて居《ゐ》ると思《おも》ひますね。我々《われ〳〵》のお父《とう》さん、お母《かあ》さんの時代《じだい》のことを考《かんが》へると、随分《ずゐぶん》男《をとこ》の人《ひと》が變《かは》りましたね。

宮本　けれども、矢張《やは》り配偶《はいぐう》として女《をんな》を見《み》る場合《ばあひ》には、男《をとこ》の人《ひと》が何《なに》も色《いろ》の付《つ》かない個性《こせい》のないものを満足《まんぞく》だとして選《えら》ばうとする氣持《きもち》が多《おほ》いことを石坂《いしざか》さんも仰《お》つしやいませう。さうだとすると一番《いちばん》初《はじ》めから人間《にんげん》として自分《じぶん》と違《ちが》ふ所《ところ》をも樂《たの》しみとして暮《くら》さうと思《おも》つて、そも〳〵から認《みと》めて出發《しゆつぱつ》して居《ゐ》ると云《い》へる事《こと》でせうか。第《だい》一歩《ぽ》のさう云《い》ふ氣持《きもち》まで考《かんが》へてみれば、認《みと》めると云《い》つても現實《げんじつ》には様々《さま〴〵》だから、何《なん》とか人間的《にんげんてき》の要素《えうそ》を多《おほ》く認《みと》めて欲《ほ》しいと云《い》ふことになつて來《き》ますね。今《いま》でも、結局《けつきよく》女《をんな》は女《をんな》だねと云《い》ふ言葉《ことば》は男《をとこ》のひとから或力《あるちから》を持《も》つて云《い》はれて居《ゐ》るのですものね。さう云《い》ふことに私《わたし》たちの悲《かな》しみといふものもあるでせう。人《ひと》がさう云《い》はれることを聞《き》くのも……

石坂　男《をとこ》の身勝手《みがつて》な話《はなし》ですけれども、宮本《みやもと》さんの仰《お》つしやるやうなことで家庭生活《かていせいくわつ》に入《はひ》つて行《ゆ》く場合《ばあひ》に、男《をとこ》は毎日々々《まいにち〳〵》の生活《せいくわつ》――仕事《しごと》が思《おも》ふ存分《ぞんぶん》にやれないと云《い》ふやうなことがありませんか。今《いま》の一般状態《いつぱんじやうたい》がさうでないのですから……

宮本　仕事《しごと》にさしつかへると云《い》ふことはどう云《い》ふの。お互《たがひ》の關心《くわんしん》が多《おほ》くなり過《す》ぎてと云《い》ふ氣持《きもち》ですか。

石坂　關心《くわんしん》が多《おほ》くなり過《す》ぎてと云《い》ふよりも、一般《いつぱん》の社會《しやくわい》がさうでない亭主本位《ていしゆほんゐ》の家庭《かてい》生活《せいくわつ》をしてゐる時《とき》に自分《じぶん》の所《ところ》だけが夫婦平等《ふうふびやうどう》のやうな生活《せいくわつ》をしようとすれば、何《なに》かひどく窮屈《きうくつ》のやうなことになりはしないかと云《い》ふのですね。

宮本　詰《つま》り平塚《ひらつか》さんが、日本《にほん》の民法《みんぱふ》なんか人《ひと》を馬鹿《ばか》にしたものだから、籍《せき》を入《い》れると云《い》ふやうな結婚《けつこん》はしないと仰《お》つしやつたけれども、矢張《やは》りお子《こ》さんが生《うま》れゝば入籍《にふせき》なさると云《い》ふやうな意味《いみ》ですね。

石坂　さうですね。

宮本　さう云《い》ふ形《かたち》と云《い》ふものが何處《どこ》迄《まで》言《い》ひ得《う》るでせう。例《たと》へば夫婦《ふうふ》だから一緒《しよ》に住《す》みたいと云《い》ふのは自然《しぜん》の心持《こゝろもち》でせう。だから今《いま》のひとたちは或時代《あるじだい》の人達《ひとたち》みたいに、一《ひと》つの家庭《かてい》をつくると制約《せいやく》されるのが嫌《いや》だから別々《べつ〳〵》に住《す》みませうと云《い》ふやうな、素朴《そぼく》な感情《かんじやう》は持《も》つて居《ゐ》ないでせう。臺所《だいどころ》をしたつて、お給仕《きふじ》をしたつて、それはかまはないのですよ。さうやつてゆくことの心持《こゝろもち》、そのことについての夫婦《ふうふ》の心持《こゝろもち》、それを今《いま》の若《わか》い人《ひと》は清新《せいしん》なものにしてゆきたいと思《おも》つてゐるでせう。

石坂　忙《いそが》しく働《はたら》いて居《ゐ》る者《もの》は、亭主本位《ていしゆほんゐ》と云《い》ふ點《てん》に傾《かたむ》き過《す》ぎて居《ゐ》ないかと云《い》ふ感《かん》じがするのです。それを細君《さいくん》を形《かたち》の上《うへ》で勞《いた》はつてやるやうな生活《せいくわつ》にすると不便《ふべん》を感《かん》じると云《い》ふ生《せい》活《くわつ》がありますね。氣持《きもち》の上《うへ》では勞《いた》はつて居《ゐ》りますけれども、それを形《かたち》の上《うへ》に現《あら》はさうとすれば困難《こんなん》が伴《ともな》ふと云《い》ふことがありませんか。

宮本　さうだからと云《い》つて、絶對《ぜつたい》にそれが不可能《ふかのう》と云《い》ふやうな問題《もんだい》ではないんぢやないでせうか。何《なん》としても亭主《ていしゆ》を形《かたち》の上《うへ》で立《た》てれば、女房《にようばう》が立《た》たないと云《い》ふことでもないでせう。

石坂　さう云《い》ふやうな社會《しやくわい》のしきたりが邪魔《じやま》をして、さう云《い》ふことになるのではないかと思《おも》ひますね。そしてこんなしきたりといふ

299　「婚期の娘の生活を考へる座談会」　上司小剣、石坂洋二郎 ほか　『婦人公論』昭和15年5月1日

やうなものが案外我々《あんぐわいわれ／＼》の生活《せいくわつ》に深《ふか》く絡《から》んで來《く》る所《ところ》があるのではないかと思《おも》ふんです。

宮本　社會生活《しやくわいせいくわつ》のしきたりが進《すゝ》んで常識《じやうしき》が鈍化《どんくわ》して來《こ》なければ、女《をんな》の感情《かんじやう》もゆたかになりきれないし、愛情《あいじやう》さへ伸《の》び切《き》らないと云《い》ふやうな、さう云《い》ふものでせう。

石坂　例《たと》へば一家《か》の中《なか》の夫婦生活《ふうふせいくわつ》を考《かんが》へても、男《をとこ》も女《をんな》も平等《びやうどう》にやつて行《ゆ》くと云《い》ふならば、何《なん》だか男《をとこ》の方《はう》の都合《つがふ》の好《い》いと云《い》ふ生活《せいくわつ》が多《おほ》いのです。それをさうでないやうにしようとすれば、周圍《しうゐ》の生活《せいくわつ》と鬪《たゝか》つて行《ゆ》かなければならぬと云《い》ふやうな點《てん》がありませうね。だから私《わたし》に言《い》はすればあなた方《がた》のやうに教養《けうやう》を備《そな》へて居《ゐ》る人《ひと》が何《なん》でもないと感《かん》じて居《ゐ》るのがいけないと思《おも》ふのです。お互《たがひ》にその不合理《ふがふり》である點《てん》を感《かん》じて行《ゆ》かなければならぬと云《い》ふのです。

宮本　一般論《ぱんろん》は斯《か》うだけれども、事實《じじつ》は斯《か》うだよと云《い》ふ[illegible]な論法《ろんぱふ》が、そこへあらはれるのですね。

石坂　一人《ひと》々々《く》の少《すこ》しづゝの反省《はんせい》と云《い》ふものが集《あつ》つて行《い》つて、だん／＼良《よ》い狀態《じやうたい》になつて來《く》るのではないかと思《おも》ひます。

宮本　餘《あま》り話《はなし》が外《そ》れてしまひますけれど、漱石《そうせき》が書《か》いて居《ゐ》るやうな結婚《けつこん》の悲劇《ひげき》の性質《せいしつ》、男《をとこ》と女《をんな》の對立《たいりつ》、あの原因《げんいん》は、ストリンドベリーの男女相剋《だんぢよさうこく》の理由《りゆう》とは、日本《にっぽん》といふ背景《はいけい》でちがつたものがあるわけでせう。自我《じが》の問題《もんだい》として、あれをとり上《あ》げた點《てん》、漱石《そうせき》は一歩《ぽ》進《すゝ》んでゐたと思《おも》ひますが、その眞《しん》の原因《げんいん》、結婚《けつこん》とか家庭《かてい》の成《な》り立《た》ちの古《ふる》いものの究明《きうめい》は漱石《そうせき》が一面《めん》儒教的《じゆけうてき》のものの考《かんが》へ方《かた》に即《そく》して居《ゐ》たから、十分《ぶん》されませんでした。さう云《い》ふ違《ちが》ひがあるんですね。よく話《はな》すのですが、女全體《をんなぜんたい》のこととして何《なに》か言《い》ふ場合《ばあひ》、どうしても其《そ》の一番底《ばんそこ》のところから話《はなし》が始《はじま》つて行《い》かなければならないでせう。私達《わたしたち》々々《く》と女《をんな》にこだはつたやうな、きまりの悪《わる》いやうな話《はな》しかたもやむを得《え》ないと云《い》ふやうなところも、面白《おもしろ》いことですね。女全體《をんなぜんたい》のこととすると、野暮《やぼ》くさいやうなことからも言《い》はなければならぬと云《い》ふのが我々《われ／＼》の生活《せいくわつ》だと思《おも》ひます。

石坂　矢張《やは》りそこから言《い》はなければ——。低《ひく》い所《ところ》を切離《きりはな》してしまつてはいけませんね。

宮本　だから例《たと》へば愛情《あいじやう》と云《い》ふものには誇《ほこ》がないのだらうかと云《い》ふ悲《かな》しみを持《も》つのは女《をんな》の方《はう》が強《つよ》くて、例《たと》へば夫婦《ふうふ》の愛情《あいじやう》には誇《ほこ》がないものなのだらうかと云《い》ふ悲《かな》しみは、男《をとこ》よりも女《をんな》の方《はう》が強《つよ》いのでせう。矢張《やは》り亭主《ていしゆ》で遊《あそ》ぶ人《ひと》があるでせう。最近《さいきん》は遊《あそ》ばない。そこで亭主《ていしゆ》と自分《じぶん》との間《あひだ》に誠實《せいじつ》と誇《ほこり》を感《かん》じて居《ゐ》る。さうして案外《あんぐわい》の時《とき》に、女《をんな》の人《ひと》の感情《かんじやう》では下《くだ》らないやうな放蕩《はうたう》をして居《ゐ》る場合《ばあひ》に、夫婦《ふうふ》の愛情《あいじやう》には誇《ほこり》がないかと云《い》ふことは、女《をんな》の生活《せいくわつ》の中《なか》には悲《かな》しみの一《ひと》つですね。さう云《い》ふ點《てん》でも[illegible]に捌《さば》けたやうな女《をんな》のとりなしが流行《はや》りますけれども、捌《さば》けてゐるばかりでは解決《かいけつ》しないやうな點《てん》があつたりね。燒餅《やきもち》を言《い》つて引《ひ》つ搔《か》いたり、ワン／＼言《い》つて解決《かいけつ》するならばさつぱりすると云《い》ふことがあるんではないか知《し》ら。心《こゝろ》の據《よ》り所《どころ》を何處《どこ》に置《お》いたらいゝのかと云《い》ふ、相當《さうたう》いゝ結婚生活《けつこんせいくわつ》をして居《ゐ》るらしく見《み》える人《ひと》の心《こゝろ》も、近々《ちか／＼》とみると、妙《めう》な底《そこ》の拔《ぬ》けたやうな狀態《じやうたい》であることが隨分《ずゐぶん》ありますね。若《わか》いこれから結婚《けつこん》しようと云《い》ふ人《ひと》は、何《なん》となし女《をんな》としての感覺《かんかく》でそんなことも感《かん》じてゐるでせう。そこから結婚《けつこん》に對《たい》する不安《ふあん》な感《かん》じがある。

石坂　そこは夫婦生活《ふうふせいくわつ》が旨《うま》く行《い》つても補《おぎな》ひ切《き》れないものがありませんかね。よき夫《をつと》でありよき妻《つま》であることは、同時《どうじ》に雙方《さうはう》ともよき人間《にんげん》であるといふことでなければいけない。結婚《けつこん》を男《をとこ》と女《をんな》の人格發展《じんかくはつてん》の過程《くわてい》として考《かんが》へた

いのです。

記者　結婚《けつこん》する迄《まで》に時間的《じかんてき》の間隔《かんかく》を置《お》いた方《はう》が宜《よ》いと云《い》ふことに御意見《ごいけん》が纏《まとま》つたやうですが、其《そ》の期間《きかん》を如何《いか》にするかと云《い》ふことが問題《もんだい》で、例《たと》へば其《そ》の期間《きかん》を職業《しよくげふ》を持《も》つとして、其《そ》の職業《しよくげふ》を持《も》つとなると、どうでせう。

奥　職業《しよくげふ》と限《かぎ》らないけれども、何《なに》か社會《しやくわい》に出《で》てする。家《うち》で嫁入支度《よめいりじたく》をするやうな華《はな》を習《なら》つたりお裁縫《さいはう》を習《なら》つたりすることも全然詰《ぜんぜんつま》らないとはいはない、將來家庭《しやうらいかてい》に役立《やくだ》つ必要《ひつえう》な修業《しうげふ》ではありますが、自分《じぶん》の智惠《ちゑ》をみがき社會生活《しやくわいせいくわつ》の經驗《けいけん》をつむ一《ひと》つの仕事《しごと》を、生活《せいくわつ》を進《すゝ》めて見《み》る方《はう》が宜《よ》い。自分《じぶん》は繪《ゑ》が好《す》きだからと云《い》ふので繪《ゑ》の稽古《けいこ》をするのも好《よ》いが、職業《しよくげふ》に就《つ》いて廣《ひろ》い世《よ》の中《なか》や男性《だんせい》を見《み》て來《く》るのも宜《よ》い。許《ゆる》されゝば結婚《けつこん》してからもやめない計畫《けいくわく》で一《ひと》つの勉強《べんきやう》をすることもよいと思《おも》ひます。然《しか》し、自分《じぶん》で働《はたら》いた收入《しうにふ》を貰《もら》ふ生活《せいくわつ》もよい體驗《たいけん》です。もつと云《い》へば、社會《しやくわい》の生産《せいさん》にあづかるといふしつかりした覺悟《かくご》で働《はたら》いてほしい。

宮本　マア、さうぐるりを見《み》まはさないでいゝから、何《なに》か一《ひと》つ自分《じぶん》の好《す》きなことを一《ひと》つだけ十分《ぶん》にしなさいといつた、ゆつたりした見透《みとほ》しをもつて、世間《せけん》もそれを當然《たうぜん》として呉《く》れるやうな空氣《くうき》が普通《ふつう》となれば宜《よ》いのですね。娘《むすめ》さんは何《なに》か仕事《しごと》を一《ひと》つ完成《くわんせい》するなり勉強《べんきやう》すると云《い》ふやうになれば宜《よ》いのですがね。

奥　家庭生活《かていせいくわつ》を樂《たの》しむことを娘《むすめ》さん達《たち》は知《し》らない。もつと樂《たの》しく、世《よ》の中《なか》を、人生《じんせい》をエンジョイして行《ゆ》きたいと思《おも》ひますね。

宮本　自足《じそく》してゐるといふ本質《ほんしつ》でなくて、今日生活《こんにちせいくわつ》をエンジョイして居《ゐ》ると云《い》ふ人《ひと》がどの位《くらゐ》あるでせうか知《し》ら。

奥　見方《みかた》に依《よ》つては我々《われわれ》の斯《か》う云《い》ふ日常生活《にちじやうせいくわつ》も可《か》なりエンジョイして居《ゐ》ると思《おも》ひます。だから娘《むすめ》さん達《たち》にも好《す》きなことに打込《うちこ》ませて行《ゆ》きたいと思《おも》ひますね。

宮本　何《なに》かに打込《うちこ》めるやうな機會《きくわい》を與《あた》へる、それが現在手《げんざいて》の届《とゞ》き易《やす》いところに少《すくな》い。よし打込《うちこ》めることを持《も》つたにしても、それを生涯持《しやうがいも》ち通《とほ》し、打込《うちこ》み通《とほ》して行《ゆ》くことが容易《ようい》ではないのですね。しかし、私《わたし》のねがひとしては、昔《むかし》、札幌農學校《さつぽろのうがくかう》のクラーク氏《し》が「青年《ボーイズ》よ大望《ビー・アンビシアス》を抱《いだ》け」と云《い》つたといふ、その未來《みらい》を期《き》する心持《こゝろもち》で「娘《ガールス》たちよ、大望《ビー・アンビシアス》をもて」と云《い》ひたいと思《おも》ひます。

貞操保護法の制定

―改正刑法草案の特色

片山哲

刑法改正案發表さる

現行刑法《げんかうけいはふ》は明治《めいぢ》四十年《ねん》に制定《せいてい》せられたものであるが、爾來今日《じらいこんにち》まで三十四年經過《ねんけいくわ》してゐる。其《そ》の後時代《ごじだい》は變《かは》つた。特《とく》に最近《さいきん》四、五年《ねん》間《かん》の世《よ》の中《なか》の變《かは》り方《かた》ときては、全《まつた》く目《め》まぐるしい變《かは》り方《かた》であつて、まるで、半世紀《はんせいき》が一世《せい》紀《き》程《ほど》、經過《けいくわ》してゐるやうである。その變化《へんくわ》に從《したが》つて法律《はふりつ》の改正《かいせい》も自然《しぜん》に行《おこな》はれてくることは云《い》ふまでもない。

ところが今度《こんど》の刑法改正《けいはふかいせい》は、世《よ》の中《なか》が、このやうに急激《きふげき》なる變化《へんくわ》をしないうちから、研《けん》究立案《きうりつあん》に着手《ちやくしゆ》せられ、檢討論議《けんたうろんぎ》を重《かさ》ねること二十年《ねん》、漸《やうや》く先般《せんぱん》、この成案《せいあん》を得《え》たといふことである。立案《りつあん》の途中《とちう》に、ナチス擡頭《たいとう》し、國際情勢《こくさいじやうせい》一變《ぺん》し、滿洲事變《まんしうじへん》、支那事變《しなじへん》が起《おこ》つたので、それ等《ら》に對應《たいおう》する適當《てきたう》なる處置《しよち》をも、取《と》り入《い》れて考案《かうあん》してゐることは充分《じうぶん》に察《さつ》せられる。發表《はつぺう》の改正刑法假案《かいせいけいはふかりあん》のはしがきにこんなことが記述《きじゆつ》されてある。

大正《たいしやう》十年《ねん》十月政府《ぐわつせいふ》より臨時《りんじ》法制審議會《はふせいしんぎくわい》に對《たい》し刑法改正《けいはふかいせい》の要否《えうひ》に付《つい》ての諮問《しもん》あり、同《どう》審議會《しんぎくわい》は愼重審議《しんちようしんぎ》の結果《けつくわ》、大正《たいしやう》十五年《ねん》十一月人心《ぐわつじんしん》の趨向犯罪《すうかうはんざい》の情勢《じやうせい》に鑑《かんが》み、現行刑法《げんかうけいはふ》は之《これ》を改正《かいせい》するの必要《ひつえう》ありとして、其《そ》の綱《かう》領《りやう》四十項目《かうもく》を議決《ぎけつ》し政府《せいふ》に答申《たふしん》を爲《な》したるに因《よ》り、政府《せいふ》は其《そ》の改正案起草《かいせいあんきさう》の爲《ため》、同綱《どうかう》領《りやう》を司法省《しはふしやう》に移牒《いてふ》したり、(中略)司法省《しはふしやう》の改正委員會《かいせいゐゐんくわい》は起草委員會《きさうゐゐんくわい》三百五十九回《くわい》、總《そう》會《くわい》三十七回《くわい》にわたる多數《たすう》の會議《くわいぎ》を開《ひら》き、ここに一《ひと》つの假案《かりあん》を得《え》たるものなり。委員會《ゐゐんくわい》の年月《ねんげつ》を閲《けみ》すること十三年《ねん》二ヶ月《げつ》を費《つひや》したるが、當初政府《たうしよせいふ》の諮問《しもん》に遡《さかのぼ》るときは實《じつ》に十八年《ねん》六ヶ月《げつ》の長年月《ちやうねんげつ》を要《えう》する等《とう》、嚴密《げんみつ》なる檢討《けんたう》を重《かさ》ねたるものなり。

むつかしい刑法理論

刑法理論《けいはふりろん》とか、刑罰《けいばつ》の基礎觀念《きそくわんねん》といふものはなか〳〵むつかしいものである。犯罪者《はんざいしや》に對《たい》して、國家《こくか》は如何《いか》なる理論《りろん》に基《もと》づき刑罰《けいばつ》を課《くわ》するのであるか、又《また》如何《いか》なる方法《はうはふ》で、刑罰《けいばつ》を課《くわ》すべきであるか。こんな點《てん》はなかなかむつかしい問題《もんだい》で、昔《むかし》から學者《がくしや》の議論《ぎろん》の絶《た》えないところである。懲戒《ちようかい》のために刑罰《けいばつ》を課《くわ》するのだといふ說《せつ》と、懲《こら》しめよりも本人《ほんにん》を改善感化《かいぜんかんくわ》するために刑《けい》を加《くは》へるのだといふ意見《いけん》と、否《いな》雙方《さうはう》の折衷《せつちう》でなければならぬといふ說《せつ》と、此等《これら》議論《ぎろん》は火花《ひばな》を散《ち》らして對立《たいりつ》したものである。この學説《がくせつ》の紹介《せうかい》は大變面白《たいへんおもしろ》いところであるが、本文《ほんぶん》に於《おい》てはこれを割愛《かつあい》して今回《こんくわい》の改正案《かいせいあん》の特色《とくしよく》であつて、且《か》つ婦人《ふじん》に關《くわん》係《けい》の深《ふか》い箇所《かしよ》を説明《せつめい》することにしよう。

醇風美俗の尊重を強調す

こゝに、一《ひと》つの嬰兒殺《えいじごろ》しといふ事件《じけん》があつたとする。可愛《かはい》い自分《じぶん》の子供《こども》を殺《ころ》したのである。犯人《はんにん》たる母親《はゝおや》は心《こゝろ》を鬼《おに》にして、目《め》をつぶつて自分《じぶん》の子供《こども》を殺《ころ》したに相違《さうゐ》がない。がしかし、苟《いやし》くも罪《つみ》もない子供《こども》を殺《ころ》すことは斷《だん》じて許《ゆる》すべからざることであるから、その制裁《せいさい》としては、犯人《はんにん》に對《たい》し世《よ》の中《なか》を警戒《けいかい》し、且《か》つ懲戒《ちようかい》せしめるために相當重《さうたうおも》い刑罰《けいばつ》を加《くは》へなければならぬといふ意見《いけん》が出《で》てくる。之《これ》に對《たい》し、さう一律《いちりつ》に考《かんが》へなくともいゝではないか、子《こ》供《ども》を殺《ころ》すに至《いた》つた經過《けいくわ》については、まことに同情《どうじやう》すべき點《てん》がある、惡《わる》い男《をとこ》に欺《だま》され、捨《す》てられたのである。自殺《じさつ》する積《つも》りであつたのだが、誤《あやま》つて子供《こども》だけを殺《ころ》したのである、女《をんな》には大《おほ》いに同情《どうじやう》すべき點《てん》があると辯駁《べんばく》する意見《いけん》が出《で》てくる。

第一《だい》の意見《いけん》は犯罪《はんざい》といふ外部《ぐわいぶ》に現《あら》はれた形《かたち》を中心《ちうしん》として考《かんが》へるのでこれを客觀主義《かくくわんしゆぎ》と呼《よ》んでゐるが、第二《だいに》の意見《いけん》は犯人《はんにん》の心持《こゝろもち》を重《おも》んじて判斷《はんだん》しようといふのであるから之《これ》を主觀《しゆくわん》主義《しゆぎ》と呼《よ》んでゐる。兩方《りやうはう》とも一理《り》がある。そこでそれ等《ら》の問題《もんだい》で議論《ぎろん》をしてゐるより、他《ほか》の方面《はうめん》から見《み》る必要《ひつえう》があると思《おも》ふ。それは、その女《をんな》を騙《だま》し、その精神《せいしん》を蹂躙《じうりん》し貞操《ていさう》を奪《うば》つた男《をとこ》が確《たしか》に他《ほか》にあるのである、それ故《ゆゑ》、その男《をとこ》にも責任《せきにん》を負《お》はし制裁《せいさい》を加《くは》へたらどうだらうと云《い》ふことになる。これを大《おほ》きく總括《そうくつ》して云《い》ふならば、醇風美俗《じゆんぷうびぞく》を守《まも》り、貞操《ていさう》を護《まも》り、弱《よわ》き女《をんな》を保護《ほご》する建前《たてまへ》でこの問題《もんだい》を考《かんが》へることが必要《ひつえう》となつてくるのである。一《ひと》つの團體《だんたい》本位《ほんゐ》、共同生活本位《きようどうせいくわつほんゐ》の見方《みかた》である。即《すなは》ち貞《てい》操《さう》を奪《うば》つた男《をとこ》に刑罰《けいばつ》を加《くは》へ、世間《せけん》の惡德漢《あくとくかん》を制裁《せいさい》し、德義《とくぎ》の粛正《しゆくせい》を圖《はか》り、以《もつ》て醇風美俗《じゆんぷうびぞく》の尊重《そんちよう》と、國民文化《こくみんぶんくわ》の向上《かうじやう》を圖《はか》り、更《さら》に優秀《いうしう》なる民族《みんぞく》を作《つく》らうと云《い》ふことになる。新刑法《しんけいはふ》はこの一《ひと》つの新使命《しんしめい》を果《はた》さうとして現《あら》はれてくるのである。私《わたし》はこの意味《いみ》で醇風美俗尊重《じゆんぷうびぞくそんちよう》の改正刑法《かいせいけいはふ》の實現《じつげん》を心《こゝろ》から歡《よろこ》ぶものである。さてその内容《ないよう》の主《おも》なるものを摘記《てきき》して見《み》たい。

女事務員タイピストの貞操を護る

改正案《かいせいあん》には、この問題《もんだい》に關《くわん》し、次《つぎ》の條項《でうかう》がある。

「業務《げふむ》、雇傭《こよう》其《そ》の他《た》の關係《くわんけい》に因《よ》り自己《じこ》の保《ほ》護《ご》又《また》は監督《かんとく》する婦女《ふぢよ》に對《たい》し、僞計《ぎけい》又《また》は威力《ゐりよく》を用《もち》ひて之《これ》を姦淫《かんいん》したる者《もの》は五年《ねん》以下《いか》の懲《ちよう》役《えき》に處《しよ》す」

自分《じぶん》の會社《くわいしや》に勤《つと》める女事務員《をんなじむゐん》、タイピスト、女工《ぢよこう》を欺《だま》したり、職權濫用《しよくけんらんよう》で、その貞操《ていさう》を蹂《じう》躙《りん》した男《をとこ》は勿論《もちろん》、家庭《かてい》の女中《ぢよちう》に手《て》を出《だ》したものも、これからは懲役五年《ちようえきごねん》以下《いか》といふ重《おも》い刑《けい》罰《ばつ》に處《しよ》せられることになる。社長重役《しやちやうぢうやく》でなくとも、上役《うはやく》の權利《けんり》を振《ふ》り廻《まは》して、女事務員《をんなじむゐん》の貞操《ていさう》を奪《うば》ふものは同樣改正刑法第《どうやうかいせいけいはふだい》三百九十四條《でう》で擧《あ》げられる。今迄泣寢入《いままでなきねい》りが多《おほ》かつたのであるがそれを本條《ほんでう》を以《もつ》て救《すく》つたのである。この問題《もんだい》は法律問題《はふりつもんだい》にあてて見《み》ても、せいぜい民事上慰藉料《みんじじやうゐしやれう》の請求《せいきう》をすることが出來《でき》るだけである故《ゆゑ》、いくらかの金《かね》を貰《もら》つて示談《じだん》にするのが例《れい》であつた。ところが改正案《かいせいあん》では、地《ち》位《ゐ》や、權利《けんり》を笠《かさ》にきて、壓力《あつりよく》を以《もつ》て女《をんな》の貞操《ていさう》を奪《うば》ふ者《もの》を所罰《しよばつ》する法律《はふりつ》が出來《でき》るのであるから、まさに「貞操保護法《ていさうほごはふ》」が制定《せいてい》せられたこととなる。まことに弱《よわ》き女《をんな》の身《み》を守《まも》るの武器《ぶき》となるのである。

尚《なほ》その外《ほか》に、

「婚姻《こんいん》を爲《な》すべきことを以《もつ》て婦女《ふぢよ》を欺罔《ぎまう》し、之《これ》を姦淫《かんいん》したる者《もの》は三年以下《ねんいか》の懲役《ちやうえき》に處《しよ》す」

といふ條項《でうかう》がある。これは所謂結婚詐欺《いはゆるけつこんさぎ》の處罰《しよばつ》である、これも多年《たねん》の懸案《けんあん》であつたが愈《いよ》愈今度改正案《こんどかいせいあん》で實現《じつげん》することになる。今迄《いままで》の結婚詐欺《けつこんさぎ》に對《たい》しては、貞操蹂躙同樣《ていさうじうりんどうやう》に民事上《みんじじやう》、損害賠償《そんがいばいしやう》、即《すなは》ち慰藉料《ゐしやれう》の請求《せいきう》を爲《な》すことが出來《でき》るのが、せい／＼關《せき》の山《やま》であつたが、これからは欺《あざむ》かれた女《をんな》は、對手《あひて》の惡德漢《あくとくかん》を相手《あひて》どつて堂々刑事問題《だうだうけいじもんだい》を起《おこ》すことが出來《でき》る。

尚《なほ》その他《ほか》に、次《つぎ》の條項《でうかう》がある。

「未成年又《みせいねんまた》は心神耗弱《しんしんもうじやく》の婦女《ふぢよ》に對《たい》し僞計又《ぎけいまた》は威力《ゐりよく》を用《もち》ひて之《これ》を姦淫《かんいん》したる者《もの》は五年以下《ねんいか》の懲役《ちやうえき》に處《しよ》す」

これもよくある例《れい》で、病氣《びやうき》を癒《なほ》してあげるとか、色々《いろいろ》の口實《こうじつ》をまうけて、貞操《ていさう》を弄《もてあそ》ぶものを處罰《しよばつ》する條項《でうかう》である。

以上《いじやう》の處罰《しよばつ》を求《もと》めようとする者《もの》は、被害者《ひがいしや》から檢事局又《けんじきよくまた》は警察署《けいさつしよ》へ告訴狀《こくそじやう》を出《だ》さなければならぬことになつてゐる。默《だま》つて居《ゐ》れば、加害者《かがいしや》は處罰《しよばつ》されない。必《かなら》ず被害婦人《ひがいふじん》からの告訴《こくそ》があつた時《とき》にはじめて之《これ》を處罰《しよばつ》することとなつてゐる（第三九七條）。

不當に捨てられた妻は告訴し得る

「夫《をつと》、他《た》の婦女《ふぢよ》と私通《しつう》し、其《そ》の關係繼續中《くわんけいけいぞくちう》、惡意《あくい》を以《もつ》て妻《つま》を遺棄《ゐき》し又《また》は之《これ》に對《たい》し、同居《どうきよ》に堪《た》へざる虐待《ぎやくたい》、若《も》しくは重大《ぢうだい》なる侮辱《ぶじよく》を加《くは》へたるときは二年以下《ねんいか》の懲役《ちやうえき》に處《しよ》す、情《じやう》を知《し》りて相通《あひつう》じたる者《もの》、亦同《またおな》じ」

これも新《あたら》しい規定《きてい》である。夫《をつと》が妾狂《めかけぐる》ひを始《はじ》め、そのために糟糠《さうかう》の妻《つま》を追《お》ひ出《だ》すとか、又《また》は毆《なぐ》る蹴《け》るの虐待《ぎやくたい》をするとか、惡罵《あくば》を加《くは》へるとかの場合《ばあひ》に、今迄《いままで》、妻《つま》はたゞ泣《な》きの涙《なみだ》でその日《ひ》を暮《くら》して居《ゐ》つたのであるが、この規定《きてい》が出來《でき》ることになると、亂暴《らんばう》にして、且《か》つ我國《わがくに》の醇風美俗《じゆんぷうびぞく》を破壞《はくわい》する夫《をつと》に對《たい》し敢然《かんぜん》として法《はふ》の制裁《せいさい》を加《くは》へることが出來《でき》ることとなるのである。

「前項《ぜんかう》の罪《つみ》は妻《つま》の告訴《こくそ》を待《ま》ちて之《これ》を論《ろん》ず」

とある故《ゆゑ》、妻《つま》はその悲嘆《ひたん》に泣《な》いたり、又《また》は徒《いたづ》らにヒステリーを起《おこ》したりすることなく、法《はふ》の示《しめ》す方法《はうはふ》で、告訴《こくそ》の提起《ていき》をすればよろしいのである。今迄《いままで》はこの條項《でうかう》がなく、告訴《こくそ》の途《みち》がつかなかつたので、これも前同樣《ぜんどうやう》に、唯僅《たゞわづ》かに民事上《みんじじやう》慰藉料《ゐしやれう》の請求《せいきう》を爲《な》すことが出來《でき》たのに過《す》ぎなかつたのである。それが告訴《こくそ》をすることにより、夫《をつと》に對《たい》し制裁《せいさい》を求《もと》めることが出來《でき》ることとなるのである。そればかりではなく「情《じやう》を知《し》り、相通《あひつう》じたる者《もの》」をも同樣處《どうやうしよ》罰《ばつ》することとなつてゐる。情《じやう》を知《し》りとは、チヤンと萬事相談《ばんじさうだん》づくでやつてゐる妾《めかけ》のことを指《さ》してゐるのである。本妻《ほんさい》を追《お》ひ出《だ》し、後釜《あとがま》に自分《じぶん》が坐《すわ》らうといふ計畫《けいくわく》から夫《をつと》と共謀《きようぼう》で本妻《ほんさい》を追《お》ひ出《だ》すといふ場合《ばあひ》がある。その場合《ばあひ》には夫《をつと》と妾《めかけ》とを共《とも》に告訴《こくそ》すればよろしい。

老人子供を虐待するの罪

現行法《げんかうはふ》に遺棄罪《ゐきざい》といふのがある。それには「老幼《らうえう》、不具又《ふぐまた》は疾病《しつぺい》のため扶助《ふじよ》を要《えう》すべき者《もの》を遺棄《ゐき》したる者《もの》は一年以下《ねんいか》の懲役《ちやうえき》に處《しよ》す」となつてゐる。改正案《かいせいあん》ではそれを「生存《せいぞん》に必要《ひつえう》なる保護《ほご》を爲《な》さざるときは五年以下《ねんいか》の懲役《ちやうえき》に處《しよ》す」と、一段《だん》と重《おも》い罪《つみ》に變更《へんかう》してゐる。頼《たよ》り身《み》なき老人《らうじん》を捨《す》てたり、貰《もら》ひ子《こ》を虐《いぢ》めたりする罪《つみ》は、段々《だんだん》、きつく處罰《しよばつ》されることとなつてきた。特《とく》に次《つぎ》の條項《でうかう》がある。

「自己《じこ》の保護又《ほごまた》は監督《かんとく》すべき者《もの》を著《いちじる》しく虐待《ぎやくたい》したる者《もの》は二年以下《ねんいか》の懲役又《ちやうえきまた》は千圓以《ゑんい》

下《か》の罰金《ばつきん》に處《しよ》す、自己《じこ》又《また》は配偶者《はいぐうしや》の直系尊屬《ちよくけいそんぞく》に對《たい》し前項《ぜんかう》の罪《つみ》を犯《をか》したるときは五年以下《ねんいか》の懲役《ちようえき》に處《しよ》す」

よく世間《せけん》では妻《つま》の兩親《りやうしん》を虐待《ぎやくたい》するといふ話《はなし》があるが、遺棄《ゐき》するのみならず、虐待《ぎやくたい》した場合《ばあひ》もこれからは處罰《しよばつ》される。勿論《もちろん》自分《じぶん》の兩親《りやうしん》を虐待《ぎやくたい》した者《もの》は親不孝《おやふかう》ものとして刑《けい》の制裁《せいさい》を受《う》けることは云《い》ふ迄《まで》もない。これ等《ら》は時代《じだい》の流《なが》れではなくして當然《たうぜん》の規定《きてい》である。

妻や子供を扶養しないと處罰

この問題《もんだい》については、現行法《げんかうはふ》に何等《なんら》の規定《きてい》がなかつたが改正案《かいせいあん》には醇風美俗《じゆんぷうびぞく》の精神《せいしん》を高調《かうてう》するために、取《と》り入《い》れた新《あたら》しい規定《きてい》がある。妻《つま》や子供《こども》に對《たい》し、生活《せいくわつ》の道《みち》を絶《た》ち、扶養《ふやう》を全然《ぜんぜん》しない場合《ばあひ》には、遂《つひ》に法《はふ》の發動《はつどう》を見《み》ることとなつてゐる。條項《でうかう》は、

「生活上窮迫《せいくわつじやうきうはく》の狀態《じやうたい》に在《あ》る直系血族《ちよくけいけつぞく》（實子《じつし》のこと）又《また》は配偶者《はいぐうしや》に對《たい》し、正當《せいたう》の理由《りいう》なく法律上《はふりつじやう》の扶養義務《ふやうぎむ》を履行《りかう》せざる者《もの》は二年以下《ねんいか》の懲役《ちようえき》若《もしく》は禁錮《きんこ》又《また》は三千圓以下《えんいか》の罰金《ばつきん》に處《しよ》す。直系尊屬《ちよくけいそんぞく》（父母《ふぼ》、祖父母《そふぼ》）に對《たい》し右《みぎ》の罪《つみ》を犯《をか》したるときは五年以下《ねんいか》の懲役《ちようえき》に處《しよ》す」

となつてゐる。自分《じぶん》は妾狂《めかけぐる》ひをしてゐるに拘《かゝは》らず、妻《つま》と子供《こども》には月々《つきづき》の生活費《せいくわつひ》も送《おく》つてやらぬといふ連中《れんちう》にはまことに必要《ひつえう》な制裁《せいさい》である。

「正當《せいたう》の理由《りいう》なく」といふ意味《いみ》はその場合《ばあひ》に應《おう》じて、裁判所《さいばんしよ》で判斷《はんだん》するのであるが、妾狂《めかけぐる》ひの場合《ばあひ》などは最《もつと》もよき例《れい》である。親《おや》を扶養《ふやう》しない不孝者《ふかうもの》については刑《けい》を重《おも》くして、五年《ねん》以下《いか》といふことにしてゐる。

尙特《なほとく》に次《つぎ》の如《ご》き條文《でうぶん》に御留意《ごりうゐ》願《ねが》ひたい。

「前二項《ぜんかう》の罪《つみ》を犯《をか》したる者《もの》、悔悟《くわいご》して義務《ぎむ》

を履《り》行《かう》したるのときは、刑《けい》を免除《めんぢよ》し、裁判《さいばん》確定後《かくていご》に在《あ》りては刑《けい》の執行《しつかう》を免除《めんぢよ》す」

この特別規定《とくべつきてい》も、まことに適當《てきたう》な條項《でうかう》である。本條《ほんでう》の目的《もくてき》は處罰《しよばつ》するのが本旨《ほんし》でなく、悔悟《くわいご》せしめ、且《か》つ義務《ぎむ》を履行《りかう》せしめ、氣《き》の毒《どく》な親《おや》、妻《つま》、子供《こども》を救《すく》はしめたいために、本條《ほんでう》項《かう》をおいたのである。

子供を賣買するものは處罰さる

婦人《ふじん》を保護《ほご》すると共《とも》に子供《こども》を保護《ほご》することは、近代法律《きんだいはふりつ》の精神《せいしん》である。改正刑法《かいせいけいはふ》でも次《つぎ》の條項《でうかう》が制定《せいてい》されてゐる。

「自己《じこ》の保護又《ほごまた》は監督《かんとく》すべき十六歳未滿《さいみまん》の者《もの》を、其《そ》の生命身體《せいめいしんたい》に危險《きけん》ある業務《げふむ》に使用《しよう》する興行者《こうぎやうしや》、又《また》は其《そ》の從業員《じうげふゐん》に引渡《ひきわた》したる者《もの》は五年以下《ねんいか》の懲役《ちようえき》に處《しよ》す、引渡《ひきわたし》を受《う》けたる者亦同《ものまたおな》じ」

所謂曲馬團《いはゆるきよくばだん》、輕業師《かるわざし》に賣《う》られる子供《こども》を護《まも》る法律《はふりつ》であつて、社會政策的《しやくわいせいさくてき》にそれ〱保護規定《ほごきてい》があるけれども、その違反者《ゐはんしや》に對《たい》しては嚴重《げんぢう》なる制裁規定《せいさいきてい》をおく必要《ひつえう》があるため本項《ほんかう》がおかれたのである。本條《ほんでう》では賣《う》つた者《もの》にも、亦買《またか》つた者《もの》にも共《とも》に五年以下《ねんいか》の刑《けい》を加《くは》へることとなつてゐる。かはいさうな子供《こども》がこれで救《すく》はれれば大變有難《たいへんありがた》い。

特に女の子供について今一つの條項がある

「自己《じこ》の保護又《ほごまた》は監督《かんとく》すべき十六歳未滿《さいみまん》の婦女《ふぢよ》を其《そ》の醜業《しうげふ》に因《よ》り利益《りえき》を圖《はか》る者《もの》、又《また》は其《そ》の從業者《じうげふしや》に引渡《ひきわた》し又《また》は引渡《ひきわたし》を受《う》けたる者《もの》は五年以下《ねんいか》の懲役《ちようえき》に處《しよ》す」

女《をんな》の子《こ》を自分《じぶん》の手許《てもと》で無理《むり》に醜業《しうげふ》に從事《じうじ》させる者《もの》、又《また》は銘酒店《めいしゆてん》のやうな店《みせ》へ賣《う》るもの、又《また》はそれを引受《ひきう》けて買《か》ふもの等《など》に、これからは處罰《しよばつ》を加《くは》へることとなる。自己《じこ》の保護又《ほごまた》は監督《かんとく》といふ意味《いみ》は自分《じぶん》の實子《じつし》は勿論《もちろん》、養子《やうし》、養女《やうぢよ》、預《あづか》つてゐる親戚《しんせき》の子供等《こどもなど》、一切自分《いつさいじぶん》の手許《てもと》においてゐる子供《こども》を賣《う》り飛《と》ばしてはならぬと云《い》ふことである。

時代《じだい》に適《てき》したまことに結構《けつこう》な子供保護《こどもほご》の規定《きてい》である。

女の犯す嬰兒殺しにつき酌量

これは別《べつ》に女《をんな》の犯罪者《はんざいしや》を特《とく》に寛大《くわんだい》にするといふ意味《いみ》で規定《きてい》されたものでない。これ等《ら》の問題《もんだい》につき事情《じじやう》をよく取調《とりしら》べ、犯罪《はんざい》の性質《せいしつ》、犯人《はんにん》の性格《せいかく》、罪《つみ》を犯《おか》すに至《いた》つた經過《けいくわ》、家庭《かてい》の事情《じじやう》、男子《だんし》との關係等《くわんけいなど》につき愼重《しんちよう》に檢討《けんたう》を加《くは》へた上《うへ》、それ〱適當《てきたう》な刑罰《けいばつ》を加《くは》へることにしたいといふのが改正《かいせい》の精神《せいしん》である。女《をんな》の犯《おか》す罪《つみ》は嬰兒殺《えいじごろ》し、墮胎罪《だたいざい》、萬引等《まんびきなど》が最《もつと》も多《おほ》いものであるが、改正案《かいせいあん》では嬰兒殺《えいじごろ》しと墮胎罪《だたいざい》につき新《あた》らしい規定《きてい》をおいた。

「直系尊屬《ちよくけいそんぞく》一家《か》の恥辱《ちじよく》を蔽《おほ》ふ爲《ため》、養育《やういく》を爲《な》すこと能《あた》はざるを恐《おそ》るゝ爲《ため》、其《そ》の他特《たとく》に宥《いう》恕《じよ》すべき動機《どうき》に因《よ》り、分娩《ぶんべん》の際《さい》、又《また》は分娩《ぶんべん》後直《ごただち》に嬰兒《えいじ》を殺《ころ》したるときは二年以上十年《ねんいじやうねん》以下《いか》の懲役《ちようえき》に處《しよ》す」

この條項《でうかう》だけを見《み》ると、大變嚴《たいへんきび》しい規定《きてい》が出來《でき》たやうに思《おも》はれるが、これが事情酌量《じじやうしやくりやう》のために制定《せいてい》せられた規定《きてい》になつてゐるのである。

この規定《きてい》がないとすれば、改正案《かいせいあん》では、「人《ひと》を殺《ころ》したる者《もの》は死刑又《しけいまた》は無期《むき》、若《もし》くは六年以上《ねんいじやう》の懲役《ちようえき》に處《しよ》す」といふ條項《でうかう》で、大變《たいへん》、重《おも》く處罰《しよばつ》されることとなるのである。現行刑法《げんかうけいはふ》では「死刑若《しけいもし》くは無期《むき》、若《もし》くは三年以上《ねんいじやう》の懲役《ちようえき》に處《しよ》す」といふ條項《でうかう》によつて、取扱《とりあつか》はれる故《ゆゑ》、特別《とくべつ》の事情《じじやう》なき限《かぎ》り三年《ねん》は免《まぬか》れなかつたのである。ところが改《かい》正案《せいあん》では、前記《ぜんき》特別酌量《とくべつしやくりやう》規定《きてい》が出來《でき》たために二年《ねん》以上《いじやう》となり大變《たいへん》輕《かる》くなつてゐるのである。その理由《りいう》は法文《はふぶん》で明《あきら》かになつてゐることであるが、お父《とう》さんやお母《かあ》さんの恥辱《ちじよく》となり又《また》は家名《かめい》を汚《けが》すこととなるため、私生子《しせいじ》を生《う》んだことを恥《は》ぢて嬰兒殺《えいじごろし》をした場合《ばあひ》、又《また》は自《じ》分《ぶん》の家《うち》が貧乏《びんばふ》であるため、私生子《しせいじ》が生《うま》れても養育《やういく》をすることが出來《でき》ない場合《ばあひ》は殺人罪《さつじんざい》の中《なか》の特別取扱《とくべつとりあつかひ》として輕《かる》く處斷《しよだん》をしようといふことになつてゐるのである。以上二《いじやうふた》つの理由《りいう》の外《ほか》に、男《をとこ》に欺《あざむ》かれたことが明白《めいはく》であつて、その事情《じじやう》は充分《じうぶん》に宥恕《いうじよ》せられる場合《ばあひ》には六年《ねん》

といふ規定《きてい》ではなしに、二年以上《ねんいじやう》十年以下《ねんいか》の刑《けい》に處《しよ》せられる。そこで私《わたし》の考《かんがへ》であるが、特《とく》に宥恕《いうじよ》（寛大《くわんだい》に取扱《とりあつか》はれるべきこと）すべき動機《どうき》あることが判明《はんめい》してゐるに拘《かゝは》らず、改《かい》正案《せいあん》は二年《ねん》より十年迄《ねんまで》と規定《きてい》してゐることが甚《はなは》だしい矛盾《むじゆん》と思《おも》ふ。これはよろしく二年以《ねんい》上《じやう》六年以下《ねんいか》の懲役《ちやうえき》とすべきではないか。六年《ねん》より輕《かる》くするといふ意味《いみ》で、この特別規定《とくべつきてい》（第《だい》三三七條《でう》）が出來《でき》たのであるから、其《そ》の矛盾《むじゆん》を訂正《ていせい》すべきであらう。

墮胎罪には宥恕規定

「一家《か》の恥辱《ちじよく》を蔽《おほ》ふ爲《ため》、養育《やういく》を爲《な》すこと能《あた》はざるを恐《おそ》るゝ爲《ため》、其《そ》の他《た》特《とく》に宥恕《いうじよ》すべき動機《どうき》に因《よ》り（中略《ちうりやく》）墮胎《だたい》の罪《つみ》を犯《をか》したるときは、一年以下《ねんいか》の禁錮《きんこ》又《また》は千圓以下《ゑんいか》の罰金《ばつきん》に處《しよ》す」

といふ特別規定《とくべつきてい》がある。これがなければ「墮《だ》胎《たい》したるときは一年以下《ねんいか》の懲役《ちやうえき》に處《しよ》す」といふ條項《でうかう》で處罰《しよばつ》されることとなる。この二《ふた》つには大《たい》した相違《さうゐ》がないと思《おも》はれるかも知《し》れぬが、普通《ふつう》の方《はう》は懲役刑《ちやうえきけい》、即《すなは》ち刑務所《けいむしよ》で仕事《しごと》に從事《じうじ》しなければならぬが、特別宥恕《とくべついうじよ》されてゐる規定《きてい》の方《はう》は、禁錮刑《きんこけい》、即《すなは》ち仕事《しごと》をせんでも

い、刑《けい》を加《くは》へられると共《とも》に、更《さら》に事情《じじやう》がよければ千圓以下《えんいか》の罰金《ばつきん》ですむことが出來《でき》ることとなつてゐる。勿論《もちろん》これは同情《どうじやう》さるべき、いい事情《じじやう》でなくてはならぬのである。酌量《しやくりやう》されるべき事情《じじやう》とは嬰兒殺《えいじごろ》しの時《とき》と同《おな》じことである。男《をとこ》に欺《だま》されて、その男《をとこ》の胤《たね》を宿《やど》したといふことなども特《とく》に宥恕《いうじよ》されるべきことであるが、いくら氣《き》の毒《どく》でも罪《つみ》は罪《つみ》だから處罰《しよばつ》は免《まぬか》れない。

女《をんな》の犯《をか》す罪《つみ》のうち、數《かず》の最《もつと》も多《おほ》い萬引《まんびき》の罪《つみ》は、竊盜罪《せつたうざい》であるが、それについては、特別《とくべつ》の宥恕規定《いうじよきてい》がない。また、ないのが普通《ふつう》であらう。

改正案はいつ成立するか

醇風美俗《じゆんぷうびぞく》を尊重《そんちやう》し、婦人《ふじん》の貞操《ていさう》を護《まも》り、子《こ》供《ども》老人《らうじん》を保護《ほご》せんとしてゐるこの改正案《かいせいあん》は、一體《たい》いつ實際《じつさい》の法律《はふりつ》となるのか。讀者諸姉《どくしやしよし》の中《なか》には、早合點《はやがてん》をして、これが發表《はつぺう》と共《とも》に既《すで》に法律《はふりつ》となつたと思《おも》はれるかも知《し》れないが、さうは簡單《かんたん》にはゆかない。これから議會《ぎくわい》に出《だ》さうといふのである。その議會《ぎくわい》も來年《らいねん》一月《ぐわつ》から三月迄《ぐわつまで》開《ひら》かれる七十六議會《ぎくわい》に提出《ていしゆつ》しようといふのである。ところが、議會《ぎくわい》が解散《かいさん》になつたり、政府《せいふ》が更迭《かうてつ》し、方針《はうしん》が變《かは》ると又々《またまた》延《の》びるかも知《し》れない。

現《げん》に、刑法改正案《けいはふかいせいあん》と同《おな》じく親族法《しんぞくはふ》、相續法《さうぞくはふ》の改正案《かいせいあん》も目下《もくか》それ〳〵審議《しんぎ》せられてゐるが、それはなか〳〵進行《しんかう》しない。

婦人《ふじん》に最《もつと》も關係《くわんけい》の深《ふか》い親族法《しんぞくはふ》の改正案《かいせいあん》は大正《たいしやう》十四年《ねん》五月《ぐわつ》十九日《にち》に要綱《えうかう》が發表《はつぺう》せられてゐるのであるが、それが未《ま》だそのまゝである。それを思《おも》ふと、この刑法改正案《けいはふかいせいあん》も前途遼遠《ぜんとれうえん》の觀《くわん》がある。醇風美俗《じゆんぷうびぞく》の部分《ぶぶん》だけでいゝから、切《き》り離《はな》して、はやく出《だ》してもらひたいものである。

夫の貞操

昭和十五年八月二日 國民學術協會講演

穂積重遠

一 貞操と姦通とは妻の專賣

「夫の貞操」——吉屋信子女史に「標題權」侵害のお詫びを申さねばなりますまい。しかし吉屋女史決して御心配に及ばず、聽衆諸君お樂しみの甲斐がないのであります。「事實は小說より奇なり」と申しますが、それはウソで、何といつたつて小說の方が面白い。況んや法律談は確かに小說のやうに面白くはありません。

ところで吉屋女史の小說は、勿論內容が面白いのですが、また「夫の貞操」といふ標題が惹き附けます。あれが「妻の貞操」だつたら何の變哲もない當り前の事で、小說にも映畫にもなりますまい。それ程「夫の貞操」は特筆大書すべきことなのでせうか。

西洋でも昔は、貞操而してそれを破る姦通といふことは、妻の專賣特許でありまして、姦通は妻の場合にだけ問題になつたのであります。聖書馬太傳第五

章三一・三二に、

また曰《いへ》ることあり、凡そ人その妻を出《いだ》さんとせば之に離緣狀を與ふべしと。然《され》ど我爾曹《なんぢら》に告《つげ》ん。姦淫の故ならでその妻を出《いだ》す者は之に姦淫なさしむるなり。又出《いだ》されたる婦《をんな》を娶る者も姦淫を行ふなり。

とある。これは有名な山上の說敎の一節ですが、それを更に詳しく說明したのが、これ亦有名な馬太傳第十九章三―九

パリサイの人きたりてイエスを試み曰《いひ》けるは、人なにの故に係らず其妻を出《いだ》すは宜《よき》か。答《こたへ》て彼等に曰けるは、元初《はじめ》に人を造り給ひし者は之を男女《なんによ》に造れり。是《この》故に人父母《ちゝはゝ》を離れて其妻に合《あひ》、二人《ふたり》の者一體と爲《なる》なりと云《いへ》るを未だ讀《よま》ざるか。然《され》ばはや二《ふたつ》には非ず一體なり。神の合せ給へる者は人これを離すべからず。イエスに曰《いひ》けるは、然《さら》ば離緣狀を與《あたへ》て妻を出《いだ》せとモーセが命ぜしは何ぞや。彼等に曰《いひ》けるは、モーセは爾曹《なんぢら》の心の不情《つれなき》に因《より》て妻を出《いだ》すことを容《ゆる》したる也。されど元始《はじめ》は如此《かく》あらざりき。我なんぢらに告《つげ》ん。もし姦淫の故ならで其妻を出《いだ》し他《ほか》の婦《をんな》を娶る者は姦淫を行ふなり。又いだされたる婦《をんな》を娶る者も姦淫を行ふなり。

の本文であります。

この新約全書の本文は離婚問題ですが、昔の離婚は今の離婚と違ひます。離婚を英語で divorce と言ふ、其の原語はラテン語の divortium ですが、昔の離婚は divortium ではなく repudium 即ち repudiation であります。divortium と repudium とどう違ふか。簡單な羅英辭書を見ると、divortium=parting with, repudium=putting away とある。即ち「別れる」のと「追ひ出す」のとの違ひです。昔の離婚は今の離婚のやうに夫婦對等の資格で離別するのではなく、夫が妻を追ひ出すのであります。

ところで、キリストは離婚反對でありまして、「神の合せ給へる者は人これを離すべからず」といふ名文句を言はれたのですが、しかし妻が姦通した場合は離婚を許すといふのです。離婚絶對禁止論の神學者達は、この「姦淫の故ならで」の一句は後世の挿入であつてキリストの言はれたことではないと主張するやうですが、恐らくさうではありますまい。「姦淫」といふ言葉は當時異敎に走ることにも用ひられたのでして、妻が夫に背くのは信者が敎會に背くのと同様の重大事とされたのでありますから、キリストも妻が姦通した場合は離婚も已むを得ないとされたのだらうと思ひます。而してこの「姦通」といふのは勿論妻と其の相手になつた男についてだけの話で、夫が外の女に關係することは姦通とは言はないのであります。

二 大寶から明治まで

我が國も昔から、離婚は「追出し」であり、姦通は妻に限りました。かの大寶令の戸令に左の箇條があります。（讀みよい樣に書下しにする）

凡ソ妻ヲ棄ツル、須ク七出ノ狀有ルベシ。一ニ無子。二ニ淫佚。三ニ不事舅姑。四ニ口舌。五ニ盜竊。六ニ妬忌。七ニ惡疾。皆夫手書シテ之ヲ棄ツ。尊屬近親ト同ジク署ス。若シ書ヲ解セザレバ、指ヲ畫シテ記ト爲ス。妻ニ棄ツルノ狀有リト雖モ、三不去有リ。一ニ舅姑ノ喪ヲ經持セル。二ニ娶ル時賤クシテ後貴キ。三ニ受クル所有リテ歸ス所無キ。

これは唐の令から傳はつたもので、色々説明すべき事柄もあるが、こゝでは問題に必要な點だけにして置きませう。こゝでも「離婚」ではなく「棄妻」であり、其の原因の一つは「淫佚」即ち妻の姦通であります。夫が外の女に關係したことは勿論問題にならないのみならず、妻が燒餅をやくと「ネタミブカキハ去ル」といふことになるのです。

降つて德川時代に至つても、離婚は相變らず「追出し」であり、そして夫が妻を追出すには、所謂「三くだり半」の離緣狀を書いて渡すといふことの外には、何等法律上の拘束はないのですから、姦通した妻を夫が追出し得たことは勿論であります。更に又姦通に對する刑罰は頗る嚴酷で、かの「德川の百箇條」と呼ばれる「公事方御定書」第四十八條「密通御仕置之事」の項に、

一　密通いたし候妻　死罪

一　密通之男　死罪

とあります。卽ち男は人妻の姦通の相手方としてのみ罰されるのであつて、夫は所謂「間男」にならぬ限り、女を拵へようと妾を圍はうと、法律上の問題にはならなかつたのであります。

この妾といふ制度が公認されて居たことは、夫の貞操が要求されない著しいあらはれであつて、これが明治になつてまで續いたのです。明治三年に「新律綱領」といふ刑法が出ました。支那式の刑法ですが、これに「五等親圖」といふ親族表が載つて居ます。なぜ刑法に親族表がいるかと言ひますと、例へば親殺しのやうに親族間だから重く罰することもあり、又は竊盜のやうに近親間なら罪にならぬこともあるからですが、この新律綱領の五等親圖といふのは今の民法の親等とは大分樣子が違ひます。現

在の親等は、父母は一等親、兄弟は二等親、をぢをばは三等親、いとこは四等親、といつた具合に一世代毎のめのこ勘定で一定して居り、又夫婦間には親等はないのですが、新律綱領のは、例へば同じ祖父母でも父方のは二等親、母方のは四等親、といつた風に父系家族主義的な鹽梅がしてあり、そして夫婦の間にも親等があつて、夫は妻の一等親、妻は夫の二等親、といふ今から考へると甚だをかしなことになつて居ました。そして二等親の部に、妻だけでなく、「妻妾」とあつて、即ち妾が妻と並べて法律上公認されて居たのであります。それで明治初年には妾のことを隠し言葉で「二等親」と言つたさうです。又大納言に次ぐ権大納言の格で「権妻」などとも言ひました。斯くして明治初年の法令には、例へば明治六年太政官布告第二十一號

妻妾ニ非ザル婦女ニシテ分娩スル兒子ハ一切私生ヲ以テ論シ其婦女ノ引受タルヘキ事

といふ風に、「妻妾」と書いたものです。

ところが明治十二年に至つて、妾名存すべきか廢すべきかの議論が起りました。政府は刑法を西洋流のものにしようといふので、草案を審議して居たのですが、政府の原案は段々審議の末「妾」の文字を用ひないといふことになつたのです。それに對して、今からは一寸考へられないことですが、有力な反對論が起り、政府部内に於ても御歴々が名を連ねて妾名廢すべからずの建議を提出したりしました。右妾名存廢兩論は「法規分類大全」（第一編刑法門三八六頁）に載つて居て、今讀んで見ると中々面白いですが、結局原案が通つて、明治十三年の刑法からは「妾」といふ文字が法律にあらはれないことになつたのです。即ち妾なるものは公認されないことになりました。名がなくなつたといふことは直ぐに實がなくなつたといふことにはならず、今なほ「實は」と言はざるを得ないことを遺憾としますが、明治十三年の妾名廢止はともかくも「夫の貞操」に向つての第一歩と謂つてよいでせう。

三　離婚原因

明治になつて離婚制度にも維新が來ました。即ち明治六年太政官布告第百六十二號

夫婦ノ際已ムヲ得サルノ事故アリテ其婦離縁ヲ請フト雖モ夫之ヲ肯セス之レカタメ數年ノ久ヲ經テ終ニ嫁期ヲ失ヒ人民自由ノ權利ヲ妨害スルモノ不少候自今右様ノ事件於有之ハ婦ノ父兄弟或ハ親戚ノ内附添直ニ裁判所ヘ訴出不苦候事

といふ規定が出來て、妻の方からも離婚の訴が起せることになり、古來の repudium が初めて divortium になりました。「追出し離婚」から「相對《あひたい》離婚」に變つたのです。從つて明治三十一年から施行の現行民法の離婚制度も夫婦對等の立場で規定されました。御承知の通り協議離婚と裁判離婚とあります。協議離婚は夫婦相談の上で離婚屆を出すのですが、裁判離婚は夫婦の一方から他方を相手取つて離婚の訴を起し、裁判所の判決によつて離婚になるのです。所でそれには一定の離婚原因がなくてはならないのでして、即ち民法は、

第八百十三條　夫婦ノ一方ハ左ノ場合ニ限リ離婚ノ訴ヲ提起スルコトヲ得

一　配偶者カ重婚ヲ爲シタルトキ
二　妻カ姦通ヲ爲シタルトキ
三　夫カ姦淫罪ニ因リテ刑ニ處セラレタルトキ
四　配偶者カ偽造、賄賂、猥褻、强盜、詐欺取財、受寄財物費消、贓物ニ關スル罪若クハ刑法第百七十五條第二百六十條ニ掲ケタル罪ニ因リテ輕罪以上ノ刑ニ處セラレ又ハ其他ノ罪ニ因リテ重禁錮三年以上ノ刑ニ處セラレタルトキ
五　配偶者ヨリ同居ニ堪ヘサル虐待又ハ重大ナル侮辱ヲ受ケタルトキ
六　配偶者ヨリ惡意ヲ以テ遺棄セラレタルトキ
七　配偶者ノ直系尊屬ヨリ虐待又ハ重大ナル侮辱ヲ受ケタルトキ
八　配偶者カ自己ノ直系尊屬ニ對シテ虐待ヲ爲シ又ハ之ニ重大ナル侮辱ヲ加ヘタルトキ
九　配偶者ノ生死カ三年以上分明ナラサルトキ
十　婿養子緣組ノ場合ニ於テ離緣アリタルトキ又ハ養子カ家女ト婚姻ヲ爲シタル場合ニ於テ離緣又ハ緣組ノ取消アリタルトキ

と規定して居ます。この規定を一目して直ぐに氣の附くことは、十箇の離婚原因中八箇までは「配偶者」といふ風に規定して、夫からも妻からも同一の原因で訴へることが出來るやうになつて居るのに、第二號第三號の姦通問題だけは夫婦對等でないことです。も一度そこだけ讀むと、

二　妻カ姦通ヲ爲シタルトキ

三　夫カ姦淫罪ニ因リテ刑ニ處セラレタルトキ

とあります。即ち妻が外の男に關係すれば其の事が直ぐに離婚原因になつて夫は離婚の訴を起し得るのですが、夫が外の女に關係しただけでは、道樂をしても妾をかこつても、それだけでは妻から離婚を請求することは出來ないのです。「姦淫罪ニ因リ刑ニ處セラレタル」とありますから、夫が他人の妻と通じたとかよその女に暴行を働いたとかいふ廉で刑罰を受けたときに初めて妻が離婚を請求し得るのです。それ故例へば夫がそれらの醜行で問題になつても、あやまつて內濟にして貰つて刑を受けなければ離婚問題にならない。夫は姦通したから離婚されるのではなく、處刑されたから離婚されるのでして、結局前記第八百十三條第四號の離婚原因の一場合に外ならぬことになります。即ち離婚制度が改革されたにかゝはらず、姦通は妻についてのみの離婚原因だといふ夫婦不平等は大寶以來一千三百年舊態依然たりと言つてもよいのです。

それでは現在の諸外國の法律ではどうなつて居るでせうか。主な國々の法律に斯ういふ不平等は見かけないやうで、もし姦通を離婚原因にするならば、必ず妻の姦通のみならず、夫の姦通をも離婚原因にして居ます。こゝに一寸目につくのはフランス民法であります。外の離婚原因については「配偶者ノ一方ガ其他方ニ對シテ」といふ風に一本に規定してあるのに、姦通については

第二二九條　夫ハ妻ノ姦通ヲ理由トシテ離婚ヲ請求スルコトヲ得。

第二三〇條　妻ハ夫ノ姦通ヲ理由トシテ離婚ヲ請求スルコトヲ得。

と二箇條に規定してあります。どうしてさういふことになつて居るかと言ひますと、これは此の法典の原形ではないのでして、一八〇四年にナポレオンが制定した時の第二三〇條は、

妻ハ夫ノ姦通ヲ理由トシテ離婚ヲ請求スルコトヲ得。但夫ガ其妾ヲ共同住居ニ入レタル場合ニ限ル。

といふ、即ち第二二九條の妻の姦通の場合とは違ひ、夫が妾を家庭に引張り込むといふやうな甚しいことになつた場合に妻は初めて離婚を請求し得るといふのでした。ところが其後一八八四年に此の但書が削られて夫婦平等になつたのでして、さういふ由來から同じ形の法文が二箇條竝ぶことになつたのです。又英國も以前は夫が姦淫罪で罰された場合、即ち所謂「クリミナル・アダルテリー」の場合のみに妻から離婚を請求されたのでして、大體我が國の現行法と同樣だつたのですが、一九二三年の法律で

夫の姦通が妻の姦通と同様に離婚原因になることとなりました。

四　姦通罪

刑法の方でも亦舊態依然たるものがあります。まさか百箇條のやうに死罪ではないですが、妻の姦通のみが罰されます。明治十三年の刑法には、

第三百五十三條　有夫ノ婦姦通シタル者ハ六月以上二年以下ノ重禁錮ニ處ス其相姦スル者亦同シ

本條ノ罪ハ本夫ノ告訴ヲ待テ其罪ヲ論ス但本夫先ニ姦通ヲ縦容シタル者ハ告訴ノ效ナシ

とあり、又明治四十年の刑法卽ち現行刑法は、

第百八十三條　有夫ノ婦姦通シタルトキハ二年以下ノ懲役ニ處ス其相姦シタル者亦同シ

前項ノ罪ハ本夫ノ告訴ヲ待テ之ヲ論ス但本夫姦通ヲ縦容シタルトキハ告訴ノ效ナシ

と規定しました。刑名等が違ふのみで內容は同一ですが、いづれも妻の姦通のみを罰するのであつて、夫が外の女に關係することは罪にならないのです。此の點について諸國の刑法がどうなつて居るかを見ますと、大體次の四段階になるやうです。

(一) 姦通を全然處罰しないもの――イギリス、ソヴェト、ポーランド

(二) 妻の姦通も夫の姦通も平等に罰するもの――ドイツ、スイス

(三) 妻の姦通は無制限に罰し夫の姦通は蓄妾としてのみ罰するもの――フランス、イタリー

(四) 妻の姦通を罰して夫の姦通を罰しないもの――日本

卽ち刑法に於ても我國だけが夫の姦通を問題にしないのであります。全體姦通の處罰といふのは中々むつかしい問題でして、全然姦通を罰しない國があるのも、必ずしも道德上姦通を是認する譯ではなく、罰してもきゝめが薄く且つ徹底的に行かぬからでありませう。條文で御覽の通り「本夫ノ告訴ヲ待テ」罰するといふ所謂「親告罪」になつて居まして、事柄の性質上それより外ないでせうが、不徹底な話であります。そして實際問題としては、金を出さなければ訴へるぞといふゆすりの種になり、甚し

きに至ると夫婦馴合で相手を引つ掛けろといふ惡辣無恥も行はれ兼ねません。

五　小河・加藤論爭と婦人矯風會

斯樣に民法も刑法も妻の姦通のみを問題にして夫の姦通を不問に附する。果してそれでよいものでせうか。議論の種になりさうなことです。その議論が明治四十一年、丁度私が大學の上級生だつた時に起りました。私が離婚問題に興味をもつやうになつたのも其の議論に刺戟されてのことではなかつたかと、今になつて思ひ當ります。

明治四十一年一月發行の法學協會雜誌（第二六卷第一號）に加藤弘之先生の「姦通ニ就テ」といふ論文が出ました。たつた五頁の小篇ですが、さすがに大家の力強い議論です。なほ其の當時のものとして口語體なのも珍しい。加藤先生の議論は小河滋次郎博士の提案の批評ですが、小河博士の說は左の如く引用されて居ます。

日本ノ現行法律デハ姦通罪ヲ專ラ女子ニ限ッテ居ルノデアルケレドモ、是ハ全ク女子ニ對スル社會的壓迫デアルカラ、此ノ如キ不條理ナル法律ハ爾今之ヲ改メテ、有妻ノ男子ガ他ノ婦女ト通ジタ場合ニハ之ヲ有妻姦トシテ處罰スルカ、若シ然ラザレバ姦通罪ヲ全廢シテ姦通ハ男女共ニ單ニ離婚ノ一理由タルニ止メルコトトシタイ。

この提案に對する加藤先生の意見は留保附賛成といふ態度でした。大體こんな具合です。

是ハ私モ尤モナ議論ト思フ。有夫姦ノ方ヲ罪トシテ置イテ有妻姦ノ方ハ構ハヌトイフコトハ、固ヨリ男子ノ我儘カラ出タコトニ相違ナイ。誠ニ不公平ナコトデアッテ、今日ノ文明世界ニアルマジキコト丶思フ。……ソコデ私ノ本意カラ云ヘバ、妻ノ有ル者ガ外ノ婦女(妾デモ權妻デモ圍物デモ)ニ通ズル時ニハ矢張リ妻カラ訴ヘルコトヲ許シタイノデアルケレドモ、サウ迄ヒドクスルノハ餘リ急激ナコトデアルカラ、有妻姦ヲ罪ニスルトイフコトハ今急ニ出來ニクイガ、……ドウモ妻ノ有ル者ガ外ノ婦女ニ通ジテモ妻ハ其儘ニ忍ンデ居ラネバナラヌト云フコトハ餘リ壓制ニ過ギルヤウニ思ハレルノデアルカラ、今日一時ニソレヲ罪ニスルコトハシナイデモ、妻ガ離婚ヲ請フト云フダケノ理由ニスルコトハ、是ハ今日改メテモ差支ハナカラウト思フ。サウスレバ大分風俗モ改マルヤウニナルデアラウト思フ。……有夫姦ト有妻姦トノ間ニハ結果ニ於テ大ナル相違ガアルト思フ。有夫姦ノ結果ハ或ハ他ノ男子ノ胤ヲ孕ムト云フコトニナル。併シ有妻姦ニハ左様ナ結果ハナイ。左様ナ‥‥實際ノ自然的結果ガ大變違フ所カラ考ヘレバ、有夫姦ノ方ハ矢張リ今日ノ儘罪ニナルコトニシテ、有妻姦ノ方ハ唯離婚ヲ請フダケノ理由ニスル、サウイフ輕重ノアッタ方ガ宜カラウ、其方ガ充分理窟ノ立ツコトデアラウト思フ。

私は後に申す通り大體この加藤先生の結論に贊成なのですが、理論は小河說の方が徹底して居ます。而してこの徹底した理論を繼續反復して主張したのが基督敎婦人矯風會でありまして、同會は久しい間連年帝國議會に「刑法及民法改正の請願」を出しました。其内容は、

第一 刑法を改正して、有妻の男子の姦通も亦有夫の婦の姦通に等しく處罰することとすべし。

第二 民法を改正して、姦通の場合には其配偶者の一方は離婚を請求するを得ることとすべし。

の二項でありまして、そして其の提案理由は、

君子の道は端を夫婦に發す。一夫一婦の大倫は社會の由て成る根本なり。然るに今日の實際を見るに、法律上及び戸籍面にては一男一女を娶るとなすも、事實上有妻の男子にして副妻或は妾を蓄へ、一夫多妻の蠻風は平然として白晝に行はれ居れり。然るに現行の民法は此破倫を看過しつゝあり。‥‥一男一女天理に順ひ愛情の一致する所に由り生涯相扶け相保たんと欲して婚姻するものなるに、男子たるもの家に妻あり猶妾を蓄へ妓に接する如きは、夫婦の契約を破り婚姻の目的を害するものにして、夫婦の衝突も之より起り妻妾の衝突も之に始まり、家庭の和樂を破り、子女の健全なる發育を妨げ、引いては國家の元氣を傷らすものなり。現今の刑法民法は之を看過せり。

といつたやうな調子でした。この請願が議會でどう扱はれ來つたか、世評はどうだつたかと申しますと、先づ大體は一笑に附し去られたと云つてよささうです。贊否は別とし、これが果して一笑に附し去るべき問題だつたでせうか。私は婦人矯風會が倦まず撓まず問題を繼續したことを多とします。

六 一瀬・平井論爭と判例の傾向

さて加藤先生はその姦通論を「之ニ付テドウカ世間法學者ノ說ヲ聞キタイト思フノデアル」と結ばれましたが、一般法學界には餘り反響が起らなかつたやうです。たゞ裁判官の間に一議論が持ち上りました。即ち同年一月三十日及び二月五日の「法律新聞」(第四七六號 第四七七號)に當時の廣島控訴院長一瀨勇三郎判事の「男爵加藤先生の姦通論を拜讀し民法第八百十三條刑法第三百五十三條改正刑法第百八十三條に及ぶ」といふ大層長い標題の論文が載りました。その要點は左の二項であります。

(一)離婚について加藤先生の主張される所は既に民法第八百十三條第五號に規定されて居る。夫の蓄妾は妻に對する「重大ナル侮辱」であるから、「若し右樣の事由を舉げて正當の訴求を爲す者あらば、何れの裁判所にても必ずや第八百十三條の明文に依り離婚の裁判を爲すに躊躇せざるべしと信ず」る。

(二)「有夫姦は祖先の家系に他の血統を混ずるの危險ありと云へる理由」は「極めて杜撰薄弱の理由にして、男性擅横の理由たるに過ぎ」ない。妻が姙娠不能ならば姦通を不問に付するか。「婦の犯姦は之を重刑に處し夫の犯行は之を不問に措くべし云々の主張は、今日最早や其根據を失し、正面より維持し得らる可きものにあらず。」雙方共に罰するか、雙方共に罰せざるか、二者其一でなくてはならぬ。即ち小河說に贊成する。

ところが此の議論の第一點に對して、平井彥三郎判事の反對論が出た。同年二月十日の法律新聞(第四七八號)紙上「妻は蓄妾の夫に對し離婚の訴を提起することを得るか」と題する論文であります。現行民法の解釋で此の問題を片附けることは不能であるから加藤先生の立法論に贊成するといふのでありまして、その論點は、

(一)民法第八百十三條は夫の姦淫がそれによつて刑に處せられない以上離婚原因にならぬことを明かにして居る。もし處罰されぬ姦淫が同條第五號の「侮辱」の中に含まれるならば、處罰された姦淫は勿論それに含まれねばならず、第三號は重複無用の規定となる。

(二)侮辱には侮辱意思がなくてはならぬ。「蓄妾の事實は果して妻を侮辱するの意思を以て爲したるものと言ひ得るか。」

といふのであります。

さて此の兩說いづれが正しいかの軍配は行司預り置くこととしまして、民法の法文の嚴格解釋で行くと、一應平井說が有力のやうです。しかし實際の事件に當ると、この理論で妻の離婚請求を却下するのが如何にも不當な場合があるので、そこで一瀨說

も出て來るのであります。そして丁度その翌年の明治四十二年頃から、妾宅に入りびたりになるとか、情婦を家に入れるとか、遊廓通ひがひどいとかいふやうな夫の甚しい不品行を「遺棄」「虐待」「侮辱」に引き附けて妻の離婚訴訟を勝たせる裁判が行はれ始め、今ではそれが判例の傾向になつて居ます。裁判事件の實例をお話しすると面白いのですが時間がかゝるから割愛しませう。

七　民法改正要項

そのうちに、民法施行後二十年にして民法改正の機運が動き始めました。それは大正八年設置の臨時法制審議會による民法改正要項の審議であります。これは「我邦古來ノ淳風美俗」に副ふやうに民法殊に親族相續二編を改正すべき要領を決定しようといふ仕事なのですが、さて取りかゝつて見ると中々の難事業であります。「淳風美俗」とは何ぞや、それが果して「我邦古來」なりや、「我邦古來」必ず淳風美俗なりや、古來ならざるも將來の淳風美俗たらしむべきものなきか、而して抑も法律を以て淳風美俗を維持促進し得べきものなりや、の根本問題に始まり、具體的の諸制度に亘つて難問百出、審議が心ならずも永引いて、大正十四年に至り「民法親族編中改正ノ要綱」、昭和二年に「民法相續編中改正ノ要綱」が議決されました。その親族法改正要項中「第十六ノ一」として離婚原因につき左の如く議決されたのであります。

離婚ノ原因ハ大體ニ於テ左ノ如ク定ムルコト

一　妻ニ不貞ノ行爲アリタルトキ
二　夫ガ著シク不行跡ナルトキ
三　配偶者ヨリ甚シク不當ノ待遇ヲ受ケタルトキ
四　配偶者ガ自己ノ直系尊屬ニ對シテ甚シク不當ノ待遇ヲ爲シ又ハ配偶者ノ直系尊屬ヨリ甚シク不當ノ待遇ヲ受ケタルトキ
五　配偶者ノ生死ガ三年以上分明ナラザルトキ
六　其他婚姻關係ヲ繼續シ難キ重大ナル事情存スルトキ

この改正案は現行民法の離婚原因の規定に對する一つの大改革と一つの小改革とを含んで居ます。大改革といふのは「相對的離婚原因」の主義を採つたことです。民法の離婚原因は「左ノ場合ニ限リ」とあつて限定的絶對的であります。そして其の「場合」は大部分夫婦の一方の過失であります。然るに改正要項では結局(六)の「婚姻關係ヲ繼續シ難キ重大ナル事情」といふのが離婚原因で、(一)乃至(五)は畢竟その例示に過ぎません。それ故離婚原因は必ずしも夫婦の一方の過失でなくてもよいのでして、例へば現行法では協議離婚も裁判離婚も出來ない夫婦の一方の精神病なども、不治永續的になると離婚原因たり得るのであります。この夫婦の一方が精神病になつた場合といふのは、色々考へさせられる難問題ですが、本題をはづれますからお預りにしませう。

小改革は夫の姦通を離婚原因にしたことです。これがもつと徹底的だと大改革なのですが、この程度ではまだ「大」とは言ひ兼ねます。卽ち、やはり、

妻ニ不貞ノ行爲アリタルトキ

夫ガ著シク不行跡ナルトキ

といふ差別を附けて居ます。「不貞」といふのは「姦通」といふより廣いでせう。例へば夫の不在中に妻がよその男と遊び廻つて居れば、それ以上の關係に進まずとも、卽ち姦通ではなくとも「不貞ノ行爲」とは言へませう。改正要項は現行法よりも一層嚴重に妻の貞操を要求するのでありまして、これは然るべきことであります。夫の「不行跡」といふのも結局妻の不貞と同じ事ですが、それに「著シク」といふ制限詞が附いて居るので、やはり不對等であり不徹底であります。しかしともかく夫の貞操違反を離婚原因として明示したことが、夫がどんな不品行をしようとも妻は一言もないといふ風に讀める現行法に對する改革なのであります。尤もこれはまだ「改正要項」なのでありまして、この要項に基づいて民法の法文を書き直すのが又大事業です。目下司法省內の民法改正調査委員會で折角やつて居まして、大分捗取つては居ますが、まだこの次の議會へ提案といふ譯には行きますまい。しかし遠からずこれが法律になることが期待されます。

ところで私はこの改正要項には臨時法制審議會の幹事及び委員として當初から關係して居るのですから、私の口からは申しにくいのですが、私個人としては「夫ガ著シク不行跡ナルトキ」といふ改正案には不滿足なのです。第一に「著シク」といふのは餘りに曖昧です。どの位遊んだら「著シク」でせうか。第二にもし「著シク」が妾宅へ入りびたつたり內を外に廓通ひをするな

どを謂ふのならば、前申した通り裁判所は既に久しく「重大ナル侮辱」又は「悪意ノ遺棄」として離婚原因にして居ますから、「改正」はたゞ現在の取扱を是認しただけのことになります。第三に、「著シキ不行跡」は離婚原因にすると法律で言つてしまふと、「著シカラザル不行跡」は民法公認天下御免だといふ觀念を起させはしないでせうか。

元來私は大體に於て前に申した加藤弘之先生の議論に贊成なのであります。即ち夫の貞操の問題について刑法と民法とを區別し、刑法の姦通罪については「夫婦有別」も差當り已むを得まい、民法の離婚原因は須く夫婦對等たるべし、といふ意見であります。

刑法に於て妻の姦通と同樣夫の姦通を罰すべしといふのは、理論としては尤もなやうですが、實際問題としてどうでありませうか。第一に、世間一般がそれ程の悪事と考へて居ない事を刑法が先走りして罰することは、餘程考へ物であります。遺憾ながら、世間はまだ夫が外の女に關係することを、妻の姦通程の悪事とは考へて居ないのですから、いきなりそれに刑罰を當てることとは行き過ぎではありますまいか。第二に前にも申した通り、姦通罪の處罰なることが事柄の性質上徹底的たり得ません。即ち親告罪といふことになるので、夫の姦通を罰するとしても、「妻ノ告訴ヲ待テ」といふことになるのでせうが、妻が夫を訴へて牢屋に入れるといふことが、理論はともかく、我が國の人情に叶ふでせうか。妻の姦通の場合にも、夫は先づ離婚の訴を起した後でなければ告訴出來ないことになつて居ます。（刑事訴訟法第二六四條）夫が外の女に關係した場合に、妻が離婚の訴を起すことを認めるにしても、その上告訴までさせる必要があるでせうか。私は左樣に考へて姦通罪についての夫婦平等論を支持するのに躊躇したのでした。

しかし民法は刑法とは違ひます。離婚は夫婦別れをしたい者にそれを許すので、相手方に制裁を加へるのではありません。夫が外の女に關係したとき妻に離婚を請求することを許しても、請求するとしないとは妻の勝手で、是非共離婚せねばならぬといふのではないのです。夫が不品行な場合の妻の態度も色々でせう。「殿御の御働き」と涼しい顏をして居る奥さんもあるかも知れません。無自覺なとはたで腹を立てゝ見た所で仕樣のない話です。「去年の秋のわづらひにいつそ死んでしまうたら」と愁歎しながら我慢してゐる浄瑠璃の女もありませう。かはいさうなことです。或は又至誠一貫どうしても夫の愛を取戻さう迷の夢をさまさせようと一生懸命の妻もあるでせう。現代の女性はさうありたいものです。しかしこゝに一人の妻があつて、夫が外の女に心を移したのはどうしても忍ぶことが出來ないから是非別れたいと言はうとするのに、女といふものはそんな事を言ひ出すものではないと法律の力で押へようとは、どう考へても不當であります。それ故、離婚原因としては夫の妻のと差別立てをしないで、「配偶者ガ姦通ヲ爲シタルトキ」と一本に規定すべきではないでせうか。正當公平であるのみならず、何等弊害も豫想されません。殊に改正要項では前に申した通り離婚原因は「相對的」でありまして、事實があつたからとて必ず離婚を許すのでありません。改正要項「第十六ノ二」として、

前項第一號乃至第五號ノ場合ト雖モ總テノ關係ヲ綜合シテ婚姻關係ノ繼續ヲ相當ト認ムルトキハ離婚ヲ爲サシメザルヲ得ルモノトスルコト

とあり、そして今度の改正では離婚事件などはいかめしい裁判でなく「家事審判所」といふやうな今少し柔か味のある仕組で扱はせることになりさうですから、離婚が不必要に行はれることはあるまいと思ひます。妻の姦通と夫の姦通とは結果が違ふといふ論もあります。成程妻の姦通は家の血統を紊すことになりますから、結果頗る重大であり、夫が例へば妾を置くなどには家の血統を絶やさないためといふ言譯も附いて居たものです。しかしこの言譯は旣に過去のものでありませうし、たとひ左樣な相違があるにしても、それは飽くまで結果の相違であつて、事柄自體の相違ではありません。即ち夫婦關係の破壞といふ事柄自體に於ては、妻の姦通も夫の姦通も、一方を離婚原因とし他方を離婚原因とせざる程の大差別はあり得ないのであります。而して、妻は勿論夫と雖も夫婦關係の破壞を許されざる旨の大原則を民法に明示することは、風紀の肅正と貞操觀念の確立に效果なしとしません。かくて、貞操觀念が夫についても相當に涵養せられて後、初めて刑法に於ける夫婦對等が問題となるべきではありますまいか。

八　男子貞操義務判決

斯樣に私が民法改正要項に對してひそかに不滿を抱いて居た折柄、突如として實に胸のすくやうな名判決が下りました。事件は辯護士事務員某の恐喝犯でありまして、事實は左の通りです。

被告ハ、大正十三年九月二十八日大分縣大野郡大野村和田甲女及ビ其娘乙女ノ兩名ヨリ、其婿養子タル和田丙ガ乙女トノ間ニ二人ノ子供アルニ拘ラズ家出シ、同郡上井田村大字下野渡邊丁女方ニ下男奉公シ、右丁女ト私通シ自宅ヲ顧ミザル爲メ、子供ノ養育費ニモ窮シ居ル有樣ナルニヨリ、相當ノ出金ヲ爲スベク交渉シ呉レル樣ニトノ依頼ヲ受ケ、之ヲ承諾シ、即日和田甲女ヲ伴ヒ前記渡邊丁女方ニ到リ、同人ニ對シ、妻子アル和田丙ト情交關係ヲ結ビ同棲スルハ姦通罪ヲ構成シ二年以上五年以下ノ懲役ニ處セラルベキモノナルヲ以テ告訴スベシ、而シテ相當ノ出金ヲ爲スニ於テハ告訴ヲ見合スベキ旨申向ケテ恐喝シ、同人ヲシテ畏怖ノ餘リ同人方ニ於テ、丙ト其妻乙女トノ手切金名義ノ下ニ現金一百圓、及丙ノ子供ノ養育費トシテ向フ五年間一ケ月九圓宛皆濟スル旨ノ契約書一通ヲ、和田甲女ニ交付セシメタルモノナリ。

こゝでお含み置き願ひたいことは、取る權利のある金ならば少しはおどして取つても恐喝罪にならぬといふ解釋になつて居ることであります。そこで子供の養育料を取つたのは取る權利があるから恐喝にならぬのですが、問題は金百圓を取る權利があるかといふことであります。夫が妻に背いて他の女とくつついたことが妻の權利を侵害したことになり、從つて妻が夫及び相手の女から損害賠償を取れるかどうかといふこと、卽ち夫に貞操義務があるかどうかといふことによつて本件被告の無罪有罪が決するのであります。而して第一審でも第二審でも裁判所は夫に貞操義務なしとの前提の下に有罪判決を下したのですが、第二審大分地方裁判所の判決理由は左の通りでありました。

被害者渡邊丁女ガ和田乙女ノ夫丙ト情交關係アリタリトスルモ、我國現行法ノ下ニ於テハ男子ノ姦通罪ヲ認メズ從ッテ男子ニ貞操義務ヲ認メザル法ノ精神、竝ニ我國現時ノ社會狀態ヨリ論究スルトキハ、我民法ノ解釋上妻ハ夫ニ對シ貞操ヲ强要スル權利アリト認ムルヲ得ザルヲ以テ、渡邊丁女ハ和田乙女ノ權利ヲ侵害シタリト謂フコトヲ得ズ、又重大ナル侮辱ヲ加ヘタリトシテ慰藉料其他損害賠償請求權アリト解スルヲ得ズ。然レバ卽チ本件渡邊丁女ニ對シ施用シタル恐喝手段ヲ以テ權利ノ實行行爲ニ屬スルモノト爲スヲ得ズ。

これが卽ち從來の法律論であります。ところが被告人が上告して、事件が院長横田秀雄博士を裁判長とする大審院法廷に持ち出されました。而して大審院は中間決定を以て、夫に貞操義務あり、妻は夫に對して貞操を要求する權利ありと判定し、それを前提として被告に無罪を言渡したのであります。その中間決定が大正十五年七月二十日大審院第一刑事部決定（大審院刑事判例集第五卷三一八頁）

であリまして、かの「電氣竊盜事件」「葉烟草一厘事件」等幾多の名判決と併せて横田大審院長宥恕の美を成した「男子貞操義務判決」であります。その判決理由は實に理路整然たる大議論でありますが、こゝで出すのは少々惜しいですから、取つて置きにして結論を飾らせて貰ひませう。

九　改正刑法假案

民法と竝んで刑法についても改正の企てが起りました。この方の仕事には私は關係しませんでしたから、その經過をつまびらかにしませんが、同じく大正十五年に臨時法制審議會によつて「刑法改正ノ綱領」が議決されました。この刑法改正綱領には直接に姦通罪をどうしろとは言つて居ません。たゞ多少關係のありさうな左の二項が目に附きます。

三十　猥褻、姦淫ニ關スル現行法ノ不備ヲ補ヒ且刑ノ權衡ヲ適當ニスルコト

三十四　遺棄、扶養義務懈怠等家族制度ヲ破壞スルカ如キ行爲ニ對スル現行法ノ不備ヲ補フコト

ところが翌昭和二年に刑法改正委員會審議のための「刑法改正豫備草案」として發表された案文は突如として姦通罪に於ける夫婦對等を提案しました。即ち、

第二百四十八條　配偶者アル者姦通シタルドキハ二年以下ノ懲治ニ處ス其ノ相姦シタル者亦同シ

配偶者ノ惡意ノ遺棄ニ因リ家庭ノ共同生活ヲ爲スコト能ハザル者前項ノ罪ヲ犯シタルトキハ其ノ刑ヲ減輕又ハ免除スルコトヲ得

前二項ノ罪ハ配偶者ノ告訴ヲ待テ之ヲ論ス但シ配偶者姦通ヲ縱容シ又ハ宥恕シタルトキハ告訴ノ效ナシ

といふのでした。實に一大飛躍であつて、起案者の勇斷に敬服しましたが、前にも申した通り事柄の性質上又我が國の現狀から見て、果してこの理想案で押し切れるであらうかとひそかに疑つて居りました。

果然、最近（昭和十五年三月）發表された「改正刑法假案」ではこの點が緩和されて、

第三百二十四條　妻姦通シタルトキハ二年以下ノ懲役ニ處ス其ノ相姦シタル者亦同ジ

前項ノ罪ハ夫ノ告訴ヲ待チテ之ヲ論ズ

第三百二十五條 夫他ノ婦女ト私通シ其ノ關係繼續中悪意ヲ以テ妻ヲ遺棄シ又ハ之ニ對シテ同居ニ堪ヘザル虐待若ハ重大ナル侮辱ヲ加ヘタルトキハ二年以下ノ懲役ニ處ス情ヲ知リテ相通ジタル者亦同ジ

前項ノ罪ハ妻ノ告訴ヲ待チテ之ヲ論ズ

といふことになりました。即ち第三百二十四條は現行刑法第百八十三條と大體同樣ですが、それに第三百二十五條を新たに設けて、遺棄・虐待又は侮辱を伴ふ夫の姦通を處罰することにしようといふのであります。成程現實に即すれば此の邊の所が差當り適當だらうと思ひますが、ともかくも夫の貞操違反を不問に附せざる旨を言明したのは、現制に對する主義上の重要な改革として歡迎せらるべきであります。而して此の假案に基づく刑法の改正は、これ亦次の議會に提案されるかどうかは知りませんが、或は民法の改正よりは先になるのではないかと思ひます。

十 新秩序新體制と夫の貞操

かくして民法及び刑法の改正企畫に於て、夫の貞操が大體同一の程度で問題になることになりました。民法の方は今一つ徹底して欲しいと申しましたが、「夫の貞操」が小說の標題でのみあり得た從來を顧みると、確かに祝福せらるべき進展であります。而して此の改正は早晩實現されるでありませう。

しかし、法律は勿論有力でありますけれども、法律だけでは、たとひそれが如何に徹底的に規定されたにしても、結局不徹底であります。日本の妻の有名なる貞節は、姦通が離婚原因になり又處罰されるからではないのです。同時に又夫が不品行であつてならぬことは、民法刑法に規定が有るから無いからの問題ではありません。妻の貞操は勿論、夫の貞操も亦今日の婚姻の根本的要求であります。而して法律は其の要求の一端に觸れて、國家社會が其の要求を確認支持することを示す所に意義があるのでありります。

そこで私は、「取つて置き」の横田大審院長の夫婦貞操論を此の場合に讀み上げませう。即ち前に申した大正十四年七月二十日大審院第一刑事部決定の決定理由であります。

婚姻ハ夫婦ノ共同生活ヲ目的トスルモノナレバ、配偶者ハ互ニ協力シテ其ノ共同生活ノ平和安全及幸福ヲ保持セザルベカラズ。然リ而シテ夫婦ガ相互ニ誠實ヲ守ルコトハ其ノ共同生活ノ平和安全及幸福ヲ保ツノ必要條件ナルヲ以テ、配偶者ハ婚姻契約ニ因リ互ニ誠實ヲ守ル義務ヲ負フモノト云フ可ク、配偶者ノ一方ガ不誠實ナル行動ヲ爲シ共同生活ノ平和安全及幸福ヲ害スルハ、即チ婚姻契約ニ因リテ負擔シタル義務ニ違背スルモノニシテ、他方ノ權利ヲ侵害シタルモノト云ハザルベカラズ。換言スレバ婦ハ夫ニ對シテ貞操ヲ守ル義務アルハ勿論、夫モ亦婦ニ對シ其ノ義務ヲ有セザルベカラズ。民法第八百十三條第三號ハ夫ノ姦通ヲ以テ婦ニ對スル離婚ノ原因ト爲サズ、刑法第百八十三條モ亦男子ノ姦通ヲ處罰セズト雖モ、是主トシテ古來ノ因襲ニ胚胎スル特殊ノ立法政策ニ屬スル規定ニシテ、之レアルガ爲メニ婦ガ民法上夫ニ對シ貞操義務ヲ要求スルノ妨ゲトナラザルナリ。

實に堂々たる名文であります。そして私が特に面白く感ずることは、これが偶然にも——横田博士心有つての執筆ではあるまいと思ひます——前に出した馬太傳第十九章のキリストの言葉と符節を合する如きことであります。キリストは先づ「神の合せ給へる者は人これを離すべからず」といふ原理を宣言しました。するとパリサイ人が揚足《あげあし》を取らうとして、「それでもお前さんの尊敬するモーセは離緣を許したではないか」と質問した。それに對してキリストは「モーセは爾曹《なんじら》の心の不情《つれなき》に因て妻を出すことを容したゝ也。されど元始《はじめ》は如此《かく》あらざりき。」と喝破しました。即ちモーセの離婚許可は政策であつて、原理は元來離婚不許可である、といふのであります。大審院の決定理由も其の通りの手法ではありませんか。即ち先づ婚姻の根本義から說き起して「婦ハ夫ニ對シテ貞操ヲ守ル義務アルハ勿論、夫モ亦婦ニ對シ其義務ヲ有セザルベカラズ」と宣言しましたが、さう斷言すれば必ずパリサイ人的法律家から「それでも民法は夫の姦通を離婚原因にして居ないではないか、刑法も夫の姦通を罰しないではないか」と逆襲されさうです。そこですかさず押つかぶせて「それは古來の因襲から來た立法政策に過ぎぬ」と眞向から一蹴し去り、「夫の貞操義務の根本原理はこれによつて微動だにしない」と言ひ切つたのであります。結び得て實に千鈞の重みがあります。

斯くして大審院は夫婦關係の根本義を宣言したのでありますが、今にして考へると聊か個人主義的な嫌があります。勿論現行民法其のものの立て方が左樣なのですから已むを得ませんが、夫婦關係を契約としてのみ取扱ひ權利義務ばかりで片附けるのはいかゞでせうか。成程現行民法の眼から觀ると、姦通は「婚姻契約に因りて負擔したる義務の違背」であり、從つて相手方の權利の侵害になる、裏から言へば夫は妻に對し又妻は夫に對して「貞操義務ヲ要求スル權利」があるといふことになるのでありまして、それは決して間違ではありません。しかし「夫婦共同生活ノ平和安全及幸福」は單に夫婦間の問題だけではないのでありまして、家庭を其の構成要素とする國家社會の重要な要求であります。從つて妻の貞操は勿論夫の貞操も亦同樣に國家社會の要求であります。「刑法改正豫備草案」及び「改正刑法假案」が、現行刑法の如く姦通罪を姦淫罪中に並べないで、特に「風俗ヲ害スル罪」といふ章を設けて姦淫罪とは別に規定したのも、多少其の邊の意味があるのではないでせうか。

要するに問題は單に法律問題ではありません。道德問題であり風紀問題であります。道德觀念も或程度變遷します。風紀も時代によつて寬嚴がありませう。それ故私は過去從來の事をかれこれ申すのではありません。たゞ現在及び將來の問題として「夫の貞操」が道德であり、風紀であり、國家社會の要求であることを强調したいのであります。

今や新秩序が目標とされ新體制が提唱されます。新秩序は廣範圍に亘り新體制は大規模でありますが、私は新秩序新體制の一重要項目として家庭の淨化が數へ擧げられることを切望致します。我が國の家庭が淸淨ならずと言ふのではありません。婦人の貞操は我が國の家庭を世界にたぐひなき淸淨なものにして居ます。更に願はくは男子の貞操觀念を一層强化し、淸淨無垢の日本家庭を以て新體制の基礎新秩序の出發點たらしめたいものであります。

（筆者は東大教授・法學博士）

婦人身の上相談

（相談擔當）山田《やまだ》わか先生《せんせい》

問　或《あ》る出來事《できごと》のために身《み》の潔白《けつぱく》を疑《うたが》はれて

三年前《ねんまへ》、私《わたし》が十九歳《さい》の時《とき》でございました。女學校《ぢよがくかう》からの仲《なか》よしのお友達《ともだち》と一緒《しよ》に生花《いけばな》のお稽古《けいこ》に通《かよ》つてをりました或《あ》る日《ひ》、その方《かた》のお家《うち》へおさそひにまゐりました。お友達《ともだち》の兄様《にいさま》がお一人《ひとり》でおいでになりまして、妹《いもうと》はいまぢきに歸《かへ》つて來《く》るから上《あが》つて待《ま》つやうに、と言《い》はれるまま應接間《おうせつま》に入《はひ》りますと、その兄様《にいさま》はいきなり應接《おうせつ》間《ま》のドアの鍵《かぎ》をかけてしまひました。あまりびつくりして、ドギマギしてゐる間《ま》に何《なに》もわからなくなりました。氣《き》がつくと同時《どうじ》に私《わたし》は走《はし》り歸《かへ》り、そして、どうかされたとは思《おも》つてゐないので、そのまゝ過《すご》してをりましたのです。

去年《きよねん》の夏《なつ》結婚《けつこん》いたしましてから半年《はんとし》もたゝないうちに、私《わたし》の良人《をつと》はどこからかそのことを聞《き》き知《し》つて、『お前《まへ》は汚《けが》れてしまつてゐる女《をんな》だ。汚《けが》れた腐《くさ》つてゐるお前《まへ》との結婚生活《けつこんせいくわつ》では立派《りつぱ》な家庭《かてい》を建設《けんせつ》することは望《のぞ》めない。お前《まへ》と一緒《しよ》では俺《おれ》までが腐《くさ》つてしまふから何《なに》もする氣《き》がしない。別《わか》れてくれ。』と申《まを》しまして、お勤《つと》めの方《はう》も退職屆《たいしよくとどけ》を出《だ》してしまひました。そして毎日《まいにち》うつ〱と病人《びやうにん》のやうになつて、蒲團《ふとん》の中《なか》にもぐつてをります。私《わたし》は居《ゐ》ても立《た》つてもゐられない氣持《きもち》です。先生《せんせい》、私《わたし》はどうしても別《わか》れなければならないでせうか。

（靜岡縣・S子）

答　身《み》をもつて良人《をつと》の反省《はんせい》を促《うなが》すがよい

疑惑《ぎわく》を持《も》たれるやうな出來事《できごと》があつたことは遺憾《ゐかん》には相違《さうゐ》ないですが、そのことのために、貴《たふと》い人《ひと》一人《ひとり》を汚《きたな》い廢物《はいぶつ》のやうに思《おも》ひ込《こ》んでしまふのはあまりに淺慮《せんりよ》です。青年《せいねん》の潔癖《けつぺき》な心《こゝろ》は自墮落《じだらく》や無神經《むしんけい》よりはよいですが、潔癖《けつぺき》も度《ど》が過《す》ぎれば病的《びやうてき》です。この古今未曾有《ここんみぞう》の大國難《だいこくなん》に、妻《つま》の過去《くわこ》に對《たい》する疑惑《ぎわく》のために、よい若《わか》い者《もの》が病人《びやうにん》のやうになり、無爲《むゐ》に日《ひ》を過《すご》すなんてあまりに非常識《ひじやうしき》です。

けれども、その病的《びやうてき》な狀態《じやうたい》から健全《けんぜん》な狀態《じやうたい》に方向轉換《はうかうてんくわん》をさせるためには、單《たん》なる言葉《ことば》の上《うへ》の說明《せつめい》くらゐでは效目《きゝめ》がないでせう。あなたが身《み》をもつて良人《をつと》の反省《はんせい》と理解《りかい》を促《うなが》さねばならないと思《おも》ひます。つまり汚《けが》れてゐるの、腐《くさ》つてゐるのと言《い》はれても尚《な》ほとびりついてゐるやうな屈辱的《くつじよくてき》な態度《たいど》でゐないで、『御迷惑《ごめいわく》なら暫《しばら》く身《み》を引《ひ》いてをりませう。』とお言《い》ひなさい。そして、良人《をつと》の傍《そば》から身《み》を引《ひ》いても、里《さと》の御兩親《ごりやうしん》や親類《しんるゐ》の厄介《やくかい》になつてメソ〱してゐてはなりません。世間《せけん》は人手《ひとで》不足《ぶそく》で困《こま》つてゐるのですから、どの方面《はうめん》へなりとも進出《しんしゆつ》して、あなたの毎日《まいにち》が有效《いうかう》に過《すご》されてゐなければなりません。

どこかの事務所《じむしよ》でも商店《しやうてん》でも、或《あるひ》はまたよその御家庭《ごかてい》でもよいです。よその御家庭《ごかてい》へ入《はひ》れば、名《な》は女中《ぢよちう》といふことになりませうが、女中《ぢよちう》でも居候《ゐさふらふ》よりは格段《かくだん》とよいでせう。相當《さうたう》の月給《げつきふ》を頂《いたゞ》いて、一定《てい》の仕事《しごと》を受持《うけも》つて、そこに無《な》くてならない一員《ゐん》となつて有效《いうかう》に働《はたら》いてゐる時《とき》に、あなたの存在《そんざい》は輝《かゞや》かしいものになります。あなたが輝《かゞや》かしい、有益《いうえき》な存在《そんざい》となつて周圍《しうゐ》から尊敬《そんけい》されてゐる時《とき》に、良人《をつと》の心《こゝろ》を暗《くら》くしてゐる無益《むえき》な雲《くも》はやがて追《お》ひ拂《はら》はれると思《おも》ひます。

♣『相談室』案内

▲毎週月曜日の午前九時から午後四時まで、主婦之友社讀者奉仕部『相談室』で山田わか先生が面會、その他(日曜日を除く)はやはり同時刻中、讀者奉仕部員が御相談を受けます。
▲未亡人、應召家族、遺族の方々の御相談には特に盡力いたします。その他、どんな問題につきましても、祕密を嚴守し、一切無料で御相談に應じます。
▲地方からの御相談には信書でお答へ申上げます。返信料を同封して東京市神田區駿河台主婦之友社讀者奉仕部宛お申越しください。

鼎談

未亡人の生きる道

未亡人がいちばん恐れるのは、男性のそれでなくして、同性の鋭く冷めたい眼だといふ。未亡人を明るい希望に生かすために女同士のあたたかい心が要求される。

（發言順）

赤松常子
山室民子
徳永恕

『未亡人』といふことは

赤松　未亡人といふ字句は『未だ亡びざる人』といふ、なにか生き殘りの、老いさばらへたといふ感じがあつて、暗いいやな印象を持つてをりますね。

生きる權利はあるのですから、未亡人を生き殘りといふ觀念から解放し、長い將來を一個の人格として尊重してゆくやうな、別の名前に變へてしまひたいと思ひますね。

どういふ名前にするか、いまここで決定したからといつて、すぐそれが一般化されはしないでせうが、一つの運動として、取上げられていいものだと思ひますが。

徳永　以前、『婦女新聞』が、そのことを取扱つて、『寡婦』といふことにしたことがあります。

山室　寡婦といふのも、何か明るい感じがしないわね。

赤松　これからまた再出發するといふ希望をもつてゐるやうな名前でなければ――。

山室　適當なことばが、急にはここで湧いて來ないとしても、たしかに、未亡人といふ暗いいつも悲劇がくつついてゐるやうな言葉が、明るい希望をもつたことばに變へられてゆくといふ方向に、社會全體の氣持が傾いてゆくといふことは大切ですわね。

これは餘談ですが、『孤兒』といふことば。戰災孤兒とか、引揚孤兒など、あゝいふレッテルを貼られた子供たちこそ氣の毒です。

早くかうしたことばも、明るいことばに變へて、希望ある生き方に方向轉換させたいものですね。

徳永　本當に、未亡人にしても孤兒にしても、そのことばの持つ暗さと同時にその生活の悲劇を、明るい希望に滿ちたことばと生活に變へてゆきたいものですね。

結婚のはじめにまかれた悲劇の種子

赤松　未亡人も含めて、女といふものが、いつも悲しい境遇に置かれてゐたといふことは、結局日本の法律が、不當に女を縛つてゐたといふことが、その原因のひとつとして數へられると思ひますが殊に、法律の不備から未亡人は非常にみじめな運命を背負はされてゐるのではないでせうか。

山室さんのお扱ひになつてゐる人事調停に現はれた未亡人の問題では、どんな種類のものが多かつたでせうか。

山室　内縁關係にあつた人が未亡人になつた場合の悲劇が、大きな問題でしたね。

赤松　さういふ點は、法律的にどう處理されるべきでせう。

山室　これからさき、法律がどういふ風に改められるか知りませんが、日本ではお屆けをしなければ、事實上、結婚してゐても、結婚したと認められないことになつてゐるのですから、結婚したら、すぐにお屆けするといふことを、奬勵したいと思ひます。

日本では、大騷ぎしてお嫁さんを貰つておきながら、樣子を見てゐて（笑聲）子供でも生れた時分になつてお屆けするんでせう。

こんなところにも、未亡人の悲劇の種子がまかれてゐるのね。

赤松　結婚が本人同士の意志を離れて、家とか、家柄とかの結婚とされてゐたからでせうね。

山室　戰爭中は殊に、事實上は結婚してゐたのに、法的にその結婚が認められてゐなかつた人が未亡人になつた場合の悲劇が多く發生したわけですが、その悲劇は、終戰と同時に終つたのではなく、いまだにずつと續いてゐるのです

かういふ方々の、一人一人の力は非常に弱いのですから、これからは、婦人團體などが卒先して、かうした方々の味方になつて、お互の力を協せて不幸を切拔けてゆくやうにしたいものだと思ひます

それから、一言申しあげたいのは、未亡人の方でいまいろいろなことで苦しんでをられる方が隨分多いと思ひますが、人事調停といふのは、とても簡單な手續きと、僅かな費用で、女の委員もゐて味方になつてくれて、しかもそこで決つたことは、法廷で決定したことと同じ效力をもつものなのですから、大いに利用して欲しいと思ひます。一般に、殊に女の人はかういふことを知らなさすぎますわね。

子供をもつた未亡人

赤松　徳永先生は、未亡人のどういふ問題をお扱ひになつていらつしやいますか。

徳永　私は子供を連れた未亡人を專門にといふ位なんです。

只今の内縁の場合は、勿論ですが、ちやんと籍の入つてゐる未亡人でも、お金の問題から婚家を出される人が、ずゐぶんあるのですよ。

それが、子供のある場合には、それこそ大變なのですね。子供をおいて、嫁は出さうといふ。表面は親切さうなんですが。

山室　若いからまだ再婚の途があるだらうといふのね。

徳永　その場合に、母となつた未亡人の心持は、どうしても子供を離したくない。婚家にゐたいとか、ゐたくないといふことではなしに、また、お金が欲しいといふのではなくて、どうしても子供と離れたくないといふ特別な心持があるのです。

殊に若い母の場合、若いから再婚は當然考へられるけれども、この子供をなんとしても育ててゆきたい、しかし生活力がなく生活の方法がたたない。

保護施設の意味

徳永　さういふ人たちに、本當に親身になつて相談相手になつてあげる必要があるのですね。

相談相手がないために、灘を通つたり、生活力がないので、惡い方へ墮ちていつたりした例が、澤山あるのですよ。

さういふ意味で、私としてはさうした場合に保護の手、相談相手といふものが施設を通して必要だといひたいのです。

赤松　社會施設としてね。

徳永　えゝ。それは母子保護法といふ法律によつて一部はまもられてゐたでせうし、方面委員を通し、ある程度の施設を通してまもられてはゐたでせうけれども、そ

徳永　恕氏

山室民子氏

赤松常子氏

れが實際にはなかなか行屆いた保護はなされてゐなかつたのではないでせうか。

こんどは生活保護法によつて、民生委員といふ名に方面委員が變へられ、保護も指導も徹底する筈でございますね。そこにこそ婦人の大きな手が必要だと思ひます。

しかし、民生委員に婦人が數的に多くなることも大切ですし、扶助金額が高額になることもたしかによいことではありますが、それだけでは足りない。子供をつれてをるといふ故に、母であるといふ故に、私は施設は是非なければならぬものだと思ふのです。

母が働きに出る間子供を安心して預けられる託兒所と、快よく働ける職場、そしてそのうえにお互ふ、お友だち同志の家といふものが、施設として欲しいと思ふのです。

赤松　さうですね。

徳永　本當にいまは戰後で、住居がないといふことは企畫の問題でございますけれど、殊に子供をつれた不幸な人のために、まづ家と心の安住の場所を與へてあげたいと思ひます。

そこには本當に信賴できる相談相手が欲しい。子供が大きくなる場所でもあり、そしてまたそれが教養の場所でもあり、向上し得る場所でもなくてはならぬ。

いままでは、さうした施設をなにかみじめな人の收容所のやうに考へられてゐたかも知れませんが決してさうではないと主張いたします。

赤松　さうですわね。折角の保護法やその施設が利用されないといふ一つの原因に、日本の女の卑屈性がありますね。當然要求してもいいものを要求しなかつたり――。

山室　それと、少し圖々しい小母さんみたいな人が利用しすぎたり――。

本當にプライドをもつてをられる助けて差上げたい方、してあげたら社會的にも意味があるやうな方は却つて、なにも保護を受けてゐないのね。

徳永　所謂社會事業の一つとしての施設ではなく、社會の一環としての、社會の一部分としての施設として、理解されなければならぬし、利用されなければならぬと思ふのですよ。

未亡人にもつと社會性を

赤松　未亡人の問題も、その人個人の問題でなく、ひろく社會とのつながりの面から考へてゆくならば、さういふ法律なり施設なりによつて保護して、個人の負擔を輕減してあげなければなりませんわね。

いままでのやり方は、めいめいが責任を押しつけあつて、悲しい運命をますます深刻にしてゐたのではないでせうか。

徳永　本當に協同生活がのぞまれるのですが、それと同時に、お母さんといふものは、ある意味で個人主義者で利己主義者だと、私は思ふのです。

自分の子供のこと、自分と自分の子供の生活にのみ沒頭してしまひがちですから、それが協同生活を通じ、廣い社會性にめざめるといふ風に伸ばしていつて貰ひたいと思ふのです。それにはお手傳ひといひますか、指導が必要だと思ふ、そして、そのためには環境としての理想的な施設が必要なのではないでせうか。

赤松　さう、さう、たしかにさうですね。

さきごろ武藏野母子寮を拜見させていただいたのですが、そこでは未亡人の方々が、ずいぶん明るく生活をなさつていらつしやる。施設の力に助けられ、共通の境遇の方々がお互に扶け合つていらつしやるのをみまして、非常にうれしく感じました。

家族制度と未亡人

山室　それから、私申しあげたいのですけれど、かういふ女の方々は子供と一緒に必ずしも、夫の家を出なくともいい、をられるときはをつてもいいのではないでせうか。

お姑さんたちと一緒にをるといふことは、子供とだけの生活よりも、やりにくいとは思ひますが、自分の夫の母であり、父であり、兄弟である以上、ずいぶん御面倒でせうけれど、それも忍んでいただかなければならぬ場合もある。

いまはまだ、日本に家族制度が殘つてをりますから、それを我慢して下さいといふのはお氣の毒のやうですけれども、子供のためにはそれも我慢して、できるだけのことはしていただきたいと思ひます。

それから、出て來ます場合に、ぽかんと抛り出されるやうに出ますが、勿論、出る場合には子供の扶助料なり、女の方々が生活に困らないやうにして貰ふやうにしたいと思ひます。

外國の法令などに較べてみて、日本には婦人に對するかういふ場合の公定價格といふものがありませんが、それぞれの身分によつてできるだけのことは婦人にして下さることは當然だと思ふのですが——。

赤松　ただ抛り出すといふ方法はありませんわね。

山室　ただ抛り出されるばかりでなく、お嫁入りのときのお道具なんかを、押へられる人が近頃はずいぶんおありになるのよ。

赤松　自分のもつていつた物でも、全部夫の所有になるといふことは自體に法律の不備があるのですね。

山室　さう。

赤松　ですから、男女平等の權利において財産權を解決し、夫が亡つて遺産相續が長子にゆくといふことに對し、妻にも平等に分配の權利をもたせるやうに、民法を改正しなければなりませんね。

更に、經濟力の問題で、ソヴエトの場合には、子供のある寡婦には勞働權あり、誰よりも優先的に子供のある寡婦は就職出來るやうになつてをります。ところが日本では、子持ちの勞働者はいちばんあと廻しにされ、就職の機會がない。生存の權利としても、寡婦のための勞働權の確立を、勞働法のなかに織りこんでゆかなければなりませんわね。

さうすれば、一應、經濟力の安定は解決できると思ひます。

徳永　實際問題として、工場で子持ちのために短時間勞働を實施したこともございましたが、時間給の現在では、あまりよろこばれなかつたのです。お給金がすくないので——。

赤松　さうなんですよ。ですから給料の算定も、時間給から、生活賃金にならなければね。

未亡人の生態

赤松　保護施設を通してみた未亡人の生きる姿について、徳永先生、なにか——。

徳永　現在は戰災で收容力も僅かしか殘りませんので、たいしてお話することもございませんが、過去の母子保護法の續きの者、軍事扶助の連續の者、戰災補助の者等が、私の施設にをります。

大體補助金は、母子三人の場合で二百圓近くいただいてをりますそれだけでは、勿論、足りませんが、いまはなかなか働く先がございませんし、殊に引揚げの方たちは着のみ着のままで二人も子供を連れてをる方もあります。

赤松　それで足りない分はどういふお仕事を與へてやつていらつしやるのですか。

徳永　昨年の十一月から十二月にかけて、新宿の露店で、闇市とは別に眞面目な商業組合ができましたとき、お仲間入りさせていただきまして、それは半日仕事でしたが、半日で五圓、ある程度以上の賣上げになつたら歩合が參圓といふことでした。いまは再統制で缺日になりましたが——。

現在は、進駐軍の方の仕事にいつてをりますものが、比較的よい收入を得てをります。雜役婦、將校家族のメード。この方ですと、月收五百圓位でございます。

山室　こんど進駐軍の家族が大分まいりますから、さういふお仕事はふえて來るでせうね。

徳永　一般には住込は收入はよいのですが仕事では惱みが多いやうです。こんな例があるんですよ。

住込みのメードとして、子供は連れてゆくことが許されぬので、あべこべに私どもの方へあづけていつてをる人があるのですが、その人は自分自身母に乳兒の時死別、父は八歳のとき亡つて、お祖母さんに十八まで北海道で育てられ十八で四年制の女學校を卒業して東京へ出て來た。さうして洋裁をしてゐる間に學生であつた相愛の人と結婚した。それは相當の家庭の學生でしたから正當の結婚をしたのですが、子供の顔を見ぬうちに死別したのです。子供は男の子ですし、夫の家も立派な家ですから、とに角子供は置いてゆけ、嫁のことまでは見られないと言はれる、どうしても子供と一緒にゐたいと思つて連れて來た。まだ二十五なんですよ。頭も相當よいし働くし、子供もずいぶん素直に育つてをりますけれども、ときどき思ひ迷ふのでございますね。

——かうしていつて、この子を大學までの教育をする力が、果して自分にあるだらうか。

——やつぱり夫の家へ置いて來るのが子供の幸福のためだつたのではなからうか。

さう思ふと矢も楯もたまらなくなつて、翌日私の所へ飛んで來たのです。

子供を離してしまつて、安心して自分の生活が出來るのならそれがいいけれど、あなたはすぐに子供をつれにゆきたくなるのではないの、と申しますと、

——さうなんですよ、私はこの子がもしゐなくなつたら、どんなに墮落してしまふかわからない。

してみると、自分の救ひのためにはゐて貰ひたいし、將來の力は自信がない、といふことになる。

——やつぱりこのまま、精一杯やつてゆきますわ、助けて下さいね。今日はお話してよかつたわ。

といふわけで勤め先に歸つてゆくのです。

さういふ迷ひは、子供を置いて裕福な家庭のなかで働くものには殊に多いのではないかと思ふのです。

未亡人と再婚

赤松　未亡人の人々が新しい職業を見出して、それに生甲斐を感じてゆくことも一つの道ではございますけれど、また再婚の問題も非常にいい相手の方があつて、いい家庭が建設出來るといふ見透しがあつたら、結婚生活に入るといふことも、新しい出發としていいことではないかと思ひます。

未亡人の再婚を阻むものは何でせうか。先生どうぞ——。

徳永　それは子持ちの場合と一人の場合と違ひませうね。一人の場合はいい結びつきもありませうけれど、子持ちの場合にはゆき詰ることが多いのではないでせうか

二十五や六で、子供を育ててゆくといふことは、母であると同時に女なんですから。自然が本當に機會を與へたら再婚することは結構だと思ひますけれど——。

子供を先夫の姓の子供として承認し得る兩立し得る相手があれば

よいのですが、多くの場合、連子しないで母だけ出るのなら澤山結婚の話もあるのです。兩方が連子同士の再婚も實際問題としてはむづかしいのです。

男の方の要求はやつぱり妻としてであつて、母としてぢやありませんから——。

山室　男の方は奥さんをお亡しになつてもぢきに結婚なさるけれど、女の場合はどの人の場合もなかなかむづかしいのね。

徳永　子供を大勢つれてゐるやうな場合、先夫との家庭が幸福であつた人なら、もう一度お父さんがゐて幸福な家庭が繰り返へされるといふことは望めないし、不幸だつた場合なら尙更、別の意味でとても躊躇するのではないでせうか。

生活の安定のためだけの目的で嫁ぐ人は別ですけれど——。

赤松　未亡人の再婚に對する特別な考へ方が、周圍の封建的なもの の考へ方と結びついてゐる場合が、田舎なんかには多いのではありませんか。

山室、それは法律なんかでもさうでせう。男の人の不貞は問題にならない場合でも、女の人のは問題になる。そんなところから、殊に靖國の妻などであつたら、何でもかでも一人の方に封鎖されてしまひ、それがいいことのやうにされて來てゐましたけれど、あれは形式的だわね。

母か妻か

赤松　子供があるといふことが再婚の場合大きな問題でございますが、子供のことはどういふ風に考へていつたらよいでせうか。

徳永　私は、生んだ以上は授乳期間はお母さんのお乳で育てたいそのあとは將來必ずしも意志のないのに、子供に縛りつけておくことはない。どうしても育ててゆきたいといふ意志ならば、それを何とかして貫徹してあげるのが社會の役目だと思ひます。

ですから、意志の問題だと思ふですけれどね。

山室　さうして、そこに生甲斐を感じて、いままでだらけた生活をしてゐた人も引締つて來る。だから、母と子を離すといふことは子のためにも母のためにも、不仕合せなことと思ふのですよ。ですから、母と子が一緒にゆくことが一番自然ないいことだと思ひますね。

赤松　さういふ場合が多いわねまあ再婚といふことはこれから本當に自由に考へられもするでせう

山室　子供にとつては母といふものはとてもえらいものです。どんなつまらない女の人でも、母といふものになると、何か新しい力がその人の中にめざめて來るのね。

徳永　さう。

山室　子供をもつてをるといふことによつて、その母親が清められるし、高められてゆくのですよね。

赤松　さういふ場合もありますし、相手の人にもよりますが、新しい途といふものも開けて來て欲しいわね。

山室　しかし、結婚を待つといふことは、未亡人にとつても、いまの若い人にとつても危險だと思ふの。いまの人口の男女の割合からいつて——。

再婚の途を開いてあげたいし、さう思ふのですけれど、それを待つてゐると大變失望するだらうと思ひます。ですから、母と子で一緒にやつてゆくだけの力はもたなくてはいけない。再婚といふことは私反對ではないけれど、殊にこの困難な時代には、ひとりで生きる覺悟が必要だと思ひます。

赤松　當面はお仕事を與へてあげる、經濟力を安定してあげるといふことの方が先決問題ですね。

未亡人の生活を明るく

赤松　最後に、未亡人の生活に明るい希望をもたせるために、社會全體がしなければならぬことについて——。

山室　女學校やオフィスで働いていらつしやる若い未亡人の方たちは、ずいぶん、未亡人であるがために氣をお使ひになつていらつしやるんぢやないかと、私、二三のお知合のさうした境遇の方から印象づけられてをりますのよ。

赤松　ちよつとお化粧が濃かつたりすると、妙な眼でみられたりね——。

山室　えゝ。若いときの着物を着てオフィスにゆかなければならぬといふことも、現在の狀態ではありますものね。

その方が若い氣持で働いてゆくためには、多少身の廻りを飾らなければならない場合もあるでせうしね。

赤松　さういふ鋭い眼は男性よりも女性の方が冷めたいのですね未亡人は、われわれ同性をかへつて怖れて暮さなくてはならぬといふことは悲しいことですね。

結局、われわれ自身の教養に戻つて來るのね。

徳永　本當にさうですね。して上げるといふやうな意味と、して貰はないといふ意味のかけ合ひがそうした冷めたさになるのですわね。本當の扶け合ひは、どの階級にも、どの世界にもあるべきだし扶け合ひがなくては、いまは誰も生きてはゆけないのですのに——信賴し合つた友だち、心を語り合ふはらからになる。根本はそこにあるやうな氣がしますけれどね。

赤松　いままで家庭といふ小さな枠のなかで生きて來て、未亡人になつて急に社會の荒波に突き出されるとき、社會的なものの見方理解のし方を、さうした方々に求めるばかりでなしに、受取る社會のわれわれが、あたたかく受取つてゆくといふところに、未亡人の運命をすこしでも明るく希望のあるものにしてゆける可能性があるのでせうね。（終）

出席者紹介・赤松常子：日本社會黨婦人部長。山室民子：わが國はじめての婦人視學官。徳永恕氏三十年來、母子保護事業に獻身。

未　亡　人　　加藤悦郎

『お母さん、戰死したお父さんのお寫眞を、この頃、どうして裏返しにしておくの？』『子供にはそんなこと、わからないのよ——』

眞木ゆき氏

原奎一郎氏

前の交際★

KEN.

親も一緒に

蘆原　最近、日本の娘さんたちがだらしがないといふやうな聲がずゐぶんあるのですけれど、考へてみると彼女たちは、戰爭前には十二三だつた。そして徵用だとか學校工場とかそんなふうに働いてきて、滿足に勉强もしなかつた。そこで戰爭が終りましたからいろいろなことを知らないといつても無理がないと思ふのです。それでアメリカに長くをられた眞木さん、イギリスに長くをられた原さんに向ふの男女交際に關することを伺ひましたら參考になることが多々あると思ひます。一體娘さんがだらしがないといふのですが……。

原　僕はそれほどとは思はないのです。實は僕にも二十の娘があつて、さういふ交際も割に自由にしてゐるのですが、僕は何か安心してゐるんです。それは戰爭の間ずつと働いたりして割合に男の人を知つてゐるんぢやないかと思ふんですね。いろいろ男の人とつき合つてゐるのを傍《はた》で見て、どうも僕は、近頃の娘さんのだらしがないといふ說には、ただきういふことが非常に目について來たといふだけで、實際にどこまでひどくなつてゐるかと

★結婚

蘆原英了氏

いふことは疑はしいのではないかと思ふのです。

記者　それは一般的に戰爭の影響で、相當人間が鍛へられてをりますね。しつかりして、現實的にものを考へるやうになつたといふことはいへるのです。しかしやつぱり男女間の交際といふふうな訓練は、できてゐないのでないか。といふよりも、さういふものができるやうな環境がないのでないか。そのために急に自由だといふことで、自由と放恣が間違へられて相當いろいろな間違ひなり、誘惑などに陷る危險性があるのではないかと思ひます。

蘆原　原さんの場合は特殊な場合で、これは親の指導方法が特別にいいんぢやないかな。

原　僕は自分がずゐぶんだらしがないことをして來た人間だから、それだけに反省する點を自分で知つてゐるのでないかと思ふのですよ。自分でさういつてはをかしいけれど。それで娘のことも自分のいひたいことをガンといつてしまつても効果がないといふことを知りすぎてゐるのです。それだから放任しておいた方がいいといふのでなくて、何か手綱はゆるく押へてゐるけれど、しかし握り拳は強く固めてゐる、といふ按配なのですね。だから走り出すやうなことがあつたらギュッと引つぱつてやらうといふ氣持でありますが、どこの親でもさういふ態度でいいといふのではなく、また娘さんの性格によつても違ふでせうが、僕の場合でいへば、それは自然なんです。

眞木　さういふふうに手綱をゆるめていらつしやるから、いちばんいいのではございませんか。私も息子がをりますが、やはり子供に對して同じことです。自分があちらにをりまして、非常に若い時分樂しんで來ましたから、何とかして子供にも同じ樂しみをもたせたいと思つていろいろ考へてゐます。

蘆原　どうでせう、娘さんの交際がだらしなくなるといふことは、親が子供と一しよになつてやらないといふところからも來てゐるのぢやないでせうか。

眞木　アメリカにをりまして非常に感心しましたのは、若い方たちが自由に遊んでいらつしやるやうですが、やつぱりその裏に御兩親方がをりましてちやんと見ていらつしやる。さういふ點非常に感心しました。ダンスなどで、その中の一人がどなたかを連れて出ようとしますと、どなたかのお母樣がお出になりましで何となくつれていつてしまはれるやうなことがありますが、さういふことは非常に上手に行はれるのでして、それが若い者ばかりですと、ゆき過ぎが起りますが、大人が裏にをりまして、そつとそれを外側からあたたかくかばふといふことが大事ぢやございませんでせうか。その關係で自由に遊ばされるものですから、若い方も面白く、束縛されないで育てられます。

記者　日本の家庭でも、すくなくとも知識階級の親たちは息子や娘を相手の性に對する無智のままで結婚させたいと思つてゐるのではない。やつぱり異性に對する目を開かして、その上で相手を選ばせて、責任ある結婚をさせたいといふことを考へてをるのですけれど、さてどうすればいいかといふことが分らない。さういふことをするためには相當な危險を伴ふのではないかといふ心配からうやむやのうちに事なかれ主義の結婚をさしてゐるといふのが現狀ではないかと思ふのですが、さういふ點、アメリカやイギリスの家庭で結婚前の自由な交際を許して、そのために間違ひを起したりするやうなことがないといふことは、どういふことによつて守られてゐるのでせうか、さういふことを少し――。

眞木　いちばん大事なのは、小さい時分から男の人は變つたもの、女の人は變つたものというふ感じを持たせないやう敎育するのでございませんでせうか。

原　向ふの家庭の親は、子供に對して自由にさせるとか、放任しておくとか、さういふ意識を持つてゐないのですね。つまりさういふ意識から男の子や娘さんたちの思ふやうにさせてゐるのでなくて、いはば傳統のやうなものになつてしまつてをりますね。男の子だらうが、女の子だらうが、子供のときから平氣で一しよに遊んでをるし、また大人がさういふふうに遊んでゐるのを見てをりますから、ああいふものだといふことがごく自然に頭に入つて、そのまま大人になつてゆくのですね。

眞木　さうでございます。特別のものではございません。

原　だから、これから日本でこれを學ばうとするのはずゐぶん難かしいことだと思ふのです。やはりいまの場合は、僕は理想をいへば、例へば自分の次の時代にさういふふうに日本をしたいとかいふ、餘りせつかちなことを考へないで、だんだんと人の親になつた人間が心がけて行つて、何代か後に自然に、いくらか外國風になつて來るといふやうに氣永に考へるより外ないと思ひます。いまあまり性急に親御さん敎育をして、子供を自由にしなければいけないとか、放任してやれといふことをいふと、かへつて妙な混亂が起きはしないかと思ひますね。

眞木　日本で普通に考へられる自由といふのは、極端なことに考へられやすいのですが、向ふではやはり昔からの風習だとか、土臺のしつかりしたものがあつて、それの上での自由でございますから――。

記者　例へばどんなものですか、少し具體的に……

眞木　向ふでは自由にお孃さんたち、坊ちやんたちが遊んでいらつしやるやうですけれど、大抵時間に限りがございます。遊んでゐましても何時頃には歸るといふふうでございます。日本ぢやよく見てをりますと、どこか變なところで待合はせていらつしやるやうでございますが、あちらではお母さんが相手の坊つちやんを御覽になつておいでになる、それが非常に西洋のお母さんの重きをおくポイントでございます。向ふのお母さんは「遊んでもよろしいけれど必ずそのボーイ・フレンドをうちへつれていらつしやい」といつて、紹介さしていらつしやるのでございます。それを日本のお母さんは考へてゐない。だから「うちの娘は今日はどこへ行つたんでせうか」とお考へになる。男の方が迎へに來て責任を以て預かりますから、責任を以て家まで送り屆けるといふことを伺ふでは致へられることなく自然と致へられます。ですから、ちやんとしたうちでは、さういふふうにお孃さんを迎へにいつて、そのお孃さんを預かつてゐる間はその坊ちやんは責任を非常に感じるのでございます。自分に任かされてをります二時間なり三時間は自分の責任だといふ、責任を感じますから、それが非常に大事なことだと思ひます。ただ二人でフラフラと遊びにいつて、そつと歸つて來て獲るといふのと非常に違ふと思ひます。

記者　それは誰でもさういふふうにしますか。

眞木　ちやんとしたうちでは――。

原、それが普通でございますね。

原　日本では親がそれだけ關心をもつてゐないのですね。

記者　關心もないし、さういふ風習もないからさういふ躾をしない。

眞木　あちらにゐるとき存じ上げてゐたあるお母さんはいつてをられたのですけれど、必ずその日の出來事を、いいことでも惡いことでも子供に話させる、といはれるのですね。それはおききになるんですかと申しますと、さういふふうに仕込みましたとおつしやるのです。自由にしてゐる中にもさういふことで親に對しての氣持もちやんと決つてゆくし、親としての見當もついてゆくわけですね。

隱す

記者　それと、もう一つ、性道德といふことが確立してゐない。つまり男の子が女の子を好きになつた、女の子が男の子を好きになつたといふことを何か非常に恥かしいことのやうに――それはほんたうはまあ恥かしいことには違ひありませんけれど――必要以上に恥かしいことだといふ感じがあつて、その必要もないのに隱さなければならないといふことが障害になつてをるのではありませんか。

眞木　隱さなければならないから張くなるのです。自然に任かしてゐましたら一度好きであつてもそれが薄くなつて來ると思ひます。隱してをりますから强められて來るので、自分がさも好きなやうな感じになります。私どもの面白い經驗と致しましては、私のいちばん下の妹が幼稚園へ通つてゐまして、御近所のちよつと離れたところに大變いいおうちのお坊ちやんがいらして、非常に妹に興味をお持ちになつたと見えまして――七つか八つですが――さうしましたら或日のことそのお母さんがうちにいらつしやつて、お宅の下のお孃さんと是非遊びたいと申しますからとおつしやるのでございます。うちの母はさういふことになれてをりませんから、ただ「どうぞ」と申しましたが、それぢやいついつにお迎へに伺ひますからとおつしやつて、その坊ちやんが自分の小さい馬車を持つていらして、その馬車にはガーバナースがついて、妹を一しよにつれていらつしやいました。そのときそのお母さんのおつしやいましたことは「子供同士の氣持は非常にきれいなものですから、それを大事に生かしてやることが必要と思ひます」といふことでした。それが永久につづくのではありませんけれど、「ああいいな」と思つたことを忘れません。きれいな氣持を生かしてゆくといふことは親の義務でございます。結局ああいふことがアメリカの交際の土臺になるかと思つて拜見しましたのです。

原　子供のときにパーテイをやりますね、バースデー・パーテイ、クリスマス・パーテイ、あのときに男の子や女の子も招んで遊ぶわけだけれど、その中でやつぱり子供は自分のスイート・ハートは誰だといふことをいつてをりますし、またお母さんも、あなたのスイート・ハートの誰さんはこの頃どうしましたかといふことをいひますね。子供のときから、無邪氣なときに、子供心にもスイート・ハートといふものを公然と話すといふことで、何かさういふ氣持の土臺がだんだんできてゆくのでありませんかね。

眞木　不自然でなく、自然に伸びてゆくわけでございますね。

庇ふ氣持

原　さつきの送り迎へといふことは非常に重要なことだと思ひますね。エスコートする、男が女の人をかばふといふことを子供のときから知つてゐるといふことが非常に重要だと思ひます。日本など、あんな燒野原を夜、女を一人で歸らせるといふことはよくないですね。さういふ點で男は思ひやりが足りないと思ふのです。よく喫茶店などに入つた場合、何を飲むかと訊かないで、いきなりコーヒーなどを頼んでゐる男が多い。さういふこともみんなさういふところに關聯するのではありませんか。だから、女も悪いけれど、男も非常に女に對する思ひやりといふか、エチケットがない。これから世界日本の文化人にならうとするならば、男の方も非常によくならなければ女の方も向上しないのではないでせうか――。

原　さういふ點は僕は大いに近頃痛感してゐるし、力説しなければいけないと思つてゐる。二三日前に、電車の中で、若い男と若い女の人が乘つてゐて、新婚だらうと思ふのですが、とても仲好く話して、なかなか甘つたるい光景だつたのです。ところが電車を降りる前に男の方が友達と逢つた――口のきき方から友達とわかつたのですが、その友達と話し出した。ところがいままで電車の中で喃々喋々としてゐた相手の奥さんか、婦人をとに角默殺して、電車を降りるとトットットッと友達と二人で歩き出すのですね。その若い婦人は後から風呂敷包を持つて、實にあはれつぽくあとをついて行つたのですけれど、僕は癪にさはつたのですよ。女性のために憤慨したのですよ。これだから日本の男はしやうがないと思つたのです。何か女連れといふことが恥かしいのですね。いま自由になつたとかどうとかいふけれども、實際はほとんど變つてゐないね。男と女といふ問題は未だに大變な問題で、大變な問題であるといふことは違ひないけれど、事實以上に當事者もさうだし、周圍も妙な目で見るし――。

眞木　若い方がいらつしやるときによく見かけますけれど、男の方は紹介しましても、女の方は紹介しませんね。西洋人はみんな紹介致しますが、あれは非常にいいことであつて、紹介されませんと口をあけることもできませんし、そちらを向いても悪いやうに思ひます。

共通の祕密

記者　日本ぢやさうでなくてもいいことを家庭本位にするくせに、交際などはめいめい自分勝手な行動をとつてゐるでせう。そこに危險性がある。家庭本位の交際とはどういふものか、それについて……。

眞木　例へばお嬢さんがボーイ・フレンドに送られて歸つていらつしやると、お母さんがすぐうちで一しよに御飯を召上つていらつしやいませんかと、大變氣輕にすすめられます。さういふふうにして自然に家庭の中に入れようとなさる。さういふふうにしないと、結局二人で會ふために外へゆかなければならないといふことになりますからね。そしてその息子さんがいい相手だと思へば、親としてはいい相手が欲しいですから、何とかしてひきつけるやうに骨を折るのは當り前ですね。

藤原　さういふことは、親が非常に子供に時間を割いてゐるといふことですね。ところが日本では子供に時間を割かない。

記者　時間のことばかりでなく、無關心ですね。

眞木　この間あるアメリカの方とお話ししてゐて感心したのですけど、教會の話をしましたら、自分はあまり教會は好かないが、息子が教會に興味をもつてゐるので缺かさずに教會に行きます、とおつしやるのです。さういふふうに日本でもなれば隨分いろいろ違つてくると思ひますね。

記者　性觀念がいけないのですね。田舍などは都會よりもつとひどくて、つい最近まで夫婦が一しよに歩くこともできなかつた。ですから、さういふ男、女といふ關係は非常に歪めて考へられてをつたのですね。さういふ觀念があるから、親でも、娘や息子を純潔に箱入りにしておきたいといふ、できもしないことを考へて、大切な教育を怠つてゆくのではありませんか。

眞木　親御さん同士がもつと愉快に生活していらつしやれば、子供もそれに見ならつて、自分たちの生活もああいふふうに愉快にできるものかと思つて、その點で引込まれるのでありませんか。

藤原　田舍の、夫婦が歩いても問題にするところほど娘さん達が亂れてゐるのが多いといふ話ですね。

記者　祕密にするからですよ。共通の祕密をもつことほど人間を接近させるものはありませんからね。だからちよつと好きになると、すぐ嘘をついてどこかへ行つたりする。

原　攻撃されると、二人共通の城塞に立てこもつてしまふから思はず深くなつていくのでありませんかね。ただちよつとした、これを外國でいへばダンス・パーティに一度行つてお互に忘れてしまふ程度の仲が、非常に周圍から煽動されてしまふのでないかね。

眞木　さういへますね。向ふでは若い時分から自然にさうなんですから、深入りしないといふことになりますが――。

社交ダンス

蘆原　この頃われわれの近所で、方々の隣組でダンスのパーティのやうなことをはじめてゐますね。ところが、うちでやるといふことはいいと思ふのですが、そこにダンスをやるについての用意が足りないと思ふのです。開くうちの奥さんは全責任を負ふとか、そこにきちんとした秩序がなければいけないと思ひますが、さういふふうな心遣ひについては何か御注意がありませんか、もしそこで過ちを起したらそこの奥さんが責任を負ふといふやうな――。

原　パーティといふものはさうなんでせう。外國のパーティでは主人公がそこへ招ばれて來る若いお嬢さんたちや坊つちやんについての責任者なので、親たちもそれを信じて行かせるのですね。

眞木　さうなんです。その主人公になるお母さんを信用して――。アメリカでもさうでございます。

蘆原　日本ではその心遣ひもなくて隣組でジャンジャカやつてゐるが、誰が責任をもつか――。

眞木　誰も責任を持ちません。親たちは、自分たちは分らないから若い者がいいやうにするだらうくらゐに考へてゐるやうですが、それてはいけないので、年長者が責任を以てうまく指導してゆけば、男の方も、女の方もそこの家ではちやんとしなければならないといふ氣持になるのです。ただガヤガヤやつてゐるのがダンス・パーティではございません。

蘆原　その點でいかがですか、原さん。外國からいろいろなものが入つて來るでせう、自動車とか電車とか、帽子とか靴とかね。さういふものが入つて來ても、それにともなふ禮儀が入つて來ない。さういふふうに文化現象が切り離され、孤立した形で入つて來るところに非常にいままでの不幸があつたのではないでせうか。

原　僕はその點大いに同感ですね。

蘆原　帽子一つにしても扱ひやうがあるでせう。

原　文化現象が發生し、育て上げられた社會の根つこ、といふものがある。さういふものを抜きにして、いきなり上の方の花や實だけとつて來て日本風の眺め方をしようとするのはよくないですね。もともと生れた國についてゐたエチケットとかマナーとかいふものも一しよに取り入れなければいけないと思ひますが――。

蘆原　さうですね。だから今のダンスもよつぽど氣をつけないと、方々の隣組でやつてスキャンダルでも頻發したら、ダンスといふものが汚名をかふむるのでないかと思ひますが――。

蘆原　日本では、社交ダンスといふとスキャンダルの温床のやうに考へられがちですが、それは、ふだん男とつき合ふといふチャンスがなくて、ダンスの機會だけ男と女が接觸する。手を握るといふのですから、ダンスは非常に大袈裟に見られるのではないでせうか。向ふでは社交の一つとしてダンスがあるのだから、ダンスばかり眼立たないが、日本ぢやなにもないところにダンス一つあるから、萬事ダンスは悪いといふ、さういふこともあるのですね。

記者　いろいろ有難うございました。

出席者紹介

原奎一郎　作家・ロンドンに留學

眞木ゆき　ウェズレイ大學卒業・元津田英學塾講師

蘆原英了　舞踊評論家

馬島僴氏

丘英通氏

はなぜ必要か 座談会

KEN.

記者 ついこの間までの戰時中は「生めよ殖やせよ」の國策があのように強く叫ばれながら、戰爭が終つてみれば今度は産兒調節の問題がやかましくとり上げられる。このようなはげしい變り方に、一般の女性たちは恐らく心の底に割り切れぬものを感じているのではないでしようか。それだけにこれは、日本の民主化にとつて重大な問題の一つと思われますので、本日は産兒調節運動の大先達であられる馬島僴、加藤靜枝の兩先生、それに動物學の見地から、東京文理科大學の丘英通博士の御三方に、お忙しいところを特にお集まり願つて、理論と實際の兩面から深く突つこんだお話を伺いたいと存じます。

文化國家と人口問題

丘 産兒調節の問題に對しては、今でもまだいろいろの非難が加えられているが、その一つに人口の増加が低下するからいけないという反對意見がある。これについては、一國の繁榮は人口の増加にのみありや否や、ということがまず問題になると思います。

加藤 戰時中日本の指導者たちは、ただ人間の數が多ければいいというように漠然と考えていましたが、今度の戰爭によつて、人間の

加藤靜枝氏

産兒調節

數が多いことだけが決して力でないということがはつきり證明されました。精鋭な機械化部隊に對して、こちらは竹槍に鉢卷の斬込み隊で向うという、私はあれを聞いて實に情ないと思いました。人間をそんなに安っぽく、消耗品のように考えられてたまるものですか。……今度は戰爭はやめになりましたけれど、生産の面でも徒らに人口が多いのが決して強味ではない。生産手段のいいものがなければ、勞働力の人間だけやたらに多くても、決してこの問題は解決しない。

馬島　去年ある役人が、日本は榮養状態が惡くなつておるから妊娠率が減る、だから産兒調節の問題を考えなくても、近々のうちに五千萬人に減るだろうと新聞に發表しておつた。ところが動物實驗をやつた上では、榮養の最低限――どうやら動物として生きてゆくことのできる最惡の條件をもつて養育したマウスがいちばん餘計子供を生んだのです。

丘　條件が惡ければ個體の生存が脅やかされるわけで、早く種族の滅亡にならないようにするために子孫をつくる。これはいろいろの作物などでも、實をみのらせようというときには却つて木をいじめますね、あれと同じようなことです。非常に榮養がいいと繁殖の方は逆に減るのです。

馬島　日本のお役人は、ややもすれば動物進化の法則も考えず、科學性を持たないから、大變な誤謬をおかす。榮養が惡く、生活が惡い結果妊娠する人が、實際には非常に多いのです。妊娠が起るということは、絶對にその人の丈夫さを證明しておるのではない。結核患者が特に子供を餘計生むという事實を私共知つておる。病人を自然淘汰のままにまかせておつて、貧弱な子供が益々殖えてゆくというのでは、今日以上日本を非文化國に陷れてゆく道で、一つも日本を文化的に上げてゆく方向にむかつてゆかぬのです。

戰爭のない國

丘　産兒調節の問題はまた戰爭と結びつけて考えられなければならぬと思います。日本は去る戰爭を契機として、文化國として立ち上ることとなつた。そして新しい憲法の中では戰爭を永久に放棄することを宣言している。私にとつてはこれらの點を、一般の人々があまり輕く考え過ぎているのが不思議なくらいです。過去の日本にとつては文化――少くとも世界的な規模の文化――は最も不得意な方面であり、戰爭は最も得意な方面であつた。即ち新しい日本は今までの得意な方面をすて

、不徹底な方面で生きて行こうというのだから、これには餘程の決心と努力とを必要とする。口」で述べたり、雜誌に書いたりするだけで、簡單に變りうるものではない。アメリカ人などが日本の民主化はスキン・ディープ（外の皮一重）だと評しているのも無理からぬことだと思う。

馬島 僕は一九三〇年にスイッツルの會合へ行つたときに、私は貧弱な演說をして、東洋人の中にも人口問題について心配している一人の醫者がある、産兒調節運動を行うことによつて、日本が將來戰爭を防止する自信をもつている、といつたのです。その時は甚だ拍手かつさいを受けて、何人かの人が握手を求めながら「その運動に君らが熱中すれば、日本は東洋の平和を攪亂することがなくてすむのでないか」といわれた。ところがどうも今度の戰爭では思うことがちつとも效果がなかつたので殘念ですが――。

丘 戰爭の原因の一つが、やはり人口の過剩に由來することは明らかですね。ある人が、聖書の敎えで人間が守つているのは「生めよ、殖やせよ、地に充てよ」だけだなどと皮肉つたが、この調子で一國が人口をふやして行けば必然的に他國を侵略して行かなければならなくなり、戰爭はまた必然となるのではないか。從つて戰爭を放棄すると宣言する以上は、人口を適當に調節することは當然なさなければならぬ。根本問題は、このせまい地球上に他の國と協調して暮して行くか、それとも他國のことはかまわずに自國だけのわがままをおし通して行くかという點に歸する。私は人類の文化は既に第一の態度をとる可き所にまで達していると思う。われわれはまず世界全體のことを考え、次にその內において自國の生きてゆく最良の方法を考うべきである。

馬島 その意味で私は、日本がこの人口增加率の狀態を是正するばかりでなく、これをもつと廣く東洋の人々にも與えなければならぬと思う。日本がもしそういう運動を開始すれば、インドでも、あるいは朝鮮、中國でもこの運動が起るのではないか。戰爭前に既に上海では相談所があつたが、インドでももちろんとり上げられなければならぬと思う。そういうことが東洋の平和を保持してゆく上に重要な役割をしてゆくであろうと思います。

加藤 厚生省に前から人口問題研究所というものがございまして、戰爭後の民主主義國家として、また平和國家としての人口政策は如何なるものかということについて、諮問があつたわけです。それに對して、この人口問題研究所は約半カ年を費して討議した結果、今日の日本の過剩人口、あるいは食糧の不足、失業問題などいま當面しておる問題は、産兒調節をやつたからといつてすぐに解決することとは考えられないけれど文化國家の建前は産兒調節を是非理解してやつてゆかなければならないという意味を含めた答申書を出しました。

記者 それは議會ではもう審議されたのですか。

加藤 いいえ、ただそれを厚生省に答申しただけで、産兒調節をどうするということは、別に法律でどうしなければならないということはないわけです。

豊かな生活

丘 すべてのことに積極的と消極的との方面があるように、産兒調節にもその兩面があると思われる。人口をへらすというのは消極的の面です。積極的の面は、それによつて文化を高め生活を豐かにするということにある。とかく消極的の面のみ强調される嫌いがあるが、この積極的の面も是非主張される必要がある。われわれが産兒調節に贊成する理由はむしろこの積極的な面にあるのだから……。

加藤　私はいまの一般の日本婦人のものの考え方では、なかなか社會全體の問題とか、民族の問題とかいうように問題が大きくなるとちよつと取つつけないということが考えられる。めいめいの結婚生活、個人の生活という面からだと、もつとピンと來ます。で、家庭生活から産兒制限の必要ということを深く强調し、認識することは無駄ではない。現在民主主義が朝に晩に叫ばれておるわけですが、婦人の文化生活のレベルが上らなくして何の民主主義ぞや。盲目の中にみんなの發展はない。それからひどい貧困の中に民主主義の芽生えはない。家庭婦人としても一方には、いわゆる政治的にも、社會政策的にもいろいろなことを大いに要望しなければならぬけれど、ただみんなが社會施設、あるいは政治的にいろいろ要望しただけで、個人が何も責任をとらないということはやはり婦人解放の道ではない。やつぱり個人が個人の面からできるだけのことをして、自分たちのレベルを上げる必要がある。そのためにも、産兒調節は必要である。

馬島　現在の社會には結婚年齢に達している若い人々が、樂しい結婚生活を夢見ながら、しかも實際に結婚生活に入るのに尻込みしている。それはもちろん生活不安からきているのだが、その實、結婚生活につきものの出産を恐れているからだ。生活がいちおう安定するまでは産兒調節をして夫婦共稼ぎで行こうということになれば、若い人々も安心して正しい結婚生活に入ることができるし、それだけでも社會は明るくなつてくる。

加藤　ヨーロッパの非常な文化國家といわれるスエーデンでは、産兒調節結構というので、産兒調節したい方にはいい施設があつて、相談を受けられる。けれどもこういうことは人間の自由なんだから、澤山子供を生んで大家族で大きな團らんを樂しむということを個人的に好むなら、大家族も結構と政府がいうのです。それで澤山子供を生んだ家族に對しては免税をしたり、それから家を借りるときにも困らないように政府が保證します。それから家政婦を派遣して、澤山子供のあるお母さんを助ける。そういうように保護政策も一方でして、一方では産兒制限をしている。結局どんなことになるかというと、スエーデンの人口はひどく殖えませんけれど、死亡率が少いですから、徐々に殖えるという傾向をとつております。ところが、いちばん貧乏の激しいエジプトとか、インドという國はえらい澤山生んでひどく死にます。いちばん死亡率の高いのがエジプトだそうですけれど、エジプトでは子供が生れて五つになるまでに半分以上は死んでしまうそうです。インドも非常にひどいようです。そういうように人の命を安つぽく生んで、どんどん殺すというのは人命の浪費ですね。これは母親にとつても肉體的疲勞を增しますし、結局いいことではない。

記者　産兒調節は社會をよくする、文化國家をつくるための一つの手段として必要である、というわけですが、今後立派な民主主義政治が實際にどしどし行われて、經濟的心配もないという理想的社會がかりにできたとしたら、その場合にも産兒調節がやはり必要なのかどうか……。

加藤　いつでも必要だと思います。それは計畫的に生むことが民族をよくしてゆき、いい子供を育てられるということです。それからもう一つは、新しい婦人の道德は、性慾というものの自然的な力に押し倒されて姙娠する

のでなく、むしろ自分が時機を選んで積極的に、自分が子供を持ちたいと思うときに持つという意味から、妊娠に對して自主性をもってくる。それが新しい婦人の道徳であるという意味で、いつでも必要だと思います。

不自然ではない

丘　當然子供ができるべきことを行いながら子供をつくらない方法を講ずるのは、自然にもとるではないかという反對意見もありますね。

馬島　それは主として教育者あるいは宗教家から起る反對です。私はその問題に關しては餘りに科學的なものの見方になるかも知れないが、性の満足ということは、一つは本能の生理を充たすことによって人間性のゆとりを廣くすることになり、一つにはそれを通して人間の種族を保存することになる。種族を保存するということは多くの場合附帶的な條件で起ってくるので、種族を殖やそうという希望の下に性の満足をしておるととることはできない。これは完全に二つのことと考えていいのではないか。そういう面から私は、その性の満足をすることを、必ずそれに附帶する種族保存のためでなければならぬという人たちが、種族保存でないところの性的満足を、不都合なことだ、不道義だというふうに見る、そういう見方を私は人間性の自然を認める立場から不都合だと思う。

丘　不自然であるという人の中には、「動物を見よ、動物はただの一匹でも産兒調節をするものがあるか」というのです。だから人間が産兒調節をするのは不自然であるという。そういうことをいえば、動物で産兒調節するものはないでしょうが、また動物で自殺するものはないでしょう。けれども、動物は子供を殖やすのにどういう方向に向って進化してきたかを見ると、例えば脊椎動物の魚、蛙、トカゲなどから、哺乳動物へと見てゆくと、魚は非常にたくさん子供を生む、鰯にしても鰊にしても、あれだけの卵を海の中に放出して、そこで受精が行われる。だから澤山子供を生んで、その中のどれだけが育つかといえば極く僅かな部分に過ぎない。ところが蛙、トカゲというものになると、だんだん生む數が減って育つ率が多くなる。鳥になれば、ある數だけの卵を比較的少く生み、哺乳動物になれば、またもっと減ってくる。ただ、そういうように卵の數が減ってきておるのに對して、その世話をすることがだんだんと増してきておるわけです。卑近な言葉でいえば、魚は生み放しですが、鳥になればお腹で温ためてやる。哺乳動物になるとお腹の中に入れて一そう大事にする。だから動物では下等なものからだんだんと、最初はやたらに生んで、生みっ放しが澤山あるが、高等になればなるほど、數は減るけれども、生んでできるだけ大事に育ててゆく。進化がそういうふうに向ってきていることからいえば、人間が産兒調節をいま行うということは、ちようどその進化の方向に沿っておるので、ただ人間はそれを意識的に行おうというだけの話である。だから決して不自然ではないという結論が出てくると思います。

加藤　丘さんのお話は人間社會でもまた一つの綱領が見られると思います。本當に社會文化ということを考えている階級の人は、子供を少く生む。けれどその子に十分世話をしてやって、十分教育を受けさすことを考える。それが文化的の理解をしない家では自分本位に考えて、子供を澤山生んでおいて、義務教育さえろくにやれない、勉強も十分にやらせないという状態で子供を育てて、義務教育を縮ってしまうとやれやれといって奉公に出す。甚だしいのは公娼に賣りとばす。これは親の利己的な道德で、子供本位の建前でものを考えない。

知識階級と下層階級

丘　産兒調節に對して加えられる非難の一つは、これを公許すると專ら上層階級のものに利用せられて、その結果上層階級の出産率が下層階級の出産率に對して比較的に減ずるようになり、國民全體の素質が低下するという議論です。これに對しては、私は次の如く考える。産兒調節に關する知識は、上層階級というか、知識階級というかには今日既にひろく行きわたっている、行きわたっておらぬのは、經濟的にほんとうに産兒調節を痛感している下層階級である。今ここで産兒調節の知識を普及したとて、それは知識階級には大して影響もないであろうが――既に啓蒙される必要はないのだから――産兒調節の具體的知識をもたぬ一般の人々は大いに助かることと思う。例えば毎年子供を産んで休まる暇もない母親も、これによって今少し人間らしい生活ができるようになろう。普及も專らこういう人々に向ってなさるべきである。

かく考えれば、産兒調節を普及することが上層階級の減少を來すということは杞憂に過ぎぬと思う。

これとは別に考うべきことは、事實上知識階級の出産率が比較的に減少しつつあるということで、これは各國共通の現象です。先日もアメリカの雜誌に出ておったが、ロンドンの心理學者シリル卿が「イギリスでは知識階級の出産率が漸次低下しつつある。このままで行けば五十年後には知識階級は半分となり、愚物は倍となるだろう」と警告している。この知識階級の出産率現象は決して産兒調節の影響ではない。出産を望みながらそれをえられぬ人々――即ち産兒調節など初めから問題にならぬ人々――が多數いることを忘れてはならぬ。その原因は判らぬが、恐らく都市の生活樣式とか食物とか何かが關係していることと思う。この點は大いに研究して、改善する方法を發見する必要がある。私が産兒調節に贊成するのは、人間が人間自身の增殖を意識的に且つ計畫的に制御してゆくという點にある。從って子供を欲しながら出來ぬという状態もこれは決して放置すべきではなく、やはり欲するならば出來るというところまでもってゆかなければいけないと思う。欲すれば出來る、欲しなければつくらぬ――更に進んでは男兒が欲しければ男兒、女兒が欲しければ女兒が出來るようになることが理想であると思う。

性道德は低下するか

馬島　産兒調節のもう一つの反對は、姙娠を豫防することができたら婦人は性道德を守らない、いわゆる貞操を守ることができないという意見がある。婦人達が姙娠をするという脅威がなかったならば、自分のいわゆる女性貞操というものを守れぬという、そういう婦人たちは文化國家の國民として、文化國家を完成すべき相手ではない。われわれは文化國家をつくってゆくというときには、もう少し進んだ考え方があるのではないか。

丘　なるほど今日の社會では、姙娠の惧れ、性病傳染の惧れがあるために、正當でない交わりがある程度抑制されているかも知れない。けれども姙娠の心配がなくなればそういう抑制がなくなって性道德が亂れるというのでは、性病を撲滅することも性道德を保つ上で望ましくないということになるではないか。姙娠の惧れや性病傳染の惧れのために保

たれているような性道徳では惘けない……。

馬島　大體、貞操というものに對しても、いままでの槪念をもう少し變えてもらわなければならぬのでないか。女性の生活を男性が保證するという經濟的な意味で、男性の方に生活の基準があって女性はその附屬物だという、そういう所有物が勝手な行動をするということを非常に嫌う。女性の側からいえば、女性は所有されておるのだから、當然その所有者の男性に對して貞潔でなければならぬという觀念だけが働いておるのでないか。新文化國家の中では、そういう所有物としての貞操というものはかなぐり捨てて、われわれはやっぱり本當の純眞なる愛情を中心にした貞操でなければならぬということが考えられるし、貞操というものは實際の愛情のあるところにのみあるのではないか。愛情のないというところに貞操を考えるということは非常に滑稽な間違いである。

加藤　ただ事實の問題として、長い戰爭の間增産々々といって、全部の時間を增産のために捧げさせられてしまった發育盛りの若い娘さんたちは、いまこういう混亂の狀態の中に放っぽり出されて何等自分を自分で守るだけの倫理觀を持っていない。こういうときにはなお更產兒調節ではなくて避姙法というものが、みんなによく理解されていて、誤まっても自分の意に染まない子供を生まないというそこまで女性を守るということさえ考えなければならないと思います。

姙娠中絶を認めよ

馬島　こういう一つの事實があります。往年の說敎强盜や近くは例の小平事件などのような强姦によって姙娠が起った場合、今日の法律の中ではその姙娠を守っておるために、どうすることもできない。それで、そのまま出產をすると、それに對して民法は私生兒認知ができる。そうすると相手方の婦人は、この强姦によって起った子供を一生涯、しかもその相手方の强姦者の子供として、育てる義務があるという法律規定だ。そんな滑稽なことが一體法律としてあるのか、その矛盾をどうしてくれるか。――ある刑法の檢事にそういうことをいったことがありますが、そうしたら、「それはいくら處理しても決して問題にならない」という。問題にならないなら、それは處罰がないのと同じではないか。處罰がないような法律はやめたらいいじゃないかといったら、「やめるにはどうもやめにくいところがあってナ」という。だから當然誰が考えてもこうなってくるものを、現在の法律は守っている。だから墮胎刑法がそういう矛盾を改めるというならば、今度はその意味を延長してゆけば、强姦に類似する姙娠というものが非常に多いのでないか。現實には婦人の方では姙娠したくない、また實際に姙娠しては困る。それにもかかわらず、自分の意志に反してどんどん姙娠している。その現實の事實を見て、强姦とどれほどの違いがあるか。

加藤　そうなると今日の墮胎法が果して適當かどうか、これは改正する餘地はないか、改正するとしたならばどういう範圍にまで改正したらいいかという問題を考えてゆかなければならないと思います。

記者　ソ連では革命後に許されていた姙娠中絶が、戰時中に再び禁止されたそうですね。

加藤　ソ連では國も廣いし、資源も豐富ですから、必要に應じて勞働力を殖やすということを考えて、大人口政策を奬勵することはありうることでしょう。ただ原則論として、生殺與奪の權を――避姙することができるかできないかという權を國家が握っていて、婦人がほんとうに自主的な希望から求めても、國家の政策が變ればどんどん破られてゆく。そういうやり方は民主的でないと思います。

記者　日本では人爲的な姙娠中絶は、どういう場合に認められているのですか。

加藤　中絶は醫學的の特別の、母體が危いということ以外は認められていません。だから今度は社會的な條件も合法的條件としてゆるされるように、例えば强姦とか、あるいは家庭の生活の事情でもゆるされるようになれば――。

記者　その場合もできるようになりましようか。

加藤　ぜひ入れなければなりません。それから醫學的の條件の場合も、輕微なものも認めるように、必ずしも母體が危いというそんなひどい狀態でなくても、やつぱりそれを入れてもらうということに廣げなければならぬと思います。

記者　子供が生れてはどうしても困るという事情で調節をしたが、方法が惡いために失敗して姙娠してしまつたという場合が實際には多いと思いますけれど……。

加藤　私はその問題を檢討するときに、こういうことをいまの婦人に知つていただきたい。それは今日の世界的な研究の結果、未然に姙娠を防ぐのに百パーセントに近く完全な方法があるということです。だから、まかり間違つたら墮胎しようというような怠けた考えを起さないで、未然に防ぎうる方法を確實に行うということが知らされなければならない。けれども、萬が一間違つてできた場合には、それは豫防的に中絶を認める。産兒調節を何故行うかといえば、要するにそこに必要な理由があるからですね。それがいま申した社會的條件が――いままでは醫學的條件だけしか合法的に認められていなかつたが、今度は社會的條件が認められて欲しい、その社會的條件の中に入るわけですね。

記者　姙娠中絶の條件を決めるのは、議會で法律として通す必要があるのですね。

加藤　そうです。墮胎法の改正として通す必要があるのです。

どんな方法があるか

記者　それでは次に産兒調節の具體的な方法について、馬島先生から御説明願います。

馬島　まあこれは歴史的説明になりますが、例の「人口論」で有名なロバート・マルサスがいちばん初め提唱した方法は、男性が自分の性慾を制壓することによつて姙娠率を少くしようという禁慾式避姙法でした。これは一面では宗教界に籍をおく人の大贊成があつたにかかわらず、性慾學者の方から精神狀態に惡い影響があるという反對が起りました。その後に現われたのは、イタリアで始まつたのですが、シーズという袋を男性が被せる方法です。初めは木綿の袋で、それに油を塗つたものですが、その後薄い絹がフランスでできますから、それでフレンチ・レーターができた。いまでいうコンドームの始まりで、ゴム工業が盛んになつてからはゴムに變つて、これが世界的に流行した。ただゴムの薄い膜は技術上の困難さがあつてどうしても穴があき易く、これを使う場合に過ちが多い。私が試驗した結果では、十二個のコンドームで四つ位しか完全なものはない。もう一つはゴム自身のもつている接觸感の不愉快さがある。けれどもこれは現實にはいちばん使われている方法です。

丘　完全ではないということ、性感を損うということはフィッシュ・スキンでも同じですか。

馬島　フィッシュ・スキンは接觸感がよほど

よくなります。それに穴のあく率がゴムの場合よりも少い。十のうち二つしかない。ただ保存が難しくて、カバカバになつてしまう。使うときちよつと水に入れて上手に使えばフィッシュ・スキンはたしかに有効です。しかし本物でできたのはなかなか高價なものです、經費的に――。

ダッチ ペッサリーの創案

馬島　さて一八四二年にオランダのメンシンガ博士がダッチペッサリーを創案した。これは子宮の位置を矯正するために使つた硬いゴムの大きなお椀のようなものです。これが試験的に世界に廣まつたが、そのころ性慾論で名高いイギリスのマリー・ストープス女史が直接子宮の口に被せる子宮帽をつくつた。これと類似のものは各國でいろいろ研究的に作られたが、要するにペッサリーは子宮の口をふさいで、精蟲が子宮に侵入するのを防ぐ方法です。アメリカでの産兒調節運動の先驅者であるマーガレット・サンガー女史がこのダッチペッサリーを採用したのは一九一六年ころのことで、サンガー女史のやうにニューヨークに立派な相談所を持つておられるところでは、すでに一九三〇年ごろから九十八パーセント以上の成功率を擧げておられた。

次に、フランスでいちばん行われているのは、あとですぐ完全な洗滌をするのです。フランスは宿屋でも、ちよつとした家でも洗滌裝置があるために完全な洗滌ができるが、しかし完全な洗滌をするのは性理的には有害だと思います。事後洗滌法については私も器械をつくつたり、いろいろして見ましたが、まだ成功的でないのです。その他の方法として泡の多い、しかも容易に消えないような藥物を挿入することによつて、姙娠を豫防することができるということは分つておるが、その藥物を完全につくることが現實的に困難で、いま研究の道程にあります。

それから子宮の中にいろいろな道具を入れる方法もあり、ドイツの醫者は金のリングを入れます。ある人は入口を塞ぐような一つのピンを使つたりするが、これは有害で、率からいえば無効の場合の方が多かつた。

丘　ダッチペッサリーは子宮に對して惡い影響はないのですか。

馬島　健康な人のときには何も影響はありません。あの部分の血液の循行が、海綿體のようになつているので、ある一部分が押しつけられておれば、その他の部分でカバーするように流れる方向ができる。だから存外害がないのです。

記者　加藤さん、厚生省の方で何か特に推奨する方法はないのでしょうか。

加藤　まだ何もありません。

記者　加藤さんの御經驗ではいかがですか。

加藤　いま馬島さんのおつしやつたサンガー女史の相談所は、世界でいちばん權威的なもので、そのやり方を日本でそつくりいままでやつておりました。日本では部屋の構造や風俗習慣も大分違うから、アメリカでやつている方法は實際實行が難かしいだろうとよくいわれましたけれど、實際やつてみると決してそういうものではありません。要はいま馬島さんのいわれたダッチペッサリーを使うときに本當に良心的の氣構えの上で指導してゆかなければならぬ。どのくらいのサイズを使つたら宜しいかということをいい加減に推量して、平均のサイズを當がつて、それを印刷物によつて指導して使うのも交通の不便なところではやむをえないことであるけれど、それでは完全ではなくて、やつぱり一々醫者なり保健婦なり、十分この技術を獲得している人から實際に指導を受けてやるのでなければ、サンガー夫人のあげていらつしやるような成功率はちよつと認めないと思います。アメリカやハワイの農村では大きな自動車などで移動式相談所をつくつて、それにはちやんと醫者が乘つかつて、立派な施設を持つてゆくのです。何回お話をしても自分の生殖器の機能を知らない人が多い、知らないところへそういう器具を用いるのではまるで暗中摸索というわけです。これはやつぱりアメリカのことですけれど、軟かいゴムで婦人の生殖器が實物と同じように立體的の模型ができていて、眞二つに割るとちようど婦人の下腹部を割つたところが見えるようになつております。むろんこれに觸わることもできて、そこへダッチペッサリーをどういうところへどういうふうに挿入して、性交がどういうふうにして行われるかということを具體的に指導するのです。日本でも指導する場合はぜひそこまでやらなければならぬ。戰爭前に私が指導しておりました相談所は、サンガー夫人にも來ていただきましたが、その模型の類を使つて、やつぱり成功率は高かつたのです。

馬島　全國には大分保健婦がおりますから、まずこの人たちに呼びかけるために、なるべく近い將來に加藤さんなどが中心となつて東京に集めて敎育しなおすといいですね。

國家的施設として

記者　では結論として、これまでのお話のように調節の最も有効な方法、またそれを普及する優れた施設があるわけですから、これをどしどし實現するためにどうしたらいいかについて、加藤さんからひとつ。

加藤　産兒調節思想というものは決して强制されるべきものではなく、自主的にとり上げられねばならない問題ですが、しかしそれを知りたいという要望に應える施設としては、いままでの戰爭前の産兒調節運動のように個人が相談所を開くということではとうてい間に合わないことと思います。またそれでは一部のお金のある方だとか、知識の高い方だけがそこへゆき、一般の方にはゆき渡りにくい。ことに農村漁村へは本當にゆき渡らして欲しいと思いますので、これを實施するに當つては國家的施設でやつて欲しい。それには、婦人局というものの設置が一方に要望されておりますから、婦人局ができたらその中の一つの仕事として、これを大いに普及させたいと考えております。

貞操問答

—新《あたら》しい刑法《けいほう》はなぜ不貞《ふてい》を罰《ばつ》しないか—

東大法學部長
法學博士
刑法改正委員
我《わが》妻《つま》榮《さかえ》

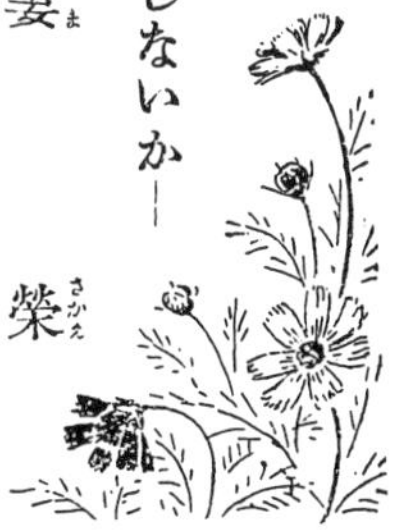

○ 今日は一つお尋ねしたいことがあるのですけれど……

△ 何だね。

○ 今度改正されてできる新しい刑法では、姦通罪《かんつうざい》というものが全然なくて、不貞な行いをした男も女も罰せられなくなるって聞いたのですけれど、本當ですか。

△ そうだよ。政府の發表した刑法改正要綱《ようこう》では、姦通罪という規定を除くことになっているから、これが議會を通過すれば、夫婦のどちらに不貞行爲があっても、法律で罰するということはなくなるわけだね。

○ でもそれは變《へん》じゃないかしら。結婚している人たちがそんな不義なことをしたら、男だって女だって罰せられるのが當然なことですもの。それを罰しもしないで放任しておくなんて、何だか姦通を悪いこと、認めないみたいですわ。法律が不貞行爲を許容していゝのでしょうか。

△ いやそうじゃないさ。不貞行爲が許すべからざる罪悪なのはいうまでもないことだよ。しかし悪いからといって、直ちに法律で罰しなければならぬとは一概《がい》に決められないのだ。あらゆることを法律で解釋できると思ったら大變な間違いで、先ずそれが法律の領分かどうか考えてみなければならない。

一体今まで不貞行爲というものが法律でどう取扱われていたかというと、第一に民法の問題としては、妻に不貞の行爲があったときは夫の方から離婚《りこん》することができるが、夫に不貞の行爲があっても妻の方からは離婚することができなかったのだ。次に刑法の問題としては、妻に不貞行爲があったときは夫の告訴がありさえすれば文句なしに刑法上の姦通罪として罰せられたが、夫に不貞行爲があった場合には相手が人妻であるときに限りその夫の告訴《こくそ》によって罰せられたけれども、人妻以外の婦人と關係があっ

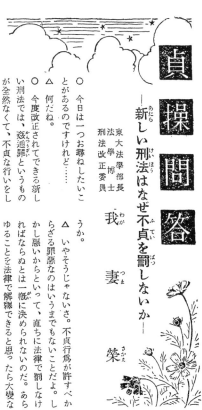

でも罰せられるということはなかったのだ。

○ えゝ、そのことは私も知ってました。随分と不合理なことですわ。でも、今度の新憲法で——

△ 男女平等が保證されたのだから、この不公平を撤廢《てっぱい》しなければならない——というのだろう。正にそうだ。貞操の問題も新憲法の趣旨に副って平等にしなければならないのだ。そこで、民法の問題としては、夫に不貞の行爲があったときには妻の方から離婚することができるようになった。しかし刑法の問題はそう簡單にはゆかないのだよ。

○ なぜ……

△ 刑法上の取扱いももちろん平等《びょうどう》にしなければならないのだが、その場合平等にするのに二つやり方があるわけだ。つまり兩方平等に罰するか、それとも兩方平等に罰しないか——今までは妻を罰して夫を罰しなかったが、これを夫も罰するようにするか、或は夫を罰しないと同樣に妻も罰しないようにするか、どちらがいゝかという問題なのだ。

○ 兩方罰するのが當然でせう。不貞行爲をした者をそのまゝにしておく法はないと思うわ。

△ 刑法改正の委員會でも、兩方平等に罰すべきだという意見があってね、罰しない方がいゝという意見と二派《ふたは》に分れて隨分もめたのだよ。罰した方がいゝという意見は婦人側に強く、罰しない方がいゝという意見は男子側に強かった。

○ 男の人の手前勝手じゃないかしら。

△ まあ待ちなさい。婦人側の意見は、兩方罰しないとなると、道義が衰えて不貞行爲が多くなるだろうという議論なのだ。

○ 私もそう思いますわ。

△ しかし、男は今までだって罰せられていなかったのだから變りはないだろうが、妻の不貞を罰しないとはたして妻の道義が衰えて不貞行爲がふえるだろうか。また兩方罰するようにしたら、本當に夫も氣をつけて品行がよくなるのだろうか。こゝに二つ問題があるわけだね。

○ ………

△ 私は妻の不貞行爲を罰しないことにしたところで、妻の道義が衰えるとは思わない。日本の婦人が、夫が何年も外國に旅行しているような場合でも、貞操を守りつゞけていることは、世界に類のない、美しい道徳だといわれているが、その道徳は刑罰《けいばつ》が恐ろしくてやむを得ず守られていたものではないと思う。もちろん大勢の婦人の中には不心得な者も少しはあったろうがね。

○ 婦人の場合はそういえるでしょうが、男の人の方はどうでしょうか。

△ 男の中に貞操を守っていない者の多いことは私も認める。しかしそうかといって不貞の行爲をした夫をすぐに罰することにしたら、第一に困る妻が多いのではないだろうか。

○ まあ、そんなことって……

△ なにも君のことをいっているわけではないよ。君の夫君《ふくん》はそんな心配のいらない模範的な人だし、また萬々一、君の夫君がそんな不心得をしたら、君は斷然夫を處罰させて自分は別れて自活するくらいの決心をするだろう。がしかし一般的にいって、それでは困るという妻が多いだろうという話なのだよ。例えば、『お前の夫は遊廓《ゆうかく》に行ったから刑務所に入れる』といったら、『明日から食に困るから許してくれ』という妻が現實には相當あるだろう。つまり夫の不貞行爲を罰するにしても、妻の告訴がなければ罰しないことにしなければならないのだから、告訴する妻が極めて少いだろうということになる。そうなっては、折角法律を作っても實行されない。却て法の威信を損するだけだ。ちょっと考えると、罰するようにすれば夫の品行が改まるように思われるが、案外改まらないで却て反作用《はんさよう》が起って來る。

○ それでは婦人の經濟的地位を向上させなければ駄目だというわけですね。

△ 確かにそうだ。しかし、それと同時に社會の道徳心も問題だよ。『旅の恥はかき捨て』だの、甚しいのは『妾をおくのは男の働き』などという淺ましい考えは、まだ相當擴がっているの

てはないだろうか。妻の經濟的地位が今日のように低く、それに社會の道德的水準《すいじゅん》がこんなに低いところで、法律ばかり進んで夫の不貞行爲を罰するといっても、何にもならないというのだよ。貞操というようなデリケートな問題を法律で取扱うのは、實際は非常にむずかしいことなのだ。各國の刑法も、いろ〳〵に違っている。その中で特色《とくしょく》のあるのはイギリスとドイツだ。

（我妻榮先生）

ドイツでは夫婦平等に罰する。イギリスは夫婦平等に罰しない。日本では妻だけ罰して夫は罰しなかったのを、イギリス式に改めたわけだ。それに對して、ドイツ式がいゝという人々がいる。君の意見もそうのようだね。しかし、平等に罰するドイツと、平等に罰しないイギリスとで、どちらが夫婦間の純潔《じゅんけつ》が保たれていると思うかね。

○　…………

△　君の意見では、ドイツの方が優れていると考えることになりはしないかね。

○　そうじゃないのですか……

△　ところがそうではないのだよ、イギリスの方が遙かに夫婦間の純潔が保たれているのだ。イギリスでは、社會の輿論《よろん》が烈しい制裁となっているからなのだ。いやしくも社會的地位のある男にそうした事件があると、輿論の反對に會ってその地位を失うとさえいわれている。大臣にもなるくらいの人なら、二号を一人くらいおいたって……などゝいう國とは全く違うのだ。これが大切な點だよ。

○　えゝよくわかりましたわ。それでは、夫婦の一方に不貞行爲があっても、今のところ法律では何とも手の加えようはないわけですね。

△　刑罰を加えることはできないが、民法上離婚の原因にはなる。法律はそのくらいのところにしておいて、先ず根本になる經濟的地位と社會的な道德水準を高めるために、お互いが自覺し、努力することが大切なのだよ。道義が高くなり、不正不義に對する社會的制裁《せいさい》が強くなれば、法律で罰しなくとも不貞行爲は次第に減ってゆくよ。

○　そうですわね、どうも有難うございました。早くそういう世の中が來るように、少しでも社會の道義の高まるよう努力してゆきますわ。

（『現代かなづかい』による）

想《おも》ひ出《で》對《たい》談《だん》

☆葦原《あしはら》邦子《くにこ》と春日野《かすがの》八千代《やちよ》

ファンになつた氣持《きもち》

葦原　かうしてお逢ひするの何年ぶりかしら。

春日野　四年ぶりぢやない？

葦原　私や小夜《さよ》さんなんか寄るとさはると話してたのよ、寶塚が東京へ來るのはいつかしら、待ちどほしい待ちどほしいいうて……。でも、いよ〳〵來るとわかつたら今度は何だか心配になつちやつたのよ。久しぶりの東京公演《こうえん》でうまくゆくかしら、もうファンの人たちにも、忘られてしまつたんぢやないかしら、なあんて……

春日野　ありがたう。私たちもそれは心配してたのよ。東京ぢや本格的なオペラなんかもどんどん上演されてゐるし、演劇《えんげき》方面だつてとても活潑に動いてるつていふんでせう、それなのに私たちは寶塚の田舍にずつと引つ込んだまゝ暮してたんですもの、どの程度にお客さんが見てくださるか、とても不安だつたの。でも、みんな張り切つてたわ、とにかく東京へ出て恥しくないだけの舞台を見せたいつて――

葦原　私、小夜さんと佐保《さほ》さんと三人で見に行つたのよ。そしたら凄い入りなんでしよ、あゝよかつたと思つたわ。嬉しくなつちやつたの。おまけに子供なんか連れて行つたでしよ、家族連れできれいなものとして見るには、かういふものはほかにないと思つたわ。上手下手《へた》とか、ほんとうの演劇のいろ〳〵なむづかしいことから見れば、それはいろんなことが言へると思ふけど、さういふ理窟なしに見るにはとてもいゝと思ふわ。

春日野　見てゐて出たいなあと思はなかつた？

葦原　それはもう……、何ていふのか、たゞ懷《なつか》しくつて……、『ファイン・ロマンス』の主題歌で、（と、低いきれいな聲で歌ふ。）

ファイン・ロマンス　君を呼ぶ歌
知らずや君
いつの世にも　戀人は言葉なく
歌によせて　そのこゝろ君に告げん

つて歌ふでせう。あのとき、もうムラ〳〵としちやつて、出たいなあと思つたの。小夜さんもやつぱり同じらしいのね、谺《こたま》春香さんや花村由利子さんといふ人たちの歌つてゐるの聽いて、『相當やるな。』いうて溜息をついてるのよ。

春日野　これからは新しい人たちがどん〳〵伸

（葦原邦子さん）
――画家中原淳一氏夫人で四人のお子様のよきママ、です――

寶《たから》塚《づか》

びてゆくと思ふわ。今までは何といつても勉强の機會《きかい》も少かつたし、ほんとうに世間のきびしい眼にふれることもなかつたんですもの。

蘆原　今度見ても、今の新しい人たちで私たちの知らない人の方が多いのね。それはそれとしてよろしいけど、やはり養成中といふ感じがしたわ。スターを作りつゝあるといふ……

春日野　この四年間、向うでは何もやらなかつたのよ。戰時中の慰問隊《いもんたい》で十二三人ぐらゐづゝ分けて行つたでしよ。たゞ下級生同士が、まるで學藝會みたいなことをやつて慰問してるだけで、下級生はそれでいゝと思つて向上しなかつたのね。今度、寶塚の大劇場でやるやうになつて、これぢやあかんいうてあわてたのですが、上級生の中へまじるとやつぱり勝手が違ふんでせうね。

（春日野八千代さん）

蘆原　だからあなたなんかしつかりして、新しい人たちを引つ張り上げるやうにしなくつちやだめなのよ。こんなこと言ふと、私、何だかお姉《ねえ》さんぶつてゐるやうだけど……

春日野　お姉さんぶつてる、といふんぢやなくて、ほんとうにお姉さんつていふ感じね、昔から……

蘆原　さうかしら？　だつて同期生ぢやないの。

春日野　同期生だつて姉さん株よあなたは……。私、何だかしよつちう叱られてるみたい。こはくてものが言へない……（笑聲）

オーイ、岡本《をかもと》ォ

蘆原　さういへば、あなたは呑氣坊主で、いつもおつとりしてゐたけど、私ときたらコチンコチンのガリ〳〵だつたんですものね。いま考へてみると、あんまり眞面目《まじめ》すぎてもつと怠《なま》ければよかつたと思つて……。夏休みでも一ヶ月間一日も休まずにお稽古してたんですもの。でもあれぐらゐやらなければ私なんかだめだつたかも知れないけど……

春日野　私こそよくあれで卒業できたと自分で感心してるわ。上級生と遊んでばかりゐて、ちつとも勉强しないで……、だからいつまでたつてもだめ。あなたなんか聲樂專科《せいがくせんか》で豫科のときから認められてゐたんですもの、えらいわ。それからクリスマスの演藝會のときのあれ……

蘆原　あの演說？

春日野　『女は强し、されど母は弱し。』とか何とか言つちやつて、あれで生徒の間でも一ぺんに有名になつちやつた。

蘆原　『女は弱し、されど母は强し。』よ。

春日野　あ、さうか、いけない……

蘆原　寄宿舍にゐたころ、クリスマスの夜つて樂しみだつたわね。それから春と秋の運動會……、私は走ればいつも一等か二等だつたわ。活《かつ》潑《ぱつ》すぎて、きかない方だつたから。

春日野　私は駈けつこでも、やつぱり呑氣だから、いつもビリの方だつたわ。

蘆原　あなた小さかつたわね、瘦せつぽちで……、途中で急に伸びてこんなになつちやつたけど。入學試驗のときかはいゝ人だなあと思つたわ。お父さんのかげにちよこんと立つてゐて……。あのとき、私十七だつた。

（"ファイン・ロマンス"の春日野さんの舞台姿）

春日野　私は十四だつたわ。番号があなたのすぐ次で三十三番、それで私、三が好きになつたのよ。

葦原　よく覺えてるわね。寶塚の控室《ひかへしつ》で偶然一緒になつたとき、私の父つたらあなたのお父さんに、『お宅の娘さんはかはいゝですね。』つて言つてたけど、それからお父さん同士が何となく意氣投合《とうごう》しちやつて、私たちより一生懸命なんですもの、をかしかつたわ。あなたが着物着てたの今でも覺えてる。

春日野　あのとき私はまだ着物持つてなかつたのよ。試驗を受けるいうてわざ〳〵父が拵《こしら》へさせたの。京染《きょうぞめ》の派手な模樣がついてゝ――

葦原　おとなしい、色の白い、きれいな子だつたわ。だまつて、お父さまの後でツンとしてゐた……

春日野　あら、岡本だつて、すましてたぢやないの。

葦原　あら〳〵、岡本なんて言はれると、まるで寶塚時代に返つたやうね。今はもう四人のマヽよ。ちよつと感慨無量ね。この間天津《あまつ》さんに會つたら言つてでらしたわ、四人とはどう思うても不思議やなあつて。

春日野　うち、さうは思はんが、あまり不思議やないもの……。でも中原夫人なんて何だか言へないわね。つい昔のくせが出てしまつて。寶塚ではみんな本名を呼ぶのが習はしだから……

葦原　本名が愛稱《あいしょう》になつてたのね。あなたがヨッちやん、私が岡本、さんをつけるほどかしこまつてゐないのね。

春日野　とき〳〵汽車の中なんかで、『オーイ、岡本ォ。』なんて大きな聲で呼んぢやつて、周りの人にびつくりされたことがあつたわね。で、つい今も岡本つて……（笑聲）

水銀《すいぎん》入りのおまんじゅう

葦原　ずつとあとの話だけど、水銀事件つて有名だつたわね。

春日野　『憂愁夫人《ゆうしゅう》』のときね。私たちは仲がよくて喧嘩なんかしてないのに、ファンの人たちの間で噂《うはさ》が……

葦原　あのとき、私、氣管支を惡くして聲が出なくなつたのよ、そしたら誰からともなく、ヨッちやんが岡本に水銀飲まして聲が出なくなつた言うて……

春日野　ずいぶん阿呆《あほ》らしい思つたわ。それだけならまだいゝのに、小夜さんまで引合ひに出されたのよ。

葦原　あーら、それは初耳《はつみゝ》よ。そんなこと知らなかつた。

春日野　小夜さんが私のところへおまんじゆう持つて來て、そのおまんじゆうの中に水銀が入つてゐて、それを私が岡本に食べさしたつて、もうえらい評判やつたわ。長い間つき合つてゐたお友達までさう言ふんですもの。何だか變《へん》な氣持がした。

葦原　本人はちつとも知らないのよ。『パリアッチ』のときも病氣で休んぢやつたら變な噂がとんだの。岡本、氣ィ狂つたんで熱海《あたみ》に監禁されちやつたつて……（笑聲）、でも本人は問題にしないけど、ファンが本氣にして騷ぎ立てるのね。

春日野　今のファンにも凄い人がゐるわ。今度上京してみて驚いちやつた。若い方なんですけど、樂屋口《がくやぐち》で私の脚をつかまへるのよ。キャーつて言つちやつた。それからね、この間有樂町から電車へ乘らうとしたら、みんなで通せんぼしちやつて乘れなかつたのよ。そしたら乘りそこなつたいうて喜んでる……

葦原　今度は樂屋は大へんだつたでせう。

春日野　えゝ、何しろ三回公演でずつと罐詰《かんづめ》でせう。それぢや昔のお友達にも會へないといふので、樂屋で會ふのが公認されたのよ。ところが、いろんなファンが押しかけて大へんなの。私、舞台に出る前に落ち着かなければその役になり切れないし、それで樂屋から舞台へ出るまで自分の人物になつてゆきたいのに、他人からペラペラ言はれてサッと出ると、何だか落ち着けなくて……、それに日劇《にちげき》は初めてだし、樂屋がせまいのでなほさら……

葦原　やつぱり寶塚全體といふものをほんとに愛してくださつて、いつもじつと寶塚を見守つてゐてくださろファンが……

（想ひ出の舞台――葦原さん筆）

葦原、春日野　ほんとにありがたいのね。

寶塚《たからつか》の行《ゆ》く道《みち》

葦原　この間、菊五郎先生が見にいらつしやつたんですつてね。

春日野　さうなの。天津さんなんかすつかり感激しちやつたわ。私たち、六代目さんなんかレビューなんて御覧にならないだらうと思つてゐたんですが、それがいらつしやつたと聞いて、みんな張り切つちやつたのよ。終りまで見てらつしやるか、途中でお歸りになりやしないかつて心配でくく、揚幕《かげまく》のかげから覗いて見てゐたら、とうくく最後までいらつしやつて、みんなで感激しちやつたの。

葦原　とにかく今度の公演は、いろんな意味でいろんな方に、寶塚といふものを再認識《さいにんしき》していたゞけたんぢやないかしら。

春日野　私もさう思ふんですけど。

葦原　たゞし今のまゝではだめね。これでいゝと思つちやだめよ。これから、もし東京へどんどん出て來られるやうになるのだつたら、演《だ》し物《もの》とかいろくくなものを検討したうへで、これならばと自信の持てる最上のものを持つて來なければ。どうもこれではやはり倦《あ》きられると思ふの。もつとくく研究しなくちやならないところもあるし……

春日野　ほんとうにさうね。私たちも、それはもうつくぐく痛感してるの。寶塚の歌劇も今はいろんな點でジャズ化されてるけど、あの、寶塚らしい品《ひん》のある傳統だけは、やはり……

葦原　さうよ、それはどうしてもあなたたちで守つていたゞきたいわ。今度の『ファイン・ロマンス』でも、ヨッちやんが出てゐるためだと思ふけど、雪組にはやはり寶塚の雰圍氣が出てゐると思つたわ。あの雰圍氣だけはいつまでも失はれたくないわね。何も昔のまゝに封建的であれと言ふのぢやないけれど、やはりその特性とか持味《もちあぢ》とかいふものは一貫されていゝのぢやないかしら。それは時代に副ふことももちろん必要やけど、さうかといつて、せつかくきれいに包まれた寶塚情緒《じやうしよ》といふものはこはされずに、常に新しいものとうまく混つていつてもらひたいと私は思ふの。

春日野　今のものは演劇でも映画でも、みんなジャズ的になつて、いろんな點でハデになつてるでせう。でも何もかもそれを目指して、世間の人に媚《こ》びるといふ必要はないと思ふけど。

葦原　さうよ、そこに寶塚のこれからの行き方があるんぢやない？

春日野　家族連れで見られる上品な寶塚歌劇としてね。

葦原　さうなの。それから、できるだけ多く東京の雰圍氣に觸れるといふことも大切ね。

春日野　私も今度はしみ〴〵さう思つたわ。東京公演といふのは、その意味でも意義があるんぢやないかしら。何といつても東京の文化的な刺戟に觸れることが大事ね。

葦原　でも、これからは春と秋と二回づゝ來る豫定になつてるんでせう。

春日野　えゝ、ですから、その度《たび》にいゝ意味で少しづゝでも大人になつてゆくし、全體としてもこれからはどん〳〵向上してゆくと思ふの。

葦原　私もこれからの東京公演を樂しみにしてゐるわ。年に二回といふんぢやなくて、もつともつと來ていたゞきたいわね。

春日野　さうなれば私たちも張合ひがあるし、どんなに嬉しいか知れないわ。

葦原　早くさうなるのを樂しみにして、しつかりやつてちやうだい。

春日野　えゝ、ありがたう。私もうんと頑張《がんば》るわ、まだ若いんだから……

藤田嗣治氏

河盛 それでは進行係をつとめさせて頂きます。今日はフェミニスト座談會というのだそうですが、別に女性尊重について論議しなければならぬわけではないでしょう。一つ御自由にお話し下さい。どういう話から始めて頂きますか。唯今、藤田さんがコクトオの『美女と野獸』の映畫を御覧になつてこられたそうですから、フランスの女優についての御感想を伺ひましようか。

藤田 見てきたばかりでまだ興奮じているような狀態ですが、いまの女優なんか――ジョゼット・デイというんですか――明敏そのままで、利口さが附燒刄でない。表情とか、しぐさがすつかり身についていていて見ていて苦しくないね。

河盛 利口だといういまのお話ですけれど、藤田さんなど長くフランスにいらして、感じられた、フランスの女のいかにも利口だというお話を少し伺えませんか。

藤田 そう、例えばいろいろなモードがあつても、自分というものを知つて、自分の特徴を發揮してそのモードに引きずり込まれないでいる。性格でもかんしゃく持ちはかんしゃく持ちを發揮して、むしろおとなしい八方美人みたいなものはおもしろくないようになつておりますね。

河盛 フランス人は一般に女を大切にしているでしょうか。

吉村公三郎氏

フェミニスト

天下に名だたるフェミニストが、女性禮讃はもちろん、ちよっぴり註文もつける。話題は繪畫に映畫に文學に及んで、盡きるところがない。

藤田 アメリカほど大切にしてはいないらしいな、クラスが下になればなるほど――。シネマなどにいつても、旦那さんの帽子を膝に乘せて持つてやつたり、外套を着せてやつたり、一生懸命旦那さんをいたわつているですね。丁度日本のおかみさんのようなところがありますね。それからけんかしても亭主が横つ面を引つぱたくこともフランスにはありますよ。アメリカなどは絶對やらないけれどもね。

記者 辰野隆先生の説によると、フランスの男は絶對に女性尊重じゃないということですが。

藤田　概してフランスではきれいな女を大事にする。きたない女は相手にしないね。逃げるね。（笑聲）

河盛　それが非常に露骨ですね。

吉村　こんなこと聞いたのですが、フランスでは金のある女が非常にもてて、金のない女はもてない。闇の女などに非常にいい女がいて、その反對に引っぱりだこになっている女に醜い女がいるということを聞いたのですが、そんなことあるのですか。娘が結婚するときはみんな持參金がいるそうですね。

藤田　日本の新憲法と同じように、財産を平等に分けるから、財産のある娘以外とは、やたらに結婚しませんよ。愛人《アミ》はこさえるけれども細君となると非常に向うの男は考えますね。財産を持っている女の方が、ない人よりもあとが樂だからね。財産がなくてきれいな女などは、むしろ外國人と結婚する場合が多い。南米の人とか、あるいはアメリカ人とかね。フランス人同士の結婚の時は家柄とか、財産を多少考慮に入れている男は、なかなかうかつに結婚しませんよ。

河盛　男はひどく打算的ですね。これはこの前の戰爭以來特にひどいと云はれていますが。

藤田　ええ、しかしアミに持つ場合は平氣ですよ。

河盛好藏氏

加藤周一氏

座談會

洋畫家　藤田嗣治
映畫監督　吉村公三郎
評論家　加藤周一
評論家　河盛好藏

河盛　藤田さんはフェミニストですか。

藤田　つまり女の方を余計描いていたからね。ぼくはこれで三千人くらいモデルを描いているでしょうね。女に觸れる機會が多いし一番下のクラスの友達も多いしね。まあ男が女をいたわるというのはあたり前の話ですね。男女同權とか言っておっても、かかあ天下という字がある以上は、日本の家庭でもずい分かかあも威張っていると思うし、どこの家庭でも奥さんの手前をこわがっている旦那さんはたくさんあると思う。實際には家庭では奥さんが牛耳つていると思いますね。來客でもあると亭主が體面上威張つているけれども、人のいない場合は奥さんが實權を握つているように思うね。そのために亭主が旅行するとか、宴會にいくという場合に、うちで騒がないような馬鹿騒ぎを男が平氣でするのは鬱憤を晴らしているのだと思うな。（笑聲）

吉村　當らずといえども遠からずというわけなんですが――。いまうちで女も働くことが非常に多くて、配給だとか、やれ何だとか、非常にうるさいでしよう。だから女が尚さら自分の仕事がいかに大變であるかということを宣傳するのですね。それをまたこつちは分らぬものですから、鵜呑みに信じて、いかにも大變だろうと思つて――。いまや女の宣傳は非常に行渡つて來ましたよ。しかしほんとうにそれほど大變なことかどうかということはまだわからぬですが、ぼくは甚だ信じ難いと思つていますね。

藤田　ぼくはいちばんはじめに、家の改造、臺所を改造すべきものだと思う。もつと便利にね。道具をもつと減して、最少限度に止めた、採光のいい便利な臺所。それから食堂というものをこさえてやる。そうするとずい分女は助かるのでないかと思いますね。

夫婦生活

河盛　どうも日本では夫婦の生活をあまりたのしみませんね。このごろの若い人はそうではないでしようけれども、われわれ年輩ではべつに恥ずべきこととは思いませんが、なにか、遠慮すべきことと思うような教育を受けておりますからね。

吉村　現實においてまたあまりたのしくないしね。

藤田　向うの亭主は朝になると下へ降りて新聞と牛乳とパンを買つて來て、コーヒーを自分でわかして、まだおかみさんの寢ているベッドに持つていつてやるのが多い。日本では反對に、おかみさんが先に起きて七輪の火を起して――。ぼくは少くとも朝くらいは亭主がしてもいいと思いますよ。

河盛　しかしそれも向うのように簡單だと亭主もやれるけれど、いまのようでは無理ですね。

藤田　だから朝は少くともパン、あるいはメリケン粉で何かつくる。ぼくは朝御飯はパン食でいいという説なんだ。うちでもずつとやつておりますけれどね。

河盛　先程、日本では女が宣傳するほど女は迫害されていないという御説は一應そうだと思いますが、しかしそれは一般にわれわれの接觸しているところの家庭の話で地方の農村ですとか、あるいは下層階級の家庭にいけば女が虐待されているところが相當あるのではないでしようか。

藤田　愚痴をこぼして、泣きごと言つて他人から同情してもらつてそれで慰さめられているのだね。そういうことを止めて、もう少し明るく、朝から歌でもうたう女房で、たのしくやつたら日本は明るくなると思う。

吉村　要するに、ほんとうに女が自由になるということは、まず經濟方面から自由にならないと駄目だ。要するに經濟的にでも女がいつでも獨立できるというふうな仕組に世の中がなつてくるといいと思います。

藤田　女房は自分の一生の細君であり、友人であり、戀人であると、こういうふうに解釋したらいいのでないか。そうすればあまり無理を言わなくてすむ。

吉村　しかしそれは、友人といつても知能の程度が同等でないし、戀人にすればちよつとあきているし――。

藤田　だから積極性を與えて、芝居や映畫を見せるとか、音樂會にやるとか――。

加藤　女の方が知能の程度が低いどいふことは云えないと思う。男でもずい分低い人もあるし、それから男でも、女房と遊ぶことが何か恥しいというふうに考えていない人もかなりたくさんあると思うのです。しかし實際には希望通りにやれないというのはやつぱり經濟的の事情が大きいと思いますね。配給制度とか、ああいう生活の樣式が非常に不合理ですね。臺所の建築の設備とかいうことよりも同じ設備でも運轉の仕方が不合理だし、時間の觀念がない。そういうことは、家庭を幸福にするために臺所を改良するということではすまないと思うのです。臺所の道具などを改良して時間を儉約しようというのでなくて、勞働力の極端な浪費によつて何かを行おうという考えが日本の社會全體にあると思うのです。だから個人の生活でもなるべく時間を儉約して遊ぼうという考え方がない。そういうことが變つて來なければだめです。それからいまそういうふうにやりたいという意志があつても、個人的には可能性がない。いまはみんなやつぱり、ひどくまずくないものをどうにか食つて行けるということが大抵の人の理想になつていると思うのですけれど――。

吉村　けさも子供の牛乳を取りに牛乳屋に行つて、それから歸りに米屋にに行つて配給の粉を取つて來たのですが、これはずい分大變な勞働だということは認めたわけですよ。だから會社がない日にはすぐその勞働に使われる。うちは女中がいませんのでね、それで、女の仕事も大變だとは思うのですが、その配給というのが本當は持込み配給ということになつているのです。だから取りにいかなくてもいいのですが、それをブーブー言いながら女の人はやつぱり取りにいつておるのです。隣組はいまないけれども、近所の女たちが寄り合つて、これは怪しからぬと言つて抗議を申込めば何とか改良できることなんです。ところがそういうことをやらないで、やつぱりブーブー言いながらそういうことをやつている。だから女同士の何かもつと改良できることを少しでも改良していくという氣持が育てられないと、ますます不可能になつてくるのでないかと思いますね。

藤田　隣組が解消したとき、いちばんにぼくは隣組から出て、取りにいかないのですよ。米屋の方から持つてきますよ。多分ぼくの隣組でぼくだけだろうな、配給を持つて來るのは――。頑硬にやつているのだ。

吉村　私などは山の上ですから、その上り下りでも大變なんです。それに子供が三人いまして、女房も相當ひどい勞働だということを認めますが――。だから新聞讀む暇もないのです。新聞も讀めないから、さつき私の言つた、もう少し知的に向上するということもできないことなんです、現實としては――。

河盛　しかし女の知的能力は日本でも追々と發達してきていまに男の方が遅れて、女に追い越されるというふうなことが起りますよ。フランスの女の利口さといいますか、一種のボンザンス(良識)。あれは國民の文化水準が高いのでしようね。一般庶民はそう大して教育を受けているといふわけではないでしよう。それにフランスの女は一般に男の取扱い方を實によく心得ていると思うのですけれど――。

藤田　そうです。それは知つておりますね、つまりフランスでは自分を認めてもらいたいという女が多いですね。洋装にしても、何だかオリジナルな、個性のある風をするね。何とかして世の中に自分を認められたいという――。日本では恥しがつて、そういうことは謙遜してチミッドになつている。何とか目立たないようにするね。出しや張ると言うと語弊があるけれども、臆せず、人見知りしないにやるとか、少し外出をさしてやつて――。

加藤　女の方が知能の程度が低いということで、どんどん出ていく。そこに發展性があるのでないですか。

河盛　別の意味からいうと女の人が社會的に不幸だ、と言うと語弊があるけれど、うかうかしてはおられないという、自分で賣り込まなければ取殘されるという段階にきているのでないですか。日本ではまだチミッドにしておつても男の方で發見するというところがありますが。

藤田　出しや張らないようにさせるとか、メソメソした女の方がしおらしいとか、映畫でも泣く場面の方が多いのでない？　宴會でも何でも、すべて向うでは女が中心だけに、女は家のあかりみたいなもので、うちを明るくしようとも、暗くしようとも女の力一つですね。いまの日本の停電みたいに日本の女は暗過ぎる。

河盛　しかし女が主役になるというふうに男が仕向けないのではないのですか。

吉村　それもあるでしょうね。女が主役になつたら男は損するからね。

加藤　しかしそれはやつぱり經濟上のある程度の余裕とか、ある程度以上文化の水準が一般的に高いことが必要ではないでしょうか。

藤田　それはそうです。

女の積極性

加藤　だから日本でも德川時代、ことに文化文政時代はそうだつたと思います。それは封建時代の中の特殊の形でしたけれども――。

吉村　子供のときからわたしなどはスタジオばかりで生活しているので、自分の女房以外は女優さんとか、會社の事務員、そういう女の人しか知らないけれども、そういう働いている女の人たちの日常生活の態度というのは絶えず何かを待ち受けているという態度ですね。自分から出て行こう、自分から行動しようとはしないですね。この間も、原節子と議論したけれども彼女などもやつぱり女優として一生を全うするという希望は全然ないと言うのです。やはり古い日本の家庭の奥さんでいいから、そういう結婚生活で平凡な家庭の主婦で終ることの方が仕合せだという。他の女優さんなどもみんなそうなんです。日本の女優がある一定のところにあつてそれから一つも演技が伸びないのは、何か絶えず心構えにそういうところがあるからではないかと思うのです。結婚すると藝に一生懸命になるかというと、今度はそうではなくて、結婚すれば家庭の經濟方面を維持するためにやるというのです。だからその方がもつと悪いのですね。いつまでたつてもいい女優さんはできないかと思います。

藤田　要するに世間を見ないからだと思うね。アメリカの女優などはフランスへ始終遊びにいくとか、スペインへいくとか、旅行ができるし、友達もいろな種類の人が豊富だし、アミの一人や二人持つていない人はない。競爭心が國內だけの競爭心ではなく、他の國の人との競爭もあるし……。

吉村　最近「不死鳥」という映畫で田中絹代さんがキスした。これが勇氣があるというので大變褒められているのですがね。一時、接吻映畫といつて攻撃されたけれども、キスの場面は必要ならば撮りたいと思つておりますが、やはり女優さんはいやだと言いますね。それでわれわれは絶對に撮らない。

記者　男優は？

吉村　男の方は別に言いませんが、女優さんはいやだと言う。風呂に入るのはいやだと言うし、ずい分限定されるのですよ、そういうことで――。

藤田　向うの女優などは裸になるのが大好き

ではないか。自分の持つているいちばん美しいものを見せるという誇があるのではないかと思いますね。

記者 女優さんなどは何か自分を高めるための助言者といつたようなものをみんな持つているのですか？

吉村 そんなものは恐らくないでしよう。自分に惚れてきた男くらいのもので――。そういう點でも何かやつぱり積極性がないのですね。しかし女優さんは女優さんで、家庭に追われているのですよ。會社の仕事がすむと家へ歸つてすぐ女中さんみたいなことをしなければならぬ。

記者 寶塚などでもおもしろいですね。うちでチヤホヤ大切にされている子は舞臺でもやつぱり目立つている。舞臺で映えなかつたり、いつでも遅れてくる子は、調べて見ると學校へ來るまでに雑巾がけしたり、配給物を取つてきたりするのですね。家中が精魂打込んで大切にしたり、座敷の眞ん中にすえるというような扱ひを受けている子は、稽古場へきてもやはりみんなの眞中に平氣でいるということですね。

肉體とサルトル

河盛 このごろの娘さんはあまり結婚を急がないと言いますね。

加藤 そうですね。

記者 この間或る青年と話したのですが、このごろはうつかり若い女とつき合えない。男不足からか積極的にすぐ賣込まれるので危険でしようがないということを言つていましたが、それはどうでしようか。

加藤 それは結婚じやなくて、關係することを辭さないという場合も多いと思います。學生などはそうですね、大學生たち。

記者 その點ではどつちが積極的なんですか。

吉村 男が積極的なんですよ。男が積極的になつて女が空つぼ――空つぼと言つては失禮だけれど、戰爭中空つぼになつちやつて、空つぼのまま大きくなつて、色情だけが發達している。ほかのことは何も知らないし、何の關心も持たないけれど、戀愛遊戯というのですか、そういうことに非常に興味を持つてね。

記者 そうするといわゆる戀愛にともなう雰圍氣のようなものは大切にしているのですか。それともそんなものはおかまいなしで、バツと直接的にゆくのですか。

吉村 あまり雰圍氣を大事にしないのですよ、現實的になつて――。

河盛 肉體的ですか。

加藤 だから、サルトルの小説が大事にされる。

吉村 大體日本で女が大事にされるのは結婚を申込まれる前で、これはまた必要以上に大事にする。それが結婚がすむと俄然逆轉する。甚だ氣の毒だと思うけれども――。

藤田 ところが西洋では、奥さんになつてはじめていろいろな戀人が周りに集つて來るのですから、ますます奥さんはきれいになるし亭主はヤキモチを燒く。そこではじめて女になるのだから――。日本はお孃さんの時代だけだ。向うではお孃さんの時代は服裝も地味で、輝いていないが、奥さんになつてはじめてきれいになる。

加藤 それは小説についても云えますね。日本の明治以來の戀愛小説について見ても奥さんになつた女と男との關係はほとんどない。フランスの小説を見ると、奥さんでない人との戀愛事件を書いたものの方がめづらしい。

藤田 娘さんは手數がかかつて難しい。奥さんの方がものを知つているから――。

加藤 第一、亭主があるということが一つエレメントが多いというわけで、小説もさらに複雑でおもしろいということになる。

吉村　日本の映畫で無暗に多いのは親が許さないから結婚できないという悲劇。外國にはそれがほとんどないですね。それは日本というものはいままで百數十年來、女性というものが家庭から解放されていないからだと思います。しかし外國では戀愛小説でも、戀愛物の映畫でも、劇的葛藤というものを、そのような家庭の桎梏に求めないで個人的のものに求めております。だから向うでは姦通が多いのではないかと思います。日本でも女が家庭から解放された場合の戀愛物語になると、恐らく姦通が多くなるのでないかと思いますよ。しかしまだまだ日本の映畫は、親が許さぬ仲じやとてというのが多い。

河盛　それから嫉妬について云つても、フランスでは男の嫉妬の方が文學には多いですね。日本では男の嫉妬はないでしよう。

藤田　スペインとか、イタリーはまた男の嫉妬が多いね。

加藤　近松のころからずつとそうです。淨瑠璃などはみんな女の嫉妬を描いたもので、だからお染久松的なテーマであるか、あるいは三勝半七的なテーマであるかどつちですね。

吉村　ところがいまの日本では「ロメオとジュリエット」でしよう。戀愛小説、戀愛映畫何でも「ロメオとジュリエット」――。

結婚難

河盛　ちかごろの若い女の人は、結婚しようとしても自分の同じ年輩の若い男の間には結婚したい男は見つからない。結婚したいと思う男は全部結婚していると言いますね。

吉村　うん、そう。しかしそれは三十前後の人の考え方、いまの二十前後の處女と、二十五前後の女の人を、私たちが靜かに見ていると違いますね。がらつと違いますね。三十前後の人たちの考え方は、いちばんまあまあよくなりつつあつた過程のいちばんいいところではないですか。女の利口さとかいうような面で――。

藤田　結婚年齢が向うは旦那さんと非常に違う。二十くらい違うというのが多い。こつちは二つ、三つ――。

吉村　二十くらいの女の子だと話が全然通じないことがあります。また十五六の女の子が最近私のところに出ていますが、これはまたちやんとしております。だから十五六の女の子から、二十前後を飛び抜けて三十前後へ飛躍するわけですよ。その間の女の子というのはちよつと見當がつかないですよ。だからこの女の子たちが大きくなつて、お母さんになつて、子供を教育するわけですが、恐らくその時代の日本というものは大變な白紙狀態だと思います。

加藤　ぼくの知つている女の子で、一人は日本の役所にいつているタイピスト、一人はアメリカのやつぱりタイピストとして雇われているのがあります。聞いて見ると日本の役所ではタイピストに掃除とか、お茶を出すとか、それに類することが伴う。男の連中にはそういうことが伴わない。ところがアメリカ側ではタイピストを雇つたらタイプライターばかりで、絶對に机の上を拭くこともさせない。タイプライターの掃除も掃除人がやることで、タイピストはやらない。そういうことがはつきりしている。日本でも、男に對してははつきりしているけれども、女の職業人にははつきりしていない。女には家庭的の女という意味が伴うでしよう。社會が職業人としての女を考えることにまだなれていないということがあるのですね。そういうことは職業人として扱つてもらいたいということを女の方では思つているのです。だからそこで不滿が出てくる。それはやつぱり女の方が進んでいるのでないか。むしろそういうふうに考える役人の方が考が遲れているのではないですか。正當に扱われさえすれば正當の關係がその中から成立つ。

藤田 そりやそうだけど、やはり日本は金がないからそれができなくつて、そんなふうになつちやつたのだね。

加藤 しかしそれもありますけれども、どうも日本の役所では役人を雇うとき、豫算がないから事務員に掃除してもらう。だけれどもそれだけじやないと思うのだ。やつぱり考え方が違うという面もあると思う、經濟的のことではなくて――。

河盛 また女自身に掃除をやるのは當然の責務だという考え方がある。

藤田 それはむしろやつぱり女に自覺してもらわなければならぬね。

加藤 そういうことをあまりはつきり拒絶するとまずくなる。

河盛 女自身にもそういうことをするのは女の務めだという考がある。

日本人の肉體

記者 吉村さん、新しい、いい女優が出そうにないですか。

吉村 ありませんね。ハリウッドには、美しい女優がたくさんおりますが、日本では滿足な容貌と姿態を持つているということ自體が大變なことですよ。まずそれを探さなければならぬ、それから頭の良し惡しでしよう。だから何萬人に一人、何十萬人に一人、實に困つたものですね。日本の映畫というものはどうも國際性をもてないと思うのです。というのは俳優のからだの惡さ。日本の映畫は國際的にだめだと思うのです、永遠に――。

河盛 永遠にだめですか？

吉村 永遠にだめだと思います。若し出てくる俳優のからだがよくなつてくれば別ですけれど――。その肉體的の魅力が映畫の大部分を占めておりますからね。

藤田 混血の子供はどうでしようか。

吉村 日本人との混血は駄目ですね。

加藤 そういうふうにおつしやれると絶望なわけだけれど、からだが惡くても、その惡いということを何か利用することはできないですか。つまりフランス人がつくるようにきれいなものはつくれなくても、フランス人と違う汚いものがきれいだということもあるでしよう。

吉村 ええ、それが日本人のからだの惡さを感じさせないというのは、たとえば古い日本の服裝なんですよ。日本髮、それから日本の着物なり、日本の生活樣式ですよ。そして坐つているということですね。そういうふうですから時代物などのときは日本人の惡さというものはあまり氣が付かない。ところが洋服を着て出てくると、もうそれがあらわにわかるでしよう。日本人がこれからいろいろ日本人向きの服裝を考え出せば別のこと、そういうふうな日本人を美しく見せるための生活樣式を考え出さない限りだめですね。

加藤 日本人のからだはきたないわけだけれど、それをなにか逆說的に利用して、特別の効果を生むということができないか――そういう行き方があると考えられますが――。それは文學でも同じだと思います。

吉村 オーソドックスではないような氣がしますが――。

加藤 そうではなくて、映畫を作る人の眼が世界的なものを見る、對象に支配されないということがあるでしよう。

吉村 それが小說とは違うのは、映畫や演劇の場合はイメージが限定されますね。一昨年であつたか帝劇で「白鳥の湖」というバレエを見て感じたことは日本人のからだの悪さでしたね。あの中に外國人が一人いましたね——。

記者　オランダ人。

吉村　そのオランダ人はちつともうまくなかつたけれど、あのからだのよさにみんな食われてしまつた。それには何か本質的のものがあつて、どうにもならぬという氣がするので——。

藤田　ぼくは逆に、日本人の特徴、曲つている脚を應用して何かやらなければならぬ。それはきつとできると思うね。西洋通りのものはないけれども、西洋にないものがね——。

加藤　そう思うのですけども——結局、藤田先生がフランスの女を畫けば世界的である以上、日本の女を畫いても世界的であり得ると思います。だから對象に支配されるよりも、藝術の主體の方が強いと思います——。だからぼくはそういう點で吉村さんなどに期待するわけですが——。

吉村　やりたいと思いますし、それを念頭にしているわけです。しかし何か絶えず絶望感が先に立ちますね。日本人のからだつきの美しくないということが——。

加藤　それは映畫をやつていらつしやるからからだのことを絶望されるが、もし小説を書けば日本人の生活の樣式に絶望的になるのですよ。しかも世界に通じる。日本の女を畫いた人に現に藤田さんがいるわけで、だから藤田さんがいるということは、そういう個性が日本人に流れているということの唯一の證據だと思います。映畫で無理のことは小説も無理だと思うけれど、藤田さんのやつたことに通じるものを誰かやらなくならぬ。

藤田　西洋人にできない事ができるのだからね。西洋人の優れたことを眞似してもとてもおよばないが、日本人には日本人の誇とするものがあるからね。チヤツプリンだつて貧乏生活がいいのでしよう。日本は幸い貧乏國だからチャップリンのセットよりももつと貧乏な取材ができますよ。だからそういうところを取入れれば非常におもしろいものができないかと思うね。

加藤　そうです。

吉村　演技力は、この間も瀧澤さんとか、森雅之さんなどと一緒に仕事をして、決して劣らないと思う。困るのは日本語という言葉があまり美しくないことだ。いちばん苦勞したのは、いかに寸詰りに胴長に映さないかということで、それで全身はほとんど撮つていない。全部クローズアップです。ところがクローズアップすると、顔の立體觀ですか、これがないのです。それで非常に困つたのです。私は最近原節子ばかり撮つておりますが、いちばん好きなんです。あの顔がいちばん撮り易いし、いちばん立體觀があるし、ちよつと目を動かしてもそれで表情になるのですね。

新しい美

加藤 それはよくわかるのですけれども、一美というもの、女の美は時代によつて違うと思うのです。だから地域によつても違います。あるフランス人は女の美しさの時代による違いを、十八世紀はクループ（尻）十九世紀はポアトリーヌ（胸）二十世紀はジャンブ（足）の世紀だと言うのです。そう云はれてフランスの映畫を見ると、それがわかりますね。だからいまの美學からいえば、きたなくても、それをよくするということに成功しなければ――そして日本人の中で東洋人の弱點を伸ばしていけば、本場の人がまごつくかもしれぬ。

吉村 そうすると、結局日本の女の美しさをほんとうに出すのは歌麿ということになつちやうのです。

加藤 いや、そんなことはない。歌麿の出る前には日本にあんな女はいなかつた。自然が藝術を模倣するのですよ。ここでもう一遍吉村さんが撮れば、そういう女がきれいになりますよ。ぼくとしては藤田さんがおるということでそういう氣持を強くします。

藤田 その通りですよ。

加藤 實際に日本に歸つてからお書きになつたものを見てそういうことを感じることができたと思います。そういう點、力ずくでやつていけば可能性があるということ――。

吉村 種々雑多なものがゴタゴタしていて、何も調和しないまま放り出されている。これをどういうふうに處理していくかということで躍氣になつているんですけれどね。

記者 ここらで終らせていただきましようか

加藤 ちよつと附け加えさしていただきましよう。戰爭のために男も女も混亂したということは事實ですけれど、戰爭の影響を悪い面だけでなく、いい面もあるということを考えるべきだということを附加えたいのです。いい面というのは、日本の封建制や古い風俗が打ち壊された。壊さなければ新しいものは出て來ないので、混亂ということは必ずしも絶望ではない。

座談會

墮胎をめぐつて

金と階のある人々は法網をくぐつて墮胎し、生活苦に悩む人々はインチキな施術に泣き、世の頽廢の波は人口問題に藉口して墮胎を當然化しようとしている……

出席者
司會　石垣純二（醫學博士）
菊田一夫（劇作家）
舘稔（人口問題研究所員）
西清子（讀賣新聞出版局）

怖るべき墮胎術

石垣　菊田さんのお書きになつた『墮胎醫』という芝居は、日本の演劇の歴史からいつても、珍らしい作品だと思うのですが、特に、眞劍に性病問題を取扱つたという點で敬服しています。あの劇のなかで、インチキな墮胎手術を受けて、醫者のところへかつぎ込まれる場面がありますが、こうしたことはいまの世の中に非常に多いようです。

菊田　僕が聞いた話では、地方の名は忘れたけれど、竹箆を使つて墮胎する……というような、原始的な極めて危險な方法が行われているところがあるそうです。

舘　徳川時代の遺風が殘つているのですね。……しかし、問題が問題ですから、數字的にはつきり掴むことが出來ない。そうした原始的な方法が、どの地方で、どれだけ行われているかということはいえないのです。

石垣　奈良縣の場合、どうですか？　死亡率は高いけれども、出生率が全國からみると低い……。

舘　奈良は京都と大阪の間にはさまつていて、大都會なみに出生率が低いということはたしかですが、だからといつて、原始的な墮胎が、この地方で行われているということは斷定出來ません。

石垣　徳川時代には、人口がほとんど增加していないのですが、これは、『間引き』とか稱して、出生兒を殺害するのが産婆の役目だつたせいですね。

舘　封建制の壓迫と、經濟的な窮迫から國民の大部分が生活苦のどん底にいたものですから、他に何の手段もなく、殺人的な墮胎や、出生兒の殺害が行われたのです。だから、人口は全然增加しなかつたわけですが、二個所だけ例外がある。一つは新潟縣の一部、もう一つは廣島縣の西半分です。ここでは死亡率より出生率の方が上廻つています。說明によると、兩方とも宗教的に墮胎を否定していたのだそうですが……。

菊田　どちらも、經濟的にゆたかなところでしよう……。

舘　そうともいえないのです。新潟の俗謡に、「油高いと宵から寢たら、油高いのに子ができた」というのがあるくらいですから。

石垣　滿洲の移民も、出生率が高かつたですね。娯樂なしに生活していると、どうしてもそうなりますね。これは、本當の話だと思うのですが、組合制度のようなものを作つて、月に二回ずつ藥液注射をして、廣い意味での避姙・墮胎を行つていたというのです。子宮内に一〇プロのヨーチンを注入するのですが、こいつは醫學的にみたら弊害があるんぢやないかと思う……。

西　滿洲で、ですか？

石垣　ええ。現在、東京附近でもそんな話を聞きますね。

西　それとは別ですけれど、注射して、その刺戟でおろすということは、大分まえからやつているのではないですか？

石垣　卵胞ホルモン注射による墮胎は、動物實驗では可能なのです。しかし、人體ではどうでしようね……直接、藥液を、子宮内に入れればおりるでしようが……。

菊田　注射は效き目がないのではない？　注射して安心していると、いつの間にか大きくなつちやつて、こんな筈ではなかつた（笑聲）なんていうことが……。

西　産婦人科の人達の話では、墮胎手術が、近頃、とくに多くなつたということですが……。

石垣　合法的な墮胎の證明書を呉れ、といつて來る人が多いのです。例えば、結核だとすると、姙娠によつて病狀が惡化するから、姙娠中絕しなければならない、そういう證明書があれば、堂々と墮胎手術が受けられるのです。

西　ところが、三人子供がいるから……というような程度の理由で、特別に貧困でもなく、また、不自然な關係でできたというような社會問題的なものでもなく、實に有閑階級的な例が多いのではないのですか……。産婦人科の手術室というのは、ほとんど全部がそうだというような、極端なことをいう人もありますが……。

菊田　そうなんです。パーセンテージからいうと、本當に困る人は非常に少い。困らないでやる人の方が多いのです。

西　生活に困るとか、不自然な關係から姙娠した人達は、證明書のことも知らないし、醫者に相談することもしないで、産婆の手にかかる……そうすると、正式な機械でやらないから、失敗する率も多いわけです。よくアパートに住んでいて、見たり、聞いたりするのですが、青い顔して若い女の人が寢ているのです……こうした例は非常に多いらしいのです。

石垣　どういうものか、專門家でない人のところへゆきやすい。そうすると、突きすぎて子宮膜を破つたり、大出血したりする。もつとひどい場合は、子宮を全然とつてしまわなければならないようになるのです。レマルクの『凱旋門』には、そんな實例に苦しむパリの貧民階級の女達が、實に詳やかに描かれていますね。

墮胎か避姙か

西　女は本能的に胎兒を保護し生みたいと考える……だから、墮胎するということは女性にとつては大苦痛なのです。しかし、極めて少數の場合は、女自身が墮胎をしたいと考える場合もあり得ると思います。そうしたときは、その女の人は、非常に切端つまつた不準なところに追い込まれているのだと思う、その窮境から救うためには、是非とも、その意志を貫いてやる方法がほしいと思うのです。"かけこみ相談所"のようなものがあつて、妙味のある扱いをしてくれたら　。

菊田　僕も、それを考えた。

■　そこで人情味ある判断で證明書をくれるとか　。

菊田　そういう看板がかけられなければ、國立の堕胎相談所をつくるんですね。

石垣　それは、むずかしい問題ですよ。アメリカをはじめ、世界中何處でも堕胎は合法的にはなつていませんから　。

菊田　それがむずかしいなら、せめて避姙法をもつと公然と大宣傳するんですね。

■　あるサラリーマンの奥さんが、大きなお腹をしているんですね。すると、近所隣りの奥さん達が、どうしていまどき子供を生むの……お産をするだけでもお金がかかる、育てるのが大變だというのですね。そんなわけで、最近の私たちの廻りでは、生むまい生むまいという傾向が強いのです。そのため、厄介な話ですが、アパートの水洗便所がコンドームでつまつてしようがない　。

石垣　純二氏

レマルクの凱旋門には、インチキな堕胎手術を受けて苦しむ巴里の貧しい女たちが鮮やかに描かれています

科學と現實の間

菊田　——三月に一度ぐらいずつ、いろいろな違う婦人科に通つている完全な有閑マダムがいるのです。その人なぞは、避姙法をやることも面倒くさくて、マヒしているのです。しかし、そんな人にしても、一ぺん胎内で形になつたものを流してしまうということには、精神的苦痛が伴うと思う。避姙を面倒がらずにやつた方がどんなによいかわからない。

■　堕胎を何回もすると、身體にさわりがありはしませんか？

石垣　熟練した專門醫が、十分準備してやれば危險も障害もないはずですが、そういう醫者にかかれる人は少數なんです。大部分は熟練しない産婆などにかかるわけです。だから、安全な堕胎というのは、科學的には存在するが、一般の人が利用するところまで、現實はいつていないのです。

菊田　僕の知つている産婦人科の話では——その人は、老齢なせいもあるが、堅い人ですから、こういうことはしないのですが——堕胎のための搔爬手術くらいやさしく、しかも熟練を要する手術はないというんです。やさしいために、誰でもやる　そして失敗する。

石垣　堕胎も三箇月以前は簡單なんです。時期を失してしまうと、どんな熟練者でも、危險な施術をしなければならないのです。

悲劇的な面
切實な要求

菊田　領土が狭くなつたのに人口が増加しては困る　というような、所謂人口問題が大分人々の口に上つておりますが、ね、僕にいわせれば、そうした

369　「堕胎をめぐつて」　石垣純二、菊田一夫 ほか　『婦人画報』昭和23年10月1日

風潮に便乘して、墮胎を當然化しようとする考え方が、戰後、いつのまにかひろまつてしまつたのではないかと思うのです。それが、貧困であるためとか、社會問題的な性格をもつた面でなら、まだしも健全だと思うのですが、非常に頽廢的なものがひろまつている……という感じがするのです。

鈴　そうですね。それは、この問題の重要なポイントだと思います。外國などでも、墮胎を罰するか否かを法律できめようとするときに、いま菊田さんがいわれた、頽廢の面を押さえるために、貧困の面を見逃すというようなジレンマに陥つて來ているというのが、實状なのですね。

しかし、人口問題からいつても墮胎要求の聲がある反面、全國の出生率は——明治五年に調査をはじめて以來の最高を示しているのです。だから、墮胎の必要を感じているのは、地域的にも、階級的にも特別なところだけだといえると思うのです。この地域と階級をしつかり掴まないと、正しい社會問題としてとりあげることは出來ない。はつきり數字で出せる問題ではないけれど、インテリのサラリーマン階級に、その要求が強く出ていると思われるのです。

石垣　不義の子供をおろすとか、容色の衰えをおそれるとかいうのは、墮胎要求の面からは、極めて少なく、もつと眞劍な經濟問題が大半を占めている。勿論風紀の紊れからくる野合的結婚の處置としての場合もありますが、もつと深刻なところから、要求は出ていますね。

人口問題に便乘して、墮胎を當然合法化しようという風潮が頽廢の面から出ているのは困つたものですね。

菊田　一夫氏

鈴　そうした經濟的な要求として出ている墮胎を、政策的に、いかに處理してゆくかというところに悩みがあるのです。こんど改正された優生保護法が有効に運用されれば、社會の切實な要求に應えられると思うのです。

生命尊重思想と人口政策

石垣　外國ではどうですか？

鈴　西洋諸國でも、經濟的な理由から墮胎を許すという法律を作つたのは、戰前のチェッコがその法律案に取り入れたのが、ただ一つです。それも實際に施行されたかどうかは、戰爭でわからなくなりましたが。

石　そういう法律案が出來たというのには、婦人の輿論があつたわけですか。

鈴　いや、私の得ている情報では、婦人運動は目立つて考えられないようです。スカンヂナヴィヤの立法例では、墮胎を全部合法化しようとしています。スエーデン、ノールウェー、デンマークは刑法から墮胎罪を除外してしまつて、醫學上の適用範圍を巧みに加味して、上手に運營出來るようにしているのです。

菊田　醫學上の理由のなかに金缺病（笑聲）。

石垣　缺配病とか（笑聲）。

石　ソ聯などは、野合經濟的な問題は解決されていると考え

られるのですが、墮胎問題はどうなつているのでしようか……。

舘　ソ聯は、一九二六年の刑法改正で、墮胎を認めたのですが、二つの條件がある。一つは專門家が手術したのでなければ非合法であるということ。もう一つの點は、婦人の健康を害した場合は非合法なんです。

菊田　專門家が手術してもですか？

舘　そうなんです。ところが、避姙はいけないんです。これについて、うがつた說明をしておりました……受胎調節を認めると、これは癖になるのです。國家が人口の增加を必要としたときにも、すぐ、增やすことが出來ない。それに反し、墮胎は素人にはできないから、必要なときに、禁止すれば人口を增加したいときに不便はない……。

西　生産機械みたいですね。

石垣　御婦人から抗議が出そうですね。

菊田　唯物的ですね。

舘　そうです。ソ聯では、人間も生産機械と同樣に考えたのです。そして……一九三六年、戰爭のために人口が急激に減少して來ると、墮胎禁止令を出したのです。この禁止令がまた徹底的なもので、離婚まで禁止してしまつたのです。こんなわけで、ソ聯では墮胎も避姙も人口政策一點張りで處理してしまつている。ところが一方近代文明の思想として、生命の尊重ということが强調されていて、墮胎をあけつぴろげに認めた立法例はありません。つまり、條件をつけて、その範圍で許すというのです。その條件は、要約すれば、四つになるのです。その第一が、醫學的に必要な場合、第二が優生的に必要な場合、第三が社會的に必要な場合、第四が經濟的に必要な場合となるのです。

西　清子氏

女は本能的に胎兒を保護し生みたいと考える……だから墮胎するということは女にとつて大苦痛なのです。

西　第三の社會的に必要な場合というのは……

舘　强姦ですとか、精神障碍者、が凌辱された場合、つまり、受胎の原因が犯罪であつた場合をいうのです。近親相姦もこの部類に入るのです。アルゼンチンなどは明確に、この點を認めているのです。

法理上の墮胎行爲

菊田　例えばですね、經濟的な理由から墮胎を認めるということになれば、國家的な社會政策がうまくいつていれば必要はないということになるから、これは法文化して書けないのが當然だと思う。これを認めるということは、社會政策に對して無策であると、政府自身が認めたことになるのではないですか。

舘　そうですだから、本當の意味は伏せておいて、醫學上の必要とか、運用でゆこうというところではないかと思います。

菊田　良識で解決する……。

舘　それなんです。イギリスのような老大國になると、超法理的理由というようなものを巧みに運營しているのです。法律の明文からいつたらいけないけれど。そのときどきの現實的な社會や經濟の状態から常識的判決をするというのです。

優生保護の立場

石垣 改正された優生保護法の運用に期待するところはどういう點ですか？

舘 ふるい法律では姙娠中絶をほとんど認めていないのですが、こんどは母性保護の立場から認めるのです。一定の條件のあるときは、醫師會の指定した醫者の手で姙娠中絶をしてよいということになつています。

西 インチキな手術から保護されるわけですね、その一定の條件というのは、どういう條件ですか……。

舘 先程も申し上げた四つについて、それぞれ規定があるのですが、特に、この法律では、配偶者の同意を必要としていることと、地區優生保護委員會というものを全國の六百數十箇所の保健所を單位として設け、そこに申請して姙娠中絶を認めてもらうことにした點が新しいのです。この委員會の指定した醫者が母性保護上必要だと認め、本人と配偶者が同意し委員會に申請するのですが、委員會がよろしいと認めると、正常な施術が行われるのです。委員會が認める範圍も、極めて巾の廣いものにして、運用次第によつては、社會の要求を相當に充足することが出來ると思うのですが、列國の立法例でも珍らしいところは、すでに數人の子供を分娩し、さらに姙娠した場合というのが規定されたことで、ここらは非常に妙味ある規定です。

舘 稔氏

墮胎要求の殺到が出ている反面、全國の出生率は、明治五年に調査をはじめて以來の最高を示しているのです

菊田 二人でも數人ですね。

舘 そうなんです。

菊田 しかし、お役所仕事でやられてはかなわないですね。認可がおりたときには生れていたりして……（笑聲）。

舘 審議期間というものを決めておいて、その期間内に可否を決定するのです。……墮胎公認論者からみると、まだまだなまぬるいということになりますが、この法律は運用によつては、必要な最少限度に合法化してゆくという道を辿るものであろうと思うのです。

菊田 僕はよくいうのですが、避姙器具の販賣方法をもつと改良して、恥かしい思いをしないで、薬屋でも買いにゆくように出來れば、墮胎にまでゆかぬうちに、半分以上は防げると思うんです。

石垣 自動販賣機のようなもので、お金を放りこめば買えるというようになるとよいのですが……とにかく墮胎を全然公認するということは無理がある。墮胎前にくいとめるように、避姙すべきですね。

菊田 あれははずかしいからね。はずかしいことはないんだが、やつぱりはずかしい……。

石垣 では、この邊で……どうも有難うございました。

ナンバー1《ワン》の座談会《ざだんかい》

（司会）中原淳一氏夫人 葦《あし》原《わら》邦《くに》子《こ》

ファンレターの生態《せいたい》

灰田 葦原さん、今日《きよ》は……

葦原 司会《しかい》というコワイことをいたします。この中における唯一の女性といたしまして。（笑声）

さて皆さんは、各界における当代《とうだい》随一の人氣者で、しかも泰然《たいぜん》として独り者でいらつしやる。これはどうしてもお尋ねしなければならない多くのことがあるというわけで、今日お集なりを願いましたの。いかがでございましよう、郵便《ゆうびん》料《りよう》がはね上つても、ラヴレター……じやない、ファンレターには影響《えいきよう》なしですか。

灰田 ありますね、いくらか。

近江 一日五六通平均のが、近頃は返信《へんしん》用の切手を入れてくるのが多いですね。

灰田 大下さんは大変《たいへん》でしよう。

大下 五十通くらいまとまつて來ることもあります。

葦原 内容《ないよう》を公開願いますわ。

大下 僕のは子供さんからのが多いですよ。女の人からのもありますけれども……内容はどちらも、今年《ことし》もホームラン王になつてくれ、頑張つてくれという激励文《げきれいぶん》ですね。

灰田 僕の方は、昔も今も娘さんからのが断然《だんぜん》多いです。

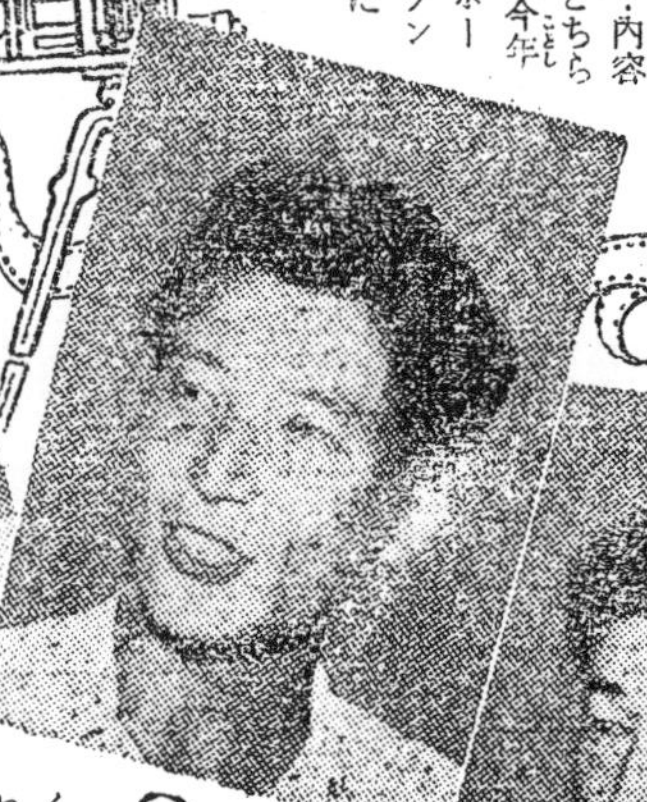

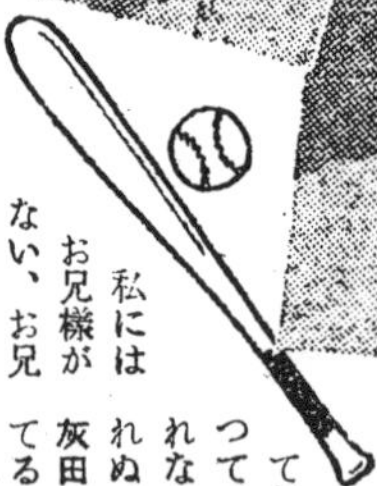

私にはお兄様がない、お兄様と呼ばせてくださいというのですね。

近江 傾向《けいこう》は同じですね。この間傑作が來ました。便箋《びんせん》十何枚にわたつてめんめんと、自分が命をかけた初恋の女と添われなかつたという悲しみを、会話まで入れて書いてあるんです。そして、自分がその悲しみを詩《し》に作つて作曲したから、ぜひあなたが歌つてくれ、絶対《ぜつたい》頼む。もし歌つてくれなかつたら、私の命はないかも知れぬ。（笑声）

灰田 君とその女の人と、どこか似《に》てるんじやないの。（笑声）

近江 こうです。数日前、女の人から來たのは僕のことをいろ〱と褒《ほ》めたてたあげく、あなたの近所にSという人が住んでいる。その人と自

未《み》婚《こん》の男《だん》性《せい》

（写眞左より右へ）
灰田さん
堀口さん
近江さん
沼崎さん
大下さん
葦原さん

分とは結婚するはずだつたのが、遂にできなかつた。実に寂《さび》しい。聞けばあなたは麻雀《マーヂャン》が好きだそうだし、Sも麻《マー》雀《ジャン》が好きだから、ときどき行つて慰めてあげてください。

灰田　凄《すご》いおのろけですね、二つとも。御馳走《ごちそう》さまと返事を出したらいゝですよ。（笑声）

好《す》きな女性《ひと》

大下　堀口さんはずいぶんお若いのでしよう。

堀口　二十一です。私は拳闘《けんとう》始めてから五年、兄は十七年になります。

灰田　そうか、僕は兄さんのつもりでいましたよ。あんまり似《に》ていらつしやるので……拳闘は実際、大変ですね。自分がやつてみれば判ります が、まず普通の人が身を入れて二分間やつたら、膝《ひざ》がガタガタになつてしまつて二回はやれないでしよう。

堀口　灰田さんはとても強いと聞きましたよ。

灰田　いや、堀口さんに聞かれちや恥《はずか》しいです。

葦原　頭がぐらぐらなさいませんか？

堀口　試合《しあい》で頭にゴツンとくると、とてもこたえて、とかく忘れつぽくなります。だから大事なことは手帳《てちょう》につけておかねばなりません。もつとも、ふだんはそうじやありませんよ。

灰田　拳闘選手の節制《せつせい》は大変だなあ。食べ物でも非常に厳重ですね。

堀口　はあ。試合前には検量《けんりょう》というのが行われて、体重が百匁ないし二百匁違つたら、試合を行《おこな》えないのです。今日も五時から試合がありますから、このお菓子もいたゞけません。

葦原　大変なものですね。そんな凄《すご》い拳闘をなさる堀口さんは、どんな

（出席者）

ビクター専属歌手	灰《はい》田《だ》勝《かつ》彦《ひこ》
全日本バンタム級拳闘選手権保持者	堀《ほり》口《ぐち》宏《ひろし》
東宝映画俳優	沼《ぬま》崎《ざき》勲《いさお》
コロムビア専属歌手	近《おう》江《み》俊《とし》郎《ろう》
急映《フライヤーズ》野球団	大《おゝ》下《した》弘《ひろし》

（いろは順）

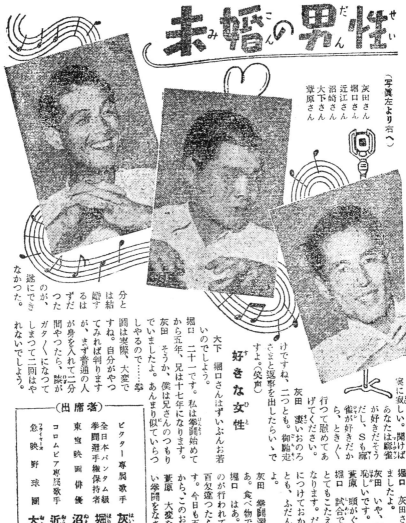

女性がお好きですか。

堀口　それはどうもダメですね。（笑声）

葦原　でも、大体《だいたい》は考えていらつしやいましよう。

堀口　はあ、それは……一見しておとなしい人が好きですね。ごく内氣な……お琴《こと》を彈《ひ》くとかお花を生けるとか。何しろ僕の場合は、やつていることが重労働《じゆうろうどう》ですから、家庭に帰つて來たのに、また『ダンスをしましよう。』なんて言われたら、絶対ダメだと思うのですよ。

灰田　僕も、舞台《ぶたい》が終つてからダンスはしたくないですね。それから僕、代議士《だいぎし》に打つて出ようという勇ましいタイプはちよつと困りますね。顔形の美しさよりも、心の美しさの方《ほう》に強くひかれるだろうとは思いますけれども、目玉《めだま》があつちとこつちを向いていたり、口《くち》が必要以上にジョージ・ブラウンみたいに大きかつたり……（笑声）これはちよつと困りますね。それから……

葦原　まだあるんですか、欲張《よくば》りね。

灰田　これは必須《ひつしゆ》條件なんです。歯のきれいなことです。金歯をはめているのは眞平御免《まつぴらごめん》ですね。入れ歯なんてのは申すまでもなく……

葦原　がつかりなさるファンがありますよ。

灰田　でも、歯科は今日《こんにち》発達していますからね。

葦原　『山小屋の灯《ともしび》』の、近江さんはいかゞです。

近江　快活《かいかつ》でやさしい人がいゝですね。反駁《はんばく》する、つゝかゝつてくるような人は嫌《いや》です。僕は目もとと口もとがよければ、あとは少しぐらい悪くてもかまいません。

沼崎　僕はスタージやないんで、映《えい》画に働く労働者です。だから労働者としての感覚《かんかく》を、はつきり持つた女性が好きですね。

葦原　大下さんは愼重《しんちよう》を極めていらつしやいますね。

大下　えゝ。僕、実は好きな女性《ひと》があるんです。

葦原　まあ、大変。

大下　しかしこれは、自分だけで思つてるんです。相手《あいて》は私の心を知りませんし、私は相手の心を知りません。大阪へ行くと、よくうちのチームが合宿《がつしゆく》する家のですが……しかし僕に好意《こうい》を持つていてくれるな、ということは感じられます。それだけに私は相手に邪險《じやけん》にします。

葦原　なぜ邪險になさるの。

大下　好きだからです。理外《りがい》の理ですね。だからよく喧嘩《けんか》します。口喧嘩です。私は旧《ふる》いタイプの女性が好きなんです。東京で言うと下町つ子というタイプ、洋服より和服が好きです。

葦原　ゴシップで、大下さんには許婚の方が。

大下　えゝ、ありました。けれども、私は今二十七で、三十までは結婚しないという方針《ほうしん》なのに、相手は年がいくというので一日も早くと焦《あせ》つてきましてね。そこに氣持の違いができて、うまくいかなくなりました。

葦原　三十まで結婚しません、と明《めい》言《げん》なさつてよろしいの。

大下　えゝ、はつきり断言《だんげん》します。

灰田　大下さんが三十になられる前に、さつきの女性《ひと》はお嫁にゆかれるかも知れませんよ。打ち明けないでいると……

大下　そりや仕方がないです。嫁つても……それでも僕は言わんつもりです。しかし三年間もたつまでには、何かのことで判《わか》らないもんでしようかね。判るでしよう。

葦原　存じませんね、それは。（笑声）

灰田　僕も、もうそろ〳〵年《とし》ですから……

葦原　いくつにおなりです。

灰田　三十八です。

葦原　そんな小さな声なさらなくて結構よ。

灰田　今のはちよつと最弱音《ピアニシモ》ですよ。（笑声）

葦原　强音《フォルテ》に願います。（笑声）

灰田　家へ帰つて來て、こま〴〵したことがあるときは、女房がいたらいゝとつく〴〵思いますね。幸《さいわ》いにして伯母がいて、僕の身の廻りの世話をしてくれますし、七十五だけれども麻雀《マージャン》の相手もやつてくれます。たゞ漬物を漬けるのがうまくなくて……

葦原　灰田さんが漬物がお好き。

灰田　えゝ、非常に。ハワイ生れの癖《くせ》につて言われますが、仕方がない。こないだ北海道へ四十日行つていましたが、ずつと鮭《さけ》と漬物のお茶漬《ちやづけ》ばかり食べていましたよ。女房貰つても、漬物が下手《へた》だつたらがつかりですね。

葦原　では、お漬物に自信のある女《によ》性《せい》をお世話しましようね。

きんちょう風邪《かぜ》

近江　声というのは不思議ですね。節制《せつせい》したから喉《のど》の調子がよくなるというのじやなくて、不節制なことをしても、その翌日、状態《コンディション》が実にいいときはよくありますね。

375　「未婚の男性ナンバー1の座談会」　葦原邦子、灰田勝彦 ほか　『主婦之友』昭和23年11月1日

灰田　そう、僕も放送とか吹込《ふきこみ》とかいうので、その前に節制していると却つてよくない。放送や吹込の前には、僕はとかくきんちよう風邪《かぜ》を引いちやうんです。

葦原　そう〳〵、それなんです。私も……

大下　きんちよう風邪というのは……

葦原　灰田さんの命名《めいめい》でしよう。

灰田　えゝ、緊張《きんちょう》して風邪引きみたいになつちやうんです。一種の神経《しんけい》作用ですね。今年の一月に静岡地方へ行つたときに、それのひどいのをやりましてね。明日《あす》からいよ〳〵舞台というので、酒もぴしつとやめたんです。ところがきつちりその翌日から、猛烈《もうれつ》な風邪引き状況が起つて全然声が出ない。弱りましたね。そこで僕は、かつてそのために心臓痲《ま》痺《ひ》を起したことのある、僕にとつては苦手《にがて》の覚醒剤《かくせいざい》を悲壮な決意で注射して、やつと声を出して歌いましたよ。

葦原　ふだんの生活はあまり変《か》えない方がいゝらしいですね。

灰田　近江君、こういうことを感じませんかね。東京では声量《せいりょう》をあまり出さないで、技巧《ぎこう》を主にしてきれいに歌つた方が受ける。ところが地方へ行つてはこの手はダメなんで、声量一杯に歌わないと聴衆《ちょうしゅう》が満足しないっていうことを。

近江　確かにそうですね。味じやないのです。マイクでも調子《ちょうし》がよくて大きくいくと、なんとまあ声がでつかいというわけでワーッとくるんですね。東京であの調子でびん〳〵やつたら、何をがなつているのかいというところなんですがね。ですから地方に慣《な》れてしまうと、歌い方も大ざつぱというか、誇張《こちょう》した声を出すようになつて、放送や吹込に失敗することがあります。僕は勉強《べんきょう》中ですから、あまり地方に慣れないようにつとめているのですけれども。

葦原　大下さんは地方へいらつしやつて、様子《ようす》が違うとか、不便なことがありますか。

大下　全然《ぜんぜん》ありませんですね。却つて東京にいるときよりいゝくらいです。例えば洗濯物《せんたくもの》にしても、東京で合宿しているときは全部自分でやらなくちやいけないのですが、地方へ出て宿屋《やどや》に合宿していると、女中さん達が競争《きょうそう》で洗濯物を取りに來てくれます。たゞそのとき困ることは、洗濯物を皆《みんな》に分けるわけにもゆかないから、一人だけに渡すと、あとの女中さんがぷん〳〵怒《おこ》つてしまうのですよ。（笑声）洗濯が出來上つたときは、お祝の意味で、その女中さんとお茶飲みに行つたりしますが、そうすると他《ほか》の女中さんがつん〳〵けんけんしましてね、ものも言《い》わなくなつてしまうんです。（笑声）困ります。

葦原　子供達の憧《あこが》れは、地方も東京も同じですか。

大下　同じですね。道を歩いていると、子供は知つていましてね、あとからついて來ます。そして道の眞中《まんなか》でもサインしろつていうのです。

葦原　なさいますか。

大下　えゝ、喜んで。断《ことわ》つたら子供の心を暗くします。僕、子供の心は、野球に関することだけでもできるだけ明るく、眞直《まっすぐ》に伸ばしてやりたいと思います。小学校チームのコーチにも出かけます。サイン取りには、僕の家《うち》の方へも小さいお客さんがよく見えますよ。女のファンの人も、とき〴〵芝居なぞに誘《さそ》いに來てくれますが、僕の母はざつくばらんで、行つておいでと言いますから僕一緒《しょ》に行くんですが、スポーツ関係のおつきあいはいゝですね。健康《けんこう》的で。ちつともやましいところがありません。

葦原　ファンだからつて、突然お訪《たず》ねしてもいゝのですか。

大下　えゝ、僕は一向《こう》差支えありませんです。

抜《ぬ》けられない舞台《ぶたい》

葦原　舞台の上での失敗談はいかゞです。

灰田　舞台のシーンを勘違《かんちが》いしましてね、飛行服で出なければならないところを、タキシードで悠然《ゆうぜん》と出てしまつた。『あッ、これは間違えた。』とつさにオーケストラに向つて、『頼むよ、僕の好きな歌をやつといてくれ。』と、芝居のつゞきみたいな仕草《しぐさ》で合図してさつと引つ込んで、目の廻る早さで着《き》換《か》えましたね。

葦原　やりそうね、灰田さんは。

近江　水の江さんと『世紀《せいき》の戦慄《せんりつ》』を新宿でやつたときのことですが、水の江さんが二役で、日本人と中國人に扮《ふん》したのです。ところが、どつちも同じ水の江さんだから、最後の大事な愁嘆場《しゅうたんば》で、僕は錯覚《さっかく》を起しちやつたんですね。日本人になつている水の江さんに、大きな声で中國人の名前を言つてしまつた。『おゝ英麗《えいれい》！』（笑声）お客がワーッときて、大事なところがめちや〳〵でした。

灰田　あれはいつだつたかな、李香《りこう》蘭《らん》と、『蘭花扇《らんかせん》』をやつたときのこと

です。奈落《ならく》（記者註―舞台の床下）からせり上りに僕が乗つて出て、雲上《うんじよう》人《びと》となつて、殉死《じゆんし》した彼女を呼ぶという場面なんです。

僕はそのせり上りへ乗りに行くのに、わざ〳〵奈落まで下りて行くのが面倒《めんどう》くさくて、舞台裏からせり上りの上へ、一間半ばかりをどすんと飛び下りたんです。そのときのいでたちは、上着《うわぎ》をたくさん着た上にスカートを着けていたんですが、そのスカートを吊《つ》つてあるホックが、飛び下りる拍子《ひようし》にどこかへ引つかゝつて、ブツンとはずれてしまつた。これは大変と引つ張り上げようとしているうちに、せり上りが舞台へ出てしまつたんです。仕方がない、急に胃《い》けいれんみたいな恰好《かつこう》をして、落ちないように、スカートを前方で一生懸命押えましたね。そして『けがれなき……』なんて、氣取《ど》つて歌つているんですが、どうも両横の人たちが笑つている。お尻《しり》が何となく涼しい、氣がついてみたらお尻が出ているんですね。（笑声）しかし引つ張り上げるひまがない。これには弱《よわ》りましたね。

蘆原　私この頃つく〴〵思うのですが、歌でも芝居でも、とにかく一度舞台に足を踏み込むと、どうしても抜けられないものですね。歌い手は一生歌つていたい――私はそう思うのです。

近江　死ぬまで歌いたいという氣持《きもち》ですね。一生の仕事として打ち込んで……

蘆原　そうでしようね。そこが女は複雑《ふくざつ》なんです。私なぞ、主人と、八つを頭として四人の子供と家庭の仕事と、そして自分と、始終《しじゆう》ジレンマです。

近江　お歌いになりたいでしようね。

蘆原　えゝ、諦《あきら》めきれなくてほんとに苦しいのです。そんなに苦しければ、はつきり諦めればいゝじやないかと自分を叱《しか》つてみるんですが、それができない。歌とか舞台は泥沼《どろぬま》ですね、一度踏み込んだら……灰田さんなんかも、將來ずつと歌の世界《せかい》からは抜けられないでしよう。

灰田　それは抜けられません。ほかに、つぶしがきかないでしよう。（笑声）

愛《あい》の表《ひよう》現《げん》

近江　こんなことを聞いていゝかどうか、沼崎さん、映画の上で接吻《せつぷん》なさるときは、たゞ演技《えんぎ》だけの感じですかね。

沼崎　さあ、むずかしい問題ですね。

蘆原　舞台で相手役をする場合は、女同志でも喧嘩《けんか》をしていたらうまくできないんですが、この場合は相手が異性《いせい》ですね。

沼崎　それはこういうことだと思うんです。仕事を眞中にしての惚《ほ》れ合い――この氣持ですね。それがないと調和した雰囲氣が画面に出てこない。しかしこゝで、眞中にある仕事をはずしてしまつてはいけないんで、そうなると、過去《かこ》に、映画界でとかくありがちだつた間違いが起つてくるわけですね。

灰田　映画の場合には、ポーズを作つたりして考えでやつているから、現実《げんじつ》の場合の接吻とはいくらか違うんじやありませんか。いわゆる形《かた》の接吻で、日本でいえば、歌舞伎《かぶき》でいう一つのきまりですな。

沼崎　そうですね。

大下　あれは外國人の専賣《せんばい》のように言つてすましている人が多いですが、日本だつてやつてんでしよう。たゞ、言うと言わないの違いでしよう。美しい愛の表現を、外から見て変《へん》なことのように曲げて言うのは、よくないと思います。

蘆原　じや、大下さんは……

大下　えゝ、大いにやりますよ。（笑声）好《す》きで〳〵たまらない人ができたら。

沼崎　大賛成《だいさんせい》ですね。日本だつてだんだん時代と共に、それが自然になつてゆくでしよう。

蘆原　灰田さんは結婚なさつたら……

灰田　いゝ旦那《だんな》さまになれる自信があるのですよ。猛烈に女房を愛すると思いますね。

蘆原　大下さんは、奥さんのお尻《しり》にお敷かれになりますか。

大下　半分敷かれてやろうと思うですね。全部敷かれたら困つちやいますものね。（笑声）

座談會

帝銀事件、壽産院事件、集團强盜、邪敎、そして自殺、複雜怪奇なさまざまの出來事は日每に新聞紙上を賑わしている。いわば現代は精神異常時代ともいうべきであろうか。この混迷の中にあつて、一體何が正常で何が異常なのであろう。科學のメスは、果してこの問題をいかに解くか。

精神異常時代

戰後の異常心理

荒 私から口火を切らせていただきます。戰爭中はとにかく政治的なワクの中で、私たちの氣持にも一應安定があつたわけですが、戰後そういうワクが取れてしまつてから、社會的にいつても、あるいはまた個人的にいつても、何かフォルムを失つたというような感じがしています。そして、そういう心的傾向が無制限に伸びて、そのためにいままでなかつたような現象、ことに戰爭中は絕えてなかつたようないろいろな事件が個人的にも、あるいは社會的にも出ていると思うのです。たとえば犯罪の方から見ても、人を殺しても割合に平氣でいることができる現狀です。一方には帝銀事件とか壽産院事件があり、他方では自殺――ことに太宰治の心中事件というものが非常に問題にされました。それで何か私たち自身の氣持も落ちつかないし、ことにそういうことに敏感な若い御婦人の方々は、非常に不安を持たれているのではないかと思われます。そういうことについてここにお集りの專門家の方々から、いろいろな角度で御意見あるいは御批判を承れればと存じます。

島崎 そうした現象のいちばんの本質から言えば、戰爭中にあつた外からの抑壓が取れたために、個人においても、また社會においても、抑えが取れて衝動的なものが出て來るという意味があるのでしよう。衝動的なもののなかにはいい魂もありますが、多くの場合にはそれまで社會の倫理的な壁によつて防塞を受けていた惡の魂が出て來ることになります。だから平生の社會におけるよりも現在の社會のほうが、より奧底にある人間の本性というものに迫れるのではないか。個人の魂の奧底にも、社會心性の深みにも迫れるのではないか。病的なものは私どもに全く無緣なうとましいものなのではなくて、人間の中にひそんでいた魂の或る面なのです。この暗い病的なものの現われを通してはじめて生命の底へ迫ることができる、こういう意味があるのではないかと思います。

宮城 そうですね、ただ日本の場合においてかなり問題は複雜ではないかと思います。第一は、確かにいまお話になりましたような、戰爭中の壓迫に對する反作用のようなもの――逆昇華――が起つているのだと思います。それは牧師の息子がかえつて不良になるような現象です。第二に、軍隊におけるいろいろな習慣が平和になつてそのまま持込まれて來たということが言えるのでないでしようか。第三にはかなりの社會的變革が起つたために、過去の習慣が權威を失つたにも拘らず、新しい道德は確立されない。そういうところにやはり一つの混亂の原因があるのでないでしようか。つまり日本の場合ですと。ただ戰爭ということの影響の外に、まだいろいろの複雜な條件があるんじやないかと考えるわけです。

素質か？　環境か？

宮城　戰後にそういうような精神的方面のいろいろな變化が起つているんですが、これを明らかにするために私たちは極端な形を捉える——精神病がどのくらい出て來るか、どういう方面の精神病がどのくらい出ているかということを土臺にして社會的な心理現象を明かにしてゆこうという立場に立つているのです。日本においては統計というものが實は明らかになつていないのですが、島崎さんどうですか。どういう種類のものがどういうふうにふえて行つているかということの推定は……。

出席者
評論家　荒正人
精神病學者　島崎敏樹
心理學者　宮城音彌
評論家　加藤周一
（發言順）

島崎　そうですね、全く生物學的に起つて來るもの、精神分裂病などは環境にはあまり關係しないということですが、現代では何かの意味でやはり社會的環境の力が働くようなものが相當多いのではないか。それから病的になつた場合、氣持が高揚するというものはあまりなくて、やはり環境から壓倒されて、自分が無力化されるというようなものが多いのではないか。たとえば氣分の沈む抑鬱というようなのが現在の社會では多い、こんな感じがします。

宮城　精神病の原因についてですが、一般人は社會的な原因、精神的な原因で精神病が起ると考える人が多いのですね。ところがかなり永い間精神病學者はこれを否定して來たのです。精神病というものは生物學的な條件——頭のなかに生理的、解剖的變化があるというような——によつて起るものだから決して社會的な條件で精神病はふえることはないのだ。しかし大戰直前のアメリカのかなり詳しい統計を見ますと、やはり社會的な條件にある程度は關係があるようです。都市と田舍を比較して都市の方が精神病の發病する割合が多い。シカゴ市の各地區における統計をとつてみますと、いちばん混亂した地區、つまり浮浪人だとか何とか、そういう貧困生活者の多いところでは、やはり精神分裂病がいちばん餘計出ているのに對して、大住宅地帶は非常に少いのです。ですから、社會的條件による變化というものがやはりある程度あるのでないかと考えられます。

島崎　それからたとえば、妄想の內容ですね、あれは昔、「キツネつき」というふうに言いましたね。それが近ごろはそれでなくなつて、電氣がかかつてくると言つたり、いまでは電波が身體に來ると言うでしよう。だけれど根本になるものは同じで、表現內容が文化の變遷と一緒に違つて來る。それから元は自分が天皇であるというような誇大妄想が、最近で

荒　正人氏

はそれが天皇ではなくなつて總司令官というようになつて來ました。結局權力所持ということが問われているからです。

平澤の場合

荒　こういうことはどうですか、たとえば平澤という繪かきが、コルサコフ症を呈していたというのが若しほんとうだとして、それが戰爭中あるいは戰後における社會的な影響によつて助長されたのでないかということは。

島崎　平澤の事件はいま非常に社會的な大事件というふうに考えられている。しかしこれは本來非常な異常性格者が行つた一つの個人的犯罪であつて、それが綿密に行われた場合は平澤であり、衝動的に行われた場合は小平とか樋口——あれは綿密なところもありますが、どちらかといえば衝動的ですね——どちらにも共通したことは個人的な異常性格を根本にしている。こういう意味では社會的でないものがある。純個人的な、宿命的な、そういうものがあるようですね。

荒　それはぼくもそう思いますね。

島崎　それからもう一方、集團強盜という場合は個人の異常性格ということよりも、個人を超えた集團の異常性格というものです。こういうものは基盤が社會それ自體の病態にあるのでしよう。そんな工合で、平澤事件のような場合は個人、集團強盜や暴力團の横行の場合は集團、社會、それだけの分析を持つてかからないといけない。

記者　異常性格者というのは、精神病者の中へ入るのですか。

宮城　異常性格は精神病ではないのです。

記者　それでは精神病者と精神病質者との區別はどこにあるのですか。

宮城　どこから精神病かということは難しい問題だと思います。しかし一般的に云いますと、第一に、精神病者というものは自分は精神病だという意識、自己批判、そういうものを持つていない。たとい、初期で病識というものをもつていても、外の色々の症状からそれを失うようになることが推測出來る。第二に、今までの人格が變化して、いわば別人のようになるのです。

島崎　例えば平澤ですが、彼は精神病者であるというように新聞でも出たことがあります。けれどもほんとうの精神病者ではないようですね。

宮城　なさそうですね。昔コルサコフ症だつたということもあやしいが、少くともいまはそうではない。

島崎　資料が乏しいから言えませんが、想像するところ彼は物欲が相當旺盛です。自分が實際に收入を取れるもの以上に物欲が旺盛である。そのために行爲の面では詐欺をやる。心持の面では、在る以上に自分を見せかせるという虚榮的な、見榮坊的な性質ですね。それを實現するために巧みな話をつずり、誰もその人の話を聞くと、なるほどあの人はなかなかの腕がある、いい畫家だ、ということになつて來る。もし私どもが假りにそんなことしたとすれば、自分でも顔が赤らんでしまうとか、口どもつて來るとか、そういうことが起るでしようが、あの人物は自分が演じていながら破綻なくスムースに行われるらしい。芝居をやつているうちに既に自分がその中の人物になつてしまつて——。

記者　そういうのは精神病者と言えないのですか。

島崎　精神病者とは言えないが精神病質ですね。

精神病者と精神病質者

記者　精神病者のときは犯罪にならない。精神病質者のときは犯罪になるのですか。

島崎　ほんとうは醫者の出る幕ではなくて司法官のやることなのですが――精神病がはつきりしているというときには責任能力がないということで免れるのです。ですから假りに抑欝病で人生をはかなんで母子心中したという母親があつた場合、子供を殺しても、抑欝病だということを認めれば完全に無罪になるのです。それから精神病質者の場合は刑が輕減され得るとしてある。「得る」というのはしなくてもいいんでしょうね。

宮城　そうでしょう。しかしこれは、つまりいままでの習慣みたいなものではないでしょうか。これは心神耗弱とか、心身喪失であると診斷し、心身喪失は罰せられないし、耗弱というのはいくらか加減される、というのですけれど、どこで切るというのは裁判上の習慣です。私は結局、將來、理想的な社會がくれば犯罪者というものはいなくなるだろうと思う。勿論反社會的な人間はいる。ただその人間は當然病院に收容される。今日まででも前世紀から今世紀になるにつれ刑務所よりも病院に送る率というものがふえて來ているのでないか。精神病質も本來は當然病院に送るべきものと考えているんです。

宮城音彌氏

加藤　精神病質と、ほんとうの精神病との間に斷絶があるというのは定説なのですか。

島崎　やつぱりそういう考え方と、それから連續的な考え方と兩方あるのです。

加藤　實際個々の患者については大體區別できますね。

島崎　それはできます。

加藤　變質者と正常な人間との間は無論連續的に考えられるのでしょう？

島崎　これは連續です。われわれの持つている心の中のある一部分を取出して、それだけで出來た一つのカリカツール的な人間をつくると、それが精神病質者だとなるのでしょう。

宮城　それと同時に、精神病質の人間は多かれ少かれ昔からそういう性質を持つていたと考えられる。勿論周圍の條件によつて波はあるのですけれど。平澤の場合でも三十五六のとき、それから去年から今年、五十六七にかけて波があつたらしいのですけれど、やはり常に異常な性質の持主だつたのではないでしようか。それに對して精神病というものはある時期から發病する。「發病」というものがあるのですね。

女の殘虐性

荒　壽産院というのがありましたね。殘虐な仕方で幼兒を幾人も殺した――あのときに直接タッチした貴志という看護婦は子宮を摘出していたと聞いています。それから極く最近大阪の豐中病院という腦病院で患者をやはり同じような仕方で虐待して何百人を死に至らしめて、白骨の山を築いたという事件。その看護婦もやはり子宮を摘出していたということが新聞に出ていました。女の方はそういう手術によつて性格が激しく變るものなのでしようか。もちろん變らない人もいるわけでしようけれど――。

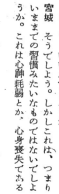

加藤　それは全く古典的な考え方ですな。ヒステリヤの語源的な――。

荒　新聞が先入觀に支配されてそういう取扱い方をしているのではないかと思われますから、その點を專門の方に伺いたいと思います

加藤周一氏

が——。

宮城　子宮だけでは大したことはないではないか。卵巣をとれば女性的な性格はある程度變るかと思いますが。

島崎　そのためにそういう特性、人倫性が失われるということはないと思います。中性化するということは結果としてあるでしようが、しかし根本性格それ自體が變化するということはないでしようね。

荒　昔から日本でよく言われる繼子いじめ、それから嫁いじめ——女の殘虐性というものはどういうところにいちばん原因があることでしようか。

島崎　女性の心理の核心を衝くような問題ですね。

荒　丹羽文雄氏が地方新聞に「純情」という小説を書いておりますが、女の人は子供を生むとき苦痛に耐える、それの代償として殘虐なことをやりたがる。だから男の人より女のほうが殘虐だという。

宮城　痛みということでなくても——これは一つの解釋ですが——普段社會的に壓迫されている、劣等感をもつている、そういう劣等感に對する補償として殘虐ということがあるということも考えられなくはありませんね。

荒　なるほど。

宮城　しかしもつといろいろな條件があるのでないか。たとえばヒステリックであるということが殘虐的なものを起す一つの素質になる。ヒステリーという言葉は子宮という言葉から出ているように、ヒステリーは女の人に多いわけです。しかし、今日、女に限らず一般に人を殺すというようなことがふえておりますけれど、要するに人間の命は戰後輕んぜられているんではないでしようか。人間なんていうものは要らない、子供なんていうものは特に要らないものになつてしまつているんじやないか。

ヒステリー性格

荒　社會的な原因から考えれば、家族制度の波瀾が女の人に特に重い負擔になつているために、その反動で殘虐になるのかも知れませんが、もっと生理的な原因があるように素人考えでは思うのですが——。

島崎　生理的には、男女の性別があると同じように男女の性格別というものが當然あるのです。たとえば男の鬪爭的性格、これは女には少い。殘虐性は女の人もあり、男の人もあるが、女では特に目立つんじやないかな。それから殘虐性といつても女の人は感情的にも男の人よりも衣を着せないで現わすということもありますからね——それから殘虐と反對の、非常に寛容な、何ものも自分のなかに包んでしまうという性格も女性の大きな特色ではないでしようか。

荒　そうでしようね。

宮城　ディットなどはヒステリー性格の女が殘虐的なものを持つているといつています。彼は——かなり封建的かも知れませんが——女の完成したものは母性だというのです。母性を完成するとき、女は完成する。ところがヒステリー性格の女は母性を完成しない。感情なども子供らしさを持ち、感情的な豐さや眞の愛情がない。人に同情を示すようだけれども實は冷い人間であつて、これを補うために非常に誇張した態度、同情を持つた態度を示すにすぎない。彼女らは享樂的でダンスをやつたり、トランプに耽つたりする。そういう女の人は勿論、社會の寄生蟲なのですが、社會が混亂した場合には革命家などにくつついて殘虐行爲などを行つて、社會を進歩させせる動力になるということを言つておりますね。

島崎 ヒステリー性格の特徴といわれる誰にでもよりよく自分を見せたいという氣持は、人間としていわば自然なことですが、女の人の場合にはそれを扮飾した外面的なもの、あるいは感覺的なものとして人に見せたいという欲望が强い。それからいまのような世の中では精神的なものによつて人に優越しようということは困難なことで、ともすれば極端な口紅とか、衣裳によつて——ロング・スカートによるとか、そういうことで到達しようとする傾向はありませんか。その意味では非常にケバケバしいことがわかるような氣がする。それから男のほうにすれば、男はそういうものがありませんから、やつぱりギリシャ

島崎敏樹氏

哲學の本でも抱えて、精神的なものがあるようにみせかける。

家族制度の悲劇

宮城 いまヒステリーのお話が出ましたが、實はこのごろではヨーロッパにヒステリーは少なくなつて、殆んどないといつてもよい程です。これには一つはヒステリーというものをどう考えるかという考え方の變化もありますが、實際にも少なくなつているようです。しかし、日本にはまだかなり多い。これはやつぱり家族制度という問題と密接に關係があるのでないかと思います。ヒステリーについて「疾病への逃避」という言葉が使われておりますね。困つたときに病氣になることによつてその事態から逃れるのです。私の知つているある奥さんは、家庭の中にゴタゴタがありまして結局ヒステリー反應を起したわけですが、非常にひどいヒステリー反應で、立てなくなる、歩けなくなる、吐く、ひどい頭痛を訴える、という症狀を表わしました。結局離緣させたら、完全に治つたのです。しかし今日はわざわざヒステリー反應を起さないでも次第に離緣が簡單になり、そういう事態から逃れうるようになりつつあるのでないでしようか。ヨーロッパにおいては今日では封建的な家族制度と近代的な生活様式の矛盾がなくなつたのと、簡單に離緣ができることによつてヒステリー反應が少くなつているんではないかと私は想像しております。

島崎 おもしろいですね。

荒 一般的にはそうですね。しかし日本では戰後住宅難で、ひどいのは狹い家に三家族も四家族もいるということで、家族關係は錯雑を極めているんではないですか。

宮城 確かにそうなんです。日本の現狀にはそういう意味におけるヒステリーもたしかにあります。

荒 夕方、町など歩いていると、必ず電熱器をどうしたとか、こうしたとか、家のなかのケンカを耳にするのです。やつぱり家族制度のために特殊な家屋が非常に大切ですね。

宮城 それから自由に、また後の經濟的な心配なく離婚ができることも、ヒステリーを少なくするでしよう。アメリカあたりの統計を見ますと、年々離婚がふえてきています。もちろんフランンあたりはカトリック教國のため離婚が少い、しかしこういう國では結婚するまでに自由な戀愛の時期というのがありまして結婚が愼重に行われる。

荒 日本でも疎開して、戰後一種の家庭の再編成というものが一部に行われたですけれど、それは悲劇を伴つたと思います。離婚が自由に行われるためにはいろいろな準備が要

るわけですね。
宮城　そうですね。
荒　都會の一部で行われております週末結婚、つまり結婚しても住む家がないので、週末だけ宿屋に行つたりして、そこで結婚生活をする。それは不眞面目ではなくて、經濟力のない若い人たちにはやむを得ないことなのです。このくらい住宅難が一部には切迫しているわけですが、そこまでゆくと、離婚を盛にするよりは結婚できるように努力するほうがもつと大事だとぼくは思うのですよ。

離婚とモラル

加藤　離婚が自由にできたほうが便利なこともありますが、便利だから離婚するという――（笑聲）結婚したほうが便利だから結婚するという、それは大げさに言うと、一種の社會契約説の家族生活への適用だと思うのですよ。ところが社會契約説は要するに市民社會のイデオロギーですね。十八世紀から十九世紀にかけては、社會契約説が社會の道徳秩序の後楯にある思想的背景であつたけれど、現在ではそんなことは根本ではないと思うのです。從つて道徳とか社會秩序というものが、そういうブルジョア的な社會契約説的な考の上に立つている限り、現在では相對的であることを免れないでしょう。相對的であるということはそれがあらゆる本能、人間の悪しき欲望を抑える力がないということになつて、いろいろな悪いことが起つて來るのではないか。そういう觀點からすればそこのところがやつぱり問題ではないか。離婚の自由なことは便利かもしれませんが、現在それが自由であることの思想的な背景はもはや信用もおけず、權威もないものではないでしょうか。
宮城　社會契約説の適用と云い得るかどうかは別として、そのような傾向はブルジョア的なもの、あるいは資本主義の發達とともに進展したものです。これは明らかに間違いないことです。しかし例えば、自分で考える習慣ということ、外の秩序、命令に從わず、自分で自分を律するという道徳をもつこと、こういう性質はやはり、近代社會と共に一般的になつたものですが、今日われわれは次の時代にこれらを持つて行く必要がありますね。結婚生活をもつと自由に、合理的に行うこと、いままでの傳統的な習慣――「家」というようなもの――から夫婦間の問題を解決してゆくことは次の時代へ持つてゆくべき習慣であり、考え方ではないでしょうか。
加藤　それはそうなんですけれど、合理的處理という意味が便宜的なものだと、結婚の問題、あるいは離婚の問題は便宜の問題に還元できないのじゃありませんか。道徳の問題もあるし、一般に個人と個人との交渉、つまり社會の問題が、そう簡單に便宜を目標として合理的に處置すればよいということにはならないと思うのです。
宮城　私はそうではないと思うのですよ。自分の考えに從つて行動する近代社會の道徳は、他人を尊重することを含んでいると思うのです。

貞操破棄

荒　「婦人公論」の讀者には離婚というより結婚ということが第一の問題なので、離婚などあまりしないですむにはどういう工合に結婚するべきかということを宮城さんあたりから出していただいたほうが――。
宮城　レオン・ブルムが言うように、人間ははじめポリガミック（多夫多妻的）な時代があり、そうしてモノガミック（一夫一婦的）な時代となる。男も女も完全に自由な時代をもち、そしていよいよ落ちつき度いという時又、これでいいという相手を見出した時に初めて結婚をする。そういうことが必要です。そのために先ず必要なことは女性も、男性と同樣、處女の貞操、未亡人の貞操、妻の貞操、そういうものを捨ててしまうことです。
加藤　どうもそれは、議論が早くすべり過ぎるようですな（笑聲）

荒　一つの極端論ですが、傾聽すべき點があると思います。しかしその場合、やつぱり男のほうが寛大にならないと、負擔は女の人にかかつて來ると思います。男は事實ポリガミックなんですよ、女だけモノガミックということになると――宮城さんの贊成論ですけれど――。

宮城　贊成者を得ましたね（笑聲）。この問題は、外の雜誌の座談會でも述べたのですが、アメリカで一九一三年あたりと一九三七年の統計を比較して、そのカーブでゆくと、一九六〇年には處女、及び童貞で結婚するところのパーセントはなくなる。これはヨーロッパでも同じ事でしよう。やつぱりいままでの考というものは女を男の財產だと考えて、貢ものだと考えて、それを人に觸らせないで、獨りで持つていたいという所有欲と密接に關係しているので、これをなくしてしまわなければいけないと思うのです。

荒　しかしそのためには、たとえば性病とか產兒制限の問題が合理的に社會通念として一般に普及していないと非常に影響甚大ですね。

宮城　勿論、そうです。そういうことに對する責任というもの、これは持たなければいけません。それはむずかしい事ではない。

加藤　しかし、經濟問題とか、性病とかそういうことだけじや片づかないでしよう。

太宰の場合

加藤　太宰氏の場合のように、自分では他に生きようがないほど眞劍に生きたとしても、それによつて他人に迷惑がかかつた場合はどうでしようか。いまの日本の受入れ方のなかには、その人が眞劍だつたから正しい、眞面目にやつたことだから他人に迷惑がかかつてもやむを得ないという考えがあるような氣がします。

島崎　太宰氏のような作家が現在ある一部の人から讃歎されている。それは現代の社會の特性と關係があると思うのです。けれども太宰個人という人はそういう歴史的社會に關係がある人とは思えない。本質は非社會的な、非歴史的な人間です。それにもかかわらず彼が非常に受けたのですね。

記者　あの問題は、反社會的な問題に對して社會が同情したり、喝采を送つたりする――。

加藤　社會が喝采を送つたと言いますが、社會は喝采を送つていないのじやないでしようか。太宰氏に對して女の人たちのなかには手酷しい人が多いのではないでしようか。新聞雜誌に紙面を與えられて問題を論じたのは家庭の女の人ではなく、社會の極く一部の人々ですよ。

島崎　太宰の今度の死はこれが最後だという必然的の死という氣がしないのです。あの人は何遍か死んでいる。そして今度は女が企畫性に富んでいたため殺しちやつたというわけでしよう。

宮城　太宰はパヴィナール中毒で精神病院に入つたのですが、その根底には精神病質があつた。病院でも精神病質という診斷を受けております。自殺はその表現にすぎないのです。

荒　問題になるのはただ社會の受入れ方ですよ。社會が偶然的なものとして受取るか、そうでなくて、やはり非常に時代の問題と繋がつているものとして受取るか――。

宮城　太宰に關する道德的評價の問題と、それから文學又は作品に關する美的評價の問題がいつしよになつているのではないでしようか。

荒　結局社會の受取り方がノーマルであるかアブノーマルであるかによるわけですね。

新宗教

荒　璽光尊とか、最近新聞やニュースに出ている「踊る宗教」などをどうお考えですか。

島崎　璽光尊の事件は非常にコッケイに扱われてしまつた嫌いがありますが、あれは一つの原始宗教の集團として價値があると思うのです。なぜかといいますと、璽光尊という人は確固不動の宗教観を持つている。自分は神の使であるという宗教觀、宗教妄想を持つているわけです。周りに集つている人は暗示性の強い、ヒステリックな女の人や、無教育の人や、それからある一面では非常に秀でているけれど、そのほかでは自分にいつも不安を感じ何か頼るべきものを求めているというような人物、そういう人たちです。この人々がとりも直さず使徒なのです。中心に宗教妄想の患者がいて救世主となり、周りには影響を受け易い無教育者とか、女とか、そういうものがいて使徒となつている。これは原始宗教の典型です。それから中心にいるその救世主は終末觀を持つている。世界は沒落する、その沒落を免れるのは信者だけだ、こういう終末觀を持つている。こういうところを見るとあれはほんとうの宗教で、決して邪教ではないと思います。

宮城　璽光尊は妄想性痴呆（精神分裂病の一型）です。

島崎　そうでしよう。今度の「踊る宗教」もやはり似たところがあつて、お腹に天照大神がおるというようなことを言います。それから語呂合せがあるのですよ、「無條件降伏」というのが無情の劍というような、分裂病者あたりのやりそうなことですね。

宮城　おもしろいですね、璽光尊のように精神分裂者が開祖になる場合もありますが、しかし必ずしもそうばかりではないでしよう。私昨日民俗學の柳田國男先生とお話したのですが、日本の宗教に似たものにはいろいろのがあるのですね。一つはトーテムに近いようなもので、例えばある家はキツネの子孫だということになつている。第二は神祕的因果と申しますか、漬物が腐つた場合とか、お酒が惡くなつたとか、そういう事件がありますとそれはあの家にキツネがついたからだということを言う。第三はミコとかコックリサンのように夢のような意識になつてベラベラとしやべる。邪教のようなものにもいろいろな種類があるのでないか。やはり女の人たちがかなり干與しているようですね。

荒　璽光尊も「踊る宗教」その他の新宗教も中心人物が女であるということはどうなのでしよう。偶然なのか、あるいは特別なわけがありますか。

加藤　豫言者とかミコとかいうものは昔から女の人でしよう。デルフォイとか天照大神とか、——なぜデルフォイや天照大神が女性であるかということは難しいでしようけれど、いまになつて見ると、例えば璽光尊がなぜ女であるかという理由は、直接に生理的條件によるばかりでなく、過去の習慣や文化にもよるのではないでしょうか。

自殺の原因

宮城　私の先生のブロンデル教授は自殺論を書いておりますが、これはフランスにおける、社會學說——自殺は社會學的な原因で起るのだという說——と病理學說——病的人間が自殺するという說——を總合して、精神病者は自殺する。しかし正常な人間、完全に正常な人間が自殺するということはいまのところ何とも言えないと結論しております。一般の人間は自殺などありますと必ずそれに意味をつけたがる。たとえば關屋敏子が自殺した、そうすると藝術が行詰つたのだ、芥川龍之介が自殺した、これは藝術が行詰つた。しかしこれらの人たちの自殺ということは、問題にすべきような自殺じゃないのですね、二人とも完全に精神分裂病だつたのです。

荒　にもかかわらず社會では一つの象徴としてそれを問題にする。そういうとき專門家の方がプロテストしても非常に無力に響くのですよ。つまり一般に無智蒙昧であるために意味つけているもの、それに對して專門家がこれは精神病だとあつさり言う、何かしらそれには滿足し難いのですね。

宮城　實際患者の家族は意味をつけたがるのです。子供が精神分裂病になる。すると、これは失戀したからとか、金をなくしたからとか、これは巡査におこられたからとか、いろいろ理由をつけたがるのですね。しかしそれは全く意味のないことです。それと同じように、ある親しさを感ずるような作家の場合には、これに意味をつけるのが當然だと思います。しかしそれにもかかわらずそれは正しいものではない。ダイヤモンドがある、いちいちこれは炭素であるということを言う必要はない。しかし、これは何でできているかというときに、炭素であると言うことが必要です。そんな馬鹿なこと言つちや困る、これはきれいなものであると言う人があるでしょう。われわれはきれいなものであるということは否定しないが、にもかかわらず、それが炭素であることを主張しているのです。

荒　科學的な方面も大切ですが、しかしもつと社會的な見地からも解釋したい。

宮城　それはそうです。しかし、それはまた別問題になると思うのです。たとえば關屋敏子が自殺した、それは精神分裂病の結果だ、意味もないことだ。だがそれに對する人々の評價という社會心理現象を取扱う場合、これはまた別の問題として、——しかし、やはり科學的に——取扱うべきです。二つの問題を一緒にしてしまつてはいけないと思います。

記者　ではこのへんで……。

前進する日本女性

新しい日本の建設には、若い世代の正しい指導が急務である。本誌はその指標をさぐつて、日本の教育に深い關心を持たれる、GHQ渉外局長エコルズ大佐夫人と、自由學園教授羽仁説子氏とに對談していただいた。

對談　M・エコルズ　羽仁説子

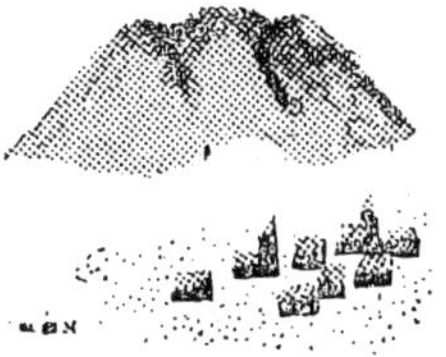

羽仁　日本が新しくなるためには、どうしても新しい教育が必要だと思いますが、私たちはまだまだ不十分な點が多いので、いろいろお氣付きの點をお話しいただきたいと思います。特に、日本では今迄女性の地位が非常に低く、女性は教育に無關心だつたので、これからは女性の地位を高めて、母親が教育というものに、もつと關心を持つようにならなければと思つているのですが……。今迄の日本の教育では母親が代表すべきだと思う、人との融和、平和という點が缺けていたと思うのです。

エコルズ　日本のお母さんは、非常にいい意味で負けない強い性格を持つております。それは同時にあなたのおつしやつたような親しみ、平和ということで、それは世界のうちで一番大事な、いい特長だと思います。外部の人はしばしば、日本婦人はスポイルされていると云うのですけれども、私は少し位スポイルされてもいい位に思つているのです。

そういう意味で羽仁さんのおつしやつたように日本では教育に最も適しているのはお母さん方だと思います。

羽仁　ではまず、男女交際について、日本では共學になつてはじめてだものですから、どういう家庭でも非常に心配していますので、アメリカの方法を聞かせていただきたいと思います。

エコルズ　アメリカでは男女共學は當り前のことで、扱い方についても心配しないのです。日本では非常に難しいと思いますけれども、とにかく男女共學のいちばん重要な點は、自然なことを助長し指導してやればいいのです。理窟からゆくと非常に難しいのですけれど、まず第一に、家庭からそれを始めなければならないことですが、アメリカで、五六年前からテイーンエイジ・クラブ（十代の少年少女クラブ）というのが流行つていて方々にありますが、これなどは非常に面白い。アメリカでは十代の人が日本よりも道徳的にひどくて、とても困つているのです。このテイーンエイジ・クラブは學生による自治機關であつて、萬事にPTAが後援指導して居るのです。家庭の兩親はそれを監督するというのでなく、助けてやる。ある場合はそこでサンドイッチを作つたり、清涼飲料をのんだり、歌をうたつたり、ダンスをしたりして、一組か二組で樂しく遊ぶ。親たちも、どこへ行つたか何をしているかということもわかつているし安心しています。そういうことから、アメリカの少年少女は二人だけでこつそり行くということが、殆んど無意識のうちになくなつているのです。たとえばいまも子供から電話で、今日は夜御飯に遲くなる——といつてきましたが、遲くなることは自由だけれども、いつでもそういうことわりを言わないではいられないようになつているのです。やつぱり何か遠くから見ているということが必要ですね、監督しなくても……。こつそり二人きりで行くがらいけないのだと思います。日本でも本氣でこういうクラブなどをやる人があれば必ず成功すると思います。とにかく日本でも性的な敎育をする社會的な方法がなければいけないでしよう。

寫眞はエコルズ夫人

記者　日本では性敎育は、隠しごとというので敎えることをしなかつたので、敗戰後の開放的な空氣から常規を逸した面白くない傾向がでて來ているのですが、そういう性敎育をアメリカではどういうふうにしているのでしようか。

エコルズ　それは學校でもやつているのですが、學校でやる場合は割合に少いので、いちばんいいのは家庭でやるのです。私もその實驗を二度やりましたが、七つから七つ半くらい(日本では八つか九つ)のころは、興味はあるけれども好奇心はない、——大きくなると個人的になつて、いろいろ興味を持ちますから……。丁度そのとき工合よくお腹に赤ちやんがいたころでしたから、赤ちやんが出來るのはこうしてなんだと言つて、本を讀んだり繪を見せてやつたりして極く自然に敎えてやりました。他のお家でもそういう方法で非常に成功だつたと聞いております。ついこの間も十五になる私の娘が、極く性的のことを私に聞きましたので、よく敎えました。やつぱり親が子供に信頼されていればそういう質問を持つて來るのですが、丁度七つ八つのときその話をしておいたので頭に殘つていたからでしよう。私は非常に嬉しく思いました。日本ではお嫁にゆく實際にお母さんが心配してわあわあ言うそうですけれど、そうではなく、七つ八つからきれいに準備しておけば娘も助かります。

羽仁　日本の自由ということはみんなの自由ではなく、男女交際の場合も自分の相手ということばかりを考えて、もつと廣い意味の男女交際ということを考えない、それが日本の缺點だと思います。

記者　日本婦人の美點ということを先程お話下さつたのですけれど、最近日本婦人はどういうふうに變つて來ているか、お考になつていらつしやることをお話し下さいませんか。

エコルズ　私は日本の女の人のことについてほとんど知識がないので、變化については述べられませんが、ただ日本の人は男もそうだけれど、ことに女の人はイニシァチブ——自分で進んでやるということが缺けているのでないでしようか。これはほとんどすべての面で感じます。イニシァチブに缺けているということは、自分が意見を言い出した場合は責任をとらなければならない、だから自分の責任をとらないために、自分から進んでは言い出さない。ですから言い出さないということはブランクではないと思います。日本の女の

人は物事を正直にも不正直にも、とにかく言わないのですよ。それから氣がつく事は日本の上流階級の婦人が中流階級の婦人に比べて落つきがないと云うことです。これは彼等が持つ特殊な環境から來たことと思いますが、今の時代には、しつかりした確信が非常に大切だと思います。次に大事なことは、もつと旦那さんと社會との間に入つてもらいたいという事です。奥さんが、社會と旦那さんの間に入つて滑らかにしてゆくということは、いやでも好きでも、それが勤めではないでしよか。日本の旦那さんはアメリカの人には非常に丁寧にして下さる人がいるのですけれど、自分の奥さんにはそうじやない。それは旦那さんが悪いのでなく、奥さんも當然それを受ける氣持でなくてはいかぬので、そういうことでももつと自信を持つているということが必要ではないかと思います。

記者 そういう女性をつくる教育ということが問題になるわけですけれども、どういう方法をとれば新しい女性ができて來るかについて……。

エコルズ 日本も共學をやつていらつしやるから、その共學の先生が適當に指導して、小さいときから、女の子はこうするものだと指導して行つたら都合がいいのでないでしようか。この間、日本の青年たちの論文を見せられましたが、どうしてあんなに悲觀論者が多いのでしよう。もつとホープを與えて明るい氣持でゆくように、もう少しブライト・サイドを與えて出來るだけ希望を持たせて、下を向かずに上を見てゆく樣にしたいものです。

羽仁 そうした人たちは戰爭中に動員されたりしまして、自分の精神のよりどころがないとか言いますけれども、大學卒業くらいのところがそういうので、それよりも若い人たちはもつと希望があるのでないかと思います。

エコルズ 青年の教育にはすべての時代が大事なのですが、その中で、日本の將來にとつてこの階級こそは特に大事だというのはどこだとお感じになりましようか。

羽仁 私自身は自分の教育的な興味からは、日本では家庭教育がほんとうにできていなかつたのです。日本では教育は小學校に入つてからですが、外國ではそうではなくお母さんがやつておりますが、日本の弱點は學齡前の子供の教育の不完全にあると思います。ですからどうしても學齡前の子供の教育ですね。

エコルズ アメリカでもその點は一番大事な點で、非常に重要になつておりますが、テイーンエイジの初めですが……。

記者　少しお話を變えて結婚と職業とについてお話し下さいませんか。

エコルズ　アメリカでも割合に最近までは、女の人が獨りでおればみんな白眼視したのですが、最近はそうではなくなりました。なぜかというと、みんな獨立家計を營むことができるようになつているからです。つまり結婚しようとしまいと、何か自分のよりかかる技術を與えられているということです。この前の第一次大戰で男は動員されましたでしよう、それからアメリカで、こういう自由に働くという經歴を持つた女の人ができて來て、それが最近まで續きました。極く最近の傾向は、結婚して一應家庭に入るということが大學生の間の話題になつているのです。やつぱり第一次大戰と第二次大戰の間で仕事を持つてやることに倦きて來たというのでしようか、家で奥さんになりたいという空氣が非常に最近濃厚になつて來ました。日本も一時は外に出ますけれども、結局はまた家庭に入りたいという氣分が出て參りましよう。

羽仁　日本には社會敎育が發達しておりませんから、敎育を受けるといえば學校にいる間だけのことで、家庭に入つたら何も勉强をしようがないのです。きつとアメリカなどはそうではなしにいつでも勉强できるという――それが日本にはないのです。男もそうだと思います。大學のときは勉强しても、出て銀行員にでもなつたような人は、とても勉强などは……。

エコルズ　でも、家庭に入つてゆくにも、ちやんとしたものを身をつけて、自分はいざとなつたらこれをやるぞということがなければ、結婚するということは外食券をもらつたようなもので、外食券をもらいに結婚するというのではほんとうの結婚の意味はないのです。ほんとうに結婚したいから結婚する、家庭を持ちたいから家庭を持つというだけの準備を持つて入つてゆかなければ……結婚しなければ食べられないから入つてゆくというのでは、できた家庭はロクなものでないでしよう。家庭に入つて、そこに安全感と自信ができて來る。そうすると家庭の中における婦人の地位も上りますし、家庭自體の空氣も變つて來るということになります。ですから女の人に立派な職業を與えるということは非常に必要ではないでしようか。

花《はな》嫁《よめ》十の慎《つゝし》み

初夜《しょや》から初産《ういざん》まで

澁《しぶ》沢《さわ》秀《ひで》雄《お》

私の部屋にむかし父の書いてくれた『恭謙譲《きょうけんじょう》』という扁額《へんがく》がかけてある。私はそれを眺めながら、まことに結構な訓言ではあるが、これを守つていたら混《こ》んだ電車には乗れつこない、と苦笑《くしょう》するのである。いや電車ばかりではない。この頃みたいな我勝ちの世の中では、生きて行くのにさえ邪魔《じゃま》な美徳だ、という氣がする。

一体古來《こらい》の訓言などゝいうものは、時代によりその愛用者の表現や程度に差はあつても、大きな目から見て守つた方が守らないより徳のゆくものが多い。肺炎《はいえん》にペニシリンというほどの特効はない代りに、肺炎を予防する栄養の働きはする。だから『恭謙譲』だつて、ラッシュアワーの電車では阿呆《あほう》みたいな存在だが、すいた電車になるとだいぶ値打が出てくる。まして日常の社交生活においておやだ。あの強引《ごういん》に人を掻き分けた上、ウッカリ顔でも見ると人を睨《にら》みつけるような連中とは、誰も交際したがらないのである。つまり美徳の通用範囲の廣い社会や人間は高尚《こうしょう》かつ平和で、これに反するものは下等で乱暴だと言える。そしてたとえ社会が低級《ていきゅう》でも、結婚生活をはじめる新家庭だけは、良き訓言の立派に通用する場所として出発させるがいい。私は柄《がら》にもなく、『結婚の初夜《しょや》から初産までの妻の慎みないし心得』を書くことになつたが、もし何かの御参考にでもなれば望外の仕合せである。

千差万別《せんさばんべつ》の結婚生活から最大公約数らしい條件を取りあげてゆくつもりであるが、一番大切な前提《ぜんてい》は夫も妻も、單に夫や妻としてばかりでなく、社会人として相手の立場に『思いやり』と『力添え』を用意することだ。それがなければ、どんな『愼み』も『心得』も混雑《こんざつ》した電車の『恭謙譲』になつてしまう。從來日本男子は妻を得手勝手な貞操の鉄鎖《てつさ》につないでおきながら、自分ばかりは恋愛の海とまではゆかずとも、池ぐらいを泳ぎ廻つた傾向が多い。その点私なども大きな顔のできない前科者《ぜんかもの》である。しかしいくら憲法が男女同権を認め、刑法が姦通罪《かんつうざい》を否定したからといつて、人妻がかつての浮氣男を見習うことは、家庭の幸福はもとより結局《けっきょく》その人妻自身のためにも採らない。もしまた人妻が氣まぐれな情熱のために幾度も結婚と離婚をくり返し、人生旅行者としての冒険《ぼうけん》や興味を楽しんでいるなら、それも一つの生き方ではあろうが、そういう興味本位《ほんい》の生活は最後に、興味と——相手の男とではありませんよ——みじめ極まる心中をしがちである。この場合その女性は人一倍の知性と、経済的、道義的に人に迷惑をかけないだけの実力を持たない以上、末路《まつろ》は涙と不運に彩《いろど》られるだろう。

およそ興味本位の生活は興味に、幸福本位の生活は幸福に、それぞれの税を拂わなければならない。たゞ前者《ぜんしゃ》の税は春の雪がぬかるみを残して溶けるように溶けてしまうのに反し、後者《こうしゃ》の税はぬかるまない道路を子孫にまで遺す場合が多い。メーテルリンクが『青い鳥』に譬《たと》えた捕えにくい幸福をどうして捕えるか？ それは結局本当に人間を知り社会を知るほかはない。そしてその手がゝりの一つである妻の愼《つし》みないし心得は、大部分夫にも適用されて然るべきものだ。いずれにせよ課題《かだい》は初夜から初逢までというのであるから、新婚後一二年における新家庭の基礎《そ》工事と見ればいゝ。

一、亭主《ていしゅ》の好《す》きな赤烏帽子《あかえぼし》

この『いろは歌留多《がるた》』は由來、亭主が女房を自分の好みの犠牲にしてしまう專横《せんおう》ぶりを諷《ふう》したものらしい。そしてほかのことは別だが、夫の仕事に関する限り、妻はどこまでも赤烏帽子をかぶるのが本当だと思う。夫自身も自分の仕事に厭氣《いやき》がさしたり、迷いを持つことはある。妻まで仕事を軽蔑《けいべつ》したり無視したりするのは、夫の自殺幇助《ほうじょ》にも等しい。幸福には正当な収入が必要だ。その收入の源泉《げんせん》を尊重しないような心がけで、どうして幸福が寄りつくものか。もちろん職の選定という事柄は別問題であるが。

『驚愕《きょうがく》』――シンフォニーやセレナードでお馴染のハイドンは悪妻を持っていた。彼女は夫の作曲した樂譜《がくふ》で、自分の髪をといた櫛《くし》をふいて捨てたという。どんなに夫の心を暗くしたことだろう。もしハイドンが天才でなかったら、その才能は虐殺《ぎゃくさつ》されたかも知れない。妻の善さも悪さも『受身』という女性の本質を体得するしないが分岐点《ぶんきてん》である。

二、恥《は》じらいの善用《ぜんよう》

何といっても肉体的な交渉の量的《りょうてき》全盛時代だ。妻は夫に導かれながら、かつての禁断《きんだん》の木の実を味わってゆくのが普通である。酒でも食物でも最初は先輩に教わって本場の味を知るものだ。だからこの場合、妻の極端《きょくたん》な恥じらいは考え物だ。神に許されたアダムとイヴは、いくら原始人《げんしじん》の本能を発揮しても、いや時には人間以前の動物に還っても、樂園《らくえん》から追われる心配はない。同時に性の生理は心得ておくべきである。

そして夫が基本的なテーマを卒業してヴリエーションを望み出したら、その都度《ど》十の要求を九まで叶え、残る一つは恥じらいのヴェールの彼方に隠しておきなさい。愛は肉体的にも精神的にも即金《そっきん》払より月賦《げっぷ》払が永つゞきする。夫に新しい満足を与えながら、しかもその奥に僅かのXを残しておく。Xのある妻は夫に取って永遠の女性たる資格《しかく》がある。たゞし夫がサディストないしマゾジスト的傾向の強い場合はまた別だ。

三、アバタもエクボは御用心《ごようじん》

むかし中國で衞《えい》の霊公《れいこう》という殿様が彌子瑕《びしか》という美少年を溺愛《できあい》した。ある日少年は御殿の庭にたった一つ残っていた桃を食べたところが、あまりのうまさに独りで食べてしまうのが勿体《もったい》なくなり、失礼ですがと半分を霊公に献じた。霊公は桃のうまさと一緒に美少年の優しい心を賞美した。そののち彌子瑕《びしか》の母の重態の報が御殿に來た。氣のせいた少年は僭上《けんじょう》の沙汰と知りながら、殿様の馬車を無断借用し、母の看病をすましてからその罪を自白した。殿様はその思いつめた孝心を称讃《しょうさん》して罪を問わなかった。ところが後年彌子瑕に飽《あ》きの來た霊公は、こう言って彼を追い出した。大事な主人に自分の食べかけを食べさせるとは無礼にも程がある。また私用のために公の禁《きん》を承知のうえ犯すとは末恐ろしい奴だ。

もし夫が妻を『アバタもエクボ』式に可愛がつたら、次に『エクボもアバタ』時代のくることを予期しなければならない。そして妻は夫の『独りよがり』の盲愛《もうあい》をカラカッてやるがいゝ。それは利己本位の変形に過ぎないことを教えるために……

四、火事《かじ》はせめてボヤのうちに

これも昔の中國の話であるが、甲は隣人《りんじん》乙のカマドが破れていて火の用心が悪いと再三注意した。すると乙は他人の家にいらざるお節介《せつかい》だと怒つた。そのうちカマドから火事が出た。丙が來て鎮火《ちんか》に手つだつた。そこで乙は丙にばかり感謝して甲を顧みもしなかつた。人情の機微《きび》には往々こうした不合理が潜む。健康上も経済上も素行上も、妻は甲と丙の二役《ふたやく》を勤めなければならない。そして夫がショゲたりジレたりした時に氣を引き立たせるこそ、妻の大きな手柄である。

五、友《とも》を大《たい》切《せつ》に

夫の親友はよく〱厭《いや》な人でない限り、妻が自分の好悪《こうお》で遠ざけてはならない。親友のない人生はオアシスのない砂漠《さばく》を旅行するようなものだ。だから妻も自分の親《した》しい学校友だちなどは大切になさい。結婚したために交際しなくなるような友は本当の友ではない。

六、話《はなし》はクドクなく

ワシントン・アーヴィングが、『女の寝間談義《ねまだんぎ》は忍耐の美徳を教える世界中の説教にも匹敵《ひてき》する。』と言つている。妻は物の要点だけをしやべる練習が肝要である。それにはまずこのアーヴィングの皮肉をよく〱含味《がんみ》してください。話術の上手になる第一歩は要点をつかむことだ。

七、何《なに》をどう食《た》べさせるか？

限られた費用でうまく飯を食べさせる技術。妻の眞價《しんか》はこの点で発揮される。土曜日曜その他家庭的記念日などに重点をおいて、食膳《しよくぜん》にムラをつけるのも一つの行き方である。素早く夫の好悪《こうお》を呑みこみ、言われない先に食べたいものを出すなどは非常な良妻である。家計の許す限り新しい食器を整えて驚かせたり、たとえ庭の雑草を活けても、食卓に季感《きかん》を添えることなどに心を用いるのも夫を喜ばす。要は変化によつて生活を樂しくするのが目的である。夫婦が樂しむためには、夫と『二十の扉』や『かくれん坊』や『鬼ごつこ』をするくらいの童心《どうしん》があつていゝ。要は生活を明るくする演出《えんしゆつ》を工夫することだ。いつも物の見方、考え方を新鮮にして……

八、貞《てい》操《そう》問《もん》答《どう》

ある呑氣な夫婦の会話。

『一万円で貞操を買いに來たらどうする？』
『馬鹿にしないでよ。』
『十万円なら？』
『おう厭《いや》だ。馬鹿々々しい。』
『百万円なら？』
『宝くじね。まあ御免蒙《ごめんこうむ》るわ。』
『千万円だつたら？』
『千万円……そうね、チョイと考えるわね。』
『一億《おく》円だつたら？』
『アラ悪くないわよ。』

これが少し複雑な形で現れると『金色夜叉《こんじきやしや》』のお宮になる。夫婦はレディーメードから仕立服へ、商品から非賣品《ひばいひん》へ、互に互がかけがえのない存在になる努力であり、時に忍耐である。新婚の夢まどかな時代からこの見通しのもとに、どんな辛抱《しんぼう》にも堪える覚悟を持つことが正しい。と言つて人の顧みない『われ鍋にとじ蓋《ぶた》』になつてはいけない。賣れる貞操を賣らないところに夫婦の張り合いも嬉しさもある。みじめに所帯《しよたい》やつれなどしないでください。

九、腹《はら》を立《た》てるにも上手下手《じようずへた》

名探偵シャロックホルムスを書いたコナンドイルは、夫婦の格言《かくげん》を二十箇條作つている。

『第一、結婚した以上、結婚の長所ばかりを拾い上げなさい。第二、座右《ざゆう》の銘《めい》を作つて守るようになさい。第三、守れなくても落胆してはいけない。毎日守れなくても時々は守れるだろうから。第四、夫婦同時に腹を立てゝはいけない。互に自分の怒《おこ》る番を待つことになさい。』

いずれも実際問題として大いに味わうべき言葉だ。

『結婚は性格を磨擦《まさつ》し合う砥石《といし》だ。金だと思つたものが銅に過ぎなかつたりする場合はよくある。』これはフランソワ・ド・キュレルの言葉である。我慢にも同棲《どうせい》できないような夫の地金《じがね》を発見したら、一番信頼する人々に相当期間観察して貰い、その同意を得た上で離婚なさい。夫婦喧嘩は概して食い過ぎのゲップみたいなものだから、離婚はそんな腹立ちまぎれに決定するような軽い問題ではない。

十、少《すく》く生《う》んでよく育《そだ》てよ

四つの島に充満する八千万以上の人間がさらに殖えている現在、日本政府は人口調節を政治問題にも取りあげず、必要な國家的医療設備もほどこさない。タカが家畜を飼うにしたつて、餌の当てがないのに無闇《むやみ》と頭数を殖やす馬鹿はない。何という無責任な野《や》蛮國《ばんこく》だろう。復興の手近な鍵は懇淘汰《かくとうた》を伴わぬ産兒制限よりほかにない。アメリカあたりの婦人には、みすみす育て切れない子を生んで困つている日本婦人の無知や諦《あきら》めに呆れている人もいるそうだ。國家も市町村も官廳も商社も家庭も、人口過剰《かじよう》の場合は怠《なま》け者が殖えて質が低下するのは原則だ。日本が侵略國《しんりやくこく》になつたのもそのためである。よくよく子供のほしい人でない限り、作らないことだ。これだけの議論を心得た上で、なおかつ子供を生もうと思う妻は、それだけの覚悟を持つ母親になつていたゞきたい。子供を素晴らしい社会人に育てあげる心構えが第一である。それには母親としての大変な愛や知性《ちせい》や意志の力が必要である。しかもギスギスした女史にならずに。

飛行機は軽くなければ飛べず、エンジンは重くなければ力が出ない。この両立《りようりつ》しがたいものが両立したとき航空術は発達した。人間も藝術的だと実務的でなかつたり、知的だと冷たかつたり、意思が強いと変にギスギスしたりする。飛行機と違うからすぐ墜落《ついらく》はしないけれど、一家を経営するには少くとも最小限度において、矛盾《むじゆん》した要素を兼ね備えなければならない。それは人生そのものゝごとく、厄介《やつかい》と思えば厄介だし、また面白いと思えばこの上なく面白い。

（一九四九・一）

小話 （編集局選 矢崎武子画）

競馬狂

妻『あなたッ、私と競馬といつたいどつちが大事なの！』

夫『馬鹿ッ、そんなことは競馬へ行つて來てからだ！』（三重 訥）

新調

A夫人『あなたの旦那様またお洋服を新調なさいましたの？』

B夫人『いゝえ。』

A夫人『そうかしら、でも何だか前とは違つたように思うんですけど。』

B夫人『あれは新しい夫ですの。』（岩手 正士）

虎狩り

インドに猛獣狩りに行く人に忠告を與えた人がある。

『虎を打つときはですね、木の上に登つて、暗闇のなかを見るんです。ピカリと二つ並んで光つているのが虎の眼ですからね、そのまん中を打てばいゝんです。』

さて半年ばかり経つて帰つて來たその人は、虎の皮一枚も持つていないので訊くと、

『それがね、近頃はアチラの虎もずるくなりましてな、二匹並んでね、外の眼をつぶつて來るんです。だから、ついこつちはそのまん中を打つちやいましてね……』（大阪 三郎）

娘・妻・未亡人 女《おんな》の恋《れん》愛《あい》を語《かた》る

対談

丹《に》羽《わ》文《ふみ》雄《お》
林《はやし》芙《ふ》美《み》子《こ》

（丹羽文雄先生（右）と林芙美子先生（左））

娘《むすめ》と妻子《さいし》ある男《おとこ》

丹羽　やあ、しばらく。

林　ずいぶん永いことお眼にかゝらなかつた。

丹羽　こないだ僕のところに、若い女の人の声で電話がかゝつてきましてね。実は先生に相談がある。私、妻子のある方と恋をしてるんです、どうしたらいゝでしょう。というのだ。手紙で突然に、しかも電話では全貌《ぜんぼう》が分らない。詳しく書いて送つてくれたら返事すると言つてやつたが、悩むのは少しはましな方で、でんと腰を据《す》え、妻子など何とも思わずに平氣でそういう恋愛をつゞけてゆく娘さんがありますよ。

林　この頃、多いのですね。

丹羽　最近、妻子のある僕の友達がある娘さんと恋愛をやり出した。そして細君にこう言つたそうです。俺の作品の行き詰りを打開するために、五六年の間俺のすることを默《だま》つて見ていて勝手にさしてくれとね。それを聞かされて、あそうですか、あなたの作品がよくなるまで默つて見ていましょうという細君はいない。

林　ひどい。貯金恋愛ですよ。侮辱《ぶじょく》ですよ。

丹羽　細君もカッとなつて、女のところへ怒鳴《どな》り込んでいつたりして……それで友人は、どうしたらいゝかと悩んでいる。僕は言つたんです。細君にそういうことを宣言した以上、妻子に対する義務として、自分の財産全部、著作権《ちよさくけん》全部を妻子にやつて、裸一貫になつてやらなくちやいけない。それだつたら認める。自分は現在のまゝで何の損傷《そんしよう》も受けずにゆこうというのは、許せないと……

林　今の娘さんは、ちよつといゝと思う相手の人は皆な妻子があるという。その人に突つ込んでゆくには、娘の側にも、相手と裸《はだか》一貫でもやつてゆこうという、それだけの覚悟《かくご》がいりますね。経済的なよさを目あてにして中年男と恋をするなど、いうのはとんでもないことですよ。

丹羽　妻子ある男と恋愛して、相手が別れる場合、男の収入の半分を生活費として妻子に送らなければならぬことは、家事審判所《しんぱんしよ》でもよく聞くことですが、この点を奥さんがもつと強く主張するようになれば、妻子ある男の恋愛はずつと少くなるんじやないか。

林　月給の半分を送るということは、並大抵なものじやないから……

大人《おとな》が惡《わる》くする

丹羽　女学校の先生と生徒の恋愛、あれは昔からありましたね。

林　えゝそう。私達の学校に独身《どくしん》の先生がきたときね、夜になると女生徒が通つて行くんですよ。それが何人かあつて、鉢合《はちあわ》せしてしまう、先生のこたつの廻りなんかで。

丹羽　女学生の初恋は、先生から始まるというが。

林　少し風采のいゝ変つた先生が來れば、そりや女学生は憧《あこが》れますよ。その場合にいゝ先生であつてくれゝば、初恋の実を結ばせないで、そのまゝ萎《しぼ》まして美しい思い出にしてやつてくれるけれども、先生自身珍しがつて樂しんでしまうものだから困ります。

丹羽　デモクラシーを曲解《きよくかい》して実行されるのは実に困りますね。外國では男女共学で育つてきているから、性の出來事というものをあまり重《おも》苦《くる》しく考えない。ところが日本では、今までギューッと抑えつけられていたから、それほどまでに重大なものかという印象《いんしよう》が逆に植えつけられてしまつて、却つて悲劇が起つている。もう少し樂に考えなければいけないと思いますね。軽々しく考えよとは言わないが、そんなに奇《き》想《そう》天外《てんがい》のものじやない。一生の中の大部分を占めるものではないという考えがゆき渡つたら、もつと悲劇は避《さ》けられると思うな。

林　この頃『肉体』ということがギラ〳〵流行しているけれど、それだけが人間の全部じやない。あの杉並小学校のキャンプ事件ね、二十四五の先生が、キャンプへ行つて女生徒を汚《けが》したという。実におつかない事件ですね。

丹羽　いやらしいですな。残酷《ざんこく》ですよ。

林　いかにもアンチャン的ですよ、先生が。

丹羽　僕は女学校の先生には、その点で重大な責任があると思うな。他の場合なら自然の愛情として許さるべきことでも、先生であるが故に許されないのだということを、窮屈《きゆうくつ》に覚悟して女生徒を扱う教師の生活に入らねばいけない。

林　そして、大人になつている教師の、肉体的に汚れた考え方で女生徒を見ないことですよ。私が小学校六年の時、お祭があつて男の肩車に乘つて山車《だし》を見に行つたんですよ。そしたらそれを見つけた男の先生が翌日とても怒つて、男の肩車になんぞ乘つてはいけないと言う。こつちは何にも考えちやいないのに、先生が勝手に色氣《いろけ》の方へ持つてゆく。女の子はマセているというけれども、あれは違いますよ。肉体上のことまで知つてそうするわけじやない。

丹羽　それはそうだ、観念的になつているだけですよ。僕の娘が十四になるが、もう妻になつてくれという男の子がある。御本人は、誰々は結婚してくれと言うから嫌《きら》いだと言う。そして僕達の前で素裸《すつぱだか》になつて平氣なんだから……

林　そうですよ。私も十七八まで父と一緒に風呂に入つた。大人はもつと虚心坦懐《きよしんたんかい》に娘を見なければいけない。私十六七の時、子供をおんぶして海辺《うみべ》を歩いていた。そしたらどこかの男がきて頬《ほ》つぺたをなめたんです。これはもう処女ではなくなつたと思つて、家へ帰つてから石鹼《せつけん》でごし〳〵こすつて赤むけになつたことがありますよ。今でも、娘の子の本質というものはそう変るもんじやないと思う。大人はすぐ肉体のことに結びつけて考えるが、娘はそれほどじやないというのがほんとうだと思う。

丹羽　娘の氣持をその方向へ持つていつているのは、大人が悪いというわけだな。

林　そうです。だから今の恋愛にはロマンチックさがない。一足飛びに行きつくところへ行つてしまいましよう。昔私達が恋愛した時代は、男のマントの中へ入れてもらつて、理想に燃えた話をして何里だつて歩いたものですよ。唇を許すということさえもしなかつた。今の恋愛は、自由な代りに汚れた感じがしますね。

丹羽　僕は、確実に結婚できるという見込みがあり、お互いに眞実《しんじつ》愛し合つていても、最後の一線は結婚まで殘しておくところに、それを抑えてゆくところに喜びがあると思う。せいぐく唇ぐらいはいゝ、しかし最後のものはセーヴしておく方が、恋愛を樂しく美しくすると思いますよ。それを、『愛し合つているのに最後までいつて悪いことはあるまい。いゝじやないか。』という善悪でもつて判断《はんだん》するから、氣持の上に非常に無理ができる。そうでなくて喜びを殘す、恋愛を一そう樂しくするという意味から、最後は守るべきだと思う。

林　二人一緒に寢たつて大したことはないんですから、それはセーヴして樂しみと初々しさを殘しておいた方がいゝ。私も二人の思い出が美しくある方へ持つていつた方がいゝと思いますね。

妻《つま》の恋《れん》愛《あい》

林　丹羽さんは結婚後、何年。

丹羽　十六年ですかな。

林　じや後輩《こうはい》ね。私は二十五年。

川田さんと鈴鹿さんの恋愛ね、私、あゝいう恋愛は大嫌《だいきら》いですね。もつと大人になつて、何も書かないで悩むとか、一緒になるなら手鍋下げてもという氣持で默つて敢然《かんぜん》とやるべきですよ。あれは少々、うたい文句《もんく》が多すぎるでしよう。

丹羽　住友の重役だつたり、歌弟子が多かつたせいか、恋愛一つするのにも大げさですよ。

林　人生に対して甘つたれ屋ですよ。丹羽さんが恋愛したら默つて死ぬかどうかしますか。何も書かないで。大人だから……勿論人妻《ひとづま》だつて恋愛の起ることはあり得る。牧師さんの細君だつて、他の男と寢ている夢《ゆめ》を見ないとは限りませんよ。私は、妻が恋愛した場合、女は極力《きよくりよく》別れ上手にならなくちやいけないと思う。

丹羽　そうですよ。仮《か》りに僕が恋愛したとしても、家庭を破壊《はかい》する氣持にはなれない。家庭や社会に対する反省《はんせい》があつたり苦しみがある。だからその恋愛が永くつゞくとは考えられない。恋人に対して無條件に心底から献身的《けんしんてき》にはなれない。それが男のほんとの氣持だと思う。そこで女の人は別れ上手になれというのだが。

林　別れゝば、男には、女の人のいゝところだけが必ず思い出される。悪いところは忘れてしまつて……相手の奥さんを押《お》しのけて一緒になつたところで、大したことはない。行き着く先は同じですよ。それより別れ上手になつて、あゝあの女はよかつたと男に思い出される方が、結局女は賢《かしこ》いですよ。昔の人が、『元木《もとき》に優《まさ》るうら木なし』と言つたが、あれはいゝ加減なことじやありませんね。夫と別れて恋人と一緒になつたところで、果して幸福がくるかどうか——同じことですよ。

丹羽　それは眞理だな。映画の『逢《あい》びき』というのがそれだつたな。あの夫婦は、あれ以後決して不幸になるとは言えない。

林　新鮮《しんせん》なものが入つてもつとよくなるでしよう。だからあゝいう恋愛が妻にあつてもいゝと思う。別れ上手にやればね。

丹羽　しかし、どうしても別れられないという場合も起り得る。その際は、子供のことをまず考えなければいけないな。

林　まだ母親に慕《した》いまつわる子供があるのに、その父親と別れるというのでは困りますよ。幼い子供は、母親の皮膚《ひふ》の一部なんだから……

丹羽　鈴鹿さんの場合は、一番下が九つでしよう、あれは困る。子供のことを考えたらね、自分が幸福になるということが分つていてもできないと思う。

林　それはできない。子供の年齢の頃に植えつけられた精神生活は一生忘れない。

丹羽　子供が小さいうちは、何としても家庭生活を破壊してはいけない。だから妻が、どうしても相手と別れられない恋愛に陥《おちい》つたとしたら絶対に家庭に知られないようにして進んでゆくのがいゝ。それが、その狀態における一番賢明《けんめい》な、幸福なゆき方ですよ。家族皆のために……

林　そう、隠《かく》しておくのがいゝ。家庭は自分の國だから、そこを破壊してはいけない。輸出《ゆしゆつ》や輸入は時にやむを得ぬことがあるとしても……こういう例があります。私の知人で、十七年間恋愛生活をつゞけている一組がありましてね。どつちも結婚して、どつちも大学へ行く子供がある。それが一年に一度くらい逢つておられる。七夕《たなばた》様みたいですが、十七年も経つた今日では相当な爺《じい》ちゃん婆ちゃんになつて、この頃は餌箱持参で二人で釣りに行くんですつて。どつちの家庭も、息子さん達も全然知らない。

丹羽　それは、賢いな。お互いに默つていればいゝ。

林　だらしない媾《あい》びきの仕方はいけませんよ。だらしなく子供を生んだりしては絶対いけない。両方ともたしなみを深くしなければ……できるだけ周囲にお土砂《どしゃ》をかけないようにしてやつてゆかなければいけませんよ。それだのに恋愛すると必ずはあーッと溜息をつく。御主人になお更よくすればいゝのに、そうじやないから家の中がめちやくちやになる。そして尻尾《しっぽ》を摑《つか》まれてしまうんですね。自分のハンドバッグの中を誰にも見せない……それだけのたしなみがなくちやいけない。

丹羽　とにかく一度結婚した以上は、家庭生活を壊《こわ》さないことですよ。

林　そうですね。私はさつきも言つたように結婚生活二十五年ですが、それでどつちも狸《たぬき》と狐《きつね》。（笑声）でも二十五年間、夕食の料理は必ず私がしてきているんですよ。とにかく一家を守つてきた。これで結構一生いけそうですね。

丹羽　狸と狐でこゝまでこられたのは大したものだ。

林　銀座あたりを、いゝ老年夫婦が大学生を連れて歩いているのを見ると、狸と狐がよくこゝまで來たものだ。昔なら金鵄《きんし》勲章《くんしょう》ものだと思いますね。

丹羽　夫婦生活というものは、どうしても数年経てば倦怠《けんたい》がくる。一番理想的なことは、家庭生活でも恋愛のようにやつていることですな。たゞこれをつゞけるには、夫婦両方とも努力しなければならない。そういう意味から、鈴鹿《すずか》さんの場合も、中川博士に大きな責任があると思いますね。

子《こ》供《ども》を育《そだ》て上《あ》げてから

林　女は、夕映《ゆうば》え的年齢というものを非常によく弁えていますよ。女というものに別れるか別れないかのけじめの年ですね。

丹羽　そう、それは男にはない氣持だな。

林　男は、川田さんのように七十になつても恋愛ができるけれども、女はそうはゆかない。昔は御殿女中なんかも、三十三になれば御殿を下《さが》らなければならなかつたでしよう。今は一桁還つて四十になつているけれど、女にとつてそのことはいうにいえぬ悩み、心の闘争《とうそう》ですよ。あつさりと夕映えを終つて暗澹《あんたん》たる夜に入るか。夕映えに眞紅《しんく》の虹を見るか。未亡人が恋に陥るというのも、氣持がよく分りますよ、私には。

丹羽　子供のない未亡人で相手が一人なら、問題なしに結婚できるけれども、小さい子供がある場合が問題ですよ。子供が残されては不幸になるということがはつきり分つているのに、母親の幸福だけを主張することは困ると思うな。

林　辛いところでしようね。

丹羽　こういう例があるんです。小さい子供三人を残して夫に死なれた未亡人が、ずいぶん苦労して三人を育て上げて、長男には嫁を貰う。三人目の子供も独りで自分の身始末《しまつ》ができるようになつた。そこで、今まではお母さんはあなた方の犠牲《ぎせい》になつてきたけれども、あなた方は皆一人前になつたから、これからはお母さん自身の幸福に生きてゆきたいと思う。お母さんを探さないでくれという手紙をおいて行方不明《ゆくえふめい》になつたんですよ。戰爭前のことだつたが……僕は、そのお母さんの考え方は利口《りこう》だと感心しましたよ。

林　そういうのはとてもいゝですね。未亡人でも、娘さんのまゝでいる人でも、何か趣味《しゅみ》を持つとか、仕事を持つとか、讀書を樂しみとするとか、一つの逃げ場を作つておく必要があると思いますよ。夕映えを終ろうとするときに、あわてゝへまなことをしないためにね。女の人は一体にもつと樂《フランク》な氣持でよくくしないこと、それからいつまでも若々しい氣持を持つてほしい。

丹羽　未亡人の生活の中にも、何かその人が一つの深さと明るみを持つようであつて欲しい。

林　百姓の細君は、容色は別として肉体的には非常に元氣ですが、サラリーマンの奥さんはふけやすい。しなびてしまつて、潤いもなければ活力《ヴァイタルテイ》もなくなりやすい。だから御主人が他の女の人に恋愛したりする。女はもつと氣持を明快にして活路《かつろ》を開かなくちやいけない。ほんとの意味の色氣を高めてくださいと私は言いたいのですよ。

丹羽　夫婦生活は、安心しきつちやいけませんよ。

林　そうです。その意味で、疑心暗鬼で心配を持つているのもいゝと思う。安心すると奥さんは化粧しなくなりますからね。

奥様《おくさま》に警告《けいこく》！
どんな男《おとこ》が誘惑《ゆうわく》されやすいか

外泊《がいはく》は赤信号《あかしんごう》

銀座某カフェー女給　宮田《みやた》よし子《こ》

『今晩つき合えよ、いゝじやないか、熱海《あたみ》へ行こう。』

など〻言うお客さんに限つて、

『やつぱり家内が一番いゝよ。』

と言うのですから、おかしなものです。もつとも、罪《つみ》ほろぼしに口先だけでそんなことを言つてるのかも知れませんが……

しかし、家内もいゝが、たまには浮氣《うわき》もしてみたいというのが本音《ほんね》なのでしょう。

チップ暮しの私たちのことですから、やはり金離《かねばな》れのいゝ人を自分の客にしたいという氣持はあります。ですから、人によると、この人はと思う客には、ひどく親切にします。帰りまでつきつきりでサービスします。そしてだん〲お酒がまわつてくると、

『またきつといらつしやいね。來なかつたら死んじやうわよ。』

なんて嬉《うれ》しがらせを言うものですから、ついふら〲と二度三度來るようになるのです。

中には泣き上戸《じょうご》みたいに泣きおとしにかゝる人もあります。

『あなたが來ない晩なんて淋しくて淋しくて、あたしつく〲心細くなつちやうの。』

言いながら泣いているものですから、お客の方でも本氣になつちやうのです。

また、客の顔さえ見れば泊《とま》りに行こうと言う人もあります。何しろ收入はチップだけで、衣裳《いしょう》、化粧品、髪結《かみゆい》など〻お金のかゝることばかりですから、家族を抱えて生活してゆく人などは、どうしても無理な稼《かせ》ぎをすることになりがちです。

でも、そういう人はほんの一部で、一般に貞操觀念《ていそうかんねん》はしつかりしていると思います。女給を職業として、その線で働いているから、よく〲の人でなければ簡單に体を賣るなどということは考えないはずです。

私たちから思いますと、今まで遊んだことがなくて、たま〲人に誘《さそ》われたりしてカフェーに來て、商賣でする女給さんの親切にのぼせ上つてしまう人、こういう人が一番危《あぶな》いような氣がします。

やはり男である以上、全然世間知らずでもいけませんし、ある程度世間の裏表を知つておくのも必要なことでしょう。奥さまがあまり堅《かた》すぎるのも考えもので、たまには一緒に遊んだり、若い氣持にかえつたりするのがいゝと思います。

また、とても公明正大《こうめいせいだい》に遊んでいらつしやる方もあつて、よく店から今どこそこのカフェーで飲んでるけれども、何時には帰るからお風呂を沸《わ》かしておくように、など〻電話をかけている人もあります。こういう人なら、まず心配はないでしょう。

私どもの店ではチップが大体千円ということになつています。ですから、これだけでも生活はやつてゆけるはずで、どうしても男の人と泊り歩かなければということはありません。それだけに客種もいゝ、したがつてそういう一流の店で遊ぶならあまり誘惑《ゆうわく》されるということはないと言つていゝでしょう。

誘惑されるよりは、男の方から浮氣心で誘つてくることが多い。たま〲女の方がもつと腕がよくて一枚《まい》上だつた場合に、さん〲食い物にされてしまうのです。

ところが場末《ばすえ》の四流五流のカフェーですと、チップも三百円程度で、その上、客も少いものですから、いきおい荒稼《あらかせ》ぎをしなくてはやつてゆけません。女の側からの誘惑はそう

いう店に多いと思います。
ともかく男の人が外泊したなら、十中八九まで浮氣をしていると思つて、奥様方は警戒《けいかい》すべきです。

女給《じよきゆう》とダンサーの打明《うちあ》け話《ばなし》

ホールの実状《じつじよう》

「オアシス・オブ・ギンザ」ダンサー　市原《いちはら》春枝《はるえ》

終戦後《しゆうせんご》、ダンスホールがぽつ〳〵できかゝつた頃から見ると、今ではもうホールの氣分も明るく健全になり、機構《きこう》もしつかりしてきましたので、男の方がホールへ來て誘惑されるということも殆んどなくなつたのではないでしょうか。

むしろ、私たちから見ますと、同伴《どうはん》でいらつしやる若い人たちの方が危つかしいような氣がしてなりません。殊に女の方《かた》は、まだ学校へ行つてる人も相当見えますので、家庭の奥様方より、却つてお父様やお母様方へ、警告《けいこく》してさし上げたいくらいです。

そういう方に限つて、踊《おどり》もあまり上手ではなく、たゞ男と女がくつついていればいゝという踊ですから、とき〴〵ダンスとは言えない、たゞ頰をつけて抱き合つているというような踊をなさつていることがあります。こういう人たちには、ダンスというものを正しく理解していたゞくよう、本人同志で反省《はんせい》してくださることは、私たちとしても無論望ましいことですが、家庭でも絶えず氣をつけて、指導していたゞけたらと思つています。

ホールへ來るお客様の約三分の一ぐらいは家庭を持つている方です。大抵の方はダンスが趣味《しゆみ》で樂しみにいらつしやる方ばかりですから、変な氣持で踊る方はなく、自然、誘惑したりされたりということもありません。

ダンサーとお客との関係《かんけい》は、いつもお友達のようなものです。しかしこういう氣分もホールによつて違うということはあるでしょう。ですから踊りに來る方は、まず明朗《めいろう》で健康なホールを選ぶことです。

世間の評判も参考にはなるでしょうが、とにかく一度そのホールへ行つて見れば、健全か不健全かはすぐにわかると思います。ホールによつてダンサーの風《ふう》と言いますか柄《がら》と言いますか、そういうものが必ず一様にきまつているからです。

私たちのホールには現在、ダンサーが二百五十人ばかりおります。それが十八の組に分れて、各組の組長がすべての責任を負つているわけです。毎日必ず出勤《しゆつきん》簿《ぼ》を押すことになつていますから、理由もなしに勝手に休んだりはできません。

ですから、ホールをサボつてお客様とどこかへ行くなどゝいうことはできないことになつています。

踊もあまり上手でなく、たゞ男と女がくつついていればいゝという踊……

同伴《どうはん》の中には夫婦づれでいらつしやる方もかなり見受けられます。四十すぎの御夫婦の方などが心から樂《たの》しそうに踊つてらつしやるのは、私たちから見てもほんとうにほゝえましいものです。

もし御主人がホールにいらつしやるようでしたら、ぜひ奥様も一度御《ご》一緒《しよ》にいらつしやるようにおすゝめします。踊つても踊らなくても、とにかく御自分の眼で、そのホールを御覧になれば、雰囲氣《ふんいき》もわかり安心できるのではないでしょうか。しつかりしたホールでさえあれば、ダンスというものはテニスやゴルフなどと同じように明るく健康的なはずです。ぜひ御同伴で様子を見にいらつしやるようおすゝめいたします。

反対に、あまり奥様が堅いことを言つては、却つて逆効果《ぎやつこうか》を招くばかりだと思います。家庭で御一緒に麻《マー》雀《ジヤン》をなさつたり、家庭でもダンスをなさつたり、たまには同伴でホールへいらつしやつたりするのが、一番いゝのではないでしょうか。

亭主《ていしゆ》の好きな何とやらで、奥様も御主人と同じ趣味として、一緒にダンスをやること、これが御主人を誘惑から防ぐ最も強い武器《ぶき》と言えるでしょう。（さしえ・小野《おの》佐世男《させお》画《が》）

めぐり
女性《じょせい》
西《さい》の女性《じょせい》

（獅子文六先生）

獅子文六 吉屋信子 対談

東京の女はゆかたの美

記者 今日は獅子《しし》先生、吉屋先生に日本各地を御旅行になつて実際にごらんになつた印象《いんしょう》をざつくばらんに語つていただきましよう。まず東京からまいりましようか。東京も下町《したまち》とか、山の手とかで、心持とか暮し方に相違《そうい》がありましようね。

獅子 東京の下町はあれだけ燒けたが、まだ傳統《でんとう》というものが残つていますね。しかし、それは案外質素《あんがいしっそ》なところがあります。

吉屋 打算的《ださんてき》なところがないのですね。

獅子 それは結局遡《さかのぼ》つてゆくと幡随院長兵衞《ばんずいいんちょうべえ》までいくんだね。なにか俠氣《きょうき》というようなものを尊ぶ氣持が強いですね。

吉屋 そこへいくと山の手の上流社会の人は地方出の人が多いから……。

獅子 山の手は藩閥政府《はんばつせいふ》の有力者——主《おも》に薩長土肥《さっちょうどひ》の有力者が住みついて、お國《こ》ぶりと西洋文明と混淆《こんこう》したような新生活を拵《こしら》えたわけですね。だから江戸ということを考えなければ、むしろ山の手の女、山の手の氣質というようなものが東京の代表といえるかもしれない。

記者 東京の女性の服裝について、一つ……。

獅子 和服の方はもう流行というようなものが起きていますか。

吉屋 まだないでしよう。もんぺをやめて帯をしめるようになつて、燒け残つた人は幸福で、燒けてしまつた人は苦心慘澹《くしんさんたん》という狀態《じょうたい》でしようね。

獅子 和服に流行がないということはなかなか大きな問題ですね。色でも柄《がら》でも昔は東京から生みだしたものだ。それがなくなつたということは、東京の指導的位置《しどうてきいち》が少しぐらついてきた証拠《しょうこ》じやないかな。

吉屋 ゆかたなんか東京独特《どくとく》の美じやないでしようか。

獅子 ゆかたは東京の女に一番よくうつるし好みもいいですね。一体京都、大阪の好みもたかなかいいけれども、比《くら》べて見ると東京の女の方がいいところがありますね。とにかく東京の女は日本で一番感覚《センス》があるのじやないかな。

記者 確《たし》かに粋《いき》なゆかた美《び》の中に、東京の女性が象徴《しょうちょう》されるかもしれませんね。

獅子 粋《いき》というのは他の都会《とかい》にない美の標準《ひょうじゅん》

日本全国美人 関《かん》東《とう》の関《かん》

（吉屋信子先生）

で、東京独特《どくとく》のものだと思いますね。粋《いき》というう趣味《しゅみ》を辿《たど》つていくと、結局《けっきょく》パリーの趣味に突き当るんだ。そういう意味からいつても、東京の趣味は相当に洗練《せんれん》されていますね。粋は單に花《か》柳趣味《りゅうしゅみ》だとかいつて馬鹿にはできない。

吉屋　東京の娘さんを見ていると、なんて勘《かん》がいいんだろうと思うことがよくありますよ。よい彩《いろど》りで聰明《そうめい》に着こなしている――。

獅子　それに面白いことは東京の女は他の土地の女に比べて男に惚《ほ》れつぽいことだね。これは花柳界を見ればすぐ分る。東京の藝者は他縣の藝者に比べると、まあお客に惚《ほ》れ、場合によれば金銭を度外視《どがいし》して自分で立替《たてか》えてやるとか、旦那《だんな》が没落《ぼつらく》してからも自分で生活を見てやつたりする傾向《けいこう》がありますね。一方から考えればそういうことは馬鹿のように見えるけれども、それは又情熱的《じょうねつてき》というのとも違うんですね。つまり心ばえとか氣つぷのよさとか、そういうものを利害の打算より上へおくんだね。

美しいもんぺとズボン

記者　さあ、東京はこの辺《へん》にして、一つ北上《ほくじょう》しましよう。

吉屋　東北の農村では日常よほどのことがない限りもんぺをはいていますね。あの紺がすりのもんぺがとても似合つてきれいですね。東京じやもんぺというと、むさくるしい感じもしますが、東北へ行くと、日常生活の中に溶《と》けこんでとても美しい。外國もいろいろ地方風俗がございますが、日本にも地方風俗があつて、独特の美人というのがありますね。

獅子　もんぺは勿論《もちろん》働き着ですが、東京その他の都会にはそれがなかつた。せいぜい明治以後になつて割烹着《かっぽうぎ》をつけるぐらいだつたですね。もんぺの美しさは働き着の美しさですよ。そこが非常に大切なことだと思うんだが、東京の女も、そう昔みたいに始終《しじゅう》家へ引込んでいるわけにはいかないんだから、新しい働《はたら》き着が必要な時代がすでにきていると思うんだ。

吉屋　だけど、若い女の人がズボンをはいているのは可愛いものだけど、男の人はいやがるんじやない？

獅子　いやじやないですよ。（笑声）ただ特別足の小さい女がズボンをはいてちよこ〳〵歩いているのを見ると、中國の纏足《てんそく》を思いだすな。あれは闊歩《かっぽ》するといいと思うんだが。ズボンで内股《うちまた》なんていうのはどうも……。（笑声）

吉屋　東北と一口に申しますが、盛岡なんか、徳川時代に殿様《とのさま》が美男美女をつくろうという遠大な計画の下《もと》に、京都の女性をたくさん盛岡へ移入《いにゅう》した。これは強制的《きょうせいてき》な配給かしらないけれど、（笑声）盛岡には美男美女が多いんですよ。

獅子　東北には瓜実顔《うりざねがお》という新潟系統《にいがたけいとう》があり

ますね。

吉屋　地方にもいろいろな血が入つていますね。福島縣には平家《へいけ》の落人《おちゆうど》たちがつくつた村があつて、言葉が京都なまりでとても美しかつたわ。

獅子　秋田になると顔がまるいですね。

吉屋　秋田には美人が多いでしよう。色の白い……。

獅子　裏日本は京都文化が流れていて、関西の影響《えいきよう》が多いですね。

記者　裏から傳わつていつたわけですね。けれど北《ほく》陸《りく》とはまた違つたものがあるでしよう。

獅子　そう。北陸の女というと、過度に従順《じゆうじゆん》なところもあるらしいんだが、東北になつてくると、少くとも石坂洋次郎君の小説を通して想像《そうぞう》してみると、東北の女もなかなか溌剌《はつらつ》としたものですね。

吉屋　女が働く所だからじやないかしら。

獅子　そういう点で天草《あまくさ》なんか代表的な所だ

吉屋　だけどこれからは、ある地方の女性だからこうというのではなくて、日本の女性は女性全体として動いたり進んだりしていくと思いますね。

獅子　ぼくは地方色は美しいものだから残しておきたいと思うけれど、だんだん消滅《しようめつ》していくので残念だ。

北海道の女性は発展的

獅子　北海道という所は面白いと思いますね主に東北の人なんだが、北海道の女は東北とはよほど違いますね。北海道は東北ほどなまりが強くない。同時に氣持も東北ほど傳統的《でんとうてき》じやないですね。ターキーなんかが出たというのも北海道の女の人の一端《たん》じやないかと思う。北海道の女性にとつては、レビュー・ガールになつて中央の舞台で華々《はなばな》しくやるということは、別にそう思い切つたことではないんじやないかな。ターキーばかりでなく、北海道の女は非常に東京に出ていますね。

吉屋　札幌《さつぽろ》にはなかなか欧米文化が入つています。ストーブを焚《た》く習慣にしても、食物にしても。なかなかハイカラな所ですね。

獅子　北海道は異國的《エキゾチック》なところがあつて、若い頃は憧《あこが》れたこともあるのですが。第一箱庭式のものがない。

吉屋　私は兄が北海道におりましたので、若い女学生のときにも行きましたが、最初書いた「地の果てまで」というのは北海道が舞台《ぶたい》になつております。外國に行くまでは北海道が私に異國情緒《いこくじようちよ》を與えてくれました。長崎にはオランダ船が入つて、カソリック的な異國情緒をもつた文化が入つてきたでしよう。長崎のお友達の所へ遊びに行つたときにも、それが地方色になつていました。長崎のカソリック文化に対して北海道はプロテスタント文化ですね。

獅子　女学生時代北海道に過していたのならもつとあるでしよう。帯廣《おびひろ》の話は？（笑声）

記者　帯廣はどの辺ですか？

吉屋　私の行つたのは札幌と――帯廣の先の十《と》勝《かち》の池田です。そこに私の兄が大学を出て赴《ふ》任《にん》していたので、私遊びに行つたの。すずらんやアカシヤが咲いて、そういう年頃にはほんとうに天國みたいでしたよ。いちごはたくさんあるし、牛乳はとてもおいしかつたし……。

獅子　お誂《あつら》え向きの吉屋信子作品の舞台だからな。（笑声）

吉屋　早く獅子さんの「あやめさん」（四國を舞台にした「てんやわんや」にでてくる女性）のところに行きましよう。

獅子　まだ早い。まだ北だ。徐《おもむ》ろに南下する。吉屋さんはどこの國ですか。

吉屋　私は両親が山口の萩《はぎ》なんですの。父が官吏だつたもので、私は新潟の縣廳官舎で生れたのですが、東北の方へも方々轉任《てんにん》しました。

獅子　じやあもつと吉屋さんに東北の方をやつてもらわなくちや……。（笑声）

吉屋　だから東北もなかなかいいつていつているじやありませんか。（笑声）盛岡とか秋田とか、ずいぶんほめましたよ。東北の人は辛抱《しんぼう》強くていいんじやないかしら。

獅子　素朴《そぼく》でね。

男優《やさ》しきや女は美人

吉屋 北陸も大きな大名《だいみよう》のいた城下は傳統《でんとう》があつて、女の人もいいですね。

獅子 特に金沢あたりはそういう感じがするな。ただ佛教が非常に盛んな所で、佛教といつしよにいろいろな迷信《めいしん》が入つてしまつて、生活を暗くしているようなところがありますね。東京では見られない信心ぶりだからな。

吉屋 北陸の女性は郷土愛が強いですね。

獅子 郷土性が一番少いのは東京だ。

吉屋 名古屋の女性は如才《じよさい》なくて面白いわね。関西に似ているでしようけれど……。

獅子 そうですね。静岡、浜松まではなんといつたつて関東ですよ。江戸をつくつたのは彼等の先祖の三河武士だから、氣持からいつて関東の部類へ入るんだな。だから、箱根を境《さかい》じやなくて、正確《せいかく》にいうと三河が境ということになる。

吉屋 名古屋は町を歩く女の人も明るくて都会風な感じがしますね。

獅子 経済観念《けいざいかんねん》が一番発達しているのは名古屋と京都、大阪でしよう。

吉屋 私は一昨年、岐阜へ行つたけれども、岐阜の人は男も女もおだやかで優《やさ》しいですね。男の人が優しいと女の人も自然、美しくなりますよ。男の人がきついと、女だつて少しは対抗《たいこう》しなければいけないということになつて……。

獅子 そうですかね。女の美人は男がつくるというわけか。(笑声)

関西は主人第一

獅子 なんといつても大阪、京都は洗練《せんれん》されているな。

吉屋 関西弁は男の人が使うとおかしいけれど、女の人が使うと大変いいものね。

獅子 その点、京都の女は実にいいんだが、失礼だけど京都の男はあまり興味《きようみ》ないな。

吉屋 大阪の女の人には、なかなか積極的なところがあるのじやないですか。

獅子 男に奉仕《ほうし》するという氣持と奉仕する仕方がうまいということじや全國第一だと思うね。京都、大阪の女の人は——。たとえば夫が道樂《どうらく》して外に妾《めかけ》を拵《こしら》えたりなんかしても、愛情は勿論《もちろん》さめるだろうけど、それによつてサービスまでかえるというようなことはしない。

吉屋 神戸がまた違うんですね。ちようど横浜に浜つ子という言葉があるように、神戸には神戸つ子というような氣質がありますね。神戸の女の人は出船入船の港の娘で快活明朗なところがありますね。

獅子 それに関西の女の人に感心するのはみな料理がうまいということです。東京の女より味覚《みかく》も優《すぐ》れているし、第一腕もいいですよ。

吉屋 それは材料が豊富だからじやない?　鯛でもなんでもおいしい新鮮《しんせん》なものが入りますから。東京は昔から名産のない所で、簡單《かんたん》に片づけてしまいますね。納豆《なつとう》だの……(笑声)納豆だつて東京の名産じやないけど。

獅子 亭主にうまい物を食わしてやろうという氣持が強いんじやないかな。それに感情的でないということは京阪《けいはん》の女の特色で、東京の女の大いに学ぶべきところだと思うな。

吉屋 近松《ちかまつ》のものなど読むと、ばかに心中《しんじゆう》していますね。

獅子 あの時分は情熱があつたんだな。恋愛が美化されているところもあるだろうが……。最近は恋情も大分変つてきているんじやないかと思う。むしろ心中は東京の方が本場になつてきているんじやないか。(笑声)八百屋お七のような無計算な、突拍子《とつぴようし》もないのは関西には生れないと思うよ。あれは純然たる東京の産物だ。

記者 恋愛感情は東京と大阪と比べてどうでしよう。

獅子 東京の方が無反省に火がつきやすいんじやないですか。その半面大阪の女性の場合は感情的でないということと打算的《ださんてき》だということから、身を持ち崩《くず》すということが少いのではないか。例えば、パンパン・ガールにしても、東京の方は何かヤケを起すとかして、感情的な動機《どうき》から入つていく場合もあるだろうけれど……。

吉屋 関西の女の人はお茶とかお花に熱心ね。

獅子 戰後だつて向うは相当習つているんじやないかな。東京は戰後お茶とお花を習うのがよほどへつたな。
吉屋 その代りダンスを習うでしよう（笑声）
獅子 お茶やお花を習うと、洋装の動作にまで美しさが出て來ていいと思うんだがな。
吉屋 それが日常生活に溶けあつてくるということを知らないのですね。別に離れたものだと考えているし、それに教え方も悪かつたのね。
獅子 少くとも、和服を着て、疊《たたみ》の生活をしている間は、踊とかお茶とかお花とかいうものの教養は軽蔑《けいべつ》できないと思いますね。

結婚と処女性

記者 中國地方も日本海と瀬戸内海じや大変な違いでしよう。
獅子 そうらしいな。廣島の女なんか割合に明るいじやないですか。
吉屋 廣島は割に開化的な土地ですわね。
獅子 山陰でも松江はいいじやないですか。裏日本でいながら明るいな。
吉屋 明るいですね。いい印象《いんしよう》を受けた代表的な所ですわ。物に恵《めぐ》まれているので生活がらくですから……、生活の程度が高いからですよ。
獅子 吉屋さんのお母さんがおられた萩の話を聞きましようよ
吉屋 夏みかんや柑子《こうじ》の花が咲いてかまぼこもおいしいのがあるし、瀬戸物では萩焼きというのがありますし、お國の物で暮すせいか、母は固陋《ころう》な考えで、住んでいる土地より自分の故郷がいいと思つていたらしいですね。
記者 それではだんだん四國へ……。（笑声）
吉屋 お酌《しやく》をよくしてあげて頂戴《ちようだい》、馬力をかけるように……。（笑声）
獅子 四國は大体中國地方に似ていますよ。瀬戸内海の廣島とか岡山とか尾道《おのみち》とかの女性とよく似ています。土佐へ行くとよほど違うようだが——むしろ九州に似てくるようだけれども……。それに德島と香川が関西文化の影響を強く受けていますね。
吉屋 四國は桃源境《とうげんきよう》ですわ。伊予《いよ》みかんも香りが高いし、ああいうのさえ食べていれば……。
記者 いよいよ獅子先生の「あやめ」に來ましたね。
獅子 なにしろ最近投書が多くて——あすこをソッと自分だけに教えてくれつて……（笑声）
吉屋 どの土地が一番好色だか、その投書でわかりますね。（笑声）
獅子 都会は処女ということを問題にするけれども、何も四國の山奥に限らず、地方へ行けば行くほど、処女尊重は薄《うす》くなつてゆきますね。
吉屋 ただ子供ということがあるからちよつと考えものだけど……。赤ちやんが出來たらどうするの？
獅子 昔からそういう地方には間引《まびき》という習慣があつて、大して問題じやないですね。それに子供が出來ればよそへやるという風に……。
吉屋 それでちがつた相手とあとで結婚はするのでしよう。男の人がそれで承知すれば問題じやないわね。（笑声）

獅子 もちろん結婚はしますよ。それは、淫《み》らだからそういう風になるというのとは違うんですよ。長い間の習慣で、ただ傳統に從つているだけですよ。だから結婚すれば貞節《ていせつ》な妻であるし……。

吉屋 それで男も結婚前の行爲を嫌《きら》わずに結婚するの？

獅子 そう。あまり氣にしないね。

吉屋 ところが一般の男性は、自分のことは棚《たな》にあげても、処女ということを問題にするから。

獅子 ぼくは精神的に非処女である女性より、肉体的に非処女であつても、精神に処女性をもつている女性の方をズッと尊重するな。

吉屋 処女を問題にしなくなつたら、ずいぶん日本の女性の不幸がへるのじやないでしようか。処女を過重視しないということは日本の女性に対して一つの福音《ふくいん》ですよ。勿論処女を失つた方がいいというのではないけれど……。あまりにそれを問題にして、幾多《いくた》の悲しい宿命《しゆくめい》を負わされている女性が多いから。

獅子 「てんやわんや」もぼくにそういう氣持があつたものだから、小説でああいう女、あいう地方を作りあげてしまつたので、実際に四國に存在するわけじやないですよ。

色の黑いのも七難かくす

獅子 九州の女もいいですね。優《やさ》しくて眞心《まごころ》があるよ。

吉屋 私、熊本出身の女の方でしつかりした方を知つていますわ。しつかりして女らしくて美点をたくさん持つている――久布白《くぶ》落実《しろおちみ》さんも熊本出身じやないかしら？

獅子 女の義務とか責任とか相当強く感じているんじやないかな。大分《おおいた》縣になるとそれが少し理窟つぼくなるのですが、福岡は東京の女のような特色―氣前のいいところがありますね。

吉屋 博多《はかた》の藝者《げいしや》はなかなか美人が多いんじやない？

獅子 そうらしいですね。それにのんびりしている。

吉屋 長崎は中華民國の血《ち》が入つているといわれていますが、美人が多いですね。

獅子 長崎の女は福岡ほど氣が強くなく円みと優しさがあつていいな。九州の女の缺点《けつてん》は、大体色が黑くて、キメが細かくないことだ。

吉屋 南で日に燒《や》けるからでしよう。（笑声）私が黑いから云うのじやないけど、「色の黑いのも七難かくす」ということにして、小麦色もいいじやありませんか。だから日本人の肌色にあうお化粧法を考えていいのね。

獅子 天草へ旅行した時は氣持がよかつた。宿屋《やどや》は田舎だから設備《せつび》が悪かつたが、眞心《まごころ》のこもつたサービスだつたですね。一体京阪地方から西はサービスがうまいですよ。東京は客に対して好惡《こうお》があつて、この人好きだとなるとよくしてくれるのだが、嫌《きら》われたらことだな。(笑声)

醜《しゆうじよ》女と美女の國

記者 では最後に鹿兒島へ行きましよう。

獅子 鹿兒島は特色が随分《ずいぶん》ありますね。とにかく鹿兒島ほど封建的《ほうけんてき》な所はないでしよう。朝、顔を洗《あら》うたらいが別だし、風呂には一家の主婦たりといえども、下男《げなん》小僧が入つた後《あと》でなくちや入れない、という風に……、戰爭最中《さいちゆう》までやつていたようです。

吉屋 息子《むすこ》の枕元を母親も通れないんですつてね

獅子 洗濯物《せんたくもの》を乾《かわ》かす竿《さお》だつて男と女とは違うんだからね。それでへこたれちやつてしまつているかというと、そうじやないんだ。女の人で却つて相当な人物が出ています。

吉屋 男の人も武士道的な訓練《くんれん》をされ、卑怯《ひきよう》なことは許されないとか、女々しいことは許されないとか……。

獅子 女が女であるということよりも女が母であるということの訓練が非常にやかましい。いい母になつていい子供をつくる。いい子供というのはもちろん封建的《ほうけんてき》ないい子供です。だからわが子供に対しては母の権力《けんりよく》は強いですよ。子供の枕元は通らない代りに、しつけは大変なものだ。よそで喧嘩《けんか》して帰つてきたといえば、母親は勝つて來たのか、負けて來たのかといいますからね。負けて來たとなれば、もう一ぺんやつて來いといいますよ。うそをいうことは非常にやかましく、又弱い者いじめをすると非常に叱責《しつせき》する。

吉屋 そういうように母親が男の子を育てれば、女を襲《おそ》う強盗《ごうとう》なんかなくなりますね。(笑声)

獅子 それに質素《しつそ》ということを非常に尊ぶ。侍《さむらい》が自分の家で味噌《みそ》、醬油をつくり、機《はた》まで織《お》つて生活していたのだから、一家の主婦となれば、仕事も大変だつたでしよう。なにしろそれに耐《た》え抜いてきたのだから、相当しつかりした女性は出ていますね。

吉屋 でも却《かえ》つてそれに反抗《はんこう》するようなこともあるでしよう。

獅子 だから大変不行跡《ふぎようせき》な女も出ていますよ面白いことはそういう所だから美人はいないだろうと早合点《がてん》すると大変な間違《まちが》いなんだ。あすこは非常に醜女《しゆうじよ》と美女の產地です。ひどい醜女がいると思うと、非常に異國的《エキゾチツク》な美人がいる。エキゾチックな美人は農民、平民《へいみん》の血統《けつとう》から出てきています。反対にちようど日本の皇室《こうしつ》の女性の顔のような、目が細くてつり上つた、細面《ほそおもて》の柳腰《やなぎごし》の独特なタイプがまた一方にあります。これは島津型といつておりますが、島津一家のタイプです。

吉屋 鹿兒島も戰後、ずいぶん変つたでしようね。

獅子 習慣《しゆうかん》だけは残つているけれども、氣持は非常に變つてきてますね。ああいう土地はかえつて戰後、反動的《はんどうてき》に慣習《かんしゆう》が一ぺんに崩《くず》れるかもしれない。

記者 鹿兒島で未亡人になると、みじめな生活を送らなければならないという話を聞いていますが。

獅子 そう。大抵再婚しませんね。だから盆《ぼん》に未亡人ばかりの踊《おど》るお祭りがある。未亡人だけが男の風俗《ふうぞく》をして、頰《ほ》つかぶりをして、どんなに羽目《はめ》をはずしてもいいのです。そして自分達の日頃の淋《さび》しさとか不満《ふまん》を歌に託《たく》してぶちまけるのです。酒も吞《の》みますよ。この催《もよお》しが一年に一度、ごく最近まであつた。

記者 未亡人をそういう形で終らせるのは可《か》哀《わい》そうですね。

吉屋 絶対にいけませんね。でも未亡人も、子供でもあつたら、よい條件《じようけん》で再婚するのもむずかしいんじやないかしら。

獅子 今の日本では未亡人問題は大きな問題ですよ。結婚していいといわれたつて解決《かいけつ》することじやないんだから。だから目をつぶつて結婚しろというよりも、女一人で生きて、充分幸福を得られるような途《みち》を開いてやらなければいけない。

吉屋 そういう強い女性が日本全國に出てくることを望みますね。

記者 ではこの辺で幕《まく》を閉じましよう。両先生、お忙しいところ大変ありがとうございました。

座談會

★避妊！　避妊！　その聲の、なんと深刻なことか…。が、貴女はどれほど避妊の知識をお持ちでしようか？　避妊藥も數多く公認されたが、ぜひ正しい知識をもつて明るい生活を！

避妊藥をめぐつて

計畫ある生活のために

〈座談會〉

母子愛育會愛育研究所
母性保健部長
森山　豐

厚生省藥務局製藥課長
一丁田健一

婦人民主クラブ委員長
松岡洋子

ラジオ・ドクター
石垣純二

日本衞材株式會社々長
內藤豐次

藥まかせは危險のもと

記者　御多忙のところをどうも――こんど避妊藥が公認され、又妊娠中絶公認の法案が國會にかけられるなど產兒調節の問題がやかましくなつてきましたので、避妊藥を中心とした避妊のお話をうかがいたいと存じます。司會はラジオドクターの石垣先生にお願いいたします。石垣先生どうぞ。

石垣　昭和三七年には、日本人が一億をこえると總務廳が發表しています。人口問題の解決法としての避妊も大切でありますが、これはちよつと微妙で複雜な問題ですから、今日は主として幸福な家庭の設計という面から避妊のお話を願いたいと思います。では、避妊藥公認につきまして厚生省の一丁田課長から始めて頂きましよう。

一丁田　昨年七月に藥事法が改正されまして、從來の禁止がとかれ、避妊藥を標榜したり、製造販賣が許されて、二十品目許可されました。藥事委員會ではアメリカで使われている避妊藥の原則的な標準を參考にして、主藥に醋酸フェニール水銀・硫酸オキシヒノリンの二つ、形は錠劑・坐藥・クリームにいたしました。

石垣　どうでしよう、藥品は本當にどの程度の効果があるのでしようか？

森山　アメリカの成績を參考にしますと、第一はその强さ、第二に主藥と賦型藥とを常用しても、膣粘膜の炎症をおこさないという點で高く評價されているようですよ。

けれどネ、餘りたよりすぎてはいけないですよ。もう絕對安心だと――。これは使い方をよく指導する必要があると思います。

石垣　そのことネ、林髞教授は避妊の確實さには限度があるから訓練が必要だ、訓練に熟達するうちには、もう二、三人生れてしまうので、結局は墮胎でなければ駄目ということを主張されています。普及したり指導したりするには、矢張り行政的にもやることです。

森山　そうですねえ。保健所あたりで指導してくれるといいな。

石垣　ペッサリーなんかアメリカでは、大きさをきめて、挿入を實地に敎えてくれる施設が出來ているんです。優生結婚相談所が全國に十カ所位しかないようではダメですよ。

內藤　十年前に外國をまわつてびつくりしたんですが、あちらでは避妊藥や器具がよく普及してます。ヨーロッパでは錠劑――あのドイツの〈セモリ〉が使われていました。アメリカではペッサリー・ジェリーが多いのですね。移民をもとめているアメリカで避妊をするんですからネ、ちよつと不思議でしたよ。

石垣　なるほどネ――。

內藤　向うは寢室の隣りに浴室があり、そこにトイレットもあつたりするし、第一煌々と電燈をつけたままで藥がつかえます。親子が一緒にねる日本では、眞暗がりでも安心してつかえるものじやなくてはダメだ。醋酸フェニール水銀は僅か千分の一グラムで全部死んでしまう程のものですが、これを參考にして私どもは錠劑サンプーンをつくりだしたわけです。

性教育は避妊のコツ

石垣　藥でフラ〱になつた精子が受精された時、生れる子供は不具や弱い者になりませんか？

森山　それは誰もが不安なのですが……しかし、實驗した例もないようです。弱つた精子は受精しないというのが常識ですよ。

石垣　直接、卵子に作用するレントゲン避妊の危險性とは別なんですね？

森山　そう。弱つた精子は速さも落ちますし、膣から子宮頸管を通り子宮をすぎ、卵管に入り卵子に到着するんだからとても無瑕の精子よりつよいとは思えない…。

內藤　ペーカは一回の射精で四億六千萬の精子が出るといつてます。この中の一匹がゴールに到着する。强くなくてはダメですよ。レントゲンをかけるのとはちがい卵子には影響ないから心配ないでしよう。

石垣　藥を突破するようでは、相當心臟の精子といえますネ（笑聲）。委員會ではどうでした？

一丁田　矢張りそこが問題でした。しかしね、まあ心配しないでもいいようです。研究は大いに必要ですが……。

ぬぐわれない藥の不安

石垣　松岡さん、女の方はどんな器具や藥品をのぞんでいます？

松岡　痛感いたしますことは、使い方をよく敎えるということですね。新婚の夫婦が三週間も避妊藥をつづけて使つたら、へんになつたということをききましたが……。性教育も、あわせてやつていただきたいわネ。

石垣　同感ですなあ――。

松岡　日本の藥つて本當にきくのかしら――つていう不安いつもするのよ。それから副作用の點も

松岡洋子氏

ね。避姙藥がなか〳〵普及しないのは、日本の家の様式から來る原因も多いでしようね。

あとは社會的な問題——つまり性交しても姙娠しないとなつた時にモラルがくずれる、社會が目茶苦茶になり性病がふえる……。

石垣　さつきの三週間運用の話ですね、あれは何も運用する必要はないと思います。絶對安全な時期、比較的安全な時期、危險な時期というふうにわけてつかえばよいでしよう。馬鹿覺えはいけませんよ。まだまだキスで姙娠すると思つている婦人もいるんだからどうも——（笑聲）。

森山　とにかく全體にこうしたことへの關心がたかまらないことには——。

一丁田　同感です。つまり國民の敎養のレベルが問題です。殊に性敎育ネ。それから日本の藥が不信用だといふけれども……。

松岡　いいえ、それネ、インチキものが多いということです。婦人の弱味につけこんで賣るという……。

一丁田　いや大丈夫ですよ。製造から供給まで監視し指導してます。

内藤　厚生省からきびしいお達示がありましたよ……。われ〳〵業者もよく反省して社會的責任を自覺していますから……。

石垣　政府にしつかりやつてもらいたいものですね。

松岡　コンドームも一應檢査なさいますか？

一丁田　いたします。がむつかしいのですよ。一つ〳〵煙草のけむりを入れまして調べるんですけれど——。使うときは藥やペッサリーなどと併用するとよいようですね。

一丁田健一氏

石垣　コンドームは氣孔一つないものでも使つているうちに根本からもれて姙娠することがあつたりしてね……。

一丁田　自分に一番てきしたものを使うことです。

内藤　この一月のアメリカの雜誌をみても、併用するようにすすめた論文があつた。

森山　私もよみました。

内藤　ペッサリーを取出すとき精液が殘る……それで受胎することが相當あるね。また運動してずれるので子宮口を覆いえない。どうしても後で、ヴイデー〈洗滌器〉で洗わないと——。

森山　挿入藥を使つて失敗した例もよくきくな……。何といつてもネ、婦人の生理知識がない。膣の長さや深さ、子宮口までの深さをしらないから、淺くいれて安心しているんだね。中指がつかえるぐらい深く入れなければ……あそこへものをいれることは、外國人は平氣らしいね。日本では何か入れては危險だという……非常識なんだな。

森山豊氏

松岡　でも……日常男女一緒に性敎育の話をきくということは、どうもはばかりますね……。

石垣　その點どうも——。

松岡　ですからね、出來たら女醫さんが婦人たちを指導することですよ、若い婦人たちは男の醫者がそういうことをしては恐怖が先になつてこまるんです。

石垣　助産婦も性敎育家にならなくては……。

松岡　性敎育も單に部分的ではかえつて危險だと思います。その裏にあるモラルの問題についてもクラブや相談所でやつてくれるとネ。

石垣　サンガー夫人の相談所のようなものネ。

森山　本にある不姙期とか受胎期とかいうのも、むつかしい。次回月經前十二—十六日といつても判らないらしいですよ。誤解から失敗してます。

石垣　世論をきいても實行できない理由は、方法がわからないというのですよ……夫婦そろつて希望しているくせ……。

森山　山梨に行つたときも八割は希望していて、方法のむつかしさから實際にはやつていない。

一丁田　それは未婚の方？

森山　いや家庭婦人ですよ。

一丁田　子供いる人？

森山　うん、持つているんですよ。

石垣純二氏

石垣　大體そんなところなんですな。しかし二割位の人は思想的に、宗敎的に反對する人もありますがね……。

森山　無關心の人もいるんですよ。

内藤　しかし農村の婦人もこの問題をよく考えるようになつたものですよ。人口問題は農村の方がひし〳〵と感じているな。農地改革からくるんですがね。

御夫婦そろつて協力を

石垣　幾人子供がほしいかときくと、まあ三〜四人というのが一番多いですね。四人というのは農

内藤豊次氏

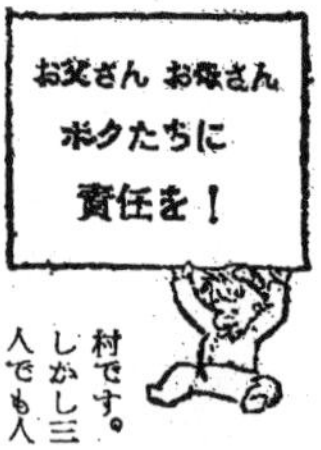

村です。しかし三人でも人口はふえてゆきますよ。

森山　農村じゃ本當に四人が多いネ。

松岡　若い夫婦で本當に子供の欲しい人に、生めるような社會にしたい……けれど欲しくなければ避妊すべきです。アメリカにいた時ききましたが、夫人たちは二人平均のお子さんがいても、なおもつと欲しいといつていました。

内藤　この間もトンプソン博士が私にいわれたが、日本の人口問題を解決するには、結局、避妊以外にはないといつてきましたよ。どこでも子供を生みすぎる移民は歡迎しないというのです。

石垣　しかし、子供を生むなと積極的におさえつけるわけにもゆきませんし……盛りあがる雰囲氣を期待するよりほかには――。

内藤　まあ、そうですね。餘り生まない人種では、移民もできませんからネ。

松岡　性教育のことですが――女だけのグループとか夫婦だけを集めてやつてもらうとよいと思います。結婚生活にも大切ですからネ――。

石垣　そう。おつしやる通り夫婦の協力は大切です。日赤の家庭看護の講習會ですネ。あれはアメリカの眞似なんですが、實にすばらしいと思つてます。

森山　矢張り男性にもよく教えないとネ。コンドームを話しても御主人が『こんなもの使えるのかい』なんていうんじや（笑聲）――いや、本當に多いらしいです。去年の秋の〝父親教室〟は失敗でした……つまり「てれる」んですよ。いつか農村でやつたら『寝間からそんな話きけるもんか』（笑聲）つていうんだ。

石垣　どうも夜の話しというわけですな（笑聲）。

森山　いい話はききますネ。確か去年の秋に結婚された婦人でした。二十四歳の――避妊法をやつているという。ペッサリーです。本で獨習したんです。挿入は主人がやるんだそうです。ここまで二人がやつてくれるといいですな。

石垣　主人はドクターなの？

森山　いや。

石垣　いい例ですな。

森山　アメリカでは主人がペッサリーをいれてやるんです――だから完全に入りますよ。

記者　日本人は、恥しがるし、また失敗したらという不安がつよいようです。それに子供を生みたいときに生めなくなるんじやないか、など考えて――。どうでしょうか。そういうことが興ざめたり、愛情にくらい影を投げたりしないもんですか――。

石垣　日本の男性は少々わがままですよ（笑聲）。商賣女には平氣でコンドームをつかうくせに……。幸福と生活の設計ということを考えなくちやあ……。

一丁田　どうも新婚早々ね主人がペッサリーをいれてやれるかどうか――。實際は子供の二、三人出來ないとネ。だから、サックと避妊藥でゆくということになるんでしようね。

（内藤氏退席）

カンより科學性

石垣　萩野式、あれは確實なんでしようか？

森山　確實ですよ。ただ、次の月經を基準にするところに難點があると思います。順調の人だつて狂いはありますよ。心理狀態や勞働で變るものですから――。これを考えにいれて使うべきです。

松岡　あのネ、私こうしたらどうかと思うの――女の人が几帳面にネ、メンスを日記につけること。妹は醫者ですが、自分のを一年間つけてみれば、大體わかるつていつてました。カンでゆこうなんていつまでもやつているんじや仕樣がないですよ。

森山　そうしてもらえればね。一寸カレンダーに丸か何かでしるしをつけておく、こういう習慣を是非つけることです。

萩野說は世界的な學說ですよ。つまり自分の月經の周期から排卵期、受胎期を正しく知る點でも。

記者　近頃新聞にあたらしい學說がでておりましたが……。

森山　そう。アメリカでは華氏の精密な體温計を使つて、早朝起床時の體溫を口中で計るのです。すると、排卵期には低く、排卵後高くなる。そのまま次の月經までつづくのですね。その上る直前が排卵だというので、受胎調節や不妊症の人口受精に應用するというわけです。

石垣　なるほどネ。とにかく自然現象を調節するというんだから勉強しなくちやあ――。

うかつにできない墮胎

石垣　ところでいかがですか、生活の貧しい人に妊娠中絶法が許されるというのですが……。

森山　恐らく衆議院を通るでしよう。昨日衆議院は通りました。けれどね、多子や年子のための母體保護の妊娠中絶ですネ、あれは昨年九月の優生保護法の通過で許されたんですが。何しろすごく手續が大變らしいんですな……やれ戸籍抄本を、醫師の證明書つていう具合でネ。これじやね……。

石垣　そうですよ。他の手輕な墮胎にはしり勝ちになります。世の中にはアンマさんの墮胎罪さえでているんですから――。

松岡さん、ところでどうですかね、避姙は反自然的なみにくいことだという人も多いようですが。

松岡　夫婦合意でなさるのでしたら、不自然ではないですよ。むしろよいことでしよう。大體ネ、一つの生命を生みだすことに責任をかんじていない人が多すぎますよ。

石垣　そうすると反自然的な行爲だから何となく良心の苛責を感じている婦人にも教育が必要というわけですな。

生れてくる子供に對して親たちが幸福な生活を保證する責任感…それと自覺をもつて自分の家庭を設計してゆくということネ…。

松岡　とにかく女の人が度々墮胎することは、經濟的にやりきれないですよ。こういうことはしつかり男の方に理解してもらいたいですわネ。

森山　この間の參議院の委員會に呼ばれていつた時も問題になつてましたよ。

つまり、一人の婦人が一年に、二度も三度も人工中絶をする、それで弊害がないのかどうかということですね。婦人の方に注意したいのは、中絶の方法が、醫學的に正しく行われたかどうか、また手術後の衞生はやつているかどうかということです。

切開して即日かえり、二、三日後からもう働いている——その結果はおそろしいもんですよ。

石垣　いまの産婦人科醫の數では、ムリですネ。第一技術的にも安心できない者も相當あつたりしてネ——。

森山　そうですネ。墮胎の枠をはずすと、すぐこれで出來るというので、コンドームも何もつかわないようになるでしよう——。

何といつても結局くるしむのは女の人なんですよ。どうしても『家ではかんたんにやつてあげますよ』つていう醫者のところへゆきますからネ。經濟的にいつて、なるべくかんたんにというわけです。

記者　技術の點でどうでしようか……。

森山　なか〳〵熟練がいりますね。内膜掻爬でひどい時は、子宮の穿孔を起すことがあります。何もしらずに腸を引出して切つてしまう、あとで便がでてきてびつくりしたという例さえあるんですから——腹膜炎をひきおこして死んでしまつたりして。五カ月位で行き、腹壁から濃厚食鹽水を注射して流産させる場合でも、胎盤をついたり、膀胱に穴をあけたりして死なせてしまつた例は多いのですよ。助産婦がやつたりするとそうなるんですな。安心できませんよ。子宮内に藥液を注入して姙卵の着床をふせぐように——受胎調節法として子宮腔内を使うのは、すべて有害だと考えていいと思います。リングにしてもまたピンにしても藥品でも。

計畫ある人生を

石垣　避姙というのは子供を生まないことだという消極的な考えをもつている婦人に何か一言——。

松岡　生活設計の一つとして出産を考える——アメリカでは、プランド・ペヤレント・フード、つまり兩親になることを企畫する。子供をつくることに、ぴつたり二人の意見がきまる。ここに積極的な生き方、くらし方があると思います。

アメリカでは、若いうちに二人位の子供を生んで、子供が大きくなれば、母親も働きにでてます。だからアメリカの勤勞婦人には、四十歳以上の人が實に多いのですね。二十代、三十代で立派に哺育してしまう。これは最も理想的なやり方です。もつとも、社會の條件もちがうけれど……。

石垣　では、どうも。

（於・京橋「桃山」）

嬢会議

司会　伯夫妻

画

親馬鹿を語る

猪熊夫人　皆さん親馬鹿な親のお嬢さんみたいに可愛がられていらつしやるでしよう。（笑聲）そんな顔していらつしやるわ。（笑聲）

石坂　洋子ちゃんが一番ね。（笑聲）

この間洋子ちゃんと自動車でドライブしたときに、若い人が運轉したので六十哩オーバーして凄《すご》く飛ばしたの。

それを話したら、洋子ちゃんのお母さまはすぐ蒼《あお》くおなりになつて、そんなことをしてもし洋子がなくなつたらどうしましよう（笑聲）とおつしやその。うちの母つたら危い子達ねといつてほん

とうにおこつているの。

宮田　でもうちは父の方がとても心配性。私たちが何時までに帰るといつてちよつと遅れましよう。そのときに兄と二人で、お父さんきつとおこつていらつしやるわ、謝《あやま》りましようねといいながら玄関へ入ると、馬鹿ッ！　というの。（笑聲）とたんに今までお父さんに悪いなと思つていたことがどこかへ飛んで行つちまうの。

猪熊夫人　馬鹿ッといいながら掌《て》を合せているんじやない。（笑聲）

宮田（石坂洋次郎先生令嬢）　この間路易《るい》子ちゃん達と伊豆の今井浜まで行つたの。そのとき、じや行つて來るわねといつたら、旅先でお父さんの声でも聞いてくれよというのよ。それじや洋子達のことを何かいつてよというと、よしッ、ラジオは便利だねつて。（笑聲）

石坂　ちようど土曜日の晩で、二十の扉《とびら》の日でしよう。それで今日は必ず洋子ちゃん達のことを話すというのでみんなで聞いていたの。最初に、それはちよんまげ時代ですかとか、デパートで買えますかとかいうでしよう。あのときに宮田さんのお父さんは、それは旅行に行つていますかつていつたのよ。（笑聲）うちの父なんかすつかり喜んじやつて、あッおつしやつたよ……て（笑聲）大騒ぎだつたわ。（笑聲）

猪熊夫人　加賀谷さんは？

加賀谷　兄が二人。

猪熊夫人　一番下ね。お父さんはやはり可愛がつていらつしやるでしよう。お父さんつて一体にお嬢さんを可愛がるのね。異性だからかも

猪熊弦一郎

座談会

令

寫眞左より
津島惠子さん
宮田洋子さん
猪熊文子夫人
猪熊弦一郎先生
加賀谷澄江さん
石坂路易子さん

出席者

洋画家　猪熊弦一郎氏夫妻
小説家 石坂洋次郎氏次女　石坂　路易子さん
実業家 加賀谷小太郎氏長女　加賀谷　澄江さん
倉成謙治氏次女 （松竹映画女優）　津島　惠子さん
医学博士、洋画家 宮田重雄氏長女　宮田　洋子さん
（イロハ順）

しれない（笑聲）

津島さん、御兄弟は？

津島　三人です。姉と妹と女ばかりです。

加賀谷　私が勤めたときも父が大反対だつたのでございます。頭が古いから、勤めることは絶対いけない。そんなら洋服買つてやらないなんて盛んにおどかされちやつたんですけれども、（笑聲）決心した以上は勤めようと思つて勤めちやつた。最初は、行つてまいりますといつても知らん顔している。一週間ぐらいするとフン、二週間ぐらいするとハイ、だん〳〵許可になつちやつて、結局洋服もつくつてもらえるようになつちやつた。（笑聲）

猪熊夫人　スピードがのろいのね。（笑聲）

宮田　でも、親馬鹿なほど子供にとつては幸福なことはないですね。

猪熊　そうですよ。

石坂　うちじや親馬鹿がこの頃じやおじいさん馬鹿に変つてしまいました。二日目に赤ん坊を見ないと変になるんだつて……。（笑聲）

猪熊夫人　お孫さんができたから……。

津島　姉とよく話し合うんですけれど、自分じや一人前になつたつもりでも、うちに帰るとお父さんやお母さんが必要以上に干渉するの。

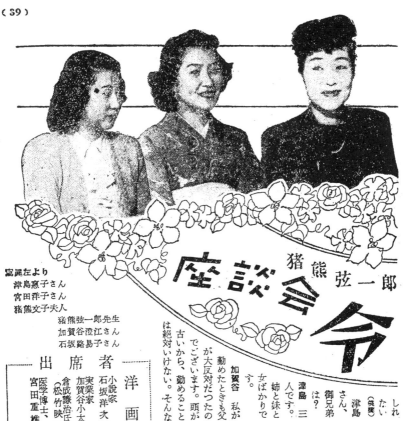

いつまでも子供だと思つているんだと思つて、嬉しいみたいだけれども、とき〴〵少しうるさくなつてしまう。仕事のぐあいでうちに帰つたりする時間がとても不規則なんです。それでとても心配するので、出かけている私の方がハラハラしちまうの。（笑聲）

宮田　うちの兄が慶應の医学部に行く試験のときに病氣した時。ちようど片岡鉄兵さんのお嬢さんが音樂学校へお入りになるときで、親馬鹿が二人揃つて京都へ占《うらな》いを見てもらいに行つたの。（笑聲）

猪熊夫人　東京にもあるのにね。

宮田　わざ〳〵京都まで行つたところがふるつているのよ。（笑聲）

猪熊　ぼくは中学時代顔にニキビが一ぱい出たときに、ぼくの親父が変な香水の瓶を買つて來た。何ですかといつたら、ニキビ取り香水だ。（笑聲）よく化粧品の店に親父が行つたと思うね。今でもあつたら実に懐しい匂いだろうと思います。

いまはもう八十歳になるのですが、田舎から出て來ると、必ずぼくと一緒にお風呂に入りたいといつて、ぼくをお風呂に入れて、頭のてつぺんから足の先まで洗つてくれるのですよ。ぼくにボロ〳〵涙を流して立つていなければならない。（笑聲）ぼくは親一人子一人ですから、赤ん坊のときと同じようにしたいらしいですね。

猪熊夫人　わたしの入る余地なし。（笑聲）

西部劇が好き

猪熊　あなた方今の日本でやつている外國の映画はどんなのがよかつたですか。

猪熊夫人　「哀愁」はごらんになつた？

宮田　きれいですね。

津島　最近では「愛の調べ」が一番よかつたわ。

猪熊夫人　きれいでしたね。ああいつたものがいいですね。一つの家庭を持つた場合に楽しいことばかりじやないでしよう。苦しみの連續《れんぞく》もあるし、貧困《ひんこん》もあるし、病氣もあるし、避け難《がた》いことが次々にまるで約束されているみたいに起るでしようけれども、最後まで一貫した愛と尊敬とがあるでしよう。あれが一番美しいことじやないか、大事なことじやないかと思いますね。

宮田　この頃、アメリカの映画も大分しみじみとして來たと思います。

猪熊夫人　元來アメリカの家庭というものは私達に印象づけられているより、もつとしみじみしたものじやないですか。

猪熊　男の人と女の人の好きなのは違うね。ぼくは野獣の映画とか西部劇とか、あんなの好きだね。ぼくの家内は非常にロマンチックなものが好きだ。

宮田　西部劇好きよ。（笑聲）

石坂　私も好きよ。（笑聲）ほんとうに爽快《そうかい》になつちまうわね。（笑聲）

猪熊夫人　まだ子供ね。それじやあんな馬に乗つてバカ〳〵やるの好き？（笑聲）

津島　私好きじやないわ。

石坂　私は何かつまらないことがあつて、ムカ〳〵しているときには必ず西部劇を見に行くの。とにかく子供の頃に持つていた夢がそのまま映画に出てくるのですもの、非常に慰めになるわ。そして今日はほんとうにいい映画を、小説を読むような氣持で見ようという氣分のときには、フランス映画とかなんとか見に行きます。

猪熊　心に残らない、帰りにあれはどうしたろうというように……。（笑聲）

宮田　「しのび泣き」を見たときには帰りに憂鬱《ゆううつ》になつちやつた。

津島　あれはあまり後味《あとあじ》がよくなかつた。

石坂　私はあの映画が非常に好きなの。人間にはどうしてもああいう隠せない孤独というものがあるんだと考えたら、とても考えたこと自体がうれしくなつたの。

猪熊夫人　たしかに孤独ね、人間というものは。皆さんお話してみると、ずいぶんしみ〴〵としたものを持つていらつしやるのね。颯爽《さつそう》として歩いていますと、ずいぶん外人にあこがれているように見えましたけれども。（笑聲）

接吻映画と私

猪熊夫人　津島さんなんかお仕事がお仕事だからいろ〳〵な男性の方が取り巻くでしよう。大丈夫？（笑聲）

津島　ええ、大丈夫のつもりです。（笑聲）

猪熊夫人　どういうふうに処理していらつしやる？　ずいぶんたくさん群がるでしよう。

415　「座談会　令嬢会議」　猪熊弦一郎氏夫妻、石坂路易子 ほか　『婦人倶楽部』昭和24年7月1日

津島　そんなことありませんわ。（笑声）

猪熊夫人　あまりすげなくしない方がいいわね。そうかといつてあまり近寄せないように……。（笑声）

津島　でも撮影所は私むずかしいと思うの。あまりつれなくしちや悪いと思つて、ちよつと普通にしていますと、それがすぐデマになるのです。

猪熊夫人　男の人つて自惚《うぬぼ》れが強いでしよう（笑声）

石坂　そうよ。（笑声）

猪熊　何が強い？（笑声）ぼくは聞いていなかつた。（笑声）

猪熊夫人　津島さんなんか初めてお目にかかつたのですが、いたいたしいような、まわりにたくさん取り巻いたらかわいそうな……。

猪熊　狼が……。

猪熊夫人　狼とまでいつちや失礼よ。（笑声）どんな役がやりたいとお思いになる？

津島　やはり性格のはつきりした人間性を描いたものをやつてみたい。何かフワついた人物じやなくて……。「愛の調べ」のヘップバーン、ああいう役はとてもできないけれども……。

猪熊夫人　あなたは純情型ね。

津島　私はいつも純情々々でおとなしい役ばかりやらされるのですけれども、そうじやないはつきりした役をやつてみたい。

猪熊　ぼくはいつもアメリカの映画を見て、俳優というものは何回も接吻するものだなと感心するのですがね（笑声）日本で今までほんとうに接吻した映画は二、三回しかないでしよう。紙を当てたり、ハンカチーフを当てたんじや、ほんとうに接吻しているような気持にならんのですつてね。だからこれから俳優になられる方はそういう問題がずいぶんあると思うから。

猪熊夫人　でも、ほんとうに映画に出て自分の仕事に一生懸命だつたら、藤十郎の恋みたいにやつて見なければだめだと思いますのよ。

津島　私まだラブ・シーンをしたことはありませんけれども、映画の中での接吻というのは、ほんとうにそれが必然的なものならば、藝術のためならやつていいと思います。

猪熊　そういう経験を持つていないと、そういう実感を表現することはできないでしよう。俳優なんかの場合は自分の勉強をするために恋愛するということも起つてくると思うのですが、そういうことはどういうふうにお考えですか。

津島　よくそれで議論するのですけれども、ラブ・シーンをやるにしても、ほんとうの恋愛の経験があつた方がよくできると思うのですが、理窟ではわかつていても、そんな簡単に恋愛経験をする気になれないものですから……。（笑声）

猪熊夫人　日本の女優さんは年齢的にみな若いのね。向うはみな相当な年の方で「しのび泣き」でもずいぶん年取つているでしよう。

猪熊　向うのオペラのカルメンならカルメンで一生政府から月給をもらつてやつている俳優はほんとうに年取つた人ですよ。ステージに出ると、菊五郎が若い娘になると同じように、ほんとうに至藝ですね。そういうところは日本にない。東京全体が若い子供の町みたいで、大人の町じやない。だから映画でもやはり大人の映画ができないと思いますね。

魅力ある男性

猪熊　女性に向つてどんな男性が好きかといわれると、大抵男らしい人とか、まじめな人とか、そこに何かユーモラスな感じを持つた人とか、藝術を理解する人とか、必ずそういう公約数みたいになつてしまうのですが、自分の持つている個性から考えてみて、こういう人が現われたらということはないですか。

加賀谷　私ずいぶん前なんでございますけれども、若山牧水の「みじろがでわが手にねむれあめつちになにごともなし何の事なし」という歌がとてもいいと思つたのです。こういうのをほんとうに歌い上げる人がいたらと思いました。（笑声）

猪熊夫人　相当達観《たつかん》した感じのある、非常に包容《ほうよう》力のある人ですね。

猪熊　ぼくは欠点のある男も面白いと思うの

です。

猪熊夫人　自己弁護を……。（笑声）

猪熊　放つたらかしておくと何するかわからないというのも男性の魅力《みりよく》だ。（笑声）それをたずなを締《し》めて……。

猪熊夫人　しよつちゆう締められているものだから……。（笑声）

猪熊　しかしやはり強力な力で——肉体的な力でなくても、精神的な力でぐん〱引張つて指導してもらえるような男性は魅力があるでしようね。

猪熊夫人　自信を持つている男性ね。なんだか自分はつまらない〱といつてしよんぼりしているのはいやね。（笑声）

猪熊　貧乏神が付いてるようなのは……。（笑声）金があつてもないようなのと、なくてもニコ〱して裕福《ゆうふく》な感じを与えるのとは大変な違いですよ。この選び方を間違えると一生不幸ですね。明るい感覚の人というのは近代の一つの要素でしようね。

石坂　私はどうしても教養のない人はいやです。非常に人間性のよさが泌《にじ》み出ているような方があるのですけれども、教養がないとその人に打ち溶けていけるような気になれない。

猪熊　いや、それはほんとうですよ。教養というのは何かというと、甲のものと乙のものとどつちがいいかということ、マッチにしても、家庭にしても、絵にしても、衣服にしても、女性に対しても、これよりこの方がいいということをはつきりいい得るということですね。

石坂　それがいえるようになりますには、ある程度のいろ〱な方面の勉強がいりますね。

加賀谷　全般的でなくても、一つのものを深く掘り下げてそれを自分の身につけているというのは魅力のあることでしよう。

石坂　そうね。うちの父は文学以外のことは数学とか化学とかいう知識がゼロなんですよ。停電すると怖《こわ》がつちやつて動かないし（笑声）ラジオが聞えなくなるとどこが故障なんだか全然わからないのです。母はやはりそばでニヤ〱笑つて見ていますから、けつこうそれが母に対して一つの魅力になつているのでしようか。（笑声）母はいつでも冷かして笑うんですよ。

猪熊　それは一つの可愛いという感じに見えるんですね。（笑声）お母さんが子供を見るような感覚を女性はいつの年になつても持つているのですから……。

猪熊夫人　だめよ、そんなことしちやたんといつて、人さまの前で間違つて叱つちやつたり……。（笑声）

猪熊　それでも内心じやこう喜んでる。（笑声）

猪熊夫人　どうかと思うわ。（笑声）

猪熊　宮田さんのパパさんたんかとてもいいパパでしよう。たいへん理解があるでしよう。

宮田　やんちや坊主みたいな……。（笑声）お母さんがいないとなんにもできないの。すぐ目の前に置いてあるのに、新聞！　というんですもの。（笑声）すぐそこにあるじやないのと、ムカッとしちまうから……。少し自分のことをやつてくれればいいのに、洋服を着るのにも全部自分でやらない。

石坂　着せていただくの？（笑声）

宮田　靴下々々、全部よ。お母さんがいなくて出すでしようと、ある場所を知つてるくせに……。お母さんがいなくて出すでしよう。タンスの中はごちや〱になつているの。マア大変、お母さんがいなくなつたらどうするのといつたら、殉死《じゆんし》するからいいよ！　ですつて。（笑声）

猪熊夫人　純情型ね。（笑声）

石坂　おばさんはお若いときどういう御理想——やはり絵をお描きになる人？

猪熊夫人　私絵が好きだつたから絵描きが好きでした。

猪熊　絵がとても好きだ。

宮田　私絵描きさんつてとても好きだわ。みんな正直よ。私文士つてちよつと怖いわ。

石坂　アラッ、どうもすみません。（笑声）

猪熊夫人　藤十郎の恋なんてやらかされると困りますからね。（笑声）

宮田　それと、自分の心の中まで見透かされそうな気がして……。だからカチ〱になつて肩がこるわ。

石坂　この間も洋子ちやんとお話したのですけれど、洋子ちやんは今の若い人は非常に頼りなくて信頼できない、しつかりした自分のものを持つていらつしやる方に魅力《みりよく》を感ずるとおつしやるけれども、私は若い人なら若い人なりに魅力を感ずるの。

猪熊　若いときは若いものの魅力というものはわからないのです。年取つてくると若いもの

417　「座談会　令嬢会議」 猪熊弦一郎氏夫妻、石坂路易子 ほか 『婦人倶楽部』昭和24年7月1日

の苦さがわかつてくると思います。

猪熊夫人　お父さんに近いからじやない？　お父さんに近いものの方が安心できるんじやないですか。

宮田　若い方だと自分で警戒しちまうし……

猪熊夫人　警戒しておくくらいがいいんじやないかしら。

宮田　趣味やなんかもずいぶん違うですね。

石坂　違うんですよ。違つていても、違つたなりにどこか一緒になる。

猪熊夫人　時代は一致するわね。でも昔の人の方が知つてるだけにいいものをちやんと身につけているでしよう。着物のいいものとかいうものじやなしに、人間のいい垢《あか》をつけているでしよう。

猪熊　垢が、それがいい垢だね。

猪熊夫人　今の方はまたあまりに何もついてなさ過ぎるじやない。骨組がはつきり見え過ぎちまうわね。（笑聲）かつこうだけ外國人のかつこうして、中はからつぽね。（笑聲）

男のやきもち

宮田　うちの父が、結婚して喧嘩もしないような夫婦じやだめだ。喧嘩したいときはじやんじやんしろというの……。（笑聲）

猪熊　喧嘩のもとは大抵やきもちですね。やきもちというのは女の人の持つている武器ですからね……。

宮田　でもおじさん、男の方だつてやきもちにあるでしよう。（笑聲）

猪熊　でも、女の人のやきもちはかなわんた（笑聲）

猪熊夫人　女の人のやきもちは理論的にいくでしよう。男の人つてまるでわけがわからない。（笑聲）

石坂　子供みたい。（笑聲）

猪熊　面白いですよ、やはり。（笑聲）

石坂　あの感情だけは別ね。自分の可愛がつている犬が、私が上げたお菓子を食べないでよその人からもらつても癪《しく》に障るわ。（笑聲）

猪熊　それだ。（笑聲）それがふくれていくんだ。

加賀谷　そういうやきもちというのは、おさえた方がいいんですか、それとも放しつ放《ばな》しの方がいいんですか。（笑聲）

猪熊　おさえない方がいいでしよう。しかしたくさんやいちやいかん。あまり男をいじめちやいけない。（笑聲）

猪熊夫人　ずるいわね。（笑聲）男の人（編集部）がたくさんいるから氣が強いのね。おじさん一人たらやつつけるの、なんでもないんだけど。（笑聲）「奥さまは顔二つ」という映画ごらんになつた？　男の人つてああいうところも多分にあるわね。

猪熊　ジェキルとハイドの面《めん》があるね。

猪熊夫人　簡單に失望しちやいけないわね。

むしろ苦しみにぶつかつたときに、人生の試練だ、いい研究材料を與えられたと思つてやるのね。

猪熊　むしろ結婚というのは苦しみが多いですよ。人生全体がそうなんだ。自分の思つた通りには絶対ならない。娘さん時代にいろ〳〵美しい夢を描いているけれども、いろ〳〵な邪魔《じやま》が入つて大変なものですよ。

猪熊夫人　だからなんにも知らないままで嫁《い》つた方がいいのよ。それでもし苦しみにぶつかつたら、怪我《けが》が大きければ大きいだけ自分の心の中から泌み出てくる分泌物《ぶんぴつぶつ》でいやしていくことができるでしよう。

生活を樂しむ

加賀谷　アメリカ人を見ると、生活を樂しむことが天才的に上手ですね。

猪熊　日本人だけが下手ですよ。

猪熊夫人　フランス人あ、とても貧乏な人もありますからね。例えばお台所の棚なんかきれいに飾る時、貧乏でレースやきれいなものが買えない家は、新聞紙でいろ〳〵な形に切つて、色をきれいに塗つて毎週付けかえているのよ。貧乏でも、人を羨むということをしないで、貧乏なりに生活を樂しんでいる。自動車がなければ歩いてでも、日曜日には何を措いても郊外に遊びに行くのね。

猪熊　二人乘りの自轉車があつて、新婚の人

は必ずそれを買つて、前に旦那さん、後に奥さんが乗つて、同じようなマークを付けたお揃いのジャケッを着て、太い足を出して楽しそうに出て行きますよ。

加瀬谷　聞くだけでも楽しいわ。(笑声)

猪熊　子供ができると、お父さんとお母さんの間に子供をのつけて……。

猪熊夫人　日本ではダンスなんか相当家庭生活が豊かでなければ行かれないから、たんだあんなものというふうにひがんだりするのね。向うではそれこそ二十銭ぐらいで踊れて、炭屋の小僧さんでも魚屋の小僧さんでも行ける。私なんか買物に行つても、おつりをくれるときに、マダム、この次の日曜にダンスに行かたいかと誘われちまう。(笑声)

猪熊　行こうといわたければおつりをくれないの。(笑声)

猪熊夫人　でも、いやな氣持がしないでしよう。そういう所へ行くとみたお嬉しそうに踊つているの。

宮田　日本でもそういうふうにたればいい。

猪熊夫人　そうして楽しいことをすれば、悲しいときにもみたで助け合えるのよ。いつでも不平を持つているから、ひとが幸福たのを羨んだりひがんだりするのよ。自分に不満があつても自分の意志によつてその生活を楽しく幸福にしていくことができることはご存じでしよう。努力していくことによつて、初めは案外つまらたいと思つた結婚でも非常に幸福にいく人もあるのですよ。フランス○娘さん達はお嫁にいく前のお金はみな自分で働いてこしらえるの。だから自分の意見もちやんと持つようになるのね。私達がフランスにいた時は丁度戦争中だつたから、あなた方ぐらいのお嬢さん方がみた看護婦になつて、それこそ産婦人科でも、外科でも全部しているのよ。いいところのお嬢さんですから、大抵だつたら怖いものだとかいつて避けるでしようけれども、向うは進んで苦悩に入つていくという氣持を持つている。貨物自動車に乗つて、野菜の運搬《うんぱん》をしたり、ちやんとしたお嬢さんがみなそれに飛び込んでやつていらつしやる。日本だつたら、秘書かたんかで、ツッと重役の傍に坐つていて、ときどきニコッと笑えばいいというようた。(笑声)だから日本のお嬢さんがたもそのような勇氣も必要ね。では又お逢い致しましよう。

（終）

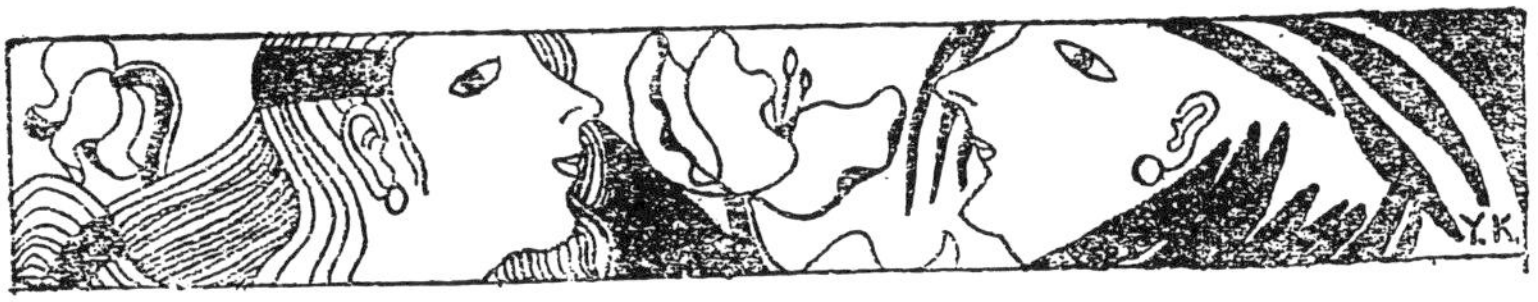

處女と純潔

―― 思春期の娘をもつ母へ ――

宮本 忍《しのぶ》

私は最近思春期をむかえる少年少女諸君のために小さい本（『春のめざめをむかえる』・季節社刊）を書いたが、豫想外に各方面の好評をかちえて私自身とまどいしている。しかし、この本が「子供が生まれる」というテーマで貫かれながら、その具體的行爲についてはわざとさけているのはどういうわけかという批評もあつた。また、あまりはつきり書かれているのでめんくらつたという批評もあつた。これらの意見は、いずれも正當であると思う。なぜなら、私はこの本で性科學の解説を行いながら、新しいモラルを生み出すことに重點をおき、具體的な性行爲にはふれていないからである。

最近の世相は、映畫演劇からジャーナリズムに至るまでエロチシズムで一色に塗りまくられており、そこになんらの建設的なモラルへの意欲も認められない。どの婦人雜誌も性的記事を興味本位にのせているが、今日の新聞廣告を見ると、性生活だけをあつかつた新しい雜誌も出るらしい。したがつて、思春期の娘さんを持つておられる世のお母さんがたは、婦人雜誌の選擇にさぞ困つておられるだろうと思う。私の親しくしているお醫者さんなども、性的記事だけ取り除いた婦人雜誌を娘さんに與えたいといつていた。私も三人の子供を持つているが、いずれも思春期にはまだ少し遠いのでそんな心配をしないですむから幸である。

しかし、思春期の娘たちがなんらかの機會で性行爲についてかなりはつきりした知識を持つようになることは、今日の世相として さけられないし、またこれを阻止しようとしてもむだかも知れない。そこで、問題はこれをどのような形で與えるか、またどういう方向に指導して行くべきかにあると思う。

私は、醫者の立場に立つて、性教育は開放的に、しかも科學的に行うべきであると思う。もちろん、このことはどの兩親にもできることではないし、醫學的知識の乏しい父親や母親にとつては非常にむずかしいことであろう。それゆえ、本や、その目的で作られた映畫などを利用する必要がある。

しかし、私がこの小文で述べたいのは、單に性に關する知識を娘たちに與えることではなく、新しい性のモラルを身につけさせる方法である。先日ある新聞で見た記事であるが、友人の大學生と性的交渉を行つた女學生の經驗が同級生の間にヒロイズム的な讃仰の的となつているとのことである。これなどは近頃の女學生の間に流れている一つの思想的傾向であつて、古い性のモラルにたいする大膽な挑戰と見るべきである。

醫學的にいつて、思春期の男性には性欲の

芽生えはあつても女性にはまだ現われていないはずである。もちろん、異性への思慕は男女のどちら側にもあるが、これは直ちに性行爲を求める欲求となるものではない。したがつて、女性の側では男性への戀愛感情がどんどん強く現われてきても、相手の男性からの積極的な要求さえなければ、具體的な性行爲へ直進する危險はない。このような傾向は、結婚生活に入るまで多くの女性たちが共通に持つている基本的態度である。これは、未婚女性の潔癖さとか、處女性への強い愛着となつて現われている。

このような生れつき持つている若い娘たちの性にたいする潔癖さを、新しい立場から再檢討し、再認識することが新しいモラルを身につけさせる最善の方法である。

純潔は、處女や童貞を結婚まで男女が守つていることである。この定義には、昔も今も變りないと思うが、一方にはサック童貞という言葉もある。これは、サックを使用して性的交渉をするだけなら、直接相手の女性に接したことにならないから、かまわないという考えかたである。こんな無茶な童貞論があるかと思えば、子供さえできなければ處女でいつまでもいられるという女性側の純潔論もあるらしい。もちろん、處女膜が完全に破れるのは出産の時だから、これを神聖視し、處女のシンボルにするのならこんな亂暴な議論も成立するかも知れない。しかし、處女膜は手淫でも破れることがあるから、醫學的にいえばあまりあてにならない。さきに引用したある女學生の行爲は、このサック童貞論にもとづくものであろう。

子供さえできなければ何をやつてもよいという思想は、產制の普及にともなつて現われつつある重大な弊害の一つである。これからこのような思想にもとづいて、かなり多數の青年男女が結婚前に純潔を失つて行くのではないかと思うが、多くの母親たちはこれを阻止したいと希望するにちがいないし、またその努力がかえつて娘たちを反逆させる結果になるかも知れない。

しかし、娘たちが結婚まで處女であつて欲しいことは母親たちの願いであるばかりでなく、われわれ醫者の希望でもある。なぜなら、結婚前の性的交渉は性病にかかる危險が多く、これは健康な結婚後の性生活に重大な障害をもたらすからである。結婚前に性的技巧を身につけておけば、結婚後の性生活を幸福にするという意見を吐くものもあるようだが、これほど大きい性にたいする冒瀆はないと思う。家庭は、男女の結合によつて築かれる新しい生活であり、そこで展開される日常の行爲はすべて建設であり創造である。したがつて、その重要な部分をなす性生活は享樂である反面に、忍耐を必要とする努力でもある。なぜなら、夫の利己主義はつねに性生活における妻の犠牲を要求するからである。このように愛の忍耐によつて築かれて行く性生活やその技巧を結婚前から身につけておこうなどというのはとんでもないことである。

私は、この意味で多くの婦人雜誌が性生活の技術的面に重點をおいて編集されがちなのを甚だ不愉快に思う。このような記事は家庭婦人には役立つかも知れないが、未婚の娘たちには有害である。新しい性のモラルは、戀愛から結婚へ、結婚から性生活への道を正しく指導すべきである。

封建的家族制度のもとでは、一度だけの見合から相手の選擇が行われ、まだ戀愛感情の育つ餘裕もたないままに若い男女は結婚の初夜へと導かれてきた。これは結婚が性的結合から出發し、これを通じて戀愛感情を育てるという全く不自然なコースである。もし、この結婚によつて夫婦の間に愛情が芽生えてくれば幸福であるが、もしそうでなかつたら、賣淫となんら違うところがないし、場合によつては賣淫よりもずつと不幸かも知れない。

私は、このような結合は人間性を無視したものと考える。肉體とか、精神とかを區別するのは觀念論者のやりかたであるが、結婚という男女の結合は戀愛（精神）から出發して性的結合（肉體）に向うのが自然であり、人間性にふさわしい。

若い娘たちには、自由に男性と交際させ、健康な戀愛が生まれてくるように仕向けるべきである。場合によつては、失戀もやむをえないが、それで自殺するような破目に彼女を追い込んではならない。しかし、この場合に性的結合への最後の一線は結婚まで守らせる必要がある。相手の男性に命がけの戀愛をしている女性が陷り易い危險は、男性からの性的結合への強い呼びかけに應じないことが相手の愛を失うのではないかと輕卒に判斷することである。このような危機に遭遇しても女性の聰明な愛情と男性の克己によつてこれを切り拔けることができるし、またそれが切り拔けられないようでは幸福な結婚生活がやつてくるとは考えられない。

戀愛には、相手の未知の部分への激しい興味がつきまとつている。それゆえ、結婚前の男性には肉體の一部さえも見せないということが一つの戰術でもある。つまり、結婚前に相手の肉體を完全に知り合うことは決して得策とは考えられない。このような戰術を娘たちに授けておくのはよいことだろう。

これからの結婚生活には、社會的經濟的にむずかしい問題が山積している。それらのいちいちを娘たちに說いて聞かせる必要はないが、甘い戀愛感情に陶醉している娘たちには男性選擇の眼が曇りがちであるから、時には世相について警告もすべきである。

前に「靜かなる決鬪」という映畫を朝日の試寫會で見たことがある。これは「墮胎醫」を映畫化したものだというが、劇の方は見ていない。戰地で手術中梅毒にかかつた若い外科醫が內地へ歸つたあとで許婚者との結婚をあきらめて父の病院で働くというのがそのテーマである。彼は梅毒を持つているため結婚をあきらめて性欲と、體內のスピロヘータとに血の出るような鬪爭を續けるが、そこに映畫の主なねらいがあつたようだ。しかし、これを一面から見ると、梅毒を醫學的に治すことは必ずしも不可能ではないから、愛情を打明けた後彼女が承知なら結婚を延期するという常識的な解決もありうる。このような解決を放棄した黒澤明監督は、別のものをこの映畫でねらつたにちがいない。それはともかくとして、純潔でありながら、しかも肉體が汚れている若い外科醫の告白はわれわれの胸を強く打つものがある。

ここで私は、また前のところに戻るのであるが、純潔を守ることはたんに個人の義務ではなく、社會人としての義務でもある。なぜなら、結婚前の青年男女が純潔を守ることによつて性病の蔓延が阻止されるからである。性行爲は、人間にとつて食生活と同樣に極めて自然であり、これが夫婦間で行われるなら誰もこれを干渉することはできない。しかし、結婚生活以外の場所や男女の間で行われる場合に反社會的な行爲となるのである。

ある醫科大學で外來者の性病患者について色々調査したところ、女學生から性病をうつされたという大學生があつたとのことである。これなどは、全く今まで想像していなかつたことである。

思春期の娘たちには、新しい性のモラルを身につけさせると同時に性病に關する知識をも與える必要がある。これは、結婚後にも大いに役立つことである。

今まで娘たちには、正しい性教育が行われなかつたが、これはこの問題がむずかしいためばかりでなく、大人の世界をのぞかせたくないという誤つた兩親たちの考えによるところが多い。しかし、今日となつてはこのような態度はまちがいであり、むしろ積極的に性教育を行うべきである。その場合、次の方針を守る必要がある。

戀愛という精神的結合から出發し結婚を介して性的結合へ向うのが人間性に卽した行きかたであり、純潔はこのコースを無事に乘り切らせる最善の方法である。したがつて、この過程にある男女たちの間に産制などへの興味が現われたときには結婚を急がせる必要がある。結婚は、いわば性的結合を合法化する社會的儀式だからである。

新しい性のモラルは、男性の克己と女性の理性的な愛情によつて生まれる。それゆえ、思春期の娘をもつ母親は、エロチシズムの横行に屈することなく、彼女たちに自信と勇氣をもつて結婚まで純潔を守ることを敎えねばならない。このことで彼女たちから離れ去る青年があつたとしたら、彼女たちの責任や愛情の不足ではない。また性的行爲などの説明は娘たちにとつて結婚前には不必要である。いよいよ結婚が間近かに迫つてきたら、ヴァン・デ・ヴェルデの『完全なる結婚』一册を讀ませればそれで十分である。（筆者・醫博）

◇現代《げんだい》の青年《せいねん》はどんな結婚《けつこん》を望《のぞ》んでいるか◇

お嫁《よめ》さんを探《さが》している青年《せいねん》ばかりの座談会

出席者（五十音順）
有《あり》田《た》平《へい》治《じ》（慶應大学経済科出身。三十一歳。三越本店仕入部勤務。）
近《こん》藤《どう》暾《あさひ》（東大法科出身。二十七歳。銀座レスポアールのマネージャー。）
高《たか》柳《やなぎ》多《まさる》（日本大学工科出身。二十四歳。父の店、高柳株式会社に勤務。）
宗《むね》近《ちか》日《ひ》出《で》男《お》（日本大学歯科出身。二十七歳。厚賢公社の中央研究所に勤務。）
司会　徳川夢声氏夫人　福《ふく》原《わら》靜《しず》枝

お嫁《よめ》さん探《さが》しは自《し》然《ぜん》にまかせて

司会　皆さん、どういう風にして、お嫁さんを探していらつしやいますの？

近藤　仕事だけで精いつぱいですから、自分で探す暇《ひま》はありません。

（近藤氏が働いていられる銀座の「レスポアール」は、日本繊維輸出振興協会が外国バイヤーのために設けた製品展示の店である。）

司会　御両親まかせですか？

近藤　両親にも頼んではいません。探しまわらなくとも、自然にそんな人が現れて來るんだと思います。

宗近　僕は歯医者ですから、女の患者《かんじや》さんも見えますけれど、歯なみのきれいな人はなかゝく少いですね。どんなに美しい人でも、歯なみがきれいでないと困ります。職業柄《がら》、お顔よりも歯なみの方が氣になりまして……

司会　御職業柄ね……。有田さんも、若い女性の方を毎日たくさん見ていられるんでしよう、御職業柄で……？

有田　えゝ、店員の半数《はんすう》以上は女性ですから。しかし近藤さんのおつしやる通り、結婚の相手は自然に現れて來るというのが本当だと思います。恋愛結婚だの見合結婚だのと、やかましく議論している人もありますが、これは要するに二人が識り合うまでの径路を論じ合つているようなものです。自分で探し出した相手だつたら恋愛結婚、親が探し出した相手だつたら見合結婚と、区別しているだけの話です。識り合つて、お互《たがい》に好きになれたら結婚すればよいので、その意味でなら、すべて恋愛結婚でなくてはならぬと思います。

結《けつ》婚《こん》の隘《あい》路《ろ》は生《せい》活《かつ》難《なん》と住宅難《じゆうたくなん》

近藤　何しろ生活が非常に苦しくて、自分一人が精いつぱいですからこれからの結婚は以前のように簡單には運《はこ》ばないんですよ。結婚したら親兄弟に頼らないで、自分の力で家庭を持つてゆきたいですからね。

司会　その点は悪條件揃いの当節《とうせつ》ですね。お嬢さま方も、生活の安定した方のところを希望されますしね。

近藤　今の若い人で、安定している人は絶無《ぜつむ》といつてもいゝでしよう。

高柳　それともう一つは、住宅の問題ですよ。どんなに小さくとも、自分たちだけの家を持ちたいのが、私たちの共通《きょうつう》の願いですが、この点ほとんど手も足も出ない現状ですからね。

司会　今の若い婦人は、たいてい一度は職業をお持ちになるようですが、皆様の御家庭では、そのような方と結婚なさるのを反対はなさらないでしようね。

宗近　一般の理解は深まつたことと思いますが、私らの知つている医者の家庭などでは、職業の経験のない箱入娘さんを望んでいるようです。このような親を説《せつ》得《とく》することも、若い僕らの使命の一つでしようね。

（上から福原夫人、高柳さん、宗近さん、近藤さん、有田さん）

恋愛《れんあい》結婚《けっこん》と夫婦《ふうふ》の恋愛《れんあい》

司会　お嫁さんとしての女性に、まず皆様はどんなことをお望みになりますか。

高柳　健康と明朗《めいろう》――この二つは誰にも共通な條件でしよう。

近藤　それはもう條件以前の問題ですよ。私は自分のワイフに才能《さいのう》があれば、多少の無理をしてもその才能を伸してやりたいと思つています。だから何か一つの才能を持つていてほしいと思います。それからもう一つ條件があるのです。それは僕の仕事の性質上、夫婦で外國へ出かけるチャンスが多くなると思いますが、日本婦人のあの引込《ひっこ》み思案《じあん》は困りものだと思います。外國の習慣に順應してゆける人でないと――

司会　強情《ごうじょう》つぱりな婦人なら別ですが、普通の女性でしたら夫の考えに沿つてゆくものだと思いますから、そんなに御心配なさらなくともいゝでしよう。

高柳　結ばれる動機《どうき》は恋愛でも見合でもかまいませんが、結婚した以上は、夫婦の間に恋愛感情が起つて來るのが理想《りそう》でしようね。

宗近　恋愛し合つた男女が結婚すると、その恋愛が消えてしまい、見合で結ばれた二人には、結婚後に恋愛が生れると言いますね。

有田　僕は、恋愛と夫婦愛は別箇《べつこ》のものと考えています。恋愛している同士が結婚したら、その恋愛は夫婦愛に変らなくてはいけないと思います。結婚までの道程《どうてい》が恋愛であつても見合であつても、それは意《い》に介《かい》しません。問題は、結婚後にほんとの夫婦愛が生れて來るか來ないか、という点にあります。

男女《だんじょ》の交際《こうさい》と婚約《こんやく》の期間《きかん》は

司会　皆さん、女性のお友達をお持ちでいらつしやいますか。

高柳　お交際《つきあい》しています。しかし單なるお友達にすぎません。結婚の相手という意識でお交際《つきあい》しているガール・フレンドは一人もありません。

司会　……でも、その中からもし氣の合つた方が現れたら、やつぱり恋愛なさるでしようし、結婚もなさるでしよう。

高柳　それは、そうなるかも知れませんが、私はそんなことを全然《ぜんぜん》考えないで交際してみたいと思います。ところが両親はそれを心配して、たとえ半年でも一年でもお交際《つきあい》したあとで、お別れするようなことになれば、先方のお孃樣を傷つけることになるから不可ないと申します。

司会　親御樣としては、そうかも知れませんね。

高柳　結婚を前提《ぜんてい》としての交際でないと、今のところ親たちは許してくれないようですが、若い私たちは、そんな條件なしに、單純な氣持で友達になりたいんですよ。その方が、お互の誇り《プライド》を傷つけることなく、素直な氣持で交際できるのです。

司会　ところでその交際の期間《きかん》ですけど、これはあまり長いといけないんじやありませんか。

有田　まあ六カ月から一カ年くらいのところでしようね。その間にお互の感情が最高潮《クライマックス》に達したら、結婚すべきでしよう。いつまで経つてもクライマックスに達しなかつたら、たとえ婚約をしている仲でも、取消《とりけ》す方がよいと思います。

近藤　私の両親(近藤浩一路画伯夫妻)は完全な恋愛結婚をしたのですが、そのせいか、私に対しても非常に理解があり、何も干渉《かんしよう》しません。自然、私としても無責任なことはできないと思つています。

司会　あまり放任《ほうにん》することもどうかと思いますが、問題はその締めくゝりですね。何といつても、両親は先輩なのですから、時に應じて注意を與えることは大切ですし、子供もまた、素直《すなお》な氣持で聞くようにしなくてはいけませんね。

近藤　僕が感謝していることは、自分の苦しみを率直《そつちよく》に両親に打明けられる点です。こんな女性があつて、自分は少し心を動かされているが、どうしたものでしようと、恥しがらずに両親に相談できる点で、僕は仕合せだと思つています。必ずしも、両親の意見に拘束《こうそく》される必要はないが、やはり一應は相談して、その同意を得るのが順当《じゆんとう》だと思います。

家庭《かてい》の封建性《ほうけんせい》と今《いま》の若《わか》い人《ひと》たち

司会　結婚というものは、生れてから二十何年間というもの、まるで別《べつ》の生活をして來た男女が、一つになるのですから、そこにはいろいろの無理があるのが当然で、最初からしつくりとするものではありません。双方から歩みよつて、妥協《だきよう》し合つて、一つの新しい家風を作り上げるのが、ほんとだと思います。ですから、お嫁さんをお探しになる場合も、相手に多少の欠点や不満はあつても、この程度なら歩み寄つてゆける——という確信《かくしん》がおつきになつたら、それでお決めになつていゝと思います。

高柳　私の家は商家ですが、ビジネスはビジネス、生活は生活と分けて考えていますから、家風《かふう》などは問題にしていません。両親も、お前が氣に入つて貰うのなら、別に反対しないといつています。

有田　僕は結婚しても、別に一家を構《かま》えることはできません。ですから、家族の人たちと仲よくやつてゆける婦人でないと、問題にならないのです。これが僕のお嫁さん探しの前提《ぜんてい》條件です。

司会　それはどこの御家庭でも同じだと思いますが、あまり露骨《ろこつ》に強く要求されると、新時代の娘さんたちは反撥《はんぱつ》なさいますよ、封建的だといつて。

高柳　男にも封建的な点がありますが、むしろ、女の人こそ封建的すぎますよ。不平や不満を圧し殺して、たゞ表面的にだけ服従を装《よそお》うのはいけないと思います。正しいと思うことはよく〳〵話し合つて協力してゆくんでなくちや……

司会　その正しいと思うことを話させないで頭ごなしに抑《おさ》えつける人が多いでしよう。

近藤　これからの男子は、そんなことはないと思います。よく理解した上で服従《ふくじゆう》するのは、決して封建的ではありません。僕は、封建的なことが必ずしも悪いことばかりとは思いません。封建には封建の美もあります。アメリカの良家には、傳統的《でんとうてき》な封建の美が相当に残されています。イギリスはもつとひどいでしよう。この点は、私たち、もつと考えてみる必要があると思います。

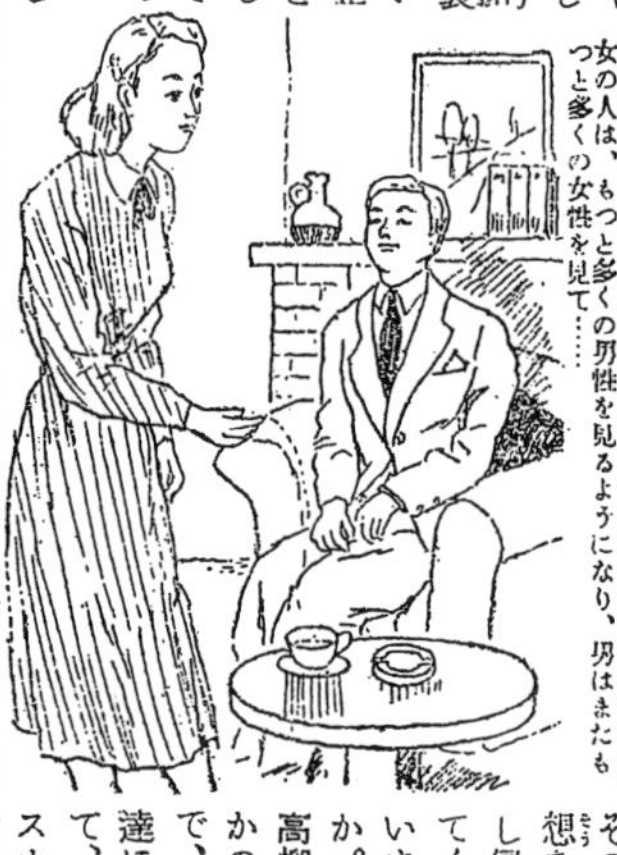
女の人は、もつと多くの男性を見るようになり、男はまたもつと多くの女性を見て……

職場《しよくば》結婚《けつこん》には雜音《ざつおん》が入《はい》りやすい

司会　高柳さんは、ガール・フレンドが沢山いらつしやるようですが、その御感想《ごかんそう》を、少し伺わせてくださいませんか。

高柳　何かの機会で、お友達になつて、ダンスホールや遊び場に一緒に行くと、女の人はすぐ結婚と結びつけて考えますね。こつちは單《たん》なるお友達のつもりなのに、先方は結婚の相手としてこちらを見ているんです。それで私はお断《ことわ》りするのに大へん困つたことがあります。

有田　それは婚期《こんき》の問題もありますよ。男は二十五六から三十五六まで十年くらいの婚期があるのに、女の人は二十一二から四五までの、ほんとに短い期間に相手を探さなくてはならぬので、男子ほど悠々《ゆう〳〵》としていられないのでしよう。

高柳　それともう一つは、交際している本人は二人ともそれほど考えていないのに、周圍の人が、彼氏《かれし》だとか彼女だとかいつて、からかつたりするのでつい……

近藤　ほんとに好《す》きになつてしまうんでしよう。

有田　好きになる場合と、嫌いになる場合がありますね。どうもハタから雜音が入ると、戀愛の自然な成長は妨《さまた》げられますよ。

司会　お店などでは、職場の結婚も相当にございますでしよう？

有田　ありますよ。別に勧めているわけではなく、さりとて禁止《きんし》することもできませんので、お互の責任においてやつているわけです。大体、うまくいつているようです。

司会　職業についていらつしやるお孃さん方は、多くの男性を見る機会《きかい》がおありになるのですから、大体まちがいの少いのが当然でしようね。

近藤　とにかく女の人は、もつと多くの男性を見るようになり、男はまたもつと多くの女性を見て、廣い範圍の中から自分の配偶者《はいぐうしや》を見つけ出すようにしなくてはいけませんよ。

最初に会つた男性が最後の男性になつてしまうような、在來《ざいらい》の習慣から脱け出さなくてはいけませんね。

個《こ》性《せい》の美《び》がはつきりして來《き》た

司会　今のお孃さん方を、皆様はどう考えていらつしやいますか。
高柳　民主主義の行きすぎと履《は》きちがいが、相当に今の娘さんたちを毒していますね。もうそろ〳〵反省期に入つてもいゝ頃でしよう。
司会　全体的にいつて、今のお孃さんたちは非常に明るく、そして勇敢《ゆうかん》になりましたね。
近藤　現実的《げんじつてき》になつたんですよ。
有田　着ているものを見ても、自分自分の個性を生かしていますね。スタイルブックの丸写《まるうつ》しはだん〳〵滅つて、自分に合つたデザインを、工夫するようになつて來ました。これは服裝だけの問題ではないと思います。昔の婦人は、着物と帯《おび》と履物《はきもの》とよく調和したものを身につけるように苦心したそうです。それが戰後はすつかり壊《こわ》れてしまつて、服は服、ソックスはソックス、靴は靴と、バラバラになつていました。これは経済的な問題よりも、感覚《かんかく》の問題だと思います。最近は、これがよほど改められたようです。これも反省期に入つて來たのでしようね。
司会　今の時代には、贅沢《ぜいたく》なことは望めませんが、お話の通り、ソックス一つ買いますのにも、自分というものをちやんと持つていらつしやることが必要ですね。
高柳　個性美を持たぬ女性には何の魅力《みりよく》も感じませんよ。映画の人氣スターでも、最近は容貌《ようぼう》より何より個性的な美を求められていますね。

アメリカ映画《えいが》の夫婦《ふうふ》生活《せいかつ》を見《み》る

司会　皆様にお伺いしますが、こんな女があつたら、今すぐにでも結婚したい——というのは、どんな婦人ですか？
高柳　それは口では言えませんよ。美しい人とか聰明《そうめい》な人とか、明朗な人とか、そのような概念的な條件を並べ立てゝみても、自分の好きになれる女性の全貌《ぜんぼう》は浮んできません。
司会　やはり容貌を重視なさいますか？
高柳　自分が見て美しく感じられゝばいゝので、これは主観的《しゆかんてき》な問題ですね。目鼻立ちが美しいだけでは、美人とはいえないでしよう。
近藤　友人が言つていましたよ、あの子は美しくて朗《ほがら》かなので、ガールフレンドとしては申分ないが、女房としてはどうも……ね、と。
有田　男にもそんなのがありますよ。夫にするには何となく頼《たよ》りない——というのが……
高柳　アメリカの映画で、クローデット・コルベールやマーナ・ロイが演《や》る女房役がありますね、美しくて、聰明で、ウィットがあつて、茶目ッ氣があつて、それでいて亭主に惚《ほ》れこんでいる——あんな女房が僕たちの理想ですね。
宗近　女房であり、愛人であり、また友達でもある女——
司会　そのお氣持は、よくわかります。これは同時に、若い女の人の理《り》想《そう》でもあると思います。これまでの日本の女は、家庭に入ると、もう夫の遊び相手ではなくなりましたからね。これではいけないと思います。
高柳　それは日本の家庭にも欠点がありますよ。何しろお姑《しゆうと》さんがいますからね。
司会　お姑さんと調和してゆくことは大切ですが、その方にばかり氣がねして、旦那様をお留守《るす》にしても困るでしよう。
近藤　そこは頭の問題ですね。
高柳　ほんとに頭のいゝのは結構ですが、女の人には利口《りこう》馬鹿が多いので困りますよ。私は誰よりも利口でございます、と言わんばかりの顔をしている馬鹿がありますが、僕はこれが一ばん嫌《きら》いです。
司会 そんなの、男の方にだつて、ございますでしよう。
近藤 そりやもう、沢山……

結《けっ》婚《こん》後《ご》の妻《つま》の職《しょく》業《ぎょう》問《もん》題《だい》

司会 職業を持つているお嬢さん方は、結婚後も働きたいと希望していられる方が多いそうですが、皆様はどうお考えになりますの？
有田 食えなければ仕方ないでしようね。
近藤 働く才能《さいのう》のある婦人は、結婚しないで、その才能を生かすべきではないでしようか。
司会 それがね、女はやはり一度は結婚してみたくなるものなんですよ。仕事のできる人でも、結婚するのが自然《しぜん》でしよう。
高柳 結婚した以上は、物質的には夫に頼つていゝと思います。その方が却《かえ》つて夫婦の仲を親しくするでしよう。但し、物質上の問題は別として、仕事そのものに意義がある場合は、事情が許すなら、結婚後もつゞけていゝでしよう。
宗近 マダム・キュリーみたいなら――ね。
近藤 実際問題としては、結婚すれば、女は外で働く余裕《よゆう》はないと思います。わずかのサラリーに未練《みれん》を残して、結婚後も働き通している人には同情しますが、そういう人々は、サラリーに代えられぬほどの損失《そんしつ》を重ねていられるのじやないかと、僕は思いますね。
司会 そうかも知れませんね。けれども、例えばお姑さんなり妹さんなり、家事を見てくださる方がある場合は、仕事をおつゞけになつても構わないでしよう。
有田 実際は、そんな人が一ばん多いと思います。

こんな娘《むすめ》さんは眞《ま》ッ平《ぴら》ごめん

司会 好き嫌いは人によつてちがいますでしようが、こんな娘さんだけは眞ッ平だ――とお思いになるのがありますか？
有田 だらしない女は御免《ごめん》ですね。性格も服装も、きちんとした女でなくては……
高柳 僕は不潔《ふけつ》な感じの女が嫌いです。おしやれではなく、何となく清潔な感じのする女性でなくては、結婚する氣になれません。
近藤 同感《どうかん》です。文化的にクリーンな感じのする女性でなくては魅力を感じません。僕は都会育ちのせいか田舎くさいのも何となく嫌いです。
有田 僕はユーモアを解しない女性は嫌いです。
宗近 女らしい優《やさ》しさを欠いた御婦人には、ちよいくお目にかゝりますが、実に嫌《いや》ですね。
司会 お花とかお針などの教養はどうですか。
有田 一通りは身につけていてほしいと思います。ワンピースなら作れるけれど、浴衣《ゆかた》は縫えないというのでも困ります。
近藤 お料理も、いろんなことができる必要はないが、ちよつとしたお汁やお惣菜《そうざい》など、おいしく手ぎわよく作つてほしいと思いますね。
有田 とにかく僕たちは、自分のことを棚《たな》に上げて、相手にばかり完全を求めようという氣持は少しもありません。お互に未完成《みかんせい》で結構だと思います。二人が歩み寄り、譲り合つて、一つのものを作り上げようという熱意があれば、きつと結婚に成功できると思います。
司会 いろく有り難うございました。ほんとに皆様は、いゝお方ばかりですね。きつとりつぱな御結婚をなさることでしよう。御結婚なすつたらもう一度、今度は奥様御同伴《ごどうはん》でお集まり願つて、御体験談をお伺いしたいものですね。

新貞操問答

女性解放《じょせいかいほう》、自由主義《じゆうしゅぎ》、男女同権《だんじょどうけん》の行きすぎが、私たちにあまりにも大きな問題《もんだい》をなげ與《あた》えている。果《はた》して然《しか》らば私たちの貞操《ていそう》はどうあるべきでしょうか？

寫眞右より 田邊先生 平林先生

対談者
小説家 平林たい子
田邊工学博士夫人 家庭裁判所調停委員 田邊繁子
―敬称略―

危機《きき》に立《た》つ貞操観念《ていそうかんねん》

記者 最近、避妊薬《ひにんやく》がおおやけに賣り出されたり、人工《じんこう》妊娠中絶法《にんしんちゅうぜつほう》をみとめる改正優生保護法《かいせいゆうせいほごほう》が施行《しこう》されることになりましたが、今後はそんなことから貞操觀念がルーズになるのではないかというので、今日《きょう》は、先生方《がた》にそういった点もふくめて、いろいろとお話しいただきたいと思います。

平林 私、山形の方へ旅行していまして、今日帰つたばかりなのですが、その旅先で、未亡人の人から避妊薬《ひにんやく》のことでご相談《そうだん》をうけました。それは避妊薬を自分で買うことが恥ずかしいから、ぜひとも東京の婦人團体の方から配給して下さいませんかというのでしたが、これには私も、なんともご返事《へんじ》のしようがなくて困つたんですが……。

田邊 まあ、ほんとうにねえ。

平林 田舎《いなか》では東京以上に避姙《ひにん》の問題《もんだい》が強く働いているらしいんですね。新聞なんかがあまりに大きく扱《あつか》うので、それがために、昨《き》日《のう》とは急にちがつた性生活《せいせいかつ》をはじめるといつたふうに考えられているのじやないかと思うんですがこれはどうかと思いますね

姙娠中絶法《にんしんちゆうぜつぽう》にしても、こんどはつきりきまつたことから、いろいろと影響《えいきよう》してくるのでしょうけれど……昨日の性道徳《せいどうとく》とちつともちがわないということを、もう一度考えなければならないんじやないかと、ね。今までは世間の親御《おやご》さんたちにしてみれば、子供《こども》が不品行《ふひんこう》をしてくれては困ると考えていたんですが、こんどは避姙薬《ひにんやく》が買えることになつたんですから、不品行をしても子供さえ生まれなければいいんだという、かつては一度も考えたこともないようなことを考える。だから未亡人《みぼうじん》がなんの恥《は》ずかしげもなく、東京の婦人團体《ふじんだんたい》からそうした藥を配給して下さいというようなことになるんですね。

田邊 その点はたしかに警戒《けいかい》すべき点ですわねえ。まだ再婚《さいこん》もしていないのにね。これは東京都下のある田舎を調査した結果なんですけれども、そこでは結婚前《けつこんまえ》に娘たちが性《せい》の交渉《こうしよう》をしてしまつているんです。村の青年《せいねん》が、何人かを撫《な》で斬《ぎ》りにするように娘たちと性関係《せいかんけい》をして、娘の方は子供が生まれなければ平氣で、処女《しよじよ》のような顔をして嫁《とつ》いでいくといつた土地なのです。村の人達も何とも思つていない。

記者 そういう所に夜遊《よあそ》びとか、夜《よ》ばいの風習《ふうしゆう》があるんじやないのですか。

田邊 とても盛んな所です。村の青年たちは、何里かの夜道を歩いて娘のいる所に通《かよ》い、性生活をしてくるんです。とにかく男も女も結婚までに相当性生活《そうとうせいせいかつ》をやつているんです。この、子供が生まれなければ性生活をしてもかまわないといつた考えですがね、それが避姙薬《ひにんやく》の場合《ばあい》でも大切な点で、生まれさえしなければ疵《きず》がつかない、きれいな体《からだ》だというように考えるとすれば、これは大変な問題だと思うんですの。そう

いう考えの娘がたくさん出てくることと思われますものね。ところが妊娠《にんしん》した女《ひと》はみだらな娘《むすめ》として、世間《せけん》から爪《つま》はじきされ、それが辛《つら》くて生きられず、結局堕落《だらく》してしまうっていうことになるんですよ。

平林　その点、どうも日本では貞操というものを一種便宜的《べんぎてき》な考え方をするんですのね。まちがいがあつたという言葉の意味をとりちがえてしまつているんです。ほんとうは愛情のない者同志《どうし》の肉体《にくたい》の結合《けつごう》のことをそういうのですが、そうではなく妊娠したということをそう考えているのです。愛情のない者の肉体的結合というものが、ほんとうにいけないことだということが、まだ充分《じゅうぶん》に徹底《てってい》しないうちに、今日《こんにち》のような貞操混乱《ていそうこんらん》がきてしまつたのでしよう。

田邊　妊娠《にんしん》することをまちがいをおこしたといつているんです。田舎《いなか》の娘たちも盆踊《ぼんおど》りだとかお祭りみたいなときに、今お話しのまちがいがね、そういうことがずいぶんあるんですよ。ですからさつきの未亡人《みぼうじん》の女《ひと》も、いわゆるそのまちがいさえなければ、人に恥じない生活だというふうに思つているんでしようね。

恋愛《れんあい》と結婚《けっこん》のけじめ

平林　ところが今の未亡人の方ね、それが高等学校の先生なんですのよ。そんな教養《きょうよう》のある人がそういうことをいうんですから、驚《おどろ》くでしよう。教養のない女《ひと》なら、そんな考えも起すかもしれませんけれどもね。その未亡人に私にその相談をしているうちに、夜学の時間がきたので、席《せき》をたつて講義《こうぎ》にいかれましたけれどね。

田邊　まあ……女学校の先生がねえ。ところが面白いんですのよ。（笑いながら）今の女学校の先生のなかにはね、皆《みな》さんは相手《あいて》の男《ひと》が好きだつたら、肉体まで捧《さゝ》げるのがほんとうなんだというように教えている先生があるんですつて。娘なんか、お母さんこれをどう思いますかつてきくもんですから、私なんかびつくりしてしまいます。相手を愛するんなら、そこまでいくのがほんとうでしようけれども、何のけじめもなく肉体《にくたい》を捧げるということは、危険《きけん》だと思うんですの。とにかく結婚式まではね。その式が極《ご》く簡単《かんたん》なものでもいいから、それまでは、ほんとうに精神的であつてほしいと思いますね。

平林　私もそう思いますね。まだ恋愛というものの観念《かんねん》がまちがつているんですね。簡単に相手に対して魅惑《みわく》を感じるだけで、それで恋愛だと感じてしまつては早すぎますよ。私この間、郷里《きょうり》の信州新聞《しんしゅうしんぶん》が、恋愛《れんあい》についての輿論調査《よろんちょうさ》の統計を見せてくれたのですが、恋愛結婚が六〇パーセントもあるんです。ですけれどね、これはまちがいの恋愛だと思うんです。相手にチャームされたというのを恋愛結婚だといつているんだと思うのです。普通恋愛だと思つていても、たいてい精神感動《せいしんかんどう》なんてものは、さらにないらしいんですのね。

田邊　それと同じような問題で、家庭裁判所《かていさいばんしょ》にもち出された離婚数《りこんすう》が、恋愛結婚《れんあいけっこん》で破れているものが非常に多く、実は恋愛と範疇《はんちゅう》をつけているのは、恩恵《おんけい》とかあるいは馴《な》れ合いのことを恋愛といつたのですね。ほんとうの恋愛結婚というものが理想ならば、聰明《そうめい》な計画のもとにおける結合でなければならないわけです。

平林　恋愛ということが、あまりに通俗化しているようなんですね。肉慾《にくよく》というものを、なんか浮氣心《うわきごころ》といつたようにまで擴大《かくだい》してしまつて、その心とか氣持を生かして行動するように、若い娘なんかは考えているようですね。心の奥の奥にある精神感動《せいしんかんどう》こそ、恋愛だと思うんです。

田邊　そんなのは、そうザラにはないですね。たいていは、なんかしら好《す》きだぐらいで、恋愛だと思つているんです。

記者　平林先生のおつしやつた精神感動について具体的にお話し下さい。大変大事なことだと思いますので。

平林　私は、男の人が恋愛だと感じて魅惑《みわく》されるのは、外形の美しさからだと思うんです。しかしお互いに交際しているあいだに、外形の印象《いんしょう》は意識的《いしきてき》に消えてしまい、心の中のものだけが残つてくる。つまり人格内容《じんかくないよう》が残つてくるのですね。その人格内容から受ける大きな魅力《みりょく》がほんとうの恋愛だと思うのです。勿論、外形も條件の中に入つておりますが、それが始終、意識の継続になるものではないと思うのです。

田邊 私、この間ある心理学の先生が、恋愛をしたならば、ある程度の肉体《にくたい》の結合《けつごう》はあたりまえだとおつしやるのに対し、私はある基準《きじゆん》の上でなければ、それは正しいことではないとがんばつたんですのよ。しかし家庭裁判所《かていさいばんしよ》なんかで、問題がもつれてまいりますと、いろいろ証人なんかが來られますから、どうしても夫婦になつたというけじめをしておいた方がいいようです。そのけじめもつけずに、結婚の形になると、あとでもつれた場合に面倒になるんです。

平林 昔風《むかしふう》の親類《しんるい》とか緣者《えんじや》を招《まね》いて、大宴会《だいえんかい》をするというあのしきたりに対しては、反対《はんたい》なんですけれど、男女《ふたり》の結合《けつごう》をたしかに承認《しようにん》する社会的なものは必要だと思います。それによつて人格的にも定められますし、大体、社会の承認をうるということが結婚なんですから、そこに責任も出てきますしねえ、マア形式《けいしき》はある程度《ていど》必要《ひつよう》ですね。ですから、教会で、牧師《ぼくし》さん一人が立ち合つただけでもいいんです。

田邊 お友達の立ち合いだつていいわけですわね。とにかく、社会に宣言《せんげん》するということは必要です。

愛情《あいじよう》は哺《はぐく》み育《そだ》てよ

平林 自分の結婚《けつこん》を永続《えいぞく》させるためには、自分の周囲《しゆうい》の承認《しようにん》をうるという條件が必要です。こそこそと一緒になれば、つまり自分が損な立場になつてしまいますからね。

田邊 恋愛結婚《れんあいけつこん》が破《やぶ》れたという場合は、そんなことが原因《げんいん》していることも多いんです。親が承認《しようにん》した結婚は、ささえてくれるものがありますからね。このごろ、結婚は愛情だなんてよくいいますが、私たちの経驗から申し上げれば、ラヴ・シーンなんてそんなにないんですのよ、夫婦の間では……。（笑声）それは愛情がさめたんだからそれじや離婚しようなんて、やれないじやありませんか。（笑声）

平林 そう毎日、毎晩愛しあつていたら、第一鬱陶《うつとう》しくて、ほかの事にも氣持が動かなくなつてしまいますよ。人間、愛すつてことも、たしかに不可避《ふかひ》な問題《もんだい》でしようが、それが人生のすべてではありません。その点、女はしつかりしなければいけませんね。お互いに愛し合つて、その愛し合つている二人が、世の中におつくしすることこそ、ほんとうの愛情だと思うんです。ところが女の人は、愛のみでいつぱいなんです。それが古井戸の中の考え方の引きつづきだというんですよ。

田邊 男女《ふたり》の存在《そんざい》が残るようにすればいいのに……。

平林 でもみんな、愛したいということだけで心いつぱい…（笑声）それじやしようがない。

田邊 たしかに未婚の女性は、結婚が生活目的のすべてとして、一生懸命《しようけんめい》やつていますのね。そこがちがうと思うんです。自分を人間的に完成させることが目的なので、結婚が、娘さんの修養の大部分ではないと考えていただきたいんです。

平林 男の人が失恋《しつれん》すると、自棄酒《やけざけ》なんかあおつたりしますが、女の人の自棄《やけ》は、必ずといつていいほど、貞操《ていそう》をなげ出すんです。女は貞操ばかりが人生のすべてだと思い、宝物のようにしているんです。だから自棄《やけ》になると、すぐにそれを投げ出す。こうした、貞操のみを人生のすべてだと思つている、古《ふる》い傳統的《でんとうてき》な觀念《かんねん》から脱《だつ》すべきですよ。

田邊 それから失恋すると、あてつけのようにほかの男と一緒になつたりね。

平林 それつきりが女のすべて、ほかにない……愛情といつても、けつして愛ばかりが生きる目的ではありません。愛しあつて、樂しい生活が実現するのが目的ですからね。

田邊 やはり結婚《けつこん》も、淡々《たんたん》とお米の味のような愛情がなければ、お互い二人が協力《きようりよく》できないでしようけど……。

平林 夫婦《ふうふ》愛《あい》は進化《しんか》していくということを、二人がはつきりと知らなくてはいけないんです。つまり春は若葉して、夏は緑の葉がしげりあい、秋は紅葉《こうよう》してですね、冬に葉が落ちて、冬ごもりするように、それが、二、三十年たつても相変《あいかわ》らず部屋《へや》の片隅《かたすみ》でキッスなどをしている夫婦は、どつちかがおかしいので、正常の発達をしていない証拠《しようこ》です。家の中でもおかしいんですから、外へ行つてもおかしいことが起ると思いますね。そんな夫婦が愛情が深いと思われていますが、それは大きなまちがいで、むしろ愛情の発育《はついく》が順調《じゆんちよう》でないというほかありませんね。

田辺 その発育には、母が子供を育てるというそれよりも努力《どりよく》がいると思うんです。愛情は放《ほう》つとけばしぼんでしまうと思うんですの。二人で養《やしな》いあい、培《つちか》つていかなければだめです。

記者 その愛《あい》を養《やしな》うためには、どうしたらいいのでしようか。

田辺 自分《じぶん》の不断《ふだん》の向上《こうじよう》にあるんじやないでしようか。まさによきものに伸《の》びるようにお互いが養《やしな》いあえば、けつして倦《あ》きるなんていうことはありません。

平林 しかも、お互いがお互いへの信頼《しんらい》ですね。

田辺 愛《あい》の本質《ほんしつ》の大部分《だいぶぶん》は、いま平林先生のおつしやつた信頼と尊敬《そんけい》とですね。

平林 やはり妻は夫にいい仕事をさせる。自分もそれとともに家庭教育《かていきよういく》をやる。もしも職業《しよくぎよう》婦人《ふじん》であつたら、その仕事に一生懸命に精《せい》を出すことは勿論、子供に対しても自らの体験教育をすることが大切ですね。愛の結合というのは大事業《だいじぎよう》なのですからね。それが愛情《あいじよう》が片手間《かたてま》では大事業はできません。愛を忘れるような愛の成長《せいちよう》では、二人でほんとうにこの大きな仕事の完成《かんせい》をしとげるなんて、思いも及ばないことと思います。

貞《てい》操《そう》の零《れい》号《ごう》

田辺 最近《さいきん》の調停《ちようてい》で、自分から離婚《りこん》した女の人が、子供を連れて逃げてきたのですが、別なHという男の人とすぐ関係ができました。その女《ひと》に、「あなたは失礼ですが、Hという男の方の二号さんとか、おめかけという関係ですか」と申しますと、「いいえ、Hとは互いに愛しあつている」といつて憤然《ふんぜん》としていらつしやる。「それでは二号さんじやありませんか」と重ねて申しましたら、「そんなことおつしやられるのは実に心外です。私は強《し》いて申せば零号《れいごう》です」というのです。（笑声）むこうの奥さんというのは、おとしよりと田舎の方に住んでおられるのですけど、私はその女の人に、「そんな不自然《ふしぜん》な関係《かんけい》をしていなさるよりも、お子さんを正しい生活でお育てになつては……」と申しますと、女の人は、「正しい生活をしていたのでは、子供が立派に育ちません」と、ひらきなおるんですの。実にしやあしやあとしているんですね。つまり貞操《ていそう》を貨幣価値《かへいかち》に換算《かんさん》して、子供を育てるためには貞操を売つてもいいんだという観念なのです。

記者 それを零号《れいごう》というんですか。（笑声）

新語《しんご》ですね。（笑声）

平林 そういう場合に「愛し合つてるのです」と必ずいうものですね。めかけでも愛しあつているといえば、めかけにはならないと思つているんです。

田辺 私の倫理《りんり》は古臭《ふるくさ》いかもしれませんけれど、でもそれにまきこまれたら大変だと思います。愛しあつて眞実に生きることもきれいだと思いますが、男の人も女の人も、人を蹂躙《じゆうりん》する立場をとることは、いけないことだと思います。どんな時でも、自分の幸福《こうふく》が、他人《たにん》を蹂躙《じゆうりん》しないのならいいんですけど、その女の方の場合なんかは蹂躙していますからね。わたくし、その女の方の兄さんという方にも来ていただいて話し合いましたら、兄さんは分つてくれまして、反省《はんせい》させますと仰有《おつしや》つてましたが、Hという人は帝大出のインテリですが、その男女《ふたり》は愛し合つているんだから、きれいなことだと考えていたらしいんですね。

平林　恋愛《れんあい》と別に、肉体関係《にくたいかんけい》を結ぶというのは、非常《ひじよう》に多いんです。貧乏《びんぼう》のためにパンパン・ガールになるような人たちもありますが、そうでなくて、相当なインテリが、いろいろ理《り》窟《くつ》をつけて、そんなことをやつているのが、いまの世の風潮《ふうちよう》ですね。

田邊　そういう風潮はたしかに見えます。

平林　結婚ができないことも、一つのアレですが、それは恋愛とはちがいます。恋愛と見まちがつているのともちがつているので、つまり非常に意識的《いしきてき》なんですね。これでいいんだ、構わないんだということが、多いんですね。たまたまそんなことでお金を貰つたりなんかして、月給《げつきゆう》が足《た》りないのを補《おぎな》つたりなんかしてるようですね。

記者　そんな女の人達が多くなつていくことに対しては、女の人たちばかりせめる前に、制度上、社会機構《しやかいきこう》の欠陥《けつかん》などもあげなければならないと思うのですが。

平林　そうですね。それはたしかにそうですが、制度《せいど》が悪いと申しますけれど、制度が悪いからといつて、人間が制度の犠牲《ぎせい》になることもつまらないよ。そんな悪い制度にも反抗して、自分の正しい道をたてるところにいいところがあるんですね。よくちかごろの若《わか》い女《ひと》は二口目《ふたくちめ》には、すぐパンパン・ガールにならなければならないという。婦人団体協議会《ふじんだんたいきようぎかい》が、パンパン・ガールの問題を俎上《そじよう》にのせて、……あれを罰《ばつ》するか、どうかということをやりました時に、ついに議《ぎ》論《ろん》百出《しゆつ》、その時に若い女《ひと》が立ち上りまして、私たちでも食べられなければ淫売婦《いんばいふ》になりますと叫《さけ》んでおりましたが、実に女はツマラナイものになるものだと思いました。そんなことでは、生き甲斐《がい》なんてありません。そうなるまいという女こそ、価値《かち》があるんですよ。

田邊　平林先生が欠席なさつた時でしたけど、労働省の審議会《しんぎかい》でね、全逓《ぜんてい》の労働者代表の方《かた》が、全逓の労働者《ろうどうしや》の中には食《く》つていけないで夜《よる》の女《おんな》になる者すらあるといつてましたが、わたくしそれをきいて、なんと情ないことだろうと思いましたね。世の中が悪いからというそれ一点張《てんば》り、結局、世の中に自分というものが流されている。まるで塵芥《ちりあくた》みたいに独立性《どくりつせい》がないんですね。

平林　ところが女の貞操《ていそう》については大きく騒《さわ》がれますけれども、男の立場も考えてみなければならないと思いますね。これなら万國共通《ばんこくきようつう》で誰も怒る人がないからなどといつて、女の私が聞くに堪《た》えない猥談《わいだん》を隣《となり》の部屋で大声でやつてるのを旅館などで聞かされますが、男の社会で貞操をどう考えているかということが問題になると思うのです。貞操をもてあそんだことを何か「もうけものをした」とか「ひつかかつた」とか「うまくやつてる」とか「腕が達者だ」とかいう考え方が男の心理の中にあるとしたなら、あまりに貞操《ていそう》を物質的《ぶつしつてき》、便宜的《べんぎてき》に考えていると思いますね。この男の自覚《じかく》と理解《りかい》が不充分《ふじゆうぶん》であると思います。だからといつて、女は何をしてもいいという理《り》窟《くつ》には勿論なりませんけれどね。

田邊　男の人の場合は、自分のことは棚《たな》にあげて、再婚でも処女《しよじよ》の方をほしいと考えるんです。男の人の慾《よく》ばりからきています。

ただ社会の風潮《ふうちよう》が現在のように混乱《こんらん》してきますと、夫が一人の妻を守りつづけたり、妻が一人の夫を守りつづけたりすることが、なんだか時代《じだい》おくれのした感じを与えて、動揺《どうよう》させているとしたらとんでもないまちがいだと思います。私たち夫婦生活の中には晴れた日もあれば雨、嵐、雪の日もあると同様《どうよう》に波瀾《はらん》の多いものですが、これに堪えて幸福な生活を築《きず》いていくところに尊《とうと》い美《うつく》しい人生があると思うの。それを簡単にただ一筋《すじ》の純潔《じゆんけつ》を軽蔑《けいべつ》したり、処女《しよじよ》を否《ひ》定《てい》して時代の先覚者《せんかくしや》ぶるのは、本当に処女《しよじよ》の聖《きよ》い美しさを知らない人の泣言《なきごと》だと思うのですけれど……

平林　まつたく同感です。純粋《じゆんすい》さもなく握手《あくしゆ》をするように簡単《かんたん》に接吻《せつぷん》する、貞操《ていそう》をすてる、あまりに愛情過剰《あいじようかじよう》だわね。

記者　ではこの辺で、いろいろ有益なお話をありがとうございました。

（おわり）

問題《もんだい》
りの青春座談會

（鮎沢夫人）

両親《りょうしん》に祕密《ひみつ》のお友達《ともだち》

司会　この頃日本で、ボーイ・フレンドという言葉が流行《はや》つていますが、これはアメリカの言葉でしょうね。

山本　アメリカでボーイ・フレンドと申しますのは、日本で現《げん》に使われているような深い意味でなく、ごく普通の男の友達のことを申します。

司会　日本では特別仲《なか》のいい、同志に、そんな言葉を使つているようですね。日本では、男と女の單純《たんじゅん》な交際というものを認めない習慣がありますので、ボーイ・フレンドといえば、そこに何か特別な意味をまじえて考える人が多いようですね。これについては、お若い皆さまは、大いに御不満《ごふまん》がおありだろうと思いますが……

中河　この頃はよほどよくなりましたけれど、若い人たちがボーイ・フレンドを持つていると、何かと話題《わだい》にされますのね、それが自然なものでも。

司会　山本さん、アメリカではどうですか？

山本　アメリカにもいろ〳〵あるでしょうけれど、ちやんとした家庭の娘さんは、祕密《ひみつ》のボーイ・フレンドは持ちません。両親や兄弟にもちやんと引合せて、明るい朗らかな交際をしています。その点、日本のお孃さま方は、御両親に隠《かく》れて交際していらつしやる方が多いような氣がします。

司会　家庭に理解《りかい》がないから、自然そんなことになるのでしょうね。

齋藤　でも、日本でも若い人たちがだん〳〵自覺《じかく》して來ましたし、家庭でも理解されるようになつて來ましたのね。たとえば、家庭でお茶の会やダンスの会を開いて、子供のお友達をお招きするようなことが、ちよくちよく行われるようになつてまいりましたのね。

家庭同志《かていどうし》の交際《こうさい》から

司会　小崎さんは教会でお育ちになつたのですから、りつぱなボーイ・

（出席者）

五十音順

（赤坂霊南坂教会牧師小崎道雄氏の令嬢）小崎《こざき》朝子《あさこ》

（お父さまは國際不動産株式会社の社長さま）斎藤《さいとう》明子《あきこ》

（ハルビン育ち・東京文化学院國文科出身）重政《しげまさ》純子《すみこ》

（作家中河與一氏の令嬢 國学院大学聽講生）中河《なかがわ》まり子《こ》

（アメリカ育ち・東京女子大出身・進駐軍勤務）山本《やまもと》誠子《しげこ》

☆ボーイ・フンレドの

お嬢さまばか

（司会）鮎《あゆ》沢《さわ》福《ふく》子《こ》（鮎沢巌氏夫人）

フレンドをお持ちでしょうね。

小崎　はあ。でも、幼稚園の頃から御いつしよにお遊戯をしたり、唱歌をうたつたりして大きくなつた友達ばかりですから、相手の方が男性であつても、それをほとんど意識《いしき》しないで、ごく自然なお友達としておつき合いしています。従つて、教会以外でのおつき合いは全然ございません。

司会　小さいときからのお友達でしたら、最も理想的《りそうてき》ですね。山本さんなんか、職場で得たボーイ・フレンドがおありになるでしょう？（山本さんは進駐軍の立川病院に御勤務。）

山本　はい、ボーイ・フレンドといつてい丶かどうか、とにかく、お友達はございますけれど、お仕事の方で教えていたゞいたり、助け合つたりしているだけですの。

司会　職場《しよくば》の延長で、御いつしよに音楽会に行つたり、ダンスの会にいらつしやるようなことは？

山本　ちつともございません。

司会　斎藤さんはお出かけになるんでしょう？

斎藤　えゝ、ときぐ〵。ダンスの会などには、お電話で誘《さそ》い合せて、お友達同志二三人で出かけます。子供の私たちを通じて、親同志が仲よくなつている御家庭の方《かた》ですから、両親も安心して許してくれます。

司会　西洋の家庭では、お茶の会やダンスの会ばかりでなく、子供たちのために読書会や討論会《とうろんかい》なども、ちよいちよい催《もよお》してやりますよ。それで、自然にいゝお友達ができるわけで、結構なことだと思います。殊に読書会や討論会をいたしますと、それぞれの思想《しそう》傾向《けいこう》や趣味なども

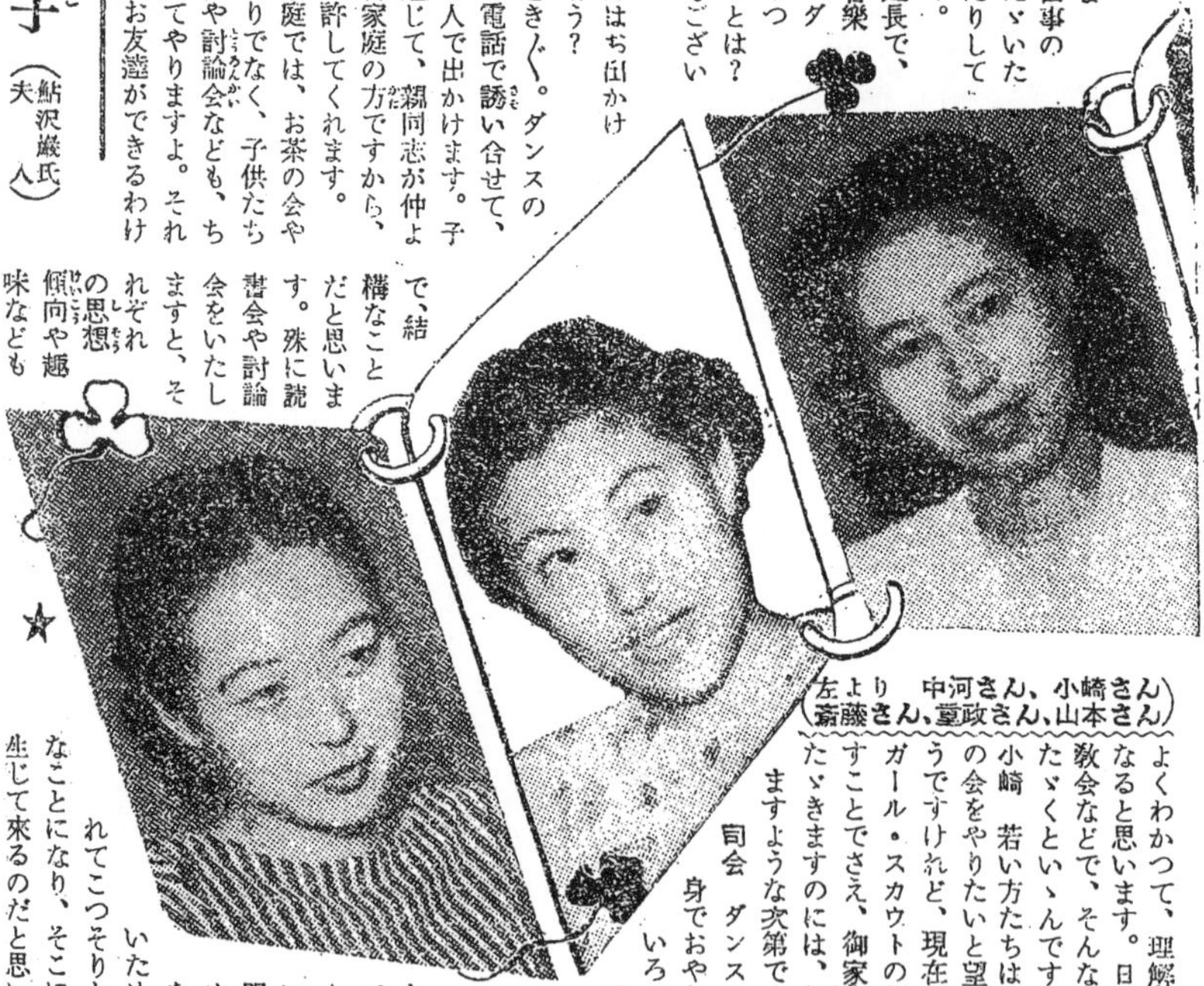

（左より　中河さん、小崎さん 斎藤さん、葦政さん、山本さん）

よくわかつて、理解を深めることになると思います。日本でも、せめて教会などで、そんなことをやつていたゞくといゝんですがね。

小崎　若い方たちは、教会《きようかい》でダンスの会をやりたいと望んでいられるようですけれど、現在、私のところでガール・スカウトの集りをいたしますことでさえ、御家庭の御理解をいたゞきますのには、相当《そうとう》に骨が折れますような次第で……

司会　ダンスの会を教会御自身でおやりになるのにはいろ〳〵問題があるでしょうけれど、信者の方の御家庭などを開放《かいほう》して、若い人たちのために何かやつていたゞくとほんとにありがたいと思います。明るい交際を認めて、その機会を作つてやらないために、両親に隠《かく》れてこつそりと交際するようなことになり、そこに誤解や過失《かしつ》が生じて来るのだと思います。

437　「ボーイ・フレンドの問題（お嬢さまばかりの青春座談会）」　鮎沢福子、小崎朝子 ほか　『主婦之友』昭和24年11月1日

中河　それには、親たちばかりでなく、若い私たちも大いに目ざめて、軌道《きどう》にはずれない交際ができるように努めなくてはいけませんわね。

司会　そうですとも……。で、中河さんは、どうしていらつしやいますの？

中河　私は、新しい男のお友達ができたときは、以前からおつき合いしている二三のお友達といつしよに、家《うち》にお招《よ》びして、それとなく両親や弟妹たちへも紹介するようにしています。

司会　中河さんは、お母さまが御理解がおありになりますものね。（中河さんのお母さまは女流歌人中河幹子女史です。）

中河　この頃はよくダンスの会だのお茶の会だのがございますから、そんな場所へは、お母さま方も、綺麗にしてちよつとお顔を出してくださるのがいゝと思います。でも、あまり長居《ながい》をしていたゞかない方がいゝんですけれど……（笑声）

男女共学《だんじょきょうがく》と恋愛問題《れんあいもんだい》

司会　重政さんは文化学院でしたのね、あそこは古くから男女共学をやつていられるのですから、ごく自然な御交際《ごこうさい》がおできになりますでしよう？

重政　その点、傳統的にスムースにいつているようですわ。但《たゞ》し私は戦後に満州から引揚げて來て、いきなりあのハイカラな学校に入学しましたでしよう、だから何だか変《へん》な氣がしましたわ。クラスの男の子から話しかけられると、堅くなつてしまつて、われながら情《なさけ》ないほどギゴチなくなるんですの。相手に対して高飛《たかび》車《しや》に出てみたり、そうかと思うと妙に卑下してしまつたりして、どうしても自分の本然《ほんぜん》の姿になれないんですの。

斎藤　最初はどうしても、そうなりますわね。

重政　氣取らずに、素直《すなお》な氣持でお話ができるようになつたのは、卒業近くなつてからでした。今ではもう女のお友達に対したときと同じ平靜《へいせい》な氣持で、世間ばなしもしますし、ジスカッション（議論）もしますし、ときには喧嘩《けんか》もいたします。（笑声）

司会　クラスの中で、恋愛事件など起りませんか？

重政　ごくたまにあります。でもそんな場合には、傍《はた》であまりうるさく騒ぎ立てないで、その成行きをじつと見守つていて上げるようにしています。

司会　周囲《しゆうい》で騒ぎ立てるのはいけませんね。

斎藤　傍の人の眼には、心配で見ていられないようなことでも、本人たちは案外冷静で、若い人は若い人なりに眞劍《しんけん》に考えていることが多いのですから、あまり干渉《かんしよう》しないでいただきたいと思いますわ。

司会　はい〳〵畏《かしこ》まりました。（笑声）私はもと〳〵、女の子も二十を過ぎたら、もう自分で責任のある行動をとれるのだから、干渉しない方がいゝと考えています。

中河　私はまた、自分ひとりで考えていると、何だか頼りなくて、つい何でも母に相談してしまいます。すると母はうるさがつて、少しは御自分でお考えなさい――つて叱《しか》られますの。（笑声）

司会　しかし、干渉するしないは別として、何事も御両親に相談できるということは、大変結構なことですし、親御《おやご》さまとしても、これは非常に幸福なことでしようね。それで――皆さまは、お父さまとお母さまとどちらがお話をしやすいですか？

重政　それは父ですわ。

斎藤　私もお父さまの方が……

山本　私はどちらにも、氣《き》軽《かる》に相談できると思います。

小崎　私もそうですけれど、母とい

つしよにいる場合が多いので、何かあつたらまず母にお話することになると思います。

齋藤　うちのお母さまは、すぐ私といつしよになつて悲しんだり、同情したりしてくれますから、何だか頼りない氣がしますの。

お父さまは、第三者的な批判《ひはん》をしてくれますので、相談相手としては何となく力強い氣がします。ですから、同情を買いたい場合には、もつぱらお母さまに……（笑声）

ボーイ・フレンドの資格《しかく》

司会　皆さまは、ボーイ・フレンドとして、どんな男性をお望みになりますか？

齋藤　言えませんわ、そんなこと。

司会　結局、おつき合いしているうちに、お互の氣持が一致《ち》すれば、結婚の相手にもなれる男性……ということになりましょうね。

重政　異性という觀念《かんねん》なしに、おつき合いのできる人が、いゝと思います。相手が女だからどういうので、一段と調子を下した話しぶりをする人は嫌《きら》いです。学校の討論会などで、女の人が発言すると、妙な声で彌次《やじ》つたり、床《ゆか》を踏み鳴らしたりする人がありますが、そんなのはボーイ・フレンドの資格はゼロだという前に人間的に嫌いですわ。

司会　同感《どうかん》ですね。女の人を男よりも低いレベルのものとして眺めようとする人と、対等《たいとう》のおつき合いをするのは、まつぴら御免ですね。

中河　同じことでも女の人が言うと、すぐ、あいつは生意氣だなんて言うような人がありますのね。

司会　女を尊敬しようとしないのが日本の男の欠点です。ボーイ・フレンドというのは、いつしよに映画に行つたり、散歩をしたりするだけが能《のう》じやありません。女は男を、男は女を、お互に理解し合い、尊敬し合つて、各自の人格を高めていくようにしなくてはいけないと思います。

重政　そうならなくては、ほんとのフレンドシップ（友情《ゆうじよう》）はわいてまいりませんものね。

司会　そう、そこまでいくのが本当だと思います。そうすると、将来皆さまが他の男性と結婚なすつても、お友達はやはりお友達として、変りない友情を持ちつゞけることができると思います。

中河　人間の一生のうちで、ほんとに理解し合つたお友達というものは、ずいぶん大切な要素《ようそ》を占めるものと思います。ですから、たとえ別別に結婚しても、お友達として永く交際していけたら、どんなに嬉しいことでしよう。

小崎　それはなか〳〵むずかしいことでしようね、実際問題としては。

司会　結婚した人が、他に異性《いせい》のお友達を持ちつゞけることは、日本だけでなく、外國でもなか〳〵面倒な問題だと思います。

重政　そんなの、刺戟《しげき》があつて、却つて御夫婦仲がよくなるのじやないかしら。（笑声）

お母《かあ》さま公認《こうにん》の友達《ともだち》

司会　日本の親御さまたちは、わが娘にボーイ・フレンドができたら、

439 「ボーイ・フレンドの問題（お嬢さまばかりの青春座談会）」 鮎沢福子、小崎朝子 ほか 『主婦之友』昭和24年11月1日

いずれ將來はその人と結婚するものと考えていらつしやるようですね。

斎藤 だから私たち、困つちやいますのよ。(笑声)

司会 皆さんとしては、結婚のことなど頭におかないで、ごく單純《たんじゅん》なおつき合いがなさりたいのでしょう。

重政 えゝ、そうですわ。

司会 でもそのうちに、ほんとに氣持の合つた人が現れたら、結婚まで進んでもかまわない、というお氣持でしょう。

中河 多分《たぶん》、そんなことになるのでしょうね。

山本 私はお友達はどこまでもお友達として、結婚のことは別に考えたいと思いますわ。

司会 でもお友達の中から、未來《みらい》の御主人が現れたら、それでもかまわないでしょう。

山本 えゝ。でも何だか親しいお友達を、そんな眼で眺めるのは、感情的に厭《いや》ですわ。

司会 お氣持はよくわかります。結婚の相手を物色《ぶっしょく》するつもりで、ボーイ・フレンドを作るのは、何だか不純だとおつしやるのでしょう。

重政 私の家には兄が二人いますので、そのお友達の方がよく遊びにいらつしやいます。すると、私たちもいつしよになつて騒ぎますし、遊びにつれて行つていたゞくこともあります。

司会 そんな御交際には不安がなくて、ほんとに樂しいでしょうね。中河さんなんかも、お母さま公認《こうにん》のお友達ね、きつと。

中河 えゝ。遊びに出かけるときには、誰さんと行きますからと、ちやんとお断りして、その日はお小づかいを少し余計《よけい》にいたゞいてまいります。ほんとは男のお友達が拂つてくださるので、お小づかいはいらないんですけれど……（笑声）

斎藤 ちやつかりしてるわね。(笑声)私なんか、男の人と遊びに行くときは、お小づかいを持つて行かないことにしているわ。(笑声)

中河 まあ、そいじや、明子さんの方が、よつぽどちやつかりしてるわよ。(笑声)

司会 女の子と遊びに行くときは、お勘定《かんじょう》はすべて男の人が持つこと、これは世界共通のエチケットですから、『主婦之友』にはつきり書いておいていたゞきましょうね。(笑声)

異性《いせい》の友《とも》に学《まな》ぶこと

司会 ボーイ・フレンドがあると、お小づかいの点ではたしかに有利だと思いますが、その他にも何かプラスするものがあるでしょう。

重政 私たちは何事でも、すぐ感情的に見すぎますが、男の人は、冷靜《れいせい》に理性的に物事を判断してくれますので、教えられることが多いと思います。

小崎 たしかに男の人は、何でも大局的に見ることができますのね。女はどうも、物事の渦中《かちゅう》にすぐ巻き込まれて、溺《おぼ》れてしまいそうになりがちで……

斎藤 女同志ではわからないような欠点を、男の人はよく指摘《してき》してくれますわ。その代り、男の人にはわからぬ微妙《びみょう》な感情を、こちらから教えて上げることができます。

司会 男の人は、女のお友達がもつと知的水準《ちてきすいじゅん》を高めることを望んでは

いませんか？

重政 望んでいる人もありますが、また面白おかしく遊ぶことだけしか考えていない人もあります。

司会 一体あなた方は、どんなことをして遊びますの？

重政 ハイキングをしたり、キャンプに行つたり、映画《えいが》を見に行つて、帰りにお茶を飲んだり。……二人きりで行くのは何となく氣づまりですから、大てい三人か四人のグループで、誘《さそ》い合つて出かけます。

山本 アメリカでも、若い男女が二人きりで遊びに出かけるのは、すでにボーイ・フレンドの域《いき》を超えているものと見られています。あちらではよく自動車で出かけますので、それに乗れるだけの人数、つまり五六人のグループが多いのですが、ときには七八人から十人ぐらいが、一台の自動車に鈴《すゞ》なりになつて出かけることもあります。そんなことをしているうち、二人だけが特別に親しくなることは、よくあることです。

司会 そうなつた二人は、多勢《おゝぜい》で遊びに行くのを、好まなくなるでしよう。

山本 えゝ、だから大てい結婚してしまいます。（笑声）

司会 そんなにして結婚生活に入つてゆくのは、自然でいゝですね。

山本 グループの中から、そんな一組が現れても、誰も反感《はんかん》を持つ人はなく、むしろみんなで祝福して上げます。

斎藤 羨《うらや》ましいわね。でも日本の若い人たちも、だん〳〵自覚して來ましたね。

重政 男女の共学がすつかり板について來たら、日本もきつとよくなると思います。少くとも男女の関係《かんけい》はもつとスムースになると思います。

司会 今の若い方々は、皆さまのように明るい自由な交際を望んでいらつしやいます。これは至極《しごく》もつともなことだと思いますが、世間にはまだまだ無理解な親御さまが多く、そのために祕密の交際をなすつていられる方も少くないことゝ思います。

中河 両親は理解していても、世間一般が白い眼で見るようなこともあるんじやございません。

司会 田舎《いなか》は殊にそれがひどいと思いますが、この惡い習慣を打ち破るためには、男の人が道徳的にもつと高くなつていたゞいて、婦人に対する正しいエチケットを身につけゝもらわなくては、どうにもならないと思います。

小崎 それと同時に、女の私たちが自覚することも必要でしようね。

司会 そうです。皆さんが、ちやんとした道を歩いてくださることが大切です。一人の人の躓《つます》きが、全体をこわしてしまうことになります。その点、皆さんの責任は重大です。

斎藤 先覚者《せんかくしや》は辛いわね。（笑声）

司会 私たち老人組も大いに反省しますが、何といつても、若い皆さんが生きた模範《もはん》を示してくださることが、何より大切です。まだ〳〵この問題については議論があると思いますが、今日はこれくらいにしておいて——またお会いしましようね。

（さしえ・阪口《さかぐち》茂雄《しげを》画《が》）

貞操はいらない

戸川行男

私はけんか腰である。貞操なんてものは、犬にくれてやれ、といい切る以上はケンケンゴウゴウたる非難と、或いはどこかの線路上に首なし死體となつて見出されることをも覺悟せねばならぬからである。私は、貞操なんていらないという。あなたは、貞操は何物にもまして大事だという。よろしい。ひとつ話合つてみようではありませんか。

私が主張する第一の點はこうです。性生活はわれわれの本能に即した行爲である。それは、神主が頭の上で葉つぱをふる以前であろうと以後であろうと同じだ、というのである。いつたい、結婚とはなんでしよう。神主が愚にもつかぬとなえごとをいつて頭の上で葉つぱをふることですか。私には、葉つぱをふつたか否かで、一方の性生活を神聖とし、一方の性生活を不義とし道にはずれた行いとする理由がわかりません。それは、ばかばかしい。一九四〇年代、原子力の時代に、あなたがたは、この葉つぱ等々を神の契りとでも考えようとするのでしようか。

戸籍、入籍、これはつまり文字の問題です。私の抄本をみますと、婚姻の届出により昭和何年何月何日夫婦につき本戸籍編制以下余白とあります。家内のとこには某月某日受附入籍とあります。で私は考えます。このぺらぺらの紙のここにこの十數字が有るかないかが、われわれの性生活を神聖にしたり不義にしたりするのだろうか。もしそうなら、そうした莫迦げた考えは、葉つぱとともに、清算されるべきではないか。なるほどこの一行の有無は私の家族手當に影響する。私の勤務先きではそれは六百圓である。六百圓の差は呑むことにしよう。それを承知の上でなら、あなたが、お好きな人と性生活に入る上に、神主や區役所のぺらぺらな紙やは、考慮に入れる必要はないと思う。さあさあ御自由に、と私はいうのである。

結婚生活は、その結果として生れてくる子供たちを育てる責任を含みます。いうまでもなく、なぜ人間に性生活というものがあるかといえば、それは子供をうんで育てて次代の人間を作つてゆくそのためである。それで、あなたがたはこういう。子供のためでない性生活、つまり葉つぱ以前の性生活は享樂だからいけないと。この言葉をきいて私は憤然とくつてかかる。文部省の委員會で出されたお茶とお菓子は營養のためか、というのである。なるほど、われわれがものをたべるのは、肉體を維持するため、營養のためである。身體にエネルギーを補給するために私は三度、めしをたべる。がそれと共にチョコレートをたべ、アイスクリームをたべる。性生活は常に必らず子孫の繁殖のためにのみ許されるのだ、とあなたがいうならば、あなたは嘘つきである。あなたはキスしたことがありませんか。ところで接吻で子供が生れますか。私は秋の風景を樂しむ。柿を取つて味う。そのごとく、性生活にだつて、ああきれいだな、ああうまいな、のごときがあつてなぜに惡いのか。だつて、みんなが現に、葉つぱ以後に、そうしているではありませんか。

それは違う、とこんどはあなたの番である。たべないと死ぬが、性生活はないでも死なない。食と性とは一律にいえない。それに、中トロをつまんだからとて、大福のたべつこをしたからとて、中華料理とロシア料理とをちやんぽんにたべたからとて、自分の性質がそれで荒れすさんだりすることはない。が性生活はいけない。濫用、享樂的濫用、特に女性の場合は深くつつしまねばならない。――私は答える。話が少しくい違つています。濫用がいいとは私も決していつていない。間食だつて本當はよした方がいいのです。西洋料理と中華料理とを一箸ずつちやんぽんにたべるような眞似を性生活でやれなどとはだれも申し上げていません。私がいつているのはこうです。例の葉つぱの、後に許されることは、前に許されたつていいではないか。戰爭中に錬成道場で、ずらつと並んだお膳の前にすわつて、變なとなえごとをしてから御飯をいただいた。私は、ばからしいと思う。いずれいただく御飯なら、さつさといただきなさい。電車に乘るときに、國鐵組合の皆さまに感謝いたします、などと、となえごとをいつていたらドアがしまつてしまう。婚約中がどうの、親が不賛成だからどうのいつて、となえごとがすむまでお待ちになるのは、お好きの人はやつたらよいが、愚にもつかない。

それはもちろん、性と食とはちがいます。喰われる秋刀魚は文句をいわないが、性生活の相手は生身の人間である。人權を尊重しなければいけません。厭だというのに暴力を用いて無理を通すごときは、ことのたにたるやを問わず、悪いことです。貞操じゆうりんが悪いのではなく、一般に他人の意志をじゆうりんすることが悪い。性生活は合意の上の行爲で、人間と人間との間に要求される道徳はここにも完全に履行されなければいけない。われわれは、ひとに迷惑をかけてはいけない。ひとを裏切つてはいけない。故意に、ひとを苦しめたり、不幸にしてはいけない。で、私は私の戀人とか細君とかを、苦しめたり、悲しませたり、不幸にしたり、迷惑をかけたり、裏切つたり、してはならない。親に對してもそうである。友人に對してもそうである。隣人に對してもそうである。これは申し上げるまでもない。

で、私が銀座通りでカステラを買つて、そして美味を求めるついでに街頭で性生活の美味にまで手を出して、それが私の細君を苦しめたと假定すれば、私は身近の者を不幸にしたとの點で、道徳的非難に價する。貞操なんかの問題じやありません。私は、昨日引越してきた隣人にすら、故意に不幸を與えるようなことをしてはならない。いわんや、細君においておや。非難すべき點は、私が貞操という變なものを後生大事にしなかつたということではなくて、私が人間に對して不人情であり人道主義的でなかつた點である。貞操じやありません。

私は彼女を愛し、彼女は私を愛する。私も細君も、お互に、それ以外の性生活の相手を求めようとしない。しかし私は自分が天下第一等の人物だなどと未だかつて思つたことはないし、細君が當代稀れな女性だなどとは、なんぼなんでも考えていない。私より優れた人物は、それはもう數限りなくある。あらゆる點で私より優れている。そしてその中には、私の細君の相手として私より百倍も適當な人が澤山にいる。で、もし細君がそうした相手にぶつかつたとして、その人を愛するように成つたら、正直に申し上げますが、大變に結構なことだと思う。そのことは相手の私をちつとも悲しくしないのだから、安心してその人のふところでもどこにでも飛び込んだらよい。貞操なんて幽靈にうなされる必要はない。ここで私が、結構だなどというのは、私が彼女を愛していないためであろうか。反對である。私は、うちの子供を愛し、うちの子供がよい女性をえたことに心からなる喜びを感ずるごとく、私の細君が本當に優れた相手にめぐり合つたことを心から喜ぶ。ただ私たちは、このお茶碗が天下第一等品だとは考えないが、毎日満足してこれで御飯をいただいている。われわれ夫婦はお互に満足して、これ以上の優秀品を求めようとはしない。一夫一婦は、少くも私の場合、貞操じやありません。私は帽子を買うと破れるまでそれをかぶつています。

私が細君を愛するのは、われわれがお互に好きだからでして、細君が私以外のどんな男性をも愛さないからではない。細君が私も好きだしそちらも好きだというなら、それはそれでよいかと考える。それに人生は長いのだから、そうそう一人の人だけをいつまでも愛しているわけにもゆくまい。ここらに、いつまでも別にむずかしい問題はないでしよう。私が死ねば細君は再婚する。細君が死ぬと私が再婚する。これもなんでもないことです。チエホフの「可愛いい女」をお讀みなさい。だれが彼女を非難するでしようか。姦婦、不貞等々の封建的感情は、いいかげんに清算してしまつてよい時分です。細君は人間でして品物や飼い犬ではありません。

ところで無貞操論に對する例のケンケンゴウゴウたる非難は、川田順氏主義に對する非難ではないので、それが青年子女の行爲を誤らしめる點にあるようです。たとえばあなたの言を借りていえば、君は君のうちの坊ちやんが、どこかの娘さんといつしよにねていても平氣でいるつもりか――。冗談じやない。うちの子は中學二年生です。酒も煙草もまだ早い。それは衞生の問題です。衞生、性の衞生の問題で、道德じやない。貞操ではなくて、心身の發育を早すぎる性生活が阻害するからです。で、新制高校二年でも止めさせた方がよい。大學二年なら、われわれと同じ大人ですよ。明治時代のわれわれの親はその年で結婚しています。くりかえしていうが、衞生の問題です。衞生は尊重されなければならない。心身を健康に發育させるためには、衞生を大事にしなければいけない。煙草や酒や性生活やを何歳ぐらいから始めてよいものか、それはただひたすら、衞生の見地だけから、きめられるべきで、道德や葉つぱや貞操やのことがらではない。

結婚という形式以前に性生活をはじめること、つまり葉つぱ以前に貞操を失うことが、どうしてまたそんなに、天地がひつくりかえる程の問題なのか私にはわからない。それは、つまらんことです。些細なちよつとしたことです。煙草をいちど吸つてみた、といつたような、ちよつとした經驗です。しばらく、口が煙草くさい。それから、また吸いたくなる。まず、そんなところです。人生の重大問題ではありません。貞操が尊重されるのは、結婚という商談に際して、商品價値をたかめるからで、これは天下周知の事實です。人間というものはおかしなもので、おくさんだけは素人の無經驗者をよしとする。どんな職場でも玄人、有經驗者が、素人、無經驗者より、俸給が上なのであるが、おくさんはずぶの素人をよしとする。偏見です。性生活だつて、經驗は尊重されねばなりません。貞操は、失われ破られて價値が出る。愚な話です。あなたは性生活の經驗をえて、生長したのです。

世の中には、あきあきする程に澤山のばかばかしい議論がある。貞操尊重論のごときがこれである。第一に、それには何ら合理的なものがない。それから現に世の中の若い人たちは、葉つぱまで待つてやしない。しかし、なににもまして私が貞操の偏見を攻擊する理由は、それが人生に無用な悲劇を生ずる點である。二千年の人間の歴史、書かれていない民衆生活の歴史において、この貞操ということがいかに多くの血と涙を流させているか。人間は、神の問題とそして貞操の問題とにおいて、いかに殘忍で非人道的であつたか。憐れみというものを知らぬ人々のみが、貞操論者たりうる。もつとも心の冷い人のみが、貞操の嚴肅論者たりうる。數限りなく多くの男女がただそれだけのために殺された。或いは教會堂の入口にひれ伏して人々に唾され泥足でふまれた。でなければ、一生の日陰者として、かくれて生きなければならなかつた。愚昧の極である。ばからしき限りである。あなたがたは、こうした不合理、残忍を二十世紀につづけようとするのですか。

貞操をお説教する人たちを私は知っています。それは、自分たちが葉つぱによつて神聖なる夫婦生活が許されているので、この特權を維持しようとしているのです。軍隊であつたように、自分たちも貞操で苦しめられたから、若い者も苦しめてやれ、あれです。ひと様《さま》のものには手をつけないということと、結婚まで異性を知らないということと、この二つしか道徳というものを知らぬ人々です。彼らは人生の高い道徳を理解しない。だから盗む慾望を我慢することと、性慾を我慢することと、この二つしか德目をしらない。そして、我慢することが道徳だと考えている。貞操を守らなければ社會の風儀が亂れると、あなたはいう。そして、正しい言論が壓迫され、民衆の意志がふみにじられ、自由主義者だということだけで刑務所に入れられても、葉つぱまで異性と一緒にねることを我慢していれば、乃至はうまくかくし終えれば、社會の風儀はそれで正しいとあなたがたは考える。ばかばかしい話です。

いい人はいい人です。いやな奴はいやな奴です。性生活の經驗を持とうと持つまいと、いい人はいい人ですし、いやな奴はいやな奴です。私個人の趣味としては、食事どきに餘り親しくない人の家を訪問したり、私生活を混亂させたりすることを好みません。一回しか會わぬ人の家に泊り込んでざこねしたりすることを好みません。だから二度目に手をにぎり、三度目にキスし、四度目に會つたとき一つふとんでねるような、なれなれしさは、趣味としてきらいです。ですから一寸した知り合い、乃至、往來のうす暗いところで顏を見たばかりの女性を性生活の相手にしようとは、さらさら思いません。が、それは私の趣味の問題で、ただそれだけです。あなたはあなた、私は私。われわれはお互に他人の心情を尊重しましょう。だれも青年男女諸君に、今日にでも相手をみつけて性經驗をうるようにせよ、などといいはしない。七月一日を待つて夏服に着かえるように、嚴かなる祝詞《のりと》を待つて性生活に入るのが趣味ならば、それではなはだ結構というべきです。

ガヤガヤと、反對の聲が起ります。こと新らしげに貞操抹殺論をとなえないでも、皆様先刻御承知で實行しているよ、というのもあれば、えせ理窟を述べて青年をまどわすものだという者もあり、ガヤガヤガヤです。しかしもう時間がありません。論じ合つていては、はてしがありませんから、ここらで妥協しましょう。私としては、性の問題を道徳のことがらとしないで、衞生と習慣との問題にしてもらえれば、それで滿足です。なぜ日本服を左前にきては惡いのか。理窟はないが習慣として左前にはきない。その程度のならわしとして、大學生になつたら髪を分け、煙草をすい、喫茶店に一人でゆく。その程度のならわしとして、一人前になるまでは性生活を我慢しておく。道德上の理由はないが、左前に着物をきない習慣と同樣に性生活をのばして、或る儀式でけじめをつける。それも皆の趣味に合う限り結構です。理窟をいい出せば、なぜ、愛し合つたものの間にだけ性生活が許されるか、理由はないでしょう。愛のない夫婦も性生活を行つていますから。がしかし、習慣として、生涯を共にする者とだけ性生活を行うという立前にしておくのも、別に惡いことではないでしょう。それらは一切ならわしでして、無理にぶちこわさないでも、お赤飯に南天の葉つぱをそえて持つてゆくように、それはそれでよいものです。ただ、絶對に、そうしないもの、それに從わぬ者を、道德的に非難することは、それだけは止めにしましょう。それは近代人の合理主義と人道主義とに反します。貞操を習慣と衞生とに限つて考えて道德としなければ、私としても別に結婚式場の營業妨害をする意圖はないのです。どうでしょう、ここらで手をうつては――。　（筆者・早大教授）

寫眞右から
井上清氏
宮城音彌氏
望月衛氏

モラル

今日ほど性の問題が大きくとり扱われる時代はなかつたと思われる。それは、かつて人間にとつて當然の性生活を、いやしむべきものとして抑えつけて來た時代の名殘りと、戰後の經濟的に窮迫した事情や、これを正しく解決すべきモラルの未確立とかが性的現象の混亂を生み出しているからであろう。たとえば結婚外

性的現象の混亂

宮城 今日ほど日本で性のモラルが、問題になつた時期はおそらくなかつたのではないかと思います。一方に、近代化が行われてゆき、家の制度が廢止されるという、こういうことが性の道德を非常に變化さしてゆく。それから第二番目には、外國との接觸が行われまして、外國の性的習慣が入つてきております。第三に戰後の經濟的および心理的な條件ということが今日のいろいろな性的な問題を起しているのではないか、と思うわけでありまして、新しい性のモラルの確立ということが非常に必要なことになつてくる。もつと具體的に話をもつてゆきますと、女學生たちがパンパンになり、それは經濟的な事情のためにしかたなくやつたといい、しかし女學生たちは、その行爲を平氣でいるという話もあります。たとえば最近警視廳に引つ張られたある女學生が、「私はこれはアルバイトでやつているのだ。頭を使うアルバイトもあるし、腕を使うアルバイトもある、體のどこの部分を使おうと、それは一つのアルバイトである」といつたということです。そこでまず、いつたいこうしたことが性生活の混亂といえるかという點ですね。どうでしようか、望月さん、いろいろその點を調査しておられて……。

望月 現象的に見れば、混亂といえるのでしようが、私はいままで潜在的であつたものが顯在的になつた、つまり、いままでわれわれの目にふれなかつたようなすごいことが、目にふれているだけなのだと思います。

田中 私は、新しい性生活のモラルという題に關係はして來るわけですが、性生活の問題は、これは新しいとか古いとかいうことでなく、人類始つて以來、また人間が存續する間は常に存在する問題だと思います。それが望月さんがおつしやつたように、今日表面化し

田中耕太郎氏
村岡花子氏

新しい性の

の性的關係ということは、青年男女の間に限らず既婚の人たちにとっても多くの惱みをなげかけている。さらに近代科學の進歩は避姙を容易にし、いままた人工授精を可能にした。こうした場合、貞操はどう考えられるべきであろうか？

わたしたちの性生活は個人的ないとなみでありながら、同時に社會的性格を無視できない。新しい性のモラルの確立はわたくしたち一人一人の問題であるとともに、大きな社會的課題でもある……。

てきたのだということは、たしかにそういう氣がするのです。そこで新しい性生活のモラルといつても、新しいモラルがあるのではない。モラルが社會生活あるいは經濟生活の變遷とパラレルに（平行して）變つてゆくのだとは思わない。ですから今日の標題自身が、批判されなければならないと私は思つているのです（笑聲）。私の立場からいうとたしかにそういうモラルは變らないが、しかし現象的に見るならば德川時代と明治時代と、戰爭前とあるいは今日とは違いますから、現象的な方面の現われは變遷してゆくのでないか、という氣がしているわけです。また社會生活、經濟生活が失敗してくると、やはりそういう病理的現象も一層いちじるしくなるのだから、これも事實だと思います。

井上　そういう點では、私思うのですが、古いゼネレーション（世代）に——遠慮なしにいわしてもらえば——性のモラルというものがあつたのだろうかという氣がするのです。無茶な話なんですが——。それはそれぞれの時代にそれぞれのモラルがあるにきまつておりますが、性のモラルがほんとうにモラルとして確立するためには、人間の個性の自由というか、そういうものが確立されて來なければ、性のモラルもヘチマもないように思うのですよ。從來、家父長の監督の下にというか、看視の下に性生活が置かれておつた。そして、個人というものの確立もまだされていないから、戰後になつて混亂、頽廢というものが起つているのだろうと思います。けれど、私が地方の講演などに出かけて接するところの青年男女の間を見ると何かやつぱり新しいものができつつあるような氣がするのです。いまではわりと青年

出席者

東京工大講師	宮城音彌
東寶教育映畫社員	望月衛
東大教授	田中耕太郎
歴史學研究會員	井上清
評論家	村岡花子

の自主性がたかまつている――つまり家父長的の權威が崩壞しつつあるので、青年の間に個人としての自覺が高まつていて、そういうところから性の問題というものも家族制度などから離れて、自分たちのプライベートな問題というか、それを社會の新しい近代的な方法において解決しようという努力がかなりあるようです。それで桃色列車だとか、何だとかいつた話ばかり聞くと、いまの青年はまつたくデタラメ千萬みたいに見えるのだけれど、必ずしもそうではないので、男と女が夜田舍などでまつ暗い道かなんかにやつて來で、歸りに遠くの女の人の宅へ送つて行つたりなどする、そういうことでも昔の人からすれば大變な騒ぎなんだろうけれども、別にそういうものは特に性的な關係というような感情もなしにスラスラと行われている場合がかなりあると思うのです。そうでないのもむろんあるかもしれませんけれど――。

宮城　村岡先生、さつきの女學生のような考えに對していかがでしょうか。

村岡　それは私はいままでの日本の女子教育というものの失敗を暴露しているのだと思います。つまり教育を受けた娘が――女學校教育というと、そんなに高いとは思いませんけれども、そんなことを平氣でいえるならば、そしてほんとうにそう思つているとするならば、それがアメリカ人であろうと、日本人であろうと、どこの國の女であろうと、賢い婦人ではないと思います。

宮城　いや私はそいつを簡單に論駁するということはできないのです。それが馬鹿な議論であるという理由はどういう教育をしたらよいと考えられますか。

村岡　その娘は自分の體だけですむことなんだからいいと思つている、そういう社會觀が間違つていると私はいうのです。

宮城　まちがつている理由としてどういう事といえば……。

村岡　いいえ、理由はというと、自分は向上していないのですから――。

宮城　しかし本人は低下していないと思つているのですよ。

村岡　していますよ、していないと本人は思うかもしれませんけれども、現象として事實その人は決して向上していないのです。

宮城　今までの道德觀を前提としないかぎり、それはどうでしょう。

村岡　その女の子の場合は罪惡という考え方よりも、その子自身が自分に加えていく惡ですね、害ですね、その害というものを意識していないから……。むしろ人には喜びを與えるといつているけれども、それは無智のなかから出てくる言葉です――。

宮城　それは村岡先生がある判斷を持つておられるのだろうと思うのですよ――解釋をしておられる。その女の子はそのために學校が續けられ、それで知識をえてゆける、そのために自分は生活してゆけるのだ、もしそうでなければ飢え死するかもしれない。だからそのほうがより價値があるのでないか、こう考えているのですよ。はじめからこちらで立場を決めてしまうわけにゆかぬのです。私が想像するに、村岡先生の場合、一定の價値觀が前提となつているので――。

村岡　むろんありますよ。

宮城　それをここで問題としたいのです。

婚姻外の性關係

望月　僕はその場合性行爲と性生活とを一應分けて考えます。その女學生が性行爲だけをあれするというのなら、それは社會的にゼロに近いと思います。もし、その場合ある程度の合意があるならば、そんなにじきあつちに行つたりこつちに行つたりすることはできないと思うのです。ある程度の見通しをもつて、これからこの男と性生活を續けてゆこうというような氣であつたのなら、形式上はともかく、これは一種の婚姻だと思うのです。屆けのない婚姻ですけれども、これは性行爲ではない、性生活です。

宮城　私はこの前婦人公論（十月號）に、結婚生活は愛情と生殖と性欲の三つの頂點を持つ三角形である、こういうことを書いたことがあるのです。愛情だけ離れては結婚にならない、生殖だけの問題は結婚にならない、性欲だけでも結婚にならない――さつきの女學生の問題は愛情というものを含んでいる行爲ではないのです。もし若干の愛情が入つている行爲だつたら、あるいは婚姻というようなものに近いものでしよう。望月君のいわれる「性生活」です。一應、性行爲の善悪は、問題外として、愛情をふくんだ結婚外の性生活を認めるか認めないかを考えましよう。もしそれが幸福のためであるとか、ないとかになると、やはりレオン・ブルムが主張しているように、あるいはバートランド・ラッセルがいうように、結婚外の性生活を認めるほうがより幸福であるということがいえるかとも思うのです。バートランド・ラッセルは、外から見ただけの關係の婚姻に入つても決して幸福になれない、だから前にトライヤル・マレッジ――試験結婚――を行い、それからあとにほんとうの子供を持つ結婚に入つたほうが、より適當ではないか、そのほうがより幸福であろう。だからその場合には結婚外の性生活、これを認めようとするのです。

田中　その場合には準備的の意味でしよう。將來一夫一婦の關係に入ることを前提とするのでしよう。

宮城　そうです。

村岡　同じ人とですか。

宮城　よくいつたら、同じ人とです。

村岡　リンゼイのあの本の中にも、これは、窮餘の一策だ、こういつているのですよ。

宮城　そうですよ。

村岡　ところがリンゼイは、窮餘の一策だといつたが、最後のセンテンスだけが抹殺されて、トライアル・マレッジという新しい時代の結婚のモラルだけが宣傳されてしまうのですね。――私はあの本讀んで泣きましたねェ、かわいそうで――。こんなに間違いをする人がいつぱいにあるのかと思つたら、かわいそうで。一つこういう例がある――子供をコッソリ生ませて、よそに預けて結婚した。自分の子供が隣に住んでいることを知らない。そして自分はその新しい結婚によつて子供を生む、そのときはじめて最初に生んだ子供のことを思い出す。そのときいつたいあの子はどこに行つてしまつたのだろうと考える。ところが子供は隣の家にもらわれていることを知らない。――という悲劇が生れてくるのは結局、性的經驗を結婚してからの幸福にまで持つてゆかないで――。

宮城　そうすると、どうしても避妊が必要だということが村岡さんの立場では必要だと、そういうことになりますか。避妊でそのような悲劇が避けられるのですから――。

村岡　私はそういう場合も、避妊は別に認めないですよ。結婚前の性的關係という、そういうときの便宜のために避妊は推奬しませんよ。全然話は別ですよ。

田中　僕は戰爭中でしたか、パール・バックがアメリカの婦人問題について講演をやつた、その講演集を讀んだことがあるのですよ。僕は敬服したのですが、それは戰爭でアメリカの結婚適齢の青年が非常にたくさん死んでいる。そうするとアメリカの婦人は結婚難に當然陷る。それで大勢の女が少數の男を競爭するというような醜いことをアメリカの婦人はすべきではない。アメリカの婦人は結婚しなくても一生使命を感じて働くことがたくさんあるはずだ。特に世界の平和に盡し、再び戰爭を繰返さないようにするということが婦人の使命として一番高尙なものだということをいつておりました。そういうように考えるとまつたく同感で、ぼくら結婚生活した者にとつては、全然そういう經驗が男女ともないということはずいぶん不幸と思うけれども、しかし結婚生活のみが最高の幸福ではないのだ。

村岡　それでいいのですよ、その人たちにとつては――。ただ私は第三者という立場においてその問題は考えるべき問題だと思うのです。

田中　それは結婚できるようなふうにしてやるということなんですか。

村岡　そうなんです。

望月　だから私は、結婚前に男が婚姻を目的にしないでする性的の行爲というものは、できるならお止めなさい、やつた場合は非常に自分が社會的に未成熟なことを痛感して、失望と落膽が多いです。二十四五歳までは、大部分の青年がやつているのだから禁欲生活して、しないで我慢しているほうが無事ですよ、というふうに禁欲を勸める。

宮城　きょうは望月君も大分奥さんにいわれて來たらしくて、道學者ですねェ。しかしその點そういう青年たちはたしかにつまらなかつたというかもしれない。しかしかなりの部分が何らかの形でそういう性生活を行っているのですよ。

望月　いいですよ、それは――。

宮城　しかし若くて結婚して、それでうまくゆくかもしれないが、うまくゆかないならそのときは別れればいいのですね。それに贊成なんですね。それならば、それで私もまつたく同じ意見です。そうであると、完全な一夫一婦ではなく、多夫多妻的要素をふくむことになる。いつしよに生活する時間が比較的短いとき、多夫多妻と稱せられるのでして、時間の問題です。

井上　私は一番どうも道學者らしいなァ（笑聲）。別れればいいというふうには考えない。というのは、夫婦の生活とかいうようなものは、これはつまり兩方の努力によつて完成してゆくべきもので、うまくゆかぬから別れるというとあまり簡單過ぎると思うのですよ。ただうまくゆかぬという判斷はどこで決めるかということですよ。つまり人間がほんとうに自由に結婚したり離婚したりするようになるためには、その前に人間が完全に自由になつていなければならぬ――經濟的にもですね。

社會生活と性生活

望月　私どもが結婚して、何が嬉しいかといえば、女房とこれから行く末長く性生活ができるから嬉しいのでないですよ。私どもはやつぱりここで一人の女を自分と對等の位置において、いままでは異性に向つてものもいえなかつたのが、これからは堂々と異性に向つて働きかけることができるという、社會的の問題が、性生活の問題以上に大きかつたですよ。私は氣が小さいですからね（笑聲）。性行動をするには、やはり人間たる以上社會行動でそれを行つてゆかなければならぬ。現在ではその社會的な面で抑えられているために、性ばつかりが感覺的に優れてゆく。感覺的にゆけば、人間の性感覺帶に觸れる刺戟なんか誰が觸れても同じだと思うのですよ。それが――誰でなくちゃいけないなどというのは、やつぱり社會的に相手の存在を認め、また相手が社會的權利と自由を持つておればのことです。だから、井上さんもそういう御意見らしいけれども、一人と一人の關係は常に相手をより深く理解するようになり、社會の發達したところはどうしてもこれは一人と一人にだんだんなつてくるのでないか。これは時間によつて維持できなくなつたり、相手と理解できなくなつた場合は別ですけれど、そういうふうになるのが必然だと思います。だから多夫多妻というような狀態は僕は反對です。

井上　日本の古代で明かに一夫多妻の社會が一部に行われておつたということは事實です。古事記や日本書紀を見ると、一人の女の人をお嫁さんにしながら生活が全部必ずしも一人でなかつたということはいくらでもありますし、そういうことは德川時代にお妾さんを持つたというように問題じやなかつた、當りまえのこととして――。

宮城　社會的習慣ですね。

井上　お妾さんということは德川時代に當り

まえだつたけれども。多少隱れていたということもあつたと思うのですよ。武士とか、あるいは金持とかいうものは、妾を持つのは男の甲斐性であるというふうなこともありますけれども、ただやつぱり妾というと、一應本妻ということから區別された關係ですね。古い時代にはそうじやないということも、事實としてあつたわけですね。そういうものからだんだん近代的な一夫一婦に發展してきたというのが事實だろうと思うのです。

村岡　それは事實だと思うのです。

宮城　ただ事實の問題では、つまり二十世紀以後のヨーロッパ、アメリカの動きを見ますと、また反對にポリガミック（多夫多妻）といいますか、そういうふうになつていることも事實で、たとえばいまのアメリカの統計を見ると、一九六〇年にはまつたく童貞と處女で結婚する男女はなくなるであろうというようなカーヴを示しているのです。これもやはり事實なんです。それは結婚前の性生活を許容する方向に向つて、進んでいるということがいえると思うのですが……。

田中　しかし、事實の問題とモラルの問題は自ら別でなければならない。結論を申し上げると、僕は一夫一婦制度は、人類はじまつて以來、また人類の存在する限り正しい制度だと思うのです。その理由はいろいろのところから立證しうると思います。しかしこれには反對論もある。ことに事實の問題として、人類社會の歴史、現實の研究からして、一夫一婦制度は時代において非常に違つているし、本來そうあるのではないと主張している向もあります。しかしキリスト教的な立場でいうとそれは神の掟であり、また單なる宗教的な見地からだけでなく、實在男女の數が、世界全體を見て、戰爭などという一時的現象がない限り、不思議に同數だということ、もう一つは親と子の愛情と教育の問題、それから幸福ということからして、正しい制度だというのです。

村岡　人間に嫉妬心というものがある以上、一夫一婦でなければ混亂が起ります。

嫉妬と貞操

宮城　モラルも社會とともに變化すると考えられましよう。嫉妬心なども社會的條件で變ります。フランス人は日本人ほど嫉妬しないですねエ。實に驚くほどだ。日本人だつたら嫉妬するようなことに嫉妬しない。そうすると社會が變ればそういう狀態は變るのですよ。

田中　僕はそう思いませんね。パリの一部ではそういう現象があるかもしれませんけれどフランスという國はそう簡單にはいえない國だと思いますよ。嫉妬なんていうことは人間の本性の問題で――。

村岡　そう。嫉妬していないように見えても、日本人だつたら堪らないような場合でも歐米人ならば平氣でいますねエ。お互が自分の夫に對してほかの女がどういう態度をとつても、女がまたどういうふうになつても、そこは外見から見たら、とても日本人ではちよつと變だなと思うことでも平氣ですけれど、だから嫉妬していないといつちやおかしいんじやないですか。ほんとうの心の底に入つていつたときの嫉妬の感情というものは、これはかえつて現象がないもののほうが問題でしよう。

望月　嫉妬になりますがねエ。人と人との關係が非常に薄い、社會的に非常に未成熟な少年の時代には、非常にルーズなことがあります。ある程度に社會的な行動として、性生活が完成し始めると非常に嫉妬がはつきりしてくる。

宮城　むろんそれはあると思いますよ。しかし性生活の場合を一應除外して、普通の人間關係、たとえばあの人はえらくなるとか、どういう地位に就くとか、いうことを考えていただきたいと思うのです。この場合に、やはりある社會的條件によつて、そういうものは別にあまり嫉妬しないという、そういう社會と、そうでなしに、やはりそういうものを非常に嫉妬するというそういう社會と、やはり社會的構造によつて變つてくると思うのです。いまのようなことを性生活に移して考えますと、性生活だつてやはり、生物學的な條件というものが根柢にありますけれど、それにもかかわらず、それは社會的な構造によつて變つていると思うのです。いかがでしょうか。

望月　井上さん、徳川時代も、本妻は、御亭主がお妾持つておつても嫉妬をやたらに外に現わさなかつたのですか？

井上　そうです。これは文獻として出てくるのはどれがほんとうかということは問題だと思いますけれど、概していえば、その當然嫉妬すべきは嫉妬すべきであるということが强調されておりますし、そういうことは反面の事實としては、かなり嫉妬があつたということであるのでないかと思います。それから徳川時代よりもう少し前、日本の封建制の初めも、北條政子は非常な嫉妬家で、賴朝はものすごい好色漢で、政子は日本妬婦傳の第一頁を飾るほどの嫉妬家だといわれておりますね。これなどはやつぱりあの時代は武士のなかにはじめて婦人がある種の人格的な獨立を持つてきた時代だと思うのですけれど、そういうときにはやつぱり激烈な嫉妬をする。政子などはその代表ですが——。

宮城　私は現代社會では性生活においても嫉妬が少くなつてきていると思います。——他人の人格というものを認めてまいりますから——。

田中　その點はそうは思いませんね。やつぱり抑制するし、露骨に現わさないから——。

宮城　戸川行男氏が婦人公論（十一月號）に「貞操はいらない」という題で書いて、貞操というものは衞生と習慣だ、二十歳くらいまではあまりほかの異性に接しないほうが衞生的であるという理由によつていい。ただし貞操が尊いというわけではない。それからそれは一つの習慣であつて、神主が葉つぱを頭の上で振つてくれるまではほかの異性に接觸したりしないという習慣になつているのだ、ということを書いています。村岡先生これについてどうお考えになりますか？

村岡　その貞操という言葉ですけれども、私貞操という言葉は非常に相對的な言葉のように考えているのです。だから結婚した人たちの間には貞操を守る義務があるでしょうけれども、結婚しない人たちは別に貞操を守る義務というものは——つまりいまの衞生ということはいえましょうけれど、自分の體というものを純潔に守つてゆくことが——。

宮城　なるほど、そういたしますと、私たちはいままで傳統的に處女の貞操にずいぶん價値を認めてきましたが、村岡先生は處女の貞操は問題でない、こういうことですか？

村岡　言葉ですよ。私は自分では貞操という言葉は相對的な義務という考え方で、だからして、若い娘さんが暴力によつて自分の體を汚された場合に、貞操を失つたというのですね。それから夫が、その女の人が自分と結婚する前にほかの男の人と戀愛していた、そしてその戀愛があるところまで進んだ、それは自分に對して貞操を守らぬといつて責めるということ、これはおかしいと思うのです。あなたを知らなかつた前のことに對してなにも義務を負うはずはないではないかと私笑うのですけれど、つまりこれは言葉の上の問題ですよ。貞操ということは二人がいつしよに暮してゆく結婚生活において、お互が一人と一人を守つてゆくという意味で——。

宮城　處女性という問題は？

村岡　純潔という言葉をいまは道德的にとらないのです。體を心が守れるということは理想でしょうけれども、やつぱりきれいにしておくという意味で、それを貞操といえば貞操でしょう。何という言葉でいうのですかね、私は純潔という言葉でそれを呼びますけれどねェ。

宮城　その處女性——惡ければ純潔といいましょう。そういうものが尊いか否かということとは。

村岡　私は貴いと思います。

宮城　それじゃやっぱり處女性を失つた女性を責めるのは當りまえでしよう。貴いものを貴くなくしているのですから――。

村岡　私は尊重はしますけれど、過ちを犯したことを絶對にダメだというふうにいわないことと、それからどうにもならない不可抗力の災難にあつた場合とか、そういう場合はあまり問題にしないということ、自主的に自分で理性をもつて清らかに守つてゆくということこそ望ましい。けれども人生にはいろいろのことが起つて來ますから、どんなに自主的に守ろうと思つても守れない場合もあるでありましよう。そういう場合に、處女でないことを何かひどく悲しんだりすることは氣の毒だと感じるのです。

避姙と人口調節

宮城　田中先生は非常に避姙の反對論者ですが、それについてはいかがですか。

田中　享樂的な意味で避姙するのはいかぬが、しかしほんとうに疾患のための必要からとかなればよろしいと考えています。

村岡　そう。私もそう思つております。

望月　ぼくは違うの。（笑聲）いまは非常に科學的に考えられて來て、明かに私どもは子供を生むために性生活していないと思うのです。子供はより計畫的に考えてしかるべきものだと思うのです。いままでは散々子供を生めといつたのを、いまになつて生むな生むなというような議論ね、私はこれはおかしいと思います。しかも性生活したために子供が生れて、それによつて何も生活の喜びが加えられないというような、そういう生活自體が間違つているのだと思いますね。私ははじめからコントロールしてもよろしい、生みたくなつたらそういうことを考えなくてもいい、生れたら子供を持つたことを喜び、子供をもつても喜びを持たないと親が感じられるようでは困る、ということねェ。道學者ですかねェ。（笑聲）。

村岡　望月さんの考え方と私の考えは同じだと思います。

宮城　私もそれは同じです。

村岡　家族というものの計畫ですね。

宮城　それじや國家の計畫もあるのですか。

望月　ところが國家の計畫はこの間までは生め生めというのですか、それを今度は手のひらを返したように生むな生むな――大きなお世話です。

宮城　たしかにそうです。しかしそれはそうなつたんですよ。あのときには日本も廣くなると思つていたんですから、その廣い面積に對して、生め生めといつた。今度は狹い面積に對して、生むな生むなというのです。

田中　ところがその點、國家というものが人口全體に對してもそうだけれども、家族に對して何人にすべきだ、何人にしたほうがいいと考える考え自身が非常にナチス的な思想だと思います。家族計畫ということを、このごろ人口問題をいう人がしきりにいいますけれど――。婚姻ということを前提として考えると、宮城さんがおつしやつたこと、愛情と生殖と性欲、この三つのものが婚姻ということに結びついているわけで、性欲を満たすことは生殖ということと切り離せない。性欲だけ見て、生殖を伴わないということを考える考え自身がナチュラル・ロー（自然法）に反するということだ。だから、性的行爲をなすということは完全に性欲ですから。しかしながら、なした以上、そのことの計畫は自然の問題で、そこまで人爲的にチェック（抑制）するということそれ自身が自然に反する。自然に反する結果どうかというと、非常に不道徳になる。

宮城　自然に反するようなことを人間がやつてはいけないわけですね。

田中　自然を征服するということはありますが――たとえばペニシリンが發明せられた結果、肺炎で死なくなつた、そういうような意味。科學技術の使用の目的いかんによるのですよ。

宮城　しかし、そうすると、子供を生むなとチェックするような方法をとつてはいけない。そうすると自然に反すること一般が惡いのでなく、ある特殊のものが惡い。

田中　自然界の法則をいかに利用するかということはそれ自身はよくも惡くもないニュートラル（中立の）な行爲で、いい目的に使われるのであればいいのですよ。こうすれば子供を生まないですむということも一つのニュートラルの法則で、醫學上の發展は文化の賜だと思いますが、しかしそれには自然に倫理的の問題が入つてくる。そこで反自然的、その場合の反自然はナチュラル・ローではないのだ、人間性の問題に關係してくる。

井上　ぼくは産兒制限は純然たる經濟問題だと思つています。結婚して子供を生むことは當然のことである。ところがしかしいまはそういう子供を生んだら非常につらいことがどつさりあるわけですね、そういうものに對して子供の計畫出産によつて産兒調節ということをやるということはやむをえざることですね。やらなければ生むよりないことだと思うのですが——。

田中　ところがしかし、やむをえないことだからといつてやらせること自身は政治の貧困から來ている。さつき望月さんのいわれたのはそつちのほうで解決することだ。不自然な處置は個人がやるべきことじやない。

井上　ですから問題は、政治的、全社會的に考えた場合と、個人的に考える場合と、二つに分けて考えなければならないと思います。

宮城　もちろんそうで、個人的に考えた場合に——。

井上　現在の與えられた政治的、あるいは經濟的、社會的條件の下ではやむをえないことで——。

宮城　しかし田中先生はそれを理性というものによつて調節すればよろしいではないか、こういうことをいわれるわけでしよう。神樣は理性をわれわれに授けられた、だから理性によつてすれば經濟的にも差支なく行われるという——。

井上　しかし性欲というものも神樣が與えられたナチュラル・ローですね、自然法的な意味で。

田中　ええ。

井上　それからそれをコントロールする理性も神樣の與えられたものですね。そういう二つのものの間に價値判斷の優劣で、實は性欲よりも理性という價値がより高い、そういうふうな一般律でいえばそういうことは無理です。つまり理性一般というものと性欲一般というものを並べて、どつちが價値があるかないかというふうに議論すべきではなく、結婚して當然性生活が行われるべきで、それを子供を生まないために理性によつて禁欲する。その理性の使い方からいえば、各種の近代科學の成果を利用するという理性の使い方もあると思うのです。そういう理性をどういうふうに使うかということは、これは各人の立場によつて決めてよろしいと思うのですが、しかし一般的にいえば、そういう性欲を抑制するというところに理性を使うということは、ナチュラル・ローからいつて無理ではないですか。

田中　ちよつとその點、食欲の場合において例をとりますと、戰爭中非常に食糧が不足しておつた場合、二合配給とか何とかいう問題があつて、それ以下でも我慢しなければならないということがありました。親父が酒呑みだが、一家の經濟がどうしても酒を飲まれては困る。だから飲みたい酒を止める、これは酒呑みにとつては性欲以上のものではないかと思うのですよ。それから避姙ということをいうと、一家が子澤山で困るというような場合、あるいは細君が健康が惡いという場合、姙娠中絶しなければ經濟が持たない、細君の健康が持たないという場合、夫は家族に對する愛、細君に對する愛から姙娠中絶をする。

これは食欲と性欲を並べてみて同じことなんですよ。それを性欲が打ちかちがたいものだという思想のほうが過ちがあるのです。性欲をあまりに大きくクローズアップして考えること自身に誤があるのでないか。

井上　性欲が打ちかちがたいものだとは思いませんけれども、しかし食欲もそうであり、性欲も大事だ、そういうことはいえると思う。

田中　だからコントロールの問題からいえば、片一方はコントロールできるのに片一方ができないということはいえない。

井上　食欲の場合は、二合五勺で足りなければ買うということもできる。酒が飲みたいけれど金がないから買えないという人もありましょうし、個人的な目的によつて、そこで畠で増産して食うとか、働いて酒を飲むとか、いうような方向の解決の仕方もありますし、それから着物を買いたいとか、本能を節することによつて片一方の欲望を滿足させるということもありますから、性欲の場合でも理性でそういうふうにコントロールしてゆける人はそれでもいいだろうけれども、ゆけない場合、近代醫學の成果を利用するということがどうしていけないか私にはどうも――。

田中　新に問題が發展してきますが、さつきの問題も、やはり一家の家計が苦しいためにこれ以上子供を生んでは困るという場合に、食糧を畠に作ると同じようにできるか――問題はいまの性的行爲の結果自然に子供が生れる。それを中斷して、あとの經過を起らないようにするということ自身が果して正しいことであるかどうかということになつてきますね。

人工授精

宮城　今度は反對に人工授精の問題、今日ではこれを當然問題としなければならないことだと思うのです。人工授精のうちにはA・I・H（夫の精液をもらう場合）があり、A・I・D（他人の精液をもらう場合）があるわけです。まず、夫との交渉ができないというときに夫の精液を使つてそれで子供をつくること――。

望月　それは贊成。

宮城　それはもちろん多くの方が贊成することだと思いますね。A・I・Dについて一番問題があるのです。これについていかがですか。

望月　反對。これはいまの社會では少くとも反對せざるをえないのですよ。というのはそのなかには非常に封建的なものが含まれるし、封建的家族制度を保持するために子供をもうけるということに非常に重點をおき勝ちな考えがあるから反對なんで、これは將來の世の中になれば考え方が非常にまた變つてくると思うのですが、いまの狀態では危險だと思います。

宮城　特に日本の場合にそういうことがあるかもしれませんが、そういうことだけ見て反對すべきではなくて、そうでない場合もいくらもあると思うのです。たとえば子供がほしいという人がある、こういうときはやつぱり自分で育てていつたらどうか。そうかといつて結婚生活はできないという場合があるとすれば、優秀な人の――それこそ湯川さんの精液でも（笑聲）もらつてねェ、やつたらいいかがでしょうか。

田中　ちよつとその點、第三者の人工授精ですね、その場合に、いま湯川さんの例も出たように必ず優生學的の理論が入つてくるのですよ。ぼくは優生學は元來反對で、何をもつて優生というかの價値判斷が非常にはつきりしないのです。多くは頭がいいとかそういうようなことの判斷で種子を選擇しようとするだろうと思います。これはナチス的の考えですよ。

宮城　私はその點では田中先生にまつたく贊成なんですが、たとえば科學者の系統のある子供がほしいという女の人があつて、そういう精液があればそれで子供をつくる。あるいは音樂家にしたい人は音樂の才能のある人からもらうことは可能ですし、そのプロバビリティは多いと思うのです。もちろん、絶對にそうだとはいえないのでして、田中先生がいわれるように頭のいい悪いで決められないと思うのです。天才の中にかえつて精神病的な素質を持つている人があるのですよ。だが人からもらうときは自分の主義に従つて選ぶ、これでよろしいのじやないでしようか。

井上　人工授精の話にしても、性欲と愛情だけの結婚というような問題にしても、さきほどの三角形の一邊を强調するという問題にしても、現在の世間の考え方からすると、あまりにも人間關係というものを生物的な關係に還元し過ぎているということが一つ、もう一つ、性の問題が純然たる個人の問題というふうに考えるところから人工授精という問題が出ると思うのです。私は個人が確立されて、確立された個人が社會と一致するというか、調和的な狀態にあるということなんですが、個人の生活というものは、同時に社會的な生活でなくてはならないと道德上望まなくてはならないと思うのです。そういう點から考えていつて、いまの人工授精などは、性欲と愛情だけの結婚だとか、個人だけの問題としては考えてもいいかもしれませんけれども、何かそこに人間の社會的な關係、人間は社會的動物であるということを無視した、あるいは少くとも規側した考え方があるのでないかと思うのです。

宮城　私はむしろ逆だと思うのですよ。人間が社會的動物であり、そして社會が、科學を生んできたわけですね。そういう科學を用いる人間が避姙を行つている。それとまつたく同じに、その反對として人工授精を行うのです。これは避姙のほうは生物學的ではない、人工授精のほうは生物學的だ。これはおかしな話だと思うのですよ。これはもつと科學的な考え方になつてきますと、私は兩方とも生物學的であるし、同時に社會學的なものだと思うのです。ですから田中先生が避姙もよくないとおつしやつた、これなら徹底的で一貫性があり、話しは分ると思うのです。避姙はよろしい、人工授精は生物學的だ――これではおかしいと思うのです。

望月　ぼくはここで少し妥協しますよ。（笑聲）一人者の女の人があの人の子供がほしいというときに、相手の人が誰に精液がゆくか知らないけれど、自分のをほしい人があるそうだということで割切つてくれるならば、それでその女の人は處女で受胎して子供を生んで、满足に育ててゆけるならおやりになつてもいいと思いますなア。その點だけ讓歩します。あとはどうも、まだ納得できません。

宮城　大部分讓歩してもらいました。そうすると、人工授精は認めてもよろしいのですね。

村岡　個人でできることとしてですねエ。

望月　夫婦間では認められませんね。夫婦の間で子供がない、夫に能力がないという場合に、子供がほしいが故に――夫に納得がゆけば別ですけれど――ところが子供がないからそれじや人工授精でやろうと安易に、お考えになることは――。

宮城　いや、たとえばもらいつ子するのもあるのですから、精液をもらうのも同じではないですか、半分だけでも自分たちの血が混つているし――。

村岡　しかし貰いつ子した場合は愛情なんてすよ。その夫婦がどちらも子供を好きで、うちに子供をほしいというので――。

宮城　人工授精も同じですよ。

村岡　だけど、その貰いつ子は、とてもかわいくて――それは人工授精の場合も同じことですけれど、しかしただ優れた人の精液を持つてきてというよりは、もつと人間的な、あたたかい、あの子がかわいいとか、自分の血のつながりをもつているとか。

宮城　ですから、それはたとえば夫の弟の精液をもらう場合でもいいわけで――。

村岡　私はそういうふうには思わない。貰いつ子の場合は夫婦が子供というものを、どこの子でも愛して、その子供を是非自分のうちで育てたいからといつてもらつてくるのですから――。いまのような場合に、うちに子供がないから人工授精で、というようなときに、そういうような氣持だつたら生きている子供をもらつてくると思うのですけれどね。

田中　性的行爲と、子供を生むという、これは首尾一貫しているから性的行爲があつて子供を生まないということもいかぬし、それから今度は性的行爲なしに子供を生むというのはアビュース（惡用）だと思う。プロセスを一貫して考えるのです。だから子供の立場から考えていつたら、貰いつ子でない者でも、不道徳の原因でできた子でもナチュラル・ローでできたのです。ところが人工授精でできたことは隱すだろうと思います。非常に妙なことで、假りに悪いような子だつたら、あきらめ切れませんよ。私の氣持も漠然としてますがそこなんです。貰いつ子と違うというのは――。

望月　私がもしも人工授精で生れた子だとしても、もしも父か母に、人工授精したのだといわれて、たしかに卵と精子とが合致するということが科學的にわかつている場合、その兩親がわかつておれば、私は機械的にでも愛情の表現はすると思います。ただしどこかからわからないものでとにかくできた、それは私には割切れませんねエ。

井上　つまり人工授精という問題は、避妊という問題の原則的の反面として出てきたんですね。そういう問題が起つているということ自體が、つまり社會がモラリッシュでないということがいえると思う。

田中　それは贊成だ。

宮城　それはそうですね。ぼくはまつたく贊成ですよ。社會が混亂しているから不健康な問題もあるし、人工授精も出てくる、こういう面はたしかにあると思うのです。しかしいくら理想的な社會だろうと、いろいろな點でそういう問題が出てくる――そういうようなものを必要にする條件というものはありうるのです。神様以外は――。そうすると、われわれが避姙と今日呼んでいるような、そういうような人間の操作ですね。あるいは人工授精という操作が、全面的ではなく社會の一部分である場合には採用されるというようなこと、これは將來のいくら進んだ社會でもありうるのでないでしようか。

井上　避姙とか人工授精とかいつているが、これは結婚できる年齢には自由に結婚できて結婚して年子を生もうが、三つ兒を生もうがそれを育てて、たのしく暮せるということになれば、避姙というものはあまり問題にならぬだろうし、人工授精ということも人がそう考えなくなるのでないでしようか。

宮城　全面的にはね。考える場合もあるでしようが――。

田中　人工授精の問題は困難ですが、避姙の問題は人口問題あるいは社會問題として政治力で解決すべきことですし、ただ快樂を追求するために子供を持つまいということは政治力あるいは經濟の改革をもつて如何ともすることはできないので、これは世界觀の問題になつてきますね。

宮城　大分いろいろな問題に觸れてまいりましたけれども、これは根本的にはもつと難しい問題――モラル一般の問題――に實は觸れてゆかなければ解決しないだろうと思いますが、今日はこのくらいのところでいかがでしよう。

リンゼイ　アメリカの裁判所の判事。一九二七年「友愛結婚」を著した。彼の産兒制限、離婚の自由の主張はセンセーションを起し、職を追われた。
レオン・ブルム　今世紀初頭「結婚について」を書く。極めて急進的な多男多女的（多面關係的）な性關係の主張者で、後、佛首相となる。
バートランド・ラッセル　哲學者。「結婚と道徳」を一九二五年に書く。
自然權　人は生れながらに特定の固有の權利＝自然權を持つ（自由平等、所有の權利等）。したがつて人間は自然法以外のいかなる權威に服すべきでないという思想である。

457 「結婚か職業か　三十娘さんばかりの打明け座談会」 坂西志保、大島絹子 ほか 『主婦之友』 昭和 25 年 2 月 1 日

職《しよく》業《ぎよう》か ★ ★ ★
さんばかりの打《うち》明《あ》け座《ざ》談《だん》会《かい》

女性《じよせい》と生《うま》れて、

坂西 パール・バック女史が、戦争中に繰り返し言つたことは、『今日までは、女性の主な目的は家庭を持つことであつた。それは正しいことであり理《り》想《そう》であるけれども、今後の社会ではそんなことは望まれなくなるかも知れない。』ということでした。日本でも、望まずしてやむなく独身《どくしん》でいなければならない女性が実に多くなつているわけです。職を持つて外《そと》で働いていらつしやる方にも、家庭で家事をしていらつしやる方にも、同じくこの風が吹いているのですが今日は結婚と職業について皆さんの気持を、遠慮《えんりよ》抜きで語り合つていたゞき、その結論で皆さんがそこに何かを得られるようでしたら、ほんとに嬉しいと思うのです。この中で御家庭にいらつしやる方は

永井 私でございます。

記者 福島さんは許婚《いいなずけ》の方もお兄様も戦死なさいまして、お母さんと妹さんとの御一家を支えて働いていらつしやいます。河

（山田さん）

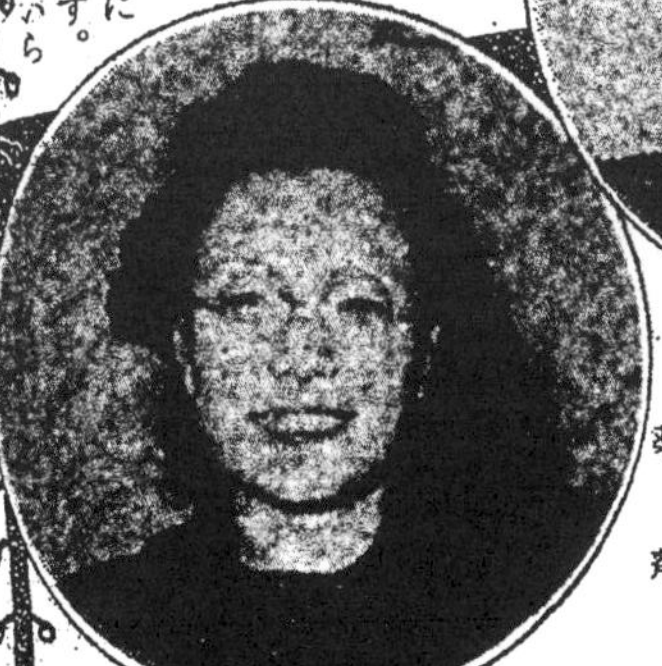

（藤田さん）

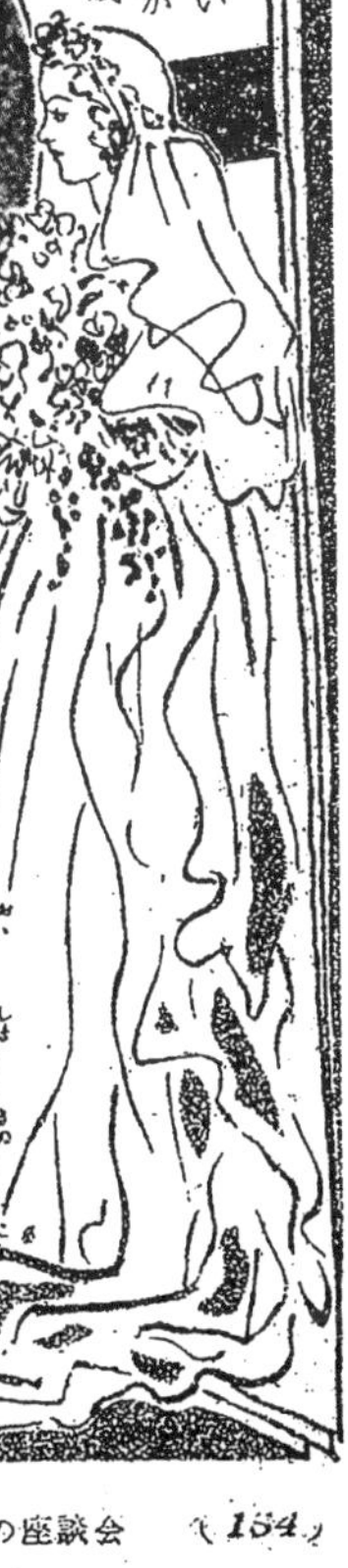

出席者（五十音順）

洋裁師 大《おお》島《しま》絹《きぬ》子《こ》
三省堂事務員 河《かわ》須《す》崎《さき》久《ひさ》子《こ》
永《なが》井《い》好《よし》子《こ》
G・H・Q経済科学局・タイピスト 藤《ふじ》田《た》夏《なつ》生《お》
デパート店員 福《ふく》島《しま》静《しず》子《こ》
教育雑誌編集 山《やま》田《だ》俊《とし》子《こ》
書店経営
薬剤師 吉《よし》田《だ》里《さと》子《こ》

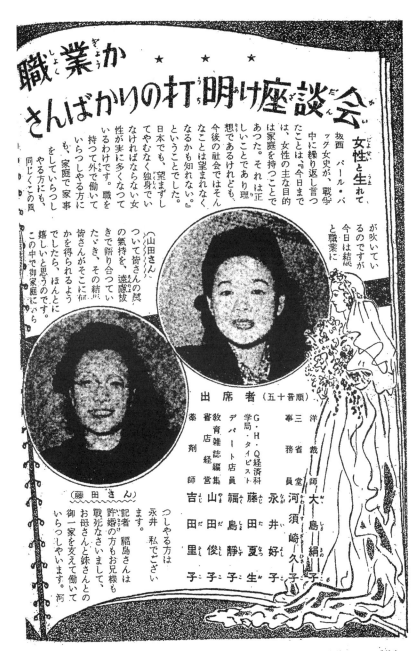

（司会）坂《さか》西《にし》志《し》保《ほ》

（坂西先生）

結《けっ》婚《こん》か三十娘《むすめ》

（大島さん）

（河須崎さん）参議院外務専門委員

須崎さんも、三度出征されたお兄さんに代つて一家の柱《はしら》となつて、ずつと働いてこられましたし、その他御出席の皆さんが適齢期の間ずつと戦争で、結婚なさる機会がなく、今日までいらつしやつたわけでございます。

坂西　皆さんが戦争の犠牲者《ぎせいしゃ》なのですね。今日まで、一度も縁談がおありにならなかつた方はありますか。

藤田　私はそうです。全然巡《めぐ》り合《あ》せがございません。

坂西　そうですか。私はね、主《おも》にアメリカですが、外國で勉強しているうちに二十二年が経つてしまいまして、皆さんと同類項《どうるいこう》の独身です。ところで皆さんは、結婚ということについて、また職業について、どういう考えをお持ちでしょうか。

吉田　私、結婚は素晴《すば》らしいものだと思います。負け惜しみを言いたくありませんから、ほんとうのことを申しますが、何よりも私は結婚したい、三十三という自分の年齢《ねんれい》を考えますと、職業どころではない氣がいたしますわ。結婚しないで職業だけで一生を通してゆくなんて、私絶対に嫌です。これは、自分の薬剤師《やくざいし》という職業を卑下《ひげ》するとか、それに不満を持つているとかいうことではありません。私は自分の職場、仕事を愛しています、結婚してもつゞけたいと思うほど好きなんです。けれども女はやつぱり、結婚するところにほんとの幸福があり

459　「結婚か職業か　三十娘さんばかりの打明け座談会」　坂西志保、大島絹子 ほか　『主婦之友』
昭和25年2月1日

生きることの嬉しい日々があると思うんです。
河須崎　私もそう思います。私は男の人を数人使う立場にあつて、商品の仕入れに相当の責任《せきにん》を持たされまして、張合いのある日々を送つていますが、やはりそれだけでは何か心の底が空疎なんです。職場の喜びとは違つた、生命の喜びと申しますか、それは結婚の中にこそあると思います。
福島　私この間、昭和二十一年の國勢調査《こくせいちょうさ》によ る、適齢期の男女数の比を知つてハッといたしました。二十歳から二十九歳までの女子三・五人に対して、対象《たいしょう》となる年齢の男子は一・八人で、その後いくらかの復員男子が加わつたとしても、約半分の女性が独身でゆかなければならないという宿命的《しゅくめいてき》なもの丶あることを知りました。私は、どうしても結婚する半分の組に入らなくちや嫌だと、痛切《つうせつ》に思つております。
山田　私は、何か心の対象になる人とか仕事とかゞなくては寂しい、それが人間のほんとうの氣持だと思います。しかし私にとつて、その人というのは必ずしも夫とは限らないので、尊敬する先輩であつても、友達であつてもい丶のです。現在私にはその人はありませんが、仕事があります。教育雑誌の編集《へんしゅう》や、書店の編集面と業務面との両方にわたる経営に、いま献身的《けんしんてき》に打ち込んでおりますから、私にとつては仕事が恋愛なんです。とてもそれが樂しいので、結婚ということはまだ考えません。もつとも私は、結婚を否定《ひてい》してはおりません。四十歳五十歳になつても、自分の尊敬信頼できる人に巡り合いましたら、結婚するかも知れませんけれど、いい加減に妥協《だきょう》して結婚することはできない氣持なんです。
藤田　山田さんのように、打ち込める仕事を持つていらつしやる方は幸福ですね。しかし独身の寂しさが、仕事によつて吹き飛ばされるというう、それほど素晴らしい仕事はそんなにたくさんあるとは、私思いませんわ。私のようにタイプライターを叩いているというようなことが、結婚と代えられるほどの價値あるものとは私には思われません。
吉田　私この仕事に就きますときに、腰掛《こしかけ》――というつもりではありませんでしたけれど、まさかこんなに十年も永く勤めたま丶になろうとは思いませんでした。二三年働いているうちには、誰か相手が出てきて結婚できるような夢を抱いていたのです。こうなると分つていましたら、職に就くときにもつと選び方なり覚悟なりがあつたと思いますし、職に就いてからも、一人でずつとやつてゆくような計画《けいかく》を取れたと思うんです。たゞ〳〵結婚を今か〳〵と待ち構えるような氣持のうちに、ずる〳〵と二年たち三年たち、三十を越してしまいましたの。
坂西　吉田さんのお話は、職場にある人にとつて大切なところですね。自分の仕事に対して、いつまでこんなことをしていても仕方がないと考えて、それから抜け出ようとする。抜け出る先として望むところは結婚なんですが、そういう風に腰がふらついたま丶で仕事に向つていますと仕事に興味が湧かない、い丶仕事ができない、従つて毎日が樂しくないということになるわけですね。
吉田　私この頃、しみ〴〵取り残されたという感じがいたしますわ。私の妹は、結婚の相手が二ヵ月ほど前にきまりましたの。毎週土曜には妹はいそ〳〵として婚約者に会いに出かけて行きます。妹を送り出したあと、私、何ですか、とても悲しく寂しくなつて
坂西　アメリカの独身の友達も、あなたと同じことを言つておりましたね。
吉田　職場で一心に働いているときは忘れていますが、雨の降る夜など、あゝ私には、身も心も投げかけて語ることのできる人、頼れる人がないのだということがひし〳〵と身に迫つてきて、やりきれない氣持になります。六十を過ぎた父と妹と三人で、肉親《にくしん》の愛情だけで顔を見合つていても、とてもつまらなく寂しいのです。そんなとき、私は映画に行きますのよ。すると安心したような氣持になつて、ほつとして帰るんです。
永井　吉田さんのお氣持よく分りますわ。『我等の生涯の最良の年』あの映画には、夫婦愛の臨しさが三人三様によく出ておりましたのね。それにつけても私つく〴〵孤独を感じて、見ながら泣きました。二回半見ていて、まだ帰ろうという氣にならないんです。（笑声）その日は家へ帰つてからも、一日中興奮していました。私は生を女に享けてきた以上、結婚は女として生きる一つの過程として、どうしてもしなければならないと思います。

鍋島　菊池寛先生だつたと思いますけれど、どんなに不幸な結婚でも、結婚した女性の方が結婚しなかつた女性よりも幸福だとおつしやつておりましたが、私には身に沁みて分ります。先生は『愛して愛を失いしは愛せざるよりよし。』ともおつしやいました。ほんとうにそうだと、自分のはかなさから考えてよく分ります。

永井　私、皆さんのように職業を持つていらつしやる方がほんとに羨《うらや》ましいのです。私、母が亡くなりましてから十三年間ずつと、朝から晩まで主婦代りの雑用《ざつよう》に追われて、父や兄弟妹の世話に眞黒になつて働いて……そして結局は、いまの家庭においての私の地位《ポスト》というものはないんです。私がお嫁に行けば、別居している兄夫婦が還つてくることになつているのですから、つまり私はよけいな者なんです。そして皆さんのように月給を得る能力もないし、結婚しない半人前の女、三十女とすぐ兄などから罵倒されてしまうのです。私がほんとに母代りに心配して結婚させた妹でさえ、主人さえいてくれゝばもう姉さんなんかいらないという様子を露骨に見せます。その度に私は、結局これは、最後に頼りになる者は夫しかないのだから、どうしても結婚しなくちやいけない。それにしてももつと若いうちに、なぜ職に就いておかなかつたかと、ほんとにほぞをかむ思いですわ。今更、特殊技能もない私を使つてくれるところはありませんもの。女学校を出たら裁縫料理を身につけさせて、嫁にやるのが一番大事な親の勧めだと考えてくれた温かい親心が、今では却つて不幸のもとになつてしまつたのです。この頃では、將來の幸福なんて構わない。今日結婚して十日後に破れてもいゝから、とにかく私は一度結婚しましたと人様の前で言えるようになりたい、それでいゝと、そんな氣のするときさえありますわ。そして月に向つて話しかけて、慰めとしております。

あゝ私には、身も心も投げかけて縋ることのできる人、頼れる人がないのだということがひしひしと身に迫つてきて……

大島　結婚というものは、すべてが自分の望み通りに都合よくいつたときは樂しいものでしようけれど、主人が浮氣するとか子供が病氣するとか、いろいろな障碍《しょうがい》は起り得ると思うのです。そんなときに、それらの障碍を乗り切つてゆけるほどの强力な生活力を持つていて結婚するのならよろしいのですけれど、その力がないために、幸福な生活よりも、後悔《こうかい》の生活の方が永いようなことになつたりしては、とてもやりきれないと思いますわ。

坂西　アメリカのユーモアの大家であるマーク・トゥエンが、こんなことを言つていますよ。『結婚ということは厄介なことであつて、できたらしなくてもいゝ。綻《ほころ》びができればお婆さんに縫つてもらつたらいゝし、ボタンが取れたら自分でつければいゝ。お料理だつて誰かほかの人のところへ始終食べに行つていれば栄養不良にならないですむかも知れない。けれども皆さん、女の人が結婚しなくなつたら大変ですよ。人口がおそろしく減ります。』というのです。

寂しさ

吉田　先生、この身をさいなむような寂しさ、これはどう考えてゆけばよいのでしようか。

坂西　私アメリカにおりますときにね、あちこちの家庭に招かれる。そこで殆んど例外なしに聞かれることは、独身でしかも外國で暮しているのだから、さぞ寂しいだろうということでした。私には、見るもの聞くもの、たゞ珍しくて愉快な日々でしたけれども……当時大審院判事であつたブランダイズ氏のお宅へ招ばれたときも、同じ質問が奥さんから出されました。するとブランダイズ判事が『いや、そういう質問をするものじやない。人間はどこにいるから寂しい、誰がいないから寂しいというものではなくて、生きていることそれ自身が寂しいことなのだ。』と言われたんです。私にはハッと感ずるものがありました。結局、人間に備わつた孤独感というものは、結婚しても、どんな環境におか

461 「結婚か職業か　三十娘さんばかりの打明け座談会」 坂西志保、大島絹子 ほか 『主婦之友』 昭和25年2月1日

れても、拭《ぬぐ》い去ることができないものだということなのですね。これまでの日本の女性は、夫や子供の中に自分を没入さしてしまうことによつて、自然にその寂しさが紛《まぎ》らわされてきたのじやないでしようかね。しかし靜かに考えてみますと、どんな狀態になつても結局人間は一人なんです。ですから夫とか子供とかいう紛らいなしに、一筋《ひとすじ》に自分を生かしてゆく、自分を内的に豐かにし育てゝゆく、そこにも大きな意義があり、喜びがあると私は思うのです。

大島　ほんとうに私もそう思いますわ。いつか自分に結婚という運命が向いてきたときには、素直《すなお》にそれに入つてゆけばいゝのだから、それまでは自分を成長させよう、自分の力をつけておこうという氣持で、私はいまのところ仕事に一生懸命です。それが樂しくて、寂しさを感じる暇《ひま》がありません。

山田　私もそうなんです。

坂西　皆さんね、心を許し合つて何でも話すことのできるいゝお友達をお持ちになるとよろしいと思いますよ。異性《いせい》でも同性でもいゝ、眞実の友《フレンド》ですね。私外國にいた間中、ずつといゝお友達がありましてね、それがとても助けになりました。私にとつて日本の生活で一番寂しいのは、眞実の友がいないということなんです。皆さんの寂しいというお氣持はよく分るのですけれど、それを百万遍言つたところで、お婿《むこ》さんがひよつこり出てくるわけじやないのですから、まず心を落ちつけて毎日の仕事をちやんとなさることですね。仕事を離れてはいけない、その仕事が自分の喜びとなるようにしていらつしやることでしようね。そしてお仕事のほかに何か自分の心の樂しみとなるものをお持ちになつたらどうでしようね。

福島　私、本を読みますことゝ、つまらないものですけれど自分で書きますこと。この二つはとても毎日を樂しくしてくれます。

山田　私は書物を読むことが仕事の一つになつておりますが、それがそのまゝ樂しみなんです。

藤田　私は旅行ですわ。

私がアメリカにいて独身生活が非常に楽しかつた理由は……

吉田　私、パーティーによく行きます。ダンスの相手《パートナー》がよろしいと、とても樂しいのです。

河須崎　私もとき〲ダンスにまいります。

世《せ》間《けん》と私《わたし》

吉田　いつかの放送討論会《とうろんかい》で、未亡人の問題が取り上げられたことがありましたが、そのときにどなたでしたか、「未亡人のことより前に考えねばならない、とても可哀《かわい》そうなたくさんの人がいる。それはいわゆる三十娘さん達だ。』ということをおつしやつた方がありました。私それを聞いて泣いちやつたんです。そういう温かい眼で私達を見てくださる方は、ほんとに少いのですもの。

河須崎　私は世間の人の、私達に対する同情ではなくて、理解が欲しいのです。

吉田　そうですわ。私達、決して好き好んで三十娘になつたのじやありません。直接間接に、同じ戰爭が私達をこうしてしまつたんですのに、同僚の男の人なんか、とても露骨な言葉でひやかすんです。今頃から結婚して子供が生めるのかい……なんて。そんなとき私ほんとうに口惜《くや》しくて……私、集團見合に行くからいゝわよなんて、この頃言うようになつちやつたんです。今度の日曜よなんて……（笑声）

坂西　いくつまでに結婚しなければ賣れ残りになつたという、あれは日本の惡い習慣ですね。

大島　あのことが、当事《とうじ》者《しや》の氣持をとても不幸にしているのですね。

藤田　先生、アメリカの社会が、私達のような立場の女性に対する態度はどうでしようか。

坂西　私がアメリカにいて独身生活が非常に樂しかつた一つの理由は、適齢期過ぎて独身でいるということが、決して世間の問題にならなかつたことです。それどころか、アメリカの家庭は、ごく自然に、独身者をティパーティーや夕食に喜んで迎え、開放してくれるんです。それから、外國には独身の男の人が相当ありますか

ら、独身者を招待するときには、ちやんと一対《カップル》になるように招んでくれるのです。日本のように孤立《こりつ》させてしまわない。

吉田　羨ましいと思いますわ。

坂西　最近のアメリカの統計を見ますとね、適齢期から皆さんぐらいの年頃の女性のうち、三人に一人が独身なんです。イギリスはもつとひどいそうですよ。その一人の結婚できない婦人に対して、アメリカ人が忠告するのはこういうことなんです。第一に引込思案《ひっこみじあん》になるな。積極的に自分で自分をいろ／＼なところに引き出して、いろ／＼な人に会う機会を作りなさい。第二に婚期が遅れたからといつて卑屈《ひくつ》になつて、人前に出ることを恥《はず》しがつたり嫌がつたりしてはいけない。何より朗らかに、明るくなりなさい。そして人に会つたら、せい／゛自分のいゝところを出して、自分はこんないゝところのある人間だということを、嫌味にならないように廣告しなさいというのです。自家廣告と言つては語弊《ごへい》がありますけれども、商賣人だつて、いい品を奥に隠して汚い品ばかり外に出して、さあお買いなさいと言いはしないでしょう。そしてそれは作りものであつてはいけない、正直な自分でなければならないというのですね。

　次に相手となる人については、皆さんくらいの年になると人物鑑定《かんてい》の第六感ができてくる。その第六感で、この人は自分を一生愛してくれるかどうかをしつかり見定めなさい。その際にいろ／＼欠点があつても、何か他にそれをカバーして余りあるほどの長所があつたら、小さな欠点を見逃《みのが》し、許してゆく寛大な氣持を持ちなさいというのですね。これはそのまゝ皆さんにもおすゝめしていゝと思いますよ。

永井　私、ほんとうに力づけられますわ。

福島　最初に伺いましたパール・バック女史は、どういう態度でゆけとおつしやつておりますでしょうか。

坂西　問題の解決は、急がずあわてず、まず経済的に独立して生活する道をとり、仕事の中に生き甲斐を感じるように、自分がその仕事を愛し工夫してゆくよりほかないと言つておりますね。実際、男子の絶対数が少いのですから、棚《たな》からぼた餅のような解決法はないのですね。着《ちゃく》実に地味に自分を生かして、機会が恵まれたら幸福な結婚をしようという希望を持つて、正しく生きてゆくよりほかにないのですね。

　ぬるいお風呂に入つているみたいで、皆さんとしては甚だ心もとないかも知れませんが、日先に出てくることをよしと考え、幸福と思つてゆかなければ、結局は年中不満な氣持、不しあわせな生活の中にいることになりますからね。

ほんとのもの

永井　先生、たゞいま、引つ込んでいないで自分を人の前に引き出せよというお話でございましたけれど、私には、どういう風にして男の人とつきあう機会を摑《つか》んでゆくのか分らないのでございますけれど。

吉田　私もそうなんですの。

坂西　なるほどね。例えば結婚の候補者《こうほしゃ》の話が、どこからか持ち込まれますね、そういう話があつたら、とにかくその人に会つてみるのです。第三者を通じての写眞を見たり、職業に就《つ》くときの履歴書《りれきしょ》みたいなものを読んだりしてこの人は駄目ときめてしまわないで、仲《なか》に立つ人に頼んで家に來てもらつてもよし、紹介者の家でもよし、映画、お芝居、野球などへ行つていろいろ話し合つてみるのですね。たゞ日本でそういうことをすると、世間の噂《うわさ》がすぐ立つてしまうのでお困りでしようね。

永井　そうなんですの。ちよつと一緒に歩けばあの人のところへ嫁《ゆ》くのだろうなんて……

坂西　しかし、そういうことにこだわつていては何もできません。あばずれと混同しないで、皆さんは何もやましいことをしているのじやありませんから、もつと淡泊《たんぱく》な、氣さくな氣持で交際なさるのがよろしいと思いますし、世間もその眼で見なくちやいけないですね。

永井　女学生と大学生ではあるまいし映画見物なんて……とすぐ私は自分の年を考えるのですが、そういうときには年を忘れた方がよろしいのでございますね。

坂西　人間は年じやありませんよ、その人の氣持ですよ。六十だつて二十か三十ぐらいの若さの人もあるし、二十か三十だつて氣持の上ではよぼ／＼の人があるじやありませんか。話し合つて、あなたの氣持の若いところを示すぐらいの氣持におなりなさいませ。それで、もし相手の人と合わなくても、その人の友人に紹介《しょうかい》されるということも考えられましょう。

同性愛

——社會現象としての——

望《もち》月《づき》　衛《まもる》

性の慾求は、すでに幼兒期にもあるといわれているが、その場合はまつたく機械的・感覺的のもので、からだに與えられる(性的な)快感を追及するだけで、他人への働らきかけのないことはいうまでもない。やや生長してからでも、自分でその感覺を作つてみようとするだけである。男性では、十三、四歳まではこの傾向が強く、それから急に異性に關心をもつようになる。これが普通である。この機械的な、自己中心的な態度が、異性愛に交替する時期は、十歳から十五歳ぐらいまでで、この時期の性的態度が最も不安定で、同性愛の傾向もこの時期に植えつけられることがきわめて多い。

女性と違つて、男性は自分で性感覺を發見することが多い。その時期は(アメリカのキンゼイ氏の調査報告によれば)平均九・六歳で、高等學校一年にもなれば九七%がそれを知つている。その大部分は自慰によつて經驗され、なんらかの形で性教育がおこなわれないと、その體驗と異性との關係がわからないままに、かなり永いあいだ自慰のための自慰をつずける場合が多い。これは成熟した人間が異性に接する機會がないためにおこなう代償的なものとはまつたく異なり、自己中心的な性的態度(自己性慾)ということができる。

また、男性は身體的に性徴がはつきりしていて、幼兒のころから自分の性徴に強い關心をもつようになる。例えば、男の子は排尿のときに自分の性器を見ていることが多い。そして、これと性感覺帶である尿道口における淡い性感覺とを結びつけ、性器に對する關心をさらに強める。一種の自己讃美がここでおこなわれるようになるが、自慰などによつて性感が體驗されるようになると、この傾向はますます強くなる。それに反して、女の子にはそれが少い。むしろ、「性徴がない」という體驗がある。だから女性の自己性慾はずつと成長してからでないと起りにくい。また、男の子は、男としての性徴があるゆえに「女の子より強い」といつた誤つた教育をされるので、その自己讃美の傾向はいよいよ強くなり、他面、女の子は劣等感(ひけめ)の方が強くなる。

しかし、男の子も子供は子供であり、おとなにはかなわない。かれ等は早くおとなのように強くなりたいと願う。今の社會では、成年男子がもつとも力をふるつているから、この憧憬にはすでに社會的な根據がある。そして、かれ等はその憧憬を性器中心の觀念としてもつようになりやすい。これは、未開の民族が、男性の性器を力のスイムボルとしたのと相《あい》通じるところがある。この自己中心的な態度は、實は同性愛と紙一重である。すなわち、自分に求めても求められない强く逞《たく》ましいものを、男性のおとなに求めるようになりやすいからである。だから、幼少時に年寄り育ちであつたり（特に「おばあさん子」）、女ばかりの中で育つたり、病弱で自分の力に自信がもてなかつたり、あるいは一人つ子で、行動のはけ口がなくて反省的であつたりする男の子は、自分でそうありたいと願う成人の逞しいすがた（特に肉體・容姿）に憧憬をもつようになる。

一般に青春期までの變態的な同性愛が、年長の男性を對象とするのは、こうした事情による。時には三十歳を過ぎても、依然として年長者を欲する同性愛者もある。この傾向をもつた男性を調査すると、前述のような生活歴をもつたものが多い。男の子らしく暴れまわつて、自分を顧みる暇もないというようなところがない。社會的行動に乏しく（例えば「そとみそ」）閉じ籠りがちで、いわゆる「女の子みたい」な遊びをし、ただ感覺的には普通以上の發達をし、たえず自分のことを氣にするたちである。

自己中心的な態度をもつたままでそれ以上に發達をしないものは、變態的な自己性慾（ナルツィスムス）におちいる。自分で、自分の肉體に魅せられる態度――これはしかし、もしも自分の代りに他人が置き換えられるならば、當然それは同性であり、同性愛と境を接している。

かかる性格形成の過程を克明に描寫した文學に、三島由紀夫氏の「假面の告白」がある。その主人公は、前述の諸條件をことごとくみたす生活歴をもつており、自己性慾と同性愛とが重なり合つて特殊の性慾をかたちづくり、きわめて内省的で、常に自分の言動が、周圍に與える反響に注意をはらい、その反響にふたたび反響するという、反趨《はんすう》的な反應を示す點で特徴的である。このような特性が知的な面に生かされると、敏感な藝術家が生まれ、あるいは纎細な感覺をもつた學者ができあがる。ツヴィグ、ヴィンケルマン、ヴエルレエヌ、ジイド、マン、その他には、その生活歴から、あるいは自叙傳風の作品の内容から推して、そうした傾向があると推論している人もある。ギリシヤ時代、あるいはルネサンスの大藝術家にもそれがあるし、また、われわれの知る限りでも、現代の日本の著名な作家や藝術家にも、顯著に同性愛の傾向をもつものが相當にいる。

一方、性生活を大膽に描寫した日本文學には、有名な鷗外の「ヰタ・セクスアリス」があるが、これが「假面の告白」といちじるしく異なる點は、鷗外の描寫が事件の（外面的な）描寫に終始して内省的でない點である。これは、作者の男性的な、行動的な性格によるものであり、「假面の告白」の主人公とまつたく反對である。

さて、人間の生長は、身體的な發育ばかりではなくて、社會的にも成熟してゆかなくては完全とはいえない。社會的な成熟というとむずかしく聞こえるが、その根本は、他人に對して、自分の意志どおりに自由に働きかけることができるようになることといつてよいであろう。つまり、人間は自分の殼《から》に閉じ籠つているばかりではすまされなくなり、誰かに向つて、もつと密接に觸れあつてみたいという慾求が起つてくる。まだ自分が觸れたことのない他人の部分に觸れてみたいし、他人に觸れさせたことのない部分を觸れさせてみたい。そういうことで他人との接觸が緊密になり、新生面のひらけてゆくことが望ましい。――そういう新らしい面、それは性的な面である。

すでに、こうした接觸のしかたは、ずつと小さい時にもしばしばおこなわれるものであるが、性的な目ざめが起るころには、その慾求がとても強くなる。人間の場合には性的な慾求は社會的慾求を伴うのが正常なのである。この場合、接觸したいと願う對象は、他人でありさえすればよい。まず、まわりにいる同性の仲間からそれは始められることが多い。それは異性であることもあるが、むしろ抵抗の少い同性が選ばれる。この時期にはかれ等はおとなの力によつて異性と隔離されているのが普通だからである。――實はかれ等の憧憬するものはおとなのだが、そもそもそれを憧憬する心理は、おとなのもつている威壓の力から生じたものでもあり、おとなから、まだ子供だといわれることは、なによりも恐れられ警戒されるのである。――そこで、かれ等は「心の交わり」を深めるために、自分の「性の祕密」を友人に明そうとする。（肉體的・性的に目ざめのおそい女性では、「性の祕密」の代りに、「家庭の悩み」その他が媒介としてとりあげられる）だが、その友人からも威壓されないように、遠まわしに接觸してゆき、交換條件に、友人の「性の祕密」をもえようとする（異性に對する接觸・求愛も、これと同じことなのだが……）。ヴェデキントの「春の目ざめ」におけるモリッツとメルヒオルの接觸のしかたはまさにその典型である。

この同性間・同年輩間の青少年の接觸は、頭を抑えるおとなに對するジェネレエション（主として「十歳代《テイーン・イヤズ》」の）の同盟でもある。この同盟が單に二人のあいだでなく、集團にひろまることのあるのも、それがおとなに對する反抗の、共通の意識をもつて結ばれるからである。かれ等のあいだでは、おとなにかくれて性の知識が交換され、性行爲の敎唆がおこなわれる。それが「實地敎育」になることもしばしばであつて、肉體的交渉が同性間においておこなわれる動機のほとんどすべてがこれであり、またこれは、おそらく一般女性の想像するよりもずつと行きわたつていることであろう。

この接觸はくわしく調べるとなかなか複雑なもので、そのあいだがらにも、一種の勢力爭いがある。すなわち、男性は社會的に積極性をもつているので、單に對等の接觸では滿足せず、多くのものは、他人に優越し、他人を占有しようとする。優越されたものは、相手に頭を抑えられるので、同じしかたで自分が抑えることのできる相手を求める。優越の條件は、性的に少しでも成熟していること、つまりおとなに一歩近いということで、例えば仲間に自慰を敎えることによつて、仲間を弟分とすることもできる。そうした同性間の接觸は、異性に對する接觸よりもはるかに容易であり、またその機會も多く、學校の寄宿舍や、修學旅行などを機會に、學友仲間に性的成熟を規準とした勢力順位が決定されることもあり、兄弟分がいくつもできあがることがある。適當な機會に惠まれないと、かれ等は「解剖」などと稱して、なかば暴力的に、學友たちの性的成熟度を確めようとすることさえある。

友人間で肉體的に接觸するようなあいだがらは、すでに完全な同性愛ではないかと考えるひともあろう。しかし男性には、こういうことは文字どおり、ほうきで掃くほどあるのであつて、たいていは極く短かい期間に經過し、跡形もなく忘れ去られてしまう。このような接觸が、接觸の初まりとして經驗されると、その後の性的態度に強い影響を殘すことのあることは私も認めるが、人間の自然の發達は強い力をもつているし、また、社會がより自然なものを育ててゆく影響力もまた強いので、青少年がこれだけのことで變態になることはそうあるものではない。性科學者として有名なドイツのヒルシュフェルト氏も、その著「性敎育」（一九三二年）の中で、もしも最初の性的接觸の經驗が、その後の性的態度を決定してしまうものであつたならば、男という男は皆同性愛になつてしまいそうなものだと述べて、男性の同性接觸がゆきわたつていることを承認するとともに、それが決定的な影響を與えるものでないことを主張している。

キンゼィ氏によれば、男性の八〇％は同性接觸の經驗をもつている。そして、五％が、完全に變態的な同性愛者である。この五％の人物（日本での數値はまだはつきりとはわかつていないが、私たちの試みではもつと少い數値が出ている）は、大多數、同性との接觸（主として受け身の形で）によつて、その傾向を植えつけられているといつてよいであろう。ここに、同性愛は素質によるという意見が擡頭してくるわけだが、その素質なるものは、自己性愛の傾向であり、それが環境條件によつても作り出されていることを考えるならば、完全に素質的なものだとばかりいい切ることに危險を感じる。

正常な第三者から見ればかれ等の同性への接觸などは、異性への接觸に較べて極く幼稚なものといえようが、かれ等自身にしてみれば、自分の殼をうち破つて、すくなくとも他の人物と緊密な接觸をうることは大きな體驗であり、また大きな進歩であるわけで、その滿足感もこよなく強いものである。そして、さらに發達してくると、かかる接觸によつて他の同性を占有したいという慾求が起つてくる。異性への接觸により大きな抵抗を感じるなら、すでに「道のついた」方向に向うのは自然の理である。だから同性愛者も、同性への接觸に或る程度の經驗を積み、或いは狹い範圍でながら社會的成熟に一種の自信がついてくると、前に述べたような、成熟した男性への憧憬、おとなに愛されたいという、未熟な受け身の態度から、他人を愛してみたいという心境になり、自分より年下の青少年を對象に選ぶようになる（ヒルシュフェルト氏は、前者をアンドロフィリイとよび、後者をエフェボフィリイとよんでいる。前記「假面の告白」にもその經過が描寫されている）。これは、對象の魅力そのものに變化を感じるのばかりではなくて、年下の男性が、自分の意のままになりやすいという社會的條件が強いのではないかと私は考えている。それを證據だてる事實は、一般に性的な働きかけが自分より「下の階級」の同性になされることが多いという事實である。「假面の告白」の主人公も青年勞働者に強い魅力を感じている。

このような事情から、同性愛が多少「貴族的な」趣味であるかのように考えるものもある。また、生活力・行動力の弱い貴族階級或いは知識階級のものに、この傾向の多いこともおもしろい現象である。これは、かれ等の環境に封建的なものが強く殘つていて、女性への接觸がいろいろの枠によつて阻止されているからだと考えることができる。キンゼイ氏の報告でも知識階級に同性愛の傾向は顯著である。（ついでに異性間の結合について述べるならば、男性が年下の女性を妻にしようとする一般のしきたりは、男性支配の社會で女性をなるべく容易に男性の占有下におかせる底意《そこい》によるところが多いと考えられる。進歩した男女性間では、かような年齡による支配關係が薄れていて、女性が年上であることも問題にされない）。

さて、以上でもわかるように、男性間の同性接觸は（女性間のそれとも同じように）異性への、自由で責任を伴つた社會的接觸を阻む條件があるからである。そのような環境では正常な人間までも異性の代りに同性を性的滿足の對象とすることがある。九州地方を發祥地とした、いわゆる「稚兒《ちご》さん」は、そうした歪《ゆが》められた代償的滿足の手段である。これは、この地方が武士階級の勢力が強く、男尊女卑の封建色を多分にもち、青年の「女色」を卑しんだ土地がらであつたところからも推論される。同性愛の蔓延には、いずれもこれに似通《かよ》つた條件が存在する。

その本人たちは、環境條件がかれ等の行動を束縛しなくなれば、正常な狀態になつてゆく。女つ氣《け》のない兵營や、永い航海で同性愛が流行しても、そこから解放されれば、ふつうはまたもとの狀態にかえるのと同じである。ところが、かれ等の對象に選ばれる、どちらかといえば、內氣で女性的な「美少年」たちは、とかく自身に本來その傾向をもつていることが多いために、同性愛的傾向がこの機會に開發され本物の變態に固まつてしまいやすい。實は多くの正常者が少數の變態者を製造しているのが現實で、結局それはそのような行動に驅り立てさせるところの環境條件を問題にしなくてはならない。

かようにして發生する同性愛者はその後どうなつてゆくのか。たいていのものは、前にもいつたように男性を男らしく行動させる社會的な環境條件に適合して治癒してゆく。結婚(や戀愛)をすることが一〇〇%の慾望の滿足ではないにしても、こうした社會的に意味のある行動によつて、自分を矯《た》めなおす。まつたく、同性愛に陷るような社會的成熟のおくれた男性にとつては、結婚はその性慾をみたす行爲であるばかりではなくて、社會的な半人前を一擧にとりもどす行爲であるわけである。正常なものでも「妻帶者」になることは世間に一人前として通用する看板をえた喜びを感じるものだが、その喜びは、社會的に未成熟のものにとつては、こよない喜びであるに違いない。かれ等はこうした社會的な枠にはまることによつて、自然の傾向を獲得するのである。

しかし、こういう常識的な治癒の途をとれないものもある。また、結婚していつたん正常な性生活に入つても偶然の機會に變態的な經驗をえたために別の興味を覺え、兩性的な傾向をもつこともある。キンゼイ氏の報告の中にも、既婚者で同性間の接觸で性の放出をするものが(年輩のものに)あることが示されている。また、結婚生活の倦怠から同性への興味が生じることもないではない。一方、同性との接觸を經驗しないでも同性愛的な傾向をもつもの、すなわち自己性慾を基底にもつものは、こうした變態が、世の中に自分ひとりではないかというような心配をし、悶《もん》々の日を送ることもある。かれ等は同性にも働きかける術《すべ》をもたないで、結局自己性慾の殼の中に閉じ籠る。

最近私の見聞したところでは、これらの「不幸な」ひとたちのあいだには、一種の接觸の機關があり、同類相傳えてそこに集まり、特殊の默約によつて接觸を深めることができるようになつている。それがどのような行動にまで發展するかは當事者に當つてみなくてはわからないであろう。しかもかれ等は巷間の男娼などには強く反撥する。かれ等は、より男性的なものに憧憬する自己性愛を根底にもつているからである。(おそらく男娼自身も女裝しなくては男らしい男に遭遇しないところから心ならず女裝し始めたのだとも考えられる。この心理については詳說を避ける)。さらに、都會には直接に肉體的な接觸のみを意圖するものの出入する公共機關がある。そこには正常者も出入するが、同じ傾向のものは特殊の行動で認めあい(かれ等の同類發見の勘《かん》は銳く發達しているという。これは、かれ等が內省的な性格をもつているからにもよろう)、接觸が可能であることがわかると、さらになんらかの接觸をとげようとするものらしい。(男性は女性よりも、かかる接觸が簡單にできる點もこの傾向を助長する)ここではまつたく社會的な接觸は省略される。つまり相互に、どこの誰であるということを知り合わないのである。これは正常者の目からすれば、まつたく(變態的な)性慾のまにまに人間が行動する奇怪な場面でもある。しかしそれをしも奇怪であるというならば、正常な（異性愛をもつた）人間が、まつたくの性慾のとりことなつて、どこの誰とも名のらず、相手をも確かめず、街頭に媚を賣る女性を買う心理も、（奇怪の意味に若干の差はあつても）本質的には、性慾に左右される動物になり下つている點では同じである。いずれも社會的には不完全な、半端《はんぱ》もの、片《かた》輪《わ》ものである。

以上は男性の同性愛のことであるが、女性のそれを簡單に比較して考えなおしてみよう。一言にしてその差をいうならば、男性のそれは「感覺の輪廓」があるということである。これは性慾一般についてもいえるし、同性間の愛情についてもいえる。男性間のそれが社會的な接近・占有を欲する慾求から、とかく相互自慰の形式によつて代表されるところの肉體的なものに進行しやすく、時には後者だけの狀態にあることのあるのに對し、女性のそれは社會的な前者の段階にとどまつていることが多く、かつ永い。或る男性はわれわれの調査に對し、自分は戰時徴用の際工場の寄宿舎で「氣の合つた」友人と相互自慰のかたちで接觸したが、それは同性愛ではなかつたと述懐している。これが代償行爲でもなく感覺追及のみの行爲であることもあり、かように感覺の面だけが生活の他の面とかかわりなく獨立し、浮き上つていることのあるのは男性のみである。女性であつたならば、こんなことは病《やまい》こうもうに入つた同性愛といわなくてはならないだろう。生理的な腫脹消失慾と、むしろ社會的な異性接觸慾とを區別して考える考えかたも、主として男性についていえることであり、このふたつが分離しやすいのが現代の男性の性生活の特性である。これは社會的な抑壓が極めて強いからで、同性愛はその極端な事例と考えることができる。

ところが女性の同性愛は（異性愛と同じく）社會的な接觸慾をもつて始まり、それで終ることが多い。感覺的な輪廓がないために慾求が漠然としており、山本宣治氏の名づけたような漠然性慾のかたちをとり、青春期の同性愛は異性愛とも分ち難く、機會があるならばその双方に融通がきく。（もちろん男性の初期の同性愛にもこれが認められる。モリッツとメルヒオルのなんとない接觸などにもそれが認められる。ただし男性のそれは肉體的なものに進行する危險をはらむだけである）

女性は將來異性愛に入り性的滿足がえられれば同性愛は淡い思い出にしかならない。結婚したひとは、その昔少女歌劇の男形に熱中したことを思い出してみるがよい。感覺的な輪廓をもたない漠然としたものは、性的な滿足と結合した異性愛の强さの前にははかないものである。このように漠然としたものであるゆえに仲間の行動に雷同しやすく、少女歌劇のスタアに熱中するものがあると、すぐに暗示を受けて感染する。ちよつと人氣が出だすと人氣は衆目を浴びて昂揚するが、これは特定の人物に限る。女性から異性愛的な讃仰を受ける映畫の男優などもそうである。

しかしながら、このように、女性が最初は感覺的にではなく、漠然と親友やS《エス》や戀人を社會的な慾求の對象とし、しだいにその關係を濃くしていつて、ついに性的接觸に達する經過は、いたずらに早く感覺に目ざめ、社會的には社會的成熟のおくらされている男性の性生活よりも自然であり、したがつて變態化の危險が少いことは幸福であるといわなくてはならない。そこで世間のひとは、女性の同性愛を輕視し「このごろの若いむすめ」の通性とし、或いは異性愛の練習だと考えてすませている。もちろん、そこにも、女性の眞の解放を問題にしなくてはならない點は多々殘つているのだが、男性のそれに對しては、心理學的にいつても、社會問題としても、さらに愼重に考えてみなくてはならないものを含んでいると思う。

（醫博・心理學者）

女性医学

春《はる》のめざめ

常安田鶴子
山本正画

女医常本《つねもと》かず子先生は、例によつて例の如く二階の居室《いま》で机の前に坐つて、ぼんやりと暮《く》れゆく空を眺めていた。男ならばさしずめ、のびた不精鬚《ぶしようひげ》を撫《な》でながら、というところであろうが、女たる女医先生は撫でる頤鬚《あごひげ》もないので、頬杖《ほおづえ》をついて少し身体《からだ》をくずして椅子《いす》にかけていた。彼女の疲《つか》れた時の恰好《かつこう》である。

重症《じゆうしよう》の産褥熱患者《さんじよくねつかんじや》がペニシリンでやつとおさまつたので、往診《おうしん》から帰つて、ほつと一息ついたところだ。突然、音もたてないで……階《かい》段《だん》を上る足音がしたのかも知れないが、ぼんやりしていたかず子先生は氣がつかなかつたらしい、……後の扉が乱暴《らんぼう》に開かれて、バア、と言つて、彼女の数え年七歳の男の子と六歳の女の子が部屋に入つて來た。男の子が先生のかけている椅子の背によじ登りながら言つた。

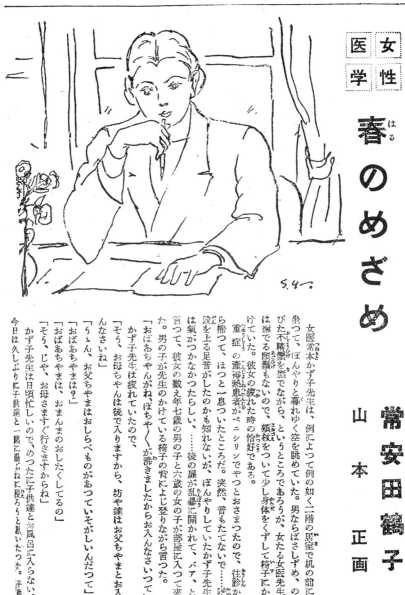

「おばあちやんがね、ぼちやぼちやが沸《わ》きましたからお入んなさいつて」

かず子先生は疲れていたので、

「そう、お母ちやんは後で入りますから、坊や達はお父ちやまとお入んなさいね」

「うゝん、お父ちやまはおしらべものがあつていそがしいんだつて」

「おばあちやまは?」

「おばあちやまは、おまんまのおしたくしてるの」

「そう、じや、お母さますぐ行きますからね」

かず子先生は日頃忙しいので、めつたに子供達とお風呂に入らない。今日は久しぶりに子供達と一緒に湯ぶねに浸《ひた》ろうと思いたつた。子供

達は母親が珍しいので、洗い場ではしやいでいる。女の子がまじ〱と先生のお腹《なか》を見ながら、

「お父ちやまやお兄ちやんにはおしつぽがあるけど、お母ちやまにも百合《ゆり》ちやんにもないのねえ」

おしつぽとは、子供は面白いことを言うと先生は今更の如く驚く。それにしてもそろ〱幾分かの性教育をほどこさなければならないのではないか知ら？　そう思いながら、

「そうですよ。お父ちやまや正夫ちやんは男だからおしつぽがあるのよ。お母ちやまや百合ちやんは女だからおしつぽがないの」

こんな平凡な答えしか出ない。男の子が先生のお腹を撫でながら、

「僕はねえ、お母ちやまのお腹んなかで、こんな狭《せま》いとこ厭《いや》だなあ、早く出して頂戴《ちようだい》つて、とつてもあばれたんだつて。ねえ、お母ちやん、そうでしよう？」

「どうちてあたちはお母ちやまのぽん〱なかに入つたんでちようね」

「そりやきまつてるさ、神様がお腹んなかに持つてきたんだよ」

男の子はもつともらしく口を尖《とが》らした。かず子先生は、何時《いつ》の間に子供達がそんな言葉を知つてたのか知ら？　と、いぶかしく思つて問いかえした。

「誰がそう言つて？」

「お父ちやまがそう言つたよ」

彼女の夫としては上出來な答えだつたと先生は感心した。子供達は或るキリスト教会の附属《ふぞく》幼稚園《ようちえん》へ通つているので、食事の前には神様に感謝のお祈りをする。就寢前にもその日の無事に終つたことを神に感謝する。この世のあらゆることがらが、神の御意《ぎよい》によつて行われているように幼稚園で教えられていた。故に、神の御意によつて母親のお腹に彼らが芽生《めば》えたと父親から教えられて、應はそれで納得《なつとく》している。西洋の諺《ことわざ》にある「こうのとりが赤ん坊を持つて來る」は、少し童話めいて不自然だけれども、神様が母親のお腹に赤ちやんをもたらすことも少しおかしな話だ。

しかし、これもこの位の年頃には致し方ないと先生は考えた。もう少し子供達が成長すれば、又何かに例をとつて判り易く教えなければならないと思う。そうこうしているうちに子供達の身体を洗い終えたので、先生は女中のよねちやんを呼んだ。よねちやんは乾いたタオルで順々《じゆんじゆん》に子供をくるんで去つた。彼女は越後《えちご》の田舎から出て來たばかりの十九歳の純眞《じゆんしん》で清潔《せいけつ》な娘である。彼女にとつては常本家で起る何も彼《か》もが珍《めず》しくてならないらしい。

まだ田舎から出たばかりなので、しかも年のゆかぬ娘なので、先生は産婦人科的疾患《しつかん》の患者ばかりを診察する診察室へは彼女を入れない。けれど、彼女にも少しずつ性教育をほどこして、こういう純眞な娘の陥《おちい》り易いあやまちを未然に防がなければならないと考えている。お風呂から上つて、夕食までの空いた時間を、茶の間でおこたにあたりながら先生は子供達に絵本を読んできかせていた。突然、玄関のベルがけたゝましく鳴つた。それは何か急患を思わせるせつかちな鳴り方だ。先生は、折角《せつかく》お風呂で暖まつたのに往診だつたら厭だなあ、と胸の中で呟《つぶや》いて、絵本を読む声を途切らせた。玄関に出て行つたよねちやんが暫くして引き返してきた。

「あのう、奥様、Aの中村さんからの往診なんですけど……」

「そう、どんな具合《ぐあい》なの？」

「奥様にお目にかゝつて容態《ようだい》を申し上げたいと言つて、御主人がお待ちになつています」

かず子先生は絵本を子供達に渡しながら立ち上つた。

「御本は又後でね。お母ちやまは一寸御用ね」

彼女はもう母親ではない。玄関までの短い廊下ですでに冷静な女医さんにかえつていた。玄関の三和土《たたき》に中年の上品な男の人がしよんぼりと立つていた。

「あ、先生。……実は、一寸《ちよつと》……」

彼は呟くように言つて目を伏《ふ》せた。

「何でございますか？　奥さんがお悪くいらつしやるんですか？」

かず子先生は、数年前中村夫人が分娩後発熱して、数度往診したことがあるので、その時出会つた大学教授の中村氏を記憶《きおく》していた。

「今度は家内ではございませんので……実は十六歳になつた長女のことにつきまして……」

中村氏はためらつていたが、思い切つたように顔を上げて、

「先生、こんなことつてあるもんでございましようか。……夕飯を食べていますと急に長女がお腹《なか》が痛いと申しますんで、家内が急いで寝かせまして、お腹をゆるめて少しでも楽《らく》にしてやろうと帯をほどきますと、娘のお腹はこちんこちんに硬くなつているのです。しかも大きく膨《ふく》れ上つておりました。大急ぎで内科のお医者さんを呼んで参りますと、お医者さんは腹膜炎《ふくまくえん》かも判らないとおつしやいますので……」

「お熱や嘔吐《はきけ》もございましたの？」

「それが腹膜炎にしては熱もございませんし、嘔吐らしいものもありませんし、只、腹痛を訴えるばかりなのです。……お医者さんも終《つい》に、おかしいなあつて首をかしげていらつしやるばかりでございました。それから暫く様子を診《み》ていらつしやいましたが、これは開腹をしなければならない病氣かも知れないから、外科の先生に診て貰うようにおつしやいましたので、又外科の先生をお呼びして参りました」

「それで？」

「外科の先生は診察するとすぐ、お産が始まつていると思うから、婦人科の先生をお呼びしてくるようにおつしやいましたので……先生、私達がどんなに驚《おどろ》きましたことか……今まで長女が妊娠《にんしん》しているなどとは考えたこともございませんでした」

「そう、それじやすぐ参りましよう」

中村家までは徒歩で約十五分の距離だつたが、かず子先生は夕方、物置へしまい込んだ自轉車を又ごそごそと引張り出した。患家へ着いて自轉車を庭の繁《しげ》みへ乗り入れて、玄関の格子戸をあけると、奥から中村夫人が姿を現わした。彼女は蒼《あお》い顔をしてすつかりしよげ返つている。何時もならば、先生を見るとにこやかに会釈《えしやく》する夫人が、今日ばかりは心こゝにあらず、といつた様子で、あわてた口調で、

「夜分申し訳ございません。どうぞこちらへ」

夫人は長い廊下を猫のように足音も立てないで小きざみに歩いた。肥《ふと》つているかず子先生はずしんと音を立てて夫人に従つた。廊下のとつつきの六疊の間《ま》に入ると、患者を中にはさんで中年の二人の医者が思案投首《なげくび》といつた恰好で静坐していた。かず子先生は一寸どぎまぎしながら、戸口で、「常本でございます」

と、彼らにていねいに挨拶《あいさつ》して患者の横に坐り、腹部を丹念《たんねん》に診察した。患者は時を切つて苦痛を訴えた。大体妊娠八ヵ月の大きさ。子供の心音もはつきりときこえる。先生は溫湯で手を洗つて消毒の後に内診した。やはり分娩《ぶんべん》は始まつて子宮口は三指《し》位開大《かいだい》している。陣痛《じんつう》がくると今にも破水せんかの如くに卵胞《らんぽう》はピーンと張つてくる。結果如何《いか》にと先生の顔を覗《のぞ》き込むようにしている二人のお医者さんと、患者の母親に先生は小さな声で言つた。

「お産がはじまつています」

母親は一そう顔色を白くして唇をふるわせ、

「あの、やはり？　……本当にお産なのでございましようか？」

「何と申し上げて宜《よろ》しいやら判りませんが……確かに分娩です。……とにかく、早速お産婆さんをむかえにいらして戴きたいのですが……」

二人のお医者さんは、では私はこれで、と、かず子先生に会釈《えしやく》して部屋を出て行つた。彼らと

共に部屋を去つた母親が、玄関から隣室へ引返した足音がして、ひそ〳〵話し合う声が襖《ふすま》ごしにきこえていたが、やがて父親の咳ばらいと共に、廊下を歩む足音が遠のいていつた。

台所の方向でごと〳〵と忙しい音がした。間もなく入つて來た母親はがつかりしたように患者の枕元に坐つて、少女の顔を覗き込み、

「京子さん、あなたは……何という……」

母親の頬《ほお》が悲しそうにひきつつて大粒の涙がこぼれた。彼女は急いで両手で頬を拭《ぬぐ》つた。苦痛に顔をゆがめていた少女は、陣痛がやゝ遠のいたのか頬《ほお》を柔らげ、無邪氣《むじゃき》な声で、

「お母様、私、こんなにお腹が痛くつて、死んじやうんじやないのか知ら……お腹ばかりじやないの、背中が千切れるみたいに痛いの……お母様。わたし、よつ程《ぽど》ひどい病氣なのねえ」

「京子さん、京子さん、あなたは……」

「わたし、今日、学校で大掃除の時、帚《ほうき》を持つて階段を降りてたら、途中で柄《え》に足がからまつて階段からおつこちちやつたの。痛くて暫《しばら》く起きられない程だつたの。お友達が笑つたので私とつてもしやくだつたわ……ころんだのでお腹がどうかなつちやつたのね。きつと重い病氣なのねえ、お母様。」

「京子さん、あなたは赤ちゃんが生まれるんですよ。間もなくあなたはお母さんになるんですよ」

少女は突然おかしくてたまらぬように、ハ、ハ、と笑い出した。

「私が死ぬと思つてお母様はそんなでたらめを言つて私を笑わせるんでしよう。私、知つてるわ、冗談《じょうだん》だつてこと……ハ、、、私に赤ちやんが出來るなんてこと、そんなこと考えられないことよ。わたし、まだ子供なんですもの、子供はそんな……」

又陣痛が起つたのか少女は言葉を切つて眉《まゆ》をしかめて唇を噛《か》んだ。先生はその間に呆然《ぼうぜん》としてなすすべもなくそこに坐り込んでいる母親に小声で訊ねた。

「何か心当りはございませんか?」

母親は考え込んでいたが、首を振つて、

「どう考えましても、……この子は人一倍子供つぽい無邪氣な子でございますし、……学校からも眞直帰つて参りますので、今まで怪しいと

思つたことは一度もございません……本当にどうして宜しいやら……」

先生は母親を励ましてとにかく分娩の用意をすませた。間もなくかず子先生とは顔見知りのお産婆さんがせか〳〵と部屋に入つて來た。

彼女は物なれた樣子ですばしつこく分娩の仕度をして、少女の横側に坐りながら、落着いた調子で、

「オヤ〳〵随分《ずいぶん》進んでおりますね。もうすぐですねえ。お孃ちやん、お腹が痛くなつたらうーんと。……大きいうんちする時みたいにいきむんですよ。うーんと。……そう〳〵そんな具合に」

お産婆さんの顔を見た少女の顔に初めて恐怖《きようふ》が浮んだ。彼女は怖《こわ》いものを見た時の眼差《まなざ》しで叫んだ。

「お母樣、ほんとうにわたし赤ちやんが生まれるのね。わたし、怖いわ。何故《なぜ》赤ちやんが生まれるんでしよう……何故でしよう？　……何故でしよう？　わたし、怖いわ！」

お産婆さんがはつきりした声で、

「怖がつていては駄目なんですよ。元氣を出して。お腹が痛くなつたら、うーんとお腹に力を入れていきむんですよ。もうじき樂《らく》になりますからね」

わたし何故赤ちやんが生まれるんでしよう。わたし怖いわと、この数え年十六歳の少女は叫び続けた。その間も容赦なく分娩は進んで、間もなく五百匁足らずの小さい女の子が生まれた。薄い髪毛《かみのけ》の生えた、全身胎脂《たいし》をもつて被われている早産兒は弱々しい産声《うぶごえ》をあげた。卵からかえつたばかりの羽毛の生え揃《そろ》わない小鳥よりもいた〳〵しい。しかし、それよりも、わけも判らず母親になつた少女の方がもつといたいたしい。先生は産婆さんがてきぱきと処置している間に、患者の脈搏《みやくはく》を診《み》ながら少女に向つて訊ねた。

「月経はいつあつたきりですか？　恥《は》ずかしがらずに先生に本当のことを言つて下さいね」

無邪氣な少女は眼を閉じて考え込んでいたが、割合にはつきりした声ですなおに答えた。

「わたし、去年の夏休みから一度もありません。八月の初めに信州の伯父さんのとこへ行つたんです。そのまえにあつたつきり」

母親が口をはさんだ。

「氣をつけていますと脱脂綿《だつしめん》がなくなりますので私も氣がつくのですが……この子は十四の春にあり初めまして、それからたまにしか無いようでございます。三月《つき》も四月《つき》も月経のないことは度々らしゆうございます。八月から一度もございませんようですから、おかしいと思つて訊ねたことは訊ねたのですが、その時も、お友達だつて半年や一年ない人は多いのよと、ことも

なげに答えますので、私も……」

「近頃、挙動不審《きよどうふしん》だとお思いになつたことはございませんでしたの？　例えばお風呂へ御一緒にお入りになつた時とか」

「まつたく私の不注意でございました。お風呂は内風呂《うちぶろ》でございますので、風呂場が狭うございますので、この子と一緒に入ることが近頃一度もございませんものですから」

「しかし、段々お腹が大きくなつてくる点を怪しいとお思いにならなかつたんですか？」

「近頃急に背丈がのびて肉がついて参りましたので、私は肥つてきたのだとばかり思つておりました。只、そう申しますと、近頃お腹の中で虫みたいなものがぐず〳〵動くと申しますので、それをきゝましても……何という私は馬鹿者でございましよう……それでも何も氣がつかなかつたのでございます。きつと蛔虫でもいて、それが動くんでしよう、と申しまして虫下《くだ》しなどのませました。あゝ、その時氣がつきましたならば……」

　母親は又顔を被《おお》つた。日頃、あらゆる場合の母親の悲しみを見て來ているかず子先生は、どう慰めようもなく、

「たとえその時お氣づきになつたところで致し方ございませんでしたわ。この上は赤ちゃんのお父さんを探しましよう」

「幾度も申し上げるようですけど、どう考えても思い当るふしがございません」

「私は赤ちゃんの大きさから考えて、多分、昨年の夏休み中の出來ごとではないかと思いますのよ。夏休みは信州でお過しだつたんですね」

「ハイ、信州の田舍に主人の実家がございまして、主人の兄がおりますので、毎年京子は夏休みをそこで過すんでございます」

　かず子先生は、分娩の苦痛が去つて、又疲れが出てうと〳〵している少女を、一寸ゆすぶり起して訊ねた。

「京子さん、去年の夏休みに田舍で男の人に怖い目にあつたことはありませんでした？」

「いゝえ、一度だつてそんなことありませんでしたわ、先生」

「誰か男の人とお友達になりませんでした？」

「伯父さんのお隣りのお家に、甲府の新制高校へ行つてる良二ちやんて男の子がいるんです。私とは一つ年上なのよ。私達はしよつちゆう二人で遊んだの」

「どんな遊びをしたんです」

「大てい二人でお勉強したの。でも……」

「でも？」

「いつか二人で小川へお魚を釣りに行つたの。お魚がちつとも釣れなくて、とても暑かつたので私達ズロースきりになつて泳いだのよ。お水

が冷たくて冷たくてこゞえ死にそうだつたので私達こんどは寒い寒いつて乾《ほ》し草の中へ入つたの。乾し草の中はムン〳〵する程暖かかつたわ。ポカ〳〵してとてもいゝ氣持だつたわ。……そしたら良二ちやんが面白い遊びをしようつて……私達、身体《からだ》を一つにして乾《ほ》し草の中でころ〳〵轉げ廻つて遊んだの。面白かつたわ。それから二人共疲れてぐう〳〵眠つちやつた」

「そんな遊びは一度きりだつたのですか？」

「うゝん、それからお勉強に疲れると、時々そうやつて乾し草の中で遊んだの。……わたしたち山百合を取りに行つたこともあつたのよ。二人でどつちが沢山取るか競爭したのよ。そ

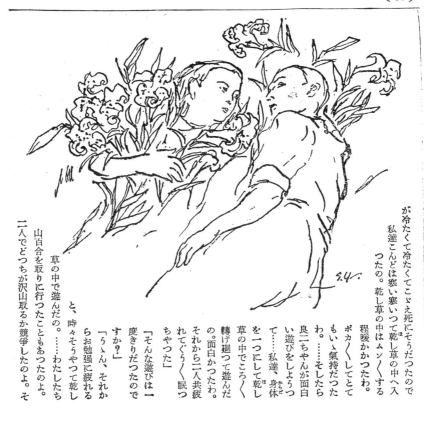

うして段々奥山に入つて行つて、……私、面白くて夢中だつたわ。山百合つてきれいだけどお化《ば》けみたいに大きんですもの。二人共抱《かゝ》えきれない程山百合の花を取つて、私達岩穴みたいなところをめつけてそこで休んだの。洞穴《ほらあな》に一パイ花の香《にお》いが拡がつてむつとする程だつたの。花園へ入つたみたいにすつかりいゝ氣持になつちやつて二人共そこで眠つたのよ。その時も私達、冷たい岩の上で轉げて遊んだの。それから…

…隣り村で盆踊りがあつたの。伯父さんや伯母さんとみんなで行つたのよ。私、伯父さん達にはぐれて良二ちやんと二人で野道を帰つたの。たんぽゝの草の一パイ生えた崖《がけ》みたいなところに、草の葉蔭《かげ》に螢《ほたる》そつくりの光りを出す虫が沢山いるのよ。螢と同じなの、けど螢じやないの。氣味《きみ》の悪い小さな毛虫なのよ。私達ピカピカ光つてるその虫をめつけると棒でパタン〳〵つて落して行つたの。月がとてもきれいだつたわ。そうして林の中へ入つて二人で休んだの。その時もいつものようにして遊んだの。良二ちやんと遊んだのはそれだけだわ。良二さん、いつだつてこの遊びを樂しいつて言うんですもの」

先生は、若しやこの少女は何も彼も知りつくした上で無邪氣さを裝《よそお》つて、わざとそんな風に何も知らぬげに話しているのではないか知ら？と見きわめるように少女の瞳《ひとみ》を凝視《ぎようし》した。少女は一点の曇もない澄んだ眼差しで先生を見返した。母親はためいきをついて、

「私が惡かつたんでございます。私が少しずつ敎え込めば、こんな間違いは起らなかつたのでございます。みんな私が……」

先生は二、三日うちに出産届を取りに來るように言つて患家を辭した。自轉車のペダルを踏みながら先生はすつかり憂鬱《ゆううつ》になつていた。——嚴格《げんかく》な家庭程こんな悲慘《ひさん》な間違いが起つているんではないのか知ら。臭いものには蓋《ふた》式の敎育法はあまりに性的に無知になり、又はかえつて思春期の子供の好奇心を唆《そそ》つて不良に追い込んだり、取り返しのつかぬあやまちが子供の上に起つてくる。これを未然に防ぐには先ず母親敎育が必要ではあるまいか——それから二日経つて、すつかり老《ふ》け込んだ母親が出産届を取りに先生を訪れた。

「生まれた子供は私の子として籍に入れることに致しました。先生、無知程怖いものはないことを私は初めて知りました。おくればせながら性敎育がどんなに必要でございますかやつと知りました。あの子が惡いんではございません。みんな私の罪でございます。あの子は初めて自分の犯した重大なことを知りまして、それ以來、御飯も食べないで泣いてばかりおります。修道《しゆうどう》尼《に》になると申しまして……みんな私の罪でございますのに……あの子が氣が狂わねば宜しいがとそればかり心配でございまして……」

先生も母親と同じような悲しみに満たされながら、默つて出産証書を母親に渡した。

それから一週間ばかり経つて、成熟し切らない母親から生まれた早産兒は、外界《がいかい》の生活力不能で神に召されてしまつた。それはむしろ赤ん坊にとつては幸せだつたかも知れない。

無知なあやまちから起つた、形あるものはこの世から姿が無くなつたけれど、淸らかな少女の魂に沁《し》み透つた傷痕《きずあと》は一生消えないであろう。少女の唯一のこの世からの逃避《とうひ》、それは何かの本で讀んだ美しいトラピスト修道院へのセンチメンタルな夢なのだろうけれど、尼僧になりたいと泣き叫んでいるという少女の胸の傷口が、一日も早く薄れゆくように祈りながら、かず子先生は暗い氣持で赤ん坊の死亡診断書を書いた。

もしも男《おとこ》

出席者

女優 暁テル子さん
元寶塚 雲野かよ子さん
NHK 伊藤智子さん
歌手 三門順子さん
舞踊 藤間紫さん
（寫眞右より）

こんな女性が好きになる

記者　もしも男に生れていたらという話題《わだい》ですが、これについては別に前口上《こうじょう》の必要のないくらい、いろ〳〵と沢山《たくさん》のことがおありだろうと思います。早速本題にうつりまして「もしも男に生れていたら、こんな女性が好きになる」という、現代女性についての端的《たんてき》など批判《ひはん》から始めて頂きましょうか。

暁　私達が男になつた場合ですか。

記者　今日はすべて男になつて頂きたいんですね。

伊藤　私はなんといつても自分みたいな女性が好きになるわ！（笑声）

記者　これはまた結論《けつろん》がお早いですね。

雲野　私はねえ、可愛らしく明るくて、それでいて現代の娘さんとはちよつと違《ちが》う、なんといいましようか、中身《なかみ》は非常に古典的《こてんてき》かもしれませんけど、女らしい人、ご主人に対しても、だれに対してもあたたかいいたわりの氣持をもつた女性が好きですわ。その場合、私の方ももちろん男性的な男になりますわ。そしてその奥さんをいたわつてあげたいと思います。他の女には目もくれませんよ。だつてこの廣い世界に緣《えん》あつて結ばれた相手《あいて》なんですものねえ。

三門　あらッ、すつかり雲野さんに私のいうことおつしやられてしまいましたわ。私もそつくりそのまま、本当に……。でもそういう方は少いでしようね。

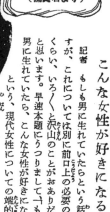

暁　そうねえ、容姿《ようし》は十人なみ、とびぬけての美人は心配だから……。普通に連れて歩いてもみつともなくない女《ひと》ね。器量《きりよう》も十人なみ、それでいてどこかに魅力《みりよく》のある女性ね。鼻は低ければ低いなりになんかチャーミング（魅力的）な女性。性格《せいかく》は明るくて、一見《けん》お轉婆《てんば》くらい、それでいてお腹《なか》の中が古風《こふう》な人情的な女の人、旦那《だんな》さんも知らないうちに旦那さんの靴下を繕《つくろ》うというような、いわゆる下町ふうなタイプの女《ひと》が好きだわ。

藤間　私には……わかりませんわ。……家庭《てい》の奥さんになるのには古典的な人がいいと思いますが、それでいて何か魅力を感じろ人さないと、長い月日一緒にいてもあきちゃうでしょう。そういうところで考えちゃうんです。（首をかしげ）……どういうのがいいかな。

記者　目下《もつか》、思案中《しあんちゆう》というところですか。

藤間　でも本当はこんな女《ひと》が好きなの。一緒に連れだつて町を歩いても、すれちがう人がふりかえるような女《ひと》、それでいてツーンとしていないで、ちよつとばかり旦那《だんな》さんに心配をかけさせながら、それでいて主人のことを考えているような女《ひと》がいいわ。

記者　それじやあまるで、僕が女だつたらというのと同じですね。（笑声）

こんなことはいたしません

記者　女性観はそのくらいにして、それでは次に、こんなことはいたしませんという、男性の自粛《じしゆく》についてはいかがですか。

藤間　それはたくさんありますよ。

曉　私が男だつたらマージャンで徹夜《てつや》をしません。（笑声）

藤間　（一寸《ちよつと》首をすくめ）私なら女でもマージャンで徹夜をやつちやうわ。（笑声）

雲野　マージャンなんかも私たち、夫婦一緒にやりますしね。……お酒を呑《の》んで遅く帰ることでしようか。あれをおやめになつたら……じやなくて、いたしませんわ。女の人の待つ身になつたら、たとえ一時間待ちましても一日中待つてるようなものですものねえ。

藤間　でも遅くなるのは私平氣ですのよ。おつきあいもあることですから、それはいいんですけど、わるい遊びはおつきあいには必要のないことですからね。だからおつきあいということで、わるい遊

に生《うま》れていたら

びをしないんなら、一晩ぐらい泊《と》つたつていいんですよ。

曉　そうね、何をしてもいいから常識をこえなければいいわ。この間、新聞に妾殺《めかけごろ》しなんかのことがあつたでしよう。あんなのは可哀相《かわいそう》だと思うんです。本妻さんもお妾も、好きになつちやいけないということも無理だし、人間やはり好きになるのはしようがありませんが、ただあんなに本妻さんの子供が、御飯もなくて困つてるのに、あの御主人は自分の賣上金をお妾の方に持つて行つたりする、ああいう人になつて欲しくないわ。子供たちだつてとても可哀相でしよう。

伊藤　（言葉をうけて）私はね、あの事件は全体をきかないとわかりませんが、ああなるには奥さんの方もどこかに悪いところがあるんじやないかというように思つちやうんです。

曉　ああなるまでにはいろ〳〵あつても、あそこまでいかないでもいいと思うわ。旦那さんが大体それほど立派な人じやないでしよう。お妾も本妻さんも、かりに何かのおちどがあつたにしても、旦那さんのあのやり方はいずれにせよ常識はずれよ。

記者　そうすると曉さんが男だつたら、私はお妾を作らないということになりますか。

曉　（手をふつて）作つてもいいのよ。ただそこをハッキリして貰いたいということだけよ。私が男ならそうするわ。

男と女の損《そん》と得《とく》

記者　男と女と一体どちらが得《とく》でしようかねえ。

伊藤　私の考えは至つて駄目《だめ》なんです……。女でどうしてもできない仕事というのはどうも考えられないんですがね。……そうね、男の仕事は大抵《たいてい》、女にでも出來ますでしよう、なんでもね。いくら考えても、男でなければできないつて仕事はないんですよ。

雲野　私も別に女は損だとも考えていないんですのよ。

記者　しかしこの場合では損になるということを強調《きようちよう》して頂かんといけませんナ。（笑声）

伊藤　女の方《ほう》が損でしようか!?　この頃では女の方《ほう》がむしろ得じやないかしら……ねえ。（笑声）

記者　もう結論が出ちやいましたね。……困つたね。（笑声）

曉　旦那さんが、奥さん以外に愛人があつても　そう非難《ひなん》はされませんが、もし奥さんの方に旦那さん以外の愛人が出來たりすると、非難されるでしよう。なんて不貞《ふてい》な女《ひと》だろうといわれますねえ。だから女の方が損ですわ。

記者　そうすると、曉さんなら、もしも男に生れたならば、私は女の人のそういうこともみとめて上げようということになるんですか。（笑声）

曉　そういうことになるわね。（笑声）それがいけないなら、旦那さんがまず他に愛人を作つてはいけないと思うわ。

伊藤　そういう点になると男は勝手《かつて》なんですね。

曉　そう！　全く勝手なんだと思うわ。

記者　伊藤さん、その場合は例えていえばどうなんでしよう。

伊藤　私が男に生れたなら、そんな勝手なものになりたくないと思いますね。

藤間　やはり男つて勝手ですね。そうですよ、奥さんを自分のものにするまでは、割合と夢中で、なんのかんのといつていて、自分のものになつたと思う途端《とたん》、仕事の方にかこつけて、ぼくは仕事があるから忙しいんだとかなんとかいつたりして……。（笑声）そんなものですよ。だから男はやつぱり得ね。

雲野　私、この間、頼《たの》まれまして有楽座へ出演ましたの。結婚してはじめてでございますが、なにかしらやはり家庭に心惹《ひ》かれて、どうかしらと思いましたわ。一度家を出ますと、家のことはケロリと忘れてしまうんですが、帰るころに思い出して、結局男の場合なら普通は家のことは心配ありませんが、女房ともなればやはり家のことが氣になるんですね。得と損というとなら、そういう点で男の方《ほう》が得でしょうね。

記者　なか〳〵理論的《りろんてき》ですね。（笑声）三門《みかど》さんはいかがですか。男と女の損得論で……。

三門　昔のように封建的《ほうけんてき》な男性は少くなりましたが、でもまだ男の方《かた》の方《ほう》がいろ〳〵な面で大分お得じやないでしようか……。

暁　でも互いに損得両方ありますね。女の方が得だという場合もあるわ。つまり私たちが生活をすることの基礎《きそ》は、やつぱし旦那さんでしよう。それだけに責任は重いですね。私たちが働いているといつても、今日はなんかつまらないからお勤めに行かないとか、今日はくたびれてるからお休みするとかということをしますけれど、旦那さまはそういうわけにはいかないですからね。生活の大黒柱《だいこくばしら》はやつぱり旦那さまでしよう。私なんかそういう点で得なんです。

記者　三門さんはどんな場合に女が得だと思いますか。

三門　むずかしいわ。……でも女は得かしら!?……（扇子《せんす》をもてあそびながら）結局、やりたいと思うお仕事をやりたくても、できないことがありますねえ。その点男の方《かた》の方《ほう》が得のように感じますわ。

伊藤　普通一般は男の方《ほう》が同じ仕事をするにしても得でしようね。……女は仕事をもつていることいつたにしても、家のことは一應しなければなりませんからねえ。その点、一般は男の方《ほう》が得ですね。しかし私自身は女の方がとにかくよろしいんですから……。あということはありませんわ。

藤間　私の場合ですが、女なればこそ仕事がやりにくいということがありますわ。例えば、幾日間も旅行に行つてくるといつても、それが長ずぎたりすると、どうしても無理《むり》して家へ帰らなければなりませんし、そういうことがとてもやりにくいと思うんです。むしろ一生独身の方がと思うんですが、これは別に夫に不平や不満があつていうんじやなくて、家のことや、子供のことがつい心配になつて……やつぱりその点男が得ですわねえ。

（放送のため伊藤智子さん退席）

あの時私が男であつたら

子供時代の夢

記者　もしもあの時私が男だつたらどんなことになつていただろうということで、まず子供時代からお話を伺《うかが》いたいと思いますが、藤間さんはお小さいときから舞踊家《ぶようか》を志《こころざ》していらつしやつたんですか。

藤間　私ね……舞踊は好きでやつたんです。けれども私の望みはちよつと違つてたんですよ。本当はね、男だつたら検事《けんじ》さんになりたいと思つてたの。ところが女でしよう、その時分、女検事なんてなかつたし、そこで女弁護士《べんごし》を志したんです。そうしたら女のくせにそんなことを考えて何ごとだといわれて、舞踊家になつてしまつたんです。だから男だつたら検事さんになつたわね。

記者　僕ならそういう検事さんに裁《さば》かれてみたいね。（笑声）

藤間　そのときの希望《きぼう》が実現されていたら、どんな検事になつてたかしら……。

記者　藤間鬼《おに》検事なんかと新聞に出てるかもしれませんね。（笑声）

雲野　私は野球選手になりたかつたですわ。

藤間　男だつたら後樂園の場外《じょうがい》にとび出るようなホームランを打《う》つてみたい。

雲野　私もカーンとホームランをとばしてみたいの。

藤間　私は今だつて女だてらに野球をやつているんです。男にまじつてやつてるんですよ。

暁　私も野球は好き。昨日《きのう》も一昨日《おととい》も後樂園へ行つてたの。

雲野　私が野球を好きになつたのは近頃ですが、子供のときはぼんやりしていて、馬鹿《ばか》みたいに大きくなつちやつたんです。私つて変なんです。にぎりが好きなものですからおすしやさんになつて、うんとにぎりを食べようかしらと子供のときは一生懸命に考えていたぐらいなの。とつてもいやしんぼよ。（笑声）

三門　私は長唄《ながうた》をやつていましたから、小三郎さんがとつても好きで、ああいうふうに唄いたいと思つていましたのが……途中《とちゆう》から歌謡曲《かようきよく》になつてしまつたんですの。

暁　私は船乗《ふなの》りになりたかつたわ。今もそうなの。

三門　十《とお》ぐらいの時から自轉車《じてんしや》を乗りまわしたわ。私が自轉車に乗つたのは、私の子供の時分に今でいう競輪《けいりん》がありましてね、それをみて乗りたくなつてしまつたらしいんです。非常にきかん坊だつたらしいんですのよ。それから膝《ひざ》小僧《こぞう》を怪我《けが》したりして……。

娘時代の夢

記者　娘時代に男であつたならということでは……

三門　そう、私あの頃は一高の学生姿に盛んにあこがれまして、一高の学生にとてもなりたかつたですわ。

藤間　娘時代に男だつたらということでは、剣道だとか、そういうものが好きでしたね。私が女学校のときには薙刀《なぎなた》を練習させられたんですが、それが嫌《いや》で、剣道をやつたことがあるの。そのときしみじみ私が男だつたらと思つたことがあるんです。しまいには柔道《じゆうどう》を教えてくれといつて、女の癖《くせ》にといわれましたわ。

雲野　私は音羽屋《おとわや》が好きでしたので、男だつたら音羽屋のお弟子《でし》になりたいなあと思いました。いつも音羽屋のお芝居があるときには姉と（天津乙女さん）一緒に二十日間《はつかかん》ぶッ通しで拝見するんですよ。それじや自分の台詞《せりふ》が覚えられないものですから、今日はやめようと決心してもまた観《み》ちまうんですの。

藤間　（思い出したように）娘時代にこんなことがありました。藝者屋《げいしやや》さんに知合いがありましてね、そこに下地《したじ》ッ子《こ》がいるでしよう、それが可哀そうで、もしも私が男だつたら、こんな人をみんな身受《みう》けして上げようかしらと思いましたの。（笑声）それは本当に眞剣に考えましたのよ。で、そのお金を父にくれといつて困らしたことがありました。

記者　検事や弁護士の下地は充分《じゆうぶん》ありますね

暁　私はやつぱり船乗りになりたかつたわ。知合いの学生さんが学校を卒業して「龍田丸《たつたまる》」という日本郵船の事務の方に就職《しゆうしよく》してね、船に乗るようになつたんです。そして一航海が終るというと、家に遊びに來るんです。そうすると一緒に連れて行つて貰つては、船の中を見せて貰い、説明を聞いたものです。海は今でも好きですね。船乗りは男らしくて、知らない遠い國に出て、未知の世界を見て来たりして、今でも船乗りになりたいくらいなの。

男つていいものかしら

藤間 仕事の上では男がいいと思いますが、ただそれだけでしよう。あとは女と生れて不平はありませんの。

雲野 私はお仕事つて持つておりませんから徹頭徹尾《てつとうてつび》、女でよかつたと思つておりますの。

曉 うちではレディー・ファーストでしよう、だから私も女で幸福よ。

記者 どうも皆さん円満家庭《えんまんかてい》でいらつしやるから……。（笑声）

雲野 うちの主人も日本にいたよりも外國にいた時の方が長いんですのよ。だからとてもレディー・ファーストなんですの。

曉 一体に私たち社会のほとんどの旦那さんは、みな奥さんを大切にするらしいですよ。

雲野 私、よくお若い男の方《かた》にお嫁《よめ》さんを貰うなら、歌劇の人をお貰いなさいとすすめるんですよ。どんな生活に入つても、こういうものだとして、決して不足をいいませんから、と宣《せん》傳《でん》しているんですの。いわば歌劇の人つて白紙《はくし》なんですのね。

記者 私が男なら歌劇出の人を貰うということになりますね。

藤間 仕事をするには独身の方がいいのですが、でも女つて独身でいられつこありませんものねえ。

三門 女はやはり納《おさ》まる所に納《おさ》まつた方がいちばん幸福なのかしら……そんな心配がないだけでも男つていいものかしらとも思うしね。

雲野 その点を考えると、男の方《かた》がうらやましくなることもあるのですが、しかしこれも藝だけのことを考えてのことですわねえ。

三門 男つていいものかしら……私にはやつぱりわからないわ。

曉 男つていい時もあるし……悪い時もあるし……私もわかんなくなつてしまつたわ。

雲野 男つていいものかしら……!? 私にもわからないわ。

記者 わからない者同志《どうし》で困りましたね。

藤間 戰死をする心配がなければねえ。

記者 これからはありませんよ。それからこういうこともありますね。宿命的なんですが、女が子供を生むということ……

藤間 その点、男はね……でも女には育てる樂しみもありますから。

雲野 やつぱりいいものかしら、ですわねえ。

記者 ではどうも、あてられたような、ほめられたような、くすぐつたい氣持ですが、この辺で閉会《へいかい》させていただきます。長時間どうもありがとうございました。

（おわり）

特集・愛と純潔のモラル

傷だらけの足

——純潔の再検討——

宮本百合子

こんにち、わたしたちがふたゝび純潔といふことについて語るとすれば、それは、どんな新しい人間精神の欲求からのことだらう。

わたしたちの生活の下で、ある種の言葉は、この半世紀の間に、全く水火をくゞつて、傷だらけにされて來た。たとへば愛といふ言葉。正義といふ言葉。そして純潔といふ言葉もその仲間にはいる。

ヨーロッパの社會では第一次大戰のころ（一九一四—一八）から純潔に對する觀念はすべての市民の日常生活の中で、はげしい試煉をうけはじめた。イギリスはそれまで豐かだつた中流層の經濟力とともに安定してゐた清教徒風な、モラルのよりどころであつた「純潔」の再檢討によつて。フランスはカソリック的な純潔の現實的な定義に關して。

ゴールスワアジーの小說に「聖者の道行」といふ小說がある。第一次大戰の前後に書かれた作品で、イギリスの人たちが、一九世紀からもちつゞけて來た家庭、結婚についての形式的な習慣に、新しくて深いヒューマニティーの光を射こんだ作品であつた。保守的な宗教家として正統的なものの考へかたをしてゐる老牧師の娘である女主人公が、かねて愛しあつてゐた青年と、彼の出征の前夜、自分たちの結婚をする。若い二人は、その異常な別れの夜に、互の愛を互のうちに與へあはずにゐられない熱情につき動かされたのであつた。青年は戰死した。その娘は母となる。教會で結婚の儀式をあげる機會をもてずに、愛しあつてゐた男女が結合し、親となつたといふことだけのために、若い母親は周圍の人たちのしつこい侮蔑と中傷とにさらされなければならなくなつた。父である牧師は、自分の教會と牧師である自身の體面が全教區の前に傷つけられたといふことばかりを心痛してゐる。娘に對して、最も寛容でないのは、神の召使ひである父親であつた。

ある日、不幸な女主人公は、小さい赤ン坊をつれて動物園へ行つてゐた。そこで、偶然、彼女の知り合ひである同じ年ごろの女性とその愛人とに出會つた。友達である女は、愛人に向つて、自分たちの幸福を誇るやうに、輕蔑をもつて女主人公に結婚しないで母親になつた行爲を批評するけれども、愛人である青年のうけた感銘は、彼の戀人が、彼の上に印象づけようとした効果とは反對のものであつた。全く豫期しなかつた對照と比較が、二人の女性を見る青年の判斷に生じることとなつた。その青年は、華やかな戀人とわかれる。彼は赤ン坊をもつてゐる女主人公のうちに、よりまじりけない人間性を感じて彼女と結婚する氣持になつたのだつた。青年からその申し出をきいて、老牧師は、自分と娘とにとつてまことに思ひもかけない恥辱からの救ひ手と、おどろいた。「あなたは、何といふ聖者だ！」青年は、ひそかな苦々しさをかくして答へる。「僕はたゞ人間であるにすぎません」

ゴールスワアジーらしい穩やかさを湛へながら、ほんとの人間性のきよらかさ、まじりけない行爲を壓殺してゐるイギリスの型にはまつたモラル、純潔についての偏見に抗議してゐる。

D・H・ローレンスも、純潔についてのキリスト教會的偏見に對して、生涯たゝかひとほした。イギリスの炭礦夫の息子であつたローレンスの悲劇は、戰爭をふくめて、あらゆる現代社會の矛盾、相剋への抗議を、性の自然的な權利の回復といふ一點に集中して表現したところにあつた。

D・H・ローレンスは、彼を知つてゐるすべての人が語つてゐるとほり、特別柔軟で透視的な感情の持主であつた。イギリスの社會は周知のやうに、階級分化がすゝんでゐて、その社會獨特の、平民的でありながら動かしがたい身分關係とそのしきたりにしばられてゐる。市民としても文學者としてもいはゞ變り種であるローレンスは、そのやうなイギリスの中流、上流社會に對して感じるすべての妥協しにくさを、肉體的な感覺の世界へとけこむことで、宇宙的な生命感の中へ意識をとけこませることで、ヒューマニティーの解放を見出さうとした。

D・H・ローレンスの特殊な文學にあつて、さほど重要とみられてゐないこの要素こそ、わたしたちにとつて、見落されてはならない意味をふくんでゐる。ローレンスの性を主題とした作品において、とざされてゐる性――彼によればヒューマニティーの核をなす生命力――の解放者として登場してくるのは、いつもそのあひてである女性にくらべると、社會的地位の低い男性である。（チャタレイ夫人に對するメラーズ。）或はヨーロッパ文明にあきた女性に對して、より原始的生物のエネルギーにみちたメキシコ土人の男が出現する。（翼ある蛇）

わたしたちは、こゝにD・H・ローレンスといふ作家の秘密の母斑を見る。彼は、人間性の課題としての性の解放を、上流の男女の冷淡で僞善的な情事や打算のある放恣と、はつきり區別しないではゐられなかつた。この人生において、單純率直に求めるものを求めて行動し、そこに精神と肉體との分裂をもたない人物。さういふ男性をローレンスは性の解放者として登場させてゐる。その意味であひての女より階級的に低い階級に屬す男が、性の解放といふ役割において、優位するのである。

ストリンドベリーは、僞善に對する彼のはげしい憤りと女性の動物性への侮蔑から、下層の男の野性を、征服者として登場させてゐる。（令孃ユリー）かういふ實例は、日本の現實の中にも少くない。しかしローレンスは、人間としての女性をはづかしめる者としてではなく、枯渇と醉生夢死から人間の女として覺醒させる者として、より强壯で、率直な男の性を提出してゐる。

D・H・ローレンスは、一生、自分自身がおちこんでゐるいくつかの矛盾からぬけ出すことが出來ずに、苦しんだやうに見える。ローレンス自身、自分の書くものの中に、全く感覺的な特殊な素質と、イギリス人らしい常識とがまざりあつたり、分裂したりしたまゝであらはれることを、どうにもしやうがなかつたらしい。そのことは、一九二九年に彼がパリでかいた「チャタレイ夫人の戀人」の序文に、まざまざとあらはれてゐる。序文は、バーナード・ショウの社會主義のやうに常識的であり、H・G・ウェルスの文化史のやうに健全であり、もつともである。ローレンスはイギリスの常識のうちで、性に關する知識があまりなほざりにされてゐることに抗議してゐる。そのために結婚生活における信じることの出來ない性生活の非人間な錯誤や度はづれな少年少女の放縱がある。「男も女も、性の問題を十分に、徹底的に、眞摯に、そして健全に考へるやうになることを望むものである」「十分に滿足するまで性的に行動することは出來なくとも、性の問題については明確に考へたい」彼のこの考へは、まことに穩健な常識であるといふほかの何でもあり得ない。

だけれども、ローレンスは二十年昔の社會の多くの目から、度はづれな男、秩序を破壞しようとしてゐる人物として見られ、一種のけもののやうな生活に追はれたのは何故であつたらう。

思ふに、それは、D・H・ローレンスといふ炭礦夫の息子が、たまたま異常な感受性と表現の才能にめぐまれてゐて、性の解放を主張し、その解放者である男性を、青年貴族だの、上流資產家の二男などの中に見出さず、自分の生れ育つた階級に近いところからつれて來てゐることが、一部の人々を不安にしたのだと考へられる。家族の晩餐のためにも禮裝に着かへる某々卿にとつて、ノックされるのが何より厭な暗い性のドアを、ローレンスはフランネル・シャツを着てゐる男にノックさせた。因習によつて無知にされ、そのかげでは人間性の歪められてゐる性の問題のカーテンを、ゆすぶらせたのであつた。

卑俗な多くの人々にとつて、ローレンスが卑猥であつたなら、もつと堪へやすかつたらう。なぜなら、卑猥に人々は馴れてゐる。體面をつくらふ僞善、上品ぶつた見て見ぬふりは、それらの人々の處世の態度なのだから。しかし、ローレンスが性について語るとき、彼と彼女とは裸の神々のやうにむき出して、自然がその營みにおいてさうであるやうに、それ自體充實したコースをたどつて、かくしだてがない。そのやうな公明正大な性のあらはれに對して、おどろかされた人々は、どうとがめていゝか分らず、しかもだまつてゐられない衝動にうごかされる。自分たちに信じられないおほつぴらさで、きまじめさで、フランネル・シャツの男が、自分たち階級におとなしく歸屬してゐるべきはずの女を性の自覺と解放に誘つてゆく。――D・H・ローレンスをしつこく非道德漢として糺彈したのは、彼と別の社會群に屬す男たちの不安と嫉妬であつたといへるかもしれない。

D・H・ローレンスは、あらゆる自然現象のうちに、ほとんど神秘主義に近い生命感をうけとつた作家であつた。自然のすぐれたつくりものである人間が、男も女も、微妙につくられた肉體と精神の作用を傷けることがより少い生存の條件といふものを、ローレンスは求めた。彼はそれらを、自分の感覺から出發し、感覺にかへつて結論する方法によつて求めた。ローレンスは次のやうに考へた。ほんたうに男と女とが愛しあひ、互のうちに、めいめいの存在のよりどころと感じるなかであれば、互の肉體のどの部分もみな尊敬されるべきである。愛を表現する精神の働きばかりでなく、それと全く等しく愛を表現し、生命の調和をつかさどる肉體の機能も、そのまゝまざりものなしに卑屈なはづかしがりなどない見かたと扱ひかたがされるべきである、と。

この主張によつて、ローレンスは、こんにちのわたしたちからみると、いくらか少年ぽいむきさで、性に關して醫學的な言葉をつかはなかつた過去の文學上の習慣、とくにイギリスの習慣に反抗を示した。ローレンスの反抗は、フランスの自然主義の初期、その先驅者ゾラなどが、近代科學の成果、その發見を文學にうけ入れるべきだとして、科學書からの拔萃をそのまゝ小説へはめこんだ、その試みの精神と通じるところがある。

ローレンスは、一方でそのやうに勇敢であつたが、それならローレンスは、一九二〇年代のヨーロッパ社會の中に營まれてゐる自分の人生といふものに對して、つよい確信をもち、鬪ふ力をもつてゐたかといへば、性格的にさういふ作家ではなかつた。彼にはいつも不安と嫌惡があつた。生きてゆくについての恐怖があつた。その恐怖や不安は何だつたのだらうか。世界の歴史が成長したこんにち、わたしたちは、このことのやゝその本質に迫つて、理解する可能を與へられてゐる。彼の生存につきまとふ不安と恐怖は、とりも直さず第一次大戰前後のヨーロッパ小市民の時代的な不安であつたのだつた。ヨーロッパの中產階級はそのころから急速に經濟能力の不安を感じはじめてゐた。特權階級の者は、當時なほ强固な基礎を失つてゐなかつたし、勞働者階級は失業や賃下げに對して鬪つて、勞働して生きてゆく大衆としての力をもつてゐる。ノッティンガムの礦夫の息子として生れ、教育のあつた母のおかげと、自分の努力で大學に學ぶことのできたD・ローレンスは、「白孔雀」を處女作として、彼獨特の文學の道に立つた。彼は、礦區の人々の人生をものがたる作家とはならなかつた。「白孔雀」は黑い炭坑の人々の生活の庭に飼はれてゐる鳥ではない。文學と教養によつて、所謂教養と地位のある人々の生活にふれ、そこにまじはつた若い作家ローレンスが發見したのは何だつたらう。遂に彼を「不埒な」男とした中流、上流社會の僞善や無知、ばからしい虛僞への反抗であつた。D・H・ローレンスは、いつもたつた一人の、風の變つた、宙ぶらりんな反抗者であるしかなかつた。ダンテが巧みにいつてゐる、地獄の中でも辛い地獄は、宙ぶらりんといふ地獄、と。――

彼の作品のあるものには、現代社會の機構や社會の生產にたづさはる勞働大衆の現實について、當時としてもおどろかれる無智と獨斷が示されてゐる。ローレンスは、自分がその底から生れ出て來た大衆を信頼しないし、このんでゐなかつた。何をするにも金、金。その金錢の害惡は、金錢の乏しい彼に金をつかはないで樂しく暮せる生活法の發見――イギリスの社會改良家の傳統的な幻想である素朴な自給自足生活へのあこがれ――をうけつがせた。ローレンスは、生活の現實におそひかゝつて來る果しない矛盾、恐怖、解決の見出されない不安を、感覺の世界へ沒入することでいやされ、人生との和睦を見出したのだつた。その感覺的生存感の核心を性に見出したのだつた。

ローレンスの勇氣にかゝはらず、その勇氣の本質は神經的であり、感覺の反亂であつたことが、否定しがたく明瞭になつて來る。こんにち、わたしたちが、かりに一人の未亡人の生活の上に、とざされた性の課題を見出すとき、それは社會的な複雜な條件に包圍されてゐるばかりに、とざされた性としておそれてゐなければならないことを見ないものがあるだらうか。女性と子供とが、その社會で、どのやうに生きることができてゐるか、その現實こそ、その社會の發展の程度を語る、といふ普遍的な眞實も、性に作用する社會條件の重大さの認識に立つてゐる。ヒューマニティーのより自然で、より美しい流露を願ふならば、D・H・ローレンスの行つたたゝかひは、局部的であつたし、人間社會の現實問題としての性の課題の根本にまで觸れない。現代文學が主題とするヒューマニズム探求の一環として見た場合、D・H・

ローレンスの文學は、こんにちの現實を解明するためにローレンス氏方式ではすでに不十分であることを、明かにして來てゐるのである。

敗戰後の日本に、肉體派とよばれる一連の文學があらはれた。過去の日本の封建性、軍國主義は、日本のヒューマニティーを封鎖し、破壞し、生命そのものをさへ、その人のものとさせなかつた。ヒューマニティーの奪還、生命に蒙つた脅迫への復讐として、あらゆる破滅の瞬間にも自身のものとして確認された肉體によつて、現實にうちあたつて行かうとする主張に立つた。しかし、日本の不幸が、男女のどんなからみ合ひの過程から、うち破られてゆくだらう。まんじ巴と男女の性がいりみだれ、どんな姿態が展開されたにしても、大局からみれば、文學に渦まくそのまんじ巴そのものが、日本の悲劇と無方向を語るものでしかない。D・H・ローレンスの作品のあるものは、一九三〇年代のはじめごろ、日本に飜譯された。三岸節子の裝幀で、瀟洒な白と金の地に、黒い縞馬の描かれた本も見た。當時、それは、文學作品としてよまれたのだつた。

時をへだてゝ、ふたゝびローレンスの作品集が出版されはじめた。そして、刑事問題をおこしてゐる。取締りにあたる人々が、問題となつてゐる作品を全部よまないで、好奇的に語られてゐる部分だけよんで、告訴してゐるといはれてゐる。それが事實ならば取りしまる立場の人々、自身の卑猥さがそのことにあらはれてゐる。問題がおこつてから俄にローレンスの作品の社會的、文學的意味をジャーナリズムの上に語られはじめた。同じ人たちが、出版のはじめから、「チャタレイ夫人の戀人」のバンドに刷られたアンケートが、果して文學の問題であるかどうか考へることは出來なかつたらうか。問題をもつてゐる一つの文學作品を紹介するには、そのはじめに（さわぎのあとからでなく）客觀的な、提灯もちでない解説があつていゝのではなからうか。ローレンスの作品の問題につれて、わたしたちに感じられてゐるのは、ローレンスそのひとの文學のきたなさではない。社會的に未熟であり、けふからみれば、ヒューマニティーそのもののバランスを失つてゐるところのある、ローレンスの作品を扱ふにあたつて露出された、戰後日本らしいよごれのあれこれについて考へさせられてゐるのである。

現實のその苦しさから、意識を飛躍させようとして、たとへばある作家の作品に描かれてゐるやうに、バリ島で行はれてゐる原始的な性の祭典の思ひ出や南方の夜のなかに浮きあがつてゐる性器崇拜の彫刻におほはれた寺院の建物の追想にのがれても、結局、そこには、主人公の人間としての苦惱を解決するものはない。その小説の主人公の若く美しい妻は、自主的に解放されてゐるといふよりも、夫となつてゐる主人公に、はじめ、冷たく蹂躙させた露《る》通《つう》な性を、物に行きかへてゐる。夫の苦痛はそこからはじまつてゐる。未開なバリ島の性の祭典には、けがされない性の陶酔があり、主人公のところに東京のひきさかれた生存の頽敗があるといふコントラストだけとらへられても從屬させられてゐる男女の社會生活におけるヒューマニティーの課題はこたへられきれない。

こんにち純潔についていふならば、それは涙と血と泥によごれた女のこぶしで散々にうちたたかれ、くやしい足でけられ、しかし遂にその上に數萬人の女が泣きふした、その人間としての純潔について以外にはない。はじめから純潔は、天使的《エンジェリック》なものなんかではなかつたのだ。

特集・愛と純潔のモラル

男に對する女の性の純潔などといふ局限されたものでもなかつた。マグダラのマリアの物語がこのことを示してゐる。マグダラのマリアは、迫害されながら、迫害するものの欲望のみたしてとして生きる賣笑婦であつた。ローマの權力に對して讓歩しない批判者であつた大工の息子のイエスは、彼の意見に同感し、行動をともにするやうになつた。漁夫のペテロそのほかの素朴な人たちとともに、苦しみの中に生きてゐる一人の者として、マリアを正統な人間關係の中へおくやうにした。教會流にマリアが「悔いあらため」、消極的、否定的に「きよきもの」となつてゐただけなら、どうして彼女が、第一に、甦つたイエスを見たといふ愛の幻想にとらはれたらう。彼女は、どういふ苦惱を豫感して、イエスの埃にまみれて痛い足をあたためた香油にひたして洗ひ、その足を自分のゆたかに柔かな髮の毛で拭く、といふ限りない惻隱《そくいん》の動作をしたらう。マグダラのマリアの物語の人間らしい美しさは、イエスと彼女との間に、世俗の男女のいきさつがなかつたといふいはゆるキリスト教的な純潔さにあるのではない。男女のぬかるみにつつこまれて生きて來たマリアが、人間と人間との間にあり得る愛といふものを知つて、その信頼から湧く歡喜の深みへわが心と身とをなげ入れて生きるやうになつた、その純一さが、彼女についての物語にいつも新鮮な感動を、おぼえさせるのである。傳說に語られてゐる環境の中で、青年イエスの心情を、最もリアルに理解することのできたものの一人は、社會の下づみで、現實にさらされて來たマリアであつたのは當然だつた。イエスとマリアとの間には、花の香とそのかをりを吹きおくるそよ風のやうに微妙な心のかよひがあつたにしろ、マリアを純一にし、まじりけなく行動させたのは窮極において、彼女が人間の關係のうちに見出したまともなものへの獻身であつた。

正義、良心、恥を知る心などといふものは何と現代に愚弄されてゐるだらう。それだのに、なほ、わたしたちには、しつこく、正しさを愛し、人間らしさを求めずにゐられない心がのこされてゐる。それはなぜなのだらう。すこしはげしい表現をもつていへば、穢辱そのものに苦しむよりも、穢辱に苦しむ人間性のゆゑに苦しんでゐるのである。そこに人間がある。苦しむ人間性をまつたうに評價するひとと自分への責任がある。『風にそよぐ葦』に兒玉榕子といふ女性が登場して來る。小說の中の人物は小說中の人物だといふ考へは、日本のジャーナリズムの奇妙な流行によつて變化させられた。現實に生きながらモデルとしての自分を語るといふ生存の二重性のやうな妙なことがはじまつてゐる。さういふ一つのインタービューで、小說の中では兒玉榕子といふ名をもつて存在してゐる一人の女性の人生態度についての架空會見記（十月號女性改造）を偶然よんだ。

『風にそよぐ葦』は甚だひろくよまれてゐる。戰爭に反對し、軍國主義の非人間的だつた時期の日本の悲劇を描くとされてゐるのであるけれども、榕子である女性のインタービューをよんだひとは、作者のその意圖についてまでも疑ひをもたされるやうになつた。わたくしとはいはず、あたくしと、はやりどほりにいふこの女性は、どうしてこんなに賢こげな言葉をつらねて、すべてまともであるべき問題を、はぐらかし、銀色に光つてゐるとすれば、それは不潔のうちに棲息するなめくじの這ひ跡のやうでなくてはならないのだらう。

榕子として書かれてゐるその女性の話しは、まるでそつくりそのまま『結婚の生態』における作者の日本の女性・結婚・家庭觀である。「人が生きるのは思想によつてぢやなくつてよ」「思想が、あたくしに何をしてくれたでせう。あたくしは思想なんて形のないものは、き

特集・愛と純潔のモラル

らひ」「あたくしはむづかしい言葉はよく知つてゐるけれども、自分で考へることは出來ません」「葦澤の父のうけうりで、いろいろなことを考へたりしてゐただけで、あの家をはなれてからそんなことについて考へてゆく興味もないの」「あたくしたち、日本の女として育つてきましたから、流されてゆくことをたのしむといふことのほかに、人生のたのしみを見つけることはできないのですもの」

これらの言葉は、つめたい霧のやうにわたしたちの手足をこほらせる。

同じ作者が書いた『生きてゐる兵隊』といふ小説は、戰場の野蠻さと非人間さが、現代の理性とヒューマニティーを片はじから喰ひころしてゆく、暴力の血なまぐさい高笑ひを描いた作品であつた。榕子の言葉は、こんにち、こんどは美貌の女の唇をとほして日本の中で、語られる極めてインヒューマンな發言である。自分の夫を、なぐつたり蹴つたりして殺した下士官廣瀨に復讐を思ひ立つが、「目の前で見てゐると、それは男らしくて美しい顔だちの人で」その男の求愛をしりぞけたのは、思想のためでもその男に死なされた夫への愛のためでもなかつた。「あたくし、ぜいたくに生れついてゐるのよ。それも廣瀨が金の力でゆるしてくれるやうな出來合ひのぜいたくぢやなくつて、みんなの人がこれがいゝつて言つてくれるやうな上品なぜいたくでなければ、いやなの」それが理由だつた。「それに廣瀨だつて、泰介と同じやうな人間ぢやないの」「條件がわるかつたのよ」「日本人の何人が軍國主義者でなかつたでせう。今さうではなくなつてゐれば、もうそれでいゝぢやないの」

流行作家によつて小説のモデルとされるといふやうな立場、しかもそれがその女性の人生のアクセサリーのやうに人から見られてゐるやうな女性は、いつの間にか、その作家の描く女性に自分自身をなぞらへて、生きるやうになつてもゆくのだらうか。榕子の女としての考へかたに、そつくり『結婚の生態』のテーマを辿ることができる。『生きてゐる兵隊』の血にそんだ高笑ひを彼女の思想の否定——理性排除の思想に思ひおこす。この美しいひとが、「同じ言葉を同じ形で何度もくりかへせる精神といふものは、それが強い精神なのよ」といつてゐることにも特別な關心をひかれる。

「一度の狀況に對してたゞ一度の言葉を考へようとするなんて、それはインテリの身だしなみなんで、それは弱いものの負けおしみにしか過ぎません」下士官廣瀨は、榕子によつて強い精神とされる精神の所有者であり、現實における辻政信その他の人々も、彼女の流儀によれば、やはり強い精神をもつて、日本のこんにちに暗く作用しつゝある。『結婚の生態』『生きてゐる兵隊』を通して『風にそよぐ葦』にいたつてそれらのテーマの反覆統一として榕子を描いてゐる作者の精神も、その角度からならば強い藝術の精神といはれるのであらうか。

しかしもしこの架空會見記をどこかに一人の女性として生活してゐるモデルと假想されてゐる人が讀んだならば、彼女は描かれた女主人公榕子の人間性の粗末さと發展の可能性の失はれてゐる性格について抗議のしやうもないひそかな憤りを感じてゐるのではないだらうか。

こんにちわたしたちが生きてゐるために食ふこと、住むことの問題に基礎をおいて理性に負うてゐる苦しみ、人間心情にうけてゐる痛みは、多種多様であり、どんなファウスト博士の試驗管の中にも、「純潔人間」は存在しない。わたしたちにわかつてゐるたゞ一つのものは、わたしたちは、「人間らしく」あらうと努力して生きてゐるといふ事實である。

特集・愛と純潔のモラル

かなしき抵抗

——機械文明時代のモラル——

小谷 剛

最近の問題作、ゲオルギウの『二十五時』はいろんな意味で、おそるべき書のひとつだと思う。たとえば、主人公のモリッツが、ドイツの俘虜收容所にとらわれているとき、「俘虜に女を抱かせないと能率が十分に上らない」との理由のもとに、女たちが、トラックに滿載されてやつてくるところが書いてある。彼女たちは擴聲器でどなられる命令に從つて「秩序正しく」行動し、俘虜たちのベッドからベッドに移つて、「計畫」を實施するのである。その彼女たちも、商賣女ではなく、やはり俘虜として收容されている身だが、そうした「仕事」に半年間從事することで、釋放されることになつている。つまりここでは人間の肉體は、機械、または機械以下としてしか、取り扱われていない。それに似たことがやはり、オウエルの『一九八四年』でも描かれている。戀愛する自由を奪われた世界、子供をつくる手段としての結婚しか認められない世界が、その作品のなかでは、息詰るほどのなまなましさで書かれている。愛情とか、純潔とか、そんなものは、一顧だにされてはいない。ところで、そうした『二十五時』にしても、『一九八四年』にしても、私たちはそれを單に神經過敏な小説家のつくり話として笑い捨てにできないところに、現代人のなやみがある。それらはいずれも、既に「起りつつある」世界であり、既に「起つている」世界だと、私は思う。

少し前、私は自分の編集している同人雑誌に、人工授精について書いた。その折私は、「性行爲と、受胎とが、やがては劃然と區別される時代もくるのではないだろうか？ 性行爲は、純然たる享樂のひとつに繰り入れられ、受胎については、すぐれた男性たちの混合乾燥精子が移讓される……」云々と書いたが、それについて、一部の人から攻擊を受けた。とんでもないというのである。が私は、そうした時代のくるのも、滿更私の妄想ではないと、いまだに思つている。飛躍した結論だけを先にいうと、戀愛は勿論、機械的な性行爲以外には、性の享樂さえも許されない『一九八四年』の世界よりは、まだしも、受胎と性行爲とが各々別個に存在する世界の方が、ましであろう。

「愛情と純潔」といったようなテーマを與えられて、私ははたと當惑しないではいられない。というのは、純潔というものが、一體何を意味するものか、或は愛情とは、果してどのようなものか、それの解釋に、私は先ず行き詰つてしまう。

極めて常識的な割り切り方をすれば、「純潔」という言葉のなかには、肉體的なそれと、精神的なそれとが、含まれているのであろう。それはわかる。がしかし、心に欲情するだけで、既に「姦淫」したに等しいと見做すキリスト教的なきびしい觀方からすれば、敢て純潔を誇り得るほどの人は、男女を問わず、一人としてないと、私は斷言したい。事實心の純潔を守り通すことは――ただひとりの人のみを愛するということは、不可能に近い。ところが一方肉體的な純潔にしたところで、肉體的な結びつきイコール貞操の喪失と見る考えの過つていることは、いまさら私が多言をついやすまでもなく、既にいく人かの人によつて指摘されていることであろう。人間が、長い生涯のなかで、ただ一度の過まちもなくすごし得ることは、あり得ない。ましで、肉體的な過失に關する危險は、この點についてもつとも不安定な狀態にある二十前後の年齢層の者が、一番多く直面しなければならない問題である。平俗な言い方だが、「戀は思案の外」という古諺は、このへんの眞理をうがつていると思う。はじめから、過まつつもりであやまつ者はいないのだ。

下手な三段論法まがいになるが、「愛」といつたものにしても、たとえばスタンダールのいつた、趣味戀愛、虚榮戀愛、生理的戀愛、或は情熱戀愛の、そのいずれを「愛」と呼ぶかになつてくると、われわれには判定の規準がない。よしんば情熱戀愛のみを「愛」と呼ぶとしても、それと、他との、グレンツゲビート（境界）は頗る曖昧である。

「純潔」といい、「愛情」というのも、時代の移り變りとともに、その重寶がりかたもまた變つて行くと、私は信じている。こんにち、いわゆるアプレ・ゲールの青年男女が、貞操を鼻であしらつてみたり、愛情という言葉をきいてせせらわらつたりするのも、單に敗戰後の混亂した日本における、一時的な過渡期的現象とはいい切れないであろう。モラルは、時代の進化とともに、變化する。

「いま」の日本にどのようなモラルが必要であり、どのような程度において、愛情とか純潔とかを重寶がるべきかは、私にはわからない。私はむしろ、やがて起るであろう世界に對して、いまははげしい恐怖におそわれているのだ。そこでは、愛情や純潔は勿論、一切の「人間」としてのいとなみが、ふみにじられ、しいたげられるのだ。

さきほど、『二十五時』や『一九八四年』を例に引いたが、私たちは近代科學文明の發達によつて、日常生活は頗る便利になつたし、平生はそれほどの疑いもなく、近代文明の恩惠を有難がつているのだが、考えてみれば、こわいものだ。近代社會は、私たちに、好むと好まないとにかかわらず、機械化された生活を强要してくるのだ。いやこのことはもう十年も前に、チャップリンの「モダン・タイムズ」において、痛烈に批判されている。機械は、人間から、自由と、思考とを、情容赦もなく奪い去る。機械を支配するはずの人間がいつしか機械に支配される「機械奴隷」となり――となつてくると、偉大なる宗教家ならいざ知らず、私たち凡俗の徒は、機械奴隷化されて行く世界へのわずかな抵抗として、ついつい、原始的動物的な姿に、自己を還元しようとこころみる。一體、「人間性」という言葉が、至つて便利な言葉であつて、使いようによつては、善意を愛するヒュマニティにも、逆に動物的な本能にも、その兩樣の意味を持つている。或はその兩者の、矛盾撞著したものを包含したのが「人間性」なのかも知れないが、ヒュマニティの方は、どうにもしかつめらしくて、とつつきが悪いし、まあ手輕なところで、後者だけを執るといつたことになり勝ちである。早い話が、一日工場で機械にこき使われてきたあとは、酒を飲んで、女を抱くといつた具合である。現代社會の様相は、人間が原始的な動物の姿に立ちかえるか、「機械奴隷」になるかのたたかいだといつたら、言い過ぎになるだろうか?

それがいいことであるかないかは別のこととして、機械文明の發達した世界では、「愛情」とか、「純潔」とかは、とても考えているいとまもないというように、なつてくる。機械文明は、われわれ「人間」のなかから、まつさきに、形而上のものを强奪する。かなしいことだ。が、二十世紀の、或は二十一世紀の人間は、その世界において、新しいモラルをさがさなければならないのかも知れない。敗戦後まもなく、田村泰次郎氏は「肉體の門」を書いてセンセーションを起した。その作品では、「白い獸」といつた文字が、女たちの上にあてはめられている。もちろん、そこに描かれている女たちは、いずれも街娼たちにはちがいないが、そうした「肉體が思考する」と信じて行動する男や女が、なにも街娼だけに限つたことでないのを、私たちは知つている。「人間らしく」生きる、人間が機械でないことを主張するための唯一の手段が、性の快樂であることのように考えている——考えていなくともそのように行動している——人たちがあまりにも多い現狀である。

人間のいとなみのなかでもつとも神祕的なもののひとつと考えられていた受胎さえも、最近では、人工授精といつたような方法が發見された。むろん今後ますます、その研究は進んで行くだろう。男兒でも、女兒でも、思うがままに受胎できるようになるのは、さして遠い將來のことではないと思う。いくつかの遺傳因子のなかから、劣等因子をのぞき去り、すぐれた遺傳因子だけを抽出することができるのも、夢ではないと思う。さらには、輸血が、最近は乾燥血液を用いるように、授精も、乾燥精液ということになるだろう。それも、混合乾燥精液になるにちがいない。おそらく大多數の現代人は、たとえば輸血によつて、自分の「血」が汚れたなどと、悲憤慷慨する者は、まずないであろう。それと同様に人工授精にしても、「自分の精子」による子供であることに、いまに誰もがこだわらなくなる時代も、きつとあると思う。山本有三氏の『波』を始めとして、自分の子であるかどうかについて父親が煩悶する小説は隨分と書かれているようだが、それも過去のわらい話となるときが、やがてあろう。(なにも人工授精をことさら問題にしなくとも、もともと男の側には、自分の妻の子が、自分の子であるという自信なんて、ほんとうはないのだ)おどろくにはあたらないと思う。くりかえしていうが、貞操などというものの觀念は、時代とともに變つて行くのだ。ひとむかし前までは、肉體どころか、接吻即貞操とさえ考えられていたのが、いまでは、接吻なんて朝飯前のことになつている。人工授精がノルマルなものだ、とはいわない。けれど、近代科學文明は、私たちに無數のアブ・ノルマルな、そして、イ・モラルな狀態を强要しつつ、發達して行くのだ。

受胎が、人工的なものに置き換えられる時代がくれば、當然、性行爲は、受胎そのものとは切り離されるわけである。受胎の神祕さえも、人工的に左右される、極度に機械化された時代——そして人々は、その反面に、原始人にも似たたけだけしい性のいとなみによつて、機械文明に叛逆しようとする——ちよ

特集・愛と純潔のモラル

つと想像するだけでも、鳥肌立つ世界ではないか。けれど、もともと受胎なんて、情慾の意識外に屬することであるらしい。……そして、こうした世界のどこへ、「純潔」とか、「愛情」が割りこもうというのであろうか？

人工授精がいかほど進化したところで、人造人間でも造り得るようにならない限り、母胎以外での受胎は、考えられない。つまり、人工授精全盛時代には、「父親」という存在はなくなるが、「母親」は、依然として存在するわけである。ここに、女の持つ宿命とでもいうか、やはり理論だけでは割り切れない複雑なものがあるように思う。女は、例えば幼時におけるままごと遊びや人形遊びをみても、先天的に、母性本能を持つて生れているのではないかと思う。

人工授精の發達に伴い――機械文明の進化に伴い、純潔とか、愛情というもののあり方がぼやけてくると、（そして前にいつたように、性生活が極度に享樂されるようになつてくると）再び神話時代のような雜婚にならないとも限らない。しかしそうなつたところで子に對する母親の愛情それだけは、侵されることなく、殘されるのではないかと思う。

最近のように、男女同權どころか、すつかり男性が被支配者的様相を呈しかけ、或は女性の側からさかんに離婚訴訟が起されたりするのを眺めていると、どうやら神話時代の雜婚的傾向が次第にあらわれてきたのではないかと、私のような臆病な者は不安でたまらない。そしてそれと同時に、愛情とか純潔といつた問題の方も、既に數千年前に「父親」としての權利を放擲した經驗を持つ男性にあまり喋らせることなく、女性の側から、より眞劍な議論の出ることを期待したい。人工授精に關したことも、やはり、これまた數千年前からアルバイターとして「機械奴隷」的な生活に馴れてきた男性よりも、女性こそ、一言あつてしかるべきであろう。（御參考までに申し上げておくが、某新聞社が、人工授精に關する輿論を調査したところ、女性の方は、壓倒的に贊成者多數だつた）

機械と肉彈とのたたかいとは、太平洋戰爭における日本の愚行への諷刺だけではないと思う。現代人は、いま、機械文明に、肉體的な官能の世界を通じて、かなしい抵抗をこころみようとしている。

それ以外のもののあることを――私もまたほんとうは「知りたい」のだ。

特集・愛と純潔のモラル

出席者
石川達三
眞杉靜枝
山本杉

由と純潔

☆新しいということ

編集部 「愛情と純潔のモラル」という特集をいたしまして、その中心となるものとしまして、お三人の先生方の御意見をお伺いいたしたいと思います。山本先生も、眞杉先生も、新聞紙上で「人生案内」を擔當していらつしゃいますから、いろいろと現代の女性の問題をお考えのことと存じます。きようは石川先生には司會をしていただきながら、作家としてのお立場からの御批判を賜りたく存じます。

石川 いまの若い人たちのことを考えてみて、一つ非常にまちがつているというか、概念的に通り過ぎている問題があると思うのです。それは新しいということと古いということに對する考え方の問題なのです。一體新しいとはどういうことであるか、古いとはどういうことで、彼等にはそれがよくわからない。だから何でも古いことは全部いけないという考え方になる。そうして古い人たちの大事に守つてきた道德は古いからいけない、という簡單な解釋をして、通り過ごしている面がかなりありはしないか。そういうことを突つこんで先ず聽いてみたいですな。

山本 そこが「純潔」ということを考えるのに一番大事な點じやございませんか。

石川 ええ、ずいぶん問題があると思うのです。

（山本杉氏）

眞杉 わたし新しいということは、自分で責任をもつということじやないかしらと思います。女の人の場合ですけれど、なんかいままでは自分に責任がなかつた、だから、周圍からきめてもらつた形のなかに入るということが約束されていたけれど、そういうものが全然なくなつて、全部が自分の責任になるということが、新しいモラルの始まりになるのでないかと思いますけれど。

石川 新しさとは何かということだけでも、一日の話題になるような重大

特集・愛と純潔のモラル

座談會 愛情の自

な問題だけれど、例えばある娘さんが、舅姑と同居するなんていうことは以ての外だ、同居しなければならぬという考え方は實に古い、という。だから舅姑さんにたいして愛情を持つ必要もないし、義理を考える必要も何もないのだ、妻の相手は亭主だけである、そういう義理や舅姑にたいする愛情などを考慮に入れている人間は古いというのですね。こういう考え方が戀愛という形でも、あるいは夫婦という形でも、對社會の關係でも、經濟問題でも、全部に出てくると思うのです。

山本　わたし戀愛問題の相談を受けて、感じることは、戀愛する自由を得た、權利はあると思いながら、ちつとも戀愛の本質というものを摑んでいなくて、非常に末梢的な事件とか事情というようなもの、つまりそのことにたいして自分は如何にして自分のエゴイズムを滿足させるか、という相談が多いということです。

眞杉　どんなことかしら、具體的には……。

山本　例えば、わたしの亭主はこういうふうだけれど、これにたいして自分はどういうふうにしたら一番自分の生活も安定できるし、立場もよくなるかというような、そういう相談が非常に多いのです。自分と夫の間というものにたいしてのいろいろな分析がないし、また夫の生活にたいする理解がない。そうしてそこにでき上つた問題を捉えて、自分の立場の惡いことを訴えて、それを上手に解決したいという、まだやつぱり女の人の心に周圍の事情でいろいろなことを考えるという、依存主義というものが殘つているからだ、と思うのですけれど……。

石川　夫が惡い、とにかく問題を起したのは夫だ、あとは自分の立場をどうするか、というような考え方になつてくるのが大部分ではないですか。

山本　夫のことを理解するだけの力がないのですね。

（石川達三氏）

（眞杉靜枝氏）

特集・愛と純潔のモラル

石川　そういう點で僕は、愛情というものは本来は非常に個人的なもので、わがままな、エゴイスチックなものだろうと思うのです。本能的な愛情、それにたくさんの理智が入り、批判が入つてきて、はじめてどこへ出しても矛盾しないような、姿の美しい愛情になつてゆくのでないか。僕は本質的な愛情の形というものは、神武天皇の時代から今日にいたるまで、進歩なんかないと思うのです。

☆道徳にも流行がある

石川　僕は愛情の上の道德、それに流行があることは怪しからぬと思うのですよ（笑聲）。
山本　それはたしかにそうですね。
石川　ところが現在は流行があるでしよう。そういうことは流行に支配さるべき筋のものではないのですが。
眞杉　そういうのは、何か自分の行動を人に言いわけしてもらつているような氣がしますね。
山本　傳染病がうつつてゆくように、一人の人の行爲は他の人にうつつてゆくものですね。古いお話ですけれど、柳原白蓮が思切つて婚家を飛出すということをやつたら、それに刺激されて九條武子さんが御主人と別れるといつたことがありますね。それは白蓮さんに刺激されたのですね。
石川　ええ、厨川白村が近代の戀愛觀を書いて、あの邊から自由戀愛の說が出ておりますね。思想的にそういうふうに動かされるんですね。それで、動かされるならば十分に理解した上で動かされなくてはならぬので、みながやるからわたしもやつてもいいという、そういう動かされ方に問題があると思うのです。近ごろの若い人たち、殊に女じやないかと思うのですが、婦人參政權、男女同權の法律ができて以來、お前は古いということをいわれることが一番恥で、新しいと自分も考え、人からも思われたい。したがつて、できるだけ古い常識からいうと羽目を外したほうが自分が新しくなるのだという、それで思いきつた極端な行動をしたがるようなところがありはしないかと思うのですな。何ものにも拘束されないで、自分の獨立はどこまでも守る。その獨立というのは非常に觀念的な獨立になつてしまうのですけれど、道德にしばられないのはいうまでもなく、自分の戀人にさえ束縛されない、つまり、愛情にさえも束縛されない、といつてもいいかもしれませんね。愛情の義務を果さないで、權利だけを主張する。そこまで、近ごろは行つている人もあるんじやないですか。
山本　そんなの、權利さえ主張していないのですよ。わたしたちはそれはほんとに自由のはきちがえなんだと思いますけれど、自由のはきちがえだけで片付けられないとするならば、やつぱり人間の解放というものにゆきつくので、そこまでゆかなければほんとの解放ではない。それから性の解放というところまでゆかなければ、完全解放ではないと考える、それは思想的な問題にもバックされてゆくのでないでしようか。
石川　うん、そこで今度は解放とはなにかということになりますね。どこまで解放されるか、それは幸福であるか、果してそこに美しい秩序ができるか。みんな何でも彼でも解放されればそれでいい、というのではない。
山本　そうです。
石川　美しい形で解放されなければいかぬのですね。
山本　そこに人類というものが、文化性というものを灯《ともしび》にして進んでゆく姿があるのでないか。たとえばソ連みたいな形で解放されても、結局戻つてくるところは純潔の問題ではないか。婦人解放をたぐつてみましても、婦人が何が故に解放されなければならないかということの考え方の根本、婦人解放の窮極の目的は純潔思想への到達ではないか、それは生物學的にも精神的にもそうですけれど、それを正しく理解でき、また自覺することのできる段階にまでゆかなければならぬと思うのです。

石川　この間リーダーズ・ダイジェストで讀んだのですけれど、ソ連はいわゆる共産主義的な道徳政策で、非常に自由な戀愛を社會の道徳としている。自由に子供を生み、その子供は國家が托児所に入れて養うとか何とかいうことをやつているが、近ごろはそれが養いきれなくなつて、非常に無責任に子供を生みッ放す。國家も養いきれないし、社會の風俗としてもどうにも收拾がつかない。そうして、そいつをまた若干常識的な方向へ引きもどそうとする努力を、相當しているということが書いてありました。

山本　そうなんです。それで一九三六年に離婚法を改正して、徐々に引きもどさざるを得なくなつたのです。結局、子供は母親の懐でなければ育たないものだ、それから健全な社會の單位は、健康な家庭だというふうに、當局者が考えてカムバックしていつたのです。

石川　だからソ連は、非常に新しいところに行つて、それから古い方に行つた――簡單にいえばそういうわけですね。

山本　そういうわけでございますが、それがはたして新しいというのかどうか……。

石川　そう、そう。いわゆる新しさの破綻ですね。

☆相手を上手に選ぶ

山本　今まで男の人はわがままなものとされてきましたが、最近はいくらか變つてきたのではありませんか。

石川　男は本來わがままですね。近ごろのアプレ・ゲールの青年たちは、レディに奉仕することを喜びとするような氣風がいくらかあるらしいですが、あれはどこまで本心か、ちよつと僕にはわかりませんがね。戀愛時代とか、あるいは友だち關係では、なかなかサービスをするけれど、家庭を持つてしまえばそれからわがままを言い出す、というような形じやないでしようか。

山本　女の人たちが、だんだんそれを滿足しなくなつたらどうなりますか。

石川　そこにいまの青年は悩みがあるでしようね。近ごろの女はそういう家庭の實直なつとめよりは遊びたい、生活をたのしみたい。生活のための努力よりも、その日その日のたのしみが欲しい。そのたのしみというものは、十年計畫のたのしみではなく、今日明日のたのしみ、それは淺いと思うのです。

山本　でも、それは特殊の例ではないでしようか、たとえば日大事件の藤本左文さんとか……。

眞杉　かなり特殊だと思います。先日若い女性たちの座談會に出ましたが、そこに來た娘さんたちは皆眞面目で、私も安心しましたの。いくら今の時代でも堅實な家庭の人はそうなんですよ。いろいろ問題を起しているのはごく小部分だと思いますよ。

山本　やつぱり一つの時代的なまちがつた姿ですね。私、女の人の本質は、家庭をよく治めて、子供を育て、夫に奉仕して、そこに生きる意義を見出してゆきたいのではないか、と思うのですけれど。

石川　見出せると思うのですがね。

山本　それが本質だと思うのですけれど。

石川　いわゆる家庭の主婦なんて愚劣だ、という考え方はちよつとまちがつている。

山本　男が悪いから愚劣になつちやうのですね。男がよければ、それは一番たのしい營みだと思います。

眞杉　その一番安心できる社會狀態になれば、女の人もそこに納まると思うのですけれどね。

山本　それには相手を上手に選ぶということが一番大切なことですね。

石川　それは大切ですね。ところが、だいたい結婚は二十歳か二十五歳で……。

山本　その考え方はまちがつているのでないでしょうか。昔の人は、女は二十五過ぎると我が強くなるから、若いうちにもらつてしまわなければならないという、それはやつぱり封建的な男性中心思想なんで、わたし、人間が愛し合つて――。

石川　それはそうです。

山本　結婚というものは、いくつになつてもいいと思います。

石川　それでいいわけですが、しかし二十歳《はたち》過ぎれば結婚したくなるでしよう。

山本　そのときの結婚したいというのは愛したくなることで、それからゆつくり結婚を考えればよい。社會がそれを強いるから、女があせるのでしよう。

石川　自分で一生獨立して仕事やつてゆけるほどの自信はない、そうして結婚したい時期ですね。そのときは、よき夫を選ぶほどの能力はまだないですよ。そうすると、そこで親なりきようだいなり、先輩なり、そういう人の意見を考慮に入れなければならないと思うのです。これは自由戀愛制度と矛盾したことで、(本當は矛盾しないのですけれど……)自由戀愛制度でゆくと二十歳過ぎになれば戀愛結婚したくなるので、そうすると自分で將來の方針がまだきまらない前に結婚して、「しまつた」と思うときは、もう手遲れですね。

山本　自由戀愛ではなくて、いままでは親がそういうふうにさせたいと思つて……。

石川　近ごろは親は單なる最後の承諾を與えるだけで、承諾を與えなければ飛出す。結婚する本人はまだそれだけのはつきりした批判力を持たないで、自分の人生をどう渡つてゆくか、方針が立つていないうちに結婚してしまう。

山本　だからパール・バックが言うわけですね、日本の娘たちは見合結婚の制度をなくしてはいけないと……。

石川　なくしてはいけないです。見合結婚の形を、もうすこし訂正する必要はあるでしようが……あるいは交際期間をおくとかね。

山本　アメリカの母親は娘の結婚にたいしては、非常におもいやり深くて、娘の遊び友だちを二三人物色して、その人たちを家庭に近づけるようにして觀察しているようですね。

石川　つまり、戀愛の相手を先ず選ぶのですね。日本じや戀愛してしまつてから、あれは惡いとかいいとかいう……。

山本　そうなんです。最近方々で聞いて驚いたのは、もうこういう時代なんだから、娘は自分で見つけてくるから、親は探してやる心配がなくなつたのだ、と平氣で言つているのです。

眞杉　この間の座談會で、女子大の生徒が話していましたが、男の友だちは男女共學の高等學校を通つてきたほうがつき合いいいそうです。非常に洗煉されていて、いきなりどぎつく戀愛感情みたいなものに入つてゆかなくて、適當に……。

山本　訓練が必要ね。いままではお嫁さんの話持つていつて見せれば必ず飛びつくから、よつぽど吟味して持つてゆかなければだめよといつたのですけれど……。

☆人間的な共感

眞杉　平林たい子さんがとりあげられた身上相談に、十八から結婚して四十幾つになつた

特集・愛と純潔のモラル

今日、夫に若い戀人ができて、その戀人といつしよになりたいから別れてくれといわれ、思いなやんでいるという人妻の訴えがありました。それに對して平林さんは、夫がそう言うからには、二十幾年つれそつた妻といえども肚をきめなければならぬではないか、といわれ、それをまた宇野千代さんが、ゾッと水を浴びるようなキッパリした立派な言葉だ、と激賞していらしたのです。

山本 でも、妻のある男性と戀愛に陥つた女性に對して、私は涙が出るほど「しつかりやりなさい」といつたことがあるのです。それは相手の女の方が、自分は堂々とやろうと思う、必ずあの男を奥さんから乘つ取つて見せるというのですよ。私はその人に、あなたは法律的に立場が弱いから困難ではないかと言つたのですけれど、その人は若い人で、「必ずやれると思う」といい、そしてやつてしまつた。善惡は別としてもその意氣には打たれました。でも、いまの身上相談とか離婚問題の方向は、一般にそういうとき必ず妻を庇護し、妻を助ける立場に立つていますね。

石川 ええ、それはそうです。

山本 しかし、女の人全部が自覺ができて、全部ものがわかるようになつて、そういうものを正しく認識するようになると、結局妻だからといつて、特權の蔭に安心できなくなるのでしようね。

眞杉 そうね……そうかしら、やつぱし自分がある人を愛しているとき、そのために犠牲者ができるということ、不幸になる人ができるということは、それを實行に移すのにずいぶんマイナスになるのでないかと思いますけれどね。いまおつしやつた、乘っ取つてみせるという、それじや乘つ取つて、それでほんとうに倖せになれるかというと、それには疑問があると思います。

石川 惡いけれどこの場合仕樣がない、という觀方ならばいいけれど、それはそれで構わないという形になつてきますと問題ですね。これはもうやつたほうが得だということになる。そうすると社會秩序は亂れてしまう。

山本 そう考えれば道徳的に許せないことだけれど、夫をとつたほうもより苦しんだかもしれない。私、いまもう一つ非常に困つたのがあるのです。それは、子供が何人もある男の人と戀愛關係に入つて子供ができた女の人があつて、結局道徳的にそれは許されないから、あなたは子供をつれて引き下るより仕樣がないと話しているのですけれど……。その人は、やつぱり自分で生きてゆくことを考えなければならないと思います。結婚できなくてもそこを我慢してね。愛したということを信實の柱にして生きてゆくという生き方ね。そうすると私たちは、その人にたいして褒めることもできないが、非難もできない氣持になるのです。

眞杉 それはそう。やつぱり妻子があつてちやんと生活の確立した人とそういう問題が起るということは、女の人自身に獨立しているという自覺とか、責任とか、そういうものがある場合でなくちやできないのでないかしら。乘つ取つてしまわなければ自分の生活が成り立たないという、そういう氣持だけで向つてゆくのだつたら、それこそ何か古いという言葉に當てはめられると思います。

石川 うん、これは非常に古いね。原始的な、とにかくそういう制約が何にもなかつた場合、槍一筋《ひとすじ》みたいな愛情でもつて取つたほうが得だという非常に古い考え方。それが新しくなるためには、やはりそこに或る秩序とか、あるいは愛情の上の道義とかそういうものがやつぱり必要だろうな。

眞杉 そうです。やつぱり人を不幸にしないという事が地盤になつて、はじめて安心して

特集・愛と純潔のモラル

人を愛することになるのじやないかしら？

山本　いや相手の人を不幸にしていないかという反省があるかないか、ということを見るのは大きな問題です。

眞杉　そうなんです。

山本　私たちが人から相談受けて、好意を持つかどうか、ということは、そこに問題があるのです。人を蹈みつけておいて何とも思つていない人、そういう人の訴えに果して人間的な共感が湧くか湧かないか。表面どうにかやつて暮していても、お互にごまかしている人もあるでしようし、そういう人よりは、そういう自分を赤裸々に出して、相談持ちかけて來る人のほうが、はるかに美しいと思われるときがありますから……。

☆愛情と性慾

眞杉　身上相談の中には、共學の學生の問題が多いですね。享樂と愛との區別がつかない。享樂そのものは共に喜ぶのだから、これが愛でなくて何だろうという(笑聲)。

石川　なるほど字面《づら》で解釋するとそうですな、漢字を解釋するとね。

山本　それに石川先生のおつしやつた二十歳《はたち》過ぎると結婚したくなるというのは、性慾と戀愛との區別がついてないので……。

眞杉　そうなんです、それがずいぶん大きな問題です。

石川　しかし、それはあまりはつきり區別つかぬのが多いでしよう。

山本　それはそうでしようが、戀愛の相手を見つけることによつて、そこに正しい愛情をとおして性慾が起るようにならなくてはならないと思うのですけれど……。

眞杉　でも男の人は、女とその問題がずいぶんちがうのでないかと思うのですね。

石川　ちがうでしようね。

眞杉　大學生と女學生が戀愛して、親も許してくれて、三年後には結婚するということになつたが、三年間大學生が自分の肉體を潔癖のまま保つてゆかれない。その對象としてどうしても結婚することになつているその相手しか描けない、結婚する前にそういうことがあるのはどうだろうというのですけれど、わたしやつぱり結婚ということとそういうことは別に處分したほうがいいような氣がしますが……。

山本　そこが男と女の違うとこで、男性には少年期に精通というものがあつて、肉體のそのような現象が對象の固定しない以前に起つているでしよう。女の場合は社會的な事情が完備してからそういう状態に入りますから、ドイツの諺にも「男は自然に男になるが、女は男が接吻しなければ女にならない」という。女の場合は割合に問題ないのですが、問題は男の子の場合に多いと思うのです。

眞杉　私、よくわからないのですけれど、やつぱり男の人は結婚と性慾とは別に考えてもいいのではないでしようか。そのことの對象を結婚の相手の人にだけ持つてゆかないほうがいいのでないかと思うのです。結婚の話だけでなくて、教室の中などで自分の肉體的なそういう動きと戀愛感情とを知らずにいつしよにしてしまつている。そういう捌け口をほかにつくりさえすれば、相手の女學生をそんなにまで好きにならないですむと思うのですけれど、相手が好きだからそういう慾情が起つてくるというように錯覺してしまつて、そのために共學の中の女學生と無理にでも變な關係になつたりしたら、女の人にとつてはずいぶん災難だと思うのです。

山本　それは性質にもよるでしようが、男のわがままではないでしようか。男には安全瓣になる代償的な解消のしかたがあるのですもの。

特集・愛と純潔のモラル

眞杉　私は前から疑問だつたのですが、戰爭のときに最前線までそういう女を持つてゆかなければ戰爭が遂行できないという……男の人はそれが絶對必要かどうか。

石川　わかりませんな。僕はいつも言うのですが、愛情とか慾情とかいう問題は人類始つて以來一遍も解決したことのない問題で、だからこういう席で解決を求めるというのは無理だというのです。

眞杉　でも男の人にほんとにそれが必要だとすると、共學などの場合ずいぶんはつきりと問題になると思うのですがね。そういう錯覺を起さないように適當に處分しないと、女の學生にはずいぶん災難だと思うのです。

山本　そうよ、そういう未分化な性慾の對象になつたら一番悲慘よ、女は。

石川　この前何かの雜誌の座談會で話が出たのだけれど、三岸節子さんや大田洋子さんが、近ごろの若い人たちは戀愛というものを知らない、戀愛というものはあんな生やさしいものではなくて非常に苦しいものだ、一生懸命のものだ、それを近ごろの人はちつとも知らないということを言つておつたですがね、それは僕は考えるのですが、やつぱりかわいそうな面があると思うのです。いまの經濟狀態では、堅實な生活を營む條件が揃わないのですね。だからおとなしくしていてはいつまでたつてもだめだ、というあせりもあり、憤りもあり、やけくそもある。結局つらい面は觸れないで、たのしい面を享樂するという……。

山本　それに女のほうは結婚にたいする望みがない。自分は婚期も遲れているし、あとからきた若い人は若いという點で優位だし、そういうふうな絶望的な意味で賣淫的なものでなく、また戀愛というものではなく、なま半かな思想の影響もあつて、お構いなく性慾を滿たしてゆくという傾向に走るのでないかという氣がいたします。

☆處女性の意義

眞杉　なんか世の中がせち辛くなつているせいか、ロマンチシズムがないから、いやなむき出しの經驗を早く身につけたいという娘さんもあるようですね。昔ならば魂の幸福というか、そういう生活に空想が燃えて、むき出しのからだの經驗みたいなものなんか急いで持ちたがらない傾向があつたような氣がしますが。

石川　僕は或る小說の中でそういうことについて書いたことがありますが、僕の經驗ですが、瘦地にコスモスの種を蒔いたのです、そうしたらこのくらいの（手で二十糎ぐらいを示す）コスモスの莖で、それ以上延びないで、この頂上に小さな花を一つポカッと咲かしてそれでおしまい。それは榮養不良の現象ですね。人間の榮養不良でも、人間的に大きな成長しないで、小さいうちに花を咲かせたがるのです。

山本　この問題は若い人達の間ではやつぱり中心になることだと思いますが、結婚する場合に女は處女でなければいけなかつたということね、純潔問題にも關連しますけれど、それがいままでの處女性の要求のし方というものは、それを買物にするという傾向からきていたと思います。今度は結婚する場合に、お互いに純潔でなければならないという自覺から、それがやつぱり持たれているほうがいいのですけれど。

眞杉　それはね、過去においてそういう經驗を持つたということが、女の場合は男の人よりも大きな悲しみになるということがあると思うのです。

石川　少くともいろいろ過去があるということは誇りになることではないので……。

眞杉　絶對に誇りじやないですよ。

山本　そういう道徳面だけでなく、生物學的にも心理的にも影響があるのですよ。それは大きな目から見れば誰の子供だつて構いませんよ。だけどその人の精神や肉體の中に、何か固着するものがあると思うのです。

石川　僕は心理的にこういうことを考えるのだけれど、何も經驗がないはじめての女の人が、いま戀愛して結婚する場合は、その相手の人を、いわば自分の生涯のたつた一人の夫という考え方ができる、そこに大きな夢を託することができる。その夢が非常に貴重だと思うのです。いやになつたら別れればいいとか、どうなるかわからぬけれど結婚してみようとか、そういうふうなのは、やつぱりちよつと小さなつまづきがあるとすぐ別れるようになります。

山本　私は結婚というものの根本が、そういう絶對觀の上に成立つべきものである、という一つの大事な要素になると思うのです。

眞杉　女の人が自分の身の扱い方を、輕率な扱い方においてやつたならば、その結婚には必ず輕率だつたという影響はあると思うのですけれど、餘儀ない事情で、非常に眞劍な命がけな場合でありながら、尙且つそういう經驗が二度三度と積み重なつてしまう事になつたとすると、それは實に大きな悲しみになると思うのです。前の人のことを考えると、次の人に對して更に悲しい材料になり、同時にまた前の人に對しての悲しい材料にもなると思いますから——結論的には……。

石川　しかしそれは悲しいことではあるだろうけれど、やむをえない事情で、ちやんと愛情を持ち結婚してそれがだめになつたという經驗は、その人自身でもマイナスももちろんあるだろうけれど、プラスになつた分も大分あるだろうし……。それからその次に、結婚した相手の男の人は、そういう女の人の經驗については咎められない、そのことはやつぱり許せるですね。

眞杉　男の人と女の人は肉體のつくられ方というか、そういうことのせいで、案外氣持のなかに深く入るのと淺くしか入らないのとのちがいもあるのでないでしようか、もつと自然に男女のほんとの性態のちがいを女の人がはつきり理解できたら、案外男を責める氣持も輕くなるのでないかと思いますけれどね。

石川　いや、それは頭では理解しても感情では許されないのではないかと思うのですよ、女の人は——男は獸の牡であつても花の雄花であつても、やつぱり花粉をばら撒くことを使命とする。ばら撒いたあとどこの雌蕊《めしべ》とくつつこうがそんなことは知らない。雌花は自分の受取つた花粉を大事にして、自分の實を養い種を養つてゆくという保守的な使命を持つている。それはやつぱり人間に於ても、そういう機能の差というものは本質的にあるので、訂正してゆかなければならぬものはたくさんありますが、しかしその本質は一應頭においていないと、起つてくる一つ一つの事件の理解が狂つてくると思うのです。

☆自由とは何か

編集部　いま先生方のお話伺つておりますと、御趣旨は賛成で、それは正しいことだと思いますけれど、一般のアプレ・ゲールの人たちの立場になつてみますと、それじや女の解放はどこにあるか、自由はどこにあるかという質問が出てくるのでないかと思いますが……。

石川　法律や制度がちよつと變つたからといつて、生活はそんなにすぐに解放されることはないですよ。何にも變りはしませんよ。

山本　私は思うのですけれど、いままでの、解放されていなかつたために女が受けた不幸、というものがなくなつて、選ぶ自由、それがちゃんと持てたと思うのです、だから女は自覺して選んでゆけば、まちがいなく得られるという權利が與えられた。

石川　ですから、それは女性自らの努力によつて得られるのですよ。努力しないで、私たちのもらつた自由はどれか、といつてもそれはないですよ。

山本　一つの例なんですけれど、父親が娘をつれてきて、「この子はたいへんな娘で、妊娠したようだけれど、どうしてもわからないからつれてきた」という。その娘さんが「わたしは自由になつたから、誰と結婚してもいい」と言つて、「そうじゃない、お前は選ぶ自由を得たので、誰とでも結婚していいのではない」と父親が言つても、どうしてもわからなくて、とうとう妊娠したというのです。お前の相手は誰だと聞くと、わたしの自由だから、といつて言わない。そこで私は自由というのはそういうものではないのだと話したら、その娘さんは泣き出して、ようやく自分がまちがつていたといつたのです。自由の受取り方がずいぶんちがつていたわけですね。

眞杉　いままでは人に依存した女の人をつくるための教育だつた。そのマイナスを今、埋め合せしなければならないことになつたのですが、これが完全に育てられ、ほんとうに女の人が自由を內實と共にえたら、今のやうなはきちがえの自由も起つてこないでしようしほんとに內容のある自由を持つことになりましようが、何か突然解放されたと思うので、隨分變てこな女の人が出てきたのですね。

山本　そうですね。いままでは我慢していたけれど、もう我慢しないという奥さんたちの言葉をよくききます。そういうふうに何でも彼でも考えることは、とんでもないことなんですがね。

石川　いまは、でも非常にそうなり易い。しかし正しい方角ではそれは自由でしようけれども、まちがつたことをやる自由はないので、まちがつたことは、いつまでたつてもまちがつたことです。

眞杉　自由を持つ自覺がまだできていないということは、たしかにいえるのです。このごろは男の人の失業者がずいぶん多く、この間も質問が來ましたが、夫は收入がなく、妻が働きに出るうちに、夫がいやになつてよそで外泊して來たり、しまいには離婚問題にまでゆくという……。

石川　妻を養う經濟力がもてないということは、男にとつてずいぶん悲慘なことだと思いますよ。

眞杉　姦通罪がなくなつて、一見女はその點で解放されたように見えますが、それが果して女の人自身の倖せになるかといえば、そうではなくて、自分がやつただけの償いを一生かかつて、不幸のどん底でしなければならなくなるのですものね。

石川　そういう點で男の方は浮氣沙汰など起しても、それが生涯のマイナスにならないですむというところがあるが、女の人は自分の自由とか權利を主張して何かした場合、やつぱり客觀的に見るとマイナスを加えてゆく。

山本　それは男と女とは生理的にも隨分ちがうのですからね。

石川　僕はこんなように思いますね。解放された女性が新しさというようなものを矢鱈に振りまわすような形じゃなしに、いままで營んできた家庭生活の形を、もつとずつと合理化して、家庭生活を秩序よくして、その中で主婦がゆつくりした時間を取れるように、あるいは、何か自分の好きな仕事をやれるような時間をこさえるとか、その主婦がおかれた立場の中でそれを進歩させて、そうして、その中から自由を培つてゆくという、そういう形のほうが本筋だろうと思うのですがね。

特集・愛と純潔のモラル

愛と性のこと

三好十郎

Y子さん

この間、しばらくぶりで訪ねて來たあなたは、面變りがするくらいに青白く痩せていられた。先ずそれに私はビックリしました。「どうかしたんですか？」と問うても、あなたは默つていられる。そして、しばらくしてから低い聲で、

「私は人を殺しました」と言われました。

私はドキンとしました。やつと口がきけるようになり、「殺したと言うと？　あなたが？　誰を？」と言うと

「F子さんです。二度ばかり、私といつしよに伺つたことがあります」

言われて、私はそのF子の白い顔を思い出した。

「六日前にF子さん、藥を飲んで自殺したんです。そうさせたのは私です。ですから私が殺したのと同じです」

つまり、自分がもうすこしシッカリしていれば、F子さんの自殺を引きとめることが出來たかも知れなかつたし、また、F子さんがどうしても死なければならなかつたのなら自分もいつしよに死んでもよかつたのに、とあなたは言う。

そして、F子さんとあなたとの交友關係の一部始終から、F子さんの思想や性格や家庭の事情、半年ばかり前から始まつていた戀愛のこと、相手の青年のこと、自殺直前のいろいろのことがらについて、あなたは細かく正確に語る。默つて石ころになつたように聞いていて、私は氣持がグラグラと亂れ搖れて、しまいにほとんど動顚《どうてん》して行くように感じていました。

語り終つてあなたは

「そんなわけで、もう私も生きておれません」と言う。あなたがホントにそう思つていられることが、あなたの顔つきから私にわかる。

「……しかし、どんなツモリでこんな話を僕にあなたは聞かせに來たんです？」と、しばらくして私はたずねました。

「このことについての、あなたの御意見を聞かせてほしいのです」と、あなたは言う。

それで、懸命に努力して見たが、私には意見らしいものが見つからなかつた。それで、こう言つた。「僕には、すぐには何も言えない。四五日待つて下さい。手紙をあげます。それまで、あなたは、死ぬとか生きるとか、答えを出すのを延ばしておいて下さらぬでしようか？」すると、あなたは、そうしますと言われた。それで、その後、參考のため、一時間ばかり、あなたの知つている限りの、F子さん生前の事實や事情のことを、私があなたにたずねただけで、あなたには歸つていただきました。

お約束よりかなり遲れましたが、これがその手紙です。

特集・愛と純潔のモラル

あなたは私の「意見」を求められましたが、以下のべることが意見と言い得るものかどうか、私にはわからない。また、今になつて意見などが果して何の役に立つだろうと思う。F子さんは死んでしまつた。美しいF子さんの若過ぎる死を私は心から悼《いた》みます。以下書きつけることは、悼みの言葉を引き伸ばしたものに過ぎないかもしれません。

ただ私は涙を流してはいません。自分で氣がつく限りでは、全く感傷的にはなつていないのです。ほとんど冷酷な位に平靜です。私が平靜ならざるを得ないのは――また、平靜になり得るのは、後で述べる理由からです。

先ず、あなたは、F子さんの自殺の理由や原因がわからないと言われました。私には、或る程度まで、それがわかるような氣がします。その私の解釋と判斷を以下に書きます。この私の解釋と判斷は、F子さんについてのあなたの話と、それから私があなたに向つてした質問へのあなたの答えから引き出したものです。あなたと共に私の所にやつて來られた二度の印象が、それを補つていることは勿論です。

F子。二十三歳、東京生れ。家庭は中流の下というところ、父を戰爭中に失い、母と一人の兄との三人暮し。家は、もと資産家で、母は家つきの娘で、亡父は入婿。入婿の時、亡父は十八歳で母は十五歳であつた。この父母は最初から最後まで夫婦としての眞の愛情を抱くことなく晩年に至つては憎み合つた。しかも、互いの間に六人まで子を生み、その中の三人が育ち、その中の一人（中兄）は戰死して、現在長兄と長女（これがF子）だけ。その父と母の夫婦關係をF子は極度にいとわしく思い、特に未亡人としてまだ生きている母を嫌い、かつ恐れていた。

家の經濟生活は、多少の不動產と、銀行預金、及び化學技術者である兄が或る物產會社につとめている給料でまかなわれていて、戰後のインフレの中でも、それほど貧しくは無い。

本人は、女學校卒業後、或る文化主義的な專門學校に入學、音樂と洋畫を主として習い一年後そこをやめて、昨年から聲樂專門の或る塾に通つていた。身體は女として完全に成熟し、性格はやさしく內氣で、人に向つて自分をあまり表現しないが、どこかしら幼い子供のような一本氣のところがあるが、特に激しいようなところや、異樣な點は全く見えない。まして、自殺などをしそうな樣子は微塵もなかつた。

W青年と知り合つたのは一年前、聲樂塾に於てで、六ヵ月後に戀愛に入り、互いに熱愛した。W青年は二十四歲、某新聞社につとめながら、夜、聲樂を勉强している、すこし堅苦しいくらいに誠實な男、素質の良いテノールで、あと一二年勉强すれば專門家として立てるだろうと塾の敎師たちから囑望されている。

F子は、あなたとは女學校時代からの親友で、互いにどんなことでも打ち明け合う仲で、各自の家庭のことから、その時々の正直な氣持、メンスのあるなしまで、話し合つて相談した。W青年との戀愛のことも全部打ち明けられ、死ぬまでに（死んだ晩のことは知らないが）W青年と接吻を全部で六回したことまでもF子は話した。第一回目の接吻の後で、F子は非常にビックリし、混亂し、自分がダラクしたと泣きくずれて、その後しばらくW青年を避けて逢わなかつた由。それを、あなたが言いなだめ激勵して、またW青年に逢わせろようにしてやり、その後二人の仲はうまく進展していたが、しかしそれも、いつしょに散步したりする程度。それでも最近では「Wちやんからキッスされると、なんだか良い氣持よ」と言つた由。もちろん近い將來に

特集・愛と純潔のモラル

結婚するつもりでいたが、W青年の兩親は贊成したがF子の母は反對。主として結婚後の生活力がW青年にないと言う理由で。しかし二人とも既に成年に達しているので、いよいよとなれば母の反對を押し切つて結婚するつもりであつた。それでいて、F子は結婚でW青年と肉體的に結びつくことを非常に嫌つていた。セックスのことを全く理解しない。いや、頭で觀念的には知つているが、實はまるで知らないし、知ろうとせず、そんなことを嫌い、怖れていた。W青年が說いてもあなたが說いても、そのような話にはたちまち顏色を變えて嫌がり、耳をふさいだ。W青年もこれまでに女を知らず、童貞らしい。あなたも處女。だからセックスのことをF子さんにわからせようにも、それ以外の手段がない。それでいてF子さんはWをホントに愛していて「Wちやんとなら、いつでもいつしよに死ねる」と言つていた。

そこへ最近、塾の專任の先生から「あなたの歌は、專門家として立つて行くには、基礎的なものが缺けているし、今からでは遲いから、まあ一つの敎養としてやつて行くんですね」と言つたようなヒントを與えられ、彼女はスナオにそれを受けていたが、實は、深いところではこれが案外に大きな絶望を與えたのかも知れない。それから間もなく、一日も早く結婚したいと焦つていたW青年は、二人で山の方へ二、三日旅行して、その先きで肉體的にもホントに結びつきたいと言い出した。F子は困つて、あなたに相談に來た。「是非行つてらつしやい！」とあなたは強くすすめ、「でも私、怖い」と言うF子に「だつてWさんをあなた愛してるんでしよう？　ホントに結婚したいんでしよう？」とあなたが言うと、「うん」と答える。「そんならWさんのする通りにしていればいいのよ」と、叱るように言うと、F子も行くことになつた。

その旅行に出かける豫定の日の一日前の朝いつまでも起きて來ないF子を母親が覗きに行くと、枕元に彼女が時々用いていた眠り藥の空箱がころがつており、F子はこときれていた。醫者が來て手當をしたが、服毒後の時間があまりに過ぎていて、その甲斐がなかつた。遺書なし。

以上が事實のあらましです。

私の解釋と判斷は極く簡單です。なぜならば、私の解釋と判斷の大部分が、實は以上の記述そのものの中に含まれているからです。

先ず第一に、F子さんが、互いに愛情の薄い兩親の間に生れた人であること。しかもその兩親はその後も、その薄い愛情、と言うよりも互いの嫌惡にかかわりなく肉體的にだけ結ばれて數人の子供を生んだ。その間その兩親の關係を側近で眺めて育つたF子の內に、兩性の肉體的結合に對する拔きがたい本能的な嫌惡が植えつけられたと見てよい種々の證據がある。それは年と共に次第に強くなる。それに生れつきの敏感で一本氣な氣性と、自分の感情をあまり表に現わしたがらない性癖。加うるに、ひどい窮乏を知らぬ生活の中でオウヨウに育つた魂の「幼なさ」。そのうちに身體は女として成熟する。メンスの來潮の時に、強度の恐怖と嫌惡を示したことは、あなたから聞いた。二十二、三歲になり身體は完全に成熟をとげ、W青年との戀愛。戀人との肉體的接觸への恐怖と嫌惡。にもかかわらず、その戀人に引きつけられることを自分でとどめることができない。そのものを強く求めながら、同時に烈しく拒絶しなければならぬ精神カットウ。そこへ、音樂勉强の上での蹉跌《さてつ》が來る。だんだんに追いつめられて行くWからの旅行の提案。行けば、いやおうなく怖れているものの中に入らねばならぬ。しかしWを愛しているから、行きたい。あなたに相談すると、あなたも行けと言う。行かなければならぬ。でも怖い。行きたくない。……そして、とうとう、バランスがくずれた。

これが私の解釋です。

私の解釋はあるいはまちがつているかも知れません。ですから、これをあなたに强制しようと言う氣は毛頭ありません。あなたの參考の一つになればよいのです。ただ私としては、そうしか思えないのです。ですから、しばらく私の想像にもとずいて話を進めて見ます。そこで――

あなたが「旅行に行くことを私があんなに强くすすめさえしなければF子さんは死ななかつたでしよう。つまり、私が殺したも同じです」と言われるのは、正しくないと私は思うのです。また、W君も同じように「F子さんを死なしたのは自分だ」と自責しているそうですが、それも、まちがつていると思うのです。

假りに、あなた及びW君にこの件について多少の至らなさがあつたとしても、それは、あなた方の責任と言わるべきことではない。なぜなら、あなたは友としてF子さんを愛した。愛したために、その幸福を願い、そのために努力した。W君は、もちろんF子さんを愛し、愛する者として當然の要求を持ち、共に共に、幸福の中へF子さんを導こうとした（結婚式以前の肉體的つながりをW君やあなたが是認したと言うことは、この場合本質的な誤りとは言えません。そのことの是非は、別の角度から考えてよいことだし、考えられなければならぬことです）。あなたとW君のしたことはそれだけなのです。そして、愛と、愛のための努力と、愛する者と完全に結合したいと言う要求などの中に、どんな罪があるでしようか？　それらは、それ自體としては全く善き全くめでたきものではないでしようか？

悲劇の眞の原因はF子さん自身の內にあつたのではないでしようか？　しかも、それはF子さん自身の手では、どうすることもできないような形で準備されてあつたのではないでしようか？　しかも、それを取りのぞいて新らしい世界を見せてあげようとしたW君は童貞で、あなたは處女で、それをしてあげることが出來なかつた。「至らない」と言つたのは、そこのところです。そして、しかし、W君が童貞であなたが處女であつたと言うことが、まちがつたことですか？　いやいや、それは、あなた方が非常にすぐれた立派な若者である證據です。すくなくとも、どんな場合にでも、とがめられなければならぬことでは絶對にありません。

W君とあなたは、F子さんの死のショックのために自分たちの氣持を誇張して感傷に陷つてはならないと思います。そうならざるを得ない氣持は私もよくわかりますが、しかしそうなつてはならぬと思います。そして、私が初めに書いた「他の理由からも、私は感傷に流されない」の「他の理由」と言うのが、あなたに是非この點をわかつてもらわねばならぬと思つたことです。

F子さんを倒したものは、普通言われる性的無知ではありません。事實、あなたの話の中にも、F子さんが「知識」としてだけならば、性に關する本を讀んだりして相當よく知つていたとありました。それは、ただの知識だけではどうにもならない性恐怖だつたのです。

性恐怖は誰にでもあるものです。特に處女や童貞にとつては、性の實體は未知のものですから、それを望む氣持と同時に、それを恐れる氣持があるのは當然です。それが自然であり、ノルマルなのです。それのない者こそ不自然でアブノルマルです。結婚前夜の處女や童貞は、たいがい恐怖でふるえます。そして、同時に、誰でもその恐怖に耐える力をもつています。もちろん、その力の支柱になるものは、相手の異性に對する愛です。とにかく、それに耐えて接觸に近づきます。接觸が始まり、異性との合一が起きて、一つの線が越えられる。すると、恐怖は消えて、それとは全く反對の喜ばしい新らしい世界が開けます。これが普通です。

　F子さんの場合は、恐怖が強過ぎたようです。それはF子さん自身に責任のない理由で永い間にわたつて彼女のうちに積み上げられたものでした。その彼女がW君を愛するに至つた。愛は强いものであつたが、しかし彼女をして一つの線を越えさせるまで彼女を支え、耐え抜かせるには、一方の彼女の内に積みあげられた恐怖は、あまりに過重であつた。そのセリ合いの中で、彼女自身が倒れたのです。

　私は、そう判斷せざるを得ません。

　われわれに備わつているあらゆる性質を、私どもは大事にしなければならぬと思います。なぜならば、それらの性質が即ち人間と言うものなのですから。つまり、それが自分なのですから。そして、自分にとつて自分は一番大切なものですから。

　そして、人間に備わつている性質の中で最も大きなものは食慾と性慾です。食慾と性慾とを私どもは貴重なものとして、喜ばしいものとして、大切に扱わなければなりません。そうでないと、われわれは、無意味に死んでしまつたり、または「人でなし」になつたりしてしまいます。

　F子さんは、その貴重な、喜ばしいものである性慾を、御兩親の關係の實際から、無意識のうちに、いとわしい、輕蔑すべきもの、嫌惡すべきものとして吹きこまれてしまつたのです。その結果自ら殺すに至りました。F子さんの死は、全く、F子さん自身の罪ではないと私は思います。

　こんなことを書くと、あなたは、私が、なんでもよいから自分の慾望をただ解放しさえすればよいと言つているように取られるかも知れません。違います。

　愛のないところで性慾が遂行されるのは、まちがいです。倫理道德のことではない。それは不自然だからです。性慾を大切に扱つていることにはならないからです。

　性行爲は、愛する者との間に行われなければなりません。そうすれば、そこから大きな高い喜びと快樂が生れますから。そして、そうするためには、そこに至るまでに、いろいろのことを耐え忍ばなければならない。

　つぎに、愛していない者との性行爲は、出來る限り避けなければなりません。そうしないと、性慾からのホントの喜びや快樂を失つてしまつたり、病氣になつてしまつたりしますから。そして、この場合も——愛していない者との性行爲を避けるためにも、いろいろのことを耐え忍ばなければならぬ。

　F子さんはW君を愛していた。それならばその愛のために自分の內の性恐怖を、もう後三、四日の間耐え忍べばよかつた。それが出來なかつた。それはF子さんの弱い幼い性格と、性恐怖があまりに强かつたからです。可哀そうに、F子さんは、あと三、四日それに耐えて、旅行に出てW君と共に一線を越えさえすれば、ただ單に自殺なぞしなかつただけでなしに、世にも幸福な女性になつていられたのではあるまいかと想像されます。

　つぎに私の言いたいことは、われわれは自分の感ずる恐怖を常に「意識化」するように努めるべきだと言うことです。

　あらゆる恐怖は先ず本能的無意識的にわれわれに來ます。ですから、その怖いものが自分の外に在る場合には、その怖いものから離れ去りさえすれば、恐怖はなくなる。しかし怖いものが自分の內にある場合は、それから離れ去ることが出來ないために、無意識的なままで放つて置くと、それはいつまでも盲目的な形で自分を支配したりおびやかしたりす

特集・愛と純潔のモラル

る。最悪の場合には、それは知らぬ間に意識下の深い所でムヤミと大きなものに育つてしまつて、時あつてそれが表面に出て來ると、往々にして自分という人間全體を叩きこわしてしまうほどの暴威をふるう。F子さんの場合がそれだつたと思います。

もしF子さんが、自分の性に對する恐怖の念がどういう理由から生れて來たものであるかを或る程度までハッキリと知つていられたら、恐怖そのものが完全に消えはしなかつたにしろ、それほどまでに盲目的に無抵抗に恐怖から征服されはしなかつたでしよう。

意識化というのは、分析したり推理したり歸納したりして、そのことを理智的にハッキリと定着しそして消化するということです。

もちろん、現在までの人類の智慧はまだまだ自然と人生の謎をホンの僅かしか解いていないようです。性ということだけについてもわれわれにわかつていることは極く少しかも知れません。しかし、とにかく、極く少しでも既にわかつた點はあるのです。それに依つて、私どもが、私たちの大切な持ち物である性または性慾のことを理智的に定着し消化する――意識化することは、或る程度まで可能です。それをわれわれはした方がよいと思います。同時に、しかし、われわれの持つている理智＝科學でもつて理解された性や性慾だけが、性や性慾の全部だと思い込んではいけないでしよう。

世界は常に一人々々の人間よりも大きいのです。あなたがどんなに賢くても、人生と社會と自然は、いつでも、あなたが理解しているよりも大きい。あなたも私も共に幼な子に過ぎません。われわれは、まだこれから新らしく見るべきいろいろの光を前途に持つています。現在にタカをくくつてはいけないと思います。

性や性慾についても同じことがいえると思います。われわれは、性や性慾について、恐れる必要のないことを恐れてはならぬのと同時に、その中の自分たちにはまだわからぬこと、恐れなければならぬことを正當に恐れるだけのナイーヴさと謙虚さは、失いたくないものです。

まだ書きたいことが殘つていますが、長くなりますから、またつぎの機會にします。

あなたもごらんの通り、私の手紙は、あなたがたや私が、F子さんの死をムダなものにせぬよう、出來るならば、F子さんの死から大きな示唆を受け取ることに依つて、氣の毒なF子さんの死を價値あるものにしたいと言う私の願いを土臺にして書かれたものです。

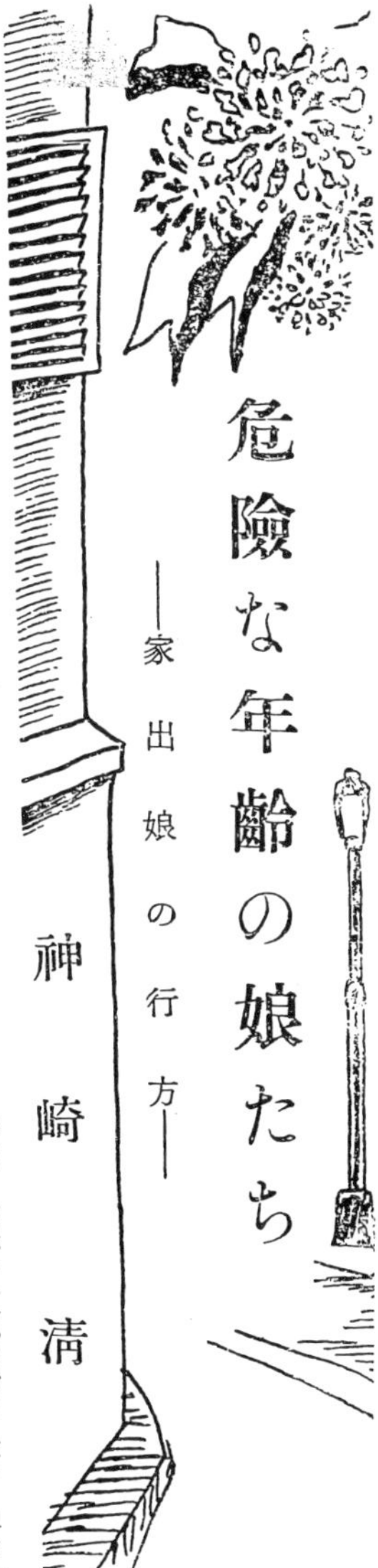

危險な年齢の娘たち

——家出娘の行方——

神崎　清

相談所　顔色のわるい娘

大塚にある東京都立の中央兒童相談所をたずねてみると、思つたよりあかるい保護室に、一人の娘がねていた。モルヒネ自殺をはかつたあとで、顔色がひどくすぐれない。十七歳というから、いわゆる危險な年齢の頂點でふみはずした娘である。家出の原因は、厭世、悲觀で、戀愛關係と家庭不和がからんでいる。（別表參照）

わりとすなおに身上話をしてくれたが、相談所の診斷表にあるとおり、自己顯示性（俗にいう見えぼう）のつよい娘で、ときどき反抗的な性格のひらめきを見せていた。しかし、いくぶんの誇張と虚飾の混入はまぬがれないにしても、彼女をそだててきた家庭と學校と職場に、いろいろの問題のあることが感じられた。生活環境の激變から、ようやく立ちなおつた彼女は、所員に身のふり方を相談する氣になつていたようであつた。

婚約者のある青年をぬすんだという誤解から、周圍の非難をあびたことと、田舎新聞が「赤い看護婦の自殺」などと無責任な記事を書き立てたことが、彼女の家出の直接の動機になつている。自分というものを正しく理解してもらえない悲しみ——そうした悲しみにおしつぶされそうな娘が、世間に一ぱいいるのではないか。

家庭　家出をした母親

三歳のとき死にわかれた父親について、彼女はほとんどなにも知らなかつた。母親と祖母が、父親の話をしてくれなかつたというのである。家族の歴史の無關心——案外こんな家庭が多いのかも知れぬ。

母親は今年三十八歳。四年前に再婚したが、娘に「東京へいつてくるよ」という挨拶をしただけであつた。その再婚に失敗して、家へかえつていたが、昨年の四月、すきな男ができて、子どもをおいたまま家をとびだし、未だに行方不明である。しかし、娘は無責任な母親を非難しようとしなかつた。

「お母さんは、若くてきれいな人だし、しあわせになればいいじゃありませんか。家にいても、おばあさんと不仲で、かわいそうなんですもの」

おどろくほど自由な個人主義である。不干渉主義である。が、母子二代つづいた家出は

特集・愛と純潔のモラル

この母親の行動と無關係には考えられない。

一家の生活は、大きな料理屋を經營する伯父（祖母の子、母の兄）からの仕送りで支えられていた。べつだん不自由はなかつたというが、「お前たちさえいなければ、樂隱居ができるのに」と、祖母が口ぐせのようにこぼしていたそうだから、彼女のいうほど氣らくな生活ではなかつたであろう。

祖母は今年六十歳。昔氣質の女で、孫たちにたいする養育の責任を持ち、親切と干渉が入りまじつていた。いつも「おばあさんが子どもの時分には……」という話が出る。フスマのあけたてや掃除の仕方をおしえられても、若い娘のつねで、彼女は實行しないことが多かつた。

十九歳になる兄（先妻の子らしいという）がいたが、性格があわないので、ふだんめつたに口をきかない。兄は「ある程度の自由はいいが、子どもをかえりみないで、あんまり勝手すぎる」と、家出した母親をしばしば非難した。祖母はむろんこの兄の肩を持つた。「うるさい」とどなつて、彼女は、常識的な兄の非難をはねかえそうとした。しかし、母親の行動を是認するつもりでいても、內面的な打撃をうけた證據に、母親が家出してから間もなく、人生におけるさいしよのつまずきを見せるのである。

學校　漫畫入りの答案

彼女は乙市のあるミッション系統の女子高校の三年生になつていた。學校の成績は十番臺で、國語や數學がでよくできても、裁縫や料理はまるでできないというアンバランスがあつた。

五月にはいつて、數學の試驗がおこなわれたが、その前の日、家でゴタゴタがあつて、勉强しないで學校へ出た。教室へいつてみると、「先生が問題をヒイキの子にもらしたから試驗をうけない」といつて、みんながさわいでいた。數學の先生は、「そんなことはない」と、つよく否定して、試驗を强行した。事實これは、生徒がわの誤解であつたらしい。

けれども、氣分が面白くない彼女は、數人の仲間としめしあわせ、テコの應用の問題に、ハカリに犬をのせた漫畫を書いて、サッサと出した。このふざけた答案が、先生をバカにしているというので、職員會議の問題になり、校長室によびつけられた。

校長から「なぜこんなふまじめなことをしたのか」と詰問されたとき、彼女はだまっていたばかりでなく、なんということなしにニヤニヤ笑つた。腹を立てた校長は、「ほかの人

家出女原因別統計表（昭和25年1月～6月 警視庁少年二課）

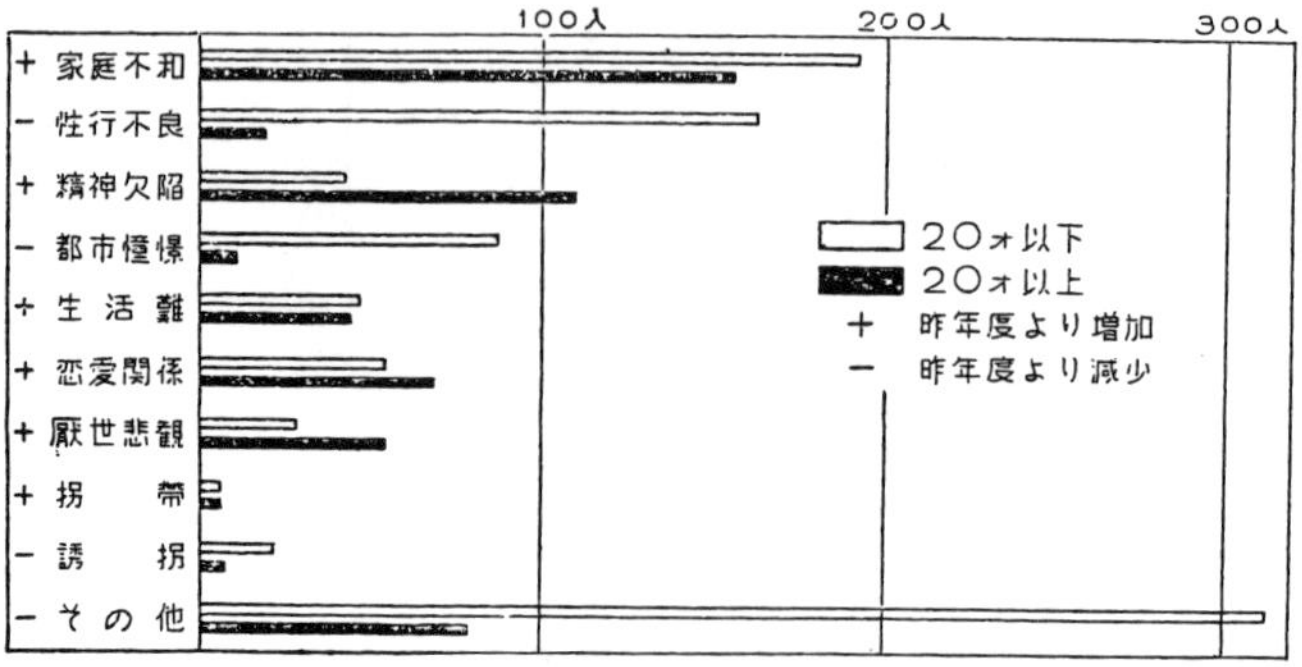

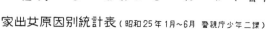

特集・愛と純潔のモラル

は一日の停學ですますつもりだが、君は態度がよくないから」といって、三日間の停學を申しわたした。

さすがに彼女は、自分がわるかつたと思い、先生のところへあやまりにいこうと考えないではなかつたが、叱られたくやしさが先に立つて、ついにその機會をうしなつた。三日間の停學が、冷却期間にならないで、かえつて反撥心にうごかされた彼女は、勝手に判をおして退學屆を出してしまつたのである。

かるい停學を命じた校長の措置は、それ自身けつしてまちがつていない。しかし、この女學生が母親の家出の痛手からうけた精神的な内出血に氣づいていなかつたのではないか。まよえる羊は、鞭でたたかれた結果、ますますうろたえて牧場のそとへとびだしていつた。

職場　流行的な戀愛病

冷靜に考えると、轉校その他の道がまだのこされていたのだけれども、無斷退學を祖母にとがめられた彼女は、早く獨立したいという一心から、周圍の反對をおしきり、Z市からすこしはなれた國立A病院の附屬看護婦養成所にはいつた。職業として看護婦をえらんだのは、やはり彼女の母親が若いころ看護婦をしていたことから影響をうけているもののようである。

病院には、千三百名の結核患者と百名の看護婦がいた。退屈な病院では、ニュー・フェイスの看護婦が、好奇心の的になる。彼女はあまりうつくしい娘ではなかつたが、學生の患者から「これから交際してほしい」という手紙をつきつけられたり、診察室や宿直室で誰もいないとき、若い醫者から「ぼくと結婚してくれないか」と、くどかれたりした。

こうした鬼ごつこが、ひろい病院の廊下や寄宿舍の庭でおこなわれていたようであつた。婦長は「相手の人と場合をわきまえていたら、自由に交際してかまわないが、ヤミの取引はしないように」と注意をあたえるだけで、若い看護婦たちの戀愛の自由にすこしも干渉しなかつた。

勤務の時間と自分の時間のケジメをつけていたというが、その自分の時間に、戀人やボーイ・フレンドの問題をみんなが平氣で話しあつていた。寄宿舍の圖書室で、『女の一生』や『赤と黑』を讀んだ。彼女は自分の小さい足あとをふりかえつてみて、このA病院時代が一番たのしかつたといつている。

だが、彼女は、A病院にみなぎつている一種の流行的な戀愛病に感染してしまつた。この集團生活だけでゆるされている無拘束な自由感覺が、外部の社會でも通用すると思つていたらしいところに、やがておこるトラブルの原因の一つがあつたといえよう。

病院　看護婦のスト

今年の四月、病氣になつてこの國立A病院をやめてZ市の家にかえつたというが、なにかほかに氣まずいことがあつたのかも知れぬ。彼女は、A病院の院長の紹介で、町のB病院につとめることになつた。A病院では、養成所時代は月六百圓の手當、卒業すると手取二千四百圓の給料がもらえたが、この町の病院の給料は二千圓、ほかに院長夫人がときどき洋服や帶を買つてくれることになつていた。いわゆるお仕着せであつて、女中奉公同樣、家庭の支配をうけるところに、封建色が感じられた。

看護婦は、甲子（二十七歳）、乙子（二十四歳）、丙子（十九歳）の三人がおり、乙子と丙子は姉妹であつた。一月ほど勤めているうちに、彼女は快活な丙子と仲よしになつた。ある日、婦長の甲子が、勤務をなまけて戀人の驛員と映畫を見にいつたことから、波紋がおこつてきたのである。

院長夫人に叱られた甲子は、反省するかわりに、「私ばかりじやありません」といつて、ほかの三人の仲間の私事をならべ立てた。夫人は甲子ばかりでなく、「人があつたら、あんな看護婦はおいておかない」と、乙子以下の娘たちをののしつた。

院長夫人に反撃するため、婦長の甲子がふだんあまり仲のよくない三人の看護婦を煽動した。その話を聞いてスッカリ腹を立てた看護婦たちは、夫人に對決をせまつたが、「いつた」「いわぬ」で、ラチがあかなかつた。しかし、日ごろから横暴な夫人に反感を持つ彼女たちは、病院を困らせるために、とうとうストライキをおこした。面あてのストライキである。

甲子以下三人の娘は、サッサとほかの病院へかわつていつた。彼女も一しよにやめようとして、院長にひきとめられたが、それをふりきつて同じ町のC病院へかわつた。

だが、彼女がC病院ではたらいた時間は、三十分をこえなかつた。二本の注射と一回の投藥をおえたとき、血相をかえた乙子がどなりこんできて、彼女をメチャクチャにしたのである。

交際　あらあらしい抗議

仲よしの丙子の戀人は、呉服屋の青年であつた。この友だちの戀人にさそわれて、一しよに映畫の『愛の山河』を見にいつた。青年が「丙子より君の方がすきになつた」とささやいた。かえりに「支那ソバをおごつてやろう」とさそつたが、彼女は「めんどくさい」といつて應じなかつた。べつに友だちの戀人を横どりするような野心はなかつたようである。

彼女が右の出來事を報告すると、丙子は笑つていた。が、妹からこの話を聞いた乙子が承知しなかつた。彼女のつとめている病院へのりこんできて、「なぜ妹の戀人を誘惑したのか」とののしり、「ストライキをおこして、みんなをバラバラにしたのは、妹がいては都合がわるいからだろう」とまで極言した。

なんというおそろしい誤解であろう。院長や患者のいる前で、はずかしめられた彼女は、いたたまれなくなつて、病院をとびだし、家へにげてかえつた。そのあとを乙子が追いかけてきて、また家の前で放送した。妹の丙子があやまりにきて、興奮する姉をつれてかえつたというから、そのあらあらしいヒステリックな抗議は、乙子自身の意志によつてなされたものらしい。

抗議者がひきあげたあとで、「お前がわるいんだ」と、祖母にさんざん叱られた。戀人のある青年と映畫を見にいくというようなことは、昔氣質の老婦人にとつて、とても考えられないことであつた。「どうせ私がわるいんです」彼女はヤケクソになつて、裏口からとびだした。この家出は、まつたく衝動的なもので、ポケットに六十圓しかはいつていなかつた。彼女は、その六十圓でいけるところまで、汽車の切符を買つた。

自殺　無責任な新聞記事

温泉のある町でおりた彼女が、あてもなくさまよつているうちに、夜がおとずれ、氣がついてみると、斷崖絶壁の上に立つていた。あとでわかつたことだが、そこは名高い自殺の名所であつた。

どう考えてみても、彼女は自分が不道德なことをしたと思えなかつた。といつて、周圍は自分をいれてくれない。死んだ方がましだと思つて、持つていたモルヒネを一・五グラム（致死量）のんだ。そのモルヒネは、院長夫人を困らせようとして、ストライキのとき

特集・愛と純潔のモラル

に持ちだしたものであつた。

「もうこれでおしまいと思つたが、べつに悲しくはなかつた」と、彼女はモルヒネをのんだ直後の心境を語つている。しかしさいわいなことに、五分ほどしてお寺の坊さんがとおりあわせ、續いて巡回の警官がやつてきた。

近くの病院にかつぎこまれた彼女は、四日目に意識を回復し、家の人がむかえにきて、一週間目に退院した。家人に面目なかつたが、やはり生きていてよかつたと思つた。祖母も「ばかなことをしたもんだ」といつただけで、それ以上彼女をいためるようなことはしなかつた。

しかし、家にかえつてなに氣なく新聞を見ると、「赤い看護婦の自殺――三角關係の清算か」という見出して、彼女の寫眞やでたらめな記事が出ていた。そう思えば、近所の人たちも妙な顔をして、彼女をながめ、なにかヒソヒソ話をしているではないか。

彼女の血がふたたび逆流しはじめた。無責任な新聞社がうらめしかつた。この記事で家の人たちがどんなに迷惑をしているかと思うと、彼女はいても立つてもたまらなかつた。

家出　ぬすまれた荷物

こんどの家出は、すこしく計畫的であつた。コッソリ家をぬけだした彼女は、C病院にまだあずけてあつたバスケットに、着がえの洋服五着、時計や靴、七千圓の現金（前の病院の退職金、給料ののこり、見舞金など）をつめこんで、東京行の汽車にのつた。

板橋にいる友だちをたよつていくつもりであつたが、からだがまだ回復していないし、上野でおりて、驛の待合室でしばらく休んでいた。となりにいた三十くらいの上品な和服の女が、「キャンデー を食べると、氣分がスーッとしますよ」というので、バスケットをたのんで、驛前へキャンデーを買いにいつた。が、もどつてくると、もうその荷物は影も形もなかつた。いわゆるオキビキである。

全財産をうしなつた彼女は、氣ちがいのようになつて、女と荷物をさがしまわつたが、むだであつた。ションボリ歩いているところを、驛前の交番の警官に聲をかけられた。もしこの早期發見がなかつたら、おそらく彼女はほかの多くの家出娘と同じように、轉落の道をたどることをよぎなくされたであろう。

しかし、日本の家庭生活の水準が向上しないかぎり、また若い娘がその自由感覺を社會的に調整する必要を悟らないかぎり、今のように波風のあらい時代には、こうした家出娘がつぎからつぎへとびだしてくるのである。

家出女年令別統計表
（昭和25年 1月～6月　警視庁少年二課）

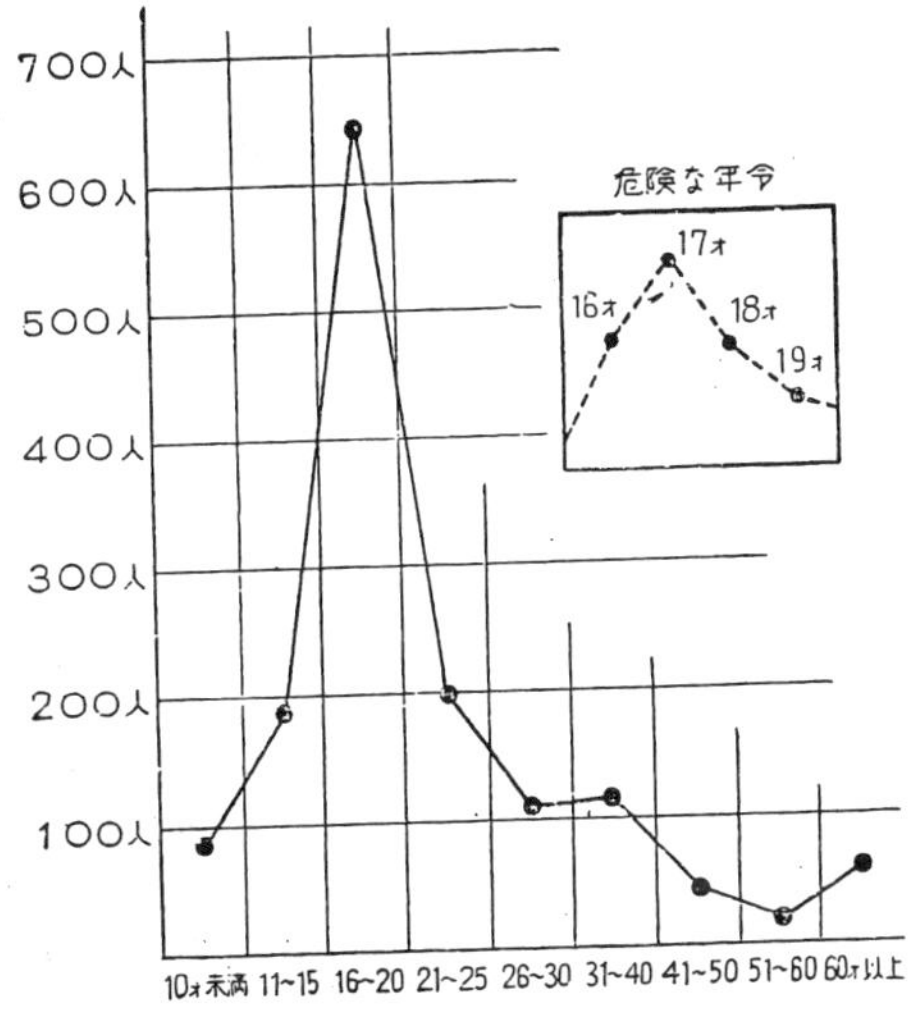

轉落の門

角 達也

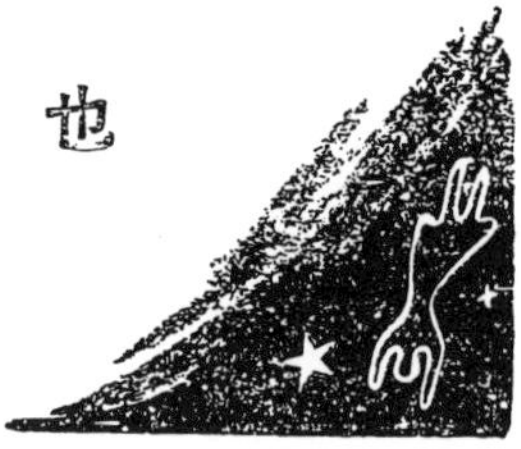

特集・愛と純潔のモラル

占領下五年目の市民社會の中で、性生活秩序の崩壞、アプレゲールの性倫理の頽廢という現象が、社會問題としてばかりでなく、幸福を守るための、個人々々の生活意識の問題として響いてきたようだ。その一つに純潔を失つた女性の轉落ということがある。

終戰直後の轉落が、ギリギリの生存を續けたいという貧窮からのせつぱつまつたものから始まつたのに比べて、終戰後五年目の現在では、靑少年の性の混亂から賣笑と何等變りない一群の女學生たちを生み出すに至つている。これら終戰直後の街娼たちの轉落の原因を考えてみると、

一、家庭生活の破綻
二、家族を維持している生活構造の崩壞
三、狹い家庭內の性生活の不自然さ（たとえば未亡人の母親の性問題、同居家族の性生活が若い娘に傳播したということ）
四、戰爭中强制徵用などによつて工場等に押しこめられていたような、精神薄弱者等が街頭に溢れて、それぞれ轉落の門を潜つたこと

などが原因であつた。これらの轉落と、現在のアプレゲールの性倫理の混亂からはじまる轉落との相違は何か……。學生集團桃色遊戲事件、夜の街を流れる自稱女子大學生の發生の二つを中心に、經濟的理由以外のアプレゲール心理によるものを慢然と追つてみよう。

中學生集團桃色遊戲事件

最近檢擧によつて實態が摑まえられたグループは四つある。㈠S驛の番線グループ、㈡Ｉ住宅地帶の一室での十二人の女學生と十六人の中學生との桃色事件、㈢學生街の十人の女子大學生グループに二十人以上の大學生、サラリーマン、職工、不良靑年との間の集團桃色組織を結成して窃盜團に轉化した事件、㈣六人の女學生が下宿屋で賣春グループを作つていて、一人のパンパンガールに商賣仇として毆り込みをかけられた事件、等で、これらはそれぞれの特徴を持つている。この中、㈡の實態が最も戰後學生の性への考え方、心理、を明確に示しているように思う。

この中の女學生十二人は、十五歲（同じ學校生）で、新制高等程度の十六人の學生（四つの學校生）とグループを作つて毎晩一室に集り、相手かまわず肉體關係を結んで、十時には正確に解散し、家庭に氣づかれずにいた。根城は、その中の誰かの下宿、アパート等で

特集・愛と純潔のモラル

あつた。女學生たちは良い條件の室をもつている學生を見つけて肉體を提供してはグループに引き入れ、アジトにした。この事件の檢擧處理にあたつた警官も、その內容の亂脈さに呆れて、グループ發生の原因、各個人の性への考え方等が、はじめは理解できなかつたそうである。

檢擧したのは夜九時――。アパートの室は六疊。その一室に八人の女學生と、十人の男子學生が夜の七時頃から集つていた。燒酎に亂醉している女學生、ヒロポンを注射している最中の女學生、襖のない押入の上段下段ではそれぞれ性關係中で、それを見ていた學生たちもあつた。避妊藥といつしよにあつたトランプは賭博に使つたものかと調べたところ、それは關係のパートナーをきめるために使つていたのだつた。

最初このグループ發生の動機になつたのは女學生A子と新制高校生との戀愛關係のもつれからである。A子は實際よりも不良少女がることが好きだつた。高校生に街頭で誘われたのが、男女交際の最初なのだつたが、すでに幾度も戀愛の經驗があるかのような態度を示した。逢引の三回目に肉體を許している。暫くたつと、學生はこんなことをいつた。

「困つたよ。友達の奴が、君の體を獨占するのはずるい、俺たちにも廻せというんだ。でないと、學校へ密告するというんだ…君、どうする？」

この學生の言葉の中にはパンパンガールを相手にしたと同樣の意識がある。つまり最近の學生生活ではパンパンを買う金は負擔でありすぎること、性病への危險を避けるため女學生を選んだこと、女學生との關係が一對一で長く續けば責任を負わねばならぬという精神的な負擔を逃れようとしていること、友人に對する誇示の心理と露惡趣味的傾向などが感じとられる。とくに學校に密告するという言葉から「女性の轉落」が肉體の純潔を失つたそのことよりも、學校、社會から處罰されて札つき女の烙印を押されるという外的な方からはじまるにちがいない、という考え方があらわれていた。これは最近のアプレゲール全般の考え方の特徴である。

その青年は、集團桃色事件が女性の轉落の悲劇の原因ではなくて、事件を檢擧されて處罰された事が女性の轉落の原因になると警官に抗議している。「警察は社會秩序を守ればいいのであつて、私生活に不必要な干渉をし、わざわざバクロして青年を不幸に陷れることはあるまい」というのである。

A子は「ひとりでも三人でも同じよ」といつて簡單に三人の學生に、同じ夜つぎつぎに身を許している。アヴァンゲールには理解できないアプレゲールの異常心理であろうか。

しかしA子は決して理解できない異常心理からそれを許したのではない。A子は不良少女をよそおつて、好奇心から學生と最初の肉體關係をしたが、「處女尊重なんて封建的よ」と輕々しくいつた言葉とは違つて、內心では學生を愛するようになり、火遊びめいた二人の意識を純情な戀愛關係にもどしたいと思つていた。そんな時に「獨占するのはずるい、というんだ、君どうする？」という獸のような學生の言葉に、うちのめされる思いをさせられたが、負けぬ氣で屈辱を克服するため、逆に三人の學生を引きずり廻している。そして心の傷手をごま化すために同級生を次々に肉體遊戲に誘い込んだのだ。

誘いこまれた女學生たちも、雜誌で知つた肉體テスト戀愛の實驗への好奇心で、集團戀愛に積極的に參加した。そして結婚などを目的にしていないにも拘らず、「結婚をしよう」といつてはじまる戀愛の、男の言葉の白々しい泥臭さからうける嫌惡感よりも、グループ遊戯の方が端的で、正直であると思つた。嘘偽がないという考え方なのである。また集團肉體關係の方が、三角關係のトラブルが起きないので安心だと考えた。戰前の中學生同士の戀愛では、責任から驅け落ち、心中に追いこんでいるが、アプレゲールは結婚前の肉體關係のあり方を本能的に作りだしている。

このグループ内では、男子から女子へも、女子から男子へも金錢の贈與をすることをタブーにしていた。というのは、金を貰うことは、パンパン同樣な、みにくい行爲に墮落しているという意識が湧くこと、與える側にもそれによつて、轉落させたという罪惡感をもつから、それを避けようとしたという。

面白いことには、このグループの中にプラトニックという言葉がある。それは金錢を含まない肉體關係という意味なのだ。警察官が理解できなかつたのはこのプラトニックという言葉であつた。「私たちの間はプラトニックだつたわ」「肉體關係があつただろう？　證據があがつてるんだ」「ええ、肉體關係はあるわ、だけどそれはプラトニックなのよ」……冗談のような本當の會話である。私は警官と顏を見合せて「オオ・ミステイク」といつて、苦笑したことだつた。

A子の家庭は、兩親は健在で特別な異常のみられない中產階級の家庭である。しかし、二人の姉はそれぞれ結婚しているが、上の姉は夫の猛烈な浮氣を責めて離婚し、失踪した。次の姉は戰爭中のいわゆる闇集賣所の家へ嫁ぎ、戰後飮食店を夫婦で經營し、それぞれ不倫關係をもつたことがあるという。父親は、A子に自由主義とか戀愛とかについて質問され、說明しかけてはことごとに母親にやりこめられる。A子は父親を輕蔑と憐憫をもつて眺めていた。A子は父のヘソクリを盜み出すことと、上の姉のスパイになつて義兄の行動を報告することで小遣をもらつていた。A子はこうした家庭で、大人の愛慾のヒズミと、男女は信じあえないのか、という疑問をもつてそれをためしてみたかつたといつている。が、果してそうだろうか。

B子の家庭は燒け殘つた大きな住宅で、幾人ものパンパンに（パンパンと氣づかぬふりをして）室を貸している。朝鮮事變の影響で、彼女たちの收入が減つたらしく、高い室代が負擔になつてきて、室を出そうな傾向になつたため、暗にB子の兩親は彼女たちにお世辭を使い、「オンリイワンでなくても多數の男が相手でもいいではないか」といつていた。女たちは「今まではバクフライを輕蔑していたが、相手が多いのも面白いわね」と兩親たちに話していた。

それが一番のB子への刺戟になり、兩親への反撥になつた。B子は女たちのチップを小遣にしていたという。

しかしこうした娘たちの家庭ではなぜ娘の脫線に氣づかなかつたのだろうか。あるいはわざと放任していたというのだろうか。たとえどんなに巧妙に家庭をあざむいたとしても、氣づかぬはずはないという氣がする。

家庭でなぜ氣がつかなかつたかということに對して、一人の母親は「男女共學がのみこめなくて、はれものにさわるようにしながら、娘の態度を見ていた」といつている。また一人は「現在の女學校の制度があまりに變り過ぎて、出校時間、時間外の共同研究など納得できず、簡單にだまされた」といつて暗に學校に對して憤慨していた。しかし信じられない點がある。

☆自稱女子大學生の生態

昭和初年に密淫賣婦とは違つた意味で、ステッキガールという言葉ができた。銀座にステッキガールが出るときいて、學生やサラリーマンたちは銀座八丁を往復して、遂にみつからなかつたという程、めずらしい新しい女の出現として話題になつた。戰後のパンパンは、いわば當時のステッキガールであるといわれているが、その頃の學生の眼からみれば、完全に違つているのだそうである。魅力的でウイットがあるが、肉體を許さぬ戀愛遊戯だけを職業としたモダンガールの女性群が當時一、二年間はたしかにあつたといわれている。戰後の安くなつた肉體はそうしたロマンチックな存在ではなくなつた。ところが最近、新しいステッキガール郡が發生してきたということを知つた。

たとえば、新宿にも數軒ステッキガールばかり集るアジトがある。普通の純喫茶店で、知らずに入つた客は素氣ないので呆れて出てしまうような店である。その店は女客が多い。パンパンに似ているが、よく觀察するとパンパンではない。事務員でもなく、ドレスメーカー等の職業婦人でもない。彼女たちは地方の小都會から遊學に上京している女子學生なのだが、女子大に通つてはいない。いわゆる自稱女子大生というべきものだ。店では常連が集ると時間構わずに表の扉をしめてしまう。コーヒー茶碗で燒酎を呑み、仲間同士でテーブルにぶつかりあいながらダンスをする。友達のもつているコッペパンをうまそうに嚙る。「ちかごろは朝ご飯だけ下宿で喰べて、晝晩は拔きなの」と苦笑する。「ご飯をご馳走したがる馬鹿はゴロゴロしてるんじゃない？」「馬鹿にかぎつてあれをすぐ要求するからね。パンパンを買うより安いと思つての計算と兩方だからガッカリ」……。

街頭で落花生を賣るアルバイトにも疲れた、といつてひそかに夜の女の稼ぎをして、晝間は學校へ行くという生活が、カストリ雜誌で書き立てられている程、事實できるものではない。月謝がいる、教科書を買う、室代を拂う、というので急に思い立つて要求金額だけ賣春ができるものでもないのは當然である。男子學生の下宿を轉々と性放浪して歩いたような女子學生も轉落して學校から去り、闇紳士の二號になつた女子學生は興味が贅澤中心に移つて學校をやめていつた。だから喫茶店に集る女たちも一度は春婦同樣の經驗をくぐつたり、いろいろなアルバイトも經驗したが、その危險にこりているのである。郷里から送つてくる千圓か二千圓程度の學資では生活できない。かといつて地味なアルバイトでは續かない。――しかし、賣春婦にはなり下りたくない。郷里に歸つてゆく氣持もしない。――そこで無籍學生になる。不良青年の僞學生とは違つた意味での僞學生で、自分の氣持では月謝を拂わず出校もしないが、たしかに女子學生の生活を意識して暮しているのである。

最近、彼女たちがとつたアルバイトの一つに、世間周知の、新宿の喫茶店の客引きがある。武藏野館の前の四辻を中心に「お茶をのみにいらつしゃいません？」「おビールを召し上りながら戀愛論をいたしません？」と客を誘う。男たちは最初パンパンガールかと思い、あるいは良家の子女の密賣春と感ちがいしてヤニ下つてついて行つたが、行く先はホテルでなくて社交喫茶のボックスだつた。呆れ返るほどの高い會計をもぎとられたり、店に入るとその女は消え、變な女がサービスに出たりしていろいろの話題になつたものである。

しかし客引きで會計の割戻しを店から受けるだけの不安定な收入では續かない。新宿名物になる程客引きがふえて收入もへつた。中には、結局肉體でチップをうけるようなものもでてくる。そこで彼女たちは社交喫茶に隷屬せずに、引いた客を純喫茶店に連れてゆき「二百圓ばかりお小遣を下さいません？」という。金額が小さいので客は内心ホクホクする。しかし店の外へでると、「お蔭で社會學のテキストが買えますわ、どうもありがとう、さよなら」と、ニヤリとする。ヤラレタ！と思いながら金額が少いので客は正面から怒りもしない。おわい失戀のペーソスを樂しめることだつてある。しかしいつもそううまくはゆかない。暴力で犯されることもあつて心のショックで學校を休む。また肉體を賣つていないといつても信用しない裕福な側のクラスの友だちから指彈される。そのような結果が次第に彼女たちを一つのグループにつくりあげ、燒酎の飲める女ばかりの喫茶店のようなアジトをもつようになるのである。

それは恰度戰前の文學青年が大學もやめ、就職もせず、原稿も賣れず、といつて鄉里へも歸らずに新宿の盛り場を放浪していたのに似ている。文學青年が飜譯の下請けをし、大家にタカリ、家庭教師をしたように、彼女たちはステッキガールという新職業をつくりあげた。酔つた客を郊外線の驛まで送つてゆき、そこで別れる。

肉體關係を欲しない老紳士と友だち二人で旅行にでる。ダンスパーティにゆく。そのような擬似戀愛收入のほかに、變つたことをもこしている。パンパンの座談會に出席して車代をもらつたり、裸體寫眞撮影大會にモデルとしてではなく出て、カメラファンの中から甘い男をさがしてタカつたり、集團見合にもぐりこんで晩ご飯をご馳走になつたり、一寸したユーモラスな詐欺である。

このようにして自分の心理に純潔を保とうとするアプレゲールは、性行爲の上の混亂ほどには、戀愛の夢についてはアヴァンゲールと差はない。純潔でなければ人に愛される資格はないとやはり確信している。集團桃色學生は、（セックスの遊戯だけしたのであつて、生活的戀愛の上では處女なのだ、正しい家庭をもつ時まではその純潔を保とう）という、不思議な愛と純潔との考え方をもつている。

パンパンと桃色學生とは、轉落への二つの裏表の門である。ステッキガールの自稱女子大學生は、その二つの中間に立つている。內心寂寥と孤獨を感じながら、肉體の門をみ、處紫の門をみ、アジビラを警官にふみやぶられ、左翼學生が追放されてゆく大學の門を見守つて、どちらにゆこうかと迷つている。彼女たちは愛される資格としての純潔を、自分の內の何に定めているのか。本人も考え定まらないルンペンインテリ特有の自己愛、自己性愛だけは守つているようだ。

戰後女性群の悲劇

——話題のアプレゲール女性を訪ねて——

北條　誠

宿命の人

眼と鼻の近くに、澁谷圓山町街の雑沓を控へてゐるとは思はれぬ、どこか忘れられたやうな淋しさと靜寂が、深い植込みのあたりに漂つてゐる。

もとは、誰の樓家だつたであらうか。程よく布かれた樹木や石燈籠は、しかしどこかもう荒れすさび……、そしてそれは同時に、どうやら對坐するこの「椿莊」の主、増田きぬさんの印象につながるやうだつた。

終戰の日以來、封建の鎖を斷ち切つて、巷には女性進出の唄聲轟くとはいへ、しかし一方また、與へられた自由の重みに堪へかねて、哀しい女の過誤や、古い因襲の涙は、あとをたたない。いや、いはうならば、世の脚光あびた今日、一層さうした女性群の二つの悲劇はわれわれの眼に鮮かに映るやうである。

「椿莊」の女主人もまた、さうした終戰後女性像の一つの典型であらうか。

故北白川宮成久王と、當時宮家に女官としてあがつてゐた吉田きぬ女との間に生れて、その第一歩から俗說の匂ひは深かつた。しかも長ずるに及んで、久邇宮朝融王殿下の愛人……別れて後は、箱根强羅と澁谷とに、旅館「椿莊」を經營し、文字通り日本の「椿姫」として、映畫界進出やレコード界進出を取沙汰され、はては最近日本舞踊をたづさへて渡米するといふ人……思ひなしかどこか典雅な匂ひたちそめるこの美貌の一女性……その生涯がその儘一つの妖しい物語めくのである。

世の好奇心にほんろうされ、御落胤とさわがれるかと思へば、また一部では、昭和の天一坊事件といふ蔭口も流れて……しかし、さうした世の噂さを外に、増田きぬさんは、いつそ疲れた微笑だつた。

このやうな境遇の一女性が、單身生きて行くには、どのやうにも辛い苦しい世の中であらう。事實、彼女の談によれば、その經歷をかたりの材料とし、或はさうした境涯の、世俗のことは何一つ知らぬ彼女につけこんで、ていのいい、ゆすりたかりも多いさうな。

昔の愛慾の幻は煩はしく……しかもこのさわがしさ……彼女の渡米もただその目的は逃避行であるのかも知れぬ。

「私のいひたいことは……さう、過去のことは何一つ辯解もしたくありませんし、また興味本位に書かれた、雑誌や新聞の記事に、抗議を申込む氣もありません……ただ、私はいひたいのです。そつとしておいて……と」

と、彼女は仄かに笑つていふ。

だが……その微笑にもたほ、なんと、多くの謎が秘められてゐることか……。

多くの、新聞・雑誌のゴシップ記事も、彼女の過去の經歷にはくはしく、しかしその內奥の謎は解いてゐないやうである。

朝融王との悲戀以來、彼女のために名家岩

崎の御曹子は、失戀自殺をしたさうな……、だが、さうしたはげしい愛の遍歴を經た今日の彼女の胸に、果して彼女のいふ如く、映る男の像は皆無であらうか。

「過去の私に接近した男の方は、みんな私の境遇とか財産にこだはつてでした。私は、男の人の裸の心を知らないのです。」と、彼女はいふ。

だが……それにしても、さういふ唇邊の微笑は何を意味するのであらうか。

何一つ世俗のことを知らぬ、高貴の血をうけついだ一女性が、世の荒波にもまれもまれ、疲れはてた、あきらめの微笑であらうか。あるひはまた、その微笑は、心の何處かに自分を祕める不敵の決意でもあらうか……。

いづれにせよ、過去の宿命と、數奇な經歴と、そしてまた、一人生き行く逞ましい生命力と……思へば、この謎の女性の中には、戰後女性の辿る三つの運命をみる思ひだつた。

三つの運命

その三つの運命の中に、戰後女性の、哀しい歴史は辿れさうな。

たとへば、今年、ジャーナリズムの話題となつた何人かの女性を考へてみよう。不幸にして直接對面出來なかつた人の印象は、ジャーナリズムの報道によらねばならぬが……。

過去の宿命……さうした因襲の重壓に堪へかねた例は、斜陽族物語として、餘りにも多い。一々例をあげるまでもなく、敢言すれば、すべての過去の上流女性は、今日廣い意味で、この範疇に入るであらう。

彼女たちに殘された途は、過去の夢の中で靜かに沒落して行くか、あるひは勇敢に、過去のベールをぬぎ去つて、世の荒波の中に泳ぎ出すかである。そして後者の場合、世間知らずな、そして長い因襲と頽廢に病み弱つたその腕が、どうして荒波を無事に泳ぎ切れたであらうか。いや、最大の不幸は、「裸の生活」を求める彼女たち自身が、眞の意味で自分自身「裸」になりきれぬことであつた。さらにいへば、「裸」へのあこがれ、それ自體が、自分の「過去の衣裳」にこだはつての夢ではなかつたか？……

「裸」になることのためには、道徳も良識もふりすてる。それを勇氣と思ひ、新しい思想と早合點する……多くの戰後女性の悲劇はここに誕生しはすまいか。

日大教授の愛娘佐文が、公金强盗犯人、一運轉手の山際との愛慾の逃避行は、その典型かも知れない。重要なことは、佐文自身が、山際の犯行を知りながら、「愛情のためには……」と考へてゐることであらう。早船のミス・東京眞鍋榮子の場合も同様である。愛情はなるほど强く、唯一無二、絶對のものかも知れない。が、彼女たちは、自己の愛情を深く掘り下げようとはせず、安價なその證明を外に求めるのだ。許しがたい行爲を許すことが、愛の深さだと思ふのである。いや、己のために、そのやうな破廉恥罪を犯したと……それを男の自分に對する愛の深さだと、思ふのである。そして彼女たちにとつて、愛情の裏づけは、愛慾であつたのだらう。

「裸になる」といふ言葉の中に、あらゆる不德も許す、といふ命題を置きかへたとは、なんといふ今日の物指しであらうか。しかし佐文にしても榮子にしても、この「作りあげられた愛情」に對して「私は永久にあの人を愛する」と放言することにおいて、女性の愛の深さを己に刻みつけようとしてゐる。

僕は迷ふ。封建の鎖から解き放されながら、女性は結局永久に物質の奴隷なのであらうか？

斜陽族の女性たちの悲劇は、過去の物質的に豐かな特權を維持しようとする悲劇か、さもなくば、それを投げうつて愛人のもとに走つたことだけで、重大な自己解放と信じこむ悲劇なのだ。山際の强奪した百九十萬圓、早船がつまゐ貧ひした八千萬圓、といふ數字の魔力もまた、その意味では同様であらう。

　眞の女性解放であれば、かうしたすべての物質的魔力からも、己を開放すべきであらう。物質的壓力のうしろにある、男性の威力に負けること自體が、古い女の悲劇であるのだから……。

　そして、戰後女性のもう一つの悲劇は、己の行動に醉ふことなのだ。

　過去の特權を投げうつこと。あるひは、佐文や榮子のやうに、男の罪惡を自分一人だけが許して、男を信じること。いやまだある。この例は無限だ。代議士の肩書を投げうつ覺悟で男の許に走つた、松谷天光光も、映畫界の女王の椅子を蹴つて、一民藝俳優加藤嘉のもとに下つた、山田五十鈴も……。

　さうした「一つの行動」に、女性たちは醉つてゐはすまいか。

　行動、といふものの持つ意義は、それによつて作られた、新しい世界あればこそである。そうした先の見通しのない行動それ自體は、果してどれだけの意味があらうか。思想や理想の裏づけない「行動」であれば、さらに突飛でかつ勇敢な「行動」を、狂人もまた良くするであらう。

　アメリカに渡る、といふ椿姫もまた、そこに待つ生活に、どれほどの自信と自負があるのか。單なる逃避行であれば、彼女もまた、己の「行動」にのみ醉ふ人といはねばなるまい。その、アメリカ行きをまつてゐる人が、むかうにあるとでもいふのだらうか。

　「あちらに渡つて、誰方かと結婚なさるのですか？」

と問へば、椿姫は默して笑ふ。さうしたアメリカ行きであることを、僕は祈るのだが……。

哀しからずや

　しかし、戰後の女性群は、多くの過誤にもめげずに逞ましい。

　經濟的に、男性がその力を失つたためもあらう。新しい自覺が、男性の下に、完全に從屬する從來の女の位置にあき足りず、彼女たちを巻にかりたてるからでもあらう。あるひは、皮肉にいへば、新しく得た、自力と位置と能力を、世に問ふことに、彼女たちは、水水しいよろこびを感じてゐるのだ。

　「椿莊」の女主人にしても、かつての夢を淸算して、いまは二つの旅館の經營者だ。背後に男性の力があるかどうか。そんな野暮なせんさくは止めよう。ともあれ、かつては上流社會の日蔭の花であつた、無能纎細な一女性が、いま逞ましく女一人の途を切り展いてゐるのである。彼女の言を信じれば、賴むべき過去の財產はすべていまはなく、何人からの助力もなく、文字通り一本立ち、二つの旅館の經營で生活をたててゐるとか……。

　さうした鮮かな轉身も出來ず、徒らに過去の夢を追つて、居食ひ生活に、明日の絕望を抱きしめる多くの斜陽族の同性に對して
　「あの方たちは、いつまでそんな夢がつづくとお考へなのでせうか？」

と、彼女は冷たく笑ふのだ。

　この生きる逞ましさは、戰後女性の特徵かも知れない。

　今年の話題をさらつた、女社長、高岡町子……、二十四歲の女子大學生の身で、現在五つのスィングバンドを組織し、數十人の男性を驅使する……などは、そのチャンピオンであらう。

　「男の人つていふのは、ほんとに理窟ばかりいつて、ちつとも實行しないのです。」

と、彼女はいふ。仕事のためには戀愛も
　「私は避けてをります。私は仕事する上においては戀愛したら破滅するといふことは解つてゐますから……」

と、いふ。若い男性の方が勿論好ましいが、仕事のためには、「手段として」中年男性ともつきあふ、といふその逞ましさ……。

さらに、僕たちは、好個の話題を、「オッパイ小僧」の上に見得るであらう。

家の貧困から…、生れつき豊かだつた乳房を賣物に、畫家のモデルとなり…、そこで得た初戀に失戀すれば、あとは文字通り轉落への途。男とかけ落ちをする、昔の知人の畫家たちを歷訪してさぎを働く…。

オッパイ小僧のさうした經歷自身は、世のつねの、ありふれた女性轉落の歷史であらうが、彼女の逞ましさは、男とわかれたいま、敢然と、その乳房を看板に、ストリップ・ショウの舞臺に立つてゐる、といふことなのだ。

「別に、ストリップ・ショウに出てゐるといふことを、恥しいとは思ひません。」

彼女は昂然としていふ。

「多くの方たちに、ごめいわくかけたのは悪いと思つてゐますけれど…、初子はもう生れ代つたのですから、これからの初子をみて下さい。」

これは、ありふれた悔悟の宣言ではない。

オッパイ小僧にしてみれば、その彼女自身を轉落の途にいざなつた、宿命の乳房を、いまは新生の手がかりとしてゐるのだ。運命とか、宿命とか、過去、そんなものは、このまだ若い野性的な少女の、半熟の頭腦の中には、罪の意識とか、惡への悔恨とかいふものを、さまで深く刻んでゐないやうである。

だが…、その逞ましさを、果して本當に信じていいのだらうか。

オッパイ小僧は、いま某私大學生と戀を語らつてゐるといふ。彼女の經歷が、その愛の結びつきに障害になりはしないか、といふ問に對して

「そんなものは、二人がつよければ、いつかは解決します。」

と昂然といふ、素朴な强さは、むしろかなしい。

いや、高岡町子だつてさうだ。彼女の自信の前には、光クラブの山崎ですら、ねばりがないと一言の下に否定されてしまふのだが、その彼女にしてからが

「結局、私は女に還りますからねェ。最後には…」

といつてゐる。

オッパイ小僧の無知のあはれに比べれば、これはどこかに自己の限界をかみしめた、あはれも匂ふやうだ。

逞ましさのかげにどこか淋しさは漂ふ。その逞ましさは、やつぱり大地の上に根を下しての强さではなかつたのか…。

「裸になる」「己の力の限界を知りたい」とする、これらの逞ましい女性たちは、しかし、やはり心の底に、最後は平凡な女の夢を追ふのであらうか…?

「椿莊」の女主人、増田きぬさんと話してゐて、僕はふつとこんなことがしきりに思はれた。戰後の女性の哀しさとか、今年、良い意味でも悪い意味でも話題になつた、何人かの女性たちの顔が、何故か、しきりに思ひ出されるのだつた。

それぞれ事情もちがふし、また話題となつた事件も異なる。だが、同じくその底に流れるのは、やりきれない淋しさのやうだつた。

「貴女も裸になれば…、裸のすばらしい男性がみつかるかも知れませんね。」

おざなりのことをいひながら、空しさは僕の胸をもしめつける。

アメリカに行くといふ椿姫が、あちらで何をつかむのか。つかまうとするのか、いや、いつどのやうな心で歸國するのか。いづれも僕は知らない。僕はただ、この美しい人の謎の微笑の中に、戰後女性の數多くの悲劇の典型をみる思ひだつた。

暗い…、ただ世の中が暗い。しきりにそんな言葉が胸にこみあげてゐた。

解　説

「婦人雑誌」がつくる大正・昭和の女性像　セクシュアリティ・身体

岩見照代

第二回配本は、セクシュアリティ、身体に関連する論や座談会を中心に収録した。

「処女／童貞」を失った相談、蹂躙された「貞操」、婚前の純潔や、自分が「純潔」かどうかさえわからない処女性をめぐる悩み、結婚後の「貞操」問題、はたまた、「性病」の治療法や「ヒステリー」体験談、「避妊薬」「堕胎」をめぐっての相談、初潮など「性教育」の方法、スポーツをする女性の月経時の問題、夫婦間の愛情問題やそれにからんで、夫に浮気されない法、また女学生や「奥様」が、「待合」や「カフェ」を探訪し、その「誘惑の手管」や、外で遊ぶ男性心理を、「芸者」・「女給」・「ダンサー」から直接聞く座談会や特集記事、また出かけていく男性からその理由を聞く座談会、演技をする側からの「ラブ・シーン」の感想、「同性愛」当事者の相談や体験談、同性愛がからんだ心中や未遂事件についての識者の感想など、本シリーズには、性／セクシュアリティ、身体に直結したものを収録した。

本シリーズのトップにおいたのは、一九一六（大正五）年一月の「女子の結婚適齢」（『婦人公論』）である。サブタイトルに「生理上並びに現代日本の社会状態より観たる」とあるが、学歴や女性のライフスタイルに言及した「現代日本の社会状態」よりも、「性の成熟」や「月経」の開始時期など、生理的・身体に顧慮した言説が多くみられる。当時の「月経」の認識については、『婦人公論』が一九三三（昭和八）年一月に、「附録」（『婦人の運命と月経』）で読者の月経調査アンケートを募り、そのおよそ一年後の一九三四（昭和九）年に、同じく「附録」（『月経調査報告書』）とした報告書がわかりやすい。時の編集長・嶋中雄作は、このアンケートを開始するにあたって、月経を「口にするだに忌はしく羞しきものとされてゐた習慣」だったと述べ、月経の実態が明らかになれば、「世の悩みも憤りも愛欲も憎悪も、両性問題と産児制限」も、新しいスタートに着くにちがいない、だから、アンケートの一枚を投じてほしいと、読者に熱く呼びかけていた（「婦人の幸福のために」）。

当時、東京女子医学専門学校産婦人科教室に所属していた石坂静江が、早速にこの調査にもとづいて、「日本婦人の月経に関する統計的考察――特に初潮に就て――」（『東京女医学会雑誌』一九三四〈昭和九〉年六月）を発表している。石月がこの報告書を使うのは、「総べて自発的に」回答していること、「健康婦人」だけのものであること、「女学生、女工等一階級、一集団」に偏らず、各階級を網羅しているからだと語っている。月経初潮については六三五四名、月経週期については一六六五名、持続日数に於ては四八八四名とその人数も挙げ、地域、職業にも顧慮した丁寧な分析をおこなっている。石月は論の最初に、月経に関しては「凝しき迷信、習俗、口諺等各国に存することによりても知らる」と、月経ひとつとっても、多くの女性が、自分自身の身体について無知な状態であったことにも言及している。

初潮、月経、処女など、女性はいつも性的身体として見られる存在でしかなかったが、ふつうの女性たちが、こうした調査に、自ら「記入」するという行為を経て、「恥ずかしさ」が払拭され、ことばにすることができるようになれば、そこには、見る／見られるという関係も変容した、新しい身体が登場するはずである（ここで紹介した二つの附録『婦人の運命と月経』、『月経調査報告書』は、『時代が求めた「女性像」』第29巻〈二〇一四年〉に復刻している）。

東譲二は、「女流運動家の活躍と月経」（『婦人画報』昭和五年五月）で、走り幅跳びで世界的レコードをもっていたアメリカ人のカザリン・クーパーが、月経に悩むことなく運動を続けることができたという自伝を紹介しつつ、スポーツ選手だけでなく過酷な労働に従事している工場労働者、鉱山労働者、農村女性の月経や出産にも目を配っている。そこには産む女性身体の痛みへの共感は読みとれないが、出産や月経ひとつとっても階層によって、大きな差があることを指摘し、肉体労働に従事する女性たちに、エールを送っている。また東は、人見絹枝の「身体が資本です」ということばを紹介している。人見は、一九二八（昭和三）年、アムステルダムで行われた夏季オリンピック八〇〇メートル走で、日本人女性初のオリンピックメダリスト（銀メダル）となっている。日頃から人一倍、激しいトレーニングを積んできているが、十分に備え、無理な生活をしていないから、月経期間中でも憂鬱でも不安でもないという。しかし、人見の走・跳・投擲などにも非凡な才能を見せた超人的な活躍は、〈両性具有〉と噂され、容姿から性別さえ疑われることになった。しかし、月経という自明の性差認識の故に、女性カテゴリーからはずされることはなかった。体育・スポーツは、性別二分カテゴリーを大前提として、性差が強調される領域である。この領域で構築される性差認識に、果たして特殊性はあるのだろうか。こうした記事も参考になるだろう。

一九三六（昭和一一）年五月の『婦人画報』で、大田武夫は「身上相談に表はれた性の悩み」を書いている。大田は雑誌だけでなく新聞にも目配りして、当時「少しあきられて来た感」があるほど、身の上相談が多く有ること、その相談には「裕福者、インテリ、労働者、農民、学生」と階層を問わず、「性の悩み」が多いことを具体的に紹介している。医学士の肩書きをもつ大田だが、「雑多な相談を分類的、統計的に示して、現在に於ける性の悩みの傾向を具体的につかみたい」と考えたが、この論には間に合わなかったため、他日を期したいと断っている。残念ながら、その論は果たして書かれたのかどうかさえ不明だが、真摯に取り組もうとしただけあって、短いながらもその考察は、本シリーズの「身の上相談」の縮図的様相を呈している。

大田が「相談」には、性の悩みが多いと指摘していたが、赤川学は、「身の上相談」をそのものずばり「身下相談」として、『讀賣新聞』の「人生案内」欄に掲載された身上相談を考察している。見田宗介が、「現代における不幸の諸類型」（『現代日本の精神構造』筑摩書房、一九六五年）で用いた分類を修正しつつ、一九三五（昭和一〇）年から一九九五（平成七）年間、一〇年おきに量的分布の変遷を調べたものだという（「日本の身下相談・序説──近代日本における「性」の変容と隠蔽──」『社會科學研究』、二〇〇六年三月）。本シリーズに関係する知見に限定して、論の一部を紹介しておきたい。

赤川は、恋愛と結婚に関する悩みは漸減する一方、自己の性格や心に関する悩みは増加しているという。「夫の浮気、妻の浮気、未婚者が既婚者と性的関係をもつ不倫（妾をふくむ）、中絶、不妊など」は、いついかなる時点でも、一定数以上存在する身下相談の定番といってよい「普遍的な悩み」である。しかし、「婚前の純潔・処女性をめぐる悩みや葛藤は、セクシュアリティが問題化される歴史のなかでも，長い間主流を占めてきた」が、一九七五年以降、まったく取り上げられなくなり、唯一の例外は、一九九五年の童貞で悩む32歳男性のものだけだという。こうしたことから処女・純潔をめぐる問題は、ある時期以降消失する「可変的な悩み」だと整理している。本シリーズでも、誌上に多く登場してきた処女喪失や、純潔の悩みだが、六〇年の年月を経て、その相談は「消失」したというのだ。

処女・純潔のように消えゆくことばと、新しく生まれてくることば。たとえば当時、ことばがなかったセクシャルハラスメントは、「命がけで貞操を守つた婦人の経験」（大木こずゑ、蒔野蝶子『主婦之友』昭和九年一二月）として語られている。セクシャルハラスメントだけでなく、パワーハラスメントやレイプの経験談も多く採録したが、なかでも深刻なのは、「女中さんの貞操を護れ！！」の座談会である（及川常平、大和俊子、蒲池すま子、竹内茂代、山田わか『主婦之友』昭和一〇年六月）。副題に「主婦と女中と家庭の平和のための座談会」とあるように、女中一人の危機ではなく、「奥様の危機」だと、肝心の「主人」の問題は棚上げにされたまま、まことしやかに「女中への警告五箇条」が示されるのである。座談会出席者の当時の肩書きは、上記の名前順に記せば、「警視庁保安部人事相談係長、婦人共同会会長、愛国婦人会隣保館女中養成所主任、井田病院長医学博士、評論家」である。確かに女中がおかれた状況をよく知る人選だといえる。しかし、妊娠してしまった女中の行く末は、自殺が多く、悲惨なものだと認識しながらも、「第一条」にあげられたのが、「女中さんの貞操観念」の必要性で、「貞操は必ず護れる」「女は弱いもの」と、矛先が「男」に向かうことがない。

現在、「セクシャル・ハラスメント」は、「セクハラ」と短縮されて日常語になった観がある。いつの時代でも、あらゆる階層のなかでくり返されてきた〈セクハラ〉は、被害者の女性の人格や人間としての尊厳を踏みにじり、心身ともに深いダメージを与えたまま、長く歴史の闇の中に埋もれていた。しかし性的嫌がらせ／セクシャルハラスメント／セクハラと、「ことば」を与えられたことによって、ようやく可視化されたのだ。女性の職場進出、高学歴を求める／求められる、求愛作法の変化、出生率の著しい低下といった制度や経済条件、都市化などに、セクシュアリティのあり方は影響される。セクシュアリティをめぐる言説変容のメカニズムの一端として〈セクハラ〉が実体化したように、今後もセクシュアリティの領域で、経済、社会、政治構造の変動と連関して、明るみに出てくるものがあるのだろうか。言い換えれば、「性」「性欲」「セクシュアリティ」は、どのような意味が与えられ、どのように社会的に組織され、変容し続けるのだろうか。本シリーズは、その考察の一助になるだろう。

「性」や「性欲」の記号・概念の精査に精力的にとりくんできた斎藤光は、以前、日本で使用されていた「色慾」や「淫慾」、「情欲」「色情」などと、「性欲」は同義なのか、そうだとすれば、「なぜ、『性欲』という語が新たに鋳造されなければならなかったのか」、と問い、「性欲」という言葉が、辞書・辞典類に登場し始めたのは明治四〇年代で、この頃、「性欲」という言葉がかなり広範に浸透しはじめた推測している。そして、「性欲」と不可分の「性」概念の標準化は、一九一〇（明治四三）年代から、一九二〇年代初め（大正九年）頃で、羽太鋭治・澤田順次郎・田中香涯らの通俗性欲学を通して、その言説が社会に普及しはじめたと整理している（「『性欲』の文化的標準化」『京都精華大学紀要』第六号、一九九四年）。

古川誠も、宮武外骨の廃姓由来の、姓／性の誤記に言及しながら、「一九二〇年代とは『セイ』＝『性』＝『性欲』という認識枠組みが社会に定着していった時代」だという（「恋愛と性欲の第三帝国」『現代思想』一九九三年七月号）。また日露戦争後、農村部農村部から都会に職をもとめて集まってきた「新中間層の存在」を、性的規範の側面から考えてみると、「一種の性的アノミー（無規範）状態」にあって、「それの予備軍であり落し子でもある中学や高等女学校の学生達が通俗性雑誌の読者層を構成」しており、「従うべき性的規範をなくし、なおかつ性的な知識の飢餓状態にあった彼らの要求に、通俗的性雑誌、書籍が応えていった」と、その読者層も指摘していた。そして古川の論で見落とせないのは、「子供の性欲」の発見にも言及していることである。「まだ発動していない性欲を発見し、管理するという責任」が、同じくこの頃に「家庭（母）」に負わされたという。「性欲学、性教育という文字が街頭に氾濫」しはじめた二〇年代。こうした新中間層／読者層は、当時の婦人雑誌の読者層とも重なっている。相談者や、座談会の発言からもその「性的アノミー状態」がよくわかるだろう。

冒頭の論は、こうした「性」概念が、人びとに浸透しはじめようとした一九一六（大正五）年のものである。下田次郎、永井潜、田村俊子、沢田順次郎、与謝野晶子といった各界の論客が登場している。平塚らいてう等、『青踏』を舞台とした「新しい女」による貞操論争がはじまったのが、一九一四（大正三）年から翌年にかけてであった。この貞操論争は、他のジャーナリズムにも波紋を呼び、これまで女性だけに求められた「貞操」を、男性も「貞操」を守るべきだと論じたり、性行為は自然なことなので、女性も「貞操」から解放されるべきだという議論までとびかっている。こうした貞操論争の余韻さめやらぬなかで書かれた冒頭の論は、本シリーズの前史的な意味を持つといっていいだろう。

「身の上相談」や、座談会などの主なトピックスは、結婚するまで純潔（処女）であることや、性交は夫婦間だけでよいというように、異性愛を自明の前提としていた。しかし、その異性愛は、もう一つのイデオロギーある「強制的異性愛」（アドリエンヌ・リッチ「強制的異性愛とレズビアン存在」〈大島かおり訳『血、パン、詩』晶文社、一九八九年〉）でしなかった。しかし一九一〇年代から二〇年代にかけて、女学生による同性愛関係が社会問題化してくると、「同性愛」に関連した相談も増えてくる。「女学生間に見る同性愛の研究」（倉橋惣三、河崎夏子『主婦之友』大正一四年二月）や、「なぜ同性を恋するか」（豊田春樹、熊原ひさえ、藤村トヨ）と、その批判の論「なぜ同性を恋するか批判」（杉田直樹、高良富）が同時掲載されたもの（『婦人公論』昭和八年一〇月）、「実話　同性の愛情に悩む」（鬼頭弘江、金沢幸江、牧里葵子『婦人画報』昭和九年七月）、「男装の麗人・増田富美子の死を選ぶまで」（西條エリ子『婦人公論』昭和一〇年三月）、「死から甦りて女にかへる日の告白」（増田富美子『婦人公論』昭和一〇年四月）などから、その一端がわかるだろう。

古川誠は、こうした時代状況について、一九一〇年代には、すでにこれまでの「男色」という概念だけでは、包摂できない女性たちの性の選択が浮上しており、「男色」から「同性愛」へというキーワードの変遷の背後には、男性中心の同性愛から、女性中心の同性愛へという認識論的転換が隠されていたという（「同性「愛」考」『imago』一九九五年一一月）また「個人化された性のなかに正常と異常を発見すること、これこそが同性愛概念のもたらした新たな性認識の枠組みである」とも指摘していた（「『性』暴力装置としての異性愛社会——近代日本の同性愛をめぐって」『法社会学 54』二〇〇一年）。

赤枝香奈子は、女学校から明るみに出た「同性愛」について、結婚の圧力から一時的に逃れることができるのは女学校だけで、「〈同性愛〉という現象あるいは問題群」を、「女の友情や愛情、女学生同士の親密な関係」もふくめて、「女同士の親密な関係」として総体的にとらえようとしている（『近代日本における女同士の親密な関係』角川学芸出版、二〇一一年）。女学生同士の親密な関係は、「単なる友情」ではなく、「（恋）愛」の一類型として、「自由で平等な永続的関係」を築くもので、「他からのいかなる強制によるのでもなく、自らの主体性によって、つまり自らの相手への想いだけを根拠として築く」関係で、「女学校」という空間で、独自の人間関係をめぐる規範を作っていったという。「性」においてではなく、「友愛」において行われた「同性愛」概念を、「異常／正常」の線引きではなく、「女同士の親密な関係」として、再定義しようとしているのだ。赤枝の「友愛」概念の内実も、本シリーズの読者たちが、自らを主体化する契機として「告白」し、相談をもちかけた「投書」などから、当事者の性的実践の〈悩み〉を通して、具体的に考えていくことができるだろう。

本シリーズで特に多いのが、「貞操」に関する問題である。「身の上相談」も「処女時代に貞操まで破つた妻を知らずして娶つた夫の悲痛なる煩悶」（『主婦之友』大正九年一一月）、「貞操を失ひて悩める処女へ」（中島徳蔵『婦人倶楽部』大正一二年一〇月）からはじまり、戦後の「貞操はいらない」（戸川行男『婦人公論』昭和二四年一一月）や、「傷だらけの足」（宮本百合子『婦人公論』昭和二五年一二月）まで、男女交際や、恋愛について論じる際にも必ず「貞操」についての言及がある。そして「処女／処女性」の重要性が強調され、記事の投稿者も「処女の私」と、処女を自称するなど、処女意識の内面化の過程もみることができる。

採録した記事の時代について言えば、昭和一〇年代の下限は、山田わかの「婦人身の上相談」（『主婦之友』昭和一六年四月）で、この記事から戦後、昭和二一年九月の「鼎談未亡人の生きる道」（赤松常子、山室民子、徳永恕）まで年代が少し空いている。この期間の記事は、明らかに戦時体制を意識したものが多いので、最終配本となる「女性と戦争」の回に採録する。こうした措置は、本シリーズすべてに共通するもので、〈日常的な生活〉と、戦時下の言説をパラレルに見わたすことで、刻々の時代の変容が見やすくなったかと思う。

性的に見いだされた身体は、男女の生理学的・生物学的な身体構造の差異から、性差に応じた、それぞれ特有の病が設定されることになる。男女共通には「性病」であり、女性の場合、肉体的に問題視されたのは子宮・卵巣／月経・初潮であった。「産む性」として、「堕胎」問題もしばしば論じられている。そして精神的に見いだされた病は、「ヒステリー」である。一八九五（明治二八）年、フロイトが五人の女性患者を分析対象として、彼女たちの偏頭痛や視力低下、言語障害などの症状から、彼女たちの病名を「ヒステリー」と確定し、『ヒステリー研究』を書きあげている。これ以降、精神分析をする主体／男性とそれを受ける客体／女性（ヒステリー患者）という構図が続くことになる。

日本で、ヒステリーということばが「ヘーステリー（婦人神経脳病ちの道ぶら〳〵病の総称なり」として登場した早い例を、一九〇〇（明治三三）年一月一二日の『讀賣新聞』の広告に見ることができる。「神靖液」という山崎帝国堂のこの広告には、「愛児に別れ又ハ非常の災厄に遭遇し落胆の極此病を発する事多し又婦人月やくの始まる年頃或ひハ月華閉止期に多く又子宮病生殖器の不完全整形不如意等より発病するを常とす」とその「原因」まで載せている。この広告が興味深いのは、「男子にありてはヒポコンデルと云ふ」と、男女で明確に使い分けていることである。これに遅れること三年（一九〇三〈明治三六〉年）五月三日）、血の道の薬として名高い「中将湯」も「血の道（ヒステリー）症」にも効くとその宣伝に「ヒステリー」ということばを取り込んでいる。そして一九三〇（昭和五）年一一月一七日に、安田徳太郎訳『ヒステリー』（アルス）刊行案内の広告が出されている。『フロイド精神分析大系』中、「フロイド不朽の労作！大系中の圧巻」、「見よ！性とヒステリーの不可思議なる交錯！」といった調子で紹介されている（『讀賣新聞』の引用は、すべてデジタル版「ヨミダス」による）。この時は、まだ『精神分析』、『夢判断』、『トーテムとタブー』など六冊が刊行されただけだが、三年後には「大系」にふさわしく、全一五巻が翻訳刊行されている。

本シリーズで採録した「ヒステリー全治者の座談会」の掲載は、一九三二（昭和七）年五月の『主婦之友』だが、このフロイトの刊行と時期を接しており、時宜にかなった座談会といえる。ただし、ここには全治した五人中、男性も二人参加している。司会は中村古峡である。古峡は雑誌『変態心理』を一九一七（大正六）年一〇月から、一九二六（大正一五）年一〇月まで主宰しており、二重人格の研究や精神分析の紹介など精力的な執筆活動をしていた人である。記者が古峡に、ヒステリーは女に多いようだが、婦人病と関係があるかと尋ねると、「全く関係がありません」と言下に否定している。当時の〈通説〉からはずれた座談会からも、日本のヒステリー言説の実相を考えていくことができるだろう。

芸者から女給へと、接客業の変化の一端がうかがえるのが、一九二五（大正一五）年一月『婦人画報』の「社交と藝者」特集にはじまり、六年後に同じく『婦人画報』で編まれた、「男は何故カフエーへ行くか」特集（一九二一〈昭和六〉年七月）までに催された座談会や、記事からうかがうことができる。

「社交と藝者」特集では、安部磯雄「藝妓の存在を必要とするは日本婦人の恥辱」、杉田直樹「机上の藝者論」、山田わか「社交界から藝者を遠ざけよ」、沖野岩三郎「藝者存在の理由」）、「解剖台上の男性」（『婦人画報』昭和三年一一月）では、女給 中村美知子・新橋芸妓 花園歌子・女優 花柳はるみ・赤坂舞踏場ダンサー 三浦チエリー・事務員宮川清子・元カフェ女将 恒川スヾヰと、男性と接触する機会が多い各界の女性たちが登場し、男の誘惑の手管やそのはねつけ方を、実に具体的に書いている。こうした世界を、実際にうかがい知ることのできなかった家庭の主婦や、女学生たちにとっては、興味深い特集だったにちがいない。

また面白いことに、こうした特集にもっとも力を入れていたのが、他誌よりも高級志向の強かった『婦人画報』である。「特輯 誘惑する人、される人」（昭和三年六月）では、元強力犯係長 前警視庁警視の「誘惑から殺人に至る迄」を掲載したり、「家庭外に働く婦人から見た 男の世界公開」（昭和四年一一月）では、山田やす子「婦人解放十字軍」・高群逸枝「油断大敵、まず悟れ」・中本たか子は小説風に「自由を主張する男」・東京マネキン倶楽部の高島京子は「マネキンの見た男性」・花園歌子の「男性抹殺論」・ダンサーの小寺ふみ子は「男ってどうしてかう…」・山田順子が「男性ABCD」と、少し切り口を変えた特集を組んでいる。その他「男は何故カフエーへ行くか」（浅原六朗、酒井眞人、生方敏郎、昭和六年七月）と続くが、『婦人画報』は、令嬢や天皇家の写真を他誌よりも多く掲載し、読者に富裕層が多い雑誌である。『婦人画報』の読者たちは、〈裕福〉だからこそ、夫の浮気に悩む妻が多かったのかもしれない。

少し遅れて、『主婦之友』も「旦那様の浮気を防ぐ方法の座談会」（大辻司郎、東ネネ、小野貴世子ほか、昭和八年四月）、「愛し得ぬ夫婦の悩み解決座談会」（田中文子、中村武羅夫、山田わか、白井俊一ほか、昭和八年一〇月）、「奥様軍のカフェー突撃挺身隊」（山田わか、井出ひろ子ほか、昭和一〇年一二月）と、夫婦の愛情問題に関わる特集や、「ダンスホールを密偵するの記」（婦人記者、昭和一一年一月）を組んでいる。『婦人画報』よりも、直截的なタイトルである。今後読者論としても、こうした特集記事の編まれかたも参考になるだろう。

昭和初頭に起きた、〈芸者から女給へ〉の接客業の変遷に、最も敏感に対応したのが花園歌子である。「解剖台上の男性」（『婦人画報』昭和三年一一月）では「新橋芸妓」として、「大臣でも可愛らしいお爺さん」を書いている。ちなみにこのお爺じいさんは、時の内閣総理大臣・田中義一。歌子は二、三度お座敷に呼ばれたことがあるという。お座敷で一番威張りたがるのは、政治家と文士だが、なまじ学問のないだけ政治家の方が無邪氣でいい、デリケートな詩を書く北原白秋が、芸者の前で「おれは天下の白秋だぞ」と威張り、プロ文士が無けなしの財布の底をはたいてけちな成金風などを吹かせるに至っては沙汰の限り、また賀川豊彦が推奨した『歓楽の墓』は、「決してプロレタリア娘を玩弄品にしてゐるんじゃない。僕らは之等の娘を元の人間に返すために運動してゐるのだ。自分が茶屋へ遊びに行く事と、根本的な性的奴隷の解放といふ事は別ものだ」という「都合の好い理屈」に、側にいたら横っ面の一つもはりたおしてやっただろうと怒りを爆発させている。ちなみにこの書の著者は、村島帰之で、跋文を賀川豊彦が書いている。こうした男の「醜い反面ばかりをみてきた」という歌子は、「女が解放されなければならないのは『男』からではなくて『女』自身からである様だ」、それは「唯、女が生れながらに持たされてきた性の決定に対する宿命的な考へを捨て丶しまへといふだけである」と、女も性的存在ではなく人格的存在であろうと強調している。「性的奴隷であらうと無からうと大きにお世話様だ。それより社会主義が実行されたらお前の様な醜男の始末をどうするか、今の内からよく考へて置くが善い。アバヨ」と、激しい調子で終えている。

翌年の「男性抹殺論」(「家庭外に働く婦人から見た　男の世界公開」昭和四年一一月)でも、「馬鹿な男等よ!貞操観念がどうしたの、モダンガールが斯うしたのと余計なおせつかいを焼く前に、自分の足下を見るが可い。/婦人参政権を獲得するために、男の力を借りやうとする意気地なしの女等よ!なぜ自分の物を取るのに自分の力を用ひやうとしないのか」、「私達が共同の敵『男』を征服し、『男』を膺懲し彼等の上に君臨」し、「真の女性文化」を建設しようと、婦人参政権運動に関わる女性たちも叱咤激励していた。

こうした内からわき出てくる、歌子の統御不可能なことばの使い方からもわかるように、歌子は、権力の操作をたやすく受けいれることのできない、「本源的な『従順さ』」(内田隆三「従順な身体」について――フーコー、人間への問いと近代性(2)『ライブラリ相関社会科学8〈身体〉は何を語るのか』新世社、二〇〇三年)をもたない〈身体〉の持ち主だといっていいのかもしれない。歌子は、「貞操の義務」や「生殖の義務」の解放を主張して、もっと別の可能性に自分をひらいていこうとしているのだ。

この翌年、歌子は『芸妓通』(四六書院、一九三〇〈昭和五〉年)を刊行している。また「真の女性文化」建設を目指していた歌子は、昭和初頭ころから女性問題関係の文献収集をはじめていたが、その成果は、一九三一(昭和六)年六月、白木屋古書展「女性文化研究資料展覧会」に、八〇〇点にも及ぶ架蔵の資料を出陳するほどになっていた。目録タイトルは『女から人間へ　女性文化　研究資料一覧』で、発行人は本名の「大沢直」で刊行している。菊判仮綴三八頁、定価三十銭であった。この目録については、稲村徹元の「婦人問題書誌の一先駆」（『日本古書通信』第四〇七号、昭和五三年三月）に詳しい紹介がある。氏はこの目録を「婦人問題研究史」の「収獲」として、またその資料収集観を高く評価している。

また歌子は、明治文化研究会にも参加しており、会のメンバーの吉野作造や斎藤昌三とも交流があった。『芸妓通』のあとがきに書かれた「お座敷で毎々執筆の時間をお与へ下さった粋人某氏」とは、山口昌男が、その頃の「相当の旦那」であった斎藤昌三であったと推測している（「大正日本の「嘆きの天使」――吉野作造と花園歌子」『「敗者」の精神史』岩波書店、平成七年）。このように歌子は、当代の知識人たちと交流をもち、後に『明治文化全集』に所収されることになる稀本『鬼暇々』を持参したり、解題を寄稿したりしている。『芸妓通』も、彼らとの交流が機縁で「通叢書」の一冊として刊行されることとなったものである。

高群逸枝が『女性の歴史　下巻』（講談社、一九五八〈昭和三三〉年）で、明治の幕開けを「開国とゲイシャガール」という章から書きはじめ、木戸孝允夫人は京都の芸者幾松、山県有朋夫人は新橋の芸者、山本権兵衛夫人登喜子は品川つとめの女、伊藤博文夫人梅子は下関芸者、大隈重信夫人綾子は千住の貸座敷関係の女、犬養毅夫人千代子は新橋等など多くの例を挙げ、芸者や娼婦が貴婦人になりえた直接の原因を、「時代の若さ」とともに、「江戸以来の普通の奴隷的な一般婦人よりは、人間性に富んだ伝法肌やお侠の娼婦を男たちが新時代にふさわしい」考えたのではないかと推測していたが、歌子もお侠で人間性に富んだ芸者の一人と考えることもできる。また『芸妓通』の、「女給か芸者か」という章には、「カフエー全盛、モダン・ガール横行の御時勢」の「芸者」を、この時代の「フリー・ウーマン」と考えることから始めている。「男の社会で、一番悪い女と云はれるのは、女自身のために生きる女である。即ち「男」から課せられた凡ての義務を拒絶する、最も勇敢な女性である。それが囚はれた「家庭の女」でないことは勿論云ふまでもない」と、上記で紹介した論旨を肉付けしたものになっている。

「資本家の温情主義が労働者に受け容れられない様に、男性の得手勝手な賢母良妻主義は決して彼女を承服せしめない。そこには只一人の「女」がある。「男性文化」に対立する「女性文化」の殿堂がある。その扉はまだ堅く閉されてゐるが、それを開く鍵を持つ者が、男の注文通りな型に入れて作られた賢母良妻でない事だけはどうしても私に疑へない。／では誰が？／云うまでもなく日本に於ける唯一のフリー・ウーマン階級—芸者がそれではないか、／非か」と、芸妓衰退の危機感も語っている。

また「妻」を「外女給とダンスガールの圧迫に苦しみ、内雇主の横暴に悩む無自覚又は有自覚の性的労働者」ととらえ、「夫」を「その瞬間的雇主として貨幣価値を極度に発揮せんとする公認買笑夫」となざすなど、「妻」も娼婦と同じ「性的労働者」であり、「夫」を「公認買笑夫」として、性を「買う」側の責任も追求しようとする姿勢は、現在でも新鮮である。

この書は、「芸妓神聖論者　警視総監丸山鶴吉閣下に比の書を献ず」と大書した献辞から始まっている。「芸妓神聖論」というのは、丸山が芸者の副業を一切認めず、ただ御座敷で「芸」を売ることだけを奨励したことにある。その結果、芸者が最後の手段として「性」を売らざるを得なくなったことを、皮肉なことばつかいでからかっているのだ。そして何より、歌子が〈権力〉と対峙しようとしている姿勢が鮮明にみてとれる（『芸妓通』に関しては、二〇〇四年に『女性のみた近代　第2期　第4巻』で復刻した時の「解説」と一部重複している）。

権力は身体のうちに主体という透明な形式を挿入し、身体の現実を主体化するが、この主体化は普遍的な規範としてあらゆる人間に課されることになる（内田隆三、前掲論文）。

歌子は、〈無意識〉のうちにつくられる「主体という透明な形式」に、執拗にあらがい続けた人である。本シリーズに収録した記事は、どちらも短いものだが、歌子以外にも時代に先駆けた人が見つかることだろう。

「婦人雑誌」がつくる
大正・昭和の女性像　第9巻
セクシュアリティ・身体4

二〇一五年三月二十五日　第一版第一刷発行

監　修　岩見照代
発行者　荒井秀夫
発行所　株式会社ゆまに書房
〒一〇一-〇〇四七　東京都千代田区内神田二-七-六
電話　〇三-五二九六-〇四九一／FAX　〇三-五二九六-〇四九三
印刷　株式会社平河工業社
製本　東和製本株式会社

ISBN978-4-8433-4684-6　C3336
定価　本体一八、〇〇〇円+税